Wichtige Hinweise an alle Leser:
Dieses Werk soll allen Steuerzahlern helfen, ihre Abgabenlast in dem unvermeidbaren, von den Steuergesetzen abgesteckten Rahmen zu halten. Zu diesem Zweck wurde die vorliegende Ausgabe wieder sorgfältig bearbeitet und an die aktuellen Änderungen angepasst. Berücksichtigt wurde das Einkommensteuergesetz 2015. Ferner wurden Schreiben des Bundesministeriums der Finanzen, die Rechtsprechung des Bundesfinanzhofs und der Finanzgerichte nach dem Stand bis zum 31.5.2015 einbezogen.

Die Tricks und Tipps sind durch eine Vielzahl von Quellenhinweisen belegt, vorzugsweise wird dabei auf Veröffentlichungen im »Bundessteuerblatt« und in den »Entscheidungen der Finanzgerichte« verwiesen. Gleichwohl kann eine Garantie für die Ratschläge nicht übernommen werden, zumal es in der Natur der Sache liegt, dass sich nach einiger Zeit Widerstand des Fiskus regt, wenn er seine Felle davonschwimmen sieht. Eine Haftung des Autors oder des Verlags ist ausgeschlossen.

Tipps, die auch **S** Gewerbetreibenden und selbständig Tätigen helfen können, sind durch ein besonders gekennzeichnet.

Steuersparende Hinweise zum geschickten Ausfüllen der Formulare für die Steuererklärung 2015 gibt **KONZ – Das Arbeitsbuch zur Steuererklärung** (Knaur TB).

> **»Aber der Staat lügt in allen Zungen
> des Guten und Bösen; und was er auch
> redet, er lügt – und was er auch hat,
> gestohlen hat er's.
> Ach, auch in euch, ihr großen Seelen,
> raunt er seine düsteren Lügen!«**
>
> *Friedrich Nietzsche*

Über den Autor:
Kaum hat der Fiskus wieder eine von Franz Konz aufgetane Lücke in seinem dichten Steuernetz geschlossen, schon hat Franz Konz für seine Leser wieder neue Tricks ausgetüftelt, mit denen er Finanzämter und Finanzgerichte seit fast 30 Jahren zur Verzweiflung treibt. Wie es einmal ein Leser seiner über 7 Millionen großen Anhängerschar formuliert hat: **»Franz Konz ist der einzige Fachbuchautor, bei dem man bis ins Innerste spürt, dass er seinen Lesern unbedingt helfen und beistehen will. Was er uns jedes Jahr aufs Neue beweist.«**
Franz Konz war Steuerinspektor, Steuerberater und Revisor bei Wirtschaftsprüfungsgesellschaften und Verbänden, als solcher bestens vertraut mit allen Steuerfragen.

Franz Konz

KONZ
2016

1000 ganz legale Steuertricks

Der erfolgreichste Steuerratgeber Deutschlands
im 32. Jahr

Dieses Werk entspricht dem ehemaligen *Großen Konz*.

Besuchen Sie uns im Internet:
www.knaur.de

Völlig überarbeitete Neuausgabe für das Jahr 2015
und die zurückliegende Steuererklärung
Copyright © 1984/2015 Knaur Verlag.
Ein Imprint der Verlagsgruppe
Droemer Knaur GmbH & Co. KG, München.
Alle Rechte vorbehalten. Das Werk darf – auch teilweise –
nur mit Genehmigung des Verlags wiedergegeben werden.
Umschlaggestaltung: fpm factor product münchen
Satz: Vornehm Mediengestaltung GmbH, München
Druck und Bindung: CPI books GmbH, Leck

ISBN 978-3-426-78787-8

5 4 3 2 1

Vorwort

Liebe Leserinnen und Leser,

es ist mal wieder so weit. Der Fiskus streckt seine Fühler aus und will Ihnen einmal mehr den Steuerobolus abknöpfen. Wie immer geht er dabei nicht gerade zimperlich vor. Wie schon so oft gibt es auch jetzt auf die Frage nach wirklich spürbaren Steuersenkungen nur eine recht traurige Antwort: »Weitgehend Fehlanzeige!« Nun einmal ganz im Ernst, glaubt Vater Staat wirklich, Sie und ich wären so naiv und kauften ihm das Märchen von der Entlastung der Bürger ab. Woher soll die denn wohl kommen? Gemeint sein kann doch wohl nicht ernsthaft die mickrige Anhebung des Grundfreibetrags mit einer steuerlichen Auswirkung von wenigen Euro im Jahr und wohl erst recht nicht die lächerliche Erhöhung des Kindergeldes um 4 € im Monat.

An anderer Stelle sind unsere Regierenden weniger zurückhaltend. Da spielt ein europäischer Staat über Jahre hinweg mit seinen Nachbarn Lügen und Betrügen, schafft gigantische finanzielle schwarze Löcher und hält dann im Sechs-Wochen-Rhythmus die Hand auf. Und was geschieht? Unsere Regierungsoberen werfen weiterhin munter Milliarde auf Milliarde von den Steuern ihrer Landeskinder in ein Fass ohne Boden.

Dass einem so etwas ganz ordentlich die gute Laune als Steuerzahler verhagelt, sollte auch in den Betonköpfen einiger Politiker ankommen.

Also frisch ans Werk, liebe Leser, mit meinen Tipps, ein wenig eigener Kreativität und etwas Hartnäckigkeit sollte es Ihnen auch in diesem Jahr wieder gelingen, dem Fiskus nur den absolut unvermeidbaren Griff in Ihre Geldbörse zu gestatten.

Ihr

Steuervorschau und wichtige Nachrichten vorab

Letzte Steuernachrichten

Informationen zu laufenden Gesetzgebungsverfahren
Trotz wiederholter hartnäckiger Forderungen des Bundesrates sind einige der seinerzeit als Vereinfachungsvorschläge propagierten Gesetzesänderungen nun erst einmal wieder vom Tisch.

Fallen gelassen wurden vor allem folgende Vorschläge:

- **Arbeitgeberzuschüsse zu Kindergartenbeiträgen und Tagesmüttern**
  Die geplante Anpassung der Arbeitgeberzuschüsse an die Regelungen zu Kinderbetreuungskosten kommt nicht. Damit bleibt es dabei, dass der Arbeitgeber die *tatsächlich* anfallenden Kindergartenbeiträge steuerfrei erstatten kann und eine Kürzung der Steuerfreiheit auf ⅔ der Kosten und höchstens 4.000 € pro Kind unterbleibt.

- **Absenkung der Steuerfreiheit für Gutscheine**
  Die geplante Kürzung von derzeit bis zu 44 € auf maximal 20 € wird nicht umgesetzt. Ebenso bleibt es dabei, dass eine Betragsangabe auf dem Gutschein für die Steuerbefreiung nicht schädlich ist. Ihr Arbeitgeber kann Ihnen also weiterhin z.B. einen monatlichen Tankgutschein über 40 € steuerfrei zuwenden.

- **Arbeitnehmerpauschbetrag**
  Der Arbeitnehmer- bzw. Werbungskostenpauschbetrag bleibt bei aktuell 1.000 € und wird nicht auf 1.130 € angehoben.

- **Abzug von Pflegeheimkosten**
  Einschränkungen beim Abzug der Kosten und Verschärfungen bei deren Nachweis wird es entgegen den ursprünglichen Planungen nicht geben.

- **Unterhalt an Angehörige im Ausland**
  Eine restriktivere Handhabung bei der Steuerermäßigung, insbesondere höhere Hürden beim Nachweis der Zahlungen und der im Ausland bestehenden Unterhaltsverpflichtungen, wird es ebenfalls nicht geben.

- **Pauschbeträge für behinderte Menschen**
  Es bleibt bei den aktuellen Pauschbeträgen. Die Vorschläge zur Anpassung nach oben sind zum wiederholten Male nicht realisiert worden.

Steuervorschau und wichtige Nachrichten vorab

Noch nicht endgültig beerdigt, aber zunächst auf spätere Gesetzgebungsverfahren verschoben wurden dagegen die folgenden Vorschläge:

- **Arbeitszimmer**
  Verzicht auf den Nachweis der Kosten bei einem steuerlich notwendigen Arbeitszimmer und Einführung eine Pauschale von 1.200 €.

- **Handwerkerleistungen**
  Es soll noch einmal geprüft werden, ob ein Sockelbetrag von 300 € eingeführt wird, so dass es eine Steuerermäßigung erst ab 301 € gibt.

- **Geringwertige Wirtschaftsgüter**
  Die komplizierten Regelungen zur Abschreibung von sog. geringwertigen Wirtschaftsgütern sollen deutlich vereinfacht werden (Sofortabschreibung bis 1.000 € Anschaffungskosten).

Folgende erfreuliche Gesetzesänderungen werden dagegen umgesetzt und den Steuerzahlern künftig die Arbeit erleichtern:

- **Investitionsabzugsbetrag**
  Sie können in Ihrem Betrieb einen Investitionsabzugsbetrag beantragen und so einen Teil der Abschreibung schon bis zu drei Jahre vor der eigentlichen Investition abziehen. Anders als bisher müssen Sie dazu nicht mehr genau beschreiben, welche Investition Sie im Einzelnen planen und welche betriebliche Funktion diese Investition haben soll. Im Gegenzug dazu müssen Sie aber die Daten zum Investitionsabzugsbetrag künftig mit Ihrer Steuererklärung und der Gewinnermittlung elektronisch an das Finanzamt übermitteln.

- **Buchführungsgrenzen**
  Die Grenzen für Umsatz und Gewinn, ab denen Gewerbetreibende und Landwirte Bücher führen und Bilanzen aufstellen müssen, wurden um jeweils ein Fünftel auf 600.000 € Umsatz bzw. 60.000 € Gewinn angehoben.

Blick in die Zukunft

Für die folgenden Änderungen haben einige Politiker und Fachleute schon einmal in die Glaskugel geschaut und ein wenig Wahrsager gespielt. Angesichts der weit in der Zukunft liegenden Zeitpunkte, zu denen die Änderungen greifen sollen, bleibt sicher noch die weitere wirtschaftliche und politische Entwicklung abzuwarten.

Steuervorschau und wichtige Nachrichten vorab

- **Solidaritätszuschlag**
  Nach Angaben von CSU-Chef Horst Seehofer soll der Solidaritätszuschlag bis 2029 stufenweise abgeschafft werden.

- **Beiträge zur Rentenversicherung**
  Künftig müssen Sie wieder mit steigenden Beiträgen zur Rentenversicherung rechnen. Das hat die Vorstandsvorsitzende der Deutschen Rentenversicherung Bund, Annelie Buntenbach, bei einer Bundesvertreterversammlung im Juli 2015 angekündigt. Danach wird der Beitragssatz zur Rentenversicherung ab 2019 voraussichtlich von jetzt 18,7 % auf 19,1 % steigen. Bis 2030 sind sogar Anpassungen auf 22 % denkbar.

Inhalt

Die mit **S** markierten Textpassagen gelten auch für Selbständige   **Seite**

I. Allgemeine Steuertipps 17

1. Steuervergünstigungen 17
2. Die Jahres-(Abschnitts-)Besteuerung, die
   Einkommensteuerprogression und das Existenzminimum 18
3. Wie hoch ist meine Steuerersparnis? 19
4. Steuerbelastungstabellen 20
5. Arbeitnehmersparzulagen – Bausparbeiträge –
   Wohn-Riester.. 23

II. Lohn/Gehalt – steuerfrei oder steuerpflichtig!? 37

1. Wie vermeide ich steuerpflichtigen Lohn? 37
2. Abfindungen aus dem Dienstverhältnis 85
3. Reisekostenersatz... 87
4. Fahrten zwischen Wohnung und Arbeitsstätte – Fahrgelder 87
5. Firmenwagen 93
6. Zuschläge für Sonntags-, Feiertags- und Nachtarbeit 111
7. Pauschalierung der Lohnsteuer.............................. 117
   a) Allgemeiner Überblick 117
   b) Möglichkeiten zur Pauschalierung der Lohnsteuer 118
   c) Kirchensteuer bei Pauschalierung der Lohnsteuer 122
   d) Solidaritätszuschlag bei Pauschalierung der Lohnsteuer........ 123
8. Altersversorgung 132
9. Die Riester-Förderung 142

III. Berufliche Kosten der Arbeitnehmer 145

1. Werbungskosten – Ihre Berufskosten........................ 145
2. Reisekosten 146
3. Als Reisekosten abzugsfähige Aufwendungen 147
   3.1 Erste Tätigkeitsstätte 148
   3.2 Verpflegungsmehraufwendungen 152
   3.3 Fahrtkosten bei Auswärtstätigkeiten 163
   3.4 Übernachtungskosten und Reisenebenkosten 175

4. Fahrten zwischen Wohnung und Arbeitsstätte 182
   a) Die Entfernungspauschale 182
   b) Autodiebstahl, Unfall oder Motorschaden 190
   c) Gemeinsame Fahrten von Eheleuten 195
   d) Fahrtkosten bei Einsatzwechseltätigkeit 195
   e) Fahrgemeinschaften 197
   f) Haben Sie mehr als eine Wohnung? 198
5. Häusliches Arbeitszimmer 200
   a) Ganz oder gar nicht, so lautet die Devise 200
   b) Die Abzugsbeschränkungen beim Arbeitszimmer 202
   c) Wie prüft das Finanzamt, ob es bei Ihnen überhaupt
      ein Arbeitszimmer anerkennt?............................. 217
   d) Arbeitsmittel im häuslichen Arbeitszimmer 220
   e) Was können Sie für Ihr Arbeitszimmer absetzen? 221
6. Das strittige Problem der Berufskleidung 227
S 7. Die Kosten für Ihre Fortbildung 238
S 8. Bei Studienreisen heißt es aufpassen! 255
9. Hilfe durch Arbeitsmittel................................... 265
   a) In welcher Höhe sind Ihre Aufwendungen abziehbar? 266
   b) Welche Arbeitsmittel gehen beim Fiskus durch? 271
10. Welche Telefongebühren sind absetzbar? 285
11. Umzugskosten – Was gibt das Finanzamt dazu? 287
12. Doppelte Haushaltsführung und was alles dazugehört 299

IV. Der Lohnsteuerabzug 319
   1. Die elektronische Steuerkarte und die Steuerklassen 319
   2. Ab welchem Verdienst bin ich überhaupt
      steuerpflichtig? 321
   3. Frei- und Pauschbeträge 322
   4. Wählen Sie die Steuerklasse richtig, wenn Sie und
      Ihr Ehepartner verdienen 322
   5. Mehrere Arbeitsverhältnisse 328

**V. Lohnsteuerermäßigung durch Freibetrag
   beim Lohnsteuerabzug** 331

**VI. Machen Sie in der Einkommensteuererklärung
   alles geltend!** 335
   1. Das Verfahren 335
   2. Wann müssen Sie als Lohnsteuerzahler
      Belege beibringen? 344

**VII. Nebeneinkünfte – Veranlagung
von Arbeitnehmern** 347

1. Wann müssen Sie als Arbeitnehmer
eine Steuererklärung abgeben? 347
2. Abgabetermin für die Steuererklärung 349
3. Wie verhalte ich mich geschickt
bei Nebeneinkünften? 350

VIII. Sonderausgaben 357

1. Vorsorgeaufwendungen 357
   a) *Was sind Vorsorgeaufwendungen, und welche sind
   steuerlich interessant?* 358
   b) *Was können Sie von Ihren Vorsorgeaufwendungen
   höchstens absetzen?* 363
2. Übrige Sonderausgaben 375
   a) *Unterhaltsleistungen* 376
   b) *Renten und dauernde Lasten* 381
   c) *Kirchensteuer* 385
   d) *Steuerberatungskosten* 387
   e) *Ausbildungskosten* 389
   f) *Private Spenden (§ 10b EStG)* 392
   g) *Schulgeld* 399

IX. Außergewöhnliche Belastungen 403

A. Außergewöhnliche Belastungen im Allgemeinen 403
1. Auch Sie sind außergewöhnlich belastet 403
2. Das sind Krankheitskosten 409
   a) *Kosten für Medikamente, Heil- und Hilfsmittel* 410
   b) *Krankheitsbedingte Fahrtkosten* 412
   c) *Kosten für Vorsorgemaßnahmen* 415
   d) *Erweiterte Krankheitskosten* 418
   e) *Pflegekosten* 422
3. Wann ist die Beschaffung von Hausrat und Bekleidung
   steuerlich abzugsfähig? 426
4. Ein freudiges Ereignis?
   Jedenfalls für die Steuervergünstigung! 430
5. Wann bekomme ich eine Steuervergünstigung
   wegen Kurkosten? 431
6. So bringen Sie Prozess- und Anwaltskosten bei der Steuer
   unter 436
7. Steuervergünstigung beim Tod eines Angehörigen 438
8. Wann und wie sind Scheidungskosten abzugsfähig? 440
9. Abc-Übersicht zu allgemeinen außergewöhnlichen Belastungen . 442

B. Außergewöhnliche Belastungen in besonderen Fällen 453
1. Was man wissen muss, wenn man jemanden unterstützt 453
2. Ausbildungsfreibetrag für Kinder (§ 33a Abs. 2 EStG) 463
3. Haushaltshilfen, haushaltsnahe Beschäftigung
   und Dienstleistung 465
4. Pauschbeträge für Behinderte 475
5. Pflegepauschbetrag 483

X. Steuervergünstigungen für Kinder 487
1. Kindergeld – Kinderfreibetrag 487
   a) Überblick zum Familienleistungsausgleich 487
   b) Kinder 488
   c) Kinderfreibetrag und Betreuungsfreibetrag 496
   d) Auslandskinderfreibetrag 497
   e) Übertragung von Kinder-/Betreuungsfreibeträgen 497
   f) Entlastungsbetrag für Alleinerziehende 499
   g) Kindergeld 501
2. Was steht Ihnen außerdem noch zu? 503
   a) Kapital übertragen 503
   b) Entgeltliche Mitarbeit des Kindes mit Steuerklasse I 508
3. Kinderbetreuungskosten 510

XI. Steuerersparnisse durch Hausbesitz und Bauen 517
1. Allgemeines 517
2. Wohnraumförderung durch Riester-Zulagen
   (Eigenheimrentengesetz) 517
   2.1 Begünstigte Investitionen 517
   2.2 Förderung und Besteuerung nach dem
       Eigenheimrentengesetz 518
3. Einkünfte aus vermietetem Hausbesitz 520
   3.1 Gebäudeabschreibung 521
   3.2 Herstellungskosten – Anschaffungskosten – laufende
       Hauskosten 524
   3.3 Sonstiges zu den Werbungskosten 530
   3.4 Was Sie als Vermieter unbedingt
       über die Hausmodernisierung wissen müssen 536
   3.5 Mit Reparaturen eine höhere Steuerersparnis erlangen 542
   3.6 Die Kosten vor dem Bau oder Kauf eines Hauses 546
   3.7 Reparaturkosten bei der selbstgenutzten Immobilie 548
   3.8 Vermietung möblierter Zimmer 549
   3.9 Vermietung von Ferienwohnungen 551
   3.10 Woran Sie als Vermieter sonst noch denken sollten 553
   3.11 Wenn nahe Angehörige in Ihrem Haus wohnen 563
   3.12 Sie haben Ihr Haus verkauft? 570

4. Finanzierungsfragen – Besonderheiten
zum Abzug von Zinsen 571

XII. Sonstige Einkünfte (Renten, Unterhalt, Spekulationsgewinne) 577

1. Einkünfte aus wiederkehrenden Bezügen (Renten) 577
   1.1 Altersversorgung durch Rente 577
   1.2 Altersversorgung aus Pensionen 588
   1.3 Noch steuerbegünstigte Alterseinkünfte 590
   1.4 Wie viel Sie als Rentner nebenbei verdienen dürfen,
       ohne Ihre Rente zu gefährden 593
       a) Vollrente wegen Alters ab 60 bzw. 63 593
       b) Teilrente wegen Alters ab 60 bzw. 63 594
   1.5 Wann bin ich bei einer Nebenarbeit
       von der Sozialversicherung befreit? 594
2. Einkünfte aus Unterhaltsleistungen 597
3. Einkünfte aus privaten Veräußerungsgeschäften
   (§ 23 EStG) 599
   3.1 Spekulationssteuer bei Immobilienverkauf 599
   3.2 Spekulationssteuer bei Aktiengeschäften 600
   3.3 Spekulationssteuer bei anderen Sachwerten 600

XIII. Kapitaleinkünfte 601

1. Versteuerung von Kapitaleinkünften (Abgeltungsteuer) 601
2. Sparerpauschbetrag 605
3. Berechnung der Abgeltungsteuer (Kapitalertragsteuer) 606
4. Freistellungsauftrag 607
5. Nichtveranlagungsbescheinigung 608
6. Zinsen und ähnliche Erträge 610
   a) Zufluss der Zinsen 610
   b) Stückzinsen 610
   c) Wechselkursgewinne 611
   d) Zinsen aus Lebensversicherungen 612
   e) EU-Zinsrichtlinie oder europaweite Zinsschnüffelei 612
7. Dividenden und Wertpapierveräußerungen 614
   a) Dividenden 614
   b) Veräußerungsgewinne 614
8. Werbungskosten bei Kapitalvermögen –
   Was können Sie dem Fiskus unterjubeln? 615
9. Wie komme ich im Alter gut über die Runden? 616
10. Veranlagung trotz Abgeltungsteuer? 617

XIV. Gewerbliche und freiberufliche Einkünfte 621

1. Überschussrechnung oder Bilanzierung? 621

S 2. Einnahmenüberschussrechnung – die Buchführung für alle, die in kleinem Rahmen selbständig arbeiten 623

3. Reisekosten 633
   - *a) Inlandsreisen* 633
   - *b) Auslandsreisen* 634
4. Bewirtungskosten 645
5. Vertragsverhältnisse zwischen nahen Angehörigen 648
   - *a) Arbeitsvertrag mit dem Ehepartner* 648
   - *b) Verträge mit eigenen Kindern* 653
   - *c) Verträge mit anderen Familienangehörigen* 658
6. Angenehmer arbeiten und dabei Steuern sparen 663
7. Passen Sie auf, dass man Ihnen keine Liebhaberei anhängt! 669
8. Abschreibungen 676
9. Investitionsabzugsbetrag für kleinere und mittlere Betriebe sowie für Freiberufler – Die Abschreibung auf Zuruf 682
10. Vermasseln Sie dem Fiskus gänzlich die Tour 687
11. Die steuerliche Betriebsprüfung 693

XV. Die anderen Steuern 701

1. Die Gewerbesteuer 701
2. Die Umsatzsteuer (Mehrwertsteuer) 704
3. Die Grundsteuer 713
4. Die Grunderwerbsteuer 716
5. Die Kirchensteuer 717
6. Der Solidaritätszuschlag 720

XVI. Der Umgang mit dem Finanzamt 723

S 1. Das Finanzamt stellt Steueransprüche. Was ist zu tun? 723

S 2. Einspruchsfrist verpasst! Was ist zu tun? 724

S 3. Haben Sie vergessen, Ausgaben abzusetzen? 728

S 4. Das Finanzamt mahnt Steuerbeträge an – aber Sie haben keinen Steuerbescheid erhalten 729

S 5. So setzen Sie sich beim Finanzamt durch 732

6. Decken Sie das Finanzamt mit Belegen ein! 736

7. Darf das Finanzamt Sie vorladen? 739

8. Darf das Finanzamt Ihnen die Beweislast übertragen? 740

**Einkommensteuer- und Splittingtabellen für 2015
und die Vorauszahlungen** 743

Stichwortverzeichnis 777

Abkürzungen

S	=	Abschnitt gilt auch für Selbständige
AfA	=	Absetzung für Abnutzung (Abschreibung)
AFG	=	Arbeitsförderungsgesetz
AO	=	Abgabenordnung
BewG	=	Bewertungsgesetz
BFH	=	Bundesfinanzhof
BGB	=	Bürgerliches Gesetzbuch
BMF	=	Bundesministerium der Finanzen
BStBl	=	Bundessteuerblatt
BVerfG	=	Bundesverfassungsgericht
DB	=	Der Betrieb
EB-FAGO	=	Ergänzende Bestimmungen zur Finanzgeschäftsordnung
EFG	=	Entscheidungen der Finanzgerichte
EStDV	=	Einkommensteuer-Durchführungsverordnung
EStG	=	Einkommensteuergesetz
EStH	=	amtliches Einkommensteuerhandbuch
EStR	=	Einkommensteuerrichtlinien
FG	=	Finanzgericht
HFR	=	Höchstrichterliche Finanzrechtsprechung
LStR	=	Lohnsteuerrichtlinien
nrk	=	nicht rechtskräftig
NV	=	nicht veröffentlicht
NWB	=	Verlag Neue Wirtschafts-Briefe
rk	=	rechtskräftiges Urteil
Rz	=	Randziffer
SGB	=	Sozialgesetzbuch
UStG	=	Umsatzsteuergesetz
WoPG	=	Wohnbauprämiengesetz

Wehe dem Staat, der dem Volk durch zu hohe Steuern die Lust am Arbeiten nimmt.
(Steuerprofessor Eugen Schmalenbach, Universität Köln)

I. Allgemeine Steuertipps

1. Steuervergünstigungen

S Neben der Verpflichtung zum Zahlen haben Sie das Recht, ich meine sogar **1**
geradezu die Pflicht, Steuervergünstigungen in Anspruch zu nehmen. Diese
Steuervergünstigungen stehen Ihnen gesetzmäßig zu. Sie holen sie dadurch heraus, dass Sie sie in der Steuererklärung geltend machen. Es sind im Groben:

- Zulagen und Zuschüsse (z.B. Arbeitnehmersparzulage, Riester-Zulage für die private Altersversorgung),
- steuerfreie Einnahmen,
- berufliche Ausgaben (Werbungskosten bzw. Betriebsausgaben),
- persönliche, aber durch Gesetz begünstigte Aufwendungen in Form von Sonderausgaben oder
- außergewöhnliche Kosten der privaten Lebensführung (außergewöhnliche Belastung),
- Inanspruchnahme von Sonderfreibeträgen. Das sind hauptsächlich: Kinderfreibeträge, Ausbildungsfreibetrag, Freibetrag für Alleinerziehende, Körperbehindertenpauschbetrag, Pflegepauschbetrag,
- Inanspruchnahme von Kürzungen beim Steuertarif, wie z.B. Steuerermäßigung für außerordentliche Einkünfte, Anrechnung von im Ausland einbehaltenen Steuern, z.B. auf Ihre Kapitaleinkünfte, für hauswirtschaftliche Beschäftigungsverhältnisse, Dienst- und Handwerkerleistungen, für die Belastung von Einkünften mit Gewerbesteuer, Steuerabzug für Parteispenden,
- Abzug aller betrieblichen Ausgaben,
- Inanspruchnahme von steuersparenden Rücklagen und Investitionsabzugsbeträgen,
- Verlagerung von Einnahmen (bei Überschussrechnung z.B. einfach die Rechnung später oder früher ausstellen),
- Einbeziehung von Kapitaleinkünften in die Steuererklärung, um einen Teil der Abgeltungsteuer auf Kapitaleinkünfte erstattet zu bekommen, wenn der persönliche Steuersatz unter 25 % liegt oder die Bank die Kapitalerträge unzutreffend hoch besteuert hat,
- vertragliche Abmachungen, z.B. Arbeitsverträge, Mietverträge oder Darlehensverträge mit Angehörigen,
- Rechtsformänderungen des Unternehmens,
- Auswerten der wichtigsten diesbezüglichen Gesetzeslücken (die Ihnen der Verfasser hier auftut).

Das Steuerrecht ist der sich ständig wiederholende Versuch,
manisch-depressives Irresein
als Ausfluss höchster Vernunft darzustellen.

(Der Verfasser)

2. Die Jahres-(Abschnitts-)Besteuerung, die Einkommensteuerprogression und das Existenzminimum

S Die Jahresabschnittsbesteuerung ist eines der grundlegenden Prinzipien der Einkommensteuer. Dahinter verbirgt sich die Regelung des § 25 EStG, nach der die Einkommensteuer im Jahresrhythmus nach dem Einkommen berechnet und erhoben wird, das Sie in dem jeweiligen Kalenderjahr bezogen haben. Für die Höhe der Steuer ist es also unter Umständen entscheidend, in welchem Jahr Ihr Einkommen anfällt.

Der Steuersatz ist seit Jahren nicht fest geregelt. Die prozentuale Belastung wächst vielmehr mit steigendem Einkommen. Man spricht deshalb von Steuerprogression. Die Progression trifft vor allem mittlere Einkommen und wirkt sich besonders bei schwankenden Einkünften nachteilig aus.

Zurzeit ist der Steuertarif mit folgenden Eckwerten geregelt:

2015

Steuersatz	0 %	14 %	progressiv steigend	42 %	45 %
Einkommens-grenzen	0 – 8.472 €	8.473 € – 13.469 €	13.470 € – 52.881 €	52.882 € – 250.731 €	ab 250.731 €

2016

Steuersatz	0 %	14 %	progressiv steigend	42 %	45 %
Einkommens-grenzen	0 – 8.562 €	8.563 € – 13.669 €	13.670 € – 53.665 €	53.666 € – 254.446 €	ab 254.447 €

Wie sehr Ihnen der Fiskus durch die Steuerprogression in die Tasche langt, will ich Ihnen an einem Beispiel zeigen: Angenommen, Sie sind ledig. Bei einem Einkommen von 25.000 € zahlen Sie 2015 an Steuern 4.016 €. Das sind 16,06 %. Verdoppelt sich Ihr Einkommen auf 50.000 €, sind schon 12.757 € fällig. Ihr Steuersatz beträgt nun bereits 25,51 %. Die ganze Misere wird erst so richtig deutlich, wenn Sie sich die Steuerbelastung für die zweiten 25.000 € ansehen. Dafür bittet Sie der Fiskus mit sage und schreibe 8.741 € zur Kasse. Das ist mehr als doppelt so viel wie für die ersten 25.000 € und entspricht einem Steuersatz von 34,96 %. Der Steuersatz auf jeden weiteren Euro beträgt bei einem Einkommen von 50.000 € sogar mindestens 40,40 %. Wichtig ist also, der Steuerprogression die Schärfe zu nehmen – ihr ganz ausweichen können Sie nicht.

Steuerfreistellung des Existenzminimums

Die Steuerfreistellung des Existenzminimums erfolgt bei der Einkommensteuer im Wesentlichen über den Grundfreibetrag, bis zu dem keine Einkommensteuer anfällt. Der Grundfreibetrag muss laufend an das Existenzminimum angepasst werden, das regelmäßig im sog. Existenzminimumbericht der Bundesregierung festgestellt wird. Bei der Einkommensteuer beträgt der Grundfreibetrag zurzeit:

Jahr	Alleinstehende	zusammen veranlagte Ehegatten
2015	8.472 €	16.944 €
2016	8.562 €	17.124 €

Durch den Grundfreibetrag und weitere in die Lohnsteuertabellen eingearbeitete Freibeträge bleibt 2015 Arbeitslohn in folgender Höhe steuerfrei:

bei Renten- und Krankenversicherung

Steuerklasse	I/IV	II	III	V	VI
Monatslohn	950,58 €	1.082,91 €	1.796,41 €	105,66 €	0,83 €
Jahres-arbeitslohn	11.406,99 €	12.994,99 €	21.556,99 €	1.267,99 €	9,99 €

bei Renten- und Krankenversicherungsfreiheit (z.B. Beamte)

Steuerklasse	I/IV	II	III	V	VI
Monatslohn	889,99 €	1.013,83 €	1.681,83 €	98,91 €	0,83 €
Jahres-arbeitslohn	10.679,99 €	12.165,99 €	20.181,99 €	1.186,99 €	9,99 €

Für die Berechnung der Vorsorgepauschale bei der Ermittlung der oben ausgewiesenen steuerfreien Beträge wurde der allgemeine gesetzliche Zusatzbeitrag des Arbeitnehmers zur Krankenkasse von 0,9 % zugrunde gelegt. Da dieser Zusatzbeitrag seit 2015 von jeder Krankenkasse individuell festgesetzt werden kann, schwankt er je nach Krankenkasse zwischen 0,0 und 1,2 %. Deshalb können die bei Ihnen steuerfreien Arbeitslöhne von den in der Tabelle aufgeführten Werten abweichen.

3. Wie hoch ist meine Steuerersparnis?

S »Wie überschlage ich schnellstens, ob das Finanzamt mir genug erstattet hat?«, fragen Sie.

Ich gebe Ihnen dazu ganz einfache Steuerbelastungstabellen (➤ Rz 5, Rz 6) an die Hand, mit denen sich leicht nachprüfen lässt, ob das Finanzamt die von Ihnen geltend gemachten Aufwendungen voll anerkannt hat.

20   I. Allgemeine Steuertipps

Um die Steuerbelastung für Sie als Arbeitnehmer herauszufinden, wenn Sie ausschließlich Arbeitseinkünfte beziehen, verwenden Sie die Steuerbelastungstabelle so, dass Sie zunächst von Ihrem Jahresbruttolohn folgende Beträge abziehen:

1. **Berufliche Aufwendungen (Werbungskosten), bei aktiven Arbeitnehmern mindestens Arbeitnehmerpauschbetrag von 1.000 €. Sind Sie Pensionär, reduziert sich dieser Pauschbetrag auf 102 €.**

2. **Sonderausgabenpauschbetrag; wenn Sie allein veranlagt werden von 36 €, bei Zusammenveranlagung und Witwensplitting von 72 €.**

3. **80 % der Rentenversicherungsbeiträge abzgl. des Arbeitgeberanteils, (8,2 % – 4 % =) 7,87 % des Bruttolohns für Krankenversicherung und 1,175 % (Sachsen 1,675 %) des Bruttolohns für Pflegeversicherung (ggf. zzgl. 0,25 % bei kinderlosen Arbeitnehmern). Als privat Krankenversicherter ziehen Sie die von der Krankenversicherung bescheinigten Basiskranken- und Pflegeversicherungsbeiträge ab.**

Der verbleibende Betrag ist das zu versteuernde Einkommen (erste Spalte der Steuerbelastungstabellen). Die Steuerbelastung ergibt sich für Arbeitnehmer mit der Steuerklasse I aus der Grundtabelle (➤ Rz 5) und für Arbeitnehmer mit der Steuerklasse III aus der Splittingtabelle (➤ Rz 6). Sie müssen jetzt nur noch die Kosten, die Sie absetzen können, mit dem Prozentsatz multiplizieren, der der Belastung der letzten 1.000 € entspricht. Das Ergebnis ist in etwa Ihre Steuerersparnis.

Was ärgern Sie sich groß über die Steuer!
Ihr Geld ist doch nicht weg – es hat nur ein anderer!

(Unbekannt)

4. Steuerbelastungstabellen

Steuerbelastungstabelle 2015 für den Grundtarif (ohne KiSt und SolZ)
(geringfügige Abweichungen bleiben vorbehalten)

Zu versteuerndes Einkommen	Einkommensteuer insgesamt nach Grundtabelle		Belastung der letzten 1.000 €	Zu versteuerndes Einkommen	Einkommensteuer insgesamt nach Grundtabelle		Belastung der letzten 1.000 €
€	€	%	%	€	€	%	%
8.000	0	0,00	0,00	44.000	10.399	23,63	37,70
9.000	76	0,84	7,60	45.000	10.780	23,96	38,10
10.000	237	2,37	16,10	46.000	11.167	24,28	38,70
11.000	417	3,79	18,00	47.000	11.557	24,59	39,00
12.000	618	5,15	20,10	48.000	11.953	24,90	39,60
13.000	838	6,45	22,00	49.000	12.353	25,21	40,00
14.000	1.076	7,69	23,80	50.000	12.757	25,51	40,40
15.000	1.321	8,81	24,50	51.000	13.166	25,82	40,90
16.000	1.570	9,81	24,90	52.000	13.580	26,12	41,40
17.000	1.823	10,72	25,30	53.000	13.998	26,41	41,80
18.000	2.081	11,56	25,80	54.000	14.418	26,70	42,00

4. Steuerbelastungstabellen

Zu versteuerndes Einkommen	Einkommensteuer insgesamt nach Grundtabelle		Belastung der letzten 1.000 €	Zu versteuerndes Einkommen	Einkommensteuer insgesamt nach Grundtabelle		Belastung der letzten 1.000 €
€	€	%	%	€	€	%	%
19.000	2.344	12,34	26,30	55.000	14.838	26,98	42,00
20.000	2.611	13,06	26,70	56.000	15.258	27,25	42,00
21.000	2.883	13,73	27,20	57.000	15.678	27,51	42,00
22.000	3.160	14,36	27,70	58.000	16.098	27,76	42,00
23.000	3.441	14,96	28,10	59.000	16.518	28,00	42,00
24.000	3.726	15,53	28,50	60.000	16.938	28,23	42,00
25.000	4.016	16,06	29,00	61.000	17.358	28,46	42,00
26.000	4.311	16,58	29,50	62.000	17.778	28,67	42,00
27.000	4.610	17,07	29,90	63.000	18.198	28,89	42,00
28.000	4.914	17,55	30,40	64.000	18.618	29,09	42,00
29.000	5.223	18,01	30,90	65.000	19.038	29,29	42,00
30.000	5.536	18,45	31,30	66.000	19.458	29,48	42,00
31.000	5.853	18,88	31,70	67.000	19.878	29,67	42,00
32.000	6.176	19,30	32,30	68.000	20.298	29,85	42,00
33.000	6.502	19,70	32,60	69.000	20.718	30,03	42,00
34.000	6.834	20,10	33,20	70.000	21.138	30,20	42,00
35.000	7.170	20,49	33,60	71.000	21.558	30,36	42,00
36.000	7.510	20,86	34,00	72.000	21.978	30,53	42,00
37.000	7.855	21,23	34,50	73.000	22.398	30,68	42,00
38.000	8.205	21,59	35,00	74.000	22.818	30,84	42,00
39.000	8.559	21,95	35,40	75.000	23.238	30,98	42,00
40.000	8.918	22,30	35,90	80.000	25.338	31,67	42,00
41.000	9.281	22,64	36,30	90.000	29.538	32,82	42,00
42.000	9.649	22,97	36,80	100.000	33.738	33,74	42,00
43.000	10.022	23,31	37,30	110.000	37.938	34,49	42,00

Liegt Ihr Einkommen als Alleinstehender **über 250.731 €**, so liegt die Belastung des darüber hinausgehenden Einkommens durchgehend bei 45 %.

Steuerbelastungstabelle 2015 für den Splittingtarif (ohne KiSt und SolZ) **6** (geringfügige Abweichungen bleiben vorbehalten)

Zu versteuerndes Einkommen	Einkommensteuer insgesamt nach Splittingtabelle		Belastung der letzten 1.000 €	Zu versteuerndes Einkommen	Einkommensteuer insgesamt nach Splittingtabelle		Belastung der letzten 1.000 €
€	€	%	%	€	€	%	%
15.000	0	0,00	0,00	70.000	14.340	20,49	33,80
16.000	0	0,00	0,00	71.000	14.678	20,67	33,80
17.000	6	0,04	0,60	72.000	15.020	20,86	34,20
18.000	152	0,84	14,60	73.000	15.364	21,05	34,40
19.000	308	1,62	15,60	74.000	15.710	21,23	34,60
20.000	474	2,37	16,60	75.000	16.058	21,41	34,80
21.000	648	3,09	17,40	76.000	16.410	21,59	35,20
22.000	834	3,79	18,60	77.000	16.762	21,77	35,20
23.000	1.030	4,48	19,60	78.000	17.118	21,95	35,60

I. Allgemeine Steuertipps

Zu versteuerndes Einkommen	Einkommensteuer insgesamt nach Splittingtabelle		Belastung der letzten 1.000 €	Zu versteuerndes Einkommen	Einkommensteuer insgesamt nach Splittingtabelle		Belastung der letzten 1.000 €
€	€	%	%	€	€	%	%
24.000	1.236	5,15	20,60	79.000	17.476	22,12	35,80
25.000	1.450	5,80	21,40	80.000	17.836	22,30	36,00
26.000	1.676	6,45	22,60	81.000	18.198	22,47	36,20
27.000	1.912	7,08	23,60	82.000	18.562	22,64	36,40
28.000	2.152	7,69	24,00	83.000	18.930	22,81	36,80
29.000	2.396	8,26	24,40	84.000	19.298	22,97	36,80
30.000	2.642	8,81	24,60	85.000	19.670	23,14	37,20
31.000	2.888	9,32	24,60	86.000	20.044	23,31	37,40
32.000	3.140	9,81	25,20	87.000	20.420	23,47	37,60
33.000	3.392	10,28	25,20	88.000	20.798	23,63	37,80
34.000	3.646	10,72	25,40	89.000	21.178	23,80	38,00
35.000	3.904	11,15	25,80	90.000	21.560	23,96	38,20
36.000	4.162	11,56	25,80	91.000	21.946	24,12	38,60
37.000	4.424	11,96	26,20	92.000	22.334	24,28	38,80
38.000	4.688	12,34	26,40	93.000	22.722	24,43	38,80
39.000	4.954	12,70	26,60	94.000	23.114	24,59	39,20
40.000	5.222	13,06	26,80	95.000	23.508	24,75	39,40
41.000	5.494	13,40	27,20	96.000	23.906	24,90	39,80
42.000	5.766	13,73	27,20	97.000	24.304	25,06	39,80
43.000	6.042	14,05	27,60	98.000	24.706	25,21	40,20
44.000	6.320	14,36	27,80	99.000	25.108	25,36	40,20
45.000	6.598	14,66	27,80	100.000	25.514	25,51	40,60
46.000	6.882	14,96	28,40	101.000	25.922	25,67	40,80
47.000	7.166	15,25	28,40	102.000	26.332	25,82	41,00
48.000	7.452	15,53	28,60	103.000	26.746	25,97	41,40
49.000	7.742	15,80	29,00	104.000	27.160	26,12	41,40
50.000	8.032	16,06	29,00	105.000	27.578	26,26	41,80
51.000	8.326	16,33	29,40	106.000	27.996	26,41	41,80
52.000	8.622	16,58	29,60	107.000	28.416	26,56	42,00
53.000	8.920	16,83	29,80	108.000	28.836	26,70	42,00
54.000	9.220	17,07	30,00	109.000	29.256	26,84	42,00
55.000	9.524	17,32	30,40	110.000	29.676	26,98	42,00
56.000	9.828	17,55	30,40	120.000	33.876	28,23	42,00
57.000	10.136	17,78	30,80	130.000	38.076	29,29	42,00
58.000	10.446	18,01	31,00	140.000	42.276	30,20	42,00
59.000	10.758	18,23	31,20	150.000	46.476	30,98	42,00
60.000	11.072	18,45	31,40	160.000	50.676	31,67	42,00
61.000	11.388	18,67	31,60	170.000	54.876	32,28	42,00
62.000	11.706	18,88	31,80	180.000	59.076	32,82	42,00
63.000	12.028	19,09	32,20	190.000	63.276	33,30	42,00
64.000	12.352	19,30	32,40	200.000	67.476	33,74	42,00
65.000	12.676	19,50	32,40	210.000	71.676	34,13	42,00
66.000	13.004	19,70	32,80	220.000	75.876	34,49	42,00
67.000	13.334	19,90	33,00	230.000	80.076	34,82	42,00
68.000	13.668	20,10	33,40	240.000	84.276	35,12	42,00
69.000	14.002	20,29	33,40	250.000	88.476	35,39	42,00

Liegt Ihr Einkommen als Verheirateter **über 501.462 €**, so liegt die Belastung des darüber hinausgehenden Einkommens durchweg bei 45 %.

5. Arbeitnehmersparzulagen – Bausparbeiträge – Wohn-Riester

Legen Sie Teile Ihres Arbeitslohns als vermögenswirksame Leistungen (VL) an! In den meisten Fällen müssen Sie den Beitrag nicht einmal aus eigener Tasche zahlen; viele Arbeitgeber übernehmen die Zahlung der vermögenswirksamen Leistungen in voller Höhe oder zahlen zumindest einen Zuschuss. **7**

Sie sichern sich die Arbeitnehmersparzulage bei Anlagen in Sparverträge über Wertpapiere, Vermögensbeteiligungen und Beteiligungen am Arbeitgeberunternehmen, wenn Ihr zu versteuerndes Einkommen max. 20.000 €/40.000 € (Alleinstehende/Ehegatten) beträgt. Bei einer Anlage in Wohnungsbauanlagen, wie z.B. Bausparverträge, liegt die Einkommensgrenze mit 17.900 €/35.800 € (Alleinstehende/Ehegatten) etwas niedriger. Die Höhe der Arbeitnehmersparzulage ist von der Anlageform abhängig (➤ Rz 8) und wird jährlich mit Ihrem Einkommensteuerbescheid zusammen festgesetzt. Eine Auszahlung, die nicht die bisher festgesetzten Prämien gefährdet, kann in aller Regel erst nach Ablauf einer Sperrfrist von sieben Jahren erfolgen. Sie warten also im Zweifel bis zu sieben Jahre auf die Auszahlung der Sparzulage.

Im Einzelnen ist die Förderung wie folgt geregelt: **8**
Die Sparzulage beträgt 20 % für VL von max. 400 € jährlich, die angelegt werden in

- Sparverträge über Wertpapiere oder andere Vermögensbeteiligungen,
- Wertpapierkaufverträge,
- Beteiligungsverträge oder Beteiligungskaufverträge,
- Aktien, die zum Börsenhandel oder zum Handel im Inland zugelassen sind,
- Gewinnschuldverschreibungen und Wandelschuldverschreibungen des Arbeitgebers oder von inländischen Unternehmen, die keine Kreditinstitute sind,
- Anteilscheine an Aktienfonds inländischer Kapitalgesellschaften (Wertpapiersondervermögen, Wertpapierbestand zu mindestens 60 % Aktien und stille Beteiligungen),
- Anteilscheine an Beteiligungssondervermögen inländischer Kapitalgesellschaften (Bestand an Wertpapieren und stillen Beteiligungen muss mindestens 60 % Aktien und stille Beteiligungen enthalten),
- Genussscheine, die vom Arbeitgeber ausgegeben werden und zum Börsenhandel bzw. zum Handel im Inland zugelassen sind,
- Genossenschaftsguthaben an inländischen Kreditgenossenschaften (z.B. Volksbanken),

- GmbH-Anteile am Unternehmen des Arbeitgebers,
- stille Beteiligungen am Unternehmen des inländischen Arbeitgebers oder an einem inländischen am arbeitgebenden Unternehmen durch Vertrag gesellschaftsrechtlich beherrschend beteiligten Unternehmen,
- Anteilscheine an speziellen Mitarbeiterbeteiligungs-Investmentfonds, bei denen mindestens 60 % des Kapitals wieder in die Unternehmen investiert werden, die ihren Mitarbeitern entsprechende Fondsanteile als Mitarbeiterbeteiligung überlassen,
- eine Darlehensforderung gegen den in- oder ausländischen Arbeitgeber; eine Förderung in Höhe von 9 % erhalten Sie für Anlagen bis 470 € in
- Bausparverträgen und
- Verträgen nach dem WoPG und zum Wohnungsbau.

Unter Anlage zum Wohnungsbau ist zu verstehen: Erwerb oder Entschuldung von Wohnungseigentum, Bezahlung von Handwerkerrechnungen für Wohnungsbauarbeiten. Das gilt auch für Ferien- und Wochenendwohnungen!

Zum Nachweis Ihrer vermögenswirksamen Leistungen stellt Ihnen das Anlageinstitut eine »Anlage VL« aus, die Sie Ihrer Steuererklärung unbedingt beifügen müssen.

Für die Zukunft soll die Papierbescheinigung durch eine elektronische Anlage VL ersetzt werden. Ähnlich wie in anderen steuerlichen Bereichen (Krankenversicherungsbeiträge, Renten etc.) übermittelt dann das Anlageinstitut (Bank, Bausparkasse, Fondsgesellschaft), bei dem Sie Ihren Vertrag über die Anlage vermögenswirksamer Leitungen abgeschlossen haben, die entsprechenden Daten unmittelbar an das Finanzamt. Deshalb müssen Sie Ihrem Anlageinstitut
1. **Ihre steuerliche Identifikationsnummer mitteilen und**
2. **Ihre Zustimmung zur elektronischen Übermittlung der Daten erteilen.**

Für schon bestehende Verträge wird Ihnen die Arbeit erleichtert: Das Anlageinstitut teilt Ihnen schriftlich mit, dass es künftig die Daten der Anlage VL elektronisch übermitteln wird und von Ihrem Einverständnis ausgeht. Wenn Sie dem nicht innerhalb von vier Wochen widersprechen, gilt Ihre Zustimmung als erteilt.

TIPP

Profitieren Sie von der Unterstellung Ihres Einverständnisses!

9 Halten Sie es doch einfach wie ein typischer deutscher Beamter: Tun Sie nichts – also widersprechen Sie nicht – und kassieren Sie die Arbeitnehmersparzulage, ohne dass Sie sich selbst um die Anlage VL kümmern müssen.

Wann das elektronische Verfahren allerdings funktionieren wird, steht derzeit noch in den Sternen. Solange Sie also kein Informationsschreiben Ihres Anlageinstituts erhalten, bleibt alles wie bisher, das bedeutet: Sie bekommen Ihre Anlage VL in Papier zugeschickt und fügen sie wie gewohnt Ihrer Steuererklärung bei.

Bausparen

Die Vorteile gegenüber anderen Sparformen liegen auf der Hand: Zum einen gibt es für Bausparbeiträge, die nach dem Vermögensbildungsgesetz eingezahlt werden, eine Arbeitnehmersparzulage. Zum anderen fördert der Staat diese Anlageform mit der Wohnungsbauprämie. Sie beträgt grundsätzlich 8,8 % von max. 512 €/1.024 € Sparbeiträgen (Alleinstehende/Verheiratete). Anspruch hat allerdings nur, wessen Einkommen unter 25.600 €/51.200 € (Alleinstehende/Verheiratete) liegt.

Einschränkungen für Bausparverträge

Mit dem Eigenheimrentengesetz (»Wohn-Riester«) wurde dem Bausparvertrag als reine Geldanlagemöglichkeit weitgehend der Garaus gemacht. Für Bausparverträge, die nach dem 31.12.2008 abgeschlossen wurden (Neuvertrag) oder bei denen die erste Sparrate erst nach dem 31.12.2008 floss, gibt es eine Bausparprämie nur noch, wenn entweder der Bausparer selbst oder derjenige, an den er den Vertrag abtritt, die Mittel aus dem Vertrag unmittelbar für Wohnungsbauzwecke einsetzt. Ansonsten muss die Bausparprämie zurückgezahlt werden. Fließen vermögenswirksame Leistungen in den Bausparvertrag, bleibt die Arbeitnehmersparzulage erhalten.

TIPP

Ausnahme für junge Bausparer!

Für Bausparer, die bei Vertragsabschluss das 25. Lebensjahr noch nicht vollendet haben, gilt weiterhin – also auch für Neuverträge ab 2009 –, dass nach Ablauf der Sperrfrist von sieben Jahren über das Bausparguthaben frei verfügt werden kann. Dies kann jedoch nur einmal in Anspruch genommen werden. Die Wohnungsbauprämie gibt es dann für Einzahlungen der letzten sieben Sparjahre bis zur Verfügung über das vorhandene Sparkapital. Zu Ausnahmen bei vorzeitiger Verfügung wegen sozialer Härtefälle siehe ➤ Rz 14.

GUTER RAT

Als neuer Vertrag gilt auch, wenn bei einem Bausparvertrag nach dem 31.12.2008 die Bausparsumme erhöht wird. Hatten Sie z. B. 2007 einen Bausparvertrag mit einer Bausparsumme von 10.000 € abgeschlossen und stockten diesen 2015 auf 30.000 € auf, gilt der Vertrag nur zu einem Drittel als uneingeschränkt begünstigter Altvertrag.

11 **Achtung! Fangeisen: Abschlussgebühren für Bausparvertrag**
Abschlussgebühren können Sie als Werbungskosten bei den Einkünften aus Vermietung und Verpachtung absetzen, wenn der Bausparvertrag in engem zeitlichem und wirtschaftlichem Zusammenhang mit einem Bauvorhaben steht, aus dem Sie Mieteinkünfte erzielen wollen (BFH-Urt. v. 24.7.1990 – BStBl 1990 II S.975) oder wenn Sie mit dem Bausparvertrag die Hypothek ablösen wollen (BFH-Urt. v. 1.10.2002 – BStBl 2003 II S.398).

Prämientabelle

Personenkreis	begünstigte Sparleistung je Kalenderjahr max.	Wohnungs-bauprämie		Vermögenswirksames Sparen			staatlich geförderte Gesamt-spar-leistung	Wohnungs-bauprämie + Arbeit-nehmer-Sparzulage
		%-Satz	€	Zusätz-liche Spar-leistung	Sparzulage %-Satz	€		
Allein-stehende	512	8,8	45,05	470	9	42,30	982	87,35
Verheiratete* (1 AN)	1.024	8,8	90,10	470	9	42,30	1.494	132,40
Verheiratete* (2 AN)	1.024	8,8	90,10	940	9	84,60	1.964	174,70

* Die Ehe muss zumindest während eines Teils des Kalenderjahres, für das Wohnungsbauprämie beansprucht wird, bestanden haben, und die Ehegatten dürfen nicht während des gesamten Kalenderjahres dauernd getrennt gelebt haben. Zu den Einkommensgrenzen siehe ➤ Rz 12.

12 **Einkommensgrenzen**
Sie sollten wissen, bis zu welchem Bruttoarbeitslohn Ihnen auf jeden Fall die Bauspar- bzw. Wohnungsbauprämie zusteht, wenn keine anderen Einkünfte hinzukommen.

Übersicht zu Einkommensgrenzen 2015 **(Bausparprämie)**		
	Alleinstehende	Verheiratete*
Einkommensgrenze	25.600 €	51.200 €
+ Arbeitnehmerpauschbetrag	1.000 €	2.000 €
+ Sonderausgabenpauschbetrag	36 €	72 €
+ Vorsorgeaufwendungen	6.105 €	12.010 €
Bruttoarbeitslohn (Grenze)	32.741 €	65.282 €

* beide Ehegatten beziehen Arbeitslohn, 1 Kind

5. Arbeitnehmersparzulagen – Bausparbeiträge – Wohn-Riester

Wollen Sie neben der Bausparprämie für Ihren Bausparvertrag auch noch von der Arbeitnehmersparzulage profitieren, liegen die Einkommensgrenzen deutlich niedriger.

Übersicht zu Einkommensgrenzen 2015 **(Bausparprämie + Arbeitnehmersparzulage)**

	Alleinstehende	Verheiratete*
Einkommensgrenze	17.900 €	35.800 €
+ Arbeitnehmerpauschbetrag	1.000 €	2.000 €
+ Sonderausgabenpauschbetrag	36 €	72 €
+ Vorsorgeaufwendungen	4.340 €	8.538 €
Bruttoarbeitslohn (Grenze)	23.276 €	46.410 €

* beide Ehegatten beziehen Arbeitslohn, 1 Kind

Werden Verluste aus anderen Quellen, z.B. vermieteten Immobilien, höhere Werbungskosten, Sonderausgaben oder außergewöhnliche Belastungen geltend gemacht, erhöht sich die Bruttoarbeitslohngrenze natürlich um diese Mehrbeträge. Auch Kinder erhöhen die Bruttoarbeitslohngrenzen.

GUTER RAT

Sie können innerhalb der Sperrfrist mit den Mitteln aus Ihrem Bausparvertrag **13** auch Einbaumöbel kaufen, ohne auf Prämien oder Steuervorteile verzichten zu müssen. Denn da Einbaumöbel zum wesentlichen Bestandteil eines Hauses gehören, wird das Bauspargeld »wohnungswirtschaftlich« eingesetzt. Will das Finanzamt nicht mitmachen, verweisen Sie es auf das BFH-Urteil vom 29.10.1976 (BStBl 1977 II S.152).
Auch der Mieter kann für eine Renovierung seiner Mietwohnung ein Bauspardarlehen prämienbegünstigt einsetzen (§ 2 Abs. 2 S.8 WoPG). Die Beiträge müssen auf sieben Jahre festgelegt werden, wenn die Prämie erhalten bleiben soll.
Bei vorzeitiger Kündigung des Vertrags (vielleicht infolge Geldmangels) muss man gutgeschriebene Prämien natürlich zurückzahlen.

Für Alt- wie Neuverträge gilt: Wird vor Ablauf der Sperrfrist von sieben Jahren **14** die Bausparsumme ausgezahlt, abgetreten oder beliehen, handelt es sich um eine sog. *schädliche Rückzahlung und muss die Wohnungsbauprämie zurückgezahlt werden.*

Ausnahmen gelten in folgenden Fällen:

● Die empfangenen Beträge fließen komplett in den Bau oder Erwerb eines ausschließlich Wohnzwecken dienenden Gebäudes bzw. bei einem gemischt-

genutzten Bau in den Teil, der Wohnzwecken dient (BFH-Urt. v. 27.11.1964 – BStBl 1965 III S.214).
- Der Bausparer oder sein Ehegatte verstirbt oder wird völlig erwerbsunfähig. Stirbt der Prämiensparer, können die Erben den Vertrag fortsetzen.
- Der Bausparer ist seit mindestens einem Jahr ununterbrochen arbeitslos.

TRICK

Sichern Sie sich die hohen Guthabenzinsen auf Ihren alten Bausparvertrag!

Lassen Sie sich von Ihrer Bausparkasse nicht aufs Glatteis führen! Ältere Bausparverträge haben zum Teil noch grandios gute Habenzinsen, die weit über den Minizinsen liegen, die der Geldmarkt heute anbietet. Natürlich ist das den Bausparkassen ein Dorn im Auge, und sie versuchen daher mit allen Mitteln, Ihren Vertrag einzukassieren. Lassen Sie sich nicht auf irgendwelche fadenscheinigen Angebote ein.

Höchste Vorsicht ist geboten, wenn Ihr Guthaben droht, die vereinbarte Bausparsumme zu erreichen. Die Bausparkassen haben nämlich begonnen, die hochverzinsten Altverträge zu kündigen. Das müssen Sie sich nicht so ohne weiteres gefallen lassen und können der Kündigung widersprechen. Ganz gute Karten haben Sie vor allem dann, wenn die Bausparsumme Ihres Vertrags noch nicht zu 100 Prozent angespart ist. Denn dann kann der Zweck des Bausparvertrags – die Vergabe eines Bauspardarlehens – noch erfüllt werden. »Solange das der Fall ist, sollten Sie sich gegen die Kündigung wehren«, empfiehlt Niels Nauhauser, Finanzfachmann der Verbraucherzentrale Baden-Württemberg in der *Frankfurter Allgemeinen Zeitung* vom 22.11.2014.

Stoppen Sie daher im Zweifel die Zahlungen auf den Bausparvertrag und denken Sie dabei auch daran, dass weiter Zinsen gutgeschrieben werden, die ohnehin Ihr Guthaben weiter erhöhen.

Wenn es schon zur Kündigung gekommen ist, wenden Sie sich umgehend an Ihre Verbraucherzentrale und lassen sich dort weiterhelfen.

15 Achtung! Für die Berechnung der Bausparprämie können nur die Bausparkassenbeiträge berücksichtigt werden, die bis zur vollen oder teilweisen Erlangung (Auszahlung) des Bauspardarlehens entrichtet werden. Dazu gehören nicht nur die vertraglich bestimmten Beiträge, sondern auch darüber hinaus geleistete freiwillige Beiträge, die auf das Bausparguthaben gutgeschriebenen Zinsen, die man zur Beitragszahlung verwendet, sowie die beim Abschluss eines Bausparvertrags anfallenden Abschlussgebühren (Umschreibegebühren).

TRICK

Finanzierungsmöglichkeiten, an die kaum jemand denkt

S Wie, Sie können die Wohnungsbauprämie nicht bekommen, weil Ihr Einkommen zu hoch ist? Dann lassen Sie doch Ihren Vater oder eines Ihrer Kinder den Vertrag schließen! Das spätere Baudarlehen können sie Ihnen dann für den Bau oder die Renovierung von Wohnraum abtreten.
Denn: Bei einer Abtretung von Bausparvertragsansprüchen ist im Fall der Auszahlung der Bausparsumme innerhalb der Sperrfrist die Nachversteuerung auszusetzen, wenn der Erstsparer (Vater, Kind) eine Erklärung des Eingetretenen (Sie selbst) beibringt, dass dieser die Bausparsumme unverzüglich und unmittelbar zum Wohnungsbau für sich oder Angehörige verwendet (Nachweis: § 2 Abs. 2 WoPG).

SUPER TRICK

Treten Sie Ihren Bausparvertrag an einen nahen Verwandten ab!

S Bauspargelder können also unter nahen Verwandten weitergegeben werden, ohne dass Prämien- oder Steuervorteile verlorengehen. So kann man Bausparmittel, die man bei Auszahlung der Bausparsumme, bei Rückzahlung der Bausparverträge oder bei Beleihung oder Abtretung von Bausparvertragsansprüchen vor Ablauf der Sperrfrist (sieben Jahre) erhält, Angehörigen überlassen. Voraussetzung ist lediglich, dass die Gelder für Ihre wohnwirtschaftlichen Zwecke oder die Ihrer Angehörigen (§ 15 AO) verwendet werden, auch nach Ablauf der Sperrfrist. Sparen Verwandte mit, indem sie ebenfalls Bausparverträge abschließen, bekommt grundsätzlich jeder von ihnen die Bausparprämie. Indem sie später die Ansprüche aus ihren Verträgen an Sie abtreten, lässt sich so ein mehrfacher Prämienbezug bei nur einem einzigen Bauvorhaben erreichen.

Verwandte sind:
- Verwandte in gerader Linie (Kinder, Eltern, Großeltern) sowie zweiten und dritten Grades in der Seitenlinie (Geschwister, Onkel, Tanten, Nichten, Neffen),
- Verschwägerte in gerader Linie (z.B. Schwiegersöhne) und Verschwägerte zweiten Grades in der Seitenlinie (z.B. Ehemann der Schwester),

- Verlobte,
- durch Annahme an Kindes statt in gerader Linie Verbundene (Adoptivkinder und -eltern), Pflegeeltern und Pflegekinder,
- der Ehegatte, auch wenn die Ehe nicht mehr besteht.

Achtung! Ehegatten bilden zusammen mit ihren unter 16 Jahre alten Kindern eine Höchstbetragsgemeinschaft. Alle Sparleistungen der Familienmitglieder werden zusammengerechnet.

Für die Übertragung von Bauspargeldern auf andere Konten nach Zuteilung des Vertrags benötigen die Bausparkassen in der Regel folgende Unterlagen:

1. eine Willenserklärung des Bausparers, dass ein Sparguthaben aus dem zugeteilten bzw. beliehenen Vertrag an einen Verwandten überwiesen werden soll,

2. einen Darlehensantrag, wenn der Verwandte auch das Bauspardarlehen in Anspruch nehmen möchte und nicht nur die Ansparsumme,

3. vom Verwandten den Nachweis über die eigene wohnwirtschaftliche Verwendung.

In folgenden Fällen ist eine formelle Vertragsübertragung erforderlich:

- Der Bausparer, also der helfende Verwandte, will eine Mithaftung für weitergehende Bauspardarlehen ausschließen.
- Der begünstigte Verwandte, also der Bauherr, will die Schuldzinsen als Werbungskosten geltend machen.

Anmerkung: Sie brauchen jedes Jahr die neueste Ausgabe dieses Steuerratgebers. Manchmal ist es nur ein einziger neuer oder geänderter Trick, der Ihnen wieder einen großen Steuervorteil bringt.

18 Das Eigenheimrentengesetz – Wohn-Riester

Um nach Wegfall der Eigenheimzulage die Schaffung selbstgenutzten Wohneigentums weiterhin zu fördern, wurde mit dem »Eigenheimrentengesetz« die Riester-Förderung (vgl. ➤ Rz 176ff.) auf den Kauf oder den Bau einer Wohnung oder eines Hauses ausgedehnt. Gleichzeitig wurden vor allem Bausparverträge in die Riester-Förderung mit einbezogen.

Wie bei der Eigenheimzulage ist bei der Wohn-Riester-Förderung Voraussetzung, dass die geförderte Immobilie **ausschließlich selbst bewohnt** wird.

Begünstigte Investitionen

- Kauf oder Bau einer Wohnung bzw. eines Einfamilienhauses,
- Erwerb von Genossenschaftsanteilen an Wohnungsgenossenschaften, wenn später eine Wohnung dieser Genossenschaft bezogen wird,
- Erwerb von Dauerwohnrechten, etwa in einem Seniorenheim,

- Tilgung von Darlehen, die für die Finanzierung einer selbstgenutzten Wohnimmobilie eingesetzt werden.

TIPP

Förderung gibt es nur für den Hauptwohnsitz!

Die geförderte Immobilie muss Ihr Hauptwohnsitz sein. Damit sind Ferien- und Wochenendhäuser von der Wohn-Riester-Förderung ausgeschlossen. Zudem wird nur der Bau, der Erwerb oder die Entschuldung einer Immobilie gefördert, nicht jedoch Reparaturen oder Instandhaltungsarbeiten.

Da kommt dann wieder der gute alte Bausparvertrag ins Spiel. Förderfähig sind demnach

- Bausparverträge, aber auch andere Sparverträge, wenn diese eine Darlehensoption beinhalten. Zuerst werden also eigene (Bau-)Sparbeiträge angesammelt und als Altersvorsorgebeiträge mit Riester-Zulage bzw. Sonderausgabenabzug gefördert. Nach der Ansparphase können Sie die geförderten Eigenmittel für eine begünstigte Investition verwenden. Zusätzlich ist eine Darlehensaufnahme möglich, bei der die entsprechenden Tilgungsleistungen auf das Darlehen weiter gefördert werden.
- Zertifizierte reine Darlehensverträge; hier nehmen Sie ohne vorherige Ansparung von Eigenmitteln ein Darlehen zum Erwerb der selbstgenutzten Immobilie auf. Die Riester-Förderung erhalten Sie dann für die Tilgungsleistungen auf das Darlehen.
- Vorfinanzierungsdarlehen; ein zertifizierungsfähiges Vorfinanzierungsdarlehen besteht aus einem tilgungsfreien Darlehen in Kombination mit einem Sparvertrag, bei dem bei Vertragsabschluss unwiderruflich vereinbart wird, dass das Sparkapital zur Darlehenstilgung eingesetzt wird.

Die Riester-Zulagen werden dem Darlehensvertrag gutgeschrieben und dienen unmittelbar und zu 100 % der Darlehenstilgung. Die vollständige Darlehenstilgung muss allerdings bis zum 68. Lebensjahr erfolgen.

WICHTIGER HINWEIS

Bei allen Varianten, bei denen die Darlehenstilgung aus Riester-geförderten Verträgen erfolgen soll, ist Voraussetzung, dass Sie persönlich oder Ihr Ehegatte zum durch Riester begünstigten Personenkreis gehören.

19 Wer kann »wohn-riestern«?

Die Wohn-Riester-Förderung können Sie in Anspruch nehmen, wenn Sie in Deutschland wohnen oder hier zumindest Ihren gewöhnlichen Aufenthalt haben und zu folgendem Personenkreis gehören:

- Pflichtversicherte in der gesetzlichen Rentenversicherung,
- Pflichtversicherte in der Alterssicherung der Landwirte,
- Beamte und Empfänger von Amtsbezügen,
- Arbeitssuchende ohne Leistungsbezug wegen mangelnder Bedürftigkeit,
- Kindererziehende während der rentenrechtlich zu berücksichtigenden Zeiten,
- Bezieher von Erwerbsminderungs- oder Erwerbsunfähigkeitsrenten,
- Pensionäre, die eine Versorgung wegen Dienstunfähigkeit erhalten.

TRICK

Auch als Selbständiger können Sie von der Wohn-Riester-Förderung profitieren!

Wie Sie sehen, sind Sie als Selbständiger von den Möglichkeiten der Wohn-Riester-Förderung ausgeschlossen. Mit einem einfachen Kniff lässt sich dieses Problem umgehen: Mit einem Ehegattenarbeitsverhältnis schaffen Sie sich eine mittelbare Vergünstigung – und profitieren gleichzeitig davon, dass durch den Arbeitslohn und die Abgaben aus dem Arbeitsverhältnis Betriebsausgaben für Sie anfallen. Wichtig ist hier allerdings, dass der Arbeitslohn des Ehegatten sozialversicherungspflichtig ist, also über einen Minijob hinausgeht. Die Abgaben an die Sozialversicherung werden zum großen Teil schon dadurch kompensiert, dass sich aus den Rentenbeiträgen später ein Rentenversicherungsanspruch für den Ehegatten ergibt und dieser zudem nun für kleines Geld in der gesetzlichen Krankenversicherung versichert ist.

Als zusätzliches Bonbon gibt es darüber hinaus nun wie gesagt auch für Sie die Riester-Förderung, was sich vor allem dann lohnt, wenn Sie Kinder haben.

20 Wie hoch ist die Förderung?

Für entsprechende Beiträge, z.B. Bausparbeiträge, bestehen pro Jahr folgende Ansprüche auf Riester-Zulage:

- für jeden rentenversicherungspflichtigen Erwachsenen **154 €**,
- für jedes Kind, das vor 2008 geboren ist, **185 €**,
- für jedes Kind, das ab 2008 geboren wurde, sogar **300 €** jährlich;

- einmaliger Berufseinsteigerbonus von **200 €** im ersten Jahr für Sparer, die bei Vertragsabschluss noch keine 25 Jahre alt waren.

Alternativ können Beiträge bis zu **2.100 €** (wenn ein Ehegatte mittelbar begünstigt ist **2.160 €**) auch als Sonderausgaben abgezogen werden. Auf die sich daraus ergebende Einkommensteuerersparnis wird allerdings der Anspruch auf Zulagen angerechnet.

Diese Anrechnung erfolgt auch, wenn Sie gar keinen Antrag auf Zulage gestellt haben. Sie müssen also unbedingt zweigleisig fahren und sowohl einen Antrag auf Riester-Zulage stellen als auch die Steuerermäßigung im Rahmen Ihrer Einkommensteuererklärung beantragen.

Das Problem der nachgelagerten Besteuerung

Wie normale Riester-Verträge folgt auch »Wohn-Riester« dem Prinzip der Förderung von Ansparleistungen und der späteren nachgelagerten Besteuerung. Nur wird bei Wohn-Riester im Alter nicht eine tatsächlich gezahlte Rente besteuert, sondern im Prinzip die durch die frühere Förderung eingesparten Kosten für das Wohnen im Alter. Das in die Finanzierung der selbstgenutzten Immobilie eingeflossene steuerlich geförderte Altersvorsorgekapital wird dazu in einem speziellen Verrechnungsposten – dem sog. *Wohnförderkonto* – erfasst.

Auf diesem *Wohnförderkonto* werden die durch Zulagen oder Sonderausgabenabzug geförderten Beiträge, die Zulagen selbst und die eventuellen darüber hinausgehenden Steuervorteile durch den Sonderausgabenabzug aufgezeichnet. Zusätzlich wird dieses Konto pro Jahr um eine fiktive Verzinsung von 2 % erhöht.

Dieser fiktive Betrag wird ab einem im Wohn-Riester-Vertrag vereinbarten Zeitpunkt – zwischen Vollendung des 60. und spätestens des 68. Lebensjahres – in monatlichen Raten als fiktives Einkommen angerechnet.

Bis dahin ist das Kapital gebunden. Wird es vor Erwerb einer Immobilie für nicht geförderte Zwecke entnommen, müssen alle Zulagen und Steuervorteile zurückgezahlt werden. Das eingezahlte Kapital und die bis dahin tatsächlich erwirtschafteten Zinsen können allerdings beliebig verwendet werden. Wird dagegen eine gefördert erworbene Immobilie z.B. durch Verkauf, Vermietung oder aus anderen Gründen aufgegeben, wird der Betrag des Wohnförderkontos sofort und in voller Höhe als Einkommen besteuert.

TIPP

Sie können die Versteuerung vermeiden!

Eine Rückzahlung der Zulagen und Steuervorteile bzw. eine vorzeitige Versteuerung des *Wohnförderkontos* lässt sich allerdings vermeiden. Sie haben dazu folgende Möglichkeiten:

● Bei einem Verkauf der Immobilie zahlen Sie einen Betrag in Höhe des Wohnförderkontostandes in einen anderen Riester-zertifizierten Altersvorsorgevertrag ein (z.B. Riester-Rentenversicherung) oder reinvestieren ihn innerhalb von vier Jahren in eine andere förderfähige Wohnung.

● Bei einer Vermietung der Immobilie wegen beruflich bedingten Umzugs schließen Sie einen befristeten Mietvertrag ab und erklären darin, dass Sie die Wohnung später – spätestens bei Vollendung des 67. Lebensjahres – wieder selbst nutzen wollen.

● Wird die Selbstnutzung infolge einer Ehescheidung beendet, ist dies unschädlich, wenn die eheliche Wohnung aufgrund richterlicher Entscheidung dem Ehegatten des Riester-Sparers zugewiesen wird.

● Verstirbt der Wohn-Riester-Sparer, führt dies nicht zu einer schädlichen Beendigung der Selbstnutzung, wenn die Wohnung vom Ehepartner weiter selbst genutzt wird.

Besteuerung nach Eintritt in den Ruhestand
Für die Besteuerung können Sie zwischen zwei Alternativen wählen.

1. Verrentung
Der Betrag aus dem Wohnförderkonto wird gleichmäßig auf den Zeitraum zwischen dem vertragsgemäßen Besteuerungsbeginn und der Vollendung des 85. Lebensjahres aufgeteilt, also auf 17 bis max. 25 Jahre. In jedem Jahr wird dann ein entsprechender Teilbetrag vom Wohnförderkonto abgezogen und als sonstige Einkünfte im Rahmen der Einkommensteuerveranlagung versteuert. Ob sich daraus eine Steuer ergibt und wie hoch diese letztlich ist, hängt vom individuellen Steuersatz im Ruhestand ab.

Beispiel
Auf Ihrem Wohnförderkonto ist ein Betrag von 72.000 € erfasst. Sie gehen mit 67 Jahren in Rente, bis zur Vollendung Ihres 85. Lebensjahres vergehen also 18 Jahre. Der jährlich zu versteuernde Betrag beläuft sich demnach auf 72.000 € ÷ 18 Jahre = **3.000 €.**

2. Sofortversteuerung
In diesem Fall werden bei Eintritt in den Ruhestand 70 % des auf dem Wohnförderkonto erfassten Betrags auf einen Schlag als »sonstige Einkünfte« mit dem persönlichen Steuersatz ohne weitere Steuerermäßigung besteuert. Die restlichen 30 % bleiben unversteuert.

Beispiel
Auf Ihrem Wohnförderkonto ist ein Betrag von 72.000 € erfasst. Sie gehen mit

67 Jahren in Rente und wählen die Sofortversteuerung. Im Jahr des Rentenbeginns müssen demnach 72.000 € × 70 % = **50.400 €** versteuert werden.

Auch nach Beginn der Besteuerung – ob nun als Verrentung oder als Sofortversteuerung – bleibt die Nutzungsbindung der Immobilie erhalten. Wird die Immobilie in der »Auszahlungsphase«, zu dessen Beginn die Sofortversteuerung gewählt wurde, verkauft oder vermietet, muss bis zum zehnten Jahr nach Beginn der Auszahlungsphase das Doppelte der noch nicht besteuerten 30 % des Wohnförderkontos versteuert werden und vom elften bis zum 20. Jahr das Einfache dieses Betrags.

Wird die geförderte Immobilie in der Versteuerungsphase veräußert, bevor der Betrag lt. *Wohnförderkonto* vollständig versteuert ist, muss der Restbetrag grundsätzlich voll versteuert werden. Dies lässt sich allerdings z.B. dadurch vermeiden, dass Sie einen entsprechenden Betrag in eine andere selbstgenutzte Immobilie investieren, etwa Ihr selbstgenutztes Haus verkaufen und mit dem Erlös einen Platz in einem Seniorenwohnheim erwerben.

Tod des Anspruchsberechtigten

Verstirbt der Wohn-Riester-Berechtigte, kann grundsätzlich sein Ehegatte die Wohnung unschädlich weiter nutzen. Der Ehepartner muss dann allerdings auch die Versteuerung fortführen.

In allen anderen Fällen gilt der Restbetrag des *Wohnförderkontos* mit dem Tod als schädlich verwendet. Die Erben müssen diesen Betrag in der letzten Einkommensteuererklärung für den Verstorbenen in voller Höhe nachgelagert versteuern.

Das Steuersystem der Bundesrepublik
hat den Charakter gesetzlichen Unfugs.
(Wirtschaftsprofessor Spitaler)

II. Lohn/Gehalt –
steuerfrei oder steuerpflichtig!?

1. Wie vermeide ich steuerpflichtigen Lohn?

Dies ist die wichtigste Frage für den Nichtselbständigen, wenn er Steuern sparen will.

Als Arbeitnehmer zahlen Sie auf Ihren Arbeitslohn oder Ihr Gehalt genauso **22** Einkommensteuer wie Selbständige auf die Einkünfte aus ihrem Betrieb oder ihrer Praxis. Und wer seinen Lebensunterhalt aus der Vermietung von Immobilien erzielt oder schlicht nur sein Geld für sich arbeiten lässt und von den Erträgen und Zinsen seines Kapitals lebt, zahlt ebenfalls.

Zwar legt die Bezeichnung Lohnsteuer den Schluss nahe, diese sei eine eigene Steuerart, doch wird mit »Lohnsteuer« lediglich die besondere Besteuerungsform umschrieben, mit der der Fiskus Sie als Arbeitnehmer schon im Lauf des Jahres bei jeder Lohn- und Gehaltszahlung zur Kasse bittet. Die Lohnsteuer ist letztlich nichts anderes als eine besondere Erhebungsform der Einkommensteuer. Man könnte sie auch als Quellensteuer für Lohneinkünfte bezeichnen, da sie bereits an der »Quelle«, vom Arbeitgeber, einbehalten und an das Finanzamt für Ihre Rechnung gezahlt wird. Sie zahlen mit Ihrer Lohnsteuer also laufend Abschläge auf Ihre Einkommensteuer. Wenn die dann bei der Gesamtabrechnung nach Ablauf des Jahres aufgrund Ihrer Einkommensteuererklärung niedriger ausfällt als die Lohnsteuer, bekommen Sie den zu viel gezahlten Betrag erstattet.

Der Fiskus macht also Ihren Brötchengeber zum Gehilfen beim Kassieren Ihrer Steuern. Ihr Arbeitgeber berechnet nach festgelegten Formeln die auf Ihren Lohn entfallende Lohnsteuer. Damit Ihre wichtigsten persönlichen Verhältnisse und Besonderheiten in die Besteuerung einfließen können, benötigt er Ihre Lohnsteuerabzugsmerkmale, die er aus einer zentralen Datenbank abruft: Ihre Steuerklasse, die Zahl Ihrer Kinderfreibeträge, Ihre Konfession und eventuelle Freibeträge für erhöhte Werbungskosten, Sonderausgaben oder außergewöhnliche Belastungen, die schon während des Jahres für eine gewisse Steuerentlastung sorgen.

Abgesehen davon gibt es viele große und kleine Kniffe, wie Sie Teile Ihrer Vergütungen aus dem Arbeitsverhältnis steuerfrei kassieren oder die Steuerbelastung auf Ihren Lohn zumindest drücken können.

Übungsleiterfreibetrag **23**
Vielleicht sind Sie nebenberuflich in einem gemeinnützigen Verein oder bei einer öffentlich-rechtlichen Institution als Übungsleiter, Ausbilder, Erzieher,

Kranken- oder Altenpfleger, Musiker oder Trainer tätig. Dann veranlassen Sie, dass von der Vergütung, die Sie dafür erhalten, ein Betrag von bis zu 2.400 € jährlich als *Aufwandsentschädigung* steuer- und sozialabgabenfrei bleibt. Sagen Sie im Lohnbüro einfach, Sie seien nebenberuflich tätig. Quelle: § 3 Nr. 26 EStG. Wenn Sie weniger als 2.400 € im Jahr erhalten, kann natürlich nur der geringere Betrag steuerfrei bleiben.

24 *Steuerermäßigung für ehrenamtlich Tätige, die nicht unter den Übungsleiterfreibetrag fallen*
Das Problem beim Übungsleiterfreibetrag ist, dass Sie ausbildend, erziehend oder im Rahmen der Pflege tätig sein müssen, um von der Steuerfreiheit profitieren zu können. Hier bringt § 3 Nr. 26a EStG Abhilfe. Wenn Sie für einen gemeinnützigen Verein oder eine Körperschaft öffentlichen Rechts nebenberuflich tätig sind, ohne dass die Voraussetzungen gemäß ➤ Rz 23 gegeben sind, können zumindest Ihre Vergütungen und Aufwandsentschädigungen bis zu 720 € im Jahr steuerfrei bleiben.

Unter die 720-€-Steuerermäßigung fallen – die Zahlung einer entsprechenden Vergütung vorausgesetzt – z.B.

- Vereinsvorstände,
- Kassierer,
- Platz-, Zeugwarte,
- Schreibkräfte in der Geschäftsstelle,
- Reinigungskräfte,
- Fahrer.

Außer dass Sie gemeinnützige, mildtätige oder kirchliche Arbeit leisten müssen, ist die Steuerfreiheit nur noch davon abhängig, dass Sie nebenberuflich und nicht hauptberuflich für die jeweilige Organisation tätig sind. Das heißt nichts anderes, als dass Sie nicht mehr als **ein Drittel** der Stunden einer Vollzeitarbeitskraft leisten dürfen, also z.B. nicht mehr als ca. 13 Stunden in der Woche arbeiten (BFH v. 30.3.1990 – BStBl 1990 II S. 854).
Nicht von der Steuerermäßigung erfasst werden Personen, die in sog. wirtschaftlichen Geschäftsbetrieben von gemeinnützigen Organisationen arbeiten. So kann etwa die Bedienung im Vereinslokal die Steuerbefreiung ebenso wenig beanspruchen wie etwa derjenige, der dem Verein Werbekunden beschafft und diese betreut.
Der Steuerfreibetrag von 720 € ist ein Jahresbetrag. Er steht Ihnen deshalb auch dann in voller Höhe zu, wenn Sie nicht das ganze Jahr, sondern nur einige Monate gemeinnützig tätig waren. Haben Sie z.B. am 1.11.2015 eine gemeinnützige Tätigkeit aufgenommen und erhalten dafür jeden Monat eine Aufwandsentschädigung von 400 €, bleiben von den im Jahr 2015 gezahlten 800 € volle 720 € steuerfrei.

TRICK

Aufwandsentschädigung kassieren und zurückspenden!

Wenn Sie als Vorstand oder Kassierer Ihres Vereins jährlich eine Aufwandsentschädigung von 720 € kassieren, bleibt diese Zahlung für Sie also steuerfrei. Selbstverständlich ist es schön, einen kleinen Obolus für die Mühen zu erhalten, die Sie im Dienst Ihres Vereins auf sich nehmen. Andererseits ist Ihr Verein finanziell vielleicht nicht gerade auf Rosen gebettet und könnte dieses Geld anderweitig sinnvoll einsetzen.

Wer sagt denn eigentlich, dass Sie die Aufwandsentschädigung nicht einfach als Spende an den Verein zurückzahlen können? Der Vorteil für alle liegt auf der Hand.

- Der Verein ist unter dem Strich durch die Aufwandsentschädigung nicht belastet, da er sie von Ihnen als Spende zurückbekommt.
- Die Einnahmen aus der Aufwandsentschädigung belasten Sie finanziell nicht, da sie ja steuerfrei sind.
- Die an den Verein geleistete Spende von z.B. 720 € können Sie von der Steuer absetzen und sparen so je nach Einkommen und Steuersatz zwischen 100 € und 370 €.

WICHTIGER HINWEIS

Die Vergütungen an den Vorstand müssen unbedingt in der Vereinssatzung geregelt sein, ansonsten droht die Aberkennung der Gemeinnützigkeit durch das Finanzamt.
Nach § 27 Abs. 3 BGB sind die Vorstandsmitglieder von Vereinen vom Grunde her unentgeltlich tätig. Sie können allerdings die tatsächlich entstandenen Aufwendungen ersetzt bekommen. Fährt der Vereinsvorstand z.B. die Jugendmannschaft zum Auswärtsspiel, kann ihm der Verein die Fahrtkosten erstatten. Erhalten Vorstandsmitglieder aber Vergütungen für ihre (Vorstands-)Tätigkeit, muss dies ausdrücklich in der Satzung des Vereins geregelt werden. Plant Ihr Verein die Zahlung entsprechender Aufwandsentschädigungen, sollten Sie als Vorstand darauf drängen, dass zuvor in der nächsten Mitgliederversammlung ein Beschluss darüber gefasst wird, dass und in welcher Höhe Aufwandsentschädigungen gezahlt werden.

Die Bezahlung der Vergütungen sollte dabei natürlich nicht an die Verpflichtung geknüpft werden, sie als Spende zurückfließen zu lassen. Denn dann wäre die Spende nicht mehr freiwillig und könnte nicht von der Steuer abgesetzt werden.

TRICK

Als Ehrenamtlicher Freibeträge von 3.120 € kassieren!

26   Nach dem Willen des Gesetzgebers sollen Sie den Übungsleiterfreibetrag und den Freibetrag für ehrenamtliche Tätigkeiten nicht nebeneinander für **dieselbe** Tätigkeit in Anspruch nehmen können. Wenn Sie also z.B. in Ihrem Sportverein als Übungsleiter 3.200 € Vergütungen erhalten, bleiben davon nur 2.400 € steuerfrei. Dasselbe Problem haben Sie, wenn Sie in zwei Vereinen als Trainer tätig sind, denn den Übungsleiterfreibetrag gibt es insgesamt nur einmal.

Günstiger sieht das Ganze aus, wenn Sie neben dem Übungsleiter- oder Trainer-Job noch in anderer Funktion für Ihren Verein tätig sind, etwa als Vorstand, Kassierer oder Platzwart. Sie werden also Ihre Vereinsführung auf folgende pfiffige Idee bringen: Für die Tätigkeit als Übungsleiter bekommen Sie künftig nur noch 2.500 € im Jahr. Dafür zahlt Ihnen der Verein aber für die bisher unentgeltlich geleistete ehrenamtliche Tätigkeit als Platzwart eine jährliche Aufwandsentschädigung von 700 €.

Damit erhalten Sie jetzt Vergütungen für zwei eindeutig voneinander abgrenzbare Tätigkeiten – mit der Folge, dass von der Übungsleitervergütung nur 100 € steuerpflichtig sind und die Aufwandsentschädigung ganz steuerfrei ist.

27   Der *Übungsleiterfreibetrag* gilt nicht nur für Trainer bei Sportvereinen, sondern auch für Chorleiter und Dirigenten in Gesangvereinen, Lehrer an Volkshochschulen (auch der Leiter einer Volkshochschule kann Ausbilder sein, wenn er das Unterrichtsgeschehen durch seine Persönlichkeit mitgestaltet, so der BFH v. 23.1.1986 – BStBl 1986 II S. 398), Betreuer bei der Mütterberatung, der Seelsorge, bei den Anonymen Alkoholikern oder anderen Selbsthilfegruppen, bei Erste-Hilfe-Kursen usw., für Lehrpersonen und Vortragende im Rahmen der beruflichen Aus- und Weiterbildung, wie etwa bei Industrie-, Handels-, Handwerker-, Ärzte- oder Steuerberaterkammer oder in Finanz-, Justiz- und Kreisverwaltung. Artverwandte und eng damit zusammenhängende Tätigkeiten, wie etwa die eines Prüfers bei Abschlussprüfungen, sind ebenfalls begünstigt. Auch Umweltschutzunterweiser und Gesundheitsberater von kleinen Vereinen können diese Vergünstigung beanspruchen. Durch einen entsprechenden Vertrag mit dem Verein sorge man auch hier vor.

Der Freibetrag steht Ihnen außerdem zu für die nebenberufliche Pflege alter, kranker oder behinderter Menschen, also etwa, wenn Sie sich im Nebenberuf oder in Ihrer Freizeit als Sanitäter, z.B. für das Rote Kreuz, um Unfallopfer kümmern.

TRICK

Übungsleiterfreibetrag für die freiwillige Feuerwehr

Mitglieder der freiwilligen Feuerwehren erhalten für ihre Tätigkeit geringe Vergütungen und Aufwandsentschädigungen. Je nachdem, welche Funktion sie in der freiwilligen Feuerwehr ausüben, können diese Zahlungen als Entgelt für eine Ausbildertätigkeit behandelt werden. Da der Dienst bei der Feuerwehr für eine öffentlich-rechtliche bzw. gemeinnützige Institution und zudem nebenberuflich geleistet wird, fallen die Zahlungen ganz oder zum Teil unter die Begünstigung des Übungsleiterfreibetrags (§ 3 Nr. 26 EStG).

Abhängig von der Funktion bei der Feuerwehr gilt das für folgende prozentuale Teile der gezahlten Beträge (Finanzministerium des Landes NRW vom 3.12.2013 S 2337 – 32 – V B 3).

Funktionsträger	Anteil der Ausbildungstätigkeit
Leiter der Feuerwehren	60 %
Stv. Leiter der Feuerwehren	80 %
(Stv.) Zug- und Gruppenführer	80 %
sowie sonstige Ausbilder	80 %
Gerätewarte und Atemschutzgerätewarte	80 %
Kinder- und Jugendfeuerwehrwarte	100 %
Sicherheitsbeauftragte	100 %

Der Freibetrag gilt außerdem für sog. Betreuer. Nach dem Willen des Steuergesetzgebers soll dabei der Begriff des Betreuers nicht eng ausgelegt werden. Wenn Ihnen ein Finanzer etwa mit dem Ansinnen kommt, damit seien nur Personen im Sinn des Betreuungsgesetzes gemeint, die z.B. in der Betreuung körperlich und geistig gebrechlicher Personen tätig sind, klopfen Sie ihm gehörig auf seine raffgierigen Finger. Von dieser Steuerbefreiung sind vielmehr alle begünstigt, die durch direkten pädagogisch ausgerichteten Kontakt zu den von ihnen betreuten Menschen im ehrenamtlichen Bereich aktiv sind. Über diese positive Nachricht können Sie sich also freuen, wenn Sie z.B. im Jugendbereich als Gruppenleiter, Leiter einer Pfadfindergruppe, Betreuer bei Sommerlagern oder nebenberuflich in der Kinderbetreuung tätig sind. Die Ausbildung und Betreuung von Tieren (Pferden, Hunden) zählt jedoch nicht zu den begünstigten Tätigkeiten.

Auch die Aufwandsentschädigung, die ein ehrenamtlicher Vormund, ehrenamtlicher rechtlicher Betreuer oder ehrenamtlicher Pfleger gem. § 1835a BGB kassiert, fällt unter den Freibetrag von 2.400 € (§ 3 Nr. 26b EStG). Damit ist die Steuerfreiheit nicht auf den Ehrenamtsfreibetrag von 720 € begrenzt.

Sind Sie ehrenamtlich in einer Bahnhofsmission tätig, trifft für Sie ebenfalls § 3 Nr. 26 EStG zu. Von Ihren Vergütungen ist dann zumindest der Teil steuerfrei, der auf Pflege und Betreuung entfällt.

Sie können diesen Anteil im Zweifel mit 60 %, höchstens jedoch mit 2.400 € im Jahr ansetzen. Berufen Sie sich auf den im Einvernehmen mit dem BMF und den anderen Bundesländern herausgegebenen Erlass des Finanzministeriums Sachsen-Anhalt vom 7.4.1992 (432 – S 2121 – 15 – DStR 1992 S. 913).

Auch die Kunst und die Kultur werden in Deutschland steuerlich gefördert. Deshalb sind Vergütungen, die nebenberuflich tätige Künstler (insbesondere Musiker) erhalten, als Aufwandsentschädigung bis zu 2.400 € steuerfrei. Quelle: § 3 Nr. 26 EStG.

Gute Nachrichten für alle gemeinnützigen Organisationen: Für die steuerfrei gezahlten Beträge – egal ob Übungsleiterfreibetrag oder Freibetrag für nebenberufliche Tätigkeiten – müssen keine Sozialversicherungsbeiträge abgeführt werden (§ 14 Abs. 1 S. 2 SGB IV). Dabei spielt es keine Rolle, ob Sie im Rahmen eines 450-€-Arbeitsverhältnisses für Ihren Verein tätig sind oder dort neben Ihrem Hauptberuf z.B. als Sporttrainer oder Reinigungskraft einen Nebenjob haben. Ja, Sie lesen ganz richtig! Angenommen, Sie sind für Ihren Verein, die öffentliche Hand oder eine Wohlfahrtsorganisation auf 450-€-Basis tätig. Dieser Job ist entweder Ihre einzige Beschäftigung oder zumindest der einzige Nebenjob, dem Sie zusätzlich zu Ihrem normalen Beruf nachgehen. In diesem Fall kann Ihr Brötchengeber die Steuer auf den 450-€-Job mit 2 % pauschal berechnen und an die Bundesknappschaft abführen. Darüber hinaus drückt er 28 % pauschale Sozialversicherungsbeiträge, 1,09 % an Umlagen (U1 bei Krankheit, U2 für Mutterschutz, Insolvenzgeldumlage) und Beiträge zur Unfallversicherung für Ihren Lohn ab. Für Sie ist der Job damit steuer- und sozialversicherungsfrei.

So kann der Verein z.B. für einen Trainer auf 450-€-Basis bei der Berechnung der Abgaben monatlich $1/12$ des Übungsleiterfreibetrags = 200 € abziehen. Pauschale Steuern und Sozialabgaben fallen dann nur noch auf den Restbetrag von 250 € an. Bei der Reinigungskraft, die die Vereinsräume auf 450-€-Basis putzt, kann er die Abgaben um monatlich $1/12$ des Freibetrags von 720 € für nebenberufliche Tätigkeiten kürzen. Statt auf die vollen 450 € Lohn muss der Verein nur noch auf 390 € Steuern und Sozialabgaben abführen.

TRICK

Kassieren Sie 575 € im Nebenjob abgabenfrei!

Statt die Freibeträge von dem Lohn aus dem Minijob abzuziehen, besteht auch die Möglichkeit, den regelmäßigen monatlichen Lohn von 450 € abgabenbegünstigt um den steuerfreien Betrag von 2.400 €/200 € (Jahr/Monat) bzw. 720 €/60 € (Jahr/Monat) aufzubessern, ohne dass Sie oder Ihr Arbeitgeber dafür einen Cent an Abgaben zahlen müssten.
So sieht die Rechnung im günstigsten Fall für Sie und Ihren Arbeitgeber aus:

Monatslohn	650 €
./. steuer- und sozialversicherungsfreier Betrag nach § 3 Nr. 26 EStG	– 200 €
Verbleibender Arbeitslohn	450 €

Nur dieser Restbetrag ist für die pauschale Steuer und die Sozialversicherung interessant. Ihr Arbeitgeber wird dafür pauschal mit insgesamt 31,99 % (2 % Steuern, 15 % Rentenversicherung, 13 % Krankenversicherung und 1,09 % Umlagen) = 139,90 € zur Kasse gebeten. Hinzu kommen noch Beiträge zur gesetzlichen Unfallversicherung.

Ist Ihr Minijob Ihre einzige Erwerbsquelle und können Sie deshalb eine Steuerkarte mit der Steuerklasse I, II, III oder IV vorlegen, erspart das Ihrem Arbeitgeber zusätzlich die pauschale Steuer von 2 %, und er muss lediglich die Sozialversicherungspauschalen von 29,09 % zzgl. gesetzliche Unfallversicherung abdrücken. Sobald bei Ihnen oder Ihrem Ehepartner aber noch andere Einkünfte anfallen, sollten Sie tunlichst auf die Steuerkarte verzichten. In diesem Fall fahren Sie mit der pauschalen Steuer von 2 % besser.

Auf die richtige Verteilung der Freibeträge von 2.400 € bzw. 720 € kommt es an. **28**
Steuerlich haben Sie grundsätzlich zwei Möglichkeiten.
Angenommen, Sie bekommen im Monat 500 €. Dann könnte der Freibetrag so schnell wie möglich aufgezehrt werden. Ihr Arbeitgeber würde dann die gesamten Abgaben für Januar bis April sparen, und für Mai ergäbe sich noch ein 100-€-Job (500 € – Restfreibetrag von 400 €). Spätestens ab Juni laufen Sie und Ihr Arbeitgeber aber in die volle Sozialversicherungs- und Steuerpflicht. Sie selbst werden dann mit 20,225 % Sozialversicherung zur Kasse gebeten, und Ihr Arbeitgeber darf auch noch seinen Anteil von 19,325 % zahlen. Außerdem kann Ihr Arbeitgeber die Lohnsteuer nicht mehr pauschal erheben, so dass Sie eine Steuerkarte vorlegen müssen. Als Nebenberufler, der noch einen Hauptjob hat, würde das bedeuten: Lohnsteuer zahlen nach Steuerklasse VI!

Unter dem Strich fahren Sie und Ihr Arbeitgeber also besser, wenn die Freibeträge gleichmäßig aufs Jahr verteilt werden, somit jeden Monat nur ein Teilbetrag von 200 € bzw. 60 € berücksichtigt wird. In diesem Fall akzeptiert die Sozialversicherung durchgehend Ihren Minijob und damit, dass übers Jahr lediglich pauschale Arbeitgeberbeiträge gezahlt werden.

Sie sehen also, ein bisschen Geduld bei der Ausschöpfung von Steuerbefreiungen zahlt sich manchmal in barer Münze aus.

Außerdem sollten Sie Folgendes wissen:

29 • Die Freibeträge von 2.400 € und 720 € sollen alle Ausgaben im Zusammenhang mit der nebenberuflichen Tätigkeit abgelten. Übersteigen Ihre Ausgaben den jeweiligen Freibetrag, setzen Sie stattdessen die höheren tatsächlichen Kosten an, versteht sich.

30 • Üben Sie Ihren Nebenjob als Arbeitnehmer aus, erhalten Sie zusätzlich zum Übungsleiterfreibetrag den Arbeitnehmerpauschbetrag von 1.000 €. Es sei denn, Sie sind auch im Hauptberuf Arbeitnehmer und brauchen den Arbeitnehmerpauschbetrag schon dafür.

31 • Üben Sie Ihren Nebenjob für eine öffentlich-rechtliche Institution aus, wie z.B. für eine Behörde, Sparkasse, Industrie- und Handels-, Handwerks-, Ärztekammer etc., bleiben zusätzlich zu den 2.400 €/720 € die ersetzten **Reisekosten** steuerfrei (§ 3 Nr. 13 EStG). Denken Sie daran, wenn Sie Ihren Vertrag abschließen, und vereinbaren Sie, dass Ihnen die Reisekosten gesondert erstattet werden.

Tragen Sie die Kosten dagegen selbst, können Sie sie absetzen, wenn sie zusammen mit Ihren anderen beruflichen Ausgaben höher sind als der jeweilige Freibetrag und höher als Ihre Einnahmen. So der Fiskus in R 3.26 Abs. 9 LStR. Damit lassen die Fiskalritter – anders als früher – endlich auch zu, dass Sie Verluste aus Ihrer nebenberuflichen Tätigkeit absetzen können.

• Nebenjobs als Lehrer, Übungsleiter, Musiker usw. werden oft selbständig (freiberuflich) ausgeübt, also nicht in einem Arbeitsverhältnis. Der *Übungsleiterfreibetrag* gilt aber selbstverständlich auch für Freiberufler. Also sind auch hier bis zu 2.400 € steuerfrei.

32 • Ist der Veranstalter, für den Sie nebenberuflich tätig sind, kein gemeinnütziger Verein oder keine öffentlich-rechtliche Einrichtung, sondern z.B. ein gewerbliches Unternehmen, wird Ihnen kein Freibetrag zuerkannt. Machen Sie stattdessen eine Ausgabenpauschale von 25 % Ihrer Einnahmen, höchstens 614 € jährlich, geltend (H 18.2 EStH, Betriebsausgabenpauschale).

33 • Der *Übungsleiterfreibetrag* steht auch allen nebenberuflich selbständig tätigen Volksmusikern zu. Mit der Pauschale sind dann allerdings die Kosten für Instrumente, Uniformen, Fahrten und Verpflegung abgegolten (OFD Münster v. 4.10.1990 – S 2143).

1. Wie vermeide ich steuerpflichtigen Lohn?

Weitere Fälle für den Übungsleiterfreibetrag nennt die OFD Hannover in ihrer **34** Verfügung vom 15.12.2009 (S 2121 – 55 – StO 215, EStB 2010 S. 103):

● **Ärzte**

Vergütungen an Ärzte, die nebenberuflich im Behinderten- oder Koronarsport betreuend tätig sind, sofern die übrigen Voraussetzungen stimmen: öffentlicher oder gemeinnütziger Auftraggeber.

● **Aufsichtsvergütung für die juristische Staatsprüfung**

Vergütungen an Richter, Staatsanwälte und Verwaltungsbeamte des höheren Dienstes, die nebenamtlich als Leiter von Arbeitsgemeinschaften für Referendarinnen und Referendare tätig sind.

● **Behinderten- und Krankentransport**

Es ist sachgerecht, den *Übungsleiterfreibetrag* für 50 % der Vergütung zu gewähren. Damit ist auch die Tätigkeit im Bereitschaftsdienst abgegolten.

● **Diakon**

Begünstigt sind bei einem nebenberuflich tätigen Diakon die ausbildenden und betreuenden Tätigkeiten mit pädagogischer Ausrichtung sowie Arbeiten im sozialen Bereich, die als Pflege alter, kranker oder behinderter Menschen gewertet werden können. Die Tätigkeiten im Zusammenhang mit Taufen, Krankenkommunion, Trauungen, Predigtdienst sind dagegen nicht begünstigt.

● **Essen auf Rädern**

Vergütungen an Helfer des Mahlzeitendienstes sind nicht begünstigt, da die Lieferung einer Mahlzeit keine Pflegeleistung darstellt. Allerdings kommt die Inanspruchnahme des Freibetrags von 720 € in Betracht, wenn die Tätigkeit nebenberuflich ausgeübt wird.

● **Ferienbetreuer**

Ehrenamtliche Ferienbetreuer, die zeitlich begrenzt zur Durchführung von Ferienmaßnahmen eingesetzt werden, sind nebenberuflich tätig. Ihre Vergütungen sind deshalb begünstigt, wenn sie von einer gemeinnützigen Organisation oder einer Körperschaft öffentlichen Rechts gezahlt werden.

● **Hausnotrufdienst**

Bei Hausnotrufdiensten inkl. sog. Hintergrunddienste sind nur die Vergütungen für tatsächliche Rettungseinsätze und die Bereitschaftszeiten hierfür begünstigt, nicht hingegen die Vergütungen, die auf die Einweisung, Einrichtung, Wartung und Überprüfung der Hausnotrufgeräte entfallen. Werden nur Notrufe entgegengenommen und weitergeleitet, ist weder die Tätigkeit noch die Bereitschaftszeit begünstigt.

● **Lehrbeauftragte an Schulen**

Vergütungen an ehrenamtliche Lehrbeauftragte, die von den Schulen für einen ergänzenden Unterricht eingesetzt werden, sind begünstigt. In der Regel stellen sie Einkünfte aus selbständiger Arbeit (§ 18 EStG) dar.

46   II. Lohn/Gehalt – steuerfrei oder steuerpflichtig!?

● **Organisten**

In Kirchengemeinden eingesetzte nebenberufliche Organisten haben Anspruch auf den *Übungsleiterfreibetrag*.

● **Rettungsschwimmer**

Rettungsschwimmer üben eine im Sinne des *Übungsleiterfreibetrags* begünstigte Tätigkeit aus.

● **Rettungssanitäter**

Die Vergütungen für die Tätigkeit von Rettungssanitätern und Ersthelfern im Rettungsdienst, bei Sportveranstaltungen, kulturellen Veranstaltungen, Festumzügen etc. sind begünstigt. Eine Aufteilung der Vergütung nach Rettungseinsätzen und Bereitschaftszeiten ist nicht erforderlich.

● **Schulweghelfer und Schulbusbegleiter**

Die von den Gemeinden an Schulweghelfer und Schulbusbegleiter gezahlten Aufwandsentschädigungen können begünstigt sein, wenn die Tätigkeit nebenberuflich ausgeübt wird. Gleichzeitig kommt aber auch eine Steuerbefreiung für Aufwandsentschädigungen (§ 3 Nr. 12 EStG) in Betracht. Die Steuerbefreiungen müssen in der für Sie jeweils günstigsten Reihenfolge berücksichtigt werden.

● **Stadtführer**

Die Tätigkeit von Stadtführern ist mit einer unterrichtenden Tätigkeit an einer Volkshochschule und der Tätigkeit eines Museumsführers vergleichbar und fällt damit grundsätzlich unter den *Übungsleiterfreibetrag,* wenn der Auftraggeber z.B. eine Stadt, Gemeinde, Kirchenkörperschaft oder eine andere gemeinnützige Organisation ist.

35   Heirats- und Geburtsbeihilfe

Obwohl es keine ausdrückliche gesetzliche Steuerbefreiung für entsprechende Zuwendungen des Arbeitgebers gibt, können Sie zumindest kleine Sachgeschenke steuerfrei kassieren. Weil die Geburt oder die Hochzeit ein besonderes persönliches Ereignis ist, kann Ihnen Ihr Arbeitgeber mit einem Sachgeschenk im Wert von bis zu 60 € eine Freude machen, ohne dass der Fiskus die Hand aufhält. Er kann dazu die Regelung zu *Aufmerksamkeiten* in R 19.6 LStR ausnutzen. So bleibt Ihre Freude über den Strampler oder die Spieluhr für den Nachwuchs ungetrübt.

36   Jubiläumsgeschenke

Jubiläumsgeschenke an Arbeitnehmer sind sowohl bei Arbeitnehmer- als auch bei Firmenjubiläen in voller Höhe steuerpflichtig. Da sie aber in aller Regel Arbeitslohn für mehrere Jahre darstellen, unterliegen sie der etwas günstigeren ermäßigten Besteuerung (§ 34 EStG).

Beispiel
Bei einem zu versteuernden Einkommen von 30.000 € erhalten Sie für jahrelange Betriebstreue ein Jubiläumsgeld von 10.000 €.
Im Jubiläumsjahr 2015 ergibt sich für Sie damit folgende Steuerersparnisrechnung:

Steuer lt. Grundtabelle auf Jubiläumsgeschenk 10000 €	30.000 €	> 5.536 €	> 5.536 €
Davon ⅕	2.000 €		
Steuer lt. Grundtabelle auf	32.000 €	> 6.176 €	
Differenz		640 €	
		× 5	
Steuer auf Jubiläumsgeschenk		3.200 €	> 3.200 €
Steuer insgesamt			8.736 €
Einkommensteuer ohne »Fünftel-Regelung« auf 40000 € lt. Grundtabelle			8.918 €
Steuerermäßigung			182 €

GUTER RAT

Regen Sie bei gutem Betriebsklima an, dass der Chef zum Jubiläum oder zu Ihrem runden Geburtstag eine (kleine) Feier steigenlässt. Tritt die Firma formal als Gastgeber auf und werden hauptsächlich Geschäftsfreunde und Kollegen eingeladen, sind die Kosten steuerfrei (BFH-Urt. v. 28.1.2003 – BStBl 2003 II S 724; R 19.3 Abs. 2 Nr. 3 LStR). Das gilt aber nur dann uneingeschränkt, wenn die Kosten der Feier pro Teilnehmer nicht über 110 € liegen.
War der Spaß teurer, müssen Sie sich zumindest den Anteil der Kosten als Arbeitslohn zurechnen lassen, der auf Sie selbst und Ihre privaten Gäste, wie Familienangehörige und enge Freunde, entfällt.

TRICK

Zuschüsse zur Kinderbetreuung

Obwohl Sie Ihre Kinderbetreuungskosten von der Steuer absetzen können, sind steuerfreie Zuschüsse vom Arbeitgeber für die Unterbringung Ihrer Kinder im Kindergarten oder in ähnlichen Einrichtungen die bessere Alternative, weil Sie neben Steuern nämlich auch die Sozialversicherung auf die Zuschüsse sparen. Die Kleinen dürfen allerdings noch nicht schulpflichtig sein. Die Schulpflicht richtet sich dabei nach den im jeweiligen Bundesland geltenden Regelungen. Sie wird aber in aller Regel nicht geprüft, wenn das Kind das sechste Lebensjahr bis zur Jahresmitte noch nicht vollendet hat. Steuerfrei bleiben die Arbeitgeberzuschüsse übrigens auch, wenn Ihr Kind noch nicht schulreif und deshalb von der Schulpflicht zurückgestellt ist.

TIPP

zum Kostennachweis und für Lebenspartner

Wenn Ihnen Ihr Brötchengeber die Betreuungskosten überweist oder direkt an die Betreuungseinrichtung zahlt, müssen Sie Ihrem Boss die Originalbelege geben, z. B. den Bescheid über die Kindergartengebühren, Rechnungen der Betreuungseinrichtung und die Zahlungsquittungen bzw. die Überweisungsträger. Damit will der Fiskus verhindern, dass Sie die Kosten möglicherweise zweimal geltend machen.

Bei der Erstattung durch den Arbeitgeber sind übrigens – anders als beim Absetzen der Kinderbetreuungskosten in der Steuererklärung – auch die Verpflegungskosten für Ihr Kind begünstigt.

Gute Nachricht für nichteheliche Partner mit Kind: Bei nicht verheirateten Eltern muss meist die Mutter das Kind im Kindergarten anmelden. Die Belege über die Kinderbetreuung lauten also auf ihren Namen. Wenn nun ihr Lebensgefährte einen großzügigeren Chef hat, ist das kein Problem. Auch wenn der Nachweis der Kindergartenkosten nicht auf seinen Namen lautet, erhält er die Zuschüsse seines Arbeitgebers steuerfrei. Dazu muss er allerdings der Vater des Kindes sein. Berufen Sie sich, wenn es beim Finanzamt Probleme gibt, auf R 3.33 Abs. 1 S. 2 LStR.

TIPP

zur Gehaltsumwandlung

39   Leider lässt der Fiskus eine Gehaltsumwandlung von z. B. Weihnachtsgeld oder Gratifikationen, auf die Sie einen arbeitsrechtlichen Anspruch haben, in Kindergartenzuschüsse nicht zu. Diese Einschränkung können Sie umgehen, wenn

Sie schon bei Ihrer Einstellung oder bei einem Gespräch über eine Gehaltserhöhung geschickt mit Ihrem Chef verhandeln. Gehen Sie mit Ihrer Forderung nach Gehalt bzw. Gehaltserhöhung etwas herunter und **schlagen Sie vor, er möge stattdessen Ihre Kindergartenbeiträge übernehmen.** Statt sich also um den letzten Euro die Köpfe heißzureden, treffen beide sich in der Mitte und machen trotzdem beide ein gutes Geschäft. Sie kassieren nämlich einen dicken Batzen Ihres Gehalts steuerfrei, und Ihr Arbeitgeber spart sich die Sozialversicherungsbeiträge auf diesen Gehaltsteil.

Einfacher wird die ganze Sache mit der Gehaltsumwandlung, wenn Ihr Chef freiwillige Zahlungen leistet, das Weihnachtsgeld oder die Gratifikation also ausdrücklich ohne Anerkennung einer Rechtspflicht ausgezahlt wird. In diesem Fall kann die Sonderzahlung ohne weiteres ganz oder teilweise als Kindergartenzuschuss und damit steuerfrei gezahlt werden.

SUPER TRICK

Wie Sie mit einer Tagesmutter 750 € im Jahr verdienen können

Der Kniff bei der Tagesmutter ist, dass das Finanzamt sie zwar als »ähnliche Einrichtung« – wie einen Kindergarten – akzeptiert, aber nur, wenn Ihre Kleinen *außerhalb* Ihrer Wohnung betreut werden.

Ihrem Chef legen Sie also folgende Bescheinigung Ihrer Tagesmutter vor:

Bescheinigung

Ich, ..., bestätige hiermit Herrn/Frau . . . .,
dass ich die Kinder . . . . und . . . . (usw.)
in meiner Wohnung betreue. Für die Kinderbetreuung zahlt mir Herr/
Frau . . . . monatlich 250 €.

. . . .
Ort und Datum   (Unterschrift)

Übrigens: Diese Kinderbetreuerin kann Ihre erwachsene Tochter, Schwiegertochter, Mutter, Schwiegermutter, Oma oder Opa sein.
Zahlt Ihnen Ihr Chef jetzt 12 × 250 € = 3.000 € unter der Bezeichnung »Zuschuss zur Kinderbetreuung«, beträgt Ihre Steuerersparnis schon bei einem Steuersatz von 25 % 750 € im Jahr. Wichtig ist: Sie müssen diesen Zuschuss zusätzlich zum Arbeitslohn erhalten. Eine einfache Gehaltsumwandlung funktioniert nicht.

TIPP

für Tages- und Wochenmütter

41 **Vergessen Sie nicht die Steuern der Tagesmutter.** Kümmert sich die Tagesmutter nur um ein Kind und betreut es darüber hinaus im Haushalt der Eltern, nimmt der Fiskus sehr schnell ein Arbeitsverhältnis an. Dann kostet die Tagesmutter zusätzlich Sozialversicherungsbeiträge, und Sie müssen als Arbeitgeber Lohnsteuer einbehalten und abführen.

Betreut sie dagegen ein oder gar mehrere Kinder in ihrem eigenen Haushalt, ist sie in aller Regel selbständig tätig und muss selbst für die Versteuerung ihrer Einkünfte sorgen – egal ob sie unmittelbar von Ihnen als den Eltern der Kinder oder vom Jugendamt bzw. der Gemeinde bezahlt wird. Steuerfrei bleiben allerdings Beitragserstattungen für eine Unfallversicherung (zu 100 %) und für die Alterssicherung sowie eine angemessene Kranken- und Pflegeversicherung (zu je 50 %) (Kinderförderungsgesetz v. 10.12.2008 – BGBl. I S. 2403).

Da die Tagesmutter selbständig tätig ist, kann sie natürlich alle in Zusammenhang mit der Betreuung entstandenen Betriebsausgaben absetzen. Dazu gehören vor allem Kosten für

- Ausstattungsgegenstände (Mobiliar),
- Spielzeug,
- Beschäftigungsmaterialien,
- Fachliteratur,
- Hygieneartikel,
- Miete und Betriebskosten der zur Kinderbetreuung genutzten Räume,
- Verpflegung des Kindes,
- Telefonkosten,
- Weiterbildungsmaßnahmen,
- Versicherungen, z. B. Unfall- und Berufshaftpflichtversicherung,
- Fahrten im Zusammenhang mit der Kinderbetreuung,
- Freizeitgestaltung.

Damit die Tagesmutter keine umfangreiche Buchhaltung einrichten muss, kann sie für die Kinder, die sie in ihrem **eigenen** Haushalt betreut, statt der tatsächlichen Kosten pauschal **300 € je Kind und Monat** als Betriebsausgaben abziehen. Diese Pauschale bezieht sich auf eine Betreuungszeit von acht Stunden und mehr pro Kind und Tag. Bei kürzerer Betreuung wird sie anteilig gekürzt. Sie beträgt somit bei einer Betreuungszeit von z. B. vier Stunden nur noch 150 €. Sie darf zudem nur bis zur Höhe der gezahlten Vergütungen abgezogen werden, es kann also anders als beim Einzelnachweis der Kosten kein Verlust entstehen.

Wenn die Tagesmutter das Kind im Haushalt seiner Eltern betreut, bleibt ihr ohnehin nur der Einzelnachweis ihrer Kosten.

Beachten Sie: Erhält die Tagesmutter trotz Urlaubs, Krankheit oder Fortbildung das Entgelt weitergezahlt, hat sie auch weiter Anspruch auf die Pauschale. Fallen dagegen in einem vollen Monat keine Einnahmen an, bleibt der Tagesmutter für diesen Monat nur die Möglichkeit, Kosten einzeln nachzuweisen bzw. glaubhaft zu machen (Quelle: BMF v. 20.5.2009 – BStBl 2009 I S. 642).

TRICK

Vergessen Sie bei der Berechnung der Betriebsausgabenpauschale die Fahrzeiten nicht!

Zur Betreuung des Kindes gehören selbstverständlich auch die Fahrten, um das Kind von den Eltern abzuholen und zurückzubringen. Mit Umziehen, Abliefern des Kindes, kurzer Besprechung des Tagesablaufs mit den Eltern kommt schnell eine zusätzliche Stunde zusammen. Statt $4/8$ = 150 € steigt die Pauschale damit auf $5/8$ = 187,50 €. Das macht im Jahr 450 € mehr an Betriebsausgabenpauschale.

Arbeitgeberzahlungen zur Verbesserung der Vereinbarkeit von Familie und Beruf

Häufig scheitert der Wiedereinstieg in den Job, weil nach der Elternzeit die Kinderbetreuung geregelt werden muss oder weil Sie den Spagat zwischen Beruf und der Betreuung eines pflegebedürftigen Angehörigen nicht hinbekommen. Um Sie bei der Wiederaufnahme Ihres Jobs zu unterstützen, kann Ihr Arbeitgeber Sie mit steuerfreien Serviceleistungen unterstützen. Er kann dazu auf seine Kosten ein Dienstleistungsunternehmen beauftragen,

- Sie hinsichtlich der erforderlichen Kinderbetreuung oder der Betreuung Ihres pflegebedürftigen Angehörigen zu beraten,
- Ihnen eine Tagesmutter für Ihre Kinder oder eine Betreuungsperson für Ihren pflegebedürftigen Angehörigen zu vermitteln.

Außerdem kann der Arbeitgeber Ihnen die Kosten für eine kurzfristige Betreuung Ihrer Kinder unter 14 Jahren oder Ihres pflegebedürftigen Angehörigen bis zu 600 € im Jahr steuerfrei zahlen. Voraussetzung ist, dass die Betreuung aus beruflichen Gründen notwendig ist.

Müssen Sie z. B. an einer mehrtägigen Seminarveranstaltung teilnehmen oder ist Ihr beruflicher Einsatz zu außergewöhnlichen Dienstzeiten erforderlich, könnte Ihnen für diese Zeit Ihr Brötchengeber die Tagesmutter steuerfrei sponsern. Auch wenn Ihr Kind oder ein pflegebedürftiger Angehöriger krank wird und Sie nur unter der Voraussetzung weiter zur Arbeit gehen können, dass dessen Betreuung anderweitig geregelt wird, kann der Arbeitgeber mit einem steuerfreien Kostenbeitrag von bis zu 600 € in die Bresche springen. Entscheidend ist letztlich, dass die Kosten für eine zusätzliche, außergewöhnliche – also außerhalb der normalerweise erforderlichen – Betreuung anfallen.

Will sich Ihr Brötchengeber Ihre wertvolle Arbeitskraft auch während solcher privater Engpässe sichern, sollte ihm das ein paar Euro wert sein. Da die Zahlungen steuer- und sozialversicherungsfrei geleistet werden können, wird Ihrem Chef seine finanzielle Großzügigkeit durch Vater Staat ein wenig versüßt.

43 Leistungen des Arbeitgebers zur Gesundheitsförderung
Leistungen des Arbeitgebers zur Verbesserung des allgemeinen Gesundheitszustandes und der betrieblichen Gesundheitsförderung können je Arbeitnehmer bis zu 500 € im Jahr steuerfrei bleiben (Quelle: § 3 Nr. 34 EStG). Unter die Steuerbefreiung fallen neben innerbetrieblich angebotenen Kursen und Maßnahmen auch zweckgebundene Barzuschüsse zu extern durchgeführten Maßnahmen. Begünstigt sind vor allem folgende Programme:

- Verhaltens- und gesundheitsorientierte Bewegungsprogramme zur allgemeinen Reduzierung von Bewegungsmangel und zur Vorbeugung gegen spezielle Risiken, z.B. Rückengymnastik,
- Vorbeugemaßnahmen gegen arbeitsbedingte Belastungen des Bewegungsapparates, z.B. Massagen,
- Vorträge und Ernährungskurse zur Vermeidung von Mangel- und Fehlernährung sowie zur Vermeidung und Reduzierung von Übergewicht,
- Maßnahmen und Kurse zur Stressbewältigung,
- Suchtprävention und -bekämpfung, z.B. Nichtraucherprogramme, Umgang mit Alkohol.

Die Leistungen muss Ihr Brötchengeber zusätzlich zum übrigen Arbeitslohn erbringen. Eine Umwandlung von Arbeitslohn, z.B. des Weihnachtsgelds oder anderer Sonderzahlungen, ist grundsätzlich nicht möglich.

WICHTIGER HINWEIS

500 € sind nicht unbedingt das letzte Wort!
Maßnahmen des Arbeitgebers zur Gesundheitsförderung, die nach einer gutachterlichen Stellungnahme des Medizinischen Dienstes oder der Berufsgenossenschaft in ganz überwiegend eigenbetrieblichem Interesse durchgeführt werden, sind auch dann steuerfrei, wenn sie mehr als 500 € im Jahr kosten. Die Kosten für solche Maßnahmen werden auch nicht auf die 500-€-Grenze des § 3 Nr. 34 EStG angerechnet. Der Arbeitgeber kann also ohne weiteres noch andere Gesundheitsfördermaßnahmen steuerfrei bezuschussen.

Als ausgesprochener Spaßverderber hat sich der Gesetzgeber gezeigt, indem er die Übernahme von Beiträgen für einen **Sportverein** oder ein **Fitnessstudio** ausdrücklich nicht in die Steuerfreiheit einbezogen hat.

TIPP

Einzelkurse beim Verein oder im Studio sind begünstigt!

Der Ausschluss der Steuerfreiheit betrifft nur die Bezuschussung **laufender Vereins- und Studiobeiträge**, nicht dagegen Einzelkurse, die der Sportverein oder ein Fitnessstudio unabhängig von einer Mitgliedschaft anbietet. Somit bleibt ein Zuschuss Ihres Arbeitgebers von z.B. 400 € zu einem Kursus »Rückengymnastik«, der vom örtlichen Sportverein an 20 Abenden angeboten wird, steuerfrei.

TRICK

Abnehmen mit staatlich subventioniertem Zuschuss!

Plagen Sie sich schon seit Jahren mit Ihrem Gewicht? Nach jeder Diät mit ein paar Pfund Gewichtsverlust schlägt unbarmherzig der Jo-Jo-Effekt zu, und nach kurzer Zeit sind mehr Pfunde auf den Rippen als vor der Diät. Hier hilft nur eine dauerhafte Umstellung der Gewohnheiten, vor allem der Essgewohnheiten. Es gibt dazu genügend einschlägige Kurse von der Volkshochschule bis zu professionellen Vereinen. Die kosten aber nicht nur Zeit, sondern auch mehr oder weniger viel Geld. Lassen Sie sich von Ihrem Brötchengeber – statt des Bonus für verdiente Mitarbeiter – doch einfach einen Ernährungsberatungskurs mit bis zu 500 € im Jahr steuer- und abgabenfrei sponsern.

44-€-Freigrenze für Sachbezüge

Sachzuwendungen Ihres Arbeitgebers, z.B. die verbilligte Überlassung einer Wohnung, kostenloses Telefonieren, kostenlose Dienstleistungen und Warenlieferungen bleiben steuerfrei, wenn die Differenz zwischen ihrem Wert und Ihrer Gegenleistung im Monat nicht höher als 44 € liegt.

TIPP

zur Bagatellgrenze

Einen zusätzlichen Steuerbonus über die Freigrenze von 44 € hinaus streichen Sie ein, wenn als Wert Ihres Sachbezugs nicht der tatsächliche Wert angesetzt wird. Um übliche Rabatte oder Preisunterschiede auszugleichen, muss der Fiskus zunächst immer einen Preisabschlag von 4 % vom tatsächlichen Wert Ihres Sachbezugs vornehmen (Quelle: R 8.1 Abs. 2 S. 9 LStR). Für die Frage, ob die steuerfreie Grenze von 44 € überschritten ist, kommt es also auf die Differenz zwischen 96 % des tatsächlichen Wertes und Ihrer Zahlung an.

Ihr Chef kann Ihnen als steuerfreien Sachbezug auch einfach einen **Gutschein** geben, den Sie bei der nächsten Tankstelle oder einer Kaufhauskette einlösen.

Der Fiskus hatte bislang die Latte für die Anerkennung der 44-€-Freigrenze bei Tank- oder anderen Warengutschein sehr hoch gelegt. So scheiterte früher die Steuerfreiheit schon, wenn auf dem Gutschein ein bestimmter Höchstbetrag angegeben war oder Arbeitnehmer sich die Ware selbst aussuchen konnten. Dieser kleinlichen Sichtweise hat der BFH gleich in mehreren Urteilen eine klare Abfuhr erteilt. Entscheidend ist nach seiner Meinung nur, dass dem Arbeitnehmer mit dem Gutschein eine Sachleistung zugewendet werden soll und er den Gutschein nicht zu Bargeld machen kann. Die Steuerbefreiung bis zu 44 € ist deshalb in folgenden Fällen ohne weiteres anwendbar:

- Ihr Arbeitgeber schenkt Ihnen einen auf z. B. 40 € lautenden Gutschein eines Kaufhauses, Supermarktes, einer Buchhandlung etc., für den Sie aus dem Warensortiment des Geschäfts einkaufen können.

- Ihr Arbeitgeber stellt Ihnen einen Tankgutschein aus über Kraftstoff im Wert von 40 €. Sie gehen mit dem Gutschein zur Tankstelle, tanken dort und lassen sich den Gutschein quittieren. Sie bezahlen den Sprit zunächst selbst und legen dann Ihrem Brötchengeber den quittierten Gutschein und die Kassenquittung vor. Ihr Arbeitgeber kann Ihnen den verauslagten Betrag nun steuerfrei erstatten.

- Ihr Arbeitgeber überlässt Ihnen einmal im Monat die Firmentankkarte, mit der Sie bei der Vertragstankstelle Ihres Arbeitgebers bis zu einem Höchstbetrag von 44 € tanken können.

Der BFH hat in all diesen Fällen zugunsten der Steuerzahler entschieden, dass Sachzuwendungen vorliegen und damit die 44-€-Freigrenze zur Anwendung kommt.
(BFH-Urteile v. 11.11.2010, VI R 27/09, VI R 41/10 und VI R 21/09)
Der Betrag von 44 € ist allerdings eine **Freigrenze**, achten Sie also darauf, ihn nicht zu überschreiten, denn sonst wird der volle Betrag steuerpflichtig. Außerdem müssen Sie wissen, dass die 44-€-Freigrenze nicht für eine einzelne Sachzuwendung gilt, vielmehr dürfen sämtliche kleinen Vorteile eines Monats zusammengerechnet diese Grenze nicht überschreiten.

Sehen Sie sich also vor, dass Ihnen nicht folgendes Malheur passiert: Ihr Chef schenkt Ihnen einen Tankgutschein über 25 Liter Superbenzin (Preis/l zzt. 1,62 €). Da Sie nur einen Gegenwert von 40,50 € erhalten haben, sind Sie noch auf der sicheren Seite. Erlaubt Ihnen aber Ihr Boss im selben Monat, ein Paket Kopierpapier im Wert von 3,99 € mit nach Hause zu nehmen, weil Sie vergessen hatten, rechtzeitig welches einzukaufen, schauen Sie schön blöd aus der Wäsche. Nun sind nämlich die kompletten 44,49 € (Tankgutschein und Kopierpapier) steuerpflichtig.

TRICK

Mit einer kleinen Zuzahlung retten Sie die Steuerfreiheit!

Das oben geschilderte Problem lösen Sie ganz einfach: Sie bezahlen Ihrem Arbeitgeber schlicht die 3 € für das Kopierpapier, und schon ist Ihr Gesamtvorteil unter 44 € und damit wieder im sicheren Bereich.

Stellen Sie sich einmal vor, Ihr Chef drückt Ihnen die Firmentankkarte in die Hand und erlaubt Ihnen, für 43 € zu tanken. Normalerweise ein schönes steuerfreies Geschenk. Nun passiert Ihnen aber beim Tanken ein Malheur: Sie passen nicht auf und beenden den Tankvorgang zu spät. Statt für 43 € ist für 48 € Kraftstoff geflossen.

Sie lösen das Problem elegant dadurch, dass Sie Ihrem Arbeitgeber nicht die Tankkarte mit Beleg, sondern zusätzlich 5 € in die Hand drücken. Auch in diesem Fall wird die Zuzahlung angerechnet und drückt den Vorteil unter die 44-€-Grenze.

Nicht unter die Bagatellgrenze fallen:

- die Nutzung Ihres Firmenwagens, für die die 1-%-Regelung gilt;
- Mahlzeiten im Betrieb sowie Kost und Logis, für die bereits die besonders günstigen Sachbezugswerte nach der Sachbezugsverordnung gelten, und
- Personalrabatte, für die Sie den viel günstigeren Rabattfreibetrag in Anspruch nehmen;
- Bezüge, für die die Lohnsteuer mit 25 % pauschal angesetzt wird:
  - Mahlzeiten im Betrieb, Essenmarken,
  - Betriebsveranstaltungen,
  - Erholungsbeihilfen,
  - Verpflegungszuschüsse bei Dienstreisen, Fahrtätigkeit etc.,
  - Computerschenkung oder Übernahme Ihrer privaten Internetkosten durch den Arbeitgeber,
- verbilligte Überlassung von Belegschaftsaktien oder anderen Vermögensbeteiligungen;
- verbilligter Versicherungsschutz durch den Arbeitgeber.

TIPP

Ist die 44-€-Grenze bei Versicherungen vielleicht doch anwendbar?

Der Fiskus weigert sich schon lange, die Bagatellgrenze auf verbilligten Versicherungsschutz des Arbeitgebers anzuwenden. Der Knackpunkt liegt darin, dass die Bagatellgrenze nur bei Sachleistungen, nicht aber bei Barlohn greift. Barlohn liegt wohl immer dann vor, wenn der Arbeitgeber zwar die Beiträge ganz oder teilweise übernimmt, der Arbeitnehmer selbst aber Versicherungsnehmer ist. Ist dagegen der Arbeitgeber Versicherungsnehmer, weil er die Versicherung zugunsten des Arbeitnehmers abgeschlossen hat, kommt die 44-€-Bagatellgrenze zur Anwendung. So hat das jedenfalls der BFH für eine Gruppenkrankenversicherung entschieden (BFH v. 14.4.2011 – BStBl 2011 II S. 767). Bei der Versicherung, die der Arbeitgeber für seine Arbeitnehmer abgeschlossen hatte, lag die monatliche Beitragsvergünstigung für die einzelnen Arbeitnehmer unter 44 €. Ausschlaggebend war für den BFH, dass die Arbeitnehmer ausschließlich Anspruch auf Behandlung aus der Versicherung hatten und keine Geldleistungen beanspruchen konnten.

Trotz dieser Entscheidung will der Fiskus wieder kategorisch die 44-€-Bagatellgrenze für verbilligte Versicherungen ablehnen (BMF v. 10.10.2013 – BStBl 2013 I, S. 1301).

SUPER TRICK

So bekommen Sie trotz gestrichener Steuerbefreiung Ihr Jobticket weiter steuerfrei

Eigentlich sollen Sie nach dem Willen des Fiskus für Ihr verbilligtes Jobticket Steuern zahlen. Flugs nachgedacht, fällt aber auf, dass das Jobticket ja schließlich eine Fahrkarte ist, also eine Sache, die Sie verbilligt oder kostenlos von Ihrem Arbeitgeber beziehen. Also haben wir einen glasklaren Sachbezug, für den natürlich die 44-€-Freigrenze gilt.

Sie müssen gemeinsam mit Ihrem Arbeitgeber nur noch dafür sorgen, dass der steuerliche Vorteil aus Ihren verbilligten Fahrkarten nicht höher ist als 44 € im Monat. Wenn Ihr Arbeitgeber auf die Jobtickets einen Rabatt bekommt und diesen an Sie weitergibt, ist diese Verbilligung für Sie von vornherein kein Arbeitslohn.

Kostet das Jobticket Ihren Arbeitgeber also weniger als 44 €/Monat und bekommen Sie die Monatskarte kostenlos, ist der ganze Spaß für Sie nach wie vor steuerfrei.

Sind die Tickets teurer und Sie müssen einen Teil zuzahlen, können Sie den steuerfreien Teil des Jobtickets nach folgendem Schema selbst berechnen.

Regulärer Preis für eine Monatskarte	75,00 €
./. Preisnachlass des Verkehrsbetriebs für den Arbeitgeber	− 15,00 €
Vom Arbeitgeber bezahlt	50,00 €
Steuerlich maßgebend davon 96 % (4 % Unsicherheitsabschlag)	48,00 €
./. 44-€-Freigrenze	− 44,00 €
Zuzahlung zum Jobticket, die Sie mindestens leisten müssen	4,00 €

Wenn Sie in diesem Fall also mindestens 4 € zuzahlen, bleibt der restliche Vorteil von 71 € aus dem Jobticket steuer- und auch sozialversicherungsfrei. Auf so elegante Art und Weise dem Fiskus ein Schnippchen zu schlagen wird auch Ihrem Chef gefallen.

Das funktioniert allerdings nur, wenn Sie keine anderen verbilligten Sachbezüge bekommen (➤ Rz 44) und das Jobticket aus Monatskarten oder monatlichen Wertmarken besteht. Bei Jahreskarten will der Fiskus die Freigrenze nämlich nur in dem Monat zulassen, in dem Sie die Jahreskarte bekommen. Da dann aber der Vorteil von 12 Monaten zusammengeballt in einem Monat zufließt, ist in der Regel die Grenze von 44 € überschritten und damit der schöne Vorteil aus der Freigrenze zum Teufel.

Rückendeckung bekommt der Fiskus durch den Bundesfinanzhof. Der hat nämlich die wenig steuerzahlerfreundliche Haltung des Fiskus bestätigt und rechnet beim Jahresticket den gesamten Vorteil dem Monat zu, in dem Sie Ihr Ticket bekommen. Dabei ist egal, dass Sie das Ticket in monatlichen Raten bezahlen (BFH v. 14.11.2012 – VI R 56/11, BStBl 2013 II S. 382).

TIPP
Was für Jobtickets recht ist, ist für andere Fahrkarten und Flugtickets nur billig!

Wenn Sie mit dem Auto zur Arbeit fahren, profitieren Sie natürlich nicht von Jobtickets. Wie wäre es dann mit einer schönen Städtereise per Bahn oder Flugzeug nach Berlin, Hamburg oder München? Ihre Fahrkarte lassen Sie sich vom Arbeitgeber besorgen. So kann er Ihnen die Kosten mit bis zu 44 € im Monat sponsern.

Rabattfreibetrag 1.080 €

Gibt's in Ihrem Betrieb Personalrabatt? Wenn nicht, schlagen Sie Ihrem Chef vor, er möchte bei guter Gelegenheit Personalrabatte als geldwerte Vorteile einräumen. Warum? Den Rabatt hält der Fiskus für einen Teil des Arbeitslohns, lässt aber einen Vorwegabschlag von 4 % des Listenpreises und zusätzlich bis zu 1.080 € (Jahresbetrag) steuerfrei. Das sind ca. 173 bis 519 € jährlich an Lohnsteuer eingespart!

Beispiel

Endpreis der Ware im Einzelhandel z.B.	6.250 €
./. Abschlag, 4 % von 6.250 €	− 250 €
Vergleichswert	6.000 €
./. Personalpreis bei 25 % Rabatt	− 4.688 €
Geldwerter Vorteil	1.312 €
./. Rabattfreibetrag (§ 8 Abs. 3 EStG)	− 1.080 €
Steuerpflichtiger Arbeitslohn	232 €

Bis zu welchem Warenwert Einkäufe mit Rabatt steuerfrei bleiben, zeigt die folgende Übersicht:

Bis 4 % Rabatt: steuerfreier Einkauf	unbegrenzt
5 % Rabatt: steuerfreier Einkauf bis	108.400 €
10 % Rabatt: steuerfreier Einkauf bis	18.000 €
15 % Rabatt: steuerfreier Einkauf bis	9.818 €
20 % Rabatt: steuerfreier Einkauf bis	6.750 €
25 % Rabatt: steuerfreier Einkauf bis	5.143 €

Den Rabattfreibetrag gibt es insbesondere für

- alle Sachen (Lebensmittel, Kleidung, Autos etc.),
- Strom, Gas, Wasser, Fernwärme,
- Beförderungsleistungen,
- Beratungen,
- Kontoführung,
- Vermittlungsleistungen,
- Reiseleistungen,
- Versicherung,
- Vermietung von Immobilien,
- Vermietung/Gebrauchsüberlassung von beweglichen Sachen (z.B. Pkw, Segelboot, Wohnmobil),
- Darlehen.

1. Wie vermeide ich steuerpflichtigen Lohn? 59

TRICK

Speziell für Krankenschwestern, Altenpfleger, Köche, Kellner, Bedienungen

Sie alle stehen vor dem Problem, dass der Fiskus Ihnen einen steuerpflichtigen Sachbezug ans Bein binden will, wenn Sie im Betrieb kostenlos oder verbilligt essen können.

48

Variante 1
Sie versteuern jeweils den amtlichen Sachbezugswert, also pro Mittag- oder Abendessen je 3,00 € (2015) ohne weitere Abzüge.

Variante 2
Sie versteuern den tatsächlichen Preis, den das Essen normalerweise kosten würde, allerdings unter Berücksichtigung des Rabattfreibetrags von 1.080 € und des Bewertungsabschlags von 4 %.

Wenn Sie in der Arbeit speziell zubereitete Mahlzeiten erhalten, die den Patienten oder Gästen nicht serviert werden, ist die Sache eindeutig. In diesem Fall muss Ihr Brötchengeber bei der Versteuerung zwingend von der Differenz zwischen amtlichem Sachbezugswert und Ihrer eventuellen Zuzahlung ausgehen. Demgegenüber haben Sie die Art und Höhe der Versteuerung in der Hand, wenn Ihnen dieselbe Verpflegung aufgetischt wird. Grundsätzlich ist in einem solchen Fall die Rabattregelung anzuwenden, die dann allerdings von den hohen Preisen ausgeht, die den Patienten bzw. Gästen abverlangt werden.

Angenommen, Sie arbeiten als Kellner an 240 Tagen im Jahr im Restaurant »Zur goldenen Gans« und bekommen als Abendessen jeweils kostenlos ein Gericht Ihrer Wahl aus dem Speisenangebot. Im Durchschnitt liegt der Preis des Gerichts, für das Sie sich entscheiden, bei etwa 10 €. Ihr Chef rechnet dann beim Lohnsteuerabzug wie folgt:

Üblicher Preis 240 Tage à 10 €	2.400 €
./. Bewirtungsabschlag 4 %	− 96 €
	2.304 €
./. Rabattfreibetrag	− 1.080 €
Steuerpflichtiger Teil der kostenlosen Verpflegung	1.224 €

Die Versteuerung können Sie in diesem Fall deutlich günstiger gestalten, wenn Ihr Brötchengeber sich entschließt, die eventuelle Steuer auf Mahlzeiten pauschal mit 25 % zu tragen. Durch die Pauschalierung fliegen Sie nämlich automatisch aus der Rabattregelung. Die Folge ist, dass die Bewertung der Verpflegung mit dem amtlichen Sachbezugswert vorgenommen wird. Die Rechnung sieht dann so aus:

240 Mahlzeiten à 3,00 €	720 €

Wie Sie sehen, ist schon die Bemessungsgrundlage bei Pauschalierung der Lohnsteuer um ca. 504 € günstiger. Hinzu kommt für Sie der Vorteil, dass die Pauschalsteuer von lediglich 25 % grundsätzlich vom Arbeitgeber getragen wird und keine Sozialversicherungsbeiträge anfallen.

TIPP
Rabattregelung statt Pauschalsteuer

Nicht immer ist die Variante Pauschalierung und Ansatz der Sachbezüge für Sie und Ihren Brötchengeber günstiger. Liegen Ihre geldwerten Vorteile aus der Gewährung der Mahlzeiten unter oder nur geringfügig über dem Rabattfreibetrag, **bringt die Rabattregelung für Sie Vorteile,** weil sie dazu führt, dass bis zu 1.080 € Ihres Vorteils unversteuert bleiben. Hätten Sie im obigen Beispiel nur 100 Mahlzeiten erhalten, hätte sich folgende Rechnung ergeben:

Üblicher Preis 100 Tage à 10 €	1.000 €
./. Bewertungsabschlag 4 %	− 40 €
	960 €
./. Rabattfreibetrag	− 1.080 €
Steuerpflichtiger Teil der kostenlosen Verpflegung	0 €

Bei Pauschalierung und Ansatz der Sachbezugswerte hätte sich dagegen ein steuerpflichtiger Arbeitslohn in Höhe von 100 Mahlzeiten à 3,00 € = 300 € ergeben.

SUPER TRICK
Lassen Sie sich vom Finanzamt die Miete bezahlen!

49 Pochen Sie auf Ihr Recht und verlangen, dass Sie mit allen anderen Arbeitnehmern, die Personalrabatte erhalten, gleich behandelt werden. Ist Ihr Arbeitgeber z. B. in der Wohnungsbranche tätig und überlässt Ihnen verbilligt eine seiner

Wohnungen? Sie versteuern keine Preisvorteile mehr, die nicht höher als 1.080 € liegen.

Für Ihre monatliche Mietverbilligung um 150 € auf 350 € ergibt sich für Sie z.B. folgende Rechnung:

Übliche Monatsmiete	500 €	× 12 =	6000 €
./. Abschlag 4 %			− 240 €
			5760 €
./. tatsächlich gezahlte Miete	350 €	× 12 =	− 4200 €
Geldwerter Vorteil			1560 €
./. Rabattfreibetrag			− 1080 €
Steuerpflichtiger Arbeitslohn			480 €

Von dem tatsächlichen Vorteil aus der Mietverbilligung von 1.800 € (150 € × 12) versteuern Sie also nur 480 €. Ihre Steuerersparnis (inkl. Kirchensteuer und Solidaritätszuschlag) darauf beträgt je nach Einkommen zwischen 212 € und 680 €. Wie Sie sehen, bezahlt Ihnen der Fiskus im günstigsten Fall fast zwei Monate lang Ihre Wohnung.

TRICK

Kassieren Sie den Rabattfreibetrag zweimal!

Wenn Sie im laufenden Jahr Ihren Arbeitgeber wechseln, sollten Sie beim verbilligten Personaleinkauf in der alten Firma noch einmal richtig zuschlagen und den Rabattfreibetrag ausschöpfen. Den gibt es nämlich für jedes Arbeitsverhältnis, auch für einen Minijob, den Sie nebenher machen. Statt 1.080 € bleiben dann 2.160 € (oder je nach Anzahl der Arbeitsverhältnisse noch mehr) steuerfrei. Den doppelten Rabattfreibetrag können Sie auch kassieren, wenn Sie mit Ihrem Ehegatten in derselben Firma arbeiten. Sie müssen dazu bei größeren Anschaffungen den Kaufvertrag nur gemeinsam abschließen. Auf diese Weise bleiben vom Rabatt für jeden 1.080 € steuerfrei. Dieser Trick funktioniert ebenfalls mit anderen Angehörigen.

Angenommen, Sie arbeiten mit Ihrem Ehepartner zusammen bei einem Autohändler. Sie kaufen ein Auto und schließen den Kaufvertrag zusammen ab. Die Rechnung für das Finanzamt sieht dann bei einem Rabatt von 20 % z.B. so aus:

Listenpreis des Autos	15.000 €
./. 4 % Abschlag	− 600 €
	14.400 €
./. Kaufpreis (15.000 € − 3.000 € Rabatt)	− 12.000 €
Vorteil	2.400 €
./. Ihr Rabattfreibetrag	− 1.080 €
./. Rabattfreibetrag Ihres Ehepartners	− 1.080 €
steuerpflichtig	240 €

SUPER TRICK

Gängige Rabatte des Arbeitgebers gelten auch für Sie!

51 Gehören Sie zu dem Kreis der Begünstigten, die Personalrabatte gewährt bekommen, müssen Sie unbedingt wissen, dass die Fiskalritter bei der Berechnung der Steuer in der Regel von dem »Endpreis« ausgehen, der auf dem Preisschild oder in der Preisliste steht und mit dem Ihr Arbeitgeber in die Verkaufsverhandlungen mit seinen Kunden startet. Bei der Ermittlung des tatsächlichen Endpreises akzeptiert der Fiskus dank Nachhilfe vom BFH nun endlich, dass von dem Preis lt. Preisliste die üblichen Preisnachlässe abgezogen werden, die Kunden normalerweise eingeräumt werden (BMF v. 16.5.2013 – BStBl II S. 729). Also gibt es zwei Möglichkeiten, den günstigen tatsächlichen Preis als Basispreis für Ihren Personalrabatt zu bekommen. Entweder weist der Arbeitgeber die durchschnittlichen Kundenrabatte nach, oder er zeichnet die Waren gleich mit dem günsitgeren Endpreis aus und schreibt z.B. Folgendes auf das Preisschild:

1-a-Spitzen-Einbauküche »Kochprofi«	
Katalog-/Listenpreis	10.000 €
unser Spezialhauspreis nur	7.500 €

Und schon wird bei der Berechnung Ihres Arbeitslohns aus dem Rabatt für die von Ihnen gekaufte Küche von 7.500 € ausgegangen statt von 10.000 €.

TRICK

Suchen Sie sich einen günstigeren Preis im Internet!

52 Verzichten Sie auf den Rabattfreibetrag! Auch wenn Sie es im ersten Moment nicht glauben wollen: Das kann tatsächlich für Sie günstiger sein. Statt der Rabattregelung mit Freibetrag können Sie die allgemeine Bewertung für Sachbezüge wählen. Während sie bei der Rabattregelng auf die Preise des Arbeitgebers festgelegt sind, können Sie bei der allgemeinen Sachbezugsbewertung (§ 8 Abs. 2 EStG) als Berechnungsgrundlage den günstigsten Preis im Inland wählen, den Sie ausfindig machen können.

Wenn Sie also z.B. die Küche, die Ihr Arbeitgeber mit allen Preisnachlässen für 7.500 € anbietet, für 6.000 € finden. können Sie bei Ihrer Einkommensteuerveranlagung darauf bestehen, dass das Finanzamt den Vorteil auf der Basis des günstigeren Preises berechnet. Allerdings darf dann der Freibetrag von 1.080 € nicht mehr abgezogen werden (BMF-Schreiben v. 16.5.2013 – BStBl 2013 I S. 729).

TRICK

Mit Hilfe des Betriebsrats steuerfreie Rabatte ergattern

Vorsicht ist geboten, wenn Sie bei Kunden oder befreundeten Unternehmen Ihres Brötchengebers zu Sonderkonditionen einkaufen können. Hat Ihr Arbeitgeber beim Aushandeln dieser Preisvorteile die Hände im Spiel, werden Ihnen die Fiskalakrobaten den Rabatt als Arbeitslohn anhängen mit der Begründung, es liege ein »Beziehungskauf« und damit eine Arbeitslohnzahlung von dritter Seite vor (BMF-Schreiben v. 27.9.1993 – BStBl 1993 I S. 814). Den Rabattfreibetrag sollen Sie aber nicht bekommen, da der Rabatt nicht unmittelbar von Ihrem Arbeitgeber eingeräumt wurde. Wenn man so etwas liest, bleibt einem glatt die Spucke weg.

Um die Rabatte dennoch steuerfrei zu kassieren, bleibt die Hintertür über den Betriebsrat. Bringen Sie ihn dazu, mit der Leitung Ihres Betriebs eine Vereinbarung zu treffen, nach der der Betriebsrat in eigenem Namen mit Kunden, Lieferanten etc. über Preisnachlässe für die Betriebsangehörigen verhandelt. Solcherart ausgehandelte Rabatte sind für Sie steuerfrei.

Ihr Brötchengeber selbst soll sich schön im Hintergrund halten und seine Mithilfe darauf beschränken, Angebote an seine Arbeitnehmer zu dulden, sie z.B. selbst am Schwarzen Brett bekanntzumachen oder Ihnen eine Bescheinigung über die Betriebszugehörigkeit auszustellen.

TIPP

Ein Abschlag von 4 % ist immer drin!

Falls aus irgendeinem Grund der Kniff mit dem Betriebsrat nicht klappt und man Ihnen den Rabattfreibetrag nicht zugestehen will, haben Sie zumindest **Anspruch auf einen Abschlag von 4 % des Ladenpreises**.

Die Rechnung sieht dann z. B. beim Kauf eines Fernsehers mit 10 % Rabatt bei einem befreundeten Unternehmen so aus:

Ladenpreis des Fernsehers	1.250 €
./. 4 %	− 50 €
	1.200 €
./. Ihr Kaufpreis	− 1.125 €
steuerpflichtiger Rabatt	75 €

Statt Ihres tatsächlichen Rabatts von 125 € versteuern Sie also nur 75 €.

SUPER TRICK

Lassen Sie sich als Teilzeitkraft mit verbilligten Waren bezahlen!

54 Beim Lohn für Teilzeitkräfte fallen in der Regel bis zu 31,09 % pauschale Beiträge zu Sozialversicherungen, Umlagen und pauschale Steuern an. Aber da Arbeitslohn alles ist, was Sie für Ihre Tätigkeit im Dienst der Firma erhalten, kann niemand etwas dagegen haben, wenn der Lohn in verbilligter Firmenware statt in bar ausgezahlt wird. Es können sogar Preisnachlässe von 100 % eingeräumt werden. Wenn also beim Personaleinkauf nichts zugezahlt wird, bleibt der Lohn bis zu 1.125 € zusätzlich steuerfrei (§ 8 Abs. 3 EStG).

Ladenendpreis an erhaltenen Waren	1.125 €
./. 4 % Abschlag	− 45 €
./. Rabattfreibetrag	− 1.080 €
steuerpflichtig	0 €

Und Ihre Firma spart pauschale Steuern und Sozialversicherung inkl. Umlagen von 31,09 % auf 1.125 € = 349,76 €.

Wichtiger Hinweis:
Damit der Rabattfreibetrag problemlos greift, müssen Sie eine Gehaltsumwandlung vermeiden. Haben Sie nämlich laut Arbeitsvertrag Anspruch auf Lohn in Geld und bekommen stattdessen Waren, soll nach dem Willen des BFH der Rabattfreibetrag nicht anwendbar sein (BFH-Urt. v. 6.3.2008 – BStBl 2008 II S. 530). Das Problem umgehen Sie aber ganz einfach, indem Sie neben dem Barlohn als Vergütung in Ihrem Arbeitsvertrag den Warenbezug bei Ihrem Arbeitgeber festlegen.

55 Ihr Arbeitgeber kann Ihnen auch günstiger ein *Kraftfahrzeug verkaufen*. Doch aufgepasst, denn dem Lohnsteuerprüfer läuft gleich das Kinnwasser, wenn er auf solche Geschäfte stößt. Argwöhnt er doch, dass Ihnen klammheimlich Vorteile aus dem Arbeitsverhältnis eingeräumt worden sein könnten, die steuerpflichtigen Lohn darstellen. Damit bei einem Gebrauchtwagenkauf solche Erörterungen gar nicht erst aufkommen, sollten Sie z. B. den Preis lt. Marktspiegel der DAT oder lt. Schwacke-Liste zugrunde legen. Der Fiskus akzeptiert aber nicht den niedrigeren Händlereinkaufspreis, sondern nur den höheren Händlerverkaufspreis inkl. Umsatzsteuer (BFH v. 17.6.2005 – BStBl II 2005 S. 795).

SUPER TRICK

Schlagen Sie dem Finanzamt mit einer Delle im Kotflügel ein Schnippchen!

Gut, dass Sie Ihren künftigen fahrbaren Untersatz zusammen mit Ihrem Chef genauer unter die Lupe genommen haben, sonst wären Ihnen die Dellen in der Stoßstange und im Kotflügel sicher entgangen. Im Kaufvertrag notieren Sie diesen leichten Unfallschaden und nehmen so dem eifrigen Lohnsteuerprüfer den Wind aus den Segeln, wenn er Ihnen mit einem angeblichen Vorteil wegen zu niedrigen Kaufpreises kommt.

Den Rabattfreibetrag von 1.080 € bekommen Sie nur für den Bezug von Waren und Dienstleistungen, mit denen Ihr Arbeitgeber regelmäßig handelt. Es muss sich dabei nicht um sein Kerngeschäft handeln. Deshalb bekommen Sie z. B. als Krankenhausangestellte den Rabattfreibetrag, wenn Sie Medikamente aus der Krankenhausapotheke kostenlos oder verbilligt erhalten (BFH-Urt. v. 27.8.2002 – BStBl 2003 II S. 95).

Allerdings darf Ihr Arbeitgeber vergleichbare Geschäfte nicht nur überwiegend mit seiner Belegschaft machen (BFH – BStBl II 1995 S. 338 und BStBl II 1997 S. 363). So meinen die Richter beim BFH, dass es bei einem Arbeitgeberdarlehen keinen Rabattfreibetrag geben darf, wenn der Arbeitgeber nur gelegentlich Kredite auch an Nichtarbeitnehmer vergibt, z. B. an Tochterunternehmen oder an Banken (Urt. v. 18.9.2002 – BStBl 2003 II S. 371). Ihr Arbeitgeber muss die betreffenden Geschäfte also schon mehr als nur gelegentlich auch mit Kunden oder anderen nicht bei ihm beschäftigten Personen machen.

TRICK

Kassieren Sie den Mietrabatt von Ihrem Arbeitgeber steuerfrei!

Ist Ihr Brötchengeber ein Wohnungsunternehmen und überlässt Ihnen eine Wohnung für weniger als die übliche Miete, ist der Abzug des Rabattfreibetrags selbstverständlich. Aber auch bei anderen Arbeitgebern kommt der Rabattfreibetrag für eine verbilligte Vermietung zur Anwendung, wenn entsprechende Wohnungen auch an Fremde vermietet werden. So hat der BFH einem Hausmeister den Rabattfreibetrag zuerkannt, weil sein Arbeitgeber andere Hausmeisterwohnungen an Nichtarbeitnehmer vermietet hatte (BFH v. 16.2.2005 – BStBl 2005 II S.529).

59 Steuerfrei sind außerdem **Mitgliedsbeiträge**, wenn Sie im betrieblichen Interesse einem Verein oder Club (etwa Industrieclub) beigetreten sind (BFH v. 20.9.1985 – BStBl 1985 II S.718) oder einem Wirtschaftsclub (Niedersächsisches Finanzgericht v. 6.7.2007 – 11 K 192/04). Das gilt leider nicht für Kammerbeiträge für den angestellten Geschäftsführer einer Wirtschaftsprüfungs- und Steuerberatungsgesellschaft (BFH v. 17.1.2008 – BStBl 2008 II S.378) oder die vom Arbeitgeber getragenen Beiträge zur Berufshaftpflichtversicherung einer Rechtsanwältin (BFH v. 26.7.2007 – BStBl 2007 II S.892).

60 Unter der Überschrift Betriebssport unter gleichzeitiger Förderung des Betriebsklimas kann der Arbeitgeber seiner Belegschaft betriebseigene **Tennis**- oder **Squashplätze** zur Verfügung stellen, ohne dass daraus steuerpflichtige geldwerte Vorteile entstehen. Bei solchen Vorteilen spricht man nämlich von Zuwendungen im überwiegend eigenbetrieblichen Interesse des Arbeitgebers. Anders sieht die Sache allerdings aus, wenn der Arbeitgeber nicht über eigene Anlagen verfügt, sondern die Plätze anmietet. In diesem Fall stellt die Überlassung steuerpflichtigen Arbeitslohn dar (BFH v. 27.9.1996, BStBl 1997 II S.146). Wenn Sie jedoch nur zwei- bis dreimal im Monat den Platz nutzen und die gesparte Platzmiete für Sie nicht über 44 € liegt, bleiben Sie aufgrund der **44-€-Freigrenze** steuerfrei ➤ Rz 44.

61 Unterstützungen in Notfällen
Ein Notfall liegt regelmäßig vor bei Krankheit, Tod oder einem Unglücksfall und wenn der Arbeitnehmer keine Erstattungen von Dritten, z.B. einer Versicherung, zu erwarten hat. Für die Frage, ob und in welchem Umfang Unterstützungen Ihres Brötchengebers dann steuerfrei bleiben können, kommt es entscheidend darauf an, wie groß Ihr Betrieb ist und ob es dort eine Personalvertretung gibt.
Bei Betrieben mit mehr als fünf Arbeitnehmern gibt es drei Möglichkeiten, steuerfreie Zahlungen zu organisieren:

1. Der Arbeitgeber gründet eine selbständig rechtsfähige Unterstützungskasse (meistens in der Rechtsform eines e.V.) und stattet sie mit entsprechenden Mitteln aus. Die Beihilfen werden dann von der Unterstützungskasse entsprechend ihrer Satzung gezahlt.

2. Der Arbeitgeber stellt der Personalvertretung entsprechende Mittel zur Verfügung, aus denen diese Beihilfen und Unterstützungen zahlt.

3. Der Arbeitgeber zahlt selbst nach einheitlichen, allgemeinen Grundsätzen, die verbindlich mit der Personalvertretung abgestimmt wurden. In diesem Fall ist allerdings bei jeder Beihilfezahlung die ausdrückliche Zustimmung der Personalvertretung erforderlich. Ein Tipp: Die Zustimmung sollte jeweils kurz schriftlich festgehalten und zu den Lohnunterlagen genommen werden für den Fall, dass der Lohnsteueraußenprüfer des Finanzamts die Zahlungen unter die Lupe nimmt.

Sind diese Anforderungen erfüllt, bleiben Unterstützungen in Notfällen bis zu 600 € ohne weitere Voraussetzungen steuerfrei. Bis zu dieser Höhe spielt das Einkommen des Unterstützten keine Rolle. Liegt hingegen eine besondere Notlage vor, sind auch höhere Beihilfen, praktisch ohne betragsmäßige Begrenzung, steuerfrei. In diesem Fall kommt es aber ganz entscheidend darauf an, wie viel der Arbeitnehmer verdient und ob es ihm nicht doch zuzumuten wäre, die Kosten aus dem eigenen Einkommen zu tragen. Im Klartext bedeutet das, dass die gleiche Beihilfe beim Fließbandarbeiter anders zu beurteilen ist als bei einem wesentlich besser verdienenden leitenden Angestellten.

Bei Umweltkatastrophen, z.B. Hochwasserschäden, wird die max. Höhe der steuerfrei möglichen Unterstützungen in einem sog. Katastrophenerlass des BMF und der Länderfinanzministerien verbindlich festgelegt.

SUPER TRICK

So kommen Sie an eine besonders billige private Krankenversicherung!

Als Besserverdienender sind Sie nicht mehr krankenversicherungspflichtig. Entscheiden Sie sich deshalb für eine private Krankenversicherung, kann Sie das eine ganze Stange Geld kosten, obwohl der Arbeitgeber in der Regel einen Zuschuss zumindest in Höhe des Arbeitgeberanteils in der gesetzlichen Krankenversicherung beisteuert. Doch können Sie sich die Möglichkeit steuerfreier Beihilfen zunutze machen. Viele Krankenkassen bieten nämlich erheblich billigere Sondertarife an, wenn die ersten 600 € Krankheitskosten im Jahr von der Erstattung ausgeschlossen werden. Diesen Eigenanteil, auf dem Sie sitzenbleiben, soll Ihnen Ihr Brötchengeber als Beihilfe steuerfrei erstatten. Durch diesen Kniff sparen nicht nur Sie ganz enorm an Krankenversicherungsbeiträgen, meistens ist auch für Ihren Arbeitgeber die Ersparnis bei seinem Pflichtzuschuss so groß, dass er trotzdem noch ein gutes Geschäft macht.

Mahlzeiten vom Betrieb

Gibt es in Ihrem Betrieb eine Kantine, wird Ihnen für jede Mahlzeit, die Sie kostenlos erhalten, pauschal der Wert der Mahlzeit aus der Sachbezugsverordnung als Arbeitslohn zugerechnet. Müssen Sie Ihr Essen dagegen bezahlen und entspricht der Preis mindestens den Sachbezugswerten, entfällt die Versteuerung.

Um Sie von dieser Steuer zu verschonen, kann Ihr Arbeitgeber die Vorteile aus den Mahlzeiten pauschal mit 28,125 % versteuern (§ 40 Abs. 2 EStG).

2015 sind für Mahlzeiten folgende Beträge anzusetzen:

	Mahlzeit	Sachbezugswert	Pauschalsteuer (28,125 %)
Arbeitnehmer inkl. Jugendliche/ Azubis	Frühstück	1,63 €	0,46 €
	Mittagessen	3,00 €	0,84 €
	Abendessen	3,00 €	0,84 €

Pauschalsteuer = Lohnsteuer 25 %, darauf Solidaritätszuschlag 5,5 % + Kirchensteuer, länderspezifisch, z. B. 7 %

64 Betriebsveranstaltungen

Steuerfrei bis zu 110 € sind auch Aufwendungen für Betriebsveranstaltungen, d.h. für Betriebsausflüge und -feste oder Weihnachtsfeiern – sofern sie allen Arbeitnehmern des Betriebs oder zumindest der Filiale oder Abteilung offenstehen. Wäre ja auch hirnrissig, hieraus Arbeitslohn herzuleiten, denn schließlich ist in erster Linie die Firma selbst an solchen Veranstaltungen interessiert, die das Betriebsklima verbessern sollen.

Der Fiskus schränkt allerdings die Steuerfreiheit ein. Der Freibetrag von 110 € je Arbeitnehmer gilt nur für bis zu zwei Betriebsveranstaltungen im Jahr. Die Dauer der Veranstaltung spielt keine Rolle. Auch mehrtägige Veranstaltungen mit Übernachtung können bis zu 110 € steuerfrei sein. Ebenso kann der Arbeitgeber bei sehr teuren Veranstaltungen vor der Versteuerung 110 € je Arbeitnehmer abziehen.

Aufgepasst: Hier lauert eine böse Steuerfalle. Wenn an der Betriebsveranstaltung Begleitpersonen des Arbeitnehmers, wie Ehegatte, Freundin, Lebenspartner etc., teilnehmen, rechnet ihm der Fiskus nicht nur den eigenen Kostenanteil zu, sondern auch den der Begleitperson! Kommt der Arbeitnehmer dadurch über die 110-€-Grenze, ist der Spaß für ihn steuerpflichtig.

Diese Bestimmung des Fiskus führt zu kuriosen Ergebnissen. Angenommen, Ihr Chef veranstaltet ein Betriebsfest. Die Kosten pro Teilnehmer liegen bei 100 €. Sie nehmen zu dem Fest Ihre bessere Hälfte mit. Als Vorteil aus dem Fest rechnet der Fiskus Ihnen und Ihrer Begleitung je 100 € zu. Steuerlich bindet man Ihnen also 200 € ans Bein. Nach Abzug des Freibetrags von 110 € müssen Sie für das Fest satte 90 € versteuern. Ihr Kollege Willi, der allein aufgetaucht ist, bleibt dagegen komplett steuerfrei.

Mein Rat: Schlagen Sie zwei Fliegen mit einer Klappe, indem Sie allein zum Betriebsfest gehen. Zum einen wird dann nicht gemeckert, wenn Sie ein Bierchen zu viel trinken oder bereits zum dritten Mal mit dem feschen Kollegen aus der Buchhaltung tanzen. Zum anderen wird Ihr Spass nicht dadurch getrübt, dass der Fiskus in die Geldbörse langt.

1. Wie vermeide ich steuerpflichtigen Lohn? 69

TIPP

Halten Sie Selbstkosten des Arbeitgebers und Reisekosten aus der Versteuerung heraus!

Zunächst einmal werden alle Kosten, die in Zusammenhang mit der Betriebsveranstaltung anfallen, in die Besteuerung einbezogen. Dabei ist egal, ob es sich um die Kosten für

- Speisen,
- Getränke,
- Musik, künstlerische Darbietungen etc. handelt oder ob um Kosten
- für die Räumlichkeiten und deren Ausschmückung,
- der Organisation oder
- für einen Event-Manager.

Jetzt die positive Nachricht: Bei der Besteuerung kommt es nur auf die Dinge an, für die der Arbeitgeber Rechnungen bekommen hat. Alle Selbstkosten der Firma bleiben außen vor. Findet das Betriebsfest z.B. in den eigenen Räumen der Firma statt, bleiben die Raumkosten wie Abschreibung, Zinsen, Heizung oder Strom unbeachtet. Wird das Fest dagegen in gemieteten Räumen veranstaltet, gehört die Miete zu den Kosten der Betriebsveranstaltung. Ähnlich verhält es sich, wenn Mitarbeiter der Firma das Fest organisieren. Deren Lohnkosten werden nicht den Kosten der Betriebsveranstaltung zugeschlagen. Anders ist es, wenn der Chef die Organisation in fremde Hände gibt und dafür einen entsprechenden Obolus bezahlen muss.

Die Reisekosten, die anfallen, weil Sie zu der Betriebsveranstaltung anreisen müssen, können vom Arbeitgeber zusätzlich steuerfrei erstattet werden.

Beispiel
Ihre Firma hat ihren Sitz in Hamburg. Sie arbeiten für das Unternehmen als Handelsvertreter für den Süddeutschen Raum und wohnen in Nürnberg. Die Firma veranstaltet im August ein großes Sommerfest, zu dem Sie nach Hamburg reisen. Das Fest verursacht 105 € Kosten pro Teilnehmer. Außerdem übernimmt Ihr Chef die Fahrtkosten für die An- und Abreise mit der Bahn sowie eine Hotelübernachtung in Hamburg mit insgesamt 450 €.

Über eine Versteuerung müssen Sie sich keine Gedanken machen. Die anteiligen Kosten für das Fest liegen unter dem Freibetrag von 110 € und die Fahrt- bzw. Übernachtungskosten kann Ihr Arbeitgeber Ihnen als Reisekosten steuerfrei zahlen.

Anders sieht die Sache aus, wenn Sie mit der kompletten Belegschaft über ein Wochenende nach Mallorca fliegen. In diesem Fall sind die Flug- und Übernachtungskosten Teil des Betriebsausflugs. Sie bleiben zusammen mit den übrigen Kosten des Ausflugs nur in Höhe von 110 € steuerfrei. Der übersteigende Betrag muss versteuert werden.

Für die Versteuerung der Reisekosten gilt damit letztendlich folgende einfache Regelung: Reisekosten vor und nach der Betriebsveranstaltung sind zusätzlich zu den 110 € steuerfrei. Reisekosten während der Betriebsveranstaltung rechnen zu den Gesamtkosten der Veranstaltung und unterliegen dem Freibetrag von 110 €.

TRICK

Vom Arbeitgeber gesponserter Wochenendtrip an die See!

66 Auch **Barzuschüsse** des Arbeitgebers zu einer von der Belegschaft selbst oder der Personalvertretung organisierten Betriebsveranstaltung bleiben steuerfrei, sofern alle Betriebsangehörigen oder bei abteilungsweisen Veranstaltungen alle Angehörigen der jeweiligen Abteilung daran teilnehmen können. Auch hier darf der Zuschuss pro Teilnehmer den Freibetrag von 110 € nicht übersteigen (BFH v. 16.11.2005 – BStBl II 2006 S. 437). Wenn Sie und Ihre Kollegen also einmal einen Ausflug, auch übers Wochenende oder über mehrere Tage, z.B. an die Nordsee oder zum Skilaufen in die Berge machen wollen, kann Ihr Arbeitgeber das durch einen saftigen Zuschuss in die Kasse sponsern.

TIPP

für teure Betriebsveranstaltungen

67 Ausweg in diesem Fall: Der Arbeitgeber kann diesen Teil des Arbeitslohns mit 25 % pauschal versteuern. Vorteil für Sie: Mit der Pauschalsteuer ist alles abgegolten. Ihrem Arbeitgeber tut das übrigens nicht sehr weh, denn er spart sich die Sozialversicherungsbeiträge von immerhin auch gut 20 %.

Hat sich der Arbeitgeber bei der Veranstaltung verkalkuliert und mit erheblich mehr Teilnehmern gerechnet, als tatsächlich erschienen sind, kann er einen Teil der Kosten aus der Versteuerung ausklammern. Schließlich kann der Fiskus den tatsächlichen Teilnehmern ja nicht dafür einen Vorteil zurechnen, dass der Arbeitgeber das halbe Büfett in den Müll werfen musste, weil statt der erwarteten 100 nur 50 Leute gekommen sind (FG Düsseldorf v. 17.1.2011 – 11 K 908/10 L).

WICHTIGER HINWEIS

Keine Pauschalierung der Steuer bei begrenztem Personenkreis!
Eine z.B. den Führungskräften vorbehaltene Veranstaltung ist nach dem Willen des Fiskus mangels Offenheit des Teilnehmerkreises keine Betriebsveranstaltung. In einem solchen Fall bleibt nur die Möglichkeit, den Vorteil für die Arbeitnehmer mit dem viel höheren individuell für den Teilnehmerkreis berechneten Nettosteuersatz pauschal zu versteuern (§ 40 Abs. 1 EStG) oder jedem Arbeitnehmer seinen Anteil zuzurechnen und über die Steuerkarte zu versteuern. In beiden Fällen kostet die ganze Angelegenheit erheblich mehr Steuern und entfällt zudem die Sozialversicherungsfreiheit (BFH v. 15.1.2009 – VI R 22/06).

SUPER TRICK

Organisationstalente, Personalchefs und Betriebsratsmitglieder feiern steuerfrei!

Geraten Sie in Gefahr, dass für Sie der Ausflug steuerpflichtig wird, z.B., weil Sie unbedingt Ihren Partner mitnehmen wollen, greifen Sie zu einem Kniff. Melden Sie sich freiwillig zum Organisieren des Betriebsausflugs oder als Begleitperson an. Für Sie ist damit die ganze Veranstaltung kein steuerpflichtiges Vergnügen mehr, sondern harte Arbeit. Das bedeutet jedoch nicht, dass Sie sich nicht zwischendurch einmal einen genehmigen können oder nicht etwa das Tanzbein schwingen dürften. Schließlich sind Sie als Mitorganisator dafür verantwortlich, dass die Getränketemperatur und der Zustand der Tanzfläche einer regelmäßigen Kontrolle unterzogen werden. Oder sind Sie da anderer Meinung? Scherz beiseite! Einen perfekten beruflichen Anstrich Ihrer Teilnahme am Betriebsausflug haben Sie, wenn es Ihnen darzulegen gelingt, dass Sie unter erheblichem Zeitaufwand für die organisatorische Durchführung der Reise verantwortlich waren. Es genügt aber auch, wenn Sie ganz konkrete Aufgaben übernommen haben, z.B. die offizielle Verleihung von Auszeichnungen an verdiente Mitarbeiter oder an die Gewinner innerbetrieblicher Wettbewerbe (BFH v. 18.2.1994 – BFH-NV 1994 S. 708). Ein zusätzlicher Vorteil ist, dass Sie als Mitorganisator in offizieller betrieblicher Mission eine Dienstreise machen. Dauert die ganze Aktion über 8 Stunden, müssen Sie für Ihr Mittag- und Abendessen keinen Sachbezugswert für Mahlzeiten versteuern, können im Gegenzug aber auch keine Verpflegungspauschale absetzen.

Ab der dritten und für jede weitere Betriebsveranstaltung im Jahr kassiert der Fiskus ohne Einschränkung Lohnsteuer. Allerdings gilt das nicht für den Teil der Kosten, der auf die Organisatoren entfällt oder auf andere Teilnehmer, die in offizieller Mission, z. B. als Personalchef oder Betriebsratsmitglied, an der Veranstaltung teilnehmen müssen (BFH v. 16.11.2005 – BStBl II 2006 S. 440).

SUPER TRICK

Jubilare feiern steuerfrei!

69 Haben Sie nach zehn, 20, 25, 30, 40 oder gar 50 Berufsjahren Ihr Arbeitnehmerjubiläum, soll Ihr Chef eine schöne Feier organisieren. Diese wird nicht als Betriebsveranstaltung gewertet, kommt also dem Betriebsausflug und der Weihnachtsfeier nicht in die Quere. Aufwendungen bis zu 110 € pro Teilnehmer sind somit nach R 19.5 Abs. 2 Nr. 3 LStR steuerfrei; darin darf sogar ein Geschenk im Wert von bis zu 60 € enthalten sein.

GUTER RAT

70 Schwierigkeiten mit dem Freibetrag von 110 € je Teilnehmer beim Betriebsausflug? Da gibt es einen ganz einfachen Kniff. Am ersten Tag wird ein buntes Programm mit Musik und Tanz veranstaltet; am zweiten Tag geht es zu einem Kunden der Firma, um dessen Betrieb zu besichtigen. Schon wird aus dem Betriebsausflug eine teilweise dienstlich veranlasste Reise. Der Kostenteil, der auf die Betriebsbesichtigung entfällt, zählt nicht zum Betriebsausflug und wird somit auch bei der Berechnung der 110-€-Grenze nicht einbezogen. Die Aufteilung ist ganz einfach. Alles, was direkt dem gemütlichen Teil zugeordnet werden kann, wie Saalmiete, Abendessen, Musik, zählt zum Betriebsausflug. Alles, was für die Betriebsbesichtigung anfällt, wie Transport zur Firma des Kunden, Imbiss etc., ist im Interesse des Brötchengebers und fällt unter die allgemeinen steuerfreien Reisekosten. Der Clou ist, dass die größten Anteile an den Kosten, wie z. B. für Übernachtung, Hin- und Rückreise, ebenfalls aufgeteilt werden – und zwar im Verhältnis. Angenommen, Sie haben am ersten Tag zehn Stunden lang gefeiert und am zweiten Tag inkl. Anreise zum Betrieb des Kunden fünf Stunden in die Betriebsbesichtigung investiert, dann sind ein Drittel der Kosten allgemeine Reisekosten und sind neben dem 110-€-Freibetrag steuerfrei.

Ihr Brötchengeber bekommt hier gleich mit zwei Urteilen Schützenhilfe vom BFH (Urt. v. 18.8.2005 – BStBl 2006 II S. 30 und Urt. v. 16.11.2005 – BStBl 2006 II S. 444).

SUPER TRICK

Kassieren Sie beim Betriebsausflug Bares steuerfrei!

Ein Arbeitgeber kann einen zweckgebundenen Zuschuss an seine Arbeitnehmer zahlen, z. B., damit diese sich während des freien Nachmittags verpflegen können und nicht bis zum Beginn der Tanzveranstaltung mit Büfett darben müssen, oder für Eintrittskarten, Bus-, Bahn- oder Taxikosten während des Ausflugs. Wenn Sie als sparsame Seele von Ihrem Zuschuss von z. B. 50 € nur 10 € ausgeben, streichen Sie satte 40 € steuerfrei ein.

Arbeitgeberdarlehen

Interessante Vorteile können sich aus zinslosen oder zinsgünstigen Arbeitgeberdarlehen ergeben. Bankkredite wie Verbraucherdarlehen, Ratenkredite oder gar die Überziehung des Girokontos sind recht teuer – unter 8 bis 10 % Zinsen läuft da nichts. Somit liegt es auf der Hand, beim nächsten Lohngespräch – vielleicht unter dem Vorwand der Steuerersparnis – zusätzlich um ein zinsloses Darlehen zu ersuchen. Allerdings will der Fiskus die dabei gesparten Zinsen vom ersten Euro an versteuern. Bei der Berechnung des Zinsvorteils kommt es auf die Differenz zwischen dem Zins an, den Sie Ihrem Brötchengeber zahlen müssen, und dem Zins, den Ihnen üblicherweise die Bank abknöpft.

Lassen Sie sich aber davon nicht schrecken. Mit einem zinsgünstigen Darlehen Ihres Chefs fahren Sie trotz Steuerpflicht immer noch besser als bei der Bank. Und so rechnet der Fiskus:

	Arbeitgeberdarlehen	Bankdarlehen
Darlehenssumme	10.000 €	10.000 €
Vereinbarter Zinssatz	2,5 %	8,0 %
Marktzins der Hausbank Ihres Arbeitgebers	8,0 %	
Marktzins in €	800 €	800 €
./. Pauschalabschlag 4 % von 800 €	− 32 €	− 32 €
./. tatsächlich gezahlte Zinsen	− 250 €	− 800 €
Steuerpflichtiger Vorteil	518 €	0 €

Beim Arbeitgeberdarlehen entstehen Ihnen zu Ihren Schuldzinsen von 2,5 % von 10.000 € = 250 € zusätzliche Zinskosten in Form von Lohnsteuer, deren Höhe von Ihrer Steuerbelastung abhängt. Sie betragen bei einem Steuersatz von z. B. 30 % ca. 178 € (30 % von 518 € zzgl. Kirchensteuer und Soli) und 20 %

Sozialversicherung = 104 €. Ihnen entstehen also insgesamt Zinskosten in Höhe von 532 €, was einem Effektivzins von 5,3 % entspricht. Zahlen Sie den üblichen Bankzins von hier angenommen 8 %, sind Sie mit 800 € belastet und somit um nahezu 300 € ärmer.

TIPP
Drücken Sie das Restdarlehen auf 2.600 €!

Bei kleineren Arbeitgeberdarlehen bis max. 2.600 € bzw. sobald die Restschuld eines größeren Darlehens unter diese Summe gesunken ist, stellt die Zinsverbilligung aus Vereinfachungsgründen keinen Arbeitslohn mehr dar, ist also faktisch steuerfrei. Auf die Höhe der Vergleichszinsen kommt es in diesem Fall nicht an. Wenn Sie also statt eines Anschaffungsdarlehens von 3.000 € lediglich eines von 2.600 € in Anspruch nehmen, entgehen Sie und Ihr Arbeitgeber der Steuer und der Sozialversicherung (Quelle: BMF v. 1.10.2008 – BStBl 2008 I S. 892).

Mit einer gestaffelten Tilgungsvereinbarung holen Sie auch aus einem höheren Darlehen ganz einfach ein optimales steuerliches Ergebnis heraus. Bei einem Darlehen über z. B. 4.000 € vereinbaren Sie eine Laufzeit von 42 Monaten, eine Tilgung von jeweils 200 € in den ersten sieben Monaten und die Rückzahlung der Restschuld in einem Betrag am Ende der Darlehenslaufzeit. So haben Sie nur für gut ein halbes Jahr die Steuer auf den Zinsvorteil zu verschmerzen. Ab dem achten Monat ist das Darlehen dann für fast drei Jahre steuerfrei.

TRICK
Suchen Sie sich möglichst günstige Vergleichsangebote!

Sie werden zusammen mit Ihrem Brötchengeber natürlich nicht den erstbesten Kreditzins als Berechnungsgrundlage akzeptieren. Sie müssen auch nicht die Zinsen zugrunde legen, die die Hausbank Ihres Arbeitgebers oder Ihre eigene Bank nimmt. Erkundigen Sie sich über Angebote der Banken vor Ort, alternativ auch über das Internet bei Direktbanken, die in der Regel günstigere Zinskonditionen anbieten. Denn: Mit jedem Zehntelprozent, um den die Vergleichsangebote günstiger sind, sparen Sie bares Geld, weil Ihr steuer- und sozialversicherungspflichtiger Zinsvorteil sinkt. Oder Sie greifen einfach auf die Zinsstatistiken der Bundesbank zurück, die für alle denkbaren Darlehensvarianten die Durchschnittszinssätze ausweisen. Sind diese niedriger als der Zinssatz der Hausbank oder einer Internetbank, kann Ihr Arbeitgeber sie selbstverständlich als Berechnungsgrundlage nehmen (Quelle: BMF v. 1.10.2008 – BStBl 2008 I S. 892).

TIPP
Monatliche Zinszahlungen verhelfen Ihnen zu satten Steuervorteilen

Die Zinsvorteile eines verzinslichen Arbeitgeberdarlehens fließen Ihnen zum jeweils mit dem Arbeitgeber vereinbarten Fälligkeitstermin der Zinsen zu. Bei zinslosen Darlehen gelten die Zinsvorteile am jeweiligen Tilgungstermin als zugeflossen (BMF v. 1.10.2008 – BStBl 2008 I S. 892).

Wenn Sie im obigen Beispiel mit Ihrem Arbeitgeber monatliche Zinszahlungen vereinbaren, beträgt Ihr bei der Steuer zu erfassender Vorteil 43,16 € pro Monat. Na, merken Sie was? Genau, der monatliche Sachbezug aus dem verbilligten Arbeitgeberdarlehen liegt unter der Bagatellgrenze von 44 € und ist damit komplett steuerfrei. Obendrein fallen keine Sozialversicherungsbeiträge an. Wie Sie sehen, bleibt damit die gesamte Zinsverbilligung durch Ihren Arbeitgeber unversteuert.

Liegen Ihre Vorteile aus einem Arbeitgeberdarlehen nur knapp über 44 €, lohnt es sich also, dem Arbeitgeber ein halbes Prozent mehr an Zinsen zu zahlen, statt dem Fiskus ein Vielfaches davon in den Rachen zu werfen.

TRICK
Nehmen Sie bei Baudarlehen den Arbeitgeber ins Grundbuch!

Bei der Ermittlung des steuerlichen Referenzzinssatzes achtet der Fiskus penibel darauf, dass die Darlehenskonditionen wie Laufzeit und Absicherung genau so sind wie bei den zum Vergleich herangezogenen Bankdarlehen. Bekommen Sie also von Ihrem Arbeitgeber ein Darlehen zum Bau oder Kauf einer Immobilie, kommen die günstigen Hypothekenzinssätze von teilweise unter 4 % natürlich nur dann als Vergleichsgröße in Betracht, wenn das Darlehen durch eine Grundschuld zugunsten des Arbeitgebers im Grundbuch abgesichert ist.

Weiter sind steuerfrei:
Lehrgangs- und Tagungsbeihilfen, inkl. Fahrtkosten, Gebühren und zulässiger Spesensätze.

74 Sachgeschenke (Annehmlichkeiten)

bis zu 60 €, wenn sie nicht über den üblichen Rahmen hinausgehen, z.B. Theaterkarten, Tabakwaren, Speisen und Getränke, wenn Sie sie als Gelegenheitsgeschenk zu besonderen persönlichen Ereignissen, z.B. Hochzeit, Ehejubiläum, bestandene Prüfungen von Auszubildenden (BFH, BStBl 1962 III S.281) etc., bekommen. Aber: *Geldgeschenke,* auch kleiner Art, sind stets voll zu versteuern.

Als Sachgeschenk gilt auch ein Gutschein (➤ Rz 44) für eine Kaufhauskette, eine Buch- oder Musikalienhandlung.

75 Betriebsratsvergütungen,

wenn sie als Ersatz von Auslagen gegen Einzelnachweis gezahlt werden.

76 Trinkgelder,

wenn es sich um freiwillige Gaben handelt (§ 3 Nr. 51 EStG, H 19.3 LStR). Vertraglich feststehende oder tarifvertraglich vereinbarte »Trinkgelder« wie z.B. das feste Bedienungsgeld im Gaststättengewerbe oder das Metergeld in der Möbeltransportbranche sind dagegen ab dem ersten Euro steuerpflichtig.

77 Unfallkostenersatz

für Schäden am Pkw, wenn der Unfall während einer Auswärtstätigkeit geschah, bleibt als Reisenebenkosten steuerfrei (R 9.8 Abs. 1 Nr. 3 LStR). Dazu müssen Sie wissen: Zur Auswärtstätigkeit zählt z.B. auch die Umwegstrecke, die Sie morgens vor Arbeitsbeginn abweichend von Ihrer direkten Fahrtroute zurücklegen, weil Sie zunächst die Post abholen oder einen Kunden besuchen. Wegen der Fahrtkosten vgl. ➤ Rz 106.

Im Grunde genommen lässt sich die Abzugsmöglichkeit der Unfallkosten auf eine einfache Formel reduzieren: Wenn Sie für die jeweilige Fahrt entweder die tatsächlichen Kosten oder die Fahrtkostenpauschale von 0,30 € je gefahrenen Kilometer von Ihrem Arbeitgeber steuerfrei erstattet bekommen können, kann er Ihnen auch die Kosten eines Unfalls auf einer solchen Fahrt als Reisenebenkosten steuerfrei zahlen.

78 Unfallversicherung

Zunächst einmal gilt der Grundsatz, dass steuerpflichtiger Arbeitslohn vorliegt, wenn der Arbeitgeber Ihnen Ihre Unfallversicherungsbeiträge erstattet oder selbst zu Ihren Gunsten eine Unfallversicherung abschließt. Das gilt nicht nur bei Unfallversicherungen, die sowohl Freizeit- als auch berufliche Unfälle, sondern selbst dann, wenn sie ausschließlich das berufliche Unfallrisiko abdecken. Doch wie so oft im Leben keine Regel ohne Ausnahme: Eine reine Dienstreiseunfallversicherung kann Ihr Arbeitgeber steuerfrei übernehmen.

Aber auch bei einer Unfallversicherung, die private und berufliche Unfälle abdeckt, gibt es zumindest teilweise steuerfreie Zuschüsse zu den Versicherungsprämien. Wenn nicht schon die Versicherung die Prämien aufteilt, können Sie von einer Pauschalregelung profitieren. Auf private Unfälle entfallen danach 50 % der Prämien, die sind per se Arbeitslohn. Die restlichen 50 % entfallen auf allgemeine berufliche Unfälle und Unfälle bei Dienstreisen. Davon sind 40 %, also im Ergebnis 20 % der Gesamtprämie, steuerfrei. Die restlichen 60 % (30 % der Gesamtprämie) werden Ihnen als Arbeitslohn zugerechnet. Die können Sie aber als Werbungskosten von der Steuer absetzen.

Manchmal hilft schon ein kleiner Kniff, und schon haben Sie die schönste steu- **79**
ersparende Gestaltung gezaubert. Die laufenden Prämien zur Unfallversicherung bleiben nämlich als Arbeitslohn in voller Höhe außer Betracht, wenn Sie zwar aus dem von Ihrem Arbeitgeber gefütterten Vertrag begünstigt sind, aber im Versicherungsfall nicht ohne seine Zustimmung über die Versicherungssumme verfügen können (FG Münster v. 30.5.1996, EFG 1996 S. 1102).
Dasselbe gilt für Beiträge Ihres Arbeitgebers zu einer Gruppenunfallversicherung. Kann nach den Versicherungsbedingungen – unabhängig davon, ob er zivilrechtlich verpflichtet ist, die Versicherungsleistung an Sie weiterzuleiten – zunächst nur Ihr Arbeitgeber die Rechte aus dem Versicherungsverhältnis gegenüber der Versicherung geltend machen, liegt im Zeitpunkt der Beitragszahlung kein Lohnzufluss bei Ihnen als Arbeitnehmer vor. Die Beiträge Ihres Arbeitgebers sind daher noch nicht lohnsteuerpflichtig (BFH-Urteil v. 16.4.1999 – VI R 66/97 – BStBl 2000 II S. 408).
Der Pferdefuß kommt allerdings, wenn Ihr Arbeitgeber bei einem privaten Unfall eventuelle Versicherungsleistungen an Sie auszahlt. In diesem Moment werden die von der Versicherung über Ihren Brötchengeber an Sie gezahlten Beträge in voller Höhe als steuerpflichtiger Arbeitslohn behandelt.

Erfrischungen und Stärkungsmittel, **80**
die während der Arbeitszeit gewährt werden, wie Tee, Kaffee, Cola, Gebäck, Genussmittel, sind steuerfrei. Aber auch Speisen, die der Betrieb während einer außerplanmäßigen Besprechung, einer Betriebsstörung oder während einer Großaktion spendiert (R 19.6 Abs. 2 LStR), sind steuerfrei, wenn ihr Wert 60 €/ Arbeitnehmer nicht übersteigt.

TIPP

Steuerfreies Pizzaessen beim Italiener um die Ecke!

Die Verpflegung während eines außergewöhnlichen Arbeitseinsatzes muss nicht zwingend im Betrieb erfolgen. Steuerfrei bleibt auch der Besuch eines in der Nähe gelegenen Restaurants, wenn das Essen die 60-€-Grenze nicht überschreitet – allerdings nur, wenn Ihnen der Arbeitgeber das Essen noch am selben Tag spendiert. Bezahlt er Ihnen stattdessen die Rechnung für ein Essen am Wochenende, ist das eine steuerpflichtige Belohnung.

Für die Mitarbeiter einer Werbeagentur hat das Finanzgericht Hamburg entschieden, dass Mahlzeiten in einem Restaurant während oder nach Ende des Arbeitstags leistungsbeschleunigend wirken und deshalb steuerfrei bleiben (FG Hamburg v. 24.7.2002, EFG 2003 S. 89).

Problematisch sind dagegen regelmäßige Arbeitsessen in einer ortsansässigen Gaststätte. Gerade wegen der Regelmäßigkeit soll nach dem Willen der obersten Finanzrichter der Wert der Mahlzeit als Arbeitslohn zu versteuern sein (BFH v. 5.5.1994 – BStBl 1995 II S. 59).

81 Führerschein

Kosten für einen *Lkw-Führerschein,* die für den Arbeitnehmer übernommen werden, weil es im betrieblichen Interesse liegt, unterliegen nicht der Steuer (BFH v. 26.6.1968, BStBl II S. 773 und FG Brandenburg, EFG 1996 S. 310).

82 Betriebspensionen

bleiben zumindest bei Beginn der Pensionszahlungen vor 2040 teilweise steuerfrei. Der Versorgungsfreibetrag inkl. Zuschlag von z. B. 2.340 € bei Pensionsbeginn im Jahr 2015 wird aber in den kommenden Jahren für neu hinzukommende Pensionäre Jahr für Jahr niedriger.

Wenn Sie die Wahl haben zwischen monatlich 200 € mehr brutto oder einer betrieblichen Altersversorgung, greifen Sie lieber zur Altersversorgung.

TRICK

Lieber eine Pensionskasse oder eine Direktversicherung füttern!

Mit Hilfe der betrieblichen Altersversorgung können Sie bis zu 4 % der Beitragsbemessungsgrenze in der Rentenversicherung von Ihrem Lohn steuerfrei kassieren. Für 2015 sind das immerhin 2.904 € (West). Wenn der Vertrag über die Altersversorgung nach dem 31.12.2004 abgeschlossen wurde, erhöht sich dieser Betrag sogar noch um max. 1.800 €, auf insgesamt also max. 4.704 € im Jahr. Einzelheiten finden Sie unter ➤ Rz 168 ff.

Achtung: Fußangel Sozialversicherung:
Leider sind nur die ersten max. 2.904 € sozialversicherungsfrei, der zusätzliche Höchstbetrag von 1.800 € unterliegt dagegen der Sozialversicherungspflicht.

83 Fehlgeldentschädigungen

bis zu 16 € im Monat für Arbeitnehmer mit Kassierertätigkeit (R 19.3 Abs. 1 Nr. 4 LStR).

Vermögensbeteiligung

84

Der Arbeitgeber kann seinen Arbeitnehmern eine Vermögensbeteiligung zum Vorzugskurs überlassen. Der Vorteil, d. h. die Differenz zwischen dem gemeinen Wert (je nach Art der Vermögensbeteiligung ist das der Börsenkurs, der Ausgabepreis oder der Nennbetrag) und dem Überlassungspreis, ist bis zur Hälfte des gemeinen Wertes, max. aber 135 € im Jahr steuerfrei (§ 19 a EStG).

Begünstigt sind insbesondere folgende Anlageformen:

- Sparverträge über Wertpapiere oder andere Vermögensbeteiligungen,
- Wertpapierkaufverträge,
- Beteiligungs- oder Beteiligungskaufverträge,
- Aktien, die zum Börsenhandel oder zum Handel im Inland zugelassen sind,
- Gewinnschuld- und Wandelschuldverschreibungen des Arbeitgebers oder von inländischen Unternehmen, die keine Kreditinstitute sind,
- Anteilscheine an Aktienfonds inländischer Kapitalgesellschaften (Wertpapiersondervermögen, Wertpapierbestand zu mindestens 60 % Aktien und stille Beteiligungen),
- Anteilscheine an Beteiligungssondervermögen inländischer Kapitalgesellschaften (Bestand an Wertpapieren und stillen Beteiligungen muss mindestens 60 % Aktien und stille Beteiligungen enthalten),
- Genussscheine, die vom Arbeitgeber ausgegeben werden und zum Börsenhandel bzw. zum Handel im Inland zugelassen sind,
- Genossenschaftsguthaben an inländischen Kreditgenossenschaften (z.B. Volksbanken),
- GmbH-Anteile am Unternehmen des Arbeitgebers,
- stille Beteiligungen am Unternehmen des inländischen Arbeitgebers oder an einem inländischen am arbeitgebenden Unternehmen durch Vertrag gesellschaftsrechtlich beherrschend beteiligten Unternehmen,
- eine Darlehensforderung gegen den in- oder ausländischen Arbeitgeber.

§ 19 a EStG ist grundsätzlich zum 1.1.2009 ausgelaufen (s. aber ➤ Rz 85). Aus Gründen des Bestandsschutzes bleibt die Steuerfreiheit für eine Übergangszeit bis einschließlich 2015 aber weiter in Kraft in allen Fällen, in denen

- die Vermögensbeteiligung zwischen dem 1.1. und dem 1.4.2009 überlassen wurde oder
- vor dem 1.4.2009 die Überlassung einer Vermögensbeteiligung vereinbart wurde.

*Wie unklug sind jene Gesetze,
die die Häufung von Reichtum
unter den Reichen fördern!*

(Goldsmith)

85 Mitarbeiterkapitalbeteiligungen

An die Stelle der Steuerfreiheit nach § 19 a EStG trat eine neue Befreiung speziell für Mitarbeiterkapitalbeteiligungen (§ 3 Nr. 39 EStG). Der steuer- und sozialversicherungsfreie Höchstbetrag beträgt 360 €, also mehr als das 2,5-Fache, und die unnötig komplizierte Begrenzung der Steuerfreiheit auf 50 % des Wertes der Beteiligung ist weggefallen.

Der Wermutstropfen der Neuregelung liegt darin, dass nur noch
- direkte Beteiligungen am Unternehmen des Arbeitgebers,
- Beteiligungen an einem Unternehmen desselben Konzerns (§ 18 des AktG),
- Beteiligungen an einem Mitarbeiterbeteiligungs-Sondervermögen (das sind spezielle Fondsmodelle, bei denen der Arbeitgeber den Mitarbeitern Fondsanteile überträgt und der Fonds sein Kapital überwiegend in die Unternehmen investiert, die für ihre Mitarbeiterkapitalbeteiligung diesen Fonds nutzen)

gefördert werden.

Damit es mit der Steuerfreiheit keine Probleme gibt, müssen die Beteiligungen
- freiwillig durch den Arbeitgeber eingeräumt werden,
- zusätzlich zum ohnehin geschuldeten Arbeitslohn übertragen werden,
- allen Beschäftigten des Unternehmens offenstehen. Bei einem Konzern gilt dies aber nicht auch für die Beschäftigten der übrigen Konzernunternehmen.

TIPP

Schöpfen Sie die Steuerfreiheit mehrfach im Jahr aus!

Die Steuerbefreiung von 360 € ist arbeitsverhältnisbezogen. Sie kann also bei einem Arbeitgeberwechsel im laufenden Jahr oder bei parallelen Arbeitsverhältnissen für jedes Arbeitsverhältnis – unter dem Strich also mehrfach – in Anspruch genommen werden.

WICHTIGER HINWEIS

Während der Übergangszeit bis 2015 können die Steuerbefreiungen für Vermögensbeteiligungen nach § 19 a EStG (➤ Rz 84) und die für eine Mitarbeiterkapitalbeteiligung nicht gleichzeitig bei demselben Arbeitgeber berücksichtigt werden. Kommen beide Steuerbefreiungen in Betracht, geht Letztere vor. Wechseln Sie im Lauf des Jahres den Arbeitgeber, spielt die steuerliche Behandlung beim bisherigen Arbeitgeber allerdings keine Rolle.

Erholungsbeihilfen 86

Für *Erholungsbeihilfen* wird, wenn sich der Arbeitgeber verpflichtet, die Lohnsteuer zu übernehmen, die Lohnsteuer auf seinen Antrag hin nach einem festen Pauschsteuersatz von der Summe seiner Aufwendungen erhoben (§ 40 Abs. 2 EStG) (➤ Rz 146).

Berufskleidungsersatz 87

Hat man als Arbeitnehmer ständig einen etwa gleich hohen Aufwand an typischer Berufskleidung, so bleibt eine ausdrücklich dafür gezahlte Barablösung völlig steuerfrei. Hier ist also eine besonders leichte Umwandlungsmöglichkeit von steuerpflichtigen Bezügen in steuerfreie möglich (R 3.31 LStR).

GUTER RAT

Die Steuerfreiheit der Barablösung hängt davon ab, dass Sie nach Gesetz, Tarifvertrag, Unfallverhütungsvorschriften oder Betriebsvereinbarung einen Anspruch darauf haben, dass Ihnen der Betrieb Arbeitskleidung zur Verfügung stellt. Klemmen Sie sich also hinter den Betriebsrat, damit er mit Ihrem Chef eine solche Vereinbarung aushandelt, oder sprechen Sie direkt mit Ihrem Chef.

TIPP

zur Berufskleidung

Berufskleidung muss nicht immer nur der Blaumann oder der Laborkittel sein. 88
So entschieden jedenfalls die Richter am Hessischen Finanzgericht (EFG 1993 S. 648), die die schicken dunkelblauen Anzüge und Kostüme der Mitarbeiter einer Fluglinie als steuerfreie Berufskleidung einstuften, weil der Arbeitgeber in einer betrieblichen Kleiderordnung seine Angestellten zum Tragen dieser Kleidung verpflichtet hatte und ihnen zudem das Firmenlogo an die Jacketts heftete. Also aufgemerkt im Bank-, Einzelhandel-, Restaurantgewerbe etc.: Was einem Fluggesellschaftsmitarbeiter recht ist, sollte Ihnen doch billig sein!
Gute Karten haben unter Umständen auch Filialleiter sowie angestellte Metzger und Verkäufer von Lebensmittelketten. Die ihnen vom Arbeitgeber zur Verfügung gestellten einheitlichen Pullunder, Strickjacken, Hemden, Blusen, Krawatten und Tücher werden als im betrieblichen Interesse überlassene Be-

rufskleidung anerkannt. Ihr Arbeitgeber muss nur argumentieren, er habe die Kleidung gestellt, weil er ein einheitliches Erscheinungsbild wünsche und weil sie durch die einheitliche Beschaffenheit besser zu reinigen sei, was die Hygiene fördere (BFH v. 22.6.2006 – BStBl 2006 II S. 782).

Anders sieht das der BFH allerdings, wenn der Arbeitgeber besonders hochwertige Bekleidung zur Verfügung stellt. Neben dem Repräsentationszweck für die Firma sieht der BFH ein erhebliches Interesse der Arbeitnehmer an der Kleidung. Deren Wert muss daher als Arbeitslohn versteuert werden (BFH v. 11.4.2006 – BStBl 2006 II S. 691).

Zu Berufskleidung mehr unter ➤ Rz 290 ff.

89 Brillen

Ja, Sie lesen richtig, Ihr Arbeitgeber kann Ihnen steuerfrei eine Brille spendieren, allerdings nur eine sog. Bildschirmarbeitsplatzbrille. Wappnen Sie sich also in Absprache mit Ihrem Arbeitgeber mit einer entsprechenden Bescheinigung einer in Augenuntersuchungen fachkundigen Person, dass Ihre normale Brille für Ihren Bildschirmarbeitsplatz nicht ausreicht. Dass Sie sich dann für ein modisches Gestell entscheiden, ist nur recht und billig, schließlich wollen Sie bei Ihren Arbeitskollegen weder Horror noch Lachkrämpfe auslösen (R 19.3 Abs. 2 Nr. 1 LStR).

90 Werkzeuggeld,

das Sie für die Abnutzung und die übrigen Kosten für selbstgekauftes Werkzeug erhalten (§ 3 Nr. 30 EStG). Ein leider wahrer Treppenwitz: Werkzeug sind nach Meinung der Steuerbürokraten nur Hammer, Zange, Säge und Ähnliches. Alle Handwerker können sich also beruhigt zurücklehnen. Schreibmaschinen oder Musikinstrumente seien dagegen kein Werkzeug.

91 Garagengeld,

wenn Ihnen Ihr Brötchengeber dafür, dass Sie Ihren Firmenwagen in Ihrer Garage unterstellen, einen Obolus zahlt (BFH-Urt. v. 7.6.2002, BStBl 2002 II S. 829).

> **TRICK**
>
> **Machen Sie ein optimales Geschäft mit der Garage für den Firmenwagen!**

92

Sie haben zwei Möglichkeiten, dem Fiskus ein Schnippchen zu schlagen.

Variante 1:

Wie oben beschrieben, zahlt Ihr Arbeitgeber ein Garagengeld. Haben Sie die Garage gemietet, bleibt das Garagengeld in Höhe der Garagenmiete und der auf die Garage entfallenden Nebenkosten steuerfrei. Also ab mit Ihrem Miet-

1. Wie vermeide ich steuerpflichtigen Lohn? 83

vertrag und der Nebenkostenabrechnung zum Kopierer und die Kopien beim Chef eingereicht. Haben Sie dagegen ein Häuschen, müssen Sie sich die Mühe machen und die anteiligen Kosten, die auf Ihre Garage entfallen, zusammenrechnen. Dazu gehören z.B. Zinsen für Hypotheken, Abschreibung, Grundsteuer, Grundbesitzabgaben, Strom, Wasser etc.

Variante 2:
Nicht jeder Boss ist so großzügig und erstattet Ihnen alle Garagenkosten. Häufig ist die Schmerzgrenze bei dem Betrag erreicht, der üblicherweise als Miete für eine »normale Garage« verlangt wird. Was also tun, wenn Sie gerade neu gebaut haben und Ihre anteiligen Kosten für die Garage wegen der hohen Zinsen und Abschreibung 150 €/Monat betragen, Ihr Chef aber nur 40 € herausrücken will?

Dann streichen Sie die 40 € ein – und bitten zusätzlich den Fiskus mit einem Mietvertrag über die Garage zur Kasse:

Schließen Sie mit Ihrem Chef einen astreinen Garagenmietvertrag mit einer Monatsmiete von 40 €. Jetzt dürfen Sie nämlich die Differenz aus Miete und Garagenkosten als Mietverluste in Ihrer Steuererklärung angeben.
Ihre Abrechnung für das Finanzamt sieht dann so aus:

Einnahmen aus Garagenvermietung 12 × 40 €	480 €
./. Kosten für die Garage 12 × 150 €	– 1.800 €
Verlust aus Vermietung und Verpachtung	1.320 €

Damit haben Sie nicht nur Ihre 40 € pro Monat steuerfrei, sondern können auch noch den Verlust von 1.320 € von der Steuer absetzen. Das füllt Ihnen Ihren Geldbeutel je nach Steuersatz zusätzlich mit 231 bis 634 € im Jahr. Bei einem mittleren Steuersatz verdoppelt Ihnen der Fiskus damit praktisch Ihr Garagengeld.

Kaufkraftausgleich 93
Ihn kann der Betrieb für einen begrenzten Zeitraum allen Leuten gewähren, die im Ausland tätig sind. Er bleibt bis zu bestimmten Höhen steuerfrei (siehe www.bundesfinanzministerium.de).

Fernsprechgebühren 94
Die Vorteile des Arbeitnehmers aus der privaten Nutzung von betrieblichen Personalcomputern und Telekommunikationsgeräten sind steuerfrei (§ 3 Nr. 45 EStG). Diese Steuerbefreiung umfasst alle Kosten des Telefons, des Computers, des Faxgeräts und auch der Online-Verbindung zum Internet.
Für die Steuerbefreiung gibt es keine betragsmäßigen Grenzen. Sie können also – das Einverständnis Ihres Chefs vorausgesetzt – unbelastet von Lohnsteuer und Sozialversicherung praktisch unbegrenzt hohe Vorteile aus der Privatnutzung ziehen.

TIPP

für Handy und Home-Office

95 Die Steuerfreiheit ist nicht auf die private Nutzung von Geräten Ihres Brötchengebers im Betrieb beschränkt. Sie gilt selbstverständlich auch für Geräte, die sich zwar in Ihrem Besitz befinden, aber Eigentum Ihrer Firma sind. Steuerfrei bleiben somit die privaten Telefonate mit dem Ihnen zur Verfügung gestellten betrieblichen Handy. Zudem greift die Steuerbefreiung, wenn Sie in Ihrer Wohnung über einen vom Arbeitgeber eingerichteten Telearbeitsplatz verfügen und die betrieblichen Geräte wie Telefon, PC, Fax etc. auch für private Zwecke benutzen.

Zum Abzug von Telefonkosten als Werbungskosten finden Sie mehr unter ➤ Rz 375 ff.

96 Vorsorgeuntersuchung
Die Kostenübernahme durch den Arbeitgeber kann steuerfrei sein, wenn sie im überwiegend eigenbetrieblichen Interesse erfolgt (BFH v. 17.9.1982, BStBl 1983 S. 39).

Von einem eigenbetrieblichen Interesse spricht der Fiskus in der Regel, wenn

- der Arbeitgeber den untersuchten Personenkreis, den Untersuchungsrhythmus und das Untersuchungsprogramm bestimmt;
- sichergestellt ist, dass dabei festgestellte Erkrankungen behandelt werden. Dazu muss der Arbeitgeber nicht unbedingt vom Untersuchungsergebnis unterrichtet werden. Es genügt, dass z.B. ein Werksarzt die Ergebnisse kennt und den Untersuchten hinsichtlich der Behandlung beraten kann;
- sichergestellt ist, dass alle Untersuchungen von Ärzten vorgenommen werden, die über die notwendige Kompetenz und die technische Ausstattung für derartige Untersuchungen verfügen.

97 Verwarnungsgelder
Seine günstige Rechtsprechung, nach der der Arbeitgeber Verwarnungsgelder, z.B. wegen Falschparkens, steuerfrei erstatten kann (BFH v. 7.7.2004 – BStBl 2005 II S. 367), hat der Fiskus leider aufgegeben. Nach einer aktuelleren Entscheidung führt die Übernahme von Buß- und Verwarnungsgeldern durch den Arbeitgeber immer zu Arbeitslohn. Dabei kommt es auf die Schwere des Verkehrsverstosses nicht an (BFH v. 14.11.2013 – BStBl 2014 II S. 278).

2. Abfindungen aus dem Dienstverhältnis

Arbeitnehmer, die Abfindungen aushandeln, sollten unbedingt berücksichtigen, **98** dass Steuern die Abfindung ganz erheblich mindern.
Für Abfindungen, die wegen Beendigung des Arbeitsverhältnisses für den Wegfall der Verdienstmöglichkeiten gezahlt werden, fallen **keine Sozialversicherungsbeiträge** an.

Sozialversicherungspflichtig sind dagegen Abfindungen, die nach einer einvernehmlichen Änderung des Arbeitsvertrags als Gegenleistung für die Verschlechterung von Arbeitsbedingungen gezahlt werden.
Achten Sie darauf, dass der Arbeitgeber auf die Ihnen zugedachte Abfindung die darauf anfallenden Steuern und evtl. Sozialversicherungen aufschlägt. Am besten fahren Sie, wenn Ihre Abfindung als Nettobetrag festgesetzt wird und Ihr (Ex-)Arbeitgeber alle Abzüge tragen muss.

Abfindungen können nach der sog. **Fünftel-Regelung** ermäßigt besteuert wer- **99** den, d.h., sie werden bei der Besteuerung nur mit einem Fünftel angesetzt und die Steuer, die auf diesen Abfindungsteil entfällt, anschließend verfünffacht. Dadurch ergibt sich in der Regel – Spitzenverdiener ausgenommen – eine Abmilderung der Progression.

Damit Sie in den Genuss dieser ermäßigten Besteuerung kommen, müssen Sie einige wichtige Grundregeln beachten:

- Ihre Abfindung muss in einer Summe gezahlt werden, oder zumindest müssen alle Raten der Abfindung in demselben Kalenderjahr fließen.
- Ihre Einkünfte im Entlassungsjahr müssen inkl. Abfindung höher sein, als wenn Sie weiterbeschäftigt worden wären.
- Die Zahlung einer Abfindung darf nicht von vornherein in Ihrem Arbeitsvertrag vereinbart gewesen sein (FG München v. 16.9.1999 – EFG 2000 S.67).
- Außer der Abfindung dürfen Ihnen in späteren Jahren keine weiteren wesentlichen Leistungen Ihres Arbeitgebers zufließen.

Allerdings gilt auch hier: keine Regel ohne Ausnahme. Folgende Zahlungen und Sachleistungen sollen die ermäßigte Besteuerung Ihrer Abfindung nicht beeinflussen:

- **Outplacement-Beratungen**, um schneller einen neuen Job zu finden (BFH v. 14.8.2001 – BFH/NV 2002 S.402).
- Kurzzeitige Weiterbenutzung des **Firmenwagens** (BFH v. 14.8.2002 – BStBl II 2004 S.447).
- Spätere **Aufstockung der Abfindung** aus einem Sozialplan oder aus sozialer Fürsorge bis zu 50 % (BFH v. 21.1.2004 – BStBl 2004 II S 715, BMF v. 24.5.2004 – BStBl I 2004 S.505).
- Weitere Nutzung einer **Werkswohnung** zu einer günstigen Miete (BMF v. 18.12.1998 I S.1512, TZ 19).

– **Nachzahlung von Abfindungen** in späteren Jahren. Hier können Sie beantragen, dass die Nachzahlung dem Jahr zugeschlagen wird, in dem die Abfindung ursprünglich fällig gewesen wäre, und so die ermäßigte Besteuerung retten (BMF v. 24.5.2004 – BStBl 2004 I S. 505 Tzn 17 – 20).

TRICK

Verlagern Sie Ihre Abfindungen in das Jahr nach der Kündigung!

100 Ganz erhebliche Steuervorteile können Sie herausholen, wenn Sie die Abfindung in das Jahr nach der Auflösung des Arbeitsverhältnisses verlagern. Das lohnt sich vor allem, wenn Sie im Folgejahr keine oder nur geringe Einkünfte haben, z.B. weil von vornherein klar ist, dass Sie nicht sofort wieder einen neuen Arbeitsplatz finden. Durch die Verlagerung der Abfindung kann die Progressionswirkung der Einkommensteuer im günstigsten Fall so weit gemildert werden, dass gar keine Steuer auf die Abfindung anfällt.

Vereinbaren Sie also mit Ihrem Abeitgeber, dass die Abfindung in dem für Sie günstigsten Jahr gezahlt wird. Gegen eine solche Zahlungsvereinbarung kann der Fiskus selbst dann nichts einwenden, wenn sie von einer ursprünglich getroffenen Fälligkeitsvereinbarung abweicht. Entscheidend ist lediglich, dass Sie die Verschiebung der Fälligkeit vor dem ursprünglich vereinbarten Zahlungstag vereinbaren (BFH v. 11.11.2009 – IX R 1/09, Der Betrieb 2010 S. 148).

Beispiel
Angenommen, Sie sind ledig und werden zum 1.12.2015 entlassen. Ihr Einkommen im Jahr der Entlassung beträgt 40.000 €. Sie erhalten zudem eine Abfindung von 50.000 €, die vereinbarungsgemäß einen Monat vor der Entlassung fällig sein soll. Im Jahr 2016 haben Sie keine weiteren Einkünfte. Sie vereinbaren mit Ihrem Arbeitgeber, dass die Abfindung erst zum 1.2.2016 gezahlt wird. Unter Berücksichtigung von 2.000 € abziehbaren Kosten und Pauschalen ergäbe sich daraus für 2016 ein Einkommen von 48.000 €.

Zahlung der Abfindung 2015	*Einkommen*	*Steuer*	*Steuer insgesamt*
Einkommen ohne Abfindung	40.000 €	8.918 €	8.918 €
⅕ von 50.000 €	10.000 €		
	50.000 €		
Steuer darauf lt. Jahrestabelle		12.757 €	
Differenz		3.839 € × 5	19.195 €
Steuer 2015 inkl. Abfindung			28.113 €

Zahlung der Abfindung 2016	Einkommen	Steuer	Steuer insgesamt
Einkommen 2016	0 €	0 €	0 €
⅕ von 50.000 €	10.000 €		
	10.000 €		
Steuer darauf lt. Jahrestabelle 2016	0 €		
Differenz	0 € × 5		0 €
Steuer 2016 inkl. Abfindung			0 €
Steuer 2015 ohne Abfindung			8.918 €
Steuer insgesamt bei Verlagerung			8.918 €

Dadurch, dass die Abfindung drei Monate später erfolgt, sparen Sie 19.195 € Einkommensteuer zzgl. Solidaritätszuschlag und Kirchensteuer, insgesamt ca. 21.978 €.

3. Reisekostenersatz

Ihr Arbeitgeber kann Ihnen unter der Überschrift »Reisekosten« steuerfreie **101** Leistungen zahlen für

● Verpflegungskosten,

● Fahrtkosten,

● Übernachtungskosten,

● Reisenebenkosten,

wenn Sie eine sog. **Auswärtstätigkeit** durchführen. Gemeint ist damit, dass Sie als Arbeitnehmer Dienstreisen machen, im Rahmen einer Einsatzwechseltätigkeit beschäftigt sind oder als Berufskraftfahrer eine Fahrtätigkeit auf einem Fahrzeug ausüben. Die Höhe der steuerfreien Zahlungen entspricht den Beträgen, die Sie für dieselben Aufwendungen als Werbungskosten absetzen können. Zu Einzelheiten vgl. ➤ Rz 182 ff.

4. Fahrten zwischen Wohnung und Arbeitsstätte – Fahrgelder

Fahrgelder Ihres Arbeitgebers für die tägliche Fahrt zur Arbeit sind zunächst **102** einmal steuer- und sozialversicherungspflichtig. Deshalb habe ich ein paar Kniffe für Sie ausgeknobelt, wie Sie dem Fiskus hier ein Schnäppchen schlagen können.

TRICK
Kassieren Sie Rabatte auf Ihre Fahrkarten/ Benzingutscheine bis 44 € steuerfrei!

103 Statt Fahrgeld zu kassieren, lassen Sie sich lieber vom Arbeitgeber ein Jobticket oder Monatskarten mit einem Preisnachlass von bis zu 44 € im Monat besorgen. Der Vorteil bleibt dann nämlich komplett steuerfrei.
Wenn Sie mit dem Auto fahren, kann Ihnen Ihr Chef statt Fahrgeld einen steuerfreien Benzingutschein im Wert von bis zu 44 € im Monat geben. Zu Einzelheiten vgl. ➤ Rz 44 ff.

TRICK
Pauschalsteuer für Fahrtkostenzuschüsse als billigere Variante!

104 Haben Sie die Freigrenze von 44 € für Sachzuwendungen Ihres Arbeitgebers schon ausgeschöpft, liegt der Wert der Fahrkarte, die Sie kostenlos bekommen, über diesem Betrag, oder scheut Ihr Brötchengeber schlicht den Aufwand mit dem Fahrkartenkauf oder dem Benzingutschein und will Ihnen nur Bares zahlen, hilft Ihnen die Pauschalsteuer für Fahrtkostenzuschüsse zumindest teilweise aus der Bredouille. Ihr Arbeitgeber kann nämlich Fahrgelder oder Sachleistungen für Fahrten zur Arbeit, wie Fahrkarten, ja sogar den Vorteil aus der Überlassung eines Firmenwagens mit 15 % pauschal versteuern – und zwar bis zur Höhe der andernfalls ansetzbaren Entfernungspauschale. (Quelle: § 40 Abs. 2 EStG) Daraus ergibt sich gleich ein doppelter Vorteil. Für Sie ist der Fahrtkostenzuschuss damit steuerfrei, und zudem fällt darauf keine Sozialversicherung an. Das ist sogar für Ihren Brötchengeber ein gutes Geschäft: Versteuert er die Lohnsteuer mit 15 % pauschal, belastet ihn das zwar inkl. Kirchensteuer und Solidaritätszuschlag mit insgesamt ca. 17 %, dafür spart er aber den Arbeitgeberanteil zur Sozialversicherung von etwas über 19 % ein.
Will Ihr Arbeitgeber von der pauschalen Lohnbesteuerung nichts wissen, können Sie ihm den Betrag aus der eigenen Tasche erstatten. Unter dem Strich ist das für Sie oft immer noch ein gutes Geschäft.

Beispiel
Sie bekommen als Lediger in Steuerklasse I einen Monatslohn von 3.000 €. Zusätzlich zahlt Ihr Chef einen monatlichen Fahrtkostenzuschuss von 200 €. Die einfache Entfernung von Ihrer Wohnung bis zur Arbeit beträgt 50 km.

Entfernungspauschale (es kann von 15 Tagen pro Monat ausgegangen werden) monatlich 50 km × 0,30 € × 15 Tage = 225 €.
Der Fahrtkostenzuschuss von 200 € kann also in voller Höhe mit 15 % pauschal besteuert werden.

Bruttolohn		3.200,00 €	
./. Steuer und Sozialversicherung (ca. 20,225 %) auf 3.200 €		– 1.240,77 €	
Nettolohn		1.959,23 € >	1.959,23 €
Mit Übernahme der Pauschalsteuer:			
Bruttolohn		3.000,00 €	
./. Steuer und Sozialversicherung (ca. 20,225 %) darauf		– 1.137,06 €	
Fahrtkostenzuschuss		200,00 €	
./. pauschale Lohnsteuer 15 % von 200,00 €	–	30,00 €	
./. pauschale Kirchensteuer 7 % von 30,00 €	–	2,10 €	
./. Solidaritätszuschlag 5,5 % von 30,00 €	–	1,65 €	
Nettolohn bei Pauschalierung des Zuschusses		2.029,19 € >	2.029,19 €
Mehrbetrag pro Monat			69,96 €
Im gesamten Jahr			839,52 €

Wie Sie sehen, machen Sie trotz Übernahme der pauschalen Steuern auf den Fahrtkostenzuschuss im Jahr ein sattes Plus von ca. 840 €.
Wenn Sie noch andere Werbungskosten haben, mit denen Sie schon über dem Werbungskostenpauschbetrag von 1.000 € liegen, können Sie zusätzlich die Entfernungspauschale absetzen:

Arbeitstage 230 × 50 km × 0,30 € =	3.450 €
./. pauschal besteuerte Fahrtkosten	– 2.400 €
Verbleibende Werbungskosten	1.050 €

TIPP

Wandeln Sie freiwillige Lohnzahlungen in Fahrtkostenzuschüsse um!

Fahrtkostenzuschüsse müssen an sich zusätzlich zum ohnehin geschuldeten Arbeitslohn gezahlt werden. Ist das der Fall, können sie mit 15 % pauschal besteuert werden. Anders als der Fiskus ist der BFH der Meinung, dass andere freiwillige Sonderzahlungen in Fahrtkostenzuschüsse umgewandelt werden können. Entscheidend ist nicht, ob Ihr Arbeitgeber die Sonderzahlung auch ohne Fahrtkostenzuschuss zahlen würde, sondern ob Sie aufgrund Ihres Arbeitsvertrags oder aufgrund betrieblicher Übung einen Rechtsanspruch auf die Sonderzahlung haben (BFH v. 1.10.2009 – VI R 41/07; BStBl 2010 II S.487). Will Ihr Arbeitgeber nicht so recht anbeißen, können Sie sich z.B. ein freiwilliges Weihnachtsgeld, das vom Betrieb immer unter Vorbehalt gezahlt worden ist, ganz oder zum Teil als Fahrtkostenzuschuss auszahlen lassen.

105 Sammelbeförderung

Die Sammelbeförderung von Arbeitnehmern zwischen Wohnung und Arbeitsstätte mit einem vom Arbeitgeber gestellten Fahrzeug (§3 Nr.32 EStG) ist steuerfrei, sofern sie für den betrieblichen Einsatz des Arbeitnehmers notwendig ist. Das wird z.B. in folgenden Fällen unterstellt:

1. Die Beförderung mit öffentlichen Verkehrsmitteln ist entweder gar nicht oder nur mit ganz erheblichem Zeitaufwand möglich.
2. Die Arbeitnehmer arbeiten, wie z.B. Bau- und Montagearbeiter, an ständig wechselnden Einsatzstellen.
3. Die Arbeitnehmer werden, wie z.B. Waldarbeiter, an verschiedenen Stellen eines weiträumigen Arbeitsgebiets eingesetzt.
4. Der Arbeitsablauf im Betrieb macht es erforderlich, dass die beförderten Arbeitnehmer gleichzeitig ihre Arbeit aufnehmen.

Ihr Arbeitgeber muss nicht unbedingt selbst ein Fahrzeug für den Sammeltransport anschaffen, genauso gut kann er ein Bus- oder Taxiunternehmen beauftragen.

Hinweis:
Wenn Sie per Sammelbeförderung zu Ihrer Arbeitsstelle fahren, können Sie keine Entfernungspauschale absetzen.

TRICK

Steuerfreies Fahrgeld für den Heimweg

106

Die Idee, auf dem Weg zur Arbeit oder nach Hause einen schnellen Abstecher zur Post oder zur Bank zu machen, um durch diesen kleinen dienstlichen Auftrag aus Ihrer Fahrt zwischen Wohnung und Arbeitsstätte eine steuerlich viel lukrativere Dienstreise zu machen, fand vor den Augen der obersten Steuerrichter keine Gnade (BFH, BStBl 1991 S.134).

Ungeachtet dessen steht Ihnen steuerfreies Fahrgeld oder die erhöhte Kilometerpauschale für Dienstreisen für die Mehrkilometer zu, die durch den Umweg angefallen sind.

Kurz zur Post reicht also nicht. Wenn Sie aber z. B. häufiger im Auftrag Ihres Chefs Kunden besuchen, sollten Sie Ihre Termine so planen, dass Sie nach dem Kundenbesuch direkt nach Hause fahren können. Jetzt kann Ihnen das Finanzamt ja wohl kaum noch mit »kurzfristigen Erledigungen« kommen.

TRICK
Vermeiden Sie, den Betrieb jeden Tag kurz anzufahren!

Einen ganz bösen Fallstrick hat der Fiskus für Kundendienstmonteure, Kraftfahrer, Mitarbeiter von Pflegediensten etc. vorgesehen. Arbeitnehmer aus diesen und ähnlichen Berufsgruppen suchen häufig den Betrieb an jedem Arbeitstag kurz auf, um Aufträge zu holen, Material zu besorgen, Berichte abzuliefern oder um Kollegen abzuholen, um mit ihnen zusammen weiter zu einer auswärtigen Einsatzstelle zu fahren, oder schlicht, um das Fahrzeug zu übernehmen. Diese kurzen Tätigkeiten allein führen nicht dazu, dass der Betrieb zur sog. ersten Tätigkeitsstätte wird. Die Fahrten zum Betrieb gelten also weiter als auswärtige Tätigkeit, mit der Folge, dass der Arbeitnehmer Reisekosten absetzen kann. Leider soll das ausgerechnet für die größte Kostengruppe, die Fahrtkosten, nicht gelten. Sucht der Arbeitnehmer auf Betreiben seines Brötchengebers den Betrieb, das Fahrzeugdepot oder einen anderen Sammel- oder Abholpunkt dauerhaft an jedem Arbeitstag auf, gibt es für diese Fahrten nur die Entfernungspauschale.

Auf die Entfernungspauschale heruntergestuft werden Sie allerdings nur, wenn Sie den Betrieb für sehr lange Zeit und vor allem ausnahmslos an jedem Arbeitstag aufsuchen müssen. Also ist es höchste Zeit für ein Gespräch mit Ihrem Chef. Gemeinsam werden Sie in Zukunft dafür sorgen, dass sich die Verhältnisse ein klein wenig ändern. Es genügt schon, wenn Sie an einem Tag in der Woche von zu Hause direkt zum Kunden fahren, ohne vorher den Betrieb aufzusuchen. Sie bekommen eben den Auftrag schon am Tag vorher oder per Telefon, SMS oder E-Mail. Mit diesem Trick können Sie für die Fahrten in den Betrieb in Zukunft wieder die Reisekostenpauschale von 0,30 € je gefahrenen Kilometer statt der nur halb so hohen Entfernungspauschale absetzen. Auch Kraftfahrer bekommen das hin, wenn der Übernahmepunkt gelegentlich verändert wird. Warum also den Bus immer im Depot abholen? Man kann den Schichtwechsel ja auch an einer Haltestelle durchführen.

Und schon kann Ihnen Ihr Chef nicht nur für die Fahrt zum Kunden das Fahrgeld steuerfrei zahlen, sondern auch für die Fahrt zur Firma selbst. Bekommen Sie kein Fahrgeld, setzen Sie bei Ihrer Steuererklärung jeden Kilometer mit 0,30 € als Werbungskosten ab.

TIPP

Vorsicht, Ihr Chef stößt das Finanzamt mit der Nase darauf, dass Sie Fahrgeld kassieren!

109 Ihr Arbeitgeber muss durch eine entsprechende Eintragung in die Lohnsteuerbescheinigung das Finanzamt darauf hinweisen, dass Sie steuerfreie oder pauschal besteuerte Fahrtkostenzuschüsse erhalten haben. Damit stellt der Fiskus sicher, dass Ihnen die Beträge bei der Steuererklärung von Ihren Entfernungskilometern abgezogen werden.

Profitieren Sie von einer Sammelbeförderung, steht in Ihrer Lohnsteuerbescheinigung ein »F«.

TRICK

Zahlen Sie weniger Lohnsteuer bei steuerpflichtigem Fahrgeld!

110 Die Werbungskosten aus Ihrer Entfernungspauschale für den täglichen Weg zur Arbeit können Sie sich als Freibetrag auf der Lohnsteuerkarte eintragen lassen und so schon im Lauf des Jahres einen hübschen Betrag an Steuern sparen. Warten Sie damit nicht erst bis zu Ihrer Einkommensteuererklärung.

Zahlt Ihnen Ihr Brötchengeber Fahrgeld oder dürfen Sie mit einem Firmenwagen zur Arbeit fahren, rechnet man Ihnen daraus steuerpflichtige Einnahmen zu. (Natürlich können Sie auch hier Ihre laufende Steuerlast mit einem Freibetrag auf der Steuerkarte drücken.)

Bei einer Entfernung zur Arbeit von 60 km zahlt Ihnen Ihr Chef monatlich ein Fahrgeld von 200 €. Bei einem Gehalt von 2.500 € zahlen Sie also 2015

an Steuern für monatlich 2.700 € (2.500 € + 200 €)	439,10 €
Allein für Ihre Fahrtkosten stünde Ihnen bei 230 Arbeitstagen ein Freibetrag von ca. 270 € im Monat zu.	
Damit liegt die Steuer auf Ihr steuerpflichtiges Gehalt von 2.700 € − 270 € = 2.430 € nur noch bei	360,47 €
Monatliche Ersparnis an Lohnsteuer, Kirchensteuer, Soli	78,63 €
Gesamtersparnis im Jahr ca.	944,00 €

111 Parkplätze, Stellplätze

Nach Meinung des FG Köln (Urt. v. 15.3.2006 – 11 K 5680/04, EFG 2006, 1516) führt die kostenlose Überlassung von Parkplätzen durch den Arbeitgeber grundsätzlich zu steuerpflichtigem Arbeitslohn. Lediglich die Parkplatzgestellung an Mitarbeiter mit Firmenwagen und an schwerbehinderte Arbeitnehmer will das Finanzgericht wegen der arbeitsrechtlichen Fürsorgepflicht des Arbeitgebers steuerfrei lassen. Doch geschehen gelegentlich noch Zeichen und Wunder, der Fiskus folgt dieser restriktiven Rechtsprechung nämlich nicht. Der Arbeitgeber kann seinen Arbeitnehmern daher Park- bzw. Stellplätze zur Verfügung stellen, ohne dass der Vorteil aus den gesparten Parkgebühren zu besteuern ist (FM Nordrhein-Westfalen v. 28.9.2006 – S 2334 – 61 – VB 3; NWB Steuer-Telex 2006 S. 703). Im Ergebnis ist also die Überlassung von Parkplätzen durch den Arbeitgeber an den Arbeitnehmer steuerfrei. Dabei spielt es keine Rolle, ob die Parkplätze Ihrem Brötchengeber gehören oder von ihm für die Belegschaft angemietet werden.

Anders ist es, wenn Ihr Arbeitgeber für Sie einen Parkplatz an Ihrem Wohnort anmietet und Ihnen zur Verfügung stellt.

Allerdings können Sie auch hier dem Fiskus ein Schnippchen schlagen und den Parkplatz steuerfrei bekommen, wenn Sie dort nicht Ihr privates Auto abstellen, sondern den von der Firma überlassenen Firmenwagen. Wenn Sie mit dem Firmenwagen auch privat durch die Welt kutschieren, ist das für die Steuerfreiheit ohne Bedeutung.

5. Firmenwagen

Stellt die Firma ihrem Arbeitnehmer ein Fahrzeug zur Verfügung, das er auch für **112** Privatfahrten und Fahrten zwischen Wohnung und Arbeitsstätte verwenden darf, dann ist der darin liegende geldwerte Vorteil vom Arbeitnehmer zu versteuern, das ist klar. Für Privatfahrten ist dem Monatslohn 1 % des Listen(neu-)preises des Fahrzeugs (inkl. Umsatzsteuer) hinzuzurechnen, macht 12 % pro Jahr. Für Fahrten zwischen Wohnung und Arbeitsstätte beträgt der geldwerte Vorteil zusätzlich 0,03 % des Listenpreises je Entfernungskilometer für jeden Monat.

Beispiel

Ein Arbeitnehmer fährt arbeitstäglich mit einem Firmenwagen (Listenpreis 30.000 €) zu seiner 30 km entfernt liegenden Arbeitsstätte. Für die private Nutzung des Firmenwagens leistet er eine Zuzahlung von mtl. 150 €. Als geldwerten Vorteil hat er zu versteuern:

Für Privatfahrten

12 % von 30.000 € (Jahresbetrag)	3.600 €
Für Fahrten zwischen Wohnung und Arbeitsstätte	
(Monatl. 0,03 % v. 30.000 € =) 9 €	
je Entfernungskilometer × 30 km × 12 Monate =	3.240 €
Insgesamt	6.840 €
./. Zuzahlung (150 € × 12 Monate)	– 1.800 €
Vom Arbeitgeber über die LSt-Karte zu versteuernder Jahresbetrag	5.040 €
Monatsbetrag $^1/_{12}$	420 €

In der Einkommensteuererklärung kann der Arbeitnehmer seine Fahrten zwischen Wohnung und Arbeitsstätte mit der Entfernungspauschale von 0,30 € für jeden Entfernungskilometer als Werbungskosten geltend machen:

30 km × 0,30 € = 9,00 € × 230 Tage =   2.070 €

113 Die 1-%-Regelung kommt übrigens auch zur Anwendung, wenn es sich bei Ihrem Firmenwagen um ein Wohnmobil oder einen Geländewagen handelt. Es ist also nicht entscheidend, ob das Gefährt kraftfahrtechnisch als Pkw oder als sonstiges Fahrzeug zugelassen wurde und bei der Kraftfahrzeugsteuer etwa wie ein Lkw besteuert wird. Allerdings legt der Fiskus als Listenpreis bei solchen **Sonderfahrzeugen** höchstens 80.000 € zugrunde (FM Saarland v. 29.1.2003 – B/2 – 4 – S 2334).

114 Besonders teuer kann es werden, wenn Sie als Arbeitnehmer nicht nur ein, sondern mehrere Kfz privat nutzen dürfen. Wenn allerdings eine Mitbenutzung durch andere Personen (Familie, Lebenspartner etc.) ausgeschlossen ist, gilt die vernünftige Regelung, dass Sie nur dasjenige Fahrzeug versteuern müssen, das Sie überwiegend für private Zwecke nutzen. Im Zweifelsfall versteuern Sie das Fahrzeug mit dem höchsten Listenpreis. Man spricht hier allgemein von der sog. Junggesellenregelung.

Zwar ist der BFH von dieser günstigen Besteuerung abgerückt und verlangt die Besteuerung eines jeden Fahrzeugs, das Ihnen zur Verfügung gestellt wird. Ob und in welchem Umfang Sie die Fahrzeuge privat fahren, spielt seiner Meinung nach keine Rolle, vielmehr reiche die rein theoretische Möglichkeit der Nutzung aus. Aber es geschehen doch tatsächlich noch Zeichen und Wunder: Der Fiskus wendet dieses Urteil nicht an! Es wurde zwar im BStBl veröffentlicht, allerdings ausdrücklich mit dem Hinweis in einer Fußnote, dass die Junggesellenregelung weiterhin anzuwenden ist (BStBl II 2014 S. 340, Fußnote).

Sind Sie nicht alleinstehend, sollten Sie, wenn es nicht unbedingt erforderlich ist, dennoch darauf verzichten, dass Ihnen vertraglich mehrere Fahrzeuge zur Verfügung gestellt werden.

TIPP

Zur Privatnutzung ungeeignete Dienstwagen unterliegen nicht der 1-%-Regelung!

115 Firmenwagen, die aufgrund ihrer objektiven Beschaffenheit und Einrichtung typischerweise nur zur Beförderung von Waren, Gütern oder Material und Werkzeug bestimmt sind, fallen nicht unter die pauschale 1-%-Regelung. Gemeint sind damit typische Transportfahrzeuge wie Pritschen- oder Werkstattwagen. Der Bundesfinanzhof hat hier wieder einmal dem Fiskus auf die Finger geklopft und den allzu unverschämten Griff in die Geldbörse der Steuerzahler unterbunden (BFH v. 18.12.2008 – BFH/NV 2009 S. 481).

Der BFH geht davon aus, dass Fahrzeuge dieser Art allenfalls gelegentlich und nur ausnahmsweise für private Zwecke eingesetzt werden, weil sie dafür denkbar ungeeignet sind. Das Finanzamt darf deshalb **nicht mehr einfach unterstellen,** dass Sie Ihren Werkstattwagen auch für private Zwecke nutzen, sondern muss es **beweisen.** Und selbst wenn eine Privatnutzung gelegentlich der Fall sein sollte, darf das Finanzamt nicht pauschal die 1-%-Regelung ansetzen. Der Nutzungsvorteil muss nach Auffassung des BFH für jede einzelne Fahrt mit dem dafür üblichen Preis bewertet werden. Er dürfte sich somit auf die anteiligen Kilometerkosten für die privat gefahrenen Kilometer zzgl. der Gewinnmarge der Firma beschränken.

Diese günstige Rechtsprechung betrifft leider nicht die Fahrten zwischen Wohnung und Arbeitsstätte, die weiterhin nach der sog. 0,03-%-Regelung zu bewerten sind.

TIPP
Drücken Sie bei einem Elektrofahrzeug den steuerpflichtigen Teil!

Wenn Sie als Firmenwagen ein Elektrokraftfahrzeug nutzen, sind Sie benachteiligt, weil dessen Listenpreis derzeit höher ist als bei einem herkömmlich angetriebenen Fahrzeug. Damit Elektrofahrzeuge trotzdem als Firmenwagen konkurrenzfähig sind, wird die Berechnungsgrundlage für die Besteuerung pauschal gekürzt. Davon können auch Sie profitieren.

116

Von dieser Regelung begünstigt sind Fahrzeuge, die ausschließlich durch Elektromotoren angetrieben oder ganz oder überwiegend aus mechanischen oder elektrochemischen Energiespeichern gespeist werden (z. B. Brennstoffzellen).

Allerdings hat der Fiskus die Ermäßigung unnötig verkompliziert, indem die Kürzung des Listenpreises Jahr für Jahr reduziert wird. Wurde Ihr Firmenwagen 2013 oder früher angeschafft, beträgt die Kürzung 500 €/kWh, max. 10.000 €. Für jedes Jahr, das das Fahrzeug später zugelassen wird, reduziert sich der Betrag je kWh um jährlich 50 € und der Maximalbetrag um 500 €. Kaufte Ihr Brötchengeber also einen Firmenwagen in 2015, beträgt die Kürzung nur noch 400 €/kWh und der Maximalbetrag 9.000 €.

Beispiel
Ihr Arbeitgeber hatte am 1.10.2015 einen neuen Firmenwagen mit Hybridantrieb gekauft. Die Batteriekapazität beträgt 30 kWh. Der Listenpreis des Wagens beläuft sich auf 45.000 € inkl. USt.

Der monatliche Nutzungsvorteil für private Fahrten wird wie folgt berechnet:
Bruttolistenneupreis 45.000,00 €
./. pauschale Kürzung 30 kWh × 400,00 € (= 12.000,00 €),
max. aber 10.000 € − 9.000,00 €
Bemessungsgrundlage 36.000,00 €

Der monatliche private Nutzungsanteil würde in diesem Fall mit 1 % v. 36.000 € = 360,00 € berechnet.

117 Ärgerlich ist neben der Anwendung der 1-%-Regelung für reine Privatfahrten vor allem die Versteuerung der Fahrten zwischen Wohnung und Arbeitsstätte. Der pauschale Ansatz des Monatswerts von 0,03 % wird vom Finanzamt nämlich völlig unabhängig davon vorgenommen, in welchem Umfang Sie das Fahrzeug tatsächlich für Fahrten zwischen Wohnung und Arbeitsstätte nutzen und ob es Ihnen überhaupt während des ganzen Monats zur Verfügung steht.

Besonders teuer kann das für Sie werden, wenn Sie mit dem Firmenwagen das »park and ride«-Verfahren praktizieren, da die *gesamte* Entfernung zwischen Wohnung und Arbeitsstätte der Berechnung des Nutzungsvorteils zugrunde gelegt wird. Im Klartext bedeutet das: Fahren Sie 3 km mit dem Wagen zum Bahnhof und dann 47 km mit der Bahn, bindet Ihnen der Fiskus den geldwerten Vorteil für 50 km ans Bein.

TRICK

Drücken Sie mit Fahrkarten den Nutzungsvorteil!

Dieser Auffassung ist der BFH entschieden entgegengetreten (BFH v. 4.4.2008 – BStBl 2008 II S. 890 – und v. 28.8.2008 – BStBl 2009 II S. 280). Für den »park and ride«-Fall wird demnach die 0,03-%-Regelung nur für die Teilstrecke angesetzt, für die der Pkw tatsächlich genutzt wird.

Lösung für einen Firmenwagen mit 40.000 € Listenpreis
Nutzungsvorteil lt. Finanzamt
0,03 % v. 40.000 € = 12,00 € × 50 km 600 €
Nutzungsvorteil lt. BFH
0,03 % v. 40.000 € = 12,00 € × 3 km 36 €
Differenz pro Monat 564 €
Differenz pro Jahr 564 € × 12 = 6.768 €

Das Finanzamt muss die günstigere Berechnung zumindest aus Billigkeitsgründen anwenden, wenn Sie Ihrem Arbeitgeber eine Jahresfahrkarte oder schlicht Ihre gesammelten Monatskarten für öffentliche Verkehrsmittel vorlegen oder er Ihnen ein entsprechendes Job-Ticket zur Verfügung stellt (BMF v. 1.4.2011 – BStBl 2011 I Seite 301).

TRICK
Mit einem Nutzungsverbot entgehen Sie der Steuerfalle!

Sie können auch auf andere Weise eine Begrenzung des völlig überhöhten Nutzungsvorteils erreichen: Ihr Arbeitgeber stellt Ihnen das Fahrzeug ausdrücklich nur für die Fahrt zum Bahnhof zur Verfügung. Das Ganze wird schriftlich festgelegt. Außerdem kontrolliert er gelegentlich am Abend und am anderen Morgen den Kilometerstand und protokolliert dies für sein Lohnkonto – und schon versteuern Sie statt 50 km nur 3 km (s. auch ➤ Rz 135).

118

Nach der Reform des Reisekostenrechts ist inzwischen klar, dass ein Arbeitnehmer max. *eine* erste Tätigkeitsstätte haben kann. Wenn Ihr Arbeitgeber den Betrieb ausdrücklich als erste Tätigkeitsstätte festlegt, hat das Konsequenzen für die Fahrten dorthin. In diesem Fall müssen Sie die Fahrten mit einem Firmenwagen versteuern.

Ohne ausdrückliche Arbeitgeberfestlegung wird Ihr Betrieb aber nicht schon allein dadurch zur ersten Tätigkeitsstätte, dass Sie ihn in regelmäßigen Abständen aufsuchen (s. auch BFH v. 9.6.2011 – VI R 55/10, VI R 36/10 und VI R 58/09, BStBl 2012 II S. 34 – 38). Schon gar nicht, wenn Sie sich dort nur kurz aufhalten oder nur Arbeiten ausführen, die in Ihrem Job nicht die Kernaufgaben darstellen. Auch Springer, Filialleiter, die mehrere Filialen betreuen, oder Bezirksleiter von Filialketten haben höchstens dann in einer der Filialen eine erste Tätigkeitsstätte, wenn der Arbeitgeber das ausdrücklich so regelt oder wenn die dort ausgeübten Arbeiten sich von denen in den übrigen Filialen wesentlich unterscheiden und Sie dort mindestens an zwei Tagen pro Woche oder 30 % Ihrer Arbeitszeit arbeiten.

Wenn Sie mit Ihrem Arbeitgeber die Bedingungen für Ihr Arbeitsverhältnis so geregelt haben, dass der Betrieb nicht die erste Tätigkeitsstätte ist, umgehen Sie auch das Problem mit der Versteuerung der Fahrten zur Arbeit. Sie können sich für Fahrten von der Wohnung zum Betrieb vielmehr darauf berufen, dass es sich um Fahrten im Rahmen einer Auswärtstätigkeit handelt. Für solche Fahrten kann der Arbeitgeber ein Firmenfahrzeug steuerfrei zur Verfügung stellen.
In allen anderen Fällen setzt der Fiskus tatsächlich einen Vorteil mit 0,03 % des Listenpreises pro Monat und Entfernungskilometer an. Allerdings gibt es auch hier für Arbeitnehmer, die ihre erste Tätigkeitsstätte nur gelegentlich aufsuchen, dank des BFH eine günstigere Besteuerungsvariante (BFH v.

22.9.2010 – BStBl 2011 II S. 358 f.). Danach muss nur der tatsächlich entstandene Vorteil versteuert werden – und zwar für jede tatsächlich durchgeführte Fahrt mit 0,002 % des Listenpreises je Entfernungskilometer. Der BFH machte dabei eine Anleihe bei der in der Praxis selten vorkommenden Regelung für mit einem Dienstwagen durchgeführte zusätzliche Familienheimfahrten im Rahmen einer doppelten Haushaltsführung.

Die Finanzämter müssen nunmehr die günstigere Regelung anwenden (BMF-Schreiben v. 1.4.2011 – BStBl 2011 I S. 301). Sie müssen Ihrem Brötchengeber nur für jeden Monat eine Liste vorlegen, in der Sie mit Wochentag und Datum angeben, wann Sie mit dem Dienstwagen zur Arbeit gefahren sind. Ihr Arbeitgeber muss dann in der Lohnabrechnung nur für diese Tage den Nutzungsvorteil des Pkw ansetzen. Beharrt er darauf, sicherheitshalber weiter die 0,03-%-Regel anzuwenden, können Sie die Anwendung der für Sie günstigeren 0,002-%-Regel bei der Einkommensteuerveranlagung beantragen. Das Finanzamt muss dazu die Differenz zwischen den Methoden vom Arbeitslohn abziehen.

Bei einem Firmenwagen mit einem Listenpreis von 30.000 € und einer Entfernung zum Betrieb des Arbeitgebers von 20 km beträgt der Nutzungsvorteil aus der 0,03-%-Regelung (0,03 % von 30.000 € = 9 € × 20 km =) 180 € monatlich. Nach der viel günstigeren Rechnung des BFH ergibt sich lediglich ein Nutzungsvorteil von (30.000 € × 0,002 % = 0,60 € × 20 km × 4 Fahrten =) **48 €.** Auf das Jahr gerechnet macht das einen Unterschied von 1.548 €.

Steuerlich auf der sicheren Seite sind Sie also, wenn

- Ihr Arbeitgber keine Festlegung zum Betrieb (Filiale) als erste Tätigkeitsstätte trifft und
- Sie nicht mindestens an zwei ganzen Arbeitstagen oder 30 % Ihrer regelmäßigen Arbeitszeit dort arbeiten müssen.

TRICK

Nehmen Sie die Pauschalregelung bei Firmenwagen in Anspruch!

119 Die Möglichkeit, den Vorteil aus der Überlassung eines Firmenwagens für Fahrten zwischen Wohnung und Arbeitsstätte pauschal zu versteuern (➤ Rz 104), führt zu Wirkungen, die selbst für Steuerfachleute kaum zu überblicken sind. Von den 0,03 % des Listenpreises, die für solche Fahrten pro Entfernungskilometer zu versteuern sind, kann der Betrieb einen Betrag in Höhe der Entfernungspauschale von 0,30 € je Entfernungskilometer pauschal mit 15 % versteuern. Für die Pauschalierung kann von 180 Fahrten im Jahr (15 Fahrten im Monat) ausgegangen werden. Bei Pauschalversteuerung ergibt sich also z.B. folgender Arbeitslohn:

Für Privatfahrten 12 % vom Listenpreis, z. B. 30.000 €	3.600,00 €
Für Fahrten zwischen Wohnung und Arbeitsstätte, z. B. 30 km	3.240,00 €
./. Pauschalsteuer (30 km × 0,30 € = 9,00 € × 180 Tage)	– 1.620,00 €
Verbleiben	5.220,00 €
./. monatliche Zuzahlung für die private Nutzung 150 €	– 1.800,00 €
Als Rest zu versteuern (Jahresbetrag) über Lohnsteuerkarte	3.420,00 €
Der Betrieb zahlt an Pauschalsteuern	
Pauschale Lohnsteuer 15 % von 1.620,00 €	243,00 €
Pauschale Kirchensteuer z. B. 7 % von 243,00 €	17,01 €
Solidaritätszuschlag 5,5 % von 243,00 €	13,36 €

Wie Sie sehen, ist die Pauschalregelung günstig, zumal auch keine Sozialversicherungsbeiträge für den pauschal versteuerten Lohn anfallen.

TRICK

Geteiltes Leid ist halbes Leid!

Die 1-%-Regelung gilt fahrzeug-, nicht personenbezogen, d.h., das Finanzamt darf für die Privatnutzung eines Firmenwagens, egal, ob er von einem oder von 20 Arbeitnehmern genutzt wird, insgesamt nur einmal die 1-%-Regelung anwenden. Der als Arbeitslohn steuerpflichtige Vorteil wird im Zweifel gleichmäßig auf alle Arbeitnehmer verteilt, die den Wagen nutzen (BFH-Urteil v. 15.5.2002 – BStBl 2003 II S.311). Teilen Sie sich also den Firmenwagen mit einem Arbeitskollegen, muss jeder von Ihnen beiden nur 0,5 % vom Listenpreis versteuern. **120**

Profitieren können Sie von dem Urteil auch, wenn es in Ihrer Firma einen Fahrzeugpool gibt, aus dem Sie und Ihre Kollegen je nach Bedarf auf eines der Fahrzeuge auch für private Zwecke zurückgreifen können. **121**
Angenommen, in der Firma sind fünf Angestellte beschäftigt und es stehen zwei Autos zur Verfügung, Listenpreis Auto 1 = 20.000 € und Listenpreis Auto 2 = 30.000 €. Ihr Arbeitgeber berechnet den Arbeitslohn dann nach H 8.1 Abs. 9 – 10 LStH wie folgt:

Nutzungsvorteil Auto 1:	1 % von 20.000 € =	200 €
Nutzungsvorteil Auto 2:	1 % von 30.000 € =	300 €
Monatlicher Gesamtarbeitslohn		500 €
Verteilt auf 5 Arbeitnehmer macht pro Kopf monatlich		100 €
statt 1 % = 300 € für das teuerste Auto im Pool		
Weniger »Arbeitslohn« für Sie pro Monat		200 €
Aufs Jahr gerechnet		2.400 €

Zu empfehlen ist eine solche Durchschnittsberechnung nur in Fällen, in denen die Zahl der im Pool befindlichen Fahrzeuge geringer ist als die Zahl der Arbeitnehmer, die sie auch für private Zwecke nutzen. Sind es dagegen weniger Arbeitnehmer als Fahrzeuge, kommt man unter dem Strich billiger davon, wenn jeder 1 % des durchschnittlichen Listenpreises versteuert.

TRICK

Verdienen Sie mit einem Fahrtenbuch schnell 800 €!

122 Wenn Sie mit dem Firmenwagen nur wenig privat fahren, lohnt es sich, ein Fahrtenbuch zu führen. Als Arbeitslohn brauchen Sie dann nur die Privatkilometer, die Sie in Ihr Fahrtenbuch eingetragen haben, mit den anteiligen Autokosten zu versteuern. Nehmen wir einmal an, aus Ihren Eintragungen ergeben sich folgende Daten für die Privatnutzung:

52 Wochen à 50 Privat-km	2.600 km
Für Urlaub und sonstige Fahrten	1.400 km
Insgesamt	4.000 km
Tatsächliche Kosten je km ca.	× 0,35 €
Arbeitslohn =	1.400 €

Nach der 1-%-Regelung versteuern Sie dagegen weit mehr, selbst bei einem Auto mit einem Listenpreis von 25.000 € und einer Entfernung von nur 8 km zwischen Wohnung und Arbeitsstätte:

Für Privatnutzung 12 % von 25.000 € =	3.000 €	
Für Fahrten Wohnung/Arbeitsstätte 0,03 % von 25.000 € = 7,50 € × 8 km × 12 Monate =	720 €	
Insgesamt	3.720 €	> 3.720 €
Durch das Fahrtenbuch sparen Sie also die Steuer auf		2.320 €

Das sind bei einem Steuersatz von 30 % zzgl. Kirchensteuer und Solidaritätszuschlag immerhin 797 €. Dafür lohnt sich das bisschen Schreibarbeit. Meinen Sie nicht auch?

Beharrt Ihr Arbeitgeber auf der 1-%-Regelung, kann es sich rechnen, ein Fahrtenbuch und die Kostenaufzeichnungen für das Auto zusammen mit Ihrer Steuererklärung vorzulegen. Das Finanzamt muss dann nämlich den für Sie günstigeren Betrag laut Fahrtenbuch ansetzen. Was Sie zu viel an Steuern für Ihre Autonutzung geblecht haben, bekommen Sie auf diese Weise über den Einkommensteuerbescheid mit etwas Verzögerung zurück.

Kommt Ihnen Ihr Fiskalvertreter mit fadenscheinigen Argumenten, weisen Sie ihn auf R 8.1 Abs. 9 Nr. 3 S. 4 LStR hin. Dort steht ausdrücklich, dass die vom Arbeitgeber gewählte Methode bei der Einkommensteuererklärung nicht bindend ist.

Als Arbeitnehmer, der nicht der Sozialversicherung unterliegt oder der als Spitzenverdiener über den Beitragsbemessungsgrenzen liegt, können Sie völlig beruhigt so vorgehen. Anders sieht es bei Arbeitnehmern aus, die mit ihrem Nutzungsvorteil der Sozialversicherung unterliegen – und auf den zu viel gezahlten Sozialversicherungsbeiträgen sitzenbleiben, denn einen der Einkommensteuererklärung vergleichbaren Ausgleich nach Ablauf des Jahres gibt es da nicht. Deshalb sollten Sie als Sozialversicherungspflichtiger mit Nachdruck darauf bestehen, dass Ihr Brötchengeber schon im laufenden Jahr nach der Fahrtenbuchmethode abrechnet.

GUTER RAT

Wenn Sie Ihrem Finanzamt mit einem Fahrtenbuch kommen, müssen Sie mit besonderer Pingeligkeit rechnen. Damit Ihre mühevoll geführten Aufzeichnungen nicht für null und nichtig erklärt werden, müssen Sie wissen, was mindestens an Eintragungen in Ihrem Fahrtenbuch auftauchen muss. Und zwar sind das

für Ihre dienstlichen Fahrten

● Datum und Kilometerstand am Anfang und am Ende jeder einzelnen Dienstfahrt
● Ziel und Fahrtroute
● Zweck der Fahrt
● Name und Adresse des Geschäftspartners/Kunden

für Ihre Privatfahrten

● die gefahrenen Kilometer und der Vermerk »privat«
● für die Fahrten zwischen Wohnung und Arbeitsstätte die gefahrenen Kilometer und der Vermerk »Wohnung/Arbeitsstätte«.

Nehmen Sie an einem Tag nacheinander mehrere berufliche Termine wahr, genügt die Eintragung des Kilometerstands am Anfang und am Ende der Dienstfahrt. Allerdings müssen alle aufgesuchten Kunden oder Geschäftspartner mit korrekter Adresse (Ort, Straße, Hausnummer) in der zeitlich richtigen Reihenfolge im Fahrtenbuch vermerkt werden. Eine Ausnahme von der genauen Adressangabe ist nur möglich, wenn sich schon aufgrund der Kundenbezeichnung und des Orts eine eindeutige Zuordnung ergibt, z.B. »Berlin, Reichstag« oder »München, BFH«, nicht dagegen »Köln, Lidl« oder »Düsseldorf, Aldi« (BFH v. 1.3.2012 – VI R 33/10, DStR 2012 S. 1011).

Sobald zwischendurch eine private Fahrt anfällt, müssen Sie eine neue Eintragung machen und den jeweils aktuellen Kilometerstand eintragen.

Wenn Sie zusätzlich andere Aufzeichnungen wie Terminkalender oder Reisekostenabrechnungen heranziehen müssen, ist die Ordnungsmäßigkeit Ihres Fahrtenbuchs nur dann nicht in Gefahr, wenn diese Aufzeichnungen lückenlos vorhanden, leicht greifbar, übersichtlich, vollständig und nicht nachträglich veränderbar sind (BFH v. 16.3.2006 – BStBl II 2006 S. 625). Letzteres ist z.B. bei elektronischen Terminkalendern in aller Regel nicht der Fall.

Also: Wenn Sie sich schon die Mühe machen, ein Fahrtenbuch zu führen, dann sollten Sie darin auch alle erforderlichen Angaben machen. Alles andere bringt nur Probleme und wirkt auf den Fiskus wie eine Einladung, nach Fehlern im Fahrtenbuch zu suchen und es ggf. als nicht ordnungsgemäß anzuerkennen.

125 Ein Fahrtenbuch muss nach Meinung des obersten Steuergerichts in aller Regel in Buchform geführt werden. Loseblatt- und Zettelsammlungen reichen nicht (BFH v. 9.11.2005 – BStBl II 2006 S. 408). Genauso wenig genügt es, wenn das Fahrtenbuch am Computer mit einem Textverarbeitungs- oder Tabellenkalkulationsprogramm erstellt wird: Die pure theoretische Möglichkeit der nachträglichen Veränderung der Eintragungen verhindert, dass es als ordnungsgemäß anerkannt wird. Auch nachschreiben sollten Sie Ihr Fahrtenbuch nicht. Wenn Sie z.B. Ihre Fahrten auf losen Zetteln notieren und sie am Monatsende fein säuberlich in Ihr Fahrtenbuch übertragen, dreht man Ihnen schon daraus einen Strick, dass die Eintragungen nicht zeitnah erfolgt sind (BFH v. 16.11.2005 – BStBl II 2006 S. 410).

TIPP

Elektronisches Fahrtenbuch nutzen!

Computerfahrtenbücher können allerdings dann anerkannt werden, wenn sich Eintragungen nicht nachträglich verändern lassen, ohne dass dies dokumentiert wird. Wenn Aufzeichnungen nachträglich geändert werden können, ist das unter den folgenden Voraussetzungen ausnahmsweise unschädlich:

Eine geänderte Eingabe muss sowohl in der Anzeige am Bildschirm als auch im Ausdruck unveränderbar dokumentiert werden.
Die Daten müssen bis zum Ablauf der Aufbewahrungsfrist unveränderlich aufbewahrt und unverändert lesbar gemacht werden können.
Eventuelle Änderungen bei den Eintragungen müssen in einer Historie mit Änderungsdatum und dem ursprünglichen Inhalt ersichtlich sein.
Die Änderungshistorie darf nicht nachträglich veränderbar sein.
Mit einem handelsüblichen und von manchen Automobilunternehmen angebotenen »elektronischen Fahrtenbuch« sind Sie daher auf der sicheren Seite.
Ein elektronisches Fahrtenbuch, das Sie über ein Webportal führen, wird von der Finanzverwaltung aber nur anerkannt, wenn sich daraus dieselben Erkenntnisse wie aus einem manuell geführten Fahrtenbuch gewinnen lassen. Die Eintragungen müssen auch hier zeitnah zu den Fahrten erfolgen. Dazu reicht es in der Regel aus, dass Sie Fahrten innerhalb von sieben Kalendertagen eintragen.

TIPP

So wird das Fahrtenbuch geführt

Wenn Sie ein wirklich ordnungsgemäßes Fahrtenbuch führen wollen, kommen Sie mit den Mini-Fahrtenbüchern, die es z.B. an Tankstellen zu kaufen gibt, nicht aus. Für mehrere Fahrten an einem Tag fehlen da meist die Eintragungsmöglichkeiten. Viel besser ist da ein DIN-A5-Schulheft, in das Sie Ihre Fahrten fortlaufend nach folgendem Muster eintragen:

Datum	Kilometerstand		Fahrtziel, Kunden	gefahrene km		Kraftstoff	
	Beginn	Ende		Beruf	privat	Liter	Preis

Nicht jeder Fehler im Fahrtenbuch führt automatisch dazu, dass das Finanzamt es als nicht ordnungsgemäß zurückweisen kann. Dies sei dem Fiskus nach dem Grundsatz der Verhältnismäßigkeit zumindest dann verboten, wenn es sich um vereinzelte **kleinere Mängel** handelt. So hat das FG Köln entschieden, dass eine einzelne nicht aufgezeichnete Tankfahrt in einem Zeitraum von über drei Monaten oder einmalige geringe Abweichungen zwischen Fahrtenbuch und Werkstattrechnungen allein dazu nicht ausreichen (BFH v. 10.4.2008 – BStBl 2008 II Seite 768). In Jahren, in denen derartige Fehler mehrfach aufgetreten sind, waren aber auch die Richter beim BFH unerbittlich und haben statt des Fahrtenbuchs die viel teurere 1-%-Regelung angewendet.

Um allem Ärger aus dem Weg zu gehen, sollten Sie sich also besser etwas Mühe geben! Und denken Sie daran, dass auf den **Tankbelegen** nicht nur das Datum, sondern in der Regel auch die Uhrzeit ausgewiesen wird, zu der Sie getankt haben. Diese Zeitangaben müssen natürlich mit denen in Ihrem Fahrtenbuch korrespondieren, sonst droht steuerliches Ungemach.

127 Erleichterungen gibt es u.a. für Personen, die besonderen Verschwiegenheitspflichten unterliegen, z.B. Ärzte, Rechtsanwälte, Geistliche etc. Bei ihnen muss nicht zwingend Name und Adresse des Geschäftspartners bzw. Kunden aufgeführt werden. Führen Sie ein gesondertes Verzeichnis (Kunden-, Mandantenoder Patientendatei), genügt es, wenn in dieser Datei die Kunden, Mandanten oder Patienten unter einer Nummer oder Buchstabenkombination mit Namen und Adresse aufgeführt sind und so leicht und einwandfrei identifiziert werden können. Sie können diese Verschlüsselung für Ihr Fahrtenbuch nutzen, es reicht dann z.B. die Angabe »Kundenbesuch«, verbunden mit der entsprechenden Kundennummer. Berufen Sie sich ggf. auf das Schreiben des BMF vom 21.1.2002 (BStBl I 2002 S.148). Bei der Prüfung des Fahrtenbuchs verlangt der Fiskus allerdings, dass Sie das Verzeichnis mit den Verschlüsselungsnummern und den Klarnamen und Adressen beifügen.

Auch in anderen Berufen können Sie sich auf Vereinfachungen für Ihr Fahrtenbuch berufen:

128 ● **Kundendienstmonteure, Kurierdienstfahrer und Handelsvertreter**

Sind Sie Kundendienstmonteur, Kurierdienstfahrer oder Handelsvertreter, der an ständig wechselnden Orten seiner Arbeit nachgeht, muss sich der Fiskus damit begnügen, dass Sie aufschreiben, welche Kunden Sie an welchem Ort besucht haben. Ergänzende Angaben über Ihre Reiseroute oder zu den Entfernungen zwischen an einem Tag aufgesuchten Kunden müssen Sie nur machen, wenn sich größere Differenzen zwischen der direkten Entfernung und der von Ihnen zurückgelegten tatsächlichen Fahrtstrecke ergeben.

129 ● **Taxifahrer**

Soweit Sie Fahrten in Ihrem sog. Pflichtfahrgebiet absolvieren, genügt es vollkommen, wenn Sie für jeden Tag den Kilometerstand zu Beginn und am Ende Ihrer Schicht eintragen. Wenn Sie allerdings ausnahmsweise eine Tour außerhalb Ihres Pflichtfahrgebiets bekommen haben, verlangt der Fiskus genaue Angaben zu Fahrtziel und Fahrtroute.

130 ● **Fahrlehrer**

Wenn Sie pflichtgemäß einen Tagesnachweis führen, ist es vollkommen ausreichend, bei aufeinanderfolgenden Fahrstunden nur den Kilometerstand zu Beginn und am Ende der jeweiligen Fahrstunde oder bei zusammenhängenden Fahrschulfahrten den Kilometerstand zu Beginn und am Ende der Gesamtlehrzeiten aufzuschreiben.

131 ● **Sicherheitsgefährdete Personen**

Wenn Sie als Prominenter oder als in besonderer Stellung exponierter Mitbürger zu den sog. sicherheitsgefährdeten Personen gehören, liegt es nahe, dass Ihre

Fahrtroute aus Sicherheitsgründen häufig wechselt. Selbstverständlich können Sie in diesem Fall auf die Angabe der genauen Reiseroute auch dann verzichten, wenn sich größere Differenzen zwischen der direkten Entfernung und der tatsächlichen Fahrtstrecke ergeben (BMF v. 28.5.1996 – BStBl I 1996 S. 654).

TRICK

Wechseln Sie im richtigen Moment die Methode!

Wenn Sie die Kosten für Ihre Privatfahrten mit dem Firmenwagen einzeln nachweisen, wird Ihr Arbeitslohn z. B. so berechnet:

Gesamtkosten des Autos im Jahr	8.000 €
Privat-km lt. Fahrtenbuch	5.000 km
Gesamtfahrleistung des Autos im Jahr	40.000 km

$$\text{Arbeitslohn} = \frac{8.000\ \text{€} \times 5.000\ \text{km}}{40.000\ \text{km}} = \underline{\underline{1.000\ \text{€}}}$$

Zu dieser Methode rate ich Ihnen, wenn die Abschreibung für Ihren Firmenwagen wegfällt. In der Regel ist das spätestens nach acht Jahren der Fall. Dann brauchen Sie nämlich bei der Ermittlung der Pkw-Kosten den dicksten Batzen, die Abschreibung, nicht mehr mitzurechnen.

TRICK

Das ist die richtige Strategie für Sie und Ihren Chef bei der Ermittlung der Abschreibung!

Führen Sie ein Fahrtenbuch, dann sind für die Berechnung Ihres geldwerten Vorteils zunächst einmal die tatsächlichen Autokosten maßgebend, wie sie Ihre Firma gebucht hat. Das gilt allerdings nicht für die **Abschreibung**. Etwaige Sonderabschreibungen etwa, die Ihr Arbeitgeber für das Auto in Anspruch nimmt, müssen Sie sich nicht ans Bein binden. Die Finanzämter versuchen oft, die Abschreibung statt mit nur $1/8$ pro Jahr nach den amtlichen Abschreibungstabellen mit $1/6$ anzusetzen. Damit müssen Sie sich aber nicht abfinden. Beharren Sie auf der für Sie günstigeren Nutzungsdauer von acht Jahren (BFH v. 29.3.2005 – BStBl II 2006 S. 368; H 8.1 [9 – 10] LStH »Gesamtkosten«).

Ihr Chef und Sie können also die jeweils günstigste Regelung in Anspruch nehmen, ohne sich dabei ins Gehege zu kommen.

Beispiel
Ihr Firmenwagen hat 30.000 € + 5.700 € Mehrwertsteuer = 35.700 € gekostet. Ihr Chef schreibt im ersten Jahr davon ab: (lineare Abschreibung 20 % + Sonderabschreibung 20 % =) 40 % von 30.000 € = 12.000 €.
Bei der Berechnung Ihres geldwerten Vorteils wird aber nur $1/8$ Abschreibung zugrunde gelegt: 35.700 € × 12,5 % (= $1/8$) = 4.462,50 €.

TIPP
Achtung Fallstrick Unfallkosten!

Die Kosten eines Unfalls während einer privaten Tour werden in voller Höhe auf den Nutzungsvorteil für Privatfahrten aufgeschlagen. Hatten Sie den Crash dagegen bei einer Dienstfahrt, gehen die Unfallkosten voll zu Lasten des Arbeitgebers. Um der Versteuerung von einigen tausend Euro privater Unfallkosten zu entgehen, sollten Sie unbedingt darauf bestehen, dass Ihr Firmenwagen vollkaskoversichert wird. Für eine Besteuerung steht dann allenfalls die Selbstbeteiligung im Raum.

Aber auch mit einer Teilkaskoversicherung wird ein Unfall auf einer privaten Fahrt nicht ohne weiteres zum finanziellen Mega-GAU. Für die Besteuerung eines Vorteils aus der Übernahme der Unfallkosten durch Ihren Arbeitgeber kann fiktiv eine Versicherung mit 1.000 € Eigenanteil unterstellt werden. Wenn Sie also nicht gerade volltrunken am Steuer gesessen haben, müssen Sie von den privaten Unfallkosten max. 1.000 € versteuern (R 8.1 Abs. 9 Nr. 2 S. 15 LStR).

SUPER TRICK
Nehmen Sie einen ganzen Monat Urlaub, und in Ihrer Kasse klingelt's zusätzlich!

134 Egal, ob Sie Ihren fahrbaren Untersatz an nur einem oder an jedem Tag eines Monats privat nutzen, ist 1 % vom Listenpreis fällig. **Nutzen Sie ihn jedoch in einem Monat überhaupt nicht, gibt es in diesem Monat auch keinen Nutzungsvorteil zu versteuern.** Bei einem 40.000-€-Auto und 40 % Steuersatz spart Ihnen das allein an Lohnsteuer ca. 160 €.

Mein guter Rat daher: Nehmen Sie einen kompletten Monat Urlaub statt nur drei Wochen. So tun Sie nicht nur Leib und Seele etwas Gutes, weil Sie richtig ausspannen und den täglichen Berufsstress weit hinter sich lassen können, sondern auch Ihrem Portemonnaie.

Selbstverständlich klappt das nur, wenn Sie nicht mit der Firmenkutsche in Urlaub fahren. Um besonders argwöhnischen Finanzern den Wind aus den Segeln zu nehmen, stellen Sie den Wagen während des Urlaubs bei Ihrer Firma ab. Dann kann später keiner behaupten, der Wagen habe Ihnen oder Ihren daheimgebliebenen Kindern zur Verfügung gestanden. Ein weiterer netter Nebeneffekt dabei ist, dass Sie so auch vor unliebsamen Überraschungen wie zerstochenen Reifen, abgebrochenen Spiegeln oder zerkratztem Lack sicher sind.

TRICK

Entkommen Sie mit einem Nutzungsverbot elegant der Versteuerung!

Der einfachste Weg, die Versteuerung der Dienstwagennutzung zu vermeiden, ohne dass Sie sich den lästigen Papierkram mit einem Fahrtenbuch ans Bein binden müssen, ist ein vom Chef ausgesprochenes Nutzungsverbot für private Zwecke.

Die Geschichte ist an sich ganz einfach. In Ihren Arbeitsvertrag oder die Nutzungsvereinbarung für Ihren Firmenwagen wird eine Klausel aufgenommen, nach der Sie das Auto nur für dienstliche Fahrten benutzen dürfen und jegliche Privatnutzung ausdrücklich untersagt ist.

Seien Sie aber auf der Hut, denn das Finanzamt kommt gern mit dem fadenscheinigen Argument: »Papier ist ja bekanntlich geduldig! Das Nutzungsverbot ist null und nichtig, weil der Arbeitgeber es nicht regelmäßig kontrolliert hat und deswegen wohl auch nicht richtig ernst gemeint hat.«

Lassen Sie sich davon auf keinen Fall einschüchtern. Wenn es hart auf hart kommt, muss nämlich das Finanzamt Belege dafür bringen, dass Sie gegen ein von Ihrem Brötchengeber ausgesprochenes Nutzungsverbot verstoßen haben. Es darf ein arbeitsvertragliches Nutzungsverbot nicht nur deswegen ignorieren, weil es der Arbeitgeber nicht wie oben beschrieben überwacht hat. Das gilt selbst dann, wenn es sich bei dem Arbeitnehmer um einen leitenden Angestellten oder um einen am Unternehmen beteiligten Gesellschafter-Geschäftsführer handelt. Auch wenn Ihnen das Betriebsfahrzeug für Fahrten zwischen Wohnung und Arbeitsstätte überlassen wird, kann das Finanzamt nicht einfach eine weitergehende Nutzung für private Zwecke unterstellen (BFH v. 8.8.2013 – VI R 71/12, BFH/NV 2014 S. 153).

Absolut wasserdicht wird die Geschichte mit dem Nutzungsverbot, wenn Sie Ihr Firmenauto auf Anforderung, z.B. nach Inspektionen, nach dem Wochenende oder einmal im Monat, Ihrem Chef vorführen, damit der anhand des Kilometerstands prüft, ob Sie tatsächlich nur für die Firma gefahren sind. Für den gestrengen Blick der Herren vom Fiskus wird jedes Mal ein kleines Kontrollprotokoll geschrieben:

```
Der Firmenwagen (amtl. Kennzeichen . . . . . . . . . . . . . . .) von
Herrn/Frau . . . . . . . . . . . . . . . . . . wurde am . . . . . . . .
. . . . . . . . . . vorgeführt. Die Kontrolle des Kilometerstandes mit
den aktuellen Inspektions- und Reparaturrechnungen und ein stichproben-
hafter Abgleich mit den Auftragszetteln und Reisekostenabrechnungen
ergaben, dass das Verbot der Nutzung des Fahrzeugs für private Zwecke
eingehalten wurde.
Herr/Frau . . . . . . . . . . . . . . . . . . wird ausdrücklich darauf
hingewiesen, dass ihm/ihr auch weiterhin eine Nutzung des Firmenfahr-
zeugs für private Zwecke untersagt ist.

X-Stadt, den . . . . . . . . . . . . . . . .

. . . . . . . . . . . . . . . . . . . . . . . . . .
. .
Geschäftsführer          Arbeitnehmer
```

Sie bekommen eine Kopie, das Original wandert als Beleg zum Lohnkonto, und schon kann Ihnen der Fiskus den Buckel runterrutschen. Wenn Sie an einen besonders hartnäckigen Fiskusjünger geraten, helfen Sie ihm mit dem oben erwähnten Urteil des BFH auf die Sprünge. Machen Sie ihm außerdem mal ganz entschieden klar, dass die Protokolle schon ein äußerst großzügiges Entgegenkommen Ihrerseits sind, um sein fiskalische Gewissen zu beruhigen. damit ihn nicht die Sorge um Ihre private Pkw-Nutzung um den Schlaf bringt.

136   Zahlungen an den Arbeitgeber für die Firmenwagennutzung
Wie bei allen anderen Sachbezügen auch, müssen Sie nur den Teil des Vorteils aus der Nutzung des Firmenwagens versteuern, für den Sie Ihrem Arbeitgeber nichts bezahlt haben. Es werden also die von Ihnen an Ihren Brötchengeber geleisteten Zahlungen von den steuerlichen Vorteilen abgezogen.

Für eine optimale Gestaltung der Zuzahlung haben Sie folgende Möglichkeiten:
- pauschale monatliche Zuzahlungen, z.B. 250 €/Monat,
- kilometerabhängige Zahlung, z.B. 0,20 € je privat gefahrenen Kilometer,
- Übernahme der Leasingraten ganz oder zum Teil
- Übernahme eines Teils vom Kaufpreis des Firmenwagens.

Beispiel
Sie nutzen einen Firmenwagen mit einem Listenpreis von 30.000 € privat. Dafür behält Ihr Arbeitgeber von Ihrem Nettogehalt jeden Monat 100 € ein.

Geldwerter Vorteil 30.000 € × 1 %	300 €
./. Zuzahlung	− 100 €
monatlicher Arbeitslohn	200 €

Aufs Jahr gesehen ist der Arbeitslohn um 1.200 € geringer. Bei einem Steuersatz von 35 % sparen Sie dadurch etwa 480 € an Steuern und zusätzlich ca. 250 € an Sozialversicherung. Unter dem Strich trägt Vater Staat also über 60 % Ihrer Zahlungen an den Arbeitgeber.

Nicht zu empfehlen sind dagegen Zuzahlungsregelungen, bei denen Sie einen bestimmten Teil der Kosten übernehmen, z.B. für den Sprit während der Privatfahrten oder die Versicherung. Wird der Nutzungsvorteil nach der 1-%-Regelung ermittelt, fallen die von Ihnen übernommenen Kosten nämlich schlicht unter den Tisch. Bei Anwendung der Fahrtenbuchmethode lässt der BFH zwar zu, dass Sie die übernommenen Kosten als Werbungskosten abziehen, bezieht sie aber auf der anderen Seite in die Berechnung des Nutzungsvorteils mit ein (BFH v. 18.10.2007 – BStBl 2009 II S. 199).

TIPP

Rechnen Sie die Teilkosten in ein pauschales Entgelt um!

Allen Problemen mit einer überhöhten Versteuerung des Vorteils aus der Firmenwagennutzung entgehen Sie wie folgt: Ermitteln Sie grob, wie viel Sie pro Jahr z.B. an Treibstoffkosten selbst bezahlen. Angenommen, Sie kommen dabei auf etwa 1.800 € im Jahr. Nun vereinbaren Sie mit Ihrem Arbeitgeber, dass er sämtliche Bezinkosten übernimmt – auch die für Ihre Privatfahrten. Im Gegenzug zahlen Sie ihm ein monatliches Pauschalentgelt für die Autonutzung von 150 €. Dadurch sparen Sie sich die Steuer und die Sozialversicherung auf diese 150 €. Auch für Ihren Arbeitgeber lohnt sich diese Vereinbarung, da er den Arbeitgeberanteil zur Sozialversicherung auf die 150 € Zuzahlung spart, ohne dass er im Endeffekt höhere Kosten zu tragen hat.

Trotzdem trifft man immer wieder auf Fälle, in denen Arbeitgeber und Arbeitnehmer vereinbaren, dass z.B. die Benzinkosten für die privaten Fahrten vom Arbeitnehmer bezahlt werden müssen. Der BFH hatte hierzu schon in der Vergangenheit entschieden, dass zumindest bei Anwendung der Fahrtenbuchmethode der Arbeitnehmer solche Kosten als Werbungskosten abziehen kann (BFH-Urt. v. 18.10.2007 – VI R 57/06). Allerdings ist der Fiskus dagegen mit einem Nichtanwendungserlass zu Felde gezogen und hat den Finanzämtern verboten, diesem günstigen Urteil zu folgen (BMF-Schreiben v. 6.2.2009 – BStBl 2009 I S. 412).

Das FG Düsseldorf hat sich nun erneut mit diesem Problem beschäftigt und entschieden, dass doch ein Werbungskostenabzug für die selbst getragenen Kosten möglich ist (FG Düsseldorf v. 4.12.2014 – 12 K 1073/14 E). Wenn Sie also gegen meinen Rat nicht die – eindeutig günstigere – pauschale Kostenübernahme vereinbart haben, können Sie den Abzug als Werbungkosten erst einmal beantragen. Streicht sie Ihnen das Finanzamt, können Sie sich mit einem Einspruch zur Wehr setzen und wegen des in der Sache inzwischen anhängigen Revisionsverfahrens beim BFH (AZ: VI R 2/15) das Ruhen des Einspruchs bis zur endgültigen Entscheidung durch den BFH beantragen.

Unabhängig davon ist es immer noch besser, dem Trick am Anfang dieser Randziffer zu folgen – schon allein deshalb, weil Sie dann neben der Steuer auch noch die Sozialversicherung auf die Zuzahlung sparen.

TIPP

Sparen Sie mit Sonderzubehör auf eigene Kosten!

Viele Unternehmen haben Dienstwagenverordnungen, die den Preis des Dienstwagens auf eine bestimmte Obergrenze beschränken. Angenommen, Ihr Arbeitgeber limitiert den Preis auf 30.000 €. Mit dem Sonderzubehör, das Sie gern hätten, käme der Wagen aber auf 33.000 €. Ihr Boss hat bestimmt nichts dagegen einzuwenden, dass Sie die Differenz von 3.000 € aus der eigenen Tasche bezahlen.

Für den im Oktober 2015 ausgelieferten Wagen ergibt sich nun folgende Rechnung:

Geldwerter Vorteil 2015	
30.000 € × 1 % = 300 € × 3 Monate	900 €
./. Zuzahlung 3.000 €, max. aber geldwerter Vorteil	– 900 €
Daraus Arbeitslohn 2015	0 €
Geldwerter Vorteil 2016	
30.000 € × 1 % = 300 € × 12 Monate	3.600 €
./. restliche Zuzahlung (3.000 € – 900 €)	– 2.100 €
Daraus Arbeitslohn 2016	1.500 €

Wie Sie sehen, kommt es nicht darauf an, wann Sie den Kaufpreisanteil zahlen. Können Sie die Zuzahlung im ersten Jahr nicht voll verrechnen, lässt das Finanzamt zu, dass Sie den Rest in den nächsten Jahren abziehen, und zwar bis die Zuzahlung voll verrechnet ist (BMF v. 6.2.2009 – BStBl 2009 I Seite 413).

»Denen habe ich es aber richtig gegeben!« –
meinte ein Steuerzahler händereibend,
als er das Finanzamt verließ.

6. Zuschläge für Sonntags-, Feiertags- und Nachtarbeit

An die Steuerfreiheit von Sonntags-, Feiertags- und Nachtarbeitszuschlägen hat sich die hohe Politik entgegen anderen Plänen zunächst doch nicht herangetraut. Es bleibt hier im Wesentlichen erst einmal beim Alten.

S Den größten Reibach mit steuerfreien Zahlungen können Sie machen, **137** wenn Ihnen ein Teil Ihres Arbeitslohns als Zuschlag für Arbeit zu ungünstigen Zeiten gezahlt wird. Diese Zuschläge sind nämlich nach § 3 b EStG in großem Umfang steuerfrei, wenn sie Ihnen für

- Sonntagsarbeit,
- Feiertagsarbeit,
- Nachtarbeit

zufließen. Profitieren können Sie von dieser Steuerbefreiung aber nur, wenn Sie Arbeitnehmer im steuerlichen Sinne sind. Diese Regelung gilt im Grunde also auch für

- Teilzeitkräfte, und zwar unabhängig davon, ob ihr übriger Arbeitslohn als 400-€-Job pauschal besteuert wird,
- Ehegatte, Sohn, Tochter etc., die (am besten mit schriftlichem Arbeitsvertrag) bei Ihnen im Betrieb mitarbeiten.

Auch falls die Sonntags-, Feiertags- oder Nachtarbeit gegen das Arbeitszeitgesetz verstößt, weil Sie nicht genügend Ruhezeiten eingehalten haben, muss das Finanzamt die steuerfreien Zuschläge akzeptieren.

In vielen Berufen sind solche Lohnzuschläge heute an der Tagesordnung, z. B. bei Druckern, Krankenpflegern etc. Aber wer sagt denn, dass das für Sie nicht auch gelten soll? Schauen Sie zunächst einmal in der folgenden Übersicht nach, ob ein Teil Ihrer Arbeitszeit als »ungünstig« durchgeht:

Nachtarbeit:	20.00 Uhr bis 6.00 Uhr
Sonntags-, Feiertagsarbeit:	0.00 Uhr bis 24.00 Uhr
Zusätzlich am Folgetag, wenn Ihr Arbeitsbeginn vor 24.00 Uhr lag:	0.00 Uhr bis 4.00 Uhr

Na, wie ist es, Sie aufstrebende Führungskraft, Außendienstler, Versicherungsfachmann, Angestellter im Gastronomiegewerbe? Fallen nicht tatsächlich viele Ihrer Arbeitsstunden in die begünstigten Zeiten? Oder als Selbständiger: Brütet Ihr Ehegatte nicht oft noch abends und am Wochenende über der Buchführung, den Abrechnungen oder den Erklärungen für das Finanzamt oder die Krankenkasse?

Nehmen Sie doch einmal die Politiker ernst, die immer wieder laut hinausposaunen, dass sich Fleiß und Leistung lohnen müssen, und lassen Sie sich Ihren Fleiß und Ihre Leistungen mit einem saftigen steuerfreien Zuschuss versüßen.

TRAURIGE NACHRICHT

138 für alle Geschäftsführer und Vorstände, die in Ihrer Firma das Sagen haben. Dabei ist es egal, ob Sie Angestellte sind oder ob Ihnen als Gesellschafter-Geschäftsführer ein Teil des Unternehmens gehört. Die Richter beim BFH waren der Meinung, in solch herausgehobener Stellung bekomme man ein so klotziges Gehalt, dass Überstunden und Arbeit zu ungünstigen Zeiten eine Selbstverständlichkeit seien. Also haben sie die steuerliche Anerkennung von Überstundenvergütungen an Sonn- und Feiertagen sowie bei Nachtarbeit für Spitzenangestellte dieser Art abgelehnt. Bei der Zahlung von Überstundenvergütungen und Zuschlägen an Geschäftsführer, Gesellschafter-Geschäftsführer bzw. Vorsitzende lägen regelmäßig verdeckte Gewinnausschüttungen vor (BFH 19.3.1997 – I R 75/96; BStBl 1997 S. 577).

TRICK

Gegentrick für GmbH-Gesellschafter

139 Mit etwas Überlegung schlagen Sie als GmbH-Gesellschafter dem Fiskus aber doch ein Schnippchen. Der BFH hat sich ausdrücklich nur auf geschäftsführende Arbeitnehmer bezogen, und wer sagt denn, dass Sie in ihrer Firma unbedingt als Geschäftsführer fungieren müssen? Überlassen Sie diesen Posten einfach Ihrer besseren Hälfte! Sie selbst können sich dann als normaler Arbeitnehmer auf den Standpunkt stellen, dass das BFH-Urteil für Sie nicht gilt. Natürlich müssen Sie eine astreine Gehaltsvereinbarung vorweisen können, in der auch die Zahlung der Zuschläge – diesmal entsprechend steuersparend – geregelt wird. Völlig auf der sicheren Seite sind Sie, wenn in Ihrer GmbH noch ein angestellter Geschäftsführer arbeitet, der nicht an der Firma beteiligt ist und ebenfalls Zuschläge bekommt. Dann können Sie die ganze restriktive Rechtsprechung vom Tisch wischen und sich selbst dieselben Zuschläge genehmigen (BFH v. 14.7.2004 – BStBl II 2005 S. 307; BFH v. 3.8.2005 – BFH/NV 2006 S. 131; BFH v. 27.3.2012 – VIII R 27/09). Allerdings verlangen die obersten Steuerrichter, dass Ihr Vergleichsangestellter hinsichtlich der Art der Tätigkeit und der Höhe und Struktur des Gehalts mit Ihnen vergleichbar ist (BFH v. 19.7.2006 – BFH/NV 2006 S. 2131).

140 Bezogen auf Ihren rechnerischen Stundengrundlohn – höchstens aber 50 € –, bleiben die von Ihrem Arbeitgeber gezahlten Zuschläge bis zu folgenden Prozentsätzen steuerfrei:

6. Zuschläge für Sonntags-, Feiertags- und Nachtarbeit 113

Nachtarbeit
- 25 %,
- 40 % von 0.00 bis 4.00 Uhr, wenn Ihr Arbeitsbeginn vor 0.00 Uhr lag.

Sonntagsarbeit
- 50 %,
- Ist Ihre Sonntagsarbeit zugleich Nachtarbeit,
  - regelmäßig   50 % + 25 % = 75 %
  - Montag 0 bis 4 Uhr   50 % + 40 % = 90 %

Feiertagsarbeit
- allgemeine Feiertage   125 %
- Silvester (von 14.00 bis 0.00 Uhr)   125 %
- Heiligabend (von 14.00 bis 0.00 Uhr)   150 %
- Weihnachten (25. 12. und 26. 12.)   150 %
- 1. Mai   150 %

Auch zum Feiertagszuschlag können Sie zusätzlich Nachtzuschläge kassieren. Dass dabei steuerfreie Sonderzahlungen von nahezu 200 % Ihres normalen Arbeitslohns herausspringen können, sehen Sie an der folgenden Zuschlagstabelle.

Arbeitszeit	0.00 bis 4.00	0.00 bis 4.00	4.00 bis 6.00	6.00 bis 14.00	14.00 bis 20.00	20.00 bis 24.00
	Arbeitsbeginn am Vortag	Arbeitsbeginn nach 0.00 Uhr				
Nachtzuschlag	40 %	25 %	25 %	–	–	25 %
Sonntagszuschlag	90 %	75 %	75 %	50 %	50 %	75 %
Feiertagszuschlag	165 %	150 %	150 %	125 %	125 %	150 %
Silvesterzuschlag (Werktag)	40 %	25 %	25 %	–	125 %	150 %
Silvesterzuschlag (Sonntag)	90 %	75 %	75 %	50 %	125 %	150 %
Zuschlag 1. Mai	190 %	175 %	175 %	150 %	150 %	175 %
Weihnachtszuschlag	190 %	175 %	175 %	150 %	150 %	175 %
Heiligabendzuschlag (Werktag)	40 %	25 %	25 %	–	150 %	175 %
Heiligabendzuschlag (Sonntag)	90 %	75 %	75 %	50 %	150 %	175 %

TIPP
für Zuschläge

Hier noch einige wichtige Hinweise, die Sie beachten sollten, damit Ihnen das Finanzamt nicht wegen formaler Fehler einen Strich durch die Steuerfreiheit macht:

- Ihre Zuschläge müssen **zusätzlich** zu Ihrem übrigen Arbeitslohn gezahlt werden. Die Finanzämter erkennen es nicht an, wenn Sie aus Ihrem Gehalt von 4.000 € einfach 20 % als Sonntags-, Feiertags- oder Nachtzuschlag herausrechnen, weil Sie häufig in den begünstigten Zeiten gearbeitet haben.
- Der steuerfreie Betrag muss nicht jeden Monat spitz abgerechnet werden. Ihre Firma kann **zunächst den Betrag steuerfrei lassen**, der sich über den Daumen gerechnet ergibt. Spätestens nach Ablauf des Jahres muss die genaue Abrechnung aber nachgeholt und müssen zu viel oder zu wenig steuerfrei belassene Beträge ausgeglichen werden (BFH v. 23.10.1992 – BStBl 1993 I S. 314).
- Steuerfreie Zuschläge können Sie nur beanspruchen, wenn Sie tatsächlich gearbeitet haben. Vereinbarungsgemäß weitergezahlte Zuschläge während Ihres Urlaubs oder einer Krankheit sind von der Steuerbefreiung ausgenommen.

TIPP
Sehen Sie zu, dass Sie abrufbereit sind!

141 Wenn Sie häufiger Rufbereitschaft haben, können Sie sich für die Bereitschaftsvergütung steuerfreie Zuschläge zahlen lassen.

Möglich wird das, weil der BFH (Urt. v. 27.8.2002 – BStBl 2002 II S. 883) in einem Anfall von Großzügigkeit eingesehen hat, dass Rufbereitschaft auch dann geleistete Arbeit darstellt, wenn Sie nicht zum Einsatz kommen. Schließlich können Sie bei Rufbereitschaft nicht uneingeschränkt Ihren Freizeitaktivitäten frönen oder zum Länderspiel ein paar Bierchen zischen. Also kann man da wohl kaum von Freizeit sprechen. So, nun gilt es nur noch, Ihren Chef zu überzeugen, dass er statt nur einer pauschalen Bereitschaftsvergütung zusätzlich die steuerlich zulässigen Sonntags-, Feiertags- und Nachtzuschläge zahlt. Das dürfte ihm schon deshalb nicht allzu schwerfallen, weil er durch die Steuerfreiheit der Zuschläge nicht nur einen glücklicheren und zufriedeneren Mitarbeiter hat, sondern überdies einen schönen Batzen Sozialversicherungsbeiträge einspart.

TRICK

Über 2.200 € vom Finanzamt für ein paar Stundenzettel

Vorsicht, Fußangel! Bei steuerfreien Zuschlägen will das Finanzamt von Ihnen regelmäßig einen schriftlichen Nachweis darüber, wann und wie lange Sie am Sonntag oder nachts gearbeitet haben.

Wie Sie den Nachweis führen sollen, wird Ihnen nirgendwo vorgeschrieben!
Sie können z.B. Stundenzettel verwenden und darauf Ihre Eintragungen machen. Einfacher und bequemer ist natürlich – wenn vorhanden – die elektronische Zeiterfassung, also das klassische »Stempeln«. Wenn in Ihrer Firma nach festen Schichtplänen gearbeitet wird, reichen auch diese. Gesondert aufzeichnen müssen Sie dann nur eventuelle Abweichungen. Und wenn alle Stricke reißen und Sie z.B. einmal Ihre Stundenaufzeichnungen verschlampt haben, genügen mit höchstrichterlicher Genehmigung auch Zeugenaussagen Ihrer Kollegen (BFH, BStBl 1991 II S. 298).

S Ich empfehle Ihnen die Stundenzettel, denn Papier ist bekanntlich geduldig. Aber nicht, dass Sie jetzt auf krumme Gedanken kommen! Ich meine natürlich nur, dass Sie die Stundenzettel überallhin mitnehmen können und so sicherstellen, dass Ihre Aufzeichnungen immer zeitnah erfolgen, auch wenn Sie sich einmal am Sonntag auf der Messe in Hannover umsehen.

Was für Sie dabei herausspringen kann, sehen Sie am folgenden Beispiel:

Ihr Monatsgehalt beträgt als besonders qualifizierter Arbeitnehmer 5.000 €. Dazu kommen 1.000 € für Pkw-Nutzung, Direktversicherung und Zuschuss zur Krankenversicherung. Nach Ihrem Arbeitsvertrag beträgt Ihre monatliche Arbeitszeit 180 Stunden. Davon entfallen lt. von Ihnen geführten Stundenzetteln nachweislich pro Monat 15 Stunden auf Nachtarbeit (vor 0.00 Uhr) und 16 Stunden auf Sonntagsarbeit.

Stundengrundlohn

Monatslohn	5.000,00 €
Sonstige laufende Zahlungen	1.000,00 €
Grundlohn	6.000,00 €

$$\text{Stundengrundlohn} = \frac{6.000\,€}{180\ \text{Stunden}} = 33{,}33\,€$$

Steuerfreie Zuschläge:

Nachtarbeit:	15 Stunden × 33,33 € × 25 %	124,99 €
Sonntagsarbeit:	16 Stunden × 33,33 € × 50 %	266,64 €
Monatlich		391,63 €
Jährlich 391,63 € × 12		4.699,56 €

Ihre Steuerersparnis beträgt ca. 2.260 €.

TRICK

Weniger arbeiten spart Steuern

Damit die Bäume bei der Steuerfreiheit von Zuschlägen vor allem für gutverdienende Arbeitnehmer nicht zu sehr in den Himmel wachsen, ist der Stundengrundlohn, auf den die Zuschlagssätze angewendet werden, auf max. 50 € begrenzt. Die Sozialversicherung ist da noch kleinlicher und begrenzt ihn auf nur 25 €.

S Wie Sie oben in meinem Beispiel gesehen haben, richtet sich die Berechnung Ihrer steuerfreien Sonntags-, Feiertags- und Nachtzuschläge nach Ihrem rechnerischen Stundenlohn. In seine Ermittlung werden nur die vereinbarten regelmäßigen Lohnzahlungen einbezogen. Überstundenvergütungen, Gratifikationen und Weihnachtsgelder bleiben dagegen unberücksichtigt.
Genauso fließt in die Berechnung nur die vertraglich fest vereinbarte Arbeitszeit ein. Fehlt eine solche Vereinbarung, richtet sich die Berechnung nach den tatsächlich geleisteten Arbeitsstunden, was Ihren rechnerischen Stundenlohn unnötig nach unten drücken kann.
Als leitender Angestellter haben Sie es oft in der Hand, sich einen höheren Stundenlohn zu verschaffen, indem Sie in Ihrem Arbeitsvertrag eine möglichst kurze Regelarbeitszeit festschreiben und z.B. folgende Formulierung aufnehmen lassen:
»Die monatliche (wöchentliche) Arbeitszeit wird mit 152 Stunden (38 Stunden) festgelegt. Überstunden sind entsprechend den betrieblichen Erfordernissen zusätzlich zu leisten und werden mit einem Stundensatz von … € vergütet.
Zusätzlich zum übrigen Arbeitslohn erhält der Arbeitnehmer für Sonntags-, Feiertags- und Nachtarbeit Lohnzuschläge in dem Umfang, wie sie in § 3 b EStG festgelegt sind.«

Der Vorteil für Sie:

1. Sie haben eine wasserdichte, klare schriftliche Vereinbarung.

2. Ihre »Überstunden« wirken sich nicht mehr negativ auf die Höhe der Zuschläge aus. Ihr Stundenlohn beträgt z.B. bei 6.000 € Monatslohn nicht – wie im Beispiel oben – 33,33 €, sondern jetzt ca. 39,50 €. Dementsprechend höher fallen Ihre steuerfreien Zuschläge aus.

7. Pauschalierung der Lohnsteuer

a) Allgemeiner Überblick

Bevor wir uns im Detail in die Besonderheiten der Lohnsteuerpauschalierung **144** stürzen, müssen Sie vorab ein paar allgemeine Dinge wissen. Die Pauschalierung der Lohnsteuer ist ein besonderes Verfahren, das sich von der normalen Besteuerung Ihres Arbeitslohns anhand einer Lohnsteuerkarte und der Lohnsteuertabelle vor allem durch folgende Punkte ganz wesentlich unterscheidet:

- Ihr Arbeitslohn wird völlig unabhängig von Ihren individuellen Verhältnissen besteuert. Ihr Arbeitgeber benötigt deshalb auch keine Lohnsteuerkarte.

- Die Steuersätze werden, von einigen Ausnahmen abgesehen, im Gesetz mit festen Prozentsätzen (z.B. 2 %, 15 %, 20 % oder 25 %) geregelt. Die Lohnsteuertabellen kommen daher grundsätzlich nicht zur Anwendung.

- Der besondere Clou ist aber, dass aufgrund einer ausdrücklichen gesetzlichen Bestimmung (§ 40 Abs. 3 EStG) nicht Sie Schuldner der pauschalen Lohnsteuer sind, sondern Ihr Arbeitgeber. Er trägt die Pauschalsteuer, wird sie also nicht wie sonst üblich von Ihrem Bruttolohn einbehalten. Deshalb kann auch nur Ihr Arbeitgeber formal den Antrag auf Pauschalierung der Lohnsteuer stellen und arbeitsrechtlich in aller Regel nicht zur Pauschalierung gezwungen werden.

Arbeitgeber und Arbeitnehmer können zwar zivilrechtlich vereinbaren, dass **145** entgegen der gesetzlichen Normalregelung die pauschale Lohnsteuer vom Arbeitnehmer übernommen wird, allerdings hat so eine Abwälzung der Lohnsteuer steuerlich keine Wirkung. Die Pauschalsteuer wird weiterhin vom vereinbarten Arbeitslohn berechnet, auch wenn der Arbeitnehmer sie seinem Chef erstattet.

Angenommen, Sie haben mit Ihrem Brötchengeber vereinbart, dass er zwar den Arbeitslohn aus Ihrer geringfügigen Beschäftigung pauschal versteuert, Sie ihm die Steuer aber erstatten, weil er schon mit den pauschalen Renten- und Krankenversicherungsbeiträgen belastet ist.

So sieht die Rechnung für Sie dann aus:

Vereinbarter Arbeitslohn				450 €
Pauschale Steuer	450 €	× 2 %	9 €	
Zu übernehmende Steuer insgesamt			9 € >	– 9 €
Auszahlungsbetrag				441 €

- Durch die Pauschalierung ist der Arbeitslohn für Sie praktisch steuerfrei. Denn alle pauschal besteuerten Arbeitslöhne bleiben bei der Einkommensteuerveranlagung außer Betracht. Durch die Pauschalsteuer ist die Einkommensteuer (Lohnsteuer) auf den Arbeitslohn abgegolten. Da zudem noch der Arbeitgeber die Steuer trägt, sind Sie selbst nicht belastet und bekommen den Lohn insoweit netto wie brutto ausgezahlt.

b) Möglichkeiten zur Pauschalierung der Lohnsteuer

Pauschalierung mit besonderen Steuersätzen (§ 40 Abs. 1 EStG)

146
- Der Arbeitgeber zahlt in einer größeren Anzahl von Fällen sonstige Bezüge (Einmalzahlungen), die allerdings je Arbeitnehmer aufs Jahr gesehen 1.000 € nicht übersteigen dürfen. Zahlt er mehr, muss der übersteigende Betrag ganz normal über Ihre Lohnsteuerkarte versteuert werden.

- In einer größeren Anzahl von Fällen muss die Lohnsteuer nacherhoben werden, weil der bisherige Steuerabzug nicht richtig vorgenommen worden ist. Dabei ist egal, worauf der Besteuerungsfehler beruht, ob auf einem Versehen, einem Computerfehler oder einfach einer zunächst anderen rechtlichen Beurteilung der Steuerabzugspflicht durch Ihren Arbeitgeber. Auf die Höhe des nachzuversteuernden Arbeitslohns im Einzelfall kommt es hier nicht an. Anders als bei den sonstigen Bezügen ist die Pauschalierung hier auch dann zulässig, wenn der Betrag bei einem Arbeitnehmer über 1.000 € liegt.

In beiden Fällen wird für alle betroffenen Arbeitnehmer ein einheitlicher durchschnittlicher Pauschalsteuersatz ausgerechnet, der hier ausnahmsweise aus den Lohnsteuerklassen der Betroffenen und der Lohnsteuertabelle abgeleitet wird. Eine große Anzahl von Fällen liegt übrigens immer dann vor, wenn mindestens 20 Arbeitnehmer betroffen sind (R 40.1 Abs. 1 LStR).

Der **Vorteil der Pauschalierung** liegt in diesen beiden Fällen vor allem darin, dass der Arbeitslohn aus der Besteuerung im Rahmen Ihrer Einkommensteuererklärung herausfällt und für Sie damit praktisch steuerfrei bleibt. Eine günstige Methode also, wenn Ihr Arbeitgeber Ihnen und Ihren Kollegen einmal etwas Gutes tun will.

147 Pauschalierung mit einem festen Pauschalsteuersatz von 25 % (§ 40 Abs. 2 EStG)

- Verbilligte Kantinenmahlzeiten im Betrieb oder Essenszuschüsse, die er an einen anderen Unternehmer (Gaststätte, Catering-Service) für kostengünstige Essenslieferungen an die Belegschaft zahlt.

- Erholungsbeihilfen von jährlich nicht mehr als
  - 156 € für den Arbeitnehmer selbst,
  - 104 € für dessen Ehegatten,
  - 52 € für jedes steuerlich zu berücksichtigende Kind.

- Arbeitslohn aus einer Betriebsveranstaltung. Eine Versteuerung muss z.B. erfolgen, wenn bereits zwei andere Betriebsveranstaltungen stattgefunden hatten oder für den Teil der durchschnittlichen Kosten je Arbeitnehmer, der über dem Freibetrag von 110 € lag.
- Höhere Erstattung von Verpflegungskosten als die steuerfreien Pauschalen für Dienstreisen (siehe ➤ Rz 196 ff.).
- Vorteile aus der kostenlosen oder verbilligten Überlassung von Computern und Zubehör und der Übernahme privater Internetkosten.

148

SUPER TRICK

Nutzen Sie den Firmen-PC ruhig mal privat!

Lassen Sie sich vom Chef einen Firmen-PC für zu Hause geben. Solange dieser im Eigentum der Firma bleibt, können Sie damit in aller Ruhe auch privat arbeiten, im Internet surfen etc. (§ 3 Nr. 45 EStG).

Besonders günstig ist die Pauschalierungsmöglichkeit für die Übernahme Ihrer Internetkosten. Darunter fallen insbesondere

- Grundgebühr für den Internetzugang,
- laufende Gebühren für die Internetnutzung,
- ISDN-Anschluss, DSL etc.,
- Modem.

An sich setzt die Pauschalierung voraus, dass Sie Ihrer Firma einen Nachweis über die Höhe Ihrer Kosten vorlegen. Wenn Sie sich aber mit einer monatlichen Erstattung von 50 € begnügen, reicht eine Eigenbescheinigung nach dem Motto: Lieber Chef, hiermit bestätige ich, dass ich über einen privaten Internetzugang verfüge, für den mir im Lauf des Jahres Kosten von mindestens 600 € entstehen. Mit freundlichen Grüßen Willi Schlaumeier

Wenn Sie so bescheiden bleiben, kommen Sie zudem um das Problem herum, dass Ihnen der pauschalierte Betrag von eventuellen beruflichen Internetkosten, die Sie in Ihrer Steuererklärung als Werbungskosten unterbringen möchten, abgezogen wird. (Siehe dazu R 40.2 Abs. 5 S. 12 LStR.)

Pauschalierung mit einem festen Pauschalsteuersatz von 15 % (§ 40 Abs. 2 EStG) **149**
Diese Pauschalierungsmöglichkeit besteht, wenn Ihr Arbeitgeber Ihnen Fahrtkostenzuschüsse für die Fahrten zwischen Wohnung und Arbeitsstätte mit Ihrem Auto zahlt oder Ihnen zu diesem Zweck einen Firmenwagen zur Verfügung stellt.

Die Pauschalierung mit 15 % darf insoweit erfolgen, als Sie Fahrtkosten als Werbungskosten absetzen könnten. Mehr zu diesem Thema finden Sie unter ➤ Rz 104.

150 Pauschalierung bei Teilzeitbeschäftigten (§ 40 a EStG)
Das Hauptanwendungsgebiet für die Lohnsteuerpauschalierung sind Aushilfen oder Teilzeitkräfte. Dabei werden folgende Fälle unterschieden:
- Aushilfen bzw. kurzfristig Beschäftigte mit 25 %
- geringfügig Beschäftigte/Teilzeitkräfte mit 2 % und mit 20 %
- Aushilfen in der Land- und Forstwirtschaft mit 5 %

151 Pauschalierung von Zukunftssicherungsleistungen (§ 40 b EStG)
Der Arbeitgeber kann insbesondere vor 2005 abgeschlossene Direktversicherungen, Zahlungen an Pensionskassen, aber auch Beiträge, die er zugunsten seiner Arbeitnehmer in eine Gruppenunfallversicherung zahlt, in bestimmten Grenzen mit 20 % pauschal versteuern. Zu Einzelheiten vgl. ➤ Rz 168 ff.

152 Pauschalierung von Sachgeschenken (§ 37 b EStG)
Der Arbeitgeber kann Sachgeschenke an Arbeitnehmer mit 30 % zzgl. Kirchensteuer und Solidaritätszuschlag pauschal besteuern. Die Pauschalierung ist allerdings nur bei solchen Sachgeschenken möglich, die nicht schon dem Grunde nach gem. § 40 Abs. 2 EStG mit 15 % oder 25 % besteuert werden können (➤ Rz 148 f.) oder nach ➤ Rz 146 pauschal besteuert wurden. Ein weiterer Pferdefuß dieser Pauschalierung ist, dass der Arbeitgeber alle Sachgeschenke des gesamten Jahres, die unter § 37 b EStG fallen, dann auch zwingend pauschal besteuern muss. Er kann die Pauschalierung nicht auf einzelne Geschenke oder einzelne Personen beschränken.

Damit die Pauschalierung durch den Arbeitgeber ihre Abgeltungswirkung entfaltet, muss er sie bis zum 28. 2. des folgenden Jahres durchführen. Hat er nämlich erst einmal die elektronische Lohnsteuerbescheinigung an den Fiskus übermittelt, ist ein Antrag auf Pauschalierung nicht mehr möglich.

TRICK
Zu viel gezahlte Steuer gibt es mit der richtigen Arbeitgeberbescheinigung zurück!

Viele Arbeitgeber entschließen sich erst zum Jahreswechsel, die Pauschalierung für Sachgeschenke durchzuführen. Arbeitnehmern, die in der Zwischenzeit gekündigt haben oder aus anderen Gründen aus dem Betrieb ausgeschieden sind, kann deshalb die zunächst zu viel einbehaltene Steuer auf die Sachgeschenke nicht zurückgezahlt werden. Lassen Sie sich in so einem Fall eine Bescheinigung Ihres ehemaligen Brötchengebers ausstellen, in der er bestätigt, dass Ihnen für das Sachgeschenk im Wert von z. B. 700 € bisher Steuern abgezogen wurden, er inzwischen aber eine Pauschalbesteuerung nach § 37 EStG vorgenommen hat. In der Einkommensteuererklärung machen Sie dann die einbehaltene Steuer geltend.

Bei der Pauschalierung nach § 37 b EStG sind noch folgende Dinge zu beachten: **153**

1. Nicht nur Sachgeschenke an Arbeitnehmer können pauschal besteuert werden. Auch für Kundengeschenke besteht diese Möglichkeit. Der Unternehmer kann sich letztlich für drei verschiedene Gruppen getrennt entscheiden, ob er von der Pauschalierung der Steuer Gebrauch macht: 1. seine eigenen Mitarbeiter, 2. Mitarbeiter eines Tochter-, Mutter- oder Schwesterunternehmens, 3. Kunden und Geschäftsfreunde. Die Wirkung ist dieselbe: Durch die Pauschalierung ist die Besteuerung erledigt.

2. Den Antrag auf Pauschalierung der Kundengeschenke muss der Unternehmer bis zum Ende des Jahres bzw. Wirtschaftsjahres stellen.

3. Innerhalb der jeweiligen Gruppe müssen alle Sachgeschenke – ausgenommen sog. *Streuwerbeartikel:* Kleingeschenke mit einem Wert bis zu 10 € – pauschal besteuert werden. Eine Beschränkung auf einzelne Kunden ist nicht möglich.

4. Berechnungsgrundlage der pauschalen Steuer von 30 % sind die Kosten des Unternehmens für die Sachgeschenke zzgl. Mehrwertsteuer.

5. Sachleistungen an einzelne Arbeitnehmer oder an die Belegschaft im überwiegenden betrieblichen Interesse stellen von vornherein keinen Arbeitslohn dar. Deshalb fällt z. B. auf Bagatellsachbezüge bis zu 44 € im Monat keine Pauschalsteuer an.

6. Sachgeschenke an Kunden und Arbeitnehmer zu einem besonderen persönlichen Anlass, z.B einem runden Geburtstag, der Geburt eines Kindes oder der Hochzeit, müssen nicht pauschal versteuert werden, wenn ihr Wert nicht über 60 € liegt.

7. Sachleistungen, die beim Empfänger nicht zu steuerpflichtigen Einkünften führen, müssen nicht pauschal besteuert werden. Das gilt z. B. für Geschenke an Arbeitnehmer und Kunden im Ausland und an Kunden, die die Geschenke nicht aufgrund einer Geschäftsbeziehung in ihrem berieblichen Bereich bekommen.

8. Pro Person und Jahr können max. 10.000 € pauschal besteuert werden. Bekommt ein Arbeitnehmer in einem Jahr also zwei Geschenke zu je 6.000 €, kann der Arbeitgeber von den insgesamt 12.000 € nur einen Betrag von 10.000 € pauschal besteuern. Die Steuer auf die restlichen 2.000 € muss der Arbeitnehmer selbst tragen. Extrem teure Einzelgeschenke im Wert von über 10.000 € fallen ganz aus der Pauschalierung heraus.

9. Die Pauschalsteuer selbst stellt beim Arbeitgeber eine abzugsfähige Betriebsausgabe dar, soweit sie auf Geschenke an eigene Mitarbeiter und an Kunden im Wert von bis zu 35 € pro Jahr und Person entfällt. Die Pauschalsteuer auf Kundengeschenke im Gesamtwert von über 35 € pro Jahr und Person (§ 4 Abs. 5 S. 1 Nr. 1 EStG) kann dagegen ebenso wenig als Betriebsausgabe abgezogen werden wie das Geschenk selbst.

(Quelle: BMF v. 19.5.2015 – IV C 6 – S 2297-b/14/10001)

154 c) Kirchensteuer bei Pauschalierung der Lohnsteuer
Auch wenn Ihr Arbeitgeber die Lohnsteuer pauschaliert, fällt grundsätzlich Kirchensteuer an. Weil aber bei der Pauschalierung nicht immer ganz klar ist, ob alle betroffenen Arbeitnehmer einer Kirche angehören, wird der reguläre Kirchensteuersatz gekürzt. Die Kürzung ist je nach Bundesland unterschiedlich geregelt und liegt je nach Bevölkerungsstruktur zwischen 4,5 und 7 %.
Eine Besonderheit stellt die Pauschalierung der Steuer für Aushilfen mit 2 % dar. Hier ist die Kirchensteuer mit abgegolten.

TRICK

Vermeiden Sie mit ein paar Federstrichen die Kirchensteuer!

Dank des Bundesverfassungsgerichts wird niemand gezwungen, Kirchensteuer zu zahlen, der keiner kirchensteuerberechtigten Kirche angehört. Weisen Sie Ihrem Arbeitgeber also nach, dass das auf Sie zutrifft, muss er für Ihren Arbeitslohn keine Kirchensteuer abführen. Der Nachweis ist nicht sonderlich schwierig, Sie legen einfach eine Lohnsteuerkarte vor.
Als Aushilfskraft oder geringfügig Beschäftigter reicht auch eine schriftliche Bestätigung Ihrerseits, dass Sie keiner hebeberechtigten Kirche angehören. Für diese Bestätigung müssen Sie einen besonderen Finanzamtsvordruck verwenden (BMF v. 19.5.1999 – BStBl 1999 I S. 509).

Bundesland	Steuersatz der Pauschalkirchensteuer			
	ohne Nachweis	mit Nachweis		
		§ 40	§ 40a	§ 40b
Baden-Württemberg	6,5	8,0	8,0	8,0
Bayern	7,0	8,0	8,0	8,0
Berlin	5,0	9,0	9,0	9,0
Brandenburg	5,0	9,0	9,0	9,0
Bremen	7,0	9,0	9,0	9,0
Hamburg	4,0	9,0	9,0	9,0

Bundesland	Steuersatz der Pauschalkirchensteuer		
	ohne Nachweis	mit Nachweis	
	§ 40	§ 40a	§ 40b
Hessen	7,0	9,0	9,0	9,0
Mecklenburg-Vorpommern	5,0	9,0	9,0	9,0
Niedersachsen	6,0	9,0	9,0	9,0
Nordrhein-Westfalen	7,0	9,0	9,0	9,0
Rheinland-Pfalz	7,0	9,0	9,0	9,0
Saarland	7,0	9,0	9,0	9,0
Sachsen	5,0	9,0	9,0	9,0
Sachsen-Anhalt	5,0	9,0	9,0	9,0
Schleswig-Holstein	6,0	9,0	9,0	9,0
Thüringen	5,0	9,0	9,0	9,0

d) Solidaritätszuschlag bei Pauschalierung der Lohnsteuer　　155
Genauso wie Kirchensteuer fällt bei der Lohnsteuerpauschalierung auch der Solidaritätszuschlag an. Er wird ohne Beschränkung mit 5,5 % ab dem ersten Euro
der pauschalen Lohnsteuer erhoben. Schuldner ist auch hier der Arbeitgeber.
Bei der Pauschalierung mit 2 % steckt er wie die Kirchensteuer schon mit drin.

Geringfügige Beschäftigung – Teilzeitkräfte　　156
aa) Gesamtüberblick
Mit diesem amtsdeutschen Begriff sind die sog. Mini- oder 450-€-Jobs gemeint.
Bevor ich Ihnen die Details vorstelle, zunächst ein schneller Überblick:

- Bei geringfügiger Beschäftigung mit einem durchschnittlichen monatlichen
  Arbeitslohn von höchstens 450 € fallen ab dem ersten Euro pauschale Beiträge zur Krankenversicherung von 13 %, zur Rentenversicherung von 15 %
  und Umlagen von 1,09 % zzgl. gesetzliche Unfallversicherung an. Die Beiträge muss in voller Höhe der Arbeitgeber zahlen.

- Bei geringfügiger Beschäftigung in einem Privathaushalt reduzieren sich die
  Beitragspauschalen des Arbeitgebers auf jeweils 5 % für Kranken- und Rentenversicherung; an Umlagen fallen hier inkl. Unfallversicherung 2,54 % an.

- Durch die Rentenversicherungspauschale erwirbt der Arbeitnehmer nur ein-
  geschränkte Ansprüche aus der Rentenversicherung (➤ Rz 158 f.).

- Durch den pauschalen Krankenversicherungsbeitrag ergeben sich keine Ansprüche aus der Krankenversicherung.

- Der Lohn aus einem geringfügigen Beschäftigungsverhältnis kann grundsätzlich vom Arbeitgeber mit 2 % pauschal versteuert werden. In diesem Fall ist
  die gesamte Besteuerung (Lohnsteuer, Kirchensteuer und Solidaritätszuschlag) für den Lohn aus dem Minijob erledigt.

- Die Lohngrenze ist sowohl für die Sozialversicherung als auch für das Steuerrecht auf 450 €/Monat festgeschrieben und wird nicht jährlich angehoben.

bb) Sozialversicherung

Die Sozialversicherung unterscheidet bei Teilzeitbeschäftigten folgende Kategorien:

- Kurzfristige Beschäftigung/Saisonbeschäftigung über höchstens drei Monate bzw. 70 Arbeitstage im Kalenderjahr. Diese Beschäftigungen bleiben komplett sozialversicherungsfrei.
- Geringfügige Beschäftigung (geringfügig entlohnte Beschäftigung), bei der der Arbeitslohn in der Regel 450 € im Monat nicht übersteigt und daher nur pauschale Renten- bzw. Krankenversicherungsbeiträge und Umlagen des Arbeitgebers anfallen.

Für die Berechnung der Monatslohngrenze von 450 € und der Wochenstundenzahl werden mehrere Arbeitsverhältnisse generell zusammengerechnet. Haben Sie z. B. zwei geringfügige Arbeitsverhältnisse mit je 250 € Monatslohn, unterliegen beide Arbeitsverhältnisse der vollen Sozialversicherungspflicht. Es fallen somit Regelbeiträge zur Renten-, Kranken-, und Pflegeversicherung an, die teilweise vom Arbeitgeber und teilweise vom Arbeitnehmer gezahlt werden müssen.

Besonderheiten gelten bei der Arbeitslosenversicherung. Liegt der Lohn im einzelnen Arbeitsverhältnis unter 450 € – wären also isoliert betrachtet die Minijobkriterien erfüllt –, fällt für keine der Beschäftigungen Arbeitslosenversicherung an. Allerdings haben Sie dann im Fall der Arbeitslosigkeit auch keine Leistungsansprüche aus den Minijobs. Besonders günstig ist ein 450-€-Job, wenn Sie ihn neben Ihrem Hauptjob ausüben. Dann wird nämlich nicht zusammengerechnet. Für Ihren Minijob bleibt es bei der grundsätzlichen Sozialversicherungsfreiheit. Nur Ihr Arbeitgeber muss die pauschalen Beiträge zahlen. Angenommen, Sie verdienen in Ihrem Hauptjob 1.400 € im Monat, daneben fahren Sie aushilfsweise Taxi für »Taxi-Krause« und kassieren dafür im Monat 350 €. Die 350 € bekommen Sie völlig ohne Abzüge.

Haben Sie neben Ihrem Hauptjob mehr als einen 450-€-Job, wird die Zusammenrechnung nur für den zeitlich zuerst aufgenommenen Minijob vermieden. Der Lohn aus Ihren anderen Minijobs wird dagegen mit Ihrem Hauptjob zusammengerechnet, und Sie müssen sich dafür normale Sozialversicherungsbeiträge abziehen lassen.

TRICK

Verdienen Sie zweimal im Jahr fast unbegrenzt hinzu!

157 Eine geringfügige Beschäftigung setzt voraus, dass Ihr regelmäßiger Monatslohn 450 € durchschnittlich nicht übersteigt. Sind Sie durchgehend beschäftigt

und schwankt Ihr Arbeitslohn z. B. saisonbedingt oder wegen unterschiedlicher Arbeitsstunden in den einzelnen Monaten, kommt es darauf an, dass Sie im Jahr insgesamt nicht mehr als 5.400 € verdienen.
Unabhängig von dieser Durchschnittsberechnung können Sie in zwei Monaten im Jahr praktisch unbegrenzt hinzuverdienen. Allerdings setzt das voraus, dass Sie sagen können, dass es sich in diesen Fällen um einen nicht vorhersehbaren, nicht geplanten Arbeitseinsatz handelte. Müssen Sie z. B. im Juli und August eine Krankheitsvertretung übernehmen, bleibt Ihr Job auch dann ein versicherungsfreies geringfügiges Beschäftigungsverhältnis, wenn Sie z. B. 30 Stunden in der Woche arbeiten und in den beiden Monaten jeweils auf einen Monatslohn von 1.700 € kommen.

Pauschale Renten- und Krankenversicherungsbeiträge
Auf den ersten Blick etwas unlogisch ist das Gesetz über die 450-€-Jobs ja schon. Wenn Sie als Arbeitnehmer die Voraussetzungen für eine geringfügige Beschäftigung erfüllen, ist Ihr Arbeitslohn sozialversicherungsfrei. Trotzdem fallen für diese sozialversicherungsfreie Tätigkeit pauschale Beiträge an.

Rentenversicherung   158
Der Arbeitgeber muss in jedem Fall den Pauschalbeitrag zur Rentenversicherung von 15 % bei normaler Beschäftigung, von 5 % bei einer Beschäftigung im Privathaushalt zahlen.
Durch den pauschalen Rentenversicherungsbeitrag erwerben Sie Ansprüche aus der Rentenversicherung. Für ein Jahr Minijob wird Ihnen etwa $1/3$ der Wartezeit für den Rentenanspruch angerechnet, die Sie bei einem Vollzeitjob erwerben. Bei ca. 4 Monaten pro Beschäftigungsjahr im Minijob brauchen Sie also mindestens 15 Jahre, um auf die erforderlichen 60 Beitragsmonate zu kommen.

Die Rentenansprüche sind allerdings sehr geringfügig. Der Arbeitnehmer kann   159
aber aus eigenen Mitteln den Rentenbeitrag von 5 % auf 18,7 % aufstocken. Der Vorteil für Sie liegt darin, dass Sie dann aus dem Arbeitslohn von 450 € vollwertige Ansprüche aus der Rentenversicherung erwerben. Als Faustregel gilt: **Ein Jahr 450-€-Job = ca. 4,45 € Rentenanspruch pro Monat** (Quelle: Deutsche Rentenversicherung »Minijob – Midijob: Bausteine für die Rente«). Nach 45 Jahren Beschäftigung würden Sie also aus Ihrem Minijob eine Monatsrente von mageren 200 € erhalten.

Zunächst sind alle Minijobs rentenversicherungspflichtig!
Für geringfügig entlohnte Minijobs, die am 1.1.2013 oder später begannen, besteht Versicherungspflicht in der Rentenversicherung. Der volle Rentenversicherungsbeitrag ist mindestens von 175 € zu zahlen. Der Arbeitgeberanteil beträgt im Haushaltsscheck-Verfahren 5 % des tatsächlichen Arbeitsentgelts. Die Haushaltshilfe trägt die Differenz zwischen dem Arbeitgeberanteil und dem vollen Beitrag zur Rentenversicherung (13,7 Prozent). Den Beitragsanteil des Arbeitnehmers behält der Arbeitgeber vom Arbeitsentgelt ein. **Minijobber haben die Möglichkeit, sich auf Antrag von der Versicherungspflicht in der**

Rentenversicherung befreien zu lassen. Bei geringfügig Beschäftigten im Privathaushalt ist ein gesonderter Antrag nicht erforderlich, weil die relevanten Angaben auf dem Haushaltsscheck zu machen sind.

Neben dem vollwertigen Anspruch auf Rente zählen vor allem pro Jahr zwölf statt nur vier Monate als Wartezeit für Ihren Rentenanspruch. Außerdem können Sie das volle Leistungsspektrum der Rentenversicherung in Anspruch nehmen, z.B. Rehabilitationsleistungen, Rente wegen verminderter Erwerbsfähigkeit, vorgezogene Altersrente.

GUTER RAT

Besonders interessant ist die Aufstockung für Sie, wenn Ihnen nur noch einige Beitragsmonate fehlen, bis Sie die erforderlichen 60 Monate zusammenhaben, z.B., weil Sie nur drei oder vier Jahre rentenversicherungspflichtig beschäftigt waren, als Mutter Anspruch auf Kindererziehungszeiten haben oder nur durch die Pflege von Angehörigen Anrechnungszeiten verdient haben.

Formell müssen Sie gegenüber Ihrem Arbeitgeber schriftlich auf die Rentenversicherungsfreiheit verzichten (bei Minijobs, die vor 2013 begannen) bzw. nichts unternehmen (Neuregelung seit 2013). Der Arbeitgeber trägt dann weiterhin 15 % und Sie die restlichen 3,7 % des Gesamtbeitrags. Allerdings verlangt die Rentenversicherung in Aufstockungsfällen einen Mindestbeitrag von 32,72 €. Verdienen Sie in Ihrem Minijob also z.B. nur 100 €, trägt Ihr Arbeitgeber 15 € (= 15 % von 100 €). Diesen Betrag müssen Sie aus eigenen Mitteln auf 32,72 € aufstocken, Sie müssen also 17,72 € dazulegen.

WICHTIGER HINWEIS

Der Verzicht auf die Rentenversicherungsfreiheit kann in demselben Arbeitsverhältnis nicht widerrufen werden. Sie sind also gezwungen, den Aufstockungsbetrag so lange zu zahlen, bis Sie aus dem Arbeitsverhältnis ausscheiden.

TRICK

Verdienen Sie durch einen Rausschmiss mehr.

Angenommen, Ihnen fehlten noch 24 Beitragsmonate von Ihrer Wartezeit für den Rentenanspruch. Schlau, wie Sie sind, haben Sie deshalb auf die Rentenversicherungsfreiheit verzichtet. Nach Ablauf der zwei Jahre berappen Sie aber munter weiter jeden Monat 3,7 % aus eigener Kasse. Na, die würden Sie natürlich ganz gern selbst behalten, zumal Sie finanziell sowieso nicht auf Rosen gebettet sind.

»Ja, aber wie denn?«, fragen Sie. »Sie haben mir doch gerade erklärt, dass ich meinen Verzicht nicht widerrufen kann.« Richtig! Aber wenn Ihr Chef Sie kurzerhand aus betriebsbedingten Gründen entlässt, ist das Arbeitsverhältnis beendet und damit der Verzicht auf die Rentenversicherungsfreiheit hinfällig. Wenn Sie nach einer angemessenen Schamfrist wieder eingestellt werden, weil sich die Auftragslage verbessert hat, werden die Karten neu gemischt. Sie haben jetzt wieder einen Minijob, für den nur die pauschalen Arbeitgeberbeiträge von 15 % anfallen, sofern Sie sich von der Rentenversicherungspflicht befreien lassen.

Krankenversicherung   160

Der pauschale Krankenversicherungsbeitrag beträgt 13 % für normale Beschäftigungen, 5 % für eine Beschäftigung im Privathaushalt. Anders als der Rentenversicherungsbeitrag muss die Krankenversicherung aber nur für Personen gezahlt werden, die in der gesetzlichen Krankenversicherung selbst versichert oder über die Familienversicherung mitversichert sind. Damit fallen vor allem bei folgenden Personen keine Beiträge zur Krankenversicherung an:

● privat krankenversicherte Arbeitnehmer und deren Familienangehörige

● Selbständige

● Beamte und deren Familienangehörige, wenn sie nicht ausnahmsweise freiwillig in der gesetzlichen Krankenversicherung versichert sind

● Pensionäre

● nicht sozialversicherungspflichtige Arbeitnehmer und deren Familienangehörige, z.B. Gesellschafter-Geschäftsführer.

Aus den Krankenversicherungsbeiträgen für Ihren Minijob haben Sie keinerlei Ansprüche gegen die Krankenkasse.

Umlagen

Neben der Renten- und Krankenversicherung fallen für Minijobs noch Umlagen an: bei einem regulären Minijob 0,94 % Umlagen zum Ausgleich der Arbeitgeberaufwendungen bei Krankheit und Mutterschaft zzgl. Beiträge zur Unfallversicherung; bei einer Beschäftigung im Privathaushalt fällt für die gesetzliche Unfallversicherung eine pauschale Umlage von 1,6 % an, insgesamt also 2,54 %.

cc) Steuer für geringfügig Beschäftigte   161

Für die Besteuerung von Minijobs ergeben sich folgende Möglichkeiten:

Der Arbeitslohn kann

- unter Vorlage einer Lohnsteuerkarte besteuert werden;

- mit 2 % pauschal versteuert werden, wenn Ihr Arbeitgeber pauschale Beiträge zur Rentenversicherung von 15 % bzw. 5 % (bei Beschäftigung im Privathaushalt) abführt; die Pauschalsteuer ist so gering, dass es fast einer Steuerbefreiung gleichkommt;

- mit 20 % pauschal besteuert werden, wenn Ihr Arbeitgeber keine pauschalen Beiträge zur Rentenversicherung zahlt.

Durch die Pauschalierung wird Ihr Arbeitgeber Schuldner der Lohnsteuer. Zudem wird pauschal besteuerter Arbeitslohn nicht in Ihre Einkommensteuerveranlagung einbezogen, was für Sie praktisch Steuerfreiheit des 450-€-Jobs bedeutet.

Pauschalierung der Steuer: 2 % oder 20 %?
Sie können Ihren Arbeitgeber weder zu einer Pauschalierung der Steuer mit 2 % noch mit 20 % zwingen.

Durch den Pauschalsteuersatz von 2 % ist nicht nur die Lohnsteuer, sondern auch gleichzeitig die Kirchensteuer und der Solidaritätszuschlag abgegolten.

Die Pauschalsteuer von 2 % zahlt der Arbeitgeber auch nicht an sein Finanzamt, sondern zusammen mit dem Pauschalbeitrag zur Sozialversicherung an die **Bundesknappschaft – Verwaltungsstelle Cottbus** –, die als bundesweit zentrale Einzugsstelle fungiert.

Es sind insoweit keine besonderen Anmeldungen der Lohnsteuer erforderlich. Die Steueranmeldung ist vielmehr mit der Meldung der Sozialversicherungsbeiträge verbunden.

Der Ministeuersatz von 2 % kommt in folgenden Fällen zur Anwendung:

1. Sie haben nur eine geringfügige Beschäftigung, Ihr Monatslohn liegt nicht über 450 €.

2. Sie haben mehrere geringfügige Beschäftigungen nebeneinander, der monatliche Arbeitslohn aus allen Arbeitsverhältnissen liegt aber nicht über 450 €. Liegt er hingegen über 450 €, sind die Arbeitsentgelte sozialversicherungspflichtig und müssen Ihre Arbeitgeber keine pauschalen Rentenbeiträge zahlen. In einem solchen Fall können Ihre Chefs die Pauschalierung der Steuer mit 20 % durchführen.

3. Sie haben eine geringfügige Beschäftigung mit einem Monatslohn von normalerweise unter 450 €. Wegen einer überraschenden Krankheitsvertretung verdienen Sie zwei Monate lang aber statt 450 € z.B. jeweils 1.250 €.

4. Sie haben neben Ihrem Hauptjob einen Job auf 450-€-Basis.

5. Haben Sie neben Ihrem Hauptjob mehrere Minijobs, gilt der Steuersatz von 2 % nur für den zeitlich zuerst aufgenommenen Nebenjob. Alle weiteren »geringfügigen« Beschäftigungen sind sozialversicherungspflichtig, d.h., es fallen die normalen Beiträge an, und Sie müssen entweder Ihren Chefs eine Steuerkarte VI vorlegen, oder die müssen den Lohn mit 20 % zzgl. Kirchensteuer und Solidaritätszuschlag versteuern.

TIPP

Passen Sie auf!

Da für alle geringfügigen Beschäftigungsverhältnisse Pauschalbeiträge an Krankenkassen abgeführt werden müssen, laufen spätestens dort die Informationen über Arbeitslohn und Arbeitszeit aus allen Arbeitsverhältnissen zusammen. Die Krankenkassen informieren die Arbeitgeber, wenn durch die Zusammenrechnung mehrerer Arbeitsverhältnisse kein geringfügiges Beschäftigungsverhältnis mehr vorliegt, und fordern sie auf, statt der Pauschalbeiträge die vollen Regelbeiträge abzuführen. Außerdem müssen die Sozialversicherungsträger die Finanzämter informieren, wenn sich herausstellt, dass ein bisher als geringfügig eingestuftes Arbeitsverhältnis die Kriterien der Geringfügigkeit doch nicht erfüllt.

Berechnungsgrundlage für die Pauschalsteuer

Steuerfreie Teile Ihres Einkommens, wie z.B. Reisekosten, Personalrabatte oder Sachleistungen im Rahmen der 44-€-Bagatellgrenze, werden als Einkünfte nicht angesetzt. Genauso bleibt Arbeitslohn außer Betracht, für den die Lohnsteuer vom Arbeitgeber pauschaliert wird. Dafür in Betracht kommen z.B.:

- sonstige Bezüge (§ 40 Abs. 1 EStG),
- Mahlzeiten im Betrieb (§ 40 Abs. 2 EStG),
- Zuwendungen bei Betriebsveranstaltungen (§ 40 Abs. 2 EStG),
- Erholungsbeihilfen (§ 40 Abs. 2 EStG),
- Verpflegungsmehraufwendungen bis zur Höhe der steuerlichen Pauschalen (§ 40 Abs. 2 ESt),
- Übernahme privater PC- und Internetkosten (§ 40 Abs. 2 EStG),
- Leistungen des Arbeitgebers für Fahrten zwischen Wohnung und Arbeitsstätte (§ 40 Abs. 2 S. 2 EStG),
- kurzfristige Beschäftigungen (§ 40 a Abs. 1 EStG).

Ungemach droht, wenn Ihnen Ihr Arbeitgeber zusätzlich zum Lohn aus Ihrem Minijob Fahrgeld zahlt. Dieses zählt zunächst einmal zu Ihrem Arbeitslohn. Liegt Ihr Monatslohn nicht weit weg von der 450-€-Grenze, könnte diese durch die Fahrgeldzahlungen überschritten und aus Ihrem Minijob ein sozialversicherungs- und steuerpflichtiges Regelarbeitsverhältnis werden. Um das zu vermeiden, muss der Fahrtkostenzuschuss von Ihrem Arbeitgeber mit 15 % pauschal versteuert werden (§ 40 Abs. 2 S. 2 EStG). Obergrenze für diese Pauschalversteuerung ist der Betrag, der sich bei Ihnen als Entfernungspauschale ergibt: für jeden Arbeitstag 0,30 € je Entfernungskilometer.

Angenommen, Ihr Arbeitgeber zahlt Ihnen in Ihrem Minijob 430 € im Monat und für die zehnmal im Monat, die Sie die 10 km Entfernung zur Arbeit mit Ihrem Auto fahren, ein Fahrgeld von 60 €. Für Ihren Minijob ergibt sich jetzt folgende Berechnung:

Fahrtkostenzuschuss	60,00 €
./. pauschal versteuerter Zuschuss 10 km × 0,30 € × 10 Tage	– 30,00 €
Verbleibender, normal zu versteuernder Fahrtkostenzuschuss	30,00 €
Laufender Lohn aus dem Minijob	430,00 €
Regelmäßiger Lohn aus dem Minijob	460,00 €

Damit haben Sie keinen Minijob mehr, und es fallen sowohl für Sie als auch für Ihren Arbeitgeber Pflichtbeiträge zur Sozialversicherung an. Außerdem kann Ihr Arbeitgeber den Lohn nicht mehr mit 2 % pauschal versteuern, und Sie müssen wieder selbst die Steuer tragen, was Sie vor allem dann einen Batzen Geld kostet, wenn bei Ihnen oder Ihrem Ehepartner noch andere Einkünfte vorliegen.

TRICK

Nehmen Sie statt Fahrgeld einen Benzingutschein oder ein Jobticket.

Dem oben geschilderten Problem gehen Sie aus dem Weg, wenn Ihnen Ihr Chef einen Teil des Fahrgeldes als Sachleistung in Form eines monatlichen Benzingutscheins oder eines Jobtickets für öffentliche Verkehrsmittel zukommen lässt. Wenn dessen monatlicher Wert unter 44 € liegt, ist diese Leistung des Arbeitgebers steuerfrei und wird auch nicht in die Lohngrenze Ihres Minijobs eingerechnet (➤ Rz 44 ff.).

TIPP

Keine Steuer für 1-€-Jobs

165 In einem 1-€-Job können Sie für Ihre – gemeinnützige – Arbeit 1 bis 2 € pro Stunde bei max. 30 Stunden in der Woche verdienen. Viel ist das ja nicht gerade. Aber jetzt die gute Nachricht: Ihr Zuverdienst ist komplett steuerfrei (§ 3 Nr. 2 b EStG) – und zwar sowohl für Sie als auch für Ihren Arbeitgeber.

7. Pauschalierung der Lohnsteuer

```
GUTER RAT
```

Bei etlichen Rentnern geht es auch ohne Pauschalsteuer.
Wenn Sie Ihre kleine Rente mit einem 450-€-Job aufbessern, brauchen Sie sich **166**
keine großen Gedanken zu machen, dass man Sie dafür mit Steuern zur Kasse
bittet. Ihrem Brötchengeber können Sie sogar die Pauschalsteuer ersparen,
indem Sie ihm eine Steuerkarte, z.B. mit der Steuerklasse I (ledig) oder III
(verheiratet), vorlegen. Wenn Ihre monatliche Rente nämlich nicht deutlich
über 748 €/1.960 € (Alleinstehende/Verheiratete) liegt, fällt keine Steuer auf
den Minijob an.

So sieht die Rechnung für Sie aus, wenn Sie z.B. 2015 mit 65 Jahren in Rente
gegangen sind:

	Ledige	**Verheiratete**
Monatslohn 450 € × 12	5.400 €	
./. Arbeitnehmerpauschbetrag	– 1.000 €	
./. Altersentlastungsbetrag	– 1.140 €	
Arbeitslohn	3.260 € > 3.260 €	> 3.260 €
Rente mtl. 748,66 €	8.984 €	
Rente mtl. 1.940,66		23.288 €
./. steuerfreier Rentenanteil 30 %	– 2.695 €	– 6.986 €
./. Pauschbetrag für Renten	– 102 €	– 102 €
Renteneinkünfte	6.187 € > 6.187 €	16.200 € > 16.200 €
./. Sonderausgabenpauschbetrag	– 36 €	– 72 €
./. Vorsorgeaufwendungen	– 939 €	– 2.434 €
Einkommen	8.472 €	16.954 €
./. Grundfreibetrag	– 8.472 €	– 16.954 €
bleiben zu versteuern	0 €	0 €

Wie Sie sehen, zahlen so weder Sie noch Ihr Arbeitgeber Steuern für Ihren
450-€-Job.
Sind Sie schon 2014 oder früher in Rente gegangen, sinkt der Besteuerungsanteil
der Rente auf 68 % – 50 %. Dementsprechend höher ist der Betrag der Renteneinkünfte, bis zu dem für den Minijob keine Steuern anfallen.

TIPP

Als »reicher« Rentner fahren Sie mit der Pauschalierung besser.

Gehören Sie zu den Rentnern, die über eine besonders hohe Rente verfügen oder bei denen sich der Fiskus schon wegen anderer Einkünfte, z.B. aus der Vermietung von Immobilien oder wegen hoher Zinsen, bedient, fahren Sie mit der Pauschalsteuer für Ihren 450-€-Job deutlich besser. Sie werden also Ihrem Arbeitgeber keine Steuerkarte vorlegen und ihn bitten, die Steuer mit 2 % pauschal abzuführen.

GUTER RAT

Wechseln Sie im richtigen Moment die Besteuerungsmethode beim Ehegattenarbeitsverhältnis.

167 Wenn Sie Ihre bessere Hälfte in Ihrer Firma als 450-€-Kraft beschäftigen, fahren Sie in aller Regel mit der Pauschalierung der Lohnsteuer besser. Doch kann es passieren, dass Sie später merken, dass eine Versteuerung nach Lohnsteuerkarte deutlich günstiger gewesen wäre, z.B., wenn sich herausstellt, dass Sie mit Ihrer Firma Verluste gemacht haben oder das gemeinsame Einkommen so gering ist, dass keine Steuern anfallen.

Dank des BFH können Sie, selbst wenn das Kalenderjahr längst abgelaufen ist, noch von der Pauschal- zur Regelbesteuerung wechseln. Sie geben dazu einfach eine geänderte Lohnsteueranmeldung ohne die Pauschalsteuer ab und erklären in Ihrer Steuererklärung den Arbeitslohn Ihres Ehegatten in der Anlage N als normales Arbeitseinkommen (BFH-Urt. v. 26.11.2003 – BStBl II 2004 S.195).

8. Altersversorgung

168 Zunächst ein Überblick, welche Möglichkeiten der betrieblichen Altersvorsorge Sie nutzen können und wo die Vorteile und die Fallstricke für Sie liegen:

8. Altersversorgung

Wege der steuerlich geförderten betrieblichen Altersvorsorge

Form der betrieblichen Altersvorsorge	Kurzbeschreibung	Steuerliche Förderung in der Ansparphase	Besteuerung in der Leistungsphase
Pensionszusage/ Direktzusage	Der Arbeitgeber verspricht bei Eintritt in den Ruhestand eine regelmäßige monatliche Altersversorgungszahlung (Pension); der Arbeitnehmer muss dafür keine Zahlungen leisten.	Der Aufbau der Altersversorgung ist nicht steuerpflichtig; dadurch entsteht in der Ansparphase keine finanzielle Belastung.	Die späteren Pensionszahlungen stellen Arbeitslohn dar und müssen vom Arbeitnehmer zusammen mit seinen anderen Einkünften voll versteuert werden.
Pensionszusage/ Direktzusage (aus Gehaltsumwandlung)	Der Arbeitgeber verspricht bei Eintritt in den Ruhestand eine regelmäßige monatliche Altersversorgungszahlung (Pension); der Arbeitnehmer finanziert dies durch einen regelmäßigen Gehaltsverzicht.	Der Aufbau der Altersversorgung ist nicht steuerpflichtig; der Besteuerung unterliegt nur noch der Lohn abzgl. Gehaltsverzicht, dadurch ergibt sich ein laufender Steuervorteil.	Die späteren Pensionszahlungen stellen Arbeitslohn dar und müssen vom Arbeitnehmer zusammen mit seinen anderen Einkünften voll versteuert werden.
Werksrente	Der Arbeitgeber zahlt ohne verbindliche Zusage an ehemalige Arbeitnehmer eine betriebliche Altersversorgung unmittelbar aus Betriebsmitteln oder z. B. über eine Unterstützungskasse.	Der Aufbau der Altersversorgung ist nicht steuerpflichtig; dadurch entsteht in der Ansparphase keine finanzielle Belastung.	Die Werksrente wird behandelt wie eine Pension. Sie stellt Arbeitslohn dar und muss vom Arbeitnehmer zusammen mit seinen anderen Einkünften voll versteuert werden.
Direktversicherung	Der Arbeitgeber zahlt zugunsten des Arbeitnehmers Beiträge in eine durch ihn abgeschlossene Lebensversicherung, die dem Arbeitnehmer als Altersvorsorge eine regelmäßige monatliche Rentenzahlung garantiert.	Die Direktversicherungsbeiträge sind bei Vertragsabschluss nach dem 31.12.2004 bis zu 4 % der Beitragsbemessungsgrenze in der Rentenversicherung (2015) = 2.904 €) zzgl. weiterer 1.800 € (2015 insgesamt also 4.704 €) steuerfrei. (Sonderregelungen für Altverträge vor 2005)	Die späteren Zahlungen aus der Direktversicherung müssen vom Arbeitnehmer zusammen mit seinen anderen Einkünften voll versteuert werden (§ 22 Nr. 5 EStG). (Sonderregelungen für Altverträge vor 2005)
Pensionskasse/ Pensionsfonds	Der Arbeitgeber zahlt zugunsten des Arbeitnehmers Beiträge an eine Pensionskasse, die dem Arbeitnehmer als Altersvorsorge eine regelmäßige monatliche Zahlung garantiert.	Wie bei Direktversicherungen + wahlweise Förderung durch Riester-Zulage. (Sonderregelungen für Altverträge vor 2005)	Wie bei Direktversicherungen. (Sonderregelungen für Altverträge vor 2005)

169 Direktversicherung, Pensionskasse, Pensionsfonds

Wenn die Vereinbarung über die betriebliche Altersversorgung mit dem Arbeitgeber nach dem 31.12.2004 getroffen wurde, werden Beiträge zu Direktversicherung, Pensionskasse und Pensionsfonds nahezu gleich behandelt. Sie bleiben nach § 3 Nr. 63 EStG unter folgenden Voraussetzungen steuerfrei:

- Durch die Zahlungen wird eine kapitalgedeckte betriebliche Altersversorgung aufgebaut, das bedeutet, dass das eingezahlte Kapital für Sie individuell angelegt und später mit Zins und Zinseszins ausgezahlt wird.
- Die Auszahlung darf nur als laufende Rente erfolgen, Verträge mit einmaliger Kapitalauszahlung sind nicht steuerbegünstigt.
- Die Auszahlung darf frühestens mit dem 60. Lebensjahr bzw. dem Beginn der Rentenzahlung aus der gesetzlichen Rentenversicherung beginnen.
- Umfasst die betriebliche Altersversorgung auch Hinterbliebene, darf sie nur Ehegatten und Kinder bzw. den Lebenspartner berücksichtigen. Bezugsrechte für andere Personen wie Eltern oder Geschwister sind dagegen schädlich und verhindern die Steuerfreiheit.
- Die Beiträge machen max. 4 % der Beitragsbemessungsgrenze zur Rentenversicherung aus (2015 = 2.904 €).

Bei Versorgungszusagen (Vertragsabschluss) nach dem 31.12.2004 können zum Ausgleich dafür, dass die Lohnsteuer nicht mehr pauschal berechnet werden kann, zusätzliche 1.800 € steuerfrei bleiben. Wenn Ihre Direktversicherung also z.B. 2008 abgeschlossen wurde, können im Jahr 2015 Beiträge bis zu einer Höhe von 4.704 € steuerfrei bleiben.

Wenn die Versorgungszusage und die Verträge schon vor 2005 abgeschlossen wurden, gelten die früheren Regelungen weiter. Für Altverträge kann der Arbeitgeber auch noch die Lohnsteuer pauschal mit 20 % erheben. Im Einzelnen sieht das dann so aus:

170 Altverträge (= Versorgungszusage 2004 oder früher):

1. Pensionsfonds

Beiträge an Pensionsfonds bleiben bis zu 4 % der Beitragsbemessungsgrundlage zur Rentenversicherung (2015 = 2.904 €) steuerfrei. Sind die Beiträge höher, ist der Restbetrag steuerpflichtig, aber Sie können dafür die Riester-Zulage erhalten.

TIPP zur Riester-Zulage

Wenn Ihnen die Steuerfreiheit nichts bringt, z.B. weil Sie wegen Ihres niedrigen Einkommens keine Steuern zahlen, können Sie stattdessen für den gesamten Betrag die Riester-Zulage beantragen.

2. Pensionskasse

Beiträge an eine Pensionskasse bleiben ebenfalls zunächst bis zu 4 % der Beitragsbemessungsgrenze zur Rentenversicherung steuerfrei (§ 3 Nr. 63 EStG). Liegen die Beiträge höher (z.B. für 2015 höher als 2.904 €), können weitere 1.752 € nach § 40 b EStG mit 20 % pauschal versteuert werden. Und wenn auch dann mit den Beiträgen noch nicht Schluss ist, können Sie dafür die Riester-Zulage beantragen.

3. Direktversicherung

Anders als die Beiträge zu Pensionskassen und Pensionsfonds waren die Beiträge zu Direktversicherungen bis einschließlich 2004 nicht steuerfrei. Sie konnten allenfalls mit 20 % pauschal besteuert werden (§ 40 b EStG). Um diese Pauschalbesteuerung fortzuführen, mussten Sie bis zum 30.6.2005 Ihrem Arbeitgeber schriftlich mitgeteilt haben, dass Sie das wünschen.

TIPP
zur Pauschalsteuer für Direktversicherungsverträge

Wenn Sie Ihren Arbeitgeber wechseln, übernimmt der neue in der Regel Ihren Direktversicherungsvertrag. Um weiter von der Pauschalbesteuerung zu profitieren, müssen Sie bei Ihrem neuen Brötchengeber vor dessen erster Beitragszahlung einen entsprechenden schriftlichen Antrag stellen.

TIPP
zur Pauschalsteuer für Altverträge

Auch wenn Sie es auf den ersten Blick ziemlich komisch finden, auf die Steuerfreiheit zu verzichten und stattdessen eine Besteuerungsvariante zu wählen, die 20 % Lohnsteuer zzgl. Kirchensteuer und Solidaritätszuschlag kostet, sollten Sie nicht vorschnell handeln. Die Pauschalierung der Lohnsteuer kann durchaus Vorteile haben:

1. Bei Steuerfreiheit werden später Ihre Erträge aus der Lebensversicherung nachgelagert und damit voll besteuert. Wird dagegen die Lohnsteuer pauschaliert, unterliegt die Rente aus Ihrer Direktversicherung nur mit einem geringen Ertragsanteil der Besteuerung. Sind Sie bei Rentenbeginn z.B. 65 Jahre alt, werden nur 18 % der Rentenzahlung als Einkommen angerechnet, 82 % bleiben steuerfrei.

2. Der Verzicht auf die Steuerfreiheit kann sich auch dann lohnen, wenn Sie sich bei Ablauf der Versicherung keine Rente, sondern einen Kapitalbetrag auszahlen lassen. In diesem Fall erhalten Sie sich durch den formell ausgesprochenen Verzicht die Steuerfreiheit der Kapitalzahlung.

Neuverträge

TRICK

Zahlen Sie im Zweifel die Beiträge selbst!

171 Nicht jeder Arbeitgeber ist so großzügig und zahlt die Beiträge zu Ihrer Altersversorgung. Damit Sie bei der notwendigen Aufstockung Ihrer gesetzlichen Altersversorgung nicht in die Röhre schauen, hat der Gesetzgeber im Betriebsrentengesetz festgelegt, dass Sie in jedem Fall einen Anspruch auf betriebliche Altersversorgung haben, wenn Sie bereit sind, die erforderlichen Beiträge durch einen Verzicht auf einen Teil Ihres Gehalts zu finanzieren. Im schönen Amtsdeutsch spricht man dann von einer »Gehaltsumwandlung«. Der Vorteil für Sie liegt klar auf der Hand. Den Teil Ihres Gehalts, auf den Sie verzichten, müssen Sie nicht versteuern. Auf diese Weise sparen Sie einen dicken Batzen an Lohnsteuer und können sozusagen indirekt den Fiskus an der Finanzierung Ihrer Altersversorgung beteiligen.

Mit einer betrieblichen Altersversorgung fahren Sie in aller Regel günstiger als mit privaten Verträgen. Zumindest bis zu Beiträgen von jährlich 4 % der Beitragsbemessungsgrenze (2015 = 2.904 €) haben Sie die volle Steuerfreiheit. Bei der privaten Vorsorge bekommen Sie über den Abzug als Vorsorgeaufwendungen nur einen Teil steuerfrei. Hinzu kommt, dass für die Beiträge zur betrieblichen Altersversorgung keine Sozialversicherung anfällt.

Was dabei für Sie herausspringt, wenn Ihr Arbeitgeber einen Direktversicherungsvertrag abschließt, dessen Beiträge Sie durch einen Gehaltsverzicht finanzieren, sehen Sie an folgendem Beispiel:

Angenommen, Ihr Monatsgehalt liegt bei 3.500 €. Als Lediger können Sie es sich erlauben, einen größeren Betrag davon zu investieren, und verzichten daher auf 350 € zugunsten einer Direktversicherung.

Steuern (StKl I/ 0) auf den Monatslohn von	3.500,00 €	688,42 €
./. Gehaltsverzicht	− 350,00 €	
Steuer auf den gekürzten Monatslohn von	3.150,00 €	− 574,68 €
Ersparnis an Steuer monatlich		113,74 €
Ersparnis an Sozialversicherung		70,79 €
Gesamtersparnis pro Monat		184,53 €
Jährlich		2.214,36 €

Damit bezahlen Sie von den 4.200 € für Ihre Altersversorgung nur etwa 1.986 €, also 47 %, aus der eigenen Tasche. Die übrigen 53 % steuert freundlicherweise der Fiskus bei.

TRICK
Machen Sie aus Ihrer Abfindung in späteren Jahren steuerfreie Altersvorsorgeleistungen!

Haben Sie als gutverdienender leitender Angestellter nicht auch schon ärgerlich die Stirn gerunzelt, weil die Steuerfreiheit für Entlassungsabfindungen gestrichen wurde? Vor allem wenn Sie mit der Abfindung etwas für Ihre spätere Altersversorgung tun wollen, ist es ärgerlich, wenn Ihnen der Fiskus zuvor bis zu 48 % (bei absoluten Spitzenverdienern sogar 51,5 %) an Steuern (inkl. Kirchensteuer und Solidaritätszuschlag) abknöpft.

Nutzen Sie deshalb lieber die Segnungen der betrieblichen Altersversorgung und kassieren weiter einen Teil Ihrer Abfindung steuerfrei.

Das geht ganz einfach. Statt sich die komplette Abfindung auszahlen zu lassen, kassieren Sie nur den Teil, den Sie brauchen, um die Zeit bis zu Ihrem nächsten Job zu überbrücken. Den Rest zahlt Ihr Arbeitgeber in eine Direktversicherung, aus der Ihnen bei Eintritt in das Rentenalter Monat für Monat eine zusätzliche laufende Rente zufließen wird. Für jedes Jahr nach dem 31.12.2004, das Sie bei Ihrem Arbeitgeber geschafft haben, bleiben davon 1.800 € (§ 3 Nr. 63 EStG) steuerfrei – und zwar zusätzlich zu den steuerfreien 4 % der Beitragsbemessungsgrenze zur Rentenversicherung zzgl. 1.800 € für eine evtl. bereits laufende Direktversicherung.

Wenn Sie allerdings schon vorher steuerfreie Zahlungen in eine Pensionskasse, Direktversicherung oder einen Pensionsfonds kassiert haben, wird der vervielfältigte Höchstbetrag um die steuerfreien Beträge der letzten sieben Jahre (gezählt wird aber erst ab dem Jahr 2005) gekürzt.

Beispiel
Angenommen, Sie werden im Jahr 2016 von Ihrem Arbeitgeber nach 25 Jahren im Betrieb an die Luft gesetzt. Als langjährigem verdientem Mitarbeiter versüßt Ihnen Ihr Boss die Entlassung mit einer Abfindung von 60.000 €. Eine betriebliche Altersversorgung hatten Sie bisher nicht. Sie fällen den Entschluss, 15.000 € von der Abfindung in eine Direktversicherung einzuzahlen.

Und so sieht es dann steuerlich für Sie aus:

Abfindung	60.000 €
Daraus in eine Direktversicherung gezahlt	15.000 €
Davon max. steuerfrei für betriebliche Altersversorgung	
1800 € × 12 Jahre =	21.600 € > – 21.600 €
Verbleibender steuerpflichtiger Teil der Abfindung 2016	38.400 €

Wie Sie sehen, müssen von Ihrer Abfindung 2016 nun statt 60.000 € nur noch 38.400 € versteuert werden.

S **Eine Direktversicherung kann auch im Rahmen eines Ehegattenarbeitsverhältnisses zugunsten des im Betrieb mitarbeitenden Ehegatten abgeschlossen werden. Voraussetzung ist hier allerdings immer, dass das Arbeitsverhältnis dem Grunde nach anerkannt werden kann.**

TRICK

Kassieren Sie mit einem zusätzlichen Vertrag 1.800 € steuerfrei!

173 Wenn bislang für Sie nur Beiträge in Höhe der 4-%-Grenze in eine Pensionskasse oder einen Pensionsfonds flossen, wurde die Steuerfreiheit von 1.800 € verschenkt. Was tun?
Leider genügt es nicht, wenn Ihr Arbeitgeber diese 1.800 € aus Ihrem Lohn in den schon bestehenden Vertrag zahlt. Die bloße Anhebung der Beiträge akzeptiert der Fiskus nämlich nicht als neue Versorgungszusage. Damit es mit der zusätzlichen Steuerbefreiung klappt, haben Sie folgende Möglichkeiten:

- Sie erweitern Ihren bisherigen Vertrag um ein zusätzliches biometrisches Risiko und zahlen dafür höhere Beiträge. Unter biometrischen Risiken versteht der Fiskus die Absicherung für Tod, Invalidität, Unfall, Berufsunfähigkeit oder die Hinterbliebenenversorgung. Interessant ist das für Sie z.B., wenn Ihr Vertrag bisher keine Hinterbliebenenversorgung vorsah, Sie aber inzwischen geheiratet haben und der erste Nachwuchs da ist. Die zusätzlichen Beiträge für die Hinterbliebenenversorgung sind dann bis zu 1.800 € steuerfrei (§ 3 Nr. 63 EStG).

- Noch einfacher ist es, wenn Sie einen weiteren Altersversorgungsvertrag in einer anderen Sparte der betrieblichen Altersversorgung abschließen. Haben Sie z.B. einen Vertrag in einer Pensionskasse oder bei einem Pensionsfonds, können Sie einen Direktversicherungsvertrag mit monatlicher Zahlung von 150 € (= 1.800 €/Jahr) abschließen, den Sie selbst aus einem Gehaltsverzicht finanzieren.

8. Altersversorgung

Wichtige Einschränkung:
Die zusätzliche Steuerfreiheit von 1.800 € können Sie in den Wind schreiben, wenn Sie z.B. noch eine vor 2005 abgeschlossene Direktversicherung haben, für die weiterhin die Beiträge mit 20 % pauschal besteuert werden. Dabei ist völlig gleichgültig, wie hoch die pauschal besteuerten Beiträge sind. Auch Miniversicherungen mit nur 200 bis 300 € Jahresbeitrag machen Ihnen die Steuerfreiheit kaputt.

TRICK

Ein kleiner Verzicht bringt Ihnen 1.800 € Steuerbefreiung!

Angenommen, Sie haben seit Jahren eine kleine Direktversicherung und möchten nun gern mehr für die alten Tage auf die Seite legen. Den alten Vertrag zu kündigen und einen neuen abzuschließen ist nicht zu empfehlen, denn wie bei jedem anderen Lebensversicherungsvertrag rückt die Versicherungsgesellschaft bei vorzeitiger Kündigung nur den mickrigen Rückkaufwert heraus, und der ist oft geringer als die bisher eingezahlten Beiträge. Sie machen stattdessen Folgendes:

- **Für Ihre alte Direktversicherung verzichten Sie auf die Pauschalierung der Lohnsteuer. Bitten Sie Ihren Arbeitgeber, er möge die Beiträge nunmehr Ihrem Arbeitslohn zuschlagen und nach der Lohnsteuerkarte versteuern.**
- **Gleichzeitig schließen Sie einen Vertrag mit 1.800 € Jahresbeitrag z.B. bei einer Pensionskasse ab.**

So kommt Ihre alte Direktversicherung der Steuerfreiheit für Beiträge bis zu 1.800 € für Ihren neuen Altersversorgungsvertrag nicht mehr ins Gehege. Bei einem Steuersatz von ca. 35 % sieht Ihre Ersparnisrechnung etwa so aus:

Lohnsteuer auf Direktversicherungsbeiträge von 300 €	105,00 €
Sozialversicherung darauf (ca. 20,225 %)	61,00 €
Früher gesparte pauschale Lohnsteuer (20 % von 300 €)	– 60,00 €
Gesparte Lohnsteuer auf 1.800 € Beiträge für den neuen Vertrag	– 630,00 €
Ersparnis	524,00 €

Da Sie außer Lohnsteuer auch noch Kirchensteuer und Solidaritätszuschlag sparen, liegt Ihre tatsächliche Gesamtersparnis sogar noch höher und finanziert Ihnen Vater Staat so etwa ein Drittel der Beiträge aus dem Steuersäckel.

TRICK

Sparen Sie mit Ihrer Tantieme oder Ihrem Weihnachtsgeld Steuern!

174 Auch mit Hilfe einer Pensionszusage können Sie die Versteuerung Ihres Gehalts in Zeiten verlagern, in denen Sie nicht der horrenden Progression unterliegen, z.B. in der Rente. Zudem ist die Steuerfreiheit für Beiträge zu einer Pensionszusage nicht auf einen jährlichen Höchstbetrag begrenzt.

Schlagen Sie Ihrem Chef eine »arbeitnehmerfinanzierte Pensionszusage« vor. Ein Modell, von dem beide profitieren.

Sie verzichten rechtzeitig vor Beginn des Jahres auf einen Teil Ihres Gehalts, z.B. Ihre Jahresgratifikation, Ihre Tantieme oder das Weihnachtsgeld. Im Gegenzug dafür erteilt Ihnen Ihr Brötchengeber eine Pensionszusage. Auf diese Weise können Sie Jahr für Jahr einen immer höheren Pensionsanspruch aufbauen, und Ihr Arbeitgeber trägt nicht von vornherein das Risiko, ab dem ersten Tag eine volle Pension zahlen zu müssen, da bei einer Umwandlung eine Pension nur in der Höhe zugesagt wird, in der sie aus dem Gehaltsverzicht finanziert werden könnte.

Ihr Vorteil dabei:

1. Für den zugunsten der Pensionszusage umgewandelten Gehaltsteil zahlen Sie keine Steuern, auch nicht, wenn er den Betrag von 4.704 € (2015) überschreitet.
2. Sie können sich von Jahr zu Jahr neu entscheiden, ob Sie mit dem Geld, das Sie übrig haben, Ihren Pensionsanspruch aufstocken oder z.B. lieber eine Urlaubsreise machen.

Damit es mit der steuerlichen Anerkennung Ihrer arbeitnehmerfinanzierten Pensionszusage auch wirklich klappt, müssen Sie einige Dinge beachten, die der Fiskus im BMF-Schreiben vom 4.2.2000 (BStBl 2000 I S.354) festgehalten hat:

- Die Herabsetzung Ihrer Bezüge darf ausschließlich künftige, rechtlich noch nicht entstandene Gehaltsbestandteile betreffen.
- Bei der Ihnen für den Verzicht im Gegenzug zugesagten Versorgungsleistung muss es sich um eine betriebliche Altersversorgung im Sinne des Gesetzes zur Verbesserung der betrieblichen Altersversorgung (BetrAVG) handeln.
- Die Versorgungszusage muss ein sog. biometrisches Risiko (Tod, Invalidität, Krankheit) abdecken. Es genügt nicht, wenn Ihnen lediglich das aus dem Gehaltsverzicht »angesparte« Kapital zzgl. einer Verzinsung ausgezahlt wird.

Leistungen aus einer Unfallversicherung **175**
Völlig unproblematisch sind Leistungen aus der gesetzlichen Unfallversicherung. Diese Zahlungen sind auf jeden Fall steuerfrei nach § 3 Nr. 1 a EStG.
Anders sieht die Sache aus, wenn Ihr Arbeitgeber eine zusätzliche Unfallversicherung bei einem privaten Versicherungsunternehmen zugunsten seiner Arbeitnehmer abgeschlossen hat.
Entscheidend ist, wer nach den Versicherungsbedingungen den unmittelbaren Zahlungsanspruch aus der Versicherung hat.
Problemlos ist die Geschichte, wenn die laufenden Beiträge bereits als Arbeitslohn entweder über Ihre Gehaltsabrechnung oder vom Arbeitgeber pauschal versteuert wurden. In diesem Fall haben Sie regelmäßig den direkten Anspruch auf die Versicherungsleistung. Erhalten Sie eine Kapitalzahlung, bleibt diese steuerfrei. Falls Sie aus der Unfallversicherung eine Rente bekommen, müssen Sie diese nur mit dem günstigen Ertragsanteil versteuern.
Problematischer sind die Gruppenunfallversicherungen, die Ihnen keinen eigenen unentziehbaren Rechtsanspruch einräumen. Die Versicherung zahlt zunächst an den Arbeitgeber, und dieser entscheidet über die Weiterleitung der Versicherungsleistungen an Sie. In diesem Fall müssen nicht die laufenden Beiträge, dafür aber die Auszahlung der Versicherung an Sie als Arbeitslohn versteuert werden.
Als Arbeitslohn muss höchstens die Summe der bis zur Auszahlung vom Arbeitgeber für Sie gezahlten Versicherungsbeiträge versteuert werden, nicht hingegen die Überschussanteile und Zinsen, die in der Versicherungssumme stecken. Sollten ausnahmsweise wegen der langen Laufzeit die kumulierten Versicherungsbeiträge höher sein als die Versicherungsleistung, so wird die Versteuerung auf die ausgezahlte Versicherungsleistung begrenzt (BFH v. 11.12.2008 – BFH/NV 2009 S. 474).
In aller Regel sind mit einer solchen Gruppenunfallversicherung neben privaten auch berufliche Unfälle abgesichert. Ist das der Fall, wird der Beitragsanteil für das Risiko beruflicher Unfälle von der Besteuerung freigestellt. Aus Vereinfachungsgründen kann dieser Anteil mit mindestens 50 % angenommen werden. Im Ergebnis sind damit nur 50 % der Summe der Beiträge bzw. der tatsächlichen Versicherungsleistung zu versteuern.

Beispiel
Nach einem Skiunfall erhalten Sie von Ihrem Arbeitgeber aus einer Gruppenunfallversicherung 18.000 € ausgezahlt. Laut einer Bescheinigung der Versicherung hatte Ihr Arbeitgeber für Sie insgesamt 8.500 € eingezahlt. Die Versicherung galt sowohl für private als auch für berufliche Unfälle.

Versicherungsleistung		18.000 €
Summe der Versicherungsbeiträge	8.500 €	
Anteil für Berufsunfälle 50 %	– 4.250 €	
Steuerpflichtiger Arbeitslohn	4.250 € >	– 4.250 €
Steuerfreie Zahlung der Unfallversicherung		13.750 €

Denk ich an Deutschland in der Nacht,
so bin ich um den Schlaf gebracht.
(Heinrich Heine)

9. Die Riester-Förderung

176 Um die Lücken zu stopfen, die sich künftig bei der Altersversorgung ergeben werden, wurde mit der »Riester-Rente« ein Modell der staatlich geförderten privaten Altersversorgung aus der Taufe gehoben, deren Beiträge durch Zulagen und einen besonderen Sonderausgabenabzug steuerlich gefördert werden.

Um sicherzustellen, dass nur Verträge gefördert werden, die den staatlichen Fördervoraussetzungen entsprechen, erhalten begünstigte Riester-Verträge ein besonderes Zertifikat und eine eigene Zertifizierungsnummer. Dieses Zertifikat sagt Ihnen aber nur, dass Sie für den Vertrag die Riester-Förderung erhalten und dass Sie später mindestens Ihre Beiträge ausgezahlt bekommen. Es ist kein staatliches Gütesiegel dafür, dass das jeweilige Anlageinstitut besonders wirtschaftlich arbeitet und eine hohe Rendite erwirtschaftet.

Folgende Personen können die Riester-Förderung unmittelbar in Anspruch nehmen:
- Arbeitnehmer,
- Angestellte,
- Beamte,
- Wehr-, Zivildienstleistende,
- Absolventen eines sozialen Jahres,
- Arbeitslose, auch wenn wegen der Einkünfte des Ehegatten oder eigenen Vermögens keine Ansprüche an die Agentur für Arbeit (= Arbeitsamt) bestehen,
- Bezieher von Vorruhestandsgeld,
- nicht erwerbstätige Pflegepersonen,
- Kindererziehende für Kindererziehungszeit,
- 450-€-Jobber, die auf ihre Versicherungsfreiheit verzichten und den pauschalen Rentenversicherungsbeitrag ihres Arbeitgebers auf den Regelbeitrag aufstocken,
- in die Handwerksrolle eingetragene Handwerker,
- in der Altersversicherung der Landwirte pflichtversicherte Landwirte,
- Empfänger von Berufsunfähigkeitsrenten,
- Empfänger von Versorgungsbezügen (Pensionen) wegen Berufsunfähigkeit.

Dagegen ist keine Förderung möglich, wenn Sie selbständig sind.

Zum mittelbaren Anspruch auf Riester-Zulage, wenn zwar nicht Sie selbst, aber Ihr Ehegatte zum oben beschriebenen Personenkreis gehört, vgl. ➤ Rz 178 Ziffer 2.

Zur Wohn-Riester-Förderung vgl. ➤ Rz 18 ff.

Umlagefinanzierte Pensionskassen teilweise steuerfrei 177
Beiträge an sog. umlagefinanzierte Pensionskassen sind 2015 in Höhe von 2 % der Beitragsbemessungsgrenze zur Rentenversicherung = 1.452 € steuerfrei. Solche umlagefinanzierte Pensionskassen erkennen Sie daran, dass der Arbeitgeber für jeden Arbeitnehmer pauschal einen bestimmten Prozentsatz des Arbeitslohnes einzahlt. Liegen die Umlagen über dem steuerfreien Betrag, kann entweder der Arbeitgeber den Differenzbetrag pauschal versteuern, dann haben Sie selbst mit der Versteuerung nichts am Hut, oder Sie müssen die Steuer auf die Beiträge selbst tragen.

Zu den hiervon am stärksten betroffenen Steuerzahlern gehören diejenigen, die in der Versorgungskasse des Bundes und der Länder (VBL) oder den Kirchlichen Zusatzversorgungskassen (KZVK) versichert sind, die ihr Kassensystem noch nicht von der Umlagefinanzierung auf die Kapitaldeckung umgestellt haben. Wenn Sie Zweifel haben, ob Sie zu den Betroffenen gehören, fragen Sie im Lohnbüro Ihres Arbeitgebers nach.

1. Riester-Zulage 178

Für Altersvorsorgeverträge können Sie besondere Zulagen beantragen, die Ihnen neben den Beiträgen auf Ihren Altersvorsorgevertrag gezahlt werden. Die Berechnungsgrößen sind gestaffelt und steigen stufenweise an.

Übersicht

Mindesteigenbeitrag vom Bruttolohn des Vorjahres	4 %
Höchstbeitrag (abzgl. Zulagen)	2.100 €
Grundzulage	154 €
Einmaliger Berufseinsteigerbonus für unter 25-Jährige	200 €
Kinderzulage für vor dem 1.1.2008 geborene Kinder	185 €
Kinderzulage für nach dem 31.12.2007 geborene Kinder	300 €

Wenn Sie nicht wenigstens einen Betrag in Höhe des Mindesteigenbeitrags abzgl. der Ihnen zustehenden Zulagen einzahlen, werden Ihre Zulagen anteilig gekürzt.

Beispiel
Angenommen, Ihr Bruttolohn betrug im Jahr 2014 umgerechnet 30.000 €. Sie haben zwei Kinder, die beide vor 2008 geboren sind.

Mindesteigenbeitrag 4 %		1.200 €
Ihnen stehen folgende Zulagen zu:		
Grundzulage	154 €	
Kinderzulage 2 × 185 €	370 €	
Zulage insgesamt	524 €	> – 524 €
Verbleiben für Sie 2015 aus der eigenen Tasche zu zahlen		676 €

Bei kinderreichen Familien könnte es dazu kommen, dass die Zulagen insgesamt höher sind als der Mindesteigenbeitrag. Sie müssen dann mindestens einen Sockelbetrag von 60 € selbst zahlen.

2. Zulagenanspruch bei Ehegatten
Ehegatten werden bei der Bemessung der Grundzulage getrennt behandelt. Jeder Ehegatte hat somit nur dann einen Zulagenanspruch, wenn er zum begünstigten Personenkreis gehört, er muss auch jeweils den Mindesteigenbeitrag zahlen. Kinderzulage bekommt man als Ehepaar allerdings nur einmal. Sind beide Ehepartner zulagenberechtigt, erhält vorrangig die Mutter die Kinderzulage. Sie kann die Zulage aber jährlich auf den Vater übertragen.
Eine nette Besonderheit hatten die Erfinder der Riester-Förderung für Eheleute aber dennoch auf Lager. Als nicht begünstigter Ehegatte, z.B., weil Sie selbständig oder nicht berufstätig sind, steht Ihnen ein abgeleiteter Zulagenanspruch zu, wenn Ihr Ehegatte dem Grunde nach Riester-begünstigt ist und Sie selbst einen eigenen Altersvorsorgevertrag abschließen.
Der Vorteil: Der Ehegatte mit dem abgeleiteten Zulagenanspruch muss selbst keinen Mindesteigenbeitrag leisten, und zudem wird seine Zulage auf den Mindesteigenbeitrag des anderen Ehepartners angerechnet.

179 3. Zusätzlicher Sonderausgabenabzug
Für Ihre Zahlungen in einen begünstigten – zertifizierten – Altersvorsorgevertrag können Sie nach § 10 a EStG einen Sonderausgabenabzug in Anspruch nehmen. Dieser beträgt zusätzlich zu den üblichen Höchstbeträgen 2.100 €.
Von der Steuerersparnis wird allerdings die Zulage, die Ihnen auf Ihren Vertrag gutgeschrieben wurde, abgezogen (Günstigerprüfung).

180 4. Was blüht mir an Steuern, wenn ich später einmal die Rente aus meinem Riester-geförderten Altersvorsorgevertrag kassiere?
Der Teil der Riester-Rente, der aus steuerlich geförderten Beiträgen stammt, wird später zu 100 % besteuert (»nachgelagerte Besteuerung«).

Es gibt gute, achtbare und es gibt weniger gute, achtbare Gesetze.
Steuergesetze sind wenig achtbare Gesetze.
Denn sie beruhen nicht auf den Regeln von Tugend, Sitte und Anstand,
sondern auf Geldgier und Ausbeutungsstreben des Staates.

(Der Verfasser)

III. Berufliche Kosten der Arbeitnehmer

1. Werbungskosten – Ihre Berufskosten

Werbungskosten sind die beruflichen Ausgaben oder, wie die Steuergesetze sich ausdrücken, die Aufwendungen zur Erwerbung, Sicherung und Erhaltung Ihres Arbeitseinkommens. Praktisch sind das alle Kosten, die Ihr Beruf mit sich bringt, auch die Vorbereitung darauf. Abzugsfähig sind die tatsächlichen Kosten, mindestens aber 1.000 € (Arbeitnehmerpauschbetrag).

Es fallen also alle beruflichen Kosten bis 1.000 € sang- und klanglos unter den Tisch.

Stehen Sie nicht mehr im aktiven Arbeitsleben und beziehen als Pensionär oder Werksrentner Versorgungsbezüge oder als Rentner eine Rente, beträgt die Werbungskostenpauschale nur 102 €.

TRICK

zum Arbeitnehmerpauschbetrag

Bleiben Sie mit Ihren Werbungskosten entweder deutlich unterhalb der Grenze von 1.000 €, um den Vorteil des Pauschbetrags möglichst optimal auszuschöpfen, oder überschreiten Sie sie deutlich. Legen Sie täglich mindestens 15 Kilometer zur Arbeit zurück, ist die Pauschale schon fast erreicht. Zur Kontrolle: 15 km × 0,30 € × 220 Tage = 990 €. Alles, was Sie zusätzlich an Werbungskosten in petto haben, wirkt sich jetzt steuermindernd aus.

Wie können Sie die Werbungskosten geltend machen? Da gibt es zwei Möglichkeiten:

- Schon im Lauf des Jahres beantragen, dass für die voraussichtlichen Werbungskosten des laufenden und des nächsten Jahres ein Freibetrag in den elektronischen Lohnsteuermerkmalen eingetragen wird, nach denen sich die Besteuerung durch Ihren Arbeitgeber richtet. In diesem Fall müssen Sie nach Ablauf des Jahres eine Einkommensteuererklärung abgeben. Mehr dazu unter ➤ Rz 451 ff.

- Nach Ablauf des Jahres die Werbungskosten in der Einkommensteuererklärung (Antragsveranlagung) angeben. Siehe dazu ➤ Rz 455 ff.

2. Reisekosten

182 Unter dem Begriff Reisekosten werden im Steuerrecht die Kosten zusammengefasst, die entweder vom Arbeitgeber steuerfrei erstattet oder von Ihnen als Werbungskosten abgesetzt werden können, wenn Sie außerhalb Ihrer regelmäßigen Arbeitsstätte tätig werden. Dabei sind der Umfang der steuerfreien Arbeitgebererstattungen und der eines möglichen Werbungskostenabzugs nahezu identisch. Lediglich im Bereich der Übernachtungskosten kann der Arbeitgeber Pauschalen erstatten, die es für den Werbungskostenabzug nicht gibt; dazu später mehr.

Reisekosten fallen an, wenn Sie eine sog. Auswärtstätigkeit ausüben, d.h. eine
- Dienstreise durchführen,
- Einsatzwechseltätigkeit oder
- Fahrtätigkeit ausüben.

In allen drei Fällen kommen für einen Werbungskostenabzug oder eine steuerfreie Arbeitgebererstattung folgende Aufwendungen in Betracht:
- Verpflegungsmehraufwendungen,
- Fahrtkosten,
- Übernachtungskosten,
- Nebenkosten.

Bei den Erstattungen durch Ihren Arbeitgeber kommt es für die Steuerfreiheit nicht darauf an, unter welcher Bezeichnung Ihnen die Zahlungen zufließen. Häufig tauchen Begriffe auf wie Aufwandsentschädigungen, Auslösungen, Spesen etc., gemeint sind aber immer die Kosten, die im Verwaltungsdeutsch des Fiskus als Reisekosten bezeichnet werden.

Zunächst einmal gilt immer die Devise: So viel wie nur irgend möglich als steuerfreien Spesen- und Auslagenersatz vom Arbeitgeber kassieren. Jeder Euro steuerfreier Spesensatz ist für Sie auch wirklich 100 Cent wert. Beschränken Sie sich dagegen darauf, Ihre Kosten als Werbungskosten abzusetzen, holen Sie höchstens so viel wieder herein, wie Sie bei Ihrem persönlichen Steuersatz an Steuerersparnis erzielen können. Inklusive Ersparnis bei der Kirchensteuer und beim Solidaritätszuschlag sind das höchstens ca. 55 Cent für jeden Euro Werbungskosten. Und das auch nur bei absoluten Spitzenverdienern.

Was der Fiskus unter den einzelnen Reisekostensparten versteht (Quelle: R 9.4 LStR):

183 • **Dienstreise** ist jede Außendiensttätigkeit außerhalb Ihrer Wohnung und Ihrer »ersten Tätigkeitsstätte«. Das setzt einen Ortswechsel einschließlich Hin- und Rückfahrt aus Anlass einer vorübergehenden auswärtigen Tätigkeit voraus. Dabei kommt es nicht darauf an, in welcher Entfernung von Ihrer ersten Tätigkeitsstätte Sie beruflich tätig werden. Wenn Sie z.B. als Vertreter an einem Tag mindestens acht Stunden lang Ihre unmittelbaren Nachbarn von den Vorteilen des Bausparens überzeugt haben, machen Sie die Dienstreisepauschalen geltend, selbst wenn die größtmögliche Entfernung zu Ihrer Wohnung nur 125 Meter betragen hat. Allerdings dürfen Sie nicht zwischendurch zu Ihrer Wohnung zurückkehren.

- Eine **Fahrtätigkeit** üben Sie aus, wenn Ihre erste Tätigkeitsstätte ein Fahrzeug ist, wenn Sie also Ihre Brötchen z.B. als Flugzeugführer, Brummi-, Linienbus-, Straßenbahn-, Kies- oder Taxifahrer, Lokführer oder Zugbegleiter verdienen. Bei Fahrtätigkeit werden Sie, was Ihre Verpflegungspauschale angeht, wie ein Dienstreisender behandelt. Allerdings müssen Sie sich bei der Berücksichtigung Ihrer Verpflegungskosten nicht mit der kleinlichen Zeitbeschränkung auf drei Monate herumärgern, sondern können auch für längere Zeiträume Verpflegungsmehraufwendungen absetzen. Siehe dazu auch ➤ Rz 191, Rz 201.   **184**

- Eine **Einsatzwechseltätigkeit** wird angenommen, wenn Sie von Ihrem Arbeitgeber typischerweise an ständig wechselnden Einsatzstellen beschäftigt werden und keine erste Tätigkeitsstätte – z.B. im Betrieb des Arbeitgebers – haben. Für die Frage, ob eine Einsatzwechseltätigkeit vorliegt, ist nicht ein abstraktes Berufsbild maßgebend, sondern ob Ihr Arbeitgeber Sie nach den Vereinbarungen in Ihrem Arbeitsvertrag jederzeit an anderen Orten einsetzen kann. Gleichwohl gehören Sie z.B. als Bau-, Montage- oder Leiharbeiter oder als Springer einer Betriebsreserve in der Regel zu dieser Klientel. Bei einer Einsatzwechseltätigkeit können Sie die Fahrtkosten ohne Wenn und Aber als Reisekosten absetzen.   **185**

Mehr zu Fahr- und Einsatzwechseltätigkeit unter ➤ Rz 201 ff.

Die Flut an Gesetzen und Verordnungen hat sich
wie Mehltau über das Land gelegt.
(Ex-Wirtschaftsminister Rexrodt)
Wie wahr!
Nur: Warum hat er es nicht geändert?

3. Als Reisekosten abzugsfähige Aufwendungen

Seit 2014 ist das steuerliche Reisekostenrecht neu geregelt. Mit dem Gesetz zur Änderung und Vereinfachung der Unternehmensbesteuerung und des steuerlichen Reisekostenrechts hat der Gesetzgeber eine Reform des Reisekostenrechts vorgenommen, die hochoffiziell zu Vereinheitlichungen und Vereinfachungen führen soll. In Wahrheit war ihm das auf der BFH-Rechtsprechung basierende Reisekostenrecht schlichtweg zu teuer. Deshalb wurden neben einigen Vereinfachungen vor allem Restriktionen in die Neuregelungen eingebaut, die für Sie als betroffenen Steuerzahler nicht unbedingt immer günstiger sind.   **186**

Einen Überblick über das, was für Sie wichtig ist, welche Fallstricke Sie vermeiden sollten und wie Sie sich vom Fiskus über die Abrechnung Ihrer Reisekosten ein wenig von Ihrem sauer verdienten Geld zurückholen können, erhalten Sie im Folgenden.

3.1 Erste Tätigkeitsstätte

187 Dreh- und Angelpunkt der Frage, ob eine Auswärtstätigkeit mit Reisekosten oder lediglich eine Fahrt zwischen Wohnung und Arbeitsstätte vorliegt, ist nach wie vor, **ob, und wenn, wo** der Arbeitnehmer eine erste Tätigkeitsstätte hat. Und es bleibt dabei, dass ein Arbeitnehmer innerhalb eines Arbeitsverhältnisses nur max. **eine** erste Tätigkeitsstätte haben kann. Außerdem kann nur eine ortsfeste betriebliche Einrichtung überhaupt erste Tätigkeitsstätte sein. Damit scheiden Fahrzeuge, Flugzeuge, Schiffe etc. als erste Tätigkeitsstätte bereits dem Grunde nach aus.

Bei Bau- und Montagearbeitern, bauaufsichtführendem Personal etc. kann z.B. ein Baucontainer, der auf einer Großbaustelle längerfristig fest mit dem Erdreich verbunden ist und in dem sich z.B. Baubüros, Aufenthaltsräume oder Sanitäreinrichtungen befinden, eine »ortsfeste« betriebliche Einrichtung sein. Ein lediglich mobil aufgestellter Container oder Bauwagen kann dagegen per se keine ortsfeste Einrichtung sein und daher nie zu einer ersten Tätigkeitsstätte führen.

Befinden sich auf einem Betriebs-/Werksgelände mehrere ortsfeste betriebliche Einrichtungen, handelt es sich dabei nicht um mehrere, sondern nur um eine Tätigkeitsstätte. Deshalb kann z.B. der Fahrer eines Kleintransporters, der auf dem Gelände eines Großunternehmens Material zu den einzelnen Betriebsteilen bringt, keine Verpflegungskosten absetzen, obwohl er möglicherweise den ganzen Tag in einem Fahrzeug tätig ist.

Eine erste Tätigkeitsstätte kann eine örtlich feste Einrichtung z.B.

- des Arbeitgebers,
- eines verbundenen Unternehmens (§ 15 AktG), beispielsweise eine Mutter-, Tochter- oder Schwestergesellschaft etc.,
- eines Kunden oder Auftraggebers

sein.

Allerdings reicht das bloße Vorhandensein einer solchen ortsfesten Einrichtung nicht aus. Vielmehr muss Ihr Brötchengeber Sie einer solchen ersten Tätigkeitsstätte auch für **eine gewisse Dauer** zuweisen, und zwar

- zeitlich unbefristet (auf Dauer)
- oder für die Dauer Ihres gesamten (befristeten) Arbeitsverhältnisses
- oder **von vornherein** über mehr als 48 Monate.

Entscheidend ist dabei die Planung Ihres Arbeitgebers zu Beginn der jeweiligen Tätigkeit. Schon zu diesem Zeitpunkt muss die Prognose in die soeben be-

3. Als Reisekosten abzugsfähige Aufwendungen 149

schriebene zeitliche Richtung gehen. Treten später unvorhersehbare Umstände ein, durch die Ihr Einsatz von der ursprünglichen Prognose abweicht, spielt das keine Rolle für die Frage, ob Sie Ihre Arbeit an einer ersten Tätigkeitsstätte ausüben.

Wie sich das im Einzelfall auswirkt, sehen Sie an folgenden Beispielen.

Beispiel 1
Ein Leiharbeitnehmer, der immer wieder anderen Auftraggebern seiner Personalservicefirma zugewiesen wird, hat durchgehend eine Auswärtstätigkeit.

Beispiel 2
Der Leiharbeitnehmer, der von vornherein für die gesamte Vertragslaufzeit dem Kundenbetrieb zugewiesen wird, mit dem seine Personalservicefirma einen Vertrag mit einer Laufzeit von fünf Jahren schließt, hat von Beginn an seine erste Tätigkeitsstätte im Kundenbetrieb. Er kann keine Reisekosten ansetzen.

Beispiel 3
Ein Kraftwerksingenieur, der zunächst für drei Jahre vor Ort beim Kunden seines Arbeitgebers eingesetzt wird und dessen Einsatz sich aufgrund einiger nicht planbarer Störfälle letztlich auf 4,5 Jahre verlängert, ist zwar per Saldo mehr als 48 Monate beim Kunden tätig, da das aber nicht von vornherein geplant war, bleibt es in diesem Fall bei einer Auswärtstätigkeit mit Reisekostenabzug.

Beispiel 4
Anders sieht es aus, wenn geplant war, den Kraftwerksingenieur für fünf Jahre bei dem Kunden einzusetzen, der Arbeitgeber den Einsatz aber schon nach drei Jahren beendet und den Arbeitnehmer anderweitig einsetzt. Denn die Beurteilung, ob eine erste Tätigkeitsstätte vorlag, richtet sich nach der Ursprungsplanung, und diese ging über 48 Monate hinaus.

Zweistufige Prüfung der ersten Tätigkeitsstätte
Für die Abgrenzung, ob eine erste Tätigkeitsstätte vorliegt, sieht der Gesetzgeber eine Prüfung in zwei Stufen vor.

188

1. Wie sind die arbeits- bzw. dienstrechtlichen Festlegungen durch den Arbeitgeber?

2. Wie verteilt sich der rein zeitliche Umfang der Tätigkeiten?

Vorrangig kommt es auf das erste Merkmal an. Die Frage, ob Sie eine erste Tätigkeitsstätte haben, entscheidet also in erster Linie Ihr Arbeitgeber, indem er das schlicht und ergreifend in eigener Regie festlegt. Ob er dabei auch auf ein möglichst günstiges steuerliches Ergebnis schaut, bleibt ihm überlassen. Eine bestimmte Form für diese Regelung durch den Arbeitgeber gibt es nicht. Er kann das natürlich schriftlich machen, könnte die Anweisung aber auch mündlich erteilen oder über ein betriebliches Organigramm regeln. Letztlich können auch schlicht Rückschlüsse auf eine solche Festlegung daraus gezogen werden, ob der Arbeitgeber zum Beispiel Ihre Kosten für die Fahrt zum Betrieb als Reisekosten behandelt oder er keine Fahrgelder zahlt, weil er davon ausgeht, dass der Betrieb Ihre erste Tätigkeitsstätte ist.

TIPP
Wie legt der Arbeitgeber die erste Tätigkeitsstätte fest?

189 Wie Ihr Arbeitsort bezeichnet wird, spielt keine Rolle. Der Arbeitgeber muss also nicht zwingend den Begriff »erste Tätigkeitsstätte« verwenden, er kann sie auch »Hauptarbeitsstätte«, »zentrale Arbeitsstätte«, »Haupteinsatzort«, »Stammdienststelle« etc. nennen.

Die Arbeit, die Sie dort ausüben, muss keinen bestimmten zeitlichen Mindestumfang haben. Wichtig ist aber, dass Sie überhaupt an diesem Ort tätig werden. Auch bei nur geringem Arbeitsumfang oder der Ausübung reiner Neben- und Hilfstätigkeiten an diesem Ort folgt die Finanzverwaltung der Arbeitgeberfestlegung, wenn eine solche vorliegt und eindeutig ist. Die Art der dort ausgeübten Arbeiten spielt somit keine Rolle.

Ihr Arbeitgeber kann – **muss aber nicht** – z.B. folgende Festlegungen treffen, mit der Folge, dass der betreffende Ort Ihre erste Tätigkeitsstätte ist:

- Bei einem Rechtsanwalt- und Notargehilfen wird die Kanzlei als erste Tätigkeitsstätte festgelegt.
- Bei einem Kraftfahrer legt der Arbeitgeber den Betrieb als erste Tätigkeitsstätte fest.
- Ein Verkehrsunternehmen bestimmt das Busdepot als erste Tätigkeitsstätte.
- Für einen Außendienstmitarbeiter wird die Firmenzentrale als erste Tätigkeitsstätte festgelegt, obwohl er dort nur sporadisch tätig wird.

Erst in zweiter Linie kommt es auf den Zeitumfang der Arbeit an. Auf dieses Kriterium zur Bestimmung der ersten Tätigkeitsstätte wird aber erst zurückgegriffen, wenn der Arbeitgeber nicht selbst etwas in der Richtung festlegt oder dessen Festlegungen nicht eindeutig sind. Eine erste Tätigkeitsstätte hat der Arbeitnehmer dann an dem Ort, an dem er

- typischerweise an jedem Arbeitstag
- oder je Arbeitswoche zwei volle Arbeitstage
- oder mindestens ein Drittel seiner vereinbarten regelmäßigen Arbeitszeit

tätig ist.

TIPP

Es kann nur eine geben?

So kann es natürlich dazu kommen, dass die Voraussetzungen einer ersten Tätigkeitsstätte für mehrere Arbeitsorte erfüllt sind. Es bleibt aber dabei: Es kann für jedes Arbeitsverhältnis nur eine erste Tätigkeitsstätte geben. Entweder muss sich Ihr Brötchengeber entscheiden und doch eine solche ausdrücklich festlegen, oder es wird gesetzlich unterstellt, dass es den Arbeitsort trifft, der am nächsten zu Ihrer Wohnung liegt. Im Zweifel gilt also schon rein gesetzlich für Sie die günstigere Lösung: Für die kurzen Entfernungen gibt es die Entfernungspauschale, und für die Fahrten zum weiter entfernten Arbeitsort setzen Sie die mindestens doppelt so hohen Reisekosten-Kilometersätze und gfs. auch Verpflegungspauschalen ab.

190

TRICK

Vermeiden Sie eine erste Tätigkeitsstätte

Nach dem Reisekostenrecht hat eine erste Tätigkeitsstätte fast nur Nachteile:

1. Die Fahrtkosten zur ersten Tätigkeitsstätte können nur mit der Entfernungspauschale angesetzt werden.

2. Der Arbeitgeber kann keinen steuerfreien Fahrtkostenersatz leisten

3. Wenn Sie ein Firmenfahrzeug nutzen, müssen Sie den Nutzungsvorteil für Fahrten zwischen Wohnung und erster Tätigkeitsstätte selbst dann voll versteuern, wenn Sie nur gelegentlich im Betrieb auftauchen.

4. Kilometergelder oder der Vorteil aus der Nutzung eines Firmenwagens für Fahrten zwischen Wohnung und Arbeit kann Ihr Brötchengeber pauschal mit 15 % besteuern (§ 40 Abs. 2 S. 2 EStG)

5. Die Abwesenheitszeit für die Berechnung der Verpflegungspauschalen beginnt erst ab Verlassen der ersten Tätigkeitsstätte zu laufen.

TRICK

Wie Ihnen eine erste Tätigkeitsstätte ausnahmsweise doch zu höheren Werbungskosten verhilft!

Wie Sie schon seit Jahren immer wieder erfahren, gibt es im Steuerrecht kaum eine Regel ohne Ausnahme. Selbstverständlich gilt das auch für die erste Tätigkeitsstätte. Selbst wenn die meisten Arbeitnehmer steuerlich besser ohne eine solche fahren, gibt es Fälle, in denen Sie mit einer arbeitgeberbestimmten ersten Tätigkeitsstätte dem Fiskus ein erhebliches Schnippchen schlagen können. Wie das funktioniert, sehen Sie am Beispiel von Erwin Kaufmann.

Kaufmann arbeitet für ein bundesweit tätiges Einzelhandelsunternehmen mit einigen hundert Filialen und ist als Filialleiter in Bautzen eingesetzt. Die Zentrale in Köln muss er nur einige wenige Male im Jahr für Besprechungen oder Fortbildungen aufsuchen. Während der übrigen Zeit fährt er jeden Tag die 25 km von seinem Wohnort zur Bautzener Filiale.

Und nun der Kniff. Da Kaufmann auch (gelegentlich) in Köln arbeitet, kann sein Arbeitgeber die Zentrale in Köln als Kaufmanns erste Tätigkeitsstätte bestimmen. Da es immer nur eine erste Tätigkeitsstätte geben kann und die Festlegung durch den Arbeitgeber für den Fiskus bindend ist, stellen die Fahrten Kaufmanns zu seiner Filiale jetzt eine Auswärtstätigkeit dar, die er in seiner Steuererklärung als Reisekosten abrechnen kann.

Bei einer Sechstagewoche sind allein seine Fahrtkosten mit
280 Tagen × 25 km × 2 (Hin- und Rückweg) × 0,30 € = 4.200 €
doppelt so hoch wie die Entfernungspauschale, die ihm zustünde, wenn der Arbeitgeber Bautzen zur ersten Tätigkeitsstätte machte.

Dazu kommen noch zumindest in den ersten drei Monaten der Tätigkeit Verpflegungspauschalen von 12 € je Arbeitstag, an dem Kaufmann länger als acht Stunden arbeitet.

Bei dieser Werbungskostenvermehrung kann er es locker verschmerzen, dass er im Gegenzug für die gelegentlichen Fahrten nach Köln nur die Entfernungspauschale bekommt.

3.2 Verpflegungsmehraufwendungen

191 Bei der Berücksichtigung von Verpflegungsmehraufwendungen wird es etwas einfacher. Künftig wird zwischen folgenden Fällen unterschieden:
- eintägige Auswärtstätigkeiten (An- und Abreise am selben Tag) => Pauschale pro Tag = 12 € (ab einer Abwesenheit über 8 Stunden)
- mehrtägige Auswärtstätigkeiten mit Übernachtung => Pauschale am An-/Abreisetage = je 12 € (Mindestabwesenheit ist nicht nötig) => Pauschale pro vollem Dienstreisetag (Zwischentage) = je 24 €

- zweitägige Auswärtstätigkeiten ohne Übernachtung => Pauschale für die Reise = 12 € (Gesamtabwesenheit > 8 Std)

Diese Spesensätze sind auch für Geschäftsreisen und Geschäftsgänge der Selbständigen anzuwenden. Ihnen liegen § 4 Abs. 5 EStG und R 9.6 LStR zugrunde. Wir wissen, dass sich alle jene ungünstig stellen, denen die Firma zwar Reisespesen zahlt, aber nicht in der Höhe, dass die entstandenen Kosten damit voll abgedeckt wären. Wenn Ihnen Ihre Verpflegungskosten von der Firma mit Spesensätzen ersetzt werden, die nicht an die o. a. Pauschsätze heranreichen, verfahren Sie am besten wie bei den Autokosten und machen den Unterschiedsbetrag als Werbungskosten geltend.

Das Sammeln von Belegen für Ihre Verpflegungsspesen lohnt sich nur, wenn Ihr Chef großzügig ist und Ihnen Ihre Kosten gegen Nachweis ersetzt. Bei der Steuer nutzen Ihnen diese Nachweise nichts. Auch von den Erstattungen Ihrer Firma können höchstens die Pauschbeträge steuerfrei bleiben.

> *50.000 € Steuergelder verschwendeten Stuttgarter*
> *Parlamentarier für eine »Bildungsgruppenfahrt«*
> *(Höhlen- und Klosterbesichtigung, Konzert in Kiew)*
> *im »Interesse des deutschen Volkes«...*

Die Verpflegungspauschalen werden nur für die ersten drei Monate an derselben Tätigkeitsstätte anerkannt. Allerdings fängt bei jeder Unterbrechung der Arbeit an diesem Ort von mindestens vier Wochen eine neue Dreimonatsfrist an. Dabei kommt es anders als früher nicht mehr darauf an, warum Ihre Tätigkeit unterbrochen wird. Also beginnt auch dann eine neue Dreimonatsfrist, in der Sie wieder Verpflegungspauschalen beanspruchen können, wenn Sie länger als vier Wochen

- an einem anderen Arbeitsort eingesetzt waren,
- Urlaub hatten oder
- wegen einer Erkrankung nicht arbeiten konnten.

TRICK

So bezahlt Ihnen der Fiskus die Verlängerungswoche in Ihrem Urlaubsdomizil!

Angenommen, Sie sind schon mehrere Monate für Ihre Firma im weit entfernt liegenden München tätig. Während der Woche wohnen Sie dort in einem vom Arbeitgeber angemieteten Zimmer in einer Pension, am Wochenende fliegen Sie auf Kosten der Firma zu Ihrer Familie. Fahrt- und Unterkunftskosten können Sie nicht absetzen, weil die Firma den Spaß bezahlt. Auch Verpflegungspauschalen stehen Ihnen nicht mehr zu, weil die Dreimonatsfrist längst abgelaufen ist.

Sie werden also beim nächsten Urlaub Ihren Chef bitten, nicht nur die drei üblichen Wochen zu genehmigen. Lassen Sie ihn eine Woche dranhängen, in der Sie Ihre vielen Überstunden abbauen. So haben Sie endlich einmal Gelegenheit, die liegengebliebenen Arbeiten in Haus und Garten zu erledigen, und trotzdem noch Zeit, sich zu entspannen, bevor Sie sich mit neuem Elan in die Arbeit stürzen.

Ihre Freude wird sicher noch dadurch viel größer, dass Sie nun für die nächsten drei Monate wieder Verpflegungspauschalen absetzen können. Das sind für die An- und Abreisetage am Montag und Freitag jeweils 12 € und für die vollen Tage dazwischen, in denen Sie sich für Ihre Firma in München aufhalten, jeweils 24 €.

Sie kommen also durch etwas mehr Urlaub auf rund 1.200 € zusätzliche Werbungskosten. Ihre Steuerersparnis daraus liegt je nach Steuersatz inkl. Kirchensteuer und Solidaritätszuschlag zwischen 192 € und 618 €. Das ist doch ein netter Zuschuss für Ihre Urlaubskasse, für den Sie nicht mehr tun mussten, als sich etwas länger zu erholen.

TRICK

So befreien Sie sich aus der Dreimonatsfalle!

Mit der richtigen Begründung sind Sie von der Dreimonatsfrist nicht betroffen. Das Finanzamt darf Ihnen nämlich nicht so ohne weiteres mit der Dreimonatsfrist kommen, wenn Sie sich nicht ständig an Ihrem auswärtigen Tätigkeitsort aufhalten.

Gute Karten haben Sie, wenn Sie sagen können, dass Sie sich an dem jeweiligen auswärtigen Tätigkeitsort pro Woche nicht mehr als ein bis zwei Tage aufhalten. Wenn Sie den Rest der Woche im Betrieb oder bei anderen Kunden sind, greift die Dreimonatsfrist nicht (R 9.6 Abs. 4 LStR). Dann bleibt dem Finanzamt nichts anderes übrig, als Ihnen auch für die Fahrten im vierten, fünften und sechsten Monat die Verpflegungspauschalen zuzugestehen.

SUPER TRICK

In der Kürze liegt die Würze

192 Da keine Mindestentfernung für Dienstreisen erforderlich ist, machen Sie bereits eine erstklassige Dienstreise, sobald Sie einen Fuß vor die Tür setzen, um

für Ihre Firma außerhalb Ihrer Wohnung und außerhalb des Firmengeländes tätig zu werden. Also werden Sie künftig Kunden in unmittelbarer Nähe Ihrer Arbeitsstelle oder Ihrer Wohnung möglichst selbst besuchen, statt sie in den Betrieb zu bitten. Sie greifen sich also Ihren Aktenkoffer und legen die 50 Meter auf Schusters Rappen zurück. Und schon haben Sie bei entsprechender Abwesenheitszeit Anspruch auf einen Verpflegungspauschbetrag.

SUPER TRICK

Kleinvieh macht auch Mist

Gute Nachrichten für alle, die mehrmals am Tag einen dienstlichen Kurztrip unternehmen, z. B. bei einer Außendiensttätigkeit innerhalb einer Großstadt. Angenommen, Ihre Reise morgens dauert mit An- und Abfahrt drei Stunden, nachmittags waren Sie noch einmal sechs Stunden unterwegs. Jede der Dienstreisen für sich verhilft Ihnen noch nicht zu einer Verpflegungspauschale, weil die Abwesenheit jeweils unter acht Stunden liegt. Sie rechnen aber beide Reisen zusammen, und schon waren Sie insgesamt neun Stunden aushäusig tätig und werden mit einem Bonus in Form einer Verpflegungspauschale von 6 € belohnt. 193

Kommen Sie nur auf 7,5 Stunden, werden Sie nicht auf den einfallslosen und darüber hinaus illegalen Kniff zurückgreifen und Ihre Abwesenheitszeiten in der Reisekostenabrechnung auf mehr als acht Stunden hochmanipulieren.

Sie gehen viel geschickter vor und hängen einfach abends noch eine Minidienstreise von einer halben Stunde z. B. zur Post oder zur Bank an. Besser ist natürlich, Sie lassen es gar nicht erst so weit kommen. Man kann eine Dienstreise auch dadurch steuerschlau ausdehnen, dass man sich vor der Rückkehr eine wohlverdiente Pause gönnt und erst einmal zum Essen geht oder sich in der nächsten Konditorei Kaffee und Kuchen genehmigt. Und laden Sie dazu noch einen Geschäftspartner ein, können Sie mit guter Begründung für Ihr Gespräch auch noch Speisen und Getränke absetzen.

TIPP

Reisen über Mitternacht einfach zusammenrechnen!

Mit der Verpflegungszeitgrenze von acht Stunden kommen Sie auch dann schnell in Konflikt, wenn Ihre Auswärtstätigkeit von spätnachmittags oder abends bis zum nächsten Morgen dauert. Fängt die Tätigkeit nach 16.00 Uhr an und endet 194 vor 8.00 Uhr am anderen Tag, sind Sie an keinem der beiden Tage mehr als acht Stunden abwesend. Bevor Sie sich nun aber verärgert abwenden, weil Sie fiskalisch wieder einmal völlig zu Unrecht den Kürzeren ziehen, sollten Sie einen Blick auf § 4 Abs. 5 S. 2 EStG werfen. Schön versteckt in dieser unübersichtlichen Vorschrift steht nämlich der Rettungsanker für Ihre Verpflegungspauschale. Bei einer »Über-Mitternacht-Tätigkeit« können Sie die Abwesenheit beider Tage schlicht zusammenrechnen und dem Tag zuschlagen, an dem Sie länger abwesend waren. Und schon liegen Sie über der magischen Acht-Stunden-Grenze.

Beispiel
Sie beginnen am Donnerstag um 17.00 Uhr eine Fahrt mit Ihrem Lkw und kehren am Feitag um 6.30 Uhr in den Betrieb zurück. Die Gesamtabwesenheitszeit beträgt somit 13,5 Stunden, und Sie haben für Donnerstag Anspruch auf eine Verpflegungspauschale von 12 €.

TRICK
Verdoppeln Sie Ihre Verpflegungspauschale!

Und nun zeige ich Ihnen, wie Sie den Fiskus mit seinen eigenen Regelungen so richtig austricksen. Im obigen Beispiel bekommen Sie trotz über 13-stündiger Abwesenheit nur die kleine Verpflegungspauschale von 12 €. Nun mal angenommen, Sie haben schon von Mittwoch 19.00 Uhr auf Donnerstag 6.00 Uhr ebenfalls eine Fahrt absolviert. In diesem Fall beträgt die zusammengerechnete Abwesenheitszeit elf Stunden. Sie wird dem Donnerstag zugeschlagen und löst ebenfalls eine Verpflegungspauschale von 12 € aus.

Sie geben sich aber nicht mit 12 € zufrieden, sondern rechnen die beiden Auswärtstätigkeiten, die dem Donnerstag zugeschlagen werden – einmal 11 und einmal 13,5 Stunden –, zusammen. Schon ergibt sich eine Abwesenheit von über 24 Stunden, und Ihre Verpflegungspauschale ist mit 24 € ohne zusätzliche Mühen gleich doppelt so hoch.

195 Gute Nachricht für Seeleute und Soldaten der Marine. Jedes Mal, wenn sie mit ihrem »Pott« einen ausländischen Hafen ansteuern, können sie die hohe Auslandsverpflegungspauschale (➤ Rz 920) absetzen (BFH v. 16.11.2005 – BStBl II 2006 S. 267).

> *Eine Kreisamtsbauleiterin lässt sich neben ihrem Dienstzimmer eine Dusche einbauen, um sich »frisch machen« zu können. Klar: Als Beamtin schwitzt man ja auch so schrecklich. Der Umbau war schwierig, die Dusche luxuriös. Die Kosten für die Steuerzahler: fast 50.000 €.*

SUPER TRICK

Doppelte Verpflegungspauschalen bleiben steuerfrei!

Wenn Ihnen Ihr Chef Gutes tun will, zahlt er Ihnen den doppelten Betrag der Pauschalen. Er kann nämlich, neben der normalen steuerfreien Verpflegungspauschale von 12 €/24 €, jeweils denselben Betrag noch einmal zusätzlich zahlen und mit 25 % pauschal versteuern. Damit werden die Zahlungen für Sie praktisch steuerfrei, weil pauschal versteuerter Arbeitslohn in Ihrer Steuererklärung nicht erfasst wird (Quelle: § 40 Abs. 2 Nr. 4 EStG).

196

Beispiel
Sie sind auf einer Dienstreise zehn Stunden von Ihrer Wohnung und Ihrem Betrieb abwesend.

Ihr Arbeitgeber zahlt Ihnen als Verpflegungskosten	davon bleiben steuerfrei	zusätzlich können mit 25 % pauschal versteuert werden	verbleiben als steuerpflichtiger Arbeitslohn
12 €	12 €		
18 €	12 €	6 €	
24 €	12 €	12 €	
35 €	12 €	12 €	11 €

TIPP

Ködern Sie Ihren Chef!

Wenn Ihr Brötchengeber Bauchschmerzen wegen der Übernahme der Pauschalsteuer hat, können Sie ihm die Sache schmackhaft machen: Wenn er nämlich die Steuer gem. § 40 Abs. 2 Nr. 4 EStG pauschal berechnet, löst das für diesen Teil des Arbeitslohns **Sozialversicherungsfreiheit** aus. Damit sparen nicht nur Sie, sondern auch Ihre Firma ca. 20 % an Sozialversicherungsbeiträgen. Die Pauschalbesteuerung geht für Ihre Firma im Ergebnis also nahezu plus/minus null aus.

Verpflegung durch den Arbeitgeber

Stellt Ihr Arbeitgeber Ihnen Essen im Rahmen Ihrer Auswärtstätigkeit zur Verfügung, müssen Sie immer dann, wenn Ihnen eine Verpflegungspauschale zusteht, dafür keinen Lohn versteuern.

197

Zu einer Lohnversteuerung von Mahlzeiten kommt es deshalb nur noch in folgenden Fällen:

- eintägige Auswärtstätigkeit von nicht mehr als 8 Std.,
- Auswärtstätigkeit an zwei Tagen ohne Übernachtung und Abwesenheit von nicht mehr als 8 Std.,
- Auswärtstätigkeit nach Ablauf der Dreimonatsfrist.

In diesen Fällen muss der Arbeitgeber die von ihm bezahlte Mahlzeit zwar besteuern, kann den Wert aber mit den amtlichen Sachbezugswerten ansetzen. Voraussetzung ist lediglich, dass der Wert der einzelnen Mahlzeit nicht über 60 € liegt. Die Besteuerung kann individuell nach Ihren persönlichen Lohnsteuermerkmalen erfolgen oder – wie bisher – mit einem Pauschalsteuersatz von 25 % (§ 40 Abs. 2 EStG). Bei Letzterem sind die Vorteile auch noch sozialversicherungsfrei.

SUPER TRICK

Als Bau- und Montagearbeiter durch Pauschalversteuerung zusätzlich absahnen!

Besser, als die Werbungskosten bei Ihrer Steuererklärung abzusetzen und somit vielleicht nur 25 bis 30 % der Kosten über die Steuererstattung zurückzuholen, ist es, wenn Ihnen Ihr Arbeitgeber die Kosten ersetzt. Soweit er das steuerfrei tun kann, klingeln dann nämlich volle 100 % in Ihrer Geldbörse.

Als Bau- und Montagearbeiter bekommen Sie für Ihre Baustellentätigkeit solche Arbeitgebererstattungen normalerweise unter der Bezeichnung »Auslösungen«. Der Arbeitgeber rechnet im Prinzip genauso wie Sie und ermittelt zunächst den Betrag, der als Werbungskosten abzugsfähig wäre. Diesen Teil der Auslösung kann er steuerfrei zahlen. Vom übersteigenden Betrag muss er Lohnsteuer einbehalten.

Reicht der Werbungskostenbetrag nicht, um die Auslösung in voller Höhe steuerfrei zu stellen, darf der Arbeitgeber von ihm über die Verpflegungspauschalen hinaus gezahlte Verpflegungskosten in bestimmtem Umfang pauschal versteuern (§ 40 Abs. 2 Nr. 4 EStG). Und das sind 12 € (mehr als 8 Stunden) pro Tag.

Ihr Arbeitgeber kann also in den ersten drei Monaten pro Tag von der Auslösung 24 € als Verpflegungspauschale steuerfrei lassen und zusätzlich weitere 24 € bzw. an den Reisetagen 12 € mit 25 % pauschal und für Sie abgabenfrei versteuern.

Das sind immerhin ca.

40 Tage à 24 € =	960 €
26 Tage à 12 € =	312 €
	1.272 €

die Ihnen Ihr Arbeitgeber zusätzlich zuwenden kann, ohne dass Sie dafür Steuern oder Sozialversicherungsbeiträge zahlen müssen.

TRICK

Lassen Sie sich auf Dienstreisen vom Chef einmal so richtig verwöhnen!

Machen Sie sich diese aberwitzigen Bestimmungen des Steuerrechts zunutze. **198**
Sie müssen nämlich wissen: Bei während der Dienstreise gewährter Verpflegung ist Mahlzeit gleich Mahlzeit. Egal, ob Sie in der Kantine der Zweigniederlassung, in der Sie vorübergehend tätig sind, eine Bockwurst mit Brötchen verdrücken oder in einem guten Restaurant auf Kosten Ihres Arbeitgebers ein Menü für 60 € tafeln.

Wenn Sie also bei Ihrem Chef gut angesehen sind und er Ihnen etwas Gutes tun will, dann können Sie ohne weiteres auf einer Dienstreise einmal ein paar Tage auf Kosten der Firma so richtig schlemmen, ohne dass Sie anschließend Sodbrennen wegen der Steuer bekommen müssen. Hauptsache, der tatsächliche Preis je Mahlzeit liegt nicht über 60 € und es gewährt zumindest formal Ihre Firma das Essen. Sie dürfen also nicht einfach losziehen und anschließend Ihrem Chef die Rechnung präsentieren. In diesem Fall könnte der Ihnen nämlich von angenommen 60 € entstandenen Kosten höchstens 24 € steuerfrei erstatten. Der Rest wäre voll steuer- und sozialversicherungspflichtiger Arbeitslohn.

Die Buchung von Übernachtung mit Frühstück oder anderen Mahlzeiten bei dienstlichen Reisetätigkeiten muss nicht zwingend durch den Arbeitgeber erfolgen. Wichtig ist in erster Linie, dass die Rechnung für die Hotelübernachtung oder das Essen im Restaurant auf ihn ausgestellt wird, damit er Ihnen die tatsächlich angefallenen Kosten für eine Mahlzeit (bis zu 60 €) steuerfrei ersetzen kann. Oder, wenn es ausnahmsweise zu einer Versteuerung kommt (Überschreiten der Dreimonatsfrist, Abwesenheiten nicht über acht Stunden), lediglich den amtlichen Sachbezugswert von 3,00 € in der Lohnabrechnung ansetzen muss.

Wie die Rechnung beglichen wird, ob zunächst vom Arbeitnehmer oder durch Bezahlung mit Firmenkreditkarte, ist dabei ohne Belang (R 8.1 Abs. 6 LStR).

TRICK

Der Kunde verhilft Ihnen zu steuerfreien Mahlzeiten.

Wollen Sie ganz heraus aus der Besteuerung Ihrer Mahlzeiten, wenn Sie mal **199**
über die Stränge geschlagen und dabei die 60-€-Hürde gerissen haben? Dann brauchen Sie nur einen Kunden zum Essen mitzunehmen. Sofern Sie das im Auftrag Ihrer Firma tun, wird aus Ihrem Abendessen eine geschäftlich veran-

Werbungskostenabzug für Verpflegungsmehraufwendungen

200 Für den Abzug von Verpflegungsmehraufwendungen als Werbungskosten gelten dieselben Pauschalen und zeitlichen Regelungen wie im Bereich der Arbeitgebererstattungen.

Hat Ihnen Ihr Arbeitgeber allerdings Mahlzeiten zur Verfügung gestellt, wird die Verpflegungspauschale um folgende Beträge gekürzt:

Frühstück	20 % der vollen Verpflegungspauschale von 24 € = 4,80 €
Mittagessen	40 % der vollen Verpflegungspauschale von 24 € = 9,60 €
Abendessen	40 % der vollen Verpflegungspauschale von 24 € = 9,60 €

TIPP

Setzen Sie Ihren Kostenbeitrag zur Verpflegung ab!

Eine Besonderheit gilt, wenn Sie dem Arbeitgeber für die Verpflegung einen Obolus beisteuern müssen. Dieser wird auf die Kürzungsbeträge angerechnet.

Beispiel

Sie sind für Ihren Arbeitgeber von Montag bis Freitag auf einer Messe. Ihr Boss hat für Sie ein Hotel gebucht, in dem Sie jeweils ein Frühstück und ein Abendessen auf Rechnung Ihrer Firma erhalten. Das Mittagessen müssen Sie aus der eigenen Kasse bezahlen. Außerdem knöpft Ihnen Ihre Firma für jedes Frühstück 4 € und für jedes Abendessen 6 € ab.

Sie können in diesem Fall folgende Verpflegungspauschalen absetzen:

Mo =		12,00 €
Di, Mi, Do je 24 € =		72,00 €
Fr =		12,00 €
Verpflegungspauschalen		96,00 €
Kürzung um		
Abendessen Mo	9,60 €	
Frühstück, Abendessen Di–Do 3 × 14,40 €	43,20 €	
Frühstück Freitag	4,80 €	

Kürzung der Werbungskosten	57,60 €
Minderung der Kürzung um Zuzahlungen	
4 × 4 € (Frühstück) + 4 × 6 € (Abendessen)	– 40,00 €
Verbleibende Kürzung	17,60 € > – 17,60 €
Abzugsfähig als Werbungskosten	78,40 €

Verpflegungskosten bei Fahr- oder Einsatzwechseltätigkeit

Ist Ihre erste Tätigkeitsstätte ein Fahrzeug oder üben Sie typischerweise Ihre Tätigkeit nur an ständig wechselnden Einsatzstellen aus, z. B. als Bau- oder Montagearbeiter oder als Springer einer Betriebsreserve, ohne dass Sie eine erste Tätigkeitsstätte haben, üben Sie nach der Definition von Reisekosten eine Auswärtstätigkeit aus. Infolgedessen können Sie für den Verpflegungsmehraufwand dieselben Pauschalen wie jeder Dienstreisende geltend machen (➤ Rz 191).

201

Das Problem dabei ist die Dreimonatsfrist. Für die Berechnung – ihren Neubeginn und Ausnahmen, wenn Sie während der Woche nur sporadisch an Ihrer Einsatzstelle tätig werden – gelten dieselben Regelungen wie bei Dienstreisen (➤ Rz 192 ff.).

Was Sie als Kraftfahrer unbedingt wissen müssen!

Sind Sie als Kraftfahrer praktisch nur auf einem Fahrzeug tätig, etwa als Busoder Straßenbahnfahrer, Fernfahrer, Taxifahrer, Zugführer, Zugbegleiter etc., üben Sie eine Auswärtstätigkeit aus. Für Sie ist die Dreimonatsfrist praktisch nicht anwendbar. Immer wenn Sie eine neue Fahrt beginnen, beginnt auch eine neue Dreimonatsfrist zu laufen. Das gilt selbst dann, wenn Sie z. B. als Auslieferungsfahrer Tag für Tag dieselben Filialen ansteuern oder als Fahrer im Personennahverkehr immer auf derselben Linie eingesetzt werden.

202

Per saldo setzen Sie also – eine mehr als achtstündige Abwesenheit von Ihrer Wohnung unterstellt – für jeden Arbeitstag des Jahres mindestens 12 € ab. Und als Fahrer, der auf Ferntouren mehrere Tage von zu Hause abwesend ist, stehen Ihnen für die vollen Abwesenheitstage sogar 24 € zu.

Führt Sie Ihre Fahrt ins Ausland, können Sie sich über erheblich höhere Verpflegungspauschalen freuen. Mehr dazu finden Sie unter ➤ Rz 920 ff.

Hinweis

Wenn Sie bei Ihren mehrtägigen Touren in der Kabine Ihres Lkws schlafen, können Sie zwar keine Übernachtungspauschalen absetzen, auf Ihre Verpflegungspauschalen hat es aber keinen Einfluss; die stehen Ihnen ungekürzt zu.

TRICK

Ein Tankstopp jenseits der Grenze verdoppelt Ihre Verpflegungspauschale!

Als Kraftfahrer, der seine täglichen Touren im Grenzgebiet macht, können Sie durch einen kurzen Abstecher ins benachbarte Ausland erreichen, dass Ihnen die viel höheren Auslandsverpflegungspauschalen zustehen. Sie profitieren dabei von einer Regelung, nach der bei eintägigen Reisen mit Auslandsberührung immer die Auslandspauschale angesetzt wird. Wie lange Sie sich dabei im Ausland aufhalten, ist völlig ohne Belang. Fahren Sie also kurz einmal zum Tanken in die Niederlande oder nach Luxemburg, stehen Ihnen statt 12 € Inlandspauschale (mind. 8 Std. Abwesenheit) 26 € Auslandspauschale zu.

203 Was Sie als Arbeitnehmer mit Einsatzwechseltätigkeit unbedingt wissen müssen!
Bei täglicher Rückkehr an Ihren Wohnort können Sie **Verpflegungskosten** wie bei Dienstreisen absetzen, also 12 € bei einer Abwesenheit von mehr als acht Stunden. Unter Abwesenheitsdauer versteht der Fiskus grundsätzlich die Zeit zwischen Verlassen der Wohnung und Rückkehr in die Wohnung.
Wenn Sie längere Zeit am selben Ort eingesetzt sind, können Sie längstens drei Monate lang Verpflegungspauschalen absetzen (➤ Rz 191).

204 Sie übernachten an der Einsatzstelle
Mit einem ganzen Strauß von Urteilen hat der BFH den Fiskus gezwungen, sämtliche Kosten wie bei Dienstreisen anzuerkennen. Das gilt – von den Verpflegungspauschalen abgesehen – ohne zeitliche Einschränkungen (BFH-Urteile v. 11.5.2005 – BStBl II 2005 S. 782 – 793).

SUPER TRICK

Fünf Minuten vor zwölf ist optimal.

205 Dummerweise erfüllen Sie an den Tagen, an denen Sie nach Hause fahren, nicht die Voraussetzung für die volle Verpflegungspauschale von 24 €. Günstiger wäre es, wenn Sie sagen könnten: »Ich muss montags um 7.00 Uhr taufrisch auf der Baustelle zur Arbeit erscheinen. Damit ich mich noch ein paar Stunden aufs Ohr legen kann, fahre ich immer schon am Sonntag kurz vor Mitternacht zurück.«

Auf diese Weise holen Sie zumindest in den ersten drei Monaten zusätzlich für jeden Montag die volle Pauschale von 24 €.

Beispiel für einen sechsmonatigen Baustelleneinsatz mit Übernachtung:

Unterkunftskosten:

6 Monate à 200 €	1.200,00 €

Fahrtkosten:

Erste Hinfahrt 210 km × 0,30 €	63,00 €	
Letzte Rückfahrt 210 km × 0,30 €	63,00 €	
24 Heimfahrten à 420 km × 0,30 €	3.024,00 €	
Fahrten Unterkunft – Baustelle (einfache Entfernung 4 km) 125 Tage × 8 km × 0,30 €	300,00 €	
	3.450,00 €	> 3.450,00 €

Verpflegungskosten:

1.–3. Monat: Volle Tage:	40 Tage × 24 €	960,00 €	
Heimfahrttage:			
(Abwesenheit > 8 Std.)	26 Tage × 12 €	312,00 €	
		1.272,00 € >	1.272,00 €
Werbungskosten insgesamt			5.922,00 €

3.3 Fahrtkosten bei Auswärtstätigkeiten

206

Sind Fahrtkosten beruflich veranlasst, können Sie sie von den Lohn- und Gehaltsbezügen als Werbungskosten abziehen. Fahrtkosten sind die tatsächlichen Aufwendungen, die Ihnen durch die persönliche Benutzung eines Beförderungsmittels entstehen.

Die meisten Berufstätigen nehmen heute ihr privates Auto für berufliche Fahrten, es können aber auch die Kosten für öffentliche Verkehrsmittel und für Taxen abgezogen werden. Ob angemessen oder nicht: Man muss Ihnen auch hohe Fahrtkosten anerkennen, wenn sie objektiv im Zusammenhang mit dem Dienst stehen und nicht so exorbitant hoch sind, dass man sie als pures Privatvergnügen einstufen muss (§ 9 Abs. 5 und § 4 Abs. 5 Nr. 7 EStG).

207

Bei den Autokosten ist zu unterscheiden:

- Wenn das Auto für *Fahrten zwischen Wohnung und erster Tätigkeitsstätte* benutzt wird, lässt § 9 EStG eine Entfernungspauschale von 0,30 € je Entfernungskilometer – d.h. für die einfache Strecke, also nur für die Fahrt von der Wohnung zur Arbeitsstätte, nicht für die Fahrt zurück – zu. Allerdings gilt auch weiterhin, dass bei der Benutzung von öffentlichen Verkehrsmitteln und Arbeitnehmern mit entsprechender Schwerbehinderung die tatsächlich anfallenden Kosten berücksichtigt werden

TIPP

Vorsicht Falle! Ansatz der Entfernungspauschale trotz Reisetätigkeit!

Eine unschöne Besonderheit gilt, wenn Sie auf Dauer an jedem Arbeitstag denselben Ort oder eine weiträumige Arbeitsstelle aufsuchen. Für Sie zählt eine solche Fahrt auch dann als Fahrt zwischen Wohnung und Arbeitsstätte, wenn der Arbeitsort formal gar keine erste Tätigkeitsstätte darstellt.

Damit gilt für Fahrten zu einem

- Busdepot
- Treff- bzw. Abholpunkt
- Fährhafen etc.
- Waldgebiet
- Zustellbezirk

die Entfernungspauschale.

Da es für den Ansatz der Entfernungspauschale nicht darauf ankommt, dass der entsprechende Ort als erste Tätigkeitsstätte zu qualifizieren ist, müssen Sie diese Fälle klar voneinander unterscheiden. Für den Abzug der Fahrtkosten ergeben sich dieselben Konsequenzen wie oben.

Stellt der Treffpunkt, das Busdepot etc. aber nicht die erste Tätigkeitsstätte dar, können Sie Verpflegungsmehraufwendungen bzw. Unterkunftskosten als Reisekosten absetzen.

Beispiel

Das Verkehrsunternehmen regelt nichts zur ersten Tätigkeitsstätte. Nach den Arbeitsabläufen muss der Busfahrer aber morgens seinen Bus immer im selben Depot abholen. Für die morgendliche Fahrt zum Depot bekommt er lediglich die Entfernungspauschale. Allerdings kann er weiterhin für jeden Arbeitstag die Verpflegungspauschalen beantragen.

Lieber Leser, dass müssen Sie nicht unbedingt verstehen, Sie müssen es lediglich wissen, damit Ihnen nicht die schönen Werbungskosten aus der Verpflegungspauschale durch die Lappen gehen.

TIPP

Vermeiden Sie es, an jedem Arbeitstag zum Betrieb, Depot oder Sammelpunkt zu fahren!

208 Wenn es sich irgendwie einrichten lässt, sollte Ihr Brötchengeber darauf verzichten, Sie an wirklich jedem Arbeitstag regelmäßig an denselben Ort einzubestellen. Der beschriebenen ungünstigen Regelung für Fahrtkosten entkommen

Sie nämlich schon dann, wenn Sie an einem einzigen Arbeitstag pro Woche *nicht* im Betrieb, Depot oder an einem Sammelpunkt antreten müssen. Als Kundendienstmitarbeiter könnten Sie doch ein- oder zweimal pro Woche direkt die Kunden aufsuchen. Die Aufträge kann Ihr Chef Ihnen auch telefonisch oder per E-Mail schicken. Auch für Kraftfahrer gibt es einfache Lösungen. Erfolgt die Übergabe des Fahrzeugs gelegentlich an einer Haltestelle oder einem anderen Ort statt immer im Fahrzeugdepot, kassieren Sie auch für Ihre Fahrten mit dem Privatwagen wieder 0,30 € pro gefahrenen Kilometer statt der nur halb so hohen Entfernungspauschale: Wenn das private Auto bei *Auswärtstätigkeiten* benutzt wird, lässt das Finanzamt die tatsächlich entstandenen Autokosten zu, die allerdings einzeln nachzuweisen sind. Wird kein Einzelnachweis erbracht, gibt es ohne Rücksicht auf Typ und Größe des Autos 0,30 € je gefahrenen Kilometer (H 38 LStH »Pauschale Kilometersätze«), für Mitnahme 0,02 € je Person und Kilometer.

Wenn Sie heute im Beruf etwas werden wollen, müssen Sie möglichst mobil sein. Wenn Ihnen Ihre Firma aus Kostengründen keinen Pkw zur Verfügung stellt, wird von Ihnen meist erwartet, dass Sie Ihren eigenen fahrbaren Untersatz einsetzen. Es macht sich in den Augen Ihres Chefs sicher nicht gut, wenn er von Ihnen dauernd zu hören bekommt: »Den Termin bei Kunde XY oder die außerordentliche Besprechung um 20.00 Uhr kann ich leider nicht wahrnehmen, weil mein Zug/mein Bus zu der Zeit nicht fährt.« Also werden Sie die dienstlichen Fahrten mit Ihrem privaten Pkw absolvieren.

Natürlich können Sie solche Fahrten als Werbungskosten absetzen. Viel besser fahren Sie allerdings, wenn Ihnen Ihr Chef – und das ist ja eigentlich recht und billig – die Kosten für die Verwendung Ihres Autos erstattet. Bei Dienstreisen hat er da zwei Möglichkeiten. Entweder er zahlt Ihnen eine Kilometerpauschale von 0,30 € je tatsächlich dienstlich gefahrenen Kilometer, oder er erstattet Ihnen die mittels Belegen und Fahrtenbuch nachgewiesenen Autokosten (➤ Rz 123 ff.). Übrigens: Beide Methoden gelten natürlich auch, wenn Sie Werbungskosten beim Finanzamt beantragen.

Auch für die Fahrtkosten gilt die Devise, dass Sie am besten abschneiden, wenn Ihnen Ihr Chef so viel wie möglich steuerfrei erstattet. Über den Werbungskostenabzug und die daraus resultierende Steuerersparnis (inkl. Kirchensteuer und Solidaritätszuschlag) bekommen Sie nämlich höchstens ca. 48 % Ihrer Kosten heraus und verlieren zudem den Vorteil aus dem Arbeitnehmerpauschbetrag. Den aber können Sie bei steuerfreien Erstattungen zusätzlich absetzen.

Worauf Sie achten sollten, wenn Sie an ständig wechselnden Einsatzstellen arbeiten!
Sie können vom ersten Kilometer an die tatsächlichen Kosten oder alternativ 0,30 € je gefahrenen Kilometer absetzen.
Fahren Sie z.B. 220 Tage im Jahr zu Baustellen, die je 25 km von Ihrer Wohnung entfernt liegen, setzen Sie Reisekosten für den Hin- und Rückweg von 50 km × 0,30 € × 220 Tage = 3.300 € ab.

WICHTIGER HINWEIS

Fahrtkosten können Sie natürlich nur absetzen, wenn Sie mit Ihrem eigenen Auto unterwegs sind oder zumindest mit einem, das einem Familienangehörigen oder Ihrem Lebenspartner gehört. Werden Sie dagegen von Ihrer Firma im Kleinbus transportiert oder fahren Sie bei einem Kollegen mit, können Sie keine Fahrtkosten absetzen. Damit Ihnen der Fiskus nicht wegen fehlender Nachweise für Ihre Fahrten einen Strich durch die Werbungskosten macht, wappnen Sie sich und bewahren z. B. Inspektionsrechnungen und TÜV-Berichte auf. Gut macht es sich auch, wenn Sie unterwegs tanken. Dann können Sie Ihrem überkritischen Sachbearbeiter mit Tankquittungen den Wind aus den Segeln nehmen.

WICHTIGER HINWEIS

209 Ihr Arbeitgeber kann aus den Reisekostenzahlungen an Sie keine Vorsteuern abziehen. Damit gibt es für ihn einen wichtigen Vorteil nicht.

Neben den Verpflegungspauschalen und pauschalen Übernachtungskosten betrifft diese Einschränkung vor allem die Fahrtkosten für die Benutzung des Pkws des Arbeitnehmers.

TIPP

Lassen Sie den Wagen mal in der Garage!

Kein Fiskaltrick ohne Gegenkniff. Vorsteuern gibt es für Ihren Brötchengeber weiter, wenn er Ihnen einen **Betriebs-Pkw zur Verfügung stellt** oder Ihnen für Ihre Dienstreise eine **Fahrkarte für die Bahn oder ein Flugticket kauft** oder **das Taxi bezahlt** oder wenn er für Ihre **Übernachtungs- bzw. Verpflegungskosten** eine auf seinen Namen lautende Hotel- oder Restaurantrechnung mit offen ausgewiesener Umsatzsteuer hat.

Für Ihre Dienstreise von Hamburg nach München sollten Sie also lieber auf den Flieger umsteigen, statt sich mit dem eigenen Auto über verstopfte Straßen zu quälen. Unter dem Strich ist das auch nicht viel teurer, und Sie sind statt neun Stunden gerade einmal zwei unterwegs.

SUPER TRICK

Kassieren Sie mehr als die Fahrtkostenpauschale von 0,30 € steuerfrei!

Wenn Ihr Brötchengeber Ihnen für Dienstreisekosten Bares erstattet, ist es zunächst einmal egal, unter welcher Überschrift dies läuft. Für die Frage, was von Ihrer Reisekostenerstattung steuerfrei bleiben kann, wird der tatsächlich gezahlte Betrag mit den max. steuerfreien Fahrt-, Verpflegungs-, Übernachtungs- und Nebenkosten verglichen. Bekommen Sie z.B. eine Kilometerpauschale von 0,50 €, dafür aber keine Verpflegungskosten erstattet, können je nach Abwesenheitsdauer zusätzlich zu den 0,30 € je km 12 oder 24 € pro Tag steuerfrei bleiben. Bleibt trotz dieser Sonderrechnung ein steuerpflichtiger Betrag über, kann Ihr Arbeitgeber denselben Betrag, den er steuerfrei als Verpflegungspauschale zahlen könnte, mit 25 % pauschal und für Sie abgabenfrei versteuern.

210

Beispiel
Sie bekommen für eine 16-stündige Dienstreise von
insgesamt 300 km eine Fahrtkostenerstattung von 0,40 € je Kilometer.

Pauschale Fahrtkostenerstattung 300 km × 0,40 €	120 €
Davon bleiben steuerfrei als Fahrtkosten 300 km × 0,30 €	− 90 €
und als Verpflegungspauschale bei über 8-stündiger Abwesenheit	− 12 €
	18 €
./. pauschal besteuerte zusätzliche Verpflegungspauschale	− 12 €
Bleiben für Sie zu versteuern nur noch	6 €

Einzelnachweis der Kraftfahrzeugkosten

211

Und so errechnen Sie Ihre Autokosten, falls Sie nicht die Pauschale von 0,30 € in Anspruch nehmen. Tragen Sie dazu einfach Ihre Kosten für zwölf Monate in die folgende Checkliste ein.

Checkliste für den Einzelnachweis von Kfz-Kosten

Kosten	€
Versicherungsbeiträge	
• Kfz-Haftpflichtversicherung	
• Kfz-Vollkaskoversicherung	
• Kfz-Teilkaskoversicherung	
• ./. Prämienrückerstattung	

Kosten	€
Kfz-Steuern	
Treibstoffkosten	
● lt. Belegen	
● durchschn. Verbrauch × berufliche km × Literpreis	
Öl, Schmierstoffe	
Wartungsarbeiten (Ölwechsel etc.)	
Inspektionen	
Reparaturen (ohne außergewöhnliche Kosten wie Unfallkosten)	
Ersatz- und Verschleißteile, Verbrauchsmaterial, z.B.	
● Reifen	
● Beleuchtungslampen	
● Scheibenwaschanlage	
● Frostschutz	
Fahrzeugreinigung und -pflege, z.B.	
● Fahrzeugwäsche (Waschanlage)	
● Reinigungs- und Poliermittel	
Garagenkosten, Einstellplatz	
● Miete	
● Anteil an den Gesamtkosten bei Eigenheimen	
Zinsen für Anschaffungsdarlehen	
● Agio, Disagio (im Zahlungsjahr)	
● Zinsen	
Leasing	
● Leasingsonderzahlung (im Zahlungsjahr)	
● laufende Leasingraten	
Abschreibung	
● bei Neufahrzeugen: Nutzung regelmäßig 6 Jahre = 16,67 %	
● Gebrauchtfahrzeuge: ggf. kürzere Nutzung 2 – 5 Jahre = 50 – 20 %	

Gesamtkosten z. B.   12.000 €

Gesamtfahrleistung in km z. B.   25.000 km

Durchschnittlicher Kilometersatz (12.000 € ÷ 25.000 km) =   <u>0,48 €</u>

Als Werbungskosten machen Sie geltend:

Gefahren bei Dienstreisen und Dienstgängen z. B.   9.600 km

Nachgewiesener Kilometersatz   0,48 €

Gesamtkosten 9.600 km × 0,48 € =	4.608 €
./. Fahrtkostenersatz der Firma	− 2.880 €
Steuerlich abziehbar	1.728 €

Abschreibung für das Auto 212
Für Autos gilt eine Regelabschreibungsdauer von sechs Jahren (BMF-Schreiben v. 15.12.2000 – BStBl I 2000 S. 1532). Sie sollten aber tunlichst prüfen, ob nicht bei Ihnen wegen Gebrauchtwagenkauf oder hoher Fahrleistung von vornherein ein Abschlag bei der Abschreibungsdauer angezeigt ist (➤ Rz 215).

GUTER RAT

Bei Einzelnachweis der Autokosten sollen neben den laufenden, normalen Kosten auch außergewöhnliche wie für Reparaturen nach einem Unfall oder sehr frühe Motorschäden in die Kostenaufteilung zwischen privaten und beruflichen Fahrten einbezogen werden. Ist der Schaden auf einer Berufsfahrt passiert, sind die Aufwendungen für seine Behebung also u. U. nicht zu 100 % Werbungskosten. So zumindest H 9.5 LStH »Einzelnachweis«. In diesem Fall rate ich Ihnen, es im Unfalljahr ausnahmsweise einmal mit den Kilometerpauschalen zu versuchen. Die Pauschalen decken nämlich die Unfallkosten nicht ab, so dass Sie sie voll nebenher absetzen können (H 9.5 LStH »Pauschale Kilometersätze«). Dieser Kniff lohnt sich für Sie vor allem dann, wenn der Umfang Ihrer beruflichen Fahrten, gemessen an der Gesamtfahrleistung, nicht besonders hoch ist und/oder die Unfallkosten einen besonders dicken Batzen ausmachen. 213

TRICK

Einmal arbeiten, mehrmals kassieren

Natürlich ist es recht lästig, für jede Wagenwäsche, jedes Fläschchen Türschlossenteiser etc. Jahr für Jahr die Belege zu sammeln. Sie sollten deshalb einmal zwölf Monate lang sorgfältig jeden Beleg, der irgendwie mit Ihrem Auto zu tun hat, zusammentragen. Aus den so ermittelten Kosten und der Gesamtfahrleistung in diesem Jahr können Sie wie im Beispiel oben einen persönlichen Kilometersatz für Ihr Auto berechnen. Diesen setzen Sie auch für die kommenden Jahre ein. Es genügt dann völlig, wenn Sie dem Finanzamt Ihre beruflich gefahrenen Kilometer in einer schön ordentlich geschriebenen Zusammenstellung präsentieren. Berufen Sie sich dazu notfalls auf R 9.5 Abs. 1 S. 4 LStR, die dieses Verfahren ausdrücklich zulässt. 214

WICHTIGER HINWEIS

Eine neue Berechnung wird erst fällig, wenn sich die Kostenverhältnisse bei Ihrem Auto wesentlich ändern, z.B. die Abschreibung ausläuft, sich die Leasingkonditionen erheblich ändern oder Sie sich einen neuen Wagen zulegen. Dann steht es Ihnen frei, noch einmal für zwölf Monate die Kosten nachzuweisen oder die Kilometerpauschale von 0,30 € abzusetzen.

Übrigens: Änderungen beim Schadensfreiheitsrabatt in der Autoversicherung sind kein Grund für eine Neuberechnung des Kilometersatzes.

SUPER TRICK

Tricksen Sie mit einem Gebrauchtwagen das Finanzamt aus!

215 Mit der Sechs-Jahres-Regelung für die Abschreibung haben die Finanzer sich selbst reingelegt. Sechs Jahre Nutzungsdauer gelten nämlich nur für Neuwagen. Gebrauchte haben eine entsprechend kürzere Nutzungsdauer. Wenn Sie nicht allzu anspruchsvoll sind und nicht unbedingt immer den neuesten Schlitten vor der Tür stehen haben müssen, können Sie durch den Kauf eines Gebrauchtwagens eine schöne Stange Geld beim Finanzamt lockermachen.

Kaufen Sie sich einfach einen gut erhaltenen, z.B. vier Jahre alten Gebrauchten. Da von dessen Nutzungsdauer nur noch ein Rest von zwei Jahren übrig ist, können Sie den Kaufpreis mit 50 %/Jahr abschreiben. Und wenn Sie den Wagen nach Ablauf der zwei Jahre weiterverkaufen, müssen Sie nicht einmal Ihren Gewinn versteuern, denn Gewinne aus dem Verkauf von Vermögensgegenständen unterliegen bei einem Arbeitnehmer nur dann der Besteuerung, wenn er sie innerhalb von zwölf Monaten nach dem Kauf veräußert. Selbständige, Gewerbetreibende sowie Land- und Forstwirte haben es da leider nicht so gut, können im Gegenzug dafür aber ein eventuelles Verlustgeschäft beim Autoverkauf absetzen.

GUTER RAT

Es kann Ihnen passieren, dass Sie an einen Finanzer geraten, der sich mit dieser einfachen Differenzberechnung der Restnutzungsdauer Ihres Autos nicht anfreunden mag. Er wird Sie möglicherweise auf H 9.5 LStH »Einzelnachweis« verweisen. Dort haben nämlich die ministeriellen Rechenkünstler in Berlin festgelegt, dass sechs minus vier nicht immer unbedingt zwei ist. Wen wundert es bei solchen Hirnakrobaten noch, wenn es bei der Steuer drunter und drüber geht. Bei einem gebrauchten Fahrzeug wollen sie, dass die voraussichtliche Restnutzungsdauer geschätzt wird. Um dem dünnbrettbohrenden Finanzer bei seiner Schätzung auf die Sprünge zu helfen, machen Sie ihm klar, dass die amtlichen Abschreibungstabellen ja extra deshalb so gefasst worden sind, um die Werte an die tatsächlichen Verhältnisse anzupassen und realistische Nutzungsdauern zu liefern.

Die Rolle unseres KGB wird im Westen von den gigantischen Steuerbehörden übernommen, mit denen jeder selbständig tätige Mensch dauernd im Krieg liegt.

(Adenauer-Preisträger W. Bukowski)

SUPER TRICK

Besser Sie schätzen, als sich mit der Pauschale zu begnügen.

Der Bundesfinanzhof hat entschieden, dass das Finanzamt auch geschätzte Kosten für das Auto anerkennen muss, wenn feststeht, dass sie auf jeden Fall anfallen, wie etwa für Benzin oder Versicherung (BFH-Urt. v. 7.4.1992 – BStBl II S. 894). Wenn Sie also beim Sammeln von Einzelnachweisen nicht so ganz sorgfältig waren, schätzen Sie Ihre Benzinkosten und schreiben sie auf einen »Eigenbeleg«, statt dem Finanzamt nur die Hälfte der Belege vorzulegen. **216**

TRICK

Bitten Sie das Finanzamt beim Autokosteneinzelnachweis mit einem Leasingvertrag zur Kasse!

Sind Sie mit Ihrem Auto viel beruflich unterwegs, lohnt sich ein Einzelnachweis der Kosten. Die echten Kosten liegen nämlich erfahrungsgemäß weit höher als die Pauschale von 0,30 €. Aber kleinlich, wie die Beamten und manche Richter nun mal sind, haben sie den Dreh mit der Abschreibung gefunden, um Ihre Kosten künstlich niedrig zu halten. **217**

Wenn Sie allerdings einen Leasingvertrag in der Tasche haben, muss das Finanzamt gem. § 11 EStG die dicke Einmalzahlung im ersten Jahr voll berücksichtigen und Ihnen für Ihre beruflichen Fahrten einen Kilometersatz anerkennen, der weit über der Pauschale liegt.

Und in den nächsten Jahren, wenn nur noch die niedrigeren Raten zu zahlen sind, kann es nichts machen, wenn Sie 0,30 € je km ansetzen.

Bei uneinsichtigen Finanzämtern hilft der Hinweis auf das BFH-Urteil vom 5.5.1994 (BStBl 1994 II S. 643) und H 9.5 LStH »Einzelnachweis«.

Das Armsein darf nicht zum Erwerbsmittel
für faule Menschen werden.
(Kant)

GUTER RAT

Passen Sie beim Abschluss Ihres Leasingvertrags auf: Bei sehr kurzen Laufzeiten bis zu zwei Jahren und langen Laufzeiten über vier Jahre laufen Sie Gefahr, dass Sie als »wirtschaftlicher Eigentümer« angesehen werden und statt Leasingraten und Sonderzahlung nur die normale Abschreibung anerkannt bekommen.

SUPER TRICK

Wie Sie als Vielfahrer das Finanzamt bei der 40.000-km-Grenze austricksen können

218 In unseliger Eintracht haben es Fiskus und Bundesfinanzhof geschafft, aus einer so einfachen Sache wie der Kilometerpauschale ein Buch mit sieben Siegeln zu machen.

Die staatlichen Geldeintreiber bekommen immer dann Bauchweh, wenn Sie mit Ihrem Auto mehr als 40.000 km im Jahr fahren und für Ihre Dienstreisen 0,30 € absetzen wollen. Wegen angeblich unzutreffender Besteuerung wollen sie Ihnen den Kilometersatz kürzen.

Flattert Ihnen ein Brief vom Finanzamt ins Haus, etwa mit diesem Inhalt: »... haben wir festgestellt, dass die Gesamtfahrleistung Ihres Pkw über 40.000 km im Jahr liegt. Eine überschlägige Schätzung der tatsächlichen Kfz-Kosten hat ergeben, dass der Ansatz der Kilometerpauschale zu einer unzutreffenden Besteuerung führt. Die Pauschale ist daher um ...% zu kürzen«, nehmen Sie das nicht widerspruchslos hin. In Ihre gepfefferte Antwort sollten Sie Folgendes aufnehmen:

Sehr geehrte Damen und Herren,

in den vergangenen Jahren haben Sie immer die Kilometerpauschalen akzeptiert. Nach Treu und Glauben konnte ich mich daher darauf verlassen, dass ich auch in Zukunft Pauschalen absetzen kann. Ihre Schätzung entbehrt außerdem jeder Grundlage.

Leider haben Sie mir durch Ihren viel zu späten Hinweis auf eine eventuelle unzutreffende Besteuerung jede Möglichkeit genommen, für einen Gegenbeweis entsprechende Beweisvorsorge zu treffen.

Ich fordere Sie daher auf, es aus Gründen des Vertrauensschutzes für die Vergangenheit bei der Kilometerpauschale zu belassen.
Gleichzeitig werde ich von heute an für einen repräsentativen Zeitraum von drei Monaten meine Kfz-Kosten aufzeichnen und Ihnen damit auch für die Zukunft belegen, dass bei mir keine unzutreffende Besteuerung, was immer das heißen mag, eintritt.

Jetzt heißt es für Sie: klotzen. Natürlich sammeln Sie jeden Beleg für Ihr Auto, egal ob für Reparaturen, Benzin oder Wagenwäsche. Außerdem packen Sie natürlich alle größeren und kleineren Reparaturen, die Sie sonst vielleicht noch aufgeschoben hätten, in Ihren Nachweiszeitraum. Auch den Satz Winterreifen, die Schneeketten und das neue Autoradio sollten Sie sich jetzt schon zulegen. Es wäre doch gelacht, wenn Sie auf diese Weise Ihre laufenden Kfz-Kosten nicht so hoch drücken, dass dem Fiskalritter der Dreh mit der unzutreffenden Besteuerung vergeht.

Kommen Sie trotzdem mit Ihren Kosten nicht ganz auf 0,30 € je Kilometer, berufen Sie sich auf eine Verfügung der OFD Köln vom 9.2.1987 (S 2525 – 8 – St 12 A). Danach muss das Finanzamt die Kilometerpauschale akzeptieren, wenn Ihr Vorteil dadurch gegenüber den tatsächlichen Kosten nicht höher als rund 1.500 € im Jahr liegt.

TRICK

Setzen Sie die Kosten für die Waschanlage ab!

Natürlich ist es lästig, an der Tankstelle für die Wäsche jedes Mal eine Quittung zu verlangen. Aber Sie kennen doch das Spielchen: »Ohne Beleg keine Steuerersparnis.« Und schließlich kostet heute eine normale Wäsche locker 8 €. Wenn Sie Ihr Auto nur einmal pro Woche auf Hochglanz bringen lassen, sind das im Jahr schnell mal 400 €. Ihre Steuerersparnis liegt zwischen 60 € und 190 €.

TRICK

Machen Sie die Kosten für den Führerschein bei der Steuer geltend!

220 Das Finanzamt sagt: Aufwendungen für den Führerschein gehören grundsätzlich zu den Kosten der Lebensführung, selbst wenn der Beruf oder der Betrieb die Benutzung eines Autos erforderlich macht.

»Und was ist, wenn ich Taxifahrer werden will?«, fragen Sie. Tja, wenn Sie das glaubhaft machen können, muss das Finanzamt die Führerscheinkosten als berufliche Kosten anerkennen, so der BFH (BStBl 1969 II S. 433).

»Und was ist, wenn ich kein Auto habe, mir auch keins anschaffen will, mein Chef aber erwartet, dass ich die Fahrprüfung ablege? Wenn er sagt, ohne Führerschein könne er mich nicht länger brauchen?« Auch in diesem Fall muss das Finanzamt klein beigeben, weil die Kosten ausschließlich durch den Beruf veranlasst sind. Ich rate Ihnen, in Ihrer Einkommensteuererklärung auf das Urteil des FG Köln vom 24.7.1984 (EFG 1985 S. 120) hinzuweisen und eine Bescheinigung Ihres Chefs beizufügen, wonach der Erwerb des Führerscheins für Sie aus beruflichen Gründen unverzichtbar war.

Unsere Steuergesetze seien eine klare Einladung zum Betrug, und die meisten Steuerhinterziehungen würden von den die Kilometerpauschalen für Fahrten zwischen Wohnung und Arbeitsstätte in Anspruch nehmenden Arbeitnehmern begangen. So der ehemalige Präsident des Bundesfinanzhofs Prof. Dr. Franz Klein.
(Kölner Stadtanzeiger 12.3.1993)

TRICK

Was, wenn der Chef nur einen Teil der Fahrtkosten ersetzt?

Ihr Boss gibt Ihnen nur 0,20 € pro Kilometer? Dann können Sie die restlichen 0,10 € dem Finanzamt präsentieren, weil es die Differenz ohne weiteres anerkennt (H 9.5 LStH »Pauschale Kilometersätze«). Nehmen Sie jemanden mit, gibt's pro Kilometer 0,02 € mehr.

221

Wenn der Arbeitgeber den vom Finanzamt abgesegneten Satz von 0,30 € gibt, Sie aber damit nicht auskommen, weil Ihre jährliche Fahrleistung niedrig liegt, bei Ihnen höhere Reparaturen anfallen oder Sie einen teuren Wagen fahren, dann führen Sie halt den Einzelnachweis nach dem Schema unter ➤ Rz 211.

3.4 Übernachtungskosten und Reisenebenkosten

Wenn Sie während Ihrer Dienstreise, Ihrer Einsatzwechseltätigkeit oder als Kraftfahrer aus beruflichen Gründen auswärts übernachten müssen, fallen zwangsläufig Hotel- oder Pensionskosten an.

Und haben Sie sich nicht auch schon einmal Gedanken darüber gemacht, wo Sie eigentlich den ganzen Kleinkram wie Parkgebühren, Telefonkosten etc. steuerlich geschickt unterbringen?

Übernachtungskosten

222

Bei einer Auswärtstätigkeit können Sie innerhalb der ersten 48 Monate die Unterkunftskosten in der Höhe abziehen, in der sie tatsächlich angefallen sind.
Nach Ablauf von 48 Monaten Auswärtstätigkeit an demselben Ort gelten allerdings die Regelungen für eine doppelte Haushaltsführung. Im Endeffekt bedeutet das, dass die Unterkunftskosten auf höchstens 1.000 € im Monat gedeckelt werden.

Unter Übernachtungskosten können Sie die Kosten absetzen, die Ihnen dadurch entstanden sind, dass Sie eine Unterkunft in Anspruch genommen haben. Dabei müssen Sie auf jeden Fall in den sauren Apfel beißen und bei Übernachtungen sowohl im Inland als auch im Ausland alle Kosten auf Heller und Pfennig durch Belege nachweisen.

223

Die für Auslandsdienstreisen länderspezifisch festgelegten Übernachtungspauschalen (➤ Rz 920) gelten nicht für den Werbungskostenabzug, können aber vom Arbeitgeber nach wie vor pauschal steuerfrei erstattet werden. Bei Inlandsübernachtungen kann der Arbeitgeber je 20 € ohne Nachweis steuerfrei zahlen.

TRICK
Und es gibt sie doch: pauschale Übernachtungskosten für Lkw-Fahrer!

224 Für Berufskraftfahrer im Auslandsverkehr ist es ärgerlich, dass man ihnen keine Übernachtungspauschalen zugestehen will. Leider hat der Fiskus hier Rückendeckung vom BFH erhalten. Auch der BFH geht nämlich davon aus, dass Kraftfahrer in der Schlafkabine ihres Lkws übernachten, die amtlichen Pauschalen für Übernachtungen bei Auslandsdienstreisen gelten jedoch nur für die Übernachtung in Hotels oder Pensionen. Doch es gibt einen Ausweg: Wenn schon nicht die amtlichen Pauschalen, so können Sie zumindest Ihre tatsächlichen Kosten absetzen (BFH v. 28.3.2012 – BStBl 2012 II S. 926). Zu diesem Zweck stellen Sie die Kosten und Gebühren für die Benutzung der Sanitäreinrichtungen auf Rastplätzen, die Aufwendungen für die Reinigung der Bettwäsche und der Handtücher sowie der Schlafkabine zusammen und ziehen sie als Übernachtungskosten ab.

Noch einfacher wird die Sache, wenn Sie diese Kosten für drei Monate aufschreiben, die entsprechenden Belege sammeln und daraus eine eigene Übernachtungspauschale ermitteln. Diese können Sie dann in Zukunft mit ausdrücklicher Genehmigung des Bundesfinanzministeriums ohne weiteres Nachweistheater für jeden Fahrtag abziehen (BMF-Schreiben v. 4.12.2012 – BStBl 2012 I S. 1249).

Wenn Sie sich die Mühe sparen wollen, können Sie auch versuchen, dem Finanzamt eine Tagespauschale von 5 € schmackhaft zu machen. In dieser Höhe hat nämlich das Finanzgericht Schleswig-Holstein für einen Lkw-Fahrer die täglichen Kosten geschätzt (FG Schleswig-Holstein v. 27.9.2012 – 5 K 99/12).

TIPP
Vereinbaren Sie mit Ihrem Arbeitgeber den Übernachtungskostenersatz!

225 Wenn Ihnen Ihr Arbeitgeber Übernachtungskosten erstattet, darf er die Pauschalen auch dann nutzen, wenn Sie bei Verwandten oder Freunden unterkommen. Die Einladung abends in die nächste Kneipe ist damit zumindest teilweise abgedeckt. Wenn Sie sich mit Ihrem Chef einig sind, können Sie sich also Belege für Übernachtungen – Hotelrechnungen, Quittungen von Pensionen oder Mietverträge über angemietete Unterkünfte – weiterhin sparen. Das lohnt sich natürlich besonders bei Auslandseinsätzen. Wenn Sie günstig untergekommen sind und Ihr Arbeitgeber trotzdem die hohen Übernachtungspauschalen zahlt, kann er Ihnen so ein nettes steuer- und sozialabgabenfreies Zubrot zukommen lassen.

TRICK
Übernachtungskosten auch ohne Dienstreise absetzen!

Was einer Stewardess recht ist, kann Ihnen nur billig sein. Einer Flugbegleiterin, die nach einer Fortbildung an ihrem Heimatflughafen nicht nach Hause gefahren ist, sondern sich dort ein Hotel genommen hat, gestand der BFH die Übernachtungskosten als allgemeine Werbungskosten zu. Obwohl keine Dienstreise vorlag und auch von einer doppelten Haushaltsführung nicht die Rede sein kann, lagen nach Meinung der Münchener Richter Werbungskosten vor, da die Übernachtung beruflich bedingt war (BFH-Urt. v. 5.8.2004 – BStBl II 2004 S. 1074). **226**

Wenn es also einmal spät geworden ist, Sie keinen Zug mehr nach Hause bekommen haben und ein Taxi schlichtweg zu teuer geworden wäre, müssen Sie sich nur noch einen hübschen Grund einfallen lassen, der als beruflicher Anlass für Ihre Übernachtung durchgeht, z.B., **dass es nach einer Fortbildung, einer Betriebsversammlung oder einer Besprechung am anderen Tag gleich in aller Herrgottsfrühe beruflich weiterging und Sie die Firmenkunden schon morgens im Hotel betreuen mussten. Im Zweifel kann Ihnen eine Bescheinigung Ihres Brötchengebers helfen.**

```
Herr/Frau . . . . . . . . . . . hat am . . . . . . im XYZ-Hotel in der
Nähe unseres Firmensitzes übernachtet. Diese Übernachtung war notwen-
dig, weil . . . . . . . . . . . . Wir begrüßen es außerordentlich, dass
unser/e Mitarbeiter/in dadurch zu einem reibungslosen Ablauf der Fort-
bildungsveranstaltung/des Kundenbesuchs beigetragen hat. Angesichts
der großzügigen Bemessung des Gehalts unseres/r Mitarbeiter/s/in haben
wir die Hotelkosten nicht gesondert erstattet.
```

GUTER RAT

In den meisten Hotels sind heute Übernachtungen inkl. Frühstück üblich. Ihre Rechnung enthält also in der Regel einen Teilbetrag für Verpflegung. Da die Verpflegung aber bereits durch die Verpflegungspauschale abgegolten ist, werden Ihre nachgewiesenen Übernachtungskosten um den Frühstücksanteil ge- **227** kürzt. Lässt sich dieser Anteil aus der Rechnung nicht feststellen, wird er bei Inlandsdienstreisen pauschal mit 20 % der Verpflegungspauschale von 24 € = 4,80 € und bei Auslandsdienstreisen generell mit 20 % der für den jeweiligen Staat maßgebenden Verpflegungspauschale angesetzt. Wegen der geringeren Umsatzsteuer auf Beherbergungsleistungen müssen Hotels Rechnungen nach Unterkunft und anderen Leistungen aufteilen. Das Frühstück wird deshalb oft – zusammen mit anderen Nebenleistungen – in der Rechnung getrennt ausgewiesen. Siehe dazu auch den Trick unter ➤ Rz 229.

TRICK

Werfen Sie die Rechnung weg!!!

Vor allem, wenn in der Rechnung ein teures Frühstück enthalten ist, sollten Sie sich ihrer entledigen. Lassen Sie sich vom Hotel stattdessen eine normale Quittung über den Gesamtpreis der Übernachtung ausstellen. Dann können Sie den Frühstückspreis mit 4,80 € ansetzen.

Gute Karten haben Sie bei Übernachtungen im Ausland. Hier reicht es aus, wenn Sie auf der Hotelrechnung selbst handschriftlich vermerken, dass im Preis kein Frühstück enthalten war. Das Finanzamt nimmt dann keine Kürzung vor. Das geht aus der Verfügung der OFD Erfurt vom 24.10.2001 (S 2353 NWB-Eilnachricht Nr. 1596/2001) hervor, deren Inhalt auch für andere Bundesländer gilt, da sie auf eine Antwort des Bundesfinanzministeriums an den Bundesverband der Arbeitgeberverbände zurückgeht.

TRICK

Passen Sie auf, wenn Sie Ihren Ehepartner auf Reisen mitnehmen!

228 Das Finanzamt sagt dann nämlich gern: Sie machen gar keine Dienstreise, sondern gönnen sich ein paar Tage Privaturlaub. Zunächst einmal müssen Sie nachweisen, dass der eigentliche Grund für die Reise ein dienstlicher ist. Gelingt Ihnen das, kann Ihnen das Finanzamt aus der Begleitung durch Ehe- oder Lebenspartner keinen Strick drehen. Nachdem der BFH eine Aufteilung bei teilweise beruflich und teilweise privat veranlassten Reisekosten zulässt (BFH v. 21.9.2009 – GrS 1/06, BFH/NV 2010 S. 285), können Sie den größten Teil der Hotel-, Verpflegungs- und Fahrtkosten absetzen.

Eventuelle Flug- oder Verpflegungskosten für Ihre bessere Hälfte haben natürlich in Ihren Werbungskosten nichts verloren. Bei den Übernachtungskosten ist die Sache dagegen ganz einfach. Statt der Doppelzimmerkosten können Sie die vergleichbaren Kosten für ein Einzelzimmer absetzen. Lassen Sie sich diese deshalb unbedingt vom Hotel für die Zeit Ihres Aufenthalts bestätigen (R 9.7 Abs. 1 LStR 2011).

Reisenebenkosten

229

Reisenebenkosten sind Ihre während einer Dienstreise anfallenden tatsächlichen Ausgaben z. B. für

- Transport und Aufbewahrung Ihres Gepäcks,
- Telefongespräche und Schriftverkehr beruflichen Inhalts mit Ihrem Arbeitgeber oder Kunden, Mitarbeitern bzw. Geschäftspartnern,
- Straßenbenutzungs- und Parkgebühren,
- Unfallkosten und Schadenersatzleistungen infolge von Verkehrsunfällen,
- Trinkgelder,
- Platzkarten,
- Reisegepäckversicherung,
- Dienstreisevollkaskoversicherung,
- Kundenbewirtungen.

Reisenebenkosten können Sie ebenfalls nur insoweit als Werbungskosten absetzen, als sie Ihnen nicht vom Arbeitgeber steuerfrei erstattet wurden.

TRICK

Setzen Sie den Sammelposten für übrige Nebenleistungen aus Ihrer Hotelrechnung als Reisenebenkosten ab!

Seit die Übernachtung in Hotels nur noch 7 % Mehrwertsteuer kostet, muss in der Hotelrechnung die Beherbergungsleistung gesondert ausgewiesen werden und daneben ein Sammelposten für übrige Nebenleistungen. Rechnen Sie das Frühstück mit 4,80 € heraus. Den Rest des Sammelpostens können Sie als Reisenebenkosten absetzen. Das geht nur dann nicht, wenn sich aus der Rechnung ergibt, dass in dem Pauschalbetrag eindeutig Kosten für private Ferngespräche, Massagen, Minibar oder Pay-TV enthalten sind.

Fehlen Ihnen die Belege, beeindrucken Sie Ihr Finanzamt mit einer detaillierten Aufstellung über Datum, Art und Höhe der Kosten.

GUTER RAT

230 Da Sie als Außendienstler ständig von unterwegs telefonieren müssen, haben Sie sich ein Handy zugelegt. Nun haben Sie zwei Möglichkeiten: Entweder Sie begnügen sich mit 20 % Ihrer Telefonkosten inkl. Anschaffung, max. aber 20 € im Monat, oder Sie weisen mit Hilfe eines Einzelnachweises einen hohen beruflichen Kostenanteil nach. Da Sie natürlich außerdem häufiger von zu Hause aus telefonieren müssen, beziehen Sie selbstverständlich auch die entsprechenden Kosten für Ihren Festnetzanschluss in die Aufteilung mit ein.

231 Wenn Ihnen Ihr Gepäck bei einer Dienstreise abhandenkommt, können Sie dadurch entstandene Kosten als Reisenebenkosten absetzen (Kopie der Anzeige bei der Polizei beilegen). Natürlich nur den Betrag, auf dem Sie sitzengeblieben sind, weil ihn Ihr Arbeitgeber oder die Reisegepäckversicherung nicht übernommen hat. Damit Sie nicht in eine Steuerfalle tappen, müssen Sie wissen, dass nach der BFH-Rechtsprechung Ihr Verlust nur anerkannt wird, wenn Sie entsprechende Sicherheitsvorkehrungen zum Schutz vor Diebstahl getroffen haben (BFH v. 30.6.1995 – BStBl 1995 II S. 744).

TRICK

So ist mehr drin für leitende Angestellte, Reisende, Geschäftsführer, Selbständige

232 **S** Wie ist das eigentlich, wenn Sie als leitende Kraft in einem Unternehmen tätig sind? Da sind Sie doch gehalten, stets Ihre Firma zu repräsentieren und sich nobel zu geben. Also werden bei Ihnen auch häufiger Kosten für die Bewirtung von Kunden und Geschäftspartnern anfallen.

Zeigt sich Ihr Fiskalvertreter zugeknöpft, weisen Sie ihn auf die für Sie günstige BFH-Rechtsprechung hin, wonach Aufwendungen eines Arbeitnehmers für ein Essen mit einem Kunden als Werbungskosten abziehbar sind, wenn der Arbeitgeber ihm dafür keinen Ersatz leistet (BFH-Urt. v. 16.3.1984 – BStBl 1984 II S. 433). Der BFH hat zudem die Bedingungen, unter denen Sie Kosten für die Bewirtung von Geschäftspartnern und Kunden als Werbungskosten absetzen können, wesentlich vereinfacht. Entscheidend ist nach Meinung der Münchener Steuerrichter nur, dass die Bewirtung beruflich veranlasst ist. Im Gegensatz zu früher spielt es keine entscheidende Rolle mehr, ob Ihr Gehalt ganz oder teilweise erfolgsabhängig ist (BFH v. 11.1.2007 – BStBl II 2007 S. 317).

Einen Pferdefuß gibt es allerdings zu beachten. Wenn Sie die Einladung aussprechen, also als Bewirtender auftreten, greifen wie bei einem Selbständigen formale Anforderungen für den Abzug von Bewirtungskosten. Sie müssen sich also mit einer zeitnah zur Bewirtung erstellten Rechnung/Bewirtungsquittung wappnen. Am einfachsten gelingt das mit einer ordentlichen Restaurantrechnung. Auf der Rechnung – die meisten Restaurantquittungen weisen einen entsprechenden Vordruck auf – machen Sie Angaben zum Anlass der Bewirtung und führen die bewirteten Personen auf. Um dem Finanzamt von vornherein den Wind aus den Segeln zu nehmen, müssen Sie sich dabei etwas Mühe geben. Beschränken Sie sich beim Bewirtungsgrund nicht auf Floskeln wie »Verkaufsgespräch«, »Vertragsverhandlung« oder »Acquise«. Allzu allgemeine Angaben lässt der Fiskus nicht gelten. Besser ist da die Angabe »Verhandlung mit Vertretern der Firma XYZ wegen Liefervertrag über ABC« oder »Verhandlung über Abschluss Lebensversicherung«. Auch bei den bewirteten Personen sollten Sie auf jeden Fall Name, Vorname und Wohnort sowie ggf. Funktion wie »Prokurist«, »Ehepartner des Kunden« etc. angeben. Damit steht dem Abzug als Werbungskosten dem Grunde nach nichts mehr im Weg. Allerdings können Sie auch in diesen Fällen nur 70 % der Aufwendungen absetzen (§ 4 Abs. 5 Satz 1 Nr. 2 EStG).

TIPP

für die Feier mit Ihren Kollegen

Nicht nur der renommierte Einkommensteuerkommentar Schmidt/Densek (Randnummer 15 zu § 12) hilft Ihnen hier mit Argumenten weiter. Sie bekommen inzwischen auch Rückendeckung vom BFH, wenn Sie als leitender Angestellter Ihren Repräsentationspflichten schon mit anderen Feiern nachgekommen sind und nun Ihre Mitarbeiter z.B. zu einem Gartenfest aus Anlass Ihres Geburtstags oder eines Dienstjubiläums einladen. In diesem Fall können Sie die Kosten als Werbungskosten absetzen, weil die Höhe Ihrer Tantiemen ja von der Motivation Ihrer Mitarbeiter abhängt, die Sie mit dieser Einladung steigern wollen (BFH v. 1.2.2007 – BStBl 2007 II S. 459). Nach Meinung der Richter in München waren die Tantiemen nur ein zusätzliches Argument, den Werbungskostenabzug hätte es letztlich auch ohne gegeben. Die Bewirtungskosten können Sie nun auch absetzen, wenn Sie als Abteilungsleiter Ihre Mitarbeiter z.B. zu einem Weihnachtsessen einladen (BFH-Urt. v. 19.6.2008 – BStBl 2009 II S. 11), als Behördenleiter mit Ihrer Belegschaft und anderen Personen aus Ihrem beruflichen Umfeld Ihr fünfjähriges Jubiläum feiern (BFH v. 6.3.2008 – VI R 68/06, HFR 2008 S. 928) oder als Chefarzt die Krankenschwestern und Ärzte Ihrer Abteilung einladen (BFH v. 10.7.2008 – VI R 26/07, BFH/NV 2008 S. 1831).

WICHTIGER HINWEIS

Die Abzugsbeschränkung auf 70 % der Kosten des § 4 Abs. 5 Satz 1 Nr. 2 EStG greift nicht für die Bewirtung von Mitarbeitern. Das gilt vor allem für solche Mitarbeiter, die Ihnen unterstellt sind und die durch ihre Zu- und Mitarbeit unmittelbaren Einfluss auf Ihre Karriere haben. Deshalb sind auch die strengen formalen Anforderungen nicht anwendbar.

Auch eine Feier zu Ihrem Abschied aus der Firma oder von der Dienststelle, an der vor allem Mitarbeiter, Geschäftsfreunde und Personen des öffentlichen Lebens teilnehmen, mit denen Sie beruflich zu tun hatten, können Sie als Werbungskosten absetzen, wenn Sie sie aus der eigenen Tasche gesponsert haben. Was bei einem Bundeswehrgeneral anlässlich seiner Verabschiedung in den Ruhestand recht war (BFH v. 11.1.2007 – BStBl 2007 II S. 317), sollte bei Ihnen als leitendem Angestellten, Behördenleiter oder leitendem Mitarbeiter einer Dienststelle billig sein. In aller Regel sind Sie nicht von der Kürzung des Abzugs Ihrer Kosten auf 70 % betroffen. Stellen Sie sich auf den Standpunkt, dass Ihre Einladung an die Teilnehmer nicht aus geschäftlichem Anlass erfolgte, sondern aus allgemeinem beruflichem Interesse. Letzteres geht immer durch, wenn die Feier von Ihrem Dienstherrn oder Arbeitgeber veranstaltet wird und Sie einen Obolus beisteuern, z. B. um die Feier etwas üppiger gestalten zu können, oder Sie nur Ihnen unterstellte Mitarbeiter oder lediglich Personal aus Ihrer Firma bzw. Behörde einladen (OFD Niedersachsen v. 29.11.2011 – S 2350 – 32 – St 215; NWB-Eilnachricht 126/2012).

4. Fahrten zwischen Wohnung und Arbeitsstätte

234 **a) Die Entfernungspauschale**
Mit der Entfernungspauschale wird seit Jahren ungeachtet der tatsächlich anfallenden Kosten und steigender Benzinpreise der Werbungskostenabzug für den täglichen Weg zur Arbeit steuerlich berücksichtigt – besser gesagt: »nicht berücksichtigt«. Denn so nach und nach hat sich die Vorschrift zu einer *Werbungskostenverhinderungsgregelung* entwickelt.

235 So wird die Entfernungspauschale berechnet:
Angenommen, Sie legen den täglichen Weg zur Arbeit von 30 km mit dem Auto zurück, und dies an 220 Tagen im Jahr:

30 km × 0,30 € × 220 Tage = 1.980 €

Hier greift ggf. die Kostendeckelung auf 4.500 € (vgl. ➤ Rz 239).

Wenn Sie öffentliche Verkehrsmittel benutzen, sieht die Rechnung für Sie im Grunde genommen genauso aus:
Angenommen, Sie fahren an 220 Tagen im Jahr 80 km mit dem Zug zur Arbeit und zahlen für Ihre Fahrkarten erster Klasse 300 € monatlich, macht 3.600 € im Jahr. Mit der Entfernungspauschale gerechnet, ergäbe sich folgender Betrag:

80 km × 0,30 € × 220 Arbeitstage = 5.280 €

Da die tatsächlichen Kosten für die Fahrkarten mit 3.600 € geringer sind als die Kostendeckelung, sind letztlich max. **4.500 €** abzugsfähig.
Wären die tatsächlichen Kosten höher als die Entfernungspauschale, könnten Sie die tatsächlichen Kosten absetzen. Deren Abzug wird nämlich nicht durch die Kostendeckelung begrenzt.

TRICK

Die tatsächlichen Kosten absetzen!

Die Entfernungspauschale, die Ihnen auch bei Benutzung öffentlicher Verkehrsmittel zusteht, ist völlig unabhängig von der Höhe Ihrer Kosten. Selbst wenn Ihre tatsächlichen Fahrtkosten nur einen Bruchteil dessen ausmachen, was sich aus der Entfernungspauschale ergibt, dürfen die Fiskalritter deshalb nicht den Rotstift ansetzen.
Statt der Entfernungspauschale können Sie aber auch die tatsächlichen Kosten für öffentliche Verkehrsmittel absetzen, falls diese höher sind als die Entfernungspauschale. Haben Sie z.B. einen weiten Weg zur Arbeit und fahren erster Klasse oder müssen häufiger ein Taxi benutzen? Dann vergleichen Sie die tatsächlichen Kosten und die Entfernungspauschale. Den höheren Betrag setzen Sie als Werbungskosten ab. Kommt der Abzug der tatsächlichen Kosten in Betracht, spielt die Kostendeckelung auf 4.500 € keine Rolle.

WICHTIGER HINWEIS

Achtung Bus- und Bahnfahrer mit kurzen Entfernungen zur Arbeit!
Das Sammeln Ihrer Fahrkarten zahlt sich besonders dann aus, wenn Sie nur einen kurzen Weg zur Arbeit haben, diesen mit Bus, Bahn oder Straßenbahn zurücklegen und dafür eine Zeitkarte nutzen. Gerade in diesem Fall sind die tatsächlichen Kosten höher als die Entfernungspauschale. **Übrigens:** Dass Sie Ihre Zeitkarte auch für private Fahrten nutzen, spielt keine Rolle und führt nicht zu einer Kürzung bei den Werbungskosten.

Einige Besonderheiten gelten für **Familienheimfahrten bei doppelter Haushaltsführung.** Zwar greift hier ebenfalls eine vom Verkehrsmittel unabhängige Entfernungspauschale, nicht aber die Deckelung auf 4.500 €.

237 Wirkungsbereich der Entfernungspauschale:
- Fahrten zwischen Wohnung und regelmäßiger Arbeitsstätte,
- Familienheimfahrten bei doppelter Haushaltsführung,
- Berechnung der Grenze für die Pauschalierung der Lohnsteuer mit 15 % auf Fahrtkostenzuschüsse.

238 Begünstigte Verkehrsmittel
Wie Sie schon oben gelesen haben, ist der Ansatz der Entfernungspauschale unabhängig davon, welches Verkehrsmittel Sie benutzen. Sie gilt einheitlich für:
- Kraftfahrzeug (Pkw, Motorrad),
- Moped oder Mofa,
- Fahrrad,
- öffentliche Verkehrsmittel (Bus, Bahn, Straßenbahn, Fähre etc.),
- Fahrgemeinschaft,
- Fortbewegung zu Fuß.

Aber auch hier gilt natürlich der alte Satz: Keine Regel ohne Ausnahme. Die Ausnahme bilden **Flugkosten.** Bei der Benutzung eines Flugzeugs z. B. für Familienheimfahrten hat der Fiskus den Ansatz der Entfernungspauschale für die reine Flugstrecke ausdrücklich ausgeschlossen. Dasselbe gilt, wenn der Flug ausnahmsweise als Fahrt zwischen Wohnung und Arbeitsstätte zu qualifizieren ist. Da für diese Wegekosten somit nichts abzugsfähig wäre, hat der Fiskus Gnade vor Recht ergehen lassen und erlaubt ausnahmsweise, dass die tatsächlichen Kosten für das Flugticket als Werbungskosten abgezogen werden.

Aber aufgepasst! Sie müssen ja auch irgendwie zum Flughafen kommen. Egal, ob Sie mit dem Taxi, der Bahn oder dem eigenen Auto fahren: Sie können für diesen Teil des Weges die Entfernungspauschale absetzen.

TRICK

Vermeiden Sie die Kostendeckelung!

239 Auch wenn Sie kein eigenes Auto besitzen, müssen Sie nicht in jedem Fall die Deckelung der Entfernungspauschale auf 4.500 € im Jahr hinnehmen. Sie dürfen die Entfernungspauschale ohne Deckelung auch dann ansetzen, wenn Sie mit einem geliehenen oder Ihnen zur Nutzung überlassenen Auto zur Arbeit

fahren. Ob Sie die Kosten für den Wagen tragen, spielt dabei keine Rolle (R 9.10 Abs. 2 LStR).
Die Kostendeckelung greift im Übrigen nur für die Kosten öffentlicher Verkehrsmittel. Nehmen wir einmal an, Sie fahren zunächst mit dem Auto zum Bahnhof, steigen dort in den Zug ein und legen an Ihrem Arbeitsort das letzte Stück des Weges mit der Straßenbahn zurück. Die Entfernungspauschale für die Fahrten mit Bahn und Staßenbahn ist auf 4.500 € gedeckelt. Die Entfernungspauschale für die morgendliche und abendliche An- und Abfahrt zum Bahnhof bekommen Sie aber in jedem Fall zusätzlich. Das gilt selbst dann, wenn dadurch die Grenze von 4.500 € überschritten wird.

Hinweis
Das Einkommensteuergesetz sieht keine besonderen Nachweispflichten vor, dass Sie tatsächlich ein Auto benutzen. Es reicht also auch hier aus, wenn Sie die Nutzung des Autos durch wahrheitsgemäße Angaben in der Steuererklärung glaubhaft machen. Allerdings kann es Ihnen passieren, dass Ihr Finanzamt bei großen Entfernungen einen Nachweis über die Gesamtfahrleistung des Autos verlangt. Wappnen Sie sich also für diesen Fall, indem Sie z.B. die Kilometerstände notieren, TÜV- und ASU-Berichte sowie Ihre Werkstattrechnungen aufbewahren.

Drehen wir denen den Hahn zu. Zahlen wir Steuern
auf Sperrkonten. Dann können sie sich die Penunzen anschauen
wie Jagdhunde ein Karnickel im Käfig, dass ihnen
vor Gier der Geifer aus dem Mund tropft.
(Sybil Gräfin Schönfeldt im ZEIT-Magazin)

Welche Strecke ist bei der Berechnung der Pauschale maßgebend?
Maßgebend für die Berechnung der Pauschale ist die kürzeste Straßenverbindung zwischen Wohnung und Arbeitsstätte. Aber: Wenn Sie mit dem Auto lieber auf die zeitlich günstigere, etwas längere Strecke ausweichen, sollten Sie sich nicht scheuen, diese anzugeben. Schließlich heißt es im Gesetz eindeutig, dass Sie eine zwar längere, aber verkehrsgünstigere Strecke ansetzen können, wenn Sie sie regelmäßig benutzen (§ 9 Abs. Abs. 1 Nr. 4 S. 4 EStG).

TIPP
Auf eine absolute Zeitersparnis kommt es nicht an!

Der BFH hat glasklar entschieden, dass für die Frage, ob eine Strecke offensichtlich verkehrsgünstiger ist, nicht eine Zeitersparnis von mindestens 20 Minuten verlangt werden kann. Eine solche absolute Zeitgrenze ergibt sich nicht aus dem Gesetz. Die Fahrzeitersparnis darf nur im Verhältnis zur Gesamtfahrzeit nicht von untergeordneter Bedeutung sein. Probleme könnte es damit geben, wenn die Zeitersparnis durch die längere verkehrsgünstigere Strecke unter 10 % liegt. Andererseits können auch Kriterien wie die Verkehrssicherheit, Streckenführung oder Ampelschaltungen eine längere Strecke als verkehrsgünstig rechtfertigen, selbst wenn sich keine signifikante Fahrzeitersparnis ergibt (BFH v. 16.11.2011 – VI R 46/10, BFH/NV 2012 S. 505 und BFH v. 16.11.2011 – VI R 19/11, BFH/NV 2012 S. 508). Deshalb kann z. B. in den Wintermonaten eine schon morgens gut gestreute längere Strecke über eine Hauptverkehrsstraße maßgebend sein, wenn eine kürzere Nebenstrecke nicht zuverlässig von Schnee und Eis befreit ist.

Sie müssen sich vor allem mit Ihrem Finanzamt nicht mehr auf Diskussionen einlassen, ob es statt der von Ihnen benutzten Strecke eine Alternative zur kürzesten Fahrstrecke gibt, die noch schneller ist. Entscheidend ist nur, dass Ihre Strecke günstiger ist als die kürzeste Verbindung. Günstiger bedeutet nicht, dass die Strecke kostengünstiger ist: Dass Sie eine mautpflichtige Brücke, eine Fähre oder einen Tunnel vermeiden, reicht als Argument nicht aus (BFH v. 12.12.2013 –VI R 49/13).

Interessanterweise wird Ihre Entfernungspauschale auch dann nach der Straßenentfernung berechnet, wenn Sie mit öffentlichen Verkehrsmitteln zur Arbeit fahren. Die sehr wahrscheinlich davon abweichenden Entfernungen z. B. der Bahn spielen keine Rolle. Angenommen, Sie fahren mit der Bahn zur Arbeit. Die Tarifentfernung der Bahn beträgt 38 km; zusätzlich legen Sie am Wohnort und am Arbeitsort noch jeweils 1 km zu Fuß zurück. Die kürzeste Straßenverbindung von Ihrer Wohnung zum Arbeitsplatz beträgt aber 45 km. Für die Berechnung der Entfernungspauschale kommt es einzig und allein auf die Straßenentfernung an. Ihre Werbungskosten belaufen sich also auf:

45 km × 0,30 € × 220 Arbeitstage   2.970 €

241 Besonders kurios wird es, wenn Sie den kürzeren Weg über die Autobahn nicht nehmen, weil Ihr Kleinkraftrad für die Autobahn nicht zugelassen ist. Gleichwohl wird für die Berechnung der Entfernungspauschale nur die kürzeste Straßenverbindung über die Autobahn angesetzt (BFH v. 24.9.2013 – VI R 20/13).

Was passiert, wenn Ihr Arbeitgeber einen Teil Ihrer Kosten übernimmt?
Keine Entfernungspauschale steht Ihnen zu, wenn Sie von einer steuerfreien Sammelbeförderung durch den Arbeitgeber profitieren.

In Fällen, wo Ihr Brötchengeber

- an Sie gezahlte Fahrgelder oder den Vorteil aus der Benutzung eines Firmenwagens mit 15 % pauschal versteuert,

- Ihnen als Beschäftigtem im Personennahverkehr über Personalrabatte steuerfrei die Fahrtmöglichkeit mit öffentlichen Verkehrsmitteln einräumt,

- Ihnen ein Job-Ticket steuerfrei überlässt (vgl. ➤ Rz 45),

wird Ihnen das auf Ihre Entfernungspauschale angerechnet. Damit auch der schläfrigste Finanzbeamte kapiert, dass Sie von solchen steuerbegünstigten Leistungen für Ihre Fahrten zwischen Wohnung und Arbeitsstätte profitieren, muss Ihr Arbeitgeber auf Ihrer Lohnsteuerbescheinigung ein »F« vermerken. Da die Lohnsteuerbescheinigung elektronisch an das Finanzamt übermittelt wird, kann dieser Hinweis auf Kürzung Ihrer Werbungskosten kaum übersehen werden.

Welche Besonderheiten gibt es für Behinderte? 242

Liegt Ihr Grad der Behinderung bei mindestens 70 % oder mindestens 50 bis 65 % und steht in Ihrem Schwerbehindertenausweis zusätzlich ein »G«, »aG« oder »H«, dann müssen Sie sich nicht mit der Entfernungspauschale abspeisen lassen. Sie können entweder Ihre tatsächlichen Kosten oder hilfsweise die Pauschalbeträge für Dienstreisen ansetzen. Beides bekommen Sie taggenau berechnet ab dem Tag, an dem das Ausweismerkzeichen im Behindertenausweis oder im Bescheid über die Behinderung eingetragen ist (BFH, Beschluss v. 11.3.2014 – VI B 95/13).

Zusätzlich machen Sie die Parkgebühren geltend (BMF v. 18.3.1980 – BStBl I 1980 S. 147). Lassen Sie sie sich nicht mit dem Hinweis auf das BFH-Urteil vom 2.2.1979 (BStBl 1979 II S. 372) ausreden, das einem Nichtbehinderten die Parkgebühren verwehrt hat, weil sie durch den gesetzlichen Kilometerpauschbetrag abgegolten seien. Für Sie gilt vielmehr R 9.5 LStR und R 9.8 Abs.1 Nr.3 LStR, die den Abzug der Parkgebühren zusätzlich zu den tatsächlichen Kfz-Kosten bzw. den Dienstreisepauschalen ausdrücklich absegnen.

Können Sie wegen Ihrer Behinderung nicht selbst fahren oder haben Sie deswegen keinen Führerschein und fährt Sie deshalb Ihr Ehe- oder Lebenspartner zur Arbeit und holt Sie auch wieder ab, sind auch dessen Leerfahrten abzugsfähig (H 9.10 LStH »Behinderte«). Sie können für diese Fahrten ebenfalls die Dienstreisepauschalen oder die tatsächlichen Kosten absetzen (BFH v. 2.12.1977 – BStBl 1978 II S. 260).

Berechnung der Arbeitstage 243

Man geht aus von		365
die um freie Samstage/Sonntage	104	
Feiertage (12 – 14)	12	
und Urlaubstage	27	
zu kürzen sind:	143	> – 143
Es verbleiben		222

Sind Sie an 240 Tagen 40 km zur Arbeit gefahren, rechnen Sie natürlich mit 240 Tagen:

40 km × 0,30 € × 240 Arbeitstage = Entfernungspauschale jährlich   2.880,00 €

TIPP

Volle Entfernungspauschale nur bei Hin- und Rückfahrt zur Arbeit!

Zur Spitze der Kleinigkeitskrämerei haben sich jetzt Fiskus und Finanzgericht Baden-Württemberg verschworen. Sie lassen die volle Entfernungspauschale von 0,30 € nur zu, wenn an dem betreffenden Tag sowohl eine Hin- als auch eine Rückfahrt von der Wohnung zur Arbeitsstätte durchgeführt wurde. Da frage ich mich doch ganz ernsthaft, ob es den Damen und Herren noch gutgeht. Da stampfen sie den Abzug der Entfernungspauschale aus angeblichen Vereinfachungsgründen auf eine Pauschale pro Arbeitstag zusammen. Fährt ein Arzt oder Musiker, Schauspieler oder Lehrer aus eindeutig beruflichen Gründen zwei- oder dreimal am Tag zur Arbeit, beruft sich der Fiskus auf die Pauschalierung und den Ansatz pro Arbeitstag und streicht gnadenlos die Zusatzfahrten. Kommt es aber ausnahmsweise einmal vor, dass am selben Tag keine Rückfahrt erfolgt, soll die Pauschalierung keine Rolle mehr spielen, und die Entfernungspauschale wird halbiert. *Ja, geht's noch?*

Treffen kann Sie diese Kleinigkeitskrämerei vor allem, wenn Sie

- über Mitternacht arbeiten,
- an Ihrer Arbeitsstätte übernachtet haben oder
- eine mehrtägige Dienstreise am Arbeitsort beginnen oder beenden.

In all diesen Fällen sollen Ihnen für den betreffenden Tag nur 0,15 € je Entfernungskilometer zustehen.

Bezeichnend finde ich, dass der Fiskus für diesen Fall in seinen Steuererklärungsformularen überhaupt keine Eintragungsmöglichkeit anbietet. Versuchen Sie doch einmal im Steuererklärungsprogramm der Finanzverwaltung »Elster-Formular« halbe Arbeitstage einzutragen. Eine solche Eintragung weist das Programm als fehlerhaft zurück.

WICHTIGER HINWEIS

244 Aufgepasst, Ihr Selbständigen, deren bessere Hälfte als Arbeitnehmer tätig ist und mit Ihrem Firmenwagen zur Arbeit fährt. Auch als neben Ihrem Hauptberuf selbständig Tätiger sollten Sie jetzt die Ohren spitzen.

Für einen mehr als zu 50 % freiberuflich oder gewerblich genutzten Pkw, dessen Kosten Sie bei der Gewinnermittlung absetzen, müssen Sie als Privatanteil 1 % des Bruttolistenpreises pro Monat versteuern. Damit sind grundsätzlich sämtliche außerbetrieblichen Nutzungen abgegolten. Und da Sie alle Autokosten über den Betrieb absetzen, können Sie den Privatanteil von 12 % des Listenpreises pro Jahr locker verschmerzen.

Aber: Zusätzlich zum privaten Nutzungsvorteil für den Pkw müssen die Kosten, die auf Fahrten zwischen Wohnung und Arbeitsstätte entfallen, als steuererhöhende Entnahme erfasst werden (BFH v. 26.4.2006 – BStBl 2007 II S. 445).

Beispiel
Meier ist Arbeitnehmer und fährt täglich 40 km zur Arbeit, im Jahr insgesamt also 18.400 km. Dazu kommen etwa 5.000 km rein private Fahrten. Nebenher ist Meier als selbständiger Versicherungsvertreter tätig, und im Rahmen dieser Tätigkeit nutzt er das Auto überwiegend (26.600 km pro Jahr). Deshalb hat er es im Betriebsvermögen aktiviert und versteuert einen Privatanteil von 12 % pro Jahr. Anschaffungskosten für das Auto: 24.000 € (Listenpreis 25.000 €).

Meier hat zunächst einmal folgende Kfz-Kosten als Betriebsausgaben gebucht:

Abschreibung: $1/6$ von 24.000 €	4.000 €
Laufende Kosten (Benzin, Wartung, Steuern, Versicherung etc.)	8.000 €
Betriebsausgaben	12.000 €
./. Privatanteil 12 % von 25.000 €	– 3.000 €
./. zusätzlicher Privatanteil 18.400/50.000 × 12.000 €	– 4.416 €
Steuerwirksame Pkw-Kosten im Betrieb	4.584 €
Hinzu kommen Werbungskosten für Fahrten zur Arbeit	
230 Tage × 40 km × 0,30 €	2.760 €
Steuerwirksame Kosten insgesamt	7.344 €

Wie Sie sehen, ist das nicht wirklich ein lohnendes Geschäft. Besser ist es da schon, wenn man dem Finanzamt sagen kann, man sei den Weg zur Arbeit mit dem Zweitwagen oder öffentlichen Verkehrsmitteln gefahren. Sogar ein völliger Verzicht auf die Entfernungspauschale wäre hier lukrativer.

TRICK

Holen Sie mit Wechselgeld und Briefmarken aus Ihrem Mittagessen über 200 € Steuerersparnis heraus!

Als Innendienstler erkennt Ihnen das Finanzamt nur die Fahrt zwischen Wohnung und Arbeitsstätte an. Normalerweise können Sie also keine mittäglichen Fahrtkosten absetzen. Außerdem rechnen nach dem BFH-Urteil vom 4.7.1975 (BStBl 1975 II, S. 738) Aufwendungen für Mittagsheimfahrten bei geteilter Arbeitszeit zu den Lebenshaltungskosten, auch bei einer Mittagspause von zwei

Stunden oder wenn Sie auf Diätverpflegung angewiesen sind. Wenn Sie also als Banker, Versicherungsangestellter, Verkäuferin usw. mittags in einer nahe gelegenen Gaststätte essen, sollen Sie das zu 100 % auf eigene Kosten tun.

Sie sind aber schlau, schlagen dem Fiskus ein Schnippchen und greifen sich dazu erst einmal Ihren Chef. Erklären Sie ihm, Sie seien bereit, den täglichen Botengang zur Post, zur Bank usw. zu übernehmen, falls Sie im Anschluss daran Ihre Mittagspause einlegen dürften. Auf diese Weise befinden Sie sich jeden Tag um die Mittagszeit auf einer hochoffiziellen Dienstreise mit zu 0,30 € je gefahrenen Kilometer absetzbaren Fahrtkosten. Bei 230 Arbeitstagen ergibt sich daraus für Sie z. B. folgende Rechnung:

Fahrtkosten für tägliche Dienstgänge zu Post, Bank etc.

230 Tage à 10 km × 0,30 €	690 €
Steuerersparnis bei einem Steuersatz von ca. 30 %	207 €

GUTER RAT

246 Ihre Fahrtkosten sind nur dann auf die Entfernungspauschale begrenzt, wenn es sich um Fahrten zwischen Wohnung und erster Tätigkeitsstätte handelt. Für alle anderen Fahrten können Sie die tatsächlichen Kosten oder stattdessen 0,30 € je gefahrenen Kilometer absetzen (➤ Rz 208).

247 **b) Autodiebstahl, Unfall oder Motorschaden**

Bei der Berücksichtigung von Kosten durch einen Unfall, Diebstahl oder Motorschaden des Autos kommt es entscheidend darauf an, dass die betreffende Fahrt beruflich veranlasst war. Abzugsfähig sind daher Kosten für einen Unfall

- auf einer Dienstreise oder anderen Auswärtstätigkeiten,

- bei Behinderten auch bei Fahrten zwischen Wohnung und erster Tätigkeitsstätte. Die Möglichkeit, auch als Nichtbehinderter Unfallkosten abzusetzen, wenn Sie einen Unfall bei einer Fahrt zwischen Wohnung und erster Tätigkeitsstätte hatten, hat der BFH leider zunichte gemacht. Er ist der Ansicht, dass die Entfernungspauschale alle Kosten für die Fahrt zur Arbeit abdeckt. Dabei unterscheidet er nicht mehr zwischen laufenden oder außergewöhnlichen Kfz-Kosten.

Dann können die Kosten neben der Entfernungspauschale abgesetzt werden. Zu den beruflichen Kosten gehören auch Schadenersatzleistungen, Prozesskosten und alle sonstigen Aufwendungen aus Anlass eines Unfalls. Nach Ansicht einiger Finanzgerichte gilt dies selbst dann, wenn der Unfall fahrlässig verschuldet wurde.

Wer allerdings meint, er könne sich erst kräftig einen hinter die Binde gießen und anschließend ans Steuer setzen, der wird doppelt bestraft – vom Gericht und vom Fiskus. Sie können die Unfallkosten nicht absetzen, wenn Sie blau wie ein Veilchen waren (BFH v. 18.12.1981 – BStBl 1982 II S. 261).

Abzugsfähig sind bei Behinderten auch die Unfallkosten, die während der Leerfahrt zum Abholen des behinderten berufstätigen Ehegatten (BFH – BStBl 1980 II S. 655), zum Betanken des Kfz oder zurück vom Bahnhof entstanden, nachdem der behinderte Ehegatte zum Zug gebracht worden war, mit dem er weiter zur Arbeit fährt (BFH v. 26.6.1987 – BStBl 1987 II S. 818).

Was, wenn Sie nach einem Autounfall gesundheitlich so schlecht dran sind, dass Sie deswegen in Kur fahren, durch eine Physiotherapeutin behandelt werden oder zu Gymnastikkursen gehen? Dann können Sie die Kosten dafür dem Finanzamt als Betriebsausgaben/Werbungskosten in Rechnung stellen (BStBl 1960 III S. 511).

248 Ist der Pkw als berufliches Arbeitsmittel einzustufen – was eine sehr hohe berufliche Nutzung von z. B. 90 % voraussetzt –, sind auch Verluste durch Diebstahl im privaten Bereich – z. B. aus dem zur Wohnung gehörenden Garagenhof – abzuziehen (BFH – BStBl 1983 II S. 586) oder Beschädigungen infolge von Vandalismus.

TIPP

Seien Sie hartnäckig!

249 Unfallkosten können Sie nicht nur absetzen, wenn Sie an Ihre eigene Mühle Beulen fahren. So hat eine hartnäckige Steuerzahlerin, die bei einer beruflichen Fahrt mit dem Auto eines Bekannten in den Graben gerutscht war, sich nicht mit der Ablehnung durch das Finanzamt zufriedengegeben und vor dem Finanzgericht den Schadenersatz, **den sie ihrem Bekannten gezahlt hat, als Werbungskosten durchgeboxt** (EFG 1993 S. 647).

SUPER TRICK

Holen Sie Geld vom Finanzamt für das kaputte Auto Ihres Partners!

Wenn Sie sich für die Dienstreise das Auto Ihres Lebenspartners geliehen haben und damit einen Unfall verursachen, können Sie zwar die Fahrtkosten absetzen, den Unfallschaden wollen die Fiskalritter aber mit einer ganz hinterlistigen Argumentation vom Tisch fegen: Sie hätten keinen Aufwand durch den Unfall, da der Wagen nicht Ihnen gehöre und Schäden an einem fremden Auto nur als sog. Drittaufwand abgesetzt werden könnten, wenn die Mühle Ihrem Ehepartner gehöre (FG Niedersachsen v. 19.1.1994, EFG 1994 S. 785).

Aber die Bürokraten haben die Rechnung ohne den Wirt gemacht: Sie schaffen sofort klare Verhältnisse und zahlen Ihrem Partner Schadenersatz für das kaputte Auto.

Damit sich die Sache lohnt, rechnen Sie untereinander genauso ab, wie Sie es mit einer Autoversicherung machen würden. Also nicht nur die Reparaturkosten erstatten, sondern auch einen ordentlichen Teil für Wertminderung des Unfallwagens, Auslagen und Nutzungsausfall für die Zeit der Reparatur. Die Rechnung für das Finanzamt könnte dann z. B. so aussehen:

Aufgrund einer außergerichtlichen Vereinbarung gezahlte Kostenerstattung an Herrn/Frau . . . . . für den von mir auf der Dienstreise verursachten Unfallschaden am . . . . .(Datum) mit dem Fahrzeug . . . .(Kennzeichen):

Reparaturkosten lt. Rechnung Autohaus Schnell	2.535,50 €
Pauschaler Auslagenersatz für Telefonate, Porto etc.	50,00 €
Wertminderung für das Unfallfahrzeug lt. außergerichtlicher Vereinbarung	600,00 €
Nutzungsausfall während der Reparatur 8 Tage à 45,00 €	360,00 €
Als Werbungskosten abzugsfähiger Unfallkostenersatz	3.545,50 €

Damit alles wirklich wasserdicht ist, werden Sie den Betrag auf den Cent genau auf das Konto Ihres Herzblatts überweisen. Dass Sie auf diese Weise sogar die Wertminderung absetzen können, die man Ihnen beim Unfall mit dem eigenen Wagen immer streicht, wird die Fiskalritter dabei besonders ärgern ... (Schwierigkeiten? Das Urteil in den EFG 1993 S. 647 steht Ihnen bei.)

TIPP

Nutzen Sie Ihren Vorteil bei einem Unfall!

250 Haben Sie eine **Dienstreise** mit Ihrem **privaten Pkw** durchgeführt und dabei einen Unfall verursacht, so können Sie, wenn Sie das Fahrzeug nicht reparieren lassen, den Wertverlust als Werbungskosten geltend machen (FG München v. 7.12.2001 – Az 1 K 5272/00).

Seien Sie besonders auf der Hut, wenn Sie handwerklich begabt sind und aus Kostengründen den Unfallschaden selbst reparieren. Die Wertminderung durch den Unfall sollen Sie dann nämlich nicht absetzen können. Lediglich die Reparaturkosten gestehen Ihnen die Herren Geiz & Co. beim Bundesfinanzhof zu (BFH-Urt. v. 27.8.1993 – BStBl 1994 II S.235). Sagen Sie dem Finanzamt also: »Das Auto wurde bisher nicht repariert, sondern nur notdürftig fahrtüchtig gemacht.« Nun kann das Finanzamt Ihnen die Wertminderung nicht streichen.

Bei einem Totalschaden an Ihrer Kiste können Sie den Restwert vor dem Unfall absetzen. Die Differenz zum Kaufpreis Ihres neuen Autos ist dagegen weder als Werbungskosten noch als außergewöhnliche Belastung abzugsfähig, weil insoweit keine Vermögensminderung eingetreten ist (FG Niedersachsen v. 10.11.1988 – NWB 1989 Fach 1 S.217).

TIPP
Passen Sie bei Totalschaden auf!

Nach Meinung des BFH (BStBl 1995 I S.318) soll als Restwert nicht der tatsächliche Wert Ihres Autos anerkannt werden, es wird also nicht auf die Schwacke-Liste oder ein Gutachten zurückgegriffen. Der Restwert ergibt sich vielmehr aus den Anschaffungskosten nach Abzug einer fiktiven Abschreibung bis zum Unfall. Fazit: Wenn Ihre Mühle älter als acht Jahre war (FG München v. 7.12.2001 – 1 K 5272/00), schauen Sie ganz schön alt aus. Bei einer Nutzungsdauer für Pkw von acht Jahren beträgt der Restwert nämlich 0 €.

Bei einem älteren Auto sollten Sie sich **einen irreparablen Totalschaden also möglichst verkneifen**, weil zum Ärger über den Unfall auch noch der Frust bei der Steuer kommt. Bei jüngeren Autos rechnen Sie das dem Finanzamt so vor:

Anschaffungskosten im Januar 2013	36.000 €
Abschreibung bis zum Unfall im April 2015	
= 27 Monate: 27/96 × 36.000 €	– 10.125 €
Restwert zum Zeitpunkt des Unfalls	25.875 €

Macht das Finanzamt bei dieser Berechnung nicht mit, weil die Nutzungsdauer für Pkw lt. amtlicher Tabelle nur sechs Jahre beträgt, wehren Sie sich dagegen mit dem BFH-Urteil vom 29.3.2005 (BStBl 2006 II S.368), das ebenfalls von einer Nutzungsdauer von acht Jahren ausgeht.

Das Steuerrecht ist ja so gerecht: Das Mehr an unfallbedingten Versicherungskosten – der Verlust des Schadensfreiheitsrabatts – kann der Selbständige absetzen, der Nichtselbständige nicht (BFH v. 11.7.1986 – BStBl 1986 II S.866)!

Natürlich müssen Sie die Unfallkosten selbst getragen haben. Hat sie die Versicherung oder Ihr Arbeitgeber bezahlt, können Sie sie nicht bei der Steuer geltend machen. Zahlt Ihnen Versicherung oder Arbeitgeber nur einen Teil, können Sie den Rest natürlich sehr wohl geltend machen.

TRICK

Verdienen Sie mit kaputten Scheiben 1.000 € und mehr!

252 Wenn Sie schon die Fiskalritter nicht mit dem Unfall zur Kasse bitten können, sollten Sie wenigstens versuchen, sich bei der Autoversicherung schadlos zu halten. »Ja, wie denn?«, fragen Sie. »Die alte Karre war nicht mehr vollkaskoversichert. Und da ich die Rostlaube selbst gegen den Baum gefahren habe, zahlen doch die Versicherungsfritzen keinen Cent.«

Dazu müssen Sie wissen, dass bei der Teilkasko Glasbruch mitversichert ist. Auch bei einem selbstverschuldeten Unfall muss die Versicherung Ihnen über die Teilkasko jedes beschädigte Glasteil am Auto ersetzen. Sie werden sich wundern, wie viel Glas an so einem Auto ist. Nicht nur die Scheiben, auch Spiegel, Scheinwerfer, Blinker, Sonnendach sind aus zerbrechlichem Material. Lassen Sie sich bei einem Totalschaden von Ihrer Werkstatt unbedingt eine Aufstellung über die defekten Glasteile und deren Preise geben. Natürlich nur für die, die beim Unfall zerbrochen sind. Die Scheiben, die Ihre Kinder beim Spielen in dem Wrack nachträglich zerdeppert haben, fallen nicht unter die Kaskoversicherung. Die Aufstellung reichen Sie dann zusammen mit ein paar Fotos bei der Versicherung ein, und schon kommt ein warmer Geldregen, der ohne weiteres 500 bis 1.000 € betragen kann.

Aufstellung der Unfall- und Berufskosten

1. Reparaturrechnung vom … der Firma … über	2.410 €
Weitere Schäden durch Unfall:	
a) vom Sitz geschleuderter Laptop: Wiederherstellungskosten lt. Rechnung	40 €
b) von der Ablage gefallene Minolta-Kamera (Wiederherstellungskosten)	225 €
Zerstörung der Brille … Kosten einer neuen	100 €
Ausgelaufenes Benzin	20 €
Bekleidungsschaden (Reinigungskosten, Wertminderung)	150 €
Arztrechnung	100 €
Anwaltskosten und Gerichtsgebühren (BFH v. 2.3.1962 – BStBl 1962 III S. 192)	400 €
Sonstige Kosten: Telefonate, Taxifahrten zur Versicherung, Kosten der Korrespondenz	50 €
Unfallkosten	3.495 €

c) Gemeinsame Fahrten von Eheleuten

So richtig vorteilhaft wirkt sich die Entfernungspauschale für Sie aus, wenn Sie gemeinsam mit Ihrem Ehegatten zur Arbeit fahren. Egal, ob jeder selbst mit dem Auto fährt, ob beide am selben Ort arbeiten und mit dem gemeinsamen Auto fahren oder Sie Ihre bessere Hälfte erst zur Arbeit bringen, dann zur eigenen Arbeitsstätte weiterfahren und Ihr Schätzchen abends wieder abholen – Sie kassieren auf jeden Fall beide die Entfernungspauschale für den jeweiligen Arbeitsweg. Im Idealfall also die doppelte Pauschale.

Beispiel

Sie fahren morgens Ihren Ehegatten nach A (40 km), anschließend fahren Sie weiter zu Ihrer Arbeit nach B (30 km). Abends machen Sie die gleiche Tour in umgekehrter Richtung. Die direkte Entfernung von Ihrer Wohnung nach A beträgt 40 km, nach B 35 km.

Und so rechnen Sie beim Finanzamt die Entfernungspauschalen ab:
Ehemann: 40 km × 0,30 € × 230 Tage = 2.760 €
Ehefrau: 35 km × 0,30 € × 230 Tage = 2.415 €

d) Fahrtkosten bei Einsatzwechseltätigkeit

Geht Ihr Beruf als Einsatzwechseltätigkeit durch, wirkt sich das günstig auf Ihre Fahrtkosten aus, weil Sie die tatsächlichen Kosten Ihres Autos oder stattdessen 0,30 € je gefahrenen Kilometer absetzen können.

Zu den Einzelheiten vgl. ➤ Rz 185, Rz 208, Rz 210.

Zwei Mücken treffen sich vor dem Finanzamt.
Die eine kommt gerade heraus, die andere will hinein.
Meint die, die herauskommt, zu der, die hineinwill:
»Zwecklos, die saugen selbst!«

WICHTIGER HINWEIS

Nicht alle Einsatzwechseltätigen, die von ihrer Firma per steuerfreiem Sammeltransport (➤ Rz 241) zur Arbeit gebracht werden, schauen bei den Fahrtkosten komplett in die Röhre.

Werden Sie z.B. nicht zu Hause abgeholt, sondern fahren morgens erst zu Ihrer Firma oder einem Treffpunkt und steigen dort mit den anderen Kollegen in den Firmenbus, steht Ihnen für diese Fahrt die Reisekosten-Kilometerpauschale von 0,30 € je gefahrenen Kilometer zu. Sie müssen sich nicht mit der geringeren Entfernungspauschale begnügen, weil die Firma nicht schon deswegen, dass Sie dorthin fahren, um in ein Firmenfahrzeug umzusteigen, zur regelmäßigen Arbeitsstätte wird.

Aufgepasst, wenn Sie Ihr Brötchengeber zwar zur Einsatzstelle transportiert, Ihnen dafür aber einen finanziellen Obolus in Form einer Fahrtkostenbeteiligung abknöpft. Zwar bekommen Sie dann trotzdem keine Entfernungspauschale, aber Sie können den Fahrtkosten-Obolus als Werbungskosten absetzen. Wenn sich der für Sie zuständige Fiskalvertreter damit schwertut, helfen Sie ihm mit einem Hinweis auf § 9 Abs. 2 EStG.

TRICK
Die richtige Arbeitsplanung bringt bei Kundendienstmonteuren bares Geld!

256 Richten Sie als Kundendienstmonteur Ihre Touren so ein, dass Sie nicht mehr als 30 % Ihrer Arbeitszeit und möglichst nicht zwei ganze Arbeitstage pro Woche im Betrieb verbringen. Dann haben Sie nämlich dort keine erste Tätigkeitsstätte, und Ihre Fahrten dorthin stellen keine Fahrten zwischen Wohnung und Arbeitsstätte dar, sondern können wie Dienstreisen abgesetzt werden. Statt der Entfernungspauschale von 0,30 € je Entfernungskilometer setzen Sie die Fahrten mit den tatsächlichen Kosten für Ihr Auto oder der Dienstreisepauschale von 0,30 € je gefahrenen Kilometer ab.

Im Übrigen profitieren Sie so auch noch von der Verpflegungspauschale. Da die Fahrt zum Arbeitgeber jetzt Teil Ihrer Auswärtstätigkeit ist, beginnt Ihre Abwesenheitszeit mit Verlassen der Wohnung und endet erst, wenn Sie abends nach Hause zurückkehren. Damit kommen Sie locker auf eine Abwesenheitszeit von mehr als 8 Stunden pro Tag und können somit mindestens 12 € pro Tag als Verpflegungspauschale zusätzlich absetzen.

TRICK
Sie arbeiten in einer Zweigniederlassung oder Filiale?

257 Dann seien Sie clever: Fahren Sie nicht gleich frühmorgens zur Filiale, wofür Sie nur den Satz von 0,30 € je Entfernungskilometer geltend machen können. Fahren Sie stattdessen – sofern das einigermaßen praktisch und plausibel ist – zuerst den Hauptsitz Ihres Betriebs an, besprechen dort z. B., was in der Filiale zu tun ist, und setzen sich erst dann zur Niederlassung in Trab.

»Und wieso soll das ein Vorteil sein?«, fragen Sie.
Weil Sie für die anschließende Filialfahrt den Kilometersatz der Dienstreise geltend machen können. Und dafür spendiert Ihnen der Fiskus 0,30 € für jeden gefahrenen Kilometer.

> # WICHTIGER HINWEIS

Berufsschüler und Auszubildende, aufgepasst!
Die Berufsschule, der Lehrgangsort oder das Seminar wird für Sie auch bei 258
längerem Aufenthalt nicht zur ersten Tätigkeitsstätte. Entscheidend ist nur, dass der Aufenthalt dort befristet ist, was er ja in nahezu 100 % aller Fälle sein wird. Damit können Sie Ihre Fahrtkosten statt mit der mickrigen Entfernungspauschale mit den vollen Kosten oder mit 0,30 € je gefahrenen Kilometer absetzen.
Ob Sie nur tageweise Unterricht haben oder in mehr oder weniger langen Blöcken, spielt dabei keine Rolle (BFH-Urt. v. 10.4.2008 VI – BStBl 2008 II S. 825).

> # TIPP
> **Reisekosten für Bauleiter und andere!**

Als Bauleiter werden Sie Ihre regelmäßige Arbeitsstätte fast immer am Be- 259
triebssitz haben. Das ist zumindest dann der Fall, wenn Sie am Betriebssitz wesentliche qualitative Planungsaufgaben erledigen. Somit führen Sie bei Ihrer Tätigkeit auf der auswärtigen Baustelle Dienstreisen aus und können die tatsächlichen Fahrtkosten oder pauschal 0,30 € je gefahrenen Kilometer geltend machen.

Sie sollten auch darauf achten, dass Sie pro Woche höchstens ein bis zwei Tage auf derselben Baustelle verbringen und die restlichen drei bis vier Tage entweder im Betrieb oder auf anderen Baustellen. So retten Sie zusätzlich den zeitlich unbegrenzten Abzug der Verpflegungspauschalen (➤ Rz 191).

e) Fahrgemeinschaften 260
Bei einer einseitigen Fahrgemeinschaft, bei der also lediglich eines der Mitglieder mit dem eigenen Auto fährt, die übrigen lediglich Mitfahrer sind, bekommt jedes Mitglied der Fahrgemeinschaft zunächst einmal die Entfernungspauschale. Allerdings schauen die reinen Mitfahrer bei größeren Entfernungen ein wenig in die Röhre, weil ihre Entfernungspauschale auf max. 4.500 € gedeckelt wird.

Beispiel

Sie und Ihr Nachbar Willi arbeiten im selben Betrieb. Da Willi kein Auto hat, nehmen Sie ihn immer mit zur Arbeit. Die einfache Entfernung liegt bei 100 km. Die Entfernungspauschale beträgt zunächst einmal für beide

100 km × 0,30 € = 30,00 € × 230 Tage =   6.900 €

Da Sie für die Fahrten Ihr eigenes Auto benutzen, wird Ihre Entfernungspauschale nicht gedeckelt. Sie setzen also für Ihre Fahrten 6.900 € als Werbungskosten ab.

Ihr Nachbar Willi wird dagegen mit 4.500 € abgespeist.

Bei einer wechselseitigen Fahrgemeinschaft wird es ein bisschen komplizierter, die Deckelung gilt nämlich nur für die Fahrten als Mitfahrer. Deshalb wird zunächst einmal für jedes Mitglied der Fahrgemeinschaft die Entfernungspauschale für die Tage ermittelt, an denen es lediglich als Mitfahrer fungierte. Der sich hierfür ergebende Betrag wird evtl. auf höchstens 4.500 € begrenzt. Zusätzlich zu diesem Betrag wird für jedes Mitglied die Entfernungspauschale angesetzt, die sich für die Arbeitstage ergibt, an denen es im Rahmen der Fahrgemeinschaft jeweils selbst mit dem Auto gefahren ist.

Beispiel

Ihr Nachbar Willi aus dem vorhergehenden Beispiel hat selbst ein Auto, und Sie wechseln sich mit dem Fahren ab. Dann kann dem Finanzamt folgende Rechnung aufgemacht werden:

		Sie selbst	**Nachbar Willi**
Entfernungspauschale für reine Mitfahrtage	115 × 30,00 €	3.450 €	3.450 €
Entfernungspauschale für Fahrten mit eigenem Kfz	115 × 30,00 €	3.450 €	3.450 €
Entfernungspauschale		6.900 €	6.900 €

261 f) Haben Sie mehr als eine Wohnung?

Als Ausgangspunkt für die Fahrten zur Arbeit kommt jede eigene Wohnung in Betracht, die Sie regelmäßig zur Übernachtung nutzen (R 9.10 Abs. 1 LStR).

Besitzen Sie etwa eine Zweitwohnung, weil Sie und Ihr Ehepartner vielleicht eine moderne Ehe führen, bei der Mann und Frau getrennt wohnen, sind die anfallenden Fahrtkosten zur Arbeitsstätte von der weiter entfernt liegenden Wohnung abziehbar, wenn diese (zumindest zeitweise) Mittelpunkt des häuslichen Lebens ist. Theater mit dem Finanzamt gibt es aber, wenn Sie die gemeinsame Wohnung nicht mindestens sechsmal im Jahr aufsuchen.

Wenn Sie als Lediger noch einen zweiten Wohnsitz bei Ihren Eltern haben oder an deren Wohnort gar ein Einfamilienhaus Ihr Eigen nennen, ansonsten aber in der Nähe Ihres Arbeitsorts eine Zweitwohnung unterhalten, können Sie auch die gelegentlichen Fahrten von Ihrem Eigenheim aus beim Finanzamt als Fahrtkosten zwischen Wohnung und Arbeitsstätte geltend machen – egal, wie weit Sie fahren (BStBl 1986 II S. 221). Wichtig ist nur: Dort muss der Mittelpunkt Ihrer Lebensinteressen sein. Mittelpunkt der Lebensinteressen ist nach Meinung des Bundesfinanzhofs der Ort, zu dem Sie die größten persönlichen Bindungen haben.

Aber auch ein anderer Wohnort lässt sich schnell zum Lebensmittelpunkt umfunktionieren. Treten Sie in einen Verein ein und suchen Sie sich einen netten Menschen am Ort, von dem Sie dem Finanzamt gegenüber als von Ihrer/Ihrem Verlobten sprechen können. Damit haben Sie sichergestellt, dass Ihre Fahrtkosten beim Finanzamt durchgehen. Wenn Sie dann noch mindestens zwei Fahrten im Monat zu dieser Wohnung geltend machen, bleibt auch dem streichwütigsten Fiskalisten nichts anderes übrig, als zu kapitulieren. Verweisen Sie ihn notfalls auf R 9.10 Abs. 1 S. 8 LStR.

TIPP

für Heimfahrten

Gute Nachrichten für alle, die es nicht immer schaffen, mindestens zweimal monatlich oder bei weit entferntem Lebensmittelpunkt mindestens sechsmal im Jahr nach Hause zu fahren. Der BFH meinte nämlich recht großzügig, die Anzahl der Fahrten sei zwar ein Indiz, aber der Lebensmittelpunkt müsse nach den Gesamtumständen festgestellt werden, und der auswärtige Wohnort könne auch dann als Lebensmittelpunkt anerkannt werden, wenn nur drei Fahrten im Jahr dorthin stattgefunden hätten (BFH-Urt. v. 10.2.2000 – VI R 60/98, BFH/NV 2000 S. 949). Für entscheidend hielt der BFH, dass der Aufenthalt am Arbeitsort befristet war, die dort bezogene Wohnung gegenüber der Hauptwohnung am Lebensmittelpunkt nach Größe und Ausstattung minderwertig war und der Steuerzahler am Arbeitsort keinen privaten Bekanntenkreis aufgebaut hatte. In die gleiche Kerbe schlug der BFH mit seinem Urteil vom 26.11.2003 (BStBl 2004 II S. 233).

GUTER RAT

Sind Sie verheiratet, liegt der Mittelpunkt Ihrer Lebensinteressen immer in der Wohnung, in der Ihre Familie wohnt. Ist das die weiter entfernte Wohnung, gehen Ihre Fahrtkosten in der Regel sowieso als Familienheimfahrten im Rahmen einer doppelten Haushaltsführung durch.

Schwieriger wird die Sache, wenn Sie mit Ihrer Familie zwei Wohnungen unterhalten. Jetzt müssen Sie dem Finanzamt beibringen, dass die weiter entfernte die eigentliche Familienwohnung und damit Ihr Lebensmittelpunkt ist. Steine legt Ihnen dabei das Finanzgericht Köln in den Weg. Dessen Richter meinten nämlich, der Hauptwohnort einer Familie richte sich nicht danach, wo der Steuerzahler mit seiner Familie mehr *Tage* im Jahr verbringt, sie zählten vielmehr die *Wochen,* in denen sich die Familie jeweils in ihren Wohnungen aufhielt. Die Wochenenden haben sie unfairerweise außen vor gelassen (EFG 1995 S. 14). Man muss kein Hellseher sein, um zu erkennen, dass sie damit den Lebensmittelpunkt aus der weiter entfernt liegenden Wohnung in die näher gelegene verlegt haben und der Fahrtkostenabzug für die weiten Fahrten zum Teufel war.

Ich meine, solchen Entscheidungen muss Einhalt geboten werden. Es geht doch nicht an, dass der Fiskus seine Regeln mal so und mal anders auslegt. Ständig zählen die Fiskalritter fleißig die Aufenthalts*tage,* wenn es auf den überwiegenden Aufenthalt im Jahr ankommt, so z. B. bei der Frage, ob Sie unter die Steuerbefreiung eines Doppelbesteuerungsabkommens fallen oder bei welchem Finanzamt Sie Ihre Steuererklärung abgeben müssen. Das gilt nach § 19 Abs. 1 AO auch für Familien. Hält sich also Ihre Familie (Wochenenden, Ferien und Feiertage mitgerechnet) mehr als 182 Tage in A-Dorf auf, ist für Ihre Steuererklärung das Finanzamt A-Dorf zuständig. Es muss doch auch dem borniertesten Finanzbeamten einleuchten, dass er dann nicht plötzlich wochenzählenderweise Ihren Lebensmittelpunkt nach B-Stadt verlegen kann.

> *Das deutsche Steuerrecht ist überkompliziert,*
> *undurchsichtig, oft ungerecht.*
> *So sehr, dass man es als Hochschullehrer heute*
> *nicht mehr ohne Scham unterrichten kann.*
>
> (Prof. Klaus Vogel, Staatsrechtler)

5. Häusliches Arbeitszimmer

263 **a) Ganz oder gar nicht, so lautet die Devise**

Auch beim häuslichen Arbeitszimmer geht es um das leidige Thema der gemischten Aufwendungen. Wird das Arbeitszimmer nämlich sowohl beruflich als auch privat genutzt, müsste der beruflich veranlasste Teil der Aufwendungen vom privat veranlassten getrennt werden. Da eine solche Trennung aber bei einem einzelnen Raum nicht leicht und einwandfrei möglich ist, lässt der Fiskus überhaupt nichts zum Abzug zu und rechnet alle Aufwendungen zu den nicht abziehbaren der privaten Lebensführung (§ 12 EStG).

In diese hartleibige Sichtweise der Finanzverwaltung kommt neuerdings Bewegung. Die Finanzgerichte dürfen sich nämlich aktuell mit der Frage befassen, ob der berufliche Teil der Arbeitszimmerkosten selbst dann abgezogen werden kann, wenn das Arbeitszimmer in größerem Umfang auch privat genutzt wird. Das Finanzgericht Köln hat zugunsten der Steuerzahler einen teilweisen Abzug zugelassen (FG Köln v. 19.5.2011 – 10 K 4126/09).

Inzwischen ist auch der BFH in dieser Sache tätig geworden. Er hat in der Frage, ob bei einem gemischt genutzten Arbeitszimmer zumindest ein Teil der Kosten Werbungskosten darstellt, seine oberste Instanz, den Großen Senat, eingeschaltet (BFH-Beschluss v. 21.11.2013 – IX R 23/12, BStBl 2014 II S. 312). Der wird endgültig und verbindlich entscheiden, ob und in welchem Umfang eine Kostenaufteilung möglich ist. Im ersten Aufschlag hat der BFH in seiner Vorlage beim Großen Senat zumindest schon einmal steuerzahlerfreundlich argumentiert, dass ein häusliches Arbeitszimmer nicht immer eine nahezu ausschließliche berufliche Nutzung voraussetzt und dass es nur recht und billig sei, wenn die Kosten in einen privaten und einen beruflichen Anteil aufgeteilt würden.

Allerdings hat sich der BFH zunächst nur mit einem Fall beschäftigt, in dem der Steuerzahler sein insgesamt als Büro eingerichtetes Arbeitszimmer zu 60 % beruflich und zu 40 % privat genutzt hat. Ob eine Kostenaufteilung auch bei einer Arbeitsecke im Wohnzimmer oder einem sonst zum Wohnen genutzten Raum möglich ist, hat der BFH noch ausgeblendet.

TIPP

Legen Sie bei gemischter Nutzung unbedingt Einspruch ein!

Angesichts des Verfahrens beim Großen Senat (Az GrS 1/14) und weiterer Revisionen (Az X R 32/11, VIII R 52/13, X R 26/13, XI R 20/13 XI R 21/13) sollten Sie in jedem Fall auch dann den anteiligen Abzug Ihrer Arbeitszimmerkosten als Werbungskosten beantragen, wenn Sie das Zimmer nicht ausschließlich beruflich nutzen. Wenn Sie keinen anderen Aufteilungsmaßstab haben, können Sie zunächst einmal mit einer Aufteilung 50:50 in die Verhandlung mit dem Fiskus gehen. Verweisen Sie dazu auf die Revision mit dem Az X R 32/11. Gegen die vermutlich ablehnende Entscheidung Ihres Finanzamts legen Sie Einspruch ein unter Hinweis auf die o. g. Revisionsverfahren. Die Entscheidung ruht dann, bis der BFH sich eine abschließende Meinung gebildet und in den anhängigen Verfahren entschieden hat. Vor allem in folgenden Fällen sollten Sie so vorgehen:

- Ein Büroraum wird sowohl privat als auch beruflich genutzt.
- Sie haben eine Arbeitsecke in einem ansonsten privat genutzten Raum.
- Ihr Arbeitszimmer befindet sich auf einer offenen Galerie.
- Ihr Arbeitszimmer lässt sich nicht durch eine Tür von anderen Räumen trennen.
- Sie haben ein Arbeitszimmer, das als Durchgangszimmer zu anderen Wohnräumen genutzt wird.

TIPP

Mit einer 100 %igen beruflichen Nutzung sind Sie immer auf der Gewinnerseite

Um unnötigen Streitereien aus dem Weg zu gehen, lautet die Devise bis auf weiteres: Das Arbeitszimmer wird so gut wie gar nicht privat (unter 10 %) genutzt. Wenn Sie das sagen können, ist der Weg für den Abzug frei.

264 b) Die Abzugsbeschränkungen beim Arbeitszimmer

Selbst wenn Sie nachweislich ein steuerlich astreines, 100 % beruflich genutztes Arbeitszimmer Ihr Eigen nennen, lässt der Fiskus die Kosten nur dann zum Abzug zu, wenn sich in Ihrem Arbeitszimmer der Mittelpunkt Ihrer gesamten beruflichen und betrieblichen Tätigkeit befindet. In diesem Fall können Sie Ihre Arbeitszimmerkosten zu 100 % von der Steuer absetzen.

Die Richter des Bundesfinanzhofs sind seit einigen Jahren auf dem Kriegspfad gegen die Beschränkungen beim Kostenabzug für Arbeitszimmer. Ganz feinsinnig haben sie sich am Gesetzeswortlaut entlanggehangelt und entschieden, dass in einer ganzen Reihe von Fällen die steuerlichen Abzugsbeschränkungen nicht greifen, Sie also Ihre Arbeitszimmerkosten in voller Höhe als Werbungskosten oder Betriebsausgaben durchdrücken können. Wichtig sind dabei vor allem zwei Punkte:

1. Die Abzugsbeschränkung gilt nur für **Arbeitszimmer im eigentlichen Wortsinn.** Ist der von Ihnen beruflich genutzte Raum also kein »Arbeitszimmer«, gibt es auch keine Probleme beim Kostenabzug.

2. Der Kostenabzug kann Ihnen zudem nur versagt werden, wenn es sich bei Ihrem Arbeitszimmer um ein **häusliches** Arbeitszimmer handelt. Ein Arbeitszimmer, das nicht zu Ihrem Wohnbereich gehört, unterliegt folglich keinerlei steuerlichen Abzugsbeschränkungen.

TRICK

Lassen Sie es also gar nicht erst zum »Arbeitszimmer« kommen!

265
Nicht nur der BFH schießt quer: Das Bundesverfassungsgericht erteilte der Gesetzgebung den Auftrag zur Schaffung eines rückwirkenden verfassungsgerechten Gesetzes zum Abzug der Kosten für ein Arbeitszimmer. Sie warten nicht ab, sondern gehen von vornherein sämtlichem Ärger aus dem Weg, indem Sie Ihre beruflich genutzten Räume gar nicht erst unter der verfänglichen Bezeichnung

5. Häusliches Arbeitszimmer

»häusliches Arbeitszimmer« deklarieren. Um sich den vollen Abzug Ihrer Arbeitszimmerkosten zu sichern, verfahren Sie nach folgender Strategie:

- Machen Sie aus Ihrem beruflich genutzten Raum z.B. eine Werkstatt, ein Studio oder eine Praxis!
- Verlegen Sie Ihr Arbeitszimmer aus den eigenen vier Wänden heraus!

Räume, die begrifflich kein Arbeitszimmer darstellen: Hier hilft der BFH mit seiner Grundsatzentscheidung vom 16.10.2002 (BStBl II 2003 S.185). Ein steuerlich anrüchiges Arbeitszimmer sei nur ein Raum in Ihrem häuslichen Privatbereich, der vorwiegend zur Erledigung gedanklicher, schriftlicher, verwaltungstechnischer oder organisatorischer Arbeiten dient oder künstlerisch genutzt wird und deshalb büromäßig eingerichtet ist, also mit Bücher- und Aktenschränken bzw. -regalen, Aktenbock und ähnlichen »Büromöbeln« sowie mit Büchern, Aktenordnern, Schreibmaschine oder Computer und ähnlichen Arbeitsmitteln. Dem hat sich der Fiskus wohl oder übel anschließen müssen (BMF-Schreiben v. 3.4.2007 – BStBl I 2007).

Nennen Sie Ihre Stube Werkstatt, Tonstudio (BFH v. 28.8.2003 – BStBl II 2004 S.55) oder Praxis, wie die Ärztin, die in einem Zimmer ihrer Wohnung eine Notfallpraxis unterhielt (BFH v. 5.12.2002 – BStBl II 2003 S.463), können Sie ohne Einschränkung alle auf das Arbeitszimmer entfallenden Kosten absetzen, egal, ob die nun 100 € oder 13.500 € betragen. Allerdings verlangt der BFH zusätzlich, dass die Räume erkennbar dem Publikumsverkehr gewidmet sind. Sie sollten daher so liegen, dass sie sich von Ihren übrigen Wohnräumen abheben, also möglichst über einen zumindest optisch getrennten Eingangsbereich verfügen und nicht ausschließlich über andere Räume Ihrer Wohnung erreichbar sind (BFH v. 20.11.2003 – BStBl II 2005 S.203).

TIPP
für die Praxis zu Hause

Sie funktionieren am besten einen Raum direkt neben der Eingangstür um, damit Ihre Kunden und Patienten nicht erst durch die halbe Wohnung laufen müssen. Idealerweise trennen Sie ihn durch eine zusätzliche Tür im Flur ab.

Die Finanzämter erkennen nach dem BMF-Schreiben vom 3.4.2007 (s.o.) für folgende Räume an, dass es sich nicht um Arbeitszimmer handelt:

- Freiberuflerpraxen, wenn die Räume für einen intensiven und dauerhaften Publikumsverkehr vorgesehen sind.
- Büroräume, die sich zusammen mit anderen angrenzenden Betriebsräumen im Haus des Steuerzahlers befinden.

Ebenfalls gute Karten haben Sie, wenn Sie den Raum nur als Lager für Waren oder Werbemuster etc. nutzen.

Kleinlicher ist der Fiskus mit einem »Archivraum«. Werden darin ausschließlich Gegenstände aufbewahrt, mit denen Sie sich zuvor oder danach im eigentlichen Arbeitszimmer in gedanklicher oder in schriftlicher Form geistig befasst haben oder befassen (Fachliteratur, bearbeitete Dokumente etc.), bildet der Archivraum zusammen mit dem Arbeitszimmer eine funktionelle Einheit und unterliegt gemeinsam mit diesem den Abzugsbeschränkungen (FG Berlin-Brandenburg v. 29.4.2008 – 6 K 1567/04). Der BFH sah dazu in einem ähnlichen Fall allerdings noch Aufklärungsbedarf und hat in seinem Urteil vom 26.3.2009 (VI R 15/07) entschieden, dass die Abzugsfähigkeit der Kosten zunächst einmal für jeden Raum getrennt ermittelt werden müsse. Eine Ausnahme gelte nur, wenn verschiedene Räume nahezu identisch genutzt würden. Insoweit könne insbesondere auch ein als Archiv genutzter Raum unter Berücksichtigung seiner Ausstattung, Lage und Funktion als Teil des häuslichen Arbeitszimmers anzusehen sein. Allerdings müsse das nicht zwangsläufig für jedes Archiv gelten. Die Chancen steigen deshalb für Sie, wenn Sie Ihr Archiv mehr oder weniger nur zur Endlagerung erledigter Arbeiten nutzen, auf die Sie – wenn überhaupt – nur gelegentlich zurückgreifen.

Schlechte Nachrichten für **Berufsmusiker:** Den Raum, in dem Sie zu Hause üben, sieht der BFH ebenfalls als Arbeitszimmer an. Dabei stört er sich nicht daran, dass dieser Übungsraum weder mit Büromöbeln noch einem Computer oder Telefon ausgestattet ist (BFH v. 10.10.2012 – VIII R 44/10, BFH/NV 2013 S. 359).

266   **Raus mit Ihrem Arbeitszimmer aus den eigenen vier Wänden!**

Wenn Ihr Arbeitszimmer nicht mehr »häuslich« ist, d.h. keine Verbindung zu Ihrer Privatwohnung hat, greifen die Einschränkungen ebenfalls nicht. Worauf Sie besonders achten müssen:

● **Arbeitszimmer in der eigenen Wohnung oder im Einfamilienhaus**

Ein Arbeitszimmer im Einfamilienhaus oder in Ihrer Miet- bzw. Eigentumswohnung ist immer ein »häusliches« und fällt unter die Abzugsbeschränkungen (BFH v. 26.2.2003 – BStBl II 2004 S. 75). Der steuerliche Abzug bleibt Ihnen immer dann verwehrt, wenn es in unmittelbarer Nähe zu Ihren privaten Wohnräumen liegt und mit diesen als gemeinsame Wohneinheit verbunden ist.

Bewohnen Sie ein Einfamilienhaus, nutzt es Ihnen wenig, das Arbeitszimmer in den Keller, unter das Dach oder in die Mansarde zu verlegen. Auch bei einem Arbeitszimmer in einem separaten Anbau zu Ihrem Häuschen handle es sich um ein »häusliches«, meinte der BFH (Urt. v. 13.11.2002 – BStBl II 2003 S. 350). Der gebeutelte Steuerzahler hatte zwar recht geschickt argumentiert, der Anbau habe keine unmittelbare Verbindung zum Wohnhaus. Einen Strick hat man ihm aber daraus gedreht, dass er nur über seinen Garten Zugang zu dem Anbau hatte. Und schon argumentierten die obersten Steuerrichter: »Der Garten gehört mit zum häuslichen Bereich. Wenn das Arbeitszimmer also nur über den eigenen Garten zu erreichen ist, ist es ein häusliches!« Aus demselben Grund fällt somit ein Gartenhaus als Arbeitszimmer flach. In dieselbe Richtung geht das FG Berlin-Brandenburg. Ein Arbeitszimmer in einem Bungalow, der auf dem vom Steuerpflichtigen bewohnten Hausgrundstück unmittelbar neben dem Wohnhaus liegt, ist nach Meinung der Finanzrichter in die häusliche Sphäre eingebunden und damit als häusliches Arbeitszimmer anzusehen, selbst wenn der Bungalow über einen separaten Eingang verfügt (FG Berlin-Brandenburg v. 25.9.2008 – 14 K 6286/04 B). Dasselbe gilt für ein Arbeitszimmer, das sich in einem Ausbau auf der Garage auf dem eigenen Grundstück befindet (BFH v. 23.5.2013 – BFH/NV 2013 S.1233) oder wenn Sie in Ihrem allein von Ihnen und Ihrer Familie genutzten Zweifamilienhaus die Obergeschosswohnung für berufliche Zwecke nutzen (BFH v. 15.1.13 – VIII R 7/10).

TRICK
Berechnen Sie die Arbeitszimmerkosten für jedes Zimmer getrennt!

Wenn Sie mehrere in Ihrer Wohnung liegende Räume als Arbeitsräume nutzen, muss die Frage des häuslichen Arbeitszimmers für jeden Raum gesondert überprüft werden.
Sind die Räume nicht büromäßig ausgestattet, können Sie Kosten für die jeweiligen Zimmer in voller Höhe als Werbungskosten absetzen.
Angenommen, Sie nutzen im Erdgeschoss Ihres Wohnhauses drei Räume für berufliche Zwecke: ein Büro, einen mit bequemen Sitzmöbeln ausgestatteten Raum zum Empfang von Kunden und Geschäftspartnern und eine Gästetoilette. Die Kosten des Büroraums können Sie nicht abziehen (vgl. dazu aber ➤ Rz 274). Der Empfangs- und Besprechungsraum sowie die dazu gehörende Gästetoilette unterliegen den Beschränkungen nicht. Die auf diese Räume anteilig entfallenden Kosten sind in voller Höhe als Werbungskosten abzugsfähig (BFH v. 26.3.2009 – VI R 15/07, BStBl 2009 II S.598).

Gesondert angemietetes Arbeitszimmer
267
Wenn Sie sich irgendwo ein separates Büro anmieten, sind Sie natürlich sonnenklar aus der kleinlichen Regelung für »häusliche Arbeitszimmer« heraus. In diesem Fall können Sie Ihre sämtlichen Kosten für das Arbeitszimmer von der Steuer absetzen.
Aufpassen müssen Sie allerdings immer dann, wenn Sie den Raum im selben Haus mieten, in dem Sie Ihre Wohnung haben. Mieten Sie eine Wohnung auf derselben Etage, stößt sich der BFH schon an der räumlichen Nähe zu Ihrer

Privatwohnung und erkennt die Arbeitszimmerkosten wenn überhaupt nur in Höhe von 1.250 € an. (BFH-Urteile v. 26.2.2003 – BStBl II 2004 S. 69 u. 72).

Wollen Sie die vollen Arbeitszimmerkosten absetzen, müssen Sie sich auf diese kleinliche Rechtsprechung einstellen und, sofern möglich, auf eine andere Etage ausweichen. Dann hat nämlich das Arbeitszimmer keine Verbindung zu Ihrer Wohnung und gilt somit als sog. außerhäusliches Arbeitszimmer, dessen Kosten Sie in voller Höhe abziehen können. Die Variante Wohnung im 3. OG und Arbeitszimmer im 5. OG klappt also reibungslos (FG Köln v. 29.8.2007 – EFG 2008 S. 205, BFH v. 10.6.2008 – VIII R 52/07, EStB 2009 S. 60, und FG Baden-Württemberg v. 15.5.2009 – 10 K 3583/08).

TRICK

Ab mit Ihrem Arbeitszimmer in den Keller!

268 Wohnen Sie in einem Mietshaus, können Sie steuerlich geschickt in den Keller ausweichen. Aber Vorsicht! Richten Sie sich Ihr Arbeitszimmer ja nicht in dem sowieso zu Ihrer Wohnung gehörenden Kellerraum ein, denn der gehört nach Meinung des Fiskus zu Ihrem häuslichen Bereich. Stattdessen werden Sie einen anderen Raum im Keller mieten und diesen zu Ihrem Arbeitszimmer umfunktionieren. Schon haben Sie ein nicht »häusliches« und damit erstklassiges und vor allem in vollem Umfang steuerbegünstigtes Arbeitszimmer. Will Ihr Finanzamt nicht mitziehen, bekommen Sie Unterstützung durch das BFH-Urteil vom 26.2.2003 (BStBl II 2003 S. 515).

269 **Übrigens:** Wenn Sie mit Ihrem Vermieter verhandeln, schließen Sie möglichst einen eigenen Mietvertrag für den Kellerraum ab. Vielleicht können Sie ihn ja überzeugen, Ihnen bei Ihrer Wohnung einen Mietnachlass zu geben und statt 600 € nur 500 € Miete zu verlangen. Im Gegenzug kommen Sie ihm bei der Miete für den Kellerraum entgegen, denn schließlich mieten Sie ja nun Büroflächen an, und die sind bekanntlich viel teurer als Wohn- oder Kellerräume.

TRICK

Im Zweifamilienhaus machen Sie mit dem Arbeitszimmer im Dachausbau ein Riesengeschäft!

270 Als stolzer Besitzer eines Zweifamilienhauses oder eines Einfamilienhauses mit Einliegerwohnung können Sie mit einem ganz einfachen Trick nicht nur ein

Arbeitszimmer absetzen, sondern dem Fiskus auch noch einen ansehnlichen Teil Ihrer Haus- und Finanzierungskosten ans Bein binden.

Und so funktioniert's: Sie wohnen im Erdgeschoss. Die darüberliegende Wohnung ist vermietet. Wenn Sie jetzt Ihr Dach ausbauen und sich dort Ihr Arbeitszimmer einrichten, sind Ihr Arbeitszimmer und Ihre Wohnung nicht mehr unmittelbar miteinander verbunden, Sie haben also kein »häusliches« Arbeitszimmer. Wichtig ist allerdings, dass die vermietete Wohnung und das Arbeitszimmer über ein separates Treppenhaus bzw. einen Gemeinschaftsflur zu erreichen sind. Außerdem dürfen Sie sich im Dachgeschoss nicht noch andere Wohnräume einrichten. Wenn Sie das beachten, winkt Ihnen mit dem Segen des BFH (BFH v. 10.6.2008 – VIII R 52/07, EStB 2009 S. 60 und BFH v. 18.8.2005 – BStBl II 2006 S. 428) eine beträchtliche Steuerersparnis.

Angenommen, die beiden Wohnungen sind jeweils 100 qm groß und Sie richten sich unter dem Dach ein 50-qm-Arbeitszimmer ein. In diesem Fall würden 20 % Ihrer gesamten laufenden Gebäudekosten, Zinsen, Abschreibung, Reparaturen etc. auf das Arbeitszimmer entfallen und wären als Werbungskosten abzugsfähig.

GUTER RAT

Damit dieser Trick funktioniert, müssen Sie nicht unbedingt Fremde in Ihr Haus holen. Die Wohnung im Obergeschoss können Sie auch an Ihre Eltern oder eines Ihrer Kinder vermieten (BFH v. 10.6.2008 – VIII R 52/07, EStB 2009 S. 60). Mit einem sauberen Mietvertrag und regelmäßigen Mietzahlungen machen Sie unter Umständen sogar ein doppeltes Geschäft: Wenn Sie noch einiges an Zinsen zahlen müssen, ergibt sich aus dem Mietverhältnis vielleicht ein steuerlicher Verlust, den Sie zusätzlich absetzen können. Mit der doppelten Steuerersparnis aus diesem **Abschreibungsmodell des kleinen Mannes**, die Sie so einfahren, kann kein windiger Anlageberater mit seinen Schiffsfonds oder überteuerten Immobilienbeteiligungen mithalten.

TRICK

Schlagen Sie dem Fiskus mit dem Arbeitszimmer im Anbau Ihres Zweifamilienhauses ein Schnippchen!

Wie Sie schon gelesen haben, wird der Fiskus hartleibig, sobald Ihr Arbeitszimmer irgendwie in Ihren häuslichen Wohnbereich eingebunden und nur über exklusiv Ihnen und Ihrer Familie zugängliche Verbindungsräume, Treppenhäuser, den eigenen Garten etc. zugänglich ist.

Machen Sie es daher so wie der Steuerzahler in einem vom BFH positiv ent-
schiedenen Fall. Der hatte nämlich die Zwischentüren von seiner Wohnung zum
Arbeitsbereich komplett mit Rigips verkleidet und tapeziert. Er musste das
Haus verlassen, um über die Straße und einen eigenen Treppenaufgang seine
Büroräume zu erreichen. Weil er dafür einen auch von seinem Mieter genutzten
Vorplatz überqueren musste, akzeptierte der BFH, dass kein häusliches Arbeitszimmer vorlag, und ließ die gesamten Kosten für das Büro in voller Höhe
als abzugsfähig zu (BFH v. 20.6.2012 – IX R 56/10, BFH/NV 2012, S. 1776).
Würde der Steuerzahler in diesem Fall allerdings mit seiner Familie allein in
dem Haus wohnen, klappte der Trick schon wieder nicht, weil es an der Mitbenutzung der Zugangswege durch familienfremde Personen fehlte.

272 Das Arbeitszimmer als Tätigkeitsmittelpunkt

Gelingt es Ihnen nicht, das Finanzamt davon zu überzeugen, dass der von Ihnen
beruflich genutzte Raum kein Arbeitszimmer oder zumindest kein häusliches
Arbeitszimmer ist, können Sie dennoch alle Kosten absetzen, wenn es den Mit-
telpunkt Ihrer gesamten beruflichen und betrieblichen Tätigkeit darstellt.
Dabei kommt es darauf an, dass Sie dort die Arbeiten durchführen und die
Leistungen erbringen, die für Ihren Job wesentlich und prägend sind.
Wenn Sie als Heimarbeiter oder Schriftsteller Ihre ganze Arbeit in Ihrem Arbeitszimmer erledigen, haben Sie natürlich allerbeste Karten. Sind Sie aber z.B.
neben Ihrer Tätigkeit als Arbeitnehmer noch selbständig tätig, werden beide
Bereiche in die Prüfung einbezogen. Dabei haben die streichwütigen Fiskalritter Rückendeckung durch den BFH: Der Mittelpunkt der gesamten betrieblichen und beruflichen Tätigkeit könne nicht isoliert für jede einzelne Tätigkeit,
sondern nur für sämtliche Tätigkeiten des Steuerzahlers zusammen bestimmt
werden (BFH v. 23.9.1999 – BStBl II 2000 S. 7). Jedoch befand der BFH in
einem späteren Urteil, dass Ihr Arbeitszimmer selbst dann Ihr Tätigkeitsmittelpunkt sei, wenn nicht bei allen Jobs Ihr Arbeitsschwerpunkt dort liege (Urt. v.
13.10.2003 – BStBl II 2004 S. 771). Allerdings werden bei dieser Prüfung nur
Einkünfte aus aktiven Tätigkeiten berücksichtigt. Alterseinkünfte wie Pensionen oder Renten bleiben außer Betracht. Die frühere aktive Tätigkeit, aus der
sie resultieren, spielt insoweit keine Rolle. Erzielt ein Rentner/Pensionär hingegen neben seinen Alterseinkünften noch Einkünfte aus einer Erwerbstätigkeit,
die er im Wesentlichen in seinem Arbeitszimmer betreibt, stellt das Arbeitszimmer den Mittelpunkt der gesamten beruflichen und betrieblichen Tätigkeit dar
(FG Niedersachsen v. 8.11.2011 – 12 K 264/09).
Dank des BFH sind Ihre Aussichten auf einen Vollkostenabzug somit deutlich
rosiger geworden. Entscheidend ist nämlich nicht die Zeit, die Sie in Ihrem Arbeitszimmer und außerhalb zubringen, sondern ob Sie dort den »qualitativen
Schwerpunkt« Ihrer Arbeiten erledigen. Vor allem als Außendienstler, der Sie
auf das Büro in Ihren vier Wänden angewiesen sind, müssen Sie sich mit voll-
mundigen und möglichst hochtrabenden Beschreibungen Ihrer dort verrichte-
ten Tätigkeiten wappnen. Stellen Sie heraus, dass Sie in Ihrem Arbeitszimmer

5. Häusliches Arbeitszimmer 209

die wesentlichen technischen und kaufmännischen Arbeiten erledigen, die Produktentwicklung betreiben, Konzepte für Ihre Kunden entwickeln oder die gesamten Betriebsabläufe organisieren bzw. die Einsatzpläne für Ihre im Außendienst tätigen Mitarbeiter fertigen etc. pp. Dann spielt es nämlich keine Rolle mehr, wenn Sie auch selbst noch im Außendienst tätig werden. Das Finanzamt kann Ihnen keine lange Nase mehr drehen.

Besonders einfach ist es, wenn zwischen den Arbeiten, die Sie innerhalb und außerhalb Ihres Arbeitszimmers erledigen, kein qualitativer Unterschied besteht. In diesem Fall reicht dem BFH für den Tätigkeitsmittelpunkt schlicht und ergreifend aus, wenn Sie mehr als 50 % Ihrer Gesamtarbeitszeit im Arbeitszimmer erledigen (BFH v. 23.5.2006 – BStBl II 2006 S. 600). Gute Karten haben Sie deshalb vor allem dann, wenn Sie für Ihre Firma – weil die z.B. Raumkosten sparen will oder weil schlicht nicht genügend Platz im Betrieb ist – nur ein oder zwei Tage in der Woche vor Ort im Büro arbeiten können und den Rest der Woche dieselben Arbeiten in Ihrem häuslichen Arbeitszimmer erledigen.

Auch mit den folgenden BFH- und Finanzgerichtsentscheidungen können Sie Ihrem unwilligen Finanzamt in Sachen Arbeitszimmer als Tätigkeitsmittelpunkt einmal den Hauch der besseren Erkenntnis zufächeln. Anerkannt wurde das Arbeitszimmer einem (einer):

- **Architekten,** der neben der Planung keine Aufgaben der Bauaufsicht oder -überwachung ausübt (BFH v. 26.6.2003 – BStBl 2004 S. 50).

- **Außendienstmitarbeiter** im Prüfungsdienst der Deutschen Rentenversicherung (Niedersächsisches FG v. 17.11.2009 – 11 K 98/08). Anderer Ansicht war in einem vergleichbaren Fall allerdings das FG Nürnberg (v. 23.4.2009 – 7 K 1954/2007)

- **Fuhrparkmanager,** der ohne Arbeitsraum beim Arbeitgeber den Einsatz von über 30 Fahrern aus seinem Arbeitszimmer koordiniert und nur gelegentlich selbst fährt (FG München v. 19.6.2007 – 13 K 2991/04).

- **Ingenieur,** der dort komplizierte technische Lösungen für die Wartung von Anlagen der Kunden erarbeitet, obwohl zu seinen Tätigkeiten auch die Betreuung der Kunden vor Ort gehört (BFH v. 13.11.2002 – BStBl II 2004 S. 59, 2003 S. 805). Als Bombenargument erwies sich hier, dass der gute Mann alle Konstruktionsunterlagen in seinem Arbeitszimmer hatte und dort für seine Kunden telefonisch zu erreichen war.

- **Ingenieurin,** die als Außendienstmitarbeiterin und Betreuerin zwar auch Beratungsgespräche bei den Kunden vor Ort durchführt, sich aber zwei Drittel der Arbeitszeit im Arbeitszimmer mit Projektplanung und der Begleitung von Ausschreibungen beschäftigt (FG Düsseldorf v. 5.5.2011 – 11 K 2591/09 E)

- **Key Account Manager,** der in seinem Arbeitszimmer anwenderneutrale Softwareprodukte an spezielle Kundenbedürfnisse anpasst (BFH v. 29.4.2003 – BFH/NV 2003 S. 1175).

210 III. Berufliche Kosten der Arbeitnehmer

- **Key Account Manager,** der in reiner Beratungsfunktion für Fachhandelspartner tätig ist und im Betrieb keinen Arbeitsplatz hat. Das Arbeitszimmer ist selbst bei umfangreichem Außendienst der qualitative Mittelpunkt seiner beruflichen Tätigkeit, so dass die Kosten ohne Einschränkung abgezogen werden können (FG des Saarlandes v. 30.5.2007 – EFG 2007 S. 1421).

- **Praxis-Consultant,** der ärztliche Praxen in betriebswirtschaftlichen Fragen berät, obwohl er einen nicht unerheblichen Teil der Arbeitszeit im Außendienst verbringt (BFH v. 29.4.2003 – BStBl II 2004 S 76).

- **Verkaufsleiter,** der den Einsatz seiner Mitarbeiter im Arbeitszimmer plant, dort ständig für seine Kollegen erreichbar ist, sämtliche Analysen und Planungen dort vornimmt und vielleicht als Sahnehäubchen regelmäßige Meetings mit Mitarbeitern im Arbeitszimmer abhält. Dem BFH ist es in so einem Fall egal, dass im Schnitt an zwei Tagen in der Woche Außendienst anfällt (Urt. v. 13.11.2002 – BStBl II 2004 S. 65).

- **Versicherungsangestellten,** der in seinem Arbeitszimmer spezielle Altersvorsorgekonzepte für seine Kunden entwickelt (FG Köln v. 18.12.2000, EFG 2001 S. 488).

Folgende Berufsgruppen, die den Mittelpunkt ihrer gesamten Tätigkeit nicht im Arbeitszimmer haben, können in aller Regel mit einem zumindest teilweisen Abzug der Kosten rechnen:

- **Architekten,** die neben der Planung mit der Ausführung der Bauwerke und der Bauüberwachung betraut sind (BFH v. 26.6.2003 – BStBl II 2004 S. 50).

- **Außendienstler,** die einen Arbeitsplatz in einem Großraumbüro haben (BFH v. 7.8.2003 – BStBl II 2004 S. 78).

- **Betreuer, hauptamtlicher;** das Arbeitszimmer stellt auch dann nicht den Mittelpunkt der Betreuungstätigkeit dar, wenn der zeitliche Aufwand die Tätigkeiten außerhalb des Arbeitszimmers überwiegt (BFH/NV 2009 S. 161 und FG Köln v. 4.3.2009 – 3 K 3980/05).

- **Diakone,** weil sie regelmäßig auch als Seelsorger außerhalb der vier Wände tätig sind (BFH v. 22.7.2003 – BFH/NV 2004 S. 33).

- **EDV-Dozent,** der im häuslichen Arbeitszimmer vorbereitete Schulungen in MS-Office-Produkten und Spezialprogrammen im Seminarraum seines Arbeitgebers und beim Kunden durchführt, hat seinen Betätigungsmittelpunkt nicht im häuslichen Arbeitszimmer (FG Berlin-Brandenburg v. 25.9.2008 – 14 K 6286/04 B).

- **Fachberater,** wenn der wesentliche Teil ihrer Arbeit in der Beratung und Produktwerbung besteht und sich im Außendienst abspielt (BFH v. 13.11.2002 – BStBl II 2004 S. 62).

5. Häusliches Arbeitszimmer 211

- **Geschäftsführer,** weil ein wesentlicher Teil der Arbeit die Leitung und Repräsentanz des Unternehmens außerhalb des Arbeitszimmers ist (FG Rheinland-Pfalz v. 22.3.2004 – 5 K 1234/02). Das ändert sich auch nicht dadurch, dass sie gelegentlich Kunden und Mitarbeiter zu Besprechungen im Arbeitszimmer empfangen (FG München v. 20.11.2007 – 6 K 3122/06).

- **Handelsvertreter,** weil das Arbeitszimmer nicht nur wegen des anfallenden Schriftverkehrs und der Telefonate den Außendienst als weiteren Tätigkeitsmittelpunkt überlagert (BFH v. 23.3.2005 – BFH/NV 2005 S.1537).

- **Journalisten,** zu deren Aufgaben auch die Recherche gehört (BFH v. 28.8.2003 – BStBl II 2004 S.53).

- **Konzertmusiker (Solisten),** bei denen neben dem Üben die Auftritte einen wesentlichen Teil ihrer Gesamtbetätigung darstellen (BFH v. 15.12.2005 – XI B 87/05).

- **Lehrer,** weil deren berufsprägende Merkmale im Unterrichten bestehen und diese Tätigkeiten in der Schule und nicht im Arbeitszimmer erbracht werden (BFH v. 26.2.2003 – BStBl II 2004 S.72; FG Rheinland-Pfalz v. 10.4.2008 – 6 K 1212/06).

- **Professoren** mit üblicher Lehrverpflichtung, weil der Unterricht ein prägendes Element der Tätigkeit ist, wenn ihnen an der Uni kein Arbeitsplatz zur Verfügung steht (BFH v. 27.10.2011 – VI R 71/10; BStBl 2012 II S.234).

- **Prüfer,** die in ihrer Stammdienststelle nur auf einen eingeschränkt verfügbaren Poolarbeitsplatz zurückgreifen können (BFH v. 26.2.2014 – VI R 37/13)

- **Richter** ohne Arbeitsraum im Gericht, weil die Sitzungstermine im Gericht für seine Arbeit prägend sind (BFH v. 8.12.2011 – VI R 13/11, BStBl 2012 II S.236).

- **Unternehmensberater und Dozent,** der Seminare und Workshops abhält, weil die Durchführung der Seminare der wesentliche Tätigkeitsteil ist (FG München v. 10.9.2008 – 10 K 2577/07).

GUTER RAT

Mit einem Heimarbeitsplatz kommen Sie sehr viel schneller zur Anerkennung Ihres Arbeitszimmers als Mittelpunkt Ihrer gesamten betrieblichen und beruflichen Tätigkeit und haben damit Ihre kompletten Arbeitszimmerkosten im Sack.

Entscheidend ist, ob die im Arbeitszimmer und in der Firma ausgeübten Tätigkeiten qualitativ gleichwertig sind. Ist das gegeben, liegt der Mittelpunkt der

Tätigkeit im häuslichen Arbeitszimmer, wenn Sie mehr als die Hälfte der Arbeitszeit dort tätig werden.

In diesem Fall kommt es nicht mehr darauf an, ob Sie in der Firma noch einen Arbeitsplatz haben oder nicht. Die Mittelpunktfrage geht vor (BMF-Schreiben v. 2.3.2011 – BStBl 2011 S. 195, Rz 11). Unterstützung bei dieser Meinung bekommen Sie auch vom Finanzgericht Rheinland-Pfalz, das einen an drei von fünf Arbeitstagen genutzten Telearbeitsplatz in der Wohnung des Steuerzahlers als Mittelpunkt der Tätigkeit anerkannt hat (FG Rheinland-Pfalz, v. 19.1.2012 – 4 K 1270/09, KÖSDI 8/2012 S 1810).

TIPP

Tappen Sie nicht in die Falle beim Telearbeitsplatz!

So schön, wie sich die Sache mit dem Telearbeitsplatz auf den ersten Blick anhört: Fiskus und BFH haben ein paar ganz üble Fußangeln ausgelegt, die Ihren Werbungskostenabzug verhindern sollen. Und so argumentierte der BFH bei einem Steuerzahler, der in seiner Wohnung einen vom Arbeitgeber eingerichteten Telearbeitsplatz hatte, an dem er an zwei von fünf Tagen in der Woche arbeitete (BFH v. 26.2.2014 – VI R 40/12):

1. Der Telearbeitsplatz sei wie ein typisches Arbeitszimmer in der Wohnung des Steuerzahlers eingerichtet. Schon deshalb seien die Abzugsbeschränkungen für häusliche Arbeitszimmer anzuwenden.
2. Da der Arbeitnehmer an den zwei Tagen auch im Betrieb hätte arbeiten können, ihm dort also ein vollwertiger Arbeitsplatz zur Verfügung stand, werde das Arbeitszimmer sowieso nicht anerkannt.

Sie werden natürlich den Teufel tun und Ihre Arbeitszimmerkosten in den Wind schreiben. Bei der Einrichtung Ihres Telearbeitsplatzes treffen Sie mit Ihrem Brötchengeber saubere Vereinbarungen. Sie regeln feste Arbeitstage mit festen Anwesenheitszeiten am Telearbeitsplatz. In dieser Zeit steht Ihnen Ihr Arbeitsplatz im Betrieb nicht zur Verfügung, Sie können also an den Heimarbeitstagen ausschließlich in Ihrem Arbeitszimmer werkeln. Vereinbaren Sie mit Ihrem Chef Zeitaufzeichnungen oder ein An- und Abmeldesystem, wenn Sie Ihre Arbeitszeit zu Hause freier einteilen wollen. Noch besser sieht es für Sie aus, wenn Sie die vereinbarte ausschließliche Nutzung Ihres Arbeitszimmers auf mehr als 50 % Ihrer Arbeitszeit ausdehnen können. Dann nämlich stellt Ihr Arbeitszimmer den Mittelpunkt Ihrer Tätigkeit dar und Sie setzen statt max. 1.250 € die vollen Kosten von der Steuer ab.

273 Richter, Universitätsprofessoren und andere Arbeitnehmer, die keiner Anwesenheitspflicht am Arbeitsplatz unterliegen, können ihr Arbeitszimmer nur dann (und nur im Rahmen des Höchstbetrags von 1.250 €) absetzen, wenn ihnen im Gericht, an der Uni oder wo auch immer kein Arbeitsplatz (Dienstzimmer) zur Verfügung steht.

Kein anderer Arbeitsplatz steht zur Verfügung 274
Gehören Sie zu denen, die auf ihr Arbeitszimmer angewiesen sind, weil der Arbeitgeber keinen Arbeitsplatz zur Verfügung stellt, sind Sie also Lehrer (Klassenräume und das Lehrerzimmer sind allgemein anerkannt kein geeigneter Platz), Nebenberufler, Azubi, Bereitschaftsdienstler, Meisterschüler etc.? Oder sind Sie im Hauptberuf Arbeitnehmer und nebenberuflich als Schriftsteller von Kriminalromanen tätig oder erstellen als Krankenhausarzt in Ihrer Freizeit nebenberuflich medizinische Gutachten etc., gehen Sie also einer Nebentätigkeit nach, die vom Brötchengeber Ihres Hauptjobs eigentlich genehmigt werden müsste? Dann benötigen Sie Ihr Arbeitszimmer sicher in erster Linie für Ihre (neben-)beruflichen Aktivitäten.
In all diesen Fällen gesteht Ihnen der Fiskus den Abzug von Arbeitszimmerkosten – bis zu 1.250 € – zu.

SUPER TRICK

Bei Poolarbeitsplätzen im Betrieb ist Ihr häusliches Arbeitszimmer gesichert!

Ein »anderer Arbeitsplatz« steht Ihnen selbstverständlich nur dann zur Verfügung, wenn Sie im Betrieb des Arbeitgebers jederzeit und ohne Einschränkung auf einen eigenen büromäßig ausgestatteten Arbeitsplatz zugreifen können. Müssen Sie sich dagegen einen Arbeitsplatz gleich mit mehreren Kollegen teilen, weil wegen des häufigen Außendienstes für 40 Mitarbeiter nur 10 Büros zur Verfügung stehen, erfüllt das nicht die Anforderungen an einen Arbeitsplatz im Betrieb. Als Betroffener können Sie daher die Kosten für ein häusliches Arbeitszimmer bis zu 1.250 € als Werbungskosten abziehen. 275

Der BFH hat das noch einmal ausdrücklich für den Fall eines Betriebsprüfers bekräftigt, der sich mit sieben anderen Kollegen drei Poolarbeitsplätze teilen musste (BFH v. 26.2.2014 – VI R 37/13). Die Kosten für sein häusliches Arbeitszimmer waren abzugsfähig, weil die Poolarbeitsplätze nicht für die Erledigung aller Innendienstarbeiten (Fallauswahl, Prüfungsvorbereitungen, Fertigen der Prüfberichte etc.) in dem jeweils konkret erforderlichen Umfang zur Verfügung standen.

Allerdings konnte es sich der BFH nicht verkneifen, mit seiner Entscheidung ein wenig Wasser in den Wein zu schütten. Er weist nämlich darauf hin, dass auch ein Poolarbeitsplatz ausnahmsweise als ausreichender anderer Arbeitsplatz angesehen werden kann. Das wäre zum Beispiel der Fall, wenn der Arbeitgeber eine ausreichende Anzahl an Poolarbeitsplätzen zur Vefügung stellt oder einen Nutzungsplan für die Poolarbeitsplätze aufstellt, und die betroffenen

Arbeitnehmer dadurch Ihre Arbeit so einteilen können, dass sie sie in dem konkret erforderlichen Umfang am Poolarbeitsplatz erledigen können.

Also Arbeitgeber und Arbeitnehmer, wenn Sie schon zum Instrument des Polarbeitsplatzes greifen, dann aber bitte so, dass Sie sich nicht wegen der zuvor beschriebenen Ausnahmtatbestände den schönene Steuervorteil aus dem Arbeitszimmer vermasseln.

TIPP

Arbeitszimmer wegen Baumängeln oder Schadstoffbelastung im Büro

Der Fiskus stellt sich erst einmal auf den Standpunkt, dass es den Kostenabzug für ein häusliches Arbeitszimmer nicht gibt, wenn ein »anderer Arbeitsplatz« zur Verfügung steht. Darunter fällt grundsätzlich jeder Arbeitsplatz, der zur Erledigung büromäßiger Arbeiten geeignet ist. Ganz so platt lassen Sie sich vom vom Finanzamt Ihr Arbeitszimmer aber nicht streitig machen. Schließlich müssen Sie den Arbeitsplatz im notwendigen Umfang und in der konkret erforderlichen Art und Weise auch wirklich nutzen können. Ist diese Nutzungsmöglichkeit eingeschränkt, können Sie auf ein häusliches Arbeitszimmer ausweichen. Schützenhilfe bekommen sie hier vom BFH. Der hält nämlich überhaupt nichts von Arbeitsplätzen, von denen eine gesundheitliche Gefährdung ausgeht. Gibt es an Ihrem Arbeitsplatz in der Firma z.B. Baumängel oder gar Schadstoffbelastungen, z.B. durch Formaldehyd, Asbest, PCB etc., muss das Finanzamt Ihre Arbeitszimmerkosten zumindest bis zu 1.250 € als Werbungskosten anerkennen, wenn Sie den Gesundheitsgefahren dadurch aus dem Weg gehen, dass Sie Ihren Job zum Teil von zu Hause aus erledigen (BFH v. 26.2.2014 – BStBl. II S.674).

276 Ehepaare, die ein Arbeitszimmer gemeinsam nutzen, müssen darauf achten, dass ihnen nicht große Teile der Arbeitszimmerkosten durch die Lappen gehen. Hat nur ein Ehepartner im Arbeitszimmer den Mittelpunkt seiner gesamten Tätigkeit, kann nur der Teil der Kosten abgesetzt werden, der auf ihn entfällt. Angenommen, Sie haben in Ihrem Arbeitszimmer einen Heimarbeitsplatz – also einen astreinen Tätigkeitsmittelpunkt. Ihr als Lehrer tätiger Ehepartner benutzt das Arbeitszimmer ebenfalls. Sie ahnen schon, was jetzt kommt! Richtig, die rechnerisch auf Ihren Ehepartner entfallenden Kosten können Sie nicht absetzen.

TIPP

Aufteilung der Arbeitszimmerkosten!

Nutzen Ehegatten einen Raum in einer von ihnen bewohnten und gemeinsam angemieteten Wohnung als Arbeitszimmer, müssen sie die Miete und die Nebenkosten jeweils zur Hälfte auf die Ehegatten aufteilen. Gehört die Wohnung oder das Haus beiden Ehepartnern, sind die Kosten im Verhältnis der Eigentumsanteile zuzurechnen (BFH v. 20.4.2010 – VI B 150/09).

SUPER TRICK

Ihr Ehepartner bekommt einen anderen Arbeitsraum!

Das ganze Theater mit der Kostenaufteilung lässt sich vermeiden, indem Ihr Ehepartner das Arbeitszimmer Ihnen allein überlässt und sich z.B. im Wohn- oder Schlafzimmer, in der Diele oder im Bügelzimmer eine Arbeitsecke einrichtet. Begründen lässt sich das prima damit, dass Sie beide bei der Arbeit Ruhe brauchen und Sie mit Ihrem Tätigkeitsmittelpunkt zu Hause viel mehr auf einen abgeschlossenen Arbeitsraum angewiesen sind. Noch überzeugender als blumige Worte ist es natürlich, wenn Sie Ihrer Steuererklärung ein paar Fotos von beiden Räumen und Arbeitsplätzen beifügen.

Mit diesem Kniff setzen Sie wieder die gesamten Arbeitszimmerkosten von der Steuer ab.

TRICK

Ein Mietvertrag mit dem Arbeitgeber erhöht die abzugsfähigen Kosten.

Klappt es bei Ihnen nicht mit dem Arbeitszimmer als Mittelpunkt Ihrer gesamten Tätigkeit und benötigen Sie einen Büroraum, können Sie die kleinlichen Abzugsbeschränkungen des Fiskus mit Hilfe Ihres Arbeitgebers unterlaufen. Sie vermieten Ihrem Arbeitgeber Ihr Arbeitszimmer, das Sie für berufliche Zwecke benötigen, und er überlässt Ihnen den von ihm angemieteten Raum als betriebliches Büro. Schließen Sie aber unbedingt einen astreinen **Mietvertrag** über das Arbeitszimmer und regeln Sie das Ganze nicht über den Arbeitsvertrag oder Zusatzklauseln zum Arbeitsvertrag (BFH v. 8.3.2006 – BFH/NV S. 1810). Außerdem macht es sich wesentlich besser, wenn Ihr Arbeitgeber Sie dazu auffordert, zu Hause für ihn tätig zu werden, und er das Ganze nicht etwa nur generös duldet, um Ihnen einen Gefallen zu tun. Nur so vermeiden Sie, dass man es Ihnen als besonders starkes Eigeninteresse ankreidet, dass Sie nun bequem von zu Hause aus arbeiten können.

Der Bundesfinanzhof hilft Ihnen dabei: Ihr Chef kann Ihnen die anteiligen Kosten fürs Arbeitszimmer steuerfrei erstatten, wenn die Anmietung des Zimmers bei Ihnen vorrangig in seinem Interesse erfolgt (BFH v. 19.10.2001 – BStBl 2002

II, S. 300). Ihre Chancen auf Anerkennung steigen stark an, wenn Sie zu Hause einen Heim- oder Telearbeitsplatz haben. Das an den Arbeitgeber vermietete, aber von Ihnen genutzte Büro ist danach kein »häusliches Arbeitszimmer«.

Das wiederum hat die erfreuliche Folge, dass die Kosten dafür voll absetzbar sind, auch wenn es nicht die ansonsten erforderlichen Bedingungen (Tätigkeitsmittelpunkt) erfüllt (BFH v. 20.3.2003 – BStBl II 2003 S. 519). Allerdings muss Ihr Arbeitgeber bestätigen, dass er den Raum aus handfesten betrieblichen Interessen angemietet hat (BFH v. 16.9.2004 – BStBl II 2006 S. 10), z.B. aus Kostenersparnisgründen, weil er Ihnen im Gegenzug im Betrieb kein Büro zur Verfügung stellen muss oder weil es Ihnen die extrem weite Entfernung vom Betrieb unmöglich macht, für Ihre regelmäßig anfallenden Büroarbeiten ständig dorthin zu fahren, oder weil Ihr Brötchengeber Ihre Privatadresse als eine den Kunden bekannte Anlaufstelle nutzt.

Die Finanzverwaltung sieht nach einer im Anschluss an die o.g. Urteile ergangenen Anweisung (BMF-Schreiben v. 13.12.2005 – BStBl I 2006 S. 4) die Vermietung an den Arbeitgeber vorrangig in dessen Interesse, wenn folgende Punkte vorliegen:

- Für Sie ist im Unternehmen kein geeignetes Büro vorhanden; die Versuche Ihres Arbeitgebers, entsprechende Räume von Dritten anzumieten, sind erfolglos geblieben.

- Ihr Arbeitgeber hat für andere Arbeitnehmer des Betriebs, die über keine für ein Arbeitszimmer geeignete Wohnung verfügen, Zimmer bei betriebsfremden Dritten angemietet.

- Es wurde ein ausdrücklicher, schriftlicher Vertrag über die Nutzung des als Arbeitszimmer angemieteten Raumes abgeschlossen.

Allerdings sind diese Bedingungen nicht der Weisheit letzter Schluss. So sieht zwar auch der BFH in der Tatsache, dass Ihnen im Betrieb noch ein Büro zur Verfügung steht, ein Indiz gegen ein überwiegendes betriebliches Interesse an der Anmietung, sagt aber gleichzeitig, dass die Anerkennung deshalb nicht von vornherein ausgeschlossen ist. Auch wenn Ihr Brötchengeber gar nicht erst bei anderen die Anmietung eines Arbeitszimmers versucht hat, darf Ihnen das Finanzamt nicht allein daraus einen Strick drehen. Das spielt nämlich zumindest dann keine Rolle, wenn damit zu rechnen war, dass er anderswo keinen günstigeren Raum bekommen hätte (BFH v. 11.1.2005 – BFH/NV 2005 S. 882).

Beispiel

Sie haben ein Einfamilienhaus mit 150 qm Wohnfläche gebaut. Die Baukosten von 300.000 € haben Sie zu 250.000 € über eine Hypothek finanziert. Die jährlichen Zinsen belaufen sich auf 18.000 €. Ein 25 qm großes Zimmer haben Sie für 5 €/qm an Ihren Arbeitgeber vermietet, der es Ihnen als Arbeitszimmer zur

5. Häusliches Arbeitszimmer 217

Verfügung stellt. Die sonstigen Nebenkosten für Ihr Haus belaufen sich auf 2.400 €.

So sieht Ihre Rechnung fürs Finanzamt aus:

Mieteinnahmen 12 × 25 qm × 5 €		1.500 €
Werbungskosten:		
Zinsen 18.000 € × 25 qm/150 qm	3.000 €	
Abschreibung 2 % v. 300.000 € = 6.000 € × 25 qm/150 qm	1.000 €	
Nebenkosten 2.400 € × 25 qm/150 qm	400 €	
	4.400 € >	4.400 €
Verlust aus Vermietungseinkünften		2.900 €

c) Wie prüft das Finanzamt, ob es bei Ihnen überhaupt ein Arbeitszimmer anerkennt? 279

Am besten reichen Sie eine Wohnungsskizze ein, in der das Arbeitszimmer gekennzeichnet und die Lage und Art der Möbel vermerkt ist (Vorsicht: kein Bett o. Ä. einzeichnen). Daneben muss genügend Wohn- und Schlafraum für Sie und Ihre Familie vorhanden sein.

Als Single brauchen Sie in Ihrer Wohnung nicht allzu viel Platz. Aber auch bei Ihnen müssen die neben dem Arbeitszimmer als Wohnraum verbleibenden Räume passend möbliert werden. Achten Sie also bei der Einrichtung darauf, dass Ihnen nicht das Gleiche passiert wie einem Steuerzahler aus Trier. Dem hatten die Finanzrichter nämlich einen als Arbeitszimmer eingerichteten Raum seiner Zweizimmerwohnung nur deshalb nicht steuerlich anerkannt, weil er den anderen Raum nicht zum Wohn-/Schlafraum umfunktioniert hatte. Angesichts fehlender Wohnraummöblierung in diesem Zimmer haben sie es nur als Schlafraum akzeptiert. Das Wohnen müsse sich zwangsläufig auch im Arbeitszimmer abspielen, mutmaßten die Richter, und schon waren die Werbungskosten zum Teufel (FG Rheinland-Pfalz v. 1.2.1995, 1 K 2180/94 – NWB-Eilnachrichten 1995 S. 90). Stellen Sie sich deshalb etwas geschickter an und verfrachten Sie Couch, Tisch, Fernseher und Stereoanlage in den Wohn-/Schlafraum.

Weitere unabdingbare Voraussetzung ist, dass das Arbeitszimmer separat liegt, d. h., es muss ein von den übrigen Räumen der Wohnung getrennter, in sich abgeschlossener Raum sein. So wurde einem armen Teufel das Arbeitszimmer im Dachgeschoss seines Hauses, das nur über eine Wendeltreppe zu erreichen war und nicht durch eine Tür abgeschlossen werden konnte, nicht anerkannt (FG Baden-Württemberg v. 22.9.1986 – EFG 1987 S. 70).

Achtung, Fangeisen: Sie haben schlechte Karten, wenn das Arbeitszimmer ein sog. Durchgangszimmer ist. Denn der Durchgang wird als private Nutzung aufgefasst (BStBl 1984 II S. 110). Der BFH lenkte aber in seinem Urteil vom 19.8.1988 (BStBl 1988 II S. 1000) etwas ein: Das gelegentliche Durchqueren des

Arbeitszimmers durch den Ehegatten (um in das Schlafzimmer zu gelangen) hielt er für unbedeutend. Außerdem ist hinscihtlich der Frage der gelegentlichen privaten Mitbenutzung eiens Arbeitszimmers derzeit sowieso fraglich, ob es bei dieser kleinlichen Sichtweise bleibt (vgl. ➤ Rz 263).

GUTER RAT

Gegenstände im Arbeitszimmer, die keine Arbeitsmittel sind, wie Fernseher, Radio, Klavier, Gästebett usw., können dem Arbeitszimmer den Garaus machen, denn sie deuten auf private Mitbenutzung des Zimmers hin. Auch wenn das eine oder andere Finanzgericht Gnade vor Recht ergehen ließ, sollten Sie nach Möglichkeit von vornherein jedes Risiko vermeiden. Ich würde zumindest nicht die Hand dafür ins Feuer legen, dass die folgenden Urteile jedes Finanzamt überzeugen.

- Eine *Liege* im Arbeitszimmer steht dessen Anerkennung selbst dann nicht entgegen, wenn der Steuerzahler sie während der Arbeitspausen für ein kleines Nickerchen nutzt (FG Hessen v. 27.1.1983 – IV 75/84; BFH v. 18.3.1988 – BFH/NV 1988 S. 773).
- Eine ganz sporadische Nutzung des Arbeitszimmers als Gästezimmer, z.B. beim Weihnachtsbesuch von Angehörigen, soll dessen Anerkennung nicht gefährden (FG Berlin v. 16.8.1988 rk – EFG 1989 S. 17).
- Auch ein Schaukelstuhl, der während der Arbeitspausen zur Entspannung genutzt wird, soll nicht schädlich für Ihr Arbeitszimmer sein (BFH v. 28.9.1990 – BFH/NV 1991 S. 294).

TIPP

Bei geringer privater Mitbenutzung des Arbeitszimmers Einspruch einlegen!

Ob eine gelegentliche private Nutzung des Arbeitszimmers überhaupt schädlich ist, ist stark umstritten. Erneut steht nämlich die Frage auf dem Prüfstand, ob die Kosten für das Zimmer nicht doch entsprechend dem beruflichen Nutzungsanteil zu Werbungskosten führen. Das Finangericht Köln hat hierzu entschieden, dass die Kosten für ein kombiniertes Wohn-/Arbeitszimmer anteilig zu berücksichtigen sind. Die Begründung liegt vor allem darin, dass der BFH z.B. auch bei Arbeitsmitteln nicht mehr bei jeder privaten Mitnutzung die Werbungskostenbremse zieht. Lassen sich die entstandenen Kosten sachgerecht z.B. nach dem jeweiligen Zeitanteil der Nutzung in einen privat und einen beruflich veranlassten Anteil aufteilen, kann der beruflich veranlasste Teil anerkannt werden. Die Kölner Richter haben den beruflichen Anteil bei einem kombinierten Wohn-/Arbeitsraum mit 50% geschätzt. Zum weiteren Vorgehen in einem solchen Fall vgl. ➤ Rz 263.

Achtung, Hausbesuch vom Finanzamt!
Gelegentlich müssen Sie damit rechnen, dass das Finanzamt mal einen Beamten losschickt, der nachprüfen soll, ob alles so stimmt, wie es angegeben wurde. Kommt er am Abend, können Sie dem Prüfer den Zutritt zum Arbeitszimmer verweigern, ohne dass er daraus negative Schlüsse ziehen darf (FG Düsseldorf, Urt. v. 14.10.1992 – EFG 1993 S. 64). Wenn der Besuch während der üblichen Geschäfts- und Arbeitszeit erfolgt und vorher angemeldet war, müssen Sie ihn einlassen – oder hinnehmen, dass man Ihnen die Arbeitszimmerkosten streicht. So geschehen mit Billigung der Finanzrichter in Niedersachsen (Urt. v. 9.3.1993 – EFG 1994 S. 182) bei einem Lehrer, dem die Arbeitszimmerprüfer des Finanzamts gleich zweimal auf die Bude rücken wollten, wobei sie jedes Mal unverrichteter Dinge abziehen mussten.

TIPP

für drohende Hausbesuche

Die meisten Genauigkeitskrämer kündigen ihren Arbeitszimmerkontrollbesuch an. Um sie sich vom Hals zu halten, machen Sie sich die sprichwörtliche Bequemlichkeit des deutschen Beamten zunutze und kontern auf die Kontrollankündigung etwa wie folgt:

```
Sehr geehrte Damen und Herren,
selbstverständlich bin ich bereit, Ihnen mein »100% steuerlich lupen-
reines Arbeitszimmer« vorzuführen. Leider bringt es mein Beruf aber mit
sich, dass ich schon morgens gegen 6.00 Uhr das Haus verlassen muss und
für gewöhnlich nicht vor 18.00 Uhr zurückkehre. Ich schlage daher vor,
dass Sie die Besichtigung am . . . . . . .um ca. 5.30 Uhr oder alterna-
tiv am . . . . . . . um ca. 19.00 Uhr vornehmen.

Datum . . . . . . Unterschrift . . . . . . . . . . . .
```

Wetten, dass sich kaum ein Finanzer finden wird, der bereit ist, seine Freizeit für eine Arbeitszimmerbesichtigung zu opfern? Den Rotstift muss er dann aber bei Ihren Arbeitszimmerkosten auch eingepackt lassen. Sie sind ja schließlich besichtigungsbereit, und man kann ja wohl nicht von Ihnen verlangen, dass Sie für das Misstrauen anderer Ihren wohlverdienten Urlaub verplempern ...

Fertigt der Prüfer über seinen Besuch eine Niederschrift, dann lassen Sie sich einen Durchschlag geben, damit Sie wissen, was in den Akten steht. Und passen Sie auf, was Sie unterschreiben.

Vor allem, wenn es verdächtig nach Amtsdeutsch klingt. Bestehen Sie darauf, dass rechtliche Würdigungen oder Schlussfolgerungen gestrichen werden. Also nicht: »Private Unterlagen waren zu 20 % vorhanden«, sondern: »Es ist ein Ordner Versicherungsangelegenheiten abgestellt.«

Auf diese Weise bleibt Ihnen die Möglichkeit erhalten, später die Bedeutung dieses Ordners herunterzuspielen. Und schreibt der Prüfer: »Die vorgefundenen Verhältnisse lagen im Veranlagungszeitraum unverändert vor«, müssen Sie sofort ausdrücklich widersprechen und notfalls das Gegenteil protokollieren lassen, wenn dieser Satz nicht zutrifft.

280 **d) Arbeitsmittel im häuslichen Arbeitszimmer**

Der BFH hatte ein Einsehen und geurteilt, dass der Abzug von Arbeitsmitteln im weitesten Sinne Vorrang vor den Abzugsbeschränkungen für die Arbeitszimmerkosten hat (BFH v. 21.11.1997 – BStBl 1998 II S. 351). Im Klartext bedeutet das, dass alle Kosten für Arbeitsmittel, die auch ohne ein Arbeitszimmer durchgehen würden, unabhängig davon, wie die eigentlichen Arbeitszimmerkosten steuerlich behandelt werden, steuerlich absetzbar sind. Dieser Entscheidung hat sich die Finanzverwaltung gebeugt und sie mit dem BMF-Schreiben vom 16.6.1998 (BStBl 1998 I S. 863) für verbindlich erklärt. Das heißt: Auch wenn Sie Ihr Arbeitszimmer nicht absetzen können, weil es nicht Ihr Tätigkeitsmittelpunkt ist, so können Sie zumindest Ihre Arbeitsmittel absetzen.

Dazu müssen Sie unterscheiden zwischen den Kosten für die Raumausstattung des Arbeitszimmers einerseits und für Arbeitsmittel im engeren Sinne andererseits.

Unmittelbare Arbeitszimmerkosten/Raumausstattung
(nur bei Arbeitszimmern als Tätigkeitsmittelpunkt absetzbar)

- Miete,
- Heizung, Strom, Wasser,
- Müllabfuhr, Kaminkehrer, Abwasser,
- Grundsteuer, Gebäudeversicherung,
- Hauswart etc.,
- Gebäudeabschreibung,
- Zinsen,
- Reinigung,
- Gebäudereparatur,
- Renovierung,
- Tapeten, Teppichböden, Vorhänge,
- fest eingebaute Lampen.

5. Häusliches Arbeitszimmer   221

Auch ohne Arbeitszimmer absetzbare Arbeitsmittel

- Computer und Zubehör,
- Telefon, Fax, Anrufbeantworter,
- Taschenrechner, Rechenmaschine,
- typische Arbeitsmittel je nach Beruf (z.B. Musikinstrumente, Maschinen etc.),
- Einrichtungsgegenstände
  - Schreibtisch,
  - Stühle,
  - Bücherregale,
  - Schränke,
  - Bürocontainer,
  - sonstige berufliche Einrichtung,
  - Schreibtischlampe,
  - Papierkorb,

Wand- oder sonstige Uhr, Pinnwand etc. Für Einrichtungsgegenstände mit einem Anschaffungspreis von mehr als 410 € (Rechnungsbetrag ohne Umsatzsteuer) setzen Sie die Abschreibung an. Dazu werden die Anschaffungskosten (jetzt mit Umsatzsteuer) auf die Dauer der Nutzung verteilt. Die Nutzungsdauer beträgt für Mobiliar 13 Jahre, für Kopierer sieben Jahre, für PC, Drucker und Scanner drei Jahre.

Bei Anschaffung im Lauf des Jahres ist nur eine zeitanteilige Abschreibung zulässig. Für jeden Monat des Jahres, in dem Ihnen das Arbeitsmittel gehört, also $^1/_{12}$ der Jahresabschreibung.

Beträgt der Anschaffungspreis (ohne Umsatzsteuer) nicht mehr als 410 €, können Sie den gesamten Betrag für das »geringwertige Wirtschaftsgut« (so das Amtsdeutsch) sofort in voller Höhe absetzen.

Weitere Einzelheiten zur Berechnung der Kosten, insbesondere der Abschreibungen, vgl. ➤ Rz 281, Rz 346.

Kunstgegenstände wie Bilder und Skulpturen gehören grundsätzlich zur Arbeitszimmerausstattung. Sie werden Ihnen aber nur ausnahmsweise steuerlich anerkannt, wenn Sie glaubhaft machen, dass Sie sie aus Repräsentationsgründen benötigen, weil Sie des Öfteren geschäftlichen Besuch im Arbeitszimmer empfangen. Andernfalls fallen sie dem Rotstift zum Opfer, wie die Aufwendungen für ein Gobelinbild (BFH-Urt. v. 30.10.1990 – BStBl 1991 II S. 340). Auch Geweihe und Jagdwaffen als Schmuck hat der BFH nicht mit steuerlicher Wirkung zugelassen (BFH v. 18.3.1988 – BFH/NV 1988 S. 556).

e) Was können Sie für Ihr Arbeitszimmer absetzen?   **281**

Gehören Sie zu den Glücklichen, die ihre Arbeitszimmerkosten voll absetzen können, gilt Folgendes:

222   III. Berufliche Kosten der Arbeitnehmer

- Kosten, die dem Arbeitszimmer direkt zugeordnet werden können, können Sie in voller Höhe absetzen, wie z.B. Schönheitsreparaturen, Elektroinstallation, Telefonanschluss, Einrichtung.

Sie können das Arbeitszimmer nach Ihrem Geschmack einrichten, auch wenn der gehoben ist. Ein Kargheitsgebot gibt es nicht. Tatsächlich genutztes antikes Mobiliar können Sie ebenso absetzen wie Bilder, Teppiche oder Wandschmuck (BFH-Urt. v. 31.1.1986 – BStBl 1986 II S. 355). Siehe hierzu aber ➤ Rz 280.

282   Wie flatterhaft Finanzgerichte bei ihren Entscheidungen über Arbeitszimmerkosten sind, können Sie an folgendem Beispiel sehen: Das Finanzgericht des Saarlands hat einem Zahnarzt seinen Orientteppich nicht anerkannt, weil so ein Teppich eine behagliche Atmosphäre schaffe und seinen Besitzer geistig anrege (EFG 1994 S. 235). Das Finanzgericht Niedersachsen hingegen meinte, ein Orientteppich sei als ganz normaler, alltäglicher Ausstattungsgegenstand mit Bezug zur täglichen Arbeit anzusehen (EFG 1992 S. 65 und 1994 S. 236).

283
- Kosten, die dem Arbeitszimmer nicht direkt zugeordnet werden können, weil sie das ganze Gebäude oder die ganze Wohnung betreffen, sind nur mit dem auf das Arbeitszimmer entfallenden Anteil abziehbar. Die Aufteilung erfolgt im Verhältnis der Fläche des Arbeitszimmers zur Fläche des gesamten Gebäudes oder der gesamten Wohnung. Nebenräume wie Keller, Dachböden und Wirtschaftsräume brauchen Sie nicht mitzurechnen.

- Führen Sie z.B. auch die Kosten für die Renovierung des Bades oder anderer Räume in der Wohnung mit auf. Wenn das Ihrem Finanzamt nicht passt, weisen Sie es auf ein in dieser Sache beim BFH anhängiges Musterverfahren hin (AZ. VIII R 16/15).

Beispiel

Gesamtfläche Gebäude/Wohnung	150 qm
Fläche des Arbeitszimmers	30 qm
Anteil des Arbeitszimmers $^1/_5 =$	20 %

Hier sind also 20 % der Kosten des Gebäudes oder der Wohnung absetzbar. Dazu gehören

- bei einer Mietwohnung die Miete einschließlich aller Umlagen, auch für Strom, Heizung, Frischwasser, Abwasser, Straßenreinigung und Müllabfuhr.

- beim eigenen Haus oder bei einer Eigentumswohnung außerdem die Abschreibung, die Schuldzinsen, die Versicherungen und alle Reparaturen.

Wenn Sie alle Kosten hübsch beisammenhaben, fertigen Sie eine kleine Aufstellung. Etwa so:

284   Arbeitszimmerkosten in einer Mietwohnung

1. Anteilige Wohnungsmiete
(5 Zimmer, Miete 600 €)   120 € monatl.
(Anteil Arbeitszimmer an der gesamten
Wohnfläche 20 %)

2. Anteilige Heizungs- und Lichtkosten 20 %	10 € monatl.	
3. Anteilige Hausratversicherung (20 %)	1 € monatl.	
4. Putzkosten, lt. Bescheinigung der Putzhilfe	15 € monatl.	
Summe	146 € × 12 =	1.752 €
5. Neuanschaffung von Vorhängen		150 €
6. Neuanschaffung einer Lampe		250 €
Summe der Kosten		2.152 €

7. Einrichtungsgegenstände – bis 410 € (ohne MwSt.) – sofort absetzbar.

1 Aktenregal, angeschafft für	100 €	
2 Büroschränke à 100 €	200 €	
1 Bürosessel	100 €	
1 Schreibtischlampe	50 €	
1 Leselampe	40 €	
2 Besuchersessel à 375 €	750 €	
1 Besuchertisch	360 €	
1 gr. Vase	50 €	
Kleininventar	350 €	
1 gebrauchter PC	400 €	
Gesamt	2.400 €	> 2.400 €
		4.552 €

Auf diesen Betrag gibt es eine Steuererstattung zwischen 637 und 2.345 €.

285 Arbeitszimmerkosten im eigenen Haus, in eigener Eigentumswohnung (anteilige 20 %)

a) Anteilig abziehbare Kosten

Gebäudeabschreibung
Herstellungskosten vor 10 Jahren 150.000 €

Davon 2 % Abschreibung =	3.000 €	
Jährliche Schuldzinsen	6.000 €	
Kosten für Heizung und Elektrizität	1.250 €	
Hausratversicherung	150 €	
Jährliche Grundsteuer, Gebäudeversicherung	500 €	
Jährliche Abgaben für Wasser, Abwasser, Müllabfuhr, Straßenreinigung	1.200 €	
Reparaturaufwendungen am Dach	1.100 €	
Summe	13.100 €	
Davon entfallen auf das Arbeitszimmer 20 %		2.620 €
Reinigungskosten		150 €
Summe		2.770 €

b) Direkte Arbeitszimmerkosten

Für Einrichtungsgegenstände m. Anschaffungskosten u. 410 €	2.400 €
Büroschrank antik 2.600 €, Abschreibung 7,69 %	200 €
Kosten für das Arbeitszimmer insgesamt	5.370 €

TIPP
zur Abschreibung

286 Gehört das Objekt, in dem sich Ihr Arbeitszimmer befindet, z. B. Ihrer besseren Hälfte, kommen Sie nur dann in den Genuss der Abschreibung Ihres Arbeitszimmers, wenn Sie nachweislich einen Teil der Anschaffungs- oder der Herstellungskosten getragen haben, der mindestens dem Anteil des Arbeitszimmers entspricht. Daher macht es sich gegenüber dem Finanzamt gut, wenn Sie bei den Darlehensverträgen als Mitverpflichteter auftauchen und einen Teil der Zins- und Tilgungsleistungen bezahlen (Drittaufwand).

Einfacher ist es, wenn Sie und Ihr Ehepartner gemeinsame Eigentümer sind. Dann wird nämlich auf alle Fälle unterstellt, dass Sie die auf das Arbeitszimmer entfallenden Kosten in voller Höhe selbst getragen haben. Sie bekommen also die volle Abschreibung (BFH v. 23.8.1999 – BStBl II 1999 S. 778 ff.).

TRICK
Ein Arbeitszimmer bei Angehörigen mieten?

287 **Haben Sie nichts zu den Anschaffungs- oder den Herstellungskosten des Hauses oder der Eigentumswohnung Ihres Ehepartners beigetragen, schließen Sie einen Mietvertrag fürs Arbeitszimmer.**

Genauso können Sie ein Arbeitszimmer im Haus eines Angehörigen oder Ihres Lebenspartners mieten und kommen so zu Arbeitszimmerkosten. Ihr gemietetes Arbeitszimmer ist in diesem Fall kein »häusliches«. Was bedeutet, dass Sie die vollen Kosten (Miete, Nebenkosten) absetzen können. Den Vollabzug gibt es allerdings nur, wenn Sie nicht auch selbst in der Wohnung leben, denn dann wäre das Arbeitszimmer wieder ein »häusliches«.

Schließen Sie einen schriftlichen Mietvertrag, in dem der gemietete Raum samt Größe und Lage beschrieben wird und die genaue Miethöhe (mindestens 75 % der ortsüblichen Miete) sowie die von Ihnen zu zahlenden Nebenkosten festgelegt sind. Die Zahlung von Miete und Nebenkosten müssen Sie nachweisen können. Am besten überweisen Sie sie monatlich, und schon klappt der Laden. Mit einem so sauber vereinbarten und tatsächlich durchgeführten Mietvertrag spielt es keine Rolle, dass der Vermieter Ihnen verwandtschaftlich oder freundschaftlich verbunden ist (BFH-Urt. v. 28.8.1991 – BFH/NV 1992 S. 166).

SUPER TRICK

Sparen Sie durch ein kleineres Arbeitszimmer 5.000 €!

Wenn Sie selbständig sind, kann ein zu großes Arbeitszimmer zur Steuerfalle werden. Liegt seine Größe anteilig über 20 % oder sein anteiliger Grundstückswert über 20.500 €, kann das Finanzamt sagen, es sei notwendiges Betriebsvermögen. Wenn Sie dann irgendwann einmal Ihr Häuschen verkaufen, knöpft Ihnen der Fiskus vom Verkaufserlös nach Abzug des Restbuchwerts (anteilige Herstellungskosten – anteilige Abschreibung) gnadenlos Steuern ab – ganz egal, ob Sie Ihre Arbeitszimmerkosten absetzen können oder ob man Ihnen den Abzug wegen der gesetzlichen Beschränkungen streitig macht.

Und so könnte sich ein steuerpflichtiger Veräußerungserlös auswirken:

Klemm und Schlau hatten sich je einen Werkstattraum in ihren 150 qm großen Einfamilienhäusern (Erbbaugrundstück) eingerichtet. Nach zehn Jahren verkaufen beide ihr Haus für 300.000 €.

	Klemm	Schlau
Größe des Arbeitszimmers	18 qm	9 qm
Anteil an den Baukosten v. 200.000 €	$^{18}/_{150}$ = 12 % 24.000 €	$^{9}/_{150}$ = 6 % 12.000 €
Laufende Hauskosten 15.000 €	1.800 €	900 €
AfA 3 % v. 200.000 € = 6.000 €	720 €	360 €
Jährliche Arbeitszimmerkosten	2.520 €	1.260 €
Für 10 Jahre	25.200 €	12.600 €
./. steuerpflichtiger Verkaufserlös 12 % v. 300.000 €	36.000 €	
./. Buchwert:		
Baukosten alt 24.000 €		
./. AfA 10 × 720 € − 7.200 €		
16.800 € > − 16.800 €		
Steuerpflichtiger Erlös	19.200 € > − 19.200 €	
Betriebsausgaben insgesamt	6.000 €	12.600 €

Obwohl Schlau das kleinere Arbeitszimmer hatte, kann er insgesamt 12.600 € absetzen, Klemm dagegen per saldo nur 6.000 €. Der Vorteil von Schlau beläuft sich damit auf 6.600 €. Noch drastischer wird die Rechnung, wenn beide ein »häusliches« Arbeitszimmer gehabt hätten, für das sie aber keine Kosten absetzen konnten. In diesem Fall müsste Klemm den fiktiven Erlös von 19.200 € versteuern, während Schlau plus/minus null aus der Sache herauskäme.

289 Reinigung des Arbeitszimmers

Wird Ihr Arbeitszimmer steuerlich anerkannt, können Sie neben den Kosten für Putzmittel etc. Ihre Aufwendungen für eine Reinigungskraft, den Fensterputzer etc. ins Spiel bringen. Engagieren Sie nahe Angehörige als Reinigungskraft, müssen Sie Folgendes beachten: Da die Arbeitszimmerreinigung unter die Verpflichtung der Ehepartner zur Haushaltsführung (§ 1360 BGB) fällt, nutzt ein Arbeitsvertrag mit dem Ehepartner nichts. Für einen eigenen Haushalt führende erwachsene Kinder, Eltern und Geschwister gilt das nicht (BFH v. 27.10.1978 – BStBl II 1979 S. 80). Gegen ein anzuerkennendes Arbeitsverhältnis zwischen Vater und volljähriger Tochter spricht neben der Haushaltsgemeinschaft auch ein besonders geringer Stundenlohn (hier: 1,42 €), freie Arbeitszeit und die Überweisung des Entgelts unter der Bezeichnung »Taschengeld« (FG Niedersachsen v. 30.1.1986 – EFG 1986 S. 484). Also?

Um Ihre Chancen auf Anerkennung eines Vertrags über Reinigungsarbeiten mit Angehörigen zu erhöhen, sollten Sie den Lohn per Überweisung zahlen und **einen schriftlichen Arbeitsvertrag schließen,** in dem genau geregelt ist, wann in welchem Umfang die Reinigung zu erfolgen hat. Auch sollten Sie tunlichst vermeiden, dass laut Arbeitsvertrag nur das Arbeitszimmer gereinigt werden muss. Wesentlich größere Chancen haben Sie, wenn Angehörige als Putz- oder Haushaltshilfe zur Reinigung der gesamten Wohnung angestellt werden.

> *... klagen wir nicht,*
> *kämpfen wir!*
> (Clara Zetkin)

GUTER RAT

Bei allem Bemühen um Steuerersparnis müssen Sie sich vorsehen, nicht nach der Devise »Gier frisst Hirn« zu verfahren. Bei einem echten Anstellungsverhältnis wird das Finanzamt immer streng darauf schauen, ob Sie es bei der Sozialversicherung angemeldet haben. Selbst wenn Ihre Angehörigen-Reinigungskraft als Minijobber durchgeht, kostet das pauschale Sozialversicherung und Steuer. Da die Reinigungskosten nur zum Teil auf Ihr Arbeitszimmer entfallen, könnte sich so ein Arbeitsvertrag schnell als Draufzahlgeschäft entpuppen, wenn es Ihnen nicht gelingt, die Reinigungskosten für die übrigen Räume Ihrer Wohnung z.B. als haushaltsnahe Dienstleistung bei der Steuer unterzubringen und auch hierfür eine Ermäßigung zu kassieren.

6. Das strittige Problem der Berufskleidung

Das Gesetz sagt ganz klar: Berufskosten sind Aufwendungen zur Erhaltung, Sicherung und Erwerbung von Lohn oder Gehalt. Sie können aber nicht nackt in den Betrieb wandern, das ist doch klar. Um in den allermeisten Fällen die Bekleidungskosten trotzdem nicht anerkennen zu müssen, argumentierte der Fiskus: Bürgerliche Kleidung (gewöhnliche Bekleidungsstücke) werde auch getragen, wenn der Beruf gerade nicht ausgeübt werde, während der Arzt z.b. in seiner Freizeit keinen weißen Kittel anhabe. Deshalb betrifft normale bürgerliche Bekleidung stets die Privatsphäre – selbst wenn sie ausschließlich während der Arbeitszeit getragen wird. Dazu sagt das FG Hamburg in einem geheimen Urteil: »Es würde ein mit der heutigen Stellung des Staatsbürgers nicht zu vereinbarendes Eindringen in die intime Privatsphäre bedeuten, wenn die Finanzverwaltung überprüfen sollte, welche Kleidung ein Steuerpflichtiger privat und welche er ausschließlich während der Berufsausübung trägt. Schon die Möglichkeit der Privatnutzung muss mithin eine Anerkennung der dafür gemachten Aufwendungen ausschließen.«

Als Grundsatz hat sich herauskristallisiert, dass Bekleidung dann eine typische Berufskleidung ist, wenn eine private Verwendung ausgeschlossen oder nur in verschwindend geringem Umfang möglich ist. Abzugsfähig sind somit z.B. Amtstrachten, Uniformen, Kellnerfrack, Tankwartskombination, Asbestanzüge, Berufskleidung der Bäcker, Livree von Chauffeuren, Köche usw. So lässt man z.B. den typischen Arztkittel – nicht aber die weiße Hose eines Arztes – als abzugsfähig zu (BFH-Urt. v. 6.12.1990 – BStBl 1991 II S. 348), widersprach aber beim Staubkittel des Architekten (BFH – HFR 1964 S. 458; BFH – BStBl 1956 III S. 195), weil angeblich nicht klar getrennt werden könne, wann er den Staubkittel beruflich und wann privat benutze. (Haben Sie schon mal einen Architekten im Staubkittel in der Oper gesehen?)

Bürgerliche Kleidung könne nur in Ausnahmefällen als Berufskleidung anerkannt werden, etwa, wenn durch die dienstliche Tätigkeit ein starker Aufwand für Bekleidung notwendig sei (z.B. bei Hoteldirektoren, Leiterinnen von Modeateliers usw.) oder besondere Anlässe es bedingten, wie z.B. der Smoking für einen Journalisten (EFG 1966/12). Mit rechtskräftigem Urteil vom 30.5.1968 (VI 3469/66 E – EFG 1969 S. 10) hat das FG Münster einem Tanzschullehrer nicht nur einen Gesellschaftsanzug und drei Smokinghemden, sondern auch drei Cocktailkleider für die Ehefrau als steuerfreien Bekleidungsaufwand anerkannt.

Einer Fernsehansagerin, die ja immer ordentlich und adrett gekleidet sein muss, hat der BFH mit einem Federstrich die gesamte Berufskleidung gestrichen, weil ja alles auch privat getragen werden könne (BStBl 1990 II S. 49).

Sagte die Petra Schürmann zu dem Finanzrichter, der ihren Einspruch auf den Tisch bekam: »Die Kleider, die ich trage, sind wahnsinnig teuer. Ich muss sie aber tragen, damit ich Lieschen Müller stets aufs Neue imponiere und ankomme. Ein zweites Mal kann ich die Dinger niemals tragen! Wenn das keine

228   III. Berufliche Kosten der Arbeitnehmer

beruflich bedingten Anschaffungen sind! Selbst meine Fernsehchefs erwarten
es von mir!« – »Ja«, antwortete ihr der Richter, »Sie *könnten* aber theoretisch
Ihre modischen Sächelchen zweimal tragen!«
»Ich tue es aber nicht! Ich verkaufe die Sachen sofort an Secondhandshops!«
»Aber den Gesetzen kommt es nur auf die Möglichkeit an. Und was die Verkäufe an Gebrauchtbekleidungsläden betrifft, wird das Finanzamt zu prüfen
haben, ob Sie diese als steuerpflichtige, wiederholte Geschäfttätigkeit gemeldet und sich evtl. bei Nichtangabe strafbar gemacht haben.« Sprach's und urteilte im Namen des Volkes für das Finanzamt. Welches wiederum gegen Petra
Schürmann statt eines Erstattungsbescheids einen saftigen Steuernachzah-
lungsbescheid erließ.

292 Die Krönung ist aber das Urteil, mit dem die obersten Steuerrichter einer Musikerin die extra für Auftritte gekaufte schwarze Hose nicht als Arbeitskleidung
anerkannten (BFH v. 18.4.1991 – BStBl 1991 II S.751).
Wie konfus die Urteile des BFH zur Arbeitskleidung sind, werden Sie feststellen, wenn Sie als Angestellter eines Bestattungsunternehmens Ihren schwarzen
Anzug absetzen wollen. Sind Sie fest angestellt, soll er Arbeitskleidung sein.
Betten Sie dagegen als Aushilfe verstorbene Mitmenschen zur letzten Ruhe, ist
der Anzug keine Arbeitskleidung (BFH NV 1991 S.25).

293 Etwas leichteres Spiel haben Sie mit Uniformen oder uniformähnlicher Kleidung. Abzugsfähig ist z.B. die Uniform von Soldaten, auch der Trainingsanzug
mit Bundeswehrwappen oder Rangabzeichen (FG Bremen, EFG 1992 S.735).
Als Postler können Sie selbstgekaufte Dienstkleidung absetzen, wenn sie mit
dem Posthorn gekennzeichnet ist (FG Niedersachsen, EFG 1991 S.8). Farblich
und vom Schnitt her einheitliche Kleidung von Flugbegleitern ist ebenfalls Berufskleidung (FG Hessen, EFG 1993 S.648). Das gilt übrigens auch für entsprechend gestaltete Kleidung des Personals eines Friseurs (FG Hamburg, EFG
1987 S.172).
Gute Karten hatten auch Filialleiter sowie angestellte Metzger und Verkäufer
in Berlin. Die vom Arbeitgeber zur Verfügung gestellten Pullunder, Strickjacken, Hemden, Blusen, Krawatten und Tücher wurden als im betrieblichen
Interesse überlassene Berufskleidung anerkannt. Als Argumente dienten das
vom Arbeitgeber gewünschte einheitliche Erscheinungsbild und hygienische
Gesichtspunkte: Aufgrund der Einheitlichkeit sei die Kleidung besser zu reinigen (BFH v. 22.6.2006 – DStR 2006 S.1795).
Keine Berufskleidung soll dagegen vorliegen bei

- einheitlicher grauer Kleidung ohne Uniformcharakter von Chauffeuren
  (Vfg. der OFD München v. 25.3.1987),
- Krawatten und Tüchern von Angestellten einer Bank, wenn das Arbeitgeber-
  logo klein und nur an einer Stelle angebracht ist (Vfg. OFD Münster v.
  29.10.1988, DB 1988 S.2384),
- Lodenmänteln von Forstbeamten (BFH v. 19.1.1996 – BStBl II 1996 S.202).

GUTER RAT

Ein Bund-Länder-Erlass (z.B. Niedersächsisches Finanzministerium v. 1.11.1996 – S 2354 – 70 – 35) regelt, dass Kleidung vom Arbeitgeber steuerfrei überlassen werden kann, wenn sie dauerhaft als Dienstkleidung oder Uniform gekennzeichnet ist, z.B. weil Wappen, Behördenkennzeichen oder Logos gut sichtbar angenäht oder eingewebt sind.

Was für Dienstkleidung im öffentlichen Dienst recht ist, sollte für private Unternehmen mehr als billig sein. Wenn die Firma Ihres Chefs ein schönes Logo hat, sollte es deutlich sichtbar auf gleichfarbige T-Shirts, Hosen, Baseballkappen etc. genäht und die Rechnung dem Finanzamt präsentiert werden. Bei normalen Schuhen, Socken und Unterwäsche klappt das aber wohl nicht. Auch winzige, kaum sichtbare Logos, wie bei den Bankerkrawatten und -tüchern (s.o.), oder mit Klettverschluss angebrachte Firmenschilder, die man jederzeit entfernen kann, haben vor den gestrengen Augen des Fiskus keinen Bestand.

Tropenbekleidung
Besondere Kleidung wegen beruflich veranlassten Klimawechsels, z.B. Dienstreise oder Umzug in die Tropen, ist nicht absetzbar. Nachdem der BFH hartnäckig in mehreren Urteilen – z.B. vom 20.3.1992 (BStBl 1993 II S.192) – den Abzug abgelehnt hatte, verfährt nach anfänglichem Zögern und nicht ganz überraschend der Fiskus genauso und lässt Sie auf den Bekleidungskosten sitzen (H 9.9 LStH).

Eine amtliche Vorschrift des Landes Nordrhein-Westfalen schreibt die genauen Richtwerte für das Schultaschengewicht vor. In einer Auflage von 3,5 Millionen Exemplaren wurde sie mit einem Kostenaufwand von 1,7 Millionen Mark versandt.

(BStZ)

TRICK

Besser zerrissen als verschlissen

Gehören Sie, wie z.B. Kellner, Laboranten oder Chemiker, zu denen, deren als privat angesehene sog. bürgerliche Kleidung im Beruf außerordentlich stark strapaziert wird? Nun, für Sie hat der Bundesfinanzhof ein kleines Schlupfloch offen gelassen. Allerdings müssen Sie dazu dem Finanzamt beibringen, dass ein

Teil Ihrer Kleiderkosten durch den besonderen beruflichen Verschleiß bedingt ist (BFH-Urt. v. 26.6.1969 – BStBl 1970 II S. N7). Und der muss objektiv leicht nachprüfbar vom normalen Kleidungsverschleiß abgegrenzt werden können (BFH-Urt. v. 24.7.1981 – BStBl 1981 II S. 781). Also kommen Sie mit dem lapidaren Hinweis auf stärkere Verschmutzung, z. B. durch Getränke- und Essensflecken beim Kellnern, und dadurch häufiges Waschen nicht weit. Geradezu grob fahrlässig ist es, wenn Sie beim Finanzamt einfach pauschal 25 bis 30 % Ihrer Kleiderkosten wegen starken Verschleißes als Werbungskosten abzusetzen beantragen. Damit zwingen Sie selbst einen Ihnen wohlgesinnten Sachbearbeiter förmlich dazu, den Rotstift anzusetzen.

Ein Chemiearbeiter hätte fast seine Aufwendungen für bürgerliche Kleidung durchbekommen, weil sie mehr verschleißt als normal. Er hatte in seiner Rechtsbeschwerde gesagt, dass seine Hosen nach vier Wochen von den Säuren, mit denen er arbeite, zerfressen seien, seine Schuhe bald danach. Doch das hohe Gericht fand nach eingehender Prüfung heraus, dass er nur zwei Hosen und drei Paar Schuhe geltend gemacht hatte, während es doch – wenn seine Angaben zutreffend gewesen wären – zwölf Hosen und zehn Paar Schuhe hätten sein müssen. Seien Sie schlauer und versuchen Sie es in so einem Fall mit mehr Belegen! (BFH v. 24.7.1981 – BStBl 1981 S. 781)

SUPER TRICK

Steuervergünstigung für Ungeschicklichkeit!

297 Ist es Ihnen nicht auch schon mal passiert, dass Sie sich im Betrieb etwas verschandelt haben? An eine frisch gestrichene Wand geraten oder mit dem Rock irgendwo hängengeblieben sind? Sie sich bei einer Autopanne (anlässlich einer dienstlichen Fahrt) Schäden an der Oberbekleidung eingehandelt haben?

Ihre Chancen auf Anerkennung von Werbungskosten steigen, je konkreter Ihre Angaben sind. Besser ist es also, wenn Sie als Chemielehrer sagen können: »... habe ich mir bei einem Unterrichtsexperiment mit Schwefelsäure Löcher in meine drei Wochen alte Hose gebrannt. Üblicherweise trage ich Hosen zwei Jahre. In Höhe des Kaufpreises von 84 € abzgl. Abschreibung für einen Monat (84 € ÷ 24 Monate) = 3,50 € bitte ich Bekleidungskosten wegen außergewöhnlichen Verschleißes anzuerkennen.« Als Kellner teilen Sie dem Finanzamt mit, dass es zu dem Verschleiß gekommen ist, weil Sie sich Ihr Hemd an einer Kerze versengt haben oder die Fruchtsaftflecken trotz Megaperls und Hauptwaschgang nicht mehr zu entfernen waren.

Was Sie arbeiten und welche Kleidung Sie beschädigt haben, ist nicht so entscheidend. Wichtig ist einzig und allein: Der Schaden muss während der Arbeit geschehen sein. Werbungskosten stehen Ihnen also auch zu, wenn Sie Ihre teure

Lederjacke in der Firmengarage zerrissen haben. Bei einem solchen Stück setzen Sie beruhigt fünf Jahre Nutzungsdauer an (FG Thüringen 4.11.1999, EFG 2000 S. 211).

Wenn es mit den Reinigungskosten getan war – haben Sie sicher die Rechnung aufgehoben, um sie dem Finanzamt zu präsentieren?
War der Anzug nicht mehr für den Dienst verwendbar, können Sie – auch wenn Sie nicht leitender Angestellter sind – mit folgendem

---

Eigenbeleg über Bekleidungsschaden

Verlust eines Anzugs infolge von Schäden, die durch den Betrieb veranlasst wurden (hingefallen auf dem Parkplatz infolge Eisglätte am. . . . . . .), Anschaffungskosten ca. 200 €; Abschreibung für bisherige Nutzung (1 Jahr) mit 40 €, verbleiben: 160 €

. . . .
Ort und Datum   (Unterschrift)

---

die Steuer drücken und zwischen 27 und 82 € Erstattung herausholen.

TIPP

zur Berufskleidung

Setzen Sie pauschal an, was anzusetzen geht! Der Satz für Arbeitsmittel, zu denen auch Arbeitskleidung gehört, beträgt jährlich ca. 100 €. Die Finanzämter verzichten aus Zweckmäßigkeitsgründen in der Regel auf die Vorlage von Belegen, wenn dieser Satz nicht überschritten wird. Außer der Arbeitskleidung selbst können Sie natürlich die Kosten für deren Instandsetzung und Reinigung absetzen, z. B. so:

Für die Reparatur der Arbeitskleidung entstandene Kosten für

Garne und Stoffreste	15 €
Knöpfe und Reißverschlüsse	10 €
Nadeln usw.	2 €
	27 €

Wenn Ihre nette Hauswirtin Ihnen die Sachen in Ordnung hält, sollten Sie sich nicht scheuen, den monatlichen Blumenstrauß oder den Likör, den Sie ihr als Dank dafür zukommen lassen, gleichfalls beim Finanzamt geltend zu machen.

Wenn Sie als Sportlehrer z. B. im Schuldienst tätig sind, sind Ihre Aufwendungen für Trainingsanzüge, Sporthosen und -schuhe abzugsfähig. 298

Aufwendungen für Sportgeräte und -kleidung können für Diplompädagogen (Erzieher) in vollem Umfang Berufskosten sein, wenn die private Nutzung von ganz untergeordneter Bedeutung ist. Ab einer privaten Nutzung von 15,5 % (wie, um Himmels willen, soll das jemand so genau ermitteln können?) fallen sie unter das Aufteilungs- und Abzugsverbot des § 12 Nr. 1 Satz 2 EStG (BFH-Urt. v. 21.11.86 VI R 137/83).

Stellt sich ein Finanzamt bei Ihrer Sportkleidung quer, reiben Sie ihm den Erlass des Finanzministers Nordrhein-Westfalens vom 10.5.1985 (S. 2353 – 45 – VB 3) unter die Nase, der immer noch gültig ist und Ihnen zumindest dann Werbungskosten für Ihre Sportkleidung zugesteht, wenn sie in der Schule aufbewahrt wird. So sah das auch das FG Münster, das einer Sportlehrerin Tasche, Kleidung und Pfeife als Werbungskosten anerkannte (FG Münster v. 12.11.1996 – EFG 1997 S. 334). Dem Problem mit der privaten Nutzung können Sie wunderbar mit dem Argument entgehen, Sie hätten für Ihre privaten Sportaktivitäten weitere Sportsachen. Weisen Sie dem Finanzamt per Beleg also nicht nur die Sportkleidung nach, die Sie für die Schule benötigen, sondern auch die privat gekauften Sportsachen. So sind Ihre Chancen, dass Sie wenigstens einen Teil Ihrer Kosten durchbekommen, jedenfalls wesentlich größer, als wenn Sie versuchen, alle Belege als Berufskosten durchzudrücken (FG Düsseldorf v. 16.11.1995 – EFG 1996 S. 176).

Ihre Skiausrüstung können Sie als Werbungskosten absetzen, wenn Sie als *Sportlehrer* etwa Kurse für Schulklassen leiten oder hauptberuflich Skilehrer sind (OFD München v. 19.10.72 S 2354 – 52/4 – 62137 und Finanzministerium Nordrhein-Westfalen v. 13.12.72 S 2330).

Für Lehrer hat der BFH folgende Kriterien für eine Anerkennung von Skiausrüstungen und Fortbildungen im Skilaufen, z.B. zum Erwerb einer Schulskileiter-Lizenz, aufgestellt (BFH v. 26.8.1988 – BStBl 1989 II S. 91):

- Sie müssen als Lehrer tatsächlich Sportunterricht erteilen oder entsprechende Arbeitsgemeinschaften leiten;
- Veranstalter des Lehrgangs muss ein anerkannter Verband oder die Schulverwaltung sein;
- der Teilnehmerkreis des Lehrgangs muss im Wesentlichen homogen sein, also vornehmlich aus Lehrern mit vergleichbarem schulischem Hintergrund bestehen;
- Sie haben für die Teilnahme Sonderurlaub erhalten, oder der Lehrgang findet während der Unterrichtszeit statt;
- die Schulverwaltung bescheinigt das dienstliche Interesse an der Lehrgangsteilnahme;
- der Lehrgang muss darauf abzielen, den Teilnehmern Kenntnisse zu vermitteln, die die Beaufsichtigung und Unterrichtung von Schülern beim Skilaufen betreffen;
- das Programm und die Durchführung des Lehrgangs müssen durch eine straffe Organisation gekennzeichnet sein;

6. Das strittige Problem der Berufskleidung

- Ihre Teilnahme muss bescheinigt werden;
- der Lehrgang muss mit einer Prüfung abgeschlossen werden, über die ein dem Lehrgangsziel entsprechendes Zertifikat erteilt wird;
- Sie müssen die erworbenen Fähigkeiten anschließend im Lehrberuf verwenden.

WICHTIGER HINWEIS

Wollen Sie als Sportlehrer die Aussicht auf Anerkennung der Kosten für Ihre Skiausrüstung erhöhen, müssen Sie sie unbedingt im Unterricht einsetzen. Dabei sollten Sie nicht zu viel Zeit ins Land streichen lassen. Können Sie nämlich dem Finanzamt gegenüber nicht belegen, dass Sie die Skier zeitnah im Unterricht oder in einer Sportfreizeit mit Schülern verwendet haben, scheidet eine steuerliche Berücksichtigung aus. Dasselbe gilt letztendlich auch für Ihre Fortbildung im Skifahren. Ohne konkreten Einsatz für die Schule kann es sogar bei Skikursen zu Schwierigkeiten kommen, die von einem anerkannten Verband oder der Schulverwaltung durchgeführt wurden (FG Saarland v. 9.7.2008 – 2 K 2326/05 – NWB EN Heft 40/2008 S. 3737).

»Und was soll ich jetzt völlig verwirrter Steuerzahler nun tun?«, fragen Sie. Immer nur lächeln. Und steif und fest behaupten: »Die Kinder sind heute alle so steif, dass ich ihnen die Übungen mindestens dreimal vormachen muss! Das schlaucht mich derart, dass ich alle Knochen einzeln spüre und privat keinen Sport mehr betreiben will – und es auch gar nicht mehr *kann*.«

TRICK
Tennisspielen auf Kosten des Fiskus!

»Wie soll denn das funktionieren?«, fragen Sie. »Ich denke, beim kleinsten Hauch von Privatvergnügen versagt mir das Finanzamt die Anerkennung des Aufwands als Werbungskosten.«

Natürlich haben Sie recht, Sie müssen dazu schon einen Beruf haben wie Polizist oder Soldat, in dem Ihr Dienstherr verlangt, dass Sie Sport treiben. Nur – muss es denn immer Fußball oder ein anderer Mannschaftssport sein? Tennis ist schließlich auch weit verbreitet. Zumindest meinten das die Richter vom FG Saarland. Sie ließen einen Polizisten alle Aufwendungen für die Ausübung des Tennissports als Werbungskosten absetzen, weil Tennis offiziell als Dienstsport ausgewiesen war und die Spiele während der Dienstzeit stattfanden (FG Saarland v. 19.3.1991 – EFG 1991 S. 377). Das Finanzgericht aus dem Münsterland allerdings hat in einem Parallelfall die Werbungskosten abgelehnt (FG Münster v. 5.10.1993 – EFG 1994 S. 238). Ähnlich restriktiv wurde über den Fall eines Polizisten entschieden, der sein Fahrrad und seine Sportkleidung für den Dienstsport absetzen wollte. Da er seinen Drahtesel aber nachweislich nur vier Stunden in der Woche beim Dienstsport eingesetzt hatte, wurden ihm die Werbungskosten verwehrt (FG Baden-Württemberg v. 23.11.2005 – EFG 2006 S. 811).

Nichtsdestotrotz, Wachtmeister, Kommissare, Offiziere und Unteroffiziere! Nichts wie hin zu den Vorgesetzten. Sie sollen zur Abwechslung mal Tennis auf den Dienstplan setzen. Auf diese Weise können Sie Tenniskleidung, Schläger, Schuhe, Tasche und eventuelle Platzmiete als Werbungskosten für Dienstsport absetzen.

SUPER TRICK

Bei jedem Waschtag klingelt's in der Kasse.

300 Kosten für die Reinigung Ihrer Arbeitskleidung sind ohne Zweifel Werbungskosten. Nur – wer schleppt schon seine ölverschmierten Arbeitsanzüge oder sonstige Arbeitskleidung ständig in die Reinigung? Natürlich landen die Sachen in der eigenen Waschmaschine. Aber die wäscht ja schließlich auch nicht umsonst!

Die obersten Steuerrichter des BFH entschieden gleich mit zwei Urteilen, dass Sie die Kosten für das Reinigen Ihrer Berufskleidung in der privaten Waschmaschine als Werbungskosten absetzen können (BFH-Urteile v. 29.6.1993 – BStBl 1993 II S. 837 und S. 838). Sie dürfen die Waschkosten sogar schätzen und sich dabei an den Erfahrungswerten von Verbraucherverbänden orientieren, vgl. Verbraucherzentrale Bundesverband e.V. (Quelle: vzbv e.V. »Schätzkosten für die Wäschepflege im privaten Haushalt«, Stand: Dezember 2002).

Danach ergeben sich folgende Reinigungskosten **je Kilogramm** Wäsche:

Zahl der Personen im Haushalt	1	2	3	4
	€	€	€	€
Kochwäsche	0,77	0,50	0,43	0,37
Buntwäsche	0,76	0,48	0,41	0,35
Pflegeleichte Wäsche	0,88	0,60	0,53	0,47
Ablufttrockner	0,41	0,26	0,23	0,19
Kondenstrockner	0,55	0,34	0,29	0,24
Bügeln	0,07	0,05	0,05	0,05

6. Das strittige Problem der Berufskleidung 235

Bei einem Zwei-Personen-Haushalt setzen Sie bei je einem Waschgang Kochwäsche und Buntwäsche pro Woche und 48 Arbeitswochen für die Reinigung, Trocknung und das Bügeln Ihrer Arbeitskleidung folgende Gesamtkosten ab:

Kochwäsche	48 Waschgänge à 3 kg à (0,50 € + 0,26 € + 0,05 € =) 0,81 €	116,64 €
Buntwäsche	48 Waschgänge à 3 kg à (0,48 € + 0,26 € + 0,05 € =) 0,79 €	113,76 €
Gesamtkosten		230,40 €

Mittlerweile orientieren sich die Finanzgerichte zwar grundsätzlich alle an den Werten, die die Verbraucherverbände ermittelt haben, kommen aber dennoch zu zum Teil recht unterschiedlich hohen Waschkosten. Das liegt zum einen am Beruf des betreffenden Steuerzahlers. Zum anderen ist ganz entscheidend, für wie glaubwürdig die Finanzgerichte die Schätzung der wöchentlichen Mengen an beruflicher Wäsche halten. Folgende Urteile geben Ihnen einen Orientierungsrahmen, was an Waschkosten für Sie absetzbar ist:

- Bankangestellter; keine Werbungskosten, da Anzüge keine typische Berufskleidung sind (FG Saarland v. 28.1.2008 – 2 K 1497/07).
- Lokführer; 216 € (FG Münster v. 27.8.2002 – EFG 2002 S.1589).
- Polizist; ca 75 € (Niedersächsisches Finanzgericht v. 12.9.2002 – 16 K 10551/99).
- Polizist; ca. 90 bis 100 € (FG Münster v. 19.2.2002, EFG 2002 S.670).
- Polizist; ca 250 € (FG Brandenburg v. 7.2.2001 – EFG 2001 S.812).
- Polizist beim Bundesgrenzschutz; ca. 100 € (FG Münster v. 13.8.2004 – 4 K 4303/02 E).
- Soldat; ca. 240 € (FG München v. 29.4.2005 – INF 2006 S.209).
- Verkaufsfahrer; keine Werbungskosten, da er keine typische Berufskleidung trägt (FG Hamburg v. 2.8.2001 – II 123/00).
- Waldarbeiter; ca. 100 € (FG Rheinland-Pfalz v. 23.9.2004 – 6 K 2813/01).

Exakt mit den Verbraucherverbandwerten arbeiten offensichtlich auch die Richter in Baden-Württemberg (FG Baden-Württemberg v. 23.11.2005 – EFG 2006 S.811), die einem Polizisten für die Reinigung seiner Dienstkleidung ca. 260 € Werbungskosten zugestanden. An dem vom Finanzgericht verwendeten Berechnungsschema können Sie sich orientieren:

Uniformteil	Waschmenge	Kosten je kg	Gesamtkosten
Diensthemden (Buntwäsche)	5 × 46 Wochen × 290 g = 66,7 kg	× 0,48 €	32,01 €
Jeanshosen (Buntwäsche)	2 × 46 Wochen × 820 g = 113,16 kg	× 0,48 €	54,32 €

Uniformteil	Waschmenge	Kosten je kg	Gesamtkosten
Pullover (Herbst-/Wintermonate) (Pflegeleicht)	2 × 23 Wochen × 950 g = 43,7 kg	× 0,60 €	26,22 €
Schutzwestenhülle (Kochwäsche)	2 × 23 Wochen × 550 g = 25,3 kg	× 0,50 €	12,65 €
Anorak (Herbst-/Wintermonate) (Pflegeleicht)	12 Wochen × 950 g = 11,4 kg	× 0,60 €	6,84 €
Einsatzanzug (Buntwäsche)	6 pro Jahr × 1.250 g = 7,5 kg	× 0,48 €	3,60 €
KSA Tuchjacke (Buntwäsche)	2 pro Jahr × 720 g = 1,44 kg	× 0,48 €	0,69 €
Trainingsanzug (Buntwäsche)	1 × 46 Wochen × 500 g = 23,0 kg	× 0,48 €	11,04 €
Imprägniermittel	Lederkleidung und Schuhe	Jahresbedarf	5,60 €
Zwischensumme			152,97 €
Trocknen	292,96 kg	× 0,34 €	99,61 €
Bügeln (Hemden, Jeans)	179,86 kg	× 0,05 €	9,00 €
Gesamtsumme			261,58 €

Wie Sie sehen, entscheiden die Gerichte nicht immer einheitlich und gilt auch hier wieder einmal die alte Weisheit: »Auf See und vor Gericht ist man in Gottes Hand!«

TIPP

Bei den Reinigungskosten sollten Sie nicht übertreiben!

Schaut man sich die Urteile der Finanzgerichte an, scheint sich die Schmerzgrenze für die Anerkennung von Reinigungskosten in der privaten Waschmaschine auf 150 – 300 € einzupendeln. Also: Selbst wenn Sie mit den Werten der Verbraucherzentrale arbeiten, sollten Sie nicht unrealistisch viele Waschgänge zugrunde legen. So sollte der tägliche Wechsel von Uniformhemden und -blusen durchaus in Ordnung gehen. Wer allerdings angibt, im selben Umfang auch Hosen, Jacken und Pullover zu reinigen, dürfte auf Widerstand stoßen. Waschkosten, die in Richtung 500 € bis 600 € gehen oder gar an den vierstelligen Bereich heranrücken, rufen den Fiskus und regelmäßig auch die Gerichte auf den Plan. Deshalb lassen Sie die Kirche im Dorf und können sich so über einen geringeren, aber sicheren und vor allem widerstandsfreien Werbungskostenabzug freuen.

Denken Sie einfach an die alte indische Weisheit:
Wer den Tiger in den Schwanz kneift, muss damit rechnen, dass er sich umdreht und zubeißt!

TRICK

Die Nachbarin wäscht billiger.

Als Friseurin, Verkäuferin oder Krankenschwester benötigen Sie für die Arbeit jeden Tag einen frischen Kittel. In der Wäscherei kostet Sie die Reinigung pro Stück ca. 2,50 €. Das läppert sich übers Jahr auf 600 bis 700 € zusammen, und das ist Ihnen einfach zu viel. Aber zum Glück ist ja da die nette Nachbarin, die Ihnen die Kittel für die Hälfte wäscht und bügelt. Damit es mit dem Absetzen beim Finanzamt kein Theater gibt, lassen Sie sich von Ihrem Arbeitgeber am besten eine Bescheinigung ausstellen:

> . . . halten wir es sowohl aus hygienischen Gründen als auch aus Verpflichtung dem Ruf unseres Hauses gegenüber für absolut erforderlich, dass Herr/Frau . . . . ihren/seinen Dienst täglich in frisch gereinigter Arbeitskleidung antritt.
>
> . . . .
> Ort und Datum   (Unterschrift)

Bei einer 5-Tage-Woche machen Sie dann	230 Tage × 1 €	= 230 €
bei einer 6-Tage-Woche sogar	280 Tage × 1 €	= 280 €

als Reinigungskosten für Ihre Arbeitskleidung geltend.

Der Schulausschuss im Düsseldorfer Landtag hat für 50.000 € in Japan die »japanische Erziehung von Körper und Geist« ergründet, was die Abgeordneten mit einem Dutzend Straßenbahntickets auch hätten tun können: In Düsseldorf-Oberkassel steht die größte japanische Schule Europas.

7. Die Kosten für Ihre Fortbildung

301 Fortbildungskosten sind Aufwendungen zu dem Zweck, in dem bereits ausgeübten Beruf auf dem Laufenden zu bleiben, um den jeweiligen Anforderungen gerecht zu werden, oder sich weiterzuqualifizieren. Auch die Qualifizierung für den Wiedereinstieg in den Beruf nach einer längeren Pause geht als Fortbildung durch. Ebenso Umschulungen, Zweitausbildungen und Zweitstudiengänge. Fortbildungskosten sind wegen des Zusammenhangs mit dem Beruf als Werbungskosten abzugsfähig.

Im Gegensatz dazu werden *Ausbildungskosten* der privaten Lebensführung zugerechnet und sind als Sonderausgaben abzugsfähig, allerdings nur in folgenden Fällen (§ 12 Nr. 5 EStG):

- bei einer erstmaligen Berufsausbildung,
- bei einem erstmaligen Studium,
- beim Besuch einer allgemeinbildenden Schule.

Der Sonderausgabenabzug ist dabei auf 6.000 € im Jahr beschränkt. Wenn Sie verheiratet sind und Ihre bessere Hälfte ebenfalls Ausbildungskosten hat, steht ihr ebenfalls der Betrag von 6.000 € zu.

TIPP
Beschränkter Abzug für Kosten der ersten Berufsausbildung und eines Erststudiums sind verfassungswidrig

Der BFH ist der Meinung, dass der Fiskus nicht so mir nichts dir nichts Ihre Kosten für eine erstmalige Berufsausbildung oder für ein Erststudium vom Werbungskostenabzug ausschließen kann. Solche Kosten sind originäre Erwerbskosten, die Sie nur deshalb auf sich nehmen, weil Sie mit der Ausbildung oder dem Studium die Grundlagen für Ihren späteren Beruf legen, aus dem Sie dann Ihr Einkommen erzielen. Ein Einkommen übrigens, bei dem der Fiskus nicht die geringsten Skrupel hat, mit der Steuer kräftig hinzulangen.

Da der BFH selbst keine Gesetze für verfassungswidrig erklären kann, hat er seine Meinung in zwei sog. Vorlagebeschlüssen an das Bundesverfassungsgericht kundgetan und die höchsten Richter in Karlsruhe gebeten, die Nichtabzugsfähigkeit solcher Kosten auf den Prüfstand zu stellen (BFH v. 17.7.2014 – VI R 2/12 und VI R 8/12).

Vor diesem Hintergrund sollten Sie bei einer erstmaligen Ausbildung oder einem Erststudium die anfallenden Kosten unbedingt als Werbungskosten geltend machen. Geben Sie eine entsprechende Steuererklärung auch dann ab, wenn Sie z.B. als Student noch gar nicht über ein Einkommen verfügen, bei dem sich der Kostenabzug unmittelbar steuermindernd auswirkt. Aufgrund Ihrer

Steuererklärung wird jedoch in Höhe der Kosten ein Verlust errechnet und für die Zukunft vorgetragen (vgl. dazu auch ➤ Rz 304).

Hinweis
Auch wenn der Fiskus im Moment Ihren Antrag noch ablehnen wird, bleiben Ihre Chancen auf den Werbungskostenabzug und die Feststellung eventueller Verluste für die Zukunft gewahrt. Das BMF hat nämlich angeordnet, dass die Finanzämter ablehnende Bescheide bzgl. des Abzugs von Erstausbildungskosten als Werbungskosten nach § 165 AO vorläufig erlassen muss (BMF-Schreiben v. 20.2.2015 – V A 3, S 0338/07/10010-04). Sollte das Bundesverfassungsgericht positiv entscheiden, sind Ihnen die Steuervorteile also sicher.

Keine Einschränkungen bei einem Ausbildungsdienstverhältnis
Auf die Entscheidung des Bundesverfassungsgerichts warten müssen Sie nicht, wenn Sie Ihre erstmalige Berufsausbildung in einem normalen Ausbildungsberuf oder als Beamtenanwärter, Soldat etc. absolvieren und schon in der Ausbildung Lohn oder Gehalt beziehen. Dann können Sie mit der Trumpfkarte **Ausbildungsdienstverhältnis** argumentieren und Werbungskosten absetzen, ohne das der Fiskus Ihnen da Probleme bereitet.
Mehr zu den Kosten der Berufsausbildung unter ➤ Rz 544 ff.

Gute Nachrichten bei einer Zweit- oder Folgeausbildung   **302**
Egal, ob Sie sich vor, während oder nach Ihrem Job fortbilden, eine Umschulung durchlaufen oder ein Zweitstudium hinlegen: Ihre Aufwendungen stellen bei entsprechendem beruflichen Hintergrund immer Werbungskosten dar (BFH v. 4.12.2002 – BStBl 2003 II S. 403). Das betrifft nicht nur die Fortbildung in Ihrem momentan ausgeübten Beruf. Auch wenn Sie mit Ihrer Fortbildung die Qualifikation für einen völlig anderen Beruf schaffen, können Sie Werbungskosten absetzen. Sprechen Sie deshalb gegenüber dem Finanzamt ganz hartnäckig immer nur von Fortbildungskosten, wenn Sie z.B. als bisheriger Bilanzbuchhalter zum Heilpraktiker umschulen (BFH v. 13.2.2003 – BStBl II 2003 S. 698) oder nach längerer Berufspause als kaufmännische Angestellte eine Fahrlehrerausbildung absolvieren (BFH v. 4.12.2002 – BStBl 2003 II S. 403). Auch der Erwerb einer höheren Qualifikation in Ihrem Beruf führt zu Fortbildungskosten. Deshalb sind die Aufwendungen für Meisterkurse genauso Werbungskosten wie die Kosten von Steuerfachangestellten beim Abschluss der Steuerberaterprüfung.
Vor allem wenn Sie vor Ihrer Fortbildung arbeitslos waren und damit Ihre Chancen steigern, endlich einen neuen Job zu finden, gehen Ihre Kosten als voll abzugsfähige Werbungskosten durch. Dass Sie einen Beruf in einer vollkommen anderen Branche ergreifen wollen, hat das Finanzamt dabei überhaupt nicht zu interessieren. Deshalb musste es z.B. zähneknirschend einem Diplomgeographen den Lehrgang zum Abfallwirtschaftsberater anerkennen (BFH v. 18.4.1996 – BStBl II 1996 S. 482).

Seit 2015 hat der Fiskus aber neue Spielregeln, wann eine erstmalige Berufsausbildung abgeschlossen ist, so dass er eine weitere Ausbildung dann als Zweitausbildung mit Werbungskostenabzug akzeptiert.

Eine erstmalige Berufsausbildung soll danach nur vorliegen, wenn
- die Ausbildung in einem Gesetz, einer Rechtsverordnung oder einer Verwaltungsvorschrift geregelt ist,
- sie mindestens zwölf Monate dauert
- und eine Abschlussprüfung abgelegt werden muss.

303 Studienkosten als Werbungskosten

Auch ein Studium ist keine Tabuzone mehr, wenn es sich um ein Zweitstudium handelt. Hat die Fachrichtung auch nur am Rande etwas mit Ihrer jetzigen Arbeit zu tun, deklarieren Sie sämtliche Studienkosten in der Anlage N als Werbungskosten.

TRICK

Keine Abzugsbeschränkung für ein Erststudium nach abgeschlossener Ausbildung!

Mit einem ganzen Bündel von Urteilen hat der BFH entschieden, dass Kosten für ein Erststudium nach einer abgeschlossenen Berufsausbildung in voller Höhe als Werbungskosten abgezogen werden können statt nur bis zu 6.000 € als Sonderausgaben. So hat der BFH z.B. bei einer Buchhändlerin, die nach ihrer Ausbildung ein Lehramtsstudium absolvierte, die Aufwendungen für das Studium als Werbungskosten anerkannt (BFH v. 18.6.2009 – VI R 14/07, BFH/NV 2009 S. 1875).

Auch nach Abschluss des Bachelor-Studiums absolvierte Master-Studiengänge, die z.B. mit dem akademischen Grad Master of Science, Master of Business Administration oder Master of Laws enden, führen zu Werbungskosten (OFD Frankfurt/M. v. 1.3.2006 – S 2332 A – 63 – St II 3 01).

TIPP

für vor Beginn Ihres Jobs angefallene Kosten

304

Wenn Sie während eines Lehrgangs keine Einkünfte haben, gehen die Werbungskosten in dieser Zeit zwar ins Leere, trotzdem sind sie nicht endgültig verloren. Da Sie ja keine Einnahmen hatten, ergibt sich durch die Werbungskosten ein Verlust (BFH v. 4.11.2003 – BFH/NV 2004 S. 483), und den können

Sie sich als Verlustrücktrag von Ihrem Einkommen im Vorjahr abziehen lassen. Hatten Sie auch da keine Einkünfte, besteht die Möglichkeit, den Verlust so lange in die nächsten Jahre vorzutragen, bis sich eine Verrechnungsmöglichkeit ergibt. Dann drücken Sie durch den Verlustabzug Ihr Einkommen und sparen einen dicken Batzen an Steuern.

Geben Sie zu diesem Zweck einen Einkommensteuererklärungsvordruck bei Ihrem Finanzamt ab und kreuzen Sie auf der ersten Seite des Mantelbogens das Kästchen »Erklärung zur Feststellung des verbleibenden Verlustvortrags« an. Das Finanzamt stellt daraufhin Ihren Verlust verbindlich fest. Denken Sie an diese Möglichkeit z.B. auch, wenn Sie im Erziehungsurlaub oder arbeitslos sind (BFH v. 22.7.2003 – BStBl II 2004 S. 888) oder wenn Sie nach einem Erststudium ein Zweitstudium absolvieren und währenddessen nicht berufstätig sind.

TRICK

Retten Sie ein paar Jahre rückwirkend Ihre vorweggenommenen Werbungskosten!

Vermutlich haben Sie bislang nicht im Traum daran gedacht, eine Steuererklärung für Ihre Umschulungs-, Zweitstudien- oder Meisterlehrgangskosten abzugeben, da Sie ja keine Einkünfte hatten und keine Steuern gezahlt haben, die Sie sich hätten erstatten lassen können.

Trotzdem ist für Sie noch nicht alles verloren. Steuererklärungen zur Feststellung des Verlustvortrags, der sich aus Ihren vorweggenommenen Werbungskosten ergibt, können Sie auch noch nachträglich einreichen. Im Zweifel können Sie diesen Antrag rückwirkend für die letzten sieben Jahre stellen (BFH v. 10.2.2015 – IX R 6/14).

Wollen Sie also im Jahr 2016 rückwirkend entsprechende Steuererklärungen abgeben, klappt das für die Jahre 2009 bis 2015. Sind Sie schnell genug und landen die Erklärungen bis zum 31.12.2015 beim Finanzamt, können Sie sogar noch das Jahr 2008 mitnehmen.

Ein kleiner Pferdefuß bei der ganzen Sache ist, dass von Ihren vorweggenommenen Werbungskosten in den jeweiligen Jahren andere Einkünfte z.B. aus Zinsen oder Gelegenheitsjobs abgezogen werden. Die Werbungskosten werden zunächst einmal im jeweiligen Jahr genutzt, um diese Einkünfte auf 0 € herunterzurechnen. Was dann übrig bleibt, können Sie später steuermindernd verrechnen.

Sollten Sie die öffentliche Hand vermissen?
Ich kann Ihnen sagen,
wo sie ist: in Ihrer Tasche.

TIPP

für Auszubildende, Referendare und Seminarteilnehmer

306 Werden im Rahmen der Ausbildung steuerpflichtige Einnahmen bezogen, so sind die Kosten, die mit der Ausbildung in Zusammenhang stehen, in voller Höhe als Werbungskosten abzugsfähig (H 9.2 LStH »Ausbildungsdienstverhältnis«). Die Beschränkung, dass Kosten der erstmaligen Ausbildung keine Werbungskosten sein sollen, gilt nämlich ausdrücklich nicht für Ausbildungsdienstverhältnisse (§ 12 Nr. 5 EStG).

Auszubildende können somit ihre Fahrtkosten zur Berufsschule und zum Ausbildungsbetrieb als Werbungskosten abziehen – zu Einzelheiten vgl. ➤ Rz 258. Das gilt auch für Referendare und Teilnehmer an Seminaren.

Aus demselben Grund können zum Studium beurlaubte Offiziere oder zum Erwerb von Reifezeugnissen abkommandierte Soldaten auf Zeit ihren gesamten Ausbildungsaufwand als Werbungskosten absetzen (BFH v. 28.9.1984 – BStBl II 1985 S. 87).

307 *Kosten zur Erlangung des Doktortitels* sind Fortbildungskosten, wenn es für den Doktortitel einen beruflichen Anlass gibt (BFH v. 4.11.2003 – BStBl II 2004 S. 891). Dem hat sich inzwischen auch der Fiskus angeschlossen (BMF v. 4.11.2005 – BStBl I 2005 S. 955). Einen beruflichen Grund finden Sie doch schnell. Im Zweifel reichen die besseren Berufsaussichten und Aufstiegschancen durch einen Doktortitel, oder Sie machen geltend, Sie würden einen Job an der Uni anstreben und möchten irgendwann Professor werden.

Welche Kosten Sie absetzen können

308 Bei Teilnahme an einem Fortbildungslehrgang sind als Werbungskosten abzugsfähig:

- die Teilnahmegebühr,
- Aufwendungen für Fachzeitschriften und Fachbücher,
- die Fahrtkosten in tatsächlicher Höhe, bei Verwendung eines Pkws 0,30 € je gefahrenen Kilometer. Besuchen Sie eine Vollzeitbildungseinrichtung, z.B die Universität während eines Studiums oder die Meisterschule bei einem Meisterkurs in Vollzeit, können Sie allerdings nur die Entfernungspauschale mit 0,30 € je Entfernungskilometer absetzen.
- Verpflegungsmehraufwand, abgerechnet nach den Reisekostengrundsätzen. Das gilt zumindest für die ersten drei Monate, es sei denn, Sie besuchen eine Vollzeitbildungseinrichtung. Und: Die Verpflegungspauschalen stehen Ihnen selbst dann zu, wenn Ihre tatsächlichen Kosten viel niedriger lagen! Zum Verpflegungsmehraufwand siehe ➤ Rz 191.

7. Die Kosten für Ihre Fortbildung

• Unterkunftskosten in tatsächlicher Höhe. Das Finanzamt will von Ihnen immer Belege für Ihre Hotel- oder Pensionskosten sehen, bewahren Sie deshalb die Rechnungen auf. Besuchen Sie dagegen eine Vollzeitbildungseinrichtung, an der Sie länger auswärts untergebracht sind, weshalb Sie eine Zweitwohnung oder ein Zimmer angemietet haben, können Sie die Kosten für doppelte Haushaltsführung absetzen. Voraussetzung ist allerdings, dass Sie bereits über einen eigenen Hausstand verfügen. Studenten z.B., die grundsätzlich noch bei den Eltern wohnen, können seit 2015 die Kosten für das Studentenappartement am Studienort nicht mehr absetzen.

Bei einer Fortbildungsveranstaltung unmittelbar im Anschluss an den Dienst kommt oft ein Anspruch auf die Verpflegungspauschale nicht zustande, weil die für Dienstreisen notwendige Mindestdauer von acht Stunden nicht erreicht wird. In diesen Fällen können Sie sich damit helfen, dass Sie an die Fortbildungsveranstaltung eine Arbeitsgemeinschaft mit anderen Teilnehmern anhängen, in der der Lehrstoff ausführlich diskutiert und nachbereitet wird.

GUTER RAT

Nehmen Sie an einem länger dauernden Lehrgang teil, bei dem – weil entsprechend teuer – Ratenzahlung vorgesehen ist, vereinbaren Sie mit dem Veranstalter, die Gebühr in einer Summe zu bezahlen. Auf diese Weise können Sie den Betrag auf einmal ansetzen und überwinden vielleicht locker den Arbeitnehmerpauschbetrag. **309**

Gibt es bei einem längeren auswärtigen Lehrgang Gemeinschaftsverpflegung, setzen Sie trotzdem für die ersten drei Monate die vollen Verpflegungspauschalen ab. Schließlich wird Ihnen für die Gemeinschaftsverpflegung pro Tag ein Sachbezugswert zugerechnet.

Angenommen 80 Tage × 24 € =   1.920 €

Fortbildungskosten bei Lehrern
Lehrer, aufgemerkt: Die Kosten für Konzert- oder Theaterbesuche sind grundsätzlich keine Werbungskosten, es sei denn, die Veranstaltung ist der Art und Gestaltung nach ausgesprochen auf den Fortbildungszweck ausgerichtet (BFH-Urt. v. 8.2.1971 – BStBl 1971 II S. 368). **310**

Nicht ersetzte Aufwendungen von Lehrern können u.a. in folgenden Fällen Werbungskosten sein:

• bei Wandertagen oder Klassenausflügen (FG Düsseldorf v. 20.6.1974 – EFG 1974 S. 516);

• bei Skifreizeiten mit Schülern oder Ski- und Snowboardlehrgängen für Lehrer, die Skifahren als Schulsport unterrichten. Verlangt wird regelmäßig,

244 III. Berufliche Kosten der Arbeitnehmer

dass an den Kursen im Wesentlichen Lehrer teilnehmen, Veranstalter ein anerkannter Verband oder die Schulverwaltung ist, das Programm straff organisiert und auf die Befähigung ausgerichtet ist, Skifahren zu unterrichten.
Außerdem sollte der Lehrgang mit einer Prüfung und einem Zertifikat abschließen. Letzteres und die Tatsache, dass der Lehrer zuvor nur geringe
Grundkenntnisse im Skifahren besaß, sieht der BFH aber nicht als unabdingbare Voraussetzung an (BFH v. 22.6.2006 – BFH/NV 2006 S.1751);

- wenn ein Jugendseelsorger an Jugendfreizeiten teilnimmt (FG Münster –
  EFG 1995 S.6);

- bei Balintgruppen, wenn nur Lehrer teilnehmen und die Gruppe ausschließlich das Thema Lehrer-Schüler-Verhältnis behandelt (Hess. FG – EFG 1985
  S.341);

- bei Kursen in Gesprächsführung, wenn sie nicht in erster Linie der Persön-
  lichkeitsentwicklung der Teilnehmer dienen (FG Rhld.-Pflz. – EFG 1995 S.8);

- bei einem Yoga-Lehrgang, wenn der Lehrer an seiner Schule im Rahmen von
  Arbeitsgemeinschaften Yoga-Kurse gibt (FG Niedersachsen v. 17.2.1999 –
  EFG 1999 S.543);

- bei der zweiten Lehrerprüfung, weil die Referendare – obwohl noch in Berufsausbildung – bereits steuerpflichtige Einnahmen haben und somit in
  einem Ausbildungsdienstverhältnis stehen (BFH v. 17.12.1971 – BStBl 1972
  II S.259);

- bei Psychotherapiekursen, wenn sie auf eine professionelle Anwendung des
  Stoffes z.B. als Beratungslehrer vorbereiten und nicht vorrangig der eigenen
  Persönlichkeitsentfaltung dienen (FG Nürnberg v. 21.9.2005 – III 169/2005);

- bei Supervisionskursen bei Beratungslehrern (FG München v. 17.11.2003 –
  EFG 2004 S.646);

- bei einer Zusatzausbildung zum analytischen Kinder-Psychotherapeuten
  (Psychagogen) (BFH v. 26.6.2003 – BFH/NV 2003 S.1415);

- bei einem Auslandssprachkurs für Englischlehrkräfte. Das Finanzgericht gestand sie einer Lehrerin für ihren Sprachkurs in Irland zu. Entscheidend ist,
  dass Sie für den Lehrgang von der Schule freigestellt werden, der Lehrgang
  konsequent z.B. an den Werktagen morgens und an zwei Tagen auch nachmittags durchgeführt wird. Gelegentliche private Aktivitäten in der Freizeit,
  wie eine Stadtführung, eine Halbtagesexkursion in die nähere Umgebung
  oder eine Ganztagesfahrt am Wochenende, sind unschädlich (FG München v.
  27.10.2009 – 6 K 3043/08).

Demgegenüber wurden einer Sonderschullehrerin die Kosten für einen *Biorelease-Kurs* zur Befreiung von Stress mit einem offenen Teilnehmerkreis ohne
speziellen Zuschnitt auf ihre berufliche Situation nicht als Werbungskosten anerkannt (Hess FG v. 24.1.1985 – EFG 1985 S.342).

Wer an beruflichen Fortbildungslehrgängen teilnimmt, kann überdies noch finanzielle Hilfe aus dem Förderungsprogramm nach dem SGB III erhalten. 311

Erkundigen Sie sich auf jeden Fall bei dem Veranstalter des Lehrgangs, ob der Lehrgang von der zuständigen Agentur für Arbeit als förderungsfähig anerkannt ist. Die Förderung kann aus einem Zuschuss, einem Darlehen oder einer Kombination aus beidem bestehen.
Da kommt allerhand zusammen.

TIPP
für vergessliche Kursteilnehmer

Wer nichts abzusetzen vergessen will, muss wissen, was alles abzugsfähig ist. Wer sich fortbildet, besucht meistens Kurse. Und ein Kurs beginnt erst mal mit einer Gebühr, die abzugsfähig ist, sofern der Lehrgang nicht dazu dient, einen neuen Beruf aufzubauen. 312

Kursgebühr	200 €
Porto und Telefon für die Anmeldung und das Beschaffen von Informationsmaterial	20 €
Für 6 Wochen fahren Sie in die Stadt, um dort den Lehrgang zu besuchen. Bahnfahrtkosten	240 €
Fahrten mit dem eigenen Pkw zum Lehrgang sind in Höhe von 0,30 € pro gefahrenen Kilometer abzugsfähig (H 9.5 LStH »Pauschale Kilometersätze«)	
Gepäckbeförderung	10 €
Unterkunftskosten lt. Rechnung des Hotels 42 Übernachtungen à 40 €	1.680 €
Nebenkosten für Stadtplan, Fahrkarten etc.	80 €
Für Verpflegung ziehen Sie die Pauschalen ab 42 Tage × 24 €	1.008 €

Zu den Pauschalen siehe ➤ Rz 191.

Kosten für den Meistertitel sind generell als Fortbildungskosten abzugsfähig. Von einer erstmaligen Berufsausbildung kann hier keinesfalls die Rede sein. 313
Wenn Sie während des Meisterlehrgangs keinen Job ausüben, geben Sie in Ihrer Steuererklärung die Kosten als vorweggenommene Werbungskosten an. Den Verlust, der sich dadurch rechnerisch ergibt, stellt das Finanzamt fest, und Sie können ihn später, wenn Sie wieder eine Beschäftigung gefunden haben, absetzen; vgl. dazu auch ➤ Rz 304 ff.

Zum Meisterstück siehe ➤ Rz 372.

SUPER TRICK

Setzen Sie Fortbildungskosten mit internem Fremdvergleich voll ab!

314 Der Fiskus piesackt gerade kleine Familienbetriebe gern mit folgender Taktik: Wollen Eltern die Fortbildungskosten, auch das weiterlaufende Gehalt etc. als Betriebsausgaben absetzen, wenn Sohn oder Tochter etwa die Meisterschule besucht, wird ihnen entgegengehalten: Sie hätten andere Mitarbeiter doch sicher auch nicht gefördert, das Geld für Sohn oder Tochter sei daher der privaten Lebensführung zuzuordnen.

Dem beugen Sie geschickt vor, indem Sie anderen fähigen Mitarbeitern ebenfalls eine Fortbildung anbieten, am besten schriftlich per Aushang im Betrieb. Selbst wenn diese kein Interesse haben, gelingt Ihnen damit der »interne Fremdvergleich« – und der, so das BFH-Urteil vom 11.12.1997 (BFH/NV 1998 S. 952), reiche aus.

Ganz wichtig dabei: Einen schriftlichen Fortbildungsvertrag abschließen, mit Rückzahlungsklausel für den Fall, dass der Mitarbeiter (auch Sohn oder Tochter) nach Abschluss der Fortbildung nicht mindestens zwei bis drei Jahre im Betrieb bleibt.

Bürokratie ist die Vervielfältigung von Problemen
durch Einstellung weiterer Beamter.
(N. Parkinson)

TRICK

Fordern Sie die Vorsteuer aus den Rechnungen für die Meisterprüfung zurück!

315 Nach der Meisterprüfung machen Sie sich selbständig. Jetzt haben Sie die Möglichkeit, sich nachträglich die Vorsteuer aus den Rechnungen für die Meisterprüfung vom Finanzamt erstatten zu lassen. Denn die Meisterprüfung gehörte umsatzsteuerlich gesehen bereits zu den Vorbereitungshandlungen zur Betriebseröffnung und die Unternehmereigenschaft, auf die es hier ankommt, beginnt wiederum mit den ersten Vorbereitungshandlungen (Quelle: Abschnitt 19 Umsatzsteuer-Richtlinien).

316 Auch Aufwendungen für einen Führerschein können Werbungskosten sein, wenn der Arbeitgeber dessen Erwerb nahelegt und der Arbeitnehmer bei einer

Weigerung, den Führerschein zu machen, Nachteile in seinem beruflichen Fortkommen befürchten muss. Dies gilt insbesondere für ältere Arbeitnehmer, die selbst kein eigenes Kraftfahrzeug besitzen (FG Münster v. 30.6.1965 – EFG 1965 S. 607). Ebenfalls gute Karten haben Sie, wenn Sie als Bauhandwerker, der bisher schon häufig für die Firma Klein-Lkw gefahren hat, den Führerschein Klasse II machen (FG Münster v. 25.2.1998 – EFG 1998 S. 941). Auch die Kosten eines Busführerscheins sind Werbungskosten, wenn ein Steuerzahler damit seine Chance, als Kraftfahrer eine Stelle zu bekommen, vergrößern möchte (FG Baden-Württemberg v. 29.8.2006 – 14 K 46/06).

Dagegen hat der Bundesfinanzhof (Urt. v. 20.2.1969 – IV R 119/66 – BStBl 1969 II S. 433) entschieden, dass Aufwendungen für den Erwerb des Führerscheins in aller Regel auch dann zu den Kosten der Lebensführung gehören, wenn der Beruf oder der Betrieb die Benutzung eines Personenkraftwagens erforderlich macht. Der BFH rechtfertigt diese Auffassung u. a. damit, dass in aller Regel der einmal erworbene Führerschein in nicht unbedeutendem Umfang auch für Privatfahrten benutzt wird. Allein die Tatsache, dass der Steuerzahler für seine Fahrten zwischen Wohnung und Arbeitsstätte auf den Pkw angewiesen ist, rechtfertigt ebenfalls keinen Abzug der Führerscheinkosten als Werbungskosten (BFH v. 15.2.2005 – BFH/NV 2005 S. 890).

Was für den Führerschein gilt, muss für den Flugschein nur recht und billig sein. **317** Wenn Sie als Stewardess oder Angestellter einer Fluggesellschaft den Aufstieg zum Piloten schaffen wollen oder Ihnen nach erfolgreich absolvierter erster Ausbildung doch mehr der Sinn nach einem Arbeitsplatz über den Wolken steht und Sie auf Pilot umsatteln und deshalb den Verkehrsflugzeugführerschein machen, sind Ihre Kosten auf jeden Fall Werbungskosten (BFH v. 27.5.2003 – BStBl II 2005 S. 202). Dass die Ausbildung zum Flugbegleiter möglicherweise keine Ausbildung nach dem Berufsbildungsgesetz darstellt, spielt nur bis einschließlich 2014 keine Rolle. **Seit 2015** ist eine Ausbildung in einem Anlernberuf, bei dem die Ausbildung nicht nach einer festen Ausbildungsordnung absolviert wird und nicht mindestens ein Jahr dauert, keine Erstausbildung (vgl. ➤ Rz 302). Gilt Ihre Pilotenausbildung damit als Ihre erstmalige Berufsausbildung und findet sie ausnahmsweise nicht im Rahmen eines Arbeitsverhältnisses mit der Fluggesellschaft (Ausbildungsdienstverhältnis) statt, sind die von Ihnen getragenen Kosten nur Ausbildungskosten (§ 12 Nr. 5 EStG) und können lediglich bis zu 6.000 € im Jahr als Sonderausgaben abgezogen werden. Aber auch hier gilt natürlich, dass das Finanzamt Ihren Steuerbescheid vorläufig erlassen muss, bis das Bundesverfassungsgericht geklärt hat, ob nicht auch schon bei einer erstmaligen Berufsausbildung Werbungskosten vorliegen.

Die Kosten einer Privatpilotenlizenz sind ungleich schwieriger als Werbungskosten abzusetzen. Wenn Sie nicht gerade eine Lizenz zum Fluglehrer anstreben, rechnet man sie Ihrem Privatvergnügen zu.

TIPP
zum kostenlosen Führerschein

318 Wenn Sie Ihren Führerschein beruflich brauchen und Ihr Arbeitgeber die Führerscheinkosten übernimmt, ist das für Sie komplett steuerfrei. So sehen das jedenfalls der BFH für den Führerschein eines Polizisten (BFH-Urt. v. 26.6.2003 – BStBl II 2003 S. 886) und das Bayerische Staatsministerium der Finanzen bei Feuerwehrleuten, die den Führerschein Klasse »C« auf Kosten der Gemeinde machen (Erlass v. 16.6.2004 – S 2337 – 158 – 25617/04).

TIPP
für Auslandssprachkurse

319 In Zeiten der Globalisierung sind Sie ohne Fremdsprachenkenntnisse auf der Karriereleiter ganz schnell abgemeldet. Also entschließen Sie sich vielleicht doch, Sprachkurse zu belegen. Doppelte Freude bringen solche Kurse natürlich dann, wenn Sie sie von der Steuer absetzen können und statt an einer Fach- oder Volkshochschule zu büffeln das Lernprogramm ins Ausland verlegen.

Um die Werbungskosten durchzupauken, müssen Sie Folgendes beachten (BFH v. 13.6.2002 – BStBl II 2003 S. 765):

- Der Sprachkurs sollte auf Ihre beruflichen Belange zugeschnitten sein. Wenn Sie einen Spezialkurs z. B. in Wirtschaftsenglisch belegen, haben Sie an sich immer gute Karten. Aber auch ein allgemeiner Sprachkurs gilt als auf Ihre beruflichen Belange zugeschnitten, wenn Sie für Ihren Job nur grundlegende Sprachkenntnisse, also kein Fachchinesisch benötigen.

- Der Lehrgang muss straff durchorganisiert sein und darf keinen umfangreichen Raum für touristische Aktivitäten lassen. Der BFH hat es jedoch als ausreichend angesehen, wenn Sie an fünf Tagen in der Woche jeweils sechs Stunden Unterricht absolvieren und zusätzliche Zeit für das Nacharbeiten des Unterrichtsstoffs anfällt. Dass Sie am Abend und am Wochenende Gelegenheit haben auszuspannen, steht der Anerkennung nicht entgegen. Schließlich müssen Sie ja den Kopf auch mal wieder frei bekommen, und vergleichbare unterrichtsfreie Zeiten wären ja genauso angefallen, wenn der Kurs im Inland stattgefunden hätte.

- Gelegentliche Exkursionen mit der Gruppe am unterrichtsfreien Samstag und ein generell freier Sonntag stehen der Anerkennung der Werbungskosten nicht entgegen.

- Auf keinen Fall darf der Fiskus die berufliche Veranlassung Ihres Sprachkurses mit der Begründung ablehnen, dieser habe im Ausland stattgefunden und ein vergleichbarer Inlandssprachkurs hätte es auch getan. Diese Argumentation verstößt nämlich, zumindest wenn es um Kurse in einem EU-Staat geht, gegen EU-Recht.

An diesen Kriterien hat sich der BFH auch orientiert, wenn es um die Frage ging, ob Sie neben den reinen Kursgebühren auch die übrigen Kosten, wie Verpflegungspauschalen, Unterkunfts- und Fahrtkosten, absetzen können (BFH v. 19.12.2005 – BFH/NV 2006 S. 934).

Um die berufliche Notwendigkeit Ihres Sprachkurses zu untermauern, kann eine entsprechende Bescheinigung des Chefs natürlich nie schaden.

Bescheinigung

Da Herr/Frau . . . . . . in der Funktion als . . . . . . ständig mit unseren internationalen Kunden und Geschäftspartnern verhandeln muss, war es für die weitere Ausübung der bisherigen Funktion in unserem Haus und im Interesse eines Ausbaus der Kundenbeziehungen im Ausland unbedingt erforderlich, dass er/sie zur Verbesserung seiner/ihrer Französischkenntnisse (o. Ä.) einen (Intensiv-)Sprachkurs belegt.

. . . .
Ort und Datum   (Unterschrift)

Sie sollten nicht gleich die Flinte ins Korn werfen, wenn das Finanzamt Ihnen doch wieder mit dem Argument kommt, der Auslandssprachaufenthalt sei nicht zu 100 % beruflich veranlasst. Der BFH hat ausdrücklich entschieden, dass bei einer partiell auch privat veranlassten Sprachreise ins Ausland zumindest ein Teil der Kosten abgezogen werden muss (BFH v. 24.2.2013 – BStBl 2013 II S. 796). Sogenannte »gemischte« Aufwendungen müssen demnach grundsätzlich aufgeteilt und der berufliche veranlasste Teil muss als Werbungskosten bzw. Betriebsausgaben berücksichtigt werden. Die Kunst liegt in der Aufteilung der Kosten. Einfach ist es, wenn Sie erst den Sprachkurs machen und anschließend die Urlaubstage dranhängen – oder umgekehrt. Die Reisekosten können Sie dann schlicht nach Tagen auf den beruflichen und auf den privaten Bereich aufteilen. **Übrigens: Die Kursgebühren für den beruflich notwendigen Sprachkurs selbst sind in jedem Fall Werbungskosten**.

Lassen sich die einzelnen Reiseteile nicht so einfach zeitlich trennen und gibt es auch keinen anderen vernünftigen Aufteilungsmaßstab, kommt lt. BFH eine Aufteilung im Verhältnis 50:50 in Betracht.

TIPP

für Sprachkurse vor einem Auslandseinsatz

320 Einen Hinweis sollten Sie unbedingt beachten: **War der Sprachkurs nur die Vorbereitung für einen längeren Einsatz im Ausland für Ihre Firma, seien Sie auf der Hut.** Die im Anlegen kräftiger Daumenschrauben für Steuerzahler recht rührigen Bundesfinanzhofrichter – immerhin entscheiden sie 80 % ihrer Fälle für den Fiskus – sind auf den Trichter verfallen, dass Ihre Werbungskosten dann ja mit steuerfreien Auslandseinkünften zusammenhängen, die Sie später beziehen, und deswegen nach § 3 c EStG nicht abzugsfähig sein sollen (BFH v. 24.4.1992 – BStBl II 1992 S. 666). Schreibt Ihre Firma in der Bescheinigung, dass Ihr Französischkurs wegen Ihrer geplanten Versetzung in die Filiale in Paris erforderlich war, haben Sie schlechte Karten.

Sie werden sich stattdessen eine Bescheinigung holen, nach der Sie Ihre neuen Sprachkenntnisse auch bei Ihrer regulären Arbeit in Deutschland gewinnbringend für die Firma einsetzen sollen. Das Finanzamt darf den Sprachkurs dann nicht mehr Ihrem Auslandsaufenthalt zurechnen (BFH v. 10.4.2003 – BStBl 2002 II S. 579).

Was die Fahrtkosten betrifft, können Sie sie nach dem Urteil des FG Düsseldorf vom 19.8.1970 (EFG 1971 S. 18) nebst Verpflegungsaufwendungen als Werbungskosten für den Besuch auswärtiger Fortbildungsveranstaltungen abziehen. Auch die Finanzverwaltung zieht da inzwischen mit (R 9.4 Abs. 2 LStR).

Wenn Sie am Lehrgangsort wohnen, ansonsten einen eigenen Hausstand haben, können Sie für die gesamte Zeit Ihre Miete sowie Ihre Heimfahrten und die Fahrten von der Unterkunft zum Lehrgangsort als Reisekosten absetzen. Für die Fahrtkosten bedeutet das: Abzug von mindestens 0,30 € pro gefahrenen Kilometer. Mit dem Abzug von Verpflegungsmehraufwendungen ist allerdings nach Ablauf von drei Monaten Schluss.

SUPER TRICK

Profitieren Sie zweimal vom Wissen Ihrer Kollegen!

321 Wie oft treffen Sie sich als Azubi, Geselle in der Meisterausbildung, Referendar oder Beamtenanwärter mit Ihren Kollegen nach Feierabend oder am Wochenende, um ein wenig zu fachsimpeln, für die nächste Prüfung zu büffeln oder sich einfach gegenseitig beim Aufarbeiten des Lehrstoffs zu helfen?

Ganz wichtig: Bier und Wein und Kartenspiele haben auf solchen Treffen nichts zu suchen, wenn Sie Ihre Kosten unter dem Stichwort *Arbeitsgemeinschaft* absetzen wollen.

Für Ihre Fahrten zu den Arbeitsgemeinschaften machen Sie selbstverständlich

Dienstreisekosten geltend, also die Fahrtkosten für Ihr Auto mit 0,30 € je km und Verpflegungspauschalen, wenn Sie mindestens acht Stunden (inkl. Wegezeiten) von zu Hause abwesend waren.

Damit Sie dem Finanzamt einen wasserdichten Nachweis vorlegen können, besorgen Sie sich von Ihren Mitstreitern eine schriftliche Teilnahmebestätigung:

Bestätigung

Hiermit bestätigen wir Herrn/Frau . . . ., dass er/sie an folgenden Terminen
Datum . . . . . .; Datum . . . . . .; Datum . . . . . . etc.
in . . . . . . an einer ausschließlich beruflich bedingten Lern- und Arbeitsgemeinschaft teilgenommen hat.
Die Arbeitsgemeinschaften begannen regelmäßig um . . . . . . Uhr und endeten um . . . . . . Uhr.

. . . .
Ort und Datum   Stempel   Unterschrift

Eine Obergrenze, wie viele Arbeitsgemeinschaften anerkannt werden und wie **322** lange diese dauern dürfen, gibt es nicht. Trotzdem ist Vorsicht geboten. Sie sollten es nicht übertreiben. Bei allzu häufigen Treffen – vor allem, wenn sie auch noch lange dauern – dichtet Ihnen der Fiskalvertreter nur zu gern eine vermeintliche private Mitveranlassung an und hat auch noch Schützenhilfe vom FG Münster (EFG 1995 S. 7). Das strich nämlich einem sich zum Meister fortbildenden Installateur seine Arbeitsgemeinschaften aus ebendiesem Grund. Allerdings hat sich unser Installateur auch reichlich dumm angestellt: Statt eine lange Liste über den geübten Lernstoff zusammenzuschreiben, hat er nur steif und fest behauptet, er habe gelernt.

Stellen Sie sich also geschickter an und schauen in Ihrem Lehrplan nach, dann fällt Ihnen bestimmt auch im Nachhinein noch ein, was Sie so alles gepaukt haben. Außerdem sollten Sie es mit den Finanzrichtern im Rheinland halten, die offensichtlich manchmal etwas großzügiger gestimmt sind und einer angehenden Bilanzbuchhalterin ohne weiteres 61 Treffen an Samstagen und Sonntagen à sieben Stunden als Werbungskosten anerkannt haben (FG Düsseldorf – EFG 1994 S. 648).

TIPP

zur Verpflegungspauschale

323 Lassen Sie sich nicht von der Schummelei mancher Teilnehmer an einer Lehrgemeinschaft anstecken, die dem Finanzamt Fahrten zu den Kollegen aufs Auge drücken, die überhaupt nicht stattgefunden haben.

Machen Sie besser Folgendes: Statt Ihre 30 Treffen im Jahr mit Gewalt auf je 8,5 Stunden auszudehnen, um in den Genuss von Verpflegungspauschalen zu kommen, und damit dem Fiskus Munition für angeblich private Mitveranlassungen wegen überlanger Dauer zu geben, **treffen Sie und die anderen sich 60-mal für ca. fünf Stunden.** Die schlappen 360 € (30 Tage à 12 € Verpflegungspauschale), die Sie so aufgeben, holen Sie durch die Fahrtkosten doppelt und dreifach herein.

SUPER TRICK

Erfahrungsaustausch mit Steuerspareffekt

Wenn Sie meinen, Sie als alten Berufshasen ginge das alles nichts an: Wer sagt Ihnen denn eigentlich, dass Arbeitsgemeinschaften ein Privileg für Auszubildende, Referendare, Beamtenanwärter und Lehrgangsteilnehmer sind? Wann bleibt Ihnen denn schon einmal die Zeit, sich während Ihrer normalen Arbeitszeit beruflich auf dem Laufenden zu halten? Da Sie trotzdem in Ihrem Job am Ball bleiben wollen, könnten Sie doch mit ein paar Kollegen eine regelmäßige selbstorganisierte Fortbildung nach Feierabend ins Leben rufen. Neben dem Bombeneindruck, den das auf Ihren Chef oder Ihre Vorgesetzten macht, verhilft Ihnen das zusätzlich zu einer hübschen Steuerersparnis.

Abc der Fortbildungskosten

324 Zum Schluss eine kleine Übersicht – vor allem zur persönlichen Auswertung, ob die Situation bei Ihnen ähnlich liegt oder hingebogen werden könnte –, die zeigt, welche Fortbildungskosten anerkannt wurden. Das war z.B. der Fall, als ein (in manchen Fällen eine)

Altenpflegehelfer sich zum Altenpfleger mauserte (EFG 1994 S. 470),
Angestellter ins Beamtenverhältnis übernommen wurde,
Arbeitsloser eine Fortbildung absolvierte, um seine Chancen auf einen Arbeitsplatz zu verbessern (BFH – BStBl 1996 II S. 482),

7. Die Kosten für Ihre Fortbildung   253

Arzt sich zu einem Industriechemiker umwandelte, was das Gericht mit der Begründung genehmigte, beide Tätigkeiten seien verwandt (wie wahr, wie wahr!), *Arzt* vom Humanmediziner zum Kiefer- und Gesichtschirurgen aufstieg (BFH – BFH/NV 1995 S. 594),

Arzt sich zum Psychotherapeuten fortbildete (EFG 1989 S. 105),

Bauhandwerker eine Technikerschule besuchte (EFG 1973 S. 424),

Bauingenieur Betriebswirtschaft studierte (BFH – BStBl 1998 II S. 239),

Betriebswirt an der Akademie für angewandte Betriebswirtschaft studierte (BFH – BStBl 1979 II S. 675),

Bilanzbuchhalter zum Heilpraktiker umschulte (BFH v. 13.2.2003 – VI R 44/01),

Bundeswehrpilot auf Linienflugzeugpilot umschulte (BFH – BStBl 1979 II S. 337),

Bundeswehrsoldat einen Sprachkurs in Südafrika absolvierte und die Kosten zumindest teilweise anerkannt bekam (BFH – BStBl 2013 II S. 796),

Bürokaufmann sich mit einem zweijährigen Vollzeitunterricht zum Fremdsprachenkorrespondenten fortbildete (EFG 1991 S. 603),

Chemielaborant eine Technikerschule besuchte (EFG 1975 S. 277),

Dipl.-Betriebswirt wegen Arbeitslosigkeit auf Immobilienmakler umschulte (BFH v. 17.12.2002 – BFH/NV 2003 S. 476),

Dipl.-Ingenieur ein Führungskräfteseminar und einen Managementkurs belegte (EFG 1994, S. 26),

Dipl.-Ingenieur Wirtschaftsingenieur studierte (BFH – BStBl 1992 II S. 966) oder Dipl.-Betriebswirt werden wollte (EFG 1995 S. 829),

Dipl.-Kaufmann Steuerberater werden wollte (BFH – BStBl 1990 II S. 572),

Dipl.-Pädagogin zur Psychotherapeutin für Kinder und Jugendliche umschulte (EFG 1995 S. 615),

Dipl.-Physiker studierte, um den Titel Master of Business Administration zu erwerben (BFH – BFH/NV 1997 S. 648),

Dipl.-Psychologin sich zur Psychotherapeutin fortbildete (BFH – BStBl 1977 II S. 547),

Exportsachbearbeiterin einen Spanischkurs in Ecuador belegte (Kursgebühren zu 100 %, Reisekosten zu 50 % Werbungskosten, Sächsisches FG v. 16.5.2012 – 8 K 1691/06; BFH v. 9.1.2013 – VI B 133/12, BFH/NV 2013 S. 552)

Finanzbeamter einen Steuerberaterkurs belegte,

Flugbegleiterin eine (Zweit-)Ausbildung zur Verkehrsflugzeugführerin absolvierte (BFH v. 28.2.2013 – BFH/NV 2013 S. 1166)

Flugingenieur eine Fluglizenz erwarb (BFH – BStBl 1992 II S. 963),

Gastarbeiter aus beruflichen Gründen einen Sprachkurs belegte (EFG 1995 S. 19),

Geistlicher Hochschullehrer wurde (BFH 28.6.1963 – BFH E 77 S. 313),

Geistlicher Predigerhandschriften studierte und diese erwarb,

Gerichtsreferendar sich um die Zweite Juristische Staatsprüfung bewarb,

Geselle sich auf die Meisterprüfung vorbereitete,

254 III. Berufliche Kosten der Arbeitnehmer

Handwerksmeister einen Lehrgang »Betriebswirt des Handwerks« belegte (EFG 1995 S. 9),

Heilerzieherin in Shiatsu-Kursen zur Shiatsu-Praktikerin fortgebildet wurde (FG Hamburg v. 1.2.2000, EFG 2000 S. 616),

Industriekaufmann zum praktischen Betriebswirt fortgebildet wurde (BFH – BStBl 1979 II S. 773),

Inspektor eine Wirtschaftsakademie besuchte,

Justizobersekretär sich zur Prüfung als Rechtspfleger aufmachte,

Kaufmann an der Hessischen Verwaltungs- und Wirtschaftsakademie einen Fortbildungsstudiengang zum Betriebswirt (VWA) belegte (EFG 2000 S. 355),

Kaufmannsgehilfe an einer Wirtschaftsoberschule paukte (EFG 1967 S. 903),

Knappschaftsangestellter an einer Verwaltungsakademie studierte,

Krankenpfleger sich zum Heilpraktiker fortbildete (EFG 1992 S. 324),

Laborassistentin (Erziehungsurlaub) den Studiengang »Weiterbildung für Lehrpersonen an Schulen des Gesundheitswesens« (EFG 2000 S. 1063) belegte,

Landwirt wegen Arbeitslosigkeit auf Dachdecker umschulte (BFH v. 17.12.2002 – BFH/NV 2003 S. 477),

Lehrer auf Jugend-Skileiter machte,

Lehrer an Supervisionen teilnahm, auch wenn damit gleichzeitig seine Persönlichkeitsweiterbildung gefördert wurde (EFG 1996 S. 1025),

Lehrer sich vom Grundschullehrer zum Realschullehrer fortbildete (BFH – BStBl 1992 II S. 962),

Lehrer der Sekundarstufe I sich die Lehrbefähigung für die Sekundarstufe II zulegte (BFH – BStBl 1992 II S. 556),

Lehrer sich zum Sonderschullehrer fortbilden ließ (BFH – BStBl 1975 II S. 280),

Lehrerin nach ihrem Auslandsstudium in Deutschland neu studierte (BFH – BFH/NV 1998 S. 844),

Lehrerin an einer Sonderschule sich per Studium zur analytischen Kinder-Psychotherapeutin und Psychagogin weiterbildete (EFG 1997 S. 1105),

Management-Consultant einen psychologischen Coaching-Kurs besuchte (FG Hamburg v. 7.3.2008 – 5 K 30/07),

Musiker mit B-Schein das A-Examen ablegte (BFH – BStBl 1992 II S. 961),

Musiker ein Tonmeisterstudium absolvierte (BFH – BStBl 1996 II S. 449),

Revisor sich auf die Wirtschaftsprüfer- oder Steuerberaterprüfung vorbereitete,

Schiffsbaugeselle eine Schiffsingenieurschule besuchte (BFH – BStBl III 1962 S. 489),

Sozialarbeiter (grad.) ein Anschlussstudium Pädagogik/Erziehungswissenschaften absolvierte (EFG 1989 S. 628),

Sozialarbeiter sich zum Psychagogen fortbildete (EFG 1982 S. 238),

Sportlehrer einen Kursus zur Ausbildung als Surfing-Instruktor besuchte (EFG 1990 S. 55),

Steuerassistent einen Steuerrechtslehrgang mitmachte,

Steuerberater einen Intensivsprachkurs in England absolvierte (EFG 1998 S. 809),

Steuerfachgehilfe sich zum Steuerberater mausern wollte (EFG 1990 S. 172),

Verkäuferin zur Arzthelferin umschulte (BFH v. 17.12.2002 – BFH/NV 2003 S. 474),

Volksschullehrer ein Musikseminar belegte oder auf die Zweite Lehramtsprüfung hinstrebte,

Werkspilot den Berufsflugzeugführerschein erwarb (EFG 1997 S. 1304),

Wissenschaftlicher Assistent sich auf eine Professur vorbereitete (BFH – BStBl III 1967 S. 778),

Yoga-Lehrerin, die Yoga-AGs abhält, einen Yoga-Lehrgang machte (FG Nds v. 17.2.1999 – IX 647/97).

8. Bei Studienreisen heißt es aufpassen!

S Von Studienreisen spricht man oft, wenn man die Welt kennenlernen will.   **325**
Kein Wunder also, wenn da das Finanzamt nicht immer mitmacht. Viele Fälle dieser Art wurden bereits in der Rechtsprechung entschieden. So zugunsten eines Studienrats, der mit seiner Klasse eine Studienreise machte (BFH-Urt. v. 12.7.1956 – BStBl III S. 291), bei einem Zahnarzt in amerikanischen Diensten für eine Reise in die USA zu dortigen Zahnkliniken und -praxen (BFH-Urt. v. 24.8.1962 – BStBl III S. 487), bei einem Sprachlehrer, der in Englisch seine Fachprüfung betrieb und deshalb an einer internationalen Sommerschule in England teilnahm (BFH-Urt. v. 29.7.1954 – BStBl III S. 264), bei einer Dipl.-Betriebswirtin, die in einem Versandunternehmen arbeitete und an einer Auslandsreisegruppe einer Fachzeitschrift zur Besichtigung von Kaufhäusern in den USA teilnahm (FG Hessen v. 12.10.1989 – EFG 1990 S. 56).

Hingegen wurden einer Lehrerin die Kosten für einen Sprachkurs in die Türkei   **326**
nicht anerkannt, obwohl in den von ihr unterrichteten Klassen ein besonders hoher Anteil türkischer Schüler war (BFH-Urt. v. 24.4.1992 – BFH/NV 1992 S. 730). Die Richter meinten, dass für einen Lehrer, der in der Bundesrepublik türkische Schüler unterrichte, eine Sprachreise in die Türkei nicht beruflich veranlasst sei, wenn dabei zugleich touristische Sehenswürdigkeiten aufgesucht würden. Zu der inzwischen günstigeren Rechtsprechung, nach der eine Aufteilung in abzugsfähige Werbungskosten und nicht abzugsfähige Kosten der privaten Lebensführung möglich ist, vgl. ➤ Rz 328.

Die Abgrenzungskriterien der Gerichte und des Fiskus   **327**
Wie Sie sehen, geht es bei den Gerichtsentscheidungen munter durcheinander. Weder Ihr Beruf noch das Reiseziel oder der Anlass der Reise bieten für sich allein genommen eine Gewähr für die steuerliche Anerkennung. Zunächst ein-

mal müssen Sie also wissen, nach welchen Kriterien die Frage entschieden wird, ob Ihre Studienreise beruflich veranlasst ist.

Es spricht dafür, dass eine Reise ins Ausland betrieblich bzw. beruflich veranlasst ist, wenn:

- das Reiseprogramm auf die besonderen betrieblichen/beruflichen Bedürfnisse und Gegebenheiten der Teilnehmer zugeschnitten ist,
- ein konkreter, aktueller betrieblicher bzw. beruflicher Anlass für die Reise besteht sowie ein konkreter Nutzen eintritt oder zumindest zu erwarten sein sollte,
- die Reiseteilnehmer aus einem im Wesentlichen gleichartigen Personenkreis bestehen,
- das Reiseprogramm straff organisiert ist und der Steuerzahler auch tatsächlich an den einzelnen Programmpunkten – am besten durch Teilnahmezertifikate nachgewiesen – teilnimmt,
- die Reise von einem Fachverband organisiert und unter fachkundiger Leitung durchgeführt wird,
- Zuschüsse des Arbeitgebers gegeben werden,
- der Arbeitgeber für die Teilnahme Dienstbefreiung oder Sonderurlaub gewährt.

Folgendes spricht gegen eine ausschließliche oder zumindest überwiegende betriebliche bzw. berufliche Veranlassung:

- Das Reiseprogramm dient nur allgemeinen Informationen, auch wenn diese von beruflichem Interesse sind.
- Die Reise ist zeitlich und örtlich sehr auseinandergezogen, was für sich allein jedoch noch nicht zur Aberkennung des Werbungskosten- oder Betriebsausgabenabzugs führen muss.
- Die Reise schließt besonders Wochenende und sonstige arbeitsfreie Tage ein, an denen private Interessen verfolgt werden können.
- Die Reise findet während einer typischen Touristensaison statt.
- Besuch von bevorzugten Tourismuszentren.
- Die Mitnahme des Ehegatten, es sei denn, dieser ist im selben Beruf bzw. in derselben Firma tätig und/oder die Mitnahme ist aus betrieblichen/beruflichen Gründen erforderlich.
- Die Reise wird mit einem vorhergehenden oder anschließenden Privaturlaub verbunden.
- Für die Reise wird Jahresurlaub genommen (kein Sonderurlaub vom Arbeitgeber).
- Vergleichbare Informationen hätten auch im Inland oder näher gelegenen Ausland erworben werden können. Das dürfen die Fiskaljünger aber nicht

ins Feld führen, wenn Sie Ihr Sprachkurs in einen EU-Staat führt (BFH v. 13.6.2002 – BStBl II 2003 S. 765).
- Ein besonders zeitaufwendiges Beförderungsmittel (z.B. Schiff statt Flugzeug, Bahn oder Pkw) wird benutzt.

Wenn Sie für Ihre Reise keinen unmittelbaren beruflichen Anlass haben, also nicht z.B. einen Vortrag halten müssen oder einen Kunden aufsuchen wollen, sind die Gerichte bisher recht kleinlich mit der Anerkennung. So wurde einer Lehrerin ihre berufliche Englandreise nicht anerkannt, weil am Wochenende ein Ausflug geplant war und von den übrigen zehn Tagen ein Tag sowie drei weitere Nachmittage zur freien Verfügung standen (BFH – BStBl 1995 S. 729).

Wenn Sie als Richter zusammen mit anderen Richtern und Staatsanwälten einen Trip durch Japan machen und sich dabei in ausreichender Zahl japanische Gerichte, Behörden und Universitäten ansehen, soll es nach Meinung des FG Hamburg im Urteil vom 11.6.1991 (EFG 1992 S. 254) keine Rolle spielen, dass Sie nebenbei die schönen Seiten Japans besichtigen und die Reise für Ihre Richtertätigkeit eigentlich nicht direkt von Vorteil ist. Dem Bundesfinanzhof war diese Vergnügungsreise allerdings ein Dorn im Auge. Obwohl ja an sich eine Krähe der anderen kein Auge aushackt, haben sie den Abzug als Reisekosten gestrichen (BFH – BStBl III 1993 S. 612).

Wenn Sie hingegen als ehrenamtlicher Gewerkschafter eine Studienreise unternehmen, um sich gewerkschaftlich weiterzubilden, können Sie Werbungskosten geltend machen; das meinten jedenfalls die Finanzrichter in Köln im Urteil vom 13.12.1989 (EFG 1990 S. 299).

Die Ausdehnung einer Reise oder eines Kongresses über ein Wochenende hinweg allein reicht nicht aus, um den Werbungskosten- oder Betriebsausgabenabzug zu streichen; es sei denn, dieses Kriterium wiegt so stark, dass dadurch die Reise insgesamt als überwiegend privat veranlasst zu sehen ist.

TIPP

Teilen Sie gemischte Kosten auf!

Der große Senat des BFH hat seine frühere Rechtsprechung zum Aufteilungs- und Abzugsverbot gemischter Aufwendungen aufgegeben (BFH v. 21.9.2009 – GrS 1/06, BStBl II 2010 S. 672) und lässt seither eine Aufteilung von sog. *gemischten Aufwendungen* in einen beruflich/betrieblichen und einen privaten Anteil zu. Demnach können z.B. die Kosten für die Hin- und Rückfahrt bei einer gemischt veranlassten Reise in Werbungskosten und in private Kosten

III. Berufliche Kosten der Arbeitnehmer

aufgeteilt werden. Aufteilungsmaßstab ist der berufliche und der private Zeitanteil der Reise. Unverändert bleiben Kosten, die eindeutig der beruflichen Sphäre zugeordnet werden können (Kongressgebühren, Hotelkosten etc.), voll abzugsfähig. Der Vorteil der neuen Rechtsprechung besteht vor allem darin, dass Sie in jedem Fall einen Teil der Fahrt- oder Flugkosten, der Unterbringungskosten und Verpflegungsmehraufwendungen in die Werbungskosten einbeziehen können. Können die Kosten nicht eindeutig voneinander getrennt werden, können Sie den beruflichen Anteil sachgerecht schätzen. Unverändert müssen Sie dazu die berufliche Veranlassung darlegen.

Prompt hat der BFH eine kleinliche Entscheidung von Finanzamt und Finanzgericht kassiert. Die hatten einer Gymnasiallehrerin für Englisch und Religion die Kosten für eine achttägige Fortbildungsreise für Englischlehrer nach Dublin komplett gestrichen, obwohl die Reise von der Englischlehrervereinigung angeboten und durchgeführt worden war, die Lehrerin dafür vom Dienst befreit wurde und die Reise nach einem festen Programm ablief. Dass auch kulturelle Vortragsveranstaltungen und Besichtigungstermine sowie ein Tagesausflug nach Belfast anstanden, störte den BFH im Unterschied zu Finanzamt und Finanzgericht nicht. Er verdonnerte das Finanzgericht vielmehr dazu, den beruflichen Anteil zu ermitteln und als Werbungskosten anzuerkennen (Urt. v. 21.4.2010 – VI R 5/07).

Ganz ohne Wermutstropfen geht es aber auch nach der nun viel steuerzahlerfreundlicheren Rechtsprechung nicht ab. Die berufliche Veranlassung darf nicht von völlig untergeordneter Bedeutung sein. Überwiegen bei einer Auslandsreise bei weitem die privaten Gründe, gibt es nach wie vor keinen Werbungskostenabzug. Ein einziger beruflicher Vortrag bei einer ansonsten touristisch ausgerichteten Reise reicht nicht aus (BFH v. 5.2.2010 – IV B 57/09 und v. 17.12.2009 – X B 115/09). Wichtig ist nach wie vor zudem, dass der berufliche Anteil vom privaten abgegrenzt werden kann. Ist das bei den einzelnen Programmpunkten nicht möglich, kann es passieren, dass man wie eine Englischlehrerin mit ihrer USA-Studienreise am Werbungskostenabzug scheitert, weil bei allen Aktivitäten sowohl eine berufliche als auch eine private Mitveranlassung gegeben war (FG Münster v. 27.8.2010 – 4 K 3175/08 E, EFG 2010, S. 2094)

Zum Glück gibt es mittlerweile Rückendeckung durch die jüngere Rechtsprechung. Zwar geht der BFH bei Sprachkursen im Ausland meist davon aus, dass zumindest ein Teil der Reisekosten privat veranlasst ist, er nimmt das aber nicht zum Anlass, Ihnen die Kosten komplett zu streichen. Können Sie einen triftigen beruflichen Grund für den Sprachkurs anführen, sind auf jeden Fall schon einmal die Kursgebühren in voller Höhe Werbungskosten. Ist der Kurs zeitlich von den übrigen Reiseteilen abgegrenzt, können Sie Ihre Reisekosten im Verhältnis der Reisetage für den Sprachkurs und die privaten Aktivitäten aufteilen. Haben Sie z.B. bei einer dreiwöchigen Reise an zwei Wochen durchgehend den Sprachkurs besucht und in der letzten Woche einen Badeurlaub angehängt, sind 2/3 der Reisekosten (Fahrt-, Flug-, Unterkunfts- und Verpflegungskosten) als Werbungskosten abzugsfähig.

Finden Sie keinen so klaren Aufteilungsmaßstab, akzeptiert der BFH auf jeden Fall eine Aufteilung im Verhältnis 50:50. So z. B. bei einem Bundeswehrsoldaten, der einen beruflich erforderlichen Englischkurs in Südafrika absolviert hat (BFH v. 24.2.2011 – BStBl 2011 II S.796), oder bei einer Exportsachbearbeiterin, die einen Spanischkurs in Ecuador gebucht hatte (BFH v. 9.1.2013 – VI B 133/12, BFH/NV 2013 S.552).

Dies gilt im Übrigen nicht nur für Reisekosten, sondern grundsätzlich auch für andere gemischte Aufwendungen. Allerdings schränkt der BFH hier die Aufteilungsmöglichkeit ein, soweit »unverzichtbare Aufwendungen für die Lebensführung« betroffen sind, die durch das steuerliche Existenzminimum pauschal abgegolten oder als Sonderausgaben bzw. außergewöhnliche Belastungen abzugsfähig sind. Damit sind insbesondere Aufwendungen für bürgerliche Kleidung, Brillen (Ausnahme: sog. Bildschirmarbeitsplatzbrillen und spezielle Schutzbrillen) trotz beruflicher Benutzung weiterhin nicht (anteilig) abzugsfähig.

TRICK

Reisen Sie auf Kosten des Finanzamts zu den Sehenswürdigkeiten dieser Welt.

Wenn Sie es geschickt anstellen, können Sie sich die Niagarafälle oder den Schiefen Turm von Pisa ansehen und Ihre Reisekosten völlig legal dem Finanzamt als Werbungskosten oder Betriebsausgaben unterjubeln. Was Sie dazu benötigen, ist lediglich ein beruflicher Anlass für Ihre Reise. Besonders leicht haben Sie es da, wenn Sie Geschäftsfreunde Ihrer Firma im Ausland besuchen müssen oder z. B. im Ausland einen Vortrag halten sollen. Auch wenn Sie einige private Unternehmungen mit der Reise verbinden, sind Ihre Reisekosten absetzbar, denn Sie können dem Finanzamt gegenüber ja mit gutem Gewissen versichern: »Meine Reise habe ich selbstverständlich nur unternommen, weil ich dafür einen konkreten beruflichen Anlass hatte. Die privaten Aktivitäten waren demgegenüber völlig untergeordnet.« Wenn Sie dann noch auf das Urteil des BFH vom 21.9.2009 – GrS 1/06, BStBl II 2010 S.672 – pochen, dürften Sie keine Schwierigkeiten haben, Ihre Reisekosten zumindest zu einem großen Teil durchzudrücken.

Man sollte den Gesetzen in
Kleinigkeiten ein Bein stellen.
(Ringelnatz)

TIPP

fürs Praktikum im Ausland

330 Die Kosten für ein Auslandspraktikum können Sie nur ansetzen, wenn Sie **für Ihr Praktikum keinen Arbeitslohn** beziehen. Andernfalls kommen Ihnen die Fiskalritter mit § 3 c EStG und streichen Ihnen Ihre gesamten Kosten mit der Begründung, sie stünden mit steuerfreien Auslandseinkünften im Zusammenhang. Aus demselben Grund sollten Sie tunlichst nicht ins Feld führen, Sie würden eine Anstellung im Ausland anstreben. Pochen Sie besser darauf, Sie seien ganz wild auf einen Job bei einem deutschen Unternehmen mit internationalen Kontakten. Ihr Praktikum würde die Anstellungschancen erheblich verbessern.

TRICK

Schinden Sie mit hochtrabenden Reisebeschreibungen Eindruck!

331 Machen Sie es wie der Uni-Professor, sofern Sie einen entsprechenden Beruf haben. Der hat seine Reise nach Indien kurz entschlossen zur Forschungsreise deklariert. Auf die Richter beim Finanzgericht hat wohl am meisten Eindruck gemacht, dass er angab, die Sand-Lücken-Fauna zu erforschen. Vermutlich haben die bei dem ganzen Fachchinesisch nur noch Bahnhof verstanden. Jedenfalls hielten sie die Argumente, dass es sich um eine Forschungsreise handelte und der Professor während der Reise den ein oder anderen Fachkollegen besuchte, für ausreichend, um eine mehr als untergeordnete berufliche Veranlassung zu belegen (FG Niedersachsen – EFG 1992 S. 122). Nach der neueren Rechtsprechung des BFH können Sie nun mindestens den beruflichen Teil der Kosten absetzen (BFH vom 21.9.2009 – GrS 1/06, BStBl II 2010 S. 672).

TRICK

Suchen Sie sich als Sprachlehrer oder Fremdsprachenkorrespondent die richtigen Kurse aus!

332 Wollen Sie als Lehrer für Sprachen Ihre Reise nach England oder Frankreich durch einen Sprachkurs zur steuerlich absetzbaren Bildungsreise machen, müssen Ihre Vorbereitungen stimmen. Achten Sie bei der Auswahl des Sprachkurses darauf, dass es möglichst ein Kurs für Fortgeschrittene oder vielleicht sogar einer speziell für Lehrer ist.

Zu den grundlegenden Voraussetzungen, unter denen Sprachkurse im Ausland anerkannt werden, vgl. ➤ Rz 319 ff.

Ein Wisch mit Stempel und Unterschrift vom Schulrektor könnte allerdings auch hier helfen, die Anerkennung Ihrer Reisekosten zu fördern, wenn er etwa in diesem Sinn abgefasst ist:

```
Der Rektor der Schule . . . . . . . . . . . .
Bescheinigung zur Vorlage beim Finanzamt
Hierdurch bestätige ich meiner Lehrerin, Frau Müller, Folgendes: Als
Leiterin künftiger Arbeitsgemeinschaften und Grundkurse in Französisch
muss sie sich die notwendigen Sprachkenntnisse aneignen. Ich halte
daher die beabsichtigte Reise nach Frankreich unter Teilnahme an einem
Fortbildungskurs für dienstlich dringend erforderlich!

. . . . . . . . . . . . . . . . . . . . . . . . . . .
Siegel + Unterschrift
```

Geld allein macht nicht unglücklich.

SUPER TRICK

Lernen Sie mit Hilfe einer Stellenbewerbung auf Staatskosten Spanisch oder Englisch!

Mit ein wenig Schreiberei und der Investition von ein paar Briefmarken und Kopien setzen Sie auch einen Grundkurs für eine Fremdsprache ab. 333

Allerdings müssen Sie es etwas geschickter anstellen als die Sachgebietsleiterin eines Finanzamts, die vor dem BFH ihren Spanischkurs im Inland durchboxen wollte. Dies mit der Begründung, sie habe sich bei einer Bundesbehörde bewerben und dabei durch die Spanischkenntnisse ihre Einstellungschancen erhöhen wollen. Dem BFH war der Zusammenhang zum Beruf der Sachgebietsleiterin nicht eng genug, weil der »subjektive Wunsch nach einer beruflichen Veränderung sich nicht durch eine Bewerbung hinreichend konkretisiert hatte« (BFH-Urt. v. 26.11.1993 – BStBl 1994 II S. 248).

Diesen Fehler werden Sie nicht begehen. Vielmehr werden Sie sich mit Ihren neuerworbenen Sprachkenntnissen auf einige Stellen bewerben, bei denen solche Sprachkenntnisse gefordert werden. So schlagen Sie zwei Fliegen mit einer

Klappe. Haben Sie mit der Bewerbung Erfolg, springt vielleicht ein lukrativer Job für Sie heraus. Wenn nicht, haben Sie jedenfalls Ihren Wunsch nach beruflicher Veränderung so hinreichend konkretisiert, dass Sie sich bei Ihrem nächsten Urlaub über Ihre vom Finanzamt mitfinanzierten Sprachkenntnisse doppelt freuen können.

334 **S** Achtung, Ärzte, die einen Fortbildungskurs in einem bekannten Wintersportort absolvieren:

- Besucht eine angestellte Ärztin während ihrer Ausbildung zur Fachärztin für Chirurgie einen Fortbildungskurs, der nur in einem bekannten Wintersportort in der Schweiz angeboten wird, können die Aufwendungen für die Teilnahme als Werbungskosten berücksichtigt werden. Dies gilt nach dem BFH-Urteil vom 5.9.1990 (BStBl 1990 II S. 1059) nicht, wenn der Kurs während der Wintersaison stattfindet und für die Mittagspause die Zeit von 11.30 bis 16.00 Uhr zur Verfügung steht. Die lange Mittagspause sah das Gericht als Anzeichen »für eine nicht unerhebliche private Mitveranlassung« an. Gleichwohl kann die Ärztin einen beruflichen Anteil der Gesamtkosten absetzen.

- Ein Arzt, der an einer Fortbildungsveranstaltung im Fach Skilaufen eines Sportärzteverbands in einem bekannten Wintersportort teilnimmt, kann seine Kosten dafür teilweise absetzen, wenn er damit das Recht erwerben will, sich künftig Sportmediziner zu nennen. Die Kosten für die theoretische Ausbildung sahen die Gerichte als beruflich veranlasst an. Die praktischen Sportübungen wie Skilaufen etc. wurden dagegen der Privatsphäre zugerechnet. Im Verhältnis der Zeitanteile müssen die Kosten daher aufgeteilt werden (BFH v. 21.4.10 – VI R 66/04).

Arbeitgeber oder Firmen, die so etwas veranstalten: Sie wissen jetzt, wie der Tagungsplan auszusehen hat!

335 Wenn Sie z.B. als Universitätslektor, Hochschullehrer oder Lehrer Ihre Seminare im Ausland vorbereiten müssen, sollten Sie sich wappnen, dass Sie auf Nachfrage für jeden Tag angeben können, welchen beruflichen Aktivitäten Sie nachgegangen sind (FG Baden-Württemberg v. 12.3.1998 – 6 K 394/97).

336 Bei Teilnahme an einem Fachkongress dürfen die Anforderungen an den Nachweis durch Testate nicht überzogen werden … Das FG Köln war jedenfalls der Meinung, dass eine Testierung jeder Veranstaltung unzumutbar ist. Auch bei der Anwendung von Beweisvorschriften sei der Verhältnismäßigkeitsgrundsatz zu beachten. Dass der Veranstaltungsort der Steuerzahlerin schon von früheren Besuchen bekannt war und Familienmitglieder oder Freunde nicht mitgereist waren, reichte dem Gericht als Beleg aus, dass der Kongress und damit nur berufliche Motive für die Reise ausschlaggebend waren (FG Köln – EFG 1986 S. 109).

TRICK

Setzen Sie als Organisator oder Reiseführer die tollsten Reisen ab!

Den ganzen Nachweiszauber, den der Fiskus bei Studienreisen veranstaltet, **337** können Sie vergessen, wenn Sie selbst mit der Organisation und Durchführung einer solchen Reise betraut sind. Auch wenn auf der Reise neben dem beruflichen Programm Gelegenheit zum Sightseeing, Segeln, Skifahren oder Surfen besteht, sind Sie fein heraus, wenn Sie als auserkorener Reiseleiter sozusagen 24 Stunden im Dienst sind. Hilfreich ist, wenn Sie zusätzlich damit aufwarten können, dass Sie vor den Teilnehmern Vorträge gehalten und, wie z.B. die wissenschaftliche Mitarbeiterin eines Geographischen Instituts, beim Besichtigen alter Steine etc., das Protokoll geschrieben haben. Dann steigen Ihre Chancen, die gesamten Kosten, die Ihnen durch die Reise entstehen, selbst dann als Werbungskosten abzusetzen, wenn der berufliche Anstrich der Reise für die übrigen Teilnehmer zu dünn ist. Sie haben nämlich anders als sie einen unmittelbaren beruflichen Anlass für die Reise. Helfen Sie einem allzu ungläubigen Fiskalvertreter ruhig mit dem BFH-Urteil vom 27.8.2002 (VI R 22/01) und 6.5.2002 (BFH/NV 2002 S.1030) auf die Sprünge. Auch wenn Sie von Ihrer Firma als Reiseleiter auf eine Auslandsreise mitgeschickt wurden, um die übrigen Teilnehmer zu betreuen, haben Sie mit der Anerkennung der beruflichen Veranlassung gute Karten. Für Sie ergibt sich aus einer solchen »Incentive-Reise« jedenfalls kein Arbeitslohn (BFH v. 14.6.1993 – BStBl II 1993 S.640). Dasselbe gilt für einen Pfarrer, der Angehörige einer Pfarrei auf ihrer Pilgerwallfahrt nach Rom begleitet und dabei deren seelsorgerische Betreuung übernimmt. Die Bescheinigung, dass er sich zur Teilnahme dienstlich verpflichtet hat, beflügelt die Anerkennungsbereitschaft des Fiskus in solchen Fällen ungemein (BFH v. 9.12.2010 – VI R 42/09, BStBl 2011 II S.522).

Kritisch wird es allerdings, wenn Sie Ihren Ehepartner oder Lebensgefährten mitnehmen, ohne dass Sie dafür einen triftigen Grund ins Feld führen können (BFH v. 25.3.1993 – BStBl II 1993 S.639).

Wenn Sie statt der Sekretärin lieber die Ehefrau mit auf Dienstreise nehmen, **338**
können Sie das in bestimmten Fällen »ruhigen steuerlichen Gewissens« tun.
Eine Ehefrau, die ihren Mann auf einer Reise nach Moskau begleitete, arbeitete
im Betrieb mit, verrichtete dort Büroarbeiten, bediente im Geschäft und leistete
Dolmetscherdienste. Durch die besonderen betrieblichen Kenntnisse unter-
stützte sie den Ehemann bei den Verkaufsverhandlungen in Moskau wesentlich.
Das konnten zwar die Finanzbeamten, nicht aber die Finanzrichter ignorieren.
Ein erfreuliches Urteil des BFH vom 13.2.1980 (BStBl 1980 II S.386).

TRICK

Mit einer Klassenfahrt Geld sparen

339 Insbesondere bei einer Klassenfahrt ins Ausland, z.B. einer Studienreise nach Rom, können Sie als Lehrer ein gutes Geschäft machen, denn sie ist für Lehrer immer beruflich veranlasst und damit eine Dienstreise. Daher gelten für Sie die Verpflegungspauschalen für Auslandsreisen, d.h. gegenüber den mickrigen Inlandspauschalen erheblich höhere Beträge. Für Ihre Übernachtungskosten müssen Sie sich aber unbedingt mit einer Rechnung der Herberge im Ausland wappnen, da Sie nur Ihre tatsächlich angefallenen – und nachgewiesenen – Kosten absetzen können.

So eine Reise muss natürlich gründlich vorbereitet werden, und Sie haben sich doch sicherlich vorher am Zielort umgesehen, Termine abgesprochen und das Besichtigungsprogramm zusammengestellt. Sie benötigen von der Schule keinen besonderen Auftrag, um die dabei entstandenen Kosten als Dienstreisekosten absetzen zu können (FG Schleswig-Holstein v. 18.12.1990 rk – EFG 1991 S. 311). Sie sollten allerdings eine ganz konkrete Klassenfahrt vorbereiten. Eine allgemeine Informationsreise, um mögliche Ziele zu erkunden, reicht nach Meinung des BFH nicht aus, der einer Lehrerin die Kosten für eine siebentägige Reise an den Gardasee nicht als Werbungskosten anerkannte, weil der konkrete Anlass fehlte (BFH 27.7.2004 – BFH/NV 2005 S. 42).

Das teuerste Klo Sachsens für 110.000 €
leistete sich das 6.000-Einwohner-Städtchen
Dippoldiswalde am Karl-Marx-Platz:
außen Fachwerk, innen Marmor und Stahl,
automatische Wasserregulierung und Musik von oben.

(stern 34/1992)

TRICK

Setzen Sie als Berufsschüler, Azubi, Beamtenanwärter den Kurztrip nach London ab!

340 Gute Nachrichten bei Klassenfahrten gibt es nicht nur für Lehrer, sondern auch für Berufsschüler. Sie können die Kosten für offizielle Klassen- oder Schulfahrten als Werbungskosten absetzen. Wichtig ist nur, dass die Fahrt als offizielle Lehrveranstaltung der Schule oder Fachhochschule ausgewiesen wird. Berufen Sie sich beim Finanzamt auf das BFH-Urteil vom 7.2.1992 (BStBl 1992 II

S. 531), das ein hartnäckiger Berufsschüler erstritten hat. Also, auf geht's, London sehen und das Finanzamt (mit)bezahlen lassen!

9. Hilfe durch Arbeitsmittel

Es ist keine Frage: Ausgaben für Gegenstände, die der Berufsausübung dienen, sind als berufliche Kosten abzugsfähig (Arbeitsmittel). Bei vielen Arbeitsmitteln müssen Sie aber damit rechnen, dass das Finanzamt prüft, ob das Arbeitsmittel nicht auch privat genutzt werden kann. 341

Die besten Karten im Steuerpoker haben Sie, wenn Sie sagen können: Die private Nutzung meines Arbeitsmittels ist völlig unbedeutend, d.h., sie liegt unter 10 % der Gesamtnutzung. Dann ist alles abzugsfähig.

Liegt der private Nutzungsanteil über 10 %, muss der aufgewendete Betrag aufgeteilt werden in einen abzugsfähigen beruflichen und einen nicht abzugsfähigen privaten. Das hört sich noch alles ganz vernünftig an. Aber jetzt kommt der Haken: Eine Aufteilung will das Finanzamt oft nur zulassen, wenn »objektive Merkmale und Unterlagen eine zutreffende und leicht nachprüfbare Trennung ermöglichen« – ansonsten rechnet der Fiskus gern den gesamten Betrag zu den nicht abzugsfähigen Kosten der Lebenshaltung (BFH – BStBl 1971 II S. 17).

TRICK
Aufteilen statt vollständig streichen

Mit der vollständigen Streichung der Kosten für Ihre Arbeitsmittel müssen Sie sich nicht mehr widerspruchslos zufriedengeben. Verlangen Sie, dass man Ihnen zumindest in Höhe der anteiligen beruflichen Nutzung Ihres Arbeitsmittels Werbungskosten zuerkennt. Im Zweifelsfall beschreiben Sie die berufliche Nutzung und schätzen deren Anteil. Das Aufteilungs- und Abzugsverbot, auf das sich der Fiskus bei seinen Streichorgien so gern stützt, gilt nämlich nicht mehr (vgl. dazu ➤ Rz 328). 342

Die Finanzämter sehen von der Anforderung von Belegen normalerweise ab, wenn als Aufwendungen für Arbeitsmittel nicht mehr als ca. 100 € bis 110 € geltend gemacht werden. Leider haben Sie aber keinen gesetzlichen Rechtsanspruch auf Anerkennung dieser »Arbeitsmittelpauschalen«. 343

Achten Sie beim Kauf auf eine wasserdichte Rechnung. Also nicht »Schuhe«, sondern »Arbeitsschuhe«. Statt »Ledertasche« besser »Aktentasche«, statt »Schreib-« oder »Papierwaren« oder »Buch« lassen Sie »Büromaterial« oder »Fachbuch« (mit Autor und Titel) eintragen.

a) In welcher Höhe sind Ihre Aufwendungen abziehbar?

344   I. Arbeitsmittel, deren Nettokaufpreis 410 € nicht übersteigt

Arbeitsmittel, deren Nettokaufpreis 410 € nicht übersteigt (das entspricht 488 € mit 19 % und 438 € mit 7 % Mehrwertsteuer), setzen Sie sofort in voller Höhe als Werbungskosten ab. Dazu zählen insbesondere: Aktentasche, Arbeitskleidung, kleine Büromöbel (z. B. Stühle, Papierkorb), Diktiergerät, Fachzeitschriften und Fachbücher, Schreibtischlampe, Taschenrechner, kleinere Werkzeuge. Im Beamtendeutsch werden diese Arbeitsmittel als *»geringwertige Wirtschaftsgüter«* bezeichnet.

Lassen Sie sich bloß nicht kirre machen, wenn der Fiskalvertreter mit der Behauptung angetanzt kommen sollte, mehrere Gegenstände, wie z. B. eine Büroeinrichtung (Schreibtisch, Regale, Stühle, Lampen, Papierkorb usw.), seien bei der Frage, ob die 410-€-Grenze überschritten ist, zusammenzufassen. Tatsache ist: Jeder Gegenstand, den Sie für sich allein nutzen können, steht auch steuerlich gesehen für sich allein. Nur technisch aufeinander abgestimmte Gegenstände, wie z. B. Rechner, Monitor, Tastatur und Drucker einer Computeranlage, müssen Sie zusammenfassen (BFH v. 19.2.2004 – BStBl II 2004 S. 958).

Allerdings: Gibt etwa Ihr Monitor den Geist auf und Sie kaufen für 488 € brutto einen neuen, können Sie ihn sofort absetzen.

TRICK

Wählen Sie das Zubehör richtig aus!

345   Einen Laptop für 470 € brutto können Sie sofort voll absetzen. Gehört zu dem Laptop eine Tragetasche für z. B. 30 €, die nur zum Transport des Computers genutzt werden kann, sind Laptop und Tragetasche als Einheit anzusehen. Folge: Der Gesamtkaufpreis von 500 € ist auf die Nutzungsdauer zu verteilen. Kaufen Sie für den Transport aber eine Aktentasche, die auch für andere berufliche Zwecke nutzbar ist, gehört sie nicht zum Computer, und Sie setzen beide Beträge sofort voll ab.

Zur Büroeinrichtung müssen Sie wissen: Einzelne Büromöbel sind selbst dann nicht zu einer Einheit zusammenzufassen, wenn sie in einheitlichem Stil gehalten sind (BFH – BStBl 1967 III S. 61).

346   II. Arbeitsmittel, deren Nettokaufpreis 410 € übersteigt

Arbeitsmittel, deren Kaufpreis 410 € netto (bzw. 488 € mit 19 % und 438 € mit 7 % Mehrwertsteuer) übersteigt, werden verteilt auf ihre Nutzungsdauer abgeschrieben. Nur den jährlichen Abschreibungsbetrag können Sie als Werbungskosten absetzen. Im Beamtendeutsch heißt das »Absetzung für Abnutzung«, abgekürzt AfA. Natürlich setzt der Fiskus schonendste Behandlung der Arbeitsmittel voraus. Entsprechend lang ist die von ihm angenommene Nutzungsdauer, die für Sie aber nicht maßgebend ist, wenn Sie Ihre Arbeitsmittel stärker als allgemein üblich beanspruchen.

Nutzungsdauer nach der fiskalischen Abschreibungstabelle bei Anschaffung nach dem 31.12.2000		
	Nutzungsdauer	AfA-Satz
Autotelefon	5 Jahre	20 %
Büromöbel	13 Jahre	7,69 %
Diktiergerät	5 Jahre	20 %
Fotokopiergerät	7 Jahre	14,28 %
Frankiermaschine	8 Jahre	12,5 %
Funktelefon	5 Jahre	20 %
Panzerschrank	23 Jahre	4,35 %
Perserteppich	15 Jahre	6 $\frac{2}{3}$ %
PC, Drucker, Scanner	3 Jahre	33 $\frac{1}{3}$ %
Pkw	6 Jahre	16 $\frac{2}{3}$ %
Telefaxgerät	6 Jahre	16 $\frac{2}{3}$ %

Auch Antiquitäten können steuerlich abgeschrieben werden, wenn sie als Arbeitsmittel genutzt werden. Durch den Gebrauch fällt selbst dann eine technische Abnutzung an, wenn der Wert der Antiquität steigt. Sie setzen also ohne weiteres Ihren antiken Schreibtisch im Arbeitszimmer oder den zur Aufbewahrung Ihrer wertvollen Fachbücher genutzten 150 Jahre alten Bücherschrank ab (BFH v. 31.1.1986 – BStBl II 1986 S. 355).

Allerdings werden sehr lange Nutzungsdauern zugrunde gelegt. Für ein 260 Jahre altes Cello eines Dozenten einer Musikhochschule hatte das Finanzgericht 50 Jahre und damit eine jährliche AfA von 2 % angesetzt (FG Hamburg v. 15.5.1985 – III 188/82). Das war den Richtern beim BFH zu kurz, sie halten bei historischen Musikinstrumenten, z.B. einer 300 Jahre alten Geige einer Musikerin, einen Abschreibungszeitraum von mindestens 100 Jahren und damit eine jährliche AfA von nur 1 % für angemessen (BFH v. 26.1.2001 – BStBl II 2001 S. 194). Bei einer Meistergeige neueren Datums (Alter deutlich unter 100 Jahre) hält der BFH dagegen eine Abschreibung auf nur 50 Jahre für möglich (BFH v. 1.3.2002 – BFH/NV 2002 S. 787).

TIPP

für sehr wertvolle Arbeitsmittel

Die lange Nutzungsdauer ist für Sie positiv, wenn Ihr antiquarisches Arbeitsmittel zerstört oder gestohlen wird. In diesem Fall setzen Sie den Restwert auf einen Schlag als Werbungskosten ab. So machte es die Meistergeigerin, der vom Ehegatten die Stradivari im Wert von 150.000 € gestohlen worden war (BFH v. 9.12.2003 – BStBl II 2004 S. 491).

SUPER TRICK

Machen Sie aus der Not eine Tugend!

349 Ist es für Sie günstiger, die Anschaffungskosten auf die Nutzungsdauer abzuschreiben, z.B. wenn wegen Arbeitslosigkeit oder Verlusten nur ein besonders niedriges Einkommen im laufenden Jahr anfällt, kann natürlich auch diese Methode gewählt werden – selbst wenn der Nettokaufpreis unter 410 € lag.

SUPER TRICK

Sparen Sie durch Umwidmung Steuern!

350 Wandert Ihr vor vier Jahren für 6.000 € erworbener Perserteppich vom Wohnzimmer in Ihr Arbeitszimmer, wird er fortan beruflich genutzt, das ist klar. Umwidmung heißt das Zauberwort, das beim Fiskalvertreter den Reflex zum Abhaken auslöst. Allerdings müssen Sie sich die Zeit der privaten Nutzung auf die Gesamtnutzungsdauer anrechnen lassen (BFH v. 14.2.1989 – BStBl 1989 II S. 922). Dies bedeutet: Vom Kaufpreis des Perserteppichs ist für die private Nutzung eine sog. fiktive Abschreibung vorzunehmen. Beruflich absetzen können Sie nur noch den Restbetrag.

Seien Sie nicht so dumm, die Gesamtnutzungsdauer zu niedrig anzusetzen. Denn je höher sie ist, umso höher ist der steuerlich interessante Restwert, den Sie in den kommenden Jahren abschreiben können.

Und so wird dann gerechnet:

Kaufpreis für den Perserteppich vor vier Jahren	6.000 €
./. fiktive Abschreibung für die Zeit der privaten Nutzung z.B. jährlich 6,66 %	– 1.600 €
Restwert für berufliche Abschreibung	4.400 €
Angenommene Restnutzungsdauer 11 Jahre	
Berufliche Abschreibung jährlich	400 €

SUPER TRICK

Die Masche mit der verlängerten Nutzungsdauer

Sie verwenden in Ihrem Arbeitszimmer einen bisher privat genutzten Schrank, dessen normale Nutzungsdauer von 13 Jahren gerade abgelaufen ist. Nach BFH soll die private Nutzung voll angerechnet werden, so dass für eine berufliche Abschreibung nichts mehr verbleibt (BFH-Urt. v. 14.2.1989 – BStBl 1989 II S. 922). Doch Sie sagen zu Recht: Die berufliche Nutzung ist Beweis genug, dass die Gesamtnutzungsdauer noch nicht abgelaufen ist, und verlängern sie deshalb von 13 auf 20 Jahre. Jetzt haben Sie noch eine Restnutzungsdauer von sieben Jahren: 351

Anschaffungskosten vor 13 Jahren	4.000 €
Nutzungsdauer 20 Jahre = Abschreibung 5 %	
Abschreibung als Werbungskosten 7 Jahre lang 5 % von 4.000 € je	200 €

TRICK

Machen Sie aus einem Diebstahl steuerlich eine Tugend!

Wenn Sie nicht versichert sind oder die Versicherung nicht bezahlt, ist ein Diebstahl besonders ärgerlich. Richtig dramatisch wird es natürlich, wenn Ihnen Gegenstände geklaut werden, die Sie als Arbeitsmittel benutzen, dann kommt zu dem allgemeinen Ärger und dem finanziellen Verlust häufig beruflicher Stress hinzu. 352

Holen Sie sich deshalb zumindest einen kleinen Ausgleich von Vater Staat, indem Sie den Restwert Ihres gestohlenen Arbeitsmittels als Werbungskosten absetzen und so einen ordentlichen Batzen als Steuererstattung kassieren. Auch wenn der Diebstahl nicht unmittelbar bei der Ausübung Ihres Berufs geschieht, z. B. während der Arbeit oder auf einer Dienstreise, stehen Ihnen Werbungskosten zu (BFH-Urt. v. 9.12.2003 – BStBl II 2004 S. 491).

Und so könnte Ihre Rechnung aussehen, wenn Ihnen am 10.5.2015 ein Laptop gestohlen wurde:

Kauf des Laptops am 10.1.2015 für	2.700 €
./. Abschreibung (3 Jahre) $1/3$ von 2.700 € = 900 € × $4/12$ (Jan.-Apr.)	– 300 €
Restwert = außerordentliche Abschreibung	2.400 €

Ich hör schon ein paar schwarze Schafe mit der Zunge schnalzen und denken: »Na prima, da werde ich doch schnell meinen alten Rechner, den nun mein Sohn nutzt, als gestohlen deklarieren. Ich wollte mir ja sowieso einen neuen zulegen. Wer sollte mir da schon auf die Schliche kommen?« Wer so denkt, dem muss ich ganz klar abraten, schließlich würde er damit nicht nur Steuerhinterziehung begehen, sondern auch eine Straftat (Diebstahl) vortäuschen. Und in meinem Buch geht es nicht ohne Grund um »1000 ganz **legale** Steuertricks«.

TRICK

Schadensbegrenzung, wenn Ihnen Ihr Auto geklaut wird

353 Trotz Erstattung von Ihrer Versicherung sollten Sie bei Ihrer Steuererklärung an Ihren im Vorjahr geklauten fahrbaren Untersatz denken. Zumindest dann, wenn Sie ihn fast ausschließlich beruflich genutzt haben (ca. 90 % für dienstliche Fahren) oder das Auto bei einer Dienstfahrt abhandenkam, können Sie steuerlich noch ein paar Extra-Euro herausschlagen (BFH v. 25.5.1992 – BStBl II 1993 S. 44). Allerdings müssen Sie hier auf der Hut sein: Wenn Sie während der Dienstreise abends ins Theater oder ins Kino gefahren sind oder den Weihnachtsmarkt besucht haben, droht Ungemach. Hat der Autoklau nämlich bei dieser Gelegenheit stattgefunden, ist das Ganze eine private Angelegenheit und können Sie die Kosten nicht abziehen (BFH v. 18.4.2007 – BStBl 2007 II S. 762). Etwas anderes muss aber wohl gelten, wenn Sie anlässlich Ihrer Dienstreise abends (nur) zum Essen in die Stadt gefahren sind und Ihnen Ihr fahrbarer Untersatz entwendet wurde, während Sie gespeist haben.

Sie machen sich hier den steuerlichen Restwert Ihres Autos zunutze, der durchaus höher liegen kann als der Zeitwert, den die Versicherung zugrunde legt: Der BFH legte die Abschreibungszeit für ein Auto in derartigen Fällen auf acht Jahre fest (BFH v. 26.7.1991 – BStBl II 1992 S. 1000 und FG München v. 27.3.2001 – 6 K 4093/00).

Und so sieht dann die Rechnung für Ihr am 10.9.2015 bei einer Dienstfahrt gestohlenes Auto für das Finanzamt aus:

Kaufpreis für den Pkw am 1.7.2013	40.000 €
./. Abschreibung bis zum Diebstahl	
jährlich 12,5 % von 40.000 € = 5.000 × 2 Jahre und 3 Monate	– 11.250 €
Restwert des Autos beim Diebstahl	28.750 €
./. Erstattung aus der Teilkaskoversicherung	
wegen hoher Laufleistung nur	– 21.500 €
Verbleiben als Werbungskosten abzusetzen	7.250 €

b) Welche Arbeitsmittel gehen beim Fiskus durch?

354

Als Fachbücher wurden *Lehrern* anerkannt: »Grzimeks Tierleben« bei einem Biologielehrer, »Propyläen Weltgeschichte«, »Encyclopaedia Britannica«, »Wege zum Gedicht«.

Musiklehrer haben es etwas einfacher. Flügel, Orgel und Klavier wurden anerkannt, als sie vor Gericht zogen (EFG 56/222, 1974/310, 1976/178, HFR 1963/57, BStBl 1978 II S. 459). Voraussetzung ist aber, dass sich die Kosten in Grenzen halten. Alles untermauert mit einer entsprechenden Bescheinigung der Schulbehörde. Die Schreibmaschine wurde anerkannt einem *Gewerbelehrer*, einem Studienrat (EFG 1960/26, EFG 1970/219), einem Richter (BStBl 1971 II S. 17, 21) sowie einem Verbandsprüfer (BStBl 1963 II S. 219). Tonbandgerät wurde anerkannt: *Musik-, Religions-, Gewerbe- und Hochschullehrern* (HFR 1963/57 – EFG 1957/66, 1965/491). Ein Teleskop als Arbeitsmittel begründete ein Lehrer erfolgreich mit der Verbesserung seines Astronomieunterrichts (FG Berlin v. 22.3.2004, EFG 2004 S. 1362). *Sportlehrer:* Anerkannt wurden Fußballstiefel, Hallenturnschuhe und Badmintonschläger (BFH – BStBl 1987 II S. 262). Bei Skiausrüstung und sonstiger Sportkleidung tun sich die Finanzämter und tut sich mit ihnen die Finanzgerichtsbarkeit noch schwer. Sie wollen nicht einsehen, dass bei einem Sportlehrer Sportkleidung eben eine typische Berufskleidung ist (BFH – BStBl 1975 II S. 407 und FG Rheinland-Pfalz – EFG 1985 S. 173). Wie Sie Ihre Skiausrüstung dennoch als Werbungskosten durchsetzen, vgl. ➤ Rz 298. Der BFH hat allerdings auch ausdrücklich Finanzgerichtsentscheidungen bestätigt, in denen die Kosten für Jacken, Shirts, Trainingsanzüge und Inliner nicht anerkannt wurden (BFH v. 18.6.2007 – BFH/NV 2007 S. 1869). Eine Stereoanlage durfte ein *Musiker* absetzen, wenn er zusätzlich eine private hatte (EFG 1971 S. 329). (Tipp: Gebrauchte Anlage für ein paar Euro erwerben und privat verwenden. Fotos davon fertigen und dem Finanzamt einsenden!) Fromme Literatur und Mikrofilme ließ man bei einem *Geistlichen* zu. Ein Jagdhund und eine Büchse waren abzugsfähig bei einem *Forstbeamten*. Ebenfalls das Cembalo eines *Kirchenmusikers* (EFG 1976 S. 178), der Flügel bei einer *Dozentin* am Konservatorium, die anspruchsvollere Aufgaben erfüllt (BFN, BStBl 1989 S. 356), und das Cello eines Dozenten an einer Musikhochschule (FG Hamburg v. 15.5.1985 – III 188/82). Genau entgegengesetzt urteilte der BFH am 10.3.1978 (BStBl 1978 II S. 459) bei einer *Musiklehrerin*, weil es statt des Flügels auch ein Klavier getan hätte. Ebenfalls zuungunsten eines Musiklehrers hat das FG BW am 18.12.1997 (EFG 1998 S. 643) entschieden, der seinen Flügel für einen fünfstelligen Betrag reparieren ließ. Mit einem Rennrad als Arbeitsmittel hat ein *Polizist* beim FG Baden-Würtemberg auf Granit gebissen (Urteil v. 23.11.2005 – EFG 2006 S. 811). Die Aufwendungen eines *Erdkundelehrers* für den Bezug der Zeitschrift *GEO* wurden mit folgender durch das Gesetz nicht gerechtfertigten Begründung abgelehnt: Bei Wirtschaftsgütern, bei denen nicht nachprüfbar oder nicht klar erkennbar ist, ob sie nur dem Beruf oder auch den privaten Interessen des Steuerpflichtigen dienen, verbietet § 12 Nr. 1 Satz 2 EStG zur Wahrung der steuerlichen Gerechtigkeit (das Gericht sollte besser von Nichtwahrung sprechen!) die Aufteilung und damit den Abzug von Aufwendungen, die sowohl der Lebensführung dienen als auch den Beruf fördern. Das FG Münster (rk Urt. v. 8.4.1986 – EFG 1986 S. 491) vermag aus dem objektiven Charakter der Zeitschrift *GEO* nicht herzuleiten, dass eine nahezu ausschließlich berufliche Verwendung als sicher anzusehen ist. Vielmehr handle es sich um eine Zeitschrift, die sich von Aufmachung und Inhalt her an eine breite Leserschicht auch ohne fachliche Vorkenntnisse wende. Einer **Oberstudienrätin** hatte das Finanzamt die Zeitschriften *Kosmos*, *Das Tier* und *Weltatlas des Tierlebens* nicht als Werbungskosten anerkannt. In dem nicht amtlich veröffentlichten Urteil vom 2.2.1990 (VI R 112/87, BFH/NV 1990 S. 564) sagte der BFH dazu: Für die Frage, ob Bücher und Zeitschriften mit nicht ausschließlich allgemeinbildendem Inhalt bei einem Lehrer als Arbeitsmittel anzusehen sind, kommt es regelmäßig auf den tatsächlichen Verwendungszweck der Literatur an. Das Finanzamt muss Feststellungen dazu treffen, in welchem Umfang die Literatur für dienstliche und für private Zwecke genutzt wird. Also aufgepasst, Lehrer! Erbringen Sie den Nachweis der beruflichen Nutzung von Fachbüchern, indem Sie für jedes einzelne Buch angeben, in welcher Zeit und in welcher Klasse Sie es zu Unterrichtszwecken benutzt haben. Entsprechendes gilt für Fachzeitschriften und vor allem für Videorekorder und Kassettengeräte (BFH-Urt. v. 27.9.1991 – BStBl 1992 II S. 195).

GUTER RAT

Ordentliche Quittungen helfen beim Absetzen der Fachliteratur!
Vor allem wenn Sie größere Beträge in Fachliteratur investieren, sollten Sie sich mit Rechnungen oder zumindest ausführlichen Quittungen des Buchhändlers wappnen. Im Zweifel hängt nämlich die Anerkennung Ihrer Kosten von der Vorlage von Quittungen des Buchhandels ab, die Ihren Namen als Erwerber und den Titel des angeschafften Buches enthalten (BFH v. 4.12.2003 – BFH/NV 2004, 488 und BFH v. 26.5.2006 – IV B 150/05).

TRICK

Steuerermäßigung für Pferde!

355 Gute Nachricht für Sie als Reitlehrer oder Berufsreiter. Kosten für Ihr Pferd können Sie von der Steuer absetzen. Stellen Sie sich dazu dem Finanzamt ge-

genüber auf den Standpunkt, Sie könnten Ihren Beruf nur dann erfolgreich ausüben, wenn Ihre reiterlichen Fähigkeiten ständig erhalten und verbessert würden. Da das aber nur auf zuverlässigen, qualifizierten und gut ausgebildeten Pferden möglich sei, müssten Sie ein eigenes Pferd halten (evtl. zwei oder drei).

Außerdem sei es für Ihre berufliche Reputation unerlässlich, das Können von Pferd und Reiter bei Wettbewerben und Turnieren unter Beweis zu stellen. Um höhere Leistungsklassen mit entsprechend höheren Einnahmemöglichkeiten zu erreichen, seien Sie zwingend auf ein eigenes Pferd angewiesen. Schließlich gewännen auch Ludger Beerbaum oder Mathias Rath ihre Turniere nicht auf einem x-beliebigen Feld-Wald-und-Wiesen-Klepper.

Die Aufwendungen, die Ihnen durch Pferdehaltung, Boxenmiete, Sattelzeug, Tierärzte, Medikamente, Pflegemittel, Hufschmied, Spezialkleidung für Training und Turniere entstehen, sind dann ebenso Werbungskosten oder Betriebsausgaben wie Nenn- und Startgelder für Turniere, Transportkosten (z.B. Abschreibung für einen Pferdehänger, Kilometerpauschalen für das Zugfahrzeug), Übernachtungskosten und Verpflegungspauschalen, Versicherungen, Fortbildungskosten und beruflich bedingte Mitgliedsbeiträge. Nicht zuletzt sollten Sie daran denken, dass Sie Ihre Pferde steuerlich genauso wie ein Auto, einen Computer oder eine Werkzeugmaschine abschreiben können. Die Höhe der Abschreibung richtet sich dabei nach dem Alter des Pferdes. Nach Auskunft der Bundesvereinigung der Berufsreiter kann dabei für drei- bis fünfjährige Pferde von acht Jahren und für sechsjährige oder ältere Pferde von fünf Jahren ausgegangen werden.

Unterstützung für Ihre Argumentation liefern Ihnen netterweise das Finanzgericht Düsseldorf (Urt. v. 22.6.1982 – XV 691/78 E, rkr.), das Hessische Finanzgericht (Urt. v. 2.12.1982, EFG 1983 S. 226) und das FG Berlin (Urt. v. 22.6.1982, EFG 1983 S. 65).

TIPP

Was Reitlehrern recht ist, muss für Polizei-Hundeführer billig sein!

Ein Polizei-Hundeführer kann die von ihm getragenen Kosten für seinen Diensthund als Werbungskosten absetzen.

Der BFH hat nämlich entschieden, dass der Diensthund eines Polizei-Hundeführers ein Arbeitsmittel ist, unmittelbar der Erledigung der dienstlichen Aufgaben dient und dass seine Haltung keine private Angelegenheit ist (BFH v. 30.6.2010 – BStBl 2011 II, S. 45). Die vom Hundeführer getragenen Kosten zur Haltung des Hundes sind deshalb zu 100 % abzugsfähige Werbungskosten, egal ob es das Hundeshampoo, das Hundefutter oder das Leckerli für zwischendurch ist.

356 Und was, wenn Ihr Personalcomputer vom Tisch gefallen und selbst nach einer Reparatur nicht mehr zuverlässig wäre? Sie zucken die Schultern ... vielleicht wissen Sie nicht, dass Selbständige eine sog. technische Abnutzung bei ihren betrieblichen Wirtschaftsgütern vornehmen können.

Nun – auch bei Ihnen ist ein dienstliches Arbeitsmittel vorzeitig entwertet worden. Das schreiben Sie dem Finanzamt und machen zu der bisherigen Abschreibung von angenommenen 400 € eine zusätzliche von 500 € geltend! Auch eine Zerstörung oder ein vorzeitiges Absinken des Marktwerts eines Arbeitsmittels würde so etwas rechtfertigen (BFH in BStBl 1954 III S. 362).

357 Steuerfreiheit für Computer und Internet am Arbeitsplatz
Bei der steuerlichen Förderung der Benutzung von Computern und Internet hat es in letzter Zeit einen ganzen Strauß von Vergünstigungen und Erleichterungen gegeben.

Die private Nutzung Ihres Computers in der Firma ist nun komplett steuerfrei gestellt. Neben den Aufwendungen für die Geräte und das Verbrauchsmaterial betrifft das vor allem Telefon- und Providergebühren. Ihr Arbeitgeber kann Ihnen also völlig unbelastet von Lohnsteuer und Sozialversicherung etwas Gutes tun, wenn er Ihnen die kostenlose private Nutzung betrieblicher Geräte gestattet.

Um betriebliche Geräte, die Sie steuerfrei nutzen können, handelt es sich auch, wenn Ihnen Ihr Arbeitgeber Ihren Heimarbeitsplatz – neudeutsch: Home-Office – damit ausstattet.

TRICK

> **Erhalten Sie sich geschickt die Steuerfreiheit für den Computer zu Hause!**

358 Der Kniff, wenn Ihnen Ihr Arbeitgeber für die Arbeit zu Hause einen Computer zur Verfügung stellt, ist: Sie müssen unbedingt vermeiden, dass Ihnen das **wirtschaftliche Eigentum** an dem Gerät zugerechnet wird.

Etwas problematisch wird die Sache, wenn Ihnen der Arbeitgeber den PC ohne weitere Bedingungen für mindestens drei Jahre überlässt. Weil die Überlassung damit für die gewöhnliche Nutzungsdauer erfolgt, wittern die Fiskalritter hier praktisch eine Schenkung. Dem können Sie begegnen, indem Sie mit dem Arbeitgeber schriftlich vereinbaren, dass er anfallende Reparaturkosten trägt, bei einem Totalausfall für entsprechenden Ersatz sorgt und für die spätere Entsorgung des Geräts verantwortlich ist.

Werbungskosten für PC und Internet 359

Leider geht die Großzügigkeit des Fiskus nicht so weit, dass er auch Aufwendungen für Ihren privaten PC ohne Einschränkung als Werbungskosten anerkennt. Bislang durften Sie PC- und Internetkosten nur abziehen, wenn Sie eine ausschließliche oder so gut wie ausschließliche berufliche Nutzung glaubhaft darlegen konnten.

Mangels einer Regelung, mit der die privaten und beruflichen Kosten pauschal aufgeteilt werden können, nehmen Sie selbst eine Aufteilung vor. Sie müssen dazu den Umfang der beruflichen und der privaten Nutzung nachweisen oder glaubhaft machen. Im Zweifelsfall müssen die Fiskalritter eine sachgerechte Schätzung hinnehmen. Sie müssen also nur kräftig genug darauf beharren, dass Sie Ihren PC und das Internet teilweise beruflich nutzen, um den Werbungskostenabzug durchzubekommen. Wenn Sie dabei die Kirche im Dorf lassen und nicht gerade darauf pochen, dass 95 % Ihrer Kosten beruflich veranlasst sind, müsste es schon mit dem Teufel zugehen, wenn Sie nicht wenigstens einen erklecklichen Teil Ihrer Kosten durchbringen. Berufen Sie sich dazu z.B. auf den Erlass des FinMin NRW vom 8.12.2000 (S 2354 – 1 – VB 3). Mindestens 50 % sind immer drin (BFH v. 19.2.2004 – BStBl II 2004 S.958; FG Baden-Württemberg v. 5.5.2010 – 12 K 18/07, BB 2011 S.406).

Wer jedermann dient,
bekommt keinen Lohn.
(Dänischer Spruch)

Ihre Kosten für das Internet, ein Modem und die entsprechenden Anschlusskosten setzen Sie als Werbungskosten ohne Probleme ab, wenn es Ihnen gelingt, die umfangreiche berufliche Nutzung darzulegen und vielleicht mit Arbeitgeberbescheinigung die berufliche Erforderlichkeit Ihrer Multimediaausstattung und Ihres Modems herauszustellen. Hilfreich ist, wenn Sie mit dem PC im firmeneigenen Netz arbeiten oder vielleicht sogar Ihr Boss einen Kostenzuschuss zahlt. In diesem Fall muss Ihnen das Finanzamt trotz aller Verfügungen und Finanzgerichtsurteile zumindest den glaubhaft gemachten Teil von z.B. 77,5 % anerkennen (FinMin NRW v. 8.12.2000 – S.2354 – 1 – VB3). 360

Selbst wenn Sie sich häufiger im Internet aufhalten, müssen Sie nicht mehr befürchten, dass Ihnen Ihre Computerkosten deshalb nicht als Werbungskosten anerkannt werden. Kontern Sie bei streichwütigen Finanzern z.B. mit dem FG Rheinland-Pfalz, das einem Lehrer mit den Fächern EDV und Kommunikationstechnik den PC trotz Internetanschluss – oder gerade deswegen? – als Werbungskosten anerkannte (Urt. v. 10.5.1999 – 5 K 2776/98, NWB Eil' 2000 S.84).

Bei den nur stationär verwendbaren Personalcomputern (PCs) legen sich unsere eifrigen Finanzbeamten meistens besonders ins Zeug, um Ihnen eine steuerschädliche hohe private Verwendung anzuhängen. Dabei scheuen sie sich 361 nicht, Ihre Familie mit ins Spiel zu bringen und mir nichts, dir nichts zu behaupten, Ihr PC werde in nicht unerheblichem Umfang privat genutzt, wenn Sie noch schulpflichtige Kinder haben.

Lassen Sie sich so etwas nicht gefallen! Schließlich hat das Bundesverfassungsgericht gesagt, dass allein wegen der familiären Verhältnisse keine steuerlich nachteiligen Konsequenzen gezogen werden dürfen (BVerfG – BStBl 1985 II S. 475). Wenn Sie schon beim Kauf Ihres Computers clever sind, können Sie sich das ganze Nachweistheater sparen. Legen Sie sich statt eines PCs einen Laptop zu. Die sind genauso leistungsfähig, viel handlicher, und vor allem seien sie »aufgrund ihrer technischen Gestaltung regelmäßig nur für eine berufliche Nutzung gedacht und für eine private Nutzung, besonders für Heim- und Videospiele, nicht geeignet« (OFD Köln, Verfügung v. 26.7.1985 S. 2354-27 St 121). Das Finanzamt wird Ihnen bei einem solchen Computer viel weniger Schwierigkeiten bei der Anerkennung aller Kosten als Werbungskosten machen.

TIPP

zur Nutzungsdauer eines Computers

362 Nach langem Hin und Her haben die Fiskalbürokraten in Berlin eingesehen, dass Computer eine Nutzungsdauer von max. drei Jahren haben, weil sie danach hoffnungslos überaltert sind, und dies in den amtlichen Abschreibungstabellen (BMF-Schreiben v. 15.12.2000 – BStBl I 2000 S. 1532) verbindlich geregelt. Die Nutzungsdauer von drei Jahren gilt übrigens auch für Drucker, Modem, Scanner etc. Mit guter Begründung können Sie aber auch schneller abschreiben, z. B., wenn der Arbeitsspeicher Ihres Rechners für die zu Hause beruflich genutzten Programme, Datenbanken etc. zu klein wurde.

TRICK

Setzen Sie mit Fachliteratur gleich noch ein Regal ab!

363 **S**icher denken Sie daran, Ihre Fachbücher (nebst den teuren Klarsichtfolienumschlägen) und Fachzeitschriften unter Werbungskosten aufzuführen, aber vielleicht vergessen Sie das Bücherbord, auf dem sie alle ihren Platz finden! Sie können es mit seinem jetzigen Wert von sagen wir mal ca. 100 € absetzen. Steuerersparnis zwischen ca. 20 und 54 €. Was für das Bücherbord recht ist, sollte für einen Schreibsekretär und einen Arbeitsstuhl billig sein.

Man tut gut daran, dem Finanzamt glaubhaft zu machen, dass Bücherregal und Sekretär nur beruflich genutzt werden, z.B. weil man als Lehrer in der Schule keinen Arbeitsplatz (Bescheinigung der Schuldirektorin!) hat.

In mehreren Urteilen hat der BFH recht großzügig entschieden, dass Fachliteratur eines Lehrers, die dieser nachweislich zur Unterrichtsvorbereitung nutzt, nicht einfach wegen der rein theoretischen Möglichkeit der Privatnutzung gestrichen werden darf (BFH v. 21.6.1989 – VI R 138/86, und v. 2.2.1990 – VI R 112/87). Vgl. ➤ Rz 354.

364

Als Lehrer können Sie Literatur, die Sie zur Unterrichtsvor- und -nachbereitung gekauft haben, ebenso wie Bücher und Zeitschriften, die Sie für eine Unterrichtseinheit erworben haben, die letzlich nicht abgehalten wurde (vergebliche Aufwendungen), als Werbungskosten absetzen. Auch wenn Sie an solcher Literatur ein außerschulisches Interesse haben, steht das der steuerlichen Berücksichtigung nicht entgegen (BFH v. 20.5.2010 – BStBl 2011 II S. 723). Folglich müssen Sie nur detailliert darlegen, dass Sie die Bücher für den Unterricht eingesetzt haben. Die überzogene Forderung, z.B. *für Bücher der Rubrik Deutsch* nachzuweisen, dass Sie das gleiche Buch zweimal besitzen, einmal zur privaten Lektüre, einmal als Arbeitsmittel im Unterricht, kann der Fiskus nicht aufrechterhalten.

Zu den Fachzeitschriften gehören alle branchenspezifischen und Wirtschaftszeitschriften, also auch das *Handelsblatt* (BFH-Urt. v. 12.11.1982 – VI R 193/79, DB 1983 S. 372 und v. 13.6.1996 – BFH/NV 1997 S. 98), obwohl das FG Brandenburg das anders sieht und sogar einem Bankkaufmann den Abzug verweigert hat (FG Brandenburg v. 4.4.2002 – EFG 2002 – 1085 und v. 29.4.2008 – 6 K 1567/04, BBK-KN-Nr. 124/2008).

365

Aber auch hier scheint das längst fällige Umdenken eingesetzt zu haben. So konnte ein Diplomingenieur, der in einer Marketingabteilung tätig war, eine Reihe von Börsenzeitungen von der Steuer absetzen. Er konnte das Gericht nämlich davon überzeugen, dass er die Zeitschriften *Effekten Spiegel, Depot-Optimierer, Finanztip, Wahrer Wohlstand und Oxford Club* als Arbeitsmittel zur Vorbereitung von Entscheidungsgrundlagen für Firmeninvestitionen abonniert hatte (FG München v. 3.3.2011 – 5 K 3379/08, GStB 2011 S. 374). Besonders interessant ist dabei, dass nach Meinung der Finanzrichter die Vielzahl der abonnierten Zeitschriften eher *für* als gegen eine berufliche Verwendung spricht.

TIPP

zu Tageszeitungen

Lokale oder überregionale Tageszeitungen sind grundsätzlich nicht abzugsfähig (BFH-Urt. v. 7.9.1989 – BStBl 1990 II S. 19). Man könne nicht objektiv zwischen privatem und beruflichem Nutzen unterscheiden, sagt der BFH und hat daher die Tageszeitung bei einem Lehrer nicht anerkannt (BFH v. 7.4.2005 – BFH/NV 2005 S. 1300). Ähnlich erging es einem angestellten Steuerberater mit dem Bezug der *FAZ* (Hessisches FG v. 8.5.2008 – 13 K 3379/07). Doch keine Regel ohne Ausnahme: **Sie können Tageszeitungen absetzen, wenn Sie sie nur zur beruflichen Information beziehen.**

So hat das Finanzgericht Köln (EFG 1994 S. 199) einem Autoverkäufer einen Teil seiner Zeitungskosten als Werbungskosten zugestanden, weil er sich aus den Zeitungen über die Autopreise in anderen Städten informieren wollte.

Auch wenn Sie die Tageszeitung vor allem deshalb beziehen, um die Stellenangebote für einen neuen Job zu studieren, haben Sie gute Karten (FG Münster v. 16.8.2006 – 10K 3390/04E).

Ein guter Rat: Abonnieren Sie mehrere Zeitungen und deklarieren Sie zumindest eine als privat, damit Ihnen die Fiskalvertreter nicht sofort mit dem Rotstiftargument der nicht abzugsfähigen Lebenshaltungskosten und § 12 EStG kommen können.

SUPER TRICK

Wie Sie beim Kauf von Arbeitsmitteln zusätzlich Steuern sparen können

366 Wie sind Sie denn z.B. an Ihr Fachbuch gekommen? Wenn Sie es nicht per Internet bestellt haben, mussten Sie zu einer Buchhandlung fahren, und dabei sind Ihnen Fahrtkosten entstanden! Die Sie selbstverständlich absetzen können! Und so argumentieren Sie beim Finanzamt: »Da das Fachbuch in der Buchhandlung in unserem Ort bereits vergriffen war, musste ich in die nächste Stadt fahren, um es mir dort zu kaufen.«

Anschaffungskosten	8,90 €
Anschaffungsnebenkosten:	
Fahrtkosten 16 km × 0,30 €	10,80 €
Parkgebühr	0,50 €
Gesamtkosten	20,20 €
Einkommensteuerersparnis ca. 35 %	7,07 €
Solidaritätszuschlag	0,39 €
Kirchensteuer 9 %	0,64 €
Zuzahlung des Finanzamts insgesamt	8,10 €

Und was die Gerissenheit angeht:
Wenn sie nötig ist,
muss man sie besitzen.

(Adenauer)

TIPP

für Fachbücher

Denken Sie immer daran, dem Finanzamt Fahrt- und andere Nebenkosten für die Anschaffung mit auf die Rechnung zu setzen. Dabei bleiben Sie natürlich immer streng dienstlich. **Damit Ihnen das Finanzamt nicht mit gemischten Aufwendungen kommt**, werden Sie nicht so unvorsichtig sein und den Abzug der Fahrtkosten gefährden, indem Sie bei der Fahrt noch ein privates Würstchen oder Brot einkaufen.

TRICK

Wie das Finanzamt kräftig zu Ihren Anschaffungen zuschustern muss.

Wie war das noch mit Ihrer Handschrift? Haben Sie nicht eine Hühnerklaue, wenn Sie schnell schreiben müssen? Die zu entziffern wollen Sie der Stenotypistin im Betrieb nicht zumuten. Sie nehmen sich Geschäftspapier mit nach Hause und schreiben die Briefe gleich fix und fertig auf einem PC, den Sie sich dafür anschaffen. Ihre Ansprüche auf Steuerermäßigung untermauern Sie mit einer entsprechenden Bescheinigung Ihrer Firma. Überhaupt: Immer viele Papiere und Bescheinigungen beifügen, das beeindruckt Beamte ungemein!

Und das verabfolgt Ihnen ein vernünftiger Chef:

Bescheinigung

Herrn/Frau . . . . . . wird hierdurch bescheinigt, dass er/sie nach Dienstschluss unerledigte Schreibarbeiten unserer Firma zu Hause bearbeitet und auf seinem eigenen PC fertigstellt. Für sein berufliches Fortkommen halten wir dies für sehr fördernd.

. . . ., den . . . .

. . . .
Stempel   Unterschrift

Da Sie das Gerät so gut wie ausschließlich beruflich nutzen, dürfte es Ihnen nicht schwerfallen, die Kosten durchzubekommen. Sie können darüber hinaus dem Finanzamt plausibel machen, dass wegen Ihrer wenig ausgeprägten Kenntnis im Maschineschreiben der Computer mit Rechtschreibprogramm nahezu unerlässlich ist, um in angemessener Zeit brauchbare und vorzeigbare Arbeitsergebnisse zu erzielen oder dass Sie einen PC zum Üben und Fördern Ihrer Schreibleistung benötigen (vielleicht ist die Betriebsstenotypistin oft krank, und der Betrieb bestätigt das). Legen Sie dem guten Veranlagungsbeamten dann noch zwei dicke Ordner mit Kopien Ihrer gesammelten Werke auf den Tisch, die Sie für einen repräsentativen Zeitraum von drei Monaten zum Nachweis der Nutzung zusammengestellt haben, möchte ich mal sehen, mit welcher stichhaltigen Begründung er Ihnen die Kosten streichen will.

369 Was für den PC gilt, trifft auch für ein *Diktiergerät* zu, falls es dienstlich (oder zu Hause für den Dienst) benötigt wird, wenn Sie z.B.

- als Pastor zu Hause Ihre Predigten vorbereiten und sie dazu auf Band sprechen,
- als Lehrer Themen vorzubereiten haben oder Wissenswertes Ihren Schülern auf Band vermitteln,
- als Forscher Sprachübungen auf Band durchführen,
- als Verkäufer verkaufsfördernde Gespräche vorbereiten
- oder als Musikus sich selbst abhören wollen.

370 Wegen der vielseitigen Inanspruchnahme des Geräts wird es voraussichtlich eine Nutzungsdauer von drei Jahren haben. In diesem Fall können bei einem Kaufpreis von 500 € jährlich rd. 167 € als Werbungskosten abgesetzt werden (FG Düsseldorf v. 19.10.1953 – EFG 1954, S. 41 und BFH v. 25.1.1971 – BStBl 71 II S. 459).
Ein schlagendes Argument, mit dem Sie z.B. ein Tonband, einen CD-Spieler oder einen MP3-Recorder als Werbungskosten durchdrücken, ist ein gleichwertiges Zweitgerät für die Privatnutzung.

TRICK

Warum Sie wissen sollten, was man Ihnen zum Geburtstag schenkt.

371 **S** Alles, was dem Zweck des beruflichen Fortkommens dient, ist abzugsfähig. Das gilt selbst dann, wenn Sie sich das Arbeitsmittel nicht selbst gekauft haben, sondern Ihre Lieben Ihnen mit dem teuren Aktenkoffer für 650 € zum Geburtstag oder zu Weihnachten eine Freude machen wollten.
Auch wenn Sie den Koffer nicht selbst bezahlt haben: Tragen Sie ihn beruhigt und ohne schlechtes Gewissen unter Werbungskosten in Ihre Steuererklärung

ein. Und wenn das Finanzamt auf die Idee kommt, an Ihren Kosten herumzustreichen, berufen Sie sich auf das BFH-Urteil vom 16.2.1990 (BStBl 1990 II S. 883). Darin hat der BFH nämlich ganz in Ihrem Sinn entschieden, dass geschenkte Arbeitsmittel abgesetzt werden können. Das gilt natürlich nicht nur für den Aktenkoffer, sondern auch für den schicken Füllfederhalter, die Schreibtischunterlage oder das witzige Mousepad.

Die Abschreibung für den Koffer macht bei einer Nutzungsdauer von zwei Jahren – wegen der besonders starken Beanspruchung – 50 % von 650 € = 325 € pro Jahr. Ihre Steuerersparnis liegt je nach Steuersatz zwischen 55 € und 167 €.

TRICK

Auf die Wahl des richtigen Standorts kommt es an.

Werden Meisterstücke nach der Meisterprüfung nicht mehr ausschließlich für berufliche Zwecke genutzt, können nur die Abschreibungen bis zur Meisterprüfung abgesetzt werden, so lautet das BFH-Urteil vom 15.12.1989 (BStBl 1990 II S. 692). Sie schlagen dem Fiskus ein Schnippchen, wenn Sie sagen können: »Mein Meisterstück ist ein reines Schauobjekt, das für eine private Nutzung völlig ungeeignet ist. Ich habe es ausschließlich und allein für meine Prüfung erstellt.« Da in diesem Fall eine private Verwendung nicht angenommen werden kann, werden Sie Ihre Kosten sofort und in voller Höhe abschreiben.

Trifft das bei Ihnen nicht zu, dann überlegen Sie doch einmal, wie wichtig es für Sie und Ihren Betrieb ist, wenn die Kunden sehen, welch ein fähiger Mitarbeiter Sie sind. Wie wäre es, wenn Sie Ihr Meisterstück im Betrieb ausstellten? Lassen Sie das von Ihrem Chef schriftlich bestätigen, und schon kann Ihnen das Finanzamt nicht mehr damit kommen, Sie würden das gute Stück privat nutzen.

Statt im Betrieb können Sie es natürlich genauso gut in Ihrem Arbeitszimmer unterbringen. Auch in diesem Fall muss das Finanzamt die weitere berufliche Verwendung akzeptieren und Ihre Kosten für das Meisterstück als Werbungskosten anerkennen.

372

TRICK

Wie treibe ich die Kosten für Arbeitsmittel auf die Spitze?

Werbungskosten können so hoch sein, wie sie wollen: Das Finanzamt muss sie anerkennen! Wenn Sie sich statt einer billigen Aktentasche eine aus feinstem

373

Saffianleder mit so und so vielen Innentaschen leisten wollen, um Ihre Butterbrote und Papiere mit zur Arbeit zu nehmen, ist das Ihre Sache. Glauben Sie, es sich schuldig zu sein, mit eigenem und besonders verchromtem Werkzeug zu arbeiten, dann ist das wahrscheinlich ein teurer Spaß, aber das Finanzamt muss Ihnen die Kosten trotzdem in voller Höhe anerkennen. Sind Sie der Meinung, Sie könnten die Briefe für Ihren Chef besser entwerfen und überarbeiten, wenn Sie sie vorher auf ein eigens angeschafftes Diktiergerät sprechen und dann aufs Papier übertragen, stellt der Aufwand dafür eben Werbungskosten dar. Fürchten Sie als Verkäufer, keine so guten Verkaufserfolge zu erzielen, wenn Sie mit einem gewöhnlichen Kuli statt mit einem vergoldeten Füller mit Platinfeder schreiben, so ist das Entgelt für das recht teure Stück als Werbungskosten anzusehen. Und wenn Sie in Ihrem Firmenbüro keine Uhr haben – aus dienstlichen und aus Gründen der Arbeitseinteilung aber wissen müssen, wie spät es jeweils ist –, können Sie die von Ihnen gekaufte teure Schreibtischuhr absetzen, müssen sie allerdings im Betrieb lassen.

374   Abc der Arbeitsmittel

Aktentasche ist z.B. Arbeitsmittel bei einem Betriebsprüfer (FG Berlin v. 2.6.1978 – EFG 1979 S.225).

Bücher sind Arbeitsmittel, wenn es sich um Fachliteratur handelt. Einzelheiten unter ➤ Rz 354.

Bücherregal zur ausschließlichen Unterbringung von Fachliteratur ist Arbeitsmittel. Dazu mehr unter ➤ Rz 363.

Cello ist Arbeitsmittel bei Dozenten an der Musikhochschule (FG Hamburg v. 15.5.1985 – III 188/82). *Cembalo* ist Arbeitsmittel beim hauptberuflichen Musiker (FG Münster v. 19.11.1975 – EFG 1976 S.178).

Dias, die ein Lehrer während einer steuerlich anerkannten Studienreise gemacht hat, sind **keine** Arbeitsmittel, denn es handle sich um persönliche Erinnerungsstücke (BFH-Urt. v. 25.8.1961 – BStBl 1961 III S.486).

Diktiergerät ist Arbeitsmittel (BFH v. 29.1.1971 – BStBl 1971 II S.327 betr. Richter).

Elektroorgel ist Arbeitsmittel für Lehrer im Fach Musik (FG Berlin v. 13.11.1973 – EFG 1974 S.311).

Fernseh- und Rundfunkgerät sind keine Arbeitsmittel, auch nicht für einen Schriftsteller, der für Fernsehen und Rundfunk schreibt (BFH – BStBl 1964 III S.455 und 528; BStBl 1971 II S.17). Dagegen kann das Gerät eines Professors für Medienpolitik, das in seinem Dienstzimmer steht, abgesetzt werden (FG Münster v. 20.1.1987 – FR 1987 S.458).

Flügel ist Arbeitsmittel bei einem Pianisten, der öffentlich Konzerte gibt; bei einem Musiklehrer in einer Schule ist ein neuer Flügel kein Arbeitsmittel, wohl aber ein gebrauchter, preiswerter (BFH v. 10.3.1978 – BStBl 1978 II S.459). Auch bei einer Musikpädagogin macht der BFH Schwierigkeiten (BFH v. 21.10.1988 – BStBl 1989 II S.356).

9. Hilfe durch Arbeitsmittel 283

Fußballschuhe sind Arbeitsmittel bei einem Sportlehrer (BFH v. 21.11.1986 – BStBl 1987 II S. 262).

Geige ist Arbeitsmittel bei einer Orchestermusikerin. Auch wenn es sich um ein sehr teures antikes Stück handelt (BFH v. 9.12.2003 – VI R 185/97).

Gitarre ist Arbeitsmittel bei einem Musiklehrer (anderer Ansicht: FG im Urt. v. 21.5.1982 – EFG 1982 S. 562).

Heimcomputer ist Arbeitsmittel bei einem Lehrer für Mathematik (FG Rheinland-Pf. v. 6.5.1985 – EFG 1985 S. 605). Einzelheiten unter ➤ Rz 357.

Hund kann bei Wachmännern, Hundeführern bei Polizei, Zoll, Bundesgrenzschutz und bei Forstbediensteten Arbeitsmittel sein (BFH v. 29.1.1960 – BStBl 1960 III S. 163; Niedersächsisches FG v. 29.7.2009 – EFG 2009, S. 1924). Auch bei einem Hausmeister können die Kosten für das Halten eines Wachhundes Werbungskosten sein (FG Hamburg v. 22.1.1988 – EFG 1989 S. 228).

Kleidung in Form der typischen Berufskleidung ist Arbeitsmittel (§ 9 Abs. 1 Nr. 6 EStG). Typische Berufskleidung wird getragen von Bergleuten und Schornsteinfegern, ferner von Richtern und Anwälten (weißer Schlips und Robe), Geistlichen (Amtstracht), von Monteuren, Architekten und technischen Zeichnern (Schutzkleidung), Ärzten (weißer Kittel), Oberkellnern (Kellnerfrack), Leichenbestattern (schwarzer Anzug) (BFH-Urt. v. 30.9.1970 – BStBl 1971 II S. 50). Bürgerliche Kleidung dagegen ist auch dann kein Arbeitsmittel, wenn feststeht, dass sie im Beruf einem erhöhten Verschleiß unterliegt. Ausnahmen bestätigen die Regel: Weiße Blusen und Hemden bei Metzgereiangestellten gingen beim FG Berlin durch (Urteil v. 22.2.2005 – 7 K 4312/01.

Koffer bei einem Piloten (Hess. FG, EFG 1989 S. 173).

Kunstgegenstände im Arbeitszimmer wie z. B. Bilder sind Arbeitsmittel, wenn der Steuerzahler in seinem Arbeitszimmer auch Repräsentationsaufgaben wahrzunehmen hat (BFH-Urt. v. 30.10.1990 – BStBl 1991 II S. 340).

Lexikon ist kein Arbeitsmittel, auch nicht bei Lehrern (BFH-Urt. v. 29.4.1977 – BStBl 1977 II S. 716).

Lichtschutzbrille ist Arbeitsmittel bei Cockpitpersonal (FG Hamburg v. 17.1.1972 – EFG 1972 S. 329), nicht aber eine gewöhnliche Sonnenbrille.

Meisterstücke, die nach der Meisterprüfung nicht ausschließlich für berufliche Zwecke verwendet werden, erkennen die Finanzämter nicht als Arbeitsmittel an. Nach dem BFH-Urteil vom 15.12.1989 (BStBl 1990 II S. 692) ist in diesem Fall nur die Abschreibung bis zur Meisterprüfung abziehbar; ➤ Rz 372.

Motorrad ist Arbeitsmittel beim Revierförster (Hess. FG v. 15.9.1958 – EFG 1958 S. 414).

Motorsäge, die einem Waldarbeiter selbst gehört, ist Arbeitsmittel.

Reisekoffer, den ein Flugkapitän nur auf Kurzstreckenflügen benutzt, auch wenn darin zugleich private Gegenstände transportiert werden, ist Arbeitsmittel (Hess. FG v. 3.8.1988 – EFG 1989 S. 173).

Reitpferd ist Arbeitsmittel bei einem Reitlehrer (Hess. FG v. 2.12.1982 – EFG 1983 S. 226). Weitere Einzelheiten vgl. ➤ Rz 355.

Schreibtisch, *Schreibtischlampe*, *Schreibtischstuhl* sind Arbeitsmittel in einem anerkannten Arbeitszimmer (BFH-Urt. v. 21.1.1966 – BStBl 1966 III S. 219). Bei einem Lehrer auch dann, wenn sie nicht in einem Arbeitszimmer stehen, aber beruflich genutzt werden (BFH-Urt. v. 18.2.1977 – BStBl 1977 II S. 464).

Schusswaffe ist Arbeitsmittel bei Forstbeamten (BFH v. 10.7.1964 – StRK § 9 R 275).

Skiausrüstung ist Arbeitsmittel bei hauptberuflichen Skilehrern, nicht dagegen bei nebenberuflichen (BFH-Urt. v. 24.10.1974 – BStBl 1975 II S. 407), desgleichen nicht bei einem Sportlehrer, der sie mitunter auch beruflich verwendet (BFH-Urt. v. 21.11.1986 – BStBl 1987 II S. 262). Wie die Chancen auf Anerkennung steigen, siehe ➤ Rz 298.

Stereoanlage kann bei einem Berufsmusiker Arbeitsmittel sein, wenn sie in einem Arbeitszimmer installiert ist (Hess. FG, Urt. v. 9.3.1972 – EFG 1972 S. 329).

Tageszeitung ist kein Arbeitsmittel (BFH-Urt. v. 5.7.1957 – BStBl 1957 III S. 328). Ausnahme *Handelsblatt* (BFH v. 13.6.1996 – BFH/NV 1997 S. 98).

Taschenrechner ist Arbeitsmittel bei Mathematiklehrern (FG Nürnberg, Urt. v. 25.1.1978 – EFG 1978 S. 267).

Telefonanschluss in der Wohnung eines Arbeitnehmers ist ein Arbeitsmittel, wenn die Art der beruflichen Tätigkeit die regelmäßige Nutzung des Telefonanschlusses in der Wohnung erfordert (FG Nürnberg, Urt. v. 22.11.1979 – EFG 1980 S. 176, ferner BFH v. 21.11.1980 – BStBl 1981 II S. 131).

Tennisausrüstung ist Arbeitsmittel bei einem Polizisten, der damit Dienstsport ausübt (FG Saarland v. 19.3.1991 – 1 K 55/91).

Tonbandgerät ist Arbeitsmittel bei einem hauptberuflich tätigen Musiker (BFH-Urt. v. 29.1.1971 – BStBl 1971 II S. 459), auch bei Musiklehrern, wenn sie das Gerät im Unterricht verwenden (BFH-Urt. v. 24.8.1962 – HFR 1963 S. 57), gleicher Ansicht später EFG 1965 S. 491 auch bei Musik-, Religions-, Gewerbe- und Hochschullehrern. Weiteres unter ➤ Rz 369.

Turnschuhe sind Arbeitsmittel bei Sportlehrern (BFH-Urt. v. 21.11.1986 – BStBl 1987 II S. 262).

Zeichengerät ist Arbeitsmittel bei einem Soldaten, wenn er die Bundeswehrfachhochschule besucht (BFH-Urt. v. 28.9.1984 – BStBl 1985 II S. 89).

Zeitschrift: *GEO* ist kein Arbeitsmittel, auch nicht bei einem Erdkundelehrer (FG Münster, Urt. v. 8.4.1986 – EFG 1986 S. 491). Die *Flug Revue, Aero* oder *Flight* sind auch bei einem Piloten keine Fachliteratur (FG Niedersachsen, EFG 1993 S. 375). Börsenzeitschriften sind bei einem Wirtschaftsingenieur im Marketingbereich Werbungskosten (FG München, Urt. v. 3.3.2011 – 5 K 3379/08).

Zeitungen können Arbeitsmittel sein, wenn Sie daraus berufliche Informationen beziehen und wenigstens eine weitere für private Zwecke halten (FG Köln v. 7.7.1993 – EFG 1994 S. 199).

Denken Sie daran, dass grundsätzlich jeder Gegenstand ein berufliches Arbeitsmittel sein kann, sofern Sie ihn zu mehr als 90 % beruflich verwenden.

Dies kann auch nach jahrelangem privatem Gebrauch geschehen. In diesem Fall setzen Sie den Restwert als Werbungskosten ab. Fertigen Sie dafür einen Eigenbeleg.

10. Welche Telefongebühren sind absetzbar?

Halb acht Uhr abends im Büro, Ihr Chef sitzt mit zerfurchter Stirn über ein paar Angeboten. Plötzlich klingelt das Telefon. Am anderen Ende der Strippe sind Sie. Der Alte hört: »… wollte ich Ihnen nur sagen, dass Sie bei dem Angebot für Meier & Co. ruhig noch 10 % draufschlagen können. Ich habe mich eben mit meinem Bekannten von der Konkurrenz unterhalten. Der meint, dass wir bei den Materialkosten viel zu niedrig liegen.« Meinen Sie nicht, das freut den Chef? »Wie komme ich denn dazu, mich kurz vor der Tagesschau noch mit den Angelegenheiten meiner Firma zu beschäftigen?«, maulen Sie. Weil Sie weiterkommen wollen! Wenn Sie darauf pfeifen, dann tun Sie es wenigstens, um etwas bei der Steuer herauszuholen. Denn wenn Sie angeben können, mit wem Sie von Ihrem privaten Telefon beruflich telefonieren, erkennt der Fiskus einen Teil Ihrer Telefongebühren als Werbungskosten an. Sie haben dabei die Wahl, den abzugsfähigen, beruflichen Teil Ihrer Kosten anhand repräsentativer Aufzeichnungen für drei Monate, z. B. per Einzelverbindungsnachweis, zu ermitteln oder eine Pauschale anzusetzen (R 9.1 Abs. 5 LStR).

Mit dem Einzelnachweis können Sie einen höheren beruflichen Anteil herausschlagen. Aufzuzeichnen sind Tag, Gesprächsteilnehmer, Dauer des Gesprächs sowie die Gesprächsgebühren. Einfacher geht das mit einem Einzelverbindungsnachweis, den Sie bei Ihrem Anbieter anfordern können, sofern sie ihn nicht online abrufen können oder zusammen mit der Monatsrechnung zugeschickt erhalten. Den über drei Monate so ermittelten prozentualen Anteil an beruflichen Telefonkosten können Sie dann ohne weiteren Nachweis auch bei Ihren Telefonrechnungen der übrigen neun Monate des jeweiligen Jahres absetzen. Im nächsten Jahr müssen Sie aber wieder für drei Monate den Nachweisgriffel schwingen.

TRICK

Nehmen Sie pauschal 240 € im Jahr ohne Nachweistheater!

Einfacher ist es, wenn Sie sich mit der beruflichen Telefonkostenpauschale begnügen. Sie beträgt schlicht und ergreifend 20 % Ihrer sämtlichen Telefonkosten, höchstens aber 20 €/Monat. Damit kommen Sie zwar auf höchstens 240 €

Werbungskosten im Jahr, dafür fragt Sie aber keiner, ob Sie in die Kategorie der beruflichen Vieltelefonierer fallen oder Ihren Apparat nur gelegentlich mal für berufliche Zwecke nutzen.

TIPP

zum Telefonkostennachweis

378 Seien Sie so schlau und achten Sie darauf, Ihren Dreimonatsnachweis nicht gerade in Zeiten zu führen, in denen Sie besondersviel privat telefonieren, z. B. an Weihnachten und Neujahr.

TIPP

Vergessen Sie nicht, die Kosten Ihres Handys abzusetzen!

379 Der Fiskus meint nicht zu Unrecht, Sie würden mit Ihrem Handy auch Privatgespräche führen, und kürzt Ihnen deshalb die Kosten. Schützenhilfe leistet ihm das FG Rheinland-Pfalz mit seinem Urteil vom 28.11.1997 (4 K 1694/86), das nur 75 % der Kosten steuerlich anerkennt, und selbst dies nur dann, wenn Sie eine Bescheinigung des Arbeitgebers vorlegen können, dass Sie Ihr Handy zu 100 % beruflich nutzen.

»Nur 75 % trotz 100 %iger beruflicher Nutzung? Und was ist mit den restlichen 25 %?«, fragen Sie verwundert.

Man könnte es wohl Sicherheitsabschlag nennen. Bestehen Sie auf vollem Kostenabzug, müssen Sie mittels Einzelverbindungsnachweis die ausschließlich berufliche Nutzung belegen. Was Sie aber sicher nicht tun möchten ...

*In Wirklichkeit ist der Staat
nichts als eine Maschine zur Unterdrückung
einer Klasse durch die andere.*

(Becher)

380 Mit einer Bescheinigung von Ihrem Chef, dass Sie ein Handy beruflich brauchen, können Sie alternativ auch 20 € pro Monat angeben, ohne die Einzelkosten nachweisen zu müssen.

381 Ist es Ihnen nicht auch schon oft so ergangen: Sie wollen ein berufliches Telefongespräch führen, aber Ihr Töchterlein telefoniert mal wieder stundenlang mit ihrem Liebsten? Diesem Ärger gehen Sie aus dem Weg, indem Sie sich für

Ihre vielen beruflichen Telefonate einen Zweitanschluss zulegen oder einen ISDN-Anschluss mit drei Nummern und den Einzelverbindungsnachweis nutzen.

Mit dem Dreimonatsnachweis belegen Sie dem Finanzamt, dass Sie den Zweitanschluss bzw. eine der drei Nummern des ISDN-Anschlusses zu 95 % beruflich nutzen, und setzen für den Rest des Jahres ebenfalls 95 % der Gebühren ab. Niemanden interessiert übrigens, ob und wie viel Ihre Tochter in diesen restlichen neun Monaten das Telefon mit Beschlag belegt.

SUPER TRICK

»Telefon ist Telefon«,

sagen Sie sich zu Recht. Was für mein Telefon zu Hause oder mein Handy gilt, muss umso mehr für mein teures Autotelefon gelten. Schließlich haben Sie es sich ja nur zugelegt, weil Sie so viel für Ihre Firma unterwegs sind und als wichtiger Mitarbeiter ständig erreichbar sein müssen. Sie beziehen natürlich alle Kosten mit in Ihren Einzelnachweis ein. Vergessen Sie die Abschreibung nicht! Liegt der Kaufpreis für Ihr Autotelefon unter 488 €, ist eine Vollabsetzung im ersten Jahr gerechtfertigt. Liegt der Preis höher, müssen Sie sich mit jährlich 20 % (Nutzungsdauer fünf Jahre) begnügen (BFH v. 14.10.1993 – BStBl 1993 I S. 908). Dasselbe gilt natürlich für Ihr Handy.

382

11. Umzugskosten – Was gibt das Finanzamt dazu?

Oft fallen aus beruflichen Gründen Umzugskosten an, die das Finanzamt aber bei weitem nicht jedem anerkennt. Auf den Ämtern spukt oft genug noch der alte Begriff von der »Notwendigkeit der Werbungskosten« herum. Damit haben Sie nichts zu schaffen! Sie müssen sich aber fragen lassen, ob der Umzug privat mitveranlasst war. Ist das der Fall, müssen Sie mit Schwierigkeiten rechnen.
Was Sie allerdings im Interesse Ihres Berufs tun, können Sie selbst entscheiden. Dienen die Kosten der Sicherung oder dem Erwerb beruflicher Einkünfte, sind sie abzugsfähig. Die Sache ist ganz klar, wenn

383

- man Ihnen gekündigt hat oder Sie selbst gekündigt haben oder der Betrieb geschlossen wurde und Sie an einem anderen Ort neue Arbeit gefunden haben,
- Sie nach Ihrer Pensionierung aus einer Dienst- oder Werkswohnung ausziehen müssen,

288   III. Berufliche Kosten der Arbeitnehmer

- der Betrieb an einen anderen Ort verlegt wurde,

- sich durch den Umzug die Fahrzeit zwischen Wohnung und Betrieb pro Tag um eine Stunde verkürzt (BFH v. 23.3.2001 – BStBl 2001 II S.585, BFH – BStBl 1987 II S.81). Wenn Sie in Zusammenhang mit Ihrer Heirat mit Ihrer besseren Hälfte in eine gemeinsame Wohnung ziehen und sich daraus eine Fahrzeitersparnis von einer Stunde ergibt, können Sie die Umzugskosten ebenfalls als Werbungskosten absetzen.

- Sie in der Hierarchie aufgestiegen sind und sich dadurch Ihre Lebensstellung wesentlich verändert hat (BFH – BStBl 1975 II S.327),

- Sie auf Veranlassung Ihres Arbeitgebers umziehen, damit Sie schneller einsatzbereit sind (BFH v. 28.4.1988 – BStBl 1988 II S.777),

- Sie nach dem Umzug Ihren Arbeitsplatz z.B. in zehn Minuten zu Fuß erreichen können und deswegen nicht mehr auf ein Verkehrsmittel angewiesen sind (FG Baden-Württemberg v. 6.4.1990 – EFG 1990 S.627),

- Sie am Ende einer doppelten Haushaltsführung umziehen und damit gleichzeitig eine neue doppelte Haushaltsführung begründen (R 9.11 Abs. 5 und Abs.9 LStR).

384   Ein restriktives Urteil aus Köln: Bei Versetzung auf eigenen Wunsch aus privaten Gründen, also ohne eine berufliche Verbesserung, gibt es keinen Abzug der Umzugskosten (FG Köln v. 19.4.1988 – EFG 1988 S.467)! Großzügiger sind die Richter in der anderen Rheinmetropole, die haben nämlich geurteilt: Umzugskosten sind selbst dann beruflich veranlasst und damit abzugsfähig, wenn Sie sich z.B. als Beamter auf eigenen Wunsch versetzen lassen (FG Düsseldorf v. 26.11.1987 – EFG 1988 S.114). Auch wenn Sie sich von Ihrem Ehegespons trennen und sich zu Ihrem weit entfernten Arbeitsort verkrümeln, können Ihre Umzugskosten als Werbungskosten anerkannt werden. Dass Sie sich gleichzeitig aus Ihrer Beziehungskiste verabschieden, schlägt nicht als privater Grund durch (FG Rheinland-Pfalz v. 23.9.1997 – 2 K 1033/97).

Die eigentlichen Gründe für einen Umzug sind meistens vielschichtig und dem Einzelnen oft gar nicht so richtig bewusst. So lernte ein junger Bankangestellter aus Dortmund ein Mädchen aus München kennen und erfuhr bei Besuchen in München, dass die dortige Filiale der Großbank wesentlich höhere Gehälter zahlt als diejenige in Dortmund. Auch gab es bessere Aufstiegsmöglichkeiten. Also nichts wie hin nach München und sofort geheiratet. Die Umzugskosten muss das Finanzamt als beruflich veranlasst anerkennen, auch wenn private Gründe den Arbeitsplatzwechsel mitveranlasst haben (FG Rheinland-Pfalz v. 29.8.1986 – EFG 1989 S.18).

385   Noch etwas: Das FG des Saarlands erkannte auch Umzugskosten anlässlich der Beendigung eines Arbeitsverhältnisses an. Der Steuerzahler hatte am neuen Wohnort keine neue Tätigkeit aufgenommen (Urt. v. 25.2.1987 – EFG 1987 S.347). Deutlich kleinlicher zeigte sich dagegen der BFH; der stellte nämlich die gewagte These auf, ein Rückumzug sei nicht ausreichend beruflich veranlasst, wenn er im Zusammenhang mit dem Ausscheiden des Steuerzahlers aus dem aktiven Berufsleben steht (BFH-Urt. v. 22.7.1999 – BFH/NV 2000 S. 37).

Wenn Sie einen befristeten Arbeitsvertrag abgeschlossen haben und in die Nähe Ihrer Arbeitsstelle gezogen sind, können Sie Ihre Kosten für den Rückumzug nach Beendigung des Arbeitsverhältnisses absetzen. 386

Wenn Sie in dem Ort, an den Sie Ihre Firma versetzen will, eine Wohnung gesucht, vielleicht schon gemietet haben und Ihr Brötchengeber dann Ihre Versetzung plötzlich abbläst, machen Sie »vergebliche Umzugskosten« geltend und helfen dem Finanzamt im Zweifel mit dem BFH-Urteil vom 24.5.2000 (BStBl 2000 II S. 584) auf die Sprünge. 387

Wenn Sie wegen einer täglichen Fahrzeitersparnis von einer Stunde umziehen, sind diese Kosten beruflich bedingt und abzugsfähig – selbst wenn Sie dabei von einer Miet- in eine Eigentumswohnung umziehen. Ist nach den Gesamtumständen anzunehmen, dass Sie in dieselbe oder eine ähnliche Wohnung auch dann eingezogen wären, wenn Sie sie nicht als Eigentum erworben hätten, ist das ein Anzeichen für die berufliche Veranlassung des Umzugs (BFH – BStBl 1987 II S. 81). 388

WICHTIGER HINWEIS

Ungemach droht Ehepaaren beim Umzug in das neugebaute Eigenheim. Waren Sie beide in der Nähe Ihres bisherigen Wohnorts berufstätig, nutzt es auch nichts, wenn einer von Ihnen nach dem Umzug am neuen Wohnort einen Job annimmt. Nach Meinung der BFH-Richter schlägt hier der private Anlass – der Bau des Hauses – durch, und die Umzugskosten sind nicht abziehbar (BFH v. 21.2.2006 – BFH/NV 2006 S. 1273).

TIPP
zur Fahrzeitersparnis

Seien Sie nicht zu pingelig beim Berechnen Ihrer Fahrzeitersparnis, denn unter einer Stunde machen Ihnen die Fiskalritter Schwierigkeiten beim Anerkennen Ihrer Umzugskosten. Führen Sie vielleicht ins Feld, dass Sie ein besonders vorsichtiger Fahrer sind. Und dass Sie übliche Fahrzeiten durch Stau und zähfließenden Verkehr so nicht einhalten können. Eine Fahrzeitverkürzung von nur 20 bis 30 Minuten genügt auch dann nicht, wenn Sie sich in Ihrer neuen 389

Wohnung erstmals das dringend benötigte Arbeitszimmer einrichten konnten (BFH-Urt. v. 16.10.1992 – BStBl 1993 II S. 610). Die erforderliche Stunde können Sie sich leider auch nicht dadurch zusammenrechnen, dass Sie und Ihre bessere Hälfte jeweils eine halbe Stunde einsparen (BFH v. 27.7.1995 – BStBl 1995 S. 728).

Zum Glück ist der BFH hier konsequent! Fahrzeitveränderungen bei Ehepartnern werden nicht zusammengerechnet, das gilt aber genauso für das Saldieren der Veränderungen, wenn also zwar für einen Partner mindestens eine Stunde weniger Fahrzeit herausspringt, der andere aber sogar einen längeren Weg zur Arbeit hat. Sie sind also schlau und setzen die Umzugskosten bei dem von Ihnen beiden an, bei dem der Arbeitsweg kürzer wurde (BFH v. 21.2.2006 – BStBl II 2006 S. 598). Wer die Umzugskosten bezahlt hat, spielt keine Rolle. Lassen Sie sich in so einem Fall vom Finanzamt nicht mit angeblichem Drittaufwand abwimmeln (BFH v. 23.5.2006 – BFH/NV 2006 S. 1650).

Trotz Fahrzeitersparnis von einer Stunde schaut der Fiskus gelegentlich auf die Entfernung zwischen neuer Wohnung und Arbeitsplatz. Einem Piloten, der nach dem Umzug immer noch 255 km zu seinem Stammflughafen fahren musste, hat das Finanzamt mit Billigung der Niedersächsischen Finanzrichter einen Strich durch den Abzug der Umzugskosten gemacht (Niedersächsisches FG v. 28.8.2013 – 4 K 44/13EFG 2013, 1994). Inzwischen liegt die Frage beim BFH, der noch einmal grundsätzlich über das Problem nachdenken soll. Bis das abschließend geschehen ist, können Sie sich in vergleichbaren Fällen auf das Revisionsverfahren berufen (VI R 73/13).

390 Eine Stunde Fahrzeitersparnis ist zwar ganz schön, aber nicht der Weisheit letzter Schluss. Gute Argumente hatte z. B. ein Pärchen, bei dem sie nach einer beruflichen Pause in ihren alten Beruf zurückstrebte. Die beiden haben ihre Umzugskosten durchgeboxt, obwohl sich die tägliche Fahrzeit für ihn verlängert und sich ihre Fahrzeit nicht um eine ganze Stunde verkürzt hat.

Die beiden haben argumentiert, dass sie durch den Umzug jederzeit für die Bereitschaftsdienste zur Verfügung steht und der Umzug damit zu einer allgemeinen Verbesserung der Arbeitsbedingungen führt. Sie hatten mit diesen Argumenten zumindest die Finanzrichter im »Ländle« auf ihrer Seite (FG Baden-Württemberg v. 2.4.2004, EFG 2004 S. 1204).

TRICK

Mit täglichen Zusatzfahrten reißen Sie die Hürde bei der Fahrzeitersparnis!

391 Kommen Sie nach Ihrem Umzug auf eine Fahrzeitersparnis von weniger als einer Stunde pro Arbeitstag, wird es schwierig, die Umzugskosten als Werbungs-

kosten anerkannt zu bekommen. Kontern Sie in einem solchen Fall die Streichgelüste des Fiskus mit einem einfachen Kniff: Wer sagt denn, dass die Fahrzeitersparnis nur für eine Fahrt pro Tag gerechnet werden darf? Wenn Sie als Lehrer,
Schauspieler, Musiker etc. eine geteilte Arbeitszeit haben und mehr als einmal
pro Tag zur Arbeit fahren, können Sie zwar nur für eine Fahrt pro Tag die Entfernungspauschale absetzen, gleichwohl sollten Sie die Ersparnis an Fahrzeit für
alle Fahrten pro Tag zusammenrechnen. Dabei müssen Sie sich unbedingt geschickter anstellen als der Steuerzahler im BFH-Urteil vom 12.11.2008 (BFH/
NV 2009 S.171). Dem hatten die Richter zwar dem Grunde nach recht gegeben
und die zusätzlichen täglichen Fahrten in die Berechnung der Fahrzeitersparnis
einbezogen. Gescheitert war sein Antrag aber daran, dass seine Aufstellung der
Arbeitstage und Zusatzfahrten in sich widersprüchlich war.

Für Sie als Lehrer könnte die Rechnung nach einem Umzug z.B. so aussehen:

Sie sind von Ihrem bisherigen Wohnort, der 30 km von der Schule entfernt lag,
in unmittelbare Nähe ihres Arbeitsplatzes umgezogen. Bisher hatten Sie eine
Fahrzeit pro Weg von 30 Minuten, nach dem Umzug nur noch einen von zehn
Minuten. Die tägliche Fahrzeitersparnis von 2×20 Minuten = 40 Minuten
reicht dem Finanzamt noch nicht. Wenn Sie allerdings zusätzlich zu Ihren 200
Arbeitstagen an 100 Tagen wegen Konferenzen, Elternsprechtagen, Nachmit-
tagsunterricht, Leitung von Arbeitsgemeinschaften etc. zur Schule fahren, ergibt sich folgende Rechnung:

Fahrten zur Schule	Fahrzeitersparnis Hin-/Rückfahrt	Fahrzeitersparnis insgesamt
Reguläre Arbeitstage: 200	40 Minuten	8.000 Minuten
Zusätzliche Fahrten: 100	40 Minuten	4.000 Minuten
Gesamtfahrzeitersparnis		12.000 Minuten

Rechnen Sie nun die Gesamtfahrzeitersparnis auf Ihre 200 Arbeitstage um, ergibt sich pro Tag eine Fahrzeitersparnis von 60 Minuten. Damit steht der Anerkennung der beruflichen Veranlassung nichts mehr im Weg.

Was sind alles abzugsfähige Umzugskosten? Beförderungskosten durch den **392**
Spediteur; Miete für Leih-Lkw; Lohn für Umzugshelfer (dazu gehört auch das
Abendessen mit Freunden, die Ihnen unentgeltlich geholfen haben); Reisekosten, die im Zusammenhang mit Wohnungsbesichtigungen und dem Umzug
angefallen sind (Fahrtkosten mit je 0,30 € je km, Verpflegungsmehraufwendungen, Übernachtungs- und Nebenkosten, vgl. ➤ Rz 191 und Rz 229); die Übernachtungskosten von Ihnen und Ihrer Familie in einem Hotel, falls die neue
Wohnung noch nicht eingeräumt war; doppelte Mietzahlungen bis zum Ablauf
der Kündigungsfrist; Maklergebühren; Aufwendungen für Nachhilfeunterricht
für die Kinder (➤ Rz 404) und *sonstige Umzugskosten.*

293   **III. Berufliche Kosten der Arbeitnehmer**

393   Wenn auf etwas Verlass ist, dann darauf, dass bei den Steuern auf nichts Verlass ist. Da haben doch die Richter beim BFH zunächst zugunsten aller aus beruflichen Gründen in ein eigenes Haus umgezogenen Steuerzahler entschieden, dass zumindest der Anteil der Maklerkosten *als Umzugskosten abzugsfähig ist, der auch bei der Vermittlung einer* Mietwohnung angefallen wäre (BFH v. 15.11.1991 – BStBl 1992 S. 492). Aber plötzlich ist ihnen eingefallen, die Maklerkosten seien Anschaffungskosten für das Haus und gehörten schon deshalb nicht in die Umzugskostenaufstellung (BFH v. 24.8.1995 – BStBl 1995 II S. 895). Damit nicht genug: Kosten für den umzugsbedingten Verkauf Ihres Hauses – für Makler, Finanzierung etc. – sollen ebenso wie ein eventueller Wertverlust keine Umzugskosten sein (BFH v. 24.5.2000 – BStBl 2000 II S. 476).

394   Besondere Vorsicht ist geboten, wenn Sie an Ihrem neuen Wohnort zunächst nicht in Ihre endgültige Wohnung einziehen können und deshalb erst einmal ein behelfsmäßiges Quartier beziehen und Ihre Möbel einlagern. Mit dem Bezug Ihres Notquartiers haben Sie steuerlich Ihr Umzugspulver verschossen. Weder die Kosten für das Einlagern Ihrer Möbel noch für den endgültigen Umzug werden vom Fiskus anerkannt (BFH v. 21.9.2000 – BStBl 2001 II S. 70).

395   Für die *sonstigen Umzugskosten* können Sie wählen, ob Sie sie *einzeln nachweisen* oder *Pauschbeträge* ansetzen. Zu den sonstigen Umzugskosten gehören kleinere Ausgaben, z. B. für Inserate, Telefonate und öffentliche Gebühren, aber auch Ausgaben für Schönheitsreparaturen in der neuen und der alten Wohnung, wenn sie laut Mietvertrag fällig waren; Trinkgelder für das Umzugspersonal; Kosten für Abbau, Anschluss, Abnahme und Befestigungen von Öfen, Herden und anderen Heizgeräten; Ausgaben für die Erweiterung, Änderung von Elektro-, Gas- oder Wasserleitungen, um vorhandene Geräte weiterbenutzen zu können; Ausgaben für das Abnehmen, Ändern und Anbringen von Vorhängen, Vorhangstangen, Rollos usw. Setzen Sie also alles an: die Nägel für die Bilder, den dafür benötigten Hammer, Schulbücher für die Kinder, das Taxi zum Bahnhof, Installations- und Ummeldekosten, Umbaukosten für eine neue Antenne, Lack und Pinsel, mit denen Sie die Schrammen an Ihren Möbeln vertuschen. Die Neuanschaffung von Möbeln, Lampen, Gardinen und anderen Einrichtungsgegenständen können Sie leider nicht absetzen, so jedenfalls der BFH am 17.12.2002 (BStBl II 2003 S. 314). Geht Ihnen allerdings beim Umzug ein Teil Ihres Hausrats verloren oder wird er zerstört, können Sie trotzdem versuchen, seinen Wert als Werbungskosten abzusetzen (FG Düsseldorf v. 5.4.1978, EFG 1978 S. 539).

396   Die Anschaffung von »Sonderbekleidung« wird Ihnen steuerlich nicht anerkannt, auch wenn sie wegen des mit dem Umzug verbundenen Klimawechsels erforderlich ist (H 9.9 LStH »Höhe der Umzugskosten«). Siehe aber ➤ Rz 297.

397   Da man die dicken Ausgabenbrocken für die Neuanschaffungen von Möbeln,

Vorhängen und Elektrogeräten nicht anerkennt, können Sie sich die Mühe mit dem Nachweis Ihrer sonstigen Umzugsauslagen sparen. Stattdessen greifen Sie auf die gar nicht so mickrigen Pauschbeträge zurück. Berufen Sie sich auf das Bundesumzugskostengesetz (BUKG) und auf R 9.9 LStR.

Auf der Basis von § 10 Abs. 1 BUKG können Sie für sonstige Umzugsauslagen für Umzüge bis zum 28.2.2015 pauschal 715 €/1429 € (Alleinstehende/Ehe- und Lebenspartner) und ab dem 1.3.2015 pauschal 730 €/1.460 € als Werbungskosten abziehen (BMF v. 23.2.2014 – BStBl 2014 I S. 1342). Einen Zuschlag von 315 € bzw. 322 erhalten Sie für jede Person, die in Ihrem Haushalt mit Ihnen zusammenwohnt, z. B. Eltern, Kinder, Großeltern oder andere Verwandte.

Beispiel
Sie sind mit Ihrem Ehepartner und zwei Kindern am 10.5.2015 aus beruflichen Gründen umgezogen. Das ergibt einen Pauschbetrag von 1.460 € + 322 € + 322 € = **2.104 €.**

Die höhere Pauschale für Verheiratete steht Ihnen auch als Alleinstehendem zu, wenn Sie verwitwet oder geschieden sind. Auch wenn Sie als Lediger aus gesundheitlichen Gründen auf ständige Betreuung angewiesen sind und deshalb jemand in Ihrer Wohnung lebt oder wenn in Ihrer Wohnung nahe Verwandte leben, die Sie auf Ihre Kosten unterhalten, werden Sie bei einem Umzug den Verheirateten gleichgestellt. 398

TRICK

Kassieren Sie als Berufsanfänger die volle Pauschale!

Wenn Sie sich z. B. als Azubi oder nach dem Ende Ihrer Ausbildung von zu Hause abnabeln und in eine eigene Wohnung ziehen, heißt es für Sie: Vorsicht, Falle! Führen Sie für Ihren Umzug berufliche Gründe ins Feld, werden Ihnen zwar Werbungskosten anerkannt, aber bei der Pauschale für sonstige Umzugsauslagen zeigt sich der Fiskus einmal mehr von seiner geizigen Seite. Hatten Sie nämlich vor Ihrem Umzug keine eigene Wohnung, streicht man Ihnen die Pauschale rigoros auf 20 % zusammen, wenn Sie ledig sind, und auf 30 %, wenn Sie verheiratet sind. Dieser Kürzung entgehen Sie, wenn Sie behaupten können: »Ich habe zwar bisher im Haus meiner Eltern gewohnt, aber dort hatte ich eine eigene abgeschlossene Wohnung. Sie war mit eigenen Möbeln ausgestattet, und ich habe schon seit langem selbständig gewirtschaftet.« Das Ganze lassen Sie sich von Ihren Eltern schriftlich bestätigen, und schon kommen Sie zu einem Beleg, den der kritische Fiskalknecht in seinen Akten abheften kann. 399

TRICK

Gönnen Sie sich ein Zusatzgeschäft mit der Pauschale für sonstige Umzugsauslagen!

400 Sind Sie innerhalb der letzten fünf Jahre bereits einmal beruflich bedingt umgezogen, sollten Sie jetzt einen Zuschlag von pauschal 50 % der *Pauschvergütung* ansetzen. Bei einem Vier-Personen-Haushalt sind das immerhin 1001 €. Bei einem Steuersatz von angenommen nur 30 % honoriert Ihnen das Finanzamt die Zusatzarbeit mit 300 €.

Einem kritischen Finanzbeamten halten Sie dazu § 10 Abs. 6 Bundesumzugskostengesetz unter die Nase, der diesen sog. *Häufigkeitszuschlag* eindeutig regelt.

Einen Strich durch diese Rechnung kann Ihnen der Fiskus allenfalls machen, wenn Sie zunächst jahrelang zu Ihrer Arbeitsstelle gefahren und erst umgezogen sind, nachdem Sie von der ewigen Fahrerei und den damit verbundenen Kosten die Nase voll hatten (Hessisches FG v. 19.8.1997 – 11 K 4490/96). Ziehen Sie dagegen unmittelbar im Zusammenhang mit dem Wechsel Ihres Arbeitsplatzes um, steht dieses kleinliche Urteil der Anerkennung des Häufigkeitszuschlags nicht im Weg.

401 Wenn die Kinder am neuen Wohnort wegen des Schulwechsels nicht richtig mitkommen und Nachhilfeunterricht brauchen, packen Sie die Aufwendungen dafür in die Umzugskosten – zusätzlich zu den unmittelbaren Umzugskosten und der Pauschale für sonstige Umzugsauslagen! Und zwar die ersten 50 % des Ausgangsbetrags in voller Höhe und vom übersteigenden Betrag 75 % (Quelle: § 9 BUKG und R 9.9 LStR):

	Ausgangsbetrag	Werbungskosten
Umzug bis 28.2.2015	1.802 €	1.577,00 €
Umzug ab 1.3.2015	1.841 €	1.611,00 €

402 Leider gehören Instandsetzungskosten in der alten Wohnung nicht zu den abzugsfähigen Werbungskosten, wenn sie ohnehin fällig waren. Das FG Rheinland-Pfalz hat ihren Abzug in seinem Urteil vom 6.9.1972 (EFG 1973 S. 110) abgelehnt.

403 Wenn Sie Ihre Arbeitnehmertätigkeit einmal aufgeben sollten, um an einem anderen Ort eine gleichartige selbständige Tätigkeit aufzunehmen, sind die Umzugskosten in der Regel steuerlich abzugsfähige Betriebsausgaben (BFH v. 1.3.1972 – BStBl 1972 II S. 458).

11. Umzugskosten – Was gibt das Finanzamt dazu?

GUTER RAT

Schon eine alte Bauernregel sagt: Dreimal umgezogen ist wie einmal abgebrannt. Damit Sie nicht Möglichkeiten übersehen, sich vom Finanzamt wenigstens einige Brandlöcher in Ihrem Portemonnaie stopfen zu lassen, geben Ihnen die folgenden Übersichten eine Hilfe.

404

Vergessen Sie nicht, auch Ihre Fahrtkosten mit anzusetzen. Sobald Sie sich ins Auto setzen, um z. B. bei der Gemeinde den Personalausweis ändern zu lassen, oder zur Zeitung fahren, um ein Inserat für eine Wohnung aufzugeben und die Angebote abzuholen, können Sie dem Finanzamt 0,30 € je km auf die Rechnung setzen!

Berechnung der Umzugskosten	Betrag €
1. Beförderungsauslagen	
1.1 Beförderungsauslagen (Spediteur, Leih-Lkw, Entgelt für Umzugshelfer) Transportversicher. (lt. Versicherungsschein)	
2. Reisekosten	
2.1 Besichtigungsreisen zum Suchen einer Wohnung ...... €	
2.2 Fahrtkosten für die Reisen zur Vorbereitung und Durchführung des Umzuges ...... €	
2.3 Umzugsreise ...... €	
3. Doppelte Mietzahlungen für die alte Wohnung ohne Beschränkung bis zum Ablauf der Kündigungsfrist (BFH v. 1.12.1993 – BStBl 1994 II S. 323)	
4. Maklergebühren für Mietwohnungen	
5. Auslagen für zusätzlichen Unterricht (vgl. ➤ Rz 411)	
6. Pauschvergütung für sonstige Umzugsauslagen (vgl. ➤ Rz 405)	
7. oder nachgewiesene sonst. Umzugsauslagen (lt. ➤ Rz 405)	
8. Häufigkeitszuschlag zur Pauschvergütung 50 % von Nr. 6 (bei erneutem Umzug innerhalb von 5 Jahren)	

Art der sonstigen Umzugsauslagen	Beleg Nr.	Betrag €
1. Außertarifliche Zuwendungen an das Umzugspersonal		
Trinkgelder ...... €		
andere Zuwendungen ...... €		
insgesamt ...... €		
2. Auslagen für Abbau, Anschließen, Abnehmen und Anbringen		
a) von ...... Herd(en) ...... Öfen ...... anderen Heizgeräten		
b) von folgenden in der bisherigen Wohnung verwendeten hauswirtschaftlichen Geräten: Waschmaschine, Trockner, Geschirrspüler, Kühlschrank, Gefrierschrank, -truhe, Abzugshaube usw.		
c) von Beleuchtungskörpern und anderen Einrichtungsgegenständen		

Art der sonstigen Umzugsauslagen	Beleg Nr.	Betrag €
3. Auslagen für das Ändern und Erweitern von Elektro-, Gas- und Wasserleitungen, um in der bisherigen Wohnung benutzte Geräte in der neuen Wohnung anschließen zu können		
4. Auslagen für das Ändern von folgenden in der bisherigen Wohnung verwendeten elektrischen Geräten, weil das Leitungsnetz in der neuen Wohnung eine andere Spannung oder Stromart hat		
5. Auslagen für das Umbauen von Gasgeräten		
6. Auslagen für das Anbringen von Anschlüssen an folgenden elektrischen Geräten einschl. der hierfür notwendigen Stecker und Verbindungsschnüre, um die in der bisherigen Wohnung benutzten Gegenstände verwenden zu können		
7. Auslagen für den Einbau eines Wasserenthärters für Geschirrspülmaschinen		
8. Auslagen für das Umschreiben von Personalausweisen und Personenkraftfahrzeug(en) a) für Personalausweis b) für Pkw/Wohnwagenanhänger c) Anschaffen und Anbringen von amtlichen Kennzeichen an Pkw/Wohnwagenanhänger		
9. Auslagen für den Erwerb eines ausländischen Führerscheins für Pkw bei Tätigkeiten im Grenzverkehr		
10. Auslagen wegen Schulwechsels der Kinder a) Schulbücher b) Umschulungsgebühren		
11. Auslagen für Anzeigen und amtliche Gebühren zum Zwecke der Wohnungsbeschaffung a) Anzeigen b) Gebühren c) amtliche Gebühren		

GUTER RAT

405 Doppelte Mietzahlungen, die Ihnen dadurch entstehen, dass Sie für eine gewisse Zeit sowohl für Ihre neue als auch für Ihre alte Wohnung Miete zahlen müssen, sind abzugsfähige Umzugskosten. Miete für Ihre leerstehende alte Wohnung können Sie bis zum Ablauf der Kündigungsfrist als Umzugskosten deklarieren (§ 8 Abs. 1 BUKG). Auch die Miete für die leerstehende neue Wohnung packen Sie in die Umzugskosten, wenn Sie sie schon vor dem Umzug angemietet haben. Das geht allerdings nur bis zu drei Monate lang (§ 8 Abs. 2 BUKG; BFH v. 13.7.2011; BStBl 2012 II S. 104).

Wenn Sie bei Ihrem Umzug eine Eigentumswohnung zurücklassen, können Sie die weiterlaufenden Kosten absetzen. Das geht natürlich nur, solange Sie die Wohnung nicht vermietet haben. Außerdem können Sie nur die tatsächlich anfallenden Kosten absetzen. Der Abzug einer fiktiven entgangenen Miete ist nicht möglich (BFH v. 19.4.2012 – VI R 25/10, BFH/NV 2012 S. 1531).

Laut Bundesumzugskostengesetz ist diese Regelung auch nur für eine Maximalfrist von sechs Monaten möglich. Machen Sie dem Finanzamt klar, dass Sie sich redlich bemüht haben, die Eigentumswohnung abzustoßen oder zu vermieten, aber bisher zu einem vertretbaren Preis keinen Käufer bzw. Mieter gefunden haben. Schützenhilfe bekommen Sie durch das Urteil des FG Rheinland-Pfalz vom 16.4.1996 (EFG 1996 S. 975), wonach Sie nicht an die beamtenrechtliche Frist von sechs Monaten gebunden sind.

SUPER TRICK

Schlagen Sie Profit aus Ihren Pleiten bei der Wohnungssuche!

Gehören Sie zu denen, die jeden Tag 80 oder 90 km zur Arbeit fahren müssen? Für eine gewisse Zeit geht das ja vielleicht noch. Auf die Dauer nerven Sie die lange Fahrerei und die damit verlorene Zeit aber doch ganz schön. Also sehen Sie sich nach einer Wohnung oder einem Eigenheim in der Nähe Ihres Arbeitsplatzes um.

Ich hoffe stark, dass Sie dem Finanzamt die Kosten für Ihre erfolglose Wohnungssuche auf die Rechnung setzen. Jedes Mal wenn Sie ein Wohnungsangebot prüfen, aber nicht für gut befinden, sind für Sie nämlich Werbungskosten angefallen. Da läppert sich ganz schön was zusammen, z. B.:

Telefon, Portokosten, Papier, Briefumschläge	5 €
1 Flasche Wein für den potenziellen Vermieter A.	10 €
1 Blumenstrauß oder 1 Schachtel Pralinen, um die potenzielle Vermieterin B. günstig zu stimmen	15 €
Fahrtkosten zur Wohnungsbesichtigung z. B. 2 × 70 km × 0,30 €	42 €
Verpflegungspauschale, wenn es länger als 6 Stunden gedauert hat	6 €
Kosten für die Prüfung eines Wohnungsangebotes ca.	78 €

Übers Jahr gesehen kommen Sie so locker auf 300 bis 500 € an Werbungskosten für vergebliche Wohnungssuche. Damit der Fiskalritter ein paar Zettelchen zum Abhaken hat, sammeln Sie fleißig die von Ihnen näher geprüften Inserate und legen ein paar schriftliche Absagen – von Ihnen und/oder Vermietern – bei.

Wichtig ist nur, dass sich für Sie eine tägliche Fahrzeitersparnis von mindestens einer Stunde ergeben hätte, wenn es mit der Wohnung geklappt hätte (FG Düsseldorf – EFG 1994 S. 652).

TIPP

für Auslandsumzüge

407 Haarig kann es für Sie werden, wenn Sie ins Ausland umgezogen sind. Die Fiskalritter sind auf einen Dreh verfallen, Ihnen die Steuerermäßigung für Umzugskosten streitig zu machen. Trotz Abschnittsbesteuerung, nach der es auf die Verhältnisse im jeweiligen Jahr ankommt, argumentieren sie, die Umzugskosten hingen mit Ihren künftigen steuerfreien Auslandseinkünften zusammen, und verweigern Ihnen unter Hinweis auf § 3 c EStG den Abzug als Werbungskosten oder Betriebsausgaben. Auch das Argument, Ihr Auslandsaufenthalt fördere Ihre spätere Karriere im Inland und ermögliche Ihnen Beförderungen und höhere Einkünfte, wollen sie nicht gelten lassen. Der unmittelbare Zusammenhang der Umzugskosten und des anstehenden Auslandsaufenthalts gehe dem allenfalls mittelbaren und zudem vagen Zusammenhang mit späteren Einkünften im Inland vor (BFH v. 20.9.2006 – BStBl 2007 II S. 756).

Werfen Sie nicht gleich die Flinte ins Korn!
Das Finanzamt muss Ihre Umzugskosten nämlich bei der Berechnung des Steuersatzes *(Progressionsvorbehalt)* für Ihre restlichen steuerpflichtigen inländischen Einkünfte berücksichtigen. Mit diesem *negativen Progressionsvorbehalt* holen Sie vor allem bei teuren Auslandsumzügen eine ganz anständige Steuerermäßigung heraus. Besonders vorteilhaft fällt die ganze Sache für Sie aus, wenn Sie zum Ende des Jahres umgezogen sind und somit Ihre Umzugskosten nicht teilweise schon durch im Ausland erzielte steuerfreie Einkünfte aufgezehrt werden.

Angenommen, Sie übernehmen zum 1.1.2016 für mehrere Jahre eine sehr gut dotierte leitende Position bei einer amerikanischen Firma. 2015 haben Sie ein Einkommen von ca. 80.000 € bezogen. Der Umzug mit Ihrer Familie im Dezember 2015 hat Sie rund 25.000 € gekostet. Ohne Umzugskosten liegt Ihre Einkommensteuer bei ca. 17.836 €. Durch Abzug der Umzugskosten in 2015 ergibt sich ein deutlich geringerer Progressionssteuersatz für Ihre Einkünfte. Die Ersparnis allein an Einkommensteuer daraus beträgt ca. 3.980 €; inkl. Kirchensteuer und Solidaritätszuschlag sparen Sie sogar mehr als 4.557 €.

Können Sie aus welchen Gründen auch immer erst im Januar umziehen, verpufft die Steuerersparnis, weil Sie 2016 ja in Deutschland keine Steuern zahlen. Sie werden sich aber geschickt verhalten und unter Ausnutzung des Zufluss-/Abflussprinzips (§ 11 EStG) Ihre Umzugskosten nach Möglichkeit in das Jahr 2015 vorverlagern. Für den größten Brocken Ihrer Aufwendungen ist das relativ einfach: Sie werden für die Transport- und Speditionskosten Vorkasse leisten und die Rechnung des beauftragten Unternehmens oder zumindest einen saftigen Abschlag schon Ende Dezember 2015 überweisen.

12. Doppelte Haushaltsführung und was alles dazugehört

Steuerlich abzugsfähige Kosten für eine doppelte Haushaltsführung haben Sie immer dann, wenn Sie aus beruflichen Gründen neben Ihrer eigentlichen Wohnung eine Zweitwohnung in der Nähe Ihrer Arbeitsstelle unterhalten. Die Kosten für diesen beruflich bedingten Zweithaushalt können Sie ohne zeitliche Einschränkungen absetzen. **408**

Eine Zweitwohnung muss nicht unbedingt eine »Wohnung« sein. Vom Hotelzimmer über Gemeinschaftsunterkünfte bis zum Wohnwagen geht alles als beruflicher Zweithaushalt durch. Übernachten Sie dagegen in Ihrem Wohnmobil, mit dem Sie auch Ihre Familienheimfahrten durchführen, sollen Sie nach dem Willen der Richter am Hessischen Finanzgericht Ihre Kosten, insbesondere die für das Wohnmobil, nicht absetzen können (Urteil v. 14.4.1988 – EFG 1988 S. 517).

Ob Ihnen ein Umzug an den Arbeitsort oder die tägliche Rückfahrt an den Wohnort zugemutet werden kann, steht nicht zur Debatte. **409**
Genauso wenig spielt es eine Rolle, ob Sie verheiratet sind, in einer nichtehelichen Lebensgemeinschaft oder allein leben. In Ihrer Wohnung am Wohnort muss nämlich während Ihrer Abwesenheit nicht unbedingt hauswirtschaftliches Leben herrschen. Es kommt vielmehr darauf an, dass Ihr Aufenthalt in dem Haushalt im Wesentlichen nur durch Ihre arbeitsbedingte Abwesenheit und eventuelle Urlaubsfahrten unterbrochen wird (R 9.11 LStR und BFH v. 14.6.2007 – BFH/NV 2007 S. 1976).
Bei einem nichtverheirateten Arbeitnehmer wird eine doppelte Haushaltsführung demnach anerkannt, wenn die Wohnung am Wohnort ihm selbst gehört oder von ihm gemietet ist und wenn sie nach seinen persönlichen Bedürfnissen eingerichtet ist. Sind Sie dagegen in einen fremden Haushalt, z. B. in den der Eltern, eingegliedert oder dort als Gast, akzeptiert der Fiskus keine doppelte Haushaltsführung. Doch auch, wenn Sie nicht selbst Mieter oder Eigentümer sind, sondern bei Ihrem Lebenspartner wohnen und sich an den Kosten des Haushalts beteiligen, muss Ihr Fiskalvertreter die doppelte Haushaltsführung anerkennen (BFH v. 12.9.2000 – BStBl 2001 II S. 29). Nutzen Sie die Wohnung, weil Ihnen ein Wohnrecht oder Nießbrauchsrecht daran zusteht, reicht auch das aus. Einen eigenen Hausstand können Sie auch unterhalten, wenn Sie die Mittel dazu von einem Dritten, z. B. den Eltern oder dem Lebenspartner oder dem geschiedenen/getrennt lebenden Ehepartner, erhalten. Vor allem wenn Sie Ihren Haupthaushalt in einer in sich abgeschlossenen Wohnung führen, die groß genug ist und auch eine Einrichtung hat, die eigenständiges Wohnen und Wirtschaften gestattet, kann vom Unterhalten eines eigenen Hausstands ausgegangen werden (BFH v. 28.3.2012 – VI R 87/10; DB 2012 S. 1186).
Sie müssen aber praktisch Ihre gesamte Restfreizeit – Wochenenden, Urlaub etc. – in Ihrer Hauptwohnung sein. Das Vorhalten einer Wohnung für gelegentliche Besuche oder für Ferienaufenthalte soll nicht ausreichen, damit diese als eigener Hausstand durchgeht. Die Wohnung muss also von Anfang an Ihr Le-

bensmittelpunkt sein und das auch auf Dauer bleiben. Das gilt übrigens auch für Ehegatten, die eine andere Wohnung als die am Arbeitsort zum eigenen Hausstand und Lebensmittelpunkt erklären wollen.

Mit der Anerkennung eines Haupthausstandes am Lebensmittelpunkt gibt es ganz schnell Probleme, wenn Sie nur gelegentliche Familienheimfahrten durchführen. So reichten den Finanzgerichten 20 Heimfahrten im Jahr (FG München v. 20.9.2007 – 9 V 1692/07) oder elf Heimfahrten in einem Zeitraum von neun Monaten (FG Hamburg v. 6.11.2007 – 8 K 44/07) nicht aus. In beiden Fällen haben sie unterstellt, dass die Wohnung am Arbeitsort zum Lebensmittelpunkt geworden ist.

410 Listen Sie alle Mehraufwendungen für die doppelte Haushaltsführung wie folgt auf:

1. Ich führe seit . . . . . . einen doppelten Haushalt, weil . . . .
2. Durch die doppelte Haushaltsführung habe ich die folgenden Mehraufwendungen:
a) Miete am Beschäftigungsort . . . . €
b) Ausgaben für die Einrichtung (Möbel, Bettwäsche, Herd usw.) . . . . €
c) Licht und Heizung am Beschäftigungsort . . . . €
d) Mehrausgaben für Verpflegung (3 Monate) . . . . €
e) Kosten wöchentlicher Familienheimfahrten . . . . €
f) Sonstige Mehrausgaben (Putzkosten, Telefongebühren statt Familienheimfahrt) . . . . €
Summe: . . . . €
3. Als Entschädigung für doppelte Haushaltsführung erhalte ich von meinem Arbeitgeber . . . . . . monatlich . . . . €
4. Diese Entschädigung unterwirft mein Arbeitgeber (nicht) dem Steuerabzug vom Arbeitslohn.

Ich versichere, dass ich die Angaben nach bestem Wissen und Gewissen gemacht habe.

. . . .
(Ort und Datum)   (Unterschrift des Antragstellers)

Die zu Ziffer 2, 3 und 4 gemachten Angaben werden von mir bestätigt.

. . . .
(Ort und Datum)   (Unterschrift des Arbeitgebers)

Die zu Ziffer 2 a) bis c) gemachten Angaben müssen Sie durch Quittungen und glaubhafte Unterlagen belegen.

Es kommt nicht darauf an, ob Ihnen ein Umzug an den Arbeitsort oder die tägliche Rückkehr an den Wohnort zugemutet werden kann. Das Finanzamt muss eine doppelte Haushaltsführung auch anerkennen, wenn Sie aus persönlichen Gründen Ihre Wohnung nicht aufgeben. Die Heimfahrten zu Ihrer Hauptwohnung sind grundsätzlich Werbungskosten.

Das Finanzamt muss anerkennen: **411**

- Die tatsächlichen Fahrtkosten für die erste Fahrt zum Beschäftigungsort und für die letzte Fahrt vom Beschäftigungsort zum Ort des eigenen Hausstands. Wird für diese Fahrten ein eigener Pkw benutzt, sind hierfür wie bei Dienstreisen 0,30 € je tatsächlich gefahrenen Kilometer anzusetzen.

- Die Fahrtkosten für **wöchentlich eine Heimfahrt** zur Hauptwohnung (Familienheimfahrt). Mehr ist nicht drin. So hat das Finanzgericht Rheinland-Pfalz einem Polizisten, der wegen seines ungünstigen Schichtdienstes auf 87 Heimfahrten kam, diese auf 48 zusammengestrichen (EFG 1991 S. 664). Bei Benutzung eines eigenen Pkws ist die Entfernungspauschale mit 0,30 € je Entfernungskilometer anzusetzen. Anders als bei Fahrten zwischen Wohnung und Arbeitsstätte ist die Entfernungspauschale hier nicht auf 4.500 € im Jahr begrenzt, wenn Sie kein eigenes oder zur Nutzung überlassenes Auto benutzen. Mit Ausnahme von Flugkosten können Sie keine tatsächlichen Aufwendungen für Ihre Heimfahrten absetzen. Dass gilt neben den Kosten für öffentliche Verkehrsmittel vor allem auch für Unfallkosten, wenn Sie auf einer Familienheimfahrt einen Crash mit Ihrem Auto hatten.

- Körperbehinderte, deren Minderung der Erwerbsfähigkeit mindestens 70 % beträgt, können die tatsächlich entstandenen Fahrtkosten, ersatzweise 0,60 € je Entfernungskilometer pauschal, ansetzen. Entsprechendes gilt für Körperbehinderte mit mindestens 50 % und Merkzeichen »G« (erheblich gehbehindert). Die oben beschriebenen Einschränkungen beim Abzug tatsächlicher Aufwendungen gelten bei entsprechend Körperbehinderten nicht.

- Anstelle der Fahrtkosten für eine Heimfahrt wöchentlich können Telefonge- **412** bühren für Gespräche mit den Angehörigen bis zu einer Dauer von 15 Minuten berücksichtigt werden. Anerkannt werden aber nur die Gebühren nach dem günstigsten Tarif. Mehr dazu vgl. ➤ Rz 424.

- Die notwendigen Mehraufwendungen für Verpflegung, und zwar für längs- **413** tens drei Monate mit 24 € täglich. Für Reisetage, an denen Sie nicht 24, aber mehr als 8 Stunden von Ihrer Hauptwohnung abwesend waren, wird Ihnen die Pauschale auf 12 € gekürzt.

Resultiert Ihre doppelte Haushaltsführung aus einer vorangegangenen Dienstreise, wird deren Zeit auf die Dreimonatsfrist für Verpflegungsmehraufwendungen angerechnet.

Beispiel
Sie werden von Ihrer Firma zunächst befristet in eine Filiale beordert, um dort auszuhelfen. Nach vier Monaten stellt sich heraus, dass aus dem befristeten Einsatz eine dauerhafte Versetzung wird. Sie hatten sich für die ursprünglich geplante Dauer der Abordnung in der Nähe der Filiale ein möbliertes Zimmer gemietet, das Sie nun behalten. Die ersten vier Monate deklarieren Sie als Dienstreise und rechnen alle Kosten als Reisekosten ab. Danach gilt die Zweigstelle als Ihre regelmäßige Arbeitsstätte. Das hat zur Folge, dass Sie ab dem vierten Monat Ihre Kosten nur noch nach den Grundsätzen der doppelten Haushaltsführung absetzen können. Da aber die vorangegangenen Dienstreisemonate bei Ihren Verpflegungskosten angerechnet werden, ist der Dreimonatszeitraum bereits überschritten, und Sie können keine Verpflegungspauschalen mehr absetzen.

414 Bei *Auslandsbeschäftigung* werden für die ersten drei Monate die Mehraufwendungen für Verpflegung bis zum niedrigsten Auslandstagegeld anerkannt, das für das jeweilige Land maßgebend ist und auch bei Auslandsdienstreisen gilt. Die Kosten für Ihre Unterkunft müssen Sie hingegen durch Belege wie Hotelquittungen oder Mietverträge nachweisen.

Anders sieht es aus, wenn Ihnen der Arbeitgeber die Kosten erstattet: Er kann auf einen Nachweis der Unterkunftskosten verzichten und stattdessen Auslandsübernachtungspauschalen zahlen.

415 **Werbungskostenabzug nur für die Wohnung am Beschäftigungsort**
Eine doppelte Haushaltsführung kann nur für die Unterkunft **am Beschäftigungsort** geltend gemacht werden. Sie müssen dazu nicht unbedingt in der politischen Gemeinde wohnen, in der sich Ihre Arbeitsstätte befindet. Seit 2014 reicht es aus, wenn sich die tägliche Entfernung zur Arbeit gegenüber der Fahrt von Ihrer Hauptwohnung mindestens halbiert (§ 9 Abs. 5 EStG). Damit gehören kleinliche Entscheidungen wie die des BFH der Vergangenheit an. Der hatte Kosten für eine doppelte Haushaltsführung nicht anerkannt, weil ihm die 62 km zwischen Zweitwohnung und Beschäftigungsort auch bei großzügiger Auslegung zu groß erschien. Er vermutete vielmehr, dass die Wohnung aus privaten Gründen gewählt worden war (BFH v. 2.10.2008 – VI B 33/08).

TRICK

Stimmt das mit den zwei Wohnorten?

416 Dass mit einem Arbeitsplatz fern der Heimat Werbungskosten absetzbar sind, animiert viele Steuerzahler, gegenüber dem Finanzamt zwei Wohnorte zu deklarieren – obwohl die Zelte in der Heimat längst abgebrochen wurden. Die

12. Doppelte Haushaltsführung und was alles dazugehört 303

meisten Arbeitnehmer mit Zweithaushalt werden daher kritisch unter die Lupe genommen. Sie müssen zunächst einmal nachweisen, dass sie tatsächlich eine zweite Wohnung unterhalten, und zudem glaubhaft machen, dass alte Verbindungen zu Freunden und Bekannten nicht gekappt sind. Vor allem bei Alleinstehenden sieht der Fiskus mit zunehmender Dauer des Zweitwohnsitzes immer stärkeren Anlass zu prüfen, wo sich der Lebensmittelpunkt befindet (BFH v. 9.8.2007 – BStBl 2007 II S.820).

Eine Wohngemeinschaft am Arbeitsort ist nicht sofort schädlich. Wenn Sie also in der Wohnung am Arbeitsort nicht allein leben, kann trotzdem eine doppelte Haushaltsführung vorliegen. Wie eng und persönlich die Beziehungen zu Ihren Mitbewohnern sind, spielt nur eine untergeordnete Rolle. Wichtig ist, dass Sie dem Finanzamt gegenüber darlegen können, dass der Hausstand am bisherigen Wohnort weiterhin Ihren Lebensmittelpunkt bildet (BFH v. 28.3.2012 – BStBl 2012 II S.831).

Entscheidend ist, dass Sie Ihre Freizeit praktisch komplett am Hauptwohnsitz verbringen müssen. Natürlich haben Sie wie jeder andere Arbeitnehmer das Recht, Ihren Urlaub außerhalb der heimischen Gefilde zu verbringen, für die restlichen Urlaubszeiten, alle Wochenenden, längere Feiertagspausen etc. ist aber Rückkehr in Ihre *Hauptwohnung* angesagt. Wer Stress mit der Behörde vermeiden will, sollte sich also nicht darauf beschränken, den Austritt aus dem Heimatverein oder dem Kirchenchor hinauszuschieben. Sie sollten unbedingt Fahrkarten, Benzinquittungen und andere Belege sammeln, die beweisen, dass Sie sich regelmäßig und in ausreichendem Maß in Ihrer Hauptwohnung aufgehalten haben. Eine ganz neue Masche der Finanzämter und der Finanzgerichte ist es, ihre Kontoauszüge und Kreditkartenabrechnungen daraufhin durchzusehen, wo Sie Zahlungen und Geldabhebungen vorgenommen haben. Um Missverständnisse zu vermeiden, sollten Sie Ihre Einkäufe für das Wochenende nicht noch schnell am letzten Arbeitstag an Ihrem Arbeitsort erledigen oder sich dort am Geldautomaten mit dem nötigen Bargeld versorgen, sondern das tunlichst erst am Wochenende zu Hause erledigen.

Wie Sie sehen, kommt es ganz entscheidend darauf an, dass das Finanzamt akzeptiert, dass Sie Ihren Lebensmittelpunkt nicht in die Zweitwohnung am Arbeitsort verlegt haben. Schwierig wird es, wenn Sie mit Ihrer Familie längerfristig am Arbeitsort wohnen. Trotzdem kann Ihnen das Finanzamt nicht allein daraus einen Strick drehen, dass Sie mit Ihrem Partner in der Woche am Arbeitsort wohnen. Auch dann kommt es lt. BFH auf eine Gesamtschau an (BFH v. 8.10.2014 – BStBl 2015 II S.511). Wie sind die Wohnungen ausgestattet. Wie groß sind sie? Wie oft halten Sie sich am Lebensmittelpunkt auf? Welche sozialen Kontakte haben Sie dort? Welche Freizeitaktivitäten unternehmen Sie an Ihren Wohnsitzen? Aufgrund einer solchen Gesamtbetrachtung der Verhältnisse hat das FG München einer ledigen Steuerpflichtigen die Wohnung bei den Eltern als eigenen Hausstand anerkannt (FG München v. 27.11.2014 – 15 K

1981/12). Entscheidend war, dass die Steuerzahlerin im Haus der Eltern eine eigene Wohnung hatte, die etwa genauso groß war wie die am Arbeitsort, mit eigener Küche und eigener Waschmaschine. Sie zahlte den Eltern einen Kostenbeitrag von 150 € und verbrachte die Wochenenden mit Ihrem Freund in der Wohnung im Haus der Eltern. Das Finanzamt hatte sich auf den Standpunkt gestellt, sie sei Berufsanfängerin und daher wäre die Wohnung am Arbeitsort sozusagen zwangsläufig der Hauptwohnort. Das hat das Finanzgericht zum Glück ganz anders gesehen.

Wichtiger Hinweis: Probleme drohen, wenn die berufliche Zweitwohnung relativ nahe am Hautwohnort liegt. Einer Steuerzahlerin aus der Nähe von Hamburg ist zum Verhängnis geworden, dass Sie nur 29 Heimfahrten zu Ihrer Hauptwohnung nachweisen konnte und dass nur 60 km zwischen Hauptwohnung und beruflicher Zweitwohnung lagen. Das war dem Finanzgericht Hamburg zu wenig. Es ging davon aus, dass die Steuerzahlerin ihren Lebensmittelpunkt in die Hamburger Wohnung verlegt hatte (FG Hamburg v. 20.4.2015 – 5 K 3/12). Um nicht in dieselbe Falle zu tappen, sollten Sie nachweisen können, dass Sie am Wochenende aus beruflichen Gründen nicht nach Hause fahren konnten, wenn dies häufiger der Fall war. Außerdem können Sie Ihren Lebensmittelpunkt am bisherigen Wohnort auch dadurch unterstreichen, dass Sie Belege für weitere Fahrten in der Woche beibringen, die statt der Heimfahrten am Wochenende durchgeführt wurden.

417 Der Fiskus achtet peinlich darauf, dass Sie tatsächlich **zwei** Haushalte führen. Wenn Sie noch im Haushalt Ihrer Eltern wohnen, können Sie Ihre Miete und Verpflegungsmehraufwendungen folglich nicht von der Steuer absetzen. Besonders hart trifft das natürlich all diejenigen, die während der Ausbildung, wenn das Geld ohnehin knapp ist, am Arbeitsort ein Zimmer oder eine Wohnung anmieten müssen. Schauen Sie aber hierzu auch einmal unter dem Stichwort »Mehrgenerationenhaushalt« in der ➤ Rz 420 nach.

TRICK

Statt doppelter Haushaltsführung Fahrten zwischen Wohnung und Arbeitsstätte!

418 Zumindest bei Ihren Fahrtkosten können Sie den Schaden in Grenzen halten. Wohnung ist nun einmal Wohnung. Wenn Sie also als Lediger ohne eigenen Hausstand nach Hause zu Ihren Eltern fahren, sind das keine privaten Besuchsfahrten, sondern Fahrten zwischen Wohnung und Arbeitsstätte. Dazu genügt es, dass der »Mittelpunkt Ihrer Lebensinteressen« – was für ein schreckliches Amtsdeutsch – im Wohnort Ihrer Eltern liegt. Wenn das ein Fiskalritter anzwei-

12. Doppelte Haushaltsführung und was alles dazugehört 305

felt, werden Sie ihm blumig schildern, dass Ihre Freundin dort wohnt, Sie im örtlichen Sport- und Schützenverein stark engagiert sind und Ihre Eltern sowie Ihre sämtlichen anderen Verwandten, Freunde und Bekannten dort leben.

Für jede Fahrt in Ihren Heimatort setzen Sie die Entfernungspauschale von 0,30 € je Entfernungskilometer ab. Zum Ausgleich dafür, dass Ihnen die Miete steuerlich durch die Lappen geht, setzen Sie natürlich nicht nur die Fahrt am Wochenende an, sondern selbstverständlich auch die zusätzlichen Fahrten unter der Woche. Ob es Sie zwischendurch vor Sehnsucht zu Ihrem Schatz zieht, Sie an einem wichtigen Meisterschaftsspiel Ihrer Sportmannschaft teilnehmen wollen oder Tante Ernas Geburtstag zu feiern ist, spielt dabei keine Rolle. Schließlich machen Sie ja keine Familienheimfahrten, von denen nur eine pro Woche anerkannt wird, sondern Fahrten zwischen Wohnung und Arbeitsstätte. Auf die Entfernung kommt es dabei nicht an (BFH-Urt. v. 13.12.1985 – BStBl 1986 II S. 221).

	mit	**ohne**
Und so könnte die Rechnung für Sie aussehen:	doppelter Haushalts- führung	doppelte Haushalts- führung
Monatsmiete für Ihr Zimmer 12 × 150 €	1.800 €	–
Heimfahrten pro Woche		
46 Wochen à 200 km × 0,30 €	2.760 €	–
46 Fahrten à 200 km × 0,30 €		2.760 €
60 zusätzliche Fahrten à 200 km × 0,30 €		3.600 €
Werbungskosten insgesamt	4.560 €	6.360 €

Wie Sie sehen, können Sie durch die in höherer Zahl absetzbaren Fahrten zwischen Wohnung und Arbeitsplatz den Nachteil, keine doppelte Haushaltsführung ansetzen zu können, mehr als wettmachen.

Dieser Trick funtioniert auch, wenn es Sie häufiger als einmal in der Woche zu den Lieben zieht. Dann haben Sie die Möglichkeit, statt der doppelten Haushaltsführung alle Heimfahrten als *Fahrten zwischen Wohnung und Arbeitsstätte* abzusetzen, wenn das für Sie günstiger ist (BFH-Urteil v. 9.6.1988 – BStBl 1988 II S. 990; R 9.11 Abs. 5 S. 2 LStR).

Natürlich können Sie nur die tatsächlich durchgeführten Fahrten ansetzen. Weil das Finanzamt meist Unrat wittert, wenn jemand eine Vergünstigung völlig legal für sich beansprucht, kann es passieren, dass es einen Nachweis über die Fahrleistung Ihres Pkws verlangt. Ist diese geringer als das, was Sie als Werbungskosten angegeben haben, versuchen sie Ihnen in die Suppe zu spucken und übersehen dabei möglicherweise, dass Sie ja einen Teil der Fahrten mit dem Wagen Ihrer Frau unternommen haben, weil Ihre Mühle in der Werkstatt war oder einfach nur geschont werden sollte, damit nicht beim Verkauf der Käufer wegen der hohen Fahrleistung den Kaufpreis drückt.

TRICK

Saubere Mietverträge nehmen dem Fiskus den Wind aus den Segeln!

419 Oder wie wäre es denn, wenn Sie z. B. von Ihren Eltern die kleine Einliegerwohnung unter dem Dach oder im Souterrain mieteten? Präsentieren Sie dem Finanzamt Ihren Mietvertrag, und schon können Sie wunderbar Ihren eigenen Hausstand begründen. Zwar sagt der BFH, dass bei der Prüfung, ob ein alleinstehender Arbeitnehmer einen eigenen Hausstand unterhält oder in einem fremden eingegliedert ist, immer alle Umstände heranzuziehen sind. Trotzdem hält er es auch von erheblicher Bedeutung, ob der Arbeitnehmer die Wohnung entgeltlich oder unentgeltlich nutzt (BFH v. 14.6.2007 – BStBl 2007 II S. 890). Um von vornherein keine Angriffsflächen zu bieten, werden Sie für die Wohnung mit Ihren Eltern einen erstklassigen, schriftlichen Mietvertrag abschließen und auch brav Monat für Monat die Miete samt Nebenkosten überweisen.

TRICK

Gute Chancen für einen eigenen Hausstand bei den Eltern, wenn erwachsene Kinder finanziell auf eigenen Füßen stehen!

420 Damit Ihre »Hauptwohnung« bei den Eltern als eigener Hausstand durchgeht, müssen Sie nicht unbedingt eine astrein abgeschlossene, komplett ausgestattete Wohnung und einen Mietvertrag mit den Eltern haben. Wichtig ist nur, dass Sie dort allein oder gemeinschaftlich mit Ihren Eltern wirtschaften und nicht mehr die Füße im Hotel Mama unter den Tisch stellen. Berufen Sie sich im Zweifel darauf, dass Sie zusammen mit Ihren Eltern einen **Mehrgenerationenhaushalt** führen, in dem Sie über eigene, nach Ihren Bedürfnissen eingerichtete Wohnräume verfügen. Der BFH hat in diesem Fall seinen Segen zur Anerkennung einer doppelten Haushaltsführung gegeben (BFH v. 26.7.2012 – VI R 10/12, BStBl 2013 II S. 208). Wenn Sie sich also das Bad oder die Küche mit Ihren Eltern teilen, ist längst nicht Hopfen und Malz verloren. Ganz im Gegenteil. Der BFH hat sogar einem Steuerzahler, der mit seinem Vater in einem Haus wohnte, dort für sich allein nur ein ca. 12 qm großes Zimmer hatte und sich die übrigen Räume mit dem Vater teilte, einen eigenen Hausstand anerkannt. Weil der Vater schon recht betagt, der Sohn finanziell völlig eigenständig war, sind die Richter quasi von einer Wohngemeinschaft von Vater und Sohn ausgegangen.

Und schon war die doppelte Haushaltsführung anerkannt (BFH v. 14.11.2013 – VI R 10/13, BFH/NV 2014 S. 507).

Der BFH lässt sich bei seinen Entscheidungen wohl von folgender Grundüberlegung leiten: Ein 18-jähriger Auszubildende, der am Arbeitsort ein Zimmer oder ein Appartement bewohnt, hat in der Regel bei den Eltern keinen eigenen Hausstand, ist vielmehr in den elterlichen Haushalt eingegliedert. Ein 45-jähriger Sohn hingegen, der voll im Berufsleben steht, über ein entsprechendes Einkommen verfügt und mit den Eltern zusammen in deren Haus oder Wohnung wohnt, führt mit diesen zusammen einen gemeinsamen Hausstand, den er maßgeblich mit beeinflusst. Dessen Zweitwohnung am Arbeitsort geht regelmäßig als doppelte Haushaltsführung durch.

TIPP

Sie müssen sich unbedingt finanziell am Haushalt beteiligen!

Ohne eigenen finanziellen Beitrag zum Haupthausstand läuft seit 2014 nichts mehr, heißt: Eine rein persönliche Beteiligung reicht nicht mehr. Egal ob Sie mit einem (nicht eingetragenen) Lebenspartner zusammenleben oder in einem Mehrgenerationenhaushalt mit den Eltern: Die Wohnung wird Ihnen nur dann als eigener Hausstand anerkannt, wenn Sie mehr als 10 % der für den Haushalt anfallenden Kosten nachweislich aus der eigenen Tasche bezahlen (BMF v. 30.9.2013 – BStBl 2013 I S. 1279). Zu diesen Kosten gehören neben der Miete oder den Hausunkosten die Nebenkosten und auch die Kosten für Lebensmittel und andere Dinge des täglichen Bedarfs. Um allen Problemen aus dem Weg zu gehen, überweisen Sie monatlich einen ausreichenden Betrag auf das Konto des Wohnungsinhabers unter dem Vermerk »Kostenbeteiligung am gemeinsamen Haushalt«. Alternativ sollten Sie die Belege über die Einkäufe, die Sie für den gemeinsamen Hausstand tätigen, sammeln. Deren Nachweiskraft steigt natürlich rapide, wenn Sie die Beträge mit Ihrer EC- oder Kreditkarte bezahlen. Dasselbe gilt z. B. auch, wenn Sie sich einen Haushalt mit Ihrem Bruder oder Ihrer Schwester teilen müssen. Auch das spricht noch nicht gegen einen eigenen Hausstand. Machen Sie es so wie die Geschwister im BFH-Urteil vom 14.10.2004 (BStBl II 2005 S. 98). Die haben sich auf dem Hof der Eltern ein älteres Haus geteilt. Der Bruder wohnte im Obergeschoss in zwei Zimmern mit Kochnische, die Schwester bewohnte im Erdgeschoss zwei Zimmer mit Küche. Bad und Toilette nutzten die beiden gemeinsam. Mit einem astreinen Mietvertrag für das Haus und regelmäßigen Mietzahlungen haben sich die Steuerrichter überzeugen lassen. Dass der Hausstand keine Wohnung im steuertechnischen Sinn war, hat sie dabei nicht interessiert.

Die Überlassung von ein paar Kellerräumen, die keine abgeschlossene Wohnung darstellen und für die darüber hinaus kein Mietvertrag vorliegt, werden vor den strengen Augen des Fiskus wohl nach wie vor nicht als eigener Hausstand durchgehen (BFH v. 5.7.2007 – BFH/NV 2007 S. 1878).

SUPER TRICK

Sorgen Sie treu für Ihre Eltern und lassen Sie sie bei Ihnen wohnen!

422 Ihr Leben lang haben Sie bei Vater und Mutter gewohnt und sich von ihnen umsorgen lassen. Deshalb ist es höchste Zeit, sich zu revanchieren: Sie übernehmen die elterliche Wohnung und schließen als neuer Großverdiener der Familie den Mietvertrag mit dem Hauswirt ab. Selbstverständlich verlangt niemand, dass Sie Ihre Altvorderen vor die Tür setzen. Als dankbare(r) Sohn/Tochter lassen Sie sie in Ihrem Haushalt leben. Dass sie Ihnen dafür einen Zuschuss zu Ihren Miet- und Haushaltskosten zahlen, ist ja wohl selbstverständlich – schließlich haben Sie von Ihrem Verdienst früher ja auch ein monatliches Kostgeld abgedrückt.

Jetzt leben Sie also nicht mehr im Haushalt Ihrer Eltern, sondern Ihre Eltern leben in Ihrem Haushalt! So können Sie guten Gewissens sagen: »Ich unterhalte in einer von mir angemieteten Wohnung einen eigenen Hausstand. Zu diesem Hausstand gehören außer mir noch zwei Angehörige, die sich lediglich im Rahmen ihrer Möglichkeiten an den Miet- und Haushaltskosten beteiligen.«

Wenn Ihnen Ihre Eltern zum Geburtstag oder zu Weihnachten großzügig ein paar Scheine als Geschenk zukommen lassen, brauchen Sie das natürlich nicht mit zur Kostenbeteiligung zu zählen.

*Es ist ein albern Schaf,
das dem Wolf beichtet.*

(Australisches Sprichwort)

TIPP

zum Möbelkauf

423 Durch den gesetzgeberischen Formulierungstrick, dass im Rahmen der doppelten Haushaltsführung nur notwendige Kosten abzugsfähig sind, soll erreicht werden, dass die steuerlichen Abzüge nicht unangemessen hoch ausfallen. Die Zweitwohnung am Beschäftigungsort darf nach Meinung des Fiskus also insbesondere nicht Repräsentationsbedürfnisse befriedigen. Vielmehr muss sie hinsichtlich Einrichtung und Hausrat auf das zum Leben Notwendige beschränkt bleiben (BFH v. 3.12.1982 – BStBl 1983 II S.467). Gleichwohl bedeutet das nicht, dass Sie sich kein gutes Mobiliar anschaffen dürfen. Unter doppelter Haushaltsführung absetzen können Sie preisgünstige Schlaf-, Sitz- sowie Aufbewahrungsmöbel, Ess- und Schreibtisch, eine funktionelle Kücheneinrichtung mit Herd, Kühlschrank und Geschirr. Nicht zu vergessen Gardinen und Lampen, Sie können ja schließlich kaum bei ständig herabgelassenen Rollos im Finstern leben. Auch ein Zweitradio ist abzugsfähig (FG Köln v. 5.2.1992 – EFG 1993 S.144). Bei einem Fernseher zieht der Fiskus allerdings die rote Karte und weist die Kosten der privaten Lebensführung zu (FG des Saarlandes v. 29.8.2001 – EFG 2001 S.1491).

Am besten verfahren Sie nach dem Motto: klein und fein, aber nicht protzig. Sonst geraten Sie in die Notwendigkeitsfalle. Das bedeutet: Haben Sie nach der Devise »Man gönnt sich ja sonst nichts« exklusive Designerlampen, Orientteppiche, alte Stiche und eine teure Stereoanlage gekauft, können Ihnen nach dem Urteil des FG Köln (EFG 1993 S.145) die Ausgaben gekürzt werden. In dasselbe Horn bliesen die Richter beim FG Rheinland-Pfalz (Urt. v. 19.2.1998 – 4 K 2213/96; NWB Eil 98 S.285), die nur die Abschreibung auf solche Einrichtungsgegenstände anerkannten, die dem Grunde und der Höhe nach angemessen sind. Lassen Sie es sich aber auf keinen Fall gefallen, wenn man Ihnen mit diesem Argument Ihre Kosten komplett streicht. Schließlich sagt das Finanzgericht Köln in seinem Urteil, dass notwendige Kosten anerkannt werden müssen und »notwendig« nicht der billigste Kram sein muss. Bestehen Sie also darauf, dass man Ihnen für den Orientteppich zum Preis von 5.000 € zumindest den Preis eines normalen Teppichs von ca. 1.000 € anerkennt.

Um zu vermeiden, dass Ihnen nach Ende der doppelten Haushaltsführung die nicht verbrauchte Abschreibung durch die Lappen geht, stellen Sie sich besonders geschickt an und achten darauf, dass der Preis der einzelnen Einrichtungsgegenstände möglichst nicht über 488 € (= 410 € + 19 % MwSt) liegt. Dann setzen Sie nämlich die gesamten Kosten als geringwertige Wirtschaftsgüter **gleich im ersten Jahr in voller Höhe** ab. Lieben Sie es dagegen etwas gediegener und exklusiver, müssen Sie die Anschaffungskosten auf bis zu 13 Jahre verteilen und sich mit einer jährlichen Abschreibung von ca. 7,7 % begnügen.

TIPP

Vergessen Sie nicht, dass bei doppelter Haushaltsführung mehr telefoniert wird!

Liegen Ihre Hauptwohnung und Ihre berufliche Zweitwohnung sehr weit voneinander entfernt, Letztere vielleicht sogar im Ausland, werden Sie sich nicht jede Woche zu einer Familienheimfahrt aufmachen können. Es spricht aber nichts dafür, dass die Kommunikation innerhalb der Familie auf die Familienheimfahrten beschränkt sein muss. Dieser Meinung waren auch die Richter beim BFH. Sie haben entschieden, dass immer dann, wenn keine Familienheimfahrt durchgeführt wird, ein Telefonat mit der Familie abgesetzt werden kann (BFH v. 18.3.1988 – BStBl 1988 S. 988). Aber wie üblich haben sie dabei dem Steuerzahler nicht die ganze Hand, sondern nur den kleinen Finger gereicht. Abziehen können Sie nämlich nur die Kosten für ein höchstens 15-minütiges Gespräch. Achten Sie deshalb darauf, Telefonate dieser Länge in den Wochen zu führen, in denen Sie nicht nach Hause fahren.

15 Minuten Telefonat pro Woche kann nun wirklich nicht der Weisheit letzter Schluss sein. Wenn Sie notwendigerweise mehr telefonieren müssen, scheuen Sie sich nicht, auch mehr anzusetzen. Rückendeckung bekommen Sie durch das Urteil des Niedersächsischen FG vom 22.2.1996 (EFG 1996 S. 1156).

Es kann Ihnen passieren, dass man von Ihnen im reinsten Amtsdeutsch einen Nachweis darüber verlangt, »dass zumindest die faktische Möglichkeit einer telefonischen Kontaktaufnahme mit der Familie besteht«, wenn es zu Hause keinen Telefonanschluss gibt. Dahinter steckt der Versuch, Ihnen die Telefonkosten zu streichen. Natürlich ist das blanker Unsinn. Es reicht völlig aus, wenn Sie sich darauf berufen können, dass Ihr Ehepartner die Anrufe z. B. bei einer Nachbarin oder bei Verwandten entgegennimmt und Sie deren Telefonnummer angeben. Auch das Argument, dass Anrufe zu vorher abgesprochenen Zeiten im Postamt an Ihrem Heimatort vereinbart werden, nimmt dem streichwütigen Fiskalritter den Wind aus den Segeln.

Übrigens: Berufliche Gespräche können Sie selbstverständlich zusätzlich zu den Gesprächen mit Ihrer Familie als Werbungskosten abziehen, wenn Sie sie von dem Apparat in Ihrer Zweitwohnung aus führen (vgl. ➤ Rz 375 f., Rz 368).

425 **S** Achtung, Selbständige: Hat ein Freiberufler keine feste Berufsstätte (z. B. ein **Künstler** mit ständig wechselnden kurzfristigen Auftritten), können die Kosten eines kleinen Apartements, in dem er sich nach seiner Tätigkeit immer wieder aufhält, als doppelte Haushaltsführung steuerlich berücksichtigungsfähig sein (FG Nürnberg, Urt. v. 4.7.1984, rechtskräftig – EFG 1984 S. 600).

GUTER RAT

426 Besucht Sie Ihre Familie am Arbeitsort, statt dass Sie am Wochenende nach Hause fahren, spricht man von umgekehrten Familienheimfahrten. Die Kosten dafür sollen Sie nach Meinung des BFH nicht absetzen können (BFH v. 2.2.2011, BStBl 2011 II S. 456). **Aber:** Das soll nur gelten, wenn Sie Ihre Familienheimfahrt aus privaten Gründen nicht angetreten haben.

Können Sie dem Finanzamt also sagen, dass Sie die Familienheimfahrt aus beruflichen Gründen nicht durchführen konnten, weil Sie am Wochenende z. B.

● berufliche/dienstliche Termine oder

- (Ruf-)Bereitschaft hatten, steigen die Chancen auf Anerkennung der Besuchsfahrt des (Ehe-)Partners.

Erheblich wirksamer werden Ihre Angaben durch eine Bescheinigung Ihres Arbeitgebers oder durch Vorlage Ihres Terminkalenders. Hilfestellung bekommen Sie auch durch ältere Entscheidungen der Münchener Richter (BFH v. 2.7.1972 – BStBl 1972 II, S. 67).

Ihre bessere Hälfte kann auch steuerlich absetzbar die gemeinsamen Kinder mitbringen. Faustregel: Die Kosten für den Besuch durch Ihre Familie sind in der Höhe absetzbar, wie Sie mögliche, aber nicht durchgeführte Familienheimfahrten hätten absetzen können (BFH-Urt. v. 28.1.1983 – BStBl 1983 II S. 313). Andere Aufwendungen, wie z.B. Unterkunft und Verpflegung des Ehepartners – und ggf. der Kinder – am Beschäftigungsort des Arbeitnehmers, sind keine Werbungskosten.

> *Bei Behörden ist die Vollbeschäftigung stets*
> *garantiert. Beamte schaffen sich gegenseitig*
> *so viel Arbeit, dass sie ständig zu tun haben.*
>
> (N. Parkinson)

SUPER TRICK
Wie Sie mittels einer Tasse Kaffee zu steuerlich abzugsfähigen Familienheimfahrten kommen

Es ist schon erstaunlich, auf welche Ideen manche Fiskalvertreter kommen, um Ihnen zusätzlich ein paar Steuergroschen abzuwacken. So haben einige ganz eifrige Steuereintreiber mit Hilfe des Finanzgerichts Saarland einen Dreh gefunden, Besuchsfahrten nicht anerkennen zu müssen. Ein leidgeplagter Familienvater, der am Wochenende überraschend für seine Firma arbeiten musste, konnte nicht wie vorgesehen nach Hause fahren, weshalb ihm sein Sohn mit dem Auto frische Hemden, Anzüge und Wäsche für die nächste Woche vorbeibrachte. Die Fahrtkosten wurden dem Vater aber mit der fadenscheinigen Begründung gestrichen, Kleidung sei privat und somit auch ihr Transport (FG Saarland v. 28.2.1992 – 1 K 397/91).

Damit Ihnen nicht etwas Ähnliches passiert, werden Sie Ihrem Filius eine Tasse Kaffee und ein Stück Kuchen anbieten und mit ihm ein Schwätzchen über die Neuigkeiten der letzten Woche halten. Und schon haben Sie aus der nicht absetzbaren Transportfahrt für Kleidung eine als Familienheimfahrt absetzbare Besuchsfahrt gezaubert!

SUPER TRICK

Setzen Sie die Kosten für Ihre Ferienwohnung als Werbungskosten ab!

427 Voraussetzung dafür ist allerdings, dass Sie kein Single sind. Mit Hilfe Ihres Partners und folgendem Fahrplan bleiben Sie beim Steuerpoker mit der Ferienwohnung der lachende Dritte und setzen deren Kosten von der Steuer ab.

1. Sie kaufen sich Ihre heißersehnte, schnuckelige Ferienwohnung.

2. Ihre bessere Hälfte zieht mit Hauptwohnsitz in die Ferienwohnung ein und sucht sich dort am Ort einen Job.

3. Nach der Hochzeit wird die Ferienwohnung zum gemeinsamen Familienwohnsitz erklärt, und schon fallen Sie unter das BFH-Urteil vom 4.10.1989 (BStBl 1990 II S. 321). Nach diesem Urteil entsteht bei berufstätigen Ehegatten eine doppelte Haushaltsführung, wenn eine der Wohnungen – wie bei Ihnen die Ferienwohnung – zum Familienwohnsitz erklärt wird.

Wenn Ihr Ehepartner den Job wieder aufgibt und während der Woche bei Ihnen am Arbeitsort wohnt, ist das für die doppelte Haushaltsführung nicht schädlich. Sie müssen dem Finanzamt nur beibringen, dass in der Ferienwohnung weiter Ihr Lebensmittelpunkt ist. Verweisen Sie notfalls auf das BFH-Urteil vom 5.10.1994 (BStBl 1995 II S. 180). Freilich können Sie nicht die Kosten Ihrer Ferienwohnung absetzen, aber diejenigen Ihrer Wohnung am Arbeitsort. Bei einer teuren Wohnung müssen Sie zwar mit einer Kürzung auf die für einen beruflichen Zweitwohnsitz notwendigen Kosten von 1.000 € monatlich leben (vgl. dazu ➤ Rz 431), trotzdem setzen Sie – zusammen mit den Verpflegungskosten von 24 €/Tag in den ersten drei Monaten und den wöchentlichen Fahrten zur Familien-(Ferien-)Wohnung – auf diese Weise etliche Tausender pro Jahr von der Steuer ab, die Sie sonst in den Wind schreiben müssten.

TRICK

Setzen Sie die vollen Kosten Ihrer Wohnung ab!

Angenommen, Sie sind mit Ihrer Familie an Ihren neuen Beschäftigungsort gezogen. Ihre bisherige Wohnung im Haus Ihrer Schwiegereltern haben diese nicht wieder vermietet. Sie wollten halt keine fremden Leute im Haus haben, und außerdem steht Ihnen so die Wohnung jederzeit zur Verfügung, wovon Sie auch ausgiebig Gebrauch machen. Stellen Sie sich auf den Standpunkt, die alte Wohnung sei weiter der gemeinsame Wohnort sowie Ihr eigentlicher Lebensmittelpunkt und in der neuen Wohnung am Beschäftigungsort würden Sie lediglich einen beruflich bedingten doppelten Haushalt unterhalten. Sie meinen, das klappe nicht? Falsch gedacht! Genau so einen Fall hat das Finanzgericht Thüringen abgesegnet (Urt. v. 28.1.1998, EFG 1998 S.1254).

Doppelter Vorteil daraus: Sie setzen die Fahrten zur bisherigen Wohnung als Familienheimfahrten ab, und Ihre Schwiegereltern können aufgrund des astreinen Mietvertrags, der natürlich geschlossen werden muss, selbst bei nur 66 % der ortsüblichen Miete alle Kosten für die Wohnung von der Steuer absetzen.

Schwierigkeiten macht Ihnen der Fiskus allerdings, wenn Ihre Kinder am Beschäftigungsort in den Kindergarten oder die Schule gehen. Dann wird die Wohnung am Beschäftigungsort in der Regel als neuer Familienwohnort angesehen (BFH v. 9.7.2008 – BFH/NV 2008 S.2000; FG München v. 25.4.2007 – 1 K 1239/05; FG Hamburg v. 17.8.2007 – 5 K 160/06).

WICHTIGER HINWEIS

Bis vor kurzem griffen die Mitarbeiter des Fiskus gleich zum Rotstift und veranstalteten bei Ihren Kosten für eine doppelte Haushaltsführung wahre Streichorgien, wenn Sie sich neben der Wohnung am Beschäftigungsort einen zusätzlichen privaten Wohnort zulegten. »Es liegt kein beruflich begründeter doppelter Haushalt vor, weil die Verlagerung des Hauptwohnsitzes in die neue Wohnung privat veranlasst ist«, war die hierfür schnell gefundene Begründung. Unerwartete Schützenhilfe für alle Betroffenen leistete der BFH. Er änderte nämlich kurzerhand seine Rechtsprechung zugunsten der Steuerzahler. Warum eine andere Wohnung zusätzlich bezogen wird, soll völlig unerheblich sein. Private Gründe hin oder her, entscheidend ist, dass Sie Ihre bisherige Wohnung am Arbeitsort weiter nutzen. Dieses Beibehalten der Wohnung ist der berufliche Anlass, der die Kosten abzugsfähig macht.

Ihre doppelte Haushaltsführung wird demnach problemlos anerkannt, wenn

- Sie mit Ihrer Familie umziehen, Ihren Job und die alte Wohnung aber behalten,
- Sie als Lediger z.B. mit Freund oder Freundin zusammenziehen, ohne Job und bisherige Wohnung aufgeben.

Wenn das Finanzamt nicht mitspielen will, verhelfen Sie ihm mit einem Hinweis auf folgende Urteile zu einer unschlagbaren Entscheidungshilfe (BFH v. 5.3.2009 – VI R 58/06 und BFH v. 5.3.2009 – VI R 23/07).

TRICK

Mit einem Umzug zur Freundin setzen Sie Ihre kompletten Wohnungskosten ab!

Eine Wochenendbeziehung hat einige Nachteile. Um Ihren Schatz am Wochenende besuchen zu können, müssen Sie schon einiges investieren. Normalerweise funktionieren solche Beziehungen so, dass man sich wechselseitig besucht. Aus steuerlichen Gründen ist das aber nicht wirklich eine kluge Idee. Wenn Sie Ihren Partner überzeugen können, dass Sie offiziell zusammenziehen, belohnt Sie der Fiskus mit einigen tausend Euro Steuererstattung. Nach dem offiziellen Einzug werden auf einen Schlag die Miete und Nebenkosten Ihrer Wohnung, für drei Monate Verpflegungspauschalen und wöchentliche Fahrten zwischen der Wohnung am Arbeitsort und der Wohnung Ihres Partners als Werbungskosten abzugsfähig. Aus bisher nicht steuerlich relevanten Besuchsfahrten wird nämlich nun eine astreine doppelte Haushaltsführung. Also nichts wie ab zur Meldebehörde und den Hauptwohnsitz in der Wohnung des Partners anmelden. Künftig werden Sie Ihre Freizeit und die Wochenenden immer in der Wohnung Ihrer besseren Hälfte verbringen.

Einziger kleiner Wermutstropfen auch hier ist, dass Sie als Wohnungskosten max. 1.000 € monatlich absetzen können – egal wie groß die Wohnung ist. Ist Ihre Wohnung teurer, sind die Kosten nur anteilig abzugsfähig (vgl. ➤ Rz 431).

Und so könnte die Rechnung für das Finanzamt künftig aussehen, wenn Sie sagen können, dass Sie zu Ihrer Freundin gezogen sind, die z.B. 150 km weit entfernt wohnt, Sie aber unter der Woche weiter in Ihrer bisherigen Wohnung (80 qm) leben und von dort die 10 km zur Arbeit zurücklegen.

Miete	12 × 480 € = 5.760 €	5.760 €
Nebenkosten	12 × 160 € = 1.920 €	1.920 €
Nachzahlung Nebenkosten	120 €	120 €
Wohnungskosten		7.800 € > 7.800 €
Verpflegungspauschalen (1. – 3. Monat)	14 Wochen à 3 × 24 € + 2 × 12 €	1.344 €
Familienheimfahrten	46 Fahrten à 150 km × 0,30 €	2.070 €
Fahrten zwischen Wohnung und Arbeitsstätte	220 Tage à 10 km × 0,30 €	660 €
Gesamtkosten der doppelten Haushaltsführung		11.874 €

Statt des Werbungskostenpauschbetrags von 1.000 € setzen Sie nun nahezu 12.000 € von der Steuer ab. Bei einem Steuersatz von ca. 35 % macht das eine Ersparnis inkl. Kirchensteuer und Solidaritätszuschlag von etwa 4.200 €. Mit diesem staatlichen Zuschuss können Sie locker einen Teil der Miete für die Wohnung Ihrer Freundin übernehmen und behalten trotzdem einen hübschen Batzen übrig.

TRICK

Auch nach Umzug oder Trennung ist Ihnen die doppelte Haushaltsführung sicher.

Wenn Sie Ihren Hauptwohnsitz wechseln, will Ihnen der Fiskus die doppelte Haushaltsführung nicht mehr als berufsbedingt anerkennen. **429**
Damit müssen Sie sich nicht abfinden, wenn Sie lediglich am bisherigen Hauptwohnort oder in dessen unmittelbarer Nähe umgezogen sind, da Sie ja Ihren Lebensmittelpunkt dort beibehalten haben (BFH v. 4.4.2006 – BFH/NV 2006 S. 1915). Der Grund für den Umzug spielt dabei keine Rolle. Nach Meinung des BFH ist es daher völlig gleich, ob Sie als Lediger umziehen, als Paar, z.B. weil Sie wegen Nachwuchs eine größere Wohnung brauchen, oder weil Sie sich von Ihrem Ehepartner getrennt haben.

GUTER RAT

Sie können sich, falls Sie viel Geld haben, am Arbeitsort auch eine Eigentumswohnung zulegen. In diesem Fall können Sie statt einer Miete die laufenden **430**
Betriebskosten dieser Wohnung inkl. Abschreibung ansetzen (BFH-Urteile im BStBl 1983 II S. 476 und v. 3.12.1982 – BStBl 1983 II S. 467).

TIPP

Nur angemessene Wohnungskosten sind abzugsfähig!

Vorsicht, Fußangel! Wenn Sie zu den etwas besser betuchten Steuerzahlern gehören und sich bei der Wahl Ihrer beruflichen Zweitwohnung mehr gönnen als **431**
ein mickriges Apartment, kann es passieren, dass Ihnen ein staatlich besoldeter Geizkragen einen Teil Ihrer Wohnungskosten nicht anerkennen will.
Der Gesetzgeber hat kurz und knapp entschieden, dass Sie als angemessene Wohnungskosten höchstens 1.000 € im Monat absetzen können. Diese Beschränkung wird auch dann vorgenommen, wenn Sie im Rahmen Ihrer doppelten Haushaltsführung eine Eigentumswohnung oder ein Eigenheim nutzen.

Dann treten an die Stelle von Miete und Nebenkosten die AfA, Schuldzinsen, Reparaturkosten, Nebenkosten. Die Größe der Wohnung spielt keine Rolle mehr (BMF v. 30.9.2013 – BStBl 2013 I S.1279 Rz 98).

Dem können Sie **nicht** entgegenhalten, Sie hätten trotz intensiver Suche keine kleinere Wohnung gefunden oder dass die Lage auf dem Markt für Kleinwohnungen hoffnungslos sei und Sie gezwungen gewesen wären, sich die teure und eigentlich auch für Ihren Geschmack zu aufwändige Wohnung zu mieten. Anders als das FG Köln (Urt. v. 14.5.1997 – EFG 1997 S.1108), das solchen Argumenten zugänglich war, hat der Gesetzgeber sie rundweg vom Tisch gefegt und als nicht relevant bezeichnet.

Die Obergrenze von 1.000 € umfasst sämtliche Aufwendungen wie:
- Miete, Hauskosten (Betriebskosten),
- Kosten der laufenden Reinigung und Pflege,
- Abschreibung für notwendige Einrichtungsgegenstände (ohne Arbeitsmittel),
- Zweitwohnungsteuer,
- Rundfunkbeitrag,
- Miet- oder Pachtgebühren für Kfz-Stellplätze,
- Aufwendungen für Sondernutzung (wie Garten),
- Kosten für die Möblierung,
- separat angemieteter Garagenstellplatz.

Drei Wege, sich zu ruinieren: durch Frauen, der schönste Weg; durch Spielen, der schnellste Weg; durch Computer, der sicherste Weg.

TRICK

Machen Sie aus Ihrer Luxusbehausung durch ein Arbeitszimmer eine angemessene Wohnung!

432 Haben Sie in Ihrer beruflichen Zweitwohnung ein Arbeitszimmer, das Sie »als Mittelpunkt der beruflichen Tätigkeit« (➤ Rz 272) steuerlich absetzen können, oder ein Home-Office, gehört das **nicht** zur Wohnfläche. Ohne die anteilige Miete für das Arbeitszimmer bleiben Sie vielleicht unter der 1.000-€-Grenze. Zur steuerlichen Anerkennung eines Arbeitszimmers vgl. ➤ Rz 263 ff.

433 Phantasie ist gefordert, wenn Sie nur gelegentlich Ihre Hauptwohnung aufsuchen. Die Fiskalritter werden da nämlich auf den linken Dreh verfallen, sie Ihnen als Lebensmittelpunkt abzusprechen. Bei mehr als zwei Fahrten im

Monat ist alles in Butter, fahren Sie seltener, gibt es erhebliche Probleme, und bei unter sechs Fahrten im Jahr soll es mit dem Absetzen der Fahrtkosten nach dem Fiskalwillen ganz aus sein.

Diese Streichgelüste haben allerdings einen empfindlichen Dämpfer bekommen. Der BFH hat nämlich entschieden, dass die Zahl der Heimfahrten zwar ein wichtiges Indiz für den Lebensmittelpunkt sei, aber auf keinen Fall die allein selig machende Weisheit und daher einem Alleinstehenden mit nur drei Heimfahrten im Jahr diese als Fahrten zwischen Wohnung und Arbeitsstätte anerkannt (Urt. v. 10.2.2000 – VI R 60/98, DStR 2000 S. 728).

Ausschlaggebend ist, dass Sie Ihrem Finanzamt klarmachen, dass am bisherigen Wohnort Ihre persönlichen Bindungen besonders stark sind und Sie kein Interesse am Aufbau eines neuen Bekanntenkreises am Beschäftigungsort haben, weil Sie dort sowieso nur für eine begrenzte Zeit bleiben wollen; dass häufigere Fahrten zum Wohnort allein an der großen Entfernung und den damit verbundenen Kosten scheitern. Bei so wenig Fahrten müssen Sie allerdings darauf gefasst sein, dass Ihre Hauptwohnung nicht mehr als eigener Hausstand durchgeht und Ihnen nur der Abzug der Fahrtkosten, nicht dagegen der Unterkunftskosten und Familienheimfahrten bleibt.

SUPER TRICK

Setzen Sie zweimal Umzugskosten ab!

So eine doppelte Haushaltsführung ist ja für eine gewisse Zeit vielleicht ganz nett, weil Sie unter der Woche am Abend tun und lassen können, was Sie wollen. Doch irgendwann werden Sie sich Gedanken über eine Familienzusammenführung machen. Also stiefeln Sie los und suchen eine passende Wohnung. Damit die ganze Sache für Sie nicht zu teuer wird, werden Sie das Finanzamt kräftig zur Ader lassen.

Zunächst einmal werden Sie Ihre Fahrtkosten zur Wohnungssuche mit 0,30 € je Kilometer unter den berufsbedingten Umzugskosten ansetzen. Dann natürlich den Umzug in die neue Wohnung, denn schließlich ziehen Sie ja mit Ihrer Familie aus Zeitersparnisgründen in die Nähe Ihrer Arbeitsstelle (vgl. ➤ Rz 389). Doch damit nicht genug. Sie mussten ja schließlich und endlich Ihre berufliche Zweitwohnung aufgeben. Auch diese Umzugskosten können Sie absetzen und darüber hinaus die Kosten für deren Renovierung (FG München – EFG 1992 S. 187 rk). Bewahren Sie unbedingt die Belege für Ihre Umzugskosten, etwa für Renovierung, Transportkosten und sonstige Auslagen (➤ Rz 404), auf. Natürlich achten Sie als ehrlicher Steuerzahler peinlichst darauf, dass Ihnen nicht etwa Rechnungen für Tapeten und Farbe zur Herrichtung Ihrer neuen Familienwohnung dazwischengeraten. Auf den Abzug von Pauschalen für sonstige Umzugsauslagen (➤ Rz 397) können Sie sich bei einem Umzug im Zusammenhang mit der Begründung oder Beendigung einer doppelten Haushaltsführung leider nicht berufen (BFH v. 14.6.2007 – BStBl 2007 II S. 890).

SUPER TRICK

Bringen Sie mit »dreifacher« Haushaltsführung das Finanzamt zur Weißglut!

435 Sind Sie beide, Sie und Ihre bessere Hälfte, an getrennten Orten auswärts tätig und haben beide dort für die Zeit unter der Woche eine Unterkunft gemietet, dann ist »dreifache« Haushaltsführung angesagt. Denn wenn beide nicht am Wohnort arbeiten, muss das Finanzamt für jeden von Ihnen doppelte Haushaltsführung anerkennen (FG Rheinland-Pfalz v. 16.10.1992 – EFG 1993 S. 300 und BFH v. 6.10.1994 – BStBl 1995 II S. 184).

*Lieber Heinz, hier bei uns ist alles noch beim Alten. Du musst
Dir also keine Sorgen in Deinen Ferien machen. Wenn wir die
letzten Raten für das Schlafzimmer und die ersten für den neuen
Geschirrspüler nicht bezahlen, dann können wir ohne weiteres
die geforderte Anzahlung für den Wäschetrockner aufbringen.
Liebe Grüße von Deiner Muschi*

(Aus »Sehr geehrter Herr Firma!«, dtv)

IV. Der Lohnsteuerabzug

1. Die elektronische Steuerkarte und die Steuerklassen

Das Eintreiben der Steuer für Arbeitseinkünfte hat der Fiskus bekanntlich den **436** Betrieben aufgebürdet. Sie haben für jeden ihrer Arbeitnehmer die (Lohn-) Steuer festzustellen, vom Arbeitslohn einzubehalten und an das Betriebsstättenfinanzamt abzuführen.

Die Höhe der Lohnsteuer wird – außer im Fall der Pauschalierung – aus der Lohnsteuertabelle abgelesen. Dabei werden die persönlichen Verhältnisse (Familienstand und Kinder) des Arbeitnehmers berücksichtigt, die in verschlüsselter Form, ausgedrückt durch Steuerklassen, angegeben sind.

1. In die *Steuerklasse I* gehören Arbeitnehmer, die
   a) ledig sind,
   b) verheiratet, verwitwet oder geschieden sind und bei denen die Voraussetzungen für die Steuerklasse III oder IV nicht erfüllt sind;
2. in die *Steuerklasse II* gehören die unter Nummer 1 bezeichneten Arbeitnehmer, wenn ihnen ein Kinderfreibetrag oder Kindergeld für mindestens ein Kind zusteht;
3. in die *Steuerklasse III* gehören Arbeitnehmer,
   a) die verheiratet sind, wenn beide Ehegatten unbeschränkt einkommensteuerpflichtig sind und nicht dauernd getrennt leben und der Ehegatte des Arbeitnehmers
   aa) keinen Arbeitslohn bezieht oder
   bb) auf Antrag beider in die Steuerklasse V eingereiht wird,
   b) die verwitwet sind, wenn sie und ihr verstorbener Ehegatte zum Zeitpunkt seines Todes unbeschränkt einkommensteuerpflichtig waren und zu diesem Zeitpunkt nicht dauernd getrennt gelebt haben, für das Kalenderjahr, das dem Todesjahr des Ehegatten folgt,
   c) deren Ehe aufgelöst worden ist, wenn
   aa) im Kalenderjahr der Auflösung der Ehe beide Ehegatten unbeschränkt einkommensteuerpflichtig waren und nicht dauernd getrennt gelebt haben,

bb) der andere Ehegatte wieder geheiratet hat, von seinem neuen Ehegatten nicht dauernd getrennt lebt und er und sein neuer Ehegatte unbeschränkt einkommensteuerpflichtig sind, für das Kalenderjahr, in dem die Ehe aufgelöst worden ist;

4. in die *Steuerklasse IV* gehören Arbeitnehmer, die verheiratet sind, wenn beide Ehegatten unbeschränkt einkommensteuerpflichtig sind und nicht dauernd getrennt leben und der Ehegatte ebenfalls Arbeitslohn bezieht;

5. in die *Steuerklasse V* gehören die unter Nummer 4 bezeichneten Arbeitnehmer, wenn der Ehegatte auf Antrag beider in die Steuerklasse III eingereiht wird;

6. die *Steuerklasse VI* gilt bei Arbeitnehmern, die nebeneinander von mehreren Arbeitgebern Arbeitslohn beziehen, für die Einbehaltung der Lohnsteuer vom Arbeitslohn aus dem zweiten und weiteren Dienstverhältnis.

Alle Daten, die für die Ermittlung Ihrer Lohnsteuer relevant sind (elektronische Lohnsteuerabzugsmerkmale oder kurz ELStAM genannt), kann der Arbeitgeber aus einer zentralen Datenbank elektronisch abrufen. Sie müssen ihm dazu vor Beginn der Beschäftigung Ihre Steueridentifikationsnummer und Ihr Geburtsdatum mitteilen. Außerdem müssen Sie ihn informieren, ob er Ihr Hauptarbeitgeber ist oder ob Sie zu ihm in einem zweiten oder weiteren Dienstverhältnis stehen, für das die Besteuerung nach der Steuerklasse VI erfolgt.

Viele Änderungen Ihrer Lohnsteuerabzugsmerkmale werden automatisch berücksichtigt, z.B. die Geburt eines Kindes, Heirat, Scheidung, Tod oder Kirchenaustritt. Für alle Änderungen der Steuerklassen bei Ehepartnern und die Eintragung von Freibeträgen ist ausschließlich das Finanzamt zuständig.

WICHTIGER HINWEIS

437 Die Datenbank des Fiskus enthält eine große Zahl von Fehlern. Auch die laufende Aktualisierung klappt nicht immer so reibungslos, wie es eigentlich sein sollte. Kontrollieren Sie daher Ihre Lohnabrechnung ganz genau darauf, ob Ihre Lohnsteuermerkmale stimmen. Falls das nicht der Fall ist, wenden Sie sich umgehend an Ihr Finanzamt und bitten um Korrektur. Wenn die Korrektur nicht in akzeptabler Zeit möglich ist, stellt Ihnen das Finanzamt eine Bescheinigung über die zutreffenden Besteuerungsmerkmale aus. Ihr Arbeitgeber kann dann die Besteuerung nach dieser Papierbescheinigung vornehmen und die elektronische Lohnsteuerkarte so lange ignorieren, bis sie korrigiert und endlich zutreffend ist.

2. Ab welchem Verdienst bin ich überhaupt steuerpflichtig?

Das zu wissen ist wichtig, wie wir bei verschiedenen Tricks gesehen haben. Am einfachsten ersieht man dies aus der Jahreslohnsteuertabelle. **438**

Ich gebe hier die Mindestgrenzen an, ab denen man Lohnsteuer zu zahlen hat. Dabei ergeben sich unterschiedliche Beträge, je nachdem, ob für Sie die allgemeine oder die besondere Lohnsteuertabelle anzuwenden ist. Der Unterschied zwischen den beiden Tabellen liegt in der Höhe der als Freibetrag eingearbeiteten Vorsorgepauschale, mit der im laufenden Jahr Ihre Versicherungsbeiträge abgegolten werden. In der allgemeinen Lohnsteuertabelle, die vorrangig für sozialversicherungspflichtige Arbeitnehmer gedacht ist, ist die Vorsorgepauschale höher, weil sie eine Zusatzkomponente für die Altersvorsorgebeiträge (Rentenversicherung) enthält. Diese Freibetragskomponente fehlt bei der besonderen Lohnsteuertabelle, die deshalb in erster Linie bei nicht sozialversicherungspflichtigen Arbeitnehmern zur Anwendung kommt, wie Beamten, Richtern, Soldaten etc., Pensionären und Rentnern, die sich ihre Rente durch einen Job aufbessern.

Beginn der Lohnsteuerpflicht		
Allgemeine Lohnsteuertabelle		
	2015	
Steuerklasse	Monatstabelle	Jahrestabelle
	€	€
I/IV	950,58 €	11.406,99 €
II	1.082,91 €	12.994,99 €
III	1.796,41 €	21.556,99 €
V	105,66 €	1.267,99 €
VI	0,83 €	9,99
Besondere Lohnsteuertabelle		
	2015	
Steuerklasse	Monatstabelle	Jahrestabelle
	€	€
I/IV	889,99 €	10.679,99 €
II	1.013,83 €	12.165,99 €
III	1.681,83 €	20.181,99 €
V	98,91	1.186,99 €
VI	0,83	9,99

3. Frei- und Pauschbeträge

439 Beim Lohnsteuerabzug sind ab dem Jahr 2015 folgende Frei- und Pauschbeträge eingearbeitet:

- Ein Tabellengrundfreibetrag für alle von 8.472 €, der sich in Steuerklasse III auf 16.944 € verdoppelt. Er entfällt in den Steuerklassen V und VI.
- Ein Arbeitnehmerpauschbetrag von 1.000 € in den Steuerklassen I bis V. Bei Bezug von Versorgungsbezügen (Pensionen, Werksrenten etc.) beträgt der Pauschbetrag nur 102 €.
- Ein Sonderausgabenpauschbetrag von 36 €, der sich in Steuerklasse III auf 72 € verdoppelt. Er entfällt in den Steuerklassen V und VI.
- Eine Vorsorgepauschale: Arbeitslohn × 5,61 % (2016: 5,984 %) Rentenversicherung + Arbeitslohn × 7,30 % (2016: 7,00 %) Krankenversicherung + Arbeitslohn × individueller Zusatzbeitragssatz Krankenversicherung + Arbeitslohn × 1,175 % (2016: 1,175 %) Pflegeversicherung (1,425 % für Kinderlose/2016: 1,425 %).
- Ein Entlastungsbetrag für alleinerziehende Steuerzahler mit einem Kind in einer Höhe von 1.908 € zzgl. 240 € für jedes weitere Kind (159 € bzw. 179 €, 199 € usw. monatlich) in Steuerklasse II.
- Kinderfreibeträge sind nicht in die Lohnsteuertabellen eingearbeitet. Allerdings wird ein Kinderfreibetrag von monatlich 376 € (mit der Zahl 1,0) bzw. von 188 € (mit der Zahl 0,5 – Eltern sind geschieden, leben dauernd getrennt oder sind nicht verheiratet) und ein Betreuungsfreibetrag von monatlich 220 € (Zahl 1,0) bzw. 110 € (Zahl 0,5) bei der Berechnung der Kirchensteuer und des Solidaritätszuschlags berücksichtigt.

4. Wählen Sie die Steuerklasse richtig, wenn Sie und Ihr Ehepartner verdienen

440 Wenn Sie *und* Ihr Ehegatte in einem Arbeitsverhältnis stehen, können sich beide die Steuerklasse IV eintragen lassen oder einer III und der andere V. Lassen Sie eine eventuelle Änderung unbedingt vor dem 31. 12. vornehmen. Da Sie nach Beginn des Jahres nur einmal die Steuerklasse wechseln dürfen, halten Sie sich so die Tür für einen erneuten Wechsel offen. Aber keine Regel ohne Ausnahme: Einen zweiten Wechsel im laufenden Jahr erlaubt der Fiskus, wenn einer von Ihnen arbeitslos wird oder aus anderen Gründen zu arbeiten aufhört. Findet der arbeitslose Ehegatte im Lauf des Jahres einen neuen Job, ist sogar eine dritte Steuerklassenänderung drin. Und eine weitere, wenn Sie sich im Lauf des Kalenderjahrs trennen.

Anträge auf Änderung der Lohnsteuerklasse können bei Ihrem Finanzamt in der Zeit vom 1.10. des Vorjahres bis zum 30. November des Jahres gestellt werden, für das die Lohnsteuerkarte gilt.

441 Bei der Kombination III/V z.B. kann man viel Steuern sparen, wenn ein Ehegatte viel weniger verdient als der andere oder nur als Aushilfe tätig wird. Denn in Klasse V sind die geringsten, in Klasse III die höchsten Freibeträge eingearbeitet. Werden Sie beide aber nach Steuerklasse IV besteuert, ergibt sich zumeist eine Überzahlung, die Sie erst durch eine Antragsverlängerung erstattet bekommen können.

Werden Sie nach der Steuerklasse III und Ihr Ehegatte nach der Steuerklasse V besteuert, wird Ihnen in der Regel zu viel Lohnsteuer einbehalten, wenn Ihr Ehegatte mehr als 40 % (Faustregel) zum Gesamteinkommen beiträgt. Dagegen wird zu wenig Lohnsteuer einbehalten, wenn er weniger als 40 % des Gesamteinkommens erzielt und dieses ca. 16.000 € jährlich übersteigt.

Wenn Sie später allerdings einen Antrag auf Ausgleichsveranlagung stellen, ist es gleich, ob Sie Lohnsteuer nach den Klassen III und V oder nur nach der Klasse IV bezahlt haben. Denn dann werden beide Einkünfte in einen Topf geworfen und nach der Splittingtabelle besteuert, die der Steuerklasse III entspricht.

Mit welcher Steuerklassenkombination er sich am besten stellt, muss jeder für seine persönlichen Verhältnisse selbst ausrechnen (Tabellen siehe ➤ Rz 443 f.). Wer es ganz genau wissen will, kann sich die günstigste Kombination auch im Internet ausrechnen lassen (www.ofd.niedersachsen.de > Aktuelles&Service, Steuerberechnungen). Die Tabellen gehen jeweils vom Monatslohn des höherverdienenden Ehegatten aus. Dazu ist angegeben der Monatslohn des geringerverdienenden Ehegatten, der bei einer Steuerklassenkombination III/V nicht überschritten werden sollte. Der höherverdienende Ehegatte erhält dann die Steuerklasse III. Anderenfalls kommt die Steuerklassenkombination IV/IV in Betracht.

Beispiel
Bei einem Arbeitnehmerehepaar – beide rentenversicherungspflichtig – ohne Kinder bezieht der höherverdienende Ehegatte 2015 einen Monatslohn (nach Abzug etwaiger Freibeträge) von 2.100 €. Wenn der Monatslohn des geringerverdienenden Ehegatten nicht mehr als 1.617 € (siehe Spalte 2 der ersten Tabelle) beträgt, führt die Steuerklassenkombination III/V zur geringsten Lohnsteuer. Übersteigt er 1.617 €, ist die Steuerklassenkombination IV/IV günstiger.

WICHTIGER HINWEIS

Die Leistungen des Arbeitsamts richten sich nach Leistungsgruppen, die wiederum von Ihrer Steuerklasse am 1. Januar abhängen. Wenn Sie verheiratet sind und schon vor Beginn des neuen Jahres wissen, dass Sie dann arbeitslos werden, sollten Sie unbedingt noch schnell in die Steuerklasse III wechseln, um die höheren Leistungen nach der Leistungsgruppe C zu kassieren. Ihr Ehepartner wechselt in die Steuerklasse V, auch wenn dadurch zunächst einmal zu viel

Lohnsteuer gezahlt wird. Die können Sie sich aber im übernächsten Jahr durch eine Antragsveranlagung (hieß früher Jahresausgleich) vom Finanzamt zurückholen. Das fehlende Arbeitslosengeld durch falsche Steuerklassenwahl dagegen ist ein für alle Mal verloren.

Eine Änderung der Steuerklasse im Lauf des Jahres, in dem Sie arbeitslos werden oder während Sie Leistungen vom Arbeitsamt beziehen, wird von diesem mit Argusaugen auf ihre Zweckmäßigkeit hin untersucht. Im Klartext bedeutet das: Das Arbeitsamt macht den Steuerklassenwechsel nur mit, wenn dadurch insgesamt eine niedrigere Lohnsteuer herausspringt. Haben Sie eine andere Kombination der Steuerklassen gewählt, setzt es fiktiv die günstigere an. Erkundigen Sie sich also vorher beim Arbeitsamt, ob sich eine Änderung der Steuerklassen für die Berechnung von Arbeitslosengeld, Arbeitslosenhilfe, Unterhaltsgeld etc. lohnt.

4. Wählen Sie die Steuerklasse richtig, wenn Sie und Ihr Ehepartner verdienen

A) Tabelle zur richtigen Steuerklassenwahl 2015 (bei Rentenversicherungspflicht des höherverdienenden Ehegatten)*

Monatlicher Arbeitslohn A* in €	Monatlicher Arbeitslohn B* in € bei ... des geringerverdienenden Ehegatten		Monatlicher Arbeitslohn A* in €	Monatlicher Arbeitslohn B* in € bei ... des geringerverdienenden Ehegatten	
	Rentenversicherungspflicht	Rentenversicherungsfreiheit		Rentenversicherungspflicht	Rentenversicherungsfreiheit
1	2	3	4	5	6
1.250	466	437	3.300	2.361	2.174
1.300	539	504	3.350	2.398	2.204
1.350	622	582	3.400	2.435	2.235
1.400	713	667	3.450	2.469	2.263
1.450	809	757	3.500	2.504	2.294
1.500	908	850	3.550	2.539	2.324
1.550	1.132	1.060	3.600	2.576	2.356
1.600	1.191	1.116	3.650	2.609	2.384
1.650	1.254	1.174	3.700	2.645	2.414
1.700	1.321	1.237	3.750	2.682	2.445
1.750	1.383	1.304	3.800	2.715	2.475
1.800	1.442	1.361	3.850	2.755	2.508
1.850	1.473	1.390	3.900	2.789	2.539
1.900	1.502	1.418	3.950	2.830	2.572
1.950	1.532	1.446	4.000	2.869	2.606
2.000	1.562	1.474	4.050	2.912	2.642
2.050	1.590	1.501	4.100	2.954	2.679
2.100	1.617	1.526	4.150	2.999	2.717
2.150	1.639	1.547	4.200	3.051	2.761
2.200	1.660	1.566	4.250	3.103	2.805
2.250	1.683	1.588	4.300	3.158	2.852
2.300	1.712	1.617	4.350	3.213	2.900
2.350	1.743	1.644	4.400	3.271	2.949
2.400	1.778	1.675	4.450	3.334	3.004
2.450	1.812	1.703	4.500	3.397	3.057
2.500	1.844	1.732	4.550	3.464	3.114
2.550	1.875	1.758	4.600	3.537	3.176
2.600	1.905	1.784	4.650	3.611	3.239
2.650	1.929	1.804	4.700	3.692	3.308
2.700	1.952	1.825	4.750	3.773	3.379
2.750	1.975	1.843	4.800	3.863	3.455
2.800	2.009	1.873	4.850	3.963	3.539
2.850	2.045	1.904	4.900	4.070	3.631
2.900	2.078	1.931	4.950	4.185	3.734
2.950	2.114	1.963	5.000	4.306	3.848
3.000	2.150	1.992	5.050	4.450	3.984
3.050	2.187	2.023	5.100	4.639	4.159
3.100	2.221	2.053	5.150	4.970	4.477
3.150	2.256	2.084	5.200	-	-
3.200	2.291	2.113	5.250	-	-
3.250	2.327	2.142	5.300	-	-
3.250	2.327	2.163	5.300	-	-
3.250	2.327	2.163	5.300	-	-

*Nach Abzug etwaiger Freibeträge.

326 IV. Der Lohnsteuerabzug

444 B) Tabelle zur richtigen Steuerklassenwahl 2015 (bei Rentenversicherungsfreiheit des höherverdienenden Ehegatten)*

Monatlicher Arbeitslohn A* in €	Monatlicher Arbeitslohn B* in € bei … des geringer- verdienenden Ehegatten		Monatlicher Arbeitslohn A* in €	Monatlicher Arbeitslohn B* in € bei … des geringer- verdienenden Ehegatten	
	Rentenversiche- rungspflicht	Rentenversiche- rungsfreiheit		Rentenversiche- rungspflicht	Rentenversiche- rungsfreiheit
1	2	3	4	5	6
1.250	591	554	3.150	2.743	2.498
1.300	675	632	3.200	2.784	2.533
1.350	770	721	3.250	2.828	2.571
1.400	875	819	3.300	2.872	2.608
1.450	1.117	1.045	3.350	2.916	2.647
1.500	1.179	1.103	3.400	2.966	2.688
1.550	1.244	1.165	3.450	3.015	2.730
1.600	1.314	1.230	3.500	3.066	2.774
1.650	1.382	1.302	3.550	3.119	2.819
1.700	1.441	1.360	3.600	3.175	2.868
1.750	1.480	1.396	3.650	3.232	2.915
1.800	1.518	1.433	3.700	3.292	2.968
1.850	1.557	1.469	3.750	3.355	3.021
1.900	1.596	1.506	3.800	3.422	3.077
1.950	1.634	1.542	3.850	3.491	3.136
2.000	1.672	1.578	3.900	3.565	3.201
2.050	1.734	1.635	3.950	3.643	3.266
2.100	1.804	1.697	4.000	3.726	3.336
2.150	1.867	1.751	4.050	3.814	3.412
2.200	1.934	1.807	4.100	3.911	3.495
2.250	1.991	1.858	4.150	4.016	3.584
2.300	2.049	1.906	4.200	4.129	3.683
2.350	2.101	1.950	4.250	-	3.795
2.400	2.149	1.991	4.300	-	3.924
2.450	2.195	2.032	4.350	-	4.086
2.500	2.238	2.067	4.400	-	4.320
2.550	2.279	2.104	4.450	-	-
2.600	2.318	2.136	4.500	-	-
2.650	2.357	2.168	4.550	-	-
2.700	2.394	2.200	4.600	-	-
2.750	2.432	2.233	4.650	-	-
2.800	2.472	2.266	4.700	-	-
2.850	2.509	2.298	4.750	-	-
2.900	2.548	2.332	4.800	-	-
2.950	2.586	2.364	4.850	-	-
3.000	2.625	2.399	4.900	-	-
3.050	2.664	2.431	4.950	-	-
3.100	2.702	2.463	5.000	-	-

*Nach Abzug etwaiger Freibeträge.

*Immer wenn die Eltern die Schnauze voll haben,
müssen die Kinder hungrig zu Bett.*

(W. Mitsch)

Faktorverfahren statt Steuerklasse III/V   **445**

Den Nachteil bei der Steuerklassenkombination III/V trägt vor allem der Ehepartner, der in Steuerklasse V eingereiht wird. Weil praktisch alle Frei- und Pauschbeträge für Ehegatten in der Steuerklasse III zusammengefasst sind, zahlt er überproportional viel Lohnsteuer. Wählen die Ehepartner dagegen die Steuerklasse IV/IV, zahlt der Besserverdienende erheblich höhere Steuern als eigentlich notwendig. Diesem vermeintlichen Problem will der Fiskus mit dem sog. **Faktorverfahren** begegnen. Statt der Steuerklassenkombination III/V können die Ehegatten sich vom Finanzamt jeweils »ihren« **Faktor** auf der Lohnsteuerkarte eintragen lassen. Dieser ergibt sich aus dem Verhältnis der voraussichtlichen gemeinsamen Einkommensteuer zur gemeinsamen Lohnsteuer, berechnet nach der Steuerklasse IV. Der Arbeitgeber berechnet dann mit Hilfe des Faktors den Steueranteil des Ehegatten.

Beispiel:
Bei einem Ehepaar verdient die Ehefrau 30.000 € und der Ehemann 10.000 € im Jahr. Die gemeinsame Einkommensteuer nach dem Splittingtarif beträgt ohne weitere besondere absetzbare Kosten ca. 2.898 €. An Lohnsteuer nach der Steuerklasse IV würden für sie 3.910 € anfallen, für ihn 0 €, zusammen also 3.910 €. Wie Sie sehen, würde das Ehepaar allein wegen der Steuerklassenkombination IV/IV 1.012 € Steuern zu viel zahlen. Hinzu kämen noch die Kirchensteuer und der Solidaritätszuschlag.
Das Finanzamt rechnet nun das Verhältnis zwischen 2.898 € Einkommensteuer und 3.910 € Lohnsteuer aus. Daraus ergibt sich der Faktor 0,741, der auf den Lohnsteuerkarten beider Ehepartner eingetragen wird.
Die Arbeitgeber der Eheleute rechnen die Lohnsteuer nun so aus:
Ehefrau: Lohn 30.000 € = Lohnsteuer IV = 3.910 € × 0,741 = 2.898 €
Ehemann: Lohn 10.000 € = Lohnsteuer IV = 0 € × 0,741 = 0 €
Damit beträgt der Lohnsteuerabzug insgesamt nur noch 2.898 € statt wie bisher 3.910 €.

TRICK

Sparen Sie mit Steuerklasse III/V weiterhin im Lauf des Jahres Steuern!

Liebe Leser, lassen Sie sich nicht auf den Arm nehmen. Das Faktorverfahren wird von Politikern gern als Segen für teilzeitbeschäftigte Ehefrauen verkauft, die wegen der hohen Abzüge in der Steuerklasse V angeblich in Scharen in nicht rentenversicherungspflichtige Minijobs flüchten. Sie werden nicht darauf hereinfallen. Entscheidend ist schließlich, was insgesamt auf dem Familienkonto landet, und nicht, ob der eine ein wenig mehr und der andere etwas weniger Steuern zahlt. Deshalb würde ich Ihnen im obigen Beispiel raten, die Finger vom Faktorverfahren zu lassen. Hätte das Ehepaar nämlich die Steuerklasse III/V gewählt, wären an Lohnsteuer im Lauf des Jahres bei ihr (30.000 € Lohn) 1.388 € und bei ihm (10.000 € Lohn) 1.008 €, also insgesamt nur 2.396 € angefallen. Das sind 502 € weniger als beim Faktorverfahren.

Richtig ist zwar, dass unser Musterehepaar diese 502 € über die Einkommensteuererklärung zurückzahlen müsste, aber immerhin hätten sie ein schönes zinsloses Steuerdarlehen.

5. Mehrere Arbeitsverhältnisse

446 Wenn Sie mit Ihrem Arbeitgeber nicht ein klares Aushilfsverhältnis vereinbaren, sind Sie grundsätzlich verpflichtet, bei Dienstbeginn eine Lohnsteuerkarte vorzulegen. Das gilt auch, wenn Sie mehrere Dienstverhältnisse begründen. Bei einem zweiten und weiteren Arbeitsverhältnis ist der Arbeitgeber verpflichtet, Lohnsteuer nach Steuerklasse VI einzubehalten. Das ist alles gut und schön, wenn Sie genügend verdienen, denn es hat sich ja mittlerweile herumgesprochen, dass für Einkommen über dem Grundfreibetrag die Steuer mindestens 14 % ausmacht.

Wenn Sie aber mit dem ersten Arbeitsverhältnis nicht steuerpflichtig sind, zahlen Sie mit einem zweiten und mit weiteren unweigerlich zu viel, weil man Ihnen ja stur nach Steuerklasse VI die Steuer einbehält. Sie sollten in einem solchen Fall unbedingt einen Antrag auf Ausgleichsveranlagung stellen, damit Ihnen die über das Jahr zu viel gezahlte Steuer erstattet wird.

447 Natürlich ist es nicht sonderlich berauschend, wenn Sie, nur weil Sie zwei Jobs haben, in denen Sie jeweils 460 € im Monat verdienen, im Lauf des Jahres Lohnsteuer abdrücken sollen, während Ihnen das bei nur einem Job mit 920 € Monatsverdienst erspart bleibt.

Ja, Sie lesen richtig. Für Ihr erstes Dienstverhältnis bekommen Sie z.B. die Steuerklasse I, für jedes weitere die Steuerklasse VI. Und so sieht dann der Lohnsteuerabzug aus:

	2 Jobs à 460 €	1 Job à 920 €
Lohnsteuer Arbeitsverhältnis 1 (StKl I)	(460 €) = 0,00 €	(920 €) 0,00 €
Lohnsteuer Arbeitsverhältnis 2 (StKl VI)	(460 €) = 53,00 €	
Lohnsteuer insgesamt (monatlich)	53,00 €	0,00 €
Lohnsteuer insgesamt (jährlich)	636,00 €	0,00 €

Berücksichtigen Sie auch die Kirchensteuer (ca. 57 €) und den Solidaritätszuschlag (0 €), zahlen Sie während des Jahres ca. 693 € an Steuern, auf deren Erstattung Sie warten müssen, bis sich das Finanzamt bequemt, Ihre Steuererklärung im Jahr darauf zu bearbeiten und einen Steuerbescheid in die Welt zu setzen. In dieser Situation haben Sie zwei Möglichkeiten.

Variante 1 448

Sie können nach § 39a Abs. 7 EStG den lohnsteuerfreien Betrag sozusagen beliebig zwischen der Steuerkarte mit der Steuerklasse I und der mit der Steuerklasse VI verteilen. (Die lohnsteuerfreien Beträge in den einzelnen Steuerklassen finden Sie unter ➤ Rz 438.) Verdienen Sie also z.B. 500 € in Ihrem Erstjob, haben Sie einen steuerfreien Betrag von ca. 450 € monatlich, den Sie auf die Steuerkarte VI übertragen können. Technisch wird das so gelöst, dass Ihnen der entsprechende Betrag auf der Steuerkarte VI als Freibetrag und auf der Steuerkarte I als Hinzurechnungsbetrag, also quasi als negativer Freibetrag, eingetragen wird.

TIPP
zur elektronischen Lohnsteuerkarte

Wenn die zusammengerechneten Arbeitslöhne aus Ihren Arbeitsverhältnissen zusammen mit Ihren anderen Einkünften (aufs Jahr gesehen) insgesamt unter den max. steuerfreien Beträgen liegen, sollten Sie regelmäßig zu dieser Möglichkeit der Verteilung der Freibeträge greifen, weil dann schlussendlich überhaupt keine Steuern anfallen.

Da Ihr Arbeitgeber die Lohnsteuerdaten aus einer zentralen Datenbank abruft, müssen Sie ihm mitteilen, in welcher Höhe er den Freibetrag zur Steuerklasse VI abrufen soll. Im Beispiel oben teilen Sie Ihrem Brötchengeber also mit, er soll mit Ihren anderen Lohnsteuerdaten einen Freibetrag von 450 € abrufen.

Variante 2 449

Haben Sie zwei Jobs und liegen Sie mit Ihrem Verdienst im einen über 450 € und im anderen bei höchstens 450 €, können Sie von der Minijobregelung profitieren. Ein Zweitjob bis 450 € bleibt nämlich sozialversicherungsfrei und kann mit dem lächerlichen Betrag von 2 % pauschal besteuert werden. Der Vorteil für Sie: Sowohl die anfallenden pauschalen Sozialversicherungsbeiträge als auch die pauschale Steuer trägt Ihr Arbeitgeber. Sie bekommen also den Lohn aus Ihrem Zweitjob ohne Abzüge ausgezahlt.

Welche der beiden Varianten günstiger ist, hängt natürlich entscheidend davon ab, wie viel Sie im Erstjob verdienen, ob Sie die Steuerklasse I haben oder die Steuerklasse III mit doppelt so hohen Freibeträgen. Außerdem müssen Sie bei Ihren Vergleichen immer beachten, dass Sie etwa 20 % Sozialversicherungs-

330 IV. Der Lohnsteuerabzug

**beiträge am Hals haben, wenn Sie im Zweitjob mit Ihrem Verdienst über 450 €
liegen. Machen Sie allerdings aus Ihrem Zweitjob eine 450-€-Beschäftigung,
haben Sie aus diesem Arbeitslohn später geringere Rentenansprüche als aus
normalem Arbeitslohn und für diesen Teil Ihres Lohns auch keinen Anspruch
auf Arbeitslosengeld, falls Sie Ihren Job verlieren.**

450 Für Ihre Berechnung können Sie sich an dem folgenden Beispiel orientieren:

Sie sind 40 Jahre alt und beziehen aus Ihrem Hauptjob 1.400 € und aus Ihrem
Zweitjob 470 € Monatslohn. Um beim Zweitjob von der Minijobregelung zu
profitieren, sollten Sie auf 20 € Lohnteil verzichten.

Gesamtnetto	Freibetrag		Gehaltsverzicht	
	Hauptjob StKl III	Aushilfe 450 € StKl VI	Hauptjob StKl III	Aushilfe 450 €
Bruttoarbeitslohn	1.400,00	470,00	1.400,00	450,00
Freibetrag 1.796 € (➤ Rz 438) – 1.400 €		– 396,00		
Hinzurechnungsbetrag	396,00			
maßgebender Arbeitslohn (fiktiv)	1.796,00	74,00	1.400,00	450,00
Abzüge:				
Lohnsteuer	– 0,00	– 8,50	– 0,00	– 0,00
Kirchensteuer	– 0,00	– 0,76	– 0,00	– 0,00
Solidaritätszuschlag	– 0,00	– 0,00	– 0,00	– 0,00
Sozialversicherung (ca. 20 %)	– 280,00	– 94,00	– 280,00	– 0,00
Nettoverdienst (Bruttoarbeitslohn ./. Abzüge)	1.120,00	366,74	1.120,00	450,00
Gesamtnetto aus beiden Beschäftigungen	1.486,74		1.570,00	

Wie Sie sehen, fahren Sie trotz eines Verzichts auf 20 € Lohn in Ihrem Zweitjob
wesentlich besser. Unter dem Strich haben Sie jeden Monat ca. 83 € mehr im
Geldsäckel. Aufs Jahr gerechnet macht das immerhin ein Plus von 999 €.

*Das zahllose Beamtenheer ist die wahre
Peitsche Deutschlands.*
(Freiherr vom Stein)

V. Lohnsteuerermäßigung durch Freibetrag beim Lohnsteuerabzug

Beantragen Sie beim Finanzamt, schon für das laufende Jahr einen Freibetrag beim elektronischen Lohnsteuerabzugsverfahren zu berücksichtigen. Durch den Freibetrag ermäßigt sich die Lohnsteuer, die der Betrieb von Ihrem Arbeitslohn einbehalten muss. Das Finanzamt verteilt den Jahresfreibetrag gleichmäßig auf die Monate nach der Antragstellung. Der Antrag kann in der Zeit vom 1.10. des Vorjahres bis zum 30.11. des laufenden Jahres gestellt werden, für 2015 also in der Zeit von 1.10.2014 bis 30.11.2015.

Ab 2016 können Sie den Freibetrag für zwei Jahre im Voraus beantragen.
Rein rechtlich hätte das schon 2014 möglich sein sollen, doch es funktionierte aus technischen Gründen nicht. Nach einer halben Ewigkeit wurde nun das EL-StAM-Verfahren endlich auf den rechtlich erforderlichen Stand gebracht. Erstmalig für das Jahr 2016 können damit Freibeträge mit zweijähriger Gültigkeit eingetragen werden (BMF-Schreiben v. 21.5.2015 – IV C 5 – S 2365/15/10001). Für Sie heißt das: Ändert sich Ihr Freibetrag von Jahr zu Jahr nicht, können Sie ihn seit Oktober 2015 für 2016 *und* 2017 eintragen lassen. Das Finanzamt speichert ihn dann im elektronischen Lohnsteuerkartendatensatz, der automatisch an Ihren Arbeitgeber übermittelt wird. Das nächste Mal müssen Sie erst wieder für das Jahr 2018 zum Finanzamt, es sei denn, an Ihren Aufwendungen ändert sich zwischenzeitlich etwas.

TIPP zum Freibetrag

Wenn Sie den **Antrag so spät wie möglich stellen**, z. B. erst im November, wird der Jahresfreibetrag in voller Höhe bei der Lohnsteuerberechnung für Dezember abgezogen.
Haben Sie bei der Eintragung alle Ihre Kosten durchdrücken können, weil Sie durch die späte Antragstellung alles belegen konnten, haben Sie damit gleichzeitig die Antragsveranlagung quasi vorgezogen und als Erster Ihr Geld zurück. Der Kinderfreibetrag wird durch Änderung der Lohnsteuerklasse berücksichtigt. Bringen Sie dazu die Geburtsurkunde des Kindes mit. Allerdings wirken

332 V. Lohnsteuerermäßigung durch Freibetrag beim Lohnsteuerabzug

sich Kinder beim Lohnsteuerabzug nur auf die Höhe der Kirchensteuer und des Solidaritätszuschlags aus. Eine Ermäßigung der Lohnsteuer erfolgt nicht, da für das Kind im laufenden Jahr schon Kindergeld gezahlt wird. Etwas anderes gilt allerdings für Alleinerziehende mit der Steuerklasse II. Haben Sie mehr als ein Kind, wird der Freibetrag für Alleinerziehende von 1.908 für jedes weitere Kind um 240 € erhöht. Sie sollten daher in jedem Fall einen Lohnsteuerermäßigungsantrag stellen und die Erhöhung für Ihr zweites und evtl. weitere Kinder beantragen.

452 Auf der Lohnsteuerkarte können mit Einschränkung folgende Freibeträge eingetragen werden:

- Werbungskosten nach Abzug des Arbeitnehmerpauschbetrags von 1.000 €;
- Kinderbetreuungskosten (§ 10 Abs. 1 Nr. 5 EStG), Unterhaltsleistungen an den geschiedenen Ehegatten, auf besonderen Verpflichtungsgründen beruhende Renten und dauernde Lasten, Kirchensteuern, Aufwendungen für die Berufsausbildung nach Abzug des Sonderausgabenpauschbetrags von 36 €/72 €;
- außergewöhnliche Belastungen, Unterhalts- und Ausbildungsfreibeträge, Pflegepauschbetrag.

Ein Freibetrag wird in diesen Fällen nur eingetragen, wenn die Aufwendungen bzw. die abziehbaren Beträge insgesamt mindestens 600 € betragen. Liegen Sie unter dieser Grenze, können Sie die Steuerermäßigung erst im Rahmen einer Antragsveranlagung oder Veranlagung zur Einkommensteuer beantragen.

Ohne Einschränkung und ohne Beachtung der 600-€-Grenze können folgende Beträge eingetragen werden:

- Behindertenpauschbetrag;
- das Vierfache der Steuerermäßigung nach § 35 a EStG für haushaltsnahe Beschäftigungen, Dienstleistungen und Handwerkerleistungen;
- Verluste, die sich insgesamt ergeben beim Zusammenrechnen Ihrer Einkünfte aus Gewerbebetrieb, Land- und Forstwirtschaft, selbständiger Tätigkeit, Vermietung und Verpachtung und sonstigen Einkünften;
- ein in den Vorjahren noch nicht ausgeglichener Verlustabzug;
- Förderbeträge für
  – zu eigenen Wohnzwecken genutzte Baudenkmale (§ 10 f EStG),
  – schutzwürdige Kulturgüter (§ 10 g EStG),
  – energetische Sanierungsmaßnahmen am eigenen Haus (§ 10 k EStG),
  – selbstgenutztes Wohneigentum in Ostdeutschland (§ 7 FördG).

453 Für Vorsorgeaufwendungen wird kein Freibetrag eingetragen. Vorsorgeaufwendungen sind insbesondere die Arbeitnehmerbeiträge zur gesetzlichen Sozialversicherung, Beiträge zu privaten Kranken-, Unfall-, Haftpflicht-, Lebens-

oder Todesfallversicherungen und zu Bausparkassen. Die Vorsorgeaufwendungen werden bei der Lohnsteuer durch eine Vorsorgepauschale berücksichtigt, die in die Lohnsteuertabellen eingearbeitet ist. Wenn Ihnen höhere Vorsorgeaufwendungen entstehen, können Sie diese bei einer Veranlagung zur Einkommensteuer geltend machen.
Eine Ausnahme gilt für die **Beiträge zur einer privaten Krankenversicherung**. Wenn Sie dem Arbeitgeber eine Bescheinigung Ihrer Krankenkasse über die Höhe der voraussichtlich im laufenden Jahr zu zahlenden Basiskranken- und der Pflegepflichtversicherungsbeiträge einreichen, berücksichtigt er schon beim Lohnsteuerabzug die tatsächlichen Beträge, sofern diese höher sind als die Pauschale.

Osnabrück-Schilda
Auf dem Marktplatz wurden drei megamoderne Klohäuschen aufgestellt (Musikberieselung, automatische Spülung, elektronische Türöffner) – für 180.000 €. Das teure Zeug taugte nix: Mal musste die Feuerwehr mit der Brechstange anrücken, um eine eingeklemmte Tür aufzubrechen, mal ging das Häuschen, wie von Geisterhand gesteuert, auf, und der entblößte Benutzer stand im Freien.

SUPER TRICK

Lassen Sie sich den Freibetrag auf Zuruf eintragen!

Die Eintragung von Freibeträgen ist einfach: Sie nehmen das hierzu vorgesehene vereinfachte Antragsformular, beantragen, den Freibetrag wie im Vorjahr und die gleiche Kinderzahl einzutragen, und setzen im Antrag auf Lohnsteuerermäßigung nur noch das Kreuzchen an den magischen Satz »Die Verhältnisse haben sich nicht wesentlich verändert«. Ohne einen einzigen Beleg zu Gesicht zu bekommen, muss der Fiskalritter den gewünschten Freibetrag/Kinderzahl akzeptieren und in Ihren elektronischen Lohnsteuermerkmalen speichern. Berufen Sie sich notfalls auf § 39 a Abs. 2 S. 5 EStG.

Aber der Fiskus wäre nicht der Fiskus, wenn er bei einer so steuerzahlerfreundlichen Regelung nicht Fallstricke ausgelegt hätte, in diesem Fall zum einen die Einkommensteuererklärungspflicht. **Wer einen Freibetrag – einzige Ausnahme bildet der Behindertenpauschbetrag – beantragt hat, ist verpflichtet, nach Jahresablauf eine Steuererklärung abzugeben,** bei der mit Sicherheit die geltend gemachten Kosten eingehend beäugt werden. Zum anderen will das Finanzamt von Ihnen eine Mitteilung, wenn sich Ihr Freibetrag im Nachhinein als zu hoch erweist. Es korrigiert ihn dann entsprechend nach unten.

WICHTIGER HINWEIS

Durch Eintragung eines Freibetrags auf der Lohnsteuerkarte erhalten Sie im Steuerabzugsverfahren automatisch eine niedrigere Vorsorgepauschale, als Ihnen aufgrund Ihres Lohns zusteht. Denn der Betrieb geht bei der Berechnung der Lohnsteuer von dem um den Freibetrag geminderten Arbeitslohn aus.

*Schließlich ist nicht
der Einzelne für eine Behörde,
sondern die Behörde für
den Einzelnen da.
Die Ämter haben sich
mit dieser einfachen
demokratischen Tatsache
abzufinden.*

(Urteil des Finanzgerichts Düsseldorf –
leider 40 Jahre alt.
So viel Demokratiebewusstsein
und den Bürgersinn Stärkendes ist heute
nicht mehr zu erwarten.)

VI. Machen Sie in der Einkommensteuer-erklärung alles geltend!

1. Das Verfahren

Als Arbeitnehmer haben Sie es in der Regel mit drei verschiedenen Verfahren **455**
zu tun. Zunächst einmal unterliegt Ihr Arbeitslohn im Lauf des Jahres dem
Lohnsteuerabzug, der im Wesentlichen die Einkommensteuer abgelten soll.
Damit dabei gleich steuermindernde Umstände berücksichtigt werden können,
können Sie sich einen Freibetrag auf der Lohnsteuerkarte eintragen lassen.
Weil die Lohnsteuer aber sehr häufig von Pauschalierungen ausgeht, wird der
richtige Steuerbetrag nicht immer genau getroffen. Die Fälle, in denen Sie entweder zu viel oder zu wenig Lohnsteuer gezahlt haben, werden nach Ablauf des
Jahres durch die Abgabe einer Einkommensteuererklärung beim Finanzamt
korrigiert.

Wollen Sie sich zu viel gezahlte Steuer zurückholen, können Sie freiwillig eine **456**
Einkommensteuererklärung abgeben, eine sog. *Antragsveranlagung*.
Andererseits verzichtet auch der Fiskus nicht ohne Not auf Geld. Steht zu er-
warten, dass Sie zu wenig Steuern gezahlt haben, wird von Ihnen zwingend die
Abgabe der Steuererklärung verlangt, eine sog. *Pflichtveranlagung*.

Das Finanzamt hat einige formelle Fußangeln eingebaut, bis überhaupt ein **457**
wirksamer Antrag vorliegt. Sie müssen daher unbedingt die folgenden Regeln
beachten:

● Der Antrag muss auf dem amtlichen Steuererklärungsformular gestellt wer-
den. Ausnahmen gelten, wenn Sie die Steuererklärung am PC ausdrucken.
Übermitteln Sie Ihre Steuererklärung per Internet ans Finanzamt, genügt der
Ausdruck einer »Sparerklärung«, die Sie unterschreiben müssen. Ganz ohne
Papier und Unterschrift geht es, wenn Sie sich vom Finanzamt haben zertifi-
zieren lassen. Die elektronische Signatur ersetzt dann Ihre Unterschrift.

336 VI. Machen Sie in der Einkommensteuererklärung alles geltend!

- Bei zusammen veranlagten Eheleuten muss der Antrag von beiden unterschrieben werden, es sei denn, dem stehen wichtige Gründe entgegen (z.B. wenn ein Ehegatte im Lauf des Jahres verstorben ist oder Sie eine elektronische Signatur verwenden).

- Die Lohnsteuerkarte mit der vom Arbeitgeber vollständig ausgefüllten Lohnsteuerbescheinigung muss beigefügt werden, wenn die Lohnsteuerdaten ausnahmsweise nicht elektronisch an das Finanzamt übermittelt wurden.

- Ebenso müssen Unterlagen über die Zeiten, in denen Sie nicht beschäftigt waren (z.B. Leistungsbescheid des Arbeitsamts, Bescheinigung der Krankenkasse über den Bezug von Krankengeld), eingereicht werden. Solche Bescheinigungen verlangt das Finanzamt immer, wenn Ihr Arbeitgeber in Zeile 2 Ihrer Lohnsteuerbescheinigung Eintragungen zu Unterbrechungszeiträumen ohne Lohnanspruch vorgenommen hat.

Sie müssen diesen Formalkram unbedingt beachten! Ansonsten kann es Ihnen passieren, dass Ihr Antrag wegen Formfehlern als nicht gestellt gilt. Ist dann irgendwann die Zweijahresfrist abgelaufen, müssen Sie die ersehnte Steuerrückzahlung abschreiben (EFG 1985 S. 89).

458 **Statt einer Erstattung aus der Einkommensteuerveranlagung erhalten Sie eine Nachzahlungsforderung?**
Das kann Ihnen tatsächlich passieren. So gibt es Fälle, in denen die Vorsorgepauschale für Basiskranken- und Pflegepflichtversicherungsbeiträge beim Lohnsteuerabzug höher ausfällt als der endgültige Abzug der Beiträge in der Einkommensteuerveranlagung. Außerdem kann es beim Bezug sog. Lohnersatzleistungen zu Nachzahlungen bei der Steuer kommen: Arbeitslosengeld und -hilfe, Krankengeld und Kurzarbeitergeld etc. sind zwar steuerfrei, werden aber bei der Besteuerung Ihrer steuerpflichtigen Einkünfte berücksichtigt. Dabei wird der Steuersatz zugrunde gelegt, der sich ergeben würde, wenn Arbeitslosengeld und -hilfe steuerpflichtig wären.

So etwas nennt der Gesetzgeber »Progressionsvorbehalt« (§ 32 b EStG u. § 46 Abs. 2 Nr. 1 EStG). Haben Sie neben Arbeitseinkünften Leistungen der Agentur für Arbeit oder Krankengelder erhalten und können nur in geringem Umfang Werbungskosten, Sonderausgaben, außergewöhnliche Belastungen oder andere Steuerermäßigungen absetzen, beantwortet Ihnen ein Blick in die Steuertabelle im Anhang die Frage, ob Sie etwas nachzuzahlen haben.

459 Das Problem: Die Abgabe einer Steuererklärung ist **keine** freiwillige Sache für Sie, wenn die Vorsorgepauschale für Ihre Kranken- und Pflegeversicherung höher war als die tatsächlichen Basiskranken- und Pflegepflichtversicherungsbeiträge oder Ihre dem Progressionsvorbehalt unterliegenden Leistungen im Jahr über 410 € liegen. So muss z.B. ein Arbeitsloser mit steuerpflichtigem

Arbeitslohn nach § 46 EStG eine Steuererklärung abgeben, wenn er mehr als 410 € Arbeitslosengeld bezogen hat. Er wird dann veranlagt und wird meistens (Anwendung des sog. Progressionsvorbehalts nach § 32 b EStG) nachzahlen müssen. Das betrifft Sie auch, wenn Sie mehr als 410 € aus

- Kurzarbeiter-, Saison-Kurzarbeiter-, Insolvenz-, Überbrückungs- oder Übergangsgeld,
- Kranken-, Mutterschafts- oder Verletztengeld,
- Entschädigung nach dem Bundesseuchengesetz,
- Versorgungskrankengeld oder Aufstockungsbeträge nach dem Altersteilzeitgesetz bezogen
- oder nach einem Doppelbesteuerungsabkommen steuerfreie Einkünfte haben.

München gewährte seinem Stardirigenten
eine Gehaltserhöhung von 370.000 DM.
Der Maestro der Philharmoniker
verfügt damit über Jahreseinnahmen
von 3,4 Millionen DM.

(stern)

GUTER RAT

Als Bauarbeiter haben Sie bei witterungsbedingten Lohneinbußen Anspruch **460** auf Saison-Kurzarbeitergeld, das dem Progressionsvorbehalt unterliegt. Daneben erhalten Sie unter Umständen auch noch ein sog. *Zuschuss-* oder ein *Mehraufwandswintergeld.* Diese Zahlungen sind bei Ihnen ebenfalls steuerfrei (§ 3 Nr. 2 EStG, R 3.2 Abs. 3 LStR), unterliegen aber nicht dem Progressionsvorbehalt.

Zu dieser positiven Nachricht kommt eine weitere dazu: Die o. g. Leistungen müssen Sie zusammen mit Ihrem Arbeitgeber durch die sog. *Winterbeschäftigungsumlage* in Höhe von 2 % des Arbeitslohns finanzieren. Den von Ihnen gezahlten Arbeitnehmeranteil zu dieser Umlage von 0,8 % können Sie als Werbungskosten absetzen. Das Finanzamt darf Ihnen nach dem ausdrücklichen Willen des Gesetzgebers diese Steuervergünstigung nicht mit dem Argument streitig machen, die Umlage hänge mit späteren steuerfreien Einnahmen zusammen und sei daher gem. § 3 c EStG nicht abzugsfähig (vgl. BT-Drs. 16/429 Seite 12 und Vfg des Bayerisches Landesamts für Steuern v. 9.5.2007 – S 2354 – 10 St 32/ St 33).

338 VI. Machen Sie in der Einkommensteuererklärung alles geltend!

TIPP
Progressionsvorbehalt auch für die ersten 300 € Elterngeld!

461 Beim Elterngeld wird in jedem Fall ein vom Einkommen unabhängiger Sockelbetrag von 300 € im Monat gezahlt. Obwohl es insoweit nicht darauf ankommt, ob die Eltern vorher Lohn oder Einkommen bezogen haben, hat der Fiskus geregelt, dass der Sockelbetrag als Lohn- oder Einkommensersatzleistung dem Progressionsvorbehalt unterworfen wird (§ 32b EStG). Leider hat sich der BFH hier auf die Seite des Fiskus geschlagen (BFH v. 21.9.2009 – VI B 31/09, BStBl 2011 II S. 382). Auch das folgende Einschalten des Bundesverfassungsgerichts hat nichts genutzt. Dieses hat mit Beschluss vom 20.10.2010 (2 BvR 2604/09) eine entsprechende Verfassungsbeschwerde gar nicht erst zur Entscheidung angenommen und die Rechtsfrage damit endgültig zuungunsten der betroffenen Eltern entschieden.

TIPP
für schnelle Steuererstattung

462 Wenn Ihr Geld nach sechs Wochen noch nicht eingetrudelt sein sollte, wird es Zeit, **etwas Druck zu machen**. Seien Sie ruhig penetrant und erkundigen Sie sich mehrmals, wo Ihre heißersehnte Steuererstattung bleibt. Schließlich haben Sie auf der ersten Seite der Steuererklärung das Kästchen »Ich rechne mit einer Steuererstattung« angekreuzt. Das bedeutet für Ihr Finanzamt, dass es Ihren Fall bevorzugt bearbeiten muss.

Fruchten Ihre Anrufe nicht und kommt Ihnen der für Sie zuständige Staatsdiener gar mit Ausreden wie »Arbeitsüberlastung«, »Urlaubsvertretung«, »Krankheit« etc., wenden Sie sich an den Vorsteher des Finanzamts:

```
Sehr geehrter Herr Vorsteher,
ich habe am . . . . . . meine Einkommensteuererklärung ein-
gereicht, bis heute aber keinen Bescheid erhalten. Eine
Bearbeitungszeit von nunmehr über . . . Wochen erscheint mir
mehr als genug, zumal mir die Steuer immer sofort abgeknöpft
wird. Arbeitskollegen und Bekannte von mir haben ihr Geld
längst erstattet bekommen. Da ich dringend wegen größerer
Ausgaben auf die Steuererstattung angewiesen bin, möchte
ich Sie bitten, sich meiner Sache doch einmal persönlich
anzunehmen. Vielleicht können Sie den Amtsschimmel, der in
```

```
einem Teil Ihres Hauses offensichtlich nur im Schritt geht,
einmal in leichten Trab, besser allerdings in gestreckten
Galopp versetzen.

Mit freundlichen Grüßen


. . . . . . . . . . .
(Datum, Unterschrift)
```

Wenn auch das nichts bringt, fahren Sie schwereres Geschütz auf. Setzen Sie
dem Finanzamt eine kurze Frist und sagen ihm, nach deren Ablauf möge es Ihr
Schreiben als Beschwerde ansehen, das Sie der Oberfinanzdirektion zuleiten.

Todesfall 463

Die *Erben* eines Lohnsteuerpflichtigen sind berechtigt, einen Antrag auf Ausgleichsveranlagung für den Verstorbenen zu stellen. Ist Ihr Ehepartner mitten
aus dem Leben gerissen worden, können Sie per Antragsveranlagung beantragen, dass Ihnen dessen zu viel gezahlte Lohnsteuer zugutekommt. Vergessen Sie
auch nicht, von der Firma des Verstorbenen eventuell nachträglich zu zahlendes
Gehalt oder ausstehende Provisionen zu fordern.

Weil die Beträge, die Sie nun erhalten, auf Ihren Namen versteuert werden
müssen, müssen Sie sich beim Finanzamt in eine (andere) Steuerklasse einstufen lassen. Sofern Sie kein Arbeitnehmer sind, erhalten Sie die Steuerklasse III;
die bisherige Steuerklasse III des verstorbenen Ehegatten wird im Gegenzug in
V geändert und der entsprechende elektronische Datensatz dem Arbeitgeber
des Verstorbenen übermittelt. Sind Sie selbst Arbeitnehmer, werden Sie für das
weitere Arbeitsverhältnis in Steuerklasse VI eingereiht.

Wegen der Steuerklassenkombination III/V bzw. VI müssen Sie für dieses Jahr
zwingend eine Steuererklärung abgeben. Das bedeutet aber nicht automatisch,
dass Sie Steuern nachzahlen müssen. Häufig ergibt sich nämlich eine Steuererstattung. Der Grund dafür liegt in den sehr hohen Abzügen in der Steuerklasse VI und dem aufgrund des Todes Ihres Ehepartners im laufenden Jahr
stark schwankenden Arbeitslohn.

Vermögenswirksame Leistungen 464

Die Arbeitnehmersparzulage für Ihre vermögenswirksamen Leistungen bekommen Sie nicht mit Ihrem Steuerbescheid direkt ausgezahlt. Sie wird nur
festgesetzt. Die Auszahlung erfolgt erst, wenn die Festlegungsfristen abgelaufen
sind oder Sie anderweitig unschädlich über die Anlage verfügen, z.B., weil Ihr
Bausparvertrag zuteilungsreif geworden ist und Sie ihn zum Bau oder Kauf
eines Hauses verwenden.

Damit Ihnen die Sparzulage nicht durch die Lappen geht, brauchen Sie unbedingt eine »Bescheinigung über vermögenswirksame Leistungen« (Anlage VL)
des Instituts, bei dem Ihre vermögenswirksamen Leistungen angelegt sind.

Achtung: Es gibt Finanzämter, die bei fehlender Bescheinigung zwar Ihre Steuererklärung bearbeiten und einen Einkommensteuerbescheid erlassen, den Antrag auf Festsetzung der Arbeitnehmersparzulage aber einfach ignorieren. Seien Sie also auf der Hut.

465 Wahl der günstigsten Veranlagungsart

Hier einen Überblick zu gewinnen ist nicht einfach, gilt es doch, zunächst zwischen der Einzel- und der Ehegattenveranlagung zu unterscheiden. Letztere kommt nur für Verheiratete in Betracht, die beide unbeschränkt steuerpflichtig sind und nicht dauernd getrennt leben. Folge: Sie werden zusammen veranlagt unter Anwendung der günstigen Splittingtabelle. Alle anderen werden einzeln veranlagt. Für sie kommt nur die Grundtabelle in Frage, wenn man vom Witwensplitting einmal absieht. Wer nämlich seinen Ehepartner verliert, kann im nächsten Jahr noch einmal – trotz Einzelveranlagung – den Splittingtarif erhalten.

Verheiratete können sich aber auch für die getrennte Veranlagung entscheiden oder im Jahr der Eheschließung für die besondere Veranlagung, um z.B. Verluste absetzbar zu machen oder einen günstigen Steuersatz zu erhalten.

466 Die besondere Veranlagung

2013 ist die besondere Veranlagung für Ehegatten im Jahr der Eheschließung ersatzlos weggefallen.

467 Die Zusammenveranlagung

Diese hauptsächlichste Form der Veranlagung kommt für alle Ehegatten in Betracht, wenn sie mindestens eine Zeitlang im Jahr zusammengelebt haben. Das ist eigentlich die steuergünstigste Form (die durch Ankreuzen in der Steuererklärung gewählt werden kann) für alle Ehen, in denen nur jeweils ein Partner einen Verdienst bezieht. Warum? Weil es für Verheiratete die günstige Splittingtabelle gibt. Hier wird die Steuer so berechnet, als würde jeder Ehepartner 50 % aller gemeinsamen Einkünfte verdienen. Das heißt praktisch, dass jeder Partner den Grundfreibetrag erhält und die steuerliche Progression stark abfällt.

TRICK

Schieben Sie das Getrenntleben vor Ihrer Scheidung solange es geht hinaus!

468

Soll ich Ihnen mal sagen, was Sie 2015 mehr an Steuern zahlen, wenn Sie nach einer Scheidung plötzlich in Steuerklasse I statt III eingestuft werden?

Jahresbruttolohn	StKl. III	StKl. I	Unterschied
€	€	€	€
15.000	0	501	501
30.000	1.338	3.988	2.650

Der Vorteil, der sich aus der Zusammenveranlagung ergibt, beträgt 2015 max. 8.261 € und wird bei einem Einkommen der Ehe-/Lebenspartner zwischen 105.762 € und 501.462 € erreicht. Bei noch höheren Einkommen steigt dieser Vorteil durch die Reichensteuer bei Einkommen über 501.462 € auf 15.783 € an. Auch fallen weniger Solidaritätszuschlag und Kirchensteuer an.

TRICK

Retten Sie mit einem gemeinsamen Wohnsitz die Vorteile des Splittingtarifs!

Leben Sie das ganze Jahr über von Ihrem Ehepartner getrennt, ist der günstige Splittingtarif vertan. Also fackeln Sie nicht lange, klemmen Sie sich eine Flasche Wein unter den Arm und machen Sie Schönwetter bei Ihrem Ex-Partner. Sie haben steuerlich das Beste erreicht, wenn er damit einverstanden ist, dass Sie Ihren ersten Wohnsitz wieder bei ihm anmelden. Dann haben Sie für den Fiskus eine gemeinsame Anschrift, und alles ist – wenigstens für die Steuer – in Butter. **469**

Für den Splittingtarif reicht dieser ernsthafte Versöhnungsversuch, auch wenn er in die Hose gegangen ist. So jedenfalls das FG Köln im Urteil vom 21.12.1993 (2 K 4543/92 nrk – EFG 1994 S. 791). Dem haben sich auch die Richter beim FG Münster angeschlossen, obwohl sich in dem Fall die Ehegatten nach nur sechs Wochen erneut verkracht und getrennt hatten (Urt. v. 22.3.1996, – EFG 1996 S. 921). Ihr Versöhnungsversuch mit Einzug beim Ex sollte aber mindestens vier Wochen halten. Geht die Versöhnung über den Jahreswechsel, retten Sie sogar den Splitting-Vorteil für zwei Jahre (FG Nürnberg v. 7.3.2005 – VI 160/2004; DStRE 2005 S. 938).

Sind Sie geschieden, so sollten Sie wissen: Scheidungsakten sind für den Fiskus tabu (BFH-Urt. v. 12.6.1991 – BStBl 1991 II S. 806). Haben Sie im Scheidungsprozess geschwindelt, um Ihre Ehe möglichst schnell hinter sich zu bringen, und als Beginn des Getrenntlebens einen zu frühen Termin angegeben, ist das kein Beinbruch.

Die Einzelveranlagung auf Antrag **470**
Sie ist nur in folgenden Fällen für Sie und Ihren Ehe- oder Lebenspartner vorteilhafter als die Zusammenveranlagung:

1. Wenn Ihr Ehepartner aus einer der sieben Einkunftsarten einen Verlust erlitten hat, das gemeinsame Einkommen aber auch so schon nicht zu einer Steuer führen würde.
2. Wenn einem von Ihnen Einkünfte mit sog. Progressionsvorbehalt zugeflossen sind, z.B. steuerfreie ausländische Einnahmen oder Arbeitslosengelder. Hierbei ist aber eine Kontrollrechnung anhand der beiden Steuertabellen zu machen und zu ermitteln, was vorteilhafter ist.
3. Wenn einer der Partner Einkünfte hat, die ermäßigt zu besteuern sind. Meist wird es sich dabei um Gewinne aus der Veräußerung eines Gewerbebetriebs oder um Abfindungen aus einem Dienst- oder Arbeitsverhältnis handeln. Auch hier ist eine Rechnung zur Kontrolle nötig.
4. Wenn beide Partner annähernd gleich verdienen, einer selbständig und der andere Arbeitnehmer ist. In diesem Fall können Sie durch die Einzelveranlagung ein paar tausend Euro vom Vorwegabzug für Vorsorgeaufwendungen retten.
5. Wenn einer der Partner vor dem Jahr der Heirat verwitwet ist. In diesem Fall retten Sie für den im Vorjahr verwitweten Ehepartner den Splittingtarif, der sich aus dem Witwensplitting ergibt.

Änderung des Veranlagungswahlrechts!

471 Wenn Sie feststellen, dass die von Ihnen gewählte Veranlagungsart doch nicht so optimal ist, wie Sie angenommen hatten, können Sie sie – wie bisher – bis zur Bestandskraft Ihres Steuerbescheids ändern.

Ist die Einspruchsfrist für Ihren Steuerbescheid erst einmal abgelaufen, wird es mit der Änderung des Wahlrechts schon etwas schwieriger, aber nicht unmöglich. Sie können das Wahlrecht auch dann noch einmal ändern, wenn Ihr gemeinsamer Steuerbescheid geändert wurde. Voraussetzung ist allerdings, dass Sie bis zum Ablauf der Einspruchsfrist des Änderungsbescheids einen entsprechenden schriftlicher Antrag stellen und die Änderung der Veranlagungswahl für beide Ehegatten (Lebenspartner) zusammen zu einem günstigeren Ergebnis führt. Dabei wird die gemeinsame Steuer nach dem bisher ausgeübten Wahlrecht und dem neuen Wahlrecht verglichen.

1. Das Verfahren

TRICK

Lassen Sie sich vom geschiedenen Ehegatten nicht über den Tisch ziehen!

Ist Ihr Ehemaliger während der Trennung bzw. Scheidung zu Ihrem Feind geworden? Ist er ein Quertreiber, und Sie können sich bei der Wahl der Veranlagung nicht einigen? Für die Zeit vor der tatsächlichen Trennung kann grundsätzlich nämlich noch Zusammenveranlagung gewählt werden. Es kann jedoch sein, dass für den einen die Zusammenveranlagung günstiger wäre, für den anderen aber die Einzelveranlagung.

472

Merken Sie sich bitte: Es ist einzeln zu veranlagen, wenn einer der Ehegatten dies beantragt. Dieses Antragsrecht haben nach dem Tod des Ehegatten dessen Erben (BFH v. 21.6.2007 – BStBl 2007 II S. 770). Der einseitige Antrag ist jedoch unwirksam, wenn der antragstellende Ehegatte keine eigenen Einkünfte hat oder diese so gering sind, dass keine Einkommensteuer anfällt und auch kein Steuerabzug (Lohnsteuer, Kapitalertragsteuer, Zinsabschlag) vorgenommen worden ist. Dies ist der einzige Fall, in dem das Finanzamt den Antrag auf Einzelveranlagung ignorieren kann.

Selbst wenn diese Voraussetzungen nicht vorliegen, kann der Antrag auf Einzelveranlagung und damit die Verweigerung der Zustimmung zur Zusammenveranlagung unbillig sein. Erscheinen die Interessen des Verweigernden gegenüber denen des Antragstellers geringfügig, kann Letzterer auf Zustimmung klagen. Stattdessen kann er auch Schadenersatz fordern.

Der Ex-Partner muss der Zusammenveranlagung in der Regel zustimmen, wenn sie zur insgesamt geringsten steuerlichen Belastung beider Ehegatten führt und der Ehegatte, der die Zusammenveranlagung verlangt, sich verpflichtet, den finanziellen Nachteil auszugleichen (BGH v. 23.5.2007 – XII ZR 250/04 – NJW 2007 S. 2554).

Diesen Rechtsstreit können Sie aber nicht im Einspruchsverfahren vor dem Finanzamt und mit einer Klage beim Finanzgericht führen, sondern nur vor dem Zivilgericht (BFH v. 7.2.2005 – BFH/NV 2005 S. 1083). Trotzdem sollten Sie gegen Ihren Einkommensteuerbescheid Einspruch einlegen mit der Begründung, Sie würden die Zustimmung zur Zusammenveranlagung einklagen. Bitten Sie das Finanzamt, den Einspruch ruhen zu lassen, bis über Ihre Klage entschieden ist. So vermeiden Sie, dass es später Streit wegen der nachträglichen Änderung des Steuerbescheids oder eventueller Verjährung gibt.

WICHTIGER HINWEIS

War bisher eine Zusammenveranlagung durchgeführt worden und kommt der Ex-Partner im Nachhinein mit einem Antrag auf Einzelveranlagung, wird es für Sie deutlich einfacher, sich zur Wehr zu setzen. Wenn sich aus der Einzelveranlagung für Sie beide insgesamt eine höhere Steuerbelastung ergibt als bei einer Zusammenveranlagung, ist eine zivilrechtliche Klage gegen den Ex nicht mehr erforderlich. Hier muss nunmehr das Finanzamt für Sie Partei ergreifen und den wirtschaftlich unvernünftigen Antrag ablehnen.

2. Wann müssen Sie als Lohnsteuerzahler Belege beibringen?

473 Bei der Antragsveranlagung geht es um absetzbare Ausgaben. Da glauben Sie zumeist, dass die stets durch Belege nachgewiesen werden müssten.

Aber: Sie unterliegen als Lohnsteuerzahler keinen Aufzeichnungspflichten und Aufbewahrungsfristen wie die Selbständigen. Sie müssen absetzfähige Ausgaben nur glaubhaft machen! Machen Sie allerdings ziemlich hohe Beträge geltend, so kann man schon verstehen, wenn das Finanzamt dafür Belege fordert.

SUPER TRICK

Abzug ohne Belege nach EB-FAGO

474 Die Finanzämter *sollen* – **müssen aber nicht!** – aufgrund interner Anweisungen ohne Nachprüfung und ohne Belege zu fordern Folgendes anerkennen:

EB-FAGO-Tabelle		
Fahrten zur Arbeitsstätte		
(5-Tage-Woche)	230 Arbeitstage	
(6-Tage-Woche)	285 Arbeitstage	
Andere Werbungskosten		
bis zu	110 € jährlich	für Arbeitsmittel (Schreibmaschine, Aktentasche, Fachliteratur, Berufskleidung usw.)

2. Wann müssen Sie als Lohnsteuerzahler Belege beibringen? 345

EB-FAGO-Tabelle		
bis zu	150 € jährlich	für Beiträge an Berufsverbände
bis zu	16 € jährlich	für Kontoführungsgebühren
bis zu	256 € jährlich	für Reisekosten, wenn Sie eine Kostenaufstellung einreichen
bei Hausbesitz		
bis zu	25.500 € jährlich	für Reparaturkosten, wenn Sie eine Einzelaufstellung über Ihre Kosten vorlegen
bei Sonderausgaben		
bis zu	2.050 € jährlich	für Versicherungsbeiträge
bis zu	100 € jährlich	für Spenden
außergewöhnliche Belastungen		
bis zu	2.050 € jährlich	für selbstgetragene Krankheitskosten. Einzelaufstellung ist auch bei niedrigerem Aufwand erforderlich.
unbegrenzt abzugsfähig:		Beerdigungskosten. Belege sind nur in Zweifelsfällen vorzulegen, z.B. wenn die Kosten aus dem geerbten Vermögen gedeckt sind.
bis zu	900 €	für Fahrtkosten Behinderter (Grad der Behinderungen 70 % + »G« oder mehr als 80 %)
bis zu	4.500 €	bei Merkzeichen »aG« (außergewöhnliche Gehbehinderung), »H« (hilflose Person) und »Bl« (blind) oder bei Zuerkennung der Pflegestufe III

Geraten Sie an einen Fiskalknecht, der trotz Unterschreiten der Grenzen Nachweise verlangt, und Sie solche nicht haben und auch nicht nachträglich besorgen können, bleibt Ihnen nur, kräftig zu jammern und auf Ihren Beweisnotstand zu verweisen, weil Sie sich auf die Behandlung in den Vorjahren verlassen und für die Bagatellbeträge keine Belege aufgehoben haben.

Bundeseinheitliche Prüfkriterien 475

Um den Steuerzahlern das Leben schwerzumachen, hat sich der Fiskus die »GNOFÄ 1.1.1997« einfallen lassen. Hintergrund dieses Wortungetüms ist:

Die Finanzbeamten vor Ort bekommen vom Computer Fälle zugewiesen, die sie besonders intensiv prüfen müssen. Falls Sie das Pech haben sollten, als solcher Intensivprüfungsfall ausgewählt zu werden, müssen Sie damit rechnen, dass für jeden noch so kleinen Betrag Belege verlangt werden. Und wenn die nicht vorliegen, Ihre Kosten nicht anerkannt werden.

Die Auswahl zur Prüfung erfolgt per Zufall und ist nach Höhe der Einkünfte gestaffelt. Je niedriger Ihr Einkommen im Vorjahr war, umso geringer ist die Wahrscheinlichkeit, dass ausgerechnet Ihr Fall ausgewählt wird. Während Sie in der obersten Einkommenskategorie (Einkünfte über 200.000 € bzw. Verluste über 100.000 €) damit rechnen müssen, fast jedes Jahr auf Herz und Nieren durchleuchtet zu werden, trifft es Sie als Mitglied der untersten Kategorie rein rechnerisch nur etwa alle 50 bis 200 Jahre.

Das Besondere an dieser Regelung ist, dass Ihr Fall bei einer Intensivprüfung generell akribisch unter die Lupe genommen wird und sich die Fiskalknechte nicht etwa nur auf unschlüssige Dinge stürzen. Daher kann es Ihnen passieren, dass auch Selbstverständlichkeiten aufs Korn genommen werden und Sie z.B. die Geburtsurkunden Ihrer Kinder vorlegen müssen.

Aber damit nicht genug! Jahr für Jahr nehmen sich die Finanzer unter der Bezeichnung »Prüffelder« bzw. »Risikomanagement« wechselnde Teilbereiche der Steuererklärungen besonders vor. So werden sie in einem Jahr in den Arbeitszimmerkosten herumwühlen, im nächsten Jahr haben sie es dann möglicherweise auf Computer abgesehen und im übernächsten Jahr vielleicht auf Vermietungseinkünfte.

Durch diese Prüforgien werden die eigentlich recht praktischen und sowohl dem Steuerzahler als auch dem Fiskus Geld und Arbeit sparenden Nichtprüfungsgrenzen fast zur Makulatur.

Was zugunsten des Staates begonnen wird,
geht zuungunsten der Welt aus.
(Karl Kraus)

VII. Nebeneinkünfte – Veranlagung von Arbeitnehmern

1. Wann müssen Sie als Arbeitnehmer eine Steuererklärung abgeben?

Wenn das Finanzamt glaubt, dass Ihnen – der Sie ja eigentlich einkommensteuerpflichtig sind – vom Lohn zu wenig Lohnsteuer einbehalten wurde, sagt es sich: Schicken wir dem Burschen doch eine Einkommensteuererklärung zu, in der er alle seine Einkünfte genauestens spezifizieren soll. Vielleicht gibt es doch irgendwo ein Eckchen bei ihm, das wir steuerlich nicht erfassten.

Die Höhe Ihres Einkommens als Arbeitnehmer allein hat keinen Einfluss darauf, ob Sie eine Einkommensteuererklärung abgeben müssen. Der Fiskus verlangt von Ihnen aber eine Steuererklärung in folgenden Fällen:

- Wenn Sie oder Ihr Ehegatte neben dem Arbeitseinkommen andere Einkünfte beziehen, die insgesamt über 410 € hinausschießen. Das umfasst alle Einkünfte als Gewerbetreibender, Land- und Forstwirt, sonstig Selbständiger, Freiberufler, ferner Einkünfte aus Vermietung, Kapital, Renten oder Spekulationsgeschäften. Dabei werden positive Einkünfte mit Verlusten, z.B. aus der Vermietung eines Hauses, verrechnet.

  Nebeneinkünfte bis 410 € sind also steuerfrei. Wenn sie aber über diesen Betrag hinausgehen, schlägt der Fiskus zu, zunächst behutsam, denn zwischen 410 € und 820 € gewährt er einen Freibetrag (Härteausgleich) in Höhe der Differenz zwischen den Nebeneinkünften und 820 €.

Beispiel

Nebeneinkünfte		500 €
Grenzbetrag	820 €	
./. Nebeneinkünfte	− 500 €	
Freibetrag	320 € >	− 320 €
Zu versteuern		180 €

WICHTIGER HINWEIS

Der Härteausgleich gilt nicht für Einkünfte aus Kapitalvermögen, wenn Sie wegen Ihres unter 25 % liegenden Gesamtsteuersatzes beantragt haben, die Kapitaleinkünfte in die Veranlagung einzubeziehen. Hatten Sie in der Vergangenheit nach Abzug des Sparerfreibetrags noch 400 € steuerpflichtige Kapital-erträge, haben Sie die gesamte Abgeltungsteuer erstattet bekommen. Künftig erhalten Sie nur noch die Differenz zwischen Ihrem persönlichen Steuersatz und der Abgeltungsteuer erstattet.

Doch nicht in jedem Fall ist diese Regelung von Nachteil. Haben Sie z.°B. neben den Kapitalerträgen noch andere Nebeneinkünfte, etwa aus Vermietung, bleibt Ihnen im Zweifel der Härteausgleich für diese Einkünfte. Haben Sie z.°B. neben Ihrem Arbeitslohn 410 € Zinseinkünfte und weitere 410 € Vermietungsein-künfte, insgesamt also 820 € Nebeneinkünfte, ging in der Vergangenheit der ge-samte Härteausgleich verloren. Da die Zinseinkünfte nunmehr ausgenommen sind, haben Sie mit Ihren Vermietungseinkünften nur noch 410 € Nebenein-künfte im Sinne der Härteausgleichsregelung. Diese sind dann wieder komplett steuerfrei.

477
- Wenn jemand aus mehreren Arbeitsverhältnissen Entlohnung oder Gehalt bezieht.

- Wenn jemand steuerfreie Bezüge über 410 € hatte, die dem Progressionsvor-behalt unterliegen (siehe dazu ➤ Rz 459).

- Wenn jemand Arbeitslohn bezogen hat, von dem zu Recht keine Steuer ab-gezogen wurde.

- Wenn Ehegatten/Lebenspartner die Steuerklassenkombination III/V ge-wählt oder vom Faktorverfahren Gebrauch gemacht haben.

- Wenn Lohn nach der Steuerklasse VI besteuert wurde.

- Wenn jemand während eines Teils des Jahres rentenversicherungsfreien und während der übrigen Zeit rentenversicherungspflichtigen Arbeitslohn bezo-gen hat.

- Wenn sich jemand auf seiner Lohnsteuerkarte einen Freibetrag wegen Ver-lust aus Vermietung und Verpachtung oder wegen Förderung von Wohn-eigentum, für erhöhte Werbungskosten, Sonderausgaben oder außergewöhn-liche Belastungen eintragen ließ.

- Wenn die Vorsorgepauschale für Kranken- und Pflegeversicherung beim Lohnsteuerabzug höher war als die tatsächlichen Beiträge.

- Wenn bei einem Elternpaar ein Elternteil den vollen Kinderfreibetrag einge-tragen bekam und der andere bisher beschränkt Steuerpflichtige im Lauf des Jahres unbeschränkt steuerpflichtig wurde.

- Wenn auf Antrag eines Elternteils der Kinderfreibetrag übertragen wurde.

- Wenn bei Scheidung einer der Geschiedenen oder bei Tod des Ehegatten der Überlebende im selben Jahr wieder heiratete.

- Wenn geschiedene oder dauernd getrennt lebende Elternpaare einen Kin-derausbildungsfreibetrag oder einen Pauschbetrag für ein körperbehindertes Kind anders als hälftig aufgeteilt haben.

2. Abgabetermin für die Steuererklärung 349

- Wenn Entschädigungen im laufenden Jahr nach der Fünftel-Regelung besteuert wurden.
- Wenn auf der Lohnsteuerbescheinigung der Großbuchstabe »S« eingetragen ist.
- Wenn bei der Abgeltungsteuer auf Kapitaleinkünfte keine Kirchensteuer einbehalten wurde.

Ein Steuerzahler kann auch von sich aus die Einkommensteuerveranlagung beantragen, wenn er

- ausländische Steuer angerechnet haben möchte,
- einen ermäßigten Steuersatz für außerordentliche Einkünfte beantragen will,
- Verluste aus einer anderen Einkunftsart als der nichtselbständigen angerechnet haben möchte,
- Verlustabzüge und Verlustrückträge geltend machen will,
- zu viel gezahlte Abgeltungsteuer angerechnet haben möchte, weil der persönliche Steuersatz geringer ist als die Abgeltungsteuer (zu den Besonderheiten beim Härteausgleich in diesem Fall siehe ➤ Rz 476),
- zu viel gezahlte Lohnsteuer erstattet bekommen will (Quelle: § 46 EStG),
- wenn er als Ehegatte oder eingetragener Lebenspartner eine Einzelveranlagung) wünscht.

2. Abgabetermin für die Steuererklärung

478 Die Erklärung für eine *Pflichtveranlagung* soll bis zum 31. 5. des folgenden Jahres abgegeben werden. Wird sie von einem Steuerberater oder Lohnsteuerhilfeverein erstellt, verlängert sich die Abgabefrist bis zum 31. 12. (§ 149 AO). Wird sie nicht rechtzeitig abgegeben, kann das Finanzamt einen Verspätungszuschlag festsetzen (§ 152 AO).

GUTER RAT

479 Meist sind die Finanzämter nicht kleinlich mit der Verlängerung der Abgabefrist auch für Steuerzahler, die keinen Steuerberater engagieren. Rufen Sie am besten Ihren Sachbearbeiter beim Amt an (Durchwahl steht auf dem letzten Steuerbescheid) und vereinbaren Sie eine großzügige Fristverlängerung. Notieren Sie sich Name, Datum und Uhrzeit.

480 Die Frist für die *Antragsveranlagung* beträgt vier Jahre. Den Antrag auf Veranlagung für 2015 können Sie also bis zum 31.12.2019, 24 Uhr, stellen. Maßgebend ist dabei, wann der Antrag beim Finanzamt eingeht. Es genügt also nicht, wenn Sie Ihren Antrag für 2015 an Silvester 2019 beim Postamt aufgeben.

GUTER RAT

Wenn Sie Ihren Antrag in der Nacht von 31. Dezember auf 1. Januar direkt in den Hausbriefkasten des Finanzamts werfen, bekommt er den Eingangsstempel des letzten Werktags.

Ist es Ihnen nicht möglich, die Steuererklärung persönlich zum Finanzamt zu bringen, können Sie sie auch faxen (BMF-Schreiben v. 16.4.2015 – BStBl 2015 I S. 438). Wichtig ist auch hierbei, dass Sie das Fax bis spätestens 31.12. übermittelt haben. Wann das Finanzamt das Fax ausdruckt, spielt keine Rolle. Für den Fall, dass bei der technischen Übermittlung aufseiten des Finanzamts etwas schiefgeht oder wegen Leitungsproblemen das Fax erst nach dem 31.12. dort eingeht, sollten Sie sicherheitshalber das Sendeprotokoll aufbewahren, mit dem Sie das rechtzeitige Absenden nachweisen können. In so einem Fall ist nämlich die Verspätung entschuldigt. Stellen Sie ggf. einen »Antrag auf Wiedereinsetzung in den vorigen Stand gem. § 110 AO«.

481 Stellen Sie am letzten Tag der Abgabefrist fest, dass Sie kein Antragsformular haben, genügt leider kein formloses Schreiben an das Amt (»Unterlagen werden nachgereicht«). Sie müssen immer einen Antrag ausfüllen. Im Notfall können Sie sich ein Formular aus dem Internet herunterladen – Adresse: www.steuerliches-info-center.de.

Chaos, wohin man blickt, nichts als Chaos!
(Dr. W. Dann, ehem. Präsident der Bundessteuerberaterkammer, zum deutschen Steuerrecht)

3. Wie verhalte ich mich geschickt bei Nebeneinkünften?

482 Haben Sie neben Ihren Arbeitseinkünften andere Einkunftsquellen, die insgesamt mehr als 410 € einbringen, müssen Sie, wie schon gesagt, eine Einkommensteuererklärung abgeben (= Pflichtveranlagung).

Haben Sie neben Ihren Arbeitseinkünften *Verluste* aus einer anderen Einkunftsart, werden Sie von sich aus eine Erklärung abgeben, um die Verluste berücksichtigen zu lassen (= Antragsveranlagung).

TRICK

Arbeiten Sie nebenberuflich als selbständiger Fotograf!

Warum nicht Ihr Hobby professionell ausüben? Luftige Bilder von netten Modellen lassen sich ganz gut an Boulevardzeitungen verkaufen.

»Und was bringt mir das? Nehmen wir mal an, ich bekomme für ein Foto 150 € und kann zehn davon im Jahr absetzen, dann sind das 1.500 €, mit denen ich sicher nicht umsatzsteuerpflichtig bin«, sagen Sie, »aber ich werde damit einkommensteuerpflichtig. Wenn ich die Abschreibung für meine Fotoausrüstung, die Spesen für die Modelle und die Beiträge an die Berufsgenossenschaft rechne, bleibt vielleicht ein Tausender übrig, den ich aber noch versteuern muss.«

Richtig. Nur nicht richtig, wenn Sie Ihren Konz gelesen haben. Der rät Ihnen nämlich: Stellen Sie z.B. Ihren Ehepartner als Hilfskraft ein. Er kann Ihnen die Ausleuchtlampen halten oder als Schreibkraft die Zeitschriftenredaktionen anschreiben und mit Ihren Bildchen bombardieren, Ihre Bücher führen, Terminvereinbarungen mit Ihren Modellen treffen …

Sie schließen einen Arbeitsvertrag mit ihm, den das Finanzamt anerkennen muss, auch wenn Sie hauptberuflich *nicht selbständig* sind. **Vereinbaren Sie darin, dass er z.B. als Teilzeitkraft wöchentlich ein Entgelt von 50 € erhält.**

Der Monatslohn beträgt dann ca. 200 €, und Sie können von der Minijobregelung Gebrauch machen. Es fallen lediglich pauschale Sozialversicherungsbeiträge (15 % Rentenversicherung, 13 % Krankenversicherung, 1,09 % Umlagen) und lächerliche 2 % Pauschalsteuern an, insgesamt also 31,09 %, die Sie als Betriebsausgaben abziehen können. Hinzu kommt noch je nach Branche der Beitrag zur gesetzlichen Unfallversicherung.

Und so sieht Ihre Rechnung für das Finanzamt aus:

Einnahmen	1.500 €
./. Ausgaben für Schreibmaterial, Fotoausrüstung, Modellhonorare	– 500 €
./. Gehalt Aushilfe 12 × 200 €	– 2.400 €
./. Pauschalabgaben	– 746 €
= Verlust aus Fotografentätigkeit	– 2.146 €
Steuerersparnis bei einem durchschnittlichen Steuersatz von 30 %	644 €

Womit Sie die Abgaben auf den Aushilfsjob zum weitaus größten Teil wieder heraushaben.

Gleichzeitig haben Sie Ihrer besseren Hälfte künftige Rentenansprüche verschafft. Die fallen übrigens deutlich attraktiver aus, wenn Sie nicht auf die Rentenversicherungsfreiheit verzichten und auf den Rentenpauschalbeitrag 3,7 % des Lohns drauflegen.

Gehören Sie zu den Besserverdienenden, kann die Steuerersparnis sogar bis zu 45 % zzgl. Solidaritätszuschlag und Kirchensteuer, also ca. 1.105 € betragen.

483 Aufpassen müssen Sie allerdings, dass das Finanzamt ein solches Tätigsein nicht als (steuerlich unbeachtet zu lassende) Liebhaberei auslegt. Deshalb sollten Sie nach ein paar Anlaufjahren auch mal einen kleinen Gewinn ausweisen. Außerdem sollten Sie vermeiden, dass ortsansässige Fotografen mit der Handwerksordnung winken oder Ihnen gar das Gewerbeaufsichtsamt ins Haus kommt: Denn Fotograf darf sich nur nennen, wer die entsprechende Gesellenprüfung abgelegt hat, ein selbständiger Fotograf braucht sogar die Meisterprüfung. Deshalb sollten Sie sich tunlichst nicht Fotograf, sondern z. B. »Fotodesigner« nennen und offiziell nur Reportage- und künstlerische Fotos anfertigen. Eine solche Tätigkeit ist durch die Handwerksordnung nicht geschützt.

GUTER RAT

484 Wenn beide Ehepartner Nebeneinkünfte von 410 € im Jahr haben, werden sie nochmals extra veranlagt. Das Finanzamt fordert für die 820 € eine Steuer zwischen 140 € und 394 € nach. Dem kann man entgehen, indem man einen Antrag auf Einzelveranlagung für Ehegatten stellt. In diesem Fall muss das Finanzamt den Freibetrag von 410 € zweimal gewähren und somit die Versteuerung der gesamten 820 € ins Wasser fallen lassen. Zwar verliert man dann den Splittingvorteil, aber wenn beide Ehegatten ein etwa gleich hohes Einkommen beziehen, macht der kaum etwas aus.

SUPER TRICK

Drücken Sie gelegentliche Vermittlungsprovisionen unter die Steuergrenze!

485 **S** Viele Leute sind zu bange, sich nebenbei etwas zu verdienen, weil sie glauben, Scherereien mit der Steuer zu bekommen. Das ist Unsinn. Das Finanzamt ist dazu da, seine Schröpfköpfe nach den gesetzlichen Bestimmungen anzusetzen, und die besagen nun mal, dass bei Arbeitnehmern Nebeneinkünfte unter 410 € im Jahr nicht steuerpflichtig sind. Liegen Sie also insgesamt unter 410 €, brauchen Sie keine Steuererklärung abzugeben. Und denken Sie daran:

3. Wie verhalte ich mich geschickt bei Nebeneinkünften?

Verluste aus einer anderen Einkunftsart können Sie mit Ihren positiven Nebeneinkünften aufrechnen. Wenn Sie mal alle Fahrgelder, das Arbeitsmaterial, den Kleider- und Wäscheverschleiß, die Waschkosten etc. von dem abziehen, was Sie in die Hand gedrückt bekommen (und wofür Sie dem anderen eine Quittung geben, damit er es von seiner Steuer absetzen kann), mindert sich der erhaltene Betrag sicher beträchtlich!

Und selbst wenn die steuerfreien 410 € überstiegen werden sollten, ist bis 820 € **486**
(Milderungsregel/Härteausgleich) noch immer nicht alles steuerpflichtig, wie die folgende Tabelle zeigt:

Gesamtbetrag der Nebeneinkünfte	steuerfreier Betrag	steuerpflichtiger Rest
€	€	€
450	370	80
500	320	180
550	270	280
600	220	380
650	170	480
700	120	580
750	70	680
800	20	780
820	0	820

Trick 17: Wenn Sie im Lauf des Jahres merken, dass Sie es wahrscheinlich nicht **487**
schaffen, unter 410 € zu bleiben, geben Sie sich einen Stoß und überlassen den Auftrag/die Arbeit einem anderen. Eine Vermittlungsprovision z. B. kann genauso gut von Ihrem Vater bezogen werden. Oder von Ihrem Ehegatten. Dabei ist jedoch zu beachten, dass sich die 410-€-Grenze auf die Summe der von den Ehegatten bezogenen Einkünfte bezieht. Überlegen Sie, ob evtl. eine getrennte Veranlagung in Frage kommt (➤ Rz 471). Natürlich muss der andere das Vermittlungsgeschäft dazu auch abschließen. Ihn nur die Quittung unterschreiben zu lassen und sonst alles selbst zu machen darf natürlich nicht sein. Das wäre Steuerumgehung, und das wollen Sie ja nicht.

Ist Trick 17 nicht möglich und kriegen Sie mehr Geld auf die Hand, rate ich Ihnen, das dem Finanzamt zu melden. Besonders wenn Sie arbeitslos sind oder befürchten müssen, beim Finanzamt verpfiffen zu werden. Denn dann gilt das Steuergeheimnis nicht mehr, und das Finanzamt darf aufgrund von § 31 a AO Ihre Bezüge dem Arbeitsamt melden. Was böse für Sie enden könnte.

Bei der Berechnung Ihrer Nebeneinkünfte werden zwar grundsätzlich alle Einkünfte zusammengerechnet, bestimmte sonstige Einkünfte wie Provisiönchen oder aus Gelegenheitsgeschäften, Vermietung beweglicher Sachen und gelegentlichen Vermittlungen bleiben dabei aber von vornherein unberücksichtigt, sofern sie 256 € im Jahr nicht übersteigen. Die 256 € sind eine **Freigrenze**, kein Freibetrag, d. h., wenn die Grenze überschritten wird, ist der gesamte Betrag steuerpflichtig. Haben Sie z.B. als Arbeitnehmer geringe Vermietungseinkünfte von 350 € und aus der einmaligen Vermittlung einer Versicherung Provisionseinkünfte von 250 €, wird die Provision nicht berücksichtigt. Sie müssen deswegen also weder eine Steuererklärung abgeben noch die Nebeneinkünfte versteuern. Lagen Ihre Provisionseinkünfte dagegen bei 300 € – also über der Grenze von 256 € –, werden sie voll mitgerechnet. Zusammen mit den Mieteinkünften kommen Sie nun auf Nebeneinkünfte von 650 € und müssen eine Steuererklärung einreichen, aufgrund deren Ihre Nebeneinkünfte nachträglich besteuert werden. Da der Gesamtbetrag Ihrer Nebeneinkünfte aber unter 820 € liegt, wird ein Härteausgleich (➤ Rz 486) von 170 € abgezogen, und Sie müssen nur 480 € tatsächlich versteuern.

Der größte Feind des Rechts ist das Vorrecht.
(Ebner-Eschenbach)

TRICK

Werfen Sie mit der Wurst nach der Speckseite!

488 Sie freuen sich mächtig über die Provision, die Ihnen die Lebensversicherung für den Vertrag zahlt, den Sie gerade vermittelt haben. Die 350 € können Sie gut brauchen, Sie müssen ja schließlich noch Ihr Häuschen abzahlen.

Selbst wenn Sie von den	350 €
Ihre Fahrtkosten abziehen,	− 50 €
bleiben Ihnen noch	300 €

Denken Sie! Denn nun kommt das Finanzamt, schlägt diese 300 € als Nebenverdienst Ihrem Einkommen zu und knöpft Ihnen so auf Umwegen zwischen 51 und 144 € ab.

»Was soll ich denn dagegen machen?«, fragen Sie.

Ganz einfach. Denken Sie doch einmal nach, wer Ihnen den Tipp mit Ihrem Versicherungskunden gegeben hat. Vielleicht der Papa oder die Freundin? Zeigen Sie sich großzügig und lassen Sie als Belohnung einen Fünfziger springen, schließlich hätten Sie ohne den Tipp das Geschäft nicht gemacht. Nun lautet die Rechnung:

Provision	350 €
./. Fahrtkosten	− 50 €
./. Unterprovision	− 50 €
Gewinn	250 €

Der Gewinn liegt jetzt nicht mehr über der Freigrenze, und damit sparen Sie die gesamte Steuer. Das nenne ich wundersame Geldvermehrung. 50 € ausgegeben und dadurch zwischen 51 € und 144 € gespart!

TRICK

Wie Sie als Hausbesitzer oder mit Nebeneinkommen rd. 400 € Steuer im Jahr sparen

Nehmen wir an, Sie haben im Jahr 2015 Einkünfte aus nichtselbständiger Arbeit bzw. aus einem früheren Dienstverhältnis in Höhe von 12.000 € Außerdem Einkünfte aus der Vermietung eines Hauses, die Sie wie folgt deklarieren:

Einnahmen aus Mieten		2.600 €
Ausgaben:		
Grundsteuer	200 €	
Abschreibung	200 €	
Reparaturen	800 €	
Versicherungen, Kaminfeger	100 €	
Hypothekenzinsen	400 €	
	1.700 € >	– 1.700 €
Einkünfte aus Vermietung	900 € >	900 €
Gesamtbetrag der Einkünfte		12.900 €
Das Finanzamt setzt diese Rechnung fort,		
zieht Ihnen die Vorsorgeaufwendungen von 1.577 €		
und den Sonderausgabenpauschbetrag von 36 € ab =		– 1.613 €
und kommt auf ein zu versteuerndes Einkommen von		11.287 €
Darauf entfällt eine Einkommensteuer von		473 €
Es zieht die bereits von Ihnen gezahlte Lohnsteuer ab		– 77 €
und fordert von Ihnen an Einkommensteuer		396 €
zzgl. z.B. 9 % Kirchensteuer		36 €
und Solidaritätszuschlag		0 €
Zusammen also einen Betrag von		432 €

Um das zu vermeiden, könnten Sie z.B. Hypothekenzinsen am Jahresende gleich für das kommende Jahr mitzahlen, also zweimal 400 €, oder die Grundsteuer mit 200 € im Voraus abdrücken oder dem Handwerker einen Vorschuss in Höhe von 150 € auf seine Rechnung im nächsten Jahr geben. Wenn Sie dann noch die Dezembermiete eines zuverlässigen Hausbewohners einen

Monat später (nach dem 10. Januar, weil sie Ihnen das Finanzamt sonst noch dem alten Jahr hinzurechnet – vgl. § 11 EStG) kassieren, bleiben Ihre Hauseinkünfte unter 410 €.

Das Finanzamt kann nichts verlangen, und Sie haben die ganze Einkommensteuer gespart. Natürlich gilt das auch für all diejenigen, die kleinere Nebeneinkünfte aus anderen Sparten als Vermietung und Verpachtung haben.

Wenn Ihr Ehepartner nebenbei Kerzen oder Haushaltswaren vertritt oder Sie selbst eine kleinere Versicherungsvertretung oder Einkünfte aus Landwirtschaft haben, dürfen Sie natürlich keine Einnahmen kürzen, denn das wäre ja Steuerhinterziehung. Aber Sie können ohne weiteres eine Betriebsausgabe in der Höhe machen, dass Sie unter 410 € Einkünften bleiben! (BFH v. 13.3.1964 – IV 152/63)

TRICK

Wie Handelsvertreter und andere ihre Einnahmen übertragen

490 Autohandel ist zwar nicht Ihre Sache, aber Sie verdienen sich als nichtselbständiger Automobilverkäufer gern nebenbei ein paar Hunderter mit der Vermittlung von Autos.

Die Einnahmen aus diesen Nebengeschäften haben Sie bisher wie folgt versteuert: Im Durchschnitt veräußern Sie zwei Wagen zu je 4.000 €. Die Wagen wurden mit je 3.600 € eingekauft. Umsatzsteuer fällt keine an, denn der Umsatz liegt unter der Freigrenze von 17.500 €. Aber an Einkommen-, Kirchensteuer und Solidaritätszuschlag zahlen Sie etwa 35 % vom Verdienst (800 €), das sind 280 €. Warum?

Lassen Sie doch Ihren alten Vater eines der Geschäfte mit den Wagen abwickeln! Er kann sich ja auch mal ein paar Euro nebenbei verdienen. Der Vater bezieht eine Pension und hat sonst keinerlei Einkünfte. Er kauft auf seinen Namen eines der Fahrzeuge und verkauft es mit entsprechendem Kaufvertrag, den er unterschreibt. Es stört nicht, dass er keine Gewerbeerlaubnis besitzt. Die Tätigkeit ist lediglich eine gelegentliche, und die ist in diesem Fall nicht steuerpflichtig.

Auch eine Gewerbemeldepflicht für den alten Herrn besteht nicht, weil Gewerbesteuer erst ab einem Gewerbeertrag von 24.500 € zu zahlen ist. Das Schöne aber ist, dass der Vater mit dem erzielten Verdienst auch nicht einkommensteuerpflichtig ist, da sein Gewinn aus dem Wagen nur 400 € betragen hat. Sie zahlen ebenfalls nicht, weil Ihre Einkünfte aus dem Autohandel jetzt ebenfalls unter 410 € liegen.

Ihre Gesamtersparnis inkl. Kirchensteuer und Solidaritätszuschlag liegt je nach Steuersatz zwischen 155 und 430 €.

*In einer Untersuchung zum Thema
»Bürger und Finanzamt« ließ das
hessische Finanzministerium unter
anderem fragen, was den Leuten an ihrem
Amt denn nun am besten gefalle.
Kürzeste Antwort: »Der Ausgang.«*

VIII. Sonderausgaben

Von den Einkünften können zur Berechnung des Einkommens verschiedene **491**
private Ausgaben abgezogen werden, insbesondere *Sonderausgaben* und außergewöhnliche Belastungen.
Unter Sonderausgaben versteht man eine Reihe von Lebenshaltungskosten, die
zumeist aus sozial- oder steuerpolitischen Gründen einkommensmindernd zum
Abzug zugelassen sind. Das Gesetz unterscheidet zwischen *Vorsorgeaufwendungen* und *übrigen Sonderausgaben*.

1. Vorsorgeaufwendungen

In einem großen Rundumschlag hat der Fiskus mit dem Alterseinkünftegesetz **492**
sowohl die Besteuerung von Renten und Pensionen als auch die steuerliche
Abzugsfähigkeit von Vorsorgeaufwendungen auf völlig neue Füße gestellt. Dadurch können Sie Ihre Aufwendungen für die Altersvorsorge in vollem Umfang
von der Steuer absetzen. Im Gegenzug müssen Sie aber Ihre späteren Alterseinkünfte in voller Höhe versteuern.
Dieses Prinzip nennt die Ministerialbürokratie im schönen Fiskaldeutsch
»nachgelagerte Besteuerung«.
Die Finanzakrobaten haben natürlich ganz schnell gerechnet und festgestellt,
wenn sie ab sofort alle Beiträge zur Altersvorsorge steuerlich abzugsfähig
machen, kostet sie das ein Heidengeld. Die Steuermehreinnahmen durch die
volle Versteuerung der Renten und Pensionen fließen nämlich erst viel später,
wenn die Steuerzahler nach und nach in Rente gehen. Folglich hat man die
endgültige Umsetzung der nachgelagerten Besteuerung mit einer Übergangsregelung über sage und schreibe 20 Jahre gestreckt. Für Sie bedeutet das: Sie
können jedes Jahr nur ein kleines Häppchen mehr von Ihren Beiträgen zur
Altersvorsorge absetzen, und die neu hinzukommenden Rentner versteuern
Jahr für Jahr ein wenig mehr von ihrer Rente.
Die Folge: Es ist wieder alles viel komplizierter geworden. Ich würde zu gern
einmal Mäuschen spielen, wenn einige der vermeintlichen Steuerexperten im
Finanzausschuss des Bundestags versuchen, die absetzbaren Sonderausgaben
eines bestimmten Jahres zu berechnen. Wetten, dass keiner dieser hochbezahlten Volksvertreter auch nur einen Hauch von dem versteht, was er da mit
verbrochen hat?

493 a) Was sind Vorsorgeaufwendungen, und welche sind steuerlich interessant?
Vorsorgeaufwendungen sind im Prinzip Beiträge zu Versicherungen, mit denen Sie für Alter, Arbeitslosigkeit, Krankheit, Unfall, Pflegebedürftigkeit und Haftpflichtschäden vorsorgen. Neben Zahlungen an private Versicherungen gehören dazu vor allem Ihre Beiträge zur gesetzlichen Sozialversicherung.

Unterschieden wird dabei letztlich zwischen folgenden Gruppen von Versicherungen:

494 Aufwendungen für die Altersvorsorge (»Basisversorgung«), die auf lange Sicht bis zu 22.172 €/44.344 € (Ledige/Verheiratete) abzugsfähig sind.
Dazu gehören Beiträge

- an die gesetzliche Rentenversicherung,
- zur landwirtschaftlichen Alterskasse,
- zur Künstlersozialkasse,
- an berufsständische Versorgungswerke, z.B. Versorgungskassen der Ärzte-, Notar-, Rechtsanwalts-, Steuerberaterkammern etc.,
- in eine kapitalgedeckte Altersversorgung (sog. Rürup-Rente), die nach dem 31.12.2004 begann (keine Beitragszahlung vor dem 1.1.2005).

Zusätzlich werden, wenn Sie Arbeitnehmer sind, Ihren eigenen Beiträgen der steuerfreie Arbeitgeberanteil zur Rentenversicherung oder vergleichbare steuerfreie Zuschüsse Ihres Brötchengebers zugeschlagen.

495 Sonstige Vorsorgeaufwendungen, die nur sehr eingeschränkt abzugsfähig sind.
Dazu rechnen

- die Beiträge zur gesetzlichen oder privaten Arbeitslosenversicherung.
- für Sonderleistungen (Komfortleistungen wie Ein-Bett-Zimmer, Chefarztbehandlung etc.) bei privaten Kranken- und Pflegeversicherungen.
- Unfallversicherungen.
- Erwerbs- und Berufsunfähigkeitsversicherungen, die nicht ausnahmsweise mit einer »Rürup-Renten-Versicherung« gekoppelt sind.
- Reine Risikolebensversicherungen. Dabei ist egal, ob die Hinterbliebenen eine Rente oder eine Kapitalauszahlung bekommen.
- Lebensversicherungen, wenn der Versicherungsvertrag bis spätestens 31.12.2004 abgeschlossen wurde **und** die erste Beitragszahlung bis spätestens 31.12.2004 erfolgte.
- Haftpflichtbeiträge jeglicher Art, sofern sie keine Betriebsausgaben oder Werbungskosten sind, also die Beiträge für die allgemeine Privathaftpflicht, für die Pkw-Haftpflicht, für das Wohnmobil und das Segelboot. Auch wenn Sie eine Hunde- oder Pferdehaftpflichtversicherung abgeschlossen haben, können Sie die Beiträge hier unterbringen.

Die sonstigen Vorsorgeaufwendungen werden mit den Beiträgen zur Basiskranken- und Pflegeversicherung zusammengerechnet und nur bis zum Höchstbetrag von insgesamt 1.900 € (bei Selbständigen 2.800 €) abgezogen. Allerdings werden mindestens die Basiskranken- und Pflegeversicherungsbeiträge berücksichtigt, auch wenn diese für sich gesehen über 1.900 € (bzw. 2.800 €) liegen.

Beiträge zur Krankenversicherung 496

Abzugsfähig als Sonderausgaben sind Beiträge zur Krankenversicherung in Höhe der sog. Basisabsicherung für

- Sie selbst,
- Ihren Ehepartner,
- Ihren eingetragenen Lebenspartner,
- Ihre Kinder, die steuerlich zu berücksichtigen sind.

Leisten Sie als Unterhaltsverpflichteter Beiträge zur Kranken- und Pflegeversicherung des getrennt lebenden oder geschiedenen Ehegatten, erhöht sich der Höchstbetrag von 13.805 € um die übernommenen Beiträge zur Basiskranken- und Pflegepflichtversicherung.

Zusätzlich wird für die Unterstützung unterhaltsberechtigter Angehöriger und diesen gleichgestellter Personen der Abzug von Beiträgen zur Basisabsicherung als außergewöhnliche Belastung geregelt. Dazu wird der Unterhaltshöchstbetrag nach § 33a Abs. 1 EStG um die zugunsten der unterhaltenen Person gezahlten Beiträge erhöht. Betroffen sind Zahlungen für folgende Personen:

- nicht mehr steuerlich zu berücksichtigende Kinder, z.B. Kinder in Berufsausbildung nach Vollendung des 25. Lebensjahres,
- Eltern,
- Großeltern,
- geschiedener oder getrennt lebender Ehegatte, wenn vom Realsplitting kein Gebrauch gemacht wird,
- Partner einer nichtehelichen Lebensgemeinschaft, wenn wegen der eheähnlichen Gemeinschaft Sozialleistungen verweigert oder gekürzt werden,
- Mutter eines unehelichen Kindes des Steuerpflichtigen.

Beiträge, die über die sog. Basisabsicherung hinausgehen, sind nur als *sonstige Vorsorgeaufwendungen* abzugsfähig. Das sind vor allem Beitragsanteile für Wahlleistungstarife und Zusatztarife, z.B. für Chefarztbehandlung, Ein-Bett-Zimmer-Unterbringung, Zahnzusatz, Beihilfeergänzung etc. und zwar unabhängig davon, ob die Versicherung in der gesetzlichen oder einer privaten Krankenversicherung erfolgt. Ebenso die Beitragsanteile, soweit sie zur Finanzierung des Krankengeldes dienen. Vermittelt die Krankenversicherung einen Anspruch auf Krankengeld oder vergleichbare Ansprüche, wird der jeweilige Beitrag dazu pauschal um 4 % vermindert.

Unter diese Regelung dürften zudem sog. Ruhensbeiträge zu einer privaten KV fallen, die eine spätere Fortführung der KV ohne Alterszuschläge ermöglichen.

Beiträge zu Pflegepflichtversicherungen

Die Beiträge zur gesetzlichen Pflegeversicherung inkl. Zuschlag für Kinderlose sind in voller Höhe als Sonderausgaben abziehbar.

Sonstige Vorsorgeaufwendungen

Der gemeinsame Höchstbetrag für sonstige Vorsorgeaufwendungen und andere Versicherungen liegt bei 1.900 € (2.800 € für Selbständige).

Beispiel

Sie sind als Selbständiger privat krankenversichert. Ihr Krankenversicherungsbeitrag beträgt 2.400 €. Davon entfallen 10 % auf Wahlleistungen wie Chefarztbehandlung etc. Für Ihre Pflegepflichtversicherung fallen zusätzlich 200 € an. Außerdem haben Sie 800 € für Haftpflicht- und Unfallversicherungen gezahlt.

Beiträge zur Krankenversicherung		2.400 €
Beiträge zur Pflegeversicherung		200 €
Weitere Vorsorgeaufwendungen		800 €
Summe		3.400 €
Höchstbetrag 2.800 €		
Mindestens Basiskrankenversicherung (90 % v. 2.400 €)	2.160 €	
Pflegeversicherung	200 €	
	2.360 €	> 2.360 €
Anzusetzen sind		2.800 €

497 **Vorsorgepauschale**

Im Veranlagungsverfahren werden nur die tatsächlich geleisteten Beiträge berücksichtigt. Ohne Nachweis wird im Rahmen der Einkommensteuerveranlagung lediglich der Sonderausgabenpauschbetrag (36 €/72 €) geregelt.

Die Berücksichtigung der als Sonderausgaben abziehbaren Beiträge im Lohnsteuerabzugsverfahren erfolgt dagegen pauschal durch Abzug einer Vorsorgepauschale.

Daneben bleibt es bei der sukzessiv bis 2024 Jahr für Jahr steigenden Berücksichtigung einer gesonderten Pauschale für Basisversorgungsbeiträge zur Altersvorsorge. Begünstigt sind in der Rentenversicherung Pflichtversicherte oder wegen Versicherung in einem berufsständischen Versorgungswerk von der Rentenversicherungspflicht befreite Arbeitnehmer. Damit scheidet die Berücksichtigung z.B. bei Beamten, beherrschend beteiligten Gesellschafter-Geschäftsführern und weiterbeschäftigten Rentnern aus.

Vorsorgepauschale für Krankenversicherung bei gesetzlich Krankenversicherten

Abgezogen wird in den Steuerklassen I bis VI – unabhängig davon, ob der Arbeitnehmer freiwillig oder pflichtversichert ist – ein Betrag, der dem Arbeitnehmeranteil ohne Krankengeldanspruch entspricht.

1. Vorsorgeaufwendungen

Die Berechnung der Vorsorgepauschale für die Krankenversicherung geht vom ermäßigten Beitragssatz (ohne Anspruch auf Krankengeld) aus, der für 2015 14,0 % beträgt. Daraus ergibt sich ein Arbeitnehmeranteil von 7,0 % (50 % von 14,0). Zusätzlich wir der von Krankenkasse zu Krankenkasse unterschiedliche Zusatzbeitrag berücksichtigt, der ausschließlich vom Arbeitnehmer zu tragen ist. Dieser Zusatzbeitrag, der zwischen 0 % und 1,3 % betragen kann, wird von vielen Krankenkassen mit 0,9 % erhoben.

Da nur auf den ermäßigten Beitragssatz abgestellt wird, ist der Beitragsanteil für Krankengeldzahlungen von vornherein ausgeklammert.

Vorsorgepauschale für Pflegeversicherung
Bei Arbeitnehmern, die in der sozialen Pflegeversicherung versichert sind, werden die Versicherungsbeiträge in den Steuerklassen I bis VI mit 1,175 % des Bruttoarbeitslohns berücksichtigt. Eine Ausnahme gilt, wenn Sie in Sachsen leben. Hier beträgt der Arbeitnehmeranteil 1,675 %. Hinzu kommt jeweils der Zuschlag für Kinderlose von 0,25 %, macht insgesamt 1,425 % bzw. in Sachsen 1,925 % des Arbeitslohns.

Vorsorgepauschale bei privat Versicherten
Auch die Beiträge zur privaten Kranken- und Pflegepflichtversicherung werden beim Lohnsteuerabzug berücksichtigt. Zu diesem Zweck übermittelt die Versicherungsgesellschaft die Kranken- und Pflegeversicherungsbeiträge des Versicherten und ggf. von dessen Ehe- oder Lebenspartner und Kindern an das Bundeszentralamt für Steuern, das die Daten im Rahmen der elektronischen Lohnsteuerkartenmerkmale zur Verfügung stellt.

Von dieser Regelung betroffen sind neben Beamten vor allem Gesellschafter-Geschäftsführer und wegen Überschreiten der Pflichtversicherungsgrenze privat versicherte Arbeitnehmer.

Statt der tatsächlichen Basisbeiträge wird beim Lohnsteuerabzug eine Mindestvorsorgepauschale von 12 % des Arbeitslohns, max. aber 1.900 € (StKl I, II, IV, und V) bzw. 3.000 € (StKl III) abgezogen.

Beispiel
Auf der Basis der aktuellen Beitragssätze ergibt sich für die Vorsorgepauschale (2015) eines verheirateten, familienversicherten Arbeitnehmers mit einem Kind und einem Jahresarbeitslohn von 40.000 € folgende Berechnung:

Krankenversicherungspauschale	
(50 % v. 14,0 % = 7,0 % + 0,9 % =) 7,9 % v. 40.000 €	3.160 €
Pflegeversicherungspauschale	
(50 % v. 2,35 % =) 1,175 % v. 40.000 €	470 €
Mindestvorsorgepauschale	3.630 €

Für einen privat versicherten, ledigen und kinderlosen Arbeitnehmer mit 40.000 € Arbeitslohn ergibt sich folgende Vorsorgepauschale:

Mindestvorsorgepauschale 12 % v. 40.000 €,	4.800 €
max. aber	1.900 €
Vorsorgepauschale	1.900 €

TRICK

Melden Sie als Rentner das Auto Ihrer Kinder oder Enkel auf sich an!

498 Längst sind Ihre Kinder erwachsen und stehen im Berufsleben. Trotzdem stehen sie Ihnen natürlich zur Seite und fahren Sie, seit Sie selbst das Autofahren aufgegeben haben, so manches Mal mit ihrem Pkw. Klar stecken Sie ihnen dafür immer wieder ein paar Scheinchen als »Spritgeld« zu. Steuerlich können Sie das viel schlauer anstellen: Melden Sie das Auto Ihrer Kinder auf sich an und übernehmen Sie die Versicherungsbeiträge. Für Ihre Kinder spielt das in der Regel steuerlich keine Rolle. Die zahlen sich ja schon an der Sozialversicherung dumm und dusslig, so dass die Autoversicherung sich bei der Steuer gar nicht mehr auswirkt. Sie dagegen können jeden Euro Autohaftpflicht als Sonderausgaben absetzen, wenn Sie als Rentner Ihren Höchstbetrag von 1.900 €/3.800 € (Alleinstehende/Verheiratete) noch nicht ausgeschöpft haben. Und als Rentner stehen Sie ja oft vor dem Problem, dass Sie gar nicht so viele sonstige Vorsorgeaufwendungen haben, um den Höchstbetrag voll nutzen zu können.

Wenn Sie Ihrem Enkel auf diese Weise ein Auto sponsern, wird auch gleich der happige Anfängertarif in der Autoversicherung umgangen. Dass nicht Sie selbst, sondern Ihr Enkel die Beulen in das Vehikel fährt, ist dabei ohne Belang.

Wichtig in beiden Fällen ist nur, dass Fahrzeug und Versicherung auf Ihren Namen laufen! Denn: Nach der BFH-Rechtsprechung ist zum Abzug von Versicherungsbeiträgen als Sonderausgaben grundsätzlich nur berechtigt, wer die Beiträge als Versicherungsnehmer schuldet und entrichtet (BFH-Urt. v. 8.3.1995 – BStBl 1995 II S. 637). Als Nachweis haben Sie neben dem Versicherungsschein die Überweisung der Prämie von Ihrem Konto. Zahlen Sie aber Haftpflichtbeiträge, die Ihr Enkel oder Ihre Kinder als Versicherungsnehmer schulden, sind sie weder bei Ihnen noch bei Ihren Abkömmlingen absetzbar.

TIPP

für die Haftpflicht für Ihr Wohnungseigentum

Das Wohnen im eigenen Haus ist ein schönes, aber teures Vergnügen. Und steuerlich ist nicht viel zu holen. Deshalb vergessen Sie nicht, wenigstens die

Gebäudehaftpflicht anzusetzen. Für Ihre Eigentumswohnung soll Ihnen der Hausverwalter den Jahresbetrag nennen, der auf Ihre Wohnung entfällt. Dasselbe gilt natürlich auch dann, wenn Sie Ihr Häuschen oder Ihre Wohnung nicht selbst nutzen, sondern z. B. Ihre Kinder oder andere Angehörige mietfrei darin wohnen lassen. Aber: Vermieten Sie Ihr Wohneigentum, fällt die Gebäudehaftpflicht unter die Werbungskosten.

Beiträge zu zertifizierten Altersvorsorgeverträgen **499**
Wenn Sie einen zertifizierten Riester-Vertrag abgeschlossen haben, bekommen Sie dafür normalerweise die sog. Riester-Zulage. Da bei Ledigen und kinderlosen Ehepaaren die Förderung häufig recht mager ausfällt, wurde zur Ergänzung ein zusätzlicher Sonderausgabenabzug (§ 10 a EStG) von 2.100 € für solche Beiträge eingeführt. Ist die Steuerersparnis aus dem Sonderausgabenabzug höher als die Riester-Zulage, wird Ihnen der übersteigende Betrag über Ihre Einkommensteuererklärung erstattet.

b) Was können Sie von Ihren Vorsorgeaufwendungen höchstens absetzen? **500**
Die Höchstbeträge für den Abzug Ihrer Vorsorgeaufwendungen werden streng getrennt nach

● Altersvorsorgeaufwendungen und
● sonstigen Vorsorgeaufwendungen

berechnet.

Höchstbetrag für Altersvorsorgeaufwendungen 2015: **501**

	Alleinstehende	Verheiratete
Allgemeiner Höchstbetrag	22.172 €	44.344 €
./. Kürzung um 18,7 % des Arbeitslohns/der Bezüge (max. 62.400 €) (nur bei Beamten, Soldaten, Geistlichen etc., Vorständen, Geschäftsführern mit Pensionsanspruch und Abgeordneten)	−	− ....
= (gekürzter) Höchstbetrag (Betrag 1)	....	....
Tatsächliche Beiträge für Altervorsorgeversicherungen (gesetzliche Rentenversicherung, landwirtschaftl. Alterskassen, Versorgungswerke, Rürup-Versicherungen)	....	....
Arbeitgeberanteil zur Rentenversicherung	....	....
= insgesamt gezahlte Altersvorsorgeaufwendungen (Betrag 2)	....	....

vom geringeren Betrag **(Betrag 1/Betrag 2) 80 %**
(der abzugsfähige Prozentsatz erhöht sich

	Alleinstehende	**Verheiratete**
jährlich um weitere 2 %, bis 2024 volle 100 % erreicht sind)	....	....
./. Arbeitgeberanteil zur Rentenversicherung (nur bei rentenversicherungspflichtigen Arbeitnehmern)	−	− ....
= Höchstbetrag für Altersvorsorgeaufwendungen	=	= ....

502 **Zusätzlicher Höchstbetrag für sonstige Vorsorgeaufwendungen 2015**

Für Ihre sonstigen Vorsorgeaufwendungen, insbesondere die Beiträge zur Kranken- und Pflegeversicherung, gilt:

- Die Beiträge zur Basiskranken- und Pflegepflichtversicherung sind voll absetzbar, auch wenn sie die nachfolgend genannten Höchstbeträge übersteigen.
- Für Steuerzahler, die keine unmittelbaren Zuschüsse zu ihren Krankheitskosten oder steuerfreie Zuschüsse zur Krankenversicherung erhalten (= Selbständige, nicht sozialversicherungspflichtige Vorstände und Geschäftsführer), beträgt der Höchstbetrag 2.800 €.
- Steuerzahlern, die unmittelbare Zuschüsse zu ihren Krankheitskosten oder steuerfreie Zuschüsse zur Krankenversicherung erhalten (= sozialversicherungspflichtige Arbeitnehmer, Beamte, Soldaten, Geistliche, Rentner, familienversicherte Ehepartner etc.), steht ein Höchstbetrag von 1.900 € zu.

503 Bei Ehegatten wird der Höchstbetrag für jeden getrennt ermittelt. So bekommt z.B. ein Ehepaar, bei dem der Ehemann selbständig und die Ehefrau als sozialversicherungspflichtige Arbeitnehmerin tätig ist, einen Höchstbetrag von zusammen (2.800 € + 1.900 € =) 4.700 €.

Ist nur ein Ehegatte erwerbstätig, verdoppelt sich in aller Regel sein Höchstbetrag. Ist also der erwerbstätige Ehegatte selbständig, liegt der gemeinsame Höchstbetrag bei 5.600 €, während er bei einem als sozialversicherungspflichtiger Arbeitnehmer erwerbstätigen Ehegatten nur 3.800 € beträgt.

Einen Höchstbetrag von 3.800 € erhalten auch Ehepaare, bei denen einer oder beide Rentner sind.

Nach der Devise »Gleiches Recht für alle« gibt es für den nicht erwerbstätigen Ehe- bzw. Lebenspartner eines Beamten wie bei sozialversicherungspflichtigen Arbeitnehmern nun ebenfalls max. 1.900 € als Höchstbetrag (BFH v. 23.1.2013 – BStBl II 2013, 608).

504 Übersicht über den Höchstbetrag für sonstige Vorsorgeaufwendungen bei Ehegatten

Ehegatte1 / Ehegatte2	SV-pflichtiger Arbeitnehmer	Beamter	Selbständiger	Keine Beschäftigung
SV-pflichtiger Arbeitnehmer	3.800 €	3.800 €	4.700 €	3.800 €
Beamter	3.800 €	3.800 €	4.700 €	3.800 €
Selbständiger	4.700 €	4.700 €	5.600 €	5.600 €
Keine Beschäftigung	3.800 €	3.800 €	5.600 €	5.600 €

● **Günstigerprüfung: Alternativberechnung nach der bis 2004 gültigen Methode**   **505**

Die Berechnung der abzugsfähigen Höchstbeträge führt für Arbeitnehmer mit kleineren Einkommen und bei Selbständigen, die für ihre Altersvorsorgung in erster Linie auf Kapitallebensversicherungen gesetzt haben, aber auch bei Rentnern und Pensionären in vielen Fällen zu erheblichen Nachteilen gegenüber der Rechtslage bis zur Reform der Alterseinkünftebesteuerung. Um diese Nachteile auszugleichen, wird in einer Übergangszeit bis 2019 mindestens der Betrag als Sonderausgaben abgezogen, der sich bis 2004 als Höchstbetrag ergeben hätte.

Der Vorsorgehöchstbetrag berechnet nach der Rechtslage bis 2004 setzt sich für   **506**
2015 aus folgenden Einzelbeträgen zusammen:

	Alleinstehende	Verheiratete
1. Vorwegabzug	1.500 €	3.000 €
2. Sonderhöchstbetrag für freiwillige Pflegeversicherung bei nach dem 31.12.1957 Geborenen	184 €	368 €
3. Grundhöchstbetrag	1.334 €	2.668 €
Summe = Vollabzug	3.018 €	6.036 €
4. Hälftiger Höchstbetrag	667 €	1.334 €
Gesamtsumme = Vorsorgehöchstbetrag	3.685 €	7.370 €

Der **Vorwegabzug** steht Ihnen als **Selbständigem** ungekürzt zu. Er soll ausgleichen, dass Sie nicht wie ein Arbeitnehmer steuerfreie Arbeitgeberzuschüsse für Ihre Alters-, Krankheits- und Arbeitslosenvorsorge bekommen und deshalb höhere eigene Beiträge leisten müssen. Bei Arbeitnehmern, Beamten sowie Vorständen mit Pensionsanspruch wird der Vorwegabzug um 16 % des Arbeitslohns gekürzt. Ab einem Lohn von 9.375 €/18.750 € (Alleinstehende/Verheiratete) entfällt der Vorwegabzug daher.

Auch **Pensionäre** erhalten den Vorwegabzug in der Regel in voller Höhe, da die Kürzung nur mit 16 % des Arbeitslohns aus einer aktiven Tätigkeit vorgenommen wird und nicht von Pensionen (Versorgungsbezügen). **Rentner**, die neben-   **507** bei als Arbeitnehmer schaffen, müssen ebenfalls keine Kürzung des Vorwegabzugs hinnehmen. Bei ihnen muss der Arbeitgeber nämlich keine Zukunftssicherungsleistungen mehr erbringen. Der bei der Beschäftigung von Altersrentnern ausnahmsweise zu zahlende Arbeitgeberanteil zur Rentenversicherung zählt hier nicht mit, da der Rentner daraus keine weiteren Rentenansprüche ableiten kann.

Den Sonderhöchstbetrag für eine freiwillige Pflegeversicherung bekommen Sie nur, wenn Sie nach dem 31.12.1957 geboren sind und Beiträge für eine zusätzliche freiwillige Pflegeversicherung zahlen. Dieser Sonderhöchstbetrag verdoppelt sich bei Verheirateten nur dann, wenn beide Ehegatten nach dem 31.12.1957 geboren sind.

Für alle darüber hinausgehenden Beiträge steht Ihnen der **Grundhöchstbetrag** zu.

508 **Vollabzug** bedeutet, dass sich Ihre Versicherungsbeiträge steuerlich in voller Höhe auswirken.

509 Wenn Sie höhere Aufwendungen haben, wirken sie sich über den **hälftigen Höchstbetrag** nur noch zu 50 % aus. Das bedeutet für Sie: Wollen Sie über den Vollabzug hinaus auch den hälftigen Höchstbetrag ausschöpfen, benötigen Sie nicht nur 667 €/1.334 € (Alleinstehende/Verheiratete) an zusätzlichen Beiträgen, sondern doppelt so viel, also 1.334 €/2.668 €.

TRICK

Weisen Sie als Gesellschafter-Geschäftsführer die Kürzung zurück!

510 Wenn Sie Ihre Firma z.B. aus Haftungsgründen lieber als GmbH betreiben und daher als deren Geschäftsführer fungieren, sind Sie aus steuerlicher Sicht Angestellter Ihrer eigenen Firma. Bei der Sozialversicherung dagegen behandelt man Sie wie einen Selbständigen, d.h., Sie müssen Ihre Altersversorgung komplett selbst finanzieren. Deshalb steht Ihnen für Ihre Versicherungsbeiträge ohne Wenn und Aber der volle Vorwegabzug bzw. der volle Höchstbetrag zu.

Haben Sie jedoch eine Pensionszusage Ihrer GmbH oder zahlt diese für Sie Beiträge in eine Direktversicherung oder einen Pensionsfonds, dann wird der Höchstbetrag für Ihre Basisversorgung von 22.172 €/44.344 € um 18,7 % Ihres Arbeitslohns (max. 18,7 % von 62.400 €) gekürzt. Diese Kürzungsregelung gilt aber nicht so uneingeschränkt für die Günstigerprüfung. In vielen Fällen können Sie vom alten Vorwegabzug von 1.500 €/3.000 € (2015) weiter profitieren. Völlig ohne Probleme klappt das, wenn Sie Alleingesellschafter Ihrer GmbH sind, also 100 % der Anteile Ihr Eigen nennen. In diesem Fall unterstellt der Fiskus nämlich, dass die Finanzierung Ihrer Altersversorgung komplett aus Ihrer eigenen Tasche finanziert wird.

Dasselbe gilt für den Fall, dass an der Gesellschaft mehrere Gesellschafter beteiligt sind und alle eine Pensionszusage haben, die jeweils der Beteiligung an der Gesellschaft entspricht. Sind z. B. zwei Gesellschafter jeweils zu 50 % beteiligt und haben gleich hohe Pensionszusagen, bekommt jeder der beiden den ungekürzten Vorwegabzug. Hat dagegen Gesellschafter A eine Pensionszusage von 3.000 €, während Gesellschafter B später 7.000 € Pension bekommen soll, erhält nur A den Vorwegabzug ungekürzt. Gesellschafter B muss dagegen eine Kürzung um 16 % seines Arbeitslohns hinnehmen. Mit Nachdruck sei auf das BFH-Urteil vom 16.10.2002 (BStBl II 2004 S. 546) und das BMF-Schreiben vom 22.5.2007 (IV C 8 – S 2221/07/0002) hingewiesen.

Wenn Sie als Gesellschafter/Geschäftsführer verheiratet sind und Ihre bessere Hälfte Arbeitnehmer ist, müssen Sie es sich gefallen lassen, dass der gemeinsame Vorwegabzug von 3.000 € um 16 % des Ehegattenarbeitslohns gekürzt wird. Ihr Geschäftsführergehalt bleibt bei der Kürzung außer Betracht (BFH-Urt. v. 3.12.2003 – BStBl II 2004 S. 709).

TRICK

Mit einem Rürup-Vertrag machen Sie steuerlich immer ein Geschäft!

Der Fiskus hat in seinem verzweifelten Bemühen, die lahmende Idee der Rürup-Rente aufzupeppen, einen besonderen Steuervorteil geschaffen. Obwohl es Rürup-Verträge 2004 und früher noch gar nicht gab, werden die Beiträge bei der Günstigerprüfung durch einen gesonderten Höchstbetrag berücksichtigt. Bei der Berechnung Ihres Höchstbetrags für Vorsorgeaufwendungen werden zunächst einmal Ihre Beiträge zur Rürup-Rente außer Acht gelassen. Auf diesen Höchstbetrag bekommen Sie dann ein gesonderten Höchstbetrag 2015 zusätzlich 80 % Ihrer Rürup-Beiträge. Der Prozentsatz, mit dem die Rürup-Beiträge abgesetzt werden können, steigt künftig jedes Jahr um 2 %, beträgt also z. B. 2016 schon 82 %.

Beispiel für einen Selbständigen
Ein Jungunternehmer, der am 10.4.1960 geboren ist, zahlt Beiträge zu folgenden Versicherungen
Altersvorsorgelebensversicherung (Rürup-Rente)
(Rentenzahlung nach 62. Geburtstag)   2.400 €

Private Krankenversicherung
(davon Basisversicherung 1.700 €)   1.800 €
Private Pflegeversicherung (Pflichtversicherung) 150 €
Freiwillige private Pflegeversicherung   150 €
Unfallversicherung   90 €
Kapitallebensversicherung (Vertragsabschluss 2001)
5.000 €, abzugsfähig 88 %   4.400 €
Privathaftpflichtversicherung   <u>100 €</u>
Übrige Vorsorgeaufwendungen   <u>6.690 €</u>
Als Vorsorgeaufwendungen abzugsfähig 2015:

Altersvorsorgebeiträge

Altersvorsorgelebensversicherung	2.400 €		
Höchstbetrag:	22.172 €		
./. Kürzung	–		
= gekürzter Höchstbetrag	22.172 €		
80 % vom geringeren Betrag			
= 80 % von 2.400 € =		1.920 €	
./. Arbeitgeberanteil zur Rentenversicherung		–	
Höchstbetrag 2015 für Altersvorsorge-			
aufwendungen		<u>1.920 €</u>	> 1.920 €

Übrige Vorsorgeaufwendungen

Vorsorgeaufwendungen	6.690 €		
Höchstbetrag	2.800 €		
Mindestens Basiskranken-			
und Pflegepflichtversicherung	1.850 €		
Abzugsfähig von den 6.690 € somit max.			2.800 €
Vorsorgeaufwendungen 2015			<u>4.720 €</u>

Alternativberechnung (Höchstbetrag wie 2004)

Ausgaben für Versicherungen			
(ohne »Rürup-Rente«)	6.540 €		
freiwillige Pflegeversicherung	<u>150 €</u>		
	6.690 €		
Vorwegabzug für Ledige	– 1.500 €		> 1.500 €
Restbetrag	<u>5.190 €</u>		
Sonderhöchstbetrag Pflegeversicherung			
max. 184 €		– 150 €	> 150 €
Restbetrag		5.040 €	
Grundhöchstbetrag für Ledige		– 1.334 €	> 1.334 €
Restbetrag		<u>3.706 €</u>	
Davon 50 % =		1.853 €	
Maximal 50 % v. Grundhöchstbetrag 1.334 €	667 €	>	<u>667 €</u>
Vorsorgeaufwendungen ohne Rürup			3.651 €

1. Vorsorgeaufwendungen	369

Rürup-Renten-Beiträge 2.400 € × 80 %	1.920 €
Vorsorgehöchstbetrag insgesamt	5.571 €

Da sich durch die Alternativberechnung ein höherer Betrag ergibt, kann unser Jungunternehmer für 2015 den für ihn günstigeren Betrag von **5.571 €** abziehen.

Beispiel für einen verheirateten Arbeitnehmer

513

Angenommen, Sie sind am 10.4.1960 geboren, verheiratet und bekommen als Alleinverdiener 50.000 € brutto. Sie zahlen Beiträge zu folgenden Versicherungen:

Rentenversicherung 18,7 % von 50.000 € × 50 %	4.675 €
Gesetzliche Krankenversicherung (Arbeitnehmeranteil)	
angenommen 7,9 % × 49.500 € (Bemessungsgrenze)	3.911 €
Gesetzliche Pflegeversicherung (Kinderlose)	
(2,35 % × 50 % = 1,175 + 0,25 % =)	
1,425 % × 49.500 € (Bemessungsgrenze)	705 €
Arbeitslosenversicherung 3,0 % von 50.000 € × 50 %	750 €
Altersvorsorgelebensversicherung	
(Rentenzahlung nach dem 62. Geburtstag)	2.400 €
Unfallversicherung	200 €
Kapitallebensversicherung (Vertragsabschluss 2001)	2.000 €
Abzugsfähig 88 % von 2.000 €	1.760 €
Kfz- und Privathaftpflichtversicherung	600 €

Als Vorsorgeaufwendungen abzugsfähig 2015:

Altersvorsorgebeiträge

Gesetzliche Rentenversicherung	4.675 €	
Steuerfreier Arbeitgeberanteil		
zur Rentenversicherung	4.675 €	
Altersvorsorgelebensversicherung	2.400 €	
Beiträge insgesamt	11.750 €	
Höchstbetrag Verheiratete:	44.344 €	
./. Kürzung	–	
= gekürzter Höchstbetrag	44.344 €	
80 % vom geringeren Betrag		
= 80 % von 11.750 € =		9.400 €
./. Arbeitgeberanteil zur Rentenversicherung		– 4.675 €
Höchstbetrag für Altersvorsorgeaufwendungen		4.725 €
Abzugsfähig sind damit nur magere		4.725 €

Übrige Vorsorgeaufwendungen

Vorsorgeaufwendungen	7.926 €
Höchstbetrag 2 × 1.900 € 3.800 €	

Mindestens Basiskrankenversicherung
./. 4 % + Pflegeversicherung   4.460 €
Abzugsfähig von 7.926 € somit   4.460 €
Vorsorgeaufwendungen 2015   9.185 €

Alternativberechnung (Höchstbetrag wie 2004)

Ausgaben für Versicherungen			
(ohne Rürup-Renten-Versicherung)			12.601 €
Vorwegabzug für Verheiratete	3.000 €		
./. Kürzung 16 % von 50.000 €	– 8.000 €		
Verbleibender Vorwegabzug	0 € >	– 0 € >	0 €
Restbetrag		12.601 €	
Grundhöchstbetrag für Verheiratete		– 2.668 € >	2.668 €
Restbetrag		9.933 €	
Davon 50 % =		4.966 €	
Maximal 50 % v. Grundhöchstbetrag 2.668 €		1.334 € >	1.334 €
Zwischensumme			4.002 €
Rürup-Renten-Versicherung 80 % von 2.400 €			1.920 €
Vorsorgehöchstbetrag			5.922 €

In diesem Fall ergibt sich durch die Neuregelung ein höherer Abzug. Sie können also für 2015 **9.185 €** abziehen.

514   Beispiel für einen Beamten

Angenommen, Sie sind am 10.4.1954 geboren, verheiratet und bekommen als Beamter 40.000 € brutto. Ihr am 13.6.1955 geborener Ehepartner ist nicht berufstätig. Sie zahlen Beiträge zu folgenden Versicherungen:

Rürup-Rente	2.400 €
Private Krankenversicherung (Basisversicherung 2.800 €)	3.000 €
Pflegeversicherung	360 €
Unfallversicherung	200 €
Kapitallebensversicherung	
(Vertragsabschluss 2001) 2.000 €,	
Abzugsfähig zu 88 %	1.760 €
Kfz- und Privathaftpflichtversicherung	600 €

Als Vorsorgeaufwendungen abzugsfähig:

Altersvorsorgebeiträge

Altersvorsorgelebensversicherung	2.400 €
Höchstbetrag Verheiratete:	44.344 €
./. Kürzung 18,7 % von 40.000 €	7.480 €
= gekürzter Höchstbetrag	36.864 €

1. Vorsorgeaufwendungen

80 % vom geringeren Betrag = 80 % von 2.400 € =	1.920 €	
./. Arbeitgeberanteil zur Rentenversicherung	–	
Höchstbetrag für Altersvorsorgeaufwendungen	1.920 €	
Abzugsfähig sind damit nur magere		1.920 €

Übrige Vorsorgeaufwendungen

Vorsorgeaufwendungen	5.920 €	
Höchstbetrag 1.900 € + 1.900 € 3.800 €		
Höchstbetrag mind. Kranken-/Pflegeversicherung € 3.160 €		
Abzugsfähig von 5.920 € somit max. 3.800 € =		3.800 €
Vorsorgeaufwendungen 2015		5.672 €

Alternativberechnung (Höchstbetrag wie 2004)

Ausgaben für Versicherungen (ohne Rürup-Rente)		5.920 €	
Vorwegabzug für Verheiratete	3.000 €		
./. Kürzung 16 % von 40.000 €	– 6.400 €		
Verbleibender Vorwegabzug	0 €	– 0 € >	0 €
Restbetrag		5.920 €	
Grundhöchstbetrag für Verheiratete		– 2.668 € >	2.668 €
Restbetrag		3.252 €	
Davon 50 % =		1.626 €	
Max. 50 % v. Grundhöchstbetrag	2.668 € 1.334 €	>	1.334 €
Zwischensumme			4.002 €
Rürup-Beiträge 80 % von 2.400 €			1.920 €
Vorsorgehöchstbetrag			5.920 €

In diesem Fall ergibt sich durch die Günstigerprüfung nach altem Recht ein höherer Abzug. Sie können also für 2015 **5.920 €** abziehen.

Beispiel für einen Pensionär   515

Angenommen, Sie sind pensionierter Beamter, verheiratet, Ihr Ehepartner hat keine eigenen Einkünfte. Sie beziehen eine Pension von 24.000 €. 2015 zahlen Sie Beiträge zu folgenden Versicherungen:

Private Krankenversicherung (Basisversicherung 3.600 €)	3.800 €
Pflegeversicherung	360 €
Unfallversicherung	200 €
Kfz- und Privathaftpflichtversicherung	600 €

Als Vorsorgeaufwendungen abzugsfähig:

Altersvorsorgebeiträge

Altersvorsorgelebensversicherung	–	€
Höchstbetrag Verheiratete:	44.344 €	
./. Kürzung 18,7 % von … €	–	€

372 VIII. Sonderausgaben

= gekürzter Höchstbetrag	44.344 €	
80 % vom geringeren Betrag = 80 % von 0 € =		0 €
./. Arbeitgeberanteil zur Rentenversicherung	– €	
Höchstbetrag für Altersvorsorgeaufwendungen	0 €	0 €

Übrige Vorsorgeaufwendungen

Vorsorgeaufwendungen	4.960 €	
Höchstbetrag 1.900 € + 1.900 €	3.800 €	
Mindestens Basiskranken-/Pflegeversicherung	3.960 €	
Abzugsfähig von 4.760 € somit max. 3.800 € =		3.800 €
Vorsorgeaufwendungen 2015		3.800 €

Alternativberechnung (Höchstbetrag wie 2004)

Ausgaben für Versicherungen (ohne Rürup-Rente)		4.960 €	
Vorwegabzug für Verheiratete	3.600 €		
./. Kürzung 16 % von 0 €	– €		
Verbleibender Vorwegabzug	3.600 €	– 3.600 €	> 3.600 €
Restbetrag		1.360 €	
Grundhöchstbetrag für Verheiratete, max. Rest		– 2.668 €	> 1.360 €
Restbetrag		0 €	
Davon 50 % =		0 €	
Maximal 50 % v. Grundhöchstbetrag	2.668 €	1.334 €	> 0 €
Zwischensumme		4.960 €	
Rürup-Beiträge, 80 % von 0 €		0 €	
Vorsorgehöchstbetrag		4.960 €	

In diesem Fall ergibt sich durch die Günstigerprüfung nach altem Recht ein höherer Abzug. Sie können also für 2015 **4.960 €** abziehen.

516 Beispiel für einen Rentner
Angenommen, Sie sind Rentner, verheiratet, Ihr Ehepartner bezieht ebenfalls eine Rente. 2015 zahlen Sie Beiträge zu folgenden Versicherungen:

Krankenversicherung der Rentner	3.600 €
Pflegeversicherung	360 €
Unfallversicherung	200 €
Kfz- und Privathaftpflichtversicherung	600 €

Als Vorsorgeaufwendungen abzugsfähig:

Altersvorsorgebeiträge

| Altersvorsorgebeiträge | 0 € | |
| Höchstbetrag für Altersvorsorgeaufwendungen | 0 € | 0 € |

Übrige Vorsorgeaufwendungen

Vorsorgeaufwendungen	4.760 €	
Höchstbetrag 2 × 1.900 €	3.800 €	
Mindestens Kranken-/Pflegeversicherung	3.960 €	
Abzugsfähig von 4.760 € somit		3.960 €
Vorsorgeaufwendungen 2015		**3.960 €**

Alternativberechnung (Höchstbetrag wie 2004)

Ausgaben für Versicherungen (ohne Rürup-Rente)		4.760 €	
Vorwegabzug für Verheiratete	3.600 €		
./. Kürzung 16 % von 0 €	– ___ €		
Verbleibender Vorwegabzug	3.600 €	– 3.600 €	> 3.600 €
Restbetrag		1.160 €	
Grundhöchstbetrag für Verheiratete, max Rest		– 2.668 € >	1.160 €
Restbetrag		0 €	
Davon 50 % =	0 €		
Maximal 50 % v. Grundhöchstbetrag	2.668 €	1.334 € >	0 €
Zwischensumme			4.760 €
Rürup-Beiträge, 80 % von 0 €			0 €
Vorsorgehöchstbetrag			**4.760 €**

In diesem Fall ergibt sich durch die Günstigerprüfung nach altem Recht ein höherer Abzug. Sie können also für 2015 **4.760 €** abziehen.

517 Nicht alle privaten Versicherungen können Sie in der Steuererklärung unterbringen. Nicht zum Steuerabzug führen insbesondere Sachversicherungen wie z.B. Hausrat-, Kfz-Kasko- und Rechtsschutzversicherungen.

> *OTTO SCHILY: »Wenn die Verbeamtung winkt,*
> *dann melden sich gerne die, die im Beruf nicht sonderlich erfolgreich sind.*
> *Das muss man ganz deutlich sagen. Dann sind sie verbeamtet und*
> *können auch als Professoren so wenig erfolgreich sein, wie sie wollen,*
> *sie werden immer dort bleiben.«*
>
> (Aus einem Gespräch mit dem Rektor der Universität Witten-Herdecke in der *ZEIT* vom 12.1.1993)

SUPER TRICK

Teilen Sie und setzen ab!

518 Deckt Ihre Unfall- oder Rechtsschutzversicherung sowohl berufliche als auch private Risiken ab, teilen Sie die Beiträge in einen beruflichen und einen privaten Anteil auf und setzen 50 % des Beitrags als Werbungskosten an. Wenn Sie sich nicht mit der Halbierung zufriedengeben wollen, können Sie auch Ihr Versicherungsunternehmen bitten, Ihnen mitzuteilen, welcher Anteil des Beitrags nach seiner Kalkulation das berufliche Risiko abdeckt. Mit dieser Bescheinigung im Rücken teilen Sie dann möglicherweise im Verhältnis 3 : 1 auf (Quelle: BMF – Schreiben v. 17.7.2000 – BStBl I 2000 S. 1204).

519 Wesentlich engherziger ist der Fiskus bei Ihrer Rechtsschutzversicherung. Hier will er Ihnen partout keinen pauschalen Werbungskostenabzug zugestehen. Nur mit einer Bescheinigung Ihrer Versicherung über den beruflichen Prämienanteil haben Sie eine Chance auf teilweise Berücksichtigung Ihrer Kosten (BMF-Schreiben v. 17.7.2000 – BStBl I 2000 S. 1204).

TIPP

zu Ihren Kapital- und Lebensversicherungen

520 Es gibt Lebensversicherungen, die nur im Todesfall Geld bringen. Diese sog. Risikolebensversicherungen sind nur rd. ein Zehntel so teuer wie Kapitallebensversicherungen. Letztere (Lebensversicherungen mit Sparanteil) bringen nicht nur im Todesfall Geld, sondern auch bei Ablauf der Versicherungsdauer. Denken Sie daran: Auch die Sterbegeldversicherung ist eine Lebensversicherung, ja sogar die Aussteuer- oder Ausbildungsversicherung für Ihre Tochter, die Sie nach deren Geburt abgeschlossen haben und die genau mit dem 18. Geburtstag fällig wird.
Kapitallebensversicherungen, die Sie nach dem 1.1.2005 abgeschlossen haben, können Sie nicht als Vorsorgeaufwendungen absetzen. Außerdem sind solche Lebensversicherungen nicht mehr steuerfrei. Die Erträge aus der Versicherung, also die Differenz aus der Kapitalauszahlung und Ihren über die Jahre gezahlten Beiträgen, sind zu 50 % als Kapitaleinkünfte steuerpflichtig, wenn sie Ihnen frühestens zu Ihrem 60. Geburtstag ausgezahlt werden.

Gut zu wissen:
Da neuere Kapitallebensversicherungen nicht mehr als Sonderausgaben abziehbar und bei Auszahlung generell zu 50 % steuerpflichtig sind, können Sie sie ungeniert zur Sicherheit für ein Darlehen einsetzen.

521 Ein Abzug als Vorsorgeaufwendungen kommt nur noch für vor 2005 abgeschlossene Versicherungen und nur noch sehr eingeschränkt im Rahmen der Höchstbeträge für sonstige Versorgungsaufwendungen in Betracht für

- Risikolebensversicherungen,
- Rentenversicherungen ohne Kapitalwahlrecht,

- Rentenversicherungen mit Kapitalwahlrecht gegen laufende Beitragsleistung mit Sparanteil bei einer Vertragsdauer von mindestens zwölf Jahren (aber max. 88 % der Beiträge) und
- Kapitallebensversicherungen gegen laufende Beitragsleistung mit Sparanteil bei einer Vertragsdauer von mindestens zwölf Jahren (aber max. 88 % der Beiträge).

SUPER TRICK

Kassieren Sie die Erbschaft steuerfrei!

Wenn Sie ganz clever sind, Sie und Ihre bessere Hälfte je eine eigene Lebensversicherung haben wollen und mal nicht den Gedanken an den Tod verdrängen, dann ersparen Sie ihr später die Erbschaftsteuer auf die Auszahlung der Lebensversicherung. Das geht ganz einfach: Sie schließen mit ihrer Zustimmung eine Versicherung auf ihr Leben ab, sie eine auf Ihres. Sie zahlen jeder die Prämien der Versicherung aus der eigenen Tasche.

In Ihrem Todesfall bekommt Ihr Ehepartner die Summe nicht als »Erwerb von Todes wegen«, sondern eben als Versicherungsnehmer steuerfrei ausbezahlt – und umgekehrt natürlich ebenso. Der Trick ist noch interessanter bei Personen, die nicht verheiratet oder nahe verwandt sind, weil die Freibeträge der Erbschaftsteuer niedriger und die Steuersätze höher sind.

Thomas Mann auf die Frage, was die Regierung in einem bestimmten Fall tun werde: »Weiß ich, was das Dümmste ist?«

2. Übrige Sonderausgaben

Als *übrige Sonderausgaben,* die also keine Vorsorgeaufwendungen sind, zählt das Gesetz auf:

- Unterhaltszahlungen an den geschiedenen oder dauernd getrennt lebenden Ehegatten bis 13.805 €, wenn dieser der Versteuerung der empfangenen Beträge zugestimmt hat,
- Renten und dauernde Lasten, insbesondere Altenteilslasten in der Landwirtschaft,
- laufende Zahlungen an den Ex im Rahmen des Versorgungsausgleichs,
- einmalige Abfindungen zur Vermeidung eines Versorgungsausgleichs,
- Kirchensteuer,

- Kinderbetreuungskosten, zwei Drittel der Aufwendungen, höchstens 4.000 € je Kind,
- Aufwendungen für die eigene Berufsausbildung und Weiterbildung im *nicht* ausgeübten Beruf, Höchstbetrag jährlich 6.000 €,
- Schulgeld für den Privatschulbesuch des Kindes, 30 % der Kosten, höchstens 5.000 €,
- Spenden.

Ausgaben dieser Art wirken sich steuerlich erst aus, wenn sie höher sind als der dafür vorgesehene Sonderausgabenpauschbetrag von 36 €, bei Ehegatten 72 €.

a) Unterhaltsleistungen

SUPER TRICK

Der Kuhhandel mit dem Ex-Ehepartner

524 Dass Steuergesetze unverständlich sind, wissen wir schon lange. Dass die Unverständlichkeit jedoch Purzelbäume schlägt, erkennen Sie an der Bestimmung, die einem geschiedenen Ehegatten zumutet, vor dem anderen zu Kreuz zu kriechen, um einigermaßen gerecht besteuert zu werden. Nur wenn der Unterhaltsempfänger kein Einkommen hat und daher den Unterhaltsbetrag nicht oder nur gering versteuern muss, kann man erwarten, dass er die Anlage U unterschreibt, mit der er bestätigt, dass er den Unterhalt versteuert. Diese Zustimmung ist bis auf Widerruf wirksam, braucht also nicht jedes Jahr erneut erklärt zu werden (BMF v. 19.9.1990 – BStBl 1990 I S. 569).

Weigert sich der Unterhaltsempfänger ohne triftigen Grund, die Anlage U zu unterschreiben, hat der zahlende Ehegatte einen gerichtlich einklagbaren Anspruch darauf, wenn er sich bindend verpflichtet, dem Empfänger alle steuerlichen Nachteile auszugleichen, soweit dieser sie im Einzelfall nachweist. Ein solcher Ausgleich ist wiederum als Unterhaltszahlung anzusehen (BFH v. 28.11.2007 – XI B 68/07).

Der Unterhaltsempfänger kann im Übrigen nicht verlangen, an den Steuervorteilen beteiligt zu werden, die der zum Unterhalt Verpflichtete durch den Sonderausgabenabzug erhält. So zumindest der BGH in seinem Urteil vom 26.9.1984 (IV b ZR 30/83 – HFR 1985 S. 530).

Damit Sie nicht nach der Scheidung Schwierigkeiten mit der Zustimmung zum 525
Abzug der Unterhaltszahlungen bekommen, drängen Sie schon vor dem Familiengericht oder beim Unterhaltsprozess darauf, dass Ihr Ex-Partner im Urteil verpflichtet wird, die Zustimmung zu erteilen. Die Finanzämter bestehen nämlich darauf, dass der Ehegatte ausdrücklich in der Anlage U seine Zustimmung bestätigt. Und wenn er das verweigert, brauchen die Fiskalritter mit Billigung des BFH nicht zu prüfen, ob die Weigerung rechtsmissbräuchlich ist (Urt. v. 25.7.1990 – BStBl 1990 II S.1022). Wenn es hart auf hart geht, bleibt Ihnen nichts anderes übrig, als Ihren Ex-Partner vor den zivilen Kadi zu zerren und zur Zustimmung verurteilen zu lassen.

Will Ihr Ex-Partner selbst dann die Anlage U nicht unterschreiben, reicht für den Abzug der Unterhaltszahlungen bei Ihrer Einkommensteuererklärung ersatzweise das o.g. Zivilgerichtsurteil aus (BFH v. 25.10.1988 – BStBl 1989 II S.192).

TIPP

bei fehlender Zustimmung

Verweigert Ihr Ex die Zustimmung, brauchen Sie mit der Abgabe Ihrer Steuererklärung nicht zu warten. **Setzen Sie Ihre Unterhaltskosten zunächst als außergewöhnliche Belastung bis zu 8.472 € ab.** Sie können den höheren Abzug als Sonderausgaben jederzeit nachträglich beantragen, sobald Ihnen die Zustimmung oder ein entsprechendes Gerichtsurteil vorliegt. Das Finanzamt muss dann sogar schon bestandskräftige Steuerbescheide zu Ihren Gunsten ändern. Berufen Sie sich auf §175 Abs. 1 Nr.2 AO und das BFH-Urt. v. 12.7.1989 – BStBl 1989 II S.957.

WICHTIGER HINWEIS

Wenn Sie dem Abzug der Unterhaltszahlungen bei Ihrem Ex-Partner ohne 526
betragsmäßige Beschränkung zustimmen, gilt die Zustimmung immer für den tatsächlich als Unterhalt gezahlten Betrag, max. 13.805 € zzgl. der im laufenden Jahr gezahlten Beiträge zur Basiskranken- und Pflegeversicherung. Damit bestimmt also grundsätzlich Ihr Ex-Partner mit seinem Antrag auf Sonderausgabenabzug, wie hoch die Einkünfte aus dem Unterhalt sind, die Sie zu versteuern haben.

Sie können Ihre Zustimmung aber auch von vornherein nur für einen bestimmten Betrag der Unterhaltsleistungen erteilen. Wenn sich diese später erhöhen, ist ein höherer Abzug nur mit Ihrer Zustimmung möglich (BFH v. 12.12.2007 – XI R 36/05).

TIPP

zur Erteilung einer Zustimmung

Da eine einmal erteilte Zustimmung nur mit Wirkung für die Zukunft widerrufen werden kann, sollten Sie sich den Ausgleich für eventuelle Nachteile aus der Versteuerung der Unterhaltsleistungen **von vornherein schriftlich zusichern lassen**.

TRICK

Nach oben korrigieren können Sie immer!

527 Wenn Sie sich mit Ihrem Ex-Partner darauf geeinigt haben, von den gezahlten 15.000 € nur einen kleinen Betrag von z.B. 5.000 € als Unterhalt abzusetzen, ist die Tür zu einem höheren Abzug nicht endgültig geschlossen. Eine nachträgliche Ausweitung des Sonderausgabenabzugs ist nämlich jederzeit möglich – sofern Ihr Ex dem zustimmt. Dann beantragen Sie eine entsprechende Änderung Ihres Einkommensteuerbescheids. Auch wenn dieser längst bestandskräftig war, muss er zu Ihren Gunsten korrigiert werden. Ihr Antrag auf höheren Unterhaltsabzug stellt nämlich zusammen mit der erweiterten Zustimmung des Ex ein rückwirkendes Ereignis i. S. des § 175 Abs. 1 Satz 1 Nr. 2 AO 1977 dar, das zur Korrektur des Steuerbescheids berechtigt (BFH v. 28.6.2006 – BStBl 2007 II S. 5).

Umgekehrt funktioniert das nicht. Im selben Urteil hat der BFH entschieden, dass Sie einen einmal gestellten Antrag auf Sonderausgabenabzug nicht im Nachhinein einschränken können. Möchten Sie also statt der 13.805 €, die Sie nun immer abgesetzt haben, nach Absprache mit dem Unterhaltsempfänger nur noch 5.000 € absetzen, muss der entsprechende Antrag vor Bestandskraft des Einkommensteuerbescheids gestellt werden, also bis spätestens vier Wochen nach Zustellung.

TIPP

bei verspäteter Antragstellung

Wie Sie gerade gelesen haben, können Sie bei nachträglich erteilter Zustimmung des Ex-Partners die Änderung Ihres Steuerbescheids und den Abzug der Unterhaltszahlungen beantragen. Die Sache hat aber einen Haken: Sind die Gründe für eine Änderung des Steuerbescheids *nicht nachträglich* eingetreten, macht Ihnen der Fiskus Scherereien. Das heißt: Hatten Sie die Zustimmung zum Unterhaltsabzug Ihres Ex-Partners schon längere Zeit in der Tasche und entschließen sich erst später, die Unterhaltskarte steuerlich zu ziehen, liegt nach Meinung des Fiskus kein rückwirkendes Ereignis vor, das eine Änderung Ihres Steuerbescheids rechtfertigt. Rückendeckung bekommen die Ritter von Fiskalia vom BFH (BFH v. 20.8.2014 – X R 33/1).

Sie werden nicht in diese Falle tappen und sich spätestens bei der Abgabe der Steuererklärung entschieden haben, ob Sie vom Realsplitting Gebrauch machen wollen oder nicht. Falls Sie noch unentschlossen sind, sollten Sie versuchen, die Abgabe der Steuererklärung etwas hinauszuschieben, statt das Risiko eingehen, dass Ihnen der Vorteil aus dem Abzug der Unterhaltszahlungen verloren geht.

TRICK

Die Unterhaltshöchstgrenze überschritten – was tun?

»Was, wenn ich mehr als 13.805 € Unterhalt bezahle?« Ihr Pech! Alles, was darüber hinausgeht, bringt Ihnen keine Steuervergünstigung.

»Und da ist nichts zu machen?«, fragen Sie augenzwinkernd. Nur, wenn Sie bereit sind, Ihre Verhältnisse auf die Steuer einzurichten. Sehen Sie zu, dass Ihr Ex-Partner Sie darum bittet, Sonderbelastungen zu übernehmen. Und zwar solche, die eine außergewöhnliche Belastung darstellen, etwa Krankheitskosten oder Kuraufwand. Dann vereinbaren Sie mit ihm, den regulären Unterhalt zu vermindern und als Ausgleich dafür diese Sonderbelastungen zu tragen – für die Sie als Zahler dann die Steuerermäßigung in Anspruch nehmen dürfen (H 33.1-33.4 EStH »Krankheitskosten für Unterhaltsberechtigte«).

TIPP

Holen Sie mit der Krankenversicherung mehr heraus!

Sie können den Abzug Ihrer Unterhaltsleistungen über den Höchstbetrag von 13.805 € hinaus um einige tausend Euro steigern, wenn für den Ex-Partner Beiträge zur privaten Kranken- und Pflegeversicherung anfallen. Durch das Bürgerentlastungsgesetz wird der Höchstbetrag dann nämlich um die sog. Basisabsicherung aufgestockt. Dabei ist nicht entscheidend, ob Sie die Beiträge zahlen oder Ihr Ex-Partner. Allerdings können Sie auch im Rahmen des aufgestockten Höchstbetrags nicht mehr absetzen, als Sie an Unterhalt aus Ihrer Tasche gezahlt haben.

SUPER TRICK

Barunterhalt statt kostenloser Wohnung

529 Für den Sonderausgabenabzug Ihrer Unterhaltsleistungen ist es egal, ob Ihr Ex-Partner von Ihnen jeden Monat Bares bekommt oder Sachleistungen. Überlassen Sie ihm z.B. unentgeltlich eine Eigentumswohnung, können Sie dafür die unmittelbar durch die Nutzung entstehenden Kosten als Unterhaltsleistungen absetzen. Was auf den ersten Blick ganz vernünftig aussieht, ist in Wirklichkeit eine böse Fallgrube. Die Fiskalritter gestehen Ihnen als Unterhaltsaufwendungen nämlich nur die von Ihnen getragenen Kosten für Heizung, Strom, Wasser, Abwasser, Müllabfuhr und Grundsteuer zu. Den dicksten Batzen, wie Zinsen, Reparaturen, Abschreibung und Versicherungen für die Wohnung, lassen sie mit einem Federstrich unter den Tisch fallen. Begründung: »Keine Unterhaltsaufwendungen lt. H 86 b EStH«.

Richtig hinterhältig wird die Geschichte aber erst dadurch, dass Sie die Kosten auch nicht als Werbungskosten im Rahmen von Vermietungseinkünften absetzen können. Hier setzen die Fiskalritter den Rotstift nämlich mit dem fadenscheinigen Argument an, da die Wohnung nicht vermietet sei, hätten Sie keine Einkunftserzielungsabsicht.

530 **Mein Rat:** Legen Sie auf den monatlichen Unterhalt an Ihren Ex-Partner von 750 € noch 350 € freiwillig drauf. Natürlich nur, um mit ihm gleichzeitig einen Mietvertrag für die Wohnung mit einer Warmmiete von 350 € abzuschließen. So schlagen Sie (ohne tatsächlich einen Cent mehr auszugeben) zwei Fliegen mit einer Klappe:

2. Übrige Sonderausgaben 381

1. Sie treiben Ihre als Sonderausgaben absetzbaren Unterhaltsleistungen geschickt nach oben.

2. Sie verschaffen sich für die Steuer ein erstklassiges Vermietungsobjekt mit Einkunftserzielungsabsicht, bei dem Sie alle Kosten absetzen können.

Sehen Sie sich an, was das in Euro und Cent ausmacht:

Unterhaltszahlungen lt. Gericht 12 × 750 €	9.000 €		
freiwilliger monatlicher Unterhalt 12 × 350 €	4.200 €		
Unterhalt insgesamt	13.200 €	>	13.200 €
Miete 12 × 350 €	4.200 €		
./. Heizung, Strom, Wasser etc.	− 1.200 €		
./. Reparaturen	− 400 €		
./. Zinsen 7 % v. 80.000 €	− 5.600 €		
./. Abschreibung 2 % v. 80.000 €	− 1.600 €		
./. Hausversicherung	− 150 €		
Absetzbarer Vermietungsverlust	− 4.750 €	>	4.750 €
Insgesamt wirken sich für Sie so steuermindernd aus			17.950 €

Ohne Mietvertrag und erhöhten Unterhalt könnten Sie absetzen:

Gerichtlichen Unterhalt	9.000 €		
Übernommene Wohnungskosten	1.200 €		
Insgesamt	10.200 €	>	10.200 €
Ihr Steuervorteil aus der Differenz von			7.750 €

beträgt je nach Steuersatz zwischen 1.330 € und 3.727 €.

b) Renten und dauernde Lasten

531

Um zu verstehen, wann Renten und dauernde Lasten als Sonderausgaben abzugsfähig sind (§ 10 Abs. 1a Nr. 2 EStG), müssen Sie zunächst ein wenig Steuerrecht über sich ergehen lassen:

Wiederkehrende Zahlungen können entweder Entgelt für den Kauf von Vermögen oder Unterhalts- oder Versorgungsleistungen sein. Von einem Kauf wird nur ausgegangen, wenn Ihre Gegenleistung insgesamt in etwa dem realen Wert des Vermögens entspricht. Wollen Sie z.B. die Eigenheimzulage für ein Ihnen übertragenes Haus in Anspruch nehmen, geht das nur, wenn die Vermögensübertragung als Kauf durchgeht.

Sonderausgaben haben Sie dagegen nur, wenn Ihre Zahlungen als Versorgungsleistungen akzeptiert werden. Von solchen Versorgungsleistungen können Sie ausgehen, wenn Ihre wiederkehrenden Zahlungen im Zusammenhang mit der Übertragung von Vermögen stehen. Solche Vermögensübertragungen können im Rahmen einer Erbschaft vorkommen oder durch Schenkung zu Lebzeiten.

Damit ein Sonderausgabenabzug überhaupt in Betracht kommt, muss die Übertragung des Vermögens an Sie entweder voll unentgeltlich geschehen oder zumindest zu einem Preis, bei dem man davon ausgehen kann, dass er nicht wie unter Fremden entsprechend dem tatsächlichen Wert des Vermögens ausgehandelt worden ist.

532   Abzug von Versorgungsleistungen

Als Sonderausgaben abzugsfähige Versorgungsleistungen liegen nur vor, wenn im Gegenzug Betriebsvermögen in Form folgender Vermögenswerte übertragen wurde:

1. Anteile an einer Personengesellschaft (OHG, KG, GbR), die eine eigenständige landwirtschaftliche, gewerbliche oder freiberufliche Tätigkeit ausübt,

2. landwirtschaftliche oder gewerbliche Einzelunternehmen oder Teilbetriebe und Freiberuflerkanzleien,

3. GmbH-Anteile von mindestens 50 %, wenn Sie nach der Übergabe als Geschäftsführer tätig sind und Ihr Vorgänger (Eltern) diese Funktion vor der Übertragung ausgeübt hat.

Für alle anderen Vermögensübertragungen, z.B. Immobilien, selbstgenutzte Wohnungen, Wertpapiere etc., kommt ein Sonderausgabenabzug nicht mehr in Betracht.

Diese Einschränkungen gelten aber erst für Übertragungsverträge, die 2008 oder später geschlossen wurden. Haben Sie eine Vermögensübertragung gegen Zahlung von Versorgungsleistungen schon vorher vertraglich geregelt, gilt die großzügigere alte Regelung so lange weiter, wie Sie entsprechende Zahlungen erbringen.

533   Aber auch bei Altverträgen vor 2008 müssen Sie eine wichtige Hürde nehmen. Damit Sie Ihre Versorgungsleistungen als Versorgungsrente mit dem Ertragsanteil oder in voller Höhe als dauernde Last absetzen können, muss das Vermögen, das Sie im Gegenzug bekommen haben, im Durchschnitt so viel Erträge abwerfen, dass die Versorgungsleistungen damit finanziert werden können.

Am folgenden Beispiel sehen Sie, wie die Erträge aus dem an Sie übertragenen Vermögen errechnet werden. Bei Miethäusern haben Sie es einfach. Die durchschnittlichen Erträge ergeben sich aus der Steuererklärung des bisherigen Eigentümers. Bekommen Sie dagegen eine Eigentumswohnung oder ein Haus übertragen, in dem Sie selbst wohnen, wirft das keine Erträge ab. In einem solchen Fall wird die für solche Objekte übliche Miete fiktiv angesetzt.

Den so ermittelten Erträgen werden die abgezogenen außerordentlichen Kosten und die Abschreibungen hinzugerechnet.

Beispiel

Sie bekommen von Ihrem Vater ein vermietetes Einfamilienhaus (Wert 200.000 €) übertragen. Die Miete liegt bei monatlich 750 €. Neben Reparaturen von 2.500 € und der Abschreibung von 3.000 € fallen Kosten in Höhe von ca. 1.000 € im Jahr an.

Die durchschnittlichen Einkünfte betragen (750 € × 12 =) 9.000 € – 2.500 € – 3.000 € – 1.000 €	2.500 €
Hinzugerechnet werden:	
Reparaturkosten	2.500 €
Abschreibung	3.000 €
Durchschnittsertrag	8.000 €

Bei betrieblichen Einheiten wird eine ausreichende Ertragskraft zur Finanzierung der Versorgungsleistungen regelmäßig unterstellt.

TRICK

Machen Sie aus der Not eine Tugend!

Immobilienübertragungen von Eltern auf Kinder und damit verbundene regelmäßige Zuwendungen an die Eltern wird es trotz geänderter Rechtslage weiterhin geben. Eine solche Vermögensübertragung wird nunmehr rechnerisch in ein Teilgeschäft gegen Entgelt und ein Teilgeschäft ohne Entgelt aufgeteilt. Ihre Versorgungsleistungen können Sie mit dem Ertragsanteil als Werbungskosten bei den Vermietungseinkünften aus der Immobilie abziehen.

Beispiel

Auf dem Grundstück Ihres 65 Jahre alten Vaters (Wert 400.000 €) lag eine Resthypothek in Höhe von 50.000 €, die Sie übernommen haben. Der sog. Barwert (er entspricht dem Kapital, das Ihr Vater anlegen müsste, um mit Zins und Zinseszins bei einer verrenteten Auszahlung eine lebenslange Rente von z.B. 1.000 € pro Monat zu kassieren) der von Ihnen monatlich zu leistenden Zahlungen beläuft sich auf 150.000 €. Insoweit liegt zu 50 % ein entgeltliches Geschäft und zu 50 % ein unentgeltliches vor.

Für Sie bedeutet dass, dass Sie neben 50 % der Abschreibungen, die Ihr Vater bisher geltend machen konnte, weitere 2 % von 200.000 € = 4.000 € Abschreibung absetzen können. Außerdem können Sie den Ertragsanteil von 18 % aus den laufenden monatlichen Zahlungen an Ihren Vater von z.B. 1.000 € = 18 % von 12.000 € = 2.160 € bei Ihren Vermietungseinkünften absetzen.

TRICK

Setzen Sie den Grabstein Ihrer Eltern als Sonderausgabe ab!

535 Wollen Ihnen die Eltern den Betrieb, Bauernhof oder eine mindestens 50 %ige Beteiligung an ihrer GmbH übertragen, sollten Sie sich im Übertragungsvertrag verpflichten, nach ihrem Tod für einen anständigen Grabstein zu sorgen. Da Sie als gutes Kind diese Kosten sowieso getragen hätten, verhilft Ihnen dieser kleine Formulierungsschlenker dazu, dass Sie den Grabstein in voller Höhe als dauernde Last absetzen können (BFH v. 15.2.2006 – BStBl 2007 II S. 160).

WICHTIGER HINWEIS

536 Bei einer Scheidung werden die in der Ehe begründeten Ansprüche auf eine Altersversorgung der beiden Ehegatten ausgeglichen. Das blüht Ihnen z.B. in Bezug auf Ihre künftigen Rentenansprüche, Ansprüche aus einer betrieblichen Altersversorgung, Ihre Pension als Beamter oder die Altersansprüche, die Sie als Freiberufler aus einem berufsständischen Versorgungswerk haben.

Bei Rentenansprüchen aus der gesetzlichen Rentenversicherung bekommt der geschiedene Ehepartner eine eigene Rente, und Ihre Rente fällt entsprechend geringer aus. Jeder versteuert in diesem Fall seine eigenen Rentenzahlungen.

Pensionsansprüche und Ansprüche aus der betrieblichen Altersversorgung werden dagegen ausnahmsweise schuldrechtlich ausgeglichen. Der ausgleichsverpflichtete Ehegatte zahlt dazu in der Regel eine Geldrente an den geschiedenen Ehegatten und gleicht so die Differenz zwischen den Altersbezügen aus. Die Zahlungen beginnen normalerweise ab Beginn der Zahlung Ihrer Altersbezüge, also wenn Sie in Ruhestand gehen. Sie können sie in voller Höhe als Sonderausgaben abziehen (Quelle: § 10 Abs. 1a Nr. 4 EStG). **Anders als bei Unterhaltsleistungen ist der Abzug nicht auf einen Höchstbetrag begrenzt.** Ihr Ex-Ehepartner muss im Gegenzug die Zahlungen als sonstige Einkünfte versteuern (§ 22 Nr. 1c EStG).

TIPP

für Abfindungen auf den Versorgungsausgleich

Bei Scheidungen geht es gelegentlich nicht nur wie gerade beschrieben um die Aufteilung der Altersversorgungsansprüche in Form des sog. Versorgungsausgleichs.

Steuerlich interessanter ist der Fall, dass Sie Ihre vollen Altersbezüge retten wollen, indem Sie dem Ex eine Abfindung zahlen und dieser im Gegenzug auf den Versorgungsausgleich verzichtet. Haben Sie von dieser Variante Gebrauch gemacht, können Sie im günstigsten Fall Ihre gesamte Abfindungszahlung als Sonderausgaben abziehen (§ 10 Abs. 1a Nr 3 EStG), und zwar im Jahr der Zahlung. Im Gegenzug muss allerdings Ihr Ex die Zahlung versteuern. Wie beim Realsplitting kommt der Sonderausgabenabzug aber nur insoweit in Betracht, wie Ihr Ex-Partner der Besteuerung bei sich zustimmt. Haben Sie z.B. eine Abfindung von 50.000 € gezahlt, Ihr Ex aber die Zustimmung zur Versteuerung bei sich auf 30.000 € eigeschränkt, können Sie auch nur 30.000 € als Sonderausgaben von der Steuer absetzen.

c) Kirchensteuer 537

TRICK

Ersparen Sie sich die Kirchensteuer, ohne ein schlechtes Gewissen zu haben!

Wenn Sie sich mit der Kirche nicht mehr identifizieren können, dann helfen Sie z.B. denen, die etwas für den Erhalt der Natur und unserer Erde tun. Zahlen Sie nach Austritt – in der Kirchengemeinschaft können Sie auch als nichtzahlendes Mitglied bleiben – die ersparte Kirchensteuer als steuermindernde Spende an Organisationen wie

- Greenpeace, Vorsetzen 53, 20459 Hamburg, Tel. 0 40/31 18 60,
- Robin Wood, Lahnstr. 65, 28199 Bremen, Tel. 04 21/50 04 05,
- World Wide Fund for Nature, Hedderichstr. 110, 60596 Frankfurt/M., Tel. 0 69/6 05 00 30
- oder das örtliche Tierheim.

Die Kirchensteuer ist die einzige Steuer, von der Sie sich abmelden können. 538
Wenn Sie austreten, endet die Kirchensteuerpflicht in den Ländern

- Baden-Württemberg, Bayern, Niedersachsen, Nordrhein-Westfalen, Rheinland-Pfalz, Saarland mit Ablauf des Monats Ihres Austritts,
- Berlin, Brandenburg, Bremen, Hamburg, Hessen, Mecklenburg-Vorpommern, Sachsen, Sachsen-Anhalt, Schleswig-Holstein, Thüringen mit Ablauf des Monats nach dem Austrittsmonat.

Achten Sie in Ihrem Steuerbescheid darauf, dass Ihr Finanzamt den richtigen Endzeitpunkt berücksichtigt.

539 Rein technisch betrachtet ist die Kirchensteuer ein Zuschlag zur Einkommensteuer. Für jedes Kind werden zunächst der Kinderfreibetrag von 2.256 €/4.512 € (Alleinstehende/Verheiratete) und der Betreuungsfreibetrag von 1.320 €/2.640 € (Alleinstehende/Verheiratete) abgezogen und von der sich daraus ergebenden Einkommensteuer je nach Region 8 oder 9 % berechnet.
Dies gilt auch dann, wenn Ihnen die Freibeträge oder das Kindergeld nur für einen Teil des Jahres zustanden, z. B., weil Ihr Nachwuchs die Berufsausbildung beendete oder das 18. Lebensjahr (Betreuungsfreibetrag) vollendete.

TRICK

Setzen Sie als Erbe die Kirchensteuer des Verstorbenen ab!

540 Als Erbe müssen Sie die ausstehenden Steuererklärungen des Verstorbenen einreichen. Ergibt sich aus einer dieser Steuererklärungen eine Nachzahlung von Kirchensteuer, die Sie als Erbe aus dem ererbten Vermögen begleichen, dürfen Sie diese Kirchensteuernachzahlung bei der eigenen Steuererklärung als Sonderausgaben absetzen. Wenn das Finanzamt mit den Zähnen knirscht, weisen Sie es auf eine entsprechende Entscheidung des FG Hessen (Urt v. 26.9.2013 – 8 K 649/13) und die in derselben Angelegenheit anhängige Revision beim BFH (Az X R 43/13) hin.

541 **Aufgepasst:** Wenn Sie aus der Kirche ausgetreten sind und Ihr Ehepartner nicht, darf man Ihnen in der Lohnabrechnung *keine* Kirchensteuer abziehen. Dasselbe gilt, wenn Sie als Verheirateter zur Einkommensteuer veranlagt werden oder eine Ausgleichsveranlagung beantragen. Hat Ihr Ehegatte keine Einkünfte, fällt somit keine Kirchensteuer an. Andernfalls ist die Kirchensteuer nach dem Verhältnis der auf ihn entfallenden Einkommen- oder Lohnsteuer festzusetzen. Oft vergisst der Bearbeiter im Finanzamt aber die entsprechende Computereingabe, und dann werden Ihnen auch als Nichtmitglied Kirchensteuern in Rechnung gestellt. Deshalb prüfen Sie den Bescheid zumindest überschlägig auf die richtige Festsetzung.

Beispiel für überschlägige Berechnung der Kirchensteuer, wenn beide Eheleute Einkünfte haben:

	Ehemann		Ehefrau
Konfession	–		ev.
Einkommen	20.000 €		10.000 €
Gemeinsame Einkommensteuer		3.706 €	
Anteilige Einkommensteuer	2.470 €		1.236 €
Kirchensteuer, z.B. 9 %	0 €		111 €

Einen besonderen Dreh haben sich die Fiskalritter einfallen lassen, wenn Sie in einem Jahr mehr Kirchensteuer erstattet bekommen, als Sie zahlen mussten. Vorkommen kann das vor allem, wenn Sie einen Verlust in ein altes Jahr zurücktragen können und dadurch bereits gezahlte Steuern zurückbekommen.

In einem solchen Fall muss das Finanzamt die Erstattung zunächst immer mit der im selben Jahr gezahlten Kirchensteuer bis auf 0 € verrechnen. Verbleibt ein Überhang an Kirchensteuererstattung, zieht ihn das Finanzamt von der Kirchensteuer im Jahr der ursprünglichen Zahlung ab und ändert den alten Steuerbescheid zu Ihren Ungunsten. Auf diese Weise kommt es in den alten Jahren zu einer entsprechenden Steuernachzahlung und darüber hinaus auch noch zu einer Verzinsung des Nachzahlungsbetrags (BFH v. 26.11.2008 – X R 24/08).

d) Steuerberatungskosten 542
Ihre privaten Steuerberatungskosten können Sie nicht als Sonderausgaben absetzen. Aber auch hier gilt die alte Weisheit, dass es fast keine steuerliche Gemeinheit gibt, die man nicht zumindest teilweise kontern kann. Soweit nämlich Ihre Steuerberatungskosten unmittelbar mit Einkünften in Zusammenhang stehen, können Sie sie weiterhin als Betriebsausgaben oder als Werbungskosten bei der jeweiligen Einkunftsart abziehen. Das Abzugsverbot für Steuerberatungskosten betrifft damit vor allem Kosten im Zusammenhang mit folgenden Steuererklärungen bzw. Teilen von Steuererklärungen:

- Mantelbogen der Einkommensteuererklärung,
- Anlage Kind,
- Anlage FW,
- Anlage AV,
- Anlage VL,
- Kindergeldantrag,
- Erbschaftsteuerangelegenheiten,
- Grundsteuer und Grunderwerbsteuer für nicht vermietete Immobilien,
- Kfz-Steuer für private Fahrzeuge.

Abzugsfähig im Rahmen der jeweiligen Ermittlung der Einkünfte ist dagegen der Teil der Steuerberatungskosten, der mit der Erstellung der folgenden Unterlagen zusammenhängt:

- Anlagen L, Weinbau, GSE, EÜR, N, KAP, V, R, SO zur Einkommensteuererklärung,
- Betriebssteuererklärungen wie Umsatzsteuer-, Gewerbesteuer- und Körperschaftsteuererklärung, Umsatzsteuer- und Lohnsteuervoranmeldungen etc.,
- Jahresabschluss, Gewinnermittlung, Buchführung,
- Gestaltungsberatung, um möglichst geringe Einkünfte zu versteuern oder Gewinne zu vermeiden.

Teilen Sie also Ihre Kosten für Steuerfachliteratur, Fahrten zum Finanzamt, um Zweifelsfragen zu besprechen oder sich einen Freibetrag auf der Lohnsteuerkarte eintragen zu lassen, immer munter in einen privaten und einen betrieblichen bzw. beruflichen Teil auf. Bei Beiträgen an Lohnsteuerhilfevereine, Aufwendungen für steuerliche Fachliteratur und Software akzeptiert es der Fiskus, wenn Sie pauschal 50 % als Betriebsausgaben/Werbungskosten abziehen. Außerdem können Sie Kosten bis zu 100 € voll als Betriebsausgaben bzw. Werbungskosten absetzen (BMF v. 21.12.2007 – BStBl 2008 I S. 256).

Beispiel

Sie haben für Fachliteratur, wie z.B. dieses Buch, Software und Fahrten insgesamt 120 € Steuerberatungskosten zusammenbekommen. Davon ordnen Sie 100 € den Werbungskosten zu. Nur die verbleibenden 20 € fallen damit unter den Tisch.

WICHTIGER HINWEIS

543 Der Bundesfinanzhof hat sich leider nicht auf die Seite der Steuerzahler geschlagen. Er hat inzwischen vielmehr wiederholt dem Fiskus den Rücken gestärkt und geurteilt, dass das Verbot des Sonderausgabenabzugs für private Steuerberatungskosten rechtens ist und nicht gegen das Grundgesetz verstößt. Da keiner der betroffenen Steuerzahler den Gang vor das Bundesverfassungsgericht angetreten hat, sind diese Urteile mittlerweile rechtskräftig. Der Kampf gegen diese ungerechte Regelung ist damit verloren.

Das Bundesfinanzministerium hat denn auch prompt angeordnet, dass Steuerbescheide insoweit nicht mehr vorläufig ergehen und Einsprüche nicht mehr ruhen dürfen. (BMF v. 25.4.2013 – IV A 3 – S 0338/07/10010). Sie müssen sich also wohl oder übel mit dem Abzug des beruflichen bzw. betrieblichen Teils der Steuerberatungskosten als Werbungskosten oder Betriebsausgaben begnügen.

e) Ausbildungskosten 544

Sie können bis zu **6.000 €** pro Jahr als Ausbildungskosten absetzen. Sind Sie verheiratet und auch Ihre bessere Hälfte steckt noch in der Ausbildung, können Sie beide je bis 6.000 € als Ausbildungskosten in der Steuererklärung unterbringen. Wie Sie sehen, sind das dann im günstigsten Fall bis zu 12.000 € im Jahr.

WICHTIGER HINWEIS

Sie sollten trotz des vergleichbar hohen Betrags von 6.000 € immer versuchen, 545
Ihre Kosten als Werbungskosten durchzubringen. Siehe dazu ➤ Rz 301 ff.

TRICK

Wie Sie mit Ihren Kosten an die 6.000-€-Grenze herankommen

Mit Ausgaben für Fachbücher, Fotokopien, Schreibblocks, Stifte etc. können Sie 546
natürlich keinen allzu großen Blumentopf gewinnen. Bei 6.000 € Höchstbetrag lohnen sich vor allem dicke Brocken, als da wären:

- *Fahrtkosten zur Ausbildungsstelle, Uni etc.* Für jeden Tag, den Sie zur Uni fahren, setzen Sie die tatsächlichen Fahrtkosten an. Benutzen Sie für die Fahrten ein eigenes Auto, steht Ihnen lediglich die Entfernungspauschale von 0,30 € je Entfernungskilometer zu. Aber keine Regel ohne Ausnahme. Werden Sie außerhalb der Uni tätig, z. B. wegen eines Praktikums, gibt es die doppelt so hohen Reisekostenpauschalen von 0,30 € je gefahrenen Kilometer.

  Die Reisekostenpauschalen stehen Ihnen darüber hinaus zu, wenn Sie Ihr Studium im Rahmen eines Ausbildungsdienstverhältnisses absolvieren (duale Ausbildung) oder wenn die Uni nicht als Vollzeitbildungseinrichtung gilt, weil Sie Ihr Studium neben Ihrem eigentlichen Job betreiben.

- Den für Ausbildungszwecke gekauften *Computer* setzen Sie über drei Jahre mit je 33,3 % des Kaufpreises an.

- Ihr Arbeitszimmer können Sie zwar nicht absetzen, die Einrichtung wie Stuhl, Regale und Schreibtisch hingegen sehr wohl.

- Nun, wie sieht es denn mit *Telefon und Internet* aus? Natürlich brauchen Sie den Internetanschluss und Ihr Telefon auch für Ihre Ausbildung, also werden

Sie z. B. 80 % Ihrer Kosten in der Aufstellung unterbringen. (**Aufgepasst:** Auf
unter 20 % der Kosten lassen Sie sich auf keinen Fall herunterhandeln. Berufen Sie sich auf die analoge Anwendung der Vereinfachungsregelung bei
Werbungskosten in R 9.1 Abs. 5 LStR.)

- Dann wären da noch die *Lerngemeinschaften* und die Meetings zur Klausurvorbereitung mit Kollegen und Kommilitonen, für die Sie 0,30 € je gefahrenen Kilometer absetzen.

- Wenn Sie am Ausbildungsort ein Zimmer für unter der Woche gemietet
  haben, weil der tägliche Weg von Ihrer Wohnung zu weit ist, können Sie die
  Kosten für *die Unterkunft im Rahmen einer doppelten Haushaltsführung absetzen,* vor allem die Miete für das Zimmer und die Heimfahrt zu Ihrer Familie. Das gilt allerdings nur, wenn Sie einen eigenen Hausstand haben. Der
  liegt in der Regel vor, wenn Sie die Kosten für eine Wohnung allein tragen
  oder die Wohnung zusammen mit Ihrem (Ehe-)Partner nutzen. Daneben
  sollten Sie für die ersten drei Monate am Studienort Verpflegungspauschalen
  ansetzen.

- Vergessen Sie nicht die ganzen Gebühren, den gebraucht gekauften Taschenrechner und, und, und …

Wie Sie sehen, läppert sich ganz schnell ein schönes Sümmchen zusammen,
wenn Sie etwas kreativ sind.

GUTER RAT

547 Gute Karten haben Sie, wenn Sie schon einen anderen Beruf hatten und umschulen, um wieder Geld zu verdienen (BFH v. 4.12.2002 – BStBl 2003 II S. 403).

548 Der BFH sagt aber, dass Ausbildungskosten nur dann vorliegen, wenn sie dazu
dienen, einem Erwerb nachgehen zu können. Sind Sie z. B. Apotheker und
interessieren sich fürs Fotografieren, können Sie Aufwendungen für Fotobücher
oder einen Fotokurs nicht als Berufsausbildungskosten ansetzen. Das Gericht
sagte: Fotograf zu sein ist mehr Hobby als Beruf.

549 **Merken Sie sich: Aufwendungen für die Doktorprüfung (Promotion) gehören
zu den voll abziehbaren Werbungskosten (BFH v. 4.11.2003 – BStBl 2004 II
S. 891).** Machen Sie also Ihre Ausgaben für z. B. Bücher, Reisen, Druck der Dissertation, Computer, Drucker, Schreibtisch etc. als Werbungskosten geltend.

550 Wie die Doktorprüfung sieht der BFH die **Professorenprüfung (Habilitation)**.
Sie ist nach seiner Ansicht beruflich veranlasst, weil sie in einer konkreten Beziehung zu einem bereits ausgeübten Beruf steht. Also sind die Aufwendungen
dafür Werbungskosten (BFH v. 7.8.1967 – BStBl 1967 III S. 778).

WICHTIGER HINWEIS

Etwas übertrieben hat es ein Steuerzahler, der seinen Doktortitel an der Uni einer Bananenrepublik gegen Zahlung eines größeren fünfstelligen Betrags gekauft hat. Trotz schöner Bescheinigungen des Arbeitgebers, dass der Doktortitel erwartet werde und für die weitere Karriere förderlich sei, haben sich weder Fiskus noch Gerichte erweichen lassen. Wer es sich mit dem Erwerb des Doktors so einfach macht, streichelt in erster Linie das eigene Ego und verfolgt nicht vorrangig berufliche Ziele (BFH v. 8.6.2004 – BFH/NV 2004 S. 1406).

551

WICHTIGE FRAGE

Liebe Leser, da frage ich mich doch ganz ernsthaft, wie ergeht es denn jetzt wohl den ganzen Guttenbergs und Koch-Mehrins und den vielen anderen Schummel-Doktoren, die ihre Doktorarbeiten weitgehend abgeschrieben haben? Ich meine, derartige Kosten für einen *gestohlenen* Doktortitel gehören ebenso wenig in die Steuererklärung wie die Kosten für einen gekauften Titel.

TIPP
für Sprachkurse im Ausland

Einen Sprachkurs können Sie problemlos als Ausbildungskosten absetzen, wenn Sie Dolmetscher oder Auslandskorrespondent werden wollen. Deklarieren Sie Ihren Auslandsaufenthalt einfach als »Auslandspraktikum als Fremdsprachenkorrespondentin«. Den Segen des BFH, dass ein Auslandspraktikum Teil der Ausbildung ist, haben Sie (BFH v. 14.1.2000 – BStBl 2000 II S. 199).

552

Wie Sie Sprachkurse als Werbungskosten absetzen, vgl. ➤ Rz 319, Rz 320.

f) Private Spenden (§ 10 b EStG)

> **TRICK**
>
> **Vergessen Sie die Steuerermäßigung beim Spendenabzug nach § 34 g EStG nicht!**

553 Spenden können nicht nur Geldleistungen, sondern auch Sachleistungen sein. Bei Sachleistungen muss ihr Wert aus der Spendenbescheinigung hervorgehen. Auch der Verbrauch von Gütern für begünstigte Zwecke, z.B. von Benzin, Öl usw. zur Beförderung gehbehinderter Personen im Auftrag einer gemeinnützigen Gesellschaft, ist eine Spende, wenn diese Gesellschaft Spendenquittungen ausstellen darf. Ihre eigene unbezahlte Arbeitsleistung können Sie allerdings nicht als Spende absetzen (BFH-Urt. v. 24.9.1985 – BStBl 1986 II S.727).

554 **Das Finanzamt verlangt von Ihnen als Beleg eine Spendenbescheinigung, eine normale Quittung genügt meistens nicht.**
Wenn der Empfänger der Spende keine Körperschaft des öffentlichen Rechts ist, z.B. eine Kirche oder Universität, muss aus der Spendenbescheinigung neben der Höhe der Spende auch hervorgehen, dass der Empfänger zu den begünstigten Körperschaften gehört. Dazu genügt die Angabe des Steuerfreistellungsbescheids. Bei einigen Spenden, z.B. auf ein Sonderkonto im Katastrophenfall, das ein Spitzenverband der freien Wohlfahrtspflege eingerichtet hat, genügt der Zahlungsbeleg der Post (§ 50 Abs. 2 EStDV).

555 Der Abzug von Spenden ist auf einen einheitlichen Höchstbetrag von 20 % des Gesamtbetrags der Einkünfte begrenzt, egal ob Ihre Zuwendung wissenschaftlichen, mildtätigen, besonders förderungswürdigen kulturellen oder anderen Zwecken dient.

> **GUTER RAT**

556 Als alternative Spendenhöchstgrenze gilt für Landwirte, Gewerbetreibende und Freiberufler 0,4 % der Summe der Umsätze plus Löhne plus Gehälter. Haben Sie reichlich gespendet und die Grenze von 20 % Ihrer Einkünfte überschritten, prüfen Sie nach, ob diese alternative Spendenhöchstgrenze für Sie günstiger ist. Auch das Finanzamt prüft in diesem Sinne. Dazu muss der Bearbeiter jedoch eine zusätzliche Kennziffer eingeben. Manchmal vergisst er das aber, und dann sind Sie als Steuerzahler der Dumme. Also prüfen Sie besser selbst nach.

Wer viel arbeitet, macht viele Fehler.
Wer nicht arbeitet, macht keine Fehler.
Wer keine Fehler macht, wird befördert.

(Antwort auf Prüfungsfrage
an Beamtenanwärter)

Außerdem können Sie zusätzlich zu den o. g. Höchstbeträgen von Ihren Zahlungen in den Vermögensstock einer öffentlich-rechtlichen oder gemeinnützigen Stiftung in den ersten zehn Jahren insgesamt bis zu 1 Mio. € als Spende absetzen. Werden Sie mit Ihrem Ehe- oder Lebenspartner zusammen veranlagt, beträgt Ihr gemeinsamer Höcshtbetrag sogar 2 Mio €. Wie Sie diesen Höchstbetrag auf die einzelnen Jahre verteilen, bleibt dabei Ihnen überlassen. Sie können ihn in einem Jahr voll ausschöpfen, in zehn gleichen Raten nutzen oder völlig anders gestückelt in Anspruch nehmen.

Überschreiten Ihre Zuwendungen die Spendenhöchstgrenzen, können Sie die übersteigenden Beträge ähnlich wie beim Verlustabzug nach § 10 d EStG in den nächsten Jahren absetzen. Der verbleibende Spendenabzug wird in einem gesonderten Verfahren förmlich festgestellt. Die Feststellung wird dann regelmäßig mit dem Einkommensteuerbescheid verbunden und Ihnen bekanntgegeben (§§ 10 b Abs 1 und 10 d Abs. 4 EStG).

Für Parteispenden und Mitgliedsbeiträge gilt eine besonders großzügige Steuerabzugsregelung. Schließlich sollen viele Milliönchen in die Parteikassen fließen, denn der ganze unnütze Parteienwasserkopf kostet jedes Jahr horrende Summen.

Zwei Wege zum Absetzen von Parteispenden und Beiträgen gibt es:

1. Für die ersten 1.650 €/3.300 € (Ledige/Verheiratete) gibt es einen Steuerabzugsbetrag von 50 %, höchstens 850 €/1.650 €. Dieser Betrag wird direkt von Ihrer Steuerschuld abgezogen (§ 34 g EStG).
2. Den Rest der Spenden oder Beiträge können Sie unabhängig von der Höhe Ihres Einkommens jährlich nur bis zu weiteren 1.650 €/3.300 € (Ledige/Verheiratete) als Sonderausgaben absetzen. Soweit Spenden und Mitgliedsbeiträge an politische Parteien und Wählervereinigungen, die Kandidaten aufstellen, nach § 34 g EStG begünstigt sind, entfällt ein Spendenabzug nach § 10 b EStG.

Hier ein Beispiel, wie gerechnet wird:
Nehmen wir an, der Spender ist verheiratet, sein Gesamtbetrag der Einkünfte beträgt 50.000 € und die Vorsorgeaufwendungen liegen bei ca. 5.000 €. Er spendete 2015 für die Krebsforschung 8.000 €, den örtlichen Sportverein 3.000 € und zahlte an eine politische Partei Mitgliedsbeiträge und Spenden von 7.000 €.

a) *Spenden (ohne politische Parteien):*
für Krebsforschung — 8.000 €
an Sportverein — 3.000 €
insgesamt — 11.000 €
./. Spendenhöchstbetrag 20 % von 50.000 € = − 10.000 € > 10.000 €
Rest Vortrag 2016 — 1.000 €

b) *Mitgliedsbeiträge und Spenden
an politische Parteien:* — 7.000 €
./. Abgeltung durch § 34 g EStG — − 3.300 €
Verbleiben — 3.700 €
Abzugsfähig höchstens — > 3.300 €
Spendenabzug insgesamt — 13.300 €
Zusätzlich Steuerabzugsbetrag (§ 34 g EStG) — 1.650 €

Steuerersparnis inkl. Kirchensteuer und Soli ca. 7.242 €.

*Wenn wir eine Demokratie haben,
dann muss das Widerstandsrecht
jedem Bürger zugestanden werden.*

(Generalstaatsanwalt Bauer)

WICHTIGER HINWEIS

561 Jeder gemeinnützige Verein oder jede gemeinnützige Körperschaft kann Ihnen eine Spendenquittung ausstellen. Der umständliche Weg, Spenden über eine inländische juristische Person des öffentlichen Rechts, z.B. den Landessportverband, oder eine inländische öffentliche Dienststelle, z.B. das Stadtsportamt, zu zahlen, ist nicht mehr zwingend vorgeschrieben, und man kann Ihnen den Spendenabzug bei Unterlassung dieser überflüssigen Formalie nicht mehr streitig machen.

TRICK

Setzen Sie Ihre Mitgliedsbeiträge als Spenden ab!

562 Sie können Ihre Mitgliedsbeiträge nur dann als Spenden absetzen, wenn sie an Institutionen gezahlt werden, die nicht überwiegend Leistungen gegenüber ihren Mitgliedern erbringen oder in erster Linie der eigenen Freizeitgestaltung dienen. Aus diesem Grund gibt es gemeinnützige Zwecke erster Klasse (mit

Mitgliedsbeitragsabzug) und zweiter Klasse (ohne Mitgliedsbeitragsabzug). Übrigens: Dieselbe unselige Unterscheidung gilt auch für von Ihnen gezahlte Umlagen und Aufnahmegebühren.

Mitgliedsbeiträge an Institutionen, die folgende Zwecke fördern, sind daher ausdrücklich vom Spendenabzug ausgeschlossen:

- Sport,
- kulturelle Zwecke, die vorrangig der Freizeitgestaltung dienen (Gesangs- oder Musikvereine, Tanzgruppen, Laientheater und -chöre etc.),
- Heimatpflege, Pflanzenzucht, Kleingärtnerei, traditionelles Brauchtum (z.B. Schützen- und Trachtenvereine, Karnevals- bzw. Faschingsvereine), Soldaten- und Reservistenbetreuung, Amateurfunk, Modellbau/-flug und Hundesport.

Mitgliedsbeiträge können demnach wie Spenden abgezogen werden, wenn der Verein z.B. folgende Zwecke verfolgt:

- Bildung, Erziehung,
- Naturschutz,
- Landschaftspflege,
- Umweltschutz,
- Entwicklungshilfe,
- Jugendhilfe,
- Brandschutz etc.

Deshalb ist es wichtig, bei der Anerkennung der Gemeinnützigkeit des Vereins darauf zu achten, dass die richtigen Vereinszwecke zugrunde gelegt werden. Förderung der Jugendpflege ist z.B. wesentlich günstiger als Förderung des Sports auf dem Gebiet des Jugendfußballs.

Ich empfehle Ihnen, im Verein dafür zu sorgen, dass die Mitgliedsbeiträge möglichst gering sind. Besser ist es, statt 250 € Mitgliedsbeitrag und 30 € Spende im Jahr nur 30 € Mitgliedsbeitrag und dafür 250 € Spende zu zahlen. Für den Verein kommt das finanziell und steuerlich auf dasselbe heraus, aber Sie sind mit der deutlich höheren Spende der große Sieger beim Finanzamt.

WICHTIGER HINWEIS

Für den Nachweis Ihrer Spenden gibt es Spendenquittungsvordrucke. Vor allem, wenn Sie eine Spendenquittung für Ihre Mitgliedsbeiträge haben wollen oder für eine Sachspende, z.B. weil Sie Ihrem Fußballverein 20 neue Bälle gestiftet haben, muss die Art der Spende ausgewiesen werden, sonst machen die Fiskalritter Zinnober beim Spendenabzug.

Sind Sie in einem Verein Vereinskassierer, müssen Sie unbedingt beachten, dass es für Spenden besondere Aufzeichnungspflichten gibt. Folgende Angaben und Unterlagen zu den Spenden müssen Sie festhalten:

- Name und Anschrift des Spenders,
- Datum der Zahlung,
- Nachweis über die Verwendung der Spende,
- Kopie oder Durchschrift der Spendenquittung.

WICHTIGER HINWEIS

564 Übles hat der Fiskus mit Ihnen vor, wenn Sie als Vereinsvorstand, Kassierer oder sonst Verantwortlicher Missbrauch mit Spendenquittungen betreiben. Kommt Ihnen der Fiskus auf die Schliche, dass Sie z. B. Spendenquittungen ausgestellt haben, obwohl keine Spenden geflossen sind, oder in einem Sportverein für Mitgliedsbeiträge eine Spendenquittung ausgestellt haben, droht zumindest finanzielles Ungemach.

Zunächst einmal haftet der Verein in solchen Fällen mit einer Pauschale von 30 % der zu Unrecht als Spenden quittierten Summen für den vermeintlichen Steuerausfall, und nur wenn beim Verein nichts zu holen ist, kassiert der Fiskus diese Strafpauschale von Ihnen. So weit die Theorie.

Denn: Der Versuch, sich aus den immer klammen Vereinskassen zu bedienen, ist dem Fiskus oft zu mühselig. Da reizt es ihn, sich das Geld auf viel einfachere Weise gleich bei Ihnen zu holen. Das müssen Sie sich aber nicht gefallen lassen. Für die Spendenhaftung gilt nach § 10 b Abs. 4 EStG ganz klar das Prinzip: Vorrang der Haftung des Vereins vor der Haftung durch die Vereinsorgane (Vorstand, Kassierer etc.). Auch wenn es Mühe macht und der Verein vielleicht nur in Raten zahlen kann: Solange beim Verein Geld zu holen ist, hat das Finanzamt nichts mit seinen Fingern in Ihrer Geldbörse zu suchen.

TRICK

Spenden Sie den Haftungsbetrag doch einfach an Ihren Verein!

Kann der Verein der Forderung des Finanzamts nach Spendenhaftung tatsächlich nicht nachkommen, werden Sie den Teufel tun und seelenruhig abwarten, bis auch Ihnen als Vereinsvorstand ein Haftungsbescheid ins Haus flattert.

Statt an das Finanzamt zahlen Sie doch lieber einen entsprechenden Betrag als Spende an den Verein. Der ist nun flüssig und kann die Spendenhaftung begleichen. Sie dagegen haben statt 5.000 € Zahlung an das Finanzamt, die Ihnen keinerlei Steuervorteil bringt, nun eine lupenreine Spende, die Ihnen im günstigsten Fall bis zu ca. 50 % Steuerersparnis bringt. Na, wenn das kein toller Dreh ist, dem Fiskus die Hälfte seiner Strafzahlungen selbst ans Bein zu binden.

SUPER TRICK

Füllen Sie mit Sponsorengeldern die Vereinskasse!

Sicher gibt es bei Ihnen am Ort jede Menge Handwerksbetriebe, kleine Firmen, Banken, Sparkassen etc. Machen Sie ihnen schmackhaft, dass sie Ihren Verein kräftig mit Geld, Kleidung, Maschinen, vielleicht sogar einem neuen Transporter oder einem Anbau an das Vereinsheim unterstützen. Wichtig: Die edlen Gönner treten nicht als Spender, sondern als Sponsoren auf. Das setzt nur voraus, dass sie und Ihr Verein deutlich darauf hinweisen, wer wen fördert (in Prospekten, Anzeigen, bei der Durchsage im Stadion etc.). Dann können die Firmen ihre Zuwendung voll als Betriebsausgabe absetzen, und weder sie noch Ihr Verein braucht sich mit den kleinkarierten Spendenformalitäten herumzuschlagen. Schaut der Finanzritter daraufhin ungläubig, verweist ihn die Firma auf das BMF-Schreiben vom 18.2.1998 (BStBl I S. 212), in dem diese Möglichkeit haarklein bestätigt wird.

TRICK

Wie Sie die Fahrtkosten für den Sportverein als Spende absetzen können.

Eine Spende kann auch vorliegen, wenn Sie im Interesse Ihres Vereins Kosten, z. B. Fahrtkosten, tragen und auf deren Erstattung verzichten. **Aber:** Dazu müssten Sie einen offiziellen Erstattungsanspruch gegen Ihren Verein haben. Also soll der Verein Ihnen Ihre Ausgaben ersetzen, und Sie spenden dieses Geld dem Verein. So erhalten Sie eine schöne Spendenquittung für das Finanzamt. Und den Verein kostet das keinen Cent, weil die Fahrtkostenerstattung ja als Spende zurückkommt.

VIII. Sonderausgaben

TRICK

So bekommen Sie Steuervergünstigung für verschlissene oder unmoderne Anzüge.

567 Suchen Sie Kleidung und Schuhe zusammen, die Sie ohnehin nicht mehr tragen wollen – vielleicht haben Ihre Bekannten auch noch solche Stücke im Schrank –, und verschenken Sie sie! Wie das zu einer Steuerermäßigung führt? Ganz einfach: Sie müssen sich nur den richtigen Empfänger aussuchen. Nicht also irgendwann einmal bei einer Straßensammlung abgeben, sondern einer gemeinnützigen Organisation geben, die berechtigt ist, eine Spendenquittung über Ihre mildtätige Gabe auszustellen (etwa Caritas, Rotes Kreuz, Innere Mission, Arbeiterwohlfahrt, Hilfswerk Misereor). Der Bundesfinanzhof hat in seinem Urteil vom 23.5.1989 (BStBl 1989 II S. 879) festgestellt, dass auch Sachwerte (wie z.B. gebrauchte Kleidungsstücke) als Spenden abzugsfähig sind. Denn sie haben einen Marktwert, wie die zahlreichen Secondhand-Shops zeigen. Allerdings hat der BFH dem Steuerzahler die Beweislast über den Wert der Kleidungsstücke auferlegt. Also müssen Sie dafür sorgen, dass auf der Spendenbescheinigung die für die Schätzung des Marktwerts maßgebenden Faktoren wie Neupreis, Zeitraum zwischen Anschaffung und Weggabe und Erhaltungszustand angegeben sind.

Wie mir Leser berichtet haben, gibt es Organisationen, die keine Spendenquittung für Sachwerte ausstellen wollen. Sie berufen sich auf das vorgenannte Urteil und behaupten, sie könnten keine konkreten Wertangaben zu den gespendeten Sachen machen. In diesem Fall helfen Sie ihnen mit einer detaillierten Aufstellung auf die Sprünge, z.B.:

	Erwerb in	Neupreis	Zustand	Wert
Anzug, blau	2014	ca. 400 €	neuwertig	50 €
Wintermantel, braun	2014	ca. 500 €	neuwertig	75 €
Lackschuhe usw.	2013	ca. 120 €	1-mal getragen	40 €

SUPER TRICK

Passen Sie als Selbständiger schön auf!

568 Manche Ärzte oder Selbständige glauben besonders clever zu sein, wenn sie ältere medizinische oder andere noch brauchbare Gerätschaften aus

humanitären Gründen einer Hilfsorganisation für die Dritte Welt überlassen, weil sie dafür eine abzugsfähige Spendenquittung bekommen. Und dann freut es sie besonders, wenn in dieser Quittung ein höherer Wert angegeben ist, als die Spende tatsächlich besitzt ... Und wundern sich nicht nur, sondern ärgern sich später schwarz, wenn der Finanzamtssachbearbeiter zwar den Abzug zulässt, aber zugleich eine Nachzahlung für die Sachspende verlangt. Wie das?
Nun, befand sich das Gerät im Betriebsvermögen, ist der Spendenwert gleichzeitig der Entnahmewert. Liegt der aber über dem Buchwert, entsteht ein Gewinn. Dem entgehen Sie, indem Sie das Gerät unmittelbar nach der Entnahme spenden, denn dann kann als Entnahmewert der Buchwert angesetzt werden. Der ist dann allerdings auch für die Bewertung der Spende maßgebend (§ 6 Abs. 1 Nr. 4 S. 4 EStG).

TRICK

So verhindern Sie, dass das Finanzamt Sie beim Abzug Ihrer Spenden drankriegt.

Es heißt in schönstem Amtsdeutsch: »Der Spendenabzug setzt voraus, dass vermutet werden kann, dass der Spender über eine ordnungsgemäße Spendenquittung verfügt. Spenden, für die üblicherweise solche Spendenquittungen nicht ausgestellt werden (z.B. Straßensammlungen, Klingelbeutelspenden etc.), können daher nicht zum Abzug zugelassen werden.«   569

Vermeiden Sie daher, dass solche Spenden in Ihrer Einzelaufstellung für das Finanzamt auftauchen. Natürlich dürfen Sie nicht schwindeln und statt »20 € Klingelbeutel« einfach »20 € Welthungerhilfe« schreiben. Statt zu Ostern oder Weihnachten anonym einen Zwanziger in den Klingelbeutel zu stecken, gehen Sie also direkt zum Pfarrer und drücken ihm den Schein für die Renovierung der Kirche oder für seelsorgerische Aktivitäten in die Hand. Für solche Spenden kann Ihnen die Kirchengemeinde üblicherweise eine Spendenquittung ausstellen, und das Finanzamt kann vermuten, dass Sie über eine Spendenquittung verfügen. Sie können also beruhigt »20 € für kirchliche Zwecke« in Ihre Aufstellung eintragen. Das Finanzamt hat jetzt keinen triftigen Grund mehr, diese Spende nicht anzuerkennen.

g) Schulgeld   570
Nach der früheren Fassung des § 10 Abs. 1 Nr. 9 EStG konnte Schulgeld als Sonderausgabe nur dann abgezogen werden, wenn Ihr Kind eine staatlich genehmigte oder nach Landesrecht erlaubte Ersatzschule oder eine nach Landesrecht anerkannte allgemeinbildende Ergänzungsschule besucht.

Der EuGH (Urt. v. 11.9.2007, C-318/05, C-76/05) hat entschieden, dass diese Einschränkung gegen EU-Recht verstößt, weil im Ausland gelegene Schulen diese Anforderungen in der Regel nicht erfüllen und ein Sonderausgabenabzug insoweit ausgeschlossen war.

Diesem Druck hat sich der Fiskus gebeugt. Nunmehr können alle Schulgeldzahlungen an Schulen in privater Trägerschaft oder an überwiegend privat finanzierte Schulen innerhalb des EU-/EWR-Raums gleich behandelt werden. Zu den begünstigten Schulen gehören neben reinen Privatschulen auch ausländische öffentliche Schulen oder konfessionsgebundene Schulen der Kirchen- und Religionsgemeinschaften. Es kommt nun nur noch darauf an, dass der Abschluss der ausländischen Schule in Deutschland vom Kultusministerium eines Bundeslandes, von der Kultusministerkonferenz der Länder oder einer inländischen Zeugnisanerkennungsstelle anerkannt ist.

Entgelte an Schulen außerhalb des EU-/EWR-Raums, z.B. in Amerika, Afrika etc., können Sie – wie bisher – nicht als Sonderausgaben abziehen. Eine Ausnahme bleiben die sog. **Deutschen Schulen im Ausland**. Hier greift der Sonderausgabenabzug für das Schulgeld auch dann, wenn sie außerhalb des EU/EWR-Raums gelegen sind.

TIPP

Wappnen Sie sich mit einer Zeugnisanerkennungsbescheinigung!

Besucht Ihr Kind eine inländische Schule, lassen Sie sich die Bescheinigung über die Anerkennung des Schulabschlusses an ebendieser Schule ausstellen. Geht das Kind dagegen im Ausland zur Schule, bekommen Sie die Bescheinigung bei den inländischen Schulbehörden. Im Zweifel wenden Sie sich an Ihren zuständigen Regierungspräsidenten oder die Kultusbehörde und beantragen dort die für das Finanzamt notwendige Bescheinigung.

WICHTIGER HINWEIS

Anders als früher können Sie auch Schulgeld für Privatschulen absetzen, die zu einem berufsbildenden Schul-, Jahrgangs- oder Berufsabschluss führen. Hierzu gehören auch Volkshochschulen und andere Weiterbildungseinrichtungen, die z.B. auf den Erwerb des Haupt- oder Realschulabschlusses, der Fachhochschulreife oder des Abiturs vorbereiten. Die Schulen des Gesundheitswesens fallen ebenfalls unter die Neuregelung. Das sind endlich einmal gute Nachrichten für Eltern, deren Kinder sich an einer solchen Schule z.B. auf die staatliche Prüfung zum Ergo- oder Physiotherapeuten vorbereiten.

2. Übrige Sonderausgaben 401

Weiterhin kleinlich stellt sich der Fiskus allerdings beim Besuch von Nachhilfe-
einrichtungen, Musikschulen, Sportvereinen, Ferienkursen (z.B. Feriensprach-
kursen) und Ähnlichem an. Die Kosten sollen wie bisher nicht als Schulgeld
abgezogen werden können. Besonders ungerecht ist, dass Hochschulen, Fach-
hochschulen oder gleichstehende Einrichtungen nicht begünstigt werden.
Damit scheidet u.a. der Abzug der Studiengebühren aus (BMF v. 9.3.2009 –
BStBl 2009 I S. 487).

Wie viel Schulgeld kann ich absetzen?   571

Der steuerliche Abzug beträgt 30 %, aber max. 5.000 €. Das bedeutet, dass Sie
Schulgeld bis zu 16.667 € pro Jahr und Kind ansetzen können. Nicht zum Schulgeld gehören die Kosten für Unterkunft und Verpflegung. Sie brauchen deshalb
eine detaillierte Abrechnung der Schule, aus der sich die einzelnen Schulgeld-
komponenten ergeben. Wenn Eltern sich die Kosten des Schulbesuchs teilen,
z.B. weil sie getrennt leben, kann der Höchstbetrag insgesamt nur einmal abgezogen werden. Statt einer 50:50-Aufteilung können die Eltern auch ein anderes
Verhältnis wählen, wenn Sie das Schulgeld in unterschiedlicher Höhe tragen.

Beispiel

Ein getrennt lebendes Ehepaar bezahlt für die Privatschule der Tochter insge-
samt 25.000 € im Jahr. Davon leistet die Mutter 20.000 € und der Vater 5.000 €.
Die Eltern können den maximalen Schulgeldabzug von 5.000 € in $^4/_5$ = 4.000 €
(Mutter) und $^1/_5$ = 1.000 € (Vater) aufteilen.

Die Schulgeldzahlungen können Sie sich selbstverständlich schon während des
Jahres als Freibetrag auf der Lohnsteuerkarte eintragen lassen.

*Prinzipien sind der jämmerlichste Grund,
den es gibt, Steuerermäßigungsmöglichkeiten
nicht bis zur Grenze auszunutzen.*

IX. Außergewöhnliche Belastungen

S **Das gesamte Kapitel gilt auch für Selbständige**   572
Der oberste Grundsatz der Einkommensteuer ist – höre und staune –, dass
sich die Höhe der Steuer an der Leistungsfähigkeit des Steuerzahlers orientiert.
Aus diesem Grund müssen besondere persönliche Umstände, die einen Steuerzahler im Vergleich zu seinen Leidensgenossen über Gebühr finanziell belasten,
zu einer Verringerung der Steuerbelastung führen. Dieser an sich begrüßens-
werten Forderung kommen unsere Steuerbürokraten mehr schlecht als recht
nach, indem sie Ihnen unter der Bezeichnung »außergewöhnliche Belastungen«
einige Steuerermäßigungen einräumen.

Folgende zwei Kategorien gibt es:

- Allgemeine außergewöhnliche Belastungen, die Sie – nach Abzug eines »zumutbare Belastung« genannten Eigenanteils – in voller Höhe absetzen können (§ 33 EStG).

- Außergewöhnliche Belastungen besonderer Art, deren Abzug auf bestimmte
  Höchst- und Pauschbeträge beschränkt ist. Dazu gehören im Einzelnen

  – Unterhaltszahlungen an Angehörige,

  – Ausbildungsfreibeträge,

  – Kosten für eine Haushaltshilfe,

  – Pauschbeträge für Behinderte,

  – Pauschbetrag für die Betreuung pflegebedürftiger Personen (§§ 33 a–b
    EStG).

A. Außergewöhnliche Belastungen im Allgemeinen

1. Auch Sie sind außergewöhnlich belastet

S Statt klar und verständlich zu sagen, welche Steuervergünstigungen Ihnen   573
zustehen, haben die Steuergesetzakrobaten mit § 33 EStG einen ausgesprochenen Gummiparagraphen geschaffen. Er bestimmt Folgendes:

**Eine außergewöhnliche Belastung liegt vor, soweit einem Steuerzahler zwangs-
läufig größere Aufwendungen als der überwiegenden Mehrzahl der Steuerzahler gleicher Einkommensverhältnisse, gleicher Vermögensverhältnisse und glei-**

chen Familienstandes entstehen und diese Aufwendungen die steuerliche Leistungsfähigkeit wesentlich beeinträchtigen.

Unter diese Vorschrift fallen hauptsächlich:

- **Krankheits- und Kurkosten,**
- **Kosten im Zusammenhang mit Wiederbeschaffung von Hausrat,**
- **behinderungsbedingte Kosten,**
- **Beerdigungskosten,**
- **Pflegekosten.**

Eine umfangreiche Übersicht finden Sie unter ➤ Rz 643.

574 **S** **Soweit Ihnen von dritter Seite die Kosten ersetzt werden, sind Sie nicht belastet und können auch nichts geltend machen.**

WICHTIGER HINWEIS

Nicht jede Ausgabe im Zusammenhang mit Ihren außergewöhnlichen Belastungen wird berücksichtigt. So können Sie Beerdigungskosten nur insoweit absetzen, als sie nicht durch den Nachlass des Verblichenen gedeckt sind, und Krankheitskosten nur, wenn sie nicht durch eine Krankenversicherung erstattet wurden. Hier gilt es aber wie ein Schießhund aufzupassen. Das Krankengeld, das Sie als Lohnfortzahlung von Ihrer Krankenversicherung bekommen, müssen Sie sich genauso wenig wie das Krankentagegeld aus einer privaten Zusatzversicherung anrechnen lassen. Beide Leistungen sind Verdienstausfallentschädigungen und nicht als Ausgleich für die unmittelbaren Krankheitskosten gedacht. Anders dagegen die Zahlungen aus einer Krankenhaustagegeldversicherung. Diese werden vor einer Berücksichtigung der Kosten für Ihren Krankenhausaufenthalt, auf denen Sie sitzengeblieben sind, abgezogen. Hat dagegen Ihre Versicherung den gesamten Krankenhausaufenthalt bezahlt, kassieren Sie die Krankenhaustagegelder und müssen Sie sich nicht etwa auf andere Krankheitskosten, z.B. für Ihre neue Brille oder eine ambulante Behandlung, anrechnen lassen (BFH v. 22.10.1971 – BStBl 1972 II S. 177).

575 **Das Ärgernis mit dem Gegenwert**
Dummerweise ist eine außergewöhnliche Belastung nur das, was das Finanzamt als eine solche ansieht, und nicht das, was Sie für eine halten, etwa die hohen Anschaffungskosten für Ihre neuen Möbel oder die Raten für den Farbfernseher.
»Warum stellen solche Ausgaben eigentlich keine Belastungen dar?«, wollen Sie wissen.

1. Auch Sie sind außergewöhnlich belastet

Nun, das Finanzamt sagt sich, dass Sie ja einen **Gegenwert** erhalten haben, indem Sie sich z. B. ein schönes Heim schaffen. Und außerdem ist die Anschaffung neuer Möbel oder eines neuen Fernsehers meist freiwillig, also nicht zwangsläufig.

Der Fiskus nimmt immer dann einen Gegenwert an, wenn der angeschaffte Gegenstand eine gewisse Marktgängigkeit hat und nicht nur vom Steuerzahler selbst, sondern auch von anderen genutzt werden kann. Bei behinderungsbedingten Umbauten jedoch hat sich die Rechtsprechung des BFH um 180 Grad gedreht. Er akzeptierte die Aufwendungen eines Steuerzahlers, der nach einem Schlaganfall einen Treppenlift in sein Wohnhaus eingebaut, das Schlafzimmer ebenerdig eingerichtet und das Badezimmer behindertengerecht umgebaut hatte (BFH v. 22.10.2009 – BStBl 2010 II S. 280). Damit sind die entgegenstehenden Urteile zum Badezimmerumbau (BFH v. 2.6.2005 – BFH/NV 2006 S. 36) oder Einbau eines Aufzugs an das Haus eines Rollstuhlfahrers (BFH v. 25.1.2007 – III R 7/06) überholt. Das Finanzgericht in Köln hat ebenfalls den Einbau eines Fahrstuhls in das Gebäude eines behinderten Steuerzahlers als außergewöhnliche Belastung anerkannt, weil der Einbau eines Treppenlifts baurechtlich nicht möglich war (FG Köln v. 27.8.2014 – 14K 2517/12). Inzwischen hat der BFH seine Meinung so erweitert, dass es für den Abzug nicht mehr darauf ankommt, dass der behinderungsbedingte Umbau aufgrund einer akuten Lage erforderlich wurde. Im Urteilsfall war eines der Kinder von Geburt an schwerbehindert. Die Steuerpflichtigen, die zunächst zur Miete wohnten, haben das ältere Haus nach dem Kauf umgebaut und modernisiert. Der BFH akzeptierte die behinderungsbedingten Umbaukosten für die von dem behinderten Kind genutzten Wohnräume (BFH v. 24.2.11 – VI R 16/10, DB 2011, 850).

Um nachzuweisen, dass Umbaukosten behinderungsbedingt und damit zwangsläufig angefallen waren, können Sie z. B. folgende Unterlagen einreichen (R 33.4 Abs. 5 EStR):

- Bescheid der Sozialversicherung, des Integrationsamtes, Sozialamtes etc. über die Bewilligung eines Zuschusses zu den Umbaukosten,
- Bescheid über einen Zuschuss zur Verbesserung des individuellen Wohnumfeldes nach § 40 Abs. 4 SGB XI,
- Gutachten des Medizinischen Dienstes der Krankenversicherung, des Sozialmedizinischen Dienstes (SMD) oder der Medicproof Gesellschaft für Medizinische Gutachten mbH über die Notwendigkeit des Umbaus.

576 Von Ihren Aufwendungen wird Ihnen neben den Kostenerstattungen von Dritten immer eine Art steuerlicher Eigenanteil, genannt **zumutbare Belastung**, abgezogen. Deren Höhe ist davon abhängig, wie hoch Ihre Einkünfte sind, ob Sie verheiratet sind und wie viele Kinder Sie haben. Mehr dazu unter ➤ Rz 579.

Prüfen Sie daher zunächst immer, ob Sie Ihre Aufwendungen nicht vielleicht als Werbungskosten, Betriebsausgaben oder Sonderausgaben durchbekommen. Das bringt Ihnen eine größere Steuerersparnis, weil keine zumutbare Belastung abgezogen wird und sie sich deshalb in voller Höhe auswirken.

Haben Sie sich also als Arzt oder Krankenschwester trotz aller Vorsicht bei einem Patienten mit Gelbsucht angesteckt oder sind als Dachdecker vom Gerüst gepurzelt, so sind Ihre selbstgetragenen Krankheitskosten Werbungskosten und nicht etwa außergewöhnliche Belastungen.

577 Wenn Sie außergewöhnliche Belastungen geltend machen, wollen die Fiskalritter wie gesagt einen Nachweis sehen, dass Ihre Ausgaben *zwangsläufig* waren, weil Sie sich ihnen aus tatsächlichen, rechtlichen oder sittlichen Gründen nicht entziehen konnten. Rechtliche Gründe liegen z.B. vor, wenn Sie Unterhalt an Ihren getrennt lebenden oder geschiedenen Ehegatten oder an Ihre Kinder bzw. Ihre Eltern zahlen oder als Erbe die Beerdigungskosten des Verblichenen bestreiten. Dagegen können Sie sich auf Zwangsläufigkeit aus tatsächlichen Gründen berufen, wenn Sie ein unabwendbares Ereignis wie Unfall, Krankheit, Erpressung, Brand, Diebstahl, Vertreibung oder eine Naturkatastrophe trifft. Demgegenüber spielt die sittliche Verpflichtung meist nur eine Rolle bei der Frage, ob Sie Pflegekosten für Nichtangehörige absetzen können.

Der Fiskus achtet wie gesagt darauf, ob Ihr Einkommen tatsächlich durch die Ausgabe belastet ist, also von dritter Seite, z.B. der Krankenkasse, keine Erstattung erfolgt.

WICHTIGER HINWEIS

578 Sie können Ihre außergewöhnlichen Belastungen immer im Jahr der Bezahlung absetzen. Auch wenn Sie dazu einen Kredit aufnehmen müssen, bleibt es beim vollen Abzug im Zahlungsjahr. Auf die Darlehenstilgung kommt es steuerlich nicht an (BFH-Urt. v. 10.6.1988 – BStBl 1988 II S.814). Denken Sie in so einem Fall daran, während der Laufzeit des Darlehens Jahr für Jahr die Zinsen als außergewöhnliche Belastung anzusetzen (BFH-Urt. v. 6.4.1990 – BStBl 1990 II S.958).

Damit eine Steuerermäßigung rausspringt, muss Ihre finanzielle Leistungsfähigkeit *wesentlich* beeinträchtigt sein. Dazu müssen zwangsläufige Aufwendungen die in der folgenden Übersicht bezeichneten Sätze des Gesamtbetrags der Einkünfte übersteigen:

Zumutbare Belastung 579

	in Prozent bei			
Bei einem Gesamt- betrag der Einkünfte	Allein- stehen- den	Verheirateten u. Verwitweten bis zum 2. Todesjahr	Personen mit steuerlich zu berücksichtigenden Kindern	
			1 – 2 Kinder	3 oder mehr Kinder
15.340 €	5	4	2	1
15.340 – 51.130 €	6	5	3	1
über 51.130 €	7	6	4	2

Der Betrag, der nach Abzug der zumutbaren Belastung verbleibt, wird als Steuerermäßigung bei der Berechnung Ihres Einkommens abgezogen. Als Arbeitnehmer können Sie ihn sich bereits im Lauf des Jahres als Freibetrag auf der Lohnsteuerkarte eintragen lassen.

Es ist wichtig zu wissen, dass die zumutbare Belastung nur von *allgemeinen* außergewöhnlichen Belastungen abgezogen wird. Die Höchst- und Freibeträge, die bei außergewöhnlichen Belastungen *besonderer Art* angesetzt werden, bleiben von einer solchen Kürzung verschont. Dazu mehr ab ➤ Rz 644.

TRICK

Was Beamten recht ist, sollte Ihnen als Angestelltem billig sein!

Bei Beamten werden die »fiktiven« Beiträge zur Altersvorsorge bei der Ermittlung der Einkünfte nicht berücksichtigt. Dagegen wird bei Arbeitnehmern ihr Anteil zur gesetzlichen Rentenversicherung als Arbeitslohn erfasst und dann erst im Rahmen der Veranlagung teilweise als Sonderausgaben abgezogen. Dadurch wird zwar das Einkommen gemindert, nicht aber die Einkünfte bzw. deren Gesamtbetrag. Das benachteiligt rentenversicherungspflichtige Arbeitnehmer bei der Berechnung der zumutbaren Belastung. Durch den höheren Gesamtbetrag der Einkünfte ergibt sich im Vergleich zu einem Beamten eine höhere zumutbare Belastung. 580

Gegen diese Ungerechtigkeit sollten Sie mit einem Einspruch zu Felde ziehen. Verlangen Sie, dass bei der Berechnung der zumutbaren Belastung Ihr Anteil zur Rentenversicherung abgezogen wird. Angenommen, Sie haben als Lediger einen Arbeitslohn von 50.000 €. Der Arbeitnehmeranteil beträgt somit 9,35 % von 50.000 € = 4.875 €. Durch den Abzug des Arbeitnehmeranteils erhöht sich der Abzug von außergewöhnlichen Belastungen um 6 % von 4.875 € = 293 €. Berufen Sie sich Ihrem Finanzamt gegenüber auf ein in dieser Sache beim BFH anhängiges Musterverfahren mit dem Aktenzeichen VI R 75/14.

581

Berechnungsschema

Und so rechnet das Finanzamt die außergewöhnliche Belastung aus:
Ein Verheirateter mit einem Kind – 25.000 € Gesamtbetrag der Einkünfte im Kalenderjahr – hatte in einem Jahr 6.000 € Zahnarztkosten, von denen die Krankenkasse 3.500 € übernommen hat.

Berechnung

Zahnarztkosten	6.000 €
./. Erstattung Krankenkasse, aber ohne Krankengeld/ Krankentagegeld	– 3.500 €
Belastung	2.500 €
./. zumutbare Belastung (§ 33 Abs. 3 EStG) 3 % von 25.000 € Gesamtbetrag der Einkünfte =	– 750 €
Außergewöhnliche Belastung	1.750 €

Sie sehen: Von Ihren Belastungen bleibt nicht viel zum Abzug übrig, besonders wenn Sie als führender oder leitender Angestellter ziemlich viel verdienen.

WICHTIGER HINWEIS

582 Zahlreiche Krankheitskosten werden mittlerweile von den Krankenkassen überhaupt nicht mehr oder zumindest nicht vollständig abgedeckt. Nehmen Sie nur einmal die Zuzahlungen für Arznei-, Heil- und Hilfsmittel, Tagespauschalen bei einem Krankenhausaufenthalt oder Rehamaßnahmen und Kuren. Für Brillen und Zahnersatz ist die Erstattung der Kosten inzwischen so lächerlich klein, dass man durchaus an einer medizinischen Grundversorgung zweifeln kann. Also bleibt Ihnen als Steuerzahler wieder einmal nichts anderes übrig, als selbst tief in die eigene Geldbörse zu greifen. Sie haben also typische außergewöhnliche Belastungen. Und nun kommt der Fiskus und zieht Ihnen von dem Eigenanteil, den Ihnen die gesetzlichen und privaten Krankenkassen ans Bein binden, mit der *zumutbaren Belastung* noch einmal einen steuerlichen Eigenanteil ab. Sie bleiben also auch steuerlich auf Krankheitskosten sitzen, obwohl die letztlich anfallen, um Ihr Existenzminimum zu sichern – und dazu gehört ja wohl eindeutig auch die Gesundheit.

Wie schreibt so schön der Präsident des BFH Prof. Dr. Rudolf Mellinghoff: »Erst wenn das familiäre Existenzminimum gesichert ist, kann der Steuerpflichtige auf frei verfügbares Einkommen zugreifen; erst dann steht disponibles Einkommen zur Verfügung« (in »Leitgedanken des Rechts,« § 174, Heidelberg 2013). Deshalb darf der Staat erst dann mit der Steuer zugreifen.

Über den Abzug der zumutbaren Belastung bei selbst getragenen Krankheitskosten darf in nächster Zeit der BFH entscheiden. Legen Sie also Einspruch ein, wenn man Ihnen den Abzug Ihrer Krankheitskosten kürzt, und berufen Sie sich auf das anhängige Revisionsverfahren (VI R 32/13). Ihr Einspruch ruht dann bis zur Entscheidung des BFH.

TRICK

Planen Sie Ihre außergewöhnlichen Belastungen!

Angenommen, Sie haben jedes Jahr so an die 2.000 € bis 4.000 € außergewöhnliche Belastungen. Mal ist es ein Zahnersatz, mal die Kur Ihrer Ehefrau, dann die neue Brille usw. Da Sie nicht gerade zu den Ärmsten im Land gehören, zieht Ihnen der Fiskus die zumutbare Belastung von 6 % Ihres Gesamtbetrags der Einkünfte von 60.000 € = 3.600 € ab. Damit verpuffen Ihre Kosten nahezu wirkungslos. Deshalb werden Sie künftig etwas pfiffiger sein und Rechnungen, die am Ende des Jahres anfallen, möglichst erst im neuen Jahr bezahlen. So fallen in einem Jahr plötzlich ca. 6.000 € an außergewöhnlichen Belastungen an, und Sie können sich nach Abzug der zumutbaren Belastung von 3.600 € über eine Steuerersparnis von ca. 2.400 € freuen. Selbst wenn der BFH die zumutbare Belastung für Krankheitskosten endgültig akzeptiert (➤ Rz 582), haben Sie so zumindest teilweise eine Steuerermäßigung gerettet.

Zudem werden Sie bei Ihrer Steuererklärung noch einmal in sich gehen, damit Sie auch ja keine Kosten vergessen, die Ihnen im Lauf des Jahres entstanden sind.

Die Fahrtkosten beider Partner zum Zahnarzt	75 €
Die Grippeschutzimpfung	90 €
Die Akupunkturbehandlung gegen das Rauchen als Vorbeugung gegen den Sie besonders bedrohenden Herzinfarkt	150 €
Die Migränebehandlung Ihres Ehepartners beim Akupunkteur	150 €
sowie die Fahrtkosten zu diesem Heilpraktiker	50 €
Und schon sind als weitere außergewöhnliche Belastungen	515 €

anzusetzen. Auf Nummer sicher gehen Sie, wenn Sie sich die Behandlungen nicht nur einfach verordnen, sondern ihre Notwendigkeit durch einen Amtsarzt bestätigen lassen.

2. Das sind Krankheitskosten

Grundsätzlich sind alle Kosten, die durch das Kranksein (auch der Familienangehörigen) anfallen, steuerlich berücksichtigungsfähig.

585 Beruflich veranlasst?

Zuallererst müssen Sie überlegen, ob die Erkrankung auf Ihren Beruf zurück-zuführen ist, denn dann sind die *Krankheitskosten in voller Höhe* – also ohne Abzug der zumutbaren Belastung – als Betriebsausgaben oder Werbungskosten abzugsfähig, sofern nicht im Fall einer Berufskrankheit die Berufsgenossen-schaft die Kosten übernimmt.

Wichtig ist, den Zusammenhang zwischen der Erkrankung und Ihrem Beruf nachzuweisen. Das ist der Fall, wenn Sie z.B. körperliche Schäden durch einen Unfall bei Ausübung des Berufs oder auf dem Weg zur Arbeitsstätte erlitten haben (Berufsunfall). Anerkannt werden inzwischen aber auch Therapien bei beruflich verursachten Stresssituationen, wie die Teilnahme an einer Selbsthil-fegruppe »Anti-Mobbing« (FG Niedersachsen v. 8.6.2006 – 14 K 57/03).

Typische Berufskrankheiten

Bei inneren Erkrankungen wird es schon schwieriger. Da müssen Sie nachwei-sen, dass die Erkrankung eine typische Berufskrankheit ist. Bisher sind u.a. von den Steuergerichten als typische Berufskrankheiten anerkannt: Pilzerkrankun-gen in Papierfabriken, Vergiftungserscheinungen in chemischen Fabriken, Gelbsucht bei Chirurgen und Zahnärzten, Tuberkulose beim Lungenfacharzt, Wirbelsäulenerkrankung durch Heben oder Tragen. Bei typischen Berufs-krankheiten ist die berufliche Veranlassung nicht mehr zu prüfen, sondern zu unterstellen.

Als Arbeitnehmer haben Sie bei einer typischen Berufskrankheit zumeist keine unmittelbaren Kosten, weil alles nach § 9 SGB VII in Verbindung mit der gel-tenden Berufskrankheitsverordnung abgegolten ist und die mittelbaren Kosten mit einem Pauschbetrag für Körperbehinderung berücksichtigt werden (§ 33 b EStG, R 33 b EStR; ➤ Rz 669 ff.). Haben Sie indessen Kosten selbst getragen, sind diese in der Anlage N als Werbungskosten zu erklären.

586 a) Kosten für Medikamente, Heil- und Hilfsmittel

Die Anerkennung Ihrer Kosten für Medikamente, Heil- und Hilfsmittel als außergewöhnliche Belastung hängt davon ab, dass Sie deren Notwendigkeit nachweisen. Nach § 64 EStDV benötigen Sie dafür in jedem Fall das Rezept eines Arztes oder eines Heilpraktikers.

Bei Medikamenten, die Sie dauernd oder über längere Zeit einnehmen müssen, genügt es, ein Mal eine ärztliche Dauerverordnung vorzulegen. Auch für Hilfs-mittel wie Brillen benötigen Sie ein Rezept des Augenarztes. Die Bescheinigung des Optikers über die Veränderung Ihrer Sehstärke reicht danach wohl nicht aus.

Erfreulich das BFH-Urteil vom 11.8.1991 (III R 70/88 – BFH/NV 385/1991), wonach nicht rezeptpflichtige Medikamente und allgemeine Stärkungsmittel steuerlich abziehbar sind, wenn sie – nach Gegenstand und Menge spezifiziert – ärztlich verordnet wurden und die Krankenkasse eine Erstattung der Kosten abgelehnt hat. Mit derselben Begründung können Sie auch die Zuzahlungen absetzen, die Sie leisten mussten, weil Sie lieber das erprobte teurere Markenmedikament genommen haben, statt sich mit einer unbekannten Ersatzpille zufriedenzugeben.

Genauso förmlich geht es mit den Nachweisen zu bei Heil- und Hilfsmitteln, die Gegenstände des täglichen Bedarfs ersetzen, z.B. Spezialbetten, orthopädische Schuhe, Stützstrümpfe, Spezialwäsche etc. Oder wenn bei Ihnen eine wissenschaftlich nicht anerkannte Behandlungsmethode wie Frischzellen- oder Trockenzellenbehandlung, Sauerstoff-, Chelat- oder Eigenbluttherapie angewendet wird. In diesen Fällen benötigen Sie ein **vor** dem Kauf des Hilfsmittels bzw. **vor** Beginn der Behandlung ausgestelltes Attest vom **Amtsarzt** oder vom **Medizinischen Dienst**.

Keine Ausnahme von der Regel: Die Ausnahmen, nach denen die medizinische Erforderlichkeit bestimmter Maßnahmen auch nachträglich durch den Amtsarzt bestätigt werden konnte, hat der Gesetzgeber mit Einführung des § 64 EStDV einkassiert.

TIPP
zu Ihren Rezeptgebühren

Zuzahlungen und Rezeptgebühren sind außergewöhnliche Belastungen, die Sie absetzen können. Damit Sie sich nicht mit dem Sammeln von 1.000 kleinen Quittungen belasten müssen und möglicherweise die Hälfte vergessen oder verlegen, fragen Sie doch mal in Ihrer Apotheke nach, ob sie **Heftchen für die Selbstbeteiligung** hat. Darin wird bei jedem Kauf der zugezahlte Betrag eingetragen und von der Apotheke abgestempelt. Sie brauchen am Jahresende nur noch die Beträge zusammenzurechnen und haben dann einen wunderbaren Nachweis Ihrer Zuzahlungen. Ersatzweise tut's ein einfaches Schulheft. Wichtig ist nur, die Einträge von der Apotheke abstempeln zu lassen.

587

Übrigens: Die Kosten der Grippeschutzimpfung sind natürlich als außergewöhnliche Belastung abziehbar.

GUTER RAT

Sollten Sie einen erheblichen Verbrauch an Schmerzmitteln haben, die Sie aus eigener Tasche bezahlen müssen, weil Ihnen der Arzt nicht genügend verschreibt, dann lassen Sie sich von ihm halt ein Privatrezept ausstellen. Eine Kostenerstattung von der Krankenkasse gibt es damit zwar auch nicht, aber Sie

588

haben für das Finanzamt den erforderlichen Nachweis einer ärztlichen Verordnung der Medikamente.

Der Gipfel der Unverfrorenheit ist, dass Sie medizinische Fachbücher nicht absetzen können sollen. So zumindest nach Meinung des BFH vom 24.10.1995 (BStBl II 1996 S. 88), der einem Steuerzahler die Fachbücher, mit denen er sich auf eine Therapie vorbereiten wollte, nicht anerkannte. Offensichtlich meinen die Herren Richter, dass Sie sich nicht zu informieren brauchen, ob Sie einem seriösen Mediziner oder einem Pfuscher mit zweifelhaften Methoden in die Hände fallen, der Sie Gesundheit und Leben kosten kann.

TIPP

Setzen Sie Ihre Diätverpflegung doch ab!

589 Der Fiskus hat vor Jahren gesetzlich festgelegt, dass Kosten für Diätverpflegung grundsätzlich nicht als außergewöhnliche Belastung abgezogen werden dürfen (§ 33 Abs. 2 Satz 3 EStG). Dieses kategorische Nein mutet recht hart an, vor allem wenn die Diätverpflegung aus medizinischen Gründen zwingend erforderlich ist. Schützenhilfe für seine kleinliche Haltung bekam der Fiskus vom Finanzgericht Düsseldorf (FG Düsseldorf v. 15.7.2013 – 9 K 3744/12 E).

Allerdings hat der betroffene Steuerzahler, dem der Arzt wegen einer chronischen Stoffwechselerkrankung Vitamine und andere Mikronährstoffe verordnet hatte, nicht so schnell klein beigegeben und durchgesetzt, dass sich der BFH noch einmal mit dieser ungerechten Rechtslage beschäftigt. Seine Revision trägt das Aktenzeichen VI R 89/13.

Sind Sie also aufgrund Ihres Gesundheitszustands ebenfalls auf eine bestimmte Diät angewiesen, sollten Sie die Kosten dafür in Ihrer Steuererklärung geltend machen. Ganz wichtig dabei ist, dass Ihr Arzt die Diätverpflegung zuvor wie ein Medikament verordnet hat. Streicht das Finanzamt die Kosten erwartungsgemäß, können Sie sich mit einem Einspruch dagegen wehren und beantragen, dass das Verfahren kostenfrei ruht, bis der BFH abschließend entschieden hat.

590 b) Krankheitsbedingte Fahrtkosten

Wer hat schon das Glück, dass der nächste Arzt in drei Minuten zu Fuß zu erreichen ist? Und welcher weißbekittelte Spitzenverdiener der Nation macht sich noch die Mühe des Hausbesuchs? Sie müssen also zusehen, wie Sie in die Praxis kommen. Wenn Sie das nicht gerade auf Schusters Rappen erledigen, entstehen Ihnen Fahrtkosten, egal, ob Sie mit Auto, Fahrrad oder öffentlichen Verkehrsmitteln fahren.

Ich möchte fast jede Wette eingehen, dass Sie bisher vergessen haben, dem Finanzamt die Fahrtkosten zu Ihren Ärzten zu präsentieren. Bei z. B. 20 Taxifahrten à 10 € läppern sich da schnell 200 € zusätzliche Krankheitskosten zusammen. Schwingt etwa ein Fiskalritter den Rotstift bei Ihren durch Quittungen oder eine Einzelaufstellung glaubhaft gemachten Taxikosten, dann erklären Sie ihm, dass es Ihnen so schlecht ging, dass Sie weder mit dem Auto noch mit dem Bus fahren konnten, sondern ein Taxi rufen mussten (BFH – BStBl 1967 III S. 655). Haben Sie Ihr eigenes Auto benutzt, beanspruchen Sie den Kilometerpauschbetrag von 0,30 €. Einen Einzelnachweis Ihrer tatsächlichen Kilometerkosten wollen die Fiskalritter grundsätzlich nicht akzeptieren (BFH – BStBl 1997 II S. 538). Sparen Sie sich also das Belegesammeln!

Wenn es auf der Fahrt zum Arzt oder Krankenhaus gekracht hat und Sie die Unfallkosten selbst tragen müssen, gehören sie – wie die Fahrtkosten – in Ihre Zusammenstellung der Krankheitskosten. Zu den Kosten, die Sie bei einem Unfall absetzen können, siehe ➤ Rz 247 ff. Sollte sich ein Fiskalritter querstellen, berufen Sie sich auf folgenden Grundsatz:

Ist eine Krankenfahrt zwangsläufig notwendig und angemessen, dann können auch Kosten infolge eines Unfalls auf einer solchen Fahrt nicht unberücksichtigt bleiben.

Stoßen Sie ihn mit der Nase auf die EFG 1980 S. 284 oder die BFH-Urteile BStBl 1974 II S. 104 und BStBl 1978 II S. 105, 109, mit denen z.B. die Abschlepp- und Reparaturkosten anerkannt wurden.

TIPP

für die Fahrt zur Kur

Manchmal sind die Finanzämter noch pingeliger als Ihre Krankenkasse. So kann es Ihnen passieren, dass man Ihnen als Fahrtkosten für An- und Abreise zur Kur nur die Kosten öffentlicher Verkehrsmittel anerkennt (BFH-Urt. v. 12.6.1991 – BStBl 1991 II S. 763). Der Termin für eine solche Kur steht ja auch Wochen vorher fest. Trotzdem ist das für Sie nicht der Weisheit letzter Schluss. Können Sie z.B. **besondere Gründe ins Feld führen**, wie eine Gehbehinderung, Asthma oder ein Herzleiden, das Sie hindert, schwere Koffer über Bahnsteige zu schleppen, sind auch Fahrtkosten mit dem Auto abzugsfähig (BFH v. 30.6.1967 – BStBl 1967 III S. 655). Und wenn Sie sich mit einer dicken Backe und mordsmäßigen Zahnschmerzen quälen, kann wohl niemand verlangen, dass Sie zwei Stunden auf den nächsten Bus warten. Oder berufen Sie sich auf die schlechten Verbindungen mit öffentlichen Verkehrsmitteln.

Zuerst verbraucht man seine Gesundheit,
um zu Geld zu kommen, dann sein Geld,
um die Gesundheit zurückzuholen.
(Robert Lembke)

593 Wenn Sie zur Behandlung einer Krankheit zu einem auswärts wohnenden Arzt oder Heilpraktiker fahren und dort bis zum Abschluss der Behandlung im Hotel wohnen, sind auch diese Aufwendungen und die Fahrtkosten voll abzugsfähig, falls der Aufenthalt nur der Krankheitsbehandlung gedient hat, also keine Kur war (FG Rheinland-Pfalz v. 19.8.1980 – EFG 1981 S. 21).

> **SUPER TRICK**
>
> **Lassen Sie sich vom Arzt das richtige Papier für Ihre Besuchsfahrten ausstellen!**

594 Lassen Sie sich von dem Arzt, der Ihren Angehörigen behandelt, eine Bescheinigung ausstellen, dass Ihre Besuche unbedingt erforderlich sind, weil sie den Heilungsprozess nachhaltig fördern. Hierdurch erfüllen Sie den Wortlaut des § 33 EStG und § 64 EStDV, der einen Nachweis darüber fordert, dass Ihre Fahrtkosten zwangsläufig entstanden sind. Durch den Hinweis auf den Heilungsprozess kommen Sie nicht umhin, schon aus diesem Grund so oft wie möglich Besuchsfahrten zu unternehmen. Wenn der Arzt die Bescheinigung zusätzlich mit einigen der unverständlichen lateinischen Medizinerfloskeln spickt, wird es jedem Fiskalritter vergehen, Ihnen die Fahrtkosten zu streichen.

Ohne ärztliche Bescheinigung läuft da gar nichts. Sogar dem Besuch bei der im Sterben liegenden Mutter verwehrten die Steuerrichter die Anerkennung (FG Hamburg v. 12.09.2001 – II 296/00). Und die BFH-Richter urteilten, dass 14-tägliche Fahrten zu den über 80-jährigen und 800 km weit weg wohnenden Eltern nicht als außergewöhnlich angesehen werden können (BFH-Urt. v. 22.10.1996 – BStBl 1997 II S. 558).

Auf eine ganz unangenehme Idee sind die Richter des FG München verfallen. Trotz ärztlicher Bestätigung, dass die Besuchsfahrten zur Mutter medizinisch notwendig waren, hat das Gericht die Anerkennung der Kosten versagt. Die Begründung war – man mag es kaum glauben –, dass die Steuerzahler ihre Mutter ernsthaft hätten auffordern müssen, die Fahrten zu bezahlen. Nur wenn die Mutter finanziell dazu nicht in der Lage gewesen wäre, wären die Fahrtkosten abzugsfähig gewesen (FG München v. 22.9.2008 – 7 K 4430/06)?

595 Allerdings gibt es einen kleinen Silberstreif am Horizont. Sie haben nämlich unter Umständen die Alternative, den Pflegepauschbetrag (§ 33 b Abs. 6 EStG) in Höhe von 924 € abzusetzen, wenn Sie mehr als reine Besuchsfahrten ausführen, weil Sie die Pflege Ihrer Angehörigen praktisch im Alleingang besorgen. Zum Pflegepauschbetrag siehe ➤ Rz 688 ff.

596 Für nicht abzugsfähig erklärt wurden Fahrten zum Ehegatten, der in Kur weilt, und Krankenbesuche bei der alleinstehenden Schwester (BFH – BStBl 1975 II S. 536).

*Tatsachen schafft man nicht dadurch aus der Welt,
dass man sie ignoriert.*
(Aldous Huxley)

Auch als bekehrter Alkoholiker können Sie Fahrtkosten in Ihrer Steuererklärung unterbringen. Alkoholismus ist eine Krankheit, und wenn Sie zweimal pro Woche je 10 km zur Gruppentherapie bei den Anonymen Alkoholikern fahren, haben Sie im Jahr 52 Wochen à zwei Fahrten à 10 km = 1.040 km × 0,30 € = 312 € Fahrtkosten für Ihre Aufstellung der außergewöhnlichen Belastungen (BFH v. 13.2.1987, BStBl 1987 II S. 427). **597**

Gute Nachricht für Behinderte! **598**
Wenn Sie aufgrund Ihrer Behinderung auf fremde Hilfe angewiesen sind, können Sie die Kosten für eine Begleitperson bis zur Höhe von ca. 767 € pro Jahr als außergewöhnliche Belastung ansetzen.

Wichtig: Diese Kosten gehören nicht zu den laufenden und typischen, mit der Körperbehinderung zusammenhängenden Kosten und sind deshalb neben dem Behindertenpauschbetrag gem. § 33 b Abs. 3 EStG abziehbar (FG Nürnberg v. 6.10.1998, EFG 1999 S. 70; BFH v. 4.7.2002 – BStBl 2002 II S. 765). Zu behinderungsbedingten Fahrtkosten vgl. ➤ Rz 675.

c) Kosten für Vorsorgemaßnahmen **599**
Will Ihnen Ihr Finanzamt die Vorbeugekosten streichen, weisen Sie darauf hin, dass *Vorsorgekuren* zu den vorbeugenden gesundheitlichen Maßnahmen gehören und nach der Rechtsprechung als Krankheitskosten anerkannt werden müssen, wenn mit ihrer Hilfe eine konkrete Erkrankung abgewendet werden soll. Das A und O ist, dass Sie sich die medizinische Notwendigkeit der Kur vor Antritt durch den Amtsarzt oder den medizinischen Dienst Ihrer Krankenversicherung hochoffiziell bestätigen lassen. Der BFH hat dies in seinen Urteilen wiederholt bestätigt. Kosten für die Kneippkur eines gesunden Bundeswehrpiloten etwa, um seinen allgemeinen Gesundheitszustand (»vollständige Fitness«) zu erhalten, sind weder als außergewöhnliche Belastung noch als Werbungskosten abzugsfähig (Urt. v. 17.12.1997 – III R 32/97).

Ebenfalls als *Vorbeugekosten* anzuerkennen sind Aufwendungen für die Ausübung eines Sports unter ärztlicher oder krankengymnastischer Anleitung (Aufwendungen für den Reitsport bei hämorrhoidalen Leiden – BFH v. 15.10.1971 – VI R 80/68, BStBl 1972 II S. 14), für Besuche von Warmwasser- und Solebädern bei Wirbelsäulenschäden (FG v. Niedersachsen 22.12.1975 – EFG 1976 S. 184) und für Vorsorgeuntersuchungen in Diagnosezentren, wenn sie nicht unangemessen im Preis sind. Die Vorbeugekosten dürfen nur nicht den Eindruck machen, sie dienten nur ganz allgemein der Gesundheit. **600**
Beim Sport müssen Sie nicht nur darauf achten, dass er unter Verantwortung eines Arztes, Heilpraktikers oder einer sonst zur Ausübung der Heilkunde zu-

gelassenen Person, z.B. einer Krankengymnastin, und gemäß einer genauen Einzelverordnung betrieben wird, sondern auch durch eine *zuvor* ausgestellte amts- oder vertrauensärztliche Bescheinigung den Nachweis erbringen, dass der Sport für die Heilung oder Linderung einer Krankheit erforderlich ist (BFH-Urt. v. 14.8.1997 – III R 67/96, BStBl 1997 II S. 732).

601 Wenn der Staat es so haben will, dann gehen Sie den bürokratischen Weg! Merken Sie sich, Alkoholiker: Alle Kosten, auch die einer versuchten Heilung von Ihrer Sucht, sind abzugsfähig! (FG Düsseldorf v. 28.10.1977 – EFG 1978 S. 125, bestätigt durch BFH-Urt. v. 14.8.1984 – VI R 34/78)

602 Die Kurkosten für eine Begleitperson sind ebenfalls steuerlich absetzbar! Damit können Sie sowohl Unterbringungs- als auch Verpflegungs- und Fahrtkosten für eine Begleitperson absetzen, wenn der Amtsarzt oder der medizinische Dienst die Notwendigkeit der Begleitung vor der Kur bescheinigt hat, vgl. ➤ Rz 629.

603 Ganz besonders wichtig, wenn Sie in psychotherapeutischer Behandlung sind: Egal ob Sie schon eine ausgewachsene psychische Störung haben, die therapiert werden muss, oder Sie einer solchen Situation durch eine entsprechende Behandlung vorbeugen wollen, Sie können sich die Kosten nur dann steuerlich subventionieren lassen, wenn Sie vor der Behandlung beim Amtsarzt oder dem medizinischen Dienst waren und diese Experten ihr Okay zur Behandlung gegeben haben.

604 Auch wenn Sie Aufwendungen für alternative Behandlungsmethoden steuerlich geltend machen wollen, benötigen Sie vor Behandlungsbeginn ein amtsärztliches Attest über die medizinische Notwendigkeit. Nur der Amtsarzt besitzt laut Bundesfinanzhof (Urt. v. 1.2.2000 – BStBl 2001 II S. 543) Sachkunde und Neutralität, um dies zu beurteilen. Damit stoßen die BFH-Richter in dasselbe Horn wie der Fiskus in R 33.4 EStR. Dabei sollten Sie aber vor dem Weg zum Amtsarzt schauen, ob Ihre alternative Heilbehandlung als »nicht wissenschaftlich anerkannt« gilt. Anderenfalls genügt nämlich auch das Attest Ihres Arztes. So müssen Sie z.B. bei Frisch- und Trockenzellenbehandlungen, Sauerstoff-, Chelat- und Eigenbluttherapien zum Amtsarzt, während eine heileurythmische Behandlung eine anerkannte Behandlungsmethode ist und deshalb das Attest Ihres behandelnden Arztes vollkommen ausreicht (FG Schleswig-Holstein v. 17.4.2013 – 5 K 71/11).

TIPP

Das Finanzamt darf nicht selbst entscheiden, welche Behandlung wissenschaftlich anerkannt ist!

605 Die Finanzämter behaupten gern, eine Behandlungsmethode sei wissenschaftlich nicht anerkannt, und Sie müssten deshalb eine Bescheinigung des Amtsarztes oder des Medizinischen Dienstes vorlegen. Eine solch lapidare Begründung müssen Sie nicht gelten lassen. Wenn das Finanzamt darauf hinweist, dass die Tatsache, dass die Krankenkasse die Kosten nicht übernehme, ein Beweis für die fehlende wissenschaftliche Anerkennung einer Behandlungsmethode sei, setzt es womöglich wirtschaftliche Gründe der Krankenkasse – die eine Erstattung versagt, weil die gewählte Behandlungsmethode teurer ist als eine herkömmliche – mit wissenschaftlichen Gründen gleich. Die teurere Methode kann aber sehr wohl wissenschaftlich anerkannt sein.

Letztlich muss das Finanzamt eine gutachterliche Stellungnahme zu der Frage einholen, ob eine Behandlungsmethode wissenschaftlich allgemein anerkannt ist – so jedenfalls der BFH in seinem Urteil vom 26.6.2014 (VI R 51/13). Stellt sich aufgrund des Gutachtens heraus, dass die Behandlungsmethode anerkannt ist, genügt für den Abzug von außergewöhnlichen Belastungen auch eine ganz einfache Verordnung Ihres behandelnden Arztes. Auf Amtsarzt oder Medizinischen Dienst darf das Finanzamt dann nicht mehr pochen. Lassen Sie sich also von Ihrem Arzt außer der Verordnung für die Behandlung gleich auch eine Bescheinigung geben, in der er darlegt, dass die von Ihm gewählte Behandlungsmethode wissenschaftlich anerkannt ist. Ihr Doktor wird gewiss einige Quellen aus der einschlägigen medizinischen Fachliteratur anführen können, um das zu untermauern.

SUPER TRICK

Fitnesstraining auf Krankenschein

Sind Sie guter Kunde in einer krankengymnastischen Massage- und Bäderpraxis, weil Sie oft Kreuz- und Gliederschmerzen plagen? Was Sie eigentlich brauchen, meinen Sie zu wissen: nämlich tüchtige Eigenbewegung, kräftigere Muskeln und Sehnen, damit Sie weniger anfällig sind. Jetzt passen Sie auf: In den meisten krankengymnastischen Massage- und Bäderpraxen befindet sich ein größerer Gymnastikraum, der mit den verschiedensten technischen Geräten ausgestattet ist, die sich kaum von denen in einem gewerblichen Fitnesscenter unterscheiden. Fragen Sie doch den Inhaber, ob Sie zwei- bis dreimal in der Woche im Gymnastikraum trainieren können. Wenn Sie guter Fango- und Massagekunde sind, hat er bestimmt nichts dagegen.

Schade: Aufwendungen für die Anschaffung neuer Kleidung infolge einer Abmagerungskur sind nach dem BFH-Urteil vom 17.7.1981 (VI R 105/78 – HFR 1981 S.518) keine außergewöhnliche Belastung. Entsprechendes gelte für Änderungskosten (FG Hessen v. 2.3.1978 – EFG 1978 S.432). Übergewicht sei ebenso wenig wie Übergröße zwangsläufig. Allerdings war das FG Düsseldorf am 13.1.1981 (IX 457/77 E, nv) so einsichtig, die Kosten für den notwendigen Mindestbestand an Bekleidung nach einer krankhaft bedingten Abmagerung (von mehr als 30 kg) als außergewöhnlich anzuerkennen. Und weil die Dicken in der Überzahl sind, hier noch ein besonderer Tipp für sie:

608 **d) Erweiterte Krankheitskosten**
Der Bundesfinanzhof berücksichtigt grundsätzlich nur Aufwendungen, die unmittelbar zum Zweck der Heilung, Linderung oder zur Erträglichmachung einer Krankheit aufgewendet werden. Wie die vorstehenden Ausführungen zur Krankheitsvorbeugung zeigen, fallen unter § 33 EStG aber auch mittelbar durch die Krankheit entstandene Aufwendungen, wenn sie in einem engen Zusammenhang mit ihr stehen. Hierzu rechnen insbesondere die sog. erweiterten Krankheitskosten. Entfernte mittelbare Kosten sind außer Betracht zu lassen, da sie die allgemeine Lebensführung betreffen.

Als erweiterte Krankheitskosten hat die Rechtsprechung u.a. anerkannt:

- eine Mietabfindung, die ein Steuerpflichtiger zur Erlangung einer geeigneten Wohnung an den Vormieter zahlte, weil der Wohnungswechsel wegen des völlig gelähmten Sohnes notwendig war (BFH-Urt. v. 14.12.1965 – BStBl 1966 III S.113),

- Aufwendungen für bauliche Veränderungen am eigenen Einfamilienhaus eines gehunfähigen Schwerbeschädigten zur Benutzung eines fahrbaren Hebeapparats (FG Hamburg, EFG S.557) ebenso wie die Kosten für einen Treppenschräglift (FG Berlin, EFG 1995 S.264; FG Sachsen v. 12.10.2006 – 2 K 1859/04); Schwierigkeiten gibt es allerdings, wenn die Gehbehinderung nicht durch einen Schwerbehindertenausweis oder ein ärztliches Gutachten bestätigt wird (FG Nürnberg v. 4.12.2003 – VI 361/2002), oder

- Umbaumaßnahmen wegen Querschnittslähmung eines Kindes (FG Hessen – EFG 1977 S.373, und FG Rheinland-Pfalz – EFG 1979 S.231).

- Aufwendungen für den Einbau einer Spezialbadewanne (Sitzbadewanne mit Wannentür), wenn vorher ein amts- oder vertrauensärztliches Attest eingeholt wurde (FG Rheinland-Pfalz v. 23.10.2001 – 2 K 2105/01).

- Die folgenden Aufwendungen sah das Niedersächsische Finanzgericht (EFG 1969 S.491) neben dem Pauschbetrag als abzugsfähig bei *Contergankindern* an:

  - für Fahrten zu einer auswärtigen Spezialklinik, um der Tochter die notwendige Wäsche zu bringen,

  - die Eigenbeteiligung an den Kosten einer Armprothese,

  - für Fahrten zur Prothesenversorgung als mittelbare Kosten der Anschaffung der Prothese und

  - für Spezialmöbel zur Schreibhilfe.

Dass der Einbau von Schwimm- oder Bewegungsbädern wegen des gleichzeitig entstehenden Gegenwerts nicht unter erweiterte Krankheitskosten fällt, dürfte spätestens nach der Entscheidung des BFH zum Einbau eines Fahrstuhls bei Behinderten und dem letzten Urteil des FG Rheinland-Pfalz zum Schwimmbadbau wegen Behinderung zuungunsten der betroffenen Steuerzahler geklärt sein (FG Rheinland-Pfalz v. 11.10.2006 – 6 K 2169/05).

Trinkgelder an das Krankenhauspersonal gehören nicht zu den unmittelbaren Krankheitskosten. Entgegen seinem früheren, den Abzug bejahenden Urteil (BFH v. 22.10.1996 – BStBl 1997 II S. 346) vollzog der BFH hier eine 180-Grad-Wende (BFH v. 30.10.2003 – BStBl 2004 II S. 270).

Aufwendungen für den Privatschulbesuch Ihres Kindes können ebenfalls zu **609** außergewöhnlichen Belastungen führen, wenn Sie die Krankheit in den Vordergrund stellen und den Schulbesuch quasi nebenbei laufen lassen. Schulgeldzahlungen für den medizinisch indizierten Besuch einer Privatschule durch ein geistig und körperlich behindertes Kind sind von der Rechtsprechung als außergewöhnliche Belastung berücksichtigt worden (FG Köln, Urt. v. 23.7.1997 – EFG 1998 S. 318). Anerkannt wurden auch z. B. die Aufwendungen für die Unterbringung eines an Asthma erkrankten Kindes in einem »Oberschulinternat«, wenn der Aufenthalt aus klimatischen Gründen zur Heilung oder Linderung der Krankheit nachweislich unabdingbar notwendig ist und der Schulbesuch nur anlässlich dieser Heilbehandlung gleichsam nebenbei und nachrangig erfolgt (BFH-Urt. v. 26.6.1992, III R 83/91, BStBl 1993 II S. 212). Entsprechendes gilt für die Unterbringung eines legasthenischen Kindes, wenn die Lese- und Rechtschreibschwäche Krankheitswert hat (BFH-Urt. v. 26.6.1992, III R 8/91, BStBl 1993 II S. 278). Wappnen Sie sich in diesem Fall unbedingt mit einem amtsärztlichen Nachweis. Eine Bescheinigung des Schulaufsichtsamts oder eines einschlägig tätigen Professors reicht nicht aus (BFH v. 7.6.2000 – BStBl 2001 II S. 94).

Abziehbar sind auch die Aufwendungen für den Besuch besonderer Behindertenschulen, wie z. B. von Blinden- und Taubstummenschulen. Nicht berücksichtigt wurde jedoch die Unterbringung eines hochbegabten Kindes in einem Internat mit Hochbegabtenförderung oder die Unterbringung eines schwer erziehbaren Kindes in einer geeigneten Schuleinrichtung (BFH-Urt. v. 26.6.1992 – BStBl 1993 II S. 278). Es sei denn, der Aufenthalt war amtsärztlich bestätigt auf eine Krankheit zurückzuführen (BFH v. 22.9.2005 – BFH/NV 2006 S. 281).

Allgemein gilt Folgendes: Ist Ihr Kind auf den Besuch einer Privatschule (Sonderschule oder allgemeine Schule in privater Trägerschaft) mit individueller Förderung angewiesen, damit es eine angemessene Schul- und Berufsausbildung erhält, sind die Kosten außergewöhnliche Belastungen. Der Fiskus schaut dabei auch danach, ob es in zumutbarer Entfernung eine geeignete öffentliche Schule gibt. Zum Nachweis, dass der Besuch der Privatschule erforderlich ist, besorgen Sie sich am besten eine Bescheinigung des zuständigen Kultus- oder Schulministeriums oder einer von dieser betimmten Behörde – häufig ist das der Regierungspräsident ihrer Region (R 33.4 Abs. 2 EStR).

TRICK

Tun Sie etwas für Ihre Schönheit – und setzen Sie es von der Steuer ab!

610 Die Kosten einer Schönheitsoperation oder einer Haartransplantation werden im Allgemeinen nicht als zwangsläufig anzusehen sein. Lassen Sie sich von Ihrem Arzt z.B. physische und psychische Gründe für eine Schönheitsoperation (besser: kosmetischen Eingriff) bestätigen und bitten Sie so das Finanzamt mit zur Kasse.

Nur in Ausnahmefällen können Aufwendungen für ein *Toupet* zu den außergewöhnlichen Belastungen gerechnet werden (FG Baden-Württemberg, Urt. v. 12.9.1978, III 152/77, EFG 1979 S. 125, FG Düsseldorf, Urte. v. 18.1.1983, XI 298/82 E, EFG 1983 S. 500, rechtskräftig). Der *kreisförmige Haarausfall*, der zu fleckenhaften »Löchern« im Haarwuchs führt, stellt eine Krankheit dar. Erwerben Sie ein Toupet, so hat es die Funktion einer Prothese. Die Anschaffungskosten können deshalb als außergewöhnliche Belastung abgesetzt werden. Selbst Aufwendungen in Höhe von 1.625 € sind noch angemessen. Wenn Sie als Mann unter normalem (erblich bedingtem) Haarausfall leiden, sollen die Kosten nicht abzugsfähig sein (FG Rheinland-Pfalz, Urt. v. 12.11.2008 – 2 K 1928/0). *Haartransplantationskosten* sind als außergewöhnliche Belastung abzugsfähig, wenn z.B. ein fach- oder amtsärztliches Gutachten überwiegend medizinische Gründe für die Operation nennt. Besorgen Sie sich ein solches amtsärztliches Attest *vor* der Herstellung Ihrer neuen Haarpracht, sonst sinken Ihre Chancen auf Anerkennung der Kosten als außergewöhnliche Belastung rapide (FG Niedersachsen v. 2.2.2000 – EFG 2000 S. 496).

Transsexualität ist eine einer Krankheit vergleichbare Disposition. Im Zusammenhang mit der Behandlung entstandene Aufwendungen können daher als außergewöhnliche Belastungen abgesetzt werden. Das gilt allerdings nicht für die Anschaffung neuer Bekleidung nach der Geschlechtsumwandlung. Die Aufwendungen für eine »weibliche« Perücke können nur ausnahmsweise als außergewöhnliche Belastungen berücksichtigt werden, z.B. wenn das natürliche Haupthaar durch eine Teilglatze einen für eine Frau entstellenden Charakter hat und dies durch ein vorab erstelltes amts- oder vertrauensärztliches medizinisches Gutachten nachgewiesen wird (BFH v. 25.10.2007 – III R 63/06).

TRICK

Erben Sie durch nachträgliche Feststellung einer Behinderung eine Steuerermäßigung!

Vielleicht war einer Ihrer Elternteile vor dem Tod lange krank, einen Antrag auf Körperbehinderung zu stellen ist aber keinem in den Sinn gekommen. Sie als Erbe können das Versäumnis nachholen. Die Versorgungsämter sind nämlich angewiesen, auch für bereits Verstorbene Feststellungen über eine Körperbehinderung zu treffen, soweit dies nach den vorhandenen Unterlagen möglich ist.

Die nachträgliche Feststellung der Behinderung beantragen Sie beim Finanzamt, wenn Sie die Steuererklärung z.B. Ihres Vaters abgeben. Das Finanzamt holt dann eine Stellungnahme des Versorgungsamts ein und muss ggf. den Pauschbetrag für Behinderte berücksichtigen. Für die Steuererstattung können Sie als Erbe Ihr Konto angeben (Quelle: § 65 Abs. 4 EStDV).

611

TRICK

So finanziert Ihnen das Finanzamt ein neues Bioschlafzimmer.

Sie (oder Ihre Familie) leiden nachweislich unter dem giftigen Lack und dem Formaldehyd, das aus Ritzen und Kanten Ihres Schlafzimmers quillt, haben ständig Kopfschmerzen, Schwindel, Unwohlgefühl, Schwächeanfälle, Allergien etc.? Und das besonders stark, weil Sie etwa mit Bronchialasthma geplagt sind?

612

Dann passen Sie gut auf!

Aufwendungen für Renovierungsmaßnahmen einer Wohnung können ausnahmsweise eine außergewöhnliche Belastung i. S. des § 33 EStG darstellen, wenn sich infolge einer Erkrankung die Notwendigkeit ergibt, noch neue Gegenstände auszuwechseln (BFH-Urt. v. 29.11.1991 – BStBl 1992 II S. 290). Auch Aufwendungen für Sanierungsmaßnahmen bei Gesundheitsgefährdung durch Asbest, Formaldehyd und Holzschutzmittel sind, soweit nicht Werbungskosten oder Betriebsausgaben vorliegen, nach Auffassung der Finanzverwaltung abziehbar; Entsprechendes gilt für die vollständige Entsorgung nicht sanierungsfähiger Wirtschaftsgüter (OFD Hannover, Verfügung v. 8.11.1996, S 2284 – 98 – StO 213 b, FR 1997 S. 192, vgl. auch OFD Saarbrücken, Verfügung v. 18.7.1997, S 2284 – 22 St 222) und für eventuelle Gutachtenkosten, sofern das Gutachten Ihre Meinung stützt, dass eine Sanierung erforderlich war (Erlass des Finanzsenators Bremen v. 24.2.2000 – S. 2284 – 181, Der Betrieb 2000, S. 799).

Wenn Sie auf Nummer sicher gehen wollen, können Sie dem Finanzamt durch ein amtsärztliches oder amtlich technisches Gutachten klarmachen, wie verseucht Ihr Haus und wie dringend erforderlich die Renovierung aus Krankheitsgründen war (BFH v. 9.8.2002 – BStBl 2002 II S. 240)! Eine amtsärztliche Bescheinigung oder eine Bescheinigung des Medizinischen Dienstes, wie Sie bei vielen Krankheitskosten nach § 64 EStDV neuerdings gefordert wird, ist hier aber nicht zwingend. Der § 64 EStDV führt nämlich krankheitsbedingte Renovierungskosten nicht ausdrücklich auf.** Deshalb reicht unter Umständen auch die Bestätigung einer Uniklinik, so haben die Richter beim FG Rheinland-Pfalz am 29.3.1999 (5 K 2932/96 DStR E 2000 S. 740) entschieden. Gute Karten haben Sie in der Regel auch mit dem Gutachten einer amtlichen technischen Stelle wie TÜV, Umweltamt etc. (FG Nürnberg v. 31.1.2003 – VII 370/1999).

Bei Sanierungen ist anders als bei Krankheitskosten auch nicht absolut zwingend, dass das Gutachten vor Beginn der Sanierung eingeholt wird (BFH v. 29.03.2012 – BStBl 2012 II S. 570). Allerdings gehen eventuelle Unklarheiten für den Fall, dass die Notwendigkeit der Sanierung im Nachhinein nicht mehr zweifelsfrei festgestellt werden kann, zu Ihren Lasten. Deshalb ist es unter dem Strich immer besser, wenn Sie den Gutachter vor Beginn der Sanierung anrücken lassen.

Auf die Kleidung musst du besonders schauen. Zu gut, und sie sind sich zu gut für die Arbeit; zu zerrissen, und sie haben einen schlechten Charakter.

(Brecht, Herr Puntila)

613 **e) Pflegekosten**

Trotz Pflegeversicherung sind Sie finanziell nicht aus dem Schneider, wenn es Sie oder einen Angehörigen wirklich einmal so hart trifft. Wollen Sie eine einigermaßen anständige Betreuung, müssen Sie in die eigene Tasche greifen. Die gute Nachricht: Ihre Aufwendungen für die Unterbringung in einem Pflegeheim, Altenpflegeheim oder auf der Pflegestation eines Altenheims können Sie als allgemeine außergewöhnliche Belastung von der Steuer absetzen.

Damit Ihnen der Fiskus Ihre Pflegebedürftigkeit abnimmt, benötigen Sie entweder einen Behindertenausweis, in dem das Merkzeichen »H« für hilflos eingetragen ist, einen entsprechenden Bescheid Ihres Versorgungsamts oder einen Bescheid der Pflegeversicherung, dass Sie mindestens in die Pflegestufe I eingestuft sind. Stellen Sie ggf. schleunigst einen Antrag beim Versorgungsamt oder bei der Pflegeversicherung, denn: Ohne amtliches Behinderungsfeststellungspapier können Sie bei Ihrem Finanzamt buchstäblich mit dem Kopf unter dem Arm auftauchen, man wird Ihnen trotzdem die »Hilflosigkeit« nicht anerkennen.

Wichtig: Für den Pflegepauschbetrag ist Pflegestufe III oder »H« erforderlich (siehe auch ➤ Rz 688 ff.).

2. Das sind Krankheitskosten

Mit der amtlich bescheinigten Hilflosigkeit haben Sie nun die Wahl:

- **Pausch- und Freibetrag**
  Sie können den Behindertenpauschbetrag für »Hilflose« in Höhe von 3.700 €
  beantragen (§ 33 b Abs. 3 EStG). Damit sind alle pflegebedingten Kosten abgegolten. Zusätzlich können Sie für die vom Pflegeheim berechneten Kosten
  für haushaltsnahe Dienstleistungen die Steuerermäßigung nach § 35 a Abs. 2
  EStG in Anspruch nehmen.

- **Tatsächliche Kosten**   **614**
  Wenn Sie in einem Pflegeheim leben, kommen Sie damit nicht aus. Dann
  müssen Sie die tatsächlichen Kosten geltend machen. Das können Sie übrigens auch, wenn Sie krankheitsbedingt in einem Seniorenwohnstift untergebracht sind (BFH v. 14.11.2013 – BStBl 2014 II S. 456).

Vorab: Besonders pfennigfuchserisch stellen sich die Fiskalritter an, wenn Sie
wegen der Heimunterbringung Ihre Wohnung aufgelöst haben. Wegen angebli-
cher Haushaltsersparnis kürzen sie Ihnen nach R 33.3 Abs. 2 EStR Ihre Kosten
zusätzlich zur zumutbaren Belastung um

23,21 €	pro Tag
706,00 €	pro Monat
8.472,00 €	im Jahr

Bei einem Gesamtbetrag der Einkünfte von 25.000 € und von Ihnen selbst gezahlten monatlichen Pflegeheimkosten von 2.000 € ergibt sich für Sie folgende
Rechnung:

Pflegekosten im Jahr 2.000 € monatlich × 12 =	24.000 €
./. Haushaltsersparnis pauschal	− 8.472 €
Verbleiben	− 15.528 €
./. zumutbare Belastung (➤ Rz 579) 6 % von 25.000 € =	− 1.500 €
Abziehbare außergewöhnliche Belastungen nach § 33 EStG	14.028 €

WICHTIGER HINWEIS

Einen genauso dicken Batzen an Steuern können Sie sparen, wenn Sie die   **615**
Kosten für die Unterbringung von Angehörigen in einem Pflegeheim oder auf
einer Pflegestation tragen. Wenn das Einkommen z. B. Ihrer Mutter zur Bestreitung der Pflegekosten nicht langt, sind Sie als ihr Kind schließlich verpflichtet, ihr finanziell beizustehen. Das gilt umso mehr, wenn Sie das Sozialamt
für die Pflegekosten eines Angehörigen zur Kasse bittet (Vfg. der OFD Müns-

ter v. 4.4.1989 – S 2284 – 30 – St 16 – 31). Bezahlen Sie also einen Teil der Heimkosten, sind das für Sie allgemeine außergewöhnliche Belastungen (§ 33 EStG).

TRICK

Pauschbeträge bekommen Sie auch für Ihr Kind im Pflegeheim!

616 Ist Ihr erwachsenes Kind wegen seiner Behinderung in einem Heim untergebracht, stehen Ihnen die Kinderfreibeträge zu, da Ihr Kind ja wohl kaum in der Lage ist, seinen Unterhalt aus eigenen Einkünften und Bezügen zu bestreiten.

Mit dem Kinderfreibetrag ist zugleich die Tür zu größeren Steuerermäßigungen aufgestoßen: Sie übertragen den Behindertenpauschbetrag Ihres Kindes von 3.700 € auf sich und setzen gleichzeitig den Pflegepauschbetrag mit 924 € ab. Insgesamt können Sie also ohne großen Aufwand – Behindertenausweis oder Pflegestufenbescheid reichen aus – Jahr für Jahr über 4.600 € von der Steuer absetzen. Dass Ihr Kind bis auf die Besuche zu Hause überwiegend im Heim untergebracht ist, hat darauf keinen Einfluss. Wenn Ihnen ein Fiskalritter mit dieser fadenscheinigen und zudem noch völlig unsensiblen Begründung die Pauschbeträge streichen will, klopfen Sie ihm kräftig mit dem BMF-Schreiben vom 14.4.2003 (BStBl 2003 I S. 360) auf die Finger.

Natürlich können Sie statt des Behindertenpauschbetrags Ihres Kindes auch die tatsächlichen Kosten lt. Nachweis ansetzen. Das lohnt sich aber nur, wenn Sie neben Ihren Besuchs- und Abholfahrten sowie eventuell damit verbundenen Übernachtungskosten weitere Aufwendungen ins Spiel bringen können, wie z.B. die behindertengerechte Ausstattung Ihrer Wohnung, von Ihnen bezahlte Pflegedienste oder die Kosten für eine Begleitperson im Urlaub, sofern Ihr Kind auf ständige Begleitung angewiesen ist.

SUPER TRICK

Verdienen Sie mit Großmutters Möbeln im Souterrain 2.880 €!

617 Nehmen wir an, Sie als Krösus im Geschwisterkreis sind der Einzige, der es sich leisten kann, die Kosten für Großmutters Pflegeheimunterbringung zu bezahlen. Natürlich lassen Sie sich nicht lumpen, schließlich war sie es, die immer ein paar leckere Sachen für Sie hatte und Ihnen während Ihres Studiums von ihrer kleinen Rente so manches zugesteckt hat.

Damit Ihnen die Fiskalritter nicht die Haushaltsersparnis von Ihren Kosten abknapsen, haben Sie Ihre Verhältnisse entsprechend gestaltet und können sagen:»Meiner Großmutter steht weiterhin die mit ihren Möbeln eingerichtete $1^{1}/_{2}$-Zimmer-Wohnung im Souterrain meines Hauses zur Verfügung. Eine Haushaltsauflösung hat nicht stattgefunden.« Für das Finanzamt ist es Essig mit der Kürzung um die Haushaltsersparnis. Sie setzen also 8.472 € mehr als außergewöhnliche Belastung ab und sparen bei einem Steuersatz von 30 % ca. 2.880 € (inkl. Kirchensteuer und Solidaritätszuschlag).

SUPER TRICK

Schlagen Sie selbst aus Kürzungen durch das Finanzamt noch Kapital!

Mit der Steuer ist es wie beim Pokern: Sieger bleibt, wer ein Ass mehr im Ärmel hat. Mag sich der Fiskalritter ruhig selbstgefällig die Hände reiben, wenn er Ihnen durch Abzug der Haushaltsersparnis einen dicken Batzen der Pflegekosten für Ihre Großmutter gestrichen hat, weil deren Haushalt irgendwann aufgelöst wurde. Sie wenden das Blatt, indem Sie sagen: »Halt! Ein Teil der Haushaltsersparnis wird durch die Rente meiner Oma gedeckt, und der Rest, der mir angerechnet wird, stellt typischen Unterhalt dar. Ich beanspruche dafür den Unterhaltsfreibetrag nach § 33 a Abs. 1 EStG.« Zähneknirschend muss der Steuerknecht dann so rechnen:

Pflegekosten		12.000 €
Haushaltsersparnis		8.472 €
Durch Omas kleine Rente gedeckt		− 2.400 €
Bei Ihnen anzurechnen		6.072 € > − 6.072 €
Als außergewöhnliche Belastung anzurechnende Pflegekosten		5.928 €
Unterhaltsleistungen		6.072 €
Höchstbetrag		8.472 €
Omas Rente	2.400 €	
./. Werbungskosten	− 102 €	
./. Unkostenpauschale	− 180 €	
Anzurechnende Einkünfte	2.118 €	
./. anrechnungsfreier Betrag	− 624 €	
Anrechnung auf den Unterhalt	1.494 €	> − 1.494 €
Höchstbetrag		6.978 €

Neben den Pflegekosten setzen Sie also zusätzlich als Unterhaltsfreibetrag die 6.072 € ab, die Ihnen als Haushaltsersparnis abgezogen wurden. Ihre Ersparnis daraus beträgt je nach Steuersatz zwischen 973 € und 3.129 €.

GUTER RAT

619 **Für die häusliche Pflege durch Angehörige besteht ein Anspruch auf Leistungen aus der Pflegeversicherung. Pflegen Sie z.B. Ihre Eltern, können diese dafür Pflegegeld beantragen.** Man glaubt es kaum, auf welch abwegige Ideen manche Fiskalritter kommen, um ihre Schröpfgelüste auszuleben. Da gab es tatsächlich ein paar dieser Kameraden, die Ihnen steuerpflichtige Einkünfte anhängen wollten, wenn Ihre Eltern Ihnen für Ihre Mühen und Kosten einen Teil des Pflegegelds zukommen lassen.

Zum Glück war das sogar den Ministerialbürokraten des Schlechten zu viel. Mit dem BMF-Schreiben vom 28.4.1995 (BStBl 1995 I S.251) haben sie ihre allzu vorwitzigen Kollegen zurückgepfiffen. Wenn Sie sich darauf berufen können, dass Sie sich zur Übernahme der Pflege sittlich und moralisch verpflichtet fühlen, bleibt das an Sie weitergeleitete Pflegegeld auch dann steuerfrei, wenn Sie nicht Ihre Eltern, sondern z.B. Tante Amalie, Onkel Kuno oder Nichte Claudia pflegen (§ 3 Nr. 36 EStG).

3. Wann ist die Beschaffung von Hausrat und Bekleidung steuerlich abzugsfähig?

620 **Haben Sie durch Kriegseinwirkung, Terror im Ausland, Vertreibung, Ungeziefebefall, Brand, Diebstahl oder Einbruch, Unwetter, Wohnsitzaufgabe aus zwangsläufigen Gründen oder wegen Spätaussiedlung aus den Ostblockstaaten Hausrat und Bekleidung ganz oder zum Teil verloren, ist für die Wiederbeschaffung eine erhebliche Steuervergünstigung möglich (Quelle: R 33.2 EStR)! Die Beschaffungen müssen allerdings notwendig sein. Aufwendungen für eine Wiederinstandsetzung sind dabei ebenso zu behandeln wie Aufwendungen für Wiederbeschaffung.**

Die Anerkennung als Asylberechtigter allein reicht den Richtern des Bundesfinanzhofs nicht aus, Ihre Verfolgung im Heimatland und die Übersiedlung nach Deutschland als unabwendbares Ereignis anzusehen. Wiederbeschaffungskosten für Hausrat und Kleidung wollen sie deshalb nur dann berücksichtigen, wenn Ihr Verbleiben im Heimatland mit Gefahr für Leib und Leben oder Ihre persönliche Freiheit verbunden gewesen wäre (BFH, Urteil v. 26.4.1991, III R 69/87, BStBl 1991 II S. 755).

Auch die Beseitigung kriegsbedingter Schäden an Ihrem Haus im Heimatland wird nicht berücksichtigt (FG München v. 4.12.2003 – 1 K 2561/03).

3. Wann ist die Beschaffung von Hausrat und Bekleidung steuerlich abzugsfähig?

WICHTIGER HINWEIS

Außergewöhnliche Belastungen liegen immer dann nicht vor, wenn Sie zumutbare Schutzmaßnahmen und allgemein zugängliche und übliche Versicherungsmöglichkeiten nicht genutzt haben (BFH v. 26.6.2003 – BStBl 2004 II S. 47; R 33.2 Nr. 7 EStR). Stellt sich z. b. heraus, dass der Einbrecher, der Ihnen die Wohnung ausgeräumt hat, leichtes Spiel hatte, weil Sie vergessen hatten abzusperren, sieht es mit einem Abzug der Kosten für die Wiederbeschaffung der gestohlenen Gegenstände ganz schlecht aus. Dasselbe Ungemach droht, wenn Sie keine Hausratversicherung abgeschlossen haben. Der Fiskus geht sogar so weit, Ihnen bei Unterversicherung nicht ausreichendes Ausschöpfen einer zumutbaren und üblichen Versicherung zu unterstellen. Bei Schäden am Hausrat durch Brand, Diebstahl oder Wasserschaden, die grundsätzlich durch die Hausratsversicherung abgedeckt werden, sind Sie also immer zweiter Sieger. Haben Sie eine Versicherung, zahlt die Hausratversicherung, und Sie sind nicht belastet. Sind Sie dagegen gar nicht oder nicht in ausreichender Höhe versichert, bleiben Sie auch steuerlich auf den Wiederbeschaffungskosten sitzen (BFH-Urt. v. 20.11.2003 – III R 2/02).

Werden Ihnen z.B. beim Campingurlaub oder bei der Urlaubsfahrt mit Ihrem Wohnmobil die Koffer mit Kleidung und der Hausrat gestohlen, können Sie die Wiederbeschaffung nur absetzen, wenn Sie eine Reisegepäckversicherung abgeschlossen hatten und diese nicht die vollen Kosten erstattet. So wurden einem Ehepaar, dem im Italienurlaub das Wohnmobil mitsamt Einrichtung und Kleidung gestohlen worden war, mangels einer solchen Versicherung die Wiederbeschaffungskosten verwehrt (FG Baden-Württemberg v. 7.11.2007 – EFG 2008 S. 379).

Sind die Schäden durch Naturkatastrophen wie Überschwemmung, Orkan etc. entstanden, zahlen die normalen Hausrat- und Gebäudeversicherungen häufig nicht. Ersatz bekommen Sie da in der Regel nur, wenn Sie eine sog. *Elementarschadenversicherung* abgeschlossen hatten. Die wird aber von so wenigen Steuerzahlern genutzt, dass Sie sich beruhigt auf den Standpunkt stellen können, eine Elementarschadenversicherung sei nicht üblich, so dass Ihnen ihr Fehlen nicht zum Nachteil angerechnet werden dürfe. Das sieht auch der Fiskus so. Verweisen Sie Ihr Finanzamt im Zweifel auf das entsprechende BMF-Schreiben zu Hochwasserschäden (BMF v. 21.6.2013 – BStBl 2013 I S. 769).

Zum notwendigen Hausrat gehören die Gegenstände, die nach allgemeiner Anschauung zur bescheidenen Einrichtung einer Wohnung und zur Führung eines bescheidenen Haushalts erforderlich sind, z.B.: die Einrichtung für Küche (Wohnküche), Schlafzimmer, Wohnzimmer (bei größerer Familie) sowie Fußbodenbelag und Rundfunkgerät; sämtliche Gegenstände in einfacher Ausführung. Aber: Auch *Polstermöbel, Teppiche* und sogar *Markenporzellan* zählen zum notwendigen Hausrat (Vfg. OFD Koblenz v. 12.5.1956 S. 2220 A-St. 222). Und ein Klavier (EFG 1960 S. 418). Nicht dagegen ein Auto oder eine Garage (R 33.2 Nr. 1 EStR). In welcher Höhe das Finanzamt *Wiederbeschaffung von Hausrat* steuerlich anerkennt, kann der Verfügung der OFD Münster v. 3.5.1993 (S 2285-27 – St 12-31) entnommen werden. Danach sind Aufwendungen in Höhe von ca. 10.740 €/17.900 € (Ledige/Verheiratete) zzgl. 2.965 € für jedes Kind angemessen. Mit diesen Sätzen muss aber nicht Schluss sein. Zur notwendigen Kleidung etwa gehört, was nach allgemeiner Anschauung als unentbehrlich anzusehen ist. Außerdem ist die Verfügung schon recht alt, da müssten saftige Zuschläge wegen der gestiegenen Lebenshaltungskosten möglich sein.

Der Umstand, dass man vor dem Ereignis Gegenstände aller Art besessen hat, begründet nicht deren Notwendigkeit. Andererseits ist es nicht nötig, wieder die *gleichen* Gegenstände zu erwerben.

TIPP
zum Kauf von Hausrat

Sehen Sie zu, dass Sie die **Wiederbeschaffung Ihres Hausrats innerhalb von drei Jahren** erledigen (R 33.2 Nr. 8 EStR). Lassen Sie sich nämlich länger Zeit, unterstellen Ihnen die Fiskalritter, dass Sie nicht Verlorenes wiederbeschaffen, sondern nur ergänzen, was Sie vorher besessen haben. Bevor Ihnen die Steuerersparnis für ein paar Tausender durch die Lappen geht, zahlen Sie besser die Zinsen für einen kurzfristigen Kredit und kaufen rechtzeitig ein. Wenn Sie für die Wiederbeschaffung ein Darlehen aufnehmen müssen, sind die Zinsen insoweit abzugsfähig, als dadurch die Sätze in der o. a. Verfügung der OFD Münster überschritten werden.

TRICK
Besser spät als nie!

623 Wenn Sie erst Jahre nach dem Schaden einen Antrag auf Ermäßigung stellen, geben Sie vorsorglich an, weshalb Sie so lange mit den Anschaffungen gewartet haben (vgl. BFH v. 23.9.1960, VI 90/60 S, BStBl III S. 488). Mussten Sie Schäden an Ihrem Haus beseitigen, genügt es, wenn Sie innerhalb der Frist von drei Jahren mit den Reparaturen begonnen haben.

Dreimal umgezogen ist wie einmal abgebrannt.
(Spruch)

TRICK

Klug sein: Vorher die Beweise für eine Steuerermäßigung zusammentragen!

Vier Millionen Bundesbürger ziehen jährlich um. Allen entstehen saftige Umzugskosten, angefangen von den Trinkgeldern für die Möbelpacker bis zu den neuen Gardinen für die größeren Fenster. Lässt man sich wegen schlechten Betriebsklimas in einer Firma oder Schule an einen anderen Ort versetzen und bekommt vom Amtsarzt bescheinigt, dass man andernfalls arbeitsunfähig würde, sind Umzugskosten wegen außergewöhnlicher Belastung abzugsfähig (FG Rheinland-Pfalz v. 12.4.1972 – EFG 1972 S. 425).

624

Haben keine beruflichen Gründe den Umzug veranlasst, ist ein Abzug der Kosten als außergewöhnliche Belastung in aller Regel nicht möglich. Eine Ausnahme gibt es nur, wenn Sie mit einem glasklaren Attest vom Amtsarzt begründen können, dass der Umzug krankheitsbedingt notwendig ist (BFH v. 14.12.1965, BStBl 1966 II S. 113 und FG Düsseldorf v. 26.11.1999, DStRE 2000, S. 243). Und das FG Münster (Urt. v. 31.3.1971 – II 1239/69 E – EFG S. 436) sagt: Machen außergewöhnliche Umstände (im Urteilsfall Streitigkeiten mit dem Vermieter und dadurch bedingte Krankheit der Ehefrau) einen Wohnungswechsel dringend erforderlich, können Umzugskosten eine außergewöhnliche Belastung darstellen.

Mit entsprechendem Nachweis können auch Umzugskosten in ein Altenheim außergewöhnliche Belastungen sein (Hessisches FG v. 23.5.2005 – 13 K 1676/04; FG München v. 27.6.2006 – 2 K 859/03). Bei einem krankheitsbedingten Umzug liegen außergewöhnliche Belastungen jedoch nur insoweit vor, als Sie keine Gegenwerte erhalten haben (FG Nürnberg v. 9.1.1985 – EFG 1985 S. 349). Also können Sie z.B. neu angeschaffte Möbel oder Vorhänge nicht absetzen. Neben den Transportkosten stehen Ihnen aber die allgemeinen Umzugspauschalen zu (➤ Rz 397) (FG Rheinland-Pfalz v. 10.11.2003 – 5 K 1429/02). Wenn Sie zusätzlich eine Mietabfindung für Ihre alte Wohnung berappen mussten, können Sie diese sogar mit oberstem Richtersegen als außergewöhnliche Belastung absetzen (BFH – BStBl 1966 III S. 113).

Besonders kleinkariert ist ein steuerzahlerfeindliches Urteil, das besagt, dass die Kosten für einen aus gesundheitlichen Gründen vorgenommenen Umzug nicht als außergewöhnliche Belastung abziehbar seien, insbesondere dann nicht, wenn Sie Gegenwerte erhalten haben. So bei einem Steuerzahler, der sich wegen Schimmelbefall in einzelnen Räumen eine neue Wohnung zulegte, um eine Erkrankung gar nicht erst aufkommen zu lassen (BFH v. 8.10.2008 – VI B 66/08).

Nichts zu machen ist auch, wenn Ihnen Ihr Vermieter wegen Eigenbedarf kündigte oder weil das Gebäude in Kürze abgebrochen werden muss; das sei nicht ungewöhnlich, meinte in unerschütterlicher Gesinnung der BFH in seinen Urteilen vom 28.2.1975 (BStBl 1975 II S. 482) und vom 23.6.1978 (BStBl 1978 II S. 526).

TRICK

Privater Umzug als haushaltsnahe Dienstleistung

Will das Finanzamt Ihnen die Kosten für Ihren krankheitsbedingten Umzug nicht als außergewöhnliche Belastung anerkennen, kassieren Sie zumindest eine Steuerermäßigung von 20 % der (Lohn-)Kosten bis zu 20.000 €, also max. 4.000 €, unter der Überschrift haushaltsnahe Dienstleistungen (§ 35 a Abs. 2 EStG). Voraussetzung ist, dass Sie über die Umzugskosten eine ordentliche Rechnung mit Ausweis der Lohnkosten vorweisen können und die Umzugskosten unbar per Überweisung, Verrechnungsscheck, Kreditkarte oder E-Cash bezahlt haben.

Wenn Männer Kinder bekämen, wäre die Abtreibung
längst ein Sakrament der Kirche.
(Lore Lorentz)

4. Ein freudiges Ereignis? Jedenfalls für die Steuervergünstigung!

625 Tausende von Kindern kommen täglich in der Bundesrepublik zur Welt, doch die Anträge, die Entbindungsaufwand geltend machen, kann man an fünf Fingern abzählen. Oft genug meinen die Leute, dass es ihre Sache sei, die Kosten für Hebamme, Arzt, Krankenhaus und Medikamente, die nicht von der Krankenkasse erstattet werden, zu tragen. Von wegen! Diese Kosten sind – wie Krankheitskosten – als außergewöhnliche Belastung anzusetzen (BFH – BStBl 1964 III S. 302).

Bei der Geburt von Drillingen hat der Fiskus ein Einsehen und lässt die vollen Kosten für eine Haushaltshilfe zum Abzug zu (FG Baden-Württemberg v. 12.11.1990 rk – EFG 1991 S. 326).

5. Wann bekomme ich eine Steuervergünstigung wegen Kurkosten?

Das Finanzamt streicht in den meisten Fällen die Kurkosten nur deshalb, weil nicht verstanden wurde, sie *richtig* geltend zu machen. Grundsätzlich glaubt das Finanzamt schon einmal Ihrem Arzt nicht, wenn er Ihnen bestätigt, dass eine Kur für Sie dringend nötig ist – sofern Sie nicht gerade von den Toten auferstanden sind, eine schwere Operation oder Krankheit hinter Ihnen liegt oder Sie (als Mutter) einen Haufen Kinder großgezogen haben.

Inzwischen hat der Gesetzgeber ein Übriges getan und genauso detaillierte wie kleinliche Regelungen geschaffen, wie Sie die Notwendigkeit Ihrer Kur nachweisen müssen. Der § 64 Einkommensteuerdurchführungsverordnung kennt da kein Pardon. Ohne amtliche Feststellung Ihrer Kurbedürftigkeit beißen Sie bei den Fiskalrittern auf Granit. Sie benötigen daher unbedingt

- eine Bescheinigung über Ihre Kurbedürftigkeit, die Ihnen der Amtsarzt **vor** Antritt der Kur ausgestellt hat, oder
- eine Bescheinigung des Medizinischen Dienstes **vor** Kurantritt, dass Sie eine Kur bitter nötig haben.

Nachträglich ausgestellte Atteste reichen also nicht!
Mit dieser gesetzlichen Regelung hat der Fiskus die wesentlich günstigere Rechtsprechung des BFH abgeschafft. Der hatte nämlich entschieden, dass nicht zwingend eine amtsärztliche Begutachtung erforderlich sei, sondern auch andere Nachweise, wie das – evtl. auch nachträglich ausgestellte – Gutachten eines Facharztes, akzeptiert werden müssten (BFH-Urteile v. 11.11.2010 – VI R 17/09, DStR 2011 S. 115 und VI R 16/09, BFH/NV 2011 S. 503 ff.).

TIPP zum Kurantrag

Um allem Ärger aus dem Weg zu gehen, sollten Sie nicht versäumen, während der Kur dem Kurarzt den ein oder anderen Besuch abzustatten – selbst wenn Sie sich überhaupt nicht krank fühlen. Dann können Sie dem Finanzamt mit dem dezenten Hinweis »Während der gesamten Kur stand ich unter ärztlicher Aufsicht!« seine Rotstiftgelüste austreiben.

Wenn auch die Aufwendungen für einen Kurarzt, für Bäder und Medikamente als außergewöhnliche Belastung gelten, so sind die anderen Kurkosten nicht außergewöhnlich, wenn die Kur an die Stelle einer sonst üblichen Ferienreise tritt (Badekur). Sie sehen, es ist gar nicht so leicht, eine Steuerermäßigung zu bekommen, wenn Sie den Urlaub mit einer Kur verbinden. Das Finanzamt nimmt keine Rücksicht darauf, dass Sie als Arbeitnehmer nicht so einfach über Ihre Zeit verfügen und zur Kur fahren können, wann Sie möchten.

> *Es kann in unserer Welt*
> *nicht nur Erfolgreiche geben.*
> *Wir brauchen auch Menschen,*
> *die arbeiten.*
> (W. Mitsch)

TIPP
zur Vermeidung des Abzugs der zumutbaren Belastung

627 Versuchen Sie, es hinzukriegen, dass der Arzt auf die Kurbestätigung ausdrücklich schreibt: »Die Kur ist notwendig zur Abwehr einer drohenden Berufskrankheit, nämlich …« (möglichst in lateinischer Sprache, weil das auf den Fiskalritter mehr Eindruck macht). In diesem Fall setzen Sie Ihre Kurkosten ohne den leidigen Abzug der zumutbaren Belastung als Werbungskosten ab (BFH-Urt. v. 17.7.1992 – BFH/NV 1993 S. 19).

628 Wenn Sie nach Aussage und entsprechender Bescheinigung des Amtsarztes kurbedürftig sind, fahren Sie los. Wohin, ist Ihre Sache. Ob Sie sich nach Bad Neuenahr begeben, um mehr am Spieltisch zu sitzen, als im Kurgarten wandelnd Ihr Heilwasser zu trinken, oder nach Bad Wörishofen und sich nur mal eben pro forma Kurarzt für eine Kneippkur vorstellen, um sich Diät, Güsse und Wassertreten verordnen zu lassen, stört komischerweise keinen Richter.

629 Den Kurkosten können Sie auch die Kosten für eine Begleitperson zuschlagen. Nur mit hochoffiziellen amtsärztlichen Notwendigkeitsbescheinigungen sollen Ihre Kosten für eine Begleitperson anerkannt werden. So jedenfalls die Meinung der Richter des BFH in ihrem Urteil vom 17.12.1997 (BStBl 1998 II S. 298) und nun auch der § 64 EStDV.

Haben Sie es verbummelt, sich die amtsärztliche Absolution erteilen zu lassen? Nun, eine kleine Chance, die Kosten dennoch durchzubekommen, haben Sie, wenn die Notwendigkeit der Begleitung offenkundig ist. Dies ist etwa bei einer hilflosen Person (Merkmal H), einer Person mit dem Merkzeichen »B« oder in der Pflegestufe III der Fall. Auch bei einem Kind kann das der Fall sein (vgl. FG Münster, Urt. v. 24.5.1996, 13 K 4024/94 E, EFG 1996 S. 926 für ein neunjähriges Kind). Wegen der kleinlichen Regelung in § 64 EStDV ist es aber in jedem Fall angeraten, auch hier vor der Kur den Amtsarzt oder den medizinischen Dienst einzuschalten.

GUTER RAT

Wenn Sie für Ihr Kind einen Kurantrag stellen, stellen Sie gleich für sich einen mit. Dadurch haben Sie einen doppelten Vorteil: Sie tun etwas für Ihre Gesundheit und entgehen dem Theater mit dem Amtsarzt, der eine Begleitperson für Ihr Kind befürworten muss und dies womöglich ablehnt.

Die Fiskalbürokraten haben hier mit höchstrichterlicher Rückendeckung einen Fallstrick eingebaut. Sie verlangen, dass Ihr Kind während der Kur in einem Kinderheim untergebracht ist. Diesem Schwachsinn können Sie begegnen, wenn der Amtsarzt bestätigt, dass der Kurerfolg auch ohne Heimaufenthalt gewährleistet ist (BFH-Urt. v. 12.6.1991 – BStBl 1991 II S.763; BFH-Urt. v. 2.4.1998 – BStBl 1998 II S.613). Überzeugen Sie ihn, dass es für Ihr Kind viel besser ist, während der Kur von einem Elternteil betreut und umsorgt zu werden, als in einem Kinderverwahrheim mit völlig überlastetem Pflegepersonal zu sein.

Reichen Sie dem Finanzamt eine Aufstellung der Kurkosten und das Attest des **630** Arztes in folgender Form ein:

Außergewöhnliche Belastung durch Kuraufwand

Fahrtkosten für Hin- und Rückfahrt (➤ Rz 592)		148 €
Verpflegungskosten am Kurort, 20 Tage à 24 €		480 €
Übernachtungskosten für 20 Tage		488 €
Kosten des Kurarztes	720 €	
./. Erstattung der Krankenkasse	– 70 €	
	650 € >	650 €
Aufwendungen für Bäder, Massagen, Packungen usw. lt. ärztlicher Verordnung		635 €
Sonstige Kosten während der Kur (Taxis usw.)		30 €
		2.431 €

Wenn Sie alt oder hilfsbedürftig sind, vergessen Sie nicht, die Kosten Ihrer Begleitperson mit aufzuführen.

Damit das Finanzamt Ihnen die Kosten für eine Nachkur in einem typischen Erholungsort anerkennt, müssen Sie sich nach dem Willen des Bundesfinanzhofs auch dann in eine Kurklinik oder ein Sanatorium unter ständige ärztliche Aufsicht begeben, wenn Ihnen die Nachkur ärztlich verordnet wurde (BFH v. 4.10.1968 – BStBl 1969 II S.179; H 188 EStH). Ohne amtsärztliches Attest sieht es schlecht aus; es sei denn, Sie machen eine Reha-Nachkur.

GUTER RAT

631 Bei reinen Klima- oder Badekuren werden mindestens ebenso hohe Ansprüche gestellt: Nach § 64 EStDV ist die Kur nur dann anzuerkennen, wenn sie im Voraus amtsärztlich oder durch den medizinischen Dienst befürwortet wird **und** unter ärztlicher Kontrolle stattfindet. Denkbare Ausnahmen von dieser Regel gelten evtl. bei schweren Leiden wie Neurodermitis oder Psoriasis (Schuppenflechte). Da können Sie sich wenigstens während der Kur den Gang zum Arzt sparen (H 186-189 EStH »Kur«; BFH v. 12.6.1991 – BStBl 1991 II S. 763).

Die Finanzverwaltung verlangt zusätzlich, dass der Amtsarzt/medizinische Dienst auch den aus medizinischen Gründen gebotenen Kurort und die genaue Dauer der Kur ausdrücklich festlegt. Wird die Klimakur während des Jahresurlaubs durchgeführt, ist außerdem erforderlich, dass der Erholungszweck gegenüber der medizinischen Zielsetzung, also der Behandlung der Krankheit, »deutlich in den Hintergrund tritt«. Für einen steuerschädlichen Aufenthalt spricht, wenn die kurbedürftige Person nicht in einem Sanatorium, sondern in einem Hotel oder Privatquartier untergebracht ist, von Familienangehörigen begleitet wird, den Pkw zur Anreise benutzt, sich selbst verköstigt oder die Reise vom Reisebüro allgemein für Erholungszwecke veranstaltet wird. Hier müssen Sie also mit Hilfe des Amtsarztes vorbeugen und Zeitpunkt, Dauer, Ort und Aufenthaltsstätte genau im Attest festlegen und ggf. die Notwendigkeit der Familienbegleitung darlegen lassen. Denn wie wollen Sie ohne Ihre Lieben genesen!

Wenn Sie merken, dass Sie die Kurkosten nicht auf das Finanzamt abwälzen können ...

TRICK

Machen Sie Urlaub auf Kosten der Krankenkasse!

632 Herz- und Kreislaufkrankheiten nehmen heutzutage ständig zu. Auch Erschöpfungszustände körperlicher und seelischer Art treten immer häufiger auf.
Grund genug, über Ihren Hausarzt eine Vorsorgekur zu beantragen. Wenn Ihnen jetzt eine Kur verschrieben würde, könnten spätere ernstere Gesundheitsstörungen möglicherweise verhindert werden ... Oder vielleicht waren Sie gerade im Krankenhaus. Der dortige behandelnde Arzt kann ebenfalls einen entsprechenden Antrag zur »Genesungsverschickung« einreichen.

5. Wann bekomme ich eine Steuervergünstigung wegen Kurkosten? 435

TRICK

Versuchen Sie doch einmal eine Campingkur!

Ja, Sie lesen richtig. Wenn Sie es geschickt anstellen, können Sie auf Staatskosten mit Ihrem Reisemobil oder Campingwagen in Kur fahren und sich statt in einem sterilen Sanatorium auf dem benachbarten Campingplatz einmieten. Das Zauberwort in diesem Fall ist »ambulante Kur«. Bei einer ambulanten Kur werden Sie nicht in ein Sanatorium oder eine Kurklinik eingeliefert, sondern erhalten nur die entsprechenden Anwendungen. Die Kosten für Unterkunft und Verpflegung im Wohnwagen und, da Sie ihn ja schließlich zum Kurort bringen mussten, die Fahrtkosten sind als außergewöhnliche Belastung abzugsfähig, wenn wegen Ihrer Krankheit ein Erholungscharakter Ihres Campingaufenthalts ausgeschlossen ist (FG Baden-Württemberg, EFG 1997 S. 882).

GUTER RAT

Wenn Sie unbedingt nach Mallorca wollen, versuchen Sie dort ein Sanatorium zu finden, das Ihnen bestätigt, dass Sie da kuren. Aber vor dem Kurantritt zum Amtsarzt oder zum Medizinischen Dienst der Krankenkasse, Beamte zur Beihilfestelle! Denn ohne entsprechende Bescheinigung macht Ihnen der Fiskus mit § 64 EStDV schon beim Abzug der Kurkosten dem Grunde nach einen Strich durch die Rechnung und denkt über die Höhe evtl. abzugsfähiger Kurkosten gar nicht erst nach.

Vorsicht: Sie dürfen Ihre Kur nicht einfach in Griechenland statt wie bewilligt in Deutschland machen – sonst geht ebenfalls der ganze steuerliche Abzug zum Teufel (FG Baden-Württemberg, Urt. v. 5.9.1996, 6 K 54/95, EFG 1997 S. 172 rkr).

Selbst wenn es beim Amtsarzt mit der Kur auf den Balearen geklappt hat, setzt der Fiskus noch einmal den Rotstift an. In jedem Fall will er die Kosten für eine Auslandskur nur bis zur Höhe der Aufwendungen anerkennen, die bei einem entsprechenden Kuraufenthalt im Inland entstanden wären. Verpflegungsmehraufwendungen anlässlich einer Kur werden nur in Höhe der tatsächlichen Kosten anerkannt. Außerdem zieht das Finanzamt noch 20 % als sog. Haushaltsersparnis ab (R 33.4 Abs. 2 EStR).

6. So bringen Sie Prozess- und Anwaltskosten bei der Steuer unter

633 Mit der Anerkennung von Gerichts- und Anwaltskosten für Zivilprozesse als außergewöhnliche Belastung tut sich der Fiskus ungeheuer schwer. Zwar hatte der BFH die Kosten für Zivilprozesse in vielen Fällen zum Abzug als außergewöhnliche Belastung zugelassen, wenn der Steuerpflichtige kein *Prozesshansl* ist und der Prozess hinreichende Aussicht auf Erfolg hat und nicht mutwillig betrieben wird (BFH v. 12.5.2011 – BStBl 2011 II S. 1015). In einem seiner unseligen Nichtanwendungserlasse hat das BFM den Finanzämtern aber sofort verboten, die für Sie günstige Rechtsprechung des BFH anzuwenden (BMF-Schreiben v. 20.12.2011 – BStBl 2011 I S. 1286), und 2013 schlicht das Gesetz geändert und in § 33 Abs. 2 EStG den Abzug verboten.

Einzige Ausnahme: In dem Prozess geht es darum zu verhindern, dass Sie Ihre Existenzgrundlage verlieren oder Ihre lebensnotwendigen Bedürfnisse nicht mehr im üblichen Rahmen befriedigen können. Das kann z.B. der Fall sein, wenn Sie um den Erhalt Ihres Einfamilienhauses kämpfen oder um die Beseitigung von Schäden, die Ihr Haus unbewohnbar machen. Denkbar ist auch ein Abzug, wenn Sie sich gegen eine Enteignung zur Wehr gesetzt oder um die Durchführung einer medizinisch notwendigen Therapie gestritten haben.

Unabhängig davon müssen Sie diese Kosten auch aus anderen Gründen nicht immer in den Kamin schreiben. Streiten Sie sich z.B. um Arztkosten, den Grad Ihrer Behinderung oder Schmerzensgeld, sollten Sie versuchen, Ihre Gerichts- und Anwaltskosten unter Berufung auf das FG Baden-Württemberg vom 9.9.1982 (EFG 1983 S. 290) als erweiterte Krankheitskosten geltend zu machen.

TRICK
Wie Sie Prozesskosten auf Umwegen abzugsfähig machen

Denken Sie mal nach! Wenn Sie selbst die Kosten nicht abziehen können, kann's vielleicht ein anderer! Passen Sie Ihre Verhältnisse den Steuern an!
Sie bitten Ihre noch lohnsteuerpflichtigen Eltern oder Ihre Kinder, die Kosten eines Sie betreffenden Strafverfahrens zu tragen. Denn: Übernehmen Eltern die Kosten eines Wahlverteidigers für ihren eines Kapitalverbrechens angeklagten Sohn, können sie diese Aufwendungen nach dem Urteil des BFH vom 23.5.1990 (BStBl 1990 II S. 895) als außergewöhnliche Belastung geltend machen, soweit sich die Honorare innerhalb der Gebührenordnung für Anwälte bewegen. Es handle sich dabei nämlich um Aufwendungen, die den Eltern aufgrund sittlicher Verpflichtung erwachsen seien, besonders dann, wenn das Kind

6. So bringen Sie Prozess- und Anwaltskosten bei der Steuer unter 437

als Heranwachsender noch nicht innerlich gefestigt ist (BFH v. 30.10.2003 – III R 23/02). Das gilt auch, wenn das Kind nicht freigesprochen wird. Aufwendungen für den Besuch des Kindes in der Haftanstalt sind nach demselben Urteil allerdings allein von den Eltern zu tragen. Nicht abzugsfähig sollen dagegen Kosten für einen Strafprozess sein, die Sie für Ihren angeklagten Bruder oder Ihre Schwester übernehmen. Angeblich fehlt es da an der sittlichen Verpflichtung zur Kostenübernahme (FG Berlin v. 26.8.2004, EFG 2005 S. 44). Die Richter in Berlin scheinen alle Einzelkinder zu sein.

Wegen des Abzugsverbot von Prozesskosten gibt es derzeit eine ganze Reihe von Verfahren, in denen der BFH klären muss, ob und inwieweit dieses Verbot tatsächlich gilt:

- Sind Gerichts- und Anwaltskosten für den Rechtsstreit zur Erteilung eines Erbscheins abzugsfähig, weil sie mit dem existenziell notwendigen Lebensbedarf zusammenhängen (BFH – VI R 17/14 und VI R 20/14)?
- Sind Kosten für einen Zivilprozess abzugsfähig, in dem es darum geht, dass der Kaufvertrag über ein Eigenheim wegen nicht behobener Baumängel rückabgewickelt wurde (BFH – VI R 19/14)?
- Sind Kosten für einen Scheidungsprozess auch bei Abschluss eines Vergleichs abzugsfähig und betrifft der Abzug ebenfalls die sog. Scheidungsfolgekosten wie Unterhaltsregelungen, Zugewinnausgleich und Sorgerechtsregelungen für die Kinder (BFH – VI R 25/14 und VI R 26/14)?
- Sind Gerichts-, Sachverständigen- und Rechtsanwaltskosten wegen eines ärztlichen Kunstfehlers abzugsfähig (BFH VI R 7/14)?
- Sind Gerichts- und Rechtsanwaltskosten zur Erstreitung eines Studienplatzes für ein Kind abzugsfähig (BFH – VI R 9/13)?

Kosten bei Einstellung eines Strafverfahrens, z. B. wegen geringer Schuld, fehlendem öffentlichem Interesse an der Strafverfolgung oder weil eine Auflage an eine gemeinnützige Institution gezahlt wurde, sind nicht als außergewöhnliche Belastung abzugsfähig (BFH v. 19.12.1995 – BStBl 1996 II S. 197).

Bei einem erfolgreichen Prozessausgang gehen die Anwalts- und Gerichtskosten zu Lasten der Staatskasse. Insoweit sind Sie nicht finanziell belastet. Haben Sie allerdings mit Ihrem Anwalt eine höhere Honorarvereinbarung getroffen, bleiben Sie steuerlich auf dem selbst getragenen Teil sitzen, weil dieser nach Ansicht der obersten Steuerrichter nicht zwangsläufig anfällt und damit eine der wichtigen Voraussetzungen für den Abzug außergewöhnlicher Belastungen nicht erfüllt (BFH v. 18.10.2007 – BStBl 2008 II S. 223).

Wiederum abzugsfähig sind die Anwalts- und Gerichtskosten eines Beamten, die ihm in einem Dienstverfahren entstehen. Erstaunlich, oder auch wieder nicht, dieses Urteil des Bundesfinanzhofs (BStBl 1961 III S. 482). Den Abzug sollten Sie aber wegen der unmittelbaren Beziehung zum Beruf als Werbungskosten beantragen.

GUTER RAT

Sind Sie Opfer einer Straftat geworden und haben dadurch einen Vermögensschaden erlitten, kann das zu einer außergewöhnlichen Belastung nach § 33 EStG führen. Voraussetzung ist allerdings, dass es zum einen keine Möglichkeit gab, sich den Kosten zu entziehen, und Sie zum anderen keine zumutbare Versicherungsmöglichkeit z. B. durch eine Hausratversicherung hatten. Machen Sie also Vermögensschäden, die Ihnen durch Erpressung, Kidnapping oder dergleichen entstanden sind, als außergewöhnliche Belastung geltend.

Auf finanziellen Beistand des Fiskus werden Sie aber verzichten müssen, wenn Sie Erpressungsgelder gezahlt haben, damit Ihre bessere Hälfte nicht erfährt, dass Sie fremdgegangen sind (BFH-Urt. v. 18.3.2004 – III R 31/02).

7. Steuervergünstigung beim Tod eines Angehörigen

634 Fast alle Kosten, die beim Todesfall eines Angehörigen entstehen und den Wert des Nachlasses übersteigen, sind außergewöhnliche Belastungen – außer z.B. für die Trauerkleidung. Denn für deren Kosten hätten Sie ja einen Gegenwert erhalten und Sie könnten sie, so der BFH, auch anderweitig nutzen, z.B. bei einer festlichen Gelegenheit. Sie vermögen die Gegenwerttheorie nur dann mit Erfolg zu entkräften, wenn Sie bereits ein hohes Alter erreicht haben (HFR 1963 S. 208).

Neben dem reinen Nachlass des Verstorbenen werden Lebensversicherungen, die anlässlich seines Todes an Sie ausgezahlt werden, auf die Beerdigungskosten angerechnet. Unabhängig davon, ob es sich um eine spezielle Sterbegeld- oder eine ganz normale Lebensversicherung handelt, zieht der Fiskus die Versicherungszahlung von den Bestattungskosten ab (BFH v. 22.2.1996 – BStBl 1996 II S. 413), und Sie können nur den Rest als außergewöhnliche Aufwendungen absetzen.

Tragen Sie die Kosten der Bestattung Ihres geschiedenen Ehegatten, dem Sie bisher Unterhalt gezahlt haben, können Sie diese zwar nicht im Rahmen des Realsplittings als Sonderausgaben abziehen, aber als außergewöhnliche Belastungen geltend machen (BFH v. 20.8.2014 – X R 26/12).

TIPP

Sterbegeld vorrangig bei der Trauerfeier verrechnen!

Die Sterbegeld- und auch die Lebensversicherung soll alle Beerdigungskosten abdecken, also auch solche, die nicht als außergewöhnliche Belastung aner-

7. Steuervergünstigung beim Tod eines Angehörigen 439

kannt werden, wie z.B. die Trauerkleidung. Sie werden deshalb die Versicherungserstattungen vorrangig für diese Kosten verwenden und nur einen evtl. vorhandenen Rest für die als außergewöhnliche Belastung anzuerkennenden übrigen Beerdigungskosten.

Als außergewöhnliche Belastung bekommen Sie ohne Probleme die Bestattungskosten im engeren Sinn durch. Dazu gehören **635**

- Sarg,
- Blumen, Kränze,
- Traueranzeigen, Trauerkarten, Porto,
- Grabstätte, Grabstein,
- Gebühren, Beerdigungskosten,
- Reisekosten, z.B. zu Beerdigungsunternehmer, Druckerei, Zeitung, Post, Friedhofsamt, Kirche etc.,
- Zinsen für einen Kredit zur Finanzierung der Beerdigungskosten (FG München v. 28.6.2006 – 10 K 4343/04).

Wenn Ihnen Ihr Finanzamt mit angeblich unangemessen hohen Kosten kommt und den Rotstift ansetzen will, kontern Sie mit der Verfügung der OFD Berlin vom 27.11.2003 (S 2284 – 1/90; NWB Eil Nr. 301/2004). Danach sind vor Abzug von Versicherungsleistungen zumindest ca. 7.500 € angemessen.
Nicht absetzen können Sie die Kosten für Grabpflege (BFH v. 23.11.1967 – BStBl 1968 II S.259), Grabmalerneuerung, Umbettung und die Bewirtung der Trauergäste (BFH v. 17.9.1987 – BStBl 1988 II S.130). Nicht als außergewöhnliche Belastung anerkannt hat der BFH die Kosten einer Reise zur Beerdigung eines nahen Angehörigen (BFH-Urt. v. 17.6.1994 – BStBl 1994 II S.754). Mit dieser absurden Entscheidung sollten Sie sich nicht von vornherein abfinden und auf jeden Fall einen Antrag auf Abzug stellen.

Überführungskosten, um einen vor Jahren verstorbenen nahen Angehörigen in **636** der Nähe Ihres Wohnorts bestatten zu lassen, entstehen aufgrund sittlicher Verpflichtung zwangsläufig und können daher als außergewöhnliche Belastungen abgezogen werden. Das gilt vor allem, wenn mit dem Tod des Angehörigen die persönlichen Verbindungen zu dessen Wohnort beendet wurden und dort auch keine Verwandten des Verstorbenen leben (FG Düsseldorf v. 13.5.1998 – 9 K 3046/96 E).

GUTER RAT

Es dauert oft lange, unter Umständen bis ins neue Jahr, bis der bestellte Grab- **637** stein endlich geliefert wird. Das Finanzamt setzt die Kosten aber nicht im Jahr der Bestellung, sondern im Jahr der Bezahlung an. Um einen zweimaligen Abzug der zumutbaren Belastung zu vermeiden, sollten Sie also darauf achten, dass alle Zahlungen für eine Beerdigung in ein und demselben Jahr geleistet werden! Zahlen Sie dem Steinmetz notfalls einen Abschlag auf die Rechnung. Und Quittung nicht vergessen.

Als Erben müssen Sie sich die Beerdigungskosten teilen. Das bedeutet aber auch: mehrfacher Abzug der zumutbaren Belastung. Wenn Sie nun alle Rechnungen auf einen Namen schreiben lassen, ist das zwar ganz pfiffig, bringt Ihnen aber nur dann einen Vorteil, wenn Ihr Finanzamt das Urteil des FG Hessen vom 13.12.2005 (3 K 3562/03) nicht kennt: Wer Beerdigungskosten über seine Erbquote hinaus übernimmt, kann keine außergewöhnliche Belastung geltend machen.

GUTER RAT

Wenn kein nennenswerter Nachlass vorhanden war, entgehen Sie dieser Falle, indem alle anderen Erben formell die Erbschaft ausschlagen. Prompt müssen Sie als Alleinerbe 100 % der Kosten tragen.

8. Wann und wie sind Scheidungskosten abzugsfähig?

638 Bei einer Ehescheidung sind sämtliche dabei entstandenen Gerichts- und Beratungskosten als außergewöhnliche Belastung absetzbar. Das gilt ebenso für die Kosten eines Gutachtens und die Anwalts- und Gerichtskosten für einen Prozess, den Sie gegen Ihren Ex-Gatten führen, um Ihre Unterhaltsverpflichtung zu verringern, weil Sie nach Ihrer Pensionierung nur noch über ein viel geringeres Einkommen verfügen (FG Köln v. 23.1.1989 – EFG 1989 S. 233).

TIPP
zu Detektivkosten

Kosten für einen Detektiv können Sie nur dann als außergewöhnliche Belastung absetzen, wenn Sie von Ihrem Ehegatten getrennt leben, dieser mit einem neuen Partner auf Ihre Kosten in Saus und Braus lebt und Sie befürchten müssen, dass er das beim Unterhaltsprozess bestreiten wird, um Sie finanziell über den Tisch zu ziehen (BFH-Urt. v. 21.2.1992 – BStBl 1992 II S. 795).

639 Kosten, um eine Scheidung zu verhindern, z.B. mit Hilfe einer Eheberatung oder sog. Familienmediationen, sind keine außergewöhnlichen Belastungen (BFH-Urteile v. 30.6.2005, BStBl 2006 II S. 491 und BStBl 2006 II S. 492).

SUPER TRICK

Trotz höherer Unterhaltskosten mehr im Portemonnaie behalten!

Wenn Sie nach der Scheidung kräftig für den Unterhalt Ihres Ex-Partners zur Kasse gebeten werden, haben Sie zwei Möglichkeiten. Sie können Ihre Unterhaltszahlungen entweder als außergewöhnliche Belastung besonderer Art (➤ Rz 644 ff.) absetzen. Dazu sind Sie nicht auf die Mitwirkung Ihres Ex angewiesen, allerdings fällt alles, was Sie über den jährlichen Höchstbetrag von 8.472 € hinaus an Unterhalt zahlen, gnadenlos unter den Tisch. Oder Sie ziehen sie bis zu 13.805 € im Jahr als Sonderausgaben ab. **640**

Beispiel
Sie zahlen bei einem Einkommen von 35.000 € an Ihr früheres Ehegespons, das sonst keine Einkünfte hat, 12.500 € Unterhalt.
Ohne Unterschrift des Ex-Gatten zahlen Sie

Einkommen	35.000 €	
./. Unterhaltshöchstbetrag	− 8.472 €	
Zu versteuerndes Einkommen	26.528 €	
Steuer nach der Grundtabelle		4.469 €

Ihre Belastung mit Realsplitting sieht dagegen so aus:

Einkommen	35.000 €	
./. Unterhalt	− 12.500 €	
Zu versteuerndes Einkommen	22.500 €	
Steuer nach der Grundtabelle		3.299 €
Steuerübernahme für den Ex-Gatten:		
Sonstige Einkünfte	12.500 €	
./. Werbungskostenpauschbetrag	− 102 €	
./. Sonderausgaben (Versicherungen) ca.	− 500 €	
Zu versteuerndes Einkommen	11.898 €	
Steuer nach der Grundtabelle		596 €
Insgesamt		3.895 € > − 3.895 €
Die Ersparnis für Sie somit		574 €

Mehr zu Unterhaltszahlungen als Sonderausgaben unter ➤ Rz 524 ff.

Wer den Tod fürchtet,
hat das Leben verloren.
(Seume)

> **GUTER RAT**

641 Speziell zur Frage, ob auch ab 2013 Kosten einer Ehescheidung weiter als außergewöhnliche Belastung abzugsfähig sind, ist beim BFH ein Musterverfahren anhängig (Az VI R 19/15). Hatten Sie also ab 2013 Gerichts- und Rechtsanwaltskosten für eine Ehescheidung zu tragen, sollten Sie diese weiterhin als außergewöhnliche Belastungen beantragen. Streicht das Finanzamt die Kosten, legen Sie Einspruch ein und beantragen, das Verfahren wegen des Münchener Musterverfahrens ruhen zu lassen.

Wenn Sie an Ihren geschiedenen Partner Unterhalt für Kinder zahlen und er das Kindergeld erhält, haben Sie Anspruch darauf, dass dies bei Ihren Unterhaltszahlungen berücksichtigt wird.

> **TRICK**
>
> **Antrag vergessen? Kein Problem!**

642 Wer kann es Ihnen verübeln, wenn Sie gerade erst beim Lesen der letzten Zeilen darauf gekommen sind, dass Sie die Kosten Ihrer Scheidung vor zwei Jahren als außergewöhnliche Belastung hätten absetzen können? Da Sie von dieser Möglichkeit nicht wissen mussten und die amtlichen Hinweise dazu recht dürftig sind, können Sie eine nachträgliche Änderung Ihres Steuerbescheids wegen »neuer Tatsachen« beantragen (FG Baden-Württemberg v. 19.5.2004 – NW Eil Nr. 86/2005).

9. Abc-Übersicht zu allgemeinen außergewöhnlichen Belastungen

643 Abfindungen

- Abzugsfähig sind Zahlungen an den Vormieter bei krankheitsbedingtem Wohnungswechsel (BFH, BStBl 1966 III S. 113).
- Nicht abzugsfähig für Unterhaltsverpflichtungen (BFH v. 19.06.2008 – III R 57/05).

Abflussprinzip

- Abzugsfähig sind die Aufwendungen im Jahr der Zahlung, auch wenn sie über einen Kredit finanziert werden, dessen Tilgung erst in einem späteren

Jahr erfolgt (BFH v. 10.6.1988 – BStBl 1988 II S. 814). Siehe auch Schulden-tilgung.

- Bei sehr hohen Kosten, die sich im Zahlungsjahr gar nicht auswirken, sollten Sie eine Verteilung auf mehrere Jahre aus Billigkeitsgründen beantragen (§ 163 AO). Berfuen Sie sich im Zweifel auf FG Saarland v. 6.8.2013 – 1 K 1308/12 und die Revision beim BFH Az. VI R 68/13.

Abmagerungskur
- Nicht abzugsfähig (BFH v. 17.7.1981 – HFR 1981 S. 518).

Abwehrkosten
- Abzugsfähig gegen Strafverfolgung oder ehrenrührige Angriffe (BFH v. 9.11.1957 – BStBl 1958 III S. 105).
- Abzugsfähig gegen anonyme Bedrohung (einer Ärztin: Hess. FG v. 22.5.1989 – EFG 1989 S. 576).

Adoptionskosten
- In der Regel nicht abzugsfähig (BFH v. 13.3.1987 – BStBl II 1987 S. 495); ab-zugsfähig können ausnahmsweise Fahrtkosten (Flugkosten) für Familien-zusammenführung sein (EFG 1977 S. 129). Die Nichtabzugsfähigkeit ist nach einer erneut negativen Entscheidung des BFH inzwischen abschließend ge-klärt (BFH v. 10.3.2015 – VI R 60/11).

Alkoholsucht
- Abzugsfähig sind Heilungs- und Therapiekosten wegen Alkohol- oder Dro-genmissbrauchs (BFH, BStBl 1967 III S. 459). Auch der Besuch der Anony-men Alkoholiker, wenn er durch ein vor Therapiebeginn ausgestelltes amts-ärztliches Zeugnis verordnet wurde (BFH, BStBl 1987 II S. 427).

Allergiebettwäsche
- Abzugsfähig, wenn die medizinische Notwendigkeit vor dem Kauf durch ein amtsärztliches Attest nachgewiesen wird. Ein Attest des Hausarztes reicht nicht (BFH v. 14.12.2007 – III B 178/06; BFH-NV 2008 S. 561).

Altenheim
- Abzugsfähig, soweit die Unterbringung durch Krankheit bedingt ist (Pflege-heim). Bei lediglich altersbedingter Unterbringung sind die Kosten als typische Unterhaltsaufwendungen nur nach § 33 a Abs. 1 abzugsfähig, wenn sie von nahen Angehörigen getragen werden (BFH v. 12.1.1973 – BStBl 1973 II S. 442).

Anwaltskosten
- Abzugsfähig, soweit sie den Gebührenrahmen der Rechtsanwaltsvergütungs-gesetzes nicht überschreiten (FG Münster v. 19.2.2015 – 12 K 3703/13 E).

Arzneimittel

- Abzugsfähig sind Kosten für Medikamente, Stärkungsmittel etc., wenn sie krankheitsbedingt und ärztlich verordnet sind (BFH, BStBl 1990 II S. 958). Entsprechendes gilt für Verordnungen durch Heilpraktiker (§ 64 EStDV).

Asbestsanierung

- Abzugsfähig, wenn ein Gutachten die Asbestbelastung bescheinigt (Erlass Bremer Senat für Finanzen v. 24.2.2000 – Der Betrieb 2000 S. 799, BFH v. 9.8.2001 – BStBl 2002 II S. 240). Die Belastung darf weder beim Kauf erkennbar gewesen noch vom Eigentümer verschuldet worden sein. Kein Verschulden, wenn Verwendung der Baustoffe ursprünglich zulässig war und erst später verboten wurde. Schadensersatzansprüchen wird der Vorteil *Neu für Alt* gegengerechnet (BFH v. 12.5.2011, VI R 47/10).

Augenoperationen

- Laserbehandlung ist als anerkannte Heilmethode abzugsfähig (OFD Hannover v. 22.9.2006 – DStR 2006 S. 1984).

Ausbildungskosten

- Abzugsfähig als erweiterte Krankheitskosten bei Umschulung aus Krankheitsgründen (BFH, BStBl 1967 III S. 596).

Bandscheibenmatratze

- Abzugsfähig mit Attest vom Amts- oder Vertrauensarzt (FG Rheinland-Pfalz v. 25.5.2004 – 1 K 2625/03); dasselbe gilt für Lattoflex-Rahmen.

Beerdigungskosten

- Dem Grunde nach abzugsfähig sind bis zu einem angemessenen Betrag von ca. 7.500 € (OFD Berlin, Verfügung v. 27.11.2003 St 177 – S 2284 – 1/90), soweit sie den **Nachlass** und etwaige Versicherungsleistungen übersteigen:
  - Trauerdrucksachen,
  - Blumenschmuck,
  - Sarg,
  - Erwerb der Grabstätte,
  - Überführung.
- Nicht abzugsfähig:
  - Bewirtung der Trauergäste (BFH v. 17.9.1987 – BStBl 1988 II S. 130),
  - Grabpflegekosten (BFH v. 23.11.1967 – BStBl III S. 259),
  - Graberneuerung (FG Nürnberg v. 18.7.1979 – EFG 1979 S. 600 rk),
  - Trauerkleidung (BFH v. 12.8.1966 – BStBl 1967 III S. 364),
  - Reisekosten (BFH v. 17.6.1994 – BStBl 1994 II S. 754); auch in die USA – Überführung einer Urne (BFH v. 11.5.1979 – BStBl 1979 II S. 558).

Begleitperson

- Abzugsfähig bei Kuraufenthalt, wenn amtsärztlich die Notwendigkeit bestätigt wird, siehe Kurkosten.

- Ebenfalls abzugsfähig im Urlaub, wenn eine ständige Begleitung nachgewiesenermaßen erforderlich ist. Die Höhe der Aufwendungen orientiert sich an dem Betrag, den ein Bundesbürger durchschnittlich im Jahr für Urlaubsreisen ausgibt (BFH v. 4.7.2002 – BStBl 2002 II S.765). Im Streitjahr 1994 hielt das Gericht einen jährlichen Betrag von 767 € für angemessen und berücksichtigungsfähig.

Behinderte

- Abzugsfähig sind Privatfahrten, wenn Sie »außergewöhnlich gehbehindert« sind (mit »aG« im Ausweis: 15.000 km mit je 0,30 €; mit mindestens 70 % Behinderung plus Merkzeichen »G« oder 80 % Behinderung: 3.000 km mit je 0,30 €). Gehbehinderten Ehegatten (beide gehbehindert) stehen die Ermäßigungen doppelt zu. Zu Fahrtkosten Behinderter vgl. ➤ Rz 675 ff.

Brille

- Siehe Krankheitskosten (Hilfsmittel).

Delphintherapie

- Abziehbar mit amtsärztlichem Attest bei Autisten (FG Düsseldorf v. 8.11.2005 – 1 K 4334/03 E; BFH v. 15. 11 .2007 – III B 205/06).

Detektivkosten

- Abzugsfähig lt. BFH vom 21.2.1992 (BStBl 1992 II S.795).

Diätverpflegung

- Nicht abzugsfähig lt. Gesetz (§ 33 Abs. 2 Satz 3 EStG), auch wenn ärztlich verordnet oder bei medizinisch verordneten Sonderdiäten (BFH-Urt v. 21.6.2007 III R 48/04). Nachdem das FG Düsseldorf den Abzug als außergewöhnliche Belastung abgelehnt hatte (FG Düsseldorf v. 15.7.2013 – 9 K 3744/12 E), ist der Sonderfall, dass der Arzt zur Behandlung einer chronischen Stoffwechselstörung Vitamine und andere Mikronährstoffe verordnet, erneut beim BFH anhängig (Az. VI R 89/13).

Ehescheidung

- Abzugsfähig sind:

  – Detektivkosten, wenn konkrete Beweise notwendig sind, seinen Standpunkt durchzusetzen (BFH v. 21.2.1992 – BStBl 1992 II S.795),

  – Prozesskosten für Anwalt, Gericht, Fahrten,

  – Prozesskosten für das Umgangsrecht mit seinen Kindern (BFH v. 4.12.2001, BStBl 2002 II S.382).

446 IX. Außergewöhnliche Belastungen

- Nicht abzugsfähig sind:
  – Mediationskosten (FM Niedersachsen v. 15.9.2000 – S 2284 – 264 – 35),
  – Umzug,
  – Unterhalt; aber abzugsfähig als Sonderausgaben oder als außergewöhnliche Belastung der besonderen Art,
  – Vermögensauseinandersetzung (BFH v. 30.6.2005 – BStBl 2006 II S. 491).

Einnahmen, entgangene
- Nicht abzugsfähig (BFH v. 4.11.2009 – VI B 43/09):

Erpressungsgelder
- wegen außerehelicher Beziehung sind mangels Zwangsläufigkeit nicht abzugsfähig (BFH v. 18.3.2004 – III R 31/02);
- wegen eines strafbaren oder sonst sozialwidrigen Verhaltens sind ebenfalls nicht zwangsläufig. Anders, wenn der Erpresser Gesundheit oder Leben des Steuerzahlers oder ihm nahestehender Personen bedroht (FG Rheinland-Pfalz v. 10.4.2014 – 5 K 1989/12)
- Zahlungen und Vermögenverluste bei Erpressung und Raub sind abzugsfähig, wenn Leib, Leben und Gesundheit des Steurzahlers oder seiner Familie bedroht wurden (FG Düsseldorf v. 9.9.2008 – 3 K 3072/06 E)

Fachbücher mit medizinischem Inhalt
- Nicht abzugsfähig (BStBl 1996 II S. 88).

Fahrstuhl
- Siehe Umbauten.

Fettabsaugung
- Siehe Krankheitskosten.

Formaldehydsanierung
- Siehe Asbestsanierung.

Frischzellenbehandlung
- Siehe Krankheitskosten.

Führerscheinkosten
- Abzugsfähig
  – bei schwerbehindertem Kind (BFH v. 26.3.1993 – BStBl 1994 II S. 749),
  – für Schwerbehinderte mit Merkzeichen »aG«.

Geburtskosten
- Abzugsfähig wie Krankheitskosten.

9. Abc-Übersicht zu allgemeinen außergewöhnlichenBelastungen 447

- Nicht abzugsfähig:
  - Erstlingsausstattung (BFH v. 28.2.1964 – BStBl 1964 III S.302), auch nicht für Zwillinge (BFH v. 19.12.1969 – BStBl 1970 II S.242),
  - Umstandskleidung.

Geldstrafe

- Abzugsfähig, wenn sie z.b. im Ausland unrechtmäßig verhängt wurde (FG Bremen, EFG 1980 S.183).

Haartransplantationsaufwand

- Abzugsfähig unter besonderen Voraussetzungen.

Haushaltshilfe

- Abzugsfähig nach Geburt von Drillingen (EFG 1991 S.326).

Hausrat und Kleidung

- Abzugsfähig als Wiederbeschaffung nach Verlust durch Feuer, Vertreibung, Flucht (FG Niedersachsen v. 22.10.1985 – EFG 1986 S.239). Mehr dazu unter ➤ Rz 620.

Hausschwamm

- Siehe Asbestsanierung.

Hebeapparat

- Siehe Umbauten.

Heileurythmische Behandlung

- Abzugsfähig (FG Schleswig-Holstein v. 17.4.2013 – 5 K 71/11)

Holzschutzmittelsanierung

- Abzugsfähig wie Asbestsanierung, siehe dort.

Hörgerät

- Siehe Krankheitskosten (Hilfsmittel).

Integrationskurse

- Abzugsfähig bei Teilnahmeverpflichtung (FinMin Schleswig-Holstein, Erlass v. 27.5.2010, VI 314 – S – 2284 – 176).

Kautionszahlungen für Inhaftierte

- Abzugsfähig nur in besonderen Fällen (FG Düsseldorf v. 27.9.1977 – III 119/77 und EFG 1965 S.15).

Kontaktpflege

• Nicht abzugsfähig sind die Kosten zur Pflege des Eltern-Kind-Verhältnisses (BFH – BStBl 1997 II S. 54). Gilt auch bei trennungs- bzw. scheidungsbedingten Kontaktpflegekosten (BFH v. 11.1.2011 – VI B 60/10).

Kosmetische Operation

• Siehe Krankheitskosten.

Kraftfahrzeugkosten

• Siehe Behinderte.

Krankheitskosten

• Abzugsfähig sind

– medizinisches **Bestrahlungsgerät** (FG Rheinland-Pfalz v. 2.9.1988 – EFG 1989 S. 60 rk),

– **Fettabsaugung** unter besonderen Voraussetzungen (FG Rheinland-Pfalz v. 28.2.1996 – 1 K 2779/95; BFH v. 26.6.2014 – VI R 51/13),

– **Frischzellenbehandlung** nach amtsärztlichem Attest (BFH v. 17.7.1981 – BStBl 1981 II S. 711),

– **Haartransplantation** unter besonderen Voraussetzungen (FG Baden-Württemberg v. 12.9.1978 – EFG 1979 S. 125 rk),

– **Heimdialyse** anstelle des Behindertenpauschbetrags nach § 33b EStG (OFD Frankfurt/M. v. 17.9.1996 – A – 16 – St II 20),

– **Hilfsmittel** (Brille, Rollstuhl, Hörgerät etc.) (BFH v. 1.12.1978 – BStBl 1979 II S. 78); Spezialbett nach Vorlage eines qualifizierten Attests (FG Baden-Württemberg v. 5.9.1996 – EFG 1997 S. 172 rk),

– **kosmetische Operationen** nach amtsärztlicher Anordnung,

– Eigenanteile an **Krankenhauskosten**. Krankentagegelder einer Versicherungsgesellschaft sind nicht auf die Krankenhauskosten anzurechnen, wohl aber Krankenhaustagegelder (BFH v. 22.10.1972 – BStBl 1972 II S. 177). Von der Anrechnung einer Haushaltsersparnis muss abgesehen werden (BFH v. 22.6.1979 – BStBl 1979 II S. 646),

– **Medikamente** (Arzneimittel) nach ärztlicher Verordnung, auch nicht rezeptpflichtige Medikamente; bei Behandlung einer längeren Erkrankung mit denselben Medikamenten reicht einmalige ärztliche Verordnung,

– **Pflegeheim**. Dem Aufenthalt in einem Pflegeheim steht die Unterbringung in einem Krankenhaus gleich, wenn der Aufenthalt krankheitsbedingt ist (BFH v. 22.8.1980 – BStBl 1981 II S. 23). Zu Pflegekosten mehr unter ➤ Rz 619,

– **Psychotherapie**, wenn amtsärztlich verordnet (FG Köln v. 16.3.1994 – EFG 1995 S. 121 rk; FG Berlin v. 1.3.1995 – EFG 1995 S. 717 rk),

9. Abc-Übersicht zu allgemeinen außergewöhnlichenBelastungen 449

– **Suchtkrankheiten** (FG Niedersachsen v. 7.6.1995 – EFG 1997 S.1026 betr. Spielsucht nrk; Alkoholismus FG Düsseldorf v. 28.10.1977 – EFG 1978 S.125 betr. Sanatoriumskosten, Medikamente).

● Nicht abzugsfähig sind
– **Gasthausessen** während des Krankenhausaufenthalts der Ehefrau (FG Düsseldorf v. 9.7.1976 – EFG 1977 S.17, rk),
– Anschaffung von Gegenständen bei **Hausstauballergie** (BFH v. 29.11.1991 – BStBl 1992 II S.290),
– **Schönheitsoperation** (Brustvergrößerung) (FG Köln v. 20.9.1996 EFG 1997 S.16 rk). Anders bei amtsärztlich bescheinigter Notwendigkeit (FG Hamburg v. 27.4.2005 – II 76/03),
– **Sterilisation** oder Rückgängigmachung derselben (FG Köln v. 1.12.1994 – EFG 1995 S.718 rk).

Kulturgüter

● Abzugsfähig sind Aufwendungen zu deren Unterhaltung (FinMin Hessen, Erlass v. 31.10.1972, StEK EStG § 33 Nr.45).

Künstliche Befruchtung

● Abzugsfähig bei In-vitro-Fertilisation (BFH – BFH/NV – BFH/R 1997 S.346),
● Abzugsfähig auch bei lediger Frau in stabiler Partnerschaft (BFH v. 21.2.2008 – III R 30/07),
● Abzugsfähig bei Unfruchtbarkeit des Ehemannes (BFH v. 16.12.2010 – BStBl 2011 II S.414), nicht dagegen bei vorhergehender Sterilisation (BFH v. 3.3.2005 – III R 68/03).

Kur-Camping

● Siehe Kurkosten.

Kurkosten

● Abzugsfähig bei Kurbedürftigkeit nach amtsärztlichem Attest oder Bescheinigung des Medizinischen Dienstes (§ 64 EStDV) sind Behandlungs-, Unterbringungs- und Fahrtkosten sowie Verpflegungsaufwendungen nach Abzug einer Haushaltsersparnis von 20 %,
● **Kur-Camping** – Unterbringung und Verpflegung im eigenen Wohnwagen – ist abzugsfähig (FG Baden-Württemberg v. 9.4.1997 – EFG 1997 S.883, rk),
● **Begleitperson** ist abzugsfähig, wenn amtsärztlich oder entsprechend bescheinigt (BFH v. 17.12.1997 – BStBl 1998 II S.298); bei hilflosen Personen oder Ausweismerkzeichen »B« kann auf die Bescheinigung verzichtet werden (BFH v. 13.3.1964 – BStBl 1964 III S.331),

- **Besuchsfahrten** bei Heilkur des Ehegatten sind nicht abzugsfähig (BFH v. 16.5.1975 – BStBl 1975 II S.536), wohl aber bei medizinisch veranlassten Besuchsfahrten lt. Bescheinigung des behandelnden Krankenhausarztes (BFH v. 2.3.1984 – BStBl 1984 II S.484 mit Einschränkungen; FG Baden-Württemberg v. 28.4.1977 – EFG 1977 S.427 rk; FG Nürnberg v. 11.8.1978 – EFG 1979 S.126, rk).

Lärmschutz

- Nicht abzugsfähig, da Gegenwert lärmfreies Wohnen (BFH, BStBl 1976 II S.194).

- Anders bei Gesundheitsgefährdung wegen Überschreiten von Lärmgrenzwerten (FG Nürnberg v. 26.1.2006 – VI 237/2005).

Legasthenie (Lese-Rechtschreib-Schwäche)

- Abzugsfähig sind Mehrkosten für den Besuch einer Privatschule für ein hinreichend begabtes legasthenisches Kind; allerdings nur mit amtsärztlichem Attest (BFH v. 7.6.2000 – BStBl 2001 II S.94 und BFH v. 3.3.2005 – BFH/NV 2005 S.1286).

Logopädische Behandlung

- Abzugsfähig, wenn zuvor amtsärztliches Attest eingeholt wird (BFH v. 30.6.1998 – BFH/NV 1998 S.1480).

Lösegeldzahlungen

- Abzugsfähig nach Lage des Falles (EFG 1962 S.259).

Mietabfindungskosten

- Abzugsfähig, wenn wegen Krankheit eines – gelähmten – Kindes notwendig.

Mietzahlungen

- Abzugsfähig, wenn die eigene Wohnung z.B. wegen Einsturzgefahr oder Brand vorübergehend nicht bewohnbar ist und bis zu ihrer Instandsetzung eine andere Wohnung gemietet werden muss (BFH v. 21.4.2010; BStBl 2010 II S.965).

Nachhilfeunterricht

- Nicht abzugsfähig.

Pflegeheim

- Siehe Krankheitskosten.

Psychotherapie

- Siehe Krankheitskosten.

9. Abc-Übersicht zu allgemeinen außergewöhnlichenBelastungen 451

Raucherentwöhnungskurse

- Abzug ist umstritten, auch bei betriebsärztlicher Verordnung (Revisisonsverfahren beim BFH – XI R 19/12)

Rollstuhl

- Siehe Krankheitskosten (Hilfsmittel).

Rollstuhlrampe

- Siehe Umbauten.

Rückzahlung von Unterstützungsleistungen

- Abzugsfähig nach »Der Betrieb« 1961, S. 220.

Schadenersatz

- Abzugsfähig, wenn nicht vorsätzlich oder leichtfertig gehandelt wurde (BStBl 1982 II S. 749). Bei Hundehaltung nur, wenn sie zwangsläufig ist: einzeln stehendes Haus, Landwirtschaft, Blindenhund.

Schuldentilgung/-übernahme

- Abzugsfähig, soweit die Schuldenaufnahme durch Aufwendungen veranlasst war, die ihrerseits eine außergewöhnliche Belastung darstellen, wie z.B. Krankheitskosten, und für die eine Steuerermäßigung noch nicht gewährt werden konnte (BFH v. 9.5.1996 – BStBl 1996 II S. 596 und BFH v. 29.7.1997 – BStBl 1997 II S. 772). Siehe dazu aber **Abflussprinzip.** Die Schuldentilgung muss allerdings zwangsläufig erfolgen, etwa zur **Abwendung des Konkurses** des Vaters (FG Münster v. 20.4.1978 – EFG 1978 S. 592 rk).
- Nicht abzugsfähig sind, da nicht zwangsläufig:
  - Schuldübernahme für **Bekannte** (BFH v. 30.9.1954 – BStBl 1954 III S. 357),
  - Begleichung von **Nachlassschulden** und Finanzierung von Spekulationsgeschäften (BFH v. 27.3.1958 – BStBl 1958 III S. 290),
  - Tilgung eines **Studiendarlehens** (BFH v. 6.3.1964 – BStBl 1964 III S. 330),
  - Tilgung einer durch **Betrug** entstandenen Schuld (FG Rheinland-Pfalz v. 18.6.1985 – EFG 1985 S. 552 rk),
  - Tilgung wegen **Bürgschaft (Kreditsicherung)** für Angehörige (FG Nürnberg v. 20.7.1992 – EFG 1992 S. 731 rk).

Schuldzinsen

- Abzugsfähig, wenn mit dem Darlehen außergewöhnliche Belastungen bestritten werden (BFH v. 6.4.1990 – BStBl 1990 II S. 998).

Schulfahrten

- Abzugsfähig, wenn behindertes Kind zur Schule gebracht wird.

Schulgeld

● Abzugsfähig für bestimmte Schulen (➤ Rz 570).

Schwangerschaftsabbruch

● Abzugsfähig sind selbstgetragene Kosten, wenn medizinische oder soziale Indikation gegeben war.

Schwimmbad

● Siehe Umbauten.

Sterilisation

● Siehe Krankheitskosten.

Studiengebühren

● Für den Besuch einer Hochschule sind nicht als außergewöhnliche Belastung abziehbar (BFH v. 17.12.2009 – BStBl 2010 II S. 341).

Treppenschräglift

● Siehe Umbauten.

Trinkgelder

● Nicht abzugsfähig sind Trinkgelder an Kur- und Krankenhauspersonal (BFH v. 30.10.2003 – BStBl 2004 I S. 527).

Umbauten in Gebäuden

● Abzugsfähig sind
  – **Hebeapparat** (FG Hamburg v. 1.6.1976 – EFG 1976 S. 557, rk),
  – **Treppenschräglift** (BFH-Urt. v. 5.10.2011 VI R 41/11; FG Berlin v. 1.11.1994 – EFG 1995 S. 264, rk; FG Baden-Württemberg, Urt. v. 6.4.2011 4 K 2647/08),
  – **Behinderungsbedingter Umbau von Badezimmer und Schlafzimmer** (BFH v. 22.10.2009 – BStBl 2010 II S. 280),
  – **Behinderungsbedingter Umbau einer Dusch**e (FG Baden-Württemberg v. 19.3.2014 – 1 K 3301/12)
  – **Umbaukosten eines Hauses wegen Behinderung eines Kindes** (BFH v. 24.2.11 – VI R 16/10, DB 2011, 850).

● Nicht abzugsfähig, da Herstellungskosten des Gebäudes bzw. Gegenwert:
  – **Schwimmbad** – Abschreibung und Betriebskosten – (FG Niedersachsen v. 22.12.1975 – EFG 1976 S. 184, rk),
  – **Whirlpool** (FG Hamburg v. 1.2.1994 – EFG 1994 S. 793, rk).

Bei sehr hohen Umbaukosten (ca. 135.000 €), die sich wegen des geringen Einkommens (ca. 60.000 €) nicht voll auswirken können, kommt aus Billigkeitsgründen (§ 163 AO) eine Verteilung auf bis zu fünf Jahre in Betracht (FG Saarland v. 6.8.2013 – 1 K 1308/12).

Umzugskosten

- Abzugsfähig, wenn der Umzug krankheitsbedingt war (FG München – EFG 1991 S. 26). Dies kann auch gegeben sein, wenn ein Familienmitglied behindert ist. Umzug in eine Erdgeschosswohnung (BFH v. 14.12.1965 – BStBl 1966 III S. 113). Ein Umzug in eine größere Wohnung kann auch bei Familienzusammenführung zwangsläufig sein.

Vaterschaftsprozess

- Abzugsfähig, wenn Zweifel an der Vaterschaft dargelegt und schlüssige Beweise angeboten werden (BFH v. 18.3.2004; BStBl 2004 II S. 726).

Verdienstausfall

- Ein bloßer Verdienstausfall ist keine Aufwendung i. S. von §§ 33 ff. EStG (BFH, Beschluss v. 18.8.1995 – III B 26/95).

Wasserschaden

- Abzugsfähig sind nicht erstattete Kosten (BFH v. 6.5.1994 – BStBl 1995 II S. 104).

Wohngruppe

- Abzugsfähig sind die Unterbringungskosten für einen verhaltensgestörten Jugendlichen, wenn ein amtsärztliches Attest vorliegt (BFH v. 21.4.2005 – BFH/NV 2005 S. 1427).

Zinsen

- Abzugsfähig, wenn mit dem Darlehen abzugsfähige außergewöhnliche Belastungen finanziert wurden (BFH v. 6.4.1990; BStBl 1990 II S. 958).

Zeitaufwand

- Reiner Zeitaufwand führt nicht zu außergewöhnlichen Belastungen (FG Hessen v. 11.3.2011 – 11 K 1850/10).

B. Außergewöhnliche Belastungen in besonderen Fällen

1. Was man wissen muss, wenn man jemanden unterstützt

Begünstigt ist die Unterstützung Angehöriger, soweit es sich um unterhaltsberechtigte handelt. Darunter fallen insbesondere Eltern, Großeltern und geschiedene Ehegatten. Auch die Unterstützung eigener Kinder ist begünstigt, wenn niemand für sie Kindergeld oder einen Kinderfreibetrag erhält. Diese

Voraussetzung erfüllen Kinder über 25 Jahre und Kinder über 18, wenn sie nicht mehr in der Berufsausbildung sind. Da Sie auch für Ihre Kinder im Ausland Anspruch auf einen Kinderfreibetrag haben (Auslandskinderfreibetrag), gelten für sie dieselben Einschränkungen. Auch für Unterhaltskosten an den geschiedenen oder getrennt lebenden Ehepartner steht außergewöhnliche Belastung zu. Abziehbar sind alle typischen Unterhaltskosten, insbesondere für Ernährung, Kleidung und Wohnung. Der Unterhalt kann also darin bestehen, dem Unterhaltsbedürftigen eine Wohnung oder Sachwerte wie z.B. einen Wintermantel zu überlassen (BFH-Urt. v. 17.12.1990 – II B 209/90 – BFH/NV 1991 S. 306).

Der Unterhaltshöchstbetrag liegt bei jährlich 8.472 € und gilt unabhängig vom Alter für alle unterstützten Personen. Wer allerdings weniger zahlt, kann nur ansetzen, was er leistet. Unterstützen Sie den anderen außer mit Bargeld noch mit Sachwerten, so vergessen Sie nicht, das anzugeben.

TIPP

für unterstützte Personen im eigenen Haushalt

Lebt die unterstützte Person in Ihrem Haushalt, können Sie ohne besonderen Nachweis den gesetzlichen Höchstbetrag von 8.472 € ansetzen (R 33a.1 Abs. 1 S. 5 EStR).

Hat die unterstützte Person Einkünfte oder Bezüge, vermindert sich der Unterhaltshöchstbetrag um ebendie Einkünfte und Bezüge, die den anrechnungsfreien Betrag von 624 € übersteigen. BAföG (nur Zuschüsse, nicht Darlehen) und andere öffentliche Ausbildungshilfen werden dabei in voller Höhe, also ohne anrechnungsfreien Betrag, abgezogen.

Zu den Einkünften gehört z.B. der steuerpflichtige Teil der Rente oder Arbeitslohn. Natürlich müssen davon vor Anrechnung die Werbungskosten, ggf. Pauschbeträge, abgezogen werden, außerdem die von der unterstützten Person gezahlten Pflichtbeiträge zur Sozialversicherung (BMF-Schreiben v. 18.11.2005 – BStBl 2005 I S. 1027). Bei der Berechnung der Bezüge – das sind nicht steuerpflichtige Einnahmen – wird ein Unkostenpauschbetrag von 180 € abgezogen.

Nach der Einkommensteuerrichtlinie 33a.1 Abs. 2 muss der Zahlungsempfänger zunächst seine Arbeitskraft und sein eigenes Vermögen, sofern es nicht geringfügig ist, einsetzen und verwerten. Als »geringfügig« wird dabei ein gemeiner Wert (Verkehrswert) von 15.500 € (bei Ehepaaren 31.000 €) angesehen (BFH v. 14.8.1997 – BStBl II 1998 S. 241). 25.600 € sind in jedem Fall zu hoch, so in ihrem unendlichen Ratschluss ebenfalls die Münchner Obersteuerrichter (BFH v. 19.5.1999 – BFH/NV 2000 S. 22).

Trotz einer restriktiven Entscheidung des BFH vom 12.12.2002 (III R 41/01), nach der Unterstützungsleistungen von Kindern an ihre Mutter nicht abzugsfähig sein sollten, weil diese ein kleines selbst bewohntes Häuschen ihr Eigen nannte, **hatte der Fiskus ein Einsehen. Ein Einfamilienhaus oder eine Eigentumswohnung, die der Unterstützte selbst bewohnt, bleibt als Vermögen außer Betracht (§ 33 Abs. 1 S. 4 EStG). Diese Regelung gilt für alle noch nicht bestandskräftigen Fälle.**

Auch bei behinderten Kindern muss nicht sämtliches Vermögen zunächst für den Unterhalt eingesetzt werden, wenn es für die spätere Altersversorgung des Kindes gedacht ist. Unterhaltsaufwendungen von Eltern an ihr behindertes Kind ließ der BFH zum Abzug zu (BFH Urt. v. 11.2.2010 – VI R 61/08). Das Mehrfamilienhaus des Kindes muss diesem unangetastet verbleiben, weil ja ungewiss sei, ob das Kind stets durch seine Eltern unterhalten werden kann. Das Mehrfamilienhaus sei gerade als Altersversorgung für die Zeit gedacht, wenn die Eltern keinen Unterhalt mehr leisten können.

Mit dem Abzug von Unterstützungsleistungen schauen Sie allerdings wohl **645** immer dann in die Röhre, wenn der unterstützte Angehörige zuvor sein Vermögen auf Sie oder andere Angehörige übertragen hat. In so einem Fall verneint der BFH die Zwangsläufigkeit Ihrer Unterhaltszahlungen (BFH-Urt. v. 1.12.2009 – VI B 146/08).

Was hat es mit der »Opfergrenze« bei Unterhaltsleistungen auf sich? **646**
Grundsätzlich sind Sie zivilrechtlich nur insoweit zu Unterhaltsleistungen verpflichtet, als Ihnen noch genügend Mittel zur Bestreitung des eigenen Lebensbedarfs und des Ihrer Familie verbleiben. Sie müssen Ihren Verwandten also nur bis zu Ihrer persönlichen Opfergrenze unterstützen. Andererseits: Nur bis zu dieser fiktiven Grenze werden Ihre Unterhaltsleistungen steuerlich berücksichtigt. Von der Beschränkung durch die Opfergrenze ausgenommen sind Ihr Ehepartner und Ihr in einer Haushaltsgemeinschaft mit Ihnen lebende Lebenspartner (BFH v. 29.5.2008 – III R 23/07).

Die Opfergrenze beträgt 1 % je volle 500 € des Nettoeinkommens, insgesamt jedoch höchstens 50 %. Dieser Prozentsatz ist um je fünf Prozentpunkte für den Ehegatten und jedes Kind zu kürzen, höchstens um 25 Prozentpunkte. Zur Ermittlung des Nettoeinkommens sind neben steuerpflichtigen Einkünften steuerfreie Einnahmen (z. B. Kindergeld, Arbeitslosen- und Kurzarbeitergeld), welche die Leistungsfähigkeit erhöhen, zu berücksichtigen. Deshalb wird auch bei Selbständigen ein vom Gewinn abgezogener Investitionsabzugsbetrag wieder hinzugerechnet (FG Niedersachsen v. 24.4.2012 – 15 K 234/11). Abzuziehen sind Werbungskosten und andere Ausgaben, die die Leistungsfähigkeit vermindern. Nur in einigen Monaten erzieltes Einkommen ist zum Vorteil des Unterhaltszahlers in ein fiktives Jahreseinkommen hochzurechnen (BFH v. 25.9.1996 – BFH/NV 1997 S. 221).

Beispiel
Sohn S unterstützt seine mittellose Mutter M monatlich mit 490 €. S ist verheiratet und hat zwei Kinder. M hat eigene Einkünfte und Bezüge in Höhe von 2.000 € pro Jahr. Nach Abzug des anrechnungsfreien Betrags von 624 € verbleiben 1.376 €, um die der Unterhaltshöchstbetrag von 8.472 € gekürzt wird. Abzugsfähig wären für S mithin 7.096 €. Das Finanzamt prüft aber, ob der Sohn finanziell in der Lage ist, die Mutter zu unterstützen.

Bruttolohn zzgl. Steuererstattung und Kindergeld	30.696 €
./. Steuerabzüge	– 3.810 €
./. Beiträge zur Sozialversicherung	– 5.400 €
./. Werbungskosten wegen doppelter Haushaltsführung	– 4.200 €
Nettoeinkommen	17.286 €

Opfergrenze = 1 % je volle 500 € des Nettoeinkommens = 34 % abzgl. 15 Prozentpunkte (je fünf für Ehefrau und Kinder). Die Opfergrenze beträgt somit 19 % von 17.286 €. Statt 7.096 € lässt das Finanzamt nur 3.284 € zum Abzug zu. Da bei Selbständigen in der Regel die Einkünfte von Jahr zur Jahr schwanken, wird für die Berechnung der Opfergrenze der Durchschnitt des Nettoeinkommens der letzten drei Jahre angesetzt. Wenn Sie auf Ihr Einkommen Steuern gezahlt haben, werden die Zahlungen in dem Jahr vom Einkommen abgezogen, in dem Sie sie gezahlt haben. Steuernachzahlungen, aber auch Erstattungen beeinflussen also das Nettoeinkommen des Jahres, in dem das Geld tatsächlich an das Finanzamt oder vom Finanzamt geflossen ist (BFH v. 28.3.2012 – VI R 31/11; DStR 2012 S. 1084).

SUPER TRICK

Hebeln Sie bei der Unterstützung Angehöriger die Sätze des Finanzamts aus!

647 Wenn Sie sich mit dem zufriedengeben, was Ihnen das Finanzamt ansetzt, wird selten viel herauskommen. Nun ist es doch so: Wer jemanden unterstützt, tut dies sicher nicht, um dessen Faulheit zu stärken. Meistens ist der Unterstützte krank und nicht mehr erwerbsfähig. Vielleicht, weil er ein chronisches Leiden hat. Und chronische Leiden bedingen einen besonderen Aufwand, wenn man sie in einigermaßen erträglichen Grenzen halten will. Wer aber will behaupten, dass der Unterhaltshöchstbetrag von 8.472 €, den das Finanzamt für *Unterhalt* anrechnet, auch für besondere *zusätzliche* Kosten angemessen sei? Genieren Sie sich nicht, *neben* dem Unterhalt andere Kosten anzugeben (BFH v. 11.7.1990 – BStBl 1991 II S. 62, BFH in HFR 1963 S. 395 und FG Düsseldorf – EFG 1978 S. 544). In Betracht kommen

1. Was man wissen muss, wenn man jemanden unterstützt   457

- für die unterstütze Person getragene Krankheitskosten,
- Operations- oder Krankenhauskosten bei Nichtversicherten.

Sie können den Unterhaltshöchstbetrag von 8.472 € generell um die zugunsten der unterhaltenen Person übernommenen Beiträge zur Basiskranken- und Pflegepflichtversicherung aufstocken.

Sie unterstützen nur, weil der Bedürftige von seinem bisschen Rente nicht leben kann? Raten Sie ihm doch mal, einen Antrag auf Mietbeihilfe oder Wohngeld zu stellen.

Zur Bestätigung der Unterstützungsleistungen fügen Sie dem Antrag eine Bescheinigung der unterstützten Person bei: **648**

```
                    Bescheinigung
Ich werde von . . . . . . . seit . . . . . . mit monatlich
€ . . . . . . . . . . . und Sachwerten von ca. . . . . . . . monatlich
unterstützt.
Ich habe eigene Einkünfte von monatlich € . . . . . . . . und kein
wesentliches Vermögen.



. . . . . . . . . . . . . . . . . . . .
(Unterschrift)
```

Werden zwei bedürftige Personen unterstützt, so ist der abziehbare Betrag für jede unterstützte Person getrennt zu berechnen. Eine Ausnahme gilt nur bei Ehegatten, die in Haushaltsgemeinschaft leben. Bei ihnen verdoppeln sich alle Beträge.

Da der einheitliche Unterhaltshöchstbetrag unabhängig davon gilt, ob der Unterhaltsempfänger minderjährig oder volljährig ist, ergibt sich das Problem, wie Unterhaltszahlungen z.B. an Ihren Ex-Gatten und an Ihr Kind aufzuteilen sind. Der Fiskus macht sich die Sache recht einfach: Er teilt streng nach Köpfen auf, wenn die Unterhaltenen in einem gemeinsamen Haushalt leben.

Das passiert auch, wenn nicht begünstigte Personen in dem Haushalt leben. Hier nun aufgemerkt, wer A sagt, muss auch B sagen. Lebt z.B. Ihre alte Mutter mit zwei Ihrer Geschwister im selben Haushalt, dann gilt der Aufteilungsgrundsatz auch für die eigenen Einkünfte Ihrer Mutter. Davon wird nämlich nun nur $^1/_3$ als schädlich angerechnet, der Rest entfällt auf die nicht geförderten Haushaltsmitglieder (BFH v. 19.6.2002 – BStBl II 2002 S.753).

TIPP

zu Altenheim, Gefängnis, ausländischem Ehepartner

649 Die Kosten der Unterbringung eines Familienangehörigen in einem Altenheim sind als außergewöhnliche Belastung berücksichtigungsfähig, wenn die Unterbringung wegen außergewöhnlicher Umstände (etwa Pflegebedürftigkeit wegen Alters oder Unfalls) erforderlich wird (BFH v. 11.2.1965 – BStBl III S. 2407). In diesem Fall gilt die Begrenzung auf den Höchstbetrag von 8.354 € nicht. Vgl. dazu ➤ Rz 614 ff.

Wenn Sie Ihren Sohn, der wegen einer Dummheit im Gefängnis sitzt, mit Geld und kleinen Geschenken unterstützen, um ihm den Aufenthalt hinter Gittern etwas zu erleichtern, können Sie das als Unterstützungsleistungen absetzen. Die steuerliche Anerkennung ist nämlich nicht generell dadurch ausgeschlossen, dass ein Strafgefangener Unterkunft, Kost und Bekleidung von der Haftanstalt bekommt (BFH v. 11.11.1988 – BStBl 1989 II S. 233).

Das Folgende betrifft nur Gastarbeiter oder Deutsche mit ausländischen Ehepartnern:

650 Der Unterhaltshöchstbetrag ist bei Zahlungen ins Ausland zu ermäßigen, und zwar um

$1/4$ für z. B. Afghanistan, Ägypten, Bangladesch, Jordanien, Marokko, Nigeria,

$1/2$ für z. B. Argentinien, Algerien, Barbados, Brasilien, Chile, China, Lettland, Polen, Rumänien, Serbien, die Russische Föderation, Türkei, Weißrussland

$3/4$ für z. B. die Bahamas, Estland, Griechenland, Korea, Kroatien, Portugal, Saudi Arabien, Slowenien, Slowakei, Taiwan, Tschechische Republik

Vergleiche dazu im Einzelnen das BMF-Schreiben v. 18.11.2013 – BStBl 2013 I S. 1462). Müssen Sie erhaltene Unterstützungsleistungen zurückzahlen, kann das eine außergewöhnliche Belastung für Sie sein! (Näheres siehe in DB 1961 S. 220.)

651 Das Problem mit der Erwerbsobliegenheit

Für Unterhaltsempfänger, die im Inland oder in einem Staat der EU/EWR leben, ist kein besonderer Nachweis erforderlich, ob sie ihrer sog. Erwerbsobliegenheit nachkommen bzw. objektiv an einer Erwerbstätigkeit gehindert waren (BFH v. 18.5.2006 – BStBl 2007 II S. 108).

Für erwachsene Unterstützungsempfänger im Nicht-EU/EWR-Ausland hingegen lässt der Fiskus den Abzug von Unterhaltsleistungen nur zu, wenn sie aus triftigen Gründen keiner Erwerbstätigkeit nachgehen können (BMF v. 9.2.2006 – BStBl 2006 I S. 217). Als Gründe kommen dabei insbesondere in Betracht:

- Alter,
- Behinderung,
- schlechter Gesundheitszustand,
- Erziehung oder Betreuung von Kindern unter sechs Jahren,
- Pflege behinderter Angehöriger,
- ernsthaftes Studium,
- Berufsausbildung.

Mit einer Bescheinigung aus dem Heimatland, dass der Unterhaltsempfänger arbeitslos war und deshalb keiner Erwerbstätigkeit nachgehen konnte, tun sich die Finanzämter oft schwer. Solche Bescheinigungen würden ja häufig aus Gefälligkeit ausgestellt, und man könne ja auch nicht sagen, ob der Unterhaltsempfänger im Heimatland nicht schwarz arbeite, führt das Bayerische Landesamt für Steuern in seiner nun wohl doch ein wenig über das Ziel hinausschießenden Verfügung vom 17.11.2008 (S 2285.1.1-5 St 32/St 33) an. Dass man behördliche Bescheinigungen aus dem Ausland nicht schlicht mit einem solchen Generalverdacht verwerfen kann, hat der BFH klargestellt. Ihm genügte eine Bescheinigung über Arbeitslosigkeit als Unterstützungsgrund (BFH v. 11.2.2009 – VI B 145/08).

Der BFH hat aber die Auffassung der Finanzverwaltung bestätigt, dass die Erwerbsobliegenheit bei Auslandsfällen stets zu prüfen ist (BFH v. 5.5.2010, VI R 5/09; BFH/NV 2010 S. 1896). Eine Ausnahme machten die Münchener Richter nur bei dem im Ausland lebenden Ehepartner. Für diesen ist eine entsprechende Prüfung nicht erforderlich. Nach Auffassung des BFH muss die sog. Erwerbsobliegenheit unabhängig davon geprüft werden, ob die Unterstützung an Personen im In- oder Ausland gezahlt wird (BFH v. 4.8.2011; BStBl 2011 II S. 975). Der Fiskus verzichtet allerdings nach wie vor auf diese Prüfung, wenn die von Ihnen unterstützten Angehörigen im Inland oder in einem EU-Staat leben (OFD Münster v. 22.12.2011 – aktualisierte Kurzinfo ESt 2/2007; NWB Datenbank).

TRICK

Raffinierte Masche für alle, die keine Steuervergünstigung für Unterhaltszahlungen bekommen

Darüber ärgern Sie sich schwarz: Sie unterstützen Ihre Mutter finanziell und kriegen doch keine Steuerermäßigung, weil ihre Rente über den Hungersätzen des Finanzamts liegt. Seien Sie anpassungsfähig! Unterstützen Sie Ihre Mutter auf eine Weise, bei der keine unsozialen Höchstgrenzen bestehen. Tragen Sie die Kosten von sagen wir mal 2.500 € für eine Rentennachzahlung Ihrer Mutter und kann Ihre Mutter dadurch nun ihr Existenzminimum decken, dann findet solches Tun steuerlich Anerkennung, sagt das FG Hamburg (EFG 1976, S. 234) – allerdings nach Abzug der zumutbaren Belastung.

653 Unterhalt an den Lebenspartner

Bei Lebenspartnern müssen Sie unterscheiden zwischen einer *eingetragenen Lebenspartnerschaft* und einer *nichtehelichen Lebensgemeinschaft*. Eingetragene Lebenspartner werden wie Ehegatten behandelt und haben daher Anspruch auf den Splittingtarif (§ 2 Abs. 8 EStG), womit ein Abzug des Unterhaltsfreibetrags ausscheidet.

Etwas anderes gilt für die Unterstützung des Partners einer *nichtehelichen Lebensgemeinschaft* oder eines Angehörigen, der nicht mit Ihnen im ersten Grad verwandt ist. Voraussetzung für den Abzug Ihrer Unterhaltsleistungen ist hier, dass Sie einen gemeinsamen Haushalt führen, in dem einer von Ihnen (Sie) Einkünfte hat und der andere nicht berufstätig ist, weil er den Haushalt führt und daher auf Ihre Unterstützung angewiesen ist. Zusätzlich müssen dem unterstützten Lebenspartner bzw. Angehörigen Sozialleistungen (z.B. Hartz IV) wegen der Lebensgemeinschaft gekürzt werden. Dabei genügt die Kürzung als solche, auf ihre Höhe kommt es nicht an.

TIPP

zu Unterstützungsleistungen

Zur Anerkennung von Unterstützungszahlungen ist es nicht in jedem Fall erforderlich, dass Ihr Lebenspartner einen Antrag auf Sozial- oder Arbeitslosenhilfe gestellt hat und dieser abgelehnt wurde. Der Fiskus geht davon aus, dass bei nichtehelichen Lebensgemeinschaften der Partner ohne Einkommen und Vermögen generell zum begünstigten Personenkreis gehört, bei dem im Antragsfall die Sozialleistungen wegen der Partnerschaft gekürzt würden. Es reicht, wenn er schriftlich versichert, dass er für den jeweiligen Veranlagungszeitraum keine zum Unterhalt bestimmten Mittel aus inländischen öffentlichen Kassen erhalten und auch keinen Antrag gestellt hat, dass eine nichteheliche Lebensgemeinschaft besteht oder er mit Ihnen verwandt ist und eine Haushaltsgemeinschaft bildet. Zudem muss er angeben, über welche anderen zum Unterhalt bestimmten Einkünfte und Bezüge er verfügt sowie über welches Vermögen (BMF-Schreiben v. 28.3.2003 – BStBl 2003 I S. 243).

TRICK

Schaffen Sie sich höhere Steuererleichterungen bei einer Lebenspartnerschaft!

654

Leider, leider geht das fast nur, wenn einer der Partner selbständig tätig ist. Dann haben Sie freie Hand, das Finanzamt auszutricksen. Denn: Verträge z.B. können Sie schließen, mit wem Sie wollen, und darin vereinbaren, was Sie wollen. Und es ist allein Ihre Sache, wenn Sie Ihren Lebenspartner in Ihrem Geschäft oder Betrieb mit anfassen sehen wollen.

Aber: Um Steuern zu sparen, müssen Sie schon einen Arbeitsvertrag mit ihm aufs Papier bringen. Dabei müssen Sie bei der Gehaltsvereinbarung aufpassen. Das Geld muss nämlich auf ein Konto des helfenden Partners überwiesen werden. Es spielt übrigens keine Rolle, wenn dafür die bisherigen Zahlungen für Haushaltskosten und Taschengeld entfallen. Und schließlich darf das Gehalt nicht viel höher sein als das eines in gleicher Weise tätigen familienfremden Mitarbeiters. Wenn Sie Ihren Partner allerdings mit einer führenden Position in einem größeren Betrieb betrauen, kann das Gehalt natürlich recht hoch sein. Das Gehalt können Sie nun als Betriebsausgaben absetzen – ohne Beschränkung auf 8.472 €.

TRICK

Was Ahmed recht ist, ist Paul billig.

Jeder Finanzbeamte muss nach seinem heiligen Amtseid Steuern gleichmäßig festsetzen. Gleichmäßig festsetzen heißt aber auch: gleiche Nachweisschikanen für alle Steuerzahler.

655

In einem Spezialerlass für Gastarbeiter, die ihre Familien im Ausland unterstützen, sagte der Bundesfinanzminister: »Aus Vereinfachungsgründen kann davon ausgegangen werden, dass die letzte Unterhaltsrate den Unterhalt bis zum Jahresende deckt.« (BMF v. 9.2.2006 – BStBl 2006 I S.217). Diese Auffassung hat der BFH ausdrücklich bestätigt (BFH v. 5.5.2010 – VI R 40/09, BStBl 2011 II S.164). Normalerweise ist es so: Wird nicht regelmäßig, sprich jeden Monat, gezahlt, greift die Zwölftelvorschrift, wonach für jeden fehlenden Monat der Höchstbetrag um 1/12 gekürzt wird (§ 33 a Abs.4 EStG).

Angenommen, Sie haben folgende Zahlungen geleistet

Mai	1.500 €
Juni	1.600 €
September	1.400 €
Dezember	4.000 €
insgesamt	8.500 €

Abzugsfähig sind in diesem Fall aber nur 8/12 (Mai–Dezember) von 8.472 € = 5.650 €

Pochen Sie auf den Gleichheitsgrundsatz und verlangen Sie, dass man Sie nicht schlechter stellt als Ihre ausländischen Mitbürger. Bekommt z.B. Ihre von Ihnen unterstützte Mutter nicht regelmäßig jeden Monat Geld, müssen Sie es so deichseln, dass die erste Zahlung möglichst im Januar erfolgt.

Da der Bundesfinanzminister nichts von gleichmäßigen Raten gesagt hat, können Sie Ihrer Mutter zu Beginn des Jahres kleinere Beträge überweisen und ihr im Dezember, nachdem Sie Ihre Weihnachtsgratifikation kassiert haben und richtig flüssig sind, einen größeren Batzen zukommen lassen. Mal angenommen, Sie zahlen ihr im

Januar	1.500 €
Juni	1.600 €
September	1.400 €
Dezember	4.000 €
insgesamt	8.500 €

dann steht Ihnen der volle Höchstbetrag von 8.472 € für Ihre Unterstützung zu.

Aber: Halten Sie Ihre Mutter zu Jahresanfang nicht allzu knapp. Bei Beträgen von 50 € im Quartal sind schon einige Finanzämter auf den dummen Gedanken verfallen, solche Mickerbeträge seien keine Unterhaltskosten. Also greifen Sie sicherheitshalber etwas tiefer ins Portemonnaie.

Umrechnen nach EZB-Umrechnungskurs

Wenn Sie den Unterhalt für Ihre Angehörigen im Ausland nicht in Euro bezahlen, stellt sich natürlich immer die Frage, wie rechne ich den Unterhalt für meine Steuererklärung um. Zur Vereinfachung hat der Fiskus festgelegt, dass Sie alle Zahlungen nach dem Umrechnungskurs der Europäischen Zentralbank zum 30.9. des Vorjahres umrechnen können. Also den Unterhalt für 2015 nach dem Währungskurs zum 30.9.2014 (§ 33 a Abs. 1 S. 8 EStG).

2. Ausbildungsfreibetrag für Kinder (§ 33a Abs. 2 EStG)

Seit einigen Jahren doktern die Fiskalbürokraten an den Steuervergünstigungen für Kinder herum, nachdem ihnen das Bundesverfassungsgericht mehrmals kräftig auf die Füße getreten ist und verlangt hat, dass endlich mehr für Familien mit Kindern getan werden muss. Was letztlich herauskommt, kann man allenfalls als halbherzig, wenn nicht gar herzlos bezeichnen. Mit den Minibeträgen aus der Kindergelderhöhung werden die Steuerzahler für dumm verkauft, denn an allen anderen Stellen bleiben wirklich spürbare Verbesserungen auf der Strecke.

Ein Paradebeispiel ist der Ausbildungsfreibetrag: Die mickrigen 924 € gibt es nur für volljährige Kinder, wenn sie zur Ausbildung auswärts untergebracht sind und Sie noch Kindergeld oder einen Kinderfreibetrag für ein solches Kind bekommen. Das heißt, weder für volljährige Kinder, die während ihrer Schulausbildung, Lehre oder ihres Studiums zu Hause wohnen, noch für unter 18-jährige Kinder, die auswärts untergebracht sind, gibt es einen Ausbildungsfreibetrag.

Bisher waren alle Versuche, die Höhe des Ausbildungsfreibetrags vor Gericht als verfassungswidrig einstufen zu lassen, erfolglos. Der BFH ist der Meinung, dass er zusammen mit anderen Kindervergünstigungen ausreichend hoch ist (BFH v. 25.11.2010 – III R 111/07, BStBl 2011 II S. 281). Eine Verfassungsbeschwerde hat das Bundesverfassungsgericht nicht angenommen (BVerfG – 2 BvR 451/11). Ein Einspruch wegen der Höhe des Ausbildungsfreibetrags ist daher im Moment wohl zwecklos.

Zumindest wird der Ausbildungsfreibetrag nicht gekürzt, wenn Ihr Kind eigene Einkünfte oder Bezüge hat. Auch BAföG wird nicht auf den Freibetrag angerechnet.

TRICK

Die Steuer tut was dazu, wenn das Kind zu seiner Tante will!

Mit der auswärtigen Unterbringung von Kindern stellen sich die Fiskalvertreter recht zopfig an. Sie verlangen, dass diese von gewisser Dauer ist und entweder während der gesamten Ausbildung oder zumindest während einzelner Ausbildungsabschnitte vorliegt und das Kind während dieser Zeit räumlich selbständig ist.

Eine Klassenfahrt oder ein mehrwöchiger Sprachkurs im Ausland sollen dafür nicht reichen (BFH – BStBl II 1990, S. 898). Klar ist die Sache, wenn Ihr Nachwuchs z. B. während eines Praktikums, das länger als sechs Wochen dauert (BFH

v. 20.5.1994 – BStBl 1994 II S. 699), während eines Semesters oder eines mehrmonatigen Lehrgangs am auswärtigen Unterrichtsort wohnt.

Aber warum in die Ferne schweifen, wenn das Gute so nah liegt? Denn: Auswärtig untergebracht ist Ihr Kind, wenn es hauswirtschaftlich nicht mehr in Ihren Haushalt eingegliedert ist. Auf gut Deutsch: wenn es nicht mehr seine Beine unter Ihren Tisch stellt. Ein kleines möbliertes Zimmer oder ein eigenes Appartement reicht dazu völlig aus. Diese Unterkunft kann ohne weiteres bei Verwandten sein. Und da Sie zu Hause ohnehin recht beengt leben, mieten Sie einfach in der Wohnung Ihrer ein paar Straßen weiter lebenden Schwester ein Zimmer für Ihr Kind. Und schon gibt's den Ausbildungsfreibetrag.

TRICK

Ein Überbrückungsjob muss nicht schädlich sein!

658 Nicht immer klappt es nahtlos mit dem Übergang zwischen Schule und Studium. Wenn der Unterbrechungszeitraum nicht länger als vier Monate ist, bekommen Sie weiter Kindergeld oder Kinderfreibetrag. Sie müssen also nicht betrübt sein, wenn Ihr Nachwuchs die Unterbrechung nutzt und fleißig ein paar tausend Euro zur Finanzierung des Studiums verdient.

Ein Ausbildungsfreibetrag steht Ihnen für diese Zeit nur zu, wenn Ihr Kind schon auswärtig untergebracht ist. Einkünfte, die Ihr Kind in dieser Zeit erzielt, spielen keine Rolle.

659 Einen Kinderfreibetrag bekommen Sie für Ihr studierendes Kind, egal ob es im Inland oder im Ausland lebt, nur, solange es das 25. Lebensjahr noch nicht vollendet hat.

Bei Söhnen aber, die vor Beendigung ihres Studiums oder ihrer Ausbildung Wehr- oder Zivildienst leisten, legt Vater Staat aus Gründen der Gleichberechtigung den Kinder- und damit auch den Ausbildungsfreibetrag für den Zeitraum, den Ihr Filius gedient hat, also z. B. für neun Monate, auf die o. g. Altersgrenze drauf.

GUTER RAT

Wenn der Kinderfreibetrag wegfällt, weil Ihr Nachwuchs die Altersgrenze überschritten hat, Ihnen aber immer noch auf der Tasche liegt, dann denken Sie daran, dass Sie den Unterhaltsfreibetrag geltend machen!

3. Haushaltshilfen, haushaltsnahe Beschäftigung und Dienstleistung

Wenn Sie für Arbeiten in Haus und Garten jemanden als Angestellten beschäftigen oder ein Unternehmen mit derartigen Arbeiten betrauen, können Sie eine Steuerermäßigung nach § 35 a EStG in Anspruch nehmen. Diese wird unmittelbar von der tariflichen Einkommensteuer abgezogen. Egal ob Sie also ein hohes oder niedriges Einkommen haben, verringert sich die von Ihnen zu zahlende Einkommensteuer um denselben Betrag.

Letztlich können Sie von vier verschiedenen Fördervarianten profitieren:

- geringfügige Beschäftigung im Haushalt (➤ Rz 661),
- sozialversicherungspflichtige Beschäftigung im Haushalt (➤ Rz 662 f.),
- haushaltsnahe Dienstleistungen sowie Pflege- und Betreuungsleistungen für pflegebedürftige Personen (➤ Rz 662 f.),
- Handwerkerleistungen für Renovierungs-, Erhaltungs- und Modernisierungsmaßnahmen (➤ Rz 666).

Geringfügige Beschäftigung im Haushalt

Haben Sie jemanden als 450-€-Arbeitskraft (geringfügige Beschäftigung) angestellt, der Ihnen bei den Arbeiten im Haushalt und im Garten zur Hand geht, können Sie für dieses **haushaltsnahe Beschäftigungsverhältnis** eine Steuerermäßigung von 20 % der Kosten, max. jedoch 510 € beanspruchen. In die abzugsfähigen Kosten einbezogen werden der Arbeitslohn, die pauschalen Sozialversicherungsbeiträge von 10 % (je 5 % Kranken- und Rentenversicherung), die Umlagen von 2,54 % und die pauschale Steuer von 2 %, insgesamt also 14,54 %. Steuerlich gefördert werden somit Ihre Aufwendungen bis zu 2.550 € im Jahr (2.550 € × 20 % = 510 €). Den Nachweis der Kosten können Sie durch die Bescheinigung der Minijobzentrale der Knappschaft führen, bei der Sie Ihre Hausangestellte anmelden müssen und an die Sie im sog. Haushaltsscheckverfahren Ihre Abgaben zahlen.

Durch die Förderung von Beschäftigungen im Privathaushalt nach § 35 a Abs. 2 EStG entfällt die Begünstigung von sozialversicherungspflichtigen Beschäftigungen über § 35 a Abs. 1 EStG (vgl. ➤ Rz 662 ff.).

TIPP

Haushaltsnahe Minijobs sind steuerbegünstigt.

Haushaltsnahe Minijobs sind mit 14,54 % Abgaben somit deutlich billiger als eine reguläre geringfügige Beschäftigung, die Pauschalabgaben von 31,09 % zzgl. Unfallversicherung auslöst. Begünstigt sind u.a. folgende Tätigkeiten:

- Zubereitung von Mahlzeiten,
- Reinigung der Wohnung,
- Gartenarbeiten,
- Waschen, Bügeln etc.,
- Kinderbetreuung,
- Betreuung und Pflege alter und kranker Haushaltsmitglieder,
- Einkäufe und Botengänge, Begleitung auch außerhalb des Hauses.

Nicht begünstigt sind dagegen:

- Erteilung von Unterricht jeglicher Art, wie Nachhilfe, Musik-, Reit-, Ballett-unterricht etc.,
- Vermittlung besonderer Fähigkeiten,
- Sport,
- Freizeitaktivitäten,
- Betreuung außer Haus, Kindergarten, Tagesmutter, die die Betreuung in ihrer eigenen Wohnung durchführt.

Übernimmt Ihre Hausangestellte sowohl begünstigte als auch nicht begünstigte Arbeiten, müssen Sie die Gesamtkosten aufteilen.

WICHTIGER HINWEIS

Da nach Auffassung des Fiskus familienrechtliche Verpflichtungen nicht Gegenstand eines Vertrags über eine haushaltsnahe Beschäftigung sein können, beißen Sie beim Finanzamt auf Granit, wenn Sie eine mit Ihnen in einem Haushalt zusammenlebende nahestehende Person beschäftigen möchten. Das Finanzamt gesteht Ihnen die Steuerermäßigung in der Regel nicht zu bei Verträgen mit

- Ehegatten (§§ 1360, 1356 Abs. 1 BGB),
- in Ihrem Haushalt lebenden Kindern (§ 1619 BGB),
- Partnern einer eingetragenen Lebenspartnerschaft,
- Partnern einer nichtehelichen Lebensgemeinschaft.

Völlig anders sieht aber auch hier die Sache aus, wenn Sie Angehörige beschäftigen, die nicht (mehr) in Ihrem Haushalt leben. Deshalb können haushaltsnahe Beschäftigungsverhältnisse z.B. mit Kindern oder Eltern, die in einem eigenen Haushalt leben, steuerlich anerkannt werden (BMF v. 10.1.2014 – BStBl 2014 I S. 75, Rz 6). Wie immer bei der Beschäftigung von Angehörigen, dürfen Sie sich keine formalen Blößen geben. Sie werden also einen schriftlichen Vertrag schließen. Nehmen Sie doch einfach den Mustervertrag, den die Bundesknappschaft (www.minijob-zentrale.de) dafür anbietet, dann haben Sie gleich auch sichergestellt, dass man Ihnen nicht wegen unüblicher Vertragsinhalte steuerlich ein Bein stellt. Das Beschäftigungsverhältnis melden Sie bei der Minijob-Zentrale der Bundesknappschaft an. Und nicht vergessen: Schon aus Nachweisgründen sollten Sie den Lohn überweisen und auf Barzahlungen verzichten.

TRICK

Holen Sie mindestens so viel Steuerermäßigung heraus, wie Sie an Pauschalabgaben zahlen!

Besonders lukrativ wird ein haushaltsnaher Minijob für Sie, wenn Ihre Hausangestellte die Ehefrau oder Tochter eines Beamten, Soldaten oder eines anderen nicht gesetzlich Krankenversicherungspflichtigen ist. Bei einer Angestellten aus diesem illustren Personenkreis entfällt für Sie der pauschale Krankenversicherungsbeitrag von 5 %, Sie zahlen statt 14,54 % also nur noch 9,54 % an die Minijobzentrale. Und so sieht Ihre Rechnung steuerlich aus, wenn Ihre Perle 450 € im Monat erhält:

Pauschale Abgaben 5.400 € × 9,54 %		515 €
Lohnkosten	5.400 €	
Abgaben	515 €	
Aufwendungen insgesamt	5.915 €	
Steuerermäßigung darauf 5.915 € × 20 % = 1.183 €, max.		510 €
Kosten für Sie		5 €

Wie Sie sehen, kostet Sie Ihre Putzfrau unter dem Strich keine Steuern und Abgaben, wenn Sie sie hochoffiziell anmelden. Und selbst wenn Sie die vollen 14,54 % Abgaben zahlen müssen, weil Sie sich nicht um die Krankenversicherungspauschale drücken konnten, kosten Sie Ihre Steuerehrlichkeit und Ihr ruhiges Gewissen im Monat nur rd. 275 €.

TIPP

Beim haushaltsnahen Minijob können Sie auch bar zahlen!

Für haushaltsnahe Dienstleistung und Handwerkerleistung ist eine Barzahlung nach wie vor nicht zulässig. Bei Minijobs, für die das Haushaltsscheckverfahren angewendet wird, sehr wohl. Hier gilt die von der Minijob-Zentrale zum Jahresende erteilte Bescheinigung als Nachweis. Deshalb ist bei diesen Minijobs zulässig, den Arbeitslohns bar zu zahlen. Das Finanzamt darf Ihnen die Steuerermäßigung nicht wegen der Barzahlung verwehren (so der Parlamentarische Staatssekretär im BMF Koschyk auf eine Anfrage im Bundestag, BT-Drucksache 18/51 S. 35).

662 **Dienstleistungen im Haushalt**
Wenn Sie

- eine Hausangestellte sozialversicherungspflichtig beschäftigen,
- ein selbständiges Unternehmen mit der Erledigung typischer Leistungen im Haushalt beauftragen
- oder Leistungen für die eigene Pflege bzw. die von pflegebedürftigen Angehörigen in Anspruch nehmen,

winkt eine Steuerermäßigung von **20 % der Kosten, max. 4.000 €**.
Begünstigt sind vor allem solche Arbeiten, die gewöhnlich durch Mitglieder des Haushalts erledigt werden, in erster Linie Kochen, Putzen, Waschen, Einkaufen, Gartenpflege oder Kinderbetreuung. Nicht zuletzt fallen aber auch die Leistungen eines Umzugsunternehmens, das Ihren privaten Umzug durchführt, darunter.

WICHTIGER HINWEIS

Es ist völlig unerheblich, ob die Kosten für eine Hausangestellte, für Dienst- oder Pflegeleistungen anfallen. Alle Kostenarten sind gleichberechtigt mit bis zu 20.000 € begünstigt. Sehen Sie sich dazu die folgenden Beispiele an.

Reinigungsunternehmen	5.000 €		
Pflegekosten	12.000 €		
Gesamtkosten	17.000 €		
Steuerermäßigung darauf	20 % = 3.400 €	max. 4.000 €	= 3.400 €

Kosten für den Umzug	12.000 €		
Gartenpflege	3.600 €		
Lohn und Abgaben für die Köchin	9.600 €		
Gesamtkosten	25.200 €		
Steuerermäßigung darauf	20 % = 5.400 €	max. 4.000 €	= 4.000 €

Voraussetzung für den Abzug der Pflegekosten ist, dass die gepflegte Person zumindest in die Pflegestufe I eingeordnet ist bzw. Leistungen aus der Pflegeversicherung bekommt. In letzterem Fall wird vor der Steuerermäßigung das Pflegegeld von Ihren Kosten abgezogen.

3. Haushaltshilfen, haushaltsnahe Beschäftigung und Dienstleistung

TIPP

Steuerermäßigung, auch wenn die gepflegte Person nicht bei Ihnen wohnt!

Es ist für Ihre Steuerermäßigung egal, ob die gepflegte Person in Ihrem Haushalt lebt oder in ihrem eigenen. Wichtig ist nur, dass Sie die Kosten übernehmen. Kommt also z.B. der Pflegedienst zu Ihrer Mutter, die in ihrer eigenen Wohnung lebt, können Sie die Steuerermäßigung für die von Ihnen getragenen Kosten abzgl. Pflegegeld beanspruchen.

TRICK

Verzichten Sie auf 400 € und kassieren dafür 4.000 €!

Wie so oft gilt auch hier, dass weniger manchmal mehr ist. Die Steuerermäßigung von bis zu 4.000 € für Pflegeleistungen steht Ihnen nach dem unendlichen Ratschluss des Gesetzgebers nur zu, wenn die Kosten bei Ihnen nicht als außergewöhnliche Belastungen auftauchen, sprich, wenn Sie für die Pflege Ihres Angehörigen nicht den Pflegepauschbetrag von 924 € (§ 33 b Abs. 6 EStG) in Anspruch nehmen.

Verzichten Sie also lieber auf den Pflegepauschbetrag, der selbst bei einem absoluten Spitzenverdiener max. ca. 470 € Steuermäßigung bringt, und profitieren stattdessen von der viel höheren Steuerermäßigung für haushaltsnahe Pflegeleistungen.

Da der Pflegepauschbetrag zu den antragsabhängigen Steuervergünstigungen gehört, stellen Sie einfach keinen entsprechenden Antrag.

TRICK

Setzen Sie den Tiersitter von der Steuer ab!

Wollen Sie einmal ohne Ihren Hund oder die Mieze in Urlaub fahren und haben deshalb einen Haus- und Hundesitter engagiert oder kümmert sich untertags, während Sie in der Arbeit sind, jemand um Ihr Haustier, winkt eine Steuerermäßigung für haushaltsnahe Dienstleistungen. Wichtig ist aber auch hier, dass Sie mit einer ordentlichen Rechnung z.B. einer selbständigen Tier- und Wohnungsbetreuerin aufwarten können und die Dienstleistung unbar bezahlt haben. Ob die betreffende Person Waldi Gassi führt, Ihre Zierfische füttert oder die Katze oder den Goldhamster bespaßt, ist letztlich egal. So hat zumindest das FG Düsseldorf gegen die bisherige Auffassung des Fiskus entschieden (FG Düsseldorf v. 4.2.2015 – 15 K 1779/14 E). Schließlich gehöre die Betreuung von Haustieren – Tätigkeiten wie das Reinigen der Katzentoilette, das Füttern und das spielerische Beschäftigen – zu den Verrichtungen, die typischerweise durch den Halter und dessen Familienangehörige erledigt werden und regelmäßig anfallen. Sie gehören damit zu den hauswirtschaftlichen Leistungen.

TRICK

Beteiligen Sie das Finanzamt an den Kosten fürs Schneeräumen!

665 Ihr Sachbearbeiter im Finanzamt wird natürlich nicht selbst die Schneeschaufel in die Hand nehmen und bei Ihnen den Gehweg und die Grundstückszufahrt räumen. Aber er muss Ihnen eine Steuerermäßigung für Ihre Kosten gewähren. Haben Sie nämlich ein Unternehmen oder einen selbständig Tätigen beauftragt, gegen entsprechendes Salär den Winter- oder Kehrdienst für Sie zu erledigen, sind das haushaltsnahe Dienstleistungen, für die Ihnen eine Steuerermäßigung zusteht. Das Beste kommt aber jetzt: Da hatte der Fiskus gerade erst in seinem BMF-Schreiben zu haushaltsnahen Dienstleistungen (v. 10.1.2014 – BStBl I 2014 S. 75) festgelegt, dass Sie nur den Kostenanteil geltend machen dürfen, der auf Ihr Grundstück entfällt, nicht dagegen den Anteil, der öffentliche Flächen, wie etwa den Gehweg, betrifft, prompt hat der BFH den Berliner Bürokraten auf die Finger geklopft und entschieden, dass auch die Inanspruchnahme von Dienstleistungen, die jenseits der Grundstücksgrenze auf fremdem, beispielsweise öffentlichem Grund erbracht werden, als haushaltsnahe Dienstleistung begünstigt sind (BFH v. 20.3.2014 – VI R 55/12 BStBl 2014 II S. 880).

666 Handwerkerleistungen
Steuerlich gefördert werden 20 % Ihrer Kosten für Modernisierung und Instandhaltung. Dabei gilt eine Höchstgrenze von 6.000 € im Jahr, d.h., die Steuerermäßigung beträgt max. 1.200 €. Es spielt dabei keine Rolle, ob Sie als Eigentümer oder als Mieter den Auftrag geben.

Aufgemerkt: Sobald ein Handwerker Ihre Wohnung betritt, klingelt bei Ihnen die Kasse.

Sie können die Kosten u. a. für folgende Handwerkerleistungen in der Steuererklärung unterbringen:

3. Haushaltshilfen, haushaltsnahe Beschäftigung und Dienstleistung

- Arbeiten an Innen- und Außenwänden,
- Arbeiten am Dach, an der Fassade, an Garagen o. Ä.,
- Einziehen von Zwischenwänden,
- Reparatur oder Austausch von Fenstern und Türen,
- Streichen/Lackieren von Türen, Fenstern (innen und außen), Wandschränken, Heizkörpern und -rohren,
- Reparatur oder Austausch von Bodenbelägen (z. B. Teppichboden, Parkett, Fliesen),
- Reparatur, Wartung oder Austausch von Heizungsanlagen, Elektro-, Gas- und Wasserinstallationen,
- Modernisierung oder Austausch der Einbauküche,
- Modernisierung des Badezimmers,
- Reparatur und Wartung von Gegenständen (z. B. Waschmaschine, Geschirrspüler, Herd, Fernseher, Personalcomputer),
- Maßnahmen der Gartengestaltung,
- Pflasterarbeiten auf dem Wohngrundstück,
- Maler- und Tapezierarbeiten, Fassadenanstrich,
- Schornsteinfegerarbeiten,
- Kontrolle von Blitzschutzanlagen,
- Verlegen von Kabeln für Strom, Telefon oder Fernsehen,
- Anschluss des neuen Fernsehers,
- Montage einer Satellitenschüssel.

TRICK
Lassen Sie beim Hausbau den Garten erst nach dem Einzug anlegen!

Die Steuerermäßigung für Handwerkerleistungen nach § 35a Abs. 2 Satz 2 EStG können Sie auch für Erd- und Pflanzarbeiten im Garten Ihres selbstbewohnten Hauses absetzen. Dabei kommt es nicht darauf an, ob der Garten neu angelegt oder umgestaltet wird. Auch wenn in Ihrem Haushalt durch einen An- oder Ausbau Herstellungskosten anfallen, sind diese als Handwerkerleistungen zu berücksichtigen. Entscheidend ist in beiden Fällen lediglich, dass Sie zum Zeitpunkt der Arbeiten schon in Ihrem Haus wohnen. Nach Meinung des BFH sind nämlich nur solche Handwerkerleistungen vom Abzug ausgeschlossen, die die Errichtung eines Haushalts betreffen. Finden die Arbeiten dagegen in einem schon vorhandenen Haushalt statt, ist der Abzug möglich (BFH v. 13.7.2011; BStBl 2012 II S. 232).

Das muss jetzt auch der Fiskus akzeptieren (BMF v. 10.1.2014 – BStBl 2014 I S. 75).Begünstigt sind nur die reinen Lohn-, nicht jedoch die Materialkosten. Außerdem berücksichtigt der Fiskus nur Kosten, die auf Ihrem Grundstück anfallen, deshalb will man Ihnen z.B. für öffentliche Gebühren für Straßenreinigung und Müllabfuhr die Steuerermäßigung nicht zugestehen.

TRICK

Die richtige Aufteilung bringt den Steuersegen

Wenn Ihr Handwerker das Material mitliefert, bitten Sie ihn, die Rechnung entsprechend aufzuteilen und die Lohnkosten getrennt auszuweisen. Wenn er so nett ist und Ihnen das Material zum Einkaufspreis liefert und dafür einen höheren Arbeitslohn verlangt, soll Ihnen das nur recht sein.

667 Nachweishürden
Damit Ihnen die schöne Steuerermäßigung für haushaltsnahe Dienstleistungen und Handwerkerleistungen nicht durch die Lappen geht, muss alles schön offiziell und mit Nachweisen laufen.

- Sie persönlich müssen der Auftraggeber sein! Als Mieter oder Inhaber einer Eigentumswohnung lesen Sie hier nach ➤ Rz 668.
- Sie brauchen eine astreine und offizielle Rechnung von Ihrem Dienstleister oder Handwerker!
- Sie müssen Ihre Zahlungen ggf. durch einen Beleg Ihrer Bank oder Sparkasse nachweisen können. Sie müssen zwar Ihre Rechnungen und Überweisungsbelege nicht zwingend mit der Steuererklärung zusammen einreichen. Das Finanzamt kann Ihre haushaltsnahen Dienstleistungen auch ohne die Vorlage von Belegen anerkennen. Allerdings haben Sie keinen Anspruch darauf. Im Zweifel kann das Finanzamt die Belege nachfordern. Also zahlen Sie auf gar keinen Fall bar! Auch Abschläge dürfen Sie immer nur unbar zahlen. Lässt sich Ihr Handwerker darauf nicht ein und besteht auf Barzahlung, suchen Sie sich einen anderen, oder ziehen Sie ihm die verlorengegangene Steuerermäßigung schlicht und ergreifend von der Rechnung ab.

WICHTIGER HINWEIS

Die Steuerermäßigung für Handwerkerleistungen können Sie zusätzlich zu der für übrige haushaltsnahe oder Pflegedienstleistungen absetzen. Haben Sie also im laufenden Jahr ein Reinigungsunternehmen und/oder einen Pflegedienst beauftragt und zusätzlich einen Handwerker in Ihrer Wohnung werkeln lassen, beträgt Ihre Steuerermäßigung im günstigsten Fall bis zu 5.200 €.

TRICK

Setzen Sie die zumutbare Belastung von der Steuer ab!

Neben den formalen Hürden – ordentliche Rechnung, unbare Zahlung – hat der Fiskus eine weitere Spaßbremse bei der Steuerermäßigung eingebaut. Egal ob beim haushaltsnahen Beschäftigungsverhältnis oder bei Dienst- und Handwerkerleistungen: Der Abzug von Werbungskosten, Sonderausgaben und außergewöhnlichen Belastungen hat Vorrang vor der Steuerermäßigung. Sind Ihre Renovierungskosten z.B. Werbungskosten bei den Vermietungseinkünften oder können Sie die Betreuungskosten für Ihre Kinder als Sonderausgaben absetzen, tut Ihnen das nicht sonderlich weh. Auf eine Steuerermäßigung von 20 % kommen Sie nämlich schon bei einem Einkommen von ca. 11.000 €/22.000 € (Grundtabelle/Splittingtabelle). Übel wird die Geschichte allerdings z.B. bei den Pflegekosten. Können Sie die nämlich als außergewöhnliche Belastungen absetzen, wird Ihnen zunächst die zumutbare Belastung abgezogen. Dieser Betrag geht also steuerlich ins Leere – so der Wunsch des Fiskus. Aber der hat die Rechnung wieder einmal ohne den Wirt gemacht. In Höhe der zumutbaren Belastung konnten Ihre Kosten ja gerade nicht als außergewöhnliche Belastung berücksichtigt bzw. abgezogen werden. Also werden Sie für jeden Cent zumutbarer Eigenbelastung die Steuerermäßigung mit 20 % beantragen.

So ist das nun einmal im Leben! Wenn Sie auf jemanden treffen, der meint, er wäre ganz besonders schlau und könne Sie über den Tisch ziehen, müssen Sie halt versuchen, immer noch ein bisschen schlauer zu sein.

WICHTIGER HINWEIS

Seit 2014 ist der Fiskus besonders pingelig. Gutachtertätigkeiten sollen nämlich nicht mehr als Handwerkerleistungen anerkannt werden. Dass soll sogar dann gelten, wenn die Begutachtung z.B. von Ihrem Schornsteinfeger mit erledigt wird. Damit fallen nach Meinung des Fiskus alle Mess- oder Überprüfungsarbeiten, eine Legionellenprüfung, Kontrolle von Aufzügen oder von Blitzschutzanlagen, die Feuerstättenschau sowie andere technische Prüfungen als Handwerkerleistungen unter den Tisch.

Vor allem bei der Rechnung Ihres Kaminkehrers oder Schornsteinfegers müssen Sie Obacht geben. Er muss in der Rechnung die Kosten für die Kehrleistungen und die für die Mess- und Prüfarbeiten, z.B. die Emissionsprüfung Ihrer Heizung, getrennt abrechnen. Macht er das nicht, ist der gesamte Abzug für die Handwerkerleistung zum Teufel.

Mit dieser kleinlichen Einschränkung sind die Finanzgerichte bis hin zum BFH allerdings gar nicht einverstanden. Gegen die Auffassung des Fiskus hat der BFH entschieden, dass die Kosten für eine sog. Dichtheitsprüfung zu einer Steuerermäßigung nach § 35a Abs. 3 EStG für Handwerkerleistungen führen können. Seiner Meinung nach ist die Feststellung eines mangelfreien Zustandes einer Anlage bzw. die Überprüfung ihrer Funktionsfähigkeit durch einen Handwerker ebenso eine Handwerkerleistung wie die Beseitigung eines bereits eingetretenen Schadens oder vorbeugende Maßnahmen zur Schadensabwehr (BFH v. 6.11.2014 – VI R 1/13 BStBl 2015 II S. 481).

WICHTIGER HINWEIS

Was für die Dichtheitsprüfungen gilt, muss auch für andere Gutachten gelten, die bzgl. der Funktionsfähigkeit von Anlagen im Haus erstellt werden. Nach dieser Entscheidung des BFH dürfte mehr als zweifelhaft sein, ob die vom Fiskus verlangte Aufteilung von Schornsteinfegerkosten in abzugsfähige Kehr-, Reparatur- und Wartungsarbeiten einerseits und nicht abzugsfähige Gutachterkosten (Kosten für die Feuerstättenschau) andererseits rechtmäßig ist. Beantragen Sie daher in Ihrer Steuererklärung die Schornsteinfegerkosten weiter in voller Höhe. Einen nicht zugänglichen Finanzbeamten können Sie darauf hinweisen, dass sogar BFH-Richter in der Literatur Ihre Meinung unterstützen (BFH-Richter Geserich in NWB 2015, S. 310 f.).

TRICK

Durchforsten Sie als Mieter und Besitzer einer Eigentumswohnung Ihre Nebenkostenabrechnung

668 Gute Zeiten für Sie als Mieter oder als Besitzer einer selbstbewohnten Eigentumswohnung. Alle Kosten, die dem Grunde nach haushaltsnahe Dienstleistungen oder Handwerkerleistungen sind und Ihnen über die Nebenkostenabrechnung des Vermieters oder des Hausverwalters in Rechnung gestellt werden, können Sie genauso absetzen, als hätten Sie selbst den Auftrag erteilt. Angefangen von den Schornsteinfegergebühren über die Heizungswartung, die Pflege von Garten und Anlagen bis zur Reparatur des Daches an der Eigentumswohnanlage: Sie kassieren die Steuerermäßigung. Bestehen Sie also darauf, dass die entsprechenden Kosten aufgeteilt nach den Kategorien

- haushaltsnahe Beschäftigung,
- haushaltsnahe Dienstleistungen,
- Handwerkerleistungen

in Ihrer Nebenkostenabrechnung ausgewiesen werden, die dann als Nachweis für das Finanzamt genügt. Sie müssen nicht zusätzlich eine Kopie der Rechnung oder der Überweisung des Rechnungsbetrags vorlegen.

SUPER TRICK

Höhere Steuervergünstigung für Mieter und Eigentumswohnungsbesitzer

Beschäftigt Ihr Vermieter oder Hausverwalter einen Gärtner oder Reinigungskräfte auf 450-€-Basis, ergibt sich zunächst einmal ein formelles Problem. Sozialversicherungsrechtlich werden diese Minijobs als reguläre geringfügige Beschäftigungsverhältnisse behandelt – das bedeutet Pauschalabgaben von 31,09 % – und nicht als haushaltsnahe Beschäftigung. Da aber nur haushaltsnahe Beschäftigungen für eine Steuerermäßigung in Betracht kommen, würden Sie eigentlich insoweit leer ausgehen. Hier zeigt sich der Fiskus ausnahmsweise einmal von der großzügigen Seite. Er gestattet Ihnen, diese Kosten fiktiv als haushaltsnahe **Dienstleistungen** abzuziehen. Und das bedeutet, dass Ihre Steuerermäßigung nun 20 % der Kosten, max. aber 4.000 €, beträgt.

4. Pauschbeträge für Behinderte

Pauschbeträge werden ohne jeden Abzug in den elektronischen Lohnsteuerabzugsmerkmalen (ELStAM) eingetragen oder bei der Ermittlung des Einkommens berücksichtigt, sind also unabhängig vom Vorliegen besonderer Ausgaben und von der Höhe des Einkommens (§ 33 b EStG). Wenn Ihr Grad der Behinderung mehr als 50 % beträgt, haben Sie einen Schwerbehindertenausweis, den Sie beim Finanzamt vorlegen können (Fotokopie genügt).

Bei einem Grad der Behinderung unter 50 % brauchen Sie eine Bescheinigung des Versorgungsamts oder einen Rentenbescheid. Darin muss bescheinigt sein, dass die Behinderung auf einer typischen Berufskrankheit beruht oder Sie in Ihrer Beweglichkeit beeinträchtigt.

TIPP

für Leser mit einer äußerlich nicht erkennbaren Behinderung

Sie können die Steuerermäßigung z.B. auch dann bekommen, wenn Ihre Beweglichkeit durch Asthma, ein Blasenleiden oder eine Herzkrankheit eingeschränkt ist. Achten Sie in diesen Fällen ebenfalls unbedingt darauf, dass Ihnen Ihre Bewegungsbeeinträchtigung vom Versorgungsamt ausdrücklich bescheinigt wird.

Behinderte – dazu gehören auch Personen mit geistigen Gebrechen – erhalten einen jährlichen Freibetrag bei folgender Behinderung:

670

Grad der Behinderung (GdB) in Prozent	€
25 – 30	310
35 – 40	430
45 – 50	570
55 – 60	720
65 – 70	890
75 – 80	1.060
85 – 90	1.230
95 – 100	1.420
Hilflos/blind	3.700
Hinterbliebenen-PB	370

Dass die Behindertenpauschbeträge schon seit Ewigkeiten nicht mehr angepasst wurden, ist nach Auffassung des Bundesverfassungsgerichts vom 17.1.2007 (2 BvR 1059/03) nicht bedenklich.

671 Übrigens: Weder die Gewährung des Pauschbetrags für Blinde (§ 33 b EStG) noch das Verbot der Aufteilung von Aufwendungen in einen beruflich und in einen privat veranlassten Teil stehen der Anerkennung der Ausgaben eines blinden Arbeitnehmers für seinen Blindenhund, mit dem er den Weg von seiner Wohnung zur Arbeitsstätte und zurück zu Fuß zurücklegt, als Werbungskosten entgegen (FG München, rk Urt. v. 16.11.1984 – V 8/83 E).

TRICK

Bäumchen, Bäumchen, wechsle dich

672 Der Pauschbetrag für Behinderte gilt zunächst alle typischen Mehraufwendungen ab, die durch die Behinderung entstehen, z.B. also Arzt- und Medikamenten-

4. Pauschbeträge für Behinderte 477

kosten, Unterbringungskosten in Heil- oder Pflegeheim, Aufwendungen für die Betreuung des Behinderten usw. Und nun spitzen Sie Ihre Ohren: Leben Sie in einem Pflegeheim, ist es meistens günstiger, anstelle des Pauschbetrags von 3.700 € die tatsächlichen Kosten anzusetzen. Lassen Sie uns mal sehen, was herauskommt, wenn Ihr Anteil an den Pflegeheimkosten monatlich 1.300 € beträgt.

Gesamtkosten im Pflegeheim	15.600 €
./. Haushaltsersparnis	− 8.472 €
Verbleiben als allgemeine Pflegekosten	7.128 €
./. zumutbare Belastung, angenommen	
6 % von z.B. 25.000 € (Gesamtbetrag der Einkünfte)	− 1.500 €
Abziehbar als allgemeine außergewöhnliche Belastung	5.628 €

Wie Sie sehen, können Sie locker auf den Pauschbetrag von 3.700 € verzichten und holen dafür 5.628 € rein. Also stellen Sie den Aufwand zusammen und beantragen (nach Abzug der zumutbaren Belastung) Berücksichtigung aufgrund der tatsächlichen Kosten.

Denken Sie immer steuerlich mit! Sie können sich in einem Jahr den Freibetrag geben lassen und im anderen den Einzelnachweis führen.

Wenn Sie weniger Kosten haben, wählen Sie den Pauschbetrag. Dann kriegen Sie was vom Finanzamt geschenkt. Für Einzelnachweis entscheiden Sie sich, wenn Sie sich etwa eine neue oder besonders gute Prothese beschaffen oder einen Rollstuhl, zu dem Sie zuzahlen müssen.

GUTER RAT

Ohne Nachweis der besonderen Pflegebedürftigkeit läuft beim Finanzamt gar **673** nichts. Den erhöhten Behindertenpauschbetrag von 3.700 € bekommen Sie, wenn Sie entweder einen Behindertenausweis mit den Eintragungen »H« für hilflos oder »Bl« für blind oder einen Bescheid des Versorgungsamts mit den entsprechenden Feststellungen vorweisen können oder von der Pflegeversicherung in die Pflegestufe III eingestuft worden sind.

Fehlt Ihnen ein solcher Nachweis, müssen Sie einen Antrag beim Versorgungsamt oder bei der Pflegeversicherung stellen.

Mehraufwendungen an Krankenversicherungsbeiträgen, die ein Behinderter **674** wegen einer chronischen Dauererkrankung zahlen muss, weil er trotz Beihilfeberechtigung keine angemessene Krankenversicherung findet und deshalb notgedrungen in die gesetzliche eintritt, können u.U. aus Billigkeitsgründen als außergewöhnliche Belastung berücksichtigt werden. Voraussetzung ist allerdings, dass die Beiträge zur gesetzlichen Krankenversicherung die sonst üblichen Kosten unter Berücksichtigung eines Risikozuschlags, der auch bei einer privaten Krankenversicherung anfiele, erheblich übersteigen (BFH – BStBl 1992 II S. 293).

675 Vergessen Sie nicht, Ihre Fahrtkosten geltend zu machen! Bei Behinderten, die einen Behinderungsgrad von mindestens 70 % und darüber hinaus eine Geh- und Stehbehinderung oder die einen Behinderungsgrad von 80 % haben, können Kfz-Kosten, soweit sie nicht Betriebsausgaben oder Werbungskosten sind, in angemessenem Rahmen als außergewöhnliche Belastung nach § 33 EStG *zusätzlich zum Behindertenpauschbetrag* berücksichtigt werden, also nach Abzug der zumutbaren Belastung (siehe ➤ Rz 579).

Als angemessen kann im Allgemeinen ein nachgewiesener oder glaubhaft gemachter Aufwand für Privatfahrten von insgesamt 3.000 km jährlich angesetzt werden; dabei kann höchstens ein Kilometersatz von 0,30 € zugrunde gelegt werden. Bei 3.000 km ergibt das im Jahr 900 € (Quelle: H 33.1-33.4 EStH »Fahrtkosten behinderter Menschen«). Das gilt auch bei Überlassung eines firmeneigenen Kraftfahrzeugs.

Befindet sich in Ihrem Behindertenausweis das Merkzeichen »aG«, »Bl« oder »H«, können Sie zusätzlich zu Ihrem Behindertenpauschbetrag dem Finanzamt sämtliche Fahrten, die nicht Werbungskosten oder Betriebsausgaben sind, als außergewöhnliche Belastung aufs Auge drücken. Rechnen Sie so:

Kilometerstand des Autos am 31.12.2015	38.500
./. Stand am 1.1.2015	– 22.000
Im Jahr gefahrene km	16.500
Davon schon als Werbungskosten abgezogen	– 2.500
Rest	14.000
Macht an außergewöhnlichen Belastungen 14.000 km à 0,30 € =	4.200 €

676 Hat es unterwegs gekracht, z.B. während einer Urlaubsreise, so vergessen Sie nicht, die Unfallkosten mit anzusetzen (BFH-Urt. v. 15.11.1991 – BStBl 1992 II S. 179).
Man hält es kaum für möglich, aber die Streichwut der Fiskalritter macht auch vor Ihren Fahrtkosten als erheblich Gehbehinderter nicht halt. »**15.000 km im Jahr** für Privatfahrten sind genug«, urteilte der BFH. Alles, was darüber hinausgeht, soll nicht angemessen und damit nicht abzugsfähig sein (BFH-Urt. v. 2.10.1992 – BStBl 1993 II S. 286).

677 Als wäre die kleinliche Herumknapserei an den Kilometern nicht schon genug, haben die Robenträger vom BFH noch ein Urteil draufgesetzt: Als Kilometerkosten können Sie höchstens die Pauschale von 0,30 € je Kilometer ansetzen.

Das soll selbst dann gelten, wenn Ihr Auto eine ungewöhnlich niedrige Gesamtfahrleistung – und damit zwangsläufig recht hohe Kilometerkosten – hat (BFH v. 18.12.2003 – BStBl 2004 II S. 453) oder neben den Privatfahrten notwendige Fahrten zu Ärzten oder Kliniken anfallen (BFH v. 19.5.2004 – BStBl 2005 II S. 23).

Allerdings können Sie zusätzlich den Einbau von behinderungsbedingter Zusatzausstattung geltend machen (BFH v. 21.2.2008 – EStB 2008 S. 241). Dabei müssen Sie sich nicht mit der jährlichen Abschreibung begnügen. Der Fiskus hatte ein Einsehen und lässt die Einbaukosten – nach Abzug von Zuschüssen – im Jahr der Bezahlung voll zum Abzug zu (Bayerisches Landesamt für Steuern, Verfügung v. 28.5.2010, S 2284.1.1-2/6 St 32; NWB Datenbank). Haben Sie z.B. als Rollstuhlfahrer eine Hubvorrichtung oder eine Sondervorrichtung für Handgas und -bremse in Ihr Auto einbauen lassen, können Sie für die dafür angefallenen Kosten von angenommen 4.200 € abzgl. der Zuschüsse von angenommen 2.000 € 2.200 € voll absetzen, dazu die Kilometerkosten von max. 4.500 € (15.000 km × 0,30 €), in diesem Beispiel also insgesamt 6.700 €.

Sehen Sie daher zu, dass Sie im Jahr auf mindestens 15.000 km kommen, um dem Fiskus nicht unnötig Geld in den Rachen zu werfen. Außerdem sollten Sie Ihre Kosten dadurch drücken, dass Sie z.B. einen Zuschuss der Hauptfürsorgestelle des Landschaftsverbands beantragen.

TIPP

für gehbehinderte Ehegatten

Sind Sie beide gehbehindert (Grad der Behinderung 70 % und »G« oder mindestens 80 %) oder außergewöhnlich gehbehindert, hilflos oder blind (»aG«, »H«, »Bl« im Behindertenausweis), stehen Ihnen die Pauschalen für Fahrtkosten von mindestens 3.000 bzw. 15.000 km im Jahr zweimal zu – selbst wenn Sie zusammenleben und ein Auto gemeinsam benutzen. Macht Ihnen ein Finanzer Schwierigkeiten, helfen Sie ihm mit dem Urteil des Finanzgerichts Niedersachsen vom 9.3.1993 auf die Sprünge (EFG 1994 S. 251). **678**

Sie können auch Fahrtkosten absetzen, wenn Sie den Behindertenpauschbetrag Ihres Kindes in Anspruch nehmen und dieses die Voraussetzungen für den Kfz-Kostenabzug erfüllt. Dabei können Sie allerdings nur Fahrten ansetzen, an denen Ihr behindertes Kind teilnimmt (H 188 EStH »Fahrtkosten Behinderter«). **679**

Ändert sich der Grad der Behinderung, stellen Sie den Antrag immer nach dem höchsten Grad, der im Jahr festgestellt war.

TRICK

Drücken Sie als Behinderter die Kosten für Ihren Führerschein!

680 Wer heute keinen Führerschein besitzt, ist fast aufgeschmissen. Vor allem als Behinderter haben Sie mit erheblichen Schwierigkeiten zu kämpfen. Hohe Einstiege, zu enge Türen, unzureichend ausgestattete Abteile usw. sind nur ein kleiner Teil der Dinge, die Ihnen die Benutzung öffentlicher Verkehrsmittel fast unmöglich machen. Also muss ein Auto her.

Argumentieren Sie so: »Bei erheblicher Geh- und Stehbehinderung sind laufende Pkw- und außergewöhnliche Kosten abzugsfähig. Solche außergewöhnlichen Kosten sind auch meine einmaligen Kosten für den Führerschein. Weil sie nicht laufend anfallen, sind sie nicht typischerweise mit meinem Behindertenpauschalbetrag abgegolten.« Das Finanzamt möge nachlesen im BFH-Urteil v. 26.3.1993 (BStBl 1993 II S.749). Durch die Steuerersparnis drücken Sie Ihre Führerscheinkosten locker um 25 %.

TRICK

Ziehen Sie Kosten für eine Heilkur zusätzlich ab!

681 Gern kommt das Finanzamt mit der Behauptung, die Kosten für eine Heilkur seien mit dem Pauschbetrag für Behinderte abgegolten. Wehren Sie sich dagegen, indem Sie Einspruch einlegen und das Finanzamt auf das BFH-Urteil vom 11.12.1987 (BStBl 1988 II S.275) hinweisen.

Auch als Behinderter benötigen Sie unbedingt ein *vor Antritt der Kur* ausgestelltes Attest des Amtsarztes oder des medizinischen Dienstes der Krankenkasse über die Notwendigkeit der Kur!

TRICK

So erlangt man auch bei kleinen Behinderungen einen Freibetrag auf Jahre hinaus

682 Liegt Ihr Behinderungsgrad unter 50 %, muss Ihre Behinderung entweder auf einer Berufskrankheit beruhen oder zu einer Bewegungsbeeinträchtigung führen. Wenn Sie z. B. einen Herzschrittmacher eingepflanzt bekommen oder eine Nierenoperation hinter sich haben, führt dies im Normalfall zu einer Beeinträchtigung Ihrer Beweglichkeit und steht Ihnen nach dem Gesetzestext ein Freibetrag zu. Wie sich die Behörden bei diesen nicht alltäglichen Fällen anstellen, weiß man aber nie. Lassen Sie nicht locker, verweisen Sie auf § 65 Abs. 1 Satz 2 der EStDV.

Alle Freibeträge sind Jahresbeträge. Wer also z. B. am 30. Dezember als Körperbehinderter anerkannt wurde, erhält für dieses Jahr den vollen maßgebenden Freibetrag. Bei rückwirkender Erhöhung des Körperbehinderungsgrades wird der Steuerfreibetrag ebenfalls rückwirkend gewährt. Der Grad der Behinderung wird nach der allgemeinen körperlichen Lage beurteilt – nicht nach Ihren Fähigkeiten, einen Beruf auszuüben.

GUTER RAT

Nimmt Ihr Kind wegen fehlender oder geringer Einkünfte den Pauschbetrag nicht selbst in Anspruch, können Sie ihn in Ihrer Steuererklärung ansetzen. Sie haben also die Wahl, den Pauschbetrag dort anzusetzen, wo er sich am günstigsten auswirkt. Auch Groß- und Stiefeltern können den Behindertenpauschbetrag für das Kind in Anspruch nehmen, wenn das Kindergeld bzw. der Kinderfreibetrag auf sie übertragen worden ist.

TRICK

Schieben Sie den Behindertenpauschbetrag Ihren Eltern zu!

Wenn Sie ein behindertes Kind haben und noch im Haus Ihrer Eltern leben, sollten Sie überlegen, ob es nicht lukrativer ist, Ihre Eltern die Steuervergünstigungen geltend machen zu lassen. Angenommen, Sie sind nicht erwerbstätig oder gehen nur einer Teilzeitbeschäftigung nach, um Ihr Kind besser betreuen zu können, dann hält sich wegen Ihres geringen Einkommens die Steuerersparnis aus dem Behindertenpauschbetrag und den übrigen behinderungsbedingten Aufwendungen ziemlich in Grenzen. Viel mehr Steuern würden dagegen Ihre voll berufstätigen Eltern sparen.

Beispiel
Eines Ihrer beiden Kinder ist behindert, und Ihr Einkommen liegt ohne Behinderungsabzüge bei 12.000 €, das Ihrer doppelverdienenden Eltern bei 80.000 €.

So sähe die Sache für Sie aus:

Einkommensteuer auf	12.000 €	618 €
./. Behindertenpauschbetrag	− 1.420 €	
./. Fahrtkosten 3.000 km × 0,30 € = 900 €,		
./. zumutbare Belastung	− 620 €	
Steuer auf das korrigierte Einkommen	9.960 €	− 230 €
Ersparnis für Sie		388 €

Und so sähe es für Ihre Eltern aus:

Einkommensteuer auf	80.000 €	17.836 €
./. Behindertenpauschbetrag	− 1.420 €	
./. Fahrtkosten 3.000 km × 0,30 € = 900 €,		
./. zumutbare Belastung	0 €	
Steuer auf das korrigierte Einkommen	78.580 €	− 17.326 €
Ersparnis		510 €

Nur durch den formalen Federstrich, mit dem Sie den Kinderfreibetrag und die übrigen Kindervergünstigungen übertragen haben, springen als Steuerermäßigung inkl. Kirchensteuer und Solidaritätszuschlag fast 140 € mehr heraus.

685 Die Bescheinigung des Versorgungsamts gilt für das Besteuerungsverfahren als Grundlagenbescheid. Wird die Körperbehinderung für zurückliegende Jahre bescheinigt, muss die Steuervergünstigung nachträglich gewährt werden. Dies geschieht durch Berichtigung der für die zurückliegenden Jahre ergangenen Steuerbescheide. Daraus können sich beträchtliche Erstattungsbeträge ergeben. Dazu ein Hinweis: Bei Kindern werden Behinderungen häufig erst sehr spät erkannt. In diesem Fall ist es besonders wichtig, dass das Versorgungsamt bescheinigt, ab wann die Behinderung vorgelegen hat, z.B. ab Geburt.

686 Ist ein Behinderter verstorben und Sie können die Unterlagen über seine Behinderung nicht vorlegen, genügt zum Nachweis eine gutachterliche Stellungnahme von Seiten der für die Durchführung des Bundesversorgungsgesetzes zuständigen Behörde. Und hier können Sie das Finanzamt für sich arbeiten lassen: Diese Stellungnahme hat die Finanzbehörde einzuholen!

GUTER RAT

687 Schwerbehinderte mit dem Ausweismerkzeichen »G« und Gehörlose (auch ohne »G«) können wählen zwischen Freifahrten im öffentlichen Personennahverkehr und einer Kraftfahrzeugsteuerermäßigung von 50 %. Für Hilflose, Blinde und außergewöhnlich Gehbehinderte (Merkzeichen »H«, »Bl«, »aG«) beträgt die Steuerbefreiung 100 %.

Voraussetzung ist, dass das Auto auf den Namen des Behinderten zugelassen ist und es nur von ihm selbst oder von anderen nur in seinem Beisein benutzt wird. Ausnahmen gelten für Fahrten im Zusammenhang mit dem Transport des Behinderten (z.B. Abholfahrten, Leerfahrt, wenn der Behinderte zur Arbeit gebracht wird usw.) oder mit seiner Haushaltsführung (Fahrten zum Arzt, Einkauf, Apotheke usw.).

Auf einige Erleichterungen, die Behinderte mit außergewöhnlicher Gehbehinderung (Zusatzzeichen »aG«) in Anspruch nehmen können, will ich Sie noch hinweisen: Parkerlaubnis für Parkplätze mit dem Rollstuhlfahrerzeichen, Parkerlaubnis bis zu drei Stunden im eingeschränkten Halteverbot, kostenloses Parken an allen Parkuhren ohne Zeitbegrenzung; zusätzlich zur Kfz-Steuerbefreiung Freifahrten im öffentlichen Nahverkehr. Man braucht sich also nicht wie bei Merkzeichen »G« entweder für Freifahrten oder für die Steuerermäßigung zu entscheiden.

5. Pflegepauschbetrag

Wegen der außergewöhnlichen Belastungen, die durch die Pflege einer hilflosen Person entstehen, können Sie statt der tatsächlichen Kosten einen Pflegepauschbetrag von 924 € jährlich absetzen. Voraussetzung ist, dass die Pflege entweder in Ihrer Wohnung oder in der Wohnung der gepflegten Person erfolgt.

688

Wenn weitere Personen zur Pflege beitragen, wird der Pauschbetrag zwischen Ihnen geteilt (§ 33 b Abs. 6 EStG). Ob aufgeteilt wird, richtet sich danach, wie viele Personen sich die Pflege teilen, nicht danach, wer die Pflege in seiner Steuererklärung geltend macht (BFH v. 14.10.1997 – III R 102/96). Die Aufteilung lässt sich also nicht dadurch vermeiden, dass nur einer der Beteiligten in seiner Steuererklärung den Antrag stellt. Damit hat der BFH das anderslautende Urteil des FG Köln (EFG 1996 S. 1226) kassiert.

Die Hilflosigkeit muss entweder durch einen Schwerbehindertenausweis mit Merkzeichen »H«, einen Bescheid der Pflegeversicherung über Pflegestufe III oder durch eine Bescheinigung des Versorgungsamts nachgewiesen werden. Auf den Grad der Behinderung kommt es nicht an. Hilflos in diesem Sinn ist jemand auch, wenn er z.B. wegen eines Unfalls vorübergehend für eine längere Zeit auf fremde Hilfe angewiesen ist, mit einer Minderung oder dem Wegfall der Hilflosigkeit aber gerechnet werden kann (BFH v. 28.9.1984 – BStBl 1985 II S. 129). Der Pflegepauschbetrag steht Ihnen auch zu, wenn Sie die Pflege nicht persönlich durchführen, sondern sich zeitweise einer Hilfskraft bedienen. Auch wenn Sie sich aus sittlichen Gründen verpflichtet fühlen, im Wege der Nachbarschaftshilfe einen hilflosen Nachbarn zu betreuen, können Sie die 924 € beanspruchen.

Der Pflegepauschbetrag steht Ihnen auch dann zu, wenn der gepflegte Angehörige nicht in Deutschland, sondern in einem anderen EU-Staat lebt und dort von Ihnen oder Ihrem Ehepartner gepflegt wird. Lassen Sie sich nicht ins Bockshorn jagen, wenn Ihnen das Finanzamt Schwierigkeiten macht, weil Sie keinen Behindertenausweis oder einen vergleichbaren Nachweis für die Pflegebedürftigkeit vorweisen können. Die Versorgungsbehörden müssen in diesem Fall im Wege der Amtshilfe tätig werden und für den Angehörigen im Ausland feststellen, ob die Voraussetzungen für Hilflosigkeit oder die Pflegestufe III vorliegen.

TIPP
zum Pflegepauschbetrag

689 Da der Pflegepauschbetrag ein Jahresbetrag ist, bekommen Sie ihn auch dann in ungekürzter Höhe, wenn Sie Ihren Angehörigen nicht während des gesamten Jahres gepflegt haben. Den Pauschbetrag werden Sie deshalb auch beantragen, wenn Ihr Angehöriger während der Woche in einem Heim lebt und nur am Wochenende nach Hause kommt. Diese steuerzahlerfreundliche Entscheidung hat zumindest das Finanzgericht München getroffen (EFG 1995 S. 722).

WICHTIGER HINWEIS

690 Sehen Sie zu, ob Sie nicht zusätzlich zu der mickrigen Steuerersparnis auf den Pflegepauschbetrag von 924 € für Ihre Bemühungen bei Vater Staat die Hand aufhalten können. Mit der Pflegeversicherung besteht die Möglichkeit, für die häusliche Pflege erheblich Pflegebedürftiger Pflegegeld von monatlich zwischen 244 € und 728 € zu kassieren. Pflegen Sie z.B. Ihren Vater, so hat dieser, weil er seine Betreuung selbst organisiert, Anspruch auf Pflegegeld. Dieses kann er steuerfrei an Sie weiterleiten. Den Antrag auf Pflegegeld stellen Sie bei der Pflegekasse, die bei der zuständigen Krankenkasse eingerichtet ist. Sie müssen dazu wissen, dass es vier Pflegestufen gibt:

Das Pflegegeld ist nach den Pflegestufen gestaffelt. Es beträgt pro Monat:

Pflegestufe 0	123,00 €
Pflegestufe I	244,00 €
Pflegestufe II	458,00 €
Pflegestufe III	728,00 €

5. Pflegepauschbetrag

Pflegestufe 0
Anspruch haben Menschen mit Hilfebedarf im Bereich der Grundpflege und hauswirtschaftlichen Versorgung.

Pflegestufe I
Anspruch haben erheblich Pflegebedürftige, die einmal täglich bei wenigstens zwei Verrichtungen aus den Bereichen Körperpflege, Ernährung oder Mobilität und zusätzlich mehrfach in der Woche Hilfe bei der hauswirtschaftlichen Versorgung benötigen. Ihr Pflegeaufwand muss durchschnittlich ca. 1,5 Stunden pro Tag betragen.

Pflegestufe II
Betroffen sind Schwerpflegebedürftige, die dreimal täglich zu verschiedenen Zeiten für Verrichtungen aus den Bereichen Körperpflege, Ernährung oder Mobilität und zusätzlich mehrfach in der Woche Hilfe bei der hauswirtschaftlichen Versorgung benötigen. Ihr Pflegeaufwand muss hier durchschnittlich mindestens drei Stunden pro Tag betragen.

Pflegestufe III
Diese Pflegestufe betrifft Schwerstpflegebedürftige, die rund um die Uhr bei der Körperpflege, der Ernährung oder der Mobilität und zusätzlich mehrfach in der Woche Hilfe bei der hauswirtschaftlichen Versorgung benötigen. Ihr Pflegeaufwand muss hier durchschnittlich mindestens fünf Stunden betragen, wobei der konkrete Hilfebedarf jederzeit Tag und Nacht anfallen kann.

691 Selbst wenn Sie für Ihr behindertes Kind Pflegegeld kassieren, muss Ihnen das Finanzamt ohne weitere Nachweise zu dessen Verwendung den Pflegepauschbetrag anerkennen. Das wurde in § 33 b Abs. 3 EStG ausdrücklich geregelt.

TIPP

Lassen Sie sich bei Pflegekosten nicht austricksen!

692 Nach § 33 b EStG geht der Anspruch auf den Pauschbetrag verloren, wenn für die Pflege »Einnahmen« erzielt werden. Oft versuchen Finanzbeamte daher, Ihnen den Pflegepauschbetrag von 924 € zu versagen, wenn in irgendeiner Form Zahlungen für die Pflege erfolgen, wenn z.B. die Pflegeversicherung Rentenversicherungsbeiträge übernimmt (wenn neben der Pflegetätigkeit nicht mehr als 30 Stunden pro Woche gearbeitet werden kann). Dass die Finanzer den Begriff »Einnahmen« nicht überstrapazieren dürfen, beweist aber ein Urteil des Finanzgerichts Berlin (Az: 6 K 6175/00). Danach handelt es sich bei übernommenen Rentenbeiträgen **nicht** um Einkünfte im steuerlichen Sinn:

»Die Steuerzahlerin erbringt die Pflegeleistungen erkennbar nicht um des Entgelts willen, sondern allein, weil sie sich sittlich und moralisch dazu verpflichtet fühlt.«

Auch wenn Sie z.B. einen Elternteil pflegen, der Pflegegeld kassiert, ist das noch lange kein Grund, Ihnen den Pflegepauschbetrag abzuerkennen, wenn Sie das Geld nicht von den Eltern bekommen. Ihre Pflege ist unentgeltlich und trotzdem ausreichend zwangsläufig. Was Ihre Eltern mit dem Pflegegeld letztlich angestellt haben, geht das Finanzamt einen feuchten Kehricht an (FG Bremen v. 24.11.2004 – EFG 2005 S. 365).

Denken, das heißt nein sagen.
(Alain)

X. Steuervergünstigungen für Kinder

1. Kindergeld – Kinderfreibetrag

a) Überblick zum Familienleistungsausgleich

693

Bevor ich ins Detail gehe, will ich Ihnen im Kurzüberblick zeigen, was beim Kindergeld und beim Kinderfreibetrag wichtig ist.

- Die Voraussetzungen für den Erhalt von Kindergeld und den Abzug von Kinderfreibeträgen sind nahezu gleich. Kindergeld und Kinderfreibetrag führen nicht kumulativ zu Steuervergünstigungen. Der Kinderfreibetrag wirkt sich auf die Einkommensteuer nur insoweit aus, als die Steuerersparnis größer ist als der Anspruch auf Kindergeld. Neben dem Kinderfreibetrag erhalten Sie für jedes Kind einen Betreuungsfreibetrag.

- Im Lauf des Jahres wird Ihnen zunächst nur Kindergeld ausgezahlt. Der Kinder- und der Betreuungsfreibetrag spielen erst bei der Einkommensteuererstattung eine Rolle. Ist der Freibetrag für Sie günstiger, wird Ihnen die Differenz zwischen Einkommensteuerersparnis und schon ausgezahltem Kindergeld automatisch vom Finanzamt erstattet.

- Bei der Berechnung der Lohnsteuer im Lauf des Jahres werden Kinder- und Betreuungsfreibeträge nicht berücksichtigt. Allerdings haben sie Einfluss auf die Höhe der sog. Annexsteuern, nämlich Kirchensteuer und Solidaritätszuschlag. Die werden so berechnet, als wäre der Kinder- und der Betreuungsfreibetrag bei der Lohnsteuer berücksichtigt worden.

Wie das Kindergeld werden auch der Kinder- und der Betreuungsfreibetrag monatsweise gewährt. Liegen also die Voraussetzungen für die Berücksichtigung eines Kindes in einzelnen Monaten nicht vor, erfolgt eine entsprechende Kürzung. Kinder- und Betreuungsfreibetrag sowie Kindergeld gibt es in folgender Höhe:

694

	Kinder- und Betreuungsfreibetrag		monatliches Kindergeld		
	monatlich	jährlich	1. und 2. Kind	3. Kind	ab 4. Kind
	€	€	€	€	€
2015	596*/298**	7.152*/3.576**	188	194	219
2016	604*/302**	7.248*/3.624**	190	196	221

* (Ehe-)Paare/** Alleinerziehende

Eine Familie mit vier Kindern erhält demnach 2015 (2016) 789 € (797 €) Kindergeld. Das Kindergeld gibt es unabhängig von der Höhe des Einkommens.

Zu den Voraussetzungen siehe ➤ Rz 697 ff.

695 b) Kinder

Als Kinder werden sowohl für das Kindergeld als auch den -freibetrag berücksichtigt:

- leibliche Kinder (sofern das Verwandtschaftsverhältnis zu den Eltern nicht durch eine Adoption erloschen ist),

- Adoptivkinder,

- Pflegekinder (dazu gehören nicht *Kostkinder*, die aus finanziellen Gründen aufgenommen werden),

- Stiefkinder und Enkelkinder, wenn sie im Haushalt der Stiefeltern oder der Großeltern leben und diesen von den Eltern der Kinderfreibetrag ausdrücklich übertragen wird.

Der BFH hat auch Eltern mit behinderten Kindern, die vollstationär untergebracht sind, den Kinderfreibetrag zuerkannt. Sie bekommen also neben dem Kinder- und dem Betreuungsfreibetrag (BFH v. 15.10.1999, BStB 2000 II S.75) alle anderen Kindervergünstigungen wie Baukindergeld, Ausbildungsfreibetrag oder die Übertragung des Behindertenpauschbetrags.

Für Kinder, die im Ausland leben, steht Ihnen ebenfalls ein Kinderfreibetrag zu. Dieser Auslandskinderfreibetrag wird allerdings je nach Lebensstandard im jeweiligen Land auf $^3/_4$, $^1/_2$ oder $^1/_4$ gekürzt.

696 Kindergeld und Kinderfreibetrag gibt es nicht doppelt: Wird ein Kind adoptiert, ohne dass das Kindschaftsverhältnis zu den leiblichen Eltern erloschen ist, stehen der Kinderfreibetrag und das Kindergeld vorrangig den Adoptiveltern zu. Denselben Vorrang genießen Pflegeeltern gegenüber leiblichen Eltern.

697 Für Kinder bis zum 18. Lebensjahr bekommen Sie ohne weitere Voraussetzungen Kindergeld oder Kinderfreibeträge bis einschließlich des Monats, in dem der 18. Geburtstag liegt.

Ältere Kinder werden nur unter folgenden Voraussetzungen berücksichtigt:

- **Kinder zwischen 18 und 21 Jahren**, wenn sie arbeitslos sind und der Arbeitsvermittlung durch die Agentur für Arbeit im Inland zur Verfügung stehen. Es ist also absolut notwendig, dass sich das Kind arbeitslos und arbeitsuchend meldet. **Achtung:** Als arbeitsuchend geht Ihr Kind nur durch, wenn es die Meldung spätestens alle drei Monate wiederholt (BFH v. 19.6.2008 – BStBl 2009 II S.1008). Tut es das nicht, gehen Kindergeld, Kinderfreibetrag und alle anderen vom Kind abhängigen Steuervergünstigungen verloren. Als Nachweis können Sie z.B. die Besucherkarte der Agentur für Arbeit vorlegen.

698 **Kinder zwischen 18 und 25 Jahren,** wenn sie

1. in der Berufsausbildung stehen; dazu gehört neben einer Lehre jede Schulausbildung oder z.B. ein Studium,

2. oder sich in der Übergangszeit zwischen zwei Ausbildungsabschnitten – z.B. zwischen Abitur und Beginn des Studiums oder einer anderen Berufsausbildung – befinden und diese Übergangszeit nicht länger als vier Monate dauert (➤ Rz 699),

3. oder sich in der Übergangszeit zwischen einem Ausbildungsabschnitt, z.B. dem Abitur, und dem Bundesfreiwilligendienst oder dem freiwilligen Wehrdienst befinden und diese Übergangszeit nicht länger als vier Monate dauert,

4. oder ein freiwilliges ökologisches oder soziales Jahr oder »Freiwilligendienst aller Generationen« oder Bundesfreiwilligendienst ableisten,

5. oder mangels Ausbildungsplatz eine Berufsausbildung nicht beginnen oder fortsetzen können, weil sie z.B. trotz intensiver Bemühungen keine Lehrstelle finden oder auf einen Studienplatz in einem Numerus-clausus-Fach warten.

WICHTIGER HINWEIS

Hat Ihr Kind noch keinen Ausbildungsplatz gefunden, sollte es sich unbedingt bei der Ausbildungsvermittlung der Agentur für Arbeit melden. Diese Meldung dient als Nachweis dafür, dass sich Ihr Nachwuchs ernsthaft um einen Ausbildungsplatz bemüht. Sie wirkt jedoch nur drei Monate fort. Hat es mit der Lehrstelle oder einem anderen Ausbildungsplatz bis dahin nicht geklappt, muss sich das Kind unbedingt erneut als **Ausbildung Suchender** melden, da sonst der Kindergeldanspruch entfällt (BFH v. 19.6.2008 – BStBl 2009 II S. 1005).

TIPP

zum Kindergeld bei unterbrochener Ausbildung

Sichern Sie sich in jedem Fall das Kindergeld oder den Kinderfreibetrag, wenn Ihr Kind seine Ausbildung nicht fortsetzen kann. Für solche Unterbrechungszeiten in der Ausbildung, z.B. zwischen Schulabschluss und Beginn der Lehre oder des Studiums, behalten Sie Ihre **Kindervergütungsansprüche, wenn die Unterbrechung nicht länger als vier Monate dauert**. Dazu müssen Sie Folgendes wissen:

- Bei der Kinderberücksichtigung gilt immer das Prinzip, dass für angefangene Monate, in denen nur zeitweise die Anspruchsvoraussetzungen erfüllt sind,

Kindergeld und -freibetrag voll gewährt werden. Im Prinzip genügt jeweils ein Tag zur Erfüllung der Anspruchsvoraussetzungen.

- Es reicht völlig, wenn Ihr Kind seine Ausbildung in dem auf den vierten vollen Unterbrechungsmonat folgenden Monat beginnt.

Beispiel
Die Schulentlassung Ihres Kindes mit Übergabe des Zeugnisses und Bekanntgabe der Noten findet am 5. Juli statt.

Der max. Unterbrechungszeitraum (vier volle Kalendermonate) läuft nun von August bis November. Spätestens zum 31. Dezember muss Ihr Kind mit seiner weiteren Ausbildung begonnen haben. Nimmt es die Ausbildung erst am 2. Januar auf, entfällt der Kindergeld- bzw. Kinderfreibetragsanspruch für die Zeit von August bis Dezember und lebt erst ab Januar mit Weiterführen der Ausbildung wieder auf.

700 Leistet Ihr Kind nach der Schule
- ein freiwilliges soziales oder ökologisches Jahr,
- einen Freiwilligendienst im Rahmen des EU-Programms »Jugend in Aktion«,
- einen entwicklungspolitischen Freiwilligendienst,
- einen internationalen Jugendfreiwilligendienst oder
- Bundesfreiwilligendienst,

wird es für die Zeit zwischen Schule und Dienstbeginn berücksichtigt, sofern die Übergangszeit nicht mehr als vier Monate beträgt. Zudem kann das Kind nach dem Dienst für weitere vier Monate berücksichtigt werden, wenn sich an den Dienst eine Berufsausbildung oder ein Studium anschließt.

Beispiel
Ihr Kind beendet die Schule mit dem Abitur am 13.6.2015. Am 1.09.2015 beginnt es ein freiwilliges soziales Jahr (fsJ). Nach dessen Ende am 31.08.2016 beginnt es am 1.12.2016 eine Ausbildung.

Für die Zeit zwischen Abitur und fsJ von Juli 2015 bis August 2015 und von September 2016 bis einschließlich November 2016 bekommen Sie Kindergeld und den Kinderfreibetrag. Ab Dezember 2016 befindet sich Ihr Kind wieder in der Berufsausbildung, und Sie können bis zur Vollendung seines 25. Lebensjahres den Kinderfreibetrag bzw. Kindergeld beanspruchen.

701 - **Kinder ohne Altersbeschränkung,** die sich wegen einer körperlichen, geistigen oder seelischen Behinderung nicht selbst unterhalten können. Entscheidend ist, dass das Kind über keine eigenen Einkünfte und Bezüge oder Vermögen verfügt, aus dem es seinen Unterhalt selbst bestreiten könnte. Dabei muss das Finanzamt mindestens 8.472 €/8.652 € (2015/2016) an Einkünften und Bezügen zulassen. Diese Obergrenze erhöht sich um den Behindertenpauschbetrag.

Je nach Behinderungsgrad darf das Kind also eigene Einkünfte und Bezüge in folgender Höhe haben:

Grad der Behinderung	Behinderten-pauschbetrag	Grenzbetrag für eigene Einkünfte und Bezüge 2015/2016
45 – 50 %	570 €	9.042 €/9.222 €
55 – 60 %	720 €	9.192 €/9.372 €
65 – 70 %	890 €	9.362 €/9.542 €
75 – 80 %	1.060 €	9.532 €/9.712 €
85 – 90 %	1.230 €	9.702 €/9.882 €
95 – 100 %	1.420 €	9.892 €/10.072 €
»H«/»Bl« Pflegestufe III	3.700 €	12.172 €/12.352 €

Zweckgebundene Zuschüsse wie zur Beschaffung von Hilfsmitteln bleiben dabei von vornherein unberücksichtigt (BFH v. 22.7.1988 – BStBl II 1988 S. 939). Liegen die Einkünfte und Bezüge über dieser Grenze, ist noch nicht aller Tage Abend. Legen Sie dem Finanzamt dar, dass Ihr Kind behinderungsbedingt einen erheblich höheren Aufwand hat und daher mit seinen Einkünften und Bezügen auf keinen Fall seinen Lebensunterhalt selbst bestreiten kann.

Das **Blindengeld** eines behinderten Kindes rechnet zu den Einkünften und Bezügen. Liegt es über dem Behindertenpauschbetrag von 3.700 €, können Sie statt des Pauschbetrags das tatsächlich gezahlte Blindengeld als behinderungsbedingten Mehrbedarf auf den Grenzbetrag für eigene Einkünfte und Bezüge Ihres Kindes aufschlagen (BFH v. 31.8.2006 – BFH/NV 2006 S. 2347).

702

TIPP

bei drogenabhängigen oder magersüchtigen Kindern

Als Behinderung kommen auch Suchtkrankheiten in Betracht. Wer ein drogenabhängiges Kind hat, das sich deswegen nicht selbst unterhalten kann, sollte Kindergeld beantragen und das Kind in der Steuererklärung geltend machen. Selbst wenn kein Schwerbehindertenausweis vorgelegt werden kann! Denn nach dem BFH-Urteil vom 16.4.2002 (BStBl 2002 II S. 738) ist der zu erbringende Nachweis der Behinderung im Gesetz nicht geregelt und kann auch auf andere Art als durch einen Schwerbehindertenausweis erbracht werden. Den Nachweis können Sie z. B. durch ein ärztliches Gutachten oder durch Zeugnis der behandelnden Ärzte oder durch ein Gutachten eines arbeitsmedizinisch-internistischen Sachverständigen führen (FG Hamburg v. 5.8.2008 – 3 K 117/07).

703

Wichtig ist, dass aus den Bescheinigungen Beginn, Grad und Folgen der Drogensucht (sprich Behinderung), wie körperliche und psychische Beeinträchtigungen, hervorgehen.

704 Hat ein Kind vor Vollendung des 21. oder 25. Lebensjahrs

- gesetzlichen Grundwehrdienst oder Zivildienst geleistet (egal, ob im In- oder Ausland)
- oder sich für höchstens drei Jahre freiwillig zum Wehrdienst oder Polizeivollzugsdienst verpflichtet
- oder eine vom Wehrdienst oder Zivildienst befreiende Tätigkeit als Entwicklungshelfer ausgeübt,

gab es zwar während der Dienstzeit kein Kindergeld/keinen Kinderfreibetrag, aber die Dienstzeit wird auf das 21. bzw. 25. Lebensjahr aufgeschlagen. Ihr Sohn, der nach seinem neunmonatigen Grundwehrdienst arbeitslos ist, kann somit über seinen 21. Geburtstag hinaus weitere neun Monate berücksichtigt werden. Wenn er über das 25. Lebensjahr hinaus z.B. wegen eines Studiums in der Berufsausbildung steht, bekommen Sie den Kinderfreibetrag bzw. das Kindergeld ebenfalls neun Monate länger.

Anders sieht das für den freiwilligen Wehrdienst aus. Die Dienstzeit führt nicht zur Verlängerung des Anspruchs über das 25. Lebensjahr hinaus.

705 Hat er seinen Wehr- oder Zivildienst im Ausland abgeleistet, wird nur die vergleichbare inländische Dienstzeit angerechnet. Ausgenommen von dieser Beschränkung ist **Wehrdienst in einem EU-Staat**, der mit der tatsächlichen Dienstzeit angerechnet wird (Quelle: § 32 Abs. 5 S. 3 EStG).

706 **Erwerbstätigkeit des Kindes**
Volljährige Kinder unter 25 Jahre werden ohne weitere Voraussetzungen bis zum Abschluss einer erstmaligen Berufsausbildung oder eines Erststudiums berücksichtigt, auch wenn sie eigene Einkünfte und Bezüge haben.

707 Nachdem Ihr Kind seine erste Berufsausbildung oder ein Erststudium abgeschlossen hat, kann es steuerlich nur noch berücksichtigt werden, wenn es weiterhin eine der Voraussetzungen lt. ➤ Rz 698 erfüllt und keiner Erwerbstätigkeit nachgeht, deren Umfang so groß ist, dass die Ausbildung dadurch behindert wird.
Eine Erwerbstätigkeit ist für die Gewährung von Kindergeld oder -freibeträgen in keinem Fall schädlich bei Kindern bis zur Vollendung des 21. Lebensjahres, die als arbeitsuchend gemeldet sind, sowie behinderten Kindern.

708 **Wann ist eine Berufsausbildung abgeschlossen?**
Eine Erwerbstätigkeit wird erst dann problematisch, wenn Ihr Kind eine Berufsausbildung im engeren Sinn abgeschlossen hat. Von einer solchen Berufs-

1. Kindergeld – Kinderfreibetrag

ausbildung spricht der Gesetzgeber nur dann, wenn der Beruf in einem öffentlich-rechtlich geordneten Ausbildungsgang erlernt wird, der durch eine Prüfung abgeschlossen wird.

Für die grundsätzliche Berücksichtigung eines Kindes ist allerdings nur die Rede davon, dass Ihr Kind »für einen Beruf ausgebildet wird«. Dieser Tatbestand ist aber bereits erfüllt, wenn das erwachsene Kind z.B. eine allgemeinbildende Schule besucht, ein Volontariat absolviert oder ein Berufspraktikum. So berechtigt der Besuch eines Gymnasiums grundsätzlich zur Berücksichtigung des Kindes, das Abitur stellt aber nicht den Abschluss einer »Berufsausbildung« dar.

Eine *erstmalige Berufsausbildung* liegt so lange vor, wie keine andere abgeschlossene Berufsausbildung bzw. kein abgeschlossenes Hochschulstudium an einer der folgenden Hochschulen vorausgegangen ist:

- Universität,
- Pädagogische Hochschule,
- Kunsthochschule,
- Fachhochschule,
- gleichgestellte private oder kirchliche Bildungseinrichtung,
- Hochschule des Bundes, die nach Landesrecht als Hochschule anerkannt wird,
- vewaltungsinterne Fachhochschule.

Ein Studium ist regelmäßig abgeschlossen, wenn Ihrem Kind der entsprechende akademische Grad verliehen wird. Das sind

- Diplom,
- Magister,
- Bachelor,
- Bakkalaureus und
- Master.

Wie die Beurteilung in Sonderfällen aussieht, sehen Sie an den folgenden Beispielen:

- Es bleibt bei einem Erststudium, wenn Ihr Kind sein Studium unterbricht und es später wieder aufnimmt.
- Ein Erststudium liegt vor, wenn das Kind seinen ursprünglichen Studiengang wechselt, bevor es einen Abschluss erreicht hat. Das Kind studiert z.B. zunächst Biologie und wechselt nach vier Semestern in den Studiengang Informatik.
- Studiert Ihr Kind mehrere Studiengänge parallel, liegt so lange ein Erststudium vor, bis in einem der Studiengänge ein Abschluss erfolgt. Ab diesem Zeitpunkt ist das weitere Studium kein Erststudium mehr.

- Wird zunächst ein Fachhochschulstudium mit Abschluss absolviert, stellt ein weiteres Studium an einer Universität keine Erstausbildung dar.
- Referendariate/Vorbereitungsdienste, z.B. bei angehenden Juristen, setzen das erste Staatsexamen voraus. Dieses gilt als berufsqualifizierender Studienabschluss. Das Referendariat ist daher keine Erstausbildung, fällt aber gleichwohl nicht unter die schädlichen Erwerbstätigkeiten (20-Stunden-Grenze), da es ein Ausbildungsdienstverhältnis darstellt, das generell unschädlich ist.
- Führt Ihr Kind nach dem Bachelor-Studiengang sein Studium mit einem Masterstudiengang fort, stellt der Bachelor den Studienabschluss dar. Das Masterstudium ist eine zweite Berufsausbildung/ein Zweitstudium.

709 Unschädliche Erwerbstätigkeit

Eine unschädliche Erwerbstätigkeit liegt vor, wenn die Erwerbstätigkeit die Zeit und die Arbeitskraft des Kindes nicht überwiegend beansprucht. Gesetzlich fingiert ist das immer der Fall, wenn die regelmäßige wöchentliche Arbeitszeit nicht über 20 Stunden in der Woche liegt. Auf jeden Fall unschädlich sind – ohne stundenmäßige Begrenzung – Ausbildungsdienstverhältnisse oder geringfügige Beschäftigungsverhältnisse (Minijobs).

Schädliche Erwerbstätigkeit

Erwerbstätigkeit ist jede auf Einkünfteerzielung gerichtete Tätigkeit des Kindes. Dabei ist unerheblich, ob es sich um eine nichtselbständige oder eine selbständige Tätigkeit handelt. Allerdings muss das Kind in der Woche durchschnittlich mehr als 20 Arbeitsstunden ableisten, bevor die Erwerbstätigkeit Einfluss auf Kindergeld und -freibeträge hat.

Aufgrund der 20-Stunden-Grenze ist die »passive« Einkünfteerzielung aus Vermögen (Kapitaleinkünfte, Vermietungseinkünfte, Beteiligungen an Unternehmen) regelmäßig unschädlich, solange kein oder nur ein geringer Einsatz der persönlichen Arbeitskraft des Kindes erforderlich ist.

Für die Prüfung der 20-Stunden-Grenze ist auf die im Einzelfall vertraglich vereinbarte Arbeitszeit abzustellen. Wird die Beschäftigung vorübergehend für höchstens zwei Monate auf mehr als 20 Stunden erweitert, ist dies unschädlich, wenn die durchschnittliche wöchentliche Arbeitszeit in dem gesamten Zeitraum, in dem das Kind zu berücksichtigen ist, nicht mehr als 20 Stunden beträgt.

Beispiel 1

Ihr Kind hat im Oktober 2015 eine Ausbildung zum Steuerfachangestellten abgeschlossen. Am 1.4.2016 beginnt es ein BWL-Studium. Mit seinem bisherigen Arbeitgeber hat es eine Teilzeitbeschäftigung ab dem 1.4.2016 mit einer Wochenarbeitszeit von 15 Stunden vereinbart. In den Semesterferien arbeitet Ihr Kind vom 1. 8. bis 30.9.2016 aber jeweils volle 40 Wochenstunden. Im Oktober und November (neun Wochen) geht Ihr Kind keiner Beschäftigung nach. Ab 1.12.2016 beginnt es eine Tätigkeit in einer anderen Kanzlei mit einer Wochenarbeitszeit von 15 Stunden.

1.4. bis 31.7.2016 = 17 Wochen à 15 Std.	255 Std.
1.8. bis 30.9.2016 = 8 Wochen à 40 Std.	320 Std.
(= Ausweitung der Beschäftigung)	
1.12. bis 31.12.2016 = 4 Wochen à 15 Std.	60 Std.
Gesamtarbeitsstunden	635 Std.
29 Arbeitswochen + 9 Wochen Oktober/November insgesamt	38 Wochen
Durchschnittliche Arbeitsstunden	16,7 Std.

Da die Beschäftigung im August/September lediglich vorübergehend ist und die durchschnittlichen Arbeitsstunden im Zeitraum 1.4. bis 31.12.2016 mit 16,5 unter 20 Stunden liegen, ist die Erwerbstätigkeit unschädlich. Das Kind ist daher vom 1.4. bis 31.12.2016 zu berücksichtigen.

Beispiel 2
Die Verhältnisse entsprechen denen im ersten Beispiel, aber Ihr Kind arbeitet vom 1.7. bis 30.9.2016 je 40 Wochenstunden.

1.4. bis 30.6.2016 = 13 Wochen à 15 Std.	195 Std.
1.7. bis 30.9.2016 = 12 Wochen à 40 Std.	480 Std.
(= Ausweitung der Beschäftigung)	
1.12. bis 31.12.2016 = 4 Wochen à 15 Std.	60 Std.
Gesamtarbeitsstunden	735 Std.
29 Arbeitswochen + 9 Wochen Oktober/November insgesamt	38 Wochen
Durchschnittliche Arbeitsstunden	19,3 Std.

Da die Beschäftigung mit 40 Wochenstunden von Juli bis September zwei Monate übersteigt und damit nicht mehr nur vorübergehend ist, kann das Kind lediglich für die Zeiträume 1.4. bis 31.5. und 1.10. bis 31.12.2016 berücksichtigt werden, weil die durchschnittliche Wochenarbeitszeit mit 19,3 weiter unter 20 Stunden liegt.

Beispiel 3
Die Verhältnisse entsprechen denen im ersten Beispiel, aber Ihr Kind arbeitet vom 1.4. bis zum 30.9.2016 je 20 Wochenstunden.

1.4. bis 30.6.2016 = 13 Wochen à 20 Std.	260 Std.
1.7. bis 30.9.2016 = 12 Wochen à 40 Std.	480 Std.
(= Ausweitung der Beschäftigung)	
1.12. bis 31.12.2016 = 4 Wochen à 15 Std.	60 Std.
Gesamtarbeitsstunden	800 Std.
29 Arbeitswochen + 9 Wochen Oktober/November insgesamt	38 Wochen
Durchschnittliche Arbeitsstunden	21,05 Std.

Da die Beschäftigung in der Zeit vom 1. 4. bis 31.12.2016 durchschnittlich über 20 Wochenstunden liegt, kann Ihr Kind im Jahr 2016 überhaupt nicht berücksichtigt werden.

710 c) Kinderfreibetrag und Betreuungsfreibetrag

Als Alternative zum Kindergeld können Sie – allerdings erst in Ihrer Einkommensteuererklärung – Kinderfreibeträge abziehen. Auf den Steuervorteil, der sich daraus für Sie ergibt, wird das schon ausgezahlte Kindergeld angerechnet. Das Finanzamt zahlt Ihnen also nur eine mögliche Differenz zwischen Steuerersparnis durch die Freibeträge und Kindergeld aus.

Der Gesamtfreibetrag von 7.152 € (2016: 7.248 €) für ein Kind setzt sich aus zwei Komponenten zusammen: dem eigentlichen Kinderfreibetrag von 2.256 €/4.512 € (2016: 2.304 €/4.608 €) und dem Freibetrag für Betreuungs- und Erziehungs- oder Ausbildungsbedarf von 1.320 €/2.640 € (Alleinstehende/Verheiratete). Die beiden Freibeträge werden grundsätzlich nach denselben Kriterien jeweils gemeinsam bei den Eltern abgezogen. Unterschiede ergeben sich nur, wenn die einem Elternteil zustehenden Freibeträge beim anderen Elternteil abgezogen werden sollen. Während beim Kinderfreibetrag die Übertragung grundsätzlich nur in Betracht kommt, wenn der andere Elternteil nicht genügend Unterhalt zahlt, kann der Betreuungsfreibetrag bei minderjährigen Kindern unabhängig von den Unterhaltszahlungen komplett auf den Elternteil übertragen werden, bei dem das Kind gemeldet ist.

WICHTIGER HINWEIS

711 Wie beim Kindergeld gilt das Monatsprinzip, d.h., Sie erhalten nur für die Monate, in denen bei Ihnen ein Kind nach den steuerlichen Regeln berücksichtigt werden kann, jeweils $^1/_{12}$ des Jahresbetrags.

Beispiel

Hat Ihr 25-jähriger Sohn seine Ausbildung im Januar 2015 beendet, bekommen Sie nur noch für Januar einen Kinder-/Betreuungsfreibetrag, also $^1/_{12}$ von 7.152 € = 596 € (Monatsbetrag für zusammenveranlagte Ehegatten) bzw. $^1/_{12}$ von 3.576 € = 298 € (Monatsbetrag für z.B. getrennt lebende Elternteile).

712 Mit einer Eintragung Ihres Kindes in den elektronischen Lohnsteuermerkmalen sparen Sie nur Kirchensteuer und Solidaritätszuschlag. Wegen des Vorrangs der Kindergeldzahlung werden die Kinderfreibeträge nicht mehr wie früher in die normalen Lohnsteuertabellen eingearbeitet. Sie werden beim Steuerabzug vom Arbeitslohn im Lauf des Jahres nur noch gebraucht, um die fiktive Lohnsteuer zu berechnen, die sich beim Abzug von Kinderfreibeträgen ergeben würde. Auf dieser fiktiven Lohnsteuer basiert aber die Berechnung von Kirchensteuer und Solidaritätszuschlag. Und da Kleinvieh bekanntlich auch Mist macht und Sie schließlich nichts zu verschenken haben, sollten Sie sich also auf jeden Fall Ihre Kinder eintragen lassen.

d) Auslandskinderfreibetrag 713
Für Auslandskinder wird bei der Einkommensteuerveranlagung unter den gleichen Bedingungen wie für Inlandskinder ein Kinderfreibetrag berücksichtigt. Ganz ohne Pferdefuß geht es aber offensichtlich nicht. Leben die Kinder in Ländern mit niedrigerem Lebensstandard als dem der Bundesrepublik, werden die Kinderfreibeträge inkl. Freibetrag für Betreuungs- und Erziehungs- oder Ausbildungsbedarf um $1/4$, $1/2$ oder sogar um $3/4$ auf 5.364 €/3.576 €/1.788 € (2016: 5.436 €/3.624 €/1.812 €) zusammengestrichen. Maßgebend dafür ist die Einteilung aller Länder in Ländergruppen (BMF-Schreiben v. 18.11.2013– BStBl 2013 I S. 1462).

TIPP

für ausländische Kinder

Auch für Auslandskinder gilt im laufenden Jahr der Vorrang Kindergeld vor 714
Kinderfreibetrag. Daher wird ein Kinderfreibetrag für die Berechnung der Lohnsteuer zunächst nicht eingetragen. Soweit Ihnen für Ihr Auslandskind Kindergeld in Ihrem Heimatland zusteht, bleibt es bei diesem Grundsatz. Bekommen Sie dagegen keine vergleichbaren Leistungen, können Sie sich ausnahmsweise den Kinderfreibetrag als Lohnsteuerfreibetrag auf der Lohnsteuerkarte eintragen lassen, damit Ihr Kind im laufenden Jahr überhaupt irgendwie berücksichtigt werden kann.

e) Übertragung von Kinder-/Betreuungsfreibeträgen 715
Nicht miteinander verheiratete oder getrennt lebende Eltern erhalten jeweils den halben Kinder- und Betreuungsfreibetrag (2015: 2.256 € bzw. 1.320 €/2016: 2.304 € bzw. 1.320 €).

Auf besonderen Antrag kann ein Elternteil die Freibeträge des anderen zwangsweise auf sich übergehen lassen, wenn er seine Unterhaltspflicht gegenüber dem Kind im Wesentlichen (d.h. zu mindestens 75 %) erfüllt, der andere Elternteil hingegen seiner Unterhaltsverpflichtung nicht nachkommt. Profitieren können davon vor allem Elternteile, in deren Haushalt die Kinder leben.

Beim Betreuungs-, nicht aber beim Kinderfreibetrag ist auch unabhängig davon, ob der andere Elternteil seiner Unterhaltsverpflichtung nachkommt, eine Übertragung auf denjenigen Elternteil möglich, bei dem das Kind gemeldet ist.

Die Freibeträge können einvernehmlich auch auf Stief- oder Großeltern übertragen werden, wenn das Kind in deren Haushalt lebt. In diesem besonderen Fall können die leiblichen Eltern also auf den Betreuungs- **und** den Kinderfreibetrag verzichten.

Mit der Übertragung gehen dem übertragenden Elternteil alle kindbedingten Vorteile verloren, als da sind: Haushalts- und Ausbildungsfreibetrag, Minderung der zumutbaren Belastung und der Kirchensteuer, Übertragung des Behindertenpauschbetrags, der dem Kind zusteht, evtl. noch zustehendes Baukindergeld.

716 **Kindesunterhalt laut Düsseldorfer Tabelle 2015**

	Nettoeinkommen des Barunterhalts- pflichtigen	Altersstufe in Jahren			
		0 – 5	6 – 11	12 – 17	ab 18
	€	€	€	€	€
1.	bis 1.500	317	364	426	488
2.	1.501 – 1.900	333	383	448	513
3.	1.901 – 2.300	349	401	469	537
4.	2.301 – 2.700	365	419	490	562
5.	2.701 – 3.100	381	437	512	586
6.	3.101 – 3.500	406	466	546	625
7.	3.501 – 3.900	432	496	580	664
8.	3.901 – 4.300	457	525	614	703
9.	4.301 – 4.700	482	554	648	742
10.	4.701 – 5.100	508	583	682	781
	über 5.101	nach den Umständen des Falles			

Meistens ist der Elternteil, der nicht das Sorgerecht für das Kind hat, verpflichtet, Barunterhalt zu leisten. Um einer Übertragung des Kinderfreibetrags auf den anderen Elternteil entgegenzuwirken, ist es wichtig, dass der Unterhaltspflichtige wenigstens 75 % des Barunterhalts für das Kalenderjahr tatsächlich leistet. Wird die Höhe des Unterhalts nicht in einem Gerichtsurteil, einem Vergleich oder einer anderen Vereinbarung festgelegt, können die Unterhaltsbeiträge lt. Düsseldorfer Tabelle angesetzt werden.

Wichtig für Sie: Wenn ein Elternteil finanziell so schlecht gestellt ist, dass er nicht oder nur minimal unterhaltspflichtig ist, wird er so behandelt, als käme er einer Unterhaltsverpflichtung nach. Der Kinderfreibetrag kann dann nicht auf den anderen Elternteil übertragen werden.

WICHTIGER HINWEIS

717 Wenn Sie als getrennt Lebender oder Geschiedener Unterhalt für die Kinder zahlen, die bei Ihrem Ex-Partner leben, haben Sie Anspruch auf einen Teil der steuerlichen Entlastung durch die Kinder. Da es den sog. Halbteilungsgrundsatz beim Kindergeld aber nicht gibt, wird das Kindergeld immer in voller Höhe an denjenigen ausgezahlt, bei dem die Kinder leben.

Sie als unterhaltsverpflichteter Elternteil bekommen das Ihnen zustehende halbe Kindergeld auf einem Umweg: In Höhe von 50 % des Kindergelds verringert sich Ihre Unterhaltsverpflichtung. Achten Sie also beim Aushandeln des Unterhalts für den Ex-Partner und die Kinder darauf, dass diese Gegenrechnung für Sie nicht unter den Tisch fällt. Bei Ihrer Steuererklärung tut das Finanzamt nämlich so, als hätten Sie das halbe Kindergeld erhalten, weil es nur auf den Anspruch auf Kindergeld, nicht dagegen auf dessen tatsächliche Zahlung ankommt.

f) Entlastungsbetrag für Alleinerziehende 718

»Echte« Alleinerziehende können einen zusätzlichen Freibetrag absetzen, wenn

- sie mit mindestens einem Kind (auch über 18 Jahre), für das sie einen Kinderfreibetrag oder Kindergeld bekommen, in einem eigenen gemeinsamen Haushalt leben;

- das Kind mit Wohnsitz bei ihnen gemeldet ist.

Der Entlastungsbetrag für Alleinerziehende wird seit 2015 gestaffelt nach der Zahl der Kinder berücksichtigt: Bei einem 1 Kind beträgt er 1908 €, für jedes weitere Kind 240 €.

Als alleinerziehender Elternteil mit drei Kindern beträgt Ihr Entlastungsbetrag für 2015 somit 2.388 € und damit rund 1080 € mehr als noch im Jahr 2014.

Der Pferdefuß bei der ganzen Geschichte ist, dass Sie ein »echter« Alleinerziehender Elternteil sein müssen. Hier haben sich die Fiskalakrobaten einige üble Fallstricke einfallen lassen. So sollen Sie nämlich nur dann als Alleinerziehender Gnade vor den Augen des Fiskus finden, wenn

- Sie nicht die Ehegattenveranlagung beanspruchen können, d.h. weder die Zusammen- noch die Einzelveranlagung auf Antrag für Sie in Betracht kommt,

- Sie komplett allein mit Ihren Kindern in Ihrem Haushalt leben. Es darf also keine andere Person in Ihrem Haushalt leben, weder Lebenspartner noch Ihre Eltern, Geschwister oder andere Verwandte. Sogar ein erwachsenes Kind, das nicht mehr in der Berufsausbildung steht, aber noch bei Ihnen wohnt, macht Ihnen den Freibetrag für seine jüngeren Geschwister kaputt. Also werden Sie dafür sorgen, dass es beim anderen Elternteil oder bei den Großeltern unterkommt und dort gemeldet wird.

Auch beim Entlastungsbetrag für Alleinerziehende gilt im Übrigen das Monatsprinzip. Wenn also z.B. Ihre Tochter am 10.6.2015 ihr Studium beendet, bekommen Sie nur einen Entlastungsbetrag von 6/12 von 1.908 € = 954 €.

Mit den o.g. Voraussetzungen sind alle nichtehelichen Lebensgemeinschaften vom Entlastungsbetrag für Alleinerziehende abgekoppelt. Vor allem, wenn der Lebenspartner in Ihrer Wohnung gemeldet ist – ob mit Haupt- oder Nebenwohnsitz, spielt keine Rolle –, wird eine Haushaltsgemeinschaft vom Gesetz einfach unterstellt. Aber selbst ohne Wohnsitzmeldung ist der Entlastungsbetrag futsch, wenn ein gemeinsamer Haushalt geführt wird.

TRICK

Retten Sie mit einem Mietvertrag den Freibetrag!

719 Wie schnell ist eine neue Liebe dahin, wenn man sich Tag für Tag auf der Pelle sitzt. Ein wenig Distanz wirkt da manchmal Wunder und hält die Beziehung frisch. Und nicht nur die, nebenbei erhält sie Ihnen auch den Entlastungsbetrag für Alleinerziehende. Warum schließen Sie also nicht einfach mit Ihrem Partner einen Mietvertrag für die kleine Dachgeschosswohnung. So haben Sie erst einmal jeder einen eigenen Haushalt und keine Haushaltsgemeinschaft. Natürlich hat jeder seinen eigenen Kühlschrank und wirtschaftet für sich, sonst wäre das Ganze ja eine Umgehung und damit Schmu, den Sie natürlich nicht begehen werden. Gut ist außerdem, wenn Sie getrennte Telefonanschlüsse und Türklingeln aufweisen können, sonst wittern die Fiskalritter gleich Unrat. Dass Sie sich, wie das gute Nachbarn und Freunde tun, gelegentlich besuchen, gegenseitig zum Essen einladen und auch mal beim anderen übernachten, macht aus Ihnen noch längst keine Haushaltsgemeinschaft. Also können Sie sich nach wie vor über Ihren Entlastungsbetrag freuen, und vielleicht springt bei dem Mietverhältnis ja noch ein kleiner Verlust heraus, den Sie zusätzlich von der Steuer absetzen können.

SUPER TRICK

Kassieren Sie den Entlastungsbetrag doppelt!

720 Getrennt lebende oder geschiedene Eltern mit mindestens zwei Kindern können den Entlastungsbetrag doppelt kassieren. Seien Sie flexibel und gestalten Sie Ihre Verhältnisse geschickt: Jeder von Ihnen nimmt eines der Kinder auf und meldet es bei sich mit Hauptwohnsitz an. Da Sie nun beide alleinerziehend sind, erfüllen Sie beide die Voraussetzungen für den Entlastungsbetrag von 1.908 €. Insgesamt beträgt Ihre Steuerermäßigung somit 3.816 € statt lediglich 2.148 (Entlastungsbetrag bei 2 Kindern).

Das Land Niedersachsen kaufte das ehemalige Verwaltungsgebäude der Firma Kali + Salz. In das Gebäude sollte die Verwaltung der Tierärztlichen Hochschule einziehen. Die Landesverwaltung »verschätzte« sich bei den Kosten für die Herrichtung und Sanierung um sage und schreibe 2068 %.

g) Kindergeld

TRICK

372 € zusätzliches Kindergeld ergattern!

Wie beim Kinderfreibetrag können Sie beim Kindergeld die Ansprüche auf die Großeltern übertragen werden, wenn das Kind in deren Haushalt lebt.

Wenn Ihr Nachwuchs, der noch die Füße unter Ihren Tisch stellt, Sie frühzeitig zum Großpapa oder zur Großmama gemacht hat, müssen Sie auf Draht sein. Zwar bekommt Ihre Tochter oder Ihr Filius für den Nachwuchs Kindergeld, aber nur 188 €/190 € (2015/2016) im Monat. Haben Sie selbst noch drei Kinder, die minderjährig sind oder in der Berufsausbildung stehen, sollten Sie sich den Kindergeldanspruch für Ihr Enkelkind übertragen lassen. Bei Ihnen wird der Enkel nämlich automatisch zum vierten Kind, und Sie bekommen dafür 219 €/221 € (2015/2016). Und so sieht die Rechnung für 2016 aus:

	Ohne Übertragung		Mit Übertragung	
Ihr Kindergeldanspruch	Kindergeldanspruch Ihres Kindes		Ihr Kindergeld-anspruch	
1. Kind 190 €	1. Kind	190 €	1. Kind	190 €
2. Kind 190 €			2. Kind	190 €
3. Kind 196 €			3. Kind	196 €
Summe 576 €	Summe	190 €	4. (Enkel-)Kind	221 €
Insgesamt (576 € + 190 €) = 766 €			Summe	797 €

Wie Sie sehen, kassieren Sie Monat für Monat 31 € mehr an Kindergeld. Im Jahr beträgt der Gewinn satte 372 €. Und das mit einem lächerlichen kleinen Federstrich.

Denselben Kniff können Sie übrigens anwenden, wenn Sie sich von Ihrem Ehepartner getrennt haben und mit Ihren drei Kindern wieder zu Ihren Eltern gezogen sind, die noch Kindergeld für Ihren studierenden kleinen Bruder beziehen. In solch einem Fall werden Sie flugs die Kindergeldansprüche für Ihre drei Kinder auf Ihre Eltern übertragen, die somit Kindergeld für vier Kinder bekommen. Das macht ebenfalls wieder 372 € mehr als bei getrennter Kasse.

723 Wie kommen Sie an Ihr Kindergeld?
Das Kindergeld bekommen Sie von der sog. Familienkasse ausgezahlt. Sie hat ihren Sitz bei der für Sie zuständigen Agentur für Arbeit. Stellen Sie also dort einen Kindergeldantrag. Sind Sie im öffentlichen Dienst beschäftigt, übernimmt die gehaltszahlende Stelle die Funktion der Familienkasse. Wenden Sie sich mit Ihrem Antrag auf Kindergeld in dem Fall an Ihre Personalabteilung.

GUTER RAT

724 Lassen Sie sich bei Kindern über 18 Jahre nicht davon ins Bockshorn jagen, dass das Kind einer Erwerbstätigkeit nachgeht. Bei einer erstmaligen Berufsausbildung, bei einem Erststudium und bei Ausbildungsdienstverhältnissen spielt das für Ihren Kindergeldanspruch überhaupt keine Rolle. Selbst wenn Ihr Kind sich in einer Zweitausbildung befindet und schon einmal nebenher Geld verdient, stellen Sie in jedem Fall erst einmal einen Antrag auf Auszahlung des Kindergelds. Sollte sich nach Ablauf des Jahres herausstellen, dass der Nachwuchs zu viel (mehr als 20 Stunden pro Woche) gearbeitet hat, müssen Sie zwar zurückzahlen, hatten aber ein hübsches zinsloses Darlehen.

WICHTIGER HINWEIS

725 Kindergeldansprüche verjähren genauso wie Steueransprüche grundsätzlich erst nach vier Jahren! Haben Sie also Ihren Kindergeldantrag in einem Jahr verschwitzt, können Sie ihn noch drei Jahre später stellen.

TIPP
für arme Familienväter

726 Das Wahlrecht zwischen Kinder-/Betreuungsfreibetrag und Kindergeld können Sie zwar erst im Rahmen Ihrer Einkommensteuererklärung ausüben, allzu große Gedanken müssen Sie sich deswegen aber nicht machen. Die Finanzämter müssen nämlich bei jedem Steuerzahler mit Kindern von sich aus prüfen, ob der Kinder- und Betreuungsfreibetrag mehr bringt als das Kindergeld. Ist der Kinderfreibetrag für Sie günstiger, bekommen Sie die Differenz vom Finanzamt mit Ihrer Steuererstattung zusammen ausgezahlt.

Wenn Sie nicht gerade zu den Großverdienern gehören, ist für Sie sowieso das **Kindergeld die günstigere Alternative**. Denn Sie müssen als Familienvater mit einem Kind schon auf einen Steuersatz von ca. 32 % kommen, damit Sie mit dem Kinderfreibetrag ein Geschäft machen können.

Kinderfreibetrag	4.512 €
Betreuungsfreibetrag	2.640 €
	= 7.152 € × 31,5 % = 2.253 €
Kindergeld 190 € × 12	= 2.256 €

Das Bruttoeinkommen Ihrer Ein-Kind-Familie müsste dazu grob gerechnet bei ca. 63.500 € im Jahr liegen.

Haben Sie mehr als drei Kinder, lohnt sich der Kinderfreibetrag erst bei noch höherem Einkommen.

Mit dem Kinderfreibetrag können Sie allerdings nur dann einen Teil der Steuervergünstigungen für Kinder retten, wenn Sie **keinen Anspruch** auf Kindergeld hatten. Bei der Vergleichsrechnung in Ihrem Steuerbescheid rechnet das Finanzamt nämlich immer dann Kindergeld gegen, wenn Ihnen dieses dem Grunde nach zusteht. Haben Sie z.B. schlicht vergessen, einen Kindergeldantrag zu stellen, und können das nicht mehr nachholen, wird trotzdem der fiktive Kindergeldanspruch gegengerechnet.

2. Was steht Ihnen außerdem noch zu?

Seien Sie nicht so dumm, sich mit Kindergeld oder -freibetrag zufriedenzugeben. Es gibt weitere Möglichkeiten, durch Kinder Vergünstigungen herauszuholen, aber meistens leider nur für Eltern, die gut betucht sind.

727

TIPP

Kinder helfen Steuern sparen.

Ihre Möglichkeiten bestehen in der Hauptsache darin, **Ihrem Kind eigene Einkünfte zu verschaffen**. Diese sind aufgrund der Frei- und Pauschbeträge bis zu einer bestimmten Höhe beim Kind steuerfrei, mindern aber Ihr Einkommen! Eine zusätzliche Entlastung erfahren Sie dadurch, dass das Kind die eigenen Einkünfte zu seinem Unterhalt und seiner Berufsausbildung verwendet. Dies kann Ihnen das Finanzamt nicht als Steuerumgehung ankreiden, weil es ein ganz normaler Vorgang ist (so NWB in Fach 3 Seite 5902; BFH v. 29.11.1983 – BStBl 1984 II S.366). Die folgenden Steuersparmöglichkeiten sollten Sie mal für sich ausloten:

a) Kapital übertragen

728

Übertragen Sie Ihrem Kind Kapital, fließen die Kapitalerträge nicht Ihnen, sondern Ihrem Kind zu. Ihr Kind hat so lange nichts zu versteuern, wie die Zinseinnahmen im Jahr 2015 9.309 € jährlich nicht übersteigen. Sie müssen für Ihr Kind lediglich eine sog. Nichtveranlagungsbescheinigung beantragen und dem Anlageinstitut vorlegen, damit keine Abgeltungsteuer einbehalten wird.

Grundfreibetrag	8.472,00 €
Sparerpauschbetrag	801,00 €
Sonderausgabenpauschbetrag	36,00 €
Steuerfrei bleibender Mindestbetrag	9.309,00 €

TRICK

Es darf ruhig etwas mehr sein, ohne dass Sie Angst um das Kindergeld haben müssen.

Da für das Kindergeld die Einkünfte des Kindes keine Rolle spielen und aus dem Bezug von Kapitaleinkünften keine Erwerbstätigkeit resultiert, können Sie auch etwas mehr an Einkünften auf Ihre Kinder übertragen und behalten trotzdem den Kindergeldanspruch. Mehr dazu unter ➤ Rz 729.

Aufpassen müssen Sie allerdings wegen der Krankenversicherung Ihres Kindes. Sind dessen Einkünfte zu hoch, fällt es aus der Familienversicherung und muss sich unter Umständen selbst versichern (➤ Rz 731). Die dafür fälligen Beiträge schmälern natürlich die Steuerersparnis.

Die jährliche Steuerersparnis an Abgeltungsteuer beträgt bei den Eltern ca. 28 % inkl. Solidaritätszuschlag und Kirchensteuer. Das sind bei Kapitalerträgen von 9.309 € immerhin etwa 2.606 €.

Solange das Kind einen Steuersatz unter 25 % hat, bleibt bei der Übertragung einer höheren Summe zumindest eine Ersparnis an Steuern in Höhe der Differenz zwischen dem Steuersatz Ihres Kindes und der Abgeltungsteuer. Bis der Steuersatz Ihres Kindes 25 % erreicht, muss es ein Einkommen von ca. 16.300 € haben.

Bei einer Verzinsung von 1,5 % könnten Sie also rund 620.000 € auf jedes Kind übertragen, ohne dass für die Zinsen Einkommensteuern erhoben würden.

Gut zu wissen: Erbschaft- oder Schenkungsteuer fällt erst ab 400.000 € an.

Es gibt einen Haken bei der Sache

Der Bundesfinanzhof hat mit Urteil vom 24.4.1990 (BStBl II, S. 539) bestätigt, dass ein minderjähriges Kind nur dann eigene Einkünfte aus einem geschenkten Sparguthaben bezieht, wenn die Guthabenforderung endgültig in sein Vermögen übergegangen, es also nicht nur Kontoinhaber, sondern gleichzeitig Gläubiger der Spareinlage geworden ist. Auf den Kontoeröffnungsvordrucken mancher Banken ist extra eine Angabe vorgesehen, wer Gläubiger der Spareinlage sein soll.

Der Bundesfinanzhof in seiner Urteilsbegründung: »Richten die Eltern zwar ein Sparkonto auf den Namen des Kindes ein, verwalten dieses Vermögen aber nicht entsprechend den bürgerlich-rechtlichen Vorschriften über die elterliche

Vermögenssorge, sondern wie eigenes Vermögen, so sind die Zinsen den Eltern zuzurechnen. Auf den Besitz des Sparbuchs soll es nicht ankommen, da die Eltern bei minderjährigen Kindern aufgrund ihrer Verpflichtung zur elterlichen Sorge zum Besitz des Sparbuchs berechtigt sind.«

Aufgepasst: Fallen Kapitalerträge und Zinseinkünfte der Eltern im Vergleich zum Vorjahr drastisch, fragt das Finanzamt oft nach. Dann müssen Sie belegen können, dass Sie nicht an die Gelder der Kinder rankommen, weil keine Kontovollmacht besteht. Ansonsten müssen Sie damit rechnen, dass Gestaltungsmissbrauch angenommen wird.

Die Übertragung des Geldvermögens muss also eindeutig sein. Wollen Sie Wertpapiere in Form von Aktien, Anleihen, Pfandbriefen übertragen, so wird dies durch Übergabe vollzogen (§§ 929 ff. BGB). Befinden sich die Wertpapiere jedoch im Depot einer Bank, erfolgt die Übertragung durch die Abtretung des Herausgabeanspruchs gegen die Bank als Verwahrer (§§ 929, 931 BB).

Die Abtretung des Herausgabeanspruchs halten Sie als Beweis gegenüber dem Fiskus so fest:

Abtretungserklärung

Ich bin der Eigentümer folgender Wertpapiere:

Bezeichnung	Stückzahl	Nennwert	Kurswert
. . . . .	. . . . .	. . . . .	. . . . .
. . . . .	. . . . .	. . . . .	. . . . .
. . . . .	. . . . .	. . . . .	. . . . .
. . . . .	. . . . .	. . . . .	. . . . .

die in meinem Depot bei der . . . .
Nr. . . . . liegen. (Name der Bank/Sparkasse)

Hiermit trete ich den Herausgabeanspruch gegen die
. . . .
hinsichtlich der oben genannten Wertpapiere ab an:
Herrn/Frau . . . .
geb. am . . . .
geb. in . . . .
Wohnhaft in . . . .

. . . .
(Ort, Datum)   (Unterschrift)

Mit dieser Abtretungserklärung gehen Sie zu Ihrer Bank oder Sparkasse und bitten um Übertragung der Wertpapiere auf das neu einzurichtende oder bereits bestehende Depot Ihres Kindes. Hierfür hat die Bank eigene Formulare. Lassen Sie sich eine Kopie aushändigen, die Sie auf Anfrage dem Finanzamt präsentieren.

WICHTIGER HINWEIS

729 Wie sich die Übertragung von Einkünften und Vermögen auf Ihr Kind in etwa auswirkt, können Sie der folgenden Gegenüberstellung entnehmen. Dabei habe ich bei Ihnen einen Spitzensteuersatz von 35 % unterstellt, das entspricht einem zu versteuernden Einkommen von ca. 75.000 €.

Steuervergünstigungen ohne Einkünfteübertragung

Kindergeld in 2016, umgerechnet 2.280 × 100 ÷ 35	6.514 €
Ausbildungsfreibetrag (auswärtige Unterbringung):	924 €
Einkommensminderung	7.438 €
Einkommensteuerersparnis ca. 35 %	2.603 €

Bei Übertragung von 6.000 € Zinseinnahmen

Einkommensteuerersparnis wie oben	2.603 €
Ersparnis Abgeltungsteuer 25 % von 6.000 €	1.500 €
Steuerersparnis insgesamt	4.103 €

Bei Übertragung von 12.000 € Zinseinnahmen

Einkommensteuerersparnis wie oben	2.603 €
Ersparnis Abgeltungsteuer 25 % von 12.000 €	3.000 €
./. Einkommensteuer des Kindes auf (12.000 € − 801 € − 36 €) = 11.163 −	448 €
Steuerersparnis insgesamt	5.155 €

Beachten Sie aber ➤ Rz 731.

TRICK

Schenken Sie und nehmen Sie zurück!

730 So geht's: Sie schenken Ihrem Kind z.B. 50.000 € in bar. Das Geld nehmen Sie aus Ihrem Betrieb. Dann vereinbaren Sie mit Ihrem Kind in einem notariellen Vertrag, dass es Ihnen ein Darlehen zu banküblichen Zinsen von z.B. 7 % gewährt. Doch Finanzamt und BFH haben vor der Steuerersparnis einige Fallstricke gezogen, über die Sie nicht stolpern dürfen:

1. Ist Ihr Kind minderjährig, muss beim Darlehensvertrag unbedingt ein Ergänzungspfleger bestellt werden.
2. Packen Sie die Geldschenkung und die anschließende Darlehensgewährung auf keinen Fall in einen einzigen notariellen Vertrag.
3. In der Schenkungsurkunde darf keine Auflage auftauchen, aus der hervorgeht, dass Ihr Kind verpflichtet ist, Ihnen das Geld als Darlehen wieder zur Verfügung zu stellen.
4. Lassen Sie zwischen Schenkung und Darlehensvereinbarung ein paar Monate verstreichen, damit Sie sagen können, beides sei sachlich und zeitlich völlig unabhängig voneinander erfolgt. In der Zwischenzeit sollten Sie natürlich das Geld für Ihr Kind zinsbringend anlegen. Außerdem sollten Sie Ihrem Kind etwas mehr schenken als den Darlehensbetrag.
5. Die Konditionen des Darlehens müssen wie zwischen Fremden geregelt sein. Dazu gehört vor allem, dass Sie die Laufzeit festlegen, die Höhe und die Fälligkeit der Zinsen sowie Art und Zeitpunkt der Rückzahlung. Außerdem müssen Sie Ihrem Kind für den Kredit ausreichende Sicherheiten bieten, z.B. Teile Ihres Betriebsinventars, eine Sicherungshypothek an einem Grundstück oder eine Bankbürgschaft.
6. Achten Sie darauf, dass die Zinsen pünktlich auf das Konto Ihres Kindes überwiesen werden.

Die Zinsen von 3.500 € jährlich für das Darlehen setzen Sie als Betriebsausgaben ab, und Ihr Kind hat nichts zu versteuern, weil die Freibeträge höher sind als die Zinsen. Wenn Sie es so machen, wie ich es beschrieben habe, haben Sie alle Steine, die Ihnen die H 4.8 EStR, das BMF-Schreiben vom (25.5.1993 BStBl I 1993 S. 410) und die BFH-Urteile vom 4.6.1991 und 12.2.1992 (BStBl II 1991 S. 838 und 1992 S. 468) gegen eine Anerkennung Ihrer Steuerersparnis in den Weg zu legen versuchten, geschickt aus dem Weg geräumt.

TRICK

Umgehen Sie das Fangeisen der Krankenversicherung!

Wenn Ihr Kind ein Gesamteinkommen hat, das $1/7$ der monatlichen Bezugsgröße überschreitet – das sind für 2015 405 €/Monat oder bei einem Minijob 450 €/Monat –, kann sein Anspruch auf Leistungen aus der gesetzlichen Familienkrankenversicherung verlorengehen. Statt beitragsfrei bei Ihnen mitversichert zu sein, muss das Kind dann eigene Beiträge zur Krankenversicherung zahlen.

Dazu müssen Sie wissen: Einkommen im Sinn der Sozialversicherung ist die Summe der Einkünfte nach dem Einkommensteuerrecht (§ 16 SGB IV), allerdings ohne Berücksichtigung von Steuervergünstigungen wie Sonderausgaben, Freibeträge, Sonderabschreibungen. Werbungskosten und Werbungskostenpauschbeträge können dagegen abgezogen werden. Hat Ihr Kind z.B. Kapitaleinkünfte, wird davon zunächst der Sparerpauschbetrag in Höhe von 801 € abgezogen.

Wenn Sie Ihrem Kind 2015 also nicht mehr als 5.661 € (12 × 405 € + Sparerpauschbetrag 801 €) an eigenen Zinseinnahmen haben zukommen lassen, kann die Krankenversicherung es nicht aus der Familienversicherung ausschließen.

WICHTIGER HINWEIS

Für Ehegatten und (eingetragene) Lebenspartner gelten übrigens vergleichbare Regelungen. Sie sind nur dann bei ihrem Ehegatten bzw. Lebenspartner als Familienangehörige mitversichert, wenn ihr Gesamteinkommen (bei Kapitaleinkünften nach Abzug des Sparerpauschbetrags) 2015 monatlich 405 € oder jährlich 4.860 € nicht überschreitet.

732 »Und was passiert, wenn die Kindeseinkünfte über dem Betrag von 405 € monatlich liegen?«, möchten Sie wissen. Meistens gar nichts. Wenn sich aber mal eine teure Behandlung für Ihr Kind ankündigen sollte – z.B. bei Einweisung in ein Krankenhaus –, schickt die Krankenkasse gern einen Fragebogen, in dem sie sich nach den Einkünften des Kindes erkundigt. Liegen die dann über 405 € monatlich, sind fortan für das Kind extra Versicherungsbeiträge fällig. Was bis dahin im Rahmen der Familienkrankenversicherung geleistet wurde, kann die Krankenkasse aber nicht zurückfordern. Dazu gibt es entsprechende Urteile.
Bezieht Ihr Kind sein Einkommen aus einer geringfügigen Beschäftigung (450-€-Job), bleibt es in der Familienversicherung mitversichert, obwohl die 405-€-Grenze überschritten ist.

733 b) Entgeltliche Mitarbeit des Kindes mit Steuerklasse I
Größere Kinder können im Betrieb der Eltern mithelfen, z.B. regelmäßig die Ablage, Botengänge, Handlanger-, Lager-, Reinigungsarbeiten oder Ähnliches erledigen. Bei Vorlage einer Lohnsteuerkarte können sie dafür bis zu 450 €/ Monat erhalten, ohne dass Lohnsteuer zu entrichten ist. Allerdings fallen pauschale Beiträge von 28 % zur Renten- und Krankenversicherung sowie 1,09 %

2. Was steht Ihnen außerdem noch zu?

Umlagen sowie Beiträge zur gesetzlichen Unfallversicherung an. Ist das Kind privat krankenversichert, entfallen die pauschalen Krankenversicherungsbeiträge, und es müssen nur 15 % Rentenversicherungspauschale und die Umlagen gezahlt werden.

Das Arbeitsentgelt und die pauschalen Renten-/Krankenversicherungsbeiträge sind bei den Eltern Betriebsausgaben oder Werbungskosten. Die jährliche Steuerersparnis kann bei den Eltern Jahr für Jahr ca. 3.177 € (Steuerersparnis inkl. Gewerbesteuer ca. 4.743 € abzgl. pauschale Sozialversicherung 1.571 €) betragen, wenn ihr Spitzensteuersatz bei 42 % und der Gewerbesteuerhebesatz der Gemeinde bei 400 % liegt. Fällt wegen privater Krankenversicherung des Kindes für den 450-€-Job nur die Rentenversicherungspauschale von 15 % zzgl. 1,09 % Umlagen an, liegt die Ersparnis bei ca. 3.024 € (Steuerersparnis inkl. Gewerbesteuer ca. 3.893 € abzgl. pauschale Sozialversicherung 869 €).

Damit es mit dem Fiskus keine Schwierigkeiten bei der Anerkennung des Arbeitsverhältnisses mit Ihrem Nachwuchs gibt, sollten Sie sich auf einige Mindestanforderungen einstellen, die die Fiskalritter in R 4.8 Abs. 3 EStR fordern, und noch das ein oder andere beachten:

1. Für den wirksamen Abschluss eines Arbeitsverhältnisses müssen Sie nicht unbedingt einen Ergänzungspfleger bestellen lassen. **734**

2. Das Kind sollte mindestens 15 Jahre alt sein. Arbeitsverhältnisse mit jüngeren Kindern verstoßen nämlich gegen das Jugendschutzgesetz und werden deshalb von den Finanzämtern in der Regel als nichtig angesehen und steuerlich nicht anerkannt (R 4.8 Abs. 3 EStR). **735**

3. Haben Sie für ein über 18-jähriges Kind z. B. wegen seiner Berufsausbildung noch Anspruch auf Kindergeld, sollte das Kind zumindest bei einer Zweitausbildung nicht mehr als 20 Stunden pro Woche beschäftigt werden, sonst ist der Kindergeldanspruch futsch. **736**

4. Die Arbeit des Kindes muss über gelegentliche kleine Hilfeleistungen hinausgehen (BFH v. 19.12.1993 – BStBl II 1994 S. 298). Ärger mit dem Finanzamt ist in jedem Fall vorprogrammiert, wenn im Arbeitsvertrag nur von »gelegentlichen Hilfeleistungen« die Rede ist. Denn diese fallen unter die übliche familiäre Mitarbeitspflicht des Kindes nach § 1619 BGB und müssen grundsätzlich unentgeltlich erfolgen, wenn das Kind noch dem elterlichen Hausstand angehört. Das sporadische Annehmen von Telefonaten oder gelegentliche Fahrten zur Bank oder zur Post reichen für ein ernsthaftes Arbeitsverhältnis nicht aus. Zahlen Eltern in einem solchen Fall etwas für die Mithilfe, ist das kein Arbeitslohn, sondern nicht abzugsfähiger Unterhalt. Etwas anderes gilt, wenn die Kinder dieselben Arbeiten ausführen, die auch andere Aushilfen im Betrieb erledigen. Für Sie bedeutet das: Sie müssen im **737**

Arbeitsvertrag mit Ihrem Kind feste Aufgaben vereinbaren, und die Entlohnung muss diesen Aufgaben entsprechen, d.h., das Arbeitsverhältnis muss so gestaltet und abgewickelt werden, wie es auch zwischen Fremden üblich ist. Ein stichhaltiges Argument für einen Arbeitsvertrag mit Kindern ist, wenn das Kind eine fremde Arbeitskraft, die bisher für die Eltern gearbeitet hat, zu denselben Konditionen ersetzt.

738 5. Auch wenn Barzahlungen gegen Quittung rein formal ausreichen, sollten Sie kein Risiko eingehen. Besser, Sie überweisen das Geld auf ein Konto Ihres Kindes. Da fast jedes Kreditinstitut Taschengeldkonten anbietet, über die die Kinder in einem von den Eltern festgelegten Rahmen verfügen können, stellt das also keine Hürde dar. Sie schlagen sogar zwei Fliegen mit einer Klappe: Einen besseren Nachweis über die tatsächliche Lohnzahlung können Sie gar nicht bekommen, und außerdem gewöhnt sich Ihr Nachwuchs an den Umgang mit eigenem Geld auf der Bank.

Es ist im Übrigen durchaus zulässig, dass Sie von Ihrem Kind verlangen, dass es einen Teil dieses Geldes als anteiliges Haushaltsgeld zurückgibt (BFH-Urt. v. 29.11.1983 – BStBl 1984 II S. 366).

3. Kinderbetreuungskosten

739 Kinderbetreuungskosten werden einheitlich als Sonderausgaben abgezogen (§ 10 Abs. 1 Nr. 5 EStG). Sie können je Kind $^2/_3$ der Kosten für die Kinderbetreuung, höchstens jedoch 4.000 € abziehen.

Es gelten folgende Berücksichtigungsvoraussetzungen:
- das Kind hat das 14. Lebensjahr noch nicht vollendet,
- das Kind ist älter als 14 Jahre, aber behindert und kann sich deshalb nicht selbst unterhalten.

740 Persönliche Anspruchsvoraussetzungen in der Person der Eltern wie
- Erwerbstätigkeit,
- Krankheit,
- Behinderung

spielen für den Abzug keine Rolle mehr. So können auch Eltern, die ohne aktive Erwerbstätigkeit Einkünfte erzielen, z.B. aus Beteiligungen oder großem Vermögen, die Kosten für die Betreuung ihrer Kinder absetzen.

741 Da die Kinderbetreuungskosten als Sonderausgaben abgezogen werden und für den Ansatz des Arbeitnehmerpauschbetrags keine Rolle spielen, können sie zusätzlich zum Werbungskostenpauschbetrag von 1.000 € abgezogen werden. Was Arbeitnehmern recht ist, ist für Selbständige nicht mehr als billig. Zusätzlich zu den Kinderbetreuungskosten setzen Sie als hauptberuflicher selbständiger Schriftsteller oder Journalist wie bisher Ihre übrigen Betriebsausgaben ohne Nachweis mit 30 % der Einnahmen, max. 2.455 €, ab. Dasselbe gilt für die Pauschale von 25 % der Einnahmen, max. 614 €, wenn Sie nebenberuflich einer selbständigen schriftstellerischen, journalistischen, künstlerischen oder Vortrags- und Lehrtätigkeit für nicht gemeinnützige Auftraggeber nachgehen (H 18.2 EStH »Betriebsausgabenpauschale«).

Beispiel
Sie sind als alleinerziehende Mutter eines achtjährigen Sohnes vollzeitbeschäftigt und haben während des ganzen Jahres 2015 zur Betreuung Ihres Kindes am Nachmittag eine Kinderfrau für insgesamt 7.200 € beschäftigt. Außer den Fahrtkosten zu Ihrer 5 km entfernten Arbeitsstelle haben Sie keine nennenswerten beruflichen Kosten. Und so sieht die Berechnung Ihrer abzugsfähigen Kosten aus:

Entfernungspauschale für 5 km	330 €
Arbeitsmittel	110 €
Kontoführungsgebühren	16 €
Insgesamt	456 €
Mindestens Arbeitnehmerpauschbetrag	1.000 €
Kinderbetreuungskosten 7.200 € × $^2/_3$ = 4.800 €, max.	4.000 €
Abzugsfähige Kosten 2015 insgesamt	5.000 €

Viel günstiger, als die Betreuungskosten als Sonderausgaben abzuziehen, ist es, **742** sie gleich steuerfrei als Zuschuss vom Arbeitgeber zu kassieren (➤ Rz 38). Nicht zulässig ist es natürlich, die Kosten trotzdem in der Einkommensteuererklärung als Sonderausgaben abzuziehen.

TRICK

Freie Wahl bei der Kostenzuordnung

Bei verheirateten Eltern, die zusammen veranlagt werden, gibt es bei der Zu- **743** ordnung der Kinderbetreuungskosten kein Problem, denn Sonderausgaben werden immer gemeinsam ermittelt und abgezogen.
In Fällen der Einzelveranlagung (§ 26 a EStG) werden Kinderbetreuungskosten aus Vereinfachungsgründen den Ehegatten jeweils zur Hälfte zugerechnet. Auf gemeinsamen Antrag ist auch eine andere Aufteilung möglich.
Bei **nicht verheirateten Eltern** und im Fall der **Einzelveranlagung** (§ 26 a EStG) kann zunächst nur der Elternteil Kinderbetreuungskosten abziehen, der sie tat-

sächlich getragen hat und zu dessen Haushalt das Kind gehört. Trifft das für beide Elternteile zu, weil Sie sich die Kosten teilen, kann jeder Elternteil ²/₃ seiner Aufwendungen bis zu 2.000 € (Hälfte des Höchstbetrags von 4.000 €) abziehen. Die Eltern können aber auch einvernehmlich eine beliebige andere Aufteilung wählen. Sie werden also die Kinderbetreuungskosten bei dem von Ihnen beiden abziehen, der das höhere Einkommen und damit den höheren Steuervorteil hat.

TIPP

zu Kinderbetreuungskosten

744 Wenn Sie nicht vom Abzug als Sonderausgaben profitieren, können Sie Ihre Kinderbetreuungskosten immer noch über die Steuerermäßigung für haushaltsnahe Beschäftigungen bzw. Dienstleistungen absetzen (vgl. ➤ Rz 660 ff.). Darunter fallen Sie vor allem mit den Betreuungskosten für Kinder über 14, die nicht schwerbehindert sind.

745 Damit Sie sehen, wie Ihre Kinderbetreuungskosten berechnet werden, hier ein

Beispiel
Sie sind verheiratet und berufstätig, Ihre bessere Hälfte ist Hausfrau und betreut Ihre beiden Töchter. Die ältere ist acht Jahre und geht zur Schule, die jüngere ist vier Jahre und besucht den Kindergarten. Die Kosten für den Kindergarten belaufen sich auf 125 €/Monat. Von den insgesamt 1.500 € im Jahr können Sie als Sonderausgaben ²/₃ = 1.000 € absetzen.

746 **Welche Kosten können Sie als Kinderbetreuungskosten absetzen?**
Zur Kinderbetreuung im Rahmen dieser Regelungen gehören die Kosten für die

- Unterbringung des Kindes in Kindergärten, -horten, -tagesstätten, -heimen und -krippen, bei Tagesmüttern, Wochenmüttern sowie in Ganztagspflegestellen,
- Beschäftigung von Kinderpflegerinnen, Erzieherinnen und Kinderschwestern,
- Beschäftigung von Haushaltshilfen, soweit sie ein Kind betreuen,
- Beaufsichtigung der häuslichen Schulaufgaben, dazu gehört auch die Beantwortung auftretender Fragen, solange kein systematischer Nachhilfeunterricht erteilt wird,
- Ganztagsbetreuung in der Schule, bis auf die anteilig enthaltenen Kosten für die folgenden Leistungen.

Nicht zu den Aufwendungen für Kinderbetreuung gehören

- Transport des Kindes zur Betreuungsperson,
- Reduzierung Ihres Gehalts, weil Sie zur Betreuung des Kindes nur noch Teilzeit arbeiten,
- Unterricht jeglicher Art, z.B. Schulgeld, Nachhilfe, Fremdsprachenunterricht,
- Vermittlung besonderer Fähigkeiten, wie Ballett- oder Musikunterricht, Computerkurse,
- sportliche oder andere Freizeitbeschäftigungen, z.B. Mitgliedsbeiträge für Sport- oder andere Vereine, Aufwendungen für Sportunterricht, wie Tennis- oder Reitunterricht,
- Verpflegung des Kindes, z.B. der Verpflegungszuschuss bei der Betreuung über Mittag.

Lassen Sie sich von der Schule eine aufgeschlüsselte Rechnung für die Ganztagsbetreuung ausstellen, in der die begünstigten und nicht begünstigten Kostenanteile getrennt ausgewiesen sind. Im Zweifelsfall hilft auch eine großzügige Schätzung.

Formale Hürden beim Nachweis der Kinderbetreuungskosten beachten!   747

Für den Nachweis Ihrer Kinderbetreuungskosten hat der Fiskus besonders hohe Hürden aufgebaut. Im Prinzip gelten ähnlich formale Bedingungen wie für hauswirtschaftliche Beschäftigungsverhältnisse und Dienstleistungen. Sie müssen also dem Finanzamt

- eine Rechnung über die Kosten und
- einen Bankbeleg über die Zahlung

vorlegen. Lassen Sie sich daher von Ihrer selbständigen Tagesmutter auf jeden Fall eine Rechnung ausstellen und überweisen Sie das Geld auf ihr Konto, zahlen Sie auf keinen Fall bar. Statt einer Überweisung können Sie ausnahmsweise auf einen Verrechnungsscheck zurückgreifen. Rein theoretisch könnten Sie auch per Kreditkarte oder Electronic Cash bezahlen, aber welche Tagesmutter oder welcher Kindergarten nimmt schon an solchen Verfahren teil?

Nicht immer bekommen Sie eine formelle Rechnung, deshalb genügen auch andere Belege, aus denen sich die Kosten zweifelsfrei ergeben, z.B.

- Arbeitsvertrag bei einer angestellten Tagesmutter oder Haushaltshilfe,
- Gebührenbescheid über den Beitrag für den Kindergarten oder -hort,
- Abrechnung der Schule über die Ganztagsbetreuung,
- Dienstleistungsvertrag über die Kinderbetreuungskosten,
- Au-pair-Vertrag.

TRICK

Großmutter als Tagesmutter

748 Das Gesetz schreibt an keiner Stelle vor, wer die Kinderbetreuung durchführen darf. Also müssen Sie nicht unbedingt eine fremde Person engagieren. Bezahlen Sie etwa die Großeltern der Kinder oder Ihren älteren Neffen für die Beaufsichtigung und die Betreuung Ihrer Kinder, gibt es dagegen aus steuerlicher Sicht zunächst einmal nichts einzuwenden.

Wie bei Verträgen mit Angehörigen auch sonst üblich, schaut der Fiskus allerdings mit Argusaugen darauf, dass alles zwischen Ihnen genauso geregelt und abgewickelt wird wie zwischen Fremden. Also schließen Sie auf jeden Fall einen schriftlichen Vertrag, und sorgen Sie für regelmäßige vertragsgemäße Zahlungen. In folgenden Fällen bleibt der Fiskus aber auch mit den schönsten Verträgen und Zahlungsnachweisen unerbittlich und erkennt Kinderbetreuungskosten nicht an:

- Beschäftigung Ihrer Lebenspartnerin und Mutter des Kindes, die zusammen mit Ihnen und dem gemeinsamen Kind lebt;
- Beschäftigung des Partners einer eheähnlichen Lebensgemeinschaft oder einer Lebenspartnerschaft, auch wenn er kein Elternteil des Kindes ist;
- Beschäftigung einer Person, die für das betreute Kind Anspruch auf Kindergeld, einen Kinder- oder Betreuungsfreibetrag hat.

Achtung: Gegen Großmutter als Kinderbetreuerin ist also nichts einzuwenden. Aber: Um den Höchstbetrag für Ihr Kind abzusetzen ($2/3$ der Kosten, max. 4.000 €), müssen Sie mindestens 6.000 € im Jahr zahlen. Bei zwei Kindern reden wir schon von bis zu 12.000 € Betreuungskosten. Bedenken Sie, dass die Zahlungen bei Ihrer Mutter oder Schwiegermutter zu steuerpflichtigen Einkünften führen und eventuell Steuern auslösen können, selbst wenn sie nur eine kleine Rente hat.

TRICK

Setzen Sie die Kosten für ein Au-pair-Mädchen ab!

749 Haben Sie zur Kinderbetreuung ein Au-pair-Mädchen beschäftigt, benötigen Sie ebenfalls die formellen Nachweise. Reichen Sie unbedingt den schriftlichen Au-pair-Vertrag ein. Neben den Verpflegungs- und Unterkunftskosten, die Sie

3. Kinderbetreuungskosten

mit den Sachbezugswerten ansetzen, fällt für ein Au-pair in der Regel auch Taschengeld an. Richten Sie der guten Seele unbedingt ein Bankkonto ein und überweisen Sie ihr das Taschengeld monatlich. So erhalten Sie den Nachweis über die bargeldlose Zahlung und können das Taschengeld als Kinderbetreuungskosten mit aufführen.

Da ein Au-pair neben der Kinderbetreuung oft noch andere Hausarbeiten erledigt, sind die Kosten nicht voll abzugsfähig. Dem können Sie entgehen, wenn Sie im Vertrag genau regeln, welche Aufgaben anfallen. Wenn von vertraglich festgelegten 20 Stunden in der Woche 18 Stunden auf Kinderbetreuung entfallen, sind 90 % der Kosten Kinderbetreuungskosten.

Haben Sie keinen so detaillierten Vertrag, können Sie auf jeden Fall 50 % der Geld- und Sachzuwendungen in die Kinderbetreuungskosten packen (BMF-Schreiben v. 19.1.2007 – BStBl I 2007 S.184 Rz 5).

Der Besitz besitzt –
er macht die Menschen kaum unabhängiger.
(Nietzsche)

S

XI. Steuerersparnisse durch Hausbesitz und Bauen

1. Allgemeines

Aus Hausbesitz können Sie – wie aus jedem anderen Vermögen – steuerpflichtige Einkünfte haben, die Sie eine Menge Geld kosten können. Sie haben aber auch viele Möglichkeiten, Steuern zu sparen. Dazu müssen Sie Ihre Verhältnisse entsprechend gestalten und – wie es im Amtsdeutsch heißt – den steuergünstigen Tatbestand des Gesetzes erfüllen. Auch bei Hausbesitz und Bauen gilt, dass es schwer ist, den richtigen Weg durch den Steuerdschungel zu finden. Damit Sie schnell klarsehen, lesen Sie zunächst nur das, was für Sie in Frage kommt. Dabei unterscheiden Sie:

750

Sie nutzen Ihr Haus selbst		Sie vermieten
Private Nutzung	Berufliche Nutzung	
Erwerb/Baubeginn vor 2006: Wohnraumförderung durch Eigenheimzulage für selbstgenutzte und an Angehörige überlassene Wohnungen	Abzug der Grundstücksaufwendungen (ggf. anteilig) als Werbungskosten oder Betriebsausgaben	Hieraus ergeben sich Einkünfte aus Vermietung und Verpachtung durch Überschuss oder Verlust
Seit 2008: Wohnraumförderung durch Riester-Zulage nach dem Eigenheimrentengesetz für selbstgenutzte Immobilien		

2. Wohnraumförderung durch Riester-Zulagen (Eigenheimrentengesetz)

2.1 Begünstigte Investitionen

Um nach Wegfall der Eigenheimzulage in 2006 die Schaffung selbstgenutzten Wohneigentums zu fördern, wurde mit dem »Eigenheimrentengesetz« die Riester-Förderung auf den Kauf oder den Bau einer Wohnung oder eines ausschließlich selbstbewohnten Hauses ausgedehnt.

751

Begünstigt ist die Investition der geförderten Beträge in den

● Kauf einer selbstgenutzten Wohnung bzw. eines Einfamilienhauses,

● Bau einer selbstgenutzten Wohnung bzw. eines Einfamilienhauses,

518   XI. Steuerersparnisse durch Hausbesitz und Bauen

- Erwerb von Genossenschaftsanteilen an Wohnungsgenossenschaften, wenn später eine Wohnung dieser Genossenschaft bezogen wird,
- Erwerb von Dauerwohnrechten, etwa in einem Seniorenheim,
- Darlehensverträge für die Anschaffung und den Bau von selbstgenutzten Wohnimmobilien,
- Bausparverträge, die zum Erwerb begünstigter Immobilien genutzt werden,
- Tilgung von Hypotheken und Krediten aus dem Kauf einer Immobilie.

Darüber hinaus können Steuerzahler, die schon länger einen Riestervertrag abgeschlossen hatten, das gesparte Kapital inkl. Zulagen aus dem Vertrag entnehmen und zur Finanzierung des Baus oder Erwerbs einer selbstgenutzten Immobilie einsetzen. Anders als früher muss das entnommene Kapital nicht innerhalb bestimmter Fristen wieder in den Vertrag zurückgezahlt werden.

Begünstigt ist allerdings nur der Einsatz des Kapitals zum Kauf oder Bau einer Immobilie, eines Genossenschaftsanteils oder Dauerwohnrechts, nicht dagegen die Renovierung oder Reparatur von Immobilien, die Ihnen bereits gehören.

752 Selbstnutzung

Wie bei der Eigenheimzulage ist auch bei der Förderung durch Riester-Zulagen im Rahmen des Eigenheimrentengesetzes Voraussetzung, dass Sie die geförderte Immobilie selbst bewohnen. Darüber hinaus muss sie Ihren Hauptwohnsitz darstellen. Damit sollen nach Auffassung des Fiskus Ferien- und Wochenendhäuser von der Eigenheimrentenförderung ausgeschlossen sein.

2.2 Förderung und Besteuerung nach dem Eigenheimrentengesetz

753 Wie hoch ist die Förderung?

Für entsprechende Beiträge gibt es die »Riester-Zulage«, und zwar pro Jahr

- für jeden rentenversicherungspflichtigen Erwachsenen 154 €,
- für jedes Kind, das vor 2008 geboren ist, 185 €,
- für jedes Kind, das ab 2008 geboren wurde bzw. wird, sogar 300 €.

Alternativ können die Beiträge bis zu 2.100 € auch als Sonderausgaben abgezogen werden. Dabei werden auf die Einkommensteuerersparnis darauf allerdings die Zulagen angerechnet.

Besteuerung nach Eintritt in den Ruhestand

Sie wissen, dass bei einem normalen Riester-Altersvorsorgevertrag in der Ansparphase die Beiträge gefördert werden und erst bei Eintritt in den Ruhestand, wenn die Auszahlungen aus dem Vertrag fließen, die sog. nachgelagerte Besteuerung greift. Das bedeutet, dass die später gezahlten Renten und eventuelle Kapitalauszahlungen in voller Höhe als sonstige Einkünfte der Besteuerung unterliegen.

2. Wohnraumförderung durch Riester-Zulagen(Eigenheimrentengesetz)

Dieses Prinzip der nachgelagerten Besteuerung greift auch beim Eigenheimrentengesetz. Da allerdings das Geld bereits vorher ausgezahlt wurde und daher im Ruhestand keine Rentenzahlungen fließen, die man besteuern könnte, tritt an deren Stelle die Miete, die Sie nun im Alter einsparen, weil Sie über ein steuerlich gefördertes Eigenheim verfügen.

Natürlich wäre es viel zu kompliziert, auszurechnen, wie hoch die eingesparte Miete im Einzelfall tatsächlich ist. Deshalb werden die zu besteuernden Beträge auf der Basis des geförderten Kapitals pauschal ermittelt.

Dazu werden die geförderten Beträge aus Eigenleistung und Zulagen auf einem sog.»Wohnförderkonto« erfasst. Hinzu kommt eine jährliche fiktive Verzinsung von 2 %. Mit dieser Verzinsung wird zu Ihren Lasten ausgeglichen, dass Sie das Kapital ja schon vor Eintritt in den Ruhestand ausgezahlt bekommen hatten. Auf den daraus resultierenden Betrag zahlen Sie nach Eintritt in den Ruhestand Steuern. Für die Besteuerung gibt es zwei Alternativen, zwischen denen Sie wählen können.

1. Sofortversteuerung

In diesem Fall versteuern Sie bei Eintritt in den Ruhestand 70 % des auf dem Wohnförderkonto erfassten Betrags mit Ihrem persönlichen Steuersatz ohne weitere Steuerermäßigung. Im Gegenzug bekommen Sie einen Nachlass von 30 % auf den Gesamtbetrag.

2. Verrentung

Entscheiden Sie sich gegen die Sofortversteuerung, wird der Betrag aus dem Wohnförderkonto gleichmäßig auf den Zeitraum zwischen Eintritt in den Ruhestand und Vollendung des 85. Lebensjahres, max. aber 25 Jahre, verteilt. In jedem Jahr wird dann ein entsprechender Teilbetrag vom Wohnförderkonto abgezogen und als sonstige Einkünfte im Rahmen Ihrer Einkommensteuerveranlagung versteuert. Ob sich daraus eine Steuer ergibt und wie hoch diese letztlich sein wird, hängt von Ihrem individuellen Steuersatz im Ruhestand ab.

Beispiel

Auf Ihrem Wohnförderkonto ist insgesamt ein Betrag von 54.000 € erfasst. Sie gehen mit 67 Jahren in Rente und wählen die laufende Besteuerung.
Bis zur Vollendung Ihres 85. Lebensjahres vergehen 18 Jahre. Der jährlich zu versteuernde Betrag beläuft sich damit auf 54.000 € ÷ 18 Jahre = 3.000 €.

Was geschieht, wenn ich mein Eigenheim verkaufe?

Wer sein Haus verkauft, bevor der Betrag lt. Wohnförderkonto vollständig versteuert ist, muss den Restbetrag grundsätzlich voll versteuern. Dies können Sie aber vermeiden, indem Sie den entsprechenden Betrag in einen Riester-Vertrag überführen oder rechtzeitig in eine neue selbstgenutzte Immobilie investieren.

Tod des Steuerzahlers
Verstirbt der Anspruchsberechtigte, kann grundsätzlich der Ehegatte die Wohnung unschädlich weiternutzen und muss dann auch die Versteuerung fortführen. In allen anderen Fällen gilt der Restbetrag des Wohnförderkontos mit dem Tod als schädlich verwendet. Die Erben müssen diesen Betrag in der letzten Einkommensteuererklärung für den Verstorbenen in voller Höhe nachgelagert versteuern.

3. Einkünfte aus vermietetem Hausbesitz

754 Was Sie über Immobilien als Geldanlage wissen sollten
Die Rendite aus vermieteten Immobilien ist erbärmlich. Sie beträgt nach Steuern nicht viel mehr als 2 %. *Steuerersparnisse* aus vermietetem Hausbesitz haben Sie erst, wenn die Hauskosten höher sind als die Mieteinnahmen. Dann erklären Sie dem Finanzamt Verluste, die sich steuermindernd auf Ihr Einkommen auswirken. Aber wie kommen Sie an hohe Hauskosten, ohne sich finanziell arg zu strapazieren? Einige Möglichkeiten kennen Sie schon:

- Abschreibungen
- Schuldzinsenabzug
- Erhaltungsaufwand für vermietete Häuser nach R 21.1 EStR: Austausch von Fenstern, Türen; Umstellung oder Erneuerung der Zentralheizung; Dacheindeckung; Außen- und Treppenhausanstrich; Gartenrenovierung
- nachträgliche Herstellungskosten pro Jahr und Baumaßnahme von nicht mehr als 4.000 € (Rechnungsbetrag ohne Umsatzsteuer).

TIPP zur gemischten Nutzung

755 Kosten, die auf das gesamte Haus entfallen, wie Grundsteuer oder Versicherungen, sind prozentual nach dem Verhältnis der Wohnflächen Vermietung/Eigennutzung aufzuteilen. Das gilt ebenso für Reparaturen oder Erhaltungsaufwand, die das ganze Haus betreffen (etwa Dachreparatur oder Fassadenanstrich). **Reparaturen, die dagegen nur den vermieteten Teil betreffen (z. B. neue Fenster für den Mieter Meier), können Sie zu 100 % als Werbungskosten abziehen. Im Umkehrschluss ist natürlich das neue Badezimmer in Ihrer eigenen Wohnung nicht berücksichtigungsfähig.**
Ordnen Sie Kosten also so weit wie möglich Ihren Mietwohnungen zu, um 100 % abziehen zu können und Ihre Steuerlast entscheidend zu mindern.

3. Einkünfte aus vermietetem Hausbesitz

Was Sie unbedingt vermeiden sollten:

- eine niedrige Gebäudeabschreibung, z.B. die lineare statt der degressiven,
- umfangreiche Renovierungsarbeiten in den ersten drei Jahren nach Erwerb der Immobilie, die zu den Herstellungskosten gerechnet werden und deshalb nicht gleich abzugsfähig sind (anschaffungsnahe Aufwendungen ➤ Rz 788).

Schema zur Berechnung der Einkünfte aus vermietetem Hausbesitz   **756**

Mieteinnahmen im Kalenderjahr

- Kaltmieten   .....€
- Umlagen   .....€
- Vermietung von Garagen, Werbeflächen usw.   .....€
- Mietvorauszahlungen   .....€
- Summe der Mieteinnahmen   .....€   >   .....€

Werbungskosten im Kalenderjahr (Aufwendungen zur Erwerbung, Sicherung und Erhaltung der Einnahmen)

1. Schuldzinsen (ohne Tilgungsbeträge) einschließlich Disagio   .....€

2. Geldbeschaffungskosten (z.B. Notarkosten wegen Grundstücksbelastung)   .....€

3. Grundsteuer, Müllabfuhr, Entwässerung, Wasserversorgung, Hausbeleuchtung usw.   .....€

4. Schornsteinfeger, Hausversicherungen, Heizung, Treppenreinigung usw.   .....€

5. Absetzung für Abnutzung (»Abschreibung des Gebäudes«; berechnet in % der Anschaffungskosten ohne Grundstücksanteil)   .....€

Summe der Werbungskosten   .....€   >   .....€

Einkünfte

Summe der Mieteinnahmen   .....€
./. Summe der Werbungskosten   – .....€
Einkünfte aus Vermietung und Verpachtung   .....€

3.1 Gebäudeabschreibung

Ist Ihr Miethaus oder Ihre Eigentumswohnung ein Selbstläufer, d.h., halten sich   **757** Einnahmen und Ausgaben die Waage, bringt Ihnen die Abschreibung (AfA) den gewünschten steuerlichen Verlust und damit eine Steuerersparnis.

Beispiel

Mieteinnahmen einschl. Umlagen	8.000 €
./. Werbungskosten	
Schuldzinsen, Versicherungen, Steuern	
und Gebühren, Reparaturen usw.	– 7.000 €
Bleiben	1.000 €
Abschreibung z. B. 2 % (§ 7 Abs. 4 EStG)	
von 310.000 € Anschaffungskosten für das Gebäude	6.200 €
Verlust aus Vermietung und Verpachtung	5.200 €
Steuerersparnis bei 30 % inkl. KiSt und Soli ca.	1.790 €

758 Durch die Abschreibung verteilen Sie die Anschaffungskosten für das Gebäude auf dessen Nutzungsdauer. Das ist die Zeit, in der das Gebäude Miete abwerfen wird. Für die Steuer wird aber nicht die tatsächliche Nutzungsdauer von meistens 100 Jahren zugrunde gelegt, sondern eine wesentlich kürzere fiktive Nutzungsdauer von höchstens 50 Jahren.

Unterscheiden müssen Sie zwischen der linearen Abschreibung mit einem immer gleichbleibenden Prozentsatz (Nr. 1 der folgenden Übersicht) und der degressiven Abschreibung (Nr. 2 und 3). Hier sind die Prozentsätze anfangs höher und verringern sich in Stufen. Außerdem gibt es die erhöhte Abschreibung als besondere Möglichkeit, steuerlich Verluste zu machen (Nr. 4 bis 6).

Gebäude	ND	AfA-Satz	Quelle
1. Lineare AfA Baujahr nach dem 31.12.1924 Baujahr vor dem 1.1.1925	50 J. 40 J.	2 % 2,50 %	§ 7 Abs. 4 § 7 Abs. 4
2. Degressive AfA für Geschäftsgebäude; Gebäude selbst gebaut: Bauantrag bis 31.12.1993, Kaufvertrag bis 31.12.1994	50 J.	8 J. 5,00 % 6 J. 2,50 % 36 J. 1,25 %	§ 7 Abs. 5 EStG
3. Degressive AfA für Wohngebäude; Gebäude selbst gebaut Bauantrag/Kaufvertrag zwischen 28.2.1989 und 31.12.1995 Bauantrag/Kaufvertrag zwischen 1.1.1996 und 31.12.2003 Bauantrag/Kaufvertrag zwischen 1.1.2004 und 31.12.2005	40 J. 50 J. 50 J.	4 J. 7,00 % 6 J. 5,00 % 6 J. 2,00 % 24 J. 1,25 % 8 J. 5 % 6 J. 2,5 % 36 J. 1,25 % 10 J. 4 % 8 J. 2,5 % 32 J. 1,25 %	§ 7 Abs. 5 Nr. 3a EStG § 7 Abs. 5 Nr. 3b EStG § 7 Abs. 5 Nr. 3c EStG
4. Erhöhte AfA für Sanierung in städtebaulichen Entwicklungsbereichen – Bauantrag/Einreichung von Bauunterlagen nach dem 31.12.2003	10 J. 12 J.	10 J. 10 % 8 J. 9 % 4 J. 7 %	§ 7h EStG

Gebäude	ND	AfA-Satz	Quelle
5. Erhöhte AfA für Sanierung bei Baudenkmälern – Bauantrag/Einreichung von Bauunterlagen nach dem 31.12.2003	10 J. 12 J.	10 J. 10 % 8 J. 9 % 4 J. 7 %	§ 7i EStG
6. Degressive AfA für Neubauten, Bauantrag nach dem 28.2.1989, fertig bis 31.12.1995, keine öffentl. Mittel, Vermietung an Sozialmieter gegen Höchstmiete, die je nach Bundesland nach Miete-VO, Mindestgröße der Wohnung 25 qm	50 J.	5 J. 10 % 5 J. 7 % 30 J. 3,5 % vom Restwert	§ 7k EStG

Ein Beispiel zur linearen Abschreibung nach Nr. 1:
Sie haben im Juli 2015 ein Miethaus, Bj. 1955, für 400.000 € gekauft. Die Abschreibung beträgt:

Anschaffungskosten	400.000 €
./. Anteil Grund und Boden 20 %	– 80.000 €
Gebäudeanteil	320.000 €
Jahresabschreibung 2 %	6.400 €
Abschreibung für 2015 $^6/_{12}$	3.200 €

Haben Sie von Ihren Eltern ein Haus geerbt, schreiben Sie weiterhin so ab, wie Ihre Eltern abgeschrieben haben.

Abschreibung bei Übertragung einer Immobilie

759

Ein wenig komplizierter wird es mit der Berechnung der Abschreibung, wenn z.B. Eltern eine Immobilie auf Ihre Kinder übertragen. Hier wird danach unterschieden, ob die Kinder die Immobilie komplett unentgeltlich und schuldenfrei übernehmen oder einen Kaufpreis zahlen müssen bzw. Schulden für die Immobilie mit übernehmen.

Bei einer unentgeltlichen Übernahme ergeben sich dieselben Rechtsfolgen wie bei einer Erbschaft. Man spricht in solchen Fällen auch von der *Fußstapfentheorie.* Die Kinder schreiben die Immobilie schlichtweg genauso ab wie zuvor ihre Eltern.

Zahlen sie eine Gegenleistung in Form eines Kaufpreises und/oder evtl. übernommener Schulden, werden zwei Fälle unterschieden:

1. Die Gegenleistung entspricht dem tatsächlichen Wert der Immobilie (*Verkehrswert*): Dann wird die Abschreibung auf Basis der tatsächlichen Gegenleistung (Kaufpreis und übernommene Schulden abzgl. Anteil für Grund und Boden) berechnet.

2. Die Gegenleistung ist geringer als der Verkehrswert: Hier spricht man von einem teilentgeltlichen Geschäft. Der Erwerb wird aufgeteilt in einen unentgeltlichen Teil, für den die Fußstapfentheorie gilt, und einen entgeltlichen Teil, der wie ein normaler Kauf behandelt wird.

Beispiel zur Berechnung der Abschreibung bei einem teilentgeltlichen Immobilienerwerb:

Ihre Eltern haben Ihnen im Juli 2015 ein Miethaus (Bj. 1986, Verkehrswert 400.000 €) übertragen. Sie haben im Gegenzug die Resthypothek von 100.000 € übernommen. Ihre Eltern hatten seinerzeit für das Haus umgerechnet 200.000 € bezahlt.

Die Übertragung ist damit zu 25 % entgeltlich und zu 75 % unentgeltlich erfolgt.

Anschaffungskosten für den entgeltlichen Teil	100.000 €	
./. Anteil Grund und Boden 20 %	– 20.000 €	
Gebäudeanteil	80.000 €	
Jahresabschreibung 2 %		1.600 €
Anschaffungskosten für den		
unentgeltlichen Teil 75 % v. 200.000 € 150.000 €		
./. Anteil Grund und Boden 20 %	– 30.000 €	
Gebäudeanteil	120.000 €	
Jahresabschreibung 2 %		2.400 €
Summe der Abschreibungen		4.000 €
Abschreibung für 2015 $^6/_{12}$		2.000 €

3.2 Herstellungskosten–Anschaffungskosten– laufende Hauskosten

760 Wie sieht es mit der Abzugsfähigkeit aus? Grundsätzlich vorab:

- Die Anschaffungskosten für Grund und Boden sind nicht abzugsfähig.
- Die Herstellungs- und Anschaffungskosten für das Gebäude sind nur über die Abschreibung abzugsfähig.
- Die laufenden Hauskosten sind im Jahr der Bezahlung voll abzugsfähig.

Anschaffungskosten von Grund und Boden sind alle Aufwendungen, um das Eigentum an Grund und Boden zu erwerben. Dazu gehören auch die Nebenerwerbskosten wie Grunderwerbsteuer, Notariats-, Makler- und Grundbuchkosten, desgleichen Abbruchkosten und Straßenanliegerbeiträge.

761 **Zu den Herstellungskosten des Gebäudes gehören alle Aufwendungen, die erforderlich waren, um das Gebäude zu errichten und nutzbar zu machen, also alle Handwerkerrechnungen, das Architektenhonorar, öffentliche Gebühren für Baugenehmigung usw.** Dazu zählen auch Ihre persönlichen Ausgaben wie Fahrtkosten, Verpflegungsmehraufwand und die Kosten fürs Richtfest.

762 **Zu den Anschaffungskosten des Gebäudes gehören alle Aufwendungen, die erforderlich waren, um das Eigentum an dem Gebäude zu erlangen. Dazu gehören auch die Nebenerwerbskosten wie Grunderwerbsteuer, Notariats-, Makler- und Grundbuchkosten.**

Sind in den Anschaffungskosten auch welche für Grund und Boden enthalten, muss aufgeteilt werden, und zwar ausgehend von den gesamten Anschaffungskosten. Nur der Gebäudeanteil kann abgeschrieben werden, alle anderen Aufwendungen gehören zu den laufenden Hauskosten, die sofort und in voller Höhe abzugsfähig sind.

Doch aufgepasst: Das Finanzamt geht mehr und mehr dazu über, Grund und Boden nach qm-Preisen laut Bodenrichtwert anzusetzen. Diese Restwertmethode kann bei großen Grundstücken dazu führen, dass mehr als die Hälfte des Kaufpreises auf Grund und Boden entfällt und somit nicht der Abschreibung unterliegt.

GUTER RAT

Machen Sie dem Finanzamt klar, dass der Grund-und-Boden-Preis lt. Richtwertkarte nicht bindend ist; tatsächlich ist Ihr Häuschen aufgrund Größe und Ausstattung wesentlich mehr wert als nach dieser unlogischen Rechenoperation. Zudem verliert der Boden durch Bebauung und Übergröße an Wert. Eigentlich zutreffend ist die Aufteilung im Verhältnis der Verkehrswerte von Grundstück und Gebäude. Einen Hinweis auf Ihre Ausführung kann bereits eine entsprechende Angabe im Kaufvertrag geben, wenn Sie und der Käufer die Aufteilung des Kaufpreises genau beziffern.

Für eine überschlägige Ermittlung, wie der Kaufpreis auf das Gebäude und auf Grund und Boden aufgeteilt werden kann, stellt das Bundesfinanzministerium auf www. Bundesfinanzministerium.de ein einfaches Berechnungsprogramm zur Verfügung: »Arbeitshilfe zur Aufteilung eines Gesamtkaufpreises für ein Bebautes Grundstück (Kaufpreisaufteilung)«. Sie finden die Datei, wenn Sie in der Suchfunktion der Startseite den Begriff »Kaufpreisaufteilung« eingeben.

Zu den laufenden Hauskosten gehören alle Aufwendungen, die nicht Anschaf- **763** **fungs- oder Herstellungskosten sind und mit dem Grundstück in wirtschaftlichem Zusammenhang stehen.** Dazu gehören etwa die Finanzierungskosten. Sie sind natürlich in voller Höhe abzugsfähig, und zwar im Jahr der Bezahlung. Zu den Finanzierungskosten wiederum gehören die Geldbeschaffungskosten. Wenn Sie die Wörter irritieren, merken Sie sich einfach Folgendes: Zu den Finanzierungskosten gehören alle Kosten, die nur deshalb angefallen sind, weil Sie nicht über ein so hohes Bankkonto verfügen, dass Sie alle Anschaffungs- und Herstellungskosten aus Eigenmitteln bezahlen können.

Merken Sie sich zum Disagio (Unterschied zwischen dem Nennbetrag eines **764** **Hausdarlehens und dem Auszahlungsbetrag):** Das Disagio ist im Jahr der Auszahlung des Darlehens abzugsfähig. Wird das Darlehen – nach Baufortschritt – in Raten ausbezahlt, entsteht das Disagio anteilig und ist entsprechend anteilig im Jahr der Ratenauszahlung abzugsfähig.

GUTER RAT

765 Maklergebühren sind ja bekanntlich Teil der Anschaffungskosten und deshalb nicht sofort abzugsfähig. Wenn der Makler allerdings bei der Finanzierung des Grundstückserwerbs behilflich war, kann er seine Rechnung in reine Maklergebühren und in Gebühren für Finanzierungsberatung aufteilen. Einigen Sie sich vorher mit ihm, dass Sie z.B. 2 % für die Vermittlung des Grundstücks und 1 % für die Finanzierungsberatung zahlen. So muss es im Auftrag und auch im Kaufvertrag stehen. Die Gebühren für die Finanzierungsberatung sind dann als Geldbeschaffungskosten im Jahr der Zahlung in voller Höhe als Werbungskosten abzugsfähig.

Ihre Grunderwerbsteuer mindert sich, wenn Sie mit dem Grundstück Einrichtungsgegenstände erwerben, z.B. eine Kücheneinrichtung oder Einbaumöbel. Ziehen Sie vom Kaufpreis dafür 30.000 € ab, und Sie sparen 600 € Grunderwerbsteuer.

Auch hier sollten die Gegenstände im Kaufvertrag aufgeführt werden – natürlich nur, wenn es zutrifft.

TRICK

Wie man die Herstellungskosten höher als gewöhnlich ansetzt

766 Sie sitzen über der Aufstellung Ihrer Herstellungskosten, die Sie dem Finanzamt als Grundlage für die Berechnung der Abschreibung einreichen wollen, und wundern sich über die niedrige Summe. Dann fällt Ihnen ein, dass Sie Ihren Freunden, die beim Bau mitgeholfen haben, ein paar Scheine in die Hand gedrückt haben. Außerdem haben Sie etliche Kästen Bier und viele kleine Fläschchen Whisky spendiert, damit der Bau etwas schneller vorwärtsging ... Und Ihrem Vater, der tüchtig mitgeholfen hat, haben Sie als Dankeschön einen neuen Fernseher gekauft. Außer über den Kauf des Fernsehers haben Sie allerdings keine Belege!

Kein Grund, dem Finanzamt all die Steuerersparnis zu schenken. Gehen Sie zu Ihren Freunden und lassen Sie sich nachträglich Quittungen ausstellen (Freundes- oder Nachbarschaftshilfe hat nichts mit Schwarzarbeit zu tun!).

Freunde, die Ihnen in der Not geholfen haben, erhielten	1.200 €
Der Fernseher für Ihren Vater kostete	870 €
Auf die	2.070 €

entfallen für die ersten Jahre an die 250 € Steuerersparnis.

Und den Aufwand für die Getränke, mit denen Sie die Arbeiter bei Laune gehalten haben, packen Sie hinzu.

TIPP

für Helfer am Bau

Bei den meisten Rentnern dürfte sich selbst eine höhere Nebeneinnahme nicht negativ auswirken, da sie in der Regel mit ihrem zu versteuernden Einkommen unter dem Grundfreibetrag liegen.
Bei Freunden und Verwandten, die lediglich Arbeitnehmereinkünfte haben, ergibt sich aufgrund des sog. Härteausgleichs keine Steuerzahlung, da hier bis zu 410 € steuerfrei bleiben. **Das allerdings nur, wenn sie nicht selbst Verluste, z. B. aus der Vermietung einer Immobilie, abziehen wollen.**

TRICK

Wie Sie dem Finanzamt in die Parade fahren, wenn es Geld von Ihnen verlangt

Sie haben gebaut, treu und brav die Baukosten dem Finanzamt eingereicht und erhalten wie aus unbewölktem Himmel einen Bescheid, in dem es heißt:... die von Ihnen geltend gemachten Baukosten konnten nicht in voller Höhe anerkannt werden und wurden gekürzt um

1. die Vergütungen an Ihre Bekannten, die als Nichtunternehmer handwerkliche Arbeiten geleistet haben	2.000 €
2. den Betrag, der für drei Schränke in den Schreinerarbeiten des Handwerksmeisters enthalten ist, mit	1.600 €
3. Kosten der Getränke für die Bauarbeiter zum Aufrechterhalten ihrer Arbeitslust	250 €
4. den Betrag für die Einfriedung (Zaun)	820 €
5. Kosten einer Einbauküche	2.750 €
6. Aufwand für Teppichböden	2.900 €
	10.320 €

Sie werden dem Finanzamt Folgendes schreiben:

Zu 1. Arbeitnehmertätigkeit
»... kann ich leider Ihre Kürzungen nicht akzeptieren. Die bei mir beschäftigten Personen waren völlig selbständig und keineswegs meinen Weisungen unter-

worfen. Wie wäre mir dies auch möglich, da ich vom Handwerk nichts verstehe. Die Zeit ihrer Arbeit bestimmten sie ebenfalls völlig von sich aus bzw. arbeiteten je nachdem, wie es ihre Zeit erlaubte. Als Beweis dafür dienen die von ihnen ausgestellten Quittungen, denen zu entnehmen ist, dass sie eine pauschale Tätigkeitsvergütung und keinen Lohn erhalten haben. Der BFH sagt im Übrigen dazu: ›Gegen die Unselbständigkeit spricht es, wenn jemand die übernommene Arbeit auch durch eine andere Person, z.B. einen Familienangehörigen, leisten lassen kann; denn ein Arbeitnehmer muss in der Regel persönlich tätig werden‹ (Urteile des Bundesfinanzhofs V 86/55 U v. 12.1.1956, BStBl 1956 III S. 119, Slg. Bd. 62, S. 322, VI 72/58 v. 3.7.1959, VI 186/58 U v. 11.3.1960, BStBl 1960 III S. 215, Slg. Bd. 70, S. 578, BFH v. 24.11.1961 – VI 183/59 S – BStBl 1962 III 37)! Das ist durch die Vielzahl meiner kurzfristigen Helfer eindeutig bestätigt. Und selbst wenn die Zeiteinteilung mit mir abgesprochen war – ich konnte meine Helfer nie zwingen, zu diesen Zeiten tatsächlich zu erscheinen. Auch hatten sie, wie es bei Arbeitnehmern üblich wäre, keinen bezahlten Urlaubsanspruch.«

769 **Weisen Sie das Finanzamt darüber hinaus darauf hin, dass es sich um keine berufliche Tätigkeit Ihrer Freunde und Verwandten handelte, sondern um einen reinen Freundschaftsdienst, so dass weder das Kriterium der Schwarzarbeit noch das der Scheinselbständigkeit erfüllt ist und weder Steuer- noch Sozialversicherungszahlungen zu leisten sind.**

Seit Jahrzehnten haben verschiedene Finanzer diese Sache an die Gerichte getrieben, hoffend, endlich grünes Licht zur Besteuerung der sich ein Zubrot Verdienenden zu bekommen. Die Tendenz scheint dahin zu gehen, dass Gesellen oder Poliere des Bau- und Baunebengewerbes nicht, Hilfsarbeiter dagegen sehr wohl als Arbeitnehmer des Bauherrn angesehen werden. Beschäftigen Sie also vorsorglich nur Facharbeiter, die dann wie Selbständige behandelt werden können.

770 **Zu 2. Gebäudebestandteile**

»Auch zu Punkt 2 muss ich Ihnen widersprechen. Wenn es sich bei den Einbauschränken auch nicht um direkten Bauaufwand handelt, so sind sie mit dem Gebäude doch fest verbunden und deshalb als zugehörig zu betrachten. Für fest mit wesentlichen Gebäudeteilen zusammenhängende Schränke, die nicht mehr aus dem Zimmer herauszunehmen sind, ohne dabei die Wände zu beschädigen, ist allein deshalb schon Abschreibungsfreiheit gegeben, weil sie zu Gebäudeteilen geworden sind wie die Holzlatten am Dachstuhl. Beachten Sie bitte diesbezüglich H 6.4 EStH. Nicht absetzbar wäre etwa eine Schranktrennwand, die mehr die Funktion einer Wohnungseinrichtung erfüllt.«

771 **Zu 3. Getränke**

»Was den fehlenden Nachweis über die Getränke betrifft, die ich im Lauf der Bauzeit für die Bauarbeiter ausgeben musste, ist Folgendes zu sagen: Nach der allgemeinen Lebenserfahrung (ein Begriff, den Sie ja selbst so gern und oft anführen, wenn es darum geht, etwas abzulehnen) ist ein Betrag von 250 € eher zu niedrig als zu hoch für das Trinkvermögen von Bauarbeitern zu erachten.«

Zu 4. Einfriedung

»Auch die Aufwendungen für die Einfriedung gehören im Zweifelsfall zu den Herstellungskosten (H 6.4 EStH).«

Zu 5. Einbauküche

»Der Bundesfinanzhof hat entschieden, dass die Kosten einer Einbauküche zum Gebäude gehören, soweit sie auf Spüle und Herd entfallen (Urt. v. 13.3.1990 – BStBl 1990 II S. 574). Das gelte auch für eingebaute Schrankwände, wenn diese Küche und Esszimmer voneinander trennten ...«

Zu 6. Bodenbelag

»Hinsichtlich des Teppichbodens weise ich darauf hin, dass er auf Estrich verlegt und zudem mit dem Untergrund fest verbunden wurde.«

Und nicht vergessen: Prozesskosten, die Ihnen entstehen, weil Sie den Bauunternehmer wegen Baumängel verklagen, gehören genauso wie die Kosten zur Mängelbeseitigung zu den Herstellungskosten (BFH-Urt. v. 1.12.1987 – BStBl 1988 II S. 431).

Ebenfalls zu den über die Abschreibung zu erfassenden Kosten rechnen Ihre Aufwendungen für einen Rechtsanwalt, Gerichtskosten etc., um einen Konkurrenten, der Einwände gegen Ihren Kauf der Immobilie hatte, aus dem Feld zu schlagen. Die Kosten sind als nachträgliche Anschaffungskosten zu erfassen (BFH v. 17.4.2007 – BStBl 2007 II S. 956). Dasselbe gilt, wenn Sie eine Immobilie ganz oder teilweise unentgeltlich von Ihren Eltern erworben haben und nun Kosten haben, um eine Zwangsvollstreckung in die Immobilie für Schulden Ihrer Eltern zu vermeiden (FG Düsseldorf v. 22.11.2006 – 7 K 1350/05 E).

Außerdem setzen Sie an: geschenkte Baumaterialien zum Marktpreis und die Anschaffungskosten für Geräte und Maschinen, die Sie für den Bau benötigt haben: Mischer, Bohrmaschine, Stichsäge, Flex, kleinere Werkzeuge. Wenn der Bau steht, wandert alles, was noch brauchbar ist, ganz legal in Ihren Hobbykeller.

TRICK

Machen Sie die Kosten für einen nicht zustande gekommenen Hauskauf oder Hausbau geltend!

Es kommt doch immer wieder vor, gerade wenn Sie mit unseren Baubehinderungsbehörden zu tun haben: Pläne oder Voranfragen wurden nicht genehmigt.

Sie haben Bodenproben machen, Vermessungspläne erstellen lassen, eine Anzahlung ist verloren, weil der Empfänger Konkurs gemacht hat. Diese Planungskosten sind sofort abzugsfähige Werbungskosten, da die Planung nicht ausgeführt wurde (BFH-Urt. v. 4.6.1991 – BStBl 1991 II S. 761). Und: Sieht das Haus nachher wesentlich anders aus als ursprünglich gedacht und konnten nicht einmal Teile der ersten Planung für die zweite genutzt werden, sind die Kosten für die erste Planung ebenfalls sofort absetzbare Werbungskosten (FG Niedersachsen v. 14.1.1982 – EFG 1982 S. 460).

TRICK

Setzen Sie Abrisskosten von der Steuer ab!

777 Haben Sie ein Grundstück mit Haus gekauft oder einem Erbbauberechtigten für sein Erbbaurecht eine Abstandszahlung geleistet, sind die Abstandszahlung und die Abrisskosten Herstellungskosten des neuen Gebäudes, das Sie bauen (BFH v. 13.12.2005 – BStBl 2006 II S. 461).

3.3 Sonstiges zu den Werbungskosten

778 Bei den Vermietungseinkünften verlangt der Fiskus genau wie bei anderen Einkunftsarten, dass Sie die Vermietung mit *Einkunftserzielungsabsicht* betreiben, d.h. langfristig gesehen ein Plus machen wollen. Das ganze Nachweistheater können Sie sich sparen, wenn Sie eine ganz normale, auf Dauer angelegte Vermietung betreiben. In diesem Fall muss das Finanzamt nämlich – Verluste hin oder her – Ihre Einkunftserzielungsabsicht schlichtweg unterstellen (BFH v. 10.5.2007 – BStBl 2007 II S. 873; BMF v. 8.10.2004 – BStBl 2004 I S. 933). Wie so oft müssen Sie aber auch hier die berühmten Ausnahmen kennen, die die Regel bestätigen.

WICHTIGER HINWEIS

Wenn Sie Wohnungen verbilligt an Angehörige vermieten, achten Sie unbedingt darauf, dass die vereinbarte Warmmiete, also inkl. Nebenkosten, mindestens 66 % der ortsüblichen Warmmiete beträgt. Liegen Sie unter dieser Grenze, kürzen Ihnen die Fiskalritter gnadenlos Ihre Werbungskosten.

Beispiel
Sie haben eine 80-qm-Wohnung an Ihren Bruder vermietet. Da er finanziell nicht gerade auf Rosen gebettet ist, zahlt er gerade mal 200 € Warmmiete im Monat. Auf dem freien Markt würde die Wohnung 500 € kosten. Da die Woh-

nung also lediglich zu 40 % entgeltlich vermietet ist, sind auch Werbungskosten nur zu 40 % abzugsfähig (§ 21 Abs. 2 EStG).

Kürzung Ihrer Werbungskosten:
Angenommene Kosten: 200 € mtl. × 12 Monate = 2.400 €, davon abzugsfähig 40 % = 960 €. 1.440 € fallen unter den Tisch.

Wenn die Miete mindestens 66 % der ortsüblichen Miete beträgt, kann das Finanzamt bei Wohnungen keine auf die nächsten 30 Jahre hochgerechnete Überschussprognose verlangen.

Eine Überschussprognose müssen Sie allerdings weiterhin in folgenden Fällen erstellen:

- Sie lassen ohne besonderes Konzept die laufenden Schuldzinsen immer weiter auflaufen und tilgen die Darlehen für das Vermietungsobjekt nicht (BFH v. 10.5.2007 – BStBl 2007 II S.873).

- Sie vermieten eine Ferienwohnung, vgl. ➤ Rz 810.

- Die Vermietung ist von vornherein befristet, weil Sie die Immobilie danach selbst nutzen oder verkaufen wollen (BFH v. 9.7.2002 – BStBl 2003 II S.695; BFH v. 29.3.2007 – BFH/NV 2007 S.1847). Kurzfristige Selbstnutzungs- oder Verkaufsabsicht unterstellt der Fiskus regelmäßig, wenn Verkauf/Selbstnutzung innerhalb von fünf Jahren nach Anschaffung erfolgen.

- Sie vermieten eine besonders aufwendige Immobilie (Luxusobjekt) (BFH v. 6.10.2004 – BStBl 2005 II S.386).

- Sie erzielen die Einkünfte aus einem Bauherren- oder Mietkaufmodell mit Rückkaufgarantie (BFH v. 30.9.1997 – BStBl 1998 II S.771).

- Sie vermieten oder verpachten langfristig unbebaute Grundstücke (BFH v. 28.11.2007 – IX R9/06, Der Betrieb 2008 S.556).

- Sie vermieten eine Gewerbeimmobilie, ein Ladenlokal oder Räume für eine Arztpraxis oder Freiberuflerkanzlei.

WICHTIGER HINWEIS

Was ist eigentlich die ortsübliche Miete?
Bei der Prüfung, ob Sie die 66-%-Grenze eingehalten haben, vergleicht der Fiskus die tatsächlich von Ihrem Mieter gezahlte Miete inklusive aller Umlagen. Die Umlagen werden also immer in den Vergleich einbezogen. Haben Sie z.B. eine Wohnung an einen Angehörigen vermietet und nehmen an Miete dasselbe wie von Ihren übrigen Mietern, legen aber die Heiz- und Stromkosten nicht um, kann es vorkommen, dass Sie die 66-%-Hürde reißen.

TRICK

Beanspruchen Sie als Vergleichsmiete immer das für Sie günstigste Ergebnis!

779 Bei der Frage, ob die Grenze von 66 % der ortsüblichen Miete unterschritten ist, greift der Fiskus gern auf die Mietspiegel für die betreffende Gemeinde zurück. Lassen Sie sich bei den Vergleichen mit dem Mietspiegel nicht Ihr steuerliches Ergebnis schlechtrechnen. Die Mietspiegel weisen als Vergleichsgröße eine Spanne als übliche Miete aus, z. B. »Neubauwohnungen bis 100 qm 5,50 €–7,10 €«. Die Vertreter des Fiskus gehen nun natürlich gern her und vergleichen Ihre tatsächliche Miete mit dem Mittelwert des Mietspiegels, in unserem Beispiel also 6,30 €. Das lassen Sie auf keinen Fall durchgehen! Wenn der Mietspiegel als untersten Wert 5,50 € ausweist, ist das eine zulässige Vergleichsmiete. Die Berechnung, ob und in welchem Umfang eine verbilligte Vermietung vorliegt, hat sich deshalb gefälligst an diesem – für Sie günstigeren Wert – zu orientieren. Was dem BFH für die Berechnung von Vorteilen aus der verbilligten Vermietung an Arbeitnehmer recht war (BFH v. 17.8.2005 – BStBl 2006 II S. 71), muss ja wohl auch für Sie gelten. Rückendeckung gibt es dabei von der Finanzverwaltung in Nordrhein-Westfalen (OFD Rheinland v. 17.12.2007 – Kurzinfo ESt 82/2007).

SUPER TRICK

Keine Kürzung bei leerstehenden Wohnungen

780 Steht eine Ihrer Mietwohnungen leer? Seien Sie auf der Hut, denn schon spitzt der Finanzbeamte seinen Rotstift und will Ihren Werbungskosten ans Leder, weil er argwöhnt, Sie wollten die Wohnung nicht mehr vermieten, sondern verkaufen. Aber Sie wissen sich zu wehren. Treiben Sie ihm die Streichgelüste aus, indem Sie wie folgt argumentieren: »Von einem Leerstand der Wohnung kann keine Rede sein. Die Wohnung ist lediglich infolge eines überraschenden Mieterwechsels vorübergehend nicht vermietet. Die Absicht, mit der Wohnung weiterhin Mieteinkünfte zu erzielen, besteht nach wie vor. Sehen Sie dazu die beigefügten Anzeigen im Immobilienteil der *Hintertupfinger Rundschau*.«
Bei einem solchermaßen begründeten Leerstand behalten Sie den ungekürzten Werbungskostenabzug.
Bei längerem Leerstand müssen Sie allerdings mehr tun, als ein oder zwei Proforma-Anzeigen im Jahr zu schalten. Investieren Sie lieber ein paar Euro mehr und inserieren Sie Ihre Wohnung mehrfach in verschiedenen Zeitungen oder im

Internet. Bei einem mehrjährigen Leerstand müssen Sie einen Makler beauftragen. Nutzt auch das nichts, verlangt der BFH, dass Sie Abstriche bei der Höhe der Miete machen oder nicht mehr so wählerisch bei potenziellen Mietern sind. Damit nehmen Sie dem Finanzamt den Wind aus den Segeln, wenn es Ihnen mit dem Argument kommt, Ihre Vermietungsbemühungen seien nicht ernsthaft und nachhaltig gewesen. Und da auch Ihre Anzeigen- und Maklerkosten als Werbungskosten gelten, trägt der Fiskus durch die daraus resultierende Steuerersparnis sowieso einen Teil Ihrer Aufwendungen (BFH v. 28.10.2008, IX R 1/07; BFH/NV 2009 S. 68; BFH, Urteil v. 11.12.2012 – IX R 14/12, BStBl 2013 II S. 279). Sind all Ihre Bemühungen nicht von Erfolg gekrönt, geht der BFH sogar so weit, dass er von Ihnen verlangt, die Immobilie baulich umzugestalten, damit Sie sie vermieten können.

Sie können also den Fiskus sicher einige Zeit mit der Darlegung Ihrer Vermietungsbemühungen hinhalten und Ihre Verluste retten. Aber seine Geduld ist hier leider auch endlich.

Was Sie grundsätzlich absetzen können

- sämtliche Schuldzinsen, Disagio etc.,
- Erbbauzinsen,
- Abschreibungen,
- erhöhte Abschreibungen,
- Sonderabschreibungen, z. B. nach dem Fördergebietsgesetz,
- Geldbeschaffungskosten, Schätzgebühren, Notar- und Gerichtskosten,
- Ertragsanteil von Renten,
- Reparaturkosten,
- Instandhaltungs-, Modernisierungskosten,
- Strom, Gas, Wasser,
- Heizkosten,
- Grundbesitzabgaben wie Müllabfuhr- und Abwassergebühren,
- Hausversicherungen,
- Hausverwaltung etc.

SUPER TRICK

Setzen Sie als Pensionär oder Rentner Ihre vollen Arbeitszimmerkosten ab

Sie haben als Rentner oder Pensionär in aktiven Zeiten mit dem Kauf einiger Immobilien Ihre Altersversorgung gesichert. Natürlich verwalten sich die Häuser nicht von allein. Um dem ganzen Papierkram Herr zu werden, haben Sie sich in Ihrem eigenen Haus ein schickes 25 qm großes Arbeitszimmer eingerichtet. Da Sie für die Immobilienverwaltung keinen anderen Arbeitsplatz haben, können Sie von Ihren Arbeitszimmerkosten mindestens 1.250 € im Jahr als Werbungskosten bei Ihren Vermietungseinkünften abziehen.

Wenn Sie neben Ihren Mieteinkünften nur noch Ihre Pension oder Rente beziehen, kracht es bei Ihren Arbeitszimmerkosten so richtig. Dann geht nämlich Ihr Arbeitszimmer als Mittelpunkt Ihrer gesamten Einkünfteerzielung durch. Das führt dazu, dass die Begrenzung auf 1.250 € im Jahr nicht gilt. Sie setzen in so einem Fall also jeden roten Heller, der für Ihr Arbeitszimmer anfällt, als Werbungskosten ab. Argumentiert ein übereifriger Fiskalritter, der Vollabzug der Arbeitszimmerkosten scheitere daran, dass Sie ja noch Renteneinkünfte haben, weshalb das Arbeitszimmer nicht Mittelpunkt der Einkünfteerzielung sei, dann tragen Sie mal wieder zur Weiterbildung des Sachbearbeiters bei. Bei der Beurteilung des Mittelpunkts der gesamten betrieblichen und beruflichen Betätigung sind nämlich nur Einkunftsarten einzubeziehen, die eine aktive Tätigkeit erfordern. Deshalb bleiben vor allem Pensionen oder Renten außer Betracht. Dass sie letztlich aus einer früher einmal aktiven Tätigkeit resultieren, spielt keine Rolle (Niedersächsisches Finanzgericht v. 8.11.2011 – 12 K 264/09).

783 Viele Finanzämter setzen sich neuerdings Veranlagungsschwerpunkte, d.h., bestimmte Bereiche in Ihrer Steuererklärung werden besonders kleinlich geprüft. Womöglich ausgerechnet Ihre Vermietungseinkünfte. Dann hacken die Finanzbehörden auf den Umlagen herum, wollen genau wissen, was der Mieter gezahlt hat und ob diese Beträge mit Ihren Kosten übereinstimmen. Damit ist das bisher allseits praktizierte Nettoverfahren – nämlich einerseits die Umlagen nicht als Einnahme anzusetzen und im Gegenzug dafür die umlagefähigen Kosten nicht abzusetzen – hinfällig. Und so etwas wird einem dann auch noch hochtrabend als Steuervereinfachung verkauft.

Insbesondere wird das Auge des Fiskus auf Ihrer Finanzierung und den zugehörigen Schuldzinsen ruhen. Achten Sie also darauf, dass sich bei nachträglichen Darlehen der konkrete Zusammenhang mit der Modernisierung oder Renovierung herstellen lässt.

TIPP
zu Schuldzinsen

784 **Zur Abzugsfähigkeit von Schuldzinsen hat der BFH sich endlich positiv im Sinn des Steuerzahlers geäußert:** Wenn Sie und Ihr Ehegatte aus einem Topf wirtschaften und einer von Ihnen ein Haus kauft, Sie das Darlehen auf Wunsch der

Bank aber gemeinsam aufnehmen, sind die Schuldzinsen in vollem Umfang als Werbungskosten bei den Einkünften aus Vermietung und Verpachtung des Eigentümerehegatten abziehbar.

Vorsicht: Der Eigentümer muss zumindest an dem Darlehen beteiligt sein! Denn der BFH sagt auch: Nimmt ein Ehegatte allein ein Darlehen zur Finanzierung eines vermieteten Gebäudes auf, das dem anderen Ehegatten gehört, sind die Schuldzinsen nicht abziehbar.

Doch ich weiß einen Ausweg für Sie: Zeigen Sie dem Finanzamt, dass der Eigentümerehegatte die Schuldzinsen aus eigenen Mitteln bezahlt hat, dann muss es den Werbungskostenabzug zulassen (Anschluss an die Beschlüsse des Großen Senats des BFH v. 23.8.1999 GrS 1/97, BFHE 189, 151, BStBl II 1999, 778, und v. 23.8.1999 GrS 2/97, BFHE 189, 160, BStBl II 1999, 782).

TRICK

Ziehen Sie die Schuldzinsen auch nach dem Verkauf der Immobilie weiter ab!

Sie haben Ihr Haus verkauft und sind auf einem Teil der Kredite sitzengeblieben. Der früheren kleinlichen Regelung des Fiskus, dass es mit dem Verkauf des Hauses auch mit dem Abzug Ihrer Schuldzinsen vorbei sein soll, hat der BFH den Garaus gemacht.

Mit zwei Urteilen hat er entschieden, dass es den nachträglichen Schuldzinsenabzug selbst dann gibt, wenn Sie Ihre Immobilie nach Ablauf der Spekulationsfrist von 10 Jahren verkauft haben. Auch wenn Sie nach dem Verkauf für die verbliebenen Restdarlehen noch einmal eine Umfinanzierung vorgenommen haben, um z.B. günstigere Darlehenskonditionen zu nutzen, verhindert das den weiteren Schuldzinsenabzug als nachträgliche Werbungskosten nicht (BFH v. 20.6.2012 – BStBl 2013 S. 275 und BFH v. 8.4.2014 – IX R 45/13, DStR 2014 S. 996). Allerdings verlangt auch der BFH, dass

- der Veräußerungserlös vorrangig zur Tilgung der Hypothekendarlehen verwendet wird,
- der Veräußerungserlös nicht ausreicht, um die Darlehensverbindlichkeit in voller Höhe zu tilgen,
- bis zur Veräußerung unverändert die Absicht bestand, aus der Vermietung der Immobilie Einkünfte zu erzielen.

Bauen ist süßes Armmachen.
(Alter Spruch)

TIPP

Setzen Sie den Verkaufserlös richtig ein!

Entscheidend für den nachträglichen Abzug der Schuldzinsen bei den Einkünften aus Vermietung und Verpachtung ist, wie Sie den Veräußerungspreis verwenden.

● Anschaffung einer neuen Einkunftsquelle

Kaufen Sie von dem Geld eine neue Einkunftsquelle, z.B. ein anderes Vermietungsobjekt, hängen die Zinsen weiter mit Einkünften zusammen, sind also nach wie vor Werbungskosten aus Vermietung und Verpachtung. Sie ziehen sie bei der Berechnung der Einkünfte für die neue Immobilie ab. Wenn Sie nur einen Teil des Verkaufspreises in die neue Immobilie stecken, bleibt Ihnen der nachträgliche Schuldzinsenabzug entsprechend auch nur für einen Teil des bisherigen Darlehens.

● Sie kaufen keine neue Einkunftsquelle

Erwerben Sie keine neue Einkunftsquelle und reicht der Verkaufserlös theoretisch aus, um das ursprüngliche Darlehen abzulösen, endet der wirtschaftliche Zusammenhang mit der ursprünglichen Vermietung, wenn Sie das Darlehen nicht tilgen. Damit entfällt ein weiterer Schuldzinsenabzug.

Dienten die Darlehen nicht der Finanzierung des Kaufs oder des Baus der Immobilie, sondern der Finanzierung größerer Renovierungsmaßnahmen, bleibt Ihnen der nachträgliche Schuldzinsenabzug auf jeden Fall erhalten, sofern der Erlös aus dem Immobilienverkauf nicht zur Darlehenstilgung ausreicht. Eine besondere Finesse müssen Sie bei der Tilgung der alten Darlehen jedoch beachten: Sie sollten immer vorrangig die Darlehen mit der insgesamt höheren Zinsbelastung tilgen, was Sie schon aus wirtschaftlichen Gründen in Ihrem eigenen Interesse tun. Gehen Sie – warum auch immer – anders vor, verwehrt Ihnen das Finanzamt unter Umständen den kompletten Zinsabzug wegen nicht wirtschaftlichen Verhaltens.

3.4 Was Sie als Vermieter unbedingt über die Hausmodernisierung wissen müssen

786 Führen Sie als Vermieter Modernisierungsmaßnahmen durch, können Sie nach der allgemeinen Regelung eine Erhöhung der Miete bis zur Vergleichsmiete fordern, weil der Wohnwert höher geworden ist. Eine solche Mieterhöhung reicht aber nicht immer aus, die Modernisierungskosten zu decken. Deshalb wurde eine besondere Regelung getroffen, die zu höheren Mieten als der ortsüblichen Vergleichsmiete führen kann. Voraussetzung ist, dass die baulichen

Änderungen den Gebrauchswert der Wohnung nachhaltig erhöhen oder die allgemeinen Wohnverhältnisse auf Dauer verbessern, z. B. durch Wärmedämmungsmaßnahmen wie den Einbau von Doppelglasfenstern.
Für die Durchführung einer derartigen Umbau- bzw. Sanierungsmaßnahme hat der Gesetzgeber im Interesse von Mieter und Vermieter Vorschriften erlassen, die bestimmte Regelungen vorsehen, so die §§ 541 a und b BGB, § 3 MiethöheG. Danach hat der Vermieter dem Mieter zwei Monate vor Beginn der Maßnahme deren Art, Umfang, Beginn und voraussichtliche Dauer sowie die zu erwartende Erhöhung des Mietzinses mitzuteilen.
Die Mieterhöhung darf jährlich bis zu 11 % der angefallenen Kosten betragen (§ 559 BGB), die indessen um die Reparaturersparnis zu mindern sind. Diese wird mit ca. 10 bis 20 % der Kosten für die Sanierung anzusetzen sein. Da es schwierig ist, bei mehreren Wohnungen die Baukosten angemessen aufzuteilen, sollten gleich bei Auftragserteilung getrennte Rechnungen für jede Wohnung verlangt werden. Nach Abschluss der Baumaßnahme haben Sie als Vermieter eine entsprechende Erklärung über die Mieterhöhung abzugeben.
Die Erklärung hat die Wirkung, dass vom Ersten des auf die Erklärung folgenden Monats an die erhöhte Miete an die Stelle der bisherigen tritt.

SUPER TRICK
Seien Sie gescheit und machen Sie Ihr Haus wertvoller!

Ihnen ist es möglich, 11 % der »reinen Modernisierungskosten« jährlich als Mieterhöhung auf den Mieter abzuwälzen. Das heißt, dass Sie in neun Jahren Ihre Auslagen hereinholen. Zudem sind die Aufwendungen bei Häusern, die nicht selbst zu Wohnzwecken genutzt werden, allgemein als Erhaltungsaufwand sofort steuerlich absetzbar. Der BFH entschied da zum Glück endlich großzügig. Zum Erhaltungsaufwand gehören die Aufwendungen für die laufende Instandhaltung und Instandsetzung. Diese Aufwendungen werden im Allgemeinen durch die gewöhnliche Nutzung des Grundstücks veranlasst. Als Beispiele seien genannt Dachreparaturen, Treppenhausrenovierung, Außenanstrich, Reparatur der Heizungsanlage. Auch Aufwendungen für die Erneuerung von bereits in den Herstellungskosten des Gebäudes enthaltenen Teilen oder Anlagen sind regelmäßig abzugsfähiger Erhaltungsaufwand, z.B. Austausch von Fenstern (Holz- gegen Aluminiumrahmen, Einfach- gegen Doppelglas), Ersatz von mit Kohle beheizten Einzelöfen durch Elektrospeicheröfen, Einbau einer Zentral- anstelle einer Einzelofenheizung, Anschluss einer Zentralheizung an eine Fernwärmeversorgung, Einbau messtechnischer Anlagen zur verbrauchsabhängigen Abrechnung von Heiz- und Warmwasserkosten, Umdeckung des Daches. Herstellungsaufwand kann sich nur über die Abschreibung steuerlich auswirken. Der Abschreibungssatz beträgt bekanntlich im Allgemeinen 2 % jährlich. Beträgt der Herstellungsaufwand pro Baumaßnahme im Kalenderjahr nicht mehr als 4.000 € (Rechnungsbetrag ohne Umsatzsteuer), kann er sofort als Erhaltungsaufwand abgeschrieben werden (R 21.1 Abs. 1 S. 2 EStR).

TRICK

für die Modernisierung

788 Achten Sie darauf, dass Ihr Reparaturaufwand in den ersten drei Jahren nach Hauserwerb nicht zu hoch wird. Übersteigen Ihre Reparatur- und Modernisierungskosten ohne Mehrwertsteuer 15 % des Gebäudekaufpreises, können Sie die Kosten nicht mehr sofort als Werbungskosten in voller Höhe bei Ihren Vermietungseinkünften absetzen. Als Gebäudekaufpreis wird der Kaufpreis der Immobilie ohne Grundstücksanteil und, soweit sie als Vorsteuer abziehbar ist, ohne Mehrwertsteuer zu Grunde gelegt. Der Fiskus bezeichnet Ihre Kosten dann vielmehr als *anschaffungsnahen Herstellungsaufwand*, der auf die gesamte Lebensdauer des Gebäudes (meist 50 Jahre) verteilt wird und nur mit 2 % pro Jahr abgeschrieben werden darf. Dabei springt natürlich nur eine erheblich geringere Steuerermäßigung heraus. Diese fiskalischen Anweisungen enthält § 6 Abs. 1 a EStG. Verteilen Sie daher die Kosten geschickt, indem Sie mit einem Teil der Renovierung warten, bis der Dreijahreszeitraum abgelaufen ist.

Achten Sie außerdem darauf, dass Ihnen das Finanzamt die Kosten für Ausbauten, Erweiterungen und Anbauten nicht in die Prüfung der 15-%-Grenze einbezieht. Weil solche Kosten Herstellungskosten sind, werden nur die übrigen Reparatur- und Erhaltungskosten daraufhin geprüft, ob die 15-%-Grenze überschritten wird. Dasselbe gilt für jährlich wiederkehrende Erhaltungsaufwendungen wie Schönheitsreparaturen.

Vergleichsgröße sind immer die Anschaffungskosten des gesamten Gebäudes, auch wenn Sie in Ihrem Drei-Familien-Haus nur eine Wohnung renovieren.

Nehmen wir an, Sie haben für 600.000 € ein Haus (Erbbaugrundstück) mit drei Mietwohnungen gekauft und renovieren in den ersten drei Jahren die untere Wohnung für 40.000 €. Die anteiligen Anschaffungskosten für diese Wohnung betragen 200.000 €. Damit wäre an sich die Grenze von 200.000 € × 15 % = 30.000 € überschritten. Aber so darf Ihnen der Fiskus nicht kommen. Maßgebend ist das Gesamtgebäude, also liegt Ihre Kostengrenze in den ersten drei Jahren bei 600.000 € × 15 % = 90.000 €. Erst wenn Ihre Reparaturen darüber hinausgehen, verlieren Sie den Sofortabzug als Werbungskosten und müssen den ganzen Batzen über 50 Jahre mit jährlich 2 % abschreiben.

Aufgepasst bei Reparaturen kurz vor Ende der Frist. Entscheidend ist, wann die Reparatur oder die Renovierung erfolgt, nicht, wann Sie die Handwerkerrechnung bezahlen. Es nutzt Ihnen also nichts, die Bezahlung einfach auf einen Termin nach Ablauf der Dreijahresfrist zu legen. Andererseits muss die jeweilige Renovierungsmaßnahme abgeschlossen sein. Wenn Sie also vier Wochen vor Fristende z. B. mit der Renovierung der Bäder beginnen, diese aber erst nach Fristende fertig werden, entgehen Sie der 15-%-Falle.

GUTER RAT

Haben Sie größere Ausgaben, können Sie die in einem Jahr angefallenen Erhaltungs- und Reparaturkosten gleichmäßig auf zwei bis fünf Jahre verteilt abziehen (§ 82 b EStDV). So haben Sie auch in den kommenden Jahren noch etwas von der Steuerermäßigung. Von der Verteilung sollten Sie vor allem dann Gebrauch machen, wenn Ihr Einkommen im Reparaturjahr niedrig ist und Sie in Zukunft mit einem höheren Einkommen rechnen, z. B. weil Ihr Ehepartner wieder zu arbeiten anfängt, Sie eine besser dotierte Stelle bekommen oder Sie in den nächsten Jahren schlicht weniger von der Steuer werden absetzen können.

Also: Überlegen Sie, ob Sie nicht bald fällige Instandsetzungsarbeiten als Modernisierung bezeichnen können (Kombination von Mieterhöhung und Steuerersparnis). Machen Sie sich mal Gedanken, was da so alles an Kosten anfällt.

TRICK

Seien Sie als Hausbesitzer auch in Kleinigkeiten wachsam!

Die meisten Besitzer eines Miethauses machen nur deshalb nicht alles an Hauskosten geltend, weil es im Formular des Finanzamts (Einkünfte aus Vermietung) einfach keine Ausfüllspalten gibt bzw. entsprechende Hinweise fehlen.

Lassen Sie sich daher auf die Sprünge helfen, wie Sie schnell an die 200 € verdienen, indem Sie, etwa unter der Aufstellung für die Reparaturen, Folgendes angeben:

Fahrten mit dem eigenen Kfz:

12 × zwecks Hauskontrolle à 10 km =	120 km
6 × zwecks Besprechung im Zusammenhang mit dem Haus à 10 km =	60 km
6 Fahrten zu schlecht zahlenden Mietern zum Abholen der Miete à 10 km =	60 km

20 Fahrten mit Interessenten zum Besichtigen der Wohnungen à 10 km =	200 km
2 Fahrten bei Auszug von Altmietern zur Abnahme der Wohnung à 10 km =	20 km
Es sind 460 km mit 0,30 € Fahrtkosten abzurechnen, das ergibt einen Betrag von	138 €
Hinzu kommen:	
Kosten für Bohrmaschine und Werkzeug zur Eigenausführung von Reparaturen in den Mieträumen, da ich auf Handwerker zu lange warten muss	350 €
Telefonkosten, anteilig 10 % der Gesamtkosten von 720 €	72 €
Porto für ca. 50 Briefe	30 €
Schreibmaterial	15 €
Präsente an Müllfahrer	25 €
Trinkgelder an Handwerker bzw. Angestellte	25 €
Streusalz im Winter, Schneeschaufel	30 €
Gesamtkosten	685 €

Steuerersparnis bei 30 % Belastung: ca. 206 €.

Was die Reisekosten zwecks *Anschaffung* eines Hauses betrifft, so stellen Fahrten zu nicht erworbenen Gebäuden sofort abziehbare Kosten bei den Vermietungseinkünften dar. Fahrtkosten zum erworbenen Gebäude zählen zu den Anschaffungskosten.

Immer aber gilt: Ohne Beweise läuft gar nichts! Also: Alle Nachweise (Tankquittungen, Bewirtungsbelege, Zeitungsinserat über das Haus etc.) penibel aufbewahren – es ist bares Geld wert! Daran kommt kein Beamter vorbei. Ohne Nachweis aber verlieren Sie Ihr Recht.

TRICK

Drücken Sie mit einem Vorschuss die Steuerlast!

790 Zum Jahresende überlegen viele, wie sie noch schnell die Steuerlast für das laufende Jahr mindern können. Als Mietshausbesitzer haben Sie die Möglichkeit, größere Reparaturen zum Erhalt Ihres Hauses durchzuführen, etwa das Dach zu erneuern oder eine bessere Zentralheizung einzubauen. Schwierig ist aber, einen Handwerker zu finden, der eine größere Erhaltungsmaßnahme bis zum Jahresende ausführen kann. Wie wär's, wenn Sie dem Handwerker zumindest den Auftrag erteilen und ihm vor Jahresende einen Vorschuss von 10.000 € zahlen? Wenn Sie ihn nicht so gut kennen, sollten Sie aber vorher Referenzen einholen. Der Vorschuss drückt Ihre Steuerlast für das laufende Jahr bei angenommen 40 % um 4.000 €. Kommt das Finanzamt später mit dem Paragraphen für Missbrauch angetanzt (§ 42 AO), können Sie sagen: Sie hätten sich nur der Technik des § 11 EStG bedient. Der sieht diese Möglichkeit ganz legal vor.

GUTER RAT

Ist Ihr Grundbesitz umfangreich, werden Sie ihn nicht ohne eigenes Büro ordnungsgemäß verwalten können. Befindet sich das Büro in Ihrem eigenen Haus, gelten die allgemeinen Grundsätze für »häusliche Arbeitszimmer«. Dazu mehr unter ➤ Rz 263 ff.

Wenn Sie nur von Ihrem vermieteten Grundbesitz leben und Ihre gesamten Arbeiten rund um die Immobilien im Büro (Arbeitszimmer) erledigen, ist dieses der Mittelpunkt Ihrer Erwerbstätigkeiten, und Sie setzen die gesamten Bürokosten als Werbungskosten bei den Vermietungseinkünften ab.

TRICK

Drücken Sie vorbeugende Gesundheitskosten dem Finanzamt aufs Auge!

Die Kosten einer Asbestsanierung des Dachs in Ihrem Einfamilienhaus können Sie als außergewöhnliche Belastung absetzen. Die Gefährlichkeit des Asbests ist bekannt. Sie als Familienoberhaupt können sich dieser potenziellen Gefahrenquelle gegenüber nicht blind stellen. Sie sind nicht verpflichtet abzuwarten, bis eine konkrete Lebensgefährdung eingetreten und nachgewiesen ist. Also: Lassen Sie den Dreck rausreißen und das Finanzamt mitzahlen! Gleiches gilt für Holz in Innenräumen, das z.B. mit Formaldehyd imprägniert ist!

TRICK

Für alle, die eine vermietete Immobilie ihr Eigen nennen

Besitzen Sie eine Mietimmobilie, gehört dazu sicher auch ein Garten, der gepflegt, oder eine Rasenfläche, die gemäht sein will. Beauftragen Sie in Zukunft

Ihre Kinder damit und zahlen Sie ihnen 8,50 € die Stunde. Jede Woche fünf Stunden Arbeit, das macht 42,50 €, für die Zeit von Mai bis Oktober: 26 Wochen à 42,50 € = 1.105 €, die Sie unter die Werbungskosten aus Vermietung einreihen. Steuerersparnis ca. 300 €. Wie?

Natürlich müssen Sie alles richtig eingefädelt haben, vgl. dazu ➤ Rz 733 ff.

Wenn sich das Finanzamt mit dem Hinweis sperrt, die Mithilfe des Kindes erfolge auf familienrechtlicher Basis und sei deshalb steuerlich nicht als Arbeitsverhältnis anzuerkennen, helfen Sie mit einem kleinen Hinweis auf das Urteil des FG Köln vom 19.3.1981 (EFG 1982 S. 124) nach.

Für das Finanzgericht war ausschlaggebend, dass im Urteilsfall das Kind schon die Anlagen des vom Steuerzahler selbst genutzten Einfamilienhauses unentgeltlich in Ordnung hielt. Damit war nach Meinung der Kölner Richter die Mitarbeitspflicht des Kindes auf familienrechtlicher Basis ausreichend erfüllt. Dass sich der Sohn auch um das in Rede stehende weitere Grundstück der Eltern kümmerte, das zudem am anderen Ende der Stadt lag, ging deutlich über den Rahmen der Mithilfe im Haushalt der Eltern hinaus. Hinzu kam, dass das Grundstück recht groß war und daher erheblicher Wartung und Pflege bedurfte. Sicher hat dem Steuerzahler bei seiner Argumentation auch geholfen, dass er vor seinem Sohn eine fremde Hilfskraft zu denselben Konditionen für die Arbeiten beschäftigt hatte.

Wenn Ihr Kind den Garten in einem Haus pflegt, in dem neben anderen Mietern auch Sie selbst wohnen, wird das sicher nicht immer so reibungslos vonstattengehen. Einen Versuch ist das Ganze aber auf jeden Fall wert.

WICHTIGER HINWEIS

Doch aufgepasst: Sofern Sie Ihre Kinder nicht lediglich als Aushilfe (d. h. weniger als 50 Arbeitstage oder zwei Monate) beschäftigen, fallen für Sie in der Regel zusätzlich 28 % Sozialversicherung, 1,09 % Umlagen und Beiträge zur Unfallversicherung an. Die müssen Sie an die Krankenkasse abführen. Schwacher Trost: Selbstverständlich sind das für Sie Werbungskosten aus Vermietung. Erkennt der Fiskus in einem solchen Fall das Arbeitsverhältnis mit dem Kind wegen familienrechtlicher Mithilfe nicht an, fordern Sie im Gegenzug eventuell gezahlte Sozialversicherungsbeiträge zurück!

3.5 Mit Reparaturen eine höhere Steuerersparnis erlangen

794 Schlimm genug, wenn ein neues Haus schwere Mängel aufweist. Etwas schadlos halten können Sie sich – gleich, ob das Gebäude bereits fertig oder noch im Bau ist –, wenn Sie eine Abschreibung für außergewöhnliche Wertminderung vornehmen (FG Bremen v. 20.2.1980 – EFG 1980 S. 222). Einige Finanzämter wollen Wertminderungen allerdings nur dann als abzugsfähig anerkennen, wenn die Gebäude zum gewerblichen Betriebsvermögen gehören. Sind bei der Herstellung durch Fehlplanung oder fehlerhafte Ausführung Mehraufwendungen entstanden, gehören diese nicht zu den Herstellungs-, sondern den Werbungskosten.

Doch auch da machen einige Finanzämter Schwierigkeiten, denn sie rechnen unter Hinweis auf den BFH (BStBl 1988 II S. 431) Aufwendungen für Baumängelbeseitigung einschließlich Prozesskosten zu den Herstellungskosten, die nur langsam abgeschrieben werden.

Seien Sie clever: Sofort abgeschrieben werden können Reparaturaufwendungen für Schäden, die nach Fertigstellung aufgetreten sind. Eine Stellungnahme des Architekten hilft, den schnellen Abzug beim Finanzamt durchzusetzen.

Das Hessische Finanzgericht hat zusätzliche Kosten zur Abstützung des Fundaments als sofort abzugsfähig anerkannt. Im Urteilsfall drohte Einsturzgefahr infolge Grundwassersenkung (EFG 1984 S. 401).

Manchmal stellt sich erst nach dem Hauskauf heraus, dass umfangreiche Mängel vorliegen, die behoben werden müssen. Das Finanzamt rechnet entsprechende Kosten gern zu den anschaffungsnahen Herstellungskosten (§ 6 Abs. 1 a EStG). Dazu mehr unter ➤ Rz 788.

SUPER TRICK

Bitten Sie den Fiskus in zwei Schritten zur Kasse!

So richtig langen Sie in die Sahne, wenn Sie ein älteres Haus erwerben und es zunächst vermieten, bevor Sie selbst einziehen, obwohl das mietrechtlich nicht einfach ist. Als Vermieter können Sie sämtliche Finanzierungskosten in der Steuererklärung unterbringen. Die Zinsen bürden Sie also zum Teil dem Fiskus auf. Wenn Sie später einziehen, können Sie den Fiskus noch einmal zur Kasse bitten, indem Sie das Haus gründlich aufmöbeln. Denn sämtliche Renovierungskosten vor Einzug sind als Werbungskosten absetzbar.

Lassen Sie sich aber unbedingt ein paar Jahre Zeit mit dem eigenen Einzug. Der BFH hat Ihnen in seinen Urteilen vom 9.7.2002 (IX R 47/99 und 57/00 – BStBl 2003 II S. 580, 695) nämlich ein paar Steine in den Weg gelegt. Bei einer nur kurzfristigen Vermietung mit anschließendem Verkauf der Immobilie oder anschließender Selbstnutzung darf das Finanzamt dies als gewichtiges Anzeichen dafür nehmen, dass Ihnen die ernsthafte Absicht fehlte, mit der Vermietung auf Dauer Einkünfte zu erzielen. Der BFH geht in seinen Urteilen bei einer Vermietung von bis zu fünf Jahren von einer nur »kurzfristigen Vermietung« aus, d. h., Sie müssen sich mindestens fünf, besser noch ein bis zwei Jahre mehr gedulden, bevor Sie mit der Renovierung beginnen. Siehe hierzu auch ➤ Rz 800.

TIPP
für kurzfristige Mietverträge

Nicht bei jedem Mietvertrag mit zeitlich beschränkter Laufzeit darf das Finanzamt Ihnen Veräußerungs- oder Selbstnutzungsabsicht unterstellen und Ihnen Verluste streichen. Vor allem, wenn Ihr Mietvertrag sich ohne Kündigung stillschweigend verlängert oder Sie ihn auch ohne eine solche Verlängerungsoption verlängert haben, darf das Finanzamt Ihre Einkunftserzielungsabsicht nicht in Frage stellen (BFH v. 14.12.2004 – BStBl 2005 II S. 211).

TRICK
Retten Sie durch einen Mietvertrag mit Ihren Kindern die Renovierungskosten!

798 Sie wollen ein bisher vermietetes Haus oder eine Eigentumswohnung künftig selbst nutzen, die Immobilie ist aber, seit Sie sie gekauft haben, weniger als fünf Jahre vermietet. Bevor Sie nun mit Ihren Renovierungskosten eine steuerliche Bauchlandung erleben, bringen Sie Ihre Kinder ins Spiel. Nachdem Sie Ihren Mieter an die Luft gesetzt haben, vermieten Sie die Immobilie zunächst an Ihre Kinder und füllen so die fehlenden Jahre der Vermietung auf. Als zusätzlicher Vorteil kommt hinzu, dass Ihre Kinder sicher nicht ständig Ärger machen, wenn Sie schon einmal anfangen, das Haus oder die Wohnung Stück für Stück zu renovieren.

GUTER RAT

799 Besitzen Eltern mit geringem Einkommen ein dringend renovierungsbedürftiges Mietshaus, sollten sie es ihren besser verdienenden Kindern vorzeitig vererben. So führen die Renovierungskosten zu höheren Steuerentlastungen.

Schaff dir ein Mehrfamilienhaus an – und du hängst
dein Lebensglück an den Nagel.
(Chinesisches Sprichwort)

TRICK

So leimen Sie das Finanzamt bei geplanter Eigennutzung.

Wer nach jahrelanger Vermietung seines Hauses oder seiner Eigentumswohnung das Mietverhältnis wegen geplanter Eigennutzung kündigt und nach Auszug des Mieters die durch die Vermietung entstandenen Schäden beseitigt, dem sollte eigentlich das Recht zustehen, die Kosten dafür als nachträgliche Werbungskosten absetzen zu können. Doch weit gefehlt. Flugs kommt der Fiskalbürokrat mit der Begründung: Keine Absicht mehr auf Erzielung von Einkünften, also kein Abzug von Werbungskosten, und wedelt mit den restriktiven Urteilen des Hessischen Finanzgerichts vom 1.3.1991 (EFG 1991 S. 471) und des Saarländischen FG vom 11.12.1997 (2 K 29 197).

800

Daher rate ich Ihnen, bei geplanter Eigennutzung noch vor Beendigung des Mietverhältnisses zumindest all das zu renovieren, was richtig ins Geld geht: Badezimmer, Fenster, Türen, Heizung, Gasthermen, Bodenbeläge. Denn solange der Mietvertrag besteht, kann unterstellt werden, dass Ihre Renovierung wegen der laufenden Vermietung erfolgt (BFH v. 11.3.2003 – BFH/NV 2003 S. 1043). Als weitere Argumentationshilfe können sie dem Finanzamt unter die Nase reiben, dass der BFH dies als festen Grundsatz sieht (BFH v. 10.10.2000 – BStBl 2001 II S. 787) und auch das Bundesministerium für Finanzen dieser Argumentation folgt (BMF v. 26.11.2001 – BStBl 2001 I S. 868).

Wenn alle Stricke reißen, hilft evtl. der Trick in ➤ Rz 798 weiter.

Darauf sollten Sie noch achten: Legen Sie dem Finanzamt dar, dass es sich um zwingend notwendige und aus Ihrer Verpflichtung als Vermieter resultierende Reparaturen handelte; ansonsten kann Ihnen daraus ein Strick gedreht werden (siehe BFH v. 20.2.2001, II R 49/98 BFH/NV 2001 S. 1022). Hierbei können Ihnen die vertragliche Gestaltung mit dem Mieter, aber auch die Handwerkerrechnungen helfen, die bestätigen, dass es sich um unbedingt erforderliche Reparaturen handelte.

Auch ohne bestehende Mängel sind größere Umbaumaßnahmen in aller Regel als Erhaltungsaufwendungen sofort als Werbungskosten abziehbar. Haben Sie z.B. in Ihrer vermieteten Immobilie nur den Zuschnitt der Räume verändert, indem Sie Wände versetzt oder neue Leichtbauwände eingebaut haben, sind die Kosten sofort abzugsfähig. So etwa, wenn Sie ein Großraumbüro in Einzelbüros umgebaut haben (BFH v. 16.1.2007 – BStBl 2007 II S. 922).

801

TRICK

Drittaufwand: Ihre Eltern zahlen, Sie setzen die Kosten ab!

Auch wenn Sie die Renovierungskosten, Reparaturen etc. an Ihrer Immobilie nicht selbst bezahlt haben, können Sie die Kosten von der Steuer absetzen. Angenommen, Sie können sich aus beruflichen Gründen nicht ständig um Ihre vermieteten Immobilien kümmern und haben deshalb z.B. Ihre Eltern oder einen anderen Angehörigen gebeten, sich der Angelegenheit anzunehmen. Sie müssen sich keine Gedanken machen, wenn derjenige eine notwendige Reparatur in Auftrag gibt und evtl. das Geld für die Rechnung auslegt. Da die ganze Geschichte in Ihrem Namen und für Ihre Immobilie gelaufen ist, können Sie auch die Kosten absetzen. Dem Fiskus, der die Kosten unter Hinweis auf den sog. abgekürzten Vertragsweg nicht anerkennen wollte, hat der BFH zum wiederholten Mal kräftig auf die Finger geklopft und den Kostenabzug für zulässig erklärt (BFH v. 15.1.2008 – BStBl 2008 II S. 572). Folglich musste das BMF bei aller Hartnäckigkeit einlenken und dies endlich auch akzeptieren (BMF-Schreiben v. 7.7.2008 – DStR 2008 S.1382). Lassen Sie sich also von Ihrem Finanzamt nicht mit angeblichen Nichtanwendungsschreiben ins Bockshorn jagen – die sind längst überholt.

3.6 Die Kosten vor dem Bau oder Kauf eines Hauses

802 Denken Sie mal an all die Fahrten zur Besichtigung der vielen Grundstücke oder Häuser, bis Sie sich für eines entschieden haben! Oder an die Pläne, die Sie sich haben entwerfen lassen und die später nicht realisiert wurden. All das haben Sie teuer bezahlt! Denn die Architekten und alle, die mit dem Bau zu tun haben, wissen, wie man schnell das große Geld macht. Auch da sind Ihnen doch gewiss Fahrtkosten entstanden. Und wenn Sie weiter wegfuhren, dann mussten Sie unterwegs mal essen. Das Essen in der Gaststätte ist immer teurer als zu Hause. Also entstanden Ihnen dadurch Mehrkosten, nicht wahr?

»Ich bin aber nicht einkommensteuerpflichtig – ich zahle nur Lohnsteuer und gebe deswegen keine Einkommensteuererklärung ab«, wenden Sie ein.

Wenn Sie als Arbeitnehmer Verluste aus Vermietung und Verpachtung geltend machen, können Sie einen Antrag auf Einkommensteuerveranlagung stellen, um die Steuererstattung für Ihre Verluste zu kassieren. Allerdings gilt eine Frist von nur vier Jahren, d.h., Sie müssen Ihre Einkommensteuererklärung z.B. für 2015 bis spätestens 31.12.2019 beim Finanzamt einreichen, sonst geht Ihnen die Steuererstattung durch die Lappen.

Fertigen Sie also eine Aufstellung über vorbereitende Aufwendungen des Hauskaufs an und reichen Sie sie schnellstens dem Finanzamt ein. Sogar der BFH gibt seinen Segen dazu (Urt. v. 10.3.1981 – BStBl 1981 II S.470).

1. Fahrten zwecks Besichtigung verschiedener Häuser an Ort und Stelle:

Fahrt nach	A = 36 km	
	B = 24 km	
	C = 18 km	
usw. bis	Y = insg.	710 km
Fahrten zum Makler		70 km
Fahrten zu Hausmietern zwecks Verhandlungen		50 km
Fahrten zum Notar zu Kaufvertragsvorbereitungen		40 km
		870 km

870 km × 0,30 € für Pauschalfahrtkosten   261 €

2. Einnahme von Mittagessen wegen Abwesenheit
über 8 Stunden, pauschal 12 × 6 €   72 €

333 €

803 Haben Sie die Anzahlung für das neue Haus durch Konkurs des Bauunternehmers verloren, können Sie den Verlust als Werbungskosten geltend machen. Gleiches gilt für Architektenkosten, wenn das Haus nicht errichtet wird (BFH v. 8.9.1998 – BStBl 1999 II S.20).

Die Finanzierungskosten für Bauerwartungsland, das Sie auf Pump gekauft haben, können Sie ebenfalls als Werbungskosten in der Anlage V unterbringen, wenn Sie bereits beim Kauf konkrete Pläne für die Bebauung der Fläche hatten (BFH-Urt. v. 4.6.1991 – BStBl 1991 II S.761).

Finanzierungskosten sind Werbungskosten!   **804**

Nicht nur die laufenden Zinsen, sondern auch die Kosten zur Beschaffung des Darlehens können Sie voll von der Steuer absetzen. Dazu gehören

- Disagio,
- Damnum,
- Maklerkosten zur Finanzierungsvermittlung,
- Kosten der Finanzierungsberatung,
- Gebühren für die Eintragung von Hypotheken im Grundbuch,
- Notarkosten für die Bestellung der Grundschuld,
- Fahrtkosten zur Bank, zum Notar oder Finanzierungsmakler mit 0,30 € je gefahrenen Kilometer.

Finanzieren Sie Ihren Immobilienerwerb mit einer Lebensversicherung, mit deren Kapital die Rückzahlung des Darlehens sichergestellt wird, lassen Sie sich vom Versicherungsmakler unbedingt eine getrennte Rechnung für die Beratung und Vermittlung geben. Der Teil der Provision, der darauf entfällt, stellt ebenfalls Werbungskosten bei Ihren Vermietungseinkünften dar.

Selbst wenn Sie die Versicherungsbeiträge zunächst vorfinanzieren müssen, sind zwar nicht die Beiträge selbst, aber sehr wohl die Zinsen zu deren Vorfinanzierung als Werbungskosten bei den Einkünften aus Vermietung und Verpachtung abziehbar (BFH v. 25.2.2009 – BStBl 2009 II S. 459).

TRICK

Machen Sie sich selbständig!

805 Melden Sie ein Gewerbe an. Sagen Sie, Sie nutzen das Haus teilweise für Ihr Gewerbe! Dann muss das Finanzamt Ihnen als Investor die Umsatzsteuer (Vorsteuer) aus allen Bau- oder Handwerkerrechnungen erstatten. So hat es der Europäische Gerichtshof (EuGH) entschieden. Wenn Sie ein Haus bauen und es teils für die Firma (mindestens 10 %), teils privat nutzen, können Sie es für die Umsatzsteuer dem sog. Unternehmensvermögen zuordnen. Dazu genügt ein Einfamilienhaus mit Büroraum.

Was aber ist mit Ihnen als Bauherr, wenn Sie vor dem EuGH-Urteil investiert haben, davon also nichts wissen konnten? Sie haben – wie damals üblich – die Vorsteuer nur für den Teil des Hauses geltend gemacht, den Sie geschäftlich selbst nutzen oder vermieten. Sie können nachträglich die restlichen Vorsteuerbeträge zurückverlangen! So entschied das Finanzgericht München (Urt. v. 14.7.2004 – 14 K 55/04 – EFG 2004 S. 1722). Das funktioniert meistens. Denn die Umsatzsteuerbescheide sind ja meist noch nicht bestandskräftig, weil sie als Steueranmeldung kraft Gesetzes unter dem Vorbehalt der Nachprüfung (§ 164 AO) stehen.

Aber passen Sie auf: Im Gegenzug sind für die private Nutzung der Wohnung 19 % Umsatzsteuer fällig. Es handelt sich dabei um den sog. Eigenverbrauch. Bemessungsgrundlage dafür sind pro Jahr 10 % der Baukosten, die auf die Privatwohnung entfallen. Das bedeutet eine kräftige Steuererhöhung. Berlin verstößt damit allerdings sehenden Auges gegen EU-Recht, denn der Europäische Gerichtshof hat entschieden, dass jährlich nur 2 % der Baukosten zugrunde gelegt werden müssten. Mit ein bisschen Glück wird der EuGH den deutschen Gesetzgeber deswegen erneut zurückpfeifen.

3.7 Reparaturkosten bei der selbstgenutzten Immobilie

806 Renovierungskosten, Reparaturen etc. durch Handwerker in der eigenen Wohnung können Sie logischerweise nicht als Werbungskosten bei Vermietungseinkünften absetzen. **Aber:** Eine Steuerermäßigung von 20 % der Aufwendung bis zu 6.000 €, also bis zu 1.200 €, ist unter der Überschrift »Steuerermäßigung für Handwerkerleistungen und haushaltsnahe Dienstleistungen« möglich. Begüns-

tigt sind allerdings nur die Lohnkosten, nicht die in der Rechnung enthaltenen Materialkosten. Außerdem brauchen Sie eine offizielle Rechnung, die Sie unbedingt bargeldlos bezahlen müssen. Vgl. dazu ➤ Rz 666.

3.8 Vermietung möblierter Zimmer

Ist das Vermieten eines möblierten Zimmers überhaupt steuerpflichtig? Aber ja. Nichts ist vor der Erfassungswut eines deutschen Finanzamts sicher. Doch zum Glück nehmen es die Ämter hier nicht so genau.

Wenn Sie als einfacher Angestellter ein Einfamilienhaus haben und ein Zimmer für 180 € vermieten, das 15 % der gesamten Wohnfläche ausmacht, müssten Sie wie folgt rechnen (holen Sie sich einen Untermieter in die Mietwohnung, ziehen Sie statt Zinsen und Abschreibung von Ihren Einnahmen die anteilige Miete ab, die Sie selbst bezahlen):

Mieteinnahmen			2.160 €
./. Abschreibung			
(Herstellkosten angenommen 160.000 €,			
davon 15 % =) 24.000 € × 2 % =		480 €	
Schuldzinsen 6.000 €, davon 15 %		900 €	
Übrige Werbungskosten 15 % von			
angenommen 1.000 €		150 €	
		1.530 € >	– 1.530 €
Überschuss aus Vermietung und Verpachtung			630 €

Rein theoretisch müssten Sie also für 630 € Steuer abdrücken. Doch diesen Überschuss voll zu versteuern erscheint selbst dem Fiskus unbillig, weshalb er eine Härteregelung ersonnen hat (§ 46 Abs. 5 EStG, § 70 EStDV): Als Arbeitnehmer versteuern Sie nur 440 €.

Härteausgleich

Einkünfte			630 €
./. Freibetrag			
Grenze		820 €	
./. Einkünfte		– 630 €	
Freibetrag		190 € >	– 190 €
Zu versteuern			440 €

TRICK

So können Einnahmen steuerfrei bleiben

Sie sagen zu Ihrer Frau: »Hör mal, du hast mit unserem möblierten Herrn eine Menge Arbeit. Ich meine, dass du dafür eine kleine finanzielle Anerkennung bekommen solltest. Rückwirkend ab ... vereinbaren wir Folgendes: Ich vermiete an den Herrn nur noch Wäsche und Leerzimmer, und zwar für einen Betrag von monatlich 152 €, du vermietest ihm die beweglichen Gegenstände – Bett, Schrank, Kommode – für monatlich 28 €.

Am Mietpreis von	180 € × 12 =	2.160 €
ändert sich nichts, aber für dich sind im Jahr die	28 € × 12 =	− 336 €
bestimmt. So bleiben von den obigen Einnahmen nur noch		1.824 €
Unserer Tochter haben wir, weil sie das möblierte Zimmer		
so schön in Ordnung hält, ja immer so um die 50 €		
im Monat an Sachwerten oder in bar gegeben.		
50 € × 12 sind		− 600 €
Für das Waschen der Bettwäsche geben wir ihr	15 € × 12	
Für Reinigungs- und Putzmittel verbraucht sie	5 € × 12	
	240 € >	− 240 €
So verbleiben für mich genau		984 €
./. anteilige Werbungskosten		− 1.530 €
Ergibt einen Verlust von		546 €

der zu einer Steuererstattung führt.«

»Haha«, rufen Sie, »aber meine Frau hat jetzt 336 € Einkünfte! Und da sie mit mir zusammen veranlagt wird, muss ich doch blechen.«

Nein, müssen Sie nicht, denn das »Vermieten beweglicher Gegenstände« bleibt steuerfrei, wenn es jährlich unter 256 € liegt (§ 22 Nr. 3 EStG). Und 336 € − 85 € anteilige Abschreibung für die Möbel ergeben 251 € Einkünfte, womit Sie aus dem Schneider sind.

Denken Sie aber daran, dass für die Tochter als Minijobberin im Privathaushalt 10 % Sozialversicherung zzgl. 2,54 % Umlagen fällig werden. Das sind immerhin 75 €, von denen die Familienkasse nichts hat. Besser also, Sie beschäftigen Ihre Tochter nur zweimal im Jahr einige Tage als Aushilfe (z. B. fürs Großreinemachen) und zahlen ihr statt monatlich 50 € für die jeweilige Großreinemachaktion je 300 €. Da die Beschäftigungszeit Ihrer Tochter weniger als 50 Tage beträgt, liegt eine sog. *kurzfristige Beschäftigung* vor, für die keine Sozialversicherungsbeiträge anfallen.

TRICK

Sparen Sie mit alten privaten Möbeln Steuern!

809 Wenigstens hatten Sie bei der Einrichtung des vermieteten Zimmers keine größeren Ausgaben, weil auf dem Dachboden genügend guterhaltene Möbel herumstanden. Vergessen Sie aber nicht, jährlich 10 % Abschreibung vom Wert dieser Möbel als Werbungskosten abzusetzen. Schließlich verwenden Sie Ihr

Privatvermögen zur Erzielung steuerpflichtiger Einkünfte. Als Abschreibungsgrundlage nehmen Sie den tatsächlichen Gebrauchswert der Möbel. Dieser Wert ist meistens hoch zu veranschlagen, selbst wenn die Möbel alt sind, denn das Alter beeinträchtigt ihren Gebrauchswert nur wenig. Seien Sie also nicht allzu pingelig, wenn Sie den tatsächlichen Gebrauchswert der Möbel schätzen. Manchmal kommt in solchen Fällen der Fiskalritter mit der Behauptung daher, die Zeit der privaten Nutzung der Möbel sei auf die Gesamtnutzungsdauer anzurechnen (fiktive AfA), und wenn diese abgelaufen sei, sei keine Abschreibung mehr möglich. Sagen Sie dem Fiskalritter, die Gesamtnutzungsdauer sei noch nicht abgelaufen, was ja mit der Nutzung durch den Mieter bewiesen sei. Also setzen Sie eine Restnutzungsdauer von mindestens fünf Jahren an und verteilen den Wert der Möbel auf diese Zeit. Das geht aber nur insoweit, als Sie bisher für diese Möbel keine Abschreibung berücksichtigt haben.

3.9 Vermietung von Ferienwohnungen

TRICK

Setzen Sie Ihre Ferienwohnung richtig ab!

Wenn Sie Ihre Ferienwohnung nicht nur vermieten, sondern auch selbst bewohnen, können Sie nur die Kosten absetzen, die anteilig mit der Vermietung zusammenhängen. Das Dumme dabei ist, dass nicht nur die Kosten den Bach hinuntergehen, die auf die Zeiten der tatsächlichen Eigennutzung entfallen (Selbstnutzung durch Sie oder kostenlose Überlassung). Der Fiskus bindet Ihnen auch die Zeiten, in denen die Wohnung leer steht, als Eigennutzung ans Bein. Aus diesem Dilemma kommen Sie heraus, wenn Sie dem Finanzamt klarmachen können, dass Sie die Wohnung während der Leerstandszeiten nicht ohne weiteres hätten selbst nutzen können oder wollen. Das geht z. B., wenn

- Sie die Vermietung der Ferienwohnung einem unabhängigen Vermittler, z. B. einem überregionalen Reiseveranstalter, der örtlichen Kurverwaltung oder einem gewerblichen Vermittlungsdienst, übertragen und im Vertrag eine Eigennutzung für das ganze Jahr ausschließen;
- die Ferienwohnung sich in Ihrem ansonsten selbstgenutzten Zwei- oder Mehrfamilienhaus oder in unmittelbarer Nähe zu Ihrer Hauptwohnung befindet. Wenn diese auch noch auf Ihre individuellen Wohnbedürfnisse abgestimmt ist, darf das Finanzamt ihnen nicht mit gelegentlicher Selbstnutzung kommen;
- Sie an demselben Ort mehr als eine Ferienwohnung haben und nur eine davon für sich nutzen oder sie gelegentlich unentgeltlich an Freunde oder Verwandte überlassen. Indem Sie also praktisch eine Wohnung opfern, die

Sie nach Ihren persönlichen Vorstellungen ausstatten, retten Sie die Werbungskosten auch für die Leerstandszeiten der übrigen Wohnungen;

- die Dauer der Vermietung der Ferienwohnung zumindest dem Durchschnitt der Vermietungen in der am Ferienort üblichen Saison entspricht.

Wenn Sie es also so hingedeichselt haben, dass Sie die Ferienwohnung nicht selbst nutzen, sondern ausschließlich an wechselnde Feriengäste vermieten und in der übrigen Zeit hierfür bereithalten, können Sie auch dann alle Kosten absetzen, wenn sich jahrelang rote Zahlen ergeben (BFH-Urt. v. 21.11.2000 – BStBl 2001 II S. 705 – und v. 5.11.2002 – BStBl 2003 II S. 914).

Wird die Ferienwohnung teils selbst genutzt und teils an wechselnde Feriengäste vermietet, soll das Finanzamt prüfen, ob der Steuerzahler die Absicht hat, einen Überschuss zu erzielen. Hierzu müssen Sie eine Prognose erstellen, ob dies in einem **Zeitraum von 30 Jahren** gelingen kann. Kann es das nicht, ist die Ferienwohnung Liebhaberei und steuerlich ohne Belang. In dem Fall darf das Finanzamt die steuersparenden Verluste sogar rückwirkend streichen. Diese Prüfung droht Ihnen ausnahmsweise auch dann, wenn Sie die o.g. Formalien einhalten, Ihre Ferienwohnung also eigentlich nur zur Vermietung an Fremde bereitsteht, Sie aber mit Ihrer Vermietungsquote mehr als 25 % unter der ortsüblichen Vermietungsquote für Ferienwohnungen liegen (BFH v. 26.10.2004 – BStBl 2005 II S. 388). Also seien Sie nicht ganz so wählerisch bei der Auswahl Ihrer Vermietungsgäste. Ob Ihre Vermietungsquote ausreichend hoch ist, müssen Sie belegen (BFH-Urt. v. 19.8.2008 – BStBl 2009 II S. 138). Wappnen Sie sich also mit einer Bescheinigung der örtlichen Zimmer- und Wohnungsvermittlung oder der Gemeinde, in der Ihre Ferienwohnung liegt.

Eine Überschussprognose muss auch dann her, wenn die Ferienwohnung durch einen Makler/Hausverwalter vermietet wird und Sie sich Zeiten der Selbstnutzung vorbehalten, auch dann, wenn Sie die Wohnung nicht tatsächlich selbst genutzt haben.

811 Bei einer Überschussprognose müssen Sie wie gesagt dem Finanzamt belegen, dass Sie innerhalb von 30 Jahren mit Ihrer Ferienwohnung unter Berücksichtigung aller voraussichtlich anfallenden Kosten unter dem Strich schwarze Zahlen schreiben. Die Höhe des Überschusses spielt dabei keine Rolle, rein theoretisch reicht in der Summe ein Plus von 1 €.

- Die Prognose beginnt grundsätzlich mit dem Jahr, in dem Sie sich die Ferienwohnung zugelegt haben.
- Zur Ermittlung des Gesamtüberschusses können Sie die Ergebnisse aus der Vermietung Ihrer Ferienwohnung der letzten fünf Jahre auf 30 Jahre hochrechnen.
- Haben Sie mehrere Ferienwohnungen, muss die Prognose grundsätzlich für jede Wohnung getrennt vorgenommen werden.
- Zu Ihren Gunsten können Sie die lineare Gebäudeabschreibung von nur 2 % als Kosten ansetzen, auch wenn Sie tatsächlich Sonderabschreibungen, erhöhte Absetzungen oder die degressive AfA in Anspruch nehmen.

3. Einkünfte aus vermietetem Hausbesitz

- Statt der tatsächlichen Renovierungs- und Instandhaltungskosten können Sie den voraussichtlich anfallenden Betrag mit den Werten lt. § 28 der Zweiten Berechnungsverordnung vom 12.10.1990 ansetzen. Die Sätze betragen inkl. laufender Schönheitsreparaturen zwischen 15,60 € (Wohnung jünger als 22 Jahre) und 20,00 € (Wohnung über 32 Jahre alt).

- Wegen der Unsicherheit, die eine Prognose über einen so langen Zeitraum mit sich bringt, machen Sie mit fiskalischem Segen folgende Sicherheitsabschläge: Die Gesamtsumme der von Ihnen hochgerechneten Einnahmen erhöhen Sie pauschal um 10 %, während Sie von den insgesamt ermittelten Werbungskosten einen Abschlag von 10 % vornehmen.

Muster für eine Überschussprognose 812

Jahr	Einnahmen	Werbungskosten
2015	5.000 €	5.200 €
2014	3.500 €	4.700 €
2013	4.600 €	4.800 €
2012	3.800 €	5.000 €
2011	3.700 €	5.200 €
Summe	20.700 €	24.900 €
Jahresdurchschnitt	4.140 €	4.980 €
Hochrechnung auf 30 Jahre	124.200 €	149.400 €
Sicherheitszuschlag Einnahmen 10 %	12.420 €	
Sicherheitsabschlag Werbungskosten 10 %		– 14.940 €
Gesamtsummen	136.620 €	134.460 €
Gesamtüberschuss		2.160 €

Da im vorliegenden Fall der Gesamtüberschuss positiv ist, können die in der Zwischenzeit aus der Vermietung der Ferienwohnung anfallenden Verluste abgezogen werden.

Diese Prognose darf das Finanzamt aber nur von Ihnen verlangen, wenn nicht 813
feststeht, dass die Ferienwohnung ausschließlich für die Vermietung an fremde Feriengäste zur Verfügung steht, und Sie die Wohnung ebenfalls nutzen. Allein wegen **hohen Verlusts** darf das Finanzamt Ihre Einkunftserzielungsabsicht nicht in Frage stellen (BFH-Urt. v. 24.8.2006 – BFH/NV 2007 S. 540).

3.10 Woran Sie als Vermieter sonst noch denken sollten

Ab 64 Jahren gibt es einen Altersentlastungsbetrag (§ 24 a EStG). Sind Sie vor 814
2005 64 Jahre alt geworden, beträgt er 40 % der Einkünfte, höchstens 1.900 €. Für Jüngere verringert er sich von Jahr zu Jahr. Hatten Sie z. B. erst 2014 Ihren 64. Geburtstag, liegt der Altersentlastungsbetrag für Sie ab 2015 bei 24,0 % bzw. max. 1.140 €.

Nun nehmen Sie mal an, Sie und Ihr Ehepartner haben beide den 64. Geburtstag vor 2005 gefeiert. Ihre bessere Hälfte hat keinerlei eigene Einkünfte, Sie beziehen welche aus zwei Mietshäusern. Das Finanzamt setzt von Ihren Einkünften bis zu 1.900 € ab. Das ist zwar ganz schön, aber Sie verschenken dabei Geld. Denn der Altersentlastungsbetrag steht *jedem* zu, der das 64. Lebensjahr vollendet hat. Also: Verschaffen Sie Ihrem Ehegatten schnellstens Einkünfte. Teilen Sie die Mietshäuser auf, eins auf Ihren, das andere auf seinen Namen, oder stellen Sie ihn als Hausverwalter mit einer Jahresvergütung von 4.750 € ein. Warum ausgerechnet 4.750 €? Nun, weil 40 % von 4.750 € exakt 1.900 € ergeben, also die Höchstgrenze des Altersentlastungsbetrags Ihres Ehepartners. Natürlich können Sie auch mehr vereinbaren. Denn die Hausverwaltungskosten können Sie als Werbungskosten von den Mieteinkünften absetzen.

Auch wenn Ihr Ehepartner seinen 64. Geburtstag später hatte, bleibt es bei max. begünstigten Einkünften von 4.750 €. Beim 64. Geburtstag z.B. im Jahr 2014 entspricht der Altersentlastungsbetrag 24,0 % von 4.750 € und somit wiederum genau dem entsprechenden Höchstbetrag von 1.140 €.

Aber Vorsicht: Denken Sie an die sozialversicherungsrechtliche Seite; denn wenn Ihr Ehegatte nur für Sie tätig ist, können aufgrund des Arbeitsverhältnisses oder weil der Tatbestand der Scheinselbständigkeit erfüllt ist, Beiträge an die Krankenkasse und die Pflegeversicherung sowie wegen Rentnerbeschäftigung Arbeitgeberbeiträge zur Rentenversicherung anfallen!

TIPP

Wenn Sie und Ihr Ehepartner privat versichert sind ...

815 ... und Ihre bessere Hälfte nicht mehr als 450 € verdient, müssen Sie lediglich **15 % Rentenversicherung für sie abführen** (statt regulär 28 % inkl. Krankenversicherung), **dazu kommen Umlagen in Höhe von 1,09 %.**

Durch zusätzliche Pauschalsteuern von 2 % können Sie erreichen, dass der Lohn Ihres Ehegatten praktisch steuerfrei ist.

Trotzdem können Sie ihn absetzen. Kleiner Wermutstropfen: Er erhält keinen Altersentlastungsbetrag. Trotzdem ergibt sich eine Ersparnis:

Arbeitslohn	mit 2 % Pauschalsteuer in €	steuerpflichtig in €
450 € × 12 =	0	5.400
./. Werbungskostenpauschbetrag	−0	−1.000
Summe	0	4.400
./. Altersentlastungsbetrag	−0	−1.900
Einkünfte	0	2.500

Werbungskosten bei den Vermietungseinkünften

Arbeitslohn	5.400	5.400
Sozialversicherung und Pauschalsteuer	971	864
Summe gesamt	6.371	6.264
Steuerersparnis ca. 30 % zzgl. KiSt und Soli	2.188	2.152
Sozialversicherungsmehrbelastung und Pauschalsteuer/ESt des Ehepartners	– 971	– 1.723
Gesamte Ersparnis im Jahr	1.217	429

TRICK

Verkaufen Sie Ihr Mietshaus der Steuer wegen!

Wenn Sie nur noch geringe Abschreibungen für Ihr Haus geltend machen können, verkaufen Sie es an Ihren Ehepartner. Unter Eheleuten unterliegt der Verkauf nicht der Grunderwerbsteuer! Und die Notariats- und Gerichtskosten machen sich wie folgt bezahlt: Angenommen, Sie können eine Abschreibung von jährlich 1.000 € ansetzen und verkaufen Ihr Haus für 300.000 €, dann ist vom reinen Gebäudewert (250.000 €) die AfA mit 2 % anzusetzen = 5.000 €. Steuerersparnis zwischen 796 € und 2.220 € jedes Jahr! Nur: Der Partner muss den Kaufpreis auch tatsächlich zahlen!

Wenn er das nicht kann, könnten Sie den Kaufpreis z. B. in ein normal verzinstes Darlehen umwandeln. Ihr Ehepartner kann die Zinsen wiederum als Werbungskosten unter Vermietung und Verpachtung von seinen Einkünften abziehen. Sie müssen für die Zinsen, die ja bei Ihnen Kapitaleinkünfte sind, zwar Abgeltungsteuer zahlen, die beträgt allerdings nur 25 %, und zudem können Sie dafür den Sparerpauschbetrag von 1.602 € in Anspruch nehmen, so dass Sie unter Umständen auch daran noch Steuern sparen!

Wie viele Tricks, geht auch dieser am besten durch, wenn Sie auf dem Teppich bleiben. Denn allzu schnell kommt der Fiskalritter mit »Gestaltungsmissbrauch« angetanzt, und Sie müssen sich mit ihm rumärgern. Also werden Sie im Kaufvertrag beachtliche – nichtsteuerliche – Gründe für den Verkauf nennen, z. B. mögliche Trennung usw. Außerdem muss der Darlehensvertrag einem »Fremdvergleich« standhalten. Es muss also ein Vertrag sein, wie er auch unter Fremden möglich wäre (schriftliche Vereinbarungen über Sicherheiten, Laufzeit, Rückzahlung und Zinsen).

GUTER RAT

817 Statt 15.000 € für ein neues Auto teuer zu finanzieren, nehmen Sie lieber den Kredit auf Ihr Mehrfamilienhaus für die stets anfallenden Reparaturen!

Dann nämlich mindern die Zinsen die steuerpflichtigen Einkünfte! Kreditzinsen fürs Auto können Sie nirgendwo absetzen. Steuerersparnis ca. 40 % von 1.800 € = 720 € jährlich!

TRICK

Machen Sie nicht alles allein!

818 Sie müssen nicht selbst in Ihrem Mietshaus nach dem Rechten sehen. Vielleicht haben Sie in der Nähe einen geeigneten Verwandten, den Sie als Hausverwalter einsetzen können. Auch die Aufzeichnungen über die Mieteinnahmen können Sie an einen anderen übertragen. Das sollen die freiberuflich tun. Dann bleiben diese Nebeneinkünfte bis zu 510 € (minus 100 € für anfallende Kosten für Fahrten zum Haus u. a.) steuerfrei, falls die Betreffenden sonst noch in einem Gehaltsverhältnis stehen.

SUPER TRICK

Lassen Sie sich vom Finanzamt Ihren privaten Umzug bezahlen!

819 Spielen Sie manchmal mit dem Gedanken, aus Ihrem Haus in eine kleinere Wohnung umzuziehen, weil die Kinder ausgezogen sind und das Haus nun viel zu groß für Sie ist oder weil Ihre Liebe sich aus dem Staub gemacht hat und Sie die Belastung für das Haus allein nicht tragen können? Ziehen Sie in eine kleine Wohnung und vermieten Ihr Eigenheim, dann vergessen Sie nicht, beim Finanzamt einen kräftigen Zuschuss zu Ihren Umzugskosten einzufordern. Schließlich gilt auch bei den Vermietungseinkünften für den Abzug von Kosten das *Veranlassungsprinzip*. Und Ihr Umzug hatte ja nun einmal – zumindest offiziell – nur den Zweck, Ihr Haus einkünfteerzielend zu vermieten. Geraten Sie an einen Fiskalritter, dem das nicht einleuchtet, weisen Sie ihn mit der Entscheidung des FG Saarland vom 25.2.1993 (2 K 151/90, NWB 1994 Fach 1 S. 33) in seine Schranken.

TIPP

Sparen Sie mit dem Haus der Eltern richtig Steuern!

Wer ein Mietshaus erbt oder geschenkt bekommt, hat zwei Möglichkeiten. Er kann auf eigene Rechnung weitervermieten. Die Steuerersparnis ist dabei null, da es keine Abschreibungen oder Darlehenszinsen zum Absetzen gibt. Die zweite Variante – abgesegnet vom Finanzgericht des Saarlands (Aktenzeichen 1 K 200/01) – ist weitaus lukrativer: Er verkauft die Immobilie an den Ehepartner, der den Deal per Bankdarlehen finanziert – und das Sparmodell ist fertig. Denn der Ehepartner kann jetzt hohe Abschreibungsbeträge und Darlehenszinsen von den Mieteinnahmen abziehen. Das beschert der Familie für die Steuererklärung kräftige Verluste, die sie mit anderen Einkünften verrechnet. Allerdings ist die Spekulationsfrist zu beachten. Zwischen dem Kauf des Hauses durch die Eltern und dem Verkauf müssen mindestens zehn Jahre liegen, damit der Verkaufsgewinn steuerfrei bleibt.

Beispiel:
Ein Unternehmer versteuert 102.000 € Gewinn und 18.000 € Miete. Das Haus hat er geerbt. Wenn er es für 300.000 € (ohne Grundstück) an seine Frau verkauft, sieht die Rechnung wie folgt aus:

Vermieter	Ehemann	Ehefrau
Firmengewinn	102.000	102.000
Miete	18.000	18.000
Zinsen	–	– 24.000
Abschreibung	–	– 6.000
Zu versteuern	120.000	90.000
Steuer inkl. Kirchensteuer und Soli	38.788	24.686

SUPER TRICK

Verlagern Sie Einkommens- und Vermögensteile auf Ihr Kind und sparen Sie Tausende an Steuern!

In einer so engen Lebensgemeinschaft wie der Familie ziehen meist alle an einem Strang und stellt man das Gesamtwohl über kleinliche Vorteile der Einzelmitglieder. Wenn das alle so vernünftig sehen, ist der Weg frei, Vermögen oder Einkünfte offiziell auf ein Familienmitglied zu übertragen, das dafür eine geringere oder gar keine Steuer zu zahlen hat. Das ist selten der Ehepartner, der meist mit dem Ehegatten zusammen veranlagt wird, sondern das Kind. Oder die Kinder.

Eine offizielle Übertragung erfordert entsprechende Verträge – bei volljährigen Kindern kein Problem. Bei Verträgen, insbesondere Grundstücksverträgen, mit minderjährigen Kindern muss beim Vormundschaftsgericht ein Ergänzungspfleger bestellt werden. Dem Kind stehen wie jedem Steuerzahler Freibeträge in folgender Höhe zu:

Grundfreibetrag 2015	8.472 €
Sonderausgabenpauschbetrag	36 €
Summe	8.508 €

Sie könnten Ihrem Kind also 8.508 € zukommen lassen.

Angenommen, Sie übertragen von Ihrem Einkommen von 150.000 € pro Jahr durchschnittlich 10.000 € an Vermietungseinkünften auf Ihr minderjähriges Kind. Wenn das Kind nach z. B. 15 Jahren volljährig ist, beläuft sich Ihre Steuerersparnis auf ca. 66.000 € – ohne Zins und Zinseszins!

TRICK

Kindesnießbrauch an einem Grundstück

822 Wollen Sie Ihr Haus behalten, gibt es die Möglichkeit, Ihrem Kind durch Nießbrauch am Haus Einkünfte zuzuschustern. Das lässt sich übrigens auch auf einige Jahre beschränken.

Nießbrauch zwischen Eltern und Kindern bezeichnen die Fiskalbürokraten als »Zuwendungsnießbrauch«. Der Zuwendungsnießbrauch wird steuerlich nur anerkannt, wenn er im Grundbuch eingetragen ist. Bei Bestellung zugunsten minderjähriger Kinder will das Vormundschaftsgericht aber ein Wörtchen mitreden. Denn ein Nießbrauchsrecht bringt nach BGB Verpflichtungen mit sich. Außerdem muss der Nießbrauch tatsächlich durchgeführt werden, d.h., die Mietverträge müssen auf den Nießbraucher umgestellt und die Mieten an ihn gezahlt werden (BFH-Urt. v. 19.9.1978 – BStBl 1979 II S.42). Also werden Sie auf alle Fälle, bevor Sie den Nießbrauch mit Ihrem Kind vereinbaren, beim Amtsgericht die Bestellung eines sog. Ergänzungspflegers beantragen, der Ihr Kind formal vertritt. Den Ergänzungspfleger brauchen Sie aber nur einmal, nämlich bei Bestellung des Nießbrauchs. Läuft der Nießbrauch erst einmal, können Sie sich weiter um die Angelegenheiten Ihres Kindes und damit auch um die Verwaltung des Nießbrauchs kümmern (BMF v. 30.9.2013 – BStBl I 2013, 1184, BFH v. 13.5.1980 – BStBl II 1981 S.295).

Steuerliche Folge: Die Mieten sind dem Kind zuzurechnen. Es kann die von ihm getragenen Hausaufwendungen absetzen, soweit es sie nach den Vereinbarungen und nach dem Gesetz zu tragen hat. Dazu gehört nicht die Gebäudeabschreibung, da es nicht Eigentümer ist. Die Gebäudeabschreibung fällt aber auch bei Ihnen als Eigentümer weg, da Sie durch Einräumung des Nießbrauchs die Absicht aufgegeben hast, aus dem Haus Einkünfte zu erzielen (Nießbrauchserlass des BMF v. 15.11.1984 – BStBl 1984 I S. 561). Also werden Sie sich nur dann für den »Zuwendungsnießbrauch« zugunsten Ihres Kindes entscheiden, wenn keine hohe Gebäudeabschreibung auf dem Spiel steht. Das kann z.B. bei älteren Gebäuden, die durch Erbfolge erworben wurden, der Fall sein (§§ 11 c und d EStDV).

WICHTIGER HINWEIS

Als Privatmann werden Sie für ein sog. privates Veräußerungsgeschäft zur Kasse gebeten, solange zwischen An- und Verkauf der Immobilie nicht mehr als zehn Jahre lagen. Davon ausgenommen sind z.B. ständig zu eigenen Wohnzwecken genutzte Immobilien.

823

Der Fiskus hat aber noch eine andere Methode, mit der er Ihnen bei Immobilienverkäufen ans Geld geht: »Sie haben mehr als drei Objekte veräußert, das sehen wir als nachhaltige gewerbliche Tätigkeit an und versteuern Ihre Gewinne, auch den aus dem Verkauf ihres selbstgenutzten Hauses.« Schützen Sie sich dagegen! Lassen Sie bei mehr als drei Objekten Ihre Familienangehörigen die Geschäfte machen.

Es gilt als starkes Anzeichen für ein gewerbliches Grundstücksgeschäft, wenn zwischen An- und Verkauf nicht mehr als fünf Jahre gelegen haben (BFH-Urt. v. 23.10.1987).

Mit einem Getränkehändler aus dem Münsterland hatte der BFH in seinem Urteil vom 28.9.1987 (BStBl 1988 II S. 65) ein Einsehen. Für die Finanzrichter zählte, dass der Steuerzahler nicht mit dem Grundstücksmarkt verbunden war, etwa als Bauunternehmer, Architekt oder Makler. Der Getränkehändler hatte ein vor Jahren erworbenes Mehrfamilienhaus in Eigentumswohnungen umgewandelt und sieben Wohnungen nach und nach verkauft. Das Finanzamt unterstellte gewerblichen Grundstückshandel, wurde aber vom BFH belehrt: Der Mann wollte das Haus nicht von vornherein verkaufen, sondern vermieten, deshalb liege kein Gewerbe vor.

Deshalb gelten für Sie bei Grundstücksgeschäften folgende Faustregeln:
● Verkaufen Sie höchstens drei Objekte.

- Lassen Sie zwischen An- und Verkauf mindestens zehn Jahre verstreichen, dann droht weder gewerblicher Grundstückshandel noch ein privates Veräußerungsgeschäft.
- Vermieten Sie die Objekte zunächst – und verkaufen Sie sie erst dann.

824 Schalten Sie um, wenn Ihnen die Geschäfte nichts als Verluste eingebracht haben, und beantragen Sie beim Finanzamt eine Betriebsprüfung. Bei dieser rücken Sie damit heraus, Sie hätten einen heimlichen Gewerbebetrieb gehabt und man möge die Verluste daraus von Ihren Einkünften absetzen ... (BFH-Urt. dazu: BStBl 1972 II S. 279, 291 u. 1973 II S. 661).

TIPP für Grundstücksverkäufe

825 Bei der Drei-Objekte-Grenze zählt jedes Haus, jede Wohnung, sogar ein unbebautes Grundstück. Tragen Sie sich also mit der Absicht, Ihr Mietshaus zu verkaufen, vermeiden Sie besser eine vorherige Aufteilung in Eigentumswohnungen.

Völlig aus dem Schneider sind Sie, wenn sich die von Ihnen verkauften Häuser oder Eigentumswohnungen mindestens zehn Jahre in Ihrem Besitz befunden haben. Denn dann ist die Spekulationsfrist abgelaufen, und Sie können Ihren Veräußerungsgewinn steuerfrei einstreichen – auch ungefährdet vom gewerblichen Grundstückshandel!

Wichtig: Maßgebend sind die Daten der Kaufverträge. Wenn Sie den Kaufvertrag zum Erwerb am 10.1.2006 geschlossen haben, dürfen Sie den Veräußerungsvertrag nicht vor dem 11.1.2016 schließen.

TIPP zum gewerblichen Grundstückshandel

Wie ein Höllenhund müssen Sie aufpassen, dass Sie sich nicht den kleinsten Fehler leisten. Also keine Aufteilung vornehmen (siehe oben), Garagen nicht gesondert abrechnen, darauf achten, dass keine gewerbliche Nutzung der Gebäude vorliegt, etc. Denn ansonsten unterstellt das Finanzamt schnell Gewerblichkeit statt der steuerlich unbeachtlichen Vermögensverwaltung.

TRICK

Wecken Sie keinen schlafenden Hund!

Dumme Fragen ans Finanzamt wie etwa: »Ich habe zwei Doppelhaushälften erstellt. Muss ich den Gewinn versteuern, wenn ich sie veräußere?«, wecken beim Fiskalritter den Verdacht, dass Sie das Objekt nur gebaut haben, um daraus Profit zu schlagen. Für ihn sind Sie damit kein einfacher Bauherr mehr, sondern ein gewerblich Tätiger. Folge: Die bei einem normalen Hausverkauf übliche Steuerfreiheit geht in die Binsen. Er kann sich dabei auf ein Urteil des Finanzgerichts München (v. 6.11.2002 – EFG 2003 S. 616) berufen.

826

GUTER RAT

Vermeiden Sie auf alle Fälle, dass dem Finanzamt allzu früh Ihre Verkaufspläne bekannt werden. Eine verbindliche Auskunft einzuholen ist nur sinnvoll, wenn Ihnen die Objekte bereits mehrere Jahre gehören und Zweifelsfragen geklärt werden sollen.

TRICK

Haben Sie ein Haus geerbt und Miterben abgefunden? Steuervorteile winken!

Nehmen wir mal an, Ihr Vater hat Ihnen und Ihrer Schwester ein schmuckes Einfamilienhaus im Wert von rd. 150.000 € hinterlassen und Sie haben Ihre Schwester mit 75.000 € abgefunden. Dafür haben Sie einen Bankkredit aufnehmen müssen, der noch nicht getilgt ist und für den Sie 7.500 € Zinsen gezahlt haben.

827

Die steuerlichen Wirkungen sind unterschiedlich, je nachdem, ob Sie selbst in die Hütte einziehen oder sie vermieten. Lassen Sie sich zeigen, was steuerlich für Sie herausspringt, wenn Sie vermieten: Keine Frage, die Mieten müssen Sie versteuern, können aber davon die Hausaufwendungen einschließlich Abschreibung abziehen. Soweit Sie entgeltlich erworben haben, können Sie die Abschreibung von Ihren Anschaffungskosten von 75.000 € (abzgl. des anteiligen Grund und Bodens) vornehmen. Für den ererbten Teil können Sie die Abschreibung Ihres Vaters fortführen. Mal angenommen, die Baukosten Ihres Vaters lagen damals für die von Ihnen geerbte Hälfte bei 50.000 €.

Die Abschreibung nach § 7 Abs. 4 EStG beträgt:

Vom ererbten Teil 2 % von 50.000 € =			1.000 €
Vom erworbenen Teil			
Anschaffungskosten	75.000 €		
./. Anteil Grund und Boden 20 %	− 15.000 €		
Verbleiben	60.000 €		
Davon Abschreibung 2 %	1.200 €	>	1.200 €
Abschreibung insgesamt			2.200 €

Doch Vorsicht: War Ihr Vater noch nicht zehn Jahre lang Eigentümer des Hauses, droht Ihrer Schwester die Versteuerung eines Spekulationsgewinns (Ihres Vaters und Ihrer Schwester gesamte Besitzzeit ist maßgebend), wenn sie ihren Anteil veräußert, ohne ihn vorher zu eigenen Wohnzwecken genutzt zu haben! Entwarnung in diesem Punkt gibt es, wenn Ihr Vater in dem Haus gewohnt hat. Seine Selbstnutzung wird nämlich Ihrer Schwester zugerechnet und verhindert einen steuerpflichtigen Spekulationsgewinn.

TRICK

Vermieten Sie einem Freund Ihre Eigentumswohnung – und mieten Sie seine!

828 Da bei einer selbstgenutzten Wohnung keine Schuldzinsen abgezogen werden können, können Sie mit einem derartigen Wohnungstausch eine Menge Steuern sparen. Denn auf diese Weise treten Sie nun als Vermieter auf. Sie geben eine Einkommensteuererklärung ab und weisen darin folgenden Verlust aus Vermietung aus:

Mieteinnahmen			4.800 €
./. Werbungskosten			
Verwaltungsgebühren usw.	300 €		
Schuldzinsen	7.000 €		
Gesamt	7.300 €	>	− 7.300 €
Verlust			2.500 €

Steuerersparnis zwischen 430 und gut 1.200 € jährlich. Natürlich werden Sie nicht so dumm sein und das mit einem Freund praktizieren, der im selben Finanzamtsbezirk wohnt wie Sie. Sonst käme das Finanzamt schnell hinter Ihren Trick und könnte sagen: Der will eigentlich gar nicht in einer anderen Wohnung wohnen. Denn die er von seinem Freund gemietet hat, ist völlig gleichgeartet und hat zudem eine gleiche Wohnlage.

Sparsamkeit ist die Kunst,
aus dem Leben
so viel wie möglich
herauszuschlagen.
(G. B. Shaw)

3.11 Wenn nahe Angehörige in Ihrem Haus wohnen

Wohnt Ihr Kind in Ihrem Haus und nehmen Sie dafür keine Miete, sind die Kosten für die Wohnung nicht als Werbungskosten abzugsfähig.

829

WICHTIGER HINWEIS

Das A und O bei allen Vermietungen an Angehörige sind klare, nachprüfbare, möglichst schriftliche Vereinbarungen und Verträge. Und Sie müssen unbedingt darauf achten, dass alle Beteiligten sich an die Vertragsvereinbarungen halten. Dazu gehört vor allem die pünktliche Zahlung der Miete und der Nebenkosten in vereinbarter Höhe. Zwar ist keine bestimmte Zahlungsform vorgeschrieben, doch Überweisungen stimmen das Finanzamt meistens anerkennungswilliger, als wenn Sie Quittungen über bar eingenommene Mieten präsentieren. Geradezu selbstmörderisch ist es, eine Überweisung zu vereinbaren, die Miete dann aber doch bar zu kassieren. Vorsicht mit Mietstundungen oder schwankenden Zahlungen. Selbst wenn z. B. Ihr Sohn, an den Sie die Wohnung vermietet haben, plötzlich arbeitslos wird, ist das in den Augen des Fiskus kein Grund, ohne weiteres niedrigere Mietzahlungen zu akzeptieren. Sie können sich bzw. Ihrem Sohn aus der Patsche helfen, indem Sie schriftlich und offiziell den Mietvertrag ändern und eine geringere Miete vereinbaren. Achten Sie darauf, dass erst danach die geringere Miete überwiesen wird. Lassen Sie sich auf keinen Fall zu Manipulationen hinreißen und versuchen Sie nicht, dem Fiskus weiszumachen, Mieten seien teilweise bar und teilweise unbar gezahlt worden. Die klare und glatte Lösung ist hier die erfolgversprechendere. Argumentieren Sie mit dem BFH-Urteil vom 20.10.1997 (BStBl 1998 S. 106), das besagt: Wenn eine klare Vereinbarung besteht, welche Mietsache zu welchem Preis überlassen wird, und diese bisher durchgeführt wurde, können solche Vereinbarungen mit Wirkung für die Zukunft geändert werden.

Setzen Sie also vor der Reduzierung der Mietzahlungen einfach ein Schreiben auf mit etwa folgendem Inhalt:

Vereinbarung über die Stundung von Mietzahlungen

Herr/Frau . . . . . (Vermieter) und Herr/Frau . . . . . (Mieter) treffen mit Wirkung ab . . . . (Datum) wegen der durch die momentane Arbeitslosigkeit des Mieters verursachten finanziellen Schwierigkeiten folgende Zusatzvereinbarung zum Mietvertrag vom . . . . . (Datum).

Von der monatlichen Miete von bisher . . . . . . € werden jeweils . . . . . . € monatlich gestundet.

Die Stundung wird für die Zeit der Arbeitslosigkeit gewährt, längstens jedoch zwölf Monate. Nach Beseitigung der finanziellen Probleme, z.B. durch Aufnahme einer Beschäftigung, verpflichtet sich der Mieter, die gestundeten Beträge in monatlichen Raten von . . . . . . € neben der Normalmiete lt. Mietvertrag vom . . . . (Datum) zurückzu-zahlen.

X-Stadt, den . . . . . .

. . . .
     Vermieter   Mieter

WICHTIGER HINWEIS

Kleine Macken im Mietvertrag führen nicht zwangsläufig dazu, dass Ihr Miet-verhältnis mit Angehörigen nicht anerkannt wird. Zwar ist es immer besser, sich an die Gepflogenheiten zu halten, die auch zwischen Fremden üblich sind, wozu z.B. die Vereinbarung der Zahlung von Nebenkosten gehört. Haben Sie aber aus irgendeinem Grund die Nebenkosten in dem Mietvertrag mit einem Ihrer Lieben zu erwähnen vergessen, ist noch nicht aller Tage Abend. In solchen Fäl-len kommt es auf die Gesamtumstände des Mietverhältnisses an, will heißen: Wenn sonst alles blitzsauber vereinbart und nachweislich tatsächlich durchge-führt ist, sollen Ihnen die Fiskalritter keinen Strick aus einem kleinen Versäum-nis drehen (BFH-Urt. v. 17.2.1998 – IX R 30/96 – DStR 1998 S. 761). Wenn Ihre Mietverträge mit Fremden auch noch dieselben Macken aufweisen wie die Ver-träge mit Angehörigen, spielen die Mängel praktisch keine Rolle (BFH v. 28.6.2002 – BStBl 2002 II S. 699).

TRICK

Nehmen Sie wenig, aber mindestens 66 % der normalen Miete!

Wenn die Kosten für die Wohnung höher sind als die Mieteinnahmen, haben Sie einen Verlust aus Vermietung und Verpachtung, der mit Ihren anderen Einkünften verrechnet wird. Und schließlich kann Sie ja niemand zwingen, als Rabenvater Ihr Kind zu rupfen.

830

Mindestens müssen Sie aber 66 % der ortsüblichen Miete verlangen, sonst kürzt der Fiskus die auf die vermietete Wohnung entfallenden Hausaufwendungen (§ 21 Abs. 2 EStG).

Beispiel
Ortsübliche Jahresmiete einschl. Umlagen: 3.600 €
Vereinnahmte Miete 66 %   2.376 €
./. Werbungskosten
Zinsen   3.000 €
Grundsteuer, Versicherung, Heizung,
Abwasser, Müllabfuhr, Reparaturen usw.   900 €
Abschreibung   1.250 €
                                               5.150 €   > − 5.150 €
Verlust aus Vermietung und Verpachtung   2.774 €

Der Verlust ist um 1.224 € höher als üblich, weil Sie nicht die volle Miete nehmen. Daraus ergibt sich eine Steuerersparnis zwischen knapp 200 und gut 630 €. Beträgt die Miete indessen weniger als 66 % der ortsüblichen Miete, z.B. nur 40 %, können Sie auch nur 40 % der Kosten für die Wohnung als Werbungskosten absetzen.

TIPP

für den Mietvertrag

Geben Sie sich beim Abfassen des Mietvertrags viel Mühe. Sie können dabei auch auf die allgemein gebräuchlichen Vertragsformulare zurückgreifen. Unbedingt aufnehmen sollten Sie eine Regelung über die Zahlung der Nebenkosten, damit es Ihnen besser geht als einem Steuerzahler aus Hessen. Der hatte nämlich eine Wohnung an eine Angehörige vermietet und im Mietvertrag nichts zur Übernahme von Wasserkosten, Müllabfuhr, Straßenreinigung etc. festgelegt. Prompt hat ihm das Finanzamt das Mietverhältnis nicht anerkannt und mit dieser Meinung bei einigen profiskalisch eingestellten Richtern des FG Hessen recht bekommen (EFG 1996 S. 1162). Sie werden natürlich nicht in eine solche Falle tappen. Da bei der Prüfung der 66-%-Grenze die Miete inkl. Umlagen mit der ortsüblichen Miete verglichen wird, gehen Sie einfach bei der Grundmiete etwas weiter herunter und rechnen dafür die Nebenkosten mit Ihrem Angehörigen spitz ab.

831 Früher konnte der Fiskus die Hauskosten kürzen, wenn die Miete unter 75 % der ortsüblichen Miete lag und bei einer Überschussprognose kein Gesamtplus herauskam. Vorsicht ist geboten, wenn Sie denken, Sie könnten nun mir nichts, dir nichts die Miete von 75 auf 66 % reduzieren. Da könnte das Finanzamt Schwierigkeiten machen, da eine Anpassung nach unten bei gleich gebliebenem Mietpreisniveau nicht üblich ist. Lassen Sie statt dessen einfach in den nächsten Jahren die Mieterhöhungen aus, so nähern Sie sich nach und nach auch der Grenze von 66 % und dem für Sie optimalen steuerlichen Ergebnis.

832 **Übrigens:** Es liegt kein Gestaltungsmissbrauch (§ 42 AO) bei einem Mietvertrag mit einem unterhaltsberechtigten Kind vor, das die Miete aus dem Barunterhalt oder durch Verrechnung mit diesem zahlt (BFH-Urt. v. 19.10.1999 – BStBl 2000 II S. 223 und 224).

Für Sie heißt das, dass Sie zwei Möglichkeiten haben, mit Ihrem Kind, das noch kein eigenes Einkommen hat, ein steuerlich astreines Mietverhältnis zu begründen.

1. Sie vermieten die Wohnung an Ihr Kind und überweisen diesem jeden Monat Geld, damit es seinen Lebensunterhalt bestreiten kann. Das Kind wiederum überweist Ihnen brav jeden Monat die Miete und die Nebenkosten für die Wohnung auf Ihr Konto.

2. Wollen Sie sich dieses Hin-und-her-Schieben von Geld sparen, können Sie auch eine schriftliche Vereinbarung treffen, dass Ihr Kind von Ihnen monatlich einen Unterhaltsbetrag von z. B. 800 € bekommt, mit dem es seinen Unterhalt selbst bestreiten muss. Dann schließen Sie wiederum einen astreinen Mietvertrag ab. In den Zahlungsmodalitäten des Mietvertrags oder in einer schriftlichen Zusatzvereinbarung wird geregelt, dass die Miete von 300 € und die Nebenkostenvorauszahlung für die Wohnung von 100 € unmittelbar mit der Unterhaltszahlung verrechnet werden und Sie nur den Restbetrag an Ihr Kind überweisen.

TRICK

Schlagen Sie bei einer Hausübertragung durch die Eltern zwei Fliegen mit einer Klappe!

Zunächst verkaufen Ihre Eltern ihre Eigentumswohnung an Sie. Über den Kaufpreis schließen Sie einen Darlehensvertrag ab, in dem bei einem Zins von z.B. 4,5 % ein zehn Jahre unkündbares Darlehen vereinbart wird.

833

Im Kaufvertrag regeln Sie gleichzeitig, dass lediglich zur Sicherung eines noch abzuschließenden lebenslangen Mietvertrags Ihren Eltern ein Nießbrauchsrecht eingeräumt wird. Nach dem Kauf kommt der Abschluss des Mietvertrags. Das Nießbrauchsrecht wird dann zunächst nicht ausgeübt.

Auch wenn diese Konstruktion gefährlich rotstiftgefährdet erscheint, brauchen Sie sich keine Gedanken zu machen. Mit offizieller Absicherung der obersten Finanzrichter (BFH v. 3.2.1998 – BStBl 1998 II S. 539) wurde diese Vertragsgestaltung anerkannt. Es liegt kein Gestaltungsmissbrauch vor. Der Sohn in diesem Fall hat Jahr für Jahr einen dicken Verlust aus dem Mietverhältnis von der Steuer abgesetzt, und mit den Eltern gab es ebenfalls keinen Stress, weil die wegen des *Sicherungsnießbrauchs* nicht befürchten mussten, irgendwann plötzlich auf der Straße zu stehen.

TRICK

Mietvertrag statt Unterhalt

Eine Scheidung ist ein teures Spiel. Wenn es Sie erwischt, gibt es eigentlich nur eine Devise: Schadensbegrenzung betreiben. Angenommen, Sie haben bislang mit Ihrem Ex-Partner in den eigenen vier Wänden gewohnt und sind nach der Trennung ausgezogen. Wenig lukrativ ist es, geringeren Unterhalt zu vereinbaren und dafür Ihre Immobilie mietfrei Ihrem Ex-Partner zu überlassen.

834

Lesen Sie unter ➤ Rz 530 nach, wie Sie aus der Kombination höhere Unterhaltszahlungen und gleichzeitiger kostenpflichtiger Vermietung an Ihren Ex-Partner ein gutes Geschäft machen, ohne dass einer von beiden dadurch finanzielle Einbußen hat.

GUTER RAT

835 Gehört das Haus Ihnen und Ihrem Ex gemeinsam, lassen Sie es sich zuvor, z.B. gegen Übernahme der Schulden, übertragen. Damit Ihr Ex jetzt keine kalten Füße bekommt und argwöhnt, Sie würden ihn über kurz oder lang an die frische Luft setzen, können Sie einen längerfristigen Mietvertrag, z.B. über fünf Jahre, schließen und vereinbaren, dass Sie das Haus nur mit Zustimmung Ihres Ex-Partners verkaufen dürfen.

TRICK

Der Fiskus muss Ihre Überkreuzvermietungen schlucken.

836 Seit Jahren wohnen Sie im Haus Ihrer Eltern, die Ihnen aus steuerlichen Gründen eine Wohnung vermietet haben. Daraus machen sie jedes Jahr einen hübschen steuerlich absetzbaren Verlust. Da es Ihnen herzlich wenig bringen würde, die von Ihnen genutzte Wohnung zu kaufen, lassen Sie sich die Wohnung übertragen, in der Ihre Eltern wohnen, und vermieten sie ihnen anschließend. Dabei müssen Sie nur darauf achten, mit der vereinbarten Miete nicht unter 66 % der ortsüblichen Miete zu geraten. Obwohl hier eine Überkreuzvermietung vorliegt, muss der Fiskus in den sauren Apfel beißen und die Mietverträge anerkennen. Einem Abzug der Verluste steht nichts entgegen.

Natürlich wird sich ein eifriger Fiskalritter darauf stürzen und Ihnen mit blumigen Worten und alten BFH-Urteilen beizubringen versuchen, dass die Konstruktion wegen Gestaltungsmissbrauchs nicht anerkannt werden könne. Sie verweisen ihn dann ganz locker auf das BFH-Urteil vom 12.9.1995 (BStBl II 1996 S. 158), in dem der BFH in einem wie oben gestrickten Fall ausdrücklich keinen Gestaltungsmissbrauch sah und die Vermietungsverluste bei beiden Parteien anerkannt hat.

TRICK

So begründen Sie, dass kein Gestaltungsmissbrauch vorliegt.

837 Genauso gut könnten Sie ein von Ihnen gebautes Haus an Ihre Eltern vermieten, den zwangsläufig entstehenden Vermietungsverlust absetzen und selbst in einer Wohnung oder einem Haus wohnen, das Ihnen Ihre Eltern unentgeltlich zur Nutzung überlassen. Wenn das Finanzamt den Verlust aus der Vermietung nicht anerkennen will, da in seinen Augen ein Gestaltungsmissbrauch vorliegt, wird es das wie folgt begründen: Ein verständiger Eigentümer hätte sein Haus nicht – wie es hier die Eltern mit dem Sohn vereinbarten – mit dem eines anderen getauscht, um dort Miete zu zahlen und selbst zugleich auf Mieteinnahmen zu verzichten.

Streichwütigen Finanzbeamten reiben Sie das BFH-Urteil vom 14.1.2003 (BStBl 2003 II S. 509) unter die Nase.

Für die Frage des Missbrauchs kommt es nicht auf das Verhalten der Eltern bei der unentgeltlichen Überlassung ihres Hauses an den Sohn an. Entscheidend ist allein, ob die Überlassung des vom Sohn gekauften Hauses an die Eltern anders als durch entgeltlichen Mietvertrag hätte gestaltet werden müssen. Da der Sohn nicht verpflichtet war, es den nicht unterhaltsbedürftigen Eltern kostenlos zu überlassen, gab es keine steuerlich angemessenere Form.

Auch unter dem Blickwinkel sog. Überkreuzvermietungen ist in diesem klug gedeichselten Fall kein Rechtsmissbrauch zu erkennen. Die gegenseitige Überlassung ziele nicht darauf ab, Verluste bei den Einkünften aus Vermietung wechselseitig abzuziehen, denn für das vom Sohn bewohnte Haus der Eltern wurden keine Werbungskosten geltend gemacht.

Ein Bürger, der nur resigniert,
muss dulden, dass man ihm diktiert.

(Spruch)

TRICK

Schaffen Sie neuen Wohnraum für die Großfamilie!

Haben Sie ein hübsches kleines Häuschen, das für Sie und Ihren Ehepartner gerade groß genug ist? Da Sie aber Kinder und Enkelkinder näher bei sich haben wollen, überlegen Sie doch einmal, ob Sie nicht aufstocken oder anbauen können. Was, kein Geld? Dann lesen Sie mal, welche Steuerersparnis so etwas bringt!

Sie schaffen durch Aufstockung des bisherigen Gebäudes oder durch einen Anbau eine zusätzliche abgeschlossene Wohnung und vermieten sie an die Kinder.

Sie nehmen nur etwa 66 % der ortsüblichen Miete, können aber die vollen Werbungskosten absetzen! Die Sie steuerlich durch die Abschreibung (Altsubstanz bei den Herstellungskosten nicht vergessen!) und durch Schuldzinsen bei Fremdfinanzierung des Anbaus erheblich aufstocken können! Sie können sich das Geld auch von Ihrem Sohn leihen, dann bleiben seine Zinseinnahmen bis zum Sparerpauschbetrag steuerfrei.

Beispiel

Sie bauen Ihr älteres, selbstgenutztes Einfamilienhaus durch Aufstockung in ein Zweifamilienhaus um. Die Herstellungskosten betragen 120.000 €. Zur Finanzierung nehmen Sie am 1.7. ein Bankdarlehen von 50.000 € auf (Zinssatz: 4,5 %) und vereinbaren ein Disagio von 2.500 €. Außerdem gibt Ihnen Ihr Sohn ein Darlehen von 50.000 € (Zinssatz 4 %). Die neuerrichtete Wohnung (90m²) vermieten Sie nach Fertigstellung ab 1.12. an Ihren Sohn. Die monatliche Miete beträgt inkl. Nebenkosten 350 €; bei Fremdvermietung könnten Sie 500 € erzielen. Sie müssen mtl. 350 € als Einnahme versteuern. An Werbungskosten fallen an:

	1. Jahr	2. Jahr
Abschreibung 2 % von 120.000 € (1. Jahr nur 1 Monat)	200 €	2.400 €
Schuldzinsen	2.125 €	4.250 €
Disagio	2.500 €	–
Sonstige Kosten (angenommen)	2.800 €	2.800 €
Werbungskosten insgesamt	7.625 €	9.450 €
./. Einnahmen (350 €/Monat, 1. Jahr 1 Monat)	– 350 €	– 4.200 €
Verlust	7.275 €	5.250 €

3.12 Sie haben Ihr Haus verkauft?

839 Passen Sie gut auf: Wer sein Haus *verkaufen* will und es deshalb *leer stehen* lässt, kann *keine* Werbungskosten geltend machen. Nach Meinung des Niedersächsischen Finanzgerichts betrachtet der Verkäufer sein Haus nur noch *als Gegenstand des Vermögens* und *nicht* (mehr) als *Gegenstand der Einnahmenerzielung.* Aufwendungen zur Erwerbung, Sicherung und Erhaltung von Einnahmen, also Werbungskosten, könnten daher *nicht* mehr entstehen (FG Niedersachsen v. 16.1.1981, XI 105/77). Andererseits hat der BFH entschieden, dass Sie auch nach dem Verkauf Ihrer Immobilie bestimmte Schuldzinsen weiter als nachträgliche Werbungskosten absetzen können, wenn Sie aus dem Verkauf nicht alle Darlehen tilgen konnten (vgl. ➤ Rz 785.)

Haben Sie mit den Krediten laufende Kosten wie für Reparaturen, Modernisierungsmaßnahmen oder laufende Grundstückskosten finanziert, bleibt der durch die tatsächliche Verwendung des Kredits geschaffene wirtschaftliche Zusammenhang mit der Einkunftsart Vermietung und Verpachtung auch nach Veräußerung des Hauses bestehen, d.h., Sie können diese Schuldzinsen bis zur endgültigen Ablösung des Kredits als Werbungskosten bei Ihren Vermietungseinkünften absetzen, obwohl Sie keinen roten Heller Mieteinnahmen mehr haben. Allerdings müssen Sie auch bei diesen Krediten den Verkaufserlös aus

der Immobilie vorrangig zur Tilgung einsetzen (BMF v. 15.1.2014 – BStBl 2014 I S. 108).
Also achten Sie darauf, die Verwendung von Fremdgeldern entsprechend zu dokumentieren!

TRICK
Wenn schon tilgen, dann aber die richtigen Kredite!

Wenn der Erlös aus dem Verkauf Ihres Hauses nicht reicht, um die Kredite insgesamt zu tilgen, machen Sie aus der Not eine Tugend: Tragen Sie mit dem Verkaufserlös vorrangig die Hypotheken mit den höheren Zinssätzen ab.

Da der BFH die Zinsen aus den Anschaffungs- und Baukrediten auch dann zum Abzug zulässt, wenn Sie die Immobilie erst nach mehr als 10 Jahren verkauft haben, spielt die Unterscheidung zwischen Bau- und Renovierungskredit insoweit keine Rolle mehr. Sie können sich also die Kredite vom Hals schaffen, die Sie finanziell am stärksten belasten. Gleichzeitig können Sie dem Finanzamt mit Fug und Recht sagen, dass Sie sich bei der Tilgungsentscheidung wie ein ordentlicher und gewissenhafter Geschäftsmann verhalten haben. Das Finanzamt kann damit nichts mehr gegen den Abzug der Zinsen für die danach noch verbleibenden Kredite einwänden (BMF v. 15.01.2014 – BStBl 2014 I S. 108).

4. Finanzierungsfragen – Besonderheiten zum Abzug von Zinsen

Schuldzinsen für das selbstbewohnte Haus können Sie nicht absetzen, das ist klar. Versuchen Sie deshalb, sich anderweitig zu helfen. Ärgerlich ist, dass die Hypothekenzinsen aus versteuertem Einkommen aufgebracht werden müssen. Ich rate Ihnen deshalb, die Resthypotheken für Ihr Einfamilienhäuschen bis auf den letzten Euro abzulösen, wenn Sie die entsprechenden Mittel dazu haben. Denn das ist die beste Kapitalanlage.

Dazu folgendes Berechnungsbeispiel: Ihr selbstgenutztes Einfamilienhaus ist noch mit einem Restdarlehen (Zinssatz 4,5 %) von 75.000 € belastet. Die Jahreszinsen betragen 3.375 € und müssen aus versteuertem Einkommen bezahlt werden. Sie haben aber ein Kapitalvermögen von 150.000 €, das einen Bruttoertrag von 2.250 € abwirft, und daraus folgende liquide Mittel:

Bruttoertrag	2.250 €
./. Sparerpauschbeträge	– 1.602 €
Steuerpflichtige Einkünfte	648 €
Abgeltungsteuer inkl. KiSt und Soli	186 €

Wenn Sie das Restdarlehen von 75.000 € ablösen, sind Sie für die Zukunft zinsfrei und haben noch ein Restkapital von 75.000 € übrig, dessen Zinsen (1.125 €) wegen des Freibetrags keine Steuer auslösen.

Unter dem Strich haben Sie dadurch eine ganze Menge mehr Geld zur Verfügung:

Wegfall Zinsbelastung	3.375 €
./. Halbierung der Kapitalerträge	– 1.125 €
Gesparte Abgeltungsteuer	186 €
Mehr an zur Verfügung stehenden Mitteln	2.436 €

TRICK

Beim Kauf von Eigentumswohnungen die Kredite richtig zuordnen!

841 Angenommen, Sie kaufen ein Zweifamilienhaus. Oder ein Einfamilienhaus mit einer Einliegerwohnung. Sie nehmen einen Kredit von 150.000 € zu 6 % Zinsen auf und vereinbaren mit dem Verkäufer, dass er das Gebäude vorher in zwei Eigentumswohnungen aufteilt. Die 80-qm-Wohnung vermieten Sie, die 120-qm-Wohnung beziehen Sie selbst. Mit der Bank schließen Sie den Darlehensvertrag nur über die vermietete Wohnung ab.

Dem Notar überweisen Sie zwei getrennte Beträge: den Kaufpreis für die vermietete Eigentumswohnung in voller Höhe vom Darlehenskonto, den Betrag für die andere Wohnung vom Darlehenskonto und aus Eigenmitteln. An Zinsen zahlen Sie jährlich 9.000 €, die Sie jetzt von den Mieteinnahmen absetzen können. Das macht bei einer Steuerbelastung von 45 % eine Steuerersparnis von 4.100 €.

TRICK

Baukosten, Kredite und Rechnungsbezahlung richtig zuordnen!

842 Mit der Aufteilung eines Hauses in Eigentumswohnungen lassen sich beim Kauf die Zinsen natürlich besonders einfach in den steuerwirksamen Bereich verlagern. Aber auch wenn Sie selbst bauen oder der Vorbesitzer nicht bereit ist, vor dem Verkauf Eigentumswohnungen aus seinem Zweifamilienhaus zu machen, geht diese Steuersparmöglichkeit nicht an Ihnen vorbei.

Sie müssen nach Möglichkeit dafür sorgen, dass die von Ihnen vermieteten Immobilien so weit wie möglich aus den Darlehnsmitteln finanziert werden und

Sie für die Finanzierung Ihrer eigenen Wohnung – für die es ja keine Steuervorteile aus den Zinsen gibt – möglichst Ihre Eigenmittel einsetzen. Ohne ein wenig Mühe und Trickserei geht das aber nicht so ohne weiteres. Der Fiskus macht sich nämlich im ersten Ansatz die Sache recht einfach.

Bauen Sie z.B. ein Einfamilienhaus mit Einliegerwohnung, bei der Ihre Wohnung 100 qm und die vermietete Wohnung 50 qm groß ist, rechnet das Finanzamt die Kredite und die Eigenmittel im Verhältnis der Wohn- bzw. Nutzflächen den einzelnen Wohnungen zu. Im Ergebnis bedeutet das für Sie, dass steuerlich die Mietwohnung mit einem Drittel Ihrer Eigenmittel finanziert wird. Den entsprechenden Teil des Darlehens rechnet der Fiskus Ihrer eigenen Wohnung zu, bei der die Zinsen wirkungslos verpuffen.

Wie Sie das steuerlich viel geschickter gestalten können, zeige ich Ihnen im Folgenden.

Zinszuordnung bei Herstellung eines Gebäudes   **843**
Um Ihre Zinsen später voll bei der vermieteten Wohnung ansetzen zu können, müssen Sie dafür sorgen, dass deren Herstellung ausschließlich aus Darlehensmitteln finanziert wird. Dazu gehen Sie wie folgt vor:

- Sie richten zunächst zwei Baukonten bei Ihrer Bank ein. Auf Konto 1 kommen nur die Auszahlungen aus Ihren Baudarlehen und Hypotheken, auf Konto 2 überweisen Sie Ihre für den Bau gedachten Eigenmittel.

- Von den Handwerkern lassen Sie sich für alle Arbeiten, die ausschließlich eine bestimmte Wohnung betreffen, getrennte Rechnungen schreiben (z.B. für Türen, Bodenbeläge, Decken, Badezimmer, Elektroinstallationen, Malerarbeiten). Wo Sie keine gesonderte Rechnung haben, können Sie die Aufteilung durch eine eigene Aufstellung ergänzen, in der Sie die einzelnen Rechnungspositionen der jeweiligen Wohnung zuordnen.

- Herstellungskosten, die das gesamte Gebäude betreffen, werden im Verhältnis der Wohnflächen aufgeteilt (z.B. der Kaufpreis für das Grundstück, die Kosten für Bodenaushub, Dach, Treppenhaus, Gemeinschaftsräume, Heizungsanlage, Anschluss, Entwässerung etc.).

So haben Sie nun grundsätzlich für jede Rechnung zwei Teilbeträge. Bei der Bezahlung gehen Sie wie folgt vor:

1. Rechnungsteilbeträge, die auf Ihre später selbst genutzte Wohnung entfallen, überweisen Sie von dem Baukonto mit Eigenmitteln. Bei der Überweisung machen Sie das deutlich, indem Sie als Verwendungszweck neben der Rechnungsnummer z.B. ergänzen: *»Teilbetrag für Wohnung Erdgeschoss«*.

2. Rechnungsteilbeträge, die auf die später vermietete Wohnung entfallen, überweisen Sie nur von dem Baukonto, auf dem die Baudarlehen gelandet sind. Auch hier machen Sie bei der Überweisung die Zuordnung deutlich, z.B.: *»Teilbetrag für Einliegerwohnung 1. OG«*.

Und so könnte die Rechnung für Sie aussehen:
Angenommen, Sie bauen ein Einfamilienhaus mit Einliegerwohnung. Die eigene Wohnung im Erdgeschoss wird 120 qm, die Einliegerwohnung 60 qm groß. Die gesamten Baukosten inkl. Grund und Boden belaufen sich auf 360.000 €. Sie haben Eigenmittel in Höhe von 160.000 €. Der Rest wird durch eine Hypothek (Zinssatz 5 %) finanziert.

Aus Ihren nach dem oben beschriebenen Muster vorgenommenen Aufteilungen und der Begleichung der Rechnungen ergibt sich ein Anteil von 60 % an den Gesamtkosten für die eigene Wohnung und von 40 % für die Einliegerwohnung.

Da Sie sämtliche Rechnungsbeträge für die Einliegerwohnung vom Darlehens-Baukonto überwiesen haben, wurden somit die gesamten Kosten für die Einliegerwohnung von 144.000 € fremdfinanziert.

Von den Hypothekenzinsen entfallen folglich pro Jahr 5 % von 144.000 € = 7.200 € auf die Vermietungseinkünfte und nur 5 % von 56.000 € = 2.800 € auf die selbstgenutzte Wohnung.

Ohne Aufteilung der Rechnungen und getrennte Bezahlung wären für die Einliegerwohnung von den gesamten Zinsen von 5 % von 200.000 € = 10.000 € nur $1/3$ = 3.333 € als Werbungskosten abzugsfähig gewesen. Wie Sie sehen, hat sich in diesem Fall mit ein bisschen Arbeit der steuerwirksame Zinsabzug mehr als verdoppelt. Und das Jahr für Jahr!

WICHTIGER HINWEIS

Genauso wie die laufenden Zinsen können Sie ein Damnum oder Disagio, die Bearbeitungsgebühren und die Eintragung der Hypothek im Grundbuch aufteilen. Im obigen Beispiel wären von einem Damnum oder Disagio 144.000/200.000 als Werbungskosten abzugsfähig gewesen.

TRICK

Die Zinszuordnung klappt auch beim Kauf eines Gebäudes.

844 Auch beim Kauf eines Hauses sind Sie nicht darauf angewiesen, dass vorher in Eigentumswohnungen aufgeteilt wird. Sie können im Prinzip dasselbe Strickmuster anwenden wie bei der Herstellung eines Gebäudes. Und so gehen Sie vor:

- Sie richten wieder zwei Konten ein, eines für Ihre Eigenmittel und eines, auf dem die Kredite für den Erwerb eingezahlt werden.

4. Finanzierungsfragen – Besonderheiten zum Abzug von Zinsen 575

- Bereits im Notarvertrag wird der insgesamt vereinbarte Kaufpreis rechnerisch auf die selbstgenutzte Wohnung und den vermieteten Teil der Immobilie aufgeteilt. Wenn dabei nicht gerade völlig unrealistische Maßstäbe angelegt werden, wird das Finanzamt dieser Aufteilung folgen.

- Die Bezahlung erfolgt dann wieder in zwei Teilbeträgen:
  Den Kaufpreisanteil für die vermietete Wohnung überweisen Sie mit dem Verwendungszweck *»Teilkaufpreis Wohnung I. OG«* von Ihrem Darlehenskonto auf das Notaranderkonto. – Den Kaufpreisanteil für die selbstgenutzte Wohnung überweisen Sie von Ihrem Eigenmittelkonto und einen evtl. Restbetrag vom Darlehenskonto – jeweils mit dem Verwendungszweck *»Teilkaufpreis Wohnung Erdgeschoss«*.

Dass der Notar später dem Verkäufer den gesamten Kaufpreis von seinem Notaranderkonto in einer Summe überweist, ist für Ihre Zuordnung nicht schädlich.

Sie müssen sich bei diesen Tricks auch keine Gedanken machen, dass der Fiskus Ihnen mit Umgehung oder Gestaltungsmissbrauch kommt. Nach einigem Zögern haben Sie nämlich den obersten fiskalischen Segen erhalten (BMF-Schreiben v. 16.4.2004 – BStBl 2004 I S. 464).

Herrenmenschen sind in der Regel
weder Herren noch Menschen.
(W. Mitsch)

XII. Sonstige Einkünfte (Renten, Unterhalt, Spekulationsgewinne)

Mit den sonstigen Einkünften sind wir bei der letzten, der siebten Einkunftsart **845** angelangt (§ 22 EStG). Die hier aufgeführten Einkünfte gehören aber nur dann in diese Einkunftsart, wenn sie nicht in eine der vorangehenden einzureihen sind.

Sonstige Einkünfte sind:

- Einkünfte aus wiederkehrenden Bezügen (§ 22 Nr. 1 EStG), insbesondere Renten und Vorteile, bei denen der zur Zahlung Verpflichtete den Ertragsanteil (Renten) oder die gesamten Zahlungen (dauernde Lasten) als Sonderausgaben abziehen kann (➤ Rz 531 ff.);

- Einkünfte aus Unterhaltsleistungen (§ 22 Nr. 1 a EStG), soweit sie beim Geber als Sonderausgaben abziehbar sind (➤ Rz 524 ff.);

- Einkünfte aus privaten Veräußerungsgeschäften (Spekulationsgeschäfte) (§ 22 Nr. 2 EStG);

- Einkünfte aus Leistungen (§ 22 Nr. 3 EStG), soweit sie mindestens 256 € im Kalenderjahr betragen. Hierunter fallen insbesondere Liebeslohn, Bestechungsgelder, Schmiergelder, aber auch die Mitnahmegebühr für die Fahrt zur Arbeit und Einnahmen aus der Vermietung beweglicher Gegenstände;

- Abgeordnetenbezüge (§ 22 Nr. 4 EStG);

- Leistungen aus Altersvorsorgeverträgen (§ 22 Nr. 5 EStG).

1. Einkünfte aus wiederkehrenden Bezügen (Renten)

Ab welchem Betrag sind Rentner und Pensionäre steuerpflichtig?

1.1 Altersversorgung durch Rente

Die Steuer aus Renteneinkünften ist für die meisten Rentner schwer zu berech- **846** nen, wie aus vielen Schreiben meiner Leser hervorgeht.
Steuerfrei sind unter anderem

- Renten aus der gesetzlichen Unfallversicherung, z.B. aus der Berufsgenossenschaft,

- Kriegs- und Schwerbeschädigtenrenten und
- Wiedergutmachungsrenten.

Die meisten Renten sind jedoch steuerpflichtig, vor allem
- Renten wegen Alters oder verminderter Erwerbsfähigkeit,
- Renten wegen Todes, die an Witwen und Waisen gezahlt werden,
- Renten aus einer betrieblichen Zusatzversicherung (Direktversicherung),
- Renten aus Lebensversicherungen.

847 Mit dem Alterseinkünftegesetz wurde die Besteuerung von Renten und Pensionen komplett neu geregelt. Kern dieser Neuregelung ist der schrittweise Übergang zur »nachgelagerten Besteuerung«. Auf der einen Seite werden die *Beiträge* zur gesetzlichen Rentenversicherung, zu berufsständischen Versorgungswerken und an private kapitalgedeckte Rentenversicherungen in der Endstufe bis zu 22.172 € (Ehegatten: 44.344 €) im Jahr abzugsfähig sein. Auf der anderen Seite werden diese Renten in voller Höhe besteuert. Die Altersvorsorgebeiträge sind seit 2005 bis zu bestimmten Höchstbeträgen abzugsfähig. Beginnend mit 60 % im Jahr 2005, steigt der Prozentsatz in einer Übergangszeit bis 2025 Jahr für Jahr um 2 %, bis 2025 schließlich 100 % abzugsfähig sind. In 2015 beträgt er somit 80 %, in 2016 82 % usw.

Renten aus solchen Basisaltersversorgungssystemen wie z. B. der
- gesetzlichen Rentenversicherung,
- berufsständischen Versorgungswerken,
- der landwirtschaftlichen Alterskasse und
- nach dem 31.12.2004 abgeschlossenen privaten kapitalgedeckten Leibrentenversicherungen (Rürup-Rente)

unterliegen seit 2005 mit einem Prozentsatz von mindestens 50 % der Besteuerung. Für Renten, die erstmalig ab 2006 gezahlt wurden bzw. werden, steigt der Prozentsatz bis 2020 Jahr für Jahr um jeweils 2 % und danach bis 2040 um je 1 %.

Das bedeutet, eine Rente mit Zahlungsbeginn in 2006 wird zu 52 %, mit Zahlungsbeginn in 2015 mit 70 % besteuert. Beginnt die Rentenzahlung in 2016, gilt ein steuerpflichtiger Rentenanteil von 72 %.

Wenn Ihnen in diesem Zusammenhang der Begriff »Kohorte« unterkommt, sind Sie nicht etwa bei Asterix und Obelix gelandet. Mit Kohorte bezeichnen die Fiskalritter die einzelnen Rentnerjahrgänge. Gehen Sie 2016 in Rente, gehören Sie zur »Kohorte 72«. Der Rentner, dessen Rente in 2017 zu laufen beginnt, gehört zur »Kohorte 74«.

Ganz besonders böse betroffen von der Anhebung der Besteuerungsanteile sind **Renten wegen Erwerbsunfähigkeit**, siehe dazu ➤ Rz 856.

1. Einkünfte aus wiederkehrenden Bezügen (Renten)

Gut zu wissen:

Die Neuregelung führt zumindest noch für einige Rentnerjahrgänge nicht zwangsläufig dazu, dass Sie als Rentner ohne Wenn und Aber wieder Zwangsmitglied im Club der Steuerzahler sind oder werden. Eine Steuer ergibt sich nur, wenn Ihr Einkommen nach Hinzurechnung eventueller anderer Einkünfte, z.B. aus der Vermietung von Immobilien oder aus Kapitalanlagen, und nach Abzug aller Steuervergünstigungen und Abzüge, z.B. Sonderausgaben für Versicherungsbeiträge oder außergewöhnliche Belastungen, über dem Grundfreibetrag liegt.

Leider haben sich die Fiskalritter bei der Berechnung des Teils der Rente, der steuerfrei bleibt, eine ganz hinterlistige Gemeinheit ausgedacht. Steuerfrei bleibt in Wahrheit nämlich gar nicht ein bestimmter Prozentsatz, sondern ein fester Betrag, der sog. **Rentenfreibetrag**, den das Finanzamt im ersten vollen Rentenjahr auf der Basis des Kohortenprozentsatzes berechnet.

Angenommen, Sie beziehen schon seit Jahren Ihre Rente von der BfA. Als sog. Bestandsrentner gehören Sie also zur »Kohorte 50«. Ausgangspunkt für die Berechnung Ihres steuerfreien Rentenbetrags, des **Rentenfreibetrags**, waren die Rentenzahlungen im Jahr 2005. Der Rentenfreibetrag wurde danach festgeschrieben und gilt nun auch in den folgenden Jahren.

Sind Sie nach 2005 in Rente gegangen, wird der Rentenfreibetrag immer auf der Basis des ersten vollen Rentenjahres berechnet. Sind Sie also z.B. in 2008 in Rente gegangen, wurde Ihr Rentenfreibetrag von der Jahresrente des Jahres 2009 berechnet und gilt unverändert seit 2010. Ja, Sie sehen das richtig: Selbst im Jahr 2015, 2016 oder 2020 wird immer nur der für das erste volle Rentenzahlungsjahr festgestellte Rentenfreibetrag abgezogen. Dabei stört sich der Fiskus nicht daran, dass in der Zwischenzeit Ihre Rente regelmäßig angepasst wird. Na, haben Sie den unverschämten Griff des Finanzministers in Ihr Geldsäckel bemerkt? Genau, durch diesen fiskalischen Hütchenspielertrick werden nämlich künftige Rentenerhöhungen samt und sonders zu 100 % in die Besteuerung einbezogen.

Beispiel

Sie beziehen seit Januar 2008 Rente aus der gesetzlichen Rentenversicherung. Im Januar 2008 betrug Ihre Rente 1.500 €. Damit haben Sie in den Jahren 2008 bis 2015 folgende Renten bezogen:

2008	18.099 €
2009	18.417 €
2010	18.637 €
2011 (West)	18.729 €
2012 (West)	19.026 €
2013 (West)	19.255 €
2014 (West)	19.440 €
2015 (West)	19.807 €

Rentenbezug 2008		
18.099 €		
./. Rentenfreibetrag	− 7.964 €	
Steuerpflichtiger Teil der Rente 56 % von 18.099 €	10.135 €	> 10.135 €

Rentenbezug 2009		
18.417 €		
./. Rentenfreibetrag 44 % von 18.417 €	− 8.104 €	
Steuerpflichtiger Teil der Rente	10.313 €	> 10.313 €

Rentenbezug 2010		
18.637 €		
./. Rentenfreibetrag	− 8.104 €	
Steuerpflichtiger Teil der Rente	10.533 €	> 10.533 €

Rentenbezug 2011		
18.729 €		
./. Rentenfreibetrag	− 8.104 €	
Steuerpflichtiger Teil der Rente	10.625 €	> 10.625 €

Rentenbezug 2012		
19.026 €		
./. Rentenfreibetrag	− 8.104 €	
Steuerpflichtiger Teil der Rente	10.922 €	> 10.922 €

Rentenbezug 2013		
19.255 €		
./. Rentenfreibetrag	− 8.104 €	
Steuerpflichtiger Teil der Rente	11.151 €	> 11.151 €

Rentenbezug 2014		
19.440 €		
./. Rentenfreibetrag	− 8.104 €	
Steuerpflichtiger Teil der Rente	11.336 €	> 11.336 €

Rentenbezug 2015		
19.807 €		
./. Rentenfreibetrag	− 8.104 €	
Steuerpflichtiger Teil der Rente	11.336 €	> 11.703 €

Wie Sie sehen, werden Rentenanpassungen – in diesem Beispiel die der Jahre 2009–2015 – von insgesamt 1.568 € in voller Höhe und nicht etwa nur mit 56 % – oder je nach Kohorte auch mehr – der Besteuerung unterworfen.

WICHTIGER HINWEIS

Bei Ihren regelmäßigen Rentenanpassungen wird der Rentenfreibetrag zwar nicht neu berechnet, geht Ihre Rente aber unplanmäßig nach oben oder unten, sieht die Sache anders aus. Dann nämlich muss das Finanzamt Ihren Freibetrag neu berechnen. Das passiert z.B., wenn Ihre Rente wegen der Anrechnung anderer Einkünfte hochgesetzt wird. Bestehen Sie in einem solchen Fall darauf, dass die Anpassung nicht als regelmäßige anzusehen ist und Ihnen deshalb ein entsprechend höherer Rentenfreibetrag zusteht.

TIPP

Die Mütterrente wird nur anteilig besteuert!

Müttern oder Vätern wird für die Erziehungszeiten ihrer vor 1992 geborenen Kinder die sog. Mütterrente gezahlt. Hierbei handelt es sich um einen Teil der Rente aus der gesetzlichen Rentenversicherung. Die Mütterrente beträgt 2015 je berücksichtigungsfähigem Kind

	Januar–Juni mtl.	Juli–Dezember mtl.	Jahresbetrag
West	28,61 €	29,21 €	346,92 €
Ost	26,39 €	27,05 €	641,28 €

Hier stellt sich nun die Frage, in welcher Höhe die Mütterrente der Besteuerung unterliegt. Bei der Rentenerhöhung durch die Mütterrente handelt es sich nicht um eine regelmäßige Rentenanpassung, sondern um eine außerordentliche Neufestsetzung des Jahresbetrags der Rente. Deshalb wird der steuerfreie Teil der Rente neu berechnet. Der bisherige steuerfreie Teil wird um den steuerfreien Teil der Mütterrente erhöht. Diese wird dadurch nicht in vollem Umfang in die Besteuerung mit einbezogen, sondern nur mit dem Besteuerungsanteil, der auch für die übrige Rente gilt. Beziehen Sie Ihre Rente also z.B. bereits seit 2005 oder früher, beträgt der Besteuerungsanteil der Mütterrente lediglich 50 Prozent. Der für die Zukunft festgeschriebene Rentenfreibetrag erhöht sich in diesem Fall um 50 % der Mütterrente des Jahres 2015.

SUPER TRICK

Konservieren Sie für einen Teil Ihrer Rente den günstiger besteuerten Ertragsanteil!

50 % und mehr Ihrer Rente versteuern zu müssen ist an sich schon recht unerfreulich. Wenn Sie als Selbständiger, Freiberufler oder Mitglied in einem berufsständischen Versorgungswerk Beiträge in die Versorgungskasse oder über eine Höherversicherung in die gesetzliche Rentenversicherung eingezahlt

582   XII. Sonstige Einkünfte (Renten,Unterhalt, Spekulationsgewinne)

haben, die deutlich höher waren als die Höchstbeiträge zur gesetzlichen Rentenversicherung, ist das noch viel ärgerlicher. Ihnen stand regelmäßig keine Entlastung durch einen steuerfreien Arbeitgeberanteil zur Rentenversicherung zu, und der Abzug Ihrer Beiträge als Sonderausgaben war häufig nicht sehr ergiebig. Was kommt also bei dem ganzen Spaß heraus? In der Ansparphase konnten Sie kaum etwas absetzen, aber jetzt, wo Sie kassieren, sollen Sie einen Riesenbatzen Ihrer Altersbezüge versteuern. Natürlich werden Sie das nicht so ohne weiteres hinnehmen. Dafür haben Sie schließlich mein Buch gekauft.

»Öffnungsklausel« heißt die magische Formel, mit der Sie die Besteuerung Ihrer Rente auf ein erträgliches Maß zurechtstutzen können. Und so funktioniert das:

Der Teil Ihrer Rente, der auf Beiträgen beruht, die Sie über den Höchstbeitrag der gesetzlichen Rentenversicherung hinaus gezahlt haben, wird mit den niedrigen Ertragsanteilen lt. ➤ Rz 853 besteuert. Nur der Rest fällt unter die Kohortenbesteuerung. Voraussetzung ist, dass Sie bis zum 31.12.2004 in mindestens zehn Jahren Beiträge über dem Höchstbeitrag zur gesetzlichen Rentenversicherung gezahlt haben. Die Jahre müssen übrigens nicht zusammenhängen.

Trifft das auf Sie zu, stellen Sie im ersten Jahr, in dem Sie Rente beziehen, beim Finanzamt den Antrag auf gesplittete Versteuerung Ihrer Rente durch Anwendung der Öffnungsklausel in § 22 Nr. 1 S. 3 EStG. Zum Nachweis, dass Sie die Voraussetzungen erfüllen, bitten Sie Ihre Rentenzahlstelle um eine Bestätigung der Beitragsjahre mit Beiträgen über dem jeweiligen gesetzlichen Höchstbeitrag.

Angenommen, von Ihrer Rente in Höhe von 2.400 €, die Sie seit dem 1.1.2008 erhalten, beruhen 25 % auf dem erhöhten Beitrag. Dann ergibt sich folgendes Bild:

Rententeil 1 (Kohortenbesteuerung)
2.400 €, davon 75 % = 1.800 € × 12 Monate × 56 %

Steuerpflichtiger Teil =	12.096 €

Rentenanteil 2 (Ertragsanteil)
2.400 €, davon 25 % = 600 € × 12 Monate × 18 %

Steuerpflichtiger Teil =	1.296 €
Insgesamt steuerpflichtig	13.392 €
Ohne Antrag steuerpflichtig 2.400 € × 12 × 56 %	16.128 €
Differenz	2.736 €

Je nach Steuersatz macht das eine jährliche Ersparnis von 445 € bis 1.335 €, und das Jahr für Jahr bis zu Ihrem Lebensende.

1. Einkünfte aus wiederkehrenden Bezügen (Renten)   583

WICHTIGER HINWEIS

Der Überwachungsstaat wird immer weiter ausgebaut. Nicht nur dass der Fiskus alle Ihre im Inland geführten Konten mit erzwungener Hilfe durch die Banken in einer Datenbank speichert, ihm fast alle EU-Staaten Ihre im Ausland kassierten Zinsen mitteilen, bekommt das Finanzamt von Ihrem Rentenversicherungsträger auch Jahr für Jahr eine **Rentenbezugsmitteilung**, in der haarklein jeder Cent aufgeführt ist, den Sie als Rente bekommen. Dank dieser Rentenbezugsmitteilungen kommt selbst der faulste und dümmste Fiskalritter dahinter, dass Sie mit Ihren Einkünften steuerpflichtig sind. Da Sie ja kein Steuerexperte sind und bisher nur deshalb keine Steuererklärung eingereicht haben, weil Sie der festen Meinung waren, Sie müssten als Rentner keine Steuern zahlen, darf Sie das Finanzamt nicht der Steuerhinterziehung bezichtigen. Stellen Sie sich im Zweifel ruhig dümmer, als die Polizei erlaubt.

851

Die steuerpflichtigen Teile der Rente (Besteuerungsanteil) können Sie folgender Tabelle entnehmen.

Besteuerungsanteiltabelle für Leibrenten   852

Jahr des Rentenbeginns	Besteuerungsanteil in v.H.
bis 2005	50
2006	52
2007	54
2008	56
2009	58
2010	60
2011	62
2012	64
2013	66
2014	68
2015	70

Diese hohen Ertragsanteile gelten allerdings nur für Renten aus

- der gesetzlichen Rentenversicherung, auch für Erwerbs- und Berufsunfähigkeitsrenten,

- der landwirtschaftlichen Alterskasse,

- berufsständischen Versorgungswerken, z.B. der Rechtsanwalts-, Ärztekammern etc.,

- privaten kapitalgedeckten Rentenversicherungen, die ab dem 60. Lebensjahr eine Rente zahlen und deren Beiträge als Altersvorsorgeaufwendungen bei den Sonderausgaben abgezogen werden können und die nach dem 31.12.2004 abgeschlossen wurden.

853 Bei Renten, die nicht in die o. g. Kategorien fallen, gelten folgende günstigere Ertragsanteile. Diese können ebenfalls angewendet werden, soweit eine Rente auf Beiträgen beruht, die unter die Öffnungsklausel fallen (➤ Rz 850).

Ertragsanteiltabelle

Bei Beginn der Rente vollendetes Lebensjahr des Rentenberechtigten	Ertrags- anteil in v.H.	Bei Beginn der Rente vollendetes Lebensjahr des Rentenberechtigten	Ertrags- anteil in v.H.
0 bis 1	59	19 bis 20	50
2 bis 3	58	21 bis 22	49
4 bis 5	57	23 bis 24	48
6 bis 8	56	25 bis 26	47
9 bis 10	55	27	46
11 bis 12	54	28 bis 29	45
13 bis 14	53	30 bis 31	44
15 bis 16	52	32	43
17 bis 18	51	33 bis 34	42
35	41	63	20
36 bis 37	40	64	19
38	39	65 bis 66	18
39 bis 40	38	67	17
41	37	68	16
42	36	69 bis 70	15
43 bis 44	35	71	14
45	34	72 bis 73	13
46 bis 47	33	74	12
48	32	75	11
49	31	76 bis 77	10
50	30	78 bis 79	9
51 bis 52	29	80	8
53	28	81 bis 82	7
54	27	83 bis 84	6
55 bis 56	26	85 bis 87	5
57	25	88 bis 91	4
58	24	92 bis 93	3
59	23	94 bis 96	2
60 bis 61	22	ab 97	1
62	21		

Diese günstigen Besteuerungsanteile gelten unter anderem für folgende Renten:

- Renten aus privaten Leibrentenversicherungen (Lebensversicherungen), die vor 2005 abgeschlossen wurden,

- Kaufpreisrenten, z.B. aus dem Verkauf eines Hauses oder Betriebs auf Rentenbasis,

- Versorgungsrenten, die z.B. Ihre Kinder an Sie zahlen, nachdem Sie ihnen Ihr Vermögen vermacht haben,

- Renten aus pauschal besteuerten Direktversicherungen,

- Renten aus öffentlichen Zusatzversorgungskassen (z.B. der VBL, ZVK etc.).

1. Einkünfte aus wiederkehrenden Bezügen (Renten)

TRICK

Erklären Sie Rentennachzahlungen richtig!

Eine Wohltat kommt selten allein, so sagt man. Haben Sie es geschafft, die Rente durchzukriegen, werden Sie auch noch mit einer dicken Nachzahlung überrascht. Obendrein zeigt sich der Fiskus vernünftig, indem er die Nachzahlung nach der »Fünftel-Regelung« besteuert. Das bedeutet: Die Nachzahlung wird mit einem Fünftel angesetzt und die Steuer, die auf dieses Fünftel entfällt, dann mit fünf vervielfacht (§ 34 Abs. 1 EStG). Auf diese Weise wird der Steuerprogression die Spitze genommen. Damit es zu der ermäßigten Besteuerung kommt, müssen Sie das Formular Anlage R richtig ausfüllen. 854

Den Eigenanteil zur Kranken- und Pflegeversicherung tragen Sie in der Anlage Vorsorgeaufwand ein. Das sind 2015 7,3 % Krankenversicherung zzgl. der Zusatzbeitrag, den Ihre Krankenkasse erhebt (in den überwiegenden Fällen 0,9 %) und der von Rentnern voll zu tragende Beitrag von 2,35 % bzw. 2,60 % (erhöhter Satz für Kinderlose) zur Pflegeversicherung.

Doch nun spitzen Sie die Ohren: Haben Sie in den Vorjahren Kranken- oder Arbeitslosengeld bezogen, wurde dieses vielleicht mit der Rentennachzahlung verrechnet. Die Nachzahlung müssen Sie indessen mit dem vollen Betrag, also ungekürzt, eintragen. Dies führt dazu, dass die Steuerbescheide der Vorjahre berichtigt werden müssen, da sich das Kranken- und Arbeitslosengeld nachteilig auf die Höhe Ihrer Steuer ausgewirkt hat (Progressionsvorbehalt; § 32 b EStG). Was es damit auf sich hat, dazu mehr unter ➤ Rz 458.

Den Berichtigungsantrag für die Vorjahre stellen Sie unter Hinweis auf § 175 Abs. 1 Nr. 2 AO – Berichtigung wegen eines rückwirkenden Ereignisses.

Der Ertragsanteil von in der Laufzeit beschränkten privaten Renten, z.B. aus dem Kauf von Immobilien, ergibt sich aus folgender Tabelle: 855

Beschränkung der Laufzeit der Rente auf ... Jahre ab Beginn des Rentenbezugs	Der Ertragsanteil beträgt vorbehaltlich der Spalte 3 ... v.H.	Es ist der Ertragsanteil der Tabelle in ➤ Rz 853 maßgebend, wenn der Rentner zu Beginn des Rentenbezugs das ...te Lebensjahr vollendet hatte
1	2	3
1	0	entfällt
2	1	entfällt
3	2	97
4	4	92
5	5	88
6	7	83
7	8	81
8	9	80
9	10	78

XII. Sonstige Einkünfte (Renten, Unterhalt, Spekulationsgewinne)

Beschränkung der Laufzeit der Rente auf … Jahre ab Beginn des Rentenbezugs	Der Ertragsanteil beträgt vorbehaltlich der Spalte 3 … v.H.	Es ist der Ertragsanteil der Tabelle in ➤ Rz 853 maßgebend, wenn der Rentner zu Beginn des Rentenbezugs das …te Lebensjahr vollendet hatte
1	2	3
10	12	75
11	13	74
12	14	72
13	15	71
14 – 15	16	69
16 – 17	18	67
18	19	65
19	20	64
20	21	63
21	22	62
22	23	60
23	24	59
24	25	58
25	26	57
26	27	55
27	28	54
28	29	53
29 – 30	30	51
31	31	50
32	32	49
33	33	48
34	34	46
35 – 36	35	45
37	36	43
38	37	42
39	38	41
40 – 41	39	39
42	40	38
43 – 44	41	36
45	42	35
46 – 47	43	33
48	44	32
49 – 50	45	30
51 – 52	46	28
53	47	27
54 – 55	48	25
56 – 57	49	23
58 – 59	50	21
60 – 61	51	19
62 – 63	52	17
64 – 65	53	15
66 – 67	54	13
68 – 69	55	11
70 – 71	56	9
72 – 74	57	6
75 – 76	58	4
77 – 79	59	2
ab 80	Der Ertragsanteil ergibt sich immer aus der Tabelle in ➤ Rz 853	

1. Einkünfte aus wiederkehrenden Bezügen (Renten)

856 Erwerbs- und Berufsunfähigkeitsrenten aus der gesetzlichen Rentenversicherung unterliegen seit 2005 ebenfalls der Besteuerung nach dem Kohortenprinzip, während vor 2005 nur ein Minianteil – häufig unter 10 % – steuerpflichtig war. Ihr Besteuerungsanteil ergibt sich also ebenfalls aus der Tabelle in ➤ Rz 852.

Diese recht hohe Besteuerung greift aber nur für Erwerbs- bzw. Berufsunfähigkeitsrenten, die aus einem der Basisversorgungssysteme kommen, z. B. der gesetzlichen Rentenversicherung, den landwirtschaftlichen Alterskassen, berufsständischen Versorgungswerken oder einer Rürup-Rente. Entsprechende Renten aus privaten Versicherungen, z. B. reine Erwerbsunfähigkeitsversicherungen oder Rentenlebensversicherungen, die vor dem 1.1.2005 mit Erwerbsunfähigkeitszuschlag abgeschlossen wurden, werden dagegen mit den geringeren Ertragsanteilen lt. ➤ Rz 855 besteuert.

857 **Rentenbezüge, bis zu denen 2015 keine Einkommensteuer anfällt** (bei einem Eigenanteil zur Krankenversicherung von 8,2 %, Pflegeversicherung 2,35 %). Unter Berücksichtigung des Grundfreibetrags von 8.472 €/16.944 € und der als Sonderausgaben abzugsfähigen Beiträge zur Kranken- und Pflegeversicherung für Rentner ergeben sich abhängig vom Jahr des Rentenbeginns folgende steuerfreie Rentenjahresbezüge.

Rentenbeginn	Ledige €	Verheiratete €
2005	20.018	39.799
2006	19.189	38.150
2007	18.425	36.632
2008	17.801	35.391
2009	17.287	34.369
2010	16.954	33.706
2011	16.331	32.469
2012	15.853	31.518
2013	15.502	30.820
2014	14.905	29.634
2015	12.245	24.346

Wenn weitere abzugsfähige Sonderausgaben wie Haftpflichtversicherungen, Kirchensteuern, Spenden etc. anfallen, erhöht sich der steuerfreie Rentenbetrag.

Liegen dagegen noch andere Einkünfte, etwa aus der Vermietung von Immobilien oder aus Zinsen, vor, verringert sich der steuerfreie Rentenbetrag.

Beziehen Sie eine private Rente, z. B. weil Sie Ihr Haus gegen Rente verkauft haben, ist sie ebenfalls nur mit dem Ertragsanteil (s. Tabelle ➤ Rz 853) zu versteuern. Bei einer Veräußerungsrente aus dem Verkauf Ihrer Firma haben Sie ein Wahlrecht: Entweder Sie versteuern nur den Ertragsanteil, den aber von Beginn an, oder Sie versteuern die Renteneinnahmen komplett, dies allerdings erst, wenn sie die Höhe des Kapitalkontos der Firma erreicht haben.

XII. Sonstige Einkünfte (Renten, Unterhalt, Spekulationsgewinne)

SUPER TRICK

Machen Sie aus 1.060 € steuerpflichtiger Rente 1.827 € abzugsfähige Ausgaben!

858 Als Rentner zahlen Sie jede Menge Versicherungsbeiträge, z.B. Haftpflicht- und Unfallversicherung. Einen ganz dicken Batzen machen die Beiträge zur Kranken- und Pflegeversicherung aus. Zum Teil erhalten Sie zu Ihren Krankenversicherungsbeiträgen zwar einen steuerfreien Zuschuss des Rentenversicherungsträgers, den Rest zahlen Sie aber aus Ihren versteuerten Rentenzahlungen. Zum Glück. Denn ansonsten könnten Ihre Versicherungsbeiträge nicht als Vorsorgeaufwendungen abgezogen werden. So aber versteuern Sie von diesem Teil der Rente nur den Ertragsanteil von z.B. 58 % und können ihn in voller Höhe bei Ihren Vorsorgeaufwendungen unterbringen.

Beispiel
Bei einer Monatsrente von ca. 1.500 € belaufen sich Ihre Kranken- und Pflegeversicherungsbeiträge auf etwa 3.204 € im Jahr. Dafür bekommen Sie einen Zuschuss von etwa 1.314 €. Aus der eigenen Tasche bezahlen Sie also 1.890 €.

Als Vorsorgeaufwendungen abzugsfähige

eigene Krankenversicherungsbeiträge	1.890 €
Steuerpflichtiger Ertragsanteil auf 1.890 € × 58 %	1.096 €
Zusätzlicher Vorteil aus den nicht versteuerten Restbeiträgen	794 €

Wie Sie sehen, haben Sie in diesem Fall buchstäblich mit der Wurst nach der Speckseite geworfen. Für jeden Euro Rente, der zur Zahlung Ihrer Krankenversicherung verwendet wird und den Sie versteuern, setzen Sie im Gegenzug fast den doppelten Betrag als Sonderausgaben ab.

1.2 Altersversorgung aus Pensionen

859 Stammt Ihre Altersversorgung nicht aus einer gesetzlichen Sozial- oder einer betrieblichen Zusatzversicherung, sondern von Ihrem früheren Arbeitgeber (Staats-, Dienstpension), müssen Sie sie als nachträglichen Arbeitslohn versteuern. Deshalb müssen Sie bei Ihrem früheren Arbeitgeber eine Lohnsteuerkarte abgeben und wird von der Pension Lohnsteuer einbehalten. Bei solchen Pensionen bleibt nur ein Versorgungsfreibetrag steuerfrei. Dasselbe gilt für Arbeitnehmer, die vorzeitig aus dem Erwerbsleben ausscheiden und hierfür von ihrem Betrieb für eine Übergangszeit Vorruhestandsgeld erhalten. Den Versorgungsfreibetrag gibt es in diesem Fall aber erst nach Vollendung des 63. Lebensjahres. Wenn Sie erst im laufenden Jahr 63 Jahre alt geworden sind oder Ihre Versorgungsbezüge nur einige Monate gezahlt wurden, ist Ihnen beim Lohnsteuerabzug ein Teil des Versorgungsfreibetrags entgangen. Der Versorgungsfreibetrag von früher 40 % Ihrer Versorgungsbezüge, max. 3.000 € wird bis 2040 stufenweise abgebaut – bis 2020 um 1,6, ab 2021 um 0,8 Prozentpunkte pro Jahr –, so dass ab 2040 Renten und Pensionen im Endeffekt in gleicher Weise voll besteuert werden.

In der Übergangszeit wird neben dem Grundversorgungsfreibetrag ein Zuschlag abgezogen. Im Gegenzug können Sie aber, obwohl Ihre Versorgungsbezüge nach wie vor Arbeitslohn sind, als Arbeitnehmerpauschbetrag nicht wie andere aktive Arbeitnehmer 1.000 € im Jahr, sondern wie ein Rentner nur noch 102 € absetzen.

WICHTIGER HINWEIS

Zweimal kassieren Sie im ersten Jahr Ihrer Pensionierung. Für die aktive Zeit steht Ihnen der Arbeitnehmerpauschbetrag mit 1.000 € voll zu, und für die Pension wird Ihnen zusätzlich der Pauschbetrag von 102 € abgezogen.

Der Prozentsatz, nach dem Ihr Versorgungsfreibetrag berechnet wird, der Höchstbetrag und der Zuschlag zum Versorgungsfreibetrag ergeben sich aus der folgenden Tabelle:

Versorgungsfreibetrag

Jahr des Versorgungsbeginns	Versorgungsfreibetrag in v.H. der Versorgungsbezüge	Höchstbetrag in Euro	Zuschlag zum Versorgungsfreibetrag
bis 2005	40,0	3.000	900
2006	38,4	2.880	864
2007	36,8	2.760	828
2008	35,2	2.640	792
2009	33,6	2.520	756
2010	32,0	2.400	720
2011	30,4	2.280	684
2012	28,8	2.160	648
2013	27,2	2.040	612
2014	25,6	1.920	576
2015	24,0	1.800	540
2016	22,4	1.680	504

Die Berechnung des Versorgungsfreibetrags erfolgt während der gesamten Laufzeit bis 2040 unverändert auf folgender Basis:

- Versorgungsbeginn vor 2005

  = Versorgungsbezug für Januar 2005 × 12
  + Weihnachtsgeld und andere Sonderzahlungen mit Rechtsanspruch.

- Versorgungsbeginn ab 2005

= Versorgungsbezug für den ersten vollen Zahlungsmonat × 12
+ Weihnachtsgeld und andere Sonderzahlungen mit Rechtsanspruch.

Bis 2040 eintretende normale Steigerungen Ihrer Versorgungsbezüge bleiben bei der Berechnung unberücksichtigt.

GUTER RAT

Wenn sich Ihre Versorgungsbezüge dagegen außergewöhnlich ändern, weil bestimmte Regelungen zur Anrechnung anderer Einkommensteile, zur Berücksichtigung von Ruhezeiten oder andere außerordentliche Kürzungen oder Erhöhungen zum Tragen kommen, wird eine Neuberechnung Ihrer maßgebenden Versorgungsbezüge durchgeführt.

1.3 Noch steuerbegünstigte Alterseinkünfte

861 Neben dem Versorgungsfreibetrag können Sie während einer Übergangszeit einen **Altersentlastungsbetrag** in Anspruch nehmen. Das ist ein bestimmter Prozentsatz der Summe aus Ihrem aktiven Arbeitslohn (ohne Versorgungsbezüge) zzgl. der positiven Summe Ihrer anderen Einkünfte ohne Renten und Abgeordnetenbezüge. Voraussetzung für seinen Abzug ist aber, dass Sie vor Beginn des Kalenderjahres Ihr 64. Lebensjahr vollendet haben. Das ist der Fall, wenn Sie spätestens am 1. 1. des jeweiligen Jahres Ihren 64. Geburtstag feiern. Für 2015 können also alle Steuerzahler den Altersentlastungbetrag beanspruchen, die am 1.1.1951 oder früher geboren sind.
Wie der Versorgungsfreibetrag wird der Altersentlastungsbetrag bis 2040 nach und nach abgebaut. Die für seine Berechnung maßgebenden Werte ergeben sich aus der folgenden Tabelle:

Altersentlastungsbetrag

Das auf die Vollendung des 64. Lebensjahres folgende Kalenderjahr	in v.H. der Einkünfte	Höchstbetrag in Euro
2005	40,0	1.900
2006	38,4	1.824
2007	36,8	1.748
2008	35,2	1.672
2009	33,6	1.596
2010	32,0	1.520
2011	30,4	1.444
2012	28,8	1.368
2013	27,2	1.292
2014	25,6	1.216
2015	24,0	1.140
2016	22,4	1.064

1. Einkünfte aus wiederkehrenden Bezügen (Renten)

Beispiel für Renten- und Pensionsbezüge 2015

Geboren 1.7.1939. Rente von der Bundesversicherungsanstalt 7.744 € [= ursprüngliche Rente im Jahr 2005 von 7.000 € zzgl. Rentenerhöhung zum 1.7.2007 um 0,54 %, zum 1.7.2008 um 1,1 %, zum 1.7.2009 um 2,41 % (West)/3,38 % (Ost), zum 1.7.2011 um 0,99 %, zum 1.7.2012 um 2,18 % (West)/2,26 % (Ost), zum 1.7.2013 um 0,25 % (West)/3,29 % (Ost), zum 1.7.2014 um 1,67 % (West)/2,53 % (Ost) und zum 1.7.2015 um 2,1 % (West)/2,5 % (Ost)]. Staatspension jährlich 16.750 €. Unfallrente jährlich 1.440 €. Kriegsbeschädigtenrente monatlich 240 €. Einkünfte aus gelegentlicher Vermittlungsprovision 175 €. Zinsen für Festverzinsliche 2.100 €. Zinsen vom Sparbuch des Ehepartners 35 €. Dividenden aus Aktienbesitz 50 €.

Gewinn aus Aktienverkauf 450 €. Einkünfte aus Hausbesitz 1.260 €.

Unfallrente (bleibt völlig steuerfrei)		0 €
Kriegsbeschädigtenrente (ebenfalls steuerfrei)		0 €
Pension	16.750 €	
./. Versorgungsfreibetrag 40 %, max.	− 3.900 €	
./. Arbeitnehmerpauschbetrag für		
Versorgungsbezüge	− 102 €	
Verbleiben	12.748 €	> 12.748 €
Zinsen insgesamt	2.135 €	
Dividende	50 €	
Summe	2.185 €	> 2.185 €
./. Sparerpauschbetrag	− 1.602 €	
Verbleiben	583 €	> 583 €
Einkünfte aus Vermietung		1.260 €
Rente 2015 (Rentenbeginn vor 2005)	7.744 €	
./. Rentenfreibetrag (50 % von 7.000 €)	− 3.500 €	
./. Werbungskostenpauschbetrag	− 102 €	
Verbleiben	4.142 €	> 4.142 €
Einkünfte aus		
gelegentlicher Vermittlung	175 €	
./. Freigrenze	− 256 €	
Verbleiben	0 €	> 0 €
Spekulationsgewinn	450 €	
./. Freigrenze	− 511 €	
Verbleiben	0 €	> 0 €
Zwischensumme		20.918 €
./. *Altersentlastungsbetrag*, 40 % der Einkünfte		
aus Vermietung und Kapital, max. 1.900 €		− 727 €
Gesamtbetrag der Einkünfte		20.191 €

./. Sonderausgaben, Vorsorgeaufwendungen	3.000 €	
Sonderausgabenpauschbetrag	72 €	
Summe	3.072 €	> – 3.072 €
Zu versteuerndes Einkommen		17.119 €
Steuer darauf		24 €
Anrechnung der Abgeltungsteuer		146 €
Steuererstattung		122 €

TRICK

Verdienen Sie sich als 65-Jähriger schnell 600 €!

862 Schneidern Sie Ihre persönlichen Verhältnisse auf die steuerlichen Bestimmungen zu, und zwar auf den *Altersentlastungsbetrag*, der allen über 64 Jahre alten Personen zugestanden wird.

Nehmen wir an, Sie sind 75 Jahre alt und beziehen
eine Pension von jährlich   17.000 €
Haben daneben Vermietungseinkünfte von   10.000 €
Einkünfte aus Wertpapieren   5.000 €
dann wird der Altersentlastungsbetrag 2015 wie folgt berechnet:
40 % von 15.000 € = 6.000 €, max.:   1.900 €

Wenn Sie nun Ihrem ebenfalls 75-jährigen Ehepartner die Verwaltung Ihres Grundvermögens für jährlich 5.000 € übertragen und ihm Wertpapiere schenken, die einen Ertrag von jährlich 2.500 € erbringen, muss das Finanzamt so rechnen:

Altersentlastungsbetrag für Sie:
40 % der Einkünfte von 7.500 € = 3.000 €, max.   1.900 €
Altersentlastungsbetrag für Ihren Ehepartner: 1.900 €

Durch diese wundersame Verdopplung des Altersentlastungsbetrags sparen Sie rund 600 €.

Sind Sie erst nach 2005 64 Jahre alt geworden, verringert sich der Prozentsatz des Altersentlastungsbetrags geringfügig, der Steuervorteil ist aber nach wie vor erstklassig.

Die beste Regierung ist die,
welche gar nicht regiert.
(Henry David Thoreau)

TIPP

für alle, die kurz vor der Rente oder Pensionierung stehen

… vor allem für höherverdienende Angestellte. Erwerben Sie Bankssparbriefe oder Bundesschätzchen Typ B, deren Zinszuwachs erst im Jahr der Einlösung versteuert werden muss, obwohl rechnerisch ein jährlicher Zinszuwachs anfällt. Wenn Sie diese Sparbriefe oder Bundesschätzchen erst nach der Pensionierung einlösen, fällt für den Zinszuwachs max. die Abgeltungsteuer von 25 % an. Da die Renteneinkünfte nur z.T. steuerpflichtig sind, könnte es sogar sein, dass ihr individueller Steuersatz sogar unter 25 % liegt. In diesem Fall bekämen Sie einen Teil der Abgeltungsteuer erstattet, und die Steuerbelastung läge noch niedriger.

863

1.4 Wie viel Sie als Rentner nebenbei verdienen dürfen, ohne Ihre Rente zu gefährden

Vielen reicht die Rente nicht aus, ein angemessenes Leben zu führen. Sie als Rentenempfänger suchen sie deshalb durch einen Zusatzverdienst aufzubessern. Doch Sie sträuben sich dagegen, ein reguläres Arbeitsverhältnis einzugehen, weil Sie – mit Recht – befürchten, dass Ihre Rente gekürzt werden könnte. Arbeitgeber haben nämlich nach den Vorschriften der Sozialgesetze und nach der Datenerfassungs- und Übermittlungsverordnung (DEÜV) bestimmte Meldepflichten zu erfüllen. Auch praktizieren die Behörden untereinander ein gut funktionierendes Meldesystem. Dies gilt trotz Steuergeheimnis auch für die Finanzämter (§ 31 a AO). Deshalb ist es gut zu wissen, ob und unter welchen Umständen Ihre Rente gefährdet ist, wenn Sie nebenbei etwas arbeiten.

864

Ungeschoren kommen Sie davon, wenn Ihr Zubrot bestimmte Hinzuverdienstgrenzen nicht überschreitet. Neben den allgemeinen Hinzuverdienstgrenzen gibt es individuelle. Diese sind abhängig vom versicherten Entgelt in den letzten drei Kalenderjahren, insbesondere bei Erwerbsunfähigkeit.

Ab dem 65. Lebensjahr bestehen keinerlei Hinzuverdienstgrenzen. Eine Kürzung Ihrer Rente brauchen Sie nicht zu befürchten.

Anders hingegen alle, die **vor dem 65. Lebensjahr** eine Rente beziehen. Für sie gelten unterschiedliche Hinzuverdienstgrenzen je nachdem, um welche Rente es sich handelt.

a) Vollrente wegen Alters ab 60 bzw. 63
Hinsichtlich des Hinzuverdienstes gilt die Grenze für geringfügig Beschäftigte.

Hinzuverdienstgrenze 2015

Vollrente wegen Alters	Lebensalter	Hinzuverdienstgrenze
• als langjährig Versicherter	ab 63	
• als Schwerbehinderter	ab 63	450 € monatlich
• nach Arbeitslosigkeit oder nach Altersteilzeitarbeit	ab 60	

b) Teilrente wegen Alters ab 60 bzw. 63

Es kann eine Rente von $^2/_3$, $^1/_2$ oder $^1/_3$ der Vollrente beantragt werden, wobei dieselben Altersgrenzen gelten wie unter a). Der Antrag auf Teilrente, also der Verzicht auf einen Teil der Vollrente, kann sinnvoll sein, weil Teilrentenbezieher der gesetzlichen Rentenversicherung unterliegen und die während des Teilrentenbezugs erworbenen Beitragszeiten später bei der Vollrente zusätzlich angerechnet werden. Zudem gelten höhere Hinzuverdienstgrenzen.

Rentenabschläge

Vorzeitig in Rente gehen und dann hinzuverdienen? Keine schlechte Idee, doch passen Sie auf, dass Sie die Rechnung nicht ohne den Wirt, d.h. die Rentenkasse, machen. In den letzten Jahren wurden die Altersgrenzen immer weiter angehoben, auch für Frauen. Inzwischen beträgt sie für alle Renten mindestens 65 Jahre. Unter bestimmten Voraussetzungen können die Altersrenten zwar vorzeitig frühestens ab dem 63. Lebensjahr in Anspruch genommen werden, jedoch mit einem sog. Abschlag, genauer gesagt einer Kürzung.

Grundsätzlich gilt: Für jeden Monat der Inanspruchnahme einer Altersrente vor der Regelaltersgrenze wird die Rente um 0,3 % gekürzt. Der maximale Kürzungsbetrag liegt bei 14,4 %.

Durch die Anhebung der Regelaltersgrenze für die Rente auf 67 Jahre ergeben sich in Zukunft höhere Abschläge. Erstmalig betroffen sind Rentner der Geburtsjahrgänge 1947 und jünger. So beträgt z.B. die Regelaltersgrenze für Personen des Geburtsjahrgangs 1952 65 Jahre und 6 Monate. Ging eine Arbeitnehmerin, die am 2.1.1952 geboren ist, schon am 1.1.2015, also im Alter von 63, in Rente, muss sie bereits 30 Monate à 0,3 % = 9,0 % als Rentenabschlag hinnehmen. Eine Kürzung unterbleibt für Personen, die mit Vollendung des 65. Lebensjahres in Rente gehen und mindestens 45 Beitragsjahre aufweisen können.

1.5 Wann bin ich bei einer Nebenarbeit von der Sozialversicherung befreit?

865 Wenn Sie als Rentner weiterhin arbeiten, ist es wichtig für Sie zu wissen, wann für Ihre Beschäftigung Sozialversicherungsbeiträge anfallen. Nach dem Motto »Gelobt sei, was kompliziert ist« hängt Ihre Sozialversicherungspflicht davon ab, welche Art von Rente Sie beziehen. Im Einzelnen gilt dabei Folgendes:

1. Einkünfte aus wiederkehrenden Bezügen (Renten)

Berufsunfähigkeitsrente

Beziehen Sie eine Berufsunfähigkeitsrente, sind Sie zunächst wie jeder normale Arbeitnehmer sozialversicherungspflichtig. Allerdings entfällt für Sie die Arbeitslosenversicherung, wenn das Arbeitsamt festgestellt hat, dass Sie der Arbeitsvermittlung nicht mehr zur Verfügung stehen, weil Ihre Leistungsfähigkeit vermindert ist (§ 169 c Nr. 3 AFG).

Erwerbsunfähigkeitsrente

Als Bezieher einer Erwerbsunfähigkeitsrente sind Sie – mit Ausnahme der Arbeitslosenversicherung (§ 169 c Nr. 2 AFG) – grundsätzlich sozialversicherungspflichtig. Da Sie aber nur im Rahmen der Grenzen für sozialversicherungsfreie Geringverdiener hinzuverdienen können, ist die Frage der Sozialversicherungspflicht eher akademischer Natur. Liegt Ihr Arbeitsentgelt unter der Grenze von 450 €, gilt für Sie die Regelung für geringfügig Beschäftigte. Liegen Sie dagegen darüber, ist Ihre Erwerbsunfähigkeitsrente zum Teufel (§ 44 Abs. 2 SGB VI).

Altersruhegeld

Als weiterbeschäftigter Vollrentner sind Sie wie andere Arbeitnehmer kranken- und pflegeversicherungspflichtig. Mit der Rentenversicherung haben Sie jedoch nichts mehr am Hut, da Alters- oder Vollrentner stets rentenversicherungsfrei sind (§ 5 Abs. 4 SGB VI). Trotzdem muss Ihr Arbeitgeber seinen Beitragsanteil zur Rentenversicherung zahlen. Arbeitslosenversicherung fällt für Sie nicht mehr an, wenn Sie bereits im Rentenalter sind. Gleichwohl muss auch in diesem Fall Ihr Arbeitgeber in den sauren Apfel beißen und wie bei der Rentenversicherung den Arbeitgeberanteil leisten.

Solange Sie nur eine geringfügige Beschäftigung ausüben, zahlt Ihr Arbeitgeber für Sie 28 % Sozialversicherung, 1,09 % Umlagen zzgl. Beiträge zur Unfallversicherung. Allerdings müssen Sie als Rentner oder Pensionär Ihren Arbeitslohn versteuern (sofern Einkommensteuer anfällt). Was heißt geringfügig? Dazu lassen sich ausführlich und in bestem Amtsdeutsch die »Geringfügigkeits-Richtlinien« zu § 8 Sozialgesetzbuch aus.

Eine Beschäftigung ist demnach geringfügig, wenn sie entweder geringfügig entlohnt wird oder nur kurzfristig ist.

Eine geringfügig entlohnte Beschäftigung liegt vor, wenn der regelmäßige Arbeitslohn 450 € pro Monat nicht übersteigt.

Eine kurzfristige Beschäftigung wird ausgeübt, wenn die Beschäftigung auf längstens zwei Monate oder 50 Arbeitstage begrenzt ist.

Wichtig: Mehrere geringfügige Beschäftigungen sind zusammenzurechnen und müssen bei der Sozialversicherung angemeldet werden. Dazu einige Beispiele:

1. Sie sind Rentner und arbeiten 14 Stunden in der Woche für monatlich 250 €: Sie sind geringfügig beschäftigt, weil der Lohn 450 € pro Monat nicht übersteigt.

XII. Sonstige Einkünfte (Renten,Unterhalt, Spekulationsgewinne)

2. Sie beziehen als Rentner (ab 65 Jahre) ein Altersruhegeld von 1.000 € im Monat und sind 14 Stunden wöchentlich für 300 € beschäftigt:

Zahlbetrag der Rente	1.000 €
Arbeitsentgelt	300 €
Zusammen	1.300 €

Aufgrund der Minijobregelungen muss Ihr Arbeitgeber für Sie 28 % an die Bundesknappschaft entrichten, und Sie müssen – sofern Ihr Arbeitgeber nicht zusätzlich 2 % Pauschalsteuer abdrückt – den Hinzuverdienst ganz regulär versteuern. Es ergibt sich folgende Berechnung:

Arbeitslohn 12 × 300 =	3.600 €		
./. Arbeitnehmerpauschbetrag	– 1.000 €		
Verbleiben	2.600 €	>	2.600 €
Rente mit Ertragsanteil 12 × 1.000 × 50 % =	6.000 €		
./. Werbungskostenpauschbetrag	– 102 €		
Verbleiben	5.898 €	>	5.898 €
Summe der Einkünfte			8.498 €
./. Altersentlastungsbetrag, z. B. 40 %			– 1.440 €
./. Sonderausgabenpauschbetrag			– 36 €
Zu versteuerndes Einkommen			7.022 €
Einkommensteuer			0 €

Wenn Sie Ihrem Arbeitgeber Ihre Steuerkarte vorlegen, wird bei Steuerklasse I keine Belastung für Sie entstehen, und Ihr Arbeitgeber spart sich die 2 % Pauschalsteuer.

3. Sie arbeiten bei zwei Arbeitgebern:

Sie arbeiten	Fall A	Fall B
bei Arbeitgeber 1	für 110 €	für 220 €
bei Arbeitgeber 2	für 100 €	für 250 €
Summe	210 €	470 €

Im Fall A sind Sie in beiden Beschäftigungen geringfügig beschäftigt, weil Ihr monatlicher Lohn 450 € nicht übersteigt. Im Fall B fallen in beiden Beschäftigungen Kranken- und Rentenversicherungsbeiträge an, weil die Lohngrenze von 450 € überschritten ist.

4. Sie arbeiten 14 Stunden in der Woche für einen Lohn von 430 € monatlich. Außerdem erhalten Sie ein Weihnachtsgeld von 360 €: Es fallen Kranken- und Rentenversicherungsbeiträge an, weil Ihr durchschnittlicher Monatslohn 450 € übersteigt (430 € × 12 = 5.160 € + Weihnachtsgeld 360 € = 5.520 €, davon $1/_{12}$ = 460 €).

5. Sie arbeiten zusätzlich neben einer Hauptbeschäftigung regelmäßig als Aus-

hilfe: Ihr Aushilfsjob bleibt geringfügig, wenn der Verdienst nicht über 450 €/ Monat liegt. Sind Sie privat versichert, entfällt die Krankenversicherungspauschale von 13 %.

6. Sie nehmen am 1.5. eine Beschäftigung als Urlaubsvertretung an, die am 15.6. beendet ist: Der Lohn beträgt monatlich 1.000 €. Die Beschäftigung ist kurzfristig und damit geringfügig, denn sie dauert nicht länger als zwei Monate. Somit besteht keine Sozialversicherungspflicht.

Beitrags- und Entgeltgrenzen für die Sozialversicherung   **866**

	West		Ost	
	2014	2015	2014	2015
Beitrag vom Arbeitsentgelt	%	%	%	%
Rentenversicherung	18,9	18,7	18,9	18,7
Arbeitslosenversicherung	3,0	3,0	3,0	3,0
Krankenversicherung	14,6	14,6	14,6	14,6
Sonderbeitrag zur Krankenversicherung[1]	0,9	0,9	0,9	0,9
Pflegeversicherung	2,05	2,35	2,05	2,35
Beitragsbemessungsgrenzen monatlich	€	€	€	€
Rentenversicherung	5.950,00	6.050,00	5.000,00	5.200,00
Arbeitslosenversicherung	5.950,00	6.050,00	5.000,00	5.200,00
Krankenversicherung	4.050,00	4.125,00	4.050,00	4.125,00
Pflegeversicherung	4.050,00	4.125,00	4.050,00	4.125,00
Versicherungspflichtgrenzen monatlich	€	€	€	€
am 31.12.2002 nicht Pflichtversicherte	4.050,00	4.125,00	4.050,00	4.125,00
Krankenversicherung	4.462,50	4.575,00	4.462,50	4.575,00
Entgeltgrenzen monatlich	€	€	€	€
Geringfügigkeit	450,00	450,00	450,00	450,00
Alleinige Beitragspflicht d. Arbeitgebers	325,00	325,00	325,00	325,00

[1] Sonderbeitrag (von jeder Krankenkasse individuell festgesetzt, in der Regel aber 0,9 %) geht voll zu Lasten des Arbeitnehmers.

2. Einkünfte aus Unterhaltsleistungen

Hoffentlich war Ihnen, als Sie die Anlage U Ihres Ex unterschrieben haben,   **867** klar, dass die Unterhaltsleistungen von Ihnen versteuert werden müssen (➤ Rz 524), soweit sie von Ihrem Ex als Sonderausgaben nach § 10 Abs. 1 Nr. 1 EStG abgezogen werden können (§ 22 Nr. 1 a EStG). Die Regelungen betreffen neben getrennt lebenden bzw. geschiedenen Ehepartnern nun auch Partner einer eingetragenen Lebenspartnerschaft, die getrennt leben bzw. deren Lebenspartnerschaft aufgelöst wurde.

Dies bedeutet für Sie:

1. Weil der Abzug als Sonderausgaben bei Ihrem Ex auf 13.805 € begrenzt ist, brauchen übersteigende Beträge von Ihnen nicht versteuert zu werden.

2. Ein Abzug als Sonderausgaben steht nur Steuerzahlern mit Wohnsitz oder gewöhnlichem Aufenthalt im Inland zu, also nur unbeschränkt steuerpflichtigen Personen. Lebt Ihr Ex im Ausland, brauchen Sie die Unterhaltsleistungen trotz unterschriebener Anlage U nicht zu versteuern.

GUTER RAT

Die beiden Beträge korrespondieren. Wenn Ihr Ex Ihnen seine Wohnung zur Nutzung überlassen hat und der Mietwert auf den Unterhalt angerechnet wird, brauchen Sie nicht den ganzen Mietwert zu versteuern. Denn steuerlich werden bei Ihrem Ex nur die von ihm getragenen verbrauchsabhängigen Kosten anerkannt (H 86 b EStH; BFH-Urt. v. 12.4.2000 – XI R 127/96; BFH/NV 2000 S. 1286). Das sind die Grundsteuern und die Gebühren für Heizung, Strom, Wasser, Müllabfuhr etc., nicht aber die Zinsen, die Abschreibung und die Versicherungskosten.

Berechnung der Einkünfte aus Unterhaltsleistungen
Von den Unterhaltsleistungen geht lediglich ein Pauschbetrag für Werbungskosten in Höhe von 102 € runter, den das Finanzamt automatisch abzieht (§ 9 a EStG). Es sei denn, Sie sind mit Ihrem Ex wegen der Unterhaltsleistungen im Streit und hatten Kosten für Rechtsberatung, Mahn- und Gerichtsverfahren. Sofern sie den Pauschbetrag übersteigen, können Sie sie absetzen.

WICHTIGER HINWEIS

868 Die Zustimmung zur Anlage U gilt auf jeden Fall bis auf Widerruf. Ein solcher Widerruf wirkt sich aber erst ab dem Folgejahr aus (BFH v. 8.2.2007 – XI B 124/06). Sind Sie betroffen, müssen Sie dem Unterhaltszahler den Widerruf also rechtzeitig vor dem Jahreswechsel bekanntgeben. Sicherheitshalber sollten Sie auch dem Finanzamt rechtzeitig eine Durchschrift schicken.
Beachten sollten Sie außerdem, dass Sie dem Finanzamt gegenüber die Zustimmung nicht auf einen bestimmten Betrag beschränken können. Versteuern müssen Sie immer den Betrag, den der Zahlende als Sonderausgabe beantragt, natürlich max. 13.805 €. Wollen Sie weniger versteuern, gelingt das nur, wenn Sie das mit dem Ex schon in der Unterhaltsvereinbarung entsprechend festgelegt haben. Richtet sich der nicht danach, müssen Sie zivilrechtlich dagegen vorgehen. Das Finanzamt hängt sich in diesen Streit nicht hinein. Ganz im Gegen-

teil: Ihr Ex könnte rein theoretisch den Antrag auf Abzug von Unterhaltsleistungen sogar nachträglich erhöhen (BFH v. 28.6.2006 – BStBl 2007 II S. 5).

Aufgepasst: Versteuern müssen Sie den Unterhalt nur, wenn er beim Ex abgezogen wurde, das bedeutet, sich dort steuerlich auswirkt. Ist das einmal nicht der Fall, z.B. weil dessen Einkünfte so gering sind, müssen Sie auch keine Versteuerung hinnehmen (FG Köln v. 7.11.2007 – EFG 2008 S. 444).

3. Einkünfte aus privaten Veräußerungsgeschäften (§ 23 EStG)

Der Fiskus ist fest entschlossen, selbst für kleinste Vermögensvorteile den Steuersäckel aufzuhalten, so auch für Vorteile aus privaten Veräußerungsgeschäften, wenn sie mit dem Makel der **Spekulation** behaftet sind. Das ist der Fall, wenn der Zeitraum zwischen An- und Verkauf eine bestimmte **Frist** unterschreitet und der Gewinn im Kalenderjahr insgesamt über **512 €** beträgt.

869

Spekulationsfristen

Grundstücke, grundstücksgleiche Rechte (z.B. Erbbaurechte)	10 Jahre
Andere Wirtschaftsgüter, z.B. Autos, Kunstgegenstände, Antiquitäten, Sammlungen etc.	1 Jahr
Wenn Sie für die Gegenstände Abschreibungen beansprucht haben	10 Jahre

Zu Wertpapieren siehe ➤ Rz 871.

3.1 Spekulationssteuer bei Immobilienverkauf

Viele Häuslebauer, die ihre Ersparnisse in einer *vermieteten* Immobilie angelegt haben und diese verkaufen wollen, fallen aus allen Wolken, wenn sie hören, dass Spekulationssteuer anfallen könnte. Dabei ist Schummeln zwecklos, weil der Notar dem Finanzamt den Kaufvertrag zusendet. Eine Ausnahme von der Spekulationssteuer macht der Fiskus, wenn ein bislang *eigengenutztes* Haus verkauft wird.

870

TIPP
Zwei Varianten, die Sie vor Spekulationseinkünften verschonen!

1. Sie haben seit dem Kauf oder der Fertigstellung ununterbrochen selbst in der Immobilie gewohnt,

2. Sie haben zumindest im Jahr des Verkaufs und den beiden Vorjahren selbst darin gelebt.

Beispiel
Sie haben Ihr Einfamilienhaus am 15.10.2009 gekauft und zunächst vermietet. Am 20.12.2013 sind Sie dann selbst eingezogen. Am 10.2.2015 haben Sie das Haus verkauft, weil Sie aus beruflichen Gründen umziehen mussten.
Da Sie im Jahr des Verkaufs (2015) und in den beiden Vorjahren (2013 und 2014) selbst in dem Haus gewohnt haben, ist ein Gewinn aus dem Verkauf nicht steuerpflichtig.

3.2 Spekulationssteuer bei Aktiengeschäften

871 Spekulationsgewinne aus Wertpapieren fallen unter die Kapitaleinkünfte (§ 20 Abs. 2 EStG) und unterliegen generell der pauschalen Abgeltungsteuer von 25 % zzgl. Kirchensteuer und Solidaritätszuschlag.
Und: Gewinne sind grundsätzlich steuerpflichtig, unabhängig davon, ob Sie die Wertpapiere vier Wochen oder vier Jahre nach der Anschaffung verkaufen. Eine Spekulationsfrist gibt es nicht.
Allerdings gilt auch hier: Keine Regel ohne Ausnahme. Aus Vertrauensschutzgründen gilt der Wegfall der Spekulationsfrist nicht für Wertpapiere, die Sie vor Inkrafttreten des Unternehmenssteuerreformgesetzes, also vor dem 1.1.2009, erworben haben. Daher können Sie mit Ihren *Altpapieren* auch noch im Jahr 2016 oder 2020 steuerfreie Spekulationsgewinne erzielen.

3.3 Spekulationssteuer bei anderen Sachwerten

872 Nicht nur der Verkauf von Immobilien oder von Wertpapieren, auch der Verkauf anderer Sachwerte kann zu Spekulationseinkünften führen, wenn zwischen Kauf und Verkauf weniger als ein Jahr liegt.
Wenn Sie also innerhalb dieser Frist z.B. Kunstgegenstände oder -sammlungen etc. kaufen und verkaufen, verdient der Fiskus über die Besteuerung der privaten Veräußerungsgewinne mit.
Wenn Sie gar Gegenstände verkaufen, die Sie zuvor im Rahmen von Vermietungs- oder sonstigen Einkünften abgeschrieben haben, verlängert sich die Spekulationsfrist sogar auf 10 Jahre.
Der Gesetzgeber nimmt aber Gebrauchsgüter, sog. *Gegenstände des täglichen Bedarfs*, aus der Spekulationsbesteuerung generell aus. Waren Sie z.B. mit Ihrer neu angeschafften Stereoanlage nicht zufrieden und haben sie kurz nach dem Erwerb wieder verkauft, müssen weder Gewinne noch Verluste, die dabei entstanden sind, in der Steuererklärung angegeben werden.

*Was sagt der Universitätsprofessor? Dieses: »Die Versteuerung von
Zinsen ist eine Sache von Dummen und Skrupelhaften.«*
(Prof. K. Tipke, Universität Köln)

XIII. Kapitaleinkünfte

1. Versteuerung von Kapitaleinkünften (Abgeltungsteuer)

Die **Abgeltungsteuer** strebt eine möglichst einheitliche Besteuerung von Zinsen, Dividenden, Investmenterträgen, Zertifikatserträgen und Gewinnen aus der Veräußerung privater Kapitalanlagen an. **873**

Die Besteuerung erfolgt unmittelbar an der Quelle mit einem einheitlichen Quellensteuersatz von 25 % zzgl. Solidaritätszuschlag und Kirchensteuer. Unmittelbar an der Quelle heißt, dass die Abgeltungsteuer direkt von den Banken, bei denen die Kapitalanlagen gehalten werden, einbehalten und an das Finanzamt abgeführt wird. Für die Kapitalerträge gilt also ein ähnliches Verfahren wie bei der Lohnsteuer.
Wie schon der Name sagt, wird durch diese Quellensteuer die Steuer auf die entsprechenden Erträge abgegolten. Sie werden daher – von wenigen Ausnahmen abgesehen – nicht mehr im Rahmen der Einkommensteuerveranlagung miterklärt.

Um die Kapitalerträge möglichst umfangreich besteuern zu können, hat der Fiskus die Anlagen, die zu Einkünften aus Kapitalvermögen führen, deutlich ausgedehnt. Im Rahmen der Abgeltungsteuer werden folgende Anlagen erfasst:

- Dividenden **874**
  Dividenden und ähnliche Gewinnausschüttungen für Anlagen im Privatvermögen unterliegen zu 100 % der Besteuerung. Das Halbeinkünfteverfahren, nach dem Dividenden früher nur zu 50 % besteuert wurden, während die andere Hälfte steuerfrei war (§ 3 Nr. 40 EStG), gilt nicht mehr.

- Partiarische Darlehen und stille Beteiligungen

- Zinsen
  Dazu gehören auch Erträge aus Risikoanleihen und sog. Finanzinnovationen. Die Besteuerung erfasst somit auch alle laufenden Erträge aus reinen Spekulationsanlagen. Das gilt insbesondere für Erträge aus Zertifikaten, selbst wenn ein Ertrag oder die Rückzahlung der Anlage garantiert wird.

- Zinsen vom Finanzamt aus Steuererstattungen
- Stillhalterprämien (Erträge aus Optionsgeschäften)
- Erträge aus Kapitallebensversicherungen
- Veräußerungen von Lebensversicherungen

- Veräußerungsgewinne mit Anteilen an Kapitalgesellschaften
- Versteuert wird der Gewinn aus Veräußerungen von allen Anteilen, die nach dem 31.12.2008 erworben wurden, unabhängig von der Zeit zwischen Kauf und Verkauf.
- Gewinne aus der Rückgabe oder Veräußerung von Investmentanteilen
- Veräußerung und Abtretung von Dividenden- und Zinsansprüchen
  Der isolierte Verkauf von Dividendenscheinen ohne das Wertpapier selbst sowie die Veräußerung von Zinsscheinen oder Zinsforderungen bei festverzinslichen Wertpapieren ist steuerpflichtig.
- Termingeschäfte
  Dazu zählen vor allem Optionsgeschäfte, Swaps, Devisentermingeschäfte, Forwards, Futures etc.

875 Ausnahmen von der Abgeltungsteuer

Manche Kapitalerträge müssen Sie trotz Abgeltungsteuer in der Einkommensteuererklärung angeben. Dabei sind zwei Gruppen zu unterscheiden.

Gruppe I: Erfassung in der Einkommensteuererklärung und Besteuerung mit einem pauschalen Steuersatz von 25 %

Wenn Ihr Kapital nicht bei einem im Inland ansässigen institutionellen Anlageinstitut angelegt ist, kann kein Quellensteuerabzug vorgenommen werden. Die Kapitalerträge müssen Sie dann wie bisher in Ihrer Einkommensteuererklärung angeben. Dort werden Sie allerdings nicht mit dem übrigen Einkommen zusammen versteuert, sondern unterliegen nur einer Einkommensteuer in Höhe des Abgeltungsteuersatzes von 25 %. Ist Ihr persönlicher Steuersatz niedriger, wird nur dieser angewendet.

Zu den so zu besteuernden Anlagen gehören vor allem:
- Erträge aus Anlagen, die nicht in einem inländischen Depot liegen. Zinsen, Dividenden etc. aus Ihren Geldanlagen in Österreich, der Schweiz oder Luxemburg werden erst mit der Einkommensteuererklärung der deutschen Steuer unterworfen,
- Zinsen aus Privatdarlehen, wenn Sie z.B. einem Bekannten oder einem Angehörigen Geld geliehen haben und dieser die Zinsen steuerlich nicht abziehen kann.
- Erträge aus ausländischen thesaurierenden Investmentfonds.

Gruppe II: Erfassung in der Einkommensteuererklärung und Besteuerung zusammen mit den übrigen Einkünften

Außerdem gibt es Kapitaleinkünfte, die nach wie vor nicht der Abgeltungsteuer unterliegen, sondern zusammen mit den übrigen Einkünften des Steuerzahlers in der Einkommensteuererklärung erfasst werden müssen und dann dem jeweils persönlichen Steuersatz unterworfen werden.

Dazu zählen:

- Erträge aus nach dem 31.12.2004 abgeschlossenen Kapitallebensversicherungen, wenn die Erträge nur zur Hälfte bei der Steuer angesetzt werden.

- Kapitalerträge, bei denen die Anlage zum Betriebsvermögen eines landwirtschaftlichen Betriebs, eines Gewerbebetriebs oder einer selbständigen Tätigkeit rechnet. Ein ganz typischer Fall sind z.B. die Zinsen auf ein betriebliches Kontokorrentkonto oder Dividenden auf Aktien oder GmbH-Anteile im Betriebsvermögen. In diesem Fall werden dann auch 40 % der Erträge freigestellt (Teileinkünfteverfahren; tritt an die Stelle des bisherigen Halbeinkünfteverfahrens).

- Veräußerungsgewinne aus mindestens 1 %igen Beteiligungen an Kapitalgesellschaften.

- Erträge aus sog. Back-to-back-Finanzierungen, also aus einer Anlage, die Sie als Sicherheit für ein Betriebsdarlehen verpfändet haben.

- Laufende Erträge wie Zinsen und Dividenden, die an Anteilseigner von Kapitalgesellschaften mit mindestens 10 % Beteiligung gezahlt werden.

- Zinsen aus Privatdarlehen, wenn Sie einer von Ihnen abhängigen nahestehenden Person Geld geliehen haben und diese die Zinsen steuerlich als Betriebsausgaben oder Werbungskosten abziehen kann, weil sie mit dem Darlehen z.B. eine vermietete Wohnimmobilie gebaut oder erworben hat.

TRICK

Das Bombengeschäft mit Angehörigendarlehen!

Bei Darlehen zwischen Angehörigen hat der Fiskus bislang immer darauf gepocht, dass die Regelung für nahestehende Personen greift und die Zinsen beim Darlehensgeber nicht der günstigen Abgeltungsteuer von 25 %, sondern der normalen Besteuerung unterliegen, und die kann je nach Einkommen bis zu 45 % betragen.

Zum Glück sieht das der BFH ganz anders. Er hat gleich dreimal entschieden, dass mitnichten jeder Angehörige stets eine »nahestehende Person« im Sinne der Steuerregeln ist (BFH v. 29.4.2014 – VIII R 9/13, VIII R 35/13, VIII R 44/13). Dem Fiskus blieb nichts anderes übrig, als einzuknicken und auch bei Darlehensverträgen zwischen Angehörigen die Abgeltungsteuer zu akzeptieren. Nur wenn einer der beiden, also entweder der Darlehensnehmer oder der Darlehensgeber, einen besonderen Einfluss ausüben und die Darlehenskonditionen diktieren kann, kommt es zu einer Besteuerung mit der normalen Einkommensteuer. Ein solcher Fall setzt aber voraus, dass Ihr Angehöriger von Ihnen absolut abhängig ist und keinen eigenen Entscheidungsspielraum hat.

Allein die Tatsache, dass Sie das Darlehen einem erwachsenen Kind oder Ihrem Ehepartner gegeben haben, ist jedenfalls nicht entscheidend. In den vom BFH entschiedenen Fällen lagen z.B. Darlehensverhältnisse vor zwischen

• Geschwistern,

• einem Ehemann und einer GbR aus der Ehefrau und den Kindern,

• Eltern und dem Sohn bzw. den volljährigen Enkeln.

Wichtig ist, dass die Darlehensbedingungen wie zwischen Fremden ausgehandelt wurden. Ihre Position gegenüber dem Finanzamt ist auch dann besonders gut, wenn Ihr Angehöriger das Darlehen ebenso von einer Bank hätte bekommen können.

Neben der Besteuerung mit dem Abgeltungsteuersatz von 25 % führt dies darüber hinaus dazu, dass Sie für die Zinsen aus dem Darlehen den Sparerpauschbetrag abziehen können, falls dieser nicht schon anderweitig verbraucht ist.

Besonders lukrativ wird das Ganze bei Darlehensverträgen zwischen Ehegatten. Angenommen, Sie und Ihr Ehepartner verdienen als leitende Angestellte gutes Geld. Ihr Ehepartner hat aus einer Erbschaft 400.000 € auf der hohen Kante, Sie selbst haben rund 100.000 € angespart. Da Sie dafür im Moment nur lächerlich geringe Zinsen bekommen, haben Sie sich entschlossen, für 500.000 € ein Mehrfamilienhaus zu erwerben, weil die Rendite daraus langfristig wesentlich besser ist. Bei der Bank könnten Sie die fehlenden 400.000 € als Hypothek für 3 % Zinsen bekommen. Sie sind aber schlau. Statt der Bank 3 % in den Rachen zu werfen, während Ihr Ehepartner für seine 400.000 € Geldanlage nur lächerliche 0,75 % bekommt, leihen Sie sich die 400.000 € zu den Bankkonditionen von Ihrer besseren Hälfte.

Dadurch machen Sie gleich zweimal ein Geschäft. Zum einen bekommt Ihr Ehepartner dadurch jetzt wesentlich höhere Zinsen als bisher. Zum anderen setzen Sie die Zinsen bei Ihren Vermietungseinkünften als Werbungskosten ab und sparen darauf je nach Einkommen bis zu 45 % Steuern. Ihr Ehepartner dagegen muss für die Zinsen aber nur die Abgeltungsteuer von 25 % berappen. Liegt Ihr Steuersatz z.B. bei ca. 40 %, ergibt sich für die Darlehenszinsen von 3 % auf 400.000 € = 12.000 € folgende Rechnung:

Steuerersparnis bei den Vermietungseinkünften

40 % von 12.000 €	4.800 €	
Kirchensteuer und Solidaritätszuschlag	696 €	
Insgesamt	5.496 € >	5.496 €

Abgeltungsteuer des Ehepartners

Zinsen	12.000 €
./. Sparerpauschbetrag	- 1.601 €
	10.399 €

Abgeltungsteuer darauf 25 %	2.600 €		
Kirchensteuer und Solidaritätszuschlag	377 €		
insgesamt	2.977 €	>	− 2.977 €
Gesamtsteuerersparnis			2.519 €

Für Dividenden und Veräußerungsgewinne aus Aktien und Anteilen, die Sie im Betriebsvermögen halten, gilt die Abgeltungsteuer nicht. Im Gegenzug dafür unterliegen diese Erträge dem »Teileinkünfteverfahren«. Dabei handelt es sich um eine Modifikation des Halbeinkünfteverfahrens, mit der Besonderheit, dass statt 50 % nur 40 % der Erträge steuerfrei sind. Im Gegenzug dafür können Sie allerdings auch nur 40 % der Kosten als Betriebsausgabe abziehen. Aus dem Halbeinkünfteverfahren ist somit ein 60-%-Verfahren geworden. **877**

2. Sparerpauschbetrag

Kapitaleinkünfte bleiben dank des Sparerpauschbetrags bis zu einer Höhe von 801 €/1.602 € (Alleinstehende/Verheiratete) steuerfrei. **878**

Für Ehegatten gut zu wissen: Der Sparerpauschbetrag verdoppelt sich auch dann, wenn nur einer der Ehegatten Kapitalerträge bezogen hat.

Beispiel

	Ehemann		Ehefrau
Dividenden 5.000 €	5.000 €		–
Zinsen	–		200 €
Summe	5.000 €		200 €
Insgesamt (5.000 € + 200 € =)		5.200 €	
./. Sparerpauschbetrag		− 1.602 €	
Einkünfte, die der Abgeltungsteuer unterliegen		3.598 €	

Nicht ausgeschöpfte Freibeträge fallen übrigens sang- und klanglos unter den Tisch.

TRICK

Schöpfen Sie die Freibeträge der Kinder aus!

Die steuerlichen Freibeträge machen es Ihnen schmackhafter, Ihren Kindern einen Teil Ihres Vermögens zu übertragen. Siehe dazu unbedingt ➤ Rz 728 ff. **879**

3. Berechnung der Abgeltungsteuer (Kapitalertragsteuer)

880 Die Abgeltungsteuer beträgt 25 % des Kapitalertrags. Bemessungsgrundlage sind bei laufenden Kapitalerträgen die Bruttokapitalerträge.

Bei Veräußerungserlösen aus Wertpapieren ist es die Differenz zwischen Verkaufserlös und Anschaffungskosten sowie Veräußerungsnebenkosten. Wenn Sie Ihr Depot zu einer anderen Bank übertragen, hat die bisherige Bank der neuen Bank die Anschaffungskosten mitzuteilen. Sind diese nicht nachgewiesen, kommt die Ersatzbemessungsgrundlage zum Tragen. Sie beträgt 30 % der Einnahmen aus der Veräußerung oder Einlösung der Wertpapiere (§ 43a Abs. 2 Satz 7 EStG).

Dem Steuerabzug unterliegen die vollen Kapitalerträge ohne jeden Abzug (§ 43a Abs. 2 Satz 1 EStG). Im Kapitalertragsteuerabzugsverfahren werden allerdings folgende Sachverhalte berücksichtigt:

- Im Fall einer Kirchensteuerpflicht mindert sich die Kapitalertragsteuer um 25 % der auf die Kapitalerträge entfallenden Kirchensteuer. Die Kirchensteuer zur Kapitalertragsteuer ist gem. § 10 Abs. Nr. 4 EStG dann aber nicht als Sonderausgabe abziehbar.
- Anrechenbare ausländische Steuern.

TRICK

Kassieren Sie durch ein Baudarlehen an Ihre Kinder Zinseinnahmen ohne Abschlagsteuer!

881 Keiner hindert Sie daran, Ihr Geld in eigener Regie zu verwalten und zu verleihen. Gehören Sie aber zu den Schlawinern, die Zinsen in der Steuererklärung nicht angeben, gehen Sie ein hohes Risiko ein, beim Finanzamt als privater Geldgeber aufzufallen. Denn: Meistens werden Ihre Kunden die Zinsen als Werbungskosten bei Vermietung und Verpachtung oder als gewerbliche Zinsausgaben absetzen. Und bei privater Geldvergabe schreiben die Finanzämter gern Kontrollmitteilungen. Dann sind Sie dran.

Also: Taucht die mit einem Privatdarlehen von Ihnen finanzierte Immobilie in der Steuererklärung Ihrer Kinder auf, interessiert sich das Finanzamt so nebenbei für die Finanzierung, und wenn diese nicht plausibel belegt werden kann, wird das Finanzamt Fragen zur Herkunft der Geldmittel stellen. Daher werden Sie die Zinsen brav in Ihrer Steuererklärung angeben und sich so gar nicht erst dem Verdacht steuerlicher Mauscheleien aussetzen.

4. Freistellungsauftrag

Soll die Bank bei der Auszahlung von Zinsen oder Dividenden auf die KapESt verzichten, müssen Sie ihr einen Freistellungsauftrag erteilen. Er gilt zeitlich unbefristet bis zu seinem Widerruf. Entsprechende Formulare hält jede Bank bereit. Bis zur Höhe von 801 €/1.602 € (Alleinstehende/Ehegatten) bleiben Sie dann von der Abgeltungsteuer verschont (§ 44 b Abs. 1 EStG).

Steuerfalle bei mehr als einem Auftrag!
Haben Sie Konten bei mehreren Banken, können Sie Ihren Freibetrag nach Belieben aufteilen. Aber Achtung: Die Banken sind verpflichtet, dem Bundesamt für Finanzen die tatsächliche Höhe der Zinsen und Dividenden mitzuteilen, wodurch der Sachbearbeiter auf Anhieb erkennt, wenn eines seiner Schäfchen den Freibetrag überzogen hat.

Haben Sie keine Freistellung beantragt, ist nichts verloren. Denn die Zinsen und Dividenden werden zusammen mit den Abzugsteuern in der Steuererklärung angegeben und die Abzugsteuern auf die Steuerschuld angerechnet, ggf. also voll erstattet.

Anrechnung bzw. Erstattung der Kapitalertragsteuer
Es sind also nur die Zinsen oberhalb der Freibeträge steuerpflichtig. Beträgt der persönliche Steuersatz bis 25 %, entsteht für die Zinsen kein Erstattungsanspruch, denn die Abgeltungsteuer beträgt ebenfalls 25 %. Liegt Ihr persönlicher Steuersatz unter 25 %, können Sie einen Teil der Abgeltungsteuer zurückerhalten, wenn Sie beantragen, die Einkünfte in die Veranlagung einzubeziehen.

Ausländer
Ein Steuerabzug ist auch vorzunehmen, wenn der Gläubiger der Kapitalerträge seinen Wohnsitz im Ausland hat. Hier greifen aber meistens Doppelbesteuerungsabkommen, die vorsehen, dass Einkünfte aus Kapitalvermögen vom Wohnsitzstaat zu versteuern sind, was zur Erstattung der KapESt führen muss. Steuerausländer können ihre Erstattungsansprüche beim Bundesfinanzminister geltend machen (§ 50 d EStG).

TIPP

zur richtigen Aufteilung der Freibeträge

Haben Sie Zinserträge oder Dividenden aus mehr als einer Bankverbindung, werden Sie den Freibetrag aufteilen müssen, sofern Sie ihn nicht bei einer Bank voll verbrauchen.

Schätzen Sie daher überschläglich ab, wie viel Sie bei den verschiedenen Banken an Zinsen oder Dividenden erwarten können. Haben Sie sich mal verkalkuliert, können Sie den Freistellungsauftrag jederzeit widerrufen oder ändern.

Damit Sie den Überblick behalten, machen Sie eine Aufstellung

Geldanlageform	Geschätzte Zinsen und Dividenden bei der	
	Bank A	Bank B
Sparbuch		
Festgeld		
Anleihen		
Bundesschatzbriefe		
Aktien		
Fondsanteile		
Summe		

Auch als Bausparer oder als Sparer nach dem Vermögensbildungsgesetz brauchen Sie weiterhin einen Freistellungsauftrag.

Beispiel
Saldo per 31.12.: 19.000 €
Zinsen   540 €
Abgeltungsteuer auf 540 €   – 135 €
SolZ darauf ca.   –   7 €
Zinsgutschrift ca.   398 €

Die Erstattung der einbehaltenen Steuer in Höhe von 142 € können Sie mit Hilfe Ihrer Einkommensteuererklärung beantragen. Die Steuern werden Ihnen ganz oder zum Teil erstattet, wenn Ihr persönlicher Steuersatz 0 % oder unter 25 % beträgt.

884 **Achtung! Behalten Sie Ihre Freistellungsaufträge im Blick. Denn wenn Sie später einen weiteren erteilen und das Freistellungsvolumen überschreiten, haben Sie bald darauf Theater mit dem Finanzamt.**

Als Ehegatten können Sie das gemeinsame Freistellungsvolumen von 1.602 € nach Belieben verbraten – egal, welcher Ehegatte die Zinsen erzielt, ob das Konto auf den Ehemann, die Ehefrau oder beider Namen läuft.

5. Nichtveranlagungsbescheinigung

885 Was der Freistellungsauftrag bewirken kann, kann die Nichtveranlagungsbescheinigung noch viel besser. Legen Sie eine solche Bescheinigung Ihrer Bank vor, sind alle Ihre Kapitalerträge in voller Höhe steuerfrei. Das Finanzamt stellt Ihnen auf Antrag eine solche Bescheinigung aus, wenn Sie nicht zur Einkommensteuer veranlagt werden, weil z.B. Ihr Einkommen den Eingangsbetrag der Steuertabelle von 8.472 €/16.944 € für 2015 bzw. von 8.652 €/17.304 für 2016 (Alleinstehende/Verheiratete) nicht erreicht (§ 44 Abs. 1 Nr. 2 EStG).

5. Nichtveranlagungsbescheinigung

Dies trifft vielfach für Rentner zu, aber auch für andere Steuerzahler mit hohen Freibeträgen. Die Finanzämter erteilen die Nichtveranlagungsbescheinigung unter Vorbehalt des Widerrufs und für eine Zeitdauer von höchstens drei Jahren. Danach werden die Einkommensverhältnisse des Antragstellers neu durchleuchtet.

Und so wird gerechnet, wenn Sie z.B. 2015 in Rente gegangen sind:

Rentenbezüge 10.000 €, davon 70 %	7.000 €		
./. Werbungskostenpauschbetrag	– 102 €		
	6.898 €	>	6.898 €
Zinsen	5.000 €		
./. Sparerpauschbetrag	– 801 €		
Einkünfte aus Kapitalvermögen	4.199 €	>	4.199 €
Summe der Einkünfte			11.097 €
./. Altersentlastungsbetrag			
= 24,0 % der Zinseinkünfte, max. 1.140 €			– 1.008 €
Gesamtbetrag der Einkünfte			10.089 €
./. Vorsorgeaufwendungen Versicherungen			– 1.600 €
./. Sonderausgabenpauschbetrag			– 36 €
Zu versteuerndes Einkommen			8.453 €
Steuer darauf			0 €

Ihr Einkommen liegt im Beispielfall unter dem Grundfreibetrag. Der Ausstellung einer Nichtveranlagungsbescheinigung für die nächsten drei Jahre steht also nichts im Weg.

Für Ehepaare liegen die Einkünftegrenzen deutlich höher, da sie den doppelten Sparerpauschbetrag und Sonderausgabenpauschbetrag erhalten, Vorsorgeaufwendungen mit deutlich höheren Beträgen abgezogen werden können und nicht zuletzt der Grundfreibetrag doppelt so hoch ist wie bei einem Alleinstehenden.

GUTER RAT

Haben Sie Ihr Geld bei verschiedenen Banken angelegt, benötigen Sie für jede eine Originalbescheinigung. Beantragen Sie deshalb beim Finanzamt gleich genügend Exemplare.

Kleiner Trost, wenn Ihr Ehepartner überraschend verstirbt: Im ersten Jahr nach seinem Tod haben Sie weiterhin den Splittingtarif. Als Sparerfreibetrag stehen Ihnen aber nur die 801 € für Alleinstehende zu. Bis zum nächsten Jahr sollten Sie dann Ihre Sparguthaben auf Kinder oder Enkelkinder verteilt haben, damit auch deren Freibeträge genutzt werden.

6. Zinsen und ähnliche Erträge

Gehören Sie zu denen, die ihre Zinsen pflichtgemäß erklären, so wie das Gesetz es verlangt? Dann müssen Sie sich einiges Grundsätzliches anhören.

886 **a) Zufluss der Zinsen**

Zinseinnahmen sind in dem Kalenderjahr zu versteuern, in dem sie zugeflossen sind (§ 11 EStG).

Zinsen aus Sparbüchern und Festgeldern, die zum Jahresende fällig werden, sind noch im alten Jahr zu versteuern, obwohl sie erst im neuen Jahr auf dem Konto erscheinen (§ 11 EStG; BMF-Schreiben v. 26.10.1992 – BStBl 1992 Teil I S. 693).

Zinsen aus abgezinsten Wertpapieren wie Bundesschatzbriefen Typ B oder ähnlichen Sparbriefen und Nullkuponanleihen ergeben sich aus dem Unterschied zwischen Erwerbspreis und Verkaufs- bzw. Einlösungspreis bei Fälligkeit. Sie sind erst im Zeitpunkt des Verkaufs bzw. der Einlösung zu versteuern (BFH v. 8.10.1991 – BStBl 1992 II S. 174; FG Hamburg v. 21.7.1992 – EFG 1992 S. 740).

GUTER RAT

887 Wer sich bald zur Ruhe setzen will und dann weniger zu versteuern hat, sollte sein Geld in abgezinsten Sparbriefen oder sog. Nullkupons, Zero-Bonds etc. anlegen. Die Zinsen daraus sind erst bei Fälligkeit in einigen Jahren oder bei vorzeitiger Rückgabe zu versteuern, weil sie steuerlich gesehen erst dann als zugeflossen gelten. Da Sie dann weniger Einkünfte haben, muss sich der Fiskus mit weniger Steuern auf die Zinsen zufriedengeben, wenn er nicht sogar völlig in die Röhre schaut.

888 **b) Stückzinsen**

Viele Steuerzahler merken gar nicht, dass ihnen beim Kauf eines festverzinslichen Wertpapiers Stückzinsen in Rechnung gestellt bzw. beim Verkauf vergütet werden. Was hat es damit auf sich?

Werden festverzinsliche Wertpapiere gekauft, hat der Erwerber dem Verkäufer die bis dahin aufgelaufenen Zinsen, eben die Stückzinsen, zu vergüten. Hier spricht der Fiskus von negativen Einnahmen. Diese können im Kalenderjahr der Zahlung abgesetzt (H 20.2 EStH), d.h. mit – positiven – Zinseinnahmen oder Dividenden oder ggf. anderen Einkünften dieses Jahres oder späterer Jahre ausgeglichen werden (Stückzinstopf). Der Verkäufer muss die erhaltenen Stückzinsen versteuern. Die Bank behält Abgeltungssteuer ein.

Gut zu wissen: In Höhe der gezahlten Stückzinsen werden Zinseinnahmen von der Abgeltungssteuer freigestellt. Ihre Bank bildet dafür in Ihrem Depot eine

6. Zinsen und ähnliche Erträge   611

Art Merkposten, den sog. »Stückzinstopf«. Wenn Ihnen dann Ihre Bank Zinsen auszahlt, rechnet sie diesen Merkposten zunächst so lange gegen, bis er rechnerisch verbraucht ist. Soweit die Zinsen mit dem Stückzinstopf verrechnet werden können, muss die Bank keinen Abschlag für die Zinsen einbehalten. Das gilt übrigens auch, wenn Sie Ihr Freistellungsvolumen schon bei anderen Geldanlagen verbraucht haben. Wie die Bank rechnet, zeigt das folgende

Beispiel
Ein Steuerzahler hat sein Freistellungsvolumen bereits voll ausgeschöpft und folgende Ausgaben und Einnahmen

	Topfinhalt	Zinsabschlag von Beträgen
am 15. 3. gezahlte Stückzinsen	3.000 €	3.000 €	
am 15. 5. vereinnahmte Zinsen	2.000 €	1.000 €	2.000 €
am 15. 7. vereinnahmte Zinsen	1.500 €	0 €	1.375 €

Dies zeigt: Der Steuerzahler hat am 15. 3. festverzinsliche Wertpapiere während des Zinslaufs gekauft und für die bis dahin bei dem Wertpapier aufgelaufenen Zinsen 3.000 € Stückzinsen gezahlt. In Höhe von 3.000 € bildet die Bank den Merkposten »Stückzinstopf« im Depot. Von den am 15.5. vereinnahmten Zinsen aus einem im Depot befindlichen Wertpapier in Höhe von 2.000 € ist keine Abgeltungsteuer einzubehalten, da die Bank die Zinsen zunächst mit den am 15.3. gezahlten Stückzinsen laut »Stückzinstopf« verrechnet. Es verbleiben nach dieser Zinszahlung noch nicht verrechnete Stückzinsen von 1.000 € im »Stückzinstopf«. Diese 1.000 € wiederum werden mit den am 15.7. vereinnahmten Zinsen von 1.500 € verrechnet. Aus dieser Zinszahlung bleiben daher noch 500 € übrig, die nicht mit früher gezahlten Stückzinsen verrechnet werden können. Dieser Betrag unterliegt nun der Abgeltungsteuer von 25 %.

> *Jeder Schäfer schert seine Schafe*
> *nur einmal im Jahr.*
> *Der Finanzminister aber mehrmals und*
> *nimmt das Fell auch noch mit …*
> (Aus dem Stundungsantrag eines Landwirts)

c) Wechselkursgewinne   889
Alles, was dem Anleger irgendwie zum Vorteil gereicht, wird erbarmungslos besteuert. Dazu gehören auch sonstige Vorteile aus der Überlassung von Kapital (§ 20 Abs. 1 Nr. 7 EStG), wie z.B. gewisse Finanzinnovationen. Wechselkursgewinne hat der Fiskus ebenfalls ins Visier genommen. Die ältere BFH-Rechtsprechung, nach der solche Erträge ausnahmsweise nicht steuerpflichtig waren (BFH v. 24.10.2000 – BStBl 2001 II S. 97), ist durch die gesetzliche Neuregelung der Besteuerung von Kapitalerträgen leider überholt. Bei jedem Erwerb und

jeder Veräußerung in fremder Währung sind nicht nur die eigentlichen Veräußerungsgewinne steuerpflichtig, sondern auch eventuelle zusätzliche Erträge, die sich aus der Veränderung des Wechselkurses ergeben.

890 **d) Zinsen aus Lebensversicherungen**

Zusätzlich zur Versicherungssumme fließen dem Versicherten Zinsen aus Sparanteilen zu. Das ist zunächst der garantierte Sparanteil, im Einzelfall weitere außerrechnungsmäßige Zinsen.

Zinsen aus Kapitallebensversicherungen, die vor dem 1.1.2005 abgeschlossen wurden, steuerlich als Sonderausgaben (Vorsorgeaufwendungen) förderungswürdig sind und eine Laufzeit von mindestens zwölf Jahren (§ 20 Abs. 1 Nr. 6 EStG) haben, sind steuerfrei.

Kapitallebensversicherungen, die ab 2005 abgeschlossen wurden oder werden, sind dagegen nicht mehr steuerfrei. Die Erträge aus der Versicherung (= Differenz aus Versicherungssumme und eingezahlten Beiträgen) sind grundsätzlich in voller Höhe steuerpflichtig. Die Steuerpflicht wird ausnahmsweise auf 50 % der Erträge reduziert, wenn die Versicherungssumme eine Mindestlaufzeit von zwölf Jahren hat und im Erlebensfall nicht vor Vollendung des 60. Lebensjahrs ausgezahlt wird. In diesem Fall werden die Erträge seit 2009 weiterhin im Rahmen der Einkommensteuerveranlagung mit dem individuellen Steuersatz besteuert.

891 **e) EU-Zinsrichtlinie oder europaweite Zinsschnüffelei**

George Orwell und der alles überwachende Große Bruder lassen schön grüßen. Mit der Zinsrichtlinie der Europäischen Union findet die Schnüffelei des Fiskus in Ihren Konten und Geldanlagen ihren vorläufigen Höhepunkt.

Die Zinsrichtlinie soll eine effektive Besteuerung von Zinserträgen bei der Einkommensteuer sicherstellen: Banken in der EU und einigen anderen Staaten müssen dem deutschen Fiskus entweder sämtliche Zinszahlungen mitteilen, die ein deutscher Bürger auf Konten im Ausland kassiert, oder dem Anleger eine Quellensteuer auf die Zinsen abknöpfen, die dann zwischen dem Staat, in dem die Bank sitzt, und Deutschland aufgeteilt wird.

892 **Bankgeheimnis, aber Quellensteuer**

Für eine Übergangszeit hat ein Teil der Staaten sein Bankgeheimnis gerettet und die Weitergabe von Informationen an den deutschen Fiskus verhindert, indem bei der Zinszahlung eine Quellensteuer eingezogen wird. Diese für Steuerflüchtlinge etwas günstigere Variante praktizieren derzeit aber nur noch Österreich, die Schweiz, Liechtenstein, Andorra, Monaco, San Marino und die Staaten der ehemaligen Niederländischen Antillen. Insbesondere Luxemburg nimmt seit dem 1.1.2015 ebenfalls am automatischen Informationsaustausch teil und informiert den deutschen Fiskus über in Luxemburg bezogene Zinsen. Die Quellensteuer, die Ihnen von den Staaten abgezogen wird, die noch keine automatischen Zinsinformationen liefern, beträgt 35 %.

Wen trifft die EU-Zinsrichtlinie?

Betroffen sind ausschließlich Privatpersonen mit ihren privaten Zinsen. Läuft die Geldanlage über eine Kapitalgesellschaft, z.B. eine GmbH oder eine Aktiengesellschaft, werden weder Informationen weitergegeben noch Quellensteuer abgezogen. Dasselbe gilt, wenn der Kontoinhaber eine Gesellschaft ist, die in Deutschland der Unternehmensbesteuerung unterliegt. Das sind vor allem die offene Handelsgesellschaft, Kommanditgesellschaft, GmbH & Co. KG oder die Gesellschaft bürgerlichen Rechts. Der Pferdefuß dabei: Eine Gesellschaft, die der Unternehmensbesteuerung unterliegt, braucht für die ausländische Bank eine ausdrückliche Bescheinigung ihres Finanzamts über die Besteuerung als Unternehmen. Indem sie diese Bescheinigung beantragt, teilt sie ihrem Finanzamt natürlich gleichzeitig mit, dass sie Konten im Ausland hat.

WICHTIGER HINWEIS

Als ehrliche Haut, die schon seit Jahren brav die Zinsen aus der Schweiz, aus Liechtenstein oder Österreich in der Steuererklärung angegeben hat, dürfen Sie nicht vergessen, sich von Ihrer ausländischen Bank eine Steuerbescheinigung für die Quellensteuer zu besorgen. Die EU-Quellensteuer auf Zinsen muss Ihnen nämlich das Finanzamt genauso wie die deutsche Zinsabschlagsteuer auf die Einkommensteuer anrechnen, d.h., liegen Sie mit Ihren Zinsen unter den Freibeträgen, bekommen Sie die EU-Quellensteuer über den Einkommensteuerbescheid erstattet.

TRICK

Vermeiden Sie mit den richtigen Papieren die Quellensteuer!

Falls Sie sich von Ihrem Finanzamt eine Nichtveranlagungsbescheinigung ausstellen lassen (➤ Rz 885), beantragen Sie dort gleich noch eine »Bescheinigung zur Abstandnahme vom Quellensteuerabzug nach Artikel 13 der EU-Zinsrichtlinie«. In dem entsprechenden Antrag teilen Sie dem Finanzamt lediglich die Auslandskonten mit, auf denen Ihr Geld parkt. Mit der ebenfalls bis zu drei Jahre gültigen Bescheinigung haben Sie sozusagen eine amtliche Bestätigung Ihrer Steuerehrlichkeit. Sie schicken die Bescheinigung dann nur noch Ihrer ausländischen Bank, und die zieht postwendend keine Quellensteuer mehr ab, sondern schreibt Ihnen den vollen Zinsbetrag gut.

TRICK
Vermeiden Sie mit der richtigen Anlageart einen Quellensteuerabzug!

893 Von der EU-Quellensteuer bzw. den Schnüffelinformationen an Ihr Finanzamt sind Sie ja nur betroffen, wenn das Geld auf Ihren Namen angelegt ist, während Kapitalgesellschaften oder Vereine nicht der EU-Zinsrichtlinie unterliegen. Achtung: Wenn Sie nicht gerade über ein Riesenvermögen verfügen, sollten Sie schnell das Weite suchen, wenn Ihnen jemand mit dem glorreichen Tipp kommt, eine GmbH oder AG zu gründen und Ihr Geld über diese im Ausland anzulegen. Die Kosten dafür sind unter dem Strich wahrscheinlich um ein Vielfaches höher als die eingesparte Quellensteuer. Aber Sie gehören ja ohnehin nicht zu den bösen Buben und Mädeln, die diesen Umweg der Geldanlage nur wählen, um die Auslandskonten vor dem Fiskus zu verstecken.

Für Sie als ehrliche Haut gibt es viel bessere Möglichkeiten, der Quellensteuer zu entgehen. Sie nutzen einfach den Umstand, dass die Quellensteuer nur von Zinsen, nicht aber von anderen Kapitalerträgen abgezogen wird. Also werden Sie einfach Geldanlagen wählen, die keine Zinsen abwerfen. Die banalste Möglichkeit ist, in Aktien oder Aktienfonds zu investieren, die Ihnen statt Zinsen Dividenden bescheren. Weitere Alternativen sind Papiere, bei denen Sie Ihre Zinsen nicht unmittelbar, sondern auf Umwegen über Kursgewinne kassieren.

Durch Gewinnmitnahmen ist noch keiner arm geworden.
(Alte Börsenweisheit)

7. Dividenden und Wertpapierveräußerungen

894 a) Dividenden
Seit Einführung der Abgeltungsteuer unterliegen Dividenden aus Aktien und Anteilen im Privatvermögen nicht mehr dem Halbeinkünfteverfahren. Die Abgeltungsteuer wird vielmehr auf den vollen Dividendenbetrag erhoben.

895 b) Veräußerungsgewinne
Veräußerungsgewinne unterliegen der Abgeltungsteuer – und zwar unabhängig davon, wie viel Zeit zwischen An- und Verkauf vergangen ist. Dies gilt für alle Wertpapiere, die Sie nach dem 1.1.2009 gekauft haben bzw. noch kaufen.

Die Bemessungsgrundlage für die Abgeltungsteuer auf Veräußerungsgewinne ist der Unterschiedsbetrag zwischen den Einnahmen aus der Veräußerung nach Abzug der Aufwendungen, die in unmittelbarem sachlichen Zusammenhang mit dem Veräußerungsgeschäft stehen, und den Anschaffungskosten. Hierbei kann sich auch ein Verlust ergeben.

Hatten Sie Ihre Wertpapiere in einem Depot mit sog. Girosammelverwahrung, so findet die Methode »first in, first out« weiterhin Anwendung. Das bedeutet, bei einem Verkauf wird unterstellt, dass Sie diejenigen Wertpapiere verkauft haben, die Sie zuerst erworben hatten. Hatten Sie in Ihrem Depot z. B. 1.000 Aktien von Siemens, die Sie zu verschiedenen Zeitpunkten gekauft hatten, und verkauften davon 200 Stück, gelten die 200 Aktien mit dem ältesten Kaufdatum als verkauft.

Zu berücksichtigen sind darüber hinaus Aufwendungen, die zu Anschaffungs-nebenkosten führen, wie beispielsweise

- Ausgabeaufschläge bei Investmentfonds,
- Provisionen,
- Maklergebühren.

Zu den Aufwendungen, die in unmittelbarem sachlichen Zusammenhang mit dem Veräußerungsgeschäft stehen, zählen insbesondere Veräußerungskosten.

Ermittlungsschema:
Einnahmen aus der Veräußerung
./. Veräußerungsnebenkosten
./. Anschaffungskosten (inkl. Anschaffungsnebenkosten)
= Bemessungsgrundlage für die Abgeltungsteuer

> *Die Börse ist eine Mischung*
> *aus Gier und Angst.*
> (Ein Spekulant)

8. Werbungskosten bei Kapitalvermögen – Was können Sie dem Fiskus unterjubeln?

Die Rechtslage in Bezug auf Werbungskosten bei Kapitaleinkünften ist so einfach wie unbefriedigend. Außer dem Sparerpauschbetrag von 801 €/1.602 (Ledige/Verheiratete) können Sie als Privatanleger keinerlei Werbungskosten zur Minderung der Abgeltungsteuer abziehen.

Wegen dieser Problematik ist ein Musterverfahren anhängig. Haben Sie Werbungskosten, z. B. hohe Depotgebühren, Vermögensverwaltungsgebühren oder Refinanzierungskosten für den Wertpapierkauf, legen Sie gegen den Nichtabzug Einspruch ein. Sie erhalten Schützenhilfe vom FG Baden-Württemberg (Urt. v. 17.12.2012 – 9 K 1637/10), das gegen das absolute Werbungskostenabzugsverbot entschieden hat. Da wegen der Rechtsfrage inzwischen auch ein Revisionsverfahren beim BFH anhängig ist (VIII R 13/13), kann Ihr Einspruch kostenfrei ruhen, bis der BFH für Klarheit sorgt.

*Nicht Nachrichten machen Kurse,
sondern Kurse machen Nachrichten.*

(Börsenguru Kostolany)

9. Wie komme ich im Alter gut über die Runden?

897 Die Spatzen pfeifen es seit langem von den Dächern: Die gesetzliche Altersrente wird schon in wenigen Jahren nicht mehr für eine ausreichende Altersversorgung genügen, weshalb sich jeder künftig eine zusätzliche Altersversorgung schaffen muss, d.h. zusätzliches Vermögen.

Aktien scheinen auf lange Sicht die beste Kapitalanlage. Warum das so ist, liegt auf der Hand: Die Wirtschaft entwickelte sich bisher stetig weiter, was sich in steigenden Kursen der großen Unternehmen niederschlägt. Der Konkurrenzkampf unter den Staaten, so die Analysten, finde in großen Kriegen als Wettbewerb auf wirtschaftlichem Gebiet statt, und das führe zu Wohlstand und steigenden Einkünften weltweit. Auch in Zukunft werde es Weltkriege wie früher nicht mehr geben. Die Produktivkräfte könnten sich nunmehr ohne Vernichtung von Vermögen durch Kriege frei entfalten. Ob das zutrifft oder ob uns nicht doch eine größere Wirtschaftskrise erreicht – wer weiß das schon? Und was in den Ländern passiert, wo unkluge Politiker ihre Bürger durch ständig höhere Abgaben immer ärmer machen, ist nicht abzusehen.

TRICK

Planmäßig blank, wenn Sie das Zeitliche segnen

Im Alter ganz bescheiden von den Zinsen zu leben, aber den Kindern ein Vermögen zu hinterlassen, kann nicht in Ihrem Interesse sein. Sie haben ihnen eine gute Ausbildung zukommen lassen und somit Ihre Pflicht getan. Im Übrigen sind sie inzwischen erwachsen und aller Wahrscheinlichkeit nach nicht auf ein Erbe angewiesen. Also sollte Ihre Vermögensplanung so aussehen, dass nach dem Tod des letztversterbenden Partners das Vermögen weitgehend aufgezehrt ist.

Entnahmetabelle

Wie lange reicht aber das Vermögen, wenn ich einen bestimmten Betrag entnehme? Die Antwort gibt die folgende Tabelle von John Hancock Insurance aus »Trachsler, Big Money«. Dabei kann der jährliche Entnahmebetrag zum Inflationsausgleich um 3 % erhöht werden. Die Entnahmedauer wird erheblich von der Anlagerendite beeinflusst.

Anlagerendite	3 %	4 %	**5 %**	6 %	7 %
Jahresbezug (in % des Kapitals)	Entnahmedauer				
12	8 Jahre	8 Jahre	8 Jahre	9 Jahre	9 Jahre
11	9 Jahre	9 Jahre	9 Jahre	10 Jahre	10 Jahre
10	10 Jahre	10 Jahre	10 Jahre	11 Jahre	12 Jahre
9	11 Jahre	11 Jahre	12 Jahre	13 Jahre	14 Jahre
8	12 Jahre	13 Jahre	14 Jahre	15 Jahre	16 Jahre
7	14 Jahre	15 Jahre	16 Jahre	18 Jahre	20 Jahre
6	16 Jahre	18 Jahre	**19 Jahre**	22 Jahre	25 Jahre
5	20 Jahre	22 Jahre	24 Jahre	29 Jahre	36 Jahre
4	25 Jahre	28 Jahre	33 Jahre	42 Jahre	

Die Tabelle zeigt mit den fettgedruckten Werten: Haben Sie **200.000 €** zu **5 %** angelegt und möchten jährlich 12.000 € entnehmen, also **6 %**, ist das Kapital nach **19 Jahren** aufgebraucht. Insgesamt haben Sie dann 228.000 € (= 12.000 € × 19 Jahre) zzgl. 3 % für Inflationsausgleich zur Verfügung gehabt.

10. Veranlagung trotz Abgeltungsteuer?

Die Abgeltungsteuer erfasst zwar eine große Zahl von Kapitaleinkünftefällen, trotzdem gibt es weiterhin Konstellationen, in denen die Kapitaleinkünfte im Rahmen der Einkommensteuererklärung erfasst und besteuert werden. Im Einzelnen wird unterschieden zwischen

- Pflichtveranlagung hinsichtlich der Einkünfte aus Kapitalvermögen,
- Wahlveranlagung hinsichtlich der Einkünfte aus Kapitalvermögen,
- einem gesonderten Tarif für Einkünfte aus Kapitalvermögen und die Anrechnung der ausländischen Steuern sowie
- der Besteuerung von Kapitalerträgen mit der normalen Tarifsteuer.

Pflichtveranlagung

Eine Pflichtveranlagung unter Einbeziehung Ihrer Kapitaleinkünfte erfolgt immer dann, wenn Sie Kapitalerträge erzielen, die nicht der Kapitalertragsteuer unterlegen haben. Zum Beispiel aus der Veräußerung von GmbH-Anteilen bei Beteiligungen unter 1 %, Privatdarlehen oder ausländischen Zinseinkünften.

Sie müssen diese Einkünfte dann in Ihrer Einkommensteuererklärung angeben. Die Einkommensteuer auf diese Kapitaleinkünfte wird unabhängig von Ihren übrigen Einkünften mit dem pauschalen Abgeltungsteuersatz ermittelt und erhöht die Tarifsteuer auf Ihre übrigen Einkünfte.

Und so wird die Steuer auf die Einkünfte aus Kapitalvermögen berechnet: Sie beträgt grundsätzlich 25 %. Allerdings werden bei der Berechnung auch eventuelle ausländische Quellensteuern und die Kirchensteuer berücksichtigt. Dafür gilt folgende Formel:

$$\text{Einkommensteuer auf Kapitaleinkünfte} = \frac{\text{Einkünfte} - 4 \times \text{anrechenbare ausländische Steuer}}{4 + {}^1/_{100} \text{ des Kirchensteuersatzes}}$$

Beispiel

Sie erzielten 2015 Einkünfte aus Kapitalvermögen aus einem ausländischen Depot in Höhe von 10.000 €, die anrechenbare ausländische Quellensteuer beträgt 500 €.

Die Einkommensteuer auf Ihre Kapitaleinkünfte beläuft sich demnach auf (10.000 € – 4 × 500 €) ÷ (4 + 0,09) = 8.000 € ÷ 4,09 = 1.955 €. Die Kirchensteuer beträgt 1.955 € × 9 % = 175,95 €.

Wahlveranlagung

Für Kapitalerträge, die der Abgeltungsteuer unterlegen haben, haben Sie ein Wahlrecht. Sie können es bei der Abgeltungsteuer belassen oder die Einkünfte freiwillig im Rahmen Ihrer Veranlagung zur Einkommensteuer angeben. Damit können Sie für Sie günstige Umstände, die bei der Abgeltungsteuer nicht berücksichtigt werden, geltend machen. Eine solche Wahlveranlagung lohnt sich für Sie z.B. in folgenden Fällen:

- Sie haben bei der Abgeltungsteuer den Sparerpauschbetrag nicht ausgeschöpft.
- Abzugsfähige Verluste aus Kapitaleinkünften wurden bei der Abgeltungsteuer noch nicht berücksichtigt.
- Sie haben noch einen Verlustvortrag, der aus Kapitalanlagen herrührt.
- Ausländische Steuern sind noch nicht berücksichtigt worden.
- Sie haben als Rentner, Schüler oder Azubi ein so geringes Einkommen, dass die reguläre Einkommensteuer niedriger ist als die Abgeltungsteuer.

Wenn Sie eine Wahlveranlagung beantragen, führt das Finanzamt automatisch eine Günstigerprüfung zwischen Abgeltungsteuer und regulärer Einkommensteuer durch und rechnet die Abgeltungsteuer auf die Einkommensteuer an. Falls die reguläre Steuer für Sie günstiger ist, bekommen Sie die zu viel abgezogene Abgeltungsteuer erstattet.

Tarifliche Einkommensteuer für Einkünfte aus Kapitalvermögen

Bei folgenden Kapitalerträgen wird ohne Wenn und Aber immer die reguläre Einkommensteuer im Rahmen einer Einkommensteuerveranlagung festgesetzt und nicht die evtl. günstigere Abgeltungsteuer. Das bedeutet, dass sich Ihre Steuerbelastung auf die Kapitalerträge ggf. auf bis zu 45 % und nicht lediglich auf den Abgeltungsteuersatz von 25 % beläuft.

- Erträge aus stillen Gesellschaften,
- Erträge aus verbundenen Unternehmen, bei denen Sie wegen Ihres Einflusses als »nahestehende Person« gelten,

- Erträge aus Kapitalgesellschaften, wenn Sie oder ein Angehöriger zu mehr als 10 % beteiligt sind,
- Erträge aus sog. Back-to-back-Finanzierungen,
- Einnahmen aus neuen Kapitallebensversicherungen,
- Zinsen aus Darlehen an Ihnen nahestehende Personen, auf die Sie einen besonderen Einfluss nehmen können, wenn diese die Zinsen in ihrer Steuererklärung als Werbungskosten oder Betriebsausgaben absetzen.

GUTER RAT

Bei Darlehen an Angehörige oder andere Personen fällt bei den Zinszahlungen zunächst im Lauf des Jahres keine Abgeltungsteuer an. Schließlich sind Ihre Verwandten ja kein Kreditinstitut und damit nicht verpflichtet, bei jeder Zinszahlung 25 % einzubehalten und an den Fiskus abzuführen. Gleichwohl sind die Zinsen bei Ihnen als Darlehensgeber steuerpflichtig. Sie müssen sie also in der Anlage KAP angeben. **899**

Aufgepasst! Teuer wird es, wenn Ihre Angehörigen als »nahestehende Personen« im fiskalischen Sinne anzusehen sind und mit dem Darlehen Kosten im Rahmen einer Einkunftsquelle gedeckt haben, z.B. ein Firmenfahrzeug, Maschinen, Büroeinrichtungen gekauft oder für die Finanzierung oder Renovierung einer Vermietungsimmobilie verwendet haben. Da aufseiten Ihrer Angehörigen Betriebsausgaben oder Werbungskosten anfallen, die zu einer vollen Steuerermäßigung von bis zu 45 % führen, will der Fiskus Ihnen nicht die günstige Abgeltungsteuer zugestehen. Ihnen wird für die Zinsen daher im Rahmen der Einkommensteuerveranlagung die reguläre tarifliche Steuer abgeknöpft.

Allerdings sind Ihre Angehörigen, auch wenn Sie Ihnen persönlich lieb und teuer sind, nur in seltenen Fällen »nahestehende Personen« im steuerlichen Sinne (siehe dazu ➤ Rz 876). Also immer schön schauen, wie selbständig Ihre Lieben die Entscheidungen rund um die Darlehen treffen können und wie sie die Kohle dann verwendet haben.

TRICK

Trotz Werbungskostenabzugsverbot Zinsen abziehen!

Zum Schluss noch ein Trick, wie Sie die Finanzierung Ihrer GmbH-Anteile voll von der Steuer abziehen und das Werbungskostenabzugsverbot ganz legal umgehen können. Angenommen, Sie haben das Stammkapital Ihrer GmbH bei **900**

Gründung durch einen Kredit finanziert oder irgendwann die Anteile gekauft und dafür ein Darlehen aufgenommen. Die Zinsen für dieses Darlehen sind an sich Werbungskosten bei Ihren Kapitaleinkünften, fallen aber wegen des Werbungskostenabzugsverbots unter den Tisch. Es gibt aber einen Kniff: Sie verzichten darauf, dass die Dividenden, die Sie von der GmbH bekommen, mit der Abgeltungsteuer belegt werden, und zahlen stattdessen freiwillig die reguläre Tarifsteuer. Der Vorteil für Sie: Mit dieser »Unternehmeroption« (§ 32d Abs. 2 Nr. 3 EStG) greift das Werbungskostenabzugsverbot nicht. Sie können jetzt die gesamten Zinsen aus der Finanzierung als Werbungskosten abziehen. Das gilt übrigens auch in den Jahren, in denen die Gesellschaft überhaupt keine Dividenden zahlt.

Besonders interessant ist das Ganze, wenn Ihre GmbH vor der Pleite steht. Dann sind nämlich mit Sicherheit keine Dividenden zu erwarten, aber Sie retten trotzdem den Abzug der Zinsen als Werbungskosten.

Ein wenig längerfristig müssen Sie dabei aber planen. Denn an die Option sind Sie fünf Jahre gebunden, d.h., Sie können sich nicht Jahr für Jahr neu entscheiden.

Das Leben ist das, was uns die Epoche,
der Staat und die Ehepartner davon übrig lassen.

(Gabriel Laub)

XIV. Gewerbliche und freiberufliche Einkünfte

1. Überschussrechnung oder Bilanzierung?

Sind Sie Kaufmann nach Handelsrecht, müssen Sie für jedes Wirtschaftsjahr **901** anhand einer doppelten Buchführung eine Bilanz mit Verlust-und-Gewinn-Rechnung aufstellen (§ 238 HGB).

Sind Sie kein »Kaufmann«, kann Sie als Gewerbetreibender trotzdem die Buchführungspflicht treffen, und zwar nach dem Steuerrecht – §§ 140, 141 AO –, wenn

- Ihr Jahresumsatz mehr als 500.000 € (ab 2016: 600.000 €) oder
- Ihr Jahresgewinn mehr als 50.000 € (ab 2016: 60.000 €) betragen hat.

Das Finanzamt muss Sie allerdings ausdrücklich zur Bilanzierung auffordern. Das kann es nur für die Zukunft, also nicht rückwirkend oder für ein schon laufendes Jahr tun. Also fangen Sie ruhig erst einmal mit einer Überschussrechnung an – so nennt das Finanzamt ein einfaches Aufzeichnen der Einnahmen und Ausgaben.

WICHTIGER HINWEIS

Liegt Ihr Gewinn 2015 z.B. bei 55.000 € oder Ihr Umsatz bei 560.000 €, darf das Finanzamt Sie nicht mehr wegen Überschreitung der Grenzwerte zur Buchführung auffordern, da Sie ja noch unterhalb der neuen Grenzwerte ab 2016 liegen.

Freiberufler brauchen nicht zu bilanzieren, wenn sie nicht wollen (H 18.2 EStH); eine Überschussrechnung genügt auch dann, wenn sie die o.g. Grenzen überschreiten. Allerdings können Freiberufler freiwillig Bilanzen aufstellen. Das kann sich in bestimmten Fällen rentieren, etwa um sich die Möglichkeit zu eröffnen, einen Investitionsabzugsbetrag in Anspruch zu nehmen oder von der Thesaurierungsbesteuerung für nicht entnommene Gewinne mit einem Steuersatz von nur 28,25 % zu profitieren.

Mit der Überschussrechnung können Sie die Höhe des Gewinns beeinflussen, **902** indem Sie Einnahmen in das nächste Jahr verlagern – Rechnungen später schreiben – und Ausgaben in das gegenwärtige Jahr vorziehen, z.B. durch Vorauszahlungen. Ziel muss es dabei immer sein, große Schwankungen beim Gewinn zu vermeiden, sonst werden Sie Opfer der Einkommensteuerprogression.

Sie sollten auch keine zu hohen Verluste ausweisen. Zwar können Sie Verluste, die nicht mit positiven Einkünften ausgeglichen worden sind, in einem anderen Jahr abziehen, jedoch bestehen dabei erhebliche Einschränkungen:

1. Ein Rücktrag ist nur in das Vorjahr möglich, und zwar zu max. 1.000.000 €/ 2.000.000 € (Ledige/Verheiratete).

2. Durch den Rücktrag nicht ausgeglichener Verluste können Sie im Folgejahr bis zu 1 Mio. €/2 Mio. € (Ledige/Verheiratete) unbeschränkt abziehen. Sind Ihre Verluste größer, können Sie noch einmal bis zu 60 % des den Verlustvortrag von 1 Mio. €/2 Mio. € übersteigenden Teils des Gesamtbetrags der Einkünfte wegputzen. Und so geht das in den kommenden Jahren weiter, bis Ihre Verluste verrechnet sind.

Was Finanzämter wieder akzeptieren müssen:

Anlaufverluste bei Investitionen

Ein Unternehmer hat kräftig in seinen Betrieb investiert. Daraus resultieren Verluste durch Abschreibungen und Finanzierungskosten. Diese sind voll verrechenbar mit anderen Einkünften, etwa Überschüssen aus Vermietung, Gehalt des Ehepartners.

Verluste durch Insolvenz

Die Firma macht weniger Umsatz. Außerdem geraten einige Kunden in die Pleite. Rechnungen bleiben offen. Dadurch schreibt der Betrieb rote Zahlen. Die darf der Inhaber in vollem Umfang saldieren – etwa mit Zinsen, Mieten, Pachten, Gewinnen aus Beteiligungen. Und natürlich auch mit den Einkünften des Ehepartners.

Modernisierungsverluste

Der Besitzer eines Mietshauses hat viel Geld in die Modernisierung und Renovierung des Gebäudes gesteckt. Daher schreibt er vorübergehend rote Zahlen. Die sparen kräftig Steuern – per Verlustausgleich mit Überschüssen aus anderen Tätigkeiten.

Verluste bei Kapitalanlagen

Verluste aus Kapitalanlagen können Sie **nur mit Einkünften aus Kapitalanlagen** verrechnen.

Vermietungsverluste

Ein Kapitalanleger hat Mietwohnungen auf Kredit gekauft. Das Investment bringt aber nicht die erwarteten Mieten. Die Einnahmen reichen nicht, um die Kapitalkosten zu decken – ein Verlustgeschäft. Die Miesen sind voll abziehbar vom Einkommen.

Verluste bei Praxisgründung

Eine Ärztin richtet ihre Praxis ein, zahlt Miete und stellt Mitarbeiter ein. Gewinn liegt noch in weiter Ferne. Startverluste sind voll mit anderen Einkünften – auch des Gatten – verrechenbar. Dies gilt für jeden Gründer, ob Freiberufler oder Gewerbetreibender, und in jeder Branche.

> *Kaum drehst du den Höflingen (den damaligen Bürokraten)*
> *den Rücken, reißen sie dir die Kleider herunter.*
> (Richard Wagner an Franz Liszt)

2. Einnahmenüberschussrechnung – die Buchführung für alle, die in kleinem Rahmen selbständig arbeiten

S Als Freiberufler haben Sie die freie Wahl, entweder Aufzeichnungen zu **903** machen oder nach Soll und Haben zu buchen, und werden sich deshalb für Aufzeichnungen entscheiden. Freiberuflich ist z.B. die selbständige Tätigkeit als Lehrer, Krankenschwester, Krankengymnast, Hebamme, Übersetzer und Dolmetscher, Journalist, Schriftsteller, Künstler. Als Gewerbetreibender, der keinen handelsrechtlichen Betrieb hat – das trifft in der Regel auf Anlageberater, Berater für Datenverarbeitung, Berufssportler, Bühnenvermittler, Buchführungshelfer, Detektive, Fotomodelle, Handelsvertreter, Immobilienmakler oder Künstleragenten zu –, sind Sie ebenfalls von der Bilanzierung befreit, wenn Sie nicht in einem Jahr über 50.000 € (ab 2016: 60.0000 €)Gewinn erklärt haben. Dann nämlich wird Sie das Finanzamt zu einer Soll/Haben-Buchführung verdonnern.

a) Das Zu- und Abflussprinzip
Bei der Überschussrechnung sind die Betriebseinnahmen in dem Kalenderjahr anzusetzen, in dem sie zugeflossen sind, und die Betriebsausgaben in dem Kalenderjahr abzusetzen, in dem sie geleistet worden sind; das gilt auch für Vorschüsse, Teil- und Abschlagszahlungen. Diese Regelung gilt prinzipiell und wird deshalb als »Zu- und Abflussprinzip« bezeichnet.

b) Abschreibungen **904**
Siehe hierzu ➤ Rz 973 ff.

Sobald Sie selbständig sind, unterliegen Sie der *Umsatzsteuer*: Von z.B. 1.000 € **905** Einnahmen zzgl. 19 % Umsatzsteuer = insgesamt 1.190 € gehen 190 € an das Finanzamt. Die Ihnen in Rechnung gestellten Umsatzsteuerbeträge, z.B. 114 € (= 19 % von 600 €) aus Wareneinkäufen, sind als Vorsteuer von der vereinnahmten Umsatzsteuer abziehbar. An das Finanzamt geht also nur eine Mehrwertsteuer (Zahllast von 190 € Umsatzsteuer – 114 € Vorsteuer = 76 € Mehrwertsteuer). Aber: Wenn der Vorjahresumsatz 17.500 € und der diesjährige Umsatz voraussichtlich 50.000 € nicht übersteigt, sind Sie Kleinunternehmer und werden wie ein nichtsteuerpflichtiger Privatmann behandelt, d.h., die Betriebseinnahmen unterliegen nicht der Umsatzsteuer. Folge: Sie haben auch keinen Anspruch auf Vorsteuererstattung. (Quelle: § 19 UStG)

Steuerpflichtiger Gewinn ist der Überschuss der Betriebseinnahmen über die **906** Betriebsausgaben. Den Gewinn berechnen Sie durch einen *Jahresabschluss*. Sind die Ausgaben höher als die Einnahmen, entsteht beim Abschluss ein Verlust. Den Gewinn oder den Verlust erklären Sie dem Finanzamt in der Anlage GSE zur Einkommensteuererklärung und fügen eine Abschlussrechnung bei. Für Ihre Gewinnermittlung müssen Sie die amtliche Einnahmenüberschussrechnung verwenden, d.h. in der »Anlage EÜR« Ihre laufenden Aufzeichnungen zusammenfassen.

Dieses Formular zeigt Ihnen:
Die **Betriebseinnahmen** teilen Sie auf in solche aus den regulären Geschäften und solche aus Hilfsgeschäften wie dem Verkauf von Anlagegütern und den Entnahmen und Privatnutzungen, jeweils ohne Umsatzsteuer. Die vereinnahmte Umsatzsteuer geben Sie getrennt an. Nur so kann der Fiskalritter die für ihn obligatorische Gewinnverprobung und die Umsatzsteuerverprobung durchführen.
Bei den **Betriebsausgaben** weisen Sie die von Ihnen an Lieferanten und Dienstleister gezahlte Vorsteuer gesondert aus, um dem Fiskalritter nochmals wegen der Umsatzsteuerverprobung gut zu sein. Auch bei den gemischten Kosten wie Kfz-, Telefon- und Raumkosten kommen Sie dem Finanzamt entgegen, indem Sie den von Ihnen angesetzten Privatanteil extra ausweisen. Denken Sie daran, Umsatzsteuer auf den Eigenverbrauch oder unentgeltliche Leistungen an Sie umsatzsteuerlich zu erfassen bzw. den Vorsteuerabzug zu kürzen.
Für die laufenden Aufzeichnungen besorgen Sie sich eine Spaltenkladde, auch Journal oder Geschäftsbuch genannt. Für kleines Geld gibt es inzwischen auch ganz passable EDV-Programme für Ihre Einnahmenüberschussrechnung.

GUTER RAT

907 Bei der Einnahmenüberschussrechnung ist nur die Anlage EÜR vorgeschrieben. Ansonsten unterliegt Ihre Gewinnermittlung keinen Formvorschriften. Allerdings müssen Sie ein Anlagenverzeichnis erstellen für die Dinge, die Sie in Ihrem Betrieb längere Zeit benutzen und deshalb über ihre Nutzungsdauer abschreiben müssen.

908 Buchführungsunterlagen
Sind Sie als Gewerbetreibender zur Buchführung verpflichtet, müssen steuerliche Belege je nach der Art der Unterlagen mindestens sechs oder sogar zehn Jahre lang gebunkert werden.

2. Einnahmenüberschussrechnung

2014

1 Name des Steuerpflichtigen bzw. der Gesellschaft/Gemeinschaft/Körperschaft

Anlage EÜR
Bitte für jeden Betrieb eine
gesonderte Anlage EÜR einreichen!

2 Vorname

3	(Betriebs-)Steuernummer				77	14	1
					99	15	

Einnahmenüberschussrechnung
nach § 4 Abs. 3 EStG für das Kalenderjahr 2014 Beginn   Ende

4   **davon abweichend** 131   2 0 1 4   132

5	Art des Betriebs	100	
6	Rechtsform des Betriebs		
7	Einkunftsart	103	Land- und Forstwirtschaft = 1, Gewerbebetrieb = 2, Selbständige Arbeit = 3
8	Betriebsinhaber	104	Stpfl./Ehemann/Lebenspartner(in) A = 1, Ehefrau/Lebenspartner(in) B = 2, Beide Ehegatten/Lebenspartner(innen) = 3
9	Wurde im Kalenderjahr/Wirtschaftsjahr der Betrieb veräußert oder aufgegeben? (Bitte Zeile 78 beachten)	111	Ja = 1
10	Wurden im Kalenderjahr/Wirtschaftsjahr Grundstücke/grundstücksgleiche Rechte entnommen oder veräußert?	120	Ja = 1 oder Nein = 2

1. Gewinnermittlung
Betriebseinnahmen   EUR   Ct   99   20

11	Betriebseinnahmen als umsatzsteuerlicher **Kleinunternehmer** (nach § 19 Abs. 1 UStG)	111	
12	davon nicht steuerbare Umsätze sowie Umsätze nach § 19 Abs. 3 Satz 1 Nr. 1 und 2 UStG	119	(weiter ab Zeile 17)
13	Betriebseinnahmen als **Land- und Forstwirt**, soweit die Durchschnittssatzbesteuerung nach § 24 UStG angewandt wird	104	
14	Umsatzsteuerpflichtige Betriebseinnahmen	112	
15	Umsatzsteuerfreie, nicht umsatzsteuerbare Betriebseinnahmen sowie Betriebseinnahmen, für die der Leistungsempfänger die Umsatzsteuer nach § 13b UStG schuldet	103	
16	Vereinnahmte Umsatzsteuer sowie Umsatzsteuer auf unentgeltliche Wertabgaben	140	
17	Vom Finanzamt erstattete und ggf. verrechnete Umsatzsteuer	141	
18	Veräußerung oder Entnahme von Anlagevermögen	102	
19	Private Kfz-Nutzung	106	
20	Sonstige Sach-, Nutzungs- und Leistungsentnahmen	108	
21	Auflösung von Rücklagen und Ausgleichsposten (Übertrag aus Zeile 88)		
22	**Summe Betriebseinnahmen** (Übertrag in Zeile 71)	159	

Betriebsausgaben   EUR   Ct   99   25

23	Betriebsausgabenpauschale für **bestimmte Berufsgruppen** und/oder Freibetrag nach § 3 Nr. 26, 26a und/oder 26b EStG	190	
24	Sachliche Bebauungskostenpauschale für **Weinbaubetriebe**/ Betriebsausgabenpauschale für **Forstwirte**	191	
25	Waren, Rohstoffe und Hilfsstoffe einschl. der Nebenkosten	100	
26	Bezogene Fremdleistungen	110	
27	Ausgaben für eigenes Personal (z. B. Gehälter, Löhne und Versicherungsbeiträge)	120	

Absetzung für Abnutzung (AfA)

28	AfA auf unbewegliche Wirtschaftsgüter (ohne AfA für das häusliche Arbeitszimmer)	136	
29	AfA auf immaterielle Wirtschaftsgüter (z. B. erworbene Firmen-, Geschäfts- oder Praxiswerte)	131	
30	AfA auf bewegliche Wirtschaftsgüter (z. B. Maschinen, Kfz)	130	
	Übertrag (Summe Zeilen 23 bis 30)		

2014AnlEÜR801   – Sept. 2014 –   2014AnlEÜR801

626   XIV. Gewerbliche und freiberufliche Einkünfte

(Betriebs-)Steuernummer

			EUR	Ct
	Übertrag (Summe Zeilen 23 bis 30)			
31	Sonderabschreibungen nach § 7g Abs. 5 und 6 EStG	134		
32	Herabsetzungsbeträge nach § 7g Abs. 2 EStG (Erläuterungen auf gesondertem Blatt)	138		
33	Aufwendungen für geringwertige Wirtschaftsgüter nach § 6 Abs. 2 EStG	132		
34	Auflösung Sammelposten nach § 6 Abs. 2a EStG	137		
35	Restbuchwert der ausgeschiedenen Anlagegüter	135		

Raumkosten und sonstige Grundstücksaufwendungen
(ohne häusliches Arbeitszimmer)

			EUR	Ct
36	Miete/Pacht für Geschäftsräume und betrieblich genutzte Grundstücke	150		
37	Aufwendungen für doppelte Haushaltsführung (z. B. Miete)	152		
38	Sonstige Aufwendungen für betrieblich genutzte Grundstücke (ohne Schuldzinsen und AfA)	151		

Sonstige unbeschränkt abziehbare Betriebsausgaben

			EUR	Ct
39	Aufwendungen für Telekommunikation (z. B. Telefon, Internet)	280		
40	Übernachtungs- und Reisenebenkosten bei Geschäftsreisen des Steuerpflichtigen	221		
41	Fortbildungskosten (ohne Reisekosten)	281		
42	Kosten für Rechts- und Steuerberatung, Buchführung	194		
43	Miete/Leasing für bewegliche Wirtschaftsgüter (ohne Kraftfahrzeuge)	222		
44	Beiträge, Gebühren, Abgaben und Versicherungen (ohne solche für Gebäude und Kraftfahrzeuge)	223		
45	Werbekosten (z. B. Inserate, Werbespots, Plakate)	224		
46	Schuldzinsen zur Finanzierung von Anschaffungs- und Herstellungskosten von Wirtschaftsgütern des Anlagevermögens (ohne häusliches Arbeitszimmer)	232		
47	Übrige Schuldzinsen	234		
48	Gezahlte Vorsteuerbeträge	185		
49	An das Finanzamt gezahlte und ggf. verrechnete Umsatzsteuer (Die Regelung zum 10-Tageszeitraum nach § 11 Abs. 2 Satz 2 EStG ist zu beachten.)	186		
50	Rücklagen, stille Reserven und/oder Ausgleichsposten (Übertrag aus Zeile 88)			
51	Übrige unbeschränkt abziehbare Betriebsausgaben	183		

Beschränkt abziehbare Betriebsausgaben und Gewerbesteuer	nicht abziehbar EUR	Ct	abziehbar EUR	Ct
52 Geschenke	164		174	
53 Bewirtungsaufwendungen	165		175	
54 Verpflegungsmehraufwendungen			171	
55 Aufwendungen für ein häusliches Arbeitszimmer (einschl. AfA und Schuldzinsen)	162		172	
56 Sonstige beschränkt abziehbare Betriebsausgaben	168		177	
57 Gewerbesteuer	217		218	

Kraftfahrzeugkosten und andere Fahrtkosten

			EUR	Ct
58	Leasingkosten	144		
59	Steuern, Versicherungen und Maut	145		
60	Sonstige tatsächliche Fahrtkosten ohne AfA und Zinsen (z. B. Reparaturen, Wartungen, Treibstoff, Kosten für Flugstrecken, Kosten für öffentliche Verkehrsmittel)	146		
61	Fahrtkosten für nicht zum Betriebsvermögen gehörende Fahrzeuge (Nutzungseinlage)	147		
62	Kraftfahrzeugkosten für Wege zwischen Wohnung und Betriebsstätte; Familienheimfahrten (pauschaliert oder tatsächlich)	142 –		
63	Mindestens abziehbare Kraftfahrzeugkosten für Wege zwischen Wohnung und Betriebsstätte (Entfernungspauschale); Familienheimfahrten	176 +		
64	**Summe Betriebsausgaben** (Übertrag in Zeile 72)	199		

2014AnlEÜR802   2014AnlEÜR802

2. Einnahmenüberschussrechnung

627

(Betriebs-)Steuernummer

Ermittlung des Gewinns

			EUR	Ct
71	Summe der Betriebseinnahmen (Übertrag aus Zeile 22)			
72	abzüglich Summe der Betriebsausgaben (Übertrag aus Zeile 64)	—		
	zuzüglich			
73	– Hinzurechnung der Investitionsabzugsbeträge nach § 7g Abs. 2 EStG aus 2011 (Erläuterungen auf gesondertem Blatt)	180 +		
74	– Hinzurechnung der Investitionsabzugsbeträge nach § 7g Abs. 2 EStG aus 2012 (Erläuterungen auf gesondertem Blatt)	181 +		
75	– Hinzurechnung der Investitionsabzugsbeträge nach § 7g Abs. 2 EStG aus 2013 (Erläuterungen auf gesondertem Blatt)	182 +		
76	– Gewinnzuschlag nach § 7g Abs. 7 und 10 EStG	123 +		
	abzüglich			
77	– Investitionsabzugsbeträge nach § 7g Abs. 1 EStG (Erläuterungen auf gesondertem Blatt)	187 —		
78	Hinzurechnungen und Abrechnungen bei Wechsel der Gewinnermittlungsart (Erläuterungen auf gesondertem Blatt)	250		
79	Ergebnisanteile aus Beteiligungen an Personengesellschaften	255		
80	Korrigierter Gewinn/Verlust	290		

			Gesamtbetrag		Korrekturbetrag	
81	Bereits berücksichtigte Beträge, für die das Teileinkünfteverfahren bzw. § 8b KStG gilt	261		262		
82	Steuerpflichtiger Gewinn/Verlust vor Anwendung des § 4 Abs. 4a EStG	293			
83	Hinzurechnungsbetrag nach § 4 Abs. 4a EStG	271 +			
84	**Steuerpflichtiger Gewinn/Verlust**	219			

2. Ergänzende Angaben

99 27

Rücklagen und stille Reserven
(Erläuterungen auf gesondertem Blatt)

			Bildung/Übertragung EUR	Ct		Auflösung EUR	Ct
85	Rücklagen nach § 6c i. V. m. § 6b EStG, R 6.6 EStR	187			120		
86	Übertragung von stillen Reserven nach § 6c i. V. m. § 6b EStG, R 6.6 EStR	170					
87	Ausgleichsposten nach § 4g EStG	191			125		
88	Gesamtsumme	190			124		
			(Übertrag in Zeile 50)			(Übertrag in Zeile 21)	

Rückgängigmachung von Investitionsabzugsbeträgen nach § 7g Abs. 3 und 4 EStG
(Erläuterungen jeweils auf gesondertem Blatt)

			EUR	Ct
89	– in 2011 abgezogen	180		
90	– in 2012 abgezogen	181		
91	– in 2013 abgezogen	182		

3. Zusätzliche Angaben bei Einzelunternehmen

99 29

Entnahmen und Einlagen i. S. d. § 4 Abs. 4a EStG

			EUR	Ct
92	Entnahmen einschl. Sach-, Leistungs- und Nutzungsentnahmen	122		
93	Einlagen einschl. Sach-, Leistungs- und Nutzungseinlagen	123		

2014AnlEÜR803   2014AnlEÜR803

Buchführungsunterlagen, die 2016 vernichtet werden können

Art der Unterlagen	Bücher und Aufzeichnungen	Inventare, Eröffnungs-bilanzen, Jahresab-schlüsse, Lageberichte	Arbeitsanwei-sungen, Organisations-unterlagen, Buchungsbelege	Handels-Geschäftsbriefe, sonstige Unter-lagen wie Lohnabrech-nungen, Preisverzeich-nisse, Kalkulations-unterlagen
Aus dem Jahr	letzte Eintragung 2005 oder früher	Aufstellung 2005 oder früher	2005 oder früher	2009 oder früher
Ausnahme	Unterlagen sind für Steuern von Bedeutung, für die die Festsetzungsfrist noch nicht abgelaufen ist. Das ist z. B. der Fall bei einer begonnenen und noch nicht abgeschlossenen Außenprüfung, bei vorläufigen Steuerfestset-zungen, anhängigen Ermittlungen, schwebenden Rechtsbehelfsverfahren und noch zu bearbeitenden Anträgen. In diesen Fällen besteht eine Auf-bewahrungspflicht.			

TRICK

So kassieren Sie Vorsteuer bei einem häuslichen Arbeitszimmer

909 Wenn Sie in der glücklichen Lage sind, Ihr Arbeitszimmer absetzen zu können, weil es entweder

- der Mittelpunkt Ihrer gesamten Tätigkeit ist,
- nicht büromäßig eingerichtet ist und als Lagerraum, Werkstatt etc. von vorn-herein nicht der Abzugsbeschränkung für Arbeitszimmer unterliegt
- oder nicht in Ihrem häuslichen Bereich liegt,

bekommen Sie Vorsteuern für Ihre Arbeitszimmerkosten. Zu den Lieferanten gehören unter anderem die Stadtwerke mit der Lieferung von Elektrizität, Gas und Wasser. Einmal im Jahr kommt die Jahresabrechnung, in der z. B. steht:

	Netto	Umsatzsteuer 19 %	Brutto
Gesamtkosten	654 €	124 €	778 €
Anteil Arbeitsz. z. B. 21 %	137 €	26 €	163 €

Also werden Sie 137 € als Betriebsausgaben absetzen und sich 26 € Vorsteuer vom Finanzamt erstatten lassen. Wichtig: Denken Sie daran, dass die Rechnung auf Sie als Unternehmer lauten muss, damit Sie in den Vorsteuergenuss kom-men.

TIPP

für Steuerberatungskosten

Ihre Steuerberatungskosten können Sie als Betriebsausgaben absetzen, wenn sie für Betriebskosten, Buchhaltung etc. anfallen. Der Vorteil liegt auf der Hand: Sie können die Vorsteuer aus dem Rechnungsbetrag geltend machen und als Gewerbetreibender zudem Gewerbesteuer sparen. 910

Schuldzinsen als Betriebsausgaben 911
Schuldzinsen können Sie als Betriebsausgaben abziehen, wenn sie durch betriebliche Vorgänge veranlasst sind. Das ist vor allem dann der Fall, wenn Sie mit den Krediten betriebliche Investitionen bezahlt haben oder laufende Betriebsausgaben, wie Löhne, Lieferantenrechnungen oder Betriebssteuern. Dabei ist unerheblich, ob es sich um langfristige Kredite handelt oder um kurzfristige wie Kontokorrente. Der Betriebsausgabenabzug für Zinsen ist auch möglich, wenn Sie z.B. teure Kredite, wie etwa Kontokorrentkredite, durch zinsgünstigere langfristige Kredite ablösen.

Sie müssen peinlich darauf achten, dass Sie betriebliche Konten nicht durch private Ausgaben ins Minus bringen oder ein schon bestehendes Minus weiter erhöhen. Ihren Lebensunterhalt oder andere private Ausgaben sollten Sie immer nur dann vom Betriebskonto bestreiten, wenn dieses im Plus ist.

Wollen Sie eine größere private Investition tätigen und benötigen dafür auch Geld aus dem Betrieb, hilft Ihnen der Kniff mit dem *Zwei-Konten-Modell:* Sie richten für den Betrieb zwei separate Kontokorrentkonten ein. Auf ein Konto laufen eine Weile lang alle Einnahmen und bleiben dort stehen. Von dem anderen Konto werden nur Betriebsausgaben beglichen. Ist auf dem Einnahmenkonto genug Geld, können Sie es entnehmen. Im nächsten Schritt finanzieren Sie nur das Ausgabenkonto um, z.B. durch einen langfristigen Kredit. Auf diese Weise haben Sie den an sich im Privatbereich benötigten Kredit völlig legal in den Betrieb verlagert. Die daraus resultierenden Schuldzinsen hängen ja formal mit Betriebsausgaben zusammen und können gewinnmindernd abgezogen werden.

Allerdings hat der Fiskus zwei Fallstricke ausgelegt, mit denen er Ihnen den Betriebsausgabenabzug für die Schuldzinsen streitig machen will:
- die Überentnahmen und
- die Zinsschranke.

Überentnahmen 912
Für eine sog. Überentnahme – das ist eine Entnahme, deren Betrag die Summe aus Gewinn und Einlagen des Wirtschaftsjahrs übersteigt – werden fiktive

Schuldzinsen von 6 % als Hinzurechnung zum Gewinn angesetzt (§ 4 Abs. 4 a EStG). Dabei bleiben Entnahmen und Einlagen, die in den letzten drei Monaten eines Wirtschaftsjahrs getätigt wurden, unberücksichtigt, soweit sie in der Summe in den ersten drei Monaten des Folgejahrs rückgängig gemacht werden (§ 4 Abs.4 a Sätze 2 und 3 EStG). Die Überentnahme, auch die der Vorjahre, gekürzt um die Beträge, die in den Vorjahren als Gewinn und Einlagen über die Entnahmen hinausgingen (sog. Unterentnahmen), werden wegen einer unterstellten privaten Verursachung mit 6 % als nicht abziehbare Schuldzinsen angesetzt.

Wichtig: Der Hinzurechnungsbetrag an fiktiven Schuldzinsen darf höchstens die im Wirtschaftsjahr tatsächlich angefallenen Schuldzinsen abzgl. 2.050 € ausmachen. Dabei bleiben Schuldzinsen für Darlehen zur Finanzierung von Anschaffungs- oder Herstellungskosten von Wirtschaftsgütern des Anlagevermögens außer Ansatz. Damit Sie verstehen, welche Tücken der Fiskus hier bereithält, ein

Beispiel
Der Einzelunternehmer A hat in 2015 Entnahmen in Höhe von 150.000 € und Einlagen in Höhe von 50.000 € getätigt. Für das Wirtschaftsjahr 2015 ist ein Gewinn in Höhe von 50.000 € angefallen. Aus der Buchführung ergibt sich, dass die Schuldzinsen, die nicht auf Anschaffungs- oder Herstellungskosten von Wirtschaftsgütern des Anlagevermögens entfallen, 3.000 € betragen haben.

Für 2015 ergibt sich folgende Überentnahme

Einlagen	50.000 €
Gewinn	50.000 €
Zwischensumme	100.000 €
Entnahmen	− 150.000 €
Überentnahme	50.000 €
Fiktive Schuldzinsen auf die Überentnahme (6 % v. 50.000 €)	3.000 €
Tatsächliche Schuldzinsen ohne Berücksichtigung der Zinsen für Anschaffungs- oder Herstellungskredite im Anlagebereich	3.000 €
Unschädlicher Betrag	− 2.050 €
Höchstbetrag für den Ansatz nicht abziehbarer Betriebsausgaben	950 €

Die fiktiven Schuldzinsen aufgrund der Überentnahme sind mit dem Höchstbetrag von 950 € dem Gewinn des Jahres 2015 außerhalb der Steuerbilanz hinzuzurechnen. Ermitteln Sie Ihren Gewinn durch Einnahmeüberschussrechnung, gelten die Regelungen entsprechend (§ 4 Abs. 4 a Satz 7 EStG). Dafür sind Entnahmen und Einlagen gesondert aufzuzeichnen und in der Anlage EÜR auszuweisen.

Für private Einkünfte, insbesondere für Vermietungseinkünfte, sind die Grundsätze des § 4 Abs. 4 a EStG nicht anzuwenden (vgl. § 9 Abs. 5 EStG). Mieteinnahmen müssen demnach nicht vorrangig für die Tilgung von Schulden eingesetzt werden, sondern können bei entsprechender kontenmäßiger Trennung für private Zwecke verwendet werden.

Sie können sich also wieder Ihre Segeljacht finanzieren, indem Sie zwei separate Konten für Einnahmen und Ausgaben führen!

Allerdings hat der Staat auch den ernsthaften Willen zum Sparen verloren. Man könnte in allen Bereichen sparen, besonders im Verwaltungsbereich. Die Staatsverwaltung könnte halbiert werden ...
(Der Präsident des Landesrechnungshofs Sachsen-Anhalt)

Zinsschranke 913
Mit der Zinsschranke verbietet der Fiskus grundsätzlich den Abzug von Finanzierungskosten, wie z.B. Zinsen, als Betriebsausgaben. Von diesem Abzugsverbot gibt es allerdings eine Vielzahl von Ausnahmen.

Das Abzugsverbot greift in jedem Fall erst, wenn die Zinsen im laufenden Jahr höher sind als 3 Mio €.

Sie sehen, als Otto Normalunternehmer können Sie die Zinsschranke ruhig vergessen.

TRICK

Mindern Sie Ihren Gewinn durch Vorauszahlungen!

Als Freiberufler mit Einnahmeüberschussrechnung können Sie den Gewinn für 914 das ablaufende Jahr mindern, indem Sie z.B. die Praxismiete für einige Monate des nächsten Jahres im Voraus zahlen. So könnten Sie die Miete für die Monate Januar bis Juni des nächsten Jahres von angenommen 6 × 2.500 € = 15.000 € am 28.12. bezahlen. Folge: Die Miete für Februar bis Juni mindert den Gewinn des ablaufenden Jahres um 12.500 €. Lediglich die Miete für Januar rechnet nach einer Sonderregelung in § 11 EStG zum neuen Jahr. Die Mietvorauszahlung ist kein Missbrauch nach § 42 AO, weil Sie nur die technischen Möglichkeiten des § 11 EStG ausnutzen. Und das ist ganz legal!

TIPP
für Ihre Buchhaltung

915 Besonders für Jungunternehmer und in Finanznöten zitternde kleine Geschäftsleute, die sich keinen Steuerberater leisten können, ist nicht so sehr das fachliche Wissen das Problem als vielmehr die lästige Buchführung.

Da trifft es sich gut, dass Sie Profihilfe in Form kaufmännischer Computerprogramme in Anspruch nehmen können, die passgenau auf Selbständige sowie kleinere und mittlere Unternehmen zugeschnitten sind. So ein Programm erleichtert Ihnen das Rechnungswesen spürbar. Und schützt vor unnötigen Verlusten: Mangelhafte Buchführung und ein entsprechend schlechtes Mahnwesen führen dazu, dass jedes vierte Unternehmen mehr als ein Prozent seines Jahresumsatzes verliert.

TRICK
Machen Sie mal eine Steuerpause!

916 Wenn Sie als Gewerbetreibender auf den 31.12. bilanzieren und außerdem im Handelsregister eingetragen sind, wählen Sie einfach ein vom Kalenderjahr abweichendes Wirtschaftsjahr, und schon können Sie eine Steuerpause einlegen. Das funktioniert so: Der Bilanzgewinn wird immer in dem Kalenderjahr versteuert, in dem das Wirtschaftsjahr endet, also der Gewinn aus der Bilanz 31.12.2015 im Jahr 2015. Wenn Sie ein abweichendes Wirtschaftsjahr wählen, z.B. vom 1.4. zum 31.3., müssen Sie nach dem 31.12. ein Rumpfwirtschaftsjahr einschieben – in diesem Fall vom 1.1. bis zum 31.3. Also versteuern Sie in dem einen Jahr nur den Gewinn von drei Monaten. Das bewirkt ein Hinausschieben der Steuerzahlung. Die Umstellung kann zwar nur im Einvernehmen mit dem Finanzamt vorgenommen werden, aber dieses muss seine Zustimmung erteilen, wenn Sie triftige betriebliche Gründe vorbringen, z.B. Inventurschwierigkeiten am Jahresende durch Hochsaison in Ihrer Branche oder einfach witterungsbedingte Schwierigkeiten.

Übrigens: Vor 100 Jahren noch waren die Steuern so niedrig, dass viele höhere Einkünfte angaben, als sie hatten – nur um wegen der höheren Zahlung von ihren Mitbürgern besser angesehen zu sein. Mein Gott, waren das Zeiten!

»Was ist das? Drei in einem Raum, aber nur einer arbeitet?
Ganz klar: zwei Beamte und ein Ventilator.«
Solche Witze kommen nicht von ungefähr: Nach dem Urteil von Wirtschaftsexperten beträgt
die Produktivität der Behörden nur 20 % gegenüber der der Wirtschaft.

3. Reisekosten

a) Inlandsreisen

Wenn Sie sich aus betrieblichen Gründen außerhalb Ihres Betriebs aufhalten, befinden Sie sich steuerlich gesehen auf einer *Geschäftsreise*.
Verpflegungsmehraufwendungen können nur mit Pauschalen berücksichtigt werden.

Tagespauschsätze 2015 für Verpflegungsmehraufwand im Inland

Abwesenheit: mindestens	Pauschale
8 Stunden	12 €
24 Stunden	24 €

Die kleine Pauschale von 6 €, die es bis 2013 gab, ist entfallen. Für eintägige Geschäftsreisen gibt es jetzt nur noch die 12-€-Pauschale, die aber bereits bei mehr als 8 statt wie bisher erst ab 14 Stunden Abwesenheit.

TRICK

für selbständig tätige Handwerker

Sind Sie als selbständiger Maler-, Elektro- oder Maurermeister auf Baustellen außerhalb Ihres Betriebs tätig, können Sie ohne Einschränkung den Verpflegungsmehraufwand nach den für Geschäftsreisen geltenden Grundsätzen als Betriebsausgaben abziehen – auch wenn die Rückkehr stets am selben Tag erfolgt (BFH-Urt. v. 13.11.1987 – BStBl 1988 II S. 428). Wie weit die Baustelle von Ihrer Wohnung oder Ihrem Betrieb entfernt liegt, spielt bei Ihnen als Unternehmer ebenso wenig eine Rolle wie bei einem Arbeitnehmer.

Die Dreimonatsfrist

Reisen Sie mehr als drei Monate lang zur selben auswärtigen Tätigkeitsstätte, ist ab dem vierten Monat kein Abzug von Verpflegungskosten als Betriebsausgaben möglich. Dabei müssen Sie berücksichtigen, dass Unterbrechungen der Tätigkeit, ob wegen Urlaub oder Krankheit, nicht zum Neubeginn der Dreimonatsfrist führen. Auch Unterbrechungen wegen anderweitiger geschäftlicher Verpflichtungen setzen erst dann eine neue Dreimonatsfrist in Gang, wenn sie mindestens vier Wochen dauern.

Die Dreimonatsfrist gilt nicht für Fahrt-, Übernachtungs- und etwaige Reisenebenkosten (➤ Rz 227).

TRICK

Nehmen Sie für betriebliche Fahrten den Privat-Pkw Ihres Ehepartners!

919 Für betriebliche Fahrten mit privatem Pkw können Sie nämlich 0,30 € je gefahrenen Kilometer absetzen.

920 b) Auslandsreisen

Führt Sie Ihre Reise ins Ausland, können Sie je nach Reiseland und Reisedauer gestaffelte Pauschbeträge für Verpflegungsmehraufwendungen beanspruchen. Die Möglichkeit, die tatsächlichen Verpflegungskosten abzusetzen, gibt es leider nicht.

Die Auslandspauschbeträge für Verpflegung gelten ohne Nachweis sowohl für Dienstreisen ins Ausland als auch für den Fall, dass Sie dort aus beruflichen Gründen einen doppelten Haushalt führen.

Damit Sie bei der Anwendung der Auslandspauschale auf keinen Fall Geld verschenken, müssen Sie Folgendes wissen:

- Führt Sie Ihre Reise vom Inland ins Ausland, sind die Verpflegungspauschalen des Ortes maßgebend, den Sie vor Mitternacht zuletzt erreicht haben.

- Für eintägige Auslandsreisen beanspruchen Sie immer die Pauschale für Ihr ausländisches Reiseziel, egal, wie lange Sie sich dort aufhalten. Angenommen, Sie fahren von Kassel nach Amsterdam zu einem Kunden. Fünf Stunden Hinfahrt, eine Stunde Aufenthalt und fünf Stunden Rückfahrt läppern sich zu immerhin elf Stunden zusammen. Obwohl Sie den größten Teil Ihrer Dienstreise im Inland verbracht haben, kassieren Sie statt der Inlandspauschale von 12 € (Abwesenheit mehr als 8 Stunden) die etwas höhere Auslandspauschale für die Niederlande von 14 €.

- Für den Rückreisetag aus dem Ausland steht Ihnen immer die Pauschale Ihres letzten ausländischen Tätigkeitsorts zu. Das gilt selbst dann, wenn Sie den Rückreisetag komplett im Inland verbringen. Angenommen, Sie fahren von einer mehrtägigen Dienstreise nach Spanien mit dem Auto zurück nach Berlin. Am vorletzten Reisetag übernachten Sie in einem Hotel in Trier und kommen am nächsten Tag um 18.00 Uhr zu Hause an. Obwohl Sie den gesamten letzten Reisetag im Inland verbracht haben, beanspruchen Sie die Pauschale für Spanien in Höhe von 24 € (Abwesenheit mehr als 8 Stunden) und damit doppelt so viel wie die Inlandspauschale von 12 €.

3. Reisekosten 635

Achtung: Es gibt keine Übernachtungspauschalen bei Auslandsreisen. **Sie müssen also unbedingt Belege sammeln.** Von dieser Regelung nicht betroffen ist die Erstattung von Übernachtungskosten durch den Arbeitgeber. Der kann die zum Teil sehr hohen Beträge ohne Nachweis pauschal steuerfrei erstatten.

Übersicht über die seit 1. Januar 2015 geltenden Pauschbeträge für Verpflegungsmehraufwendungen und Übernachtungskosten im Ausland (Änderungen gegenüber 1. Januar 2014 – BStBl I 2013 Seite 1467 – in Fettdruck)

Land	Pauschbeträge für Verpflegungsmehraufwendungen		Pauschbetrag für Übernachtungskosten
	bei einer Abwesenheitsdauer von mindestens 24 Stunden je Kalendertag	für den An- und Abreisetag sowie bei einer Abwesenheitsdauer von mehr als 8 Stunden je Kalendertag	
	€	€	€
Afghanistan	30	20	95
Ägypten	40	27	113
Äthiopien	**27**	**18**	**86**
Äquatorialguinea	50	33	226
Albanien	23	16	110
Algerien	39	26	190
Andorra	32	21	82
Angola	77	52	265
Antigua und Barbuda	53	36	117
Argentinien	**34**	**23**	**144**
Armenien	**23**	16	**63**
Aserbaidschan	40	27	120
Australien			
– Canberra	58	39	158
– Sydney	59	40	186
– im Übrigen	56	37	133
Bahrain	36	24	70
Bangladesch	30	20	**111**
Barbados	58	39	179
Belgien	41	28	135
Benin	**40**	**27**	**101**
Bolivien	24	16	70

XIV. Gewerbliche und freiberufliche Einkünfte

| Land | Pauschbeträge für Verpflegungsmehraufwendungen | | Pauschbetrag für Übernachtungskosten |
| | bei einer Abwesenheitsdauer von mindestens 24 Stunden je Kalendertag | für den An- und Abreisetag sowie bei einer Abwesenheitsdauer von mehr als 8 Stunden je Kalendertag | |
	€	€	€
Bosnien und Herzegowina	**18**	**12**	**73**
Botsuana	33	22	105
Brasilien			
– Brasilia	53	36	160
– Rio de Janeiro	47	32	145
– Sao Paulo	53	36	120
– im Übrigen	54	36	110
Brunei	**48**	**32**	**106**
Bulgarien	22	15	**90**
Burkina Faso	**44**	**29**	**84**
Burundi	47	32	98
Chile	40	27	130
China			
– Chengdu	32	21	85
– Hongkong	62	41	170
– Peking	39	26	115
– Shanghai	42	28	140
– im Übrigen	33	22	80
Costa Rica	36	24	69
Côte d'Ivoire	**51**	**34**	**146**
Dänemark	60	40	150
Dominica	40	27	94
Dominikanische Republik	**40**	**27**	**71**
Dschibuti	48	32	160
Ecuador	39	26	55
El Salvador	46	31	75
Eritrea	30	20	58
Estland	27	18	71
Fidschi	32	21	57
Finnland	39	26	136

3. Reisekosten

Land	Pauschbeträge für Verpflegungs-mehraufwendungen		Pauschbetrag für Übernachtungs-kosten
	bei einer Abwesenheits-dauer von mindestens 24 Stunden je Kalendertag	für den An- und Abreisetag sowie bei einer Abwesenheits-dauer von mehr als 8 Stunden je Kalendertag	
	€	€	€
Frankreich			
– Lyon	53	36	83
– Marseille	51	34	86
– Paris[1]	58	39	135
– Straßburg	48	32	89
– im Übrigen	44	29	81
Gabun	**62**	**41**	**278**
Gambia	18	12	70
Georgien	30	20	80
Ghana	**46**	**31**	**174**
Grenada	**51**	**34**	**121**
Griechenland			
– Athen	57	38	125
– im Übrigen	42	28	132
Guatemala	28	19	96
Guinea	38	25	110
Guinea-Bissau	30	20	60
Guyana	41	28	81
Haiti	50	33	111
Honduras	**44**	**29**	**104**
Indien			
– Chennai	30	20	135
– Kalkutta	33	22	120
– Mumbai	35	24	150
– Neu Delhi	35	24	130
– im Übrigen	30	20	120
Indonesien	**38**	**25**	**130**
Iran	28	19	84
Irland	42	28	90

1) sowie die Departements 92 (Haute-de-Seine), 93 (Seine-Saint-Denis) und 94 (Val-de-Marne)

638 XIV. Gewerbliche und freiberufliche Einkünfte

Land	Pauschbeträge für Verpflegungsmehraufwendungen		Pauschbetrag für Übernachtungskosten
	bei einer Abwesenheitsdauer von mindestens 24 Stunden je Kalendertag	für den An- und Abreisetag sowie bei einer Abwesenheitsdauer von mehr als 8 Stunden je Kalendertag	
	€	€	€
Island	**47**	**32**	**108**
Israel	59	40	175
Italien			
– Rom	52	35	160
– im Übrigen	34	23	126
Jamaika	54	36	135
Japan			
– Tokio	53	36	153
– im Übrigen	51	34	156
Jemen	24	16	95
Jordanien	36	24	85
Kambodscha	36	24	85
Kamerun	40	27	130
Kanada			
– Ottawa	36	24	105
– Toronto	41	28	135
– Vancouver	36	24	125
– im Übrigen	36	24	100
Kap Verde	30	20	55
Kasachstan	39	26	109
Katar	56	37	170
Kenia	35	24	135
Kirgisistan	**29**	**20**	**91**
Kolumbien	41	28	126
Kongo, Republik	57	38	113
Kongo, Demokratische Republik	60	40	155
Korea, Demokratische Volksrepublik	66	44	180
Korea, Republik	66	44	180

3. Reisekosten

Land	Pauschbeträge für Verpflegungsmehraufwendungen		Pauschbetrag für Übernachtungskosten
	bei einer Abwesenheitsdauer von mindestens 24 Stunden je Kalendertag	für den An- und Abreisetag sowie bei einer Abwesenheitsdauer von mehr als 8 Stunden je Kalendertag	
	€	€	€
Kosovo	26	17	65
Kroatien	**28**	**19**	**75**
Kuba	50	33	85
Kuwait	42	28	130
Laos	33	22	67
Lesotho	24	16	70
Lettland	30	20	80
Libanon	44	29	120
Libyen	45	30	100
Liechtenstein	47	32	82
Litauen	**24**	**16**	**68**
Luxemburg	47	32	102
Madagaskar	38	25	83
Malawi	39	26	110
Malaysia	36	24	100
Malediven	38	25	93
Mali	**41**	**28**	**122**
Malta	**45**	**30**	**112**
Marokko	42	28	105
Marshall Inseln	63	42	70
Mauretanien	48	32	89
Mauritius	48	32	140
Mazedonien	24	16	95
Mexiko	**41**	**28**	**141**
Mikronesien	56	37	74
Moldau, Republik	18	12	100
Monaco	41	28	52
Mongolei	29	20	84
Montenegro	29	20	95
Mosambik	42	28	147

Land	Pauschbeträge für Verpflegungs- mehraufwendungen		Pauschbetrag für Übernachtungs- kosten
	bei einer Abwesenheits- dauer von mindestens 24 Stunden je Kalendertag	für den An- und Abreisetag sowie bei einer Abwesenheits- dauer von mehr als 8 Stunden je Kalendertag	
	€	€	€
Myanmar	46	31	45
Namibia	23	16	77
Nepal	28	19	86
Neuseeland	47	32	98
Nicaragua	30	20	100
Niederlande	46	31	119
Niger	36	24	70
Nigeria	63	42	255
Norwegen	64	43	182
Österreich	36	24	104
Oman	48	32	120
Pakistan			
– Islamabad	30	20	165
– im Übrigen	27	18	68
Palau	51	34	166
Panama	34	23	101
Papua-Neuguinea	36	24	90
Paraguay	36	24	61
Peru	30	20	93
Philippinen	30	20	107
Polen			
– Breslau	33	22	92
– Danzig	29	20	77
– Krakau	28	19	88
– Warschau	30	20	105
– im Übrigen	27	18	50
Portugal	36	24	92
Ruanda	36	24	135
Rumänien			
– Bukarest	26	17	100

3. Reisekosten

Land	Pauschbeträge für Verpflegungsmehraufwendungen		Pauschbetrag für Übernachtungskosten
	bei einer Abwesenheitsdauer von mindestens 24 Stunden je Kalendertag	für den An- und Abreisetag sowie bei einer Abwesenheitsdauer von mehr als 8 Stunden je Kalendertag	
	€	€	€
– im Übrigen	27	18	80
Russische Föderation			
– Moskau	**30**	**20**	**118**
– St. Petersburg	**24**	**16**	**104**
– im Übrigen	**21**	**14**	**78**
Sambia	36	24	95
Samoa	29	20	57
São Tomé – Príncipe	42	28	75
San Marino	41	28	77
Saudi-Arabien			
– Djidda	48	32	80
– Riad	48	32	95
– im Übrigen	47	32	80
Schweden	72	48	165
Schweiz			
– Genf	62	41	174
i– m Übrigen	48	32	139
Senegal	**47**	**32**	**125**
Serbien	30	20	90
Sierra Leone	39	26	82
Simbabwe	45	30	103
Singapur	53	36	188
Slowakische Republik	24	16	130
Slowenien	30	20	95
Spanien			
– Barcelona	32	21	118
– Kanarische Inseln	32	21	98
– Madrid	41	28	113
– Palma de Mallorca	32	21	110

XIV. Gewerbliche und freiberufliche Einkünfte

Land	Pauschbeträge für Verpflegungsmehraufwendungen		Pauschbetrag für Übernachtungskosten
	bei einer Abwesenheitsdauer von mindestens 24 Stunden je Kalendertag	für den An- und Abreisetag sowie bei einer Abwesenheitsdauer von mehr als 8 Stunden je Kalendertag	
	€	€	€
– im Übrigen	29	20	88
Sri Lanka	40	27	118
St. Kitts und Nevis	45	30	99
St. Lucia	54	36	129
St. Vincent und die Grenadinen	**52**	**35**	**121**
Sudan	35	24	115
Südafrika			
– Kapstadt	38	25	94
– im Übrigen	36	24	72
Südsudan	**53**	**36**	**114**
Suriname	30	20	**108**
Syrien	38	25	140
Tadschikistan	26	17	67
Taiwan	39	26	110
Tansania	40	27	141
Thailand	32	21	120
Togo	**35**	**24**	**108**
Tonga	32	21	36
Trinidad und Tobago	54	36	164
Tschad	47	32	151
Tschechische Republik	24	16	97
Türkei			
– Istanbul	35	24	92
– Izmir	42	28	80
– im Übrigen	40	27	78
Tunesien	33	22	80
Turkmenistan	33	22	108
Uganda	**35**	**24**	**129**
Ukraine	36	24	85

3. Reisekosten   643

Land	Pauschbeträge für Verpflegungsmehraufwendungen		Pauschbetrag für Übernachtungskosten
	bei einer Abwesenheitsdauer von mindestens 24 Stunden je Kalendertag	für den An- und Abreisetag sowie bei einer Abwesenheitsdauer von mehr als 8 Stunden je Kalendertag	
	€	€	€
Ungarn	30	20	75
Uruguay	44	29	109
Usbekistan	34	23	123
Vatikanstaat	52	35	160
Venezuela	48	32	207
Vereinigte Arabische Emirate	**45**	**30**	**155**
Vereinigte Staaten von Amerika			
– Atlanta	57	38	122
– Boston	48	32	206
– Chicago	48	32	130
– Houston	57	38	136
– Los Angeles	48	32	153
– Miami	57	38	102
– New York City	48	32	215
– San Francisco	48	32	110
– Washington, D. C.	57	38	205
– im Übrigen	48	32	102
Vereinigtes Königreich von Großbritannien und Nordirland			
– London	57	38	160
– im Übrigen	42	28	119
Vietnam	38	25	86
Weißrussland	27	18	109
Zentralafrikanische Republik	29	20	52
Zypern	39	26	90

TIPP

Übernachtung im Ausland nur mit Beleg!

921 Wie für Arbeitnehmer gilt auch für Selbständige, dass Übernachtungskosten bei Auslandsgeschäftsreisen nur bei Vorlage entsprechender Belege als Betriebsausgaben abgezogen werden können. Lassen Sie sich daher unbedingt eine Rechnung über Ihre Hotelkosten bzw. über die Miete für Ihre Bleibe ausstellen.

Beachten Sie, dass Ihnen der Fiskus von den Hotelkosten in der Regel 20 % Verpflegungspauschale für das Frühstück abzieht. Da in vielen ausländischen Hotels das Frühstück extra berechnet wird, erfolgt keine Kürzung, wenn Sie belegen können, dass die Hotelrechnung kein Frühstück beinhaltet. Wenn sich das nicht schon unmittelbar aus der Rechnung ergibt, akzeptieren viele Finanzämter inzwischen auch, wenn Sie selbst einen handschriftlichen Vermerk, z.B. »Übernachtung ohne Frühstück«, anbringen.

922 **Aufgepasst bei Gruppenreisen und Reisen zu Kongressen!** Hatten Sie für Ihre Reisen ins Ausland jeweils einen unmittelbaren betrieblichen Anlass, seien es Besprechungen mit Geschäftsfreunden, Wareneinkäufe o.Ä., gehen sie beim Fiskus anstandslos durch. Anders hingegen allgemeine Informationsreisen, für die nur ein mittelbarer betrieblicher Anlass vorliegt. Hier setzt der Fiskalritter gern seinen Rotstift an, wenn er feststellt, dass Sie dabei auch privaten Interessen nachgegangen sind. Sie benötigen also Unterlagen, mit denen Sie nachweisen können, dass bei der Reise eindeutig berufliche Aspekte im Vordergrund standen und evtl. private Aspekte von untergeordneter Bedeutung waren. Der BFH lässt aber eine Aufteilung in berufliche und private Kosten zu (BFH v. 21.9.2009 – GrS 1/06, BFH/NV 2010 S.285). Sie müssen es also nicht hinnehmen, dass man Ihnen wegen einiger privater Kosten bei der Reise die gesamten Aufwendungen streicht. Legen Sie ggf. Einspruch ein und weisen das Finanzamt auf die Urteile in der Sache hin, mit denen der BFH zur Jagd auf die Streichgelüste des Fiskus geblasen hat (BFH v. 21.4.2010 – VI R 5/07, DB 2010 S.12 und VI R 66/04, DB 2010 S.1328).

Wichtig zu wissen: Bei Tagungen und Fachkongressen sollten Sie sich vom Tagungsleiter per Stempel und Unterschrift an jedem Tag Ihre Teilnahme testieren lassen. Alternativ heben Sie Ihre Aufzeichnungen aus den Veranstaltungen als Nachweis Ihrer Anwesenheit auf (FG des Saarlandes v. 14.7.1992 – EFG 1992 S.727; BFH-Urt. v. 13.2.1980 – BStBl 1980 II S.386). Lassen Sie sich vom Veranstalter außerdem eine schriftliche Garantie geben, dass die Reisekosten steuerlich absetzbar sind.

GUTER RAT

Abrechnungen über Geschäftsreisen müssen tipptopp sein. Führen Sie selbst **923** kleinere Beträge auf, denn Kleinvieh macht auch Mist. Längere Geschäftsreisen sollten Sie einzeln und ggf. monatlich abrechnen. Kleben Sie der Übersichtlichkeit halber kleine Belege auf größere und heften Sie, wenn Kopiergerät zur Hand, die entsprechende Seite aus dem Fahrtenbuch gleich als Kopie mit an. Wenn Sie so vorgehen, kann der Prüfer ruhig kommen: Das Thema Reisekosten können Sie als erledigt abhaken.

Wenn Sie häufig aus betrieblichen Gründen im Ausland sind, sollten Sie sich **924** unbedingt die dort gezahlte Umsatzsteuer zurückholen. Hierfür benötigen Sie eine Bescheinigung des deutschen Finanzamts, dass Sie umsatzsteuerlich erfasst sind, und die Rechnungen. (Der Europäische Gerichtshof hat entschieden, dass Kopien für eine Vorsteuererstattung ausreichen, wenn die Originalrechnungen nicht mehr vorliegen – EuGH, Urteil v. 11.6.1996, C-361/96.) Reichen Sie den Antrag beim ausländischen Fiskus ein und beachten Sie dabei die engen Fristen. Weitere Informationen bekommen Sie beim Bundeszentralamt für Steuern in Bonn.

Wichtig: Sie können Vorsteuern aus Fahrtkosten mit öffentlichen Verkehrsmit- **925** teln sowie aus Übernachtungskosten ziehen, sofern Sie ordnungsgemäße Rechnungen vorlegen können. Aus den Verpflegungspauschalen ist jedoch kein Vorsteuerabzug zulässig (vgl. dazu BFH v. 23.11.2000 – BStBl 2001 II S. 266, und BMF v. 28.3.2001 – BStBl 2001 I S. 251).

4. Bewirtungskosten

Lassen Sie sich bei der nächsten Betriebsprüfung nicht in Verlegenheit bringen, **926** wenn Ihre Bewirtungskosten geprüft werden.

Kosten zur Bewirtung von Geschäftsfreunden in Ihrer Wohnung brauchen Sie erst gar nicht aufzuführen, die sind nämlich nicht abzugsfähig – es sei denn, Sie können nachweisen, dass gesundheitliche Gründe oder Gründe der Geheimhaltung die Besprechung und Bewirtung in Ihrer Wohnung erforderlich gemacht haben (weshalb Sie Krankheitsnachweise immer gut aufheben sollten!).

Zwar müssen Sie Bewirtungskosten nicht mehr auf amtlich vorgeschriebenem Vordruck nachweisen (§ 4 Abs. 5 Nr. 2 EStG), da selbst die Finanzbürokraten im Lauf der Jahre gemerkt haben, dass sich die wichtigsten Daten schon aus der Rechnung der Gaststätte ergeben, dafür wollen sie sie Ihnen nur noch anerkennen, wenn Sie eine ihnen genehme Rechnung vorlegen können (BMF-Schreiben v. 21.11.1994 – BStBl 1994 I S. 895). Damit Sie ihnen nicht in die Nachweisfalle tappen, müssen Sie darauf achten, dass die Gaststättenrechnung folgende Angaben enthält:

- Namen und Adresse der Gaststätte,
- Ihren Namen und Adresse, außer bei Rechnungen bis 100 €,
- eine haarkleine Aufschlüsselung aller verzehrten Speisen und Getränke mit den jeweiligen Preisen. Die Angabe »Speisen und Getränke« allein reicht nicht aus, möglich sind aber Bezeichnungen wie »Menü 3«, »Tagesgericht« oder »Lunch-Buffet«,
- Ort und Zeitpunkt der Bewirtung,
- Name und Adresse aller bewirteten Personen einschließlich Ihnen,
- den Gesamtrechnungsbetrag,
- die gesondert ausgewiesene Umsatzsteuer.
- Trinkgelder müssen ebenfalls gesondert nachgewiesen werden. Zahlen Sie mit Plastikgeld, reicht es aus, wenn Sie die entsprechende Trinkgeldzeile auf dem Zahlungsbeleg ausfüllen. Ansonsten muss das Trinkgeld handschriftlich nachgetragen und vom Kellner durch seine Unterschrift bestätigt werden!

Zudem sollen nur noch Quittungen aus einer maschinellen oder elektronischen Registrierkasse anerkannt werden.

Wenn Gaststättenbelege mal nicht so optimal oder abhanden gekommen sind, müssen Sie die Flinte nicht ins Korn werfen. Erstellen Sie einen Eigenbeleg mit Angaben über Ort, Tag, Teilnehmer und Höhe der Aufwendungen. Zusammen mit einer Kreditkartenabrechnung über die Bewirtung reicht das zumindest dem Finanzgericht Düsseldorf als ausreichender Nachweis Ihrer Bewirtungskosten (FG Düsseldorf v. 7.12.2009 – 11 K 1093/07 E, EFG 2010 S.633).

Findet die Bewirtung nicht in einer Gaststätte statt, sondern z.B. bei Ihnen im Betrieb, müssen Sie einen Eigenbeleg anfertigen.

927 **Jetzt kommt der Hammer: Aufwendungen für die Bewirtung von Personen aus *geschäftlichem* Anlass dürfen nur zu 70 % den Gewinn mindern (§ 4 Abs. 5 Nr. 2 EStG), sind also nur zu 70 % abzugsfähig.**

In diese Abzugsfalle tappen Sie auch, wenn Sie als Unternehmen Schulungsveranstaltungen z.B. für Reisende oder Handelsvertreter durchführen und diese während der Schulung bewirten. Schon zieht Ihnen der Fiskus mit gierigem Federstrich 30 % der Betriebsausgaben ab (BFH v. 18.9.2007 – 2008 II S.116). Mit diesen Kürzungsgelüsten ist aber sofort Schluss, wenn die Teinehmer für die Schulung etwas bezahlen müssen. In diesem Fall gehört die Bewirtung genauso zum Leistungsangebot wie die Vorträge. Ergo sind die Bewirtungskosten voll abzugsfähig!

Nach wie vor in voller Höhe, also zu 100 %, sind Bewirtungskosten aus *betrieblichem* Anlass abziehbar, also z.B. die Bewirtung von Arbeitnehmern im Rahmen eines Betriebsfests oder eines Arbeitsessens.

*Es gibt Leute, die halten den Unternehmer
für einen räudigen Wolf, den man totschlagen müsse.
Andere meinen, der Unternehmer sei eine Kuh,
die man ununterbrochen melken könne.
Nur wenige sehen in ihm ein Pferd, das den Karren zieht.*

(Winston Churchill)

TIPP

für Ihre Geburtstagsfeier

Die Kosten hierfür als Betriebsausgaben abzusetzen hat der Bundesfinanzhof für unzulässig erklärt, denn der Geburtstag des Betriebsinhabers oder des Geschäftsführers ist kein betrieblicher Anlass, auch wenn ganz überwiegend Geschäftsfreunde geladen werden (BFH-Urt. v. 28.11.1991 – BStBl 1992 II S. 359). Das FG Hessen hat in das gleiche Horn geblasen (v. 5.9.2006 – 11 K 4347/04). Allerdings hat sich der BFH bei einem Geschäftsführer großzügig gezeigt, der nur Mitarbeiter eingeladen und seine eigentliche Geburtstagsparty mit Freunden und Bekannten vorher pompös gefeiert hat. (BFH v. 1.2.2007 – BStBl 2007 II S. 459).

928

Ähnlich funktioniert es bei einem Empfang zum 60. Geburtstag eines verdienten Angestellten. Wenn Sie das nicht zu einem Privatfest für ihn machen, sondern als Feier des Betriebs zu seinen Ehren deklarieren, sind die Kosten Betriebsausgaben. Und für den Arbeitnehmer keine Sachzuwendungen (BFH-Urt. v. 28.1.2003 – BStBl 2003 II S. 724)!

*Das weiß ich nicht! Der Polizei gebe ich nie Auskünfte,
man erspart ihr nur die Mühe.*

(Graham Greene)

TRICK

Halten Sie sich durch Mietkosten schadlos!

Splitten Sie die Bewirtungskosten in Mietkosten und in Kosten für Speisen und Getränke auf. Das lohnt sich bei größeren Anlässen. Vereinbaren Sie mit dem Wirt, dass er ihnen für Speisen und Getränke Sonderkonditionen einräumt und dafür für den Raum Mietkosten in Rechnung stellt. Die Mietkosten setzen Sie nämlich nicht zu läppischen 70 %, sondern zu 100 % ab.

929

5. Vertragsverhältnisse zwischen nahen Angehörigen

930 Verträge zwischen nahen Angehörigen werden steuerlich anerkannt, denn sie sind grundsätzlich nicht anders zu beurteilen als Vertragsverhältnisse zwischen Fremden. Folge: Zahlungen, die auf solchen Vertragsverhältnissen beruhen, sind Betriebsausgaben, sofern sie betrieblich veranlasst sind. Wegen der engen persönlichen Beziehung, in der nahe Angehörige normalerweise zueinander stehen, nimmt das Finanzamt diese Vertragsverhältnisse allerdings besonders scharf unter die Lupe. Daher müssen die Vereinbarungen klar und eindeutig und auch tatsächlich vollzogen sein.

Haben Sie es versäumt, einen schriftlichen Arbeitsvertrag zu schließen, werden Sie bei einer Prüfung auf die mündliche Vereinbarung und Ihr schlüssiges Verhalten verweisen. Ein schlüssiges Verhalten liegt vor, wenn das Gehalt tatsächlich ausgezahlt und Steuer- und Sozialabgaben regelmäßig angemeldet und abgeführt wurden.

a) Arbeitsvertrag mit dem Ehepartner

Der Arbeitnehmerehegatte ist nach den allgemeinen Vorschriften lohnsteuerpflichtig. Eine Versicherungspflicht in der Kranken-, Renten- und Arbeitslosenversicherung besteht in folgenden Fällen:

- Ihr Ehegatte ist tatsächlich in Ihren Betrieb eingegliedert,
- Sie zahlen ein angemessenes Entgelt,
- das Entgelt wird als Betriebsausgabe verbucht und wie steuerpflichtiger Arbeitslohn behandelt.

Auch wenn Ihr Ehepartner nur stundenweise Arbeiten übernimmt, sollte das auf jeden Fall über den Betrieb entlohnt und nicht mit einem Dankeschön abgetan werden. Um der Steuerpflicht und der regulären Sozialversicherungspflicht auszuweichen, schließen Sie mit Ihrem Ehegatten einen Arbeitsvertrag als Geringverdiener (Teilzeitkraft), wobei Sie die allgemeinen Entgelt- und zeitlichen Grenzen beachten. Wenn Ihr Ehepartner keine weiteren Einkünfte hat, ist die Versteuerung mit einer Minipauschale von 2 % abgegolten, d.h., den Pauschallohn brauchen Sie nicht in der gemeinsamen Einkommensteuererklärung anzugeben. Und so wird gerechnet:

Gehalt als Pauschalkraft monatlich	450,00 €		
Pauschalsteuer 2 %	9,00 €		
Pauschale Sozialversicherung 28 %	126,00 €		
Umlagen 1,09 %	4,90 €		
Summe	589,90 €	× 12 Monate	7.079 €
Steuerersparnis bei 42 % inkl. KiSt und Soli			3.404 €
./. Aufwand Sozialversicherung + Umlagen + Steuer			– 1.679 €
Überschuss an Liquidität in der Familie			1.725 €

Von der Ersparnis geht noch der auf den Minijobber-Ehegatten entfallende Anteil der betrieblichen Umlagen zur gesetzlichen Unfallversicherung ab.
Ist Ihr Ehegatte privat krankenversichert, fällt sogar nur der pauschale Rentenversicherungsbeitrag in Höhe von 15 % an. Bei Gewerbetreibenden kommt zur Ersparnis an Einkommen-, Kirchensteuer und Soli auch noch die Einsparung an Gewerbesteuer hinzu.

Wenn Sie Ihren Ehepartner als Aushilfe deklarieren, muss die Wochenarbeitszeit nicht im Einzelnen geregelt sein. So entschied der BFH am 25.11.1999 (Az IV R 44/99). Dass der Ehepartner den Job während der Woche zu unterschiedlichen Zeiten mache, gehe in Ordnung, wenn die Arbeit unregelmäßig anfalle. Ansonsten müsse alles wie unter Fremden geregelt sein: Arbeitsaufgaben, Gehalt, Urlaub, Extras, Kündigungsfristen.

TIPP

Achten Sie auf die Formalitäten!

Bei einem Arbeitsverhältnis zwischen Ehegatten sucht der Betriebsprüfer mit Akribie nach Schwachpunkten. So prüft er, ob es wie ein Arbeitsverhältnis zwischen Fremden ausgestaltet ist, ob Lohnsteuer und Sozialversicherung in richtiger Höhe einbehalten und abgeführt wurden, ob der Ehepartner wirklich über das Gehalt verfügen konnte (R 19 EStR). Die Auszahlung des Gehalts kann in bar – gegen Quittung – vorgenommen werden oder durch Überweisung auf ein Konto.

Nach einer Entscheidung des Bundesverfassungsgerichts (BVerfG v. 7.11.1995 – 2 BvR 802/90) und einem Urteil des BFH (Urt. v. 5.2.1997 – X R 145/94) ist ein Mitverfügungsrecht beim Konto ausreichend. Der Arbeitnehmerehegatte muss also nicht allein verfügungsberechtigt sein. Zwar ist die Art der Kontoführung für die Beurteilung, ob ein Arbeitsverhältnis besteht, durchaus ein Kriterium, stehen die tatsächlich geleistete Arbeit und die Angemessenheit der Entlohnung aber außer Frage, kann ihnen das Finanzamt aus der Art der Kontoführung keinen Strick drehen. Das Arbeitsverhältnis wird auch anerkannt, wenn das Gehalt des Arbeitnehmerehepartners zur Tilgung eines Bankdarlehens des Arbeitgeberehepartners verwendet (FG Rheinland-Pfalz v. 26.5.1987 – EFG 1987 S. 609) oder als Darlehen dem Betrieb zur Verfügung gestellt wird (BFH-Urt. v. 25.7.1991 – BStBl 1991 II S. 842). Dazu verlangt der Fiskus aber, dass ein ordentlicher Darlehensvertrag abgeschlossen wurde.

TRICK

Mit Riester-Förderung noch mehr aus dem Ehegattenarbeitsverhältnis herausholen.

931 Die gängigsten Formen der betrieblichen Altersversorgung (Direktversicherungen, Pensionskasse oder -fonds) bleiben steuerfrei. Wenn Teile des Gehalts in eine ab 2005 abgeschlossene Direktversicherung gezahlt werden, können davon 1.800 € + 4 % der Beitragsbemessungsgrenze zur Rentenversicherung steuerfrei bleiben (§ 3 Nr. 63 EStG). Allerdings muss die Direktversicherung, genau wie die anderen Anlageformen, die Riester-Voraussetzungen erfüllen. Unter dieser Bedingung können auch für schon vor dem 1.1.2005 laufende Altersvorsorgeverträge immerhin die 4 % der Rentenversicherungsbemessungsgrundlage steuerfrei bleiben, das sind 2015 auch schon 2.904 €.

Aber: Die Leistungen aus der Direktversicherung etc. dürfen zusammen mit den Rentenansprüchen des Ehepartners nicht zu einer Überversorgung führen. Dazu sollte die Gesamtversorgung später nicht mehr als 75 % der letzten Bezüge des Ehepartners betragen, und es muss auch den anderen Arbeitnehmern eine entsprechende Versicherung angeboten worden sein (BMF v. 3.11.2004 – BStBl 2004 I S. 1045). Das gilt allerdings nicht, wenn der mitarbeitende Ehepartner selbst bestimmt hat, dass Teile seines Arbeitslohns für die Direktversicherung, die Pensionskasse oder den Pensionsfonds verwendet werden sollen, die Beiträge also vom Betrieb nicht zusätzlich zum Gehalt aufgewendet werden (BFH v. 10.6.2008 – BStBl 2008 II S. 973).

Wichtig zu wissen: Renten aus einer ab 2005 geschlossenen Direktversicherung unterliegen später zu 100 % der Steuer.

932 Das Ehegattengehalt wird anerkannt, wenn es angemessen ist – am besten zahlen Sie also nach Tarif, denn Tarifzahlungen sind immer angemessen, oder nach branchenüblichen Gepflogenheiten (etwa für eine Aushilfskraft in der Gaststätte). Sonderzahlungen erkennt der Prüfer nur an, wenn auch die übrigen Beschäftigten sie erhalten haben (BFH-Urt. v. 26.2.1988 – BStBl 1988 II S. 606). Denken Sie daran, dass der Mindestlohn auch für Arbeitsverträge mit dem Ehepartner gilt.
Achten Sie darauf, dass Ihr Ehegatte nicht an unternehmerischen Entscheidungen beteiligt ist. Das Finanzamt sieht darin nämlich eine »mitunternehmerische« Tätigkeit und besteuert das Gehalt als vorweggenommenen Gewinn. Dadurch gehen Freibeträge und die Vorteile bei der Gewerbesteuer verloren. Deshalb muss im Anstellungsvertrag das Aufgabengebiet genau beschrieben sein.
Die Betriebsprüfer werden immer kleinlicher und verwerfen das Arbeitsverhältnis beim kleinsten Mangel. Etwa wenn es wirtschaftlich keinen Sinn macht,

dem Ehegatten kein Arbeitsgebiet zugewiesen oder keine auf seine Kenntnisse zugeschnittene Arbeitsplatzbeschreibung gegeben wurde. Begegnen Sie solchen finanzamtlichen Erbsenzählern, indem Sie diese Einzelheiten in den Arbeitsvertrag aufnehmen. Klar – die wollen vor allen Dingen wissen, ob Ihr Ehepartner überhaupt im Betrieb arbeitet ...

Auch für den BFH kommt es in all seinen Entscheidungen in erster Linie darauf an, dass die Hauptpflichten aus einem Arbeitsvertrag tatsächlich erbracht werden: vorrangig die Erbringung der vereinbarten Arbeitsleistung auf der einen und die Zahlung der vereinbarten Vergütung auf der anderen Seite. Einzelne kleinere Macken im Arbeitsvertrag sind für ihn allerdings kein Anlass, das Arbeitsverhältnis nicht anzuerkennen. Das Finanzamt darf also keine Rosinensucherei veranstalten und nicht beanstanden, wenn z.B. die Urlaubsregelung, die Vereinbarung zur Auszahlung des Lohns oder die Arbeitszeiten nicht ganz der Norm entsprechen (BFH v. 23.12.2013 – III B 84/12, BFH/NV 2014 S. 533). Vor allem, wenn Ihr Partner (oder Ihre Eltern oder Kinder) unbezahlte Überstunden leisten, ist das kein Grund, dem Arbeitsvertrag die Anerkennung zu verweigern (BFH v. 17.7.13 – BStBl 2013 II S. 1015).

SUPER TRICK

Mit einem Lebenspartner haben Sie weniger Stress als mit dem Ehepartner.

Wenn Sie Ihren nichtehelichen Lebenspartner in Ihrem Betrieb einstellen, kann Ihnen der Fiskus nicht damit kommen, es sei ein Fremdvergleich notwendig. Der Arbeitslohn ist in aller Regel als Betriebsausgabe abzugsfähig. Das gilt auch dann, wenn er z.B. etwas höher ist als das Gehalt der meisten anderen Mitarbeiter. So jedenfalls sahen es die Richter beim FG Niedersachsen am 12.11.1996 (EFG 1997 S. 334). 933

Fassen wir die besonderen Risiken noch einmal zusammen: 934
Voraussetzung für die steuerrechtliche Anerkennung eines Ehegattenarbeitsverhältnisses ist, dass

1. eine klare und ernsthafte Vereinbarung vorliegt,
2. das Arbeitsverhältnis tatsächlich durchgeführt wird,
3. das Arbeitsverhältnis vergleichbar auch mit einem fremden Dritten durchgeführt werden könnte (Fremdvergleich).

Der Aufgabenbereich des Arbeitnehmerehegatten ist möglichst genau anzugeben, weil nur dadurch die Angemessenheit der Bezüge dargestellt werden kann.

TIPP zum Ehegattenarbeitsverhältnis

935 Am besten legen Sie das Aufgabengebiet Ihres Ehegatten in einer gesonderten Stellenbeschreibung dar. Hierauf richtet sich das Argusauge der Finanzbeamten besonders:

- Höhe der vereinbarten Vergütung,
- tatsächlicher Geldfluss,
- Angemessenheit der vereinbarten Vergütung,
- zeitlicher Umfang der Tätigkeit.

Die tatsächliche Erledigung der vereinbarten Arbeit dokumentieren Sie geschickt durch regelmäßige Zeiterfassung. Besonders einfach ist das, wenn Sie in Ihrem Betieb ein technisches Zeiterfassungssystem nutzen. Alternativ kann Ihr Partner auch Stundenzettel ausfüllen oder die jeweils geleisteten Arbeitsstunden auf andere Weise dokumentieren. Hier gilt die Devise: ein wenig aufzeichnen ist um Längen besser als überhaupt keine Aufzeichnungen. Andererseits ist ganz klar, dass das Finanzamt sich nicht einfach darauf stürzen kann, dass keine Stundenzettel oder Zeitaufzeichnungen vorliegen, und das umso weniger, wenn schon aus anderen Gründen klar ist, das die Arbeit tatsächlich durchgeführt wurde. (BFH v. 17.7.13 – BStBl 2013 II S. 1015).

TIPP damit der Firmenwagen nicht zum Fallstrick wird!

936 Vorsicht ist geboten, wenn Sie Ihrem Angehörigen als Teil der Vergütung einen Firmenwagen überlassen. Das ist zwar vom Grunde her völlig in Ordnung, der Fiskus schaut aber sehr genau darauf, ob der Pkw im Verhältnis zur geleisteten Arbeit nicht ein paar Nummern zu groß ist. Ein Porsche als Dienstwagen für den Ehepartner, der nur mit kleineren Aushilfs- und Reinigungsarbeiten betraut ist, dürfte da wohl chancenlos sein. Rückendeckung bekommt der Fiskus durch den BFH, der die Überlassung eines 50.000 € teuren Firmenwagens an eine Ehefrau, die für einen Barlohn von ca. 150 € im Monat lediglich kleinere Buchführungsarbeiten erledigte, nicht anerkannt hat (BFH v. 21.1.2014 – X B 181/13).

Sie sind geschickter; mit einem Kleinwagen in der Kategorie von 20.000 € bis 25.0000 € werden Sie die Streichgelüste des Fiskus deutlich weniger in Wallung bringen und erhöhen die Chancen auf einen schönen Steuervorteil ganz erheblich.

Auf einen Clinch mit dem Finanzamt können Sie sich mit hoher Wahrscheinlichkeit in folgenden Fällen einstellen:
- Die vereinbarte Vergütung besteht allein aus der Überlassung des Firmenwagens.
- Im Rahmen einer geringfügigen Beschäftigung wird ein hochwertiges und teures Auto überlassen.
- Im Betrieb ist der Angehörige die einzige Person, die für vergleichbare Arbeiten einen Firmenwagen bekommt.

GUTER RAT

Wer als Selbständiger viel auf Reisen ist, hat jeden Grund, seinen Ehepartner bei sich einzustellen.

b) Verträge mit eigenen Kindern 937
Hilft Ihr Kind in Ihrem Betrieb mit, lassen Sie sich natürlich seine Lohnsteuerabzugsmerkmale geben. Ein Gehalt bis zu den Grenzen für Teilzeitkräfte von 450 € monatlich ist nämlich auch in Steuerklasse I lohnsteuerfrei, und es erscheint nicht in Ihrer Steuererklärung, denn eine Zusammenveranlagung mit Kindern gibt es bei der Einkommensteuer nicht. Bei Aushilfsarbeiten geht es sogar ohne schriftlichen Arbeitsvertrag. So hat das FG Rheinland-Pfalz (Urt. v. 28.8.1986 – EFG 1987 S. 234) Aushilfslöhne an noch in Berufsausbildung befindliche und minderjährige Kinder als Betriebsausgaben anerkannt, da bei Aushilfsarbeiten der Abschluss schriftlicher Verträge auch zwischen Fremden nicht üblich sei.

Anmerkung: Arbeitsverhältnisse zwischen Eltern und minderjährigen Kindern sind auch ohne Mitwirkung eines Ergänzungspflegers steuerlich wirksam. Arbeitsverträge werden aber nur anerkannt, wenn das Kind mindestens 15 Jahre alt ist (vgl. R 4.8 Abs. 3 EStR).

TIPP

zum Einstellen auf die richterliche Denkweise

Nicht anzuerkennen sind »Arbeitsleistungen, die wegen ihrer Geringfügigkeit 938 oder Eigenart üblicherweise nicht auf arbeitsvertraglicher Grundlage erbracht werden« (R 4.8 Abs. 3 EStR). Die Abgrenzung kann schwierig sein und ist in der Praxis immer wieder streitig. Deshalb gebe ich Ihnen zwei Beispiele an die Hand:

Beispiel 1
A, praktischer Arzt, hat mit seiner 15-jährigen Tochter folgenden Arbeitsvertrag abgeschlossen: Für eine monatliche Vergütung von rund 200 € übernimmt sie zu bestimmten Zeiten, vor allem während der Wochenendbereitschaft, in der Familienwohnung den Telefondienst und wäscht und bügelt samstags für zwei Stunden die Praxiswäsche.

Der Bundesfinanzhof hat den »Arbeitsvertrag« nicht anerkannt, weil insbesondere der Telefondienst im Rahmen der normalen Lebensführung miterledigt werden kann (Urt. v. 9.12.1993, BStBl II 1994 S. 298).

Beispiel 2
B, Lebensmittelhändler, hat mit seinen beiden volljährigen Töchtern Arbeitsverträge geschlossen und die eine als Verkaufshilfe, die andere als Buchhalterin beschäftigt.

Der Bundesfinanzhof hat die Arbeitsverträge anerkannt, weil die Kinder Arbeiten übernommen haben, die häufig von Schülern, Studenten oder Hausfrauen gegen entsprechende Bezahlung ausgeführt werden (Urt. v. 25.1.1989, BStBl II S. 453).

GUTER RAT

Richten Sie sich darauf ein und sorgen Sie dafür, dass Ihre Kinder nicht nur geringfügige Dienstleistungen erbringen. Vereinbaren Sie zusätzlich zum Telefondienst Botengänge, Reinigungs- und Schreibarbeiten etc.

TRICK

Kombinieren Sie Pauschallohn mit vermögenswirksamen Leistungen!

939 Die Kombination abgabefreier Gehaltsbezüge (das gilt auch für Pauschallohn) mit vermögenswirksamen Leistungen ist besonders attraktiv. Bestimmt das Kind, dass Teile seines Lohns von z.B. monatlich 400 € vermögenswirksam angelegt werden, etwa in einen Bausparvertrag, bei dem monatlich bis zu 39 € begünstigt sind, kann es eine Arbeitnehmersparzulage von 9 % beanspruchen.

So wird gerechnet:
Monatliches Gehalt brutto =	400 €
./. vermögenswirksame Leistung	− 40 €
Auszahlungsbetrag	360 €

Die Arbeitnehmersparzulage in Höhe von 42,30 € (9 % von 470 €) wird auf Antrag jährlich vom Finanzamt festgesetzt und nach Ablauf der Sperrfrist von sieben Jahren ausbezahlt.

TRICK

Hören Sie her, Meisterväter und Meistermütter!

Ist doch klar, bevor Ihr Kind den Betrieb übernimmt, besucht es die Meisterschule. Die Ausbildung finanziert natürlich der Betrieb, und das Gehalt läuft während der Ausbildung weiter. Und der Meisterschüler setzt von seinem Gehalt die Spesen während des Lehrgangs als Werbungskosten ab (BFH-Urt. v. 14.12.1990 – BStBl 1991 II S. 305).

940

Damit das klappt, muss ein handfester Vertrag her, in dem Vereinbarungen getroffen werden, wie sie auch zwischen Fremden üblich wären. Denn das FG Niedersachsen sah eine Meisterprüfung nicht als betrieblich bedingt an, wenn der Sohn den Betrieb übernehmen soll (2.12.1998 – XII 542/96).

Ausbildungsdienstvertrag

Zwischen der Firma Herbert Quast, Malerbetrieb in Stuttgart, und Egon Quast, Malergeselle, wohnhaft ebendort, wird folgender Ausbildungsdienstvertrag geschlossen:

Egon Quast ist bereit, alsbald die Prüfung als Malermeister abzulegen und sodann als solcher in der Firma Herbert Quast tätig zu sein.

Die Firma ist auf eine jüngere Meisterfachkraft angewiesen und deshalb bereit, die Lehrgangsgebühren zu übernehmen. Außerdem wird das Gehalt bis zum Ablauf der Regelausbildungsdauer von 14 Monaten weitergezahlt. Egon Quast besucht ab 1.2.20.. die Badische Malerfachschule. Das bereits bestehende Dienstverhältnis wird ab 1.2.20.. in ein Ausbildungsdienstverhältnis umgewandelt. Egon Quast verpflichtet sich, nach Ablegung der Meisterprüfung als Meister in der Firma Herbert Quast tätig zu sein.

Kündigt Egon Quast vor Ablauf von zehn Jahren, sind die von der Firma getragenen Lehrgangsgebühren und die während des Lehrgangs gezahlten Gehälter für jedes ausstehende Jahr in Höhe von einem Zehntel zurückzuzahlen.

Stuttgart, den ....

....
Unterschrift Herbert Quast   Unterschrift Egon Quast

Damit drücken Sie Ihren Gewinn um:

Gezahltes Gehalt 1.500 € × 14 Monate	21.000 €
ca. 20 % Arbeitgeberanteil zur Sozialversicherung	4.200 €
Lehrgangsgebühren	2.900 €
Insgesamt	28.100 €
Steuerersparnis durch Einkommen-, Kirchen- und Gewerbesteuer bei ca. 60 % =	16.860 €

Egon muss sein Gehalt versteuern, kann aber seine Aufwendungen für die Ausbildung als Werbungskosten absetzen. Zudem tut er bereits jetzt etwas für seine Altersversorgung, da er in die Rentenkasse einzahlt. Und wenn er ausgelernt hat, machen Sie eine vernünftige Absicherung.

> *Der Bund gewährte 1995 der Deutschen Bahn AG*
> *Personalkosten in Höhe von 5,5 Milliarden Mark jährlich*
> *wegen des angeblichen zusätzlichen Personalbedarfs.*
> *Tatsächlich bestand jedoch nach Prüfungen*
> *des Rechnungshofs für mindestens*
> *20.000 Leute gar kein Erstattungsanspruch. Ausgaben dafür:*
> *1,3 Milliarden im Jahr.*
>
> (Bericht des Bundesrechnungshofs)

TRICK

Ihr Kind als stiller Teilhaber

941 »Stille Teilhaber habe ich genug, mehr brauche ich nicht«, sagen Sie sogleich und denken dabei ans Finanzamt und an die Hypothekenbank.

Doch was halten Sie davon, die stille Teilhaberschaft des Finanzamts deftig zu beschneiden und stattdessen Ihr Kind als stillen Gesellschafter in Ihre Firma aufzunehmen? Die Gewinnbeteiligung des Kindes wird zum größten Teil zu dessen Unterhalt verwendet, insoweit werden Sie also finanziell entlastet. Der Rest wird gewinnbringend angelegt, z.B. in eine nach zwölf Jahren (Mindestlaufzeit) fällige Lebensversicherung des Kindes.

Die Vorteile liegen auf der Hand: Die stille Beteiligung des Kindes mindert Ihre gewerblichen Einkünfte, wodurch Sie Steuern sparen. Das Kind selbst zahlt keine Steuern, weil es seine Freibeträge (801 € für Kapitaleinkünfte und 8.472 € Grundfreibetrag) ausschöpfen kann und die Beiträge in die Lebensversicherung als Sonderausgaben angesetzt werden. Der Gewinn aus der Lebensversicherung ist bei Fälligkeit nach einem Ablauf von zwölf Jahren zu mindestens 50 % steuerfrei. Die Vergünstigungen summieren sich innerhalb von zwölf Jahren auf steuerfreie Vorteile in hübscher Höhe.

Beispiel

1. Sie schenken Ihrem Kind 50.000 €. Die Schenkung wird notariell beurkundet, und es wird ein Ergänzungspfleger eingeschaltet, da Ihr Kind minderjährig ist. Die Schenkung ist steuerfrei, weil Ihrem Kind ein Schenkungsfreibetrag von 400.000 € zusteht.

2. In einem weiteren notariellen Vertrag – auch hier wirkt natürlich der Ergänzungspfleger mit – räumen Sie Ihrem Kind eine stille Beteiligung nach §§ 230 ff. HGB an Ihrer Firma mit einer Vermögenseinlage von 50.000 € ein. Damit Ihnen die Fiskalritter keinen Strich durch die Rechnung machen, wird das Kind auch an einem eventuellen Verlust angemessen beteiligt. Die Gewinnbeteiligung darf aber 15 % (ohne Verlustbeteiligung 12 %) der Vermögenseinlage nicht übersteigen, sonst geraten Sie mit dem Finanzamt in Konflikt (H 138 a Abs. 5 EStH).

3. Ihr Kind erhält also jährlich 15 % v. 50.000 € = 7.500 €.

4. Jährliche Steuerersparnis bei Ihnen 42 % von 7.500 € = 3.150 €.

5. Bei der Lebensversicherung ergibt sich bei einer Jahresprämie von ca. 2.500 € nach Ablauf der zwölf Jahre eine Versicherungssumme von ca. 35.800 €, von denen nach Abzug der gezahlten Prämien (12 × 2.500 € = 30.000 €) die Hälfte (35.800 € – 30.000 €) ÷ 2 = 2.900 € steuerfrei sind. Mit diesem Geld kann Ihr Kind die stille Beteiligung an Ihrer Firma auf über 80.000 € aufstocken.

TRICK

So bauen Sie als kluger Mann einer Pleite vor.

Nehmen wir mal an, Sie greifen Ihrem Nachwuchs oder einem Freund beim Sprung in die Selbständigkeit mit 20.000 € finanziell unter die Arme und vereinbaren ein Darlehen darüber. Nun, das ist so lange schön und gut, wie der Ausflug in die Selbständigkeit gutgeht und Profite abwirft. Aber was, wenn er in die Hose geht und Sie Ihre Kröten in den Schornstein schreiben müssen? In diesem Fall schauen Sie auch steuerlich belämmert aus, weil ihnen die Fiskalritter mit dem leider zutreffenden Hinweis, Darlehensverluste seien ein nicht berücksichtigungsfähiger Verlust auf der Vermögensebene, jegliche steuerliche Berücksichtigung der verlorenen 20.000 € verweigern.

Das lässt sich vermeiden, indem Sie für Ihren Obolus eine stille Beteiligung verlangen und gleichzeitig eine Verlustbeteiligung vereinbaren. Wirft das neu gegründete Unternehmen Gewinne ab, fahren Sie mit den Erträgen aus stiller

Beteiligung genauso gut wie mit einem herkömmlichen Darlehen. Erleidet es dagegen Schiffbruch, geht zwar immer noch Ihre Beteiligung den Bach hinunter, aber Sie können wenigstens den Verlust der stillen Beteiligung in voller Höhe steuerlich absetzen.

943 c) Verträge mit anderen Familienangehörigen

SUPER TRICK
Zahlen Sie wegen der Güterstandsvereinbarung nicht unnötig Steuer!

Viele Selbständige lassen sich auf Drängen ihres Partners verleiten, die Gütertrennung aufzugeben. Gütergemeinschaft kann aber dazu führen, dass Sie Ihr bisheriges Einzelunternehmen steuerlich nun in Mitunternehmerschaft mit Ihrem Ehepartner betreiben. Es ist für die Annahme einer Mitunternehmerschaft nämlich nicht ausschlaggebend, ob eine Person Gesellschafter im zivilrechtlichen Sinn ist oder nicht. Voraussetzung ist vielmehr, dass beide Ehegatten gemeinschaftlich eine selbständige, nachhaltige Tätigkeit ausüben, die mit Gewinnabsicht unternommen wird. Bei vereinbarter Gütergemeinschaft gehört das Betriebskapital beiden Ehegatten. Deshalb erfüllen auch beide durch den Einsatz dieses Kapitals in einem Gewerbebetrieb die Voraussetzungen für eine Mitunternehmerschaft.

Folgende steuerlich unangenehmen Folgen haben Sie dann in Kauf zu nehmen:
- Hat Ihr Ehepartner bisher im Ehegattenarbeitsverhältnis mitgearbeitet und Gehalt bezogen und wird nun als Mitunternehmer angesehen, sind die Gehaltszahlungen nicht mehr abzugsfähige Betriebsausgaben, sondern nichtabzugsfähige Gewinnvorableistungen. Mit der Folge, dass sich Gewerbe- und Einkommensteuer beträchtlich erhöhen.
- Direktversicherungsbeiträge sind keine abzugsfähigen Betriebsausgaben mehr.
- Sie können für Ihren Ehepartner keine gewinnmindernden Pensionsrückstellungen mehr bilden.
- Betriebsgebäude, die bisher Ihrer besseren Hälfte gehörten und an Sie vermietet wurden, stellen mit einem Mal Betriebsvermögen dar. Die Folge:
  - die Mietzahlungen sind keine abzugsfähigen Betriebsausgaben mehr,
  - ein bei einem Verkauf entstehender Gewinn fällt voll unter die Einkommen- und Gewerbesteuer, während eine Veräußerung aus dem Privatvermögen steuerfrei geblieben wäre.

5. Vertragsverhältnisse zwischen nahen Angehörigen

Seien Sie vorsichtig bei der Finanzierung Ihrer Betriebsausgaben!!
Wenn Ihr Ehepartner für Sie ein Darlehen aufnimmt und die entsprechenden Schuldzinsen zahlt, können Sie diese auch dann nicht absetzen, wenn Sie das Geld für die Anschaffung betrieblicher Dinge verwendet haben! (BFH v. 24.2.2000 – BStBl 2000 II S. 314)

> *Die Bundeswehr wollte für 200 Millionen Mark Prüfautomaten anschaffen. Tatsächlicher Preis: 1,3 Milliarden. Weil das Heer 40.000 Lastwagen mit rostanfälligen Bremsanlagen kaufte, sind inzwischen Instandsetzungskosten von 100 Millionen Mark nötig. Die Umrüstung der Bremsanlagen kostet 400 Millionen.*
>
> (Bericht des Bundesrechnungshofs)

TRICK

Opa macht sich durch Teilzeitarbeit nützlich.

Es gibt nichts Schöneres, als wenn Großeltern, Eltern und Kinder sich gegenseitig helfen ... und das Finanzamt noch etwas dazulegt.

Ihr Vater hilft Ihnen im Betrieb. Sie bedienen sich seiner langjährigen Erfahrungen, er erledigt Arbeiten verschiedenster Art, die insgesamt gesehen über den Rahmen der familiären Mithilfe hinausgehen. Er macht das schon seit Jahren und völlig unentgeltlich, auch deshalb, um die Kosten für eine teure Arbeitskraft zu sparen. Er könnte aber noch viel mehr für Sie tun: Er könnte Ihnen helfen, eine Menge Steuern zu sparen. Voraussetzung ist, dass Sie mit ihm einen Arbeitsvertrag schließen, in dem alles genau geregelt ist, sonst macht das Finanzamt nicht mit. Dann gibt es verschiedene Möglichkeiten.

Eine besteht darin, dass Ihr *Vater als kurzfristig beschäftigte Aushilfskraft* – nicht regelmäßig und für längstens 50 Tage im Jahr, aber zusammenhängend nicht mehr als 18 Tage – beschäftigt wird. Eine derartige Beschäftigung wäre sozialversicherungsfrei. Die Abgaben darauf könnten von Ihnen mit 25 % Lohnsteuer zzgl. 7 % Kirchensteuer und 5,5 % Solidaritätszuschlag, insgesamt also mit 28,12 % pauschal übernommen werden und wären bei Ihnen als Betriebsausgaben absetzbar. Ihr Vater hätte nichts zu versteuern.

Für die »klassischen« geringfügig Tätigen gilt allerdings etwas anderes. Bei einer auf Dauer angelegten geringfügigen Beschäftigung fallen in jedem Fall pauschale Sozialversicherungsbeiträge von 29,09 % an. Unter bestimmten Voraussetzungen können Sie den Lohn steuerfrei zahlen, nämlich wenn Ihnen eine Steuerkarte mit der Steuerklasse I bis IV vorliegt oder Sie 2 % pauschale Steuer in Kauf nehmen und an die Bundesknappschaft in Cottbus abführen.

945 Minijobs

Können Sie nicht auf Ihre Teilzeitkräfte verzichten, wollen sich aber auch keine zusätzliche Pauschalsteuer (2 %) ans Bein binden, machen Sie ihnen klar, dass in vielen Fällen trotzdem keine Steuerbelastung entsteht:

So sind 2015 mindestens steuerfrei

- 450 € Arbeitslohn zzgl. monatlich 607 €/1.834 € Altersrente (Alleinstehender/ Verheiratete, Rentenbeginn 2014);
- 450 € Arbeitslohn zzgl. monatlich 660 €/1.369 € Pension (Alleinstehender/ Verheiratete, Pensionsbeginn 2014);
- 450 € Arbeitslohn einer alleinerziehenden Mutter mit einem Kind, die von ihrem Ex monatlich 484 € Unterhalt bekommt und diesen im Rahmen des Realsplittings versteuert.

TRICK

Sie zahlen Opa ein Beraterhonorar.

946

Warum sollen Sie für ein Gutachten oder eine Beratung nicht auch mal Geld lockermachen? Es müssen ja nicht gleich Millionen sein, wie sie Politiker und Ministerien für ihre Begünstigten von unserem Geld als Steuerzahler verun ..., nein, toleranter möchte ich sagen: vergeuden.

Schließen Sie mit Ihrem Vater nach seinem 65. Geburtstag einen Beratervertrag gegen Honorar ab und verpflichten ihn, Ihnen bei schwierigen betrieblichen Entscheidungen beratend zur Seite zu stehen, z.B. bei Investitionen, Expansionsplänen oder der Einstellung von Mitarbeitern. Ist Ihr Vater Frührentner, darf er erst ab frühestens 65 Jahren unbegrenzt hinzuverdienen, ohne dass ihm seine Rente gekürzt wird. Auch selbständige Erwerbstätigkeit ist vorher nicht erlaubt.

Die Honorarrechnung Ihres Vaters könnte so lauten:

Honorarrechnung

Für Beratertätigkeit an 50 Tagen mit insgesamt 500 Stunden (Stundensatz 30 €) erlaube ich mir, absprachegemäß folgende Kostennote zu erstellen:

Beraterhonorar	15.000 €
+ Mehrwertsteuer 19 %	2.850 €
Rechnungsbetrag	17.850 €

Eine Spezifikation über meine Tätigkeit an den einzelnen Tagen ist beigefügt.

Was zahlen Sie beide zusammen 2015 an Steuern – **ohne** Beraterhonorar?

Ihr Einkommen (bei einem Gewinn von 110.000 €)	100.000 €	
Einkommensteuer darauf (Splittingtabelle)		25.514 €
Gewerbesteuer bei Hebesatz 400 %		10.640 €
Opas Einkommen	21.000 €	
Einkommensteuer darauf (Grundtabelle)		2.883 €
Steuer insgesamt		39.037 €

Was zahlen Sie beide zusammen an Steuern – **mit** Beraterhonorar?

Ihr Einkommen wie oben	100.000 €	
./. Beraterhonorar	– 15.000 €	
verbleiben	85.000 €	
Einkommensteuer darauf (Splittingtabelle)		19.670 €
Gewerbesteuer bei Hebesatz 400 %		8.540 €
Opas Einkommen wie oben	21.000 €	
Beraterhonorar	15.000 €	
Summe	36.000 €	
Einkommensteuer darauf (Grundtabelle)		7.510 €
Steuer insgesamt		35.720 €
Steuerersparnis pro Jahr		3.317 €

Inklusive Kirchensteuer und Solidaritätszuschlag beläuft sich die Ersparnis auf immerhin ca. 3.800 €.

Ein erheblicher Teil der Steuerersparnis kommt aus der Gewerbesteuer, denn Ihr Gewerbeertrag wird durch das Beraterhonorar gekürzt, wohingegen Opa gewerbesteuerfrei bleibt, weil sein Gewerbeertrag unter dem Freibetrag von 24.500 € liegt. Die lange Nase zeigen Sie aber auch dem Finanzamt, wenn Opa sein Beraterhonorar am Jahresende in Rechnung stellt, der Betrag ihm jedoch erst im neuen Jahr zufließt. Dadurch können Sie das Honorar schon in der Bilanz des alten Jahres ausweisen und als Betriebsausgaben abziehen. Opa braucht es aber erst im neuen Jahr zu versteuern, weil er eine Einnahmenüberschussrechnung macht. Passen Sie nur auf, dass Opa nicht in die Scheinselbständigkeitsfalle tappt. Am besten berät er auch Ihren Bruder, Ihre Cousine usw. So gehen Sie auf Nummer sicher, und alles bleibt in der Familie.

TRICK

Wie Sie ohne höhere Abgaben Ihrerseits einer Teilzeitkraft mehr zahlen können.

Lohnsteuer und Sozialversicherung setzen der Bezahlung einer Teilzeitkraft enge Grenzen. Was beide Seiten meist anstreben: Pauschalsteuer von 2 % und pauschale Sozialversicherung sowie Umlagen von 29,09 %, insgesamt also 31,09 %. Dazu darf der monatliche Arbeitslohn 450 € nicht übersteigen. Die Teilzeitkraft ist dann geringfügig beschäftigt.

»Was mache ich aber, wenn ich meine Teilzeitkraft in den Monaten Juni und Juli zusätzlich als Urlaubsvertretung brauche und sie in diesen beiden Monaten jeweils 1.500 € brutto erhält?«, fragen Sie. In diesen beiden Monaten besteht keine Sozialversicherungspflicht, denn die Beschäftigung ist nur kurzfristig – d.h. längstens zwei Monate oder 50 Arbeitstage. Steuerlich können Sie die Lohnsteuer mit 2 % pauschal berechnen. Oft erkennt man dann, dass eine Lohnsteuer gar nicht anfällt (siehe ➤ Rz 438). Stehen keine Elektronischen Steuerabzugsmerkmale zur Verfügung, muss die Lohnsteuer entweder pauschal oder nach Steuerklasse VI erhoben werden, was sehr teuer wird.

»Und was mache ich, wenn ich der Teilzeitkraft im Dezember zusätzlich zu ihrem Pauschallohn 300 € Weihnachtsgeld zahle?«, fragen Sie weiter. Das Weihnachtsgeld wird als Einmalzahlung auf das ganze Jahr verteilt, d.h., jedem Monat werden rechnerisch 25 € zugeschlagen. Falls der Arbeitslohn dabei unter 450 € bleibt, bleibt es bei der pauschalen Sozialversicherungsbeitragspflicht. Wird die 450-€-Grenze durch das Weihnachtsgeld überschritten, besteht reguläre Sozialversicherungspflicht.

948   Die billigsten Teilzeitjobber
Die Hitliste (kurzfristige Beschäftigungen einmal außen vor gelassen) wird ganz deutlich von den Studenten angeführt. So muss beispielsweise für einen Studenten (Verdienst 450 €), der keine weiteren Einkünfte hat und gesetzlich krankenversichert ist, lediglich der Beitrag zur Rentenversicherung gezahlt werden. Dieser beträgt – da der Student ja geringfügig beschäftigt ist – 15 %. Das sind genau 67,50 €. Die steuerliche Belastung beläuft sich in Steuerklasse I auf 0 €. Es bleibt also bei den 67,50 € Rentenversicherung, die neben dem Entgelt zu zahlen sind.

Nummer 2 auf der Hitliste der billigsten Arbeitskräfte für Aushilfsjobs sind Beamtenehegatten (oder andere Ehegatten, die über den Partner privat krankenversichert sind). Haben sie keine weiteren Einkünfte, werden neben dem Rentenversicherungsbeitrag nur 2 % Pauschalsteuer fällig, insgesamt also 17 % (76,50 €). Der Unterschied zu Studenten ist klein, kann sich aber bei mehreren Aushilfskräften bemerkbar machen.

Um die Notwendigkeit, vor der Einstellung zum Taschenrechner zu greifen, noch deutlicher herauszustellen: Teuer wird's, wenn ein Arbeitnehmer eingestellt wird, der keinen Hauptjob, aber eigenes anderes Einkommen hat: Hier werden 13 % Krankenversicherung (58,50 €), 15 % Rentenversicherung (67,50 €) und, wenn die Lohnsteuer pauschaliert wird, 2 % Lohnsteuer inkl. Kirchensteuer und Solidaritätszuschlag (9 €) fällig. Das sind zusammen schon 135 €.

*Frauen sind wie Katzen:
Beide kann man nur zwingen,
das zu tun, was sie selbst mögen.*

(Colette)

6. Angenehmer arbeiten und dabei Steuern sparen

Mit der schwammigen Vorschrift aus § 4 Abs. 5 EStG, der u. a. besagt: Aufwendungen, die die Lebensführung berühren, dürfen den Gewinn nicht mindern, soweit sie nach der allgemeinen Verkehrsauffassung als unangemessen anzusehen sind, stempeln manche Finanzbürokraten im Handumdrehen betriebliche Ausgaben zu privaten Kosten ab, wenn sie mutmaßen, der gehobene Lebensstil im betrieblichen Bereich sei Privatvergnügen. Der Bundesfinanzhof und die Finanzgerichte sehen das aber anders und verlangen vom Fiskus Großzügigkeit. So darf das Finanzamt grundsätzlich nicht nachprüfen, ob Ausgaben für den Betrieb notwendig waren oder nicht. Über die Notwendigkeit entscheidet allein der Unternehmer. Auch sind Ausgaben abzugsfähig, die für den Betrieb eigentlich nicht notwendig, aber zweckmäßig waren oder üblich sind (BFH, zuletzt im Urt. v. 8.10.1987 – BStBl 1988 II S. 853). Es stellt sich nämlich meistens erst später heraus, ob eine Ausgabe sich rentiert hat oder nicht. Es geht nicht an, die Risikobereitschaft des Unternehmers dadurch einzuengen, dass der Fiskus seine Investitionen im Nachhinein auf ihre Nützlichkeit hin überprüft. Das gilt auch für Maßnahmen, mit denen der Unternehmer die Firma bei Kunden und Geschäftspartnern angemessen vertritt (Chefzimmer, Auto) oder mit denen er wichtige Geschäfte anknüpft, abschließt oder auch nur pflegt (Geschäftsessen). Lassen Sie sich also nicht durch übereifrige Finanzbürokraten ausbremsen.

Arbeitszimmer

Auch als Selbständiger können Sie das Arbeitszimmer und die Aufwendungen dafür nur unter bestimmten Voraussetzungen absetzen (➤ Rz 263 ff.).

SUPER TRICK

Setzen Sie Ihren PC ab, wenn er zumindest teilweise privat genutzt wird!

Da mittlerweile der Fiskus von seinen kleinlichen Streichgelüsten abgerückt ist, wenn Sie Ihren PC gelegentlich auch einmal privat nutzen, genügt es, wenn Sie den beruflichen oder betrieblichen Nutzungsumfang von z. B. 60 % bis 80 % glaubhaft machen, um die Kosten rund um den Computer absetzen zu können.

SUPER TRICK

Mieten Sie doch den Büroraum von der Ehefrau!

951 Die Abzugsbeschränkungen brauchen Sie nicht zu interessieren, wenn Sie kein »häusliches Arbeitszimmer«, sondern ein Büro haben. Als Geschäftsführer einer GmbH haben Sie es da besonders leicht. Ihre Firma mietet den bisher als Arbeitszimmer genutzten Raum von Ihrem Ehepartner und stellt ihn Ihnen als Büro zur Verfügung. Die Mietkosten stecken in Ihrer Firma als Betriebsausgaben, und Ihre bessere Hälfte macht einen schönen Verlust aus Vermietung und Verpachtung geltend, indem sie sämtliche auf das Zimmer entfallenden Kosten mit der Miete verrechnet. Unter dem Strich haben Sie so also weiterhin den Vollabzug aller Arbeitszimmerkosten erreicht. Achten Sie jedoch auf die Angemessenheit der Miete, sonst versucht der Fiskus, Ihnen eine verdeckte Gewinnausschüttung anzuhängen.

952 Geschäftswagen

Sie brauchen sich vom Finanzamt nicht sagen zu lassen, Ihr Geschäftswagen sei zu teuer, wenn Sie häufig betriebliche Fahrten über größere Strecken unternehmen müssen. Dafür brauchen Sie nämlich ein schnelles und sicheres Fahrzeug, und das hat seinen Preis. Sie können sich sogar auf Betriebskosten einen Sportwagen kaufen, wenn Sie entsprechende Umsätze und Gewinne machen (BFH v. 8.10.1987 – BStBl 1987 II S. 853 zur betrieblichen Nutzung eines Porsche für 75.000 Mark durch eine Werbeagentur mit einem Umsatz von 1 Mio €). Einer Marketingagentur hat das FG Hamburg am 15.6.1987 (Az. II 90/85) sogar die Anschaffung eines italienischen Sportwagens für einen sechsstelligen Betrag als betrieblich veranlasst bescheinigt. Auch ein Mercedes 500 SEL ging bei einem Bestattungsunternehmen anstandslos als Geschäftswagen durch (BFH v. 26.1.1988 – BStBl 1988 II S. 629).

953 Auch für Sie als Selbständigen gilt die 1-%-Regelung wie bei Kfz-Überlassung an Arbeitnehmer. Der Entnahmewert der privaten Pkw-Nutzung durch Sie beträgt somit monatlich 1 % des inländischen Listenpreises Ihres Autos zum Zeitpunkt der Erstzulassung zzgl. Kosten für Sonderausstattung, die werksseitig schon eingebaut war (BFH v. 13.10.2010 – VI R 12/09, BStBl 2011 II S. 361), und USt. (§ 6 Abs. 1 Nr. 4 Satz 2 EStG). Nachträgliche Umbauten oder Tuningmaßnahmen erhöhen somit die Bemessungsgrundlage nicht.

Die 1-%-Regelung können Sie aber nur für Fahrzeuge des **notwendigen Betriebsvermögens** anwenden. Das bedeutet, dass Sie den fahrbaren Untersatz zu mehr als 50 % betrieblich nutzen müssen. Zur betrieblichen Nutzung gehören neben den echten Geschäftsfahrten auch die Fahrten zwischen Wohnung und Betrieb. Auch eine Mittagsheimfahrt, um zu Hause zu essen, können Sie beruhigt der betrieblichen Nutzung zurechnen. Dass Sie Ihr Auto zu mehr als 50 % betrieblich nutzen, müssen Sie dem Finanzamt belegen. Dazu wird man Ihnen zwar kein Fahrtenbuch abverlangen können, aber den Kilometerstand zu Beginn und zum Ende des Jahres müssen Sie nachprüfbar festhalten. Außerdem müssen Sie zumindest die von Ihnen durchgeführten betrieblichen Fahrten samt Kilometer aufschreiben.

Für Kraftfahrzeuge im sog. gewillkürten Betriebsvermögen, also bei einer betrieblichen Nutzung von nur 10 bis 50 %, müssen Sie den Wert Ihrer privaten Nutzung mit den anteilig auf die privaten Kilometer entfallenden Kosten ermitteln.

WICHTIGER HINWEIS

Liegt Ihre betriebliche Nutzung voraussichtlich unter 50 %, sollten Sie sich zu einem Fahrtenbuch durchringen. Nur so können Sie verhindern, dass Ihnen die Fiskalritter einen viel zu hohen privaten Kostenanteil zurechnen.

Das betrifft nur Einzelunternehmer, Mitunternehmer von Personengesellschaften, Land- und Forstwirte sowie Freiberufler und andere selbständig Tätige. Für Arbeitnehmer und für Gesellschafter-Geschäftsführer von Kapitalgesellschaften gilt die Anwendung der 1-%-Regelung auch dann, wenn die private Nutzung 50 % oder mehr beträgt.

Der Listenneupreis wird auch bei Gebrauchtwagen angesetzt und bei Autos, **954** die Sie mit erheblichem Rabatt gekauft haben. Er gilt also z.B. auch bei einem reimportierten Kfz.

Wenn Sie im Betrieb mehr als einen Pkw haben, wird es unter Umständen haarig. Die Fiskalritter wollen Ihnen möglichst viel Privatnutzung ans Bein binden, indem sie die 1-%-Regelung für jedes genutzte Auto, sogar für Geländewagen (BFH-Urt. v. 12.2.2002 – BStBl 2003 II S.472), ansetzen. Halbwegs aus dem Schneider sind Sie, wenn ein Auto einem Arbeitnehmer fest überlassen wird, aus anderen Gründen für eine Privatnutzung ungeeignet ist oder Sie anhand eines Fahrtenbuchs belegen, dass der Wagen nicht privat genutzt wird (BMF-Schreiben v. 18.11.2009 – BStBl 2009 I S.1326).

Wichtig: Die 1-%-Regelung gilt nur für Pkw. Wenn Sie in Ihrem Betrieb also nur schmucke, kleine sog. Werkstattwagen oder Transportfahrzeuge haben, die als Lkw zugelassen sind, sind Sie aus dem Schneider. Weil solche Fahrzeuge grundsätzlich nicht für eine Privatnutzung geeignet sind, kann Ihnen der Fiskus hier keine 1-%-Regelung ans Bein binden. Nicht Sie müssen beweisen, dass Sie die Autos nicht privat nutzen, sondern das Finanzamt muss Ihnen die private Nutzung nachweisen (BFH v. 18.12.2008 – BStBl 2009 II S. 381). Selbst wenn ihm das gelingt, greift nicht die 1-%-Regelung, sondern die Versteuerung der anteiligen Kosten für die privaten Kilometer zzgl. eines angemessenen Gewinnaufschlags.

TRICK

Fahren Sie einen Monat im Jahr mal kein Auto!

955 Nutzen auch Ihre Lieben (Frau/Mann/Kinder) die Firmenfahrzeuge privat, dann setzen Sie die 1-%-Regelung für den einen oder anderen Monat im Jahr aus. Das geht so: Die pauschale Nutzungswertermittlung wird monatsweise durchgeführt. Wird also in einem Monat ein Auto nicht privat genutzt, entfällt die Nutzungsbesteuerung. Als Unternehmer werden Sie eher selten vier Wochen Urlaub machen – der Rest der Familie vielleicht doch. **Aber Vorsicht:** Nur einmal im Monat genutzt – schon sind Sie mit von der Steuerpartie. Fragt sich nur, wie das Finanzamt das nachweisen will.

956 **Kostendeckelung**
Glücklicherweise hat alles seine Grenzen, sogar die Besteuerung – man möchte es ja nicht glauben. Jedem ist klar: Die teure 1-%-Regelung wächst sich zum absoluten Ärgernis aus, wenn das Auto schon abgeschrieben ist, denn dann kann es sein, dass die pauschal ermittelten Kosten für die Privatnutzung höher sind als die tatsächlich entstandenen. Ist das bei Ihnen der Fall, dann können Sie den Wert der Privatnutzung auf die Höhe der tatsächlich entstandenen Kosten begrenzen – und Sie müssen sich nicht einmal auf ein BFH-Urteil berufen, denn es gibt dazu sogar eine finanzinterne Anweisung (BMF-Schreiben v. 21.1.2002 – BStBl 2002 I S. 148, Rz 14), der das Finanzamt folgen wird. Voraussetzung: Sie weisen die tatsächlich entstandenen Aufwendungen nach.

TIPP

zur Pkw-Nutzung

957 Entweder wenden Sie die private Nutzungswertbesteuerung auf die betroffenen Kfz zusammen an oder nur auf einzelne, für die das günstig ist.

SUPER TRICK

Setzen Sie für die Umsatzsteuer nur die tatsächlichen Kosten an!

Zwar hat der BFH entschieden, dass die 1-%-Regel verfassungsgemäß sein soll, doch hat er Ihnen gleichzeitig die Möglichkeit eingeräumt, für die Umsatzsteuer nur die tatsächlichen Kosten anzusetzen. Das heißt für Sie, dass Sie nur Umsatzsteuer auf die mit Vorsteuer belasteten Kosten zahlen müssen und den Anteil sogar schätzen können! **958**

Beispiel

Kfz-Kosten (netto) in €	Ansatz	kein Ansatz
Benzin	2.000 €	
Versicherung		800 €
Reparaturen	500 €	
Steuer		600 €
AfA	4.000 €	
Summe	6.500 €	1.400 €
Davon 35 %	1.950 €	
USt 19 %	370 €	

Zum Vergleich: Bei Ansatz des Listenpreises müssten Sie 23.200 € × 1 % × 12 Monate = 2.784 €, davon 80 %, also 2.227,20 € × 19 % = 423,17 € zahlen. Ersparnis 53,17 €! Lachen Sie jetzt nicht. Haben und nicht haben!

SUPER TRICK

Drücken Sie die Kosten für Ihren Oldtimer in den Betrieb!

Nennen Sie einen wunderschönen, aber leider auch extrem teuren Oldtimer Ihr Eigen? Setzen Sie locker monatlich 1 % des Listenneupreises zum Zeitpunkt der Erstzulassung als Privatanteil an. Sie haben für Ihr Goldstück zwar umgerechnet 130.000 € berappt, 1958 aber, als es erstmalig zugelassen wurde, lag der Listenpreis bei schlappen 35.000 DM, umgerechnet also ca. 17.900 €. Macht für Sie pro Monat 179 €, im Jahr 2.148 € Privatanteil. Allein die Abschreibung – ohne die ganzen übrigen Kosten – beträgt dagegen schon rund 22.000 € im Jahr, und die steckt jetzt voll in den Betriebsausgaben. Damit Ihnen das Finanzamt nicht einen Strich durch diese schöne Rechnung macht und die betriebliche Nutzung in Zweifel zieht, sollten Sie das Auto ein wenig umfangreicher als für **959** nur 540 km für Betriebsfahrten nutzen, wie es ein Steuerzahler aus Baden-Württemberg tat (FG Baden-Württemberg, Urt. v. 28.2.2011, 6 K 2473/09).

TRICK
Führen Sie bei gebraucht gekaufter Luxuskarosse ein Fahrtenbuch!

Weil Sie es gern bequem haben, haben Sie sich als Betriebs-Pkw eine acht Jahre alte Oberklasse-Limousine zugelegt, die noch ganz gut in Schuss ist und nur 8.000 € gekostet hat. Reparaturen und laufende Kosten halten sich in Grenzen, weil Sie nicht viel fahren. Inklusive Abschreibung kostet Sie das Auto nur etwa 6.000 € im Jahr. Leider hat die Mühle zu ihren Glanzzeiten als Neuwagen 80.000 € nach Liste gekostet. Ihr Privatanteil beträgt somit: 80.000 € × 1 % = 800 € × 12 = 9.600 €. Wie Sie sehen, ein überaus schlechtes Geschäft: Theoretisch müssten Sie sogar mehr versteuern, als Sie überhaupt an Kosten hatten. In der Praxis wird zwar die Versteuerung auf die Höhe der tatsächlichen Kosten begrenzt (BMF-Schreiben v. 12.5.1997 – BStBl 1997 S. 562, Tz 13), trotzdem gibt es für Sie nur eine Alternative: Führen Sie ein Fahrtenbuch, und schon können Sie belegen, dass das Auto zu 80 % betrieblich genutzt wird, womit 4.800 € von 6.000 € Ihrer Gesamtkosten abzugsfähige Betriebsausgaben sind!
Zum Fahrtenbuch siehe unbedingt ➤ Rz 124 ff.

TIPP
Sie hatten einen Unfall mit dem Firmen-Pkw?

960 Wenn Sie mit Ihrem Firmenwagen einen Unfall auf einer Privatfahrt haben, werden der Wertverlust bzw. die Reparaturkosten als private Kosten behandelt und sind nicht als Betriebsausgaben abzugsfähig. Dass die private Nutzung über die 1-%-Regelung besteuert wird, spielt insoweit keine Rolle. Dasselbe gilt übrigens auch, wenn Sie sich den fahrbaren Untersatz bei einer privaten Fahrt stehlen lassen (BFH v. 18.4.2007 – BStBl 2007 II S. 762).
Das bedeutet für Sie: Entweder Sie fahren auf Ihren Privatfahrten besonders vorsichtig, oder Sie haben immer einen beruflichen Anlass für die Fahrt in der Hinterhand.

961 Barbesuch und Gartenparty
Die Kosten für solche Vergnügungen sind als Betriebsausgaben abzugsfähig, wenn sie dazu beitragen können, ein Geschäft erfolgreich zum Abschluss zu bringen. Halten Sie aber die Kosten in Grenzen. Bei mehr als 100 € pro Gast

und Abend kann das Finanzamt seine Streichgelüste an Ihnen auslassen (FG Düsseldorf v. 14.11.1985, VII/V 84/79 E). Die Kosten für ein größeres Firmenfest mit Kunden, Geschäftspartnern und Mitarbeitern sind ebenfalls abzugsfähig. Während bei kleinen Veranstaltungen die Namen aller Gäste aufgeführt werden müssen, genügt es bei größeren Festen, wenn die Zahl der bewirteten Personen und die Personengruppe generell erwähnt werden (BFH v. 30.1.1986 – BStBl 1986 II S. 488).

7. Passen Sie auf, dass man Ihnen keine Liebhaberei anhängt!

Gewerbebetrieb 962

Der Bundesfinanzhof hat die Annahme einer Liebhaberei in Einzelfällen erst nach Ablauf eines Zeitraums von etwa acht Jahren, in denen ausschließlich Verluste erwirtschaftet wurden, für gerechtfertigt gehalten. Selbst in diesen Fällen kann aber dem Finanzamt noch glaubhaft dargetan werden, dass besondere Umstände die andauernden Verluste verursacht haben und der Betrieb nach Wegfall dieser Umstände nachhaltig Gewinne erzielen kann. In der Praxis, so die OFD Köln, bereite diese in die Zukunft gerichtete Beurteilung einer Tätigkeit wegen der ungewissen Entwicklung erhebliche Schwierigkeiten. Es bestünden deshalb keine Bedenken, in Fällen, in denen die Art der Tätigkeit verstärkt auf Liebhaberei hindeute, die Steuerfestsetzung vorläufig nach § 165 AO durchzuführen (OFD Köln v. 29.10.1984 – S. 2240 – 32 – St. 113). Die OFD Nürnberg versteigt sich sogar zu der Anweisung an ihre Finanzämter, die Verluste im Rahmen der vorläufigen Steuerfestsetzung zunächst nicht zu berücksichtigen, es sei denn, erhebliche Anhaltspunkte sprächen für einen steuerlich anzuerkennenden Anfangsverlust (Vfg. OFD Nürnberg v. 28.4.1986 – S. 2113; NWB DokSt F. 3 §§ 2, 20 – EStG A2/87). Das ist wohl der Gipfel einer restriktiven Gesetzesauslegung.
Steuerlich unbeachtliche Einkünfte aus selbständiger Tätigkeit liegen jedenfalls dann vor, wenn absehbar auf Dauer geringfügige Einnahmen gleichbleibender Höhe Ausgaben gegenüberstehen, die sie in wachsender Tendenz um ein Vielfaches übersteigen, so dass bei den übrigen freiberuflichen Einkünften nachhaltig mit überdurchschnittlichen Steuerminderungen gerechnet werden kann (Urteilstenor des FG Saar v. 20.6.1984 – EFG 1985 S. 19).
Diese beiden Tricks gelten auch für Nichtselbständige:

Ein Hobby zum Geschäft ausweiten und viel Steuern sparen

Nehmen wir an, Sie sind ein Autonarr. Sie wohnen in einem Einfamilienhaus und haben sich nebenan eine große Garage gebaut, in der mehr als genug Platz ist, 963

Ihrem Hobby, Motoren zu frisieren, nachzugehen. Im Lauf der Jahre haben Sie sich sogar eine Inspektionsgrube gebaut und tolles Werkzeug beschafft. Zudem haben Sie einen Flaschenzug installiert, um Motoren und Maschinenteile bequem aus- und einbauen zu können. Kurz und gut: Sie haben eine richtige kleine Werkstatt für sich. Liegt es da nicht nahe, sich nebenbei Geld zu verdienen, indem Sie sie anderen Leuten zur Verfügung stellen und dafür Miete verlangen? »Nein – das liegt gar nicht nahe«, sagen Sie. »Ab und zu überlasse ich sie einem Freund, aber mich mit Fremden rumschlagen? Dafür habe ich weder Zeit noch Geduld.« Da haben Sie sich ja schon halb strafbar gemacht, wenn Sie Ihre Freunde dort arbeiten ließen, ohne eine Gewerbegenehmigung in der Tasche zu haben. Und was Sie dafür gezahlt bekamen, haben Sie sicher schwarz eingesteckt. Auch das ist strafbar.

Bleiben Sie lieber auf dem Weg des Gesetzes, holen Sie sich eine Gewerbeerlaubnis für ein paar Euro bei der Gemeinde und geben Sie dem Finanzamt ordnungsgemäß an, was Sie einnehmen. Ich rechne Ihnen vor, was das bringen kann: *Einnahmen* aus Automietwerkstatt, die Sie zwecks Schonung Ihrer Nerven nur guten Freunden zur Verfügung stellen, die (was Sie dem Finanzamt nicht gerade erklären müssen) aus dem Gegenwert von jährlich

8 Kästen Bier bestehen, also ca.	120 €
Ausgaben	
Baukosten der Garage 12.000 €, AfA 7 %	840 €
Baukosten der Grube 3.500 €, AfA 10 %	350 €
Werkzeug 2.500 €, AfA 10 %	250 €
Maschinen 5.000 €, AfA 20 %	1.000 €
Anteilige Kosten Grundsteuer, Strom, Heizung, Wasser	150 €
Anteilige Telefonkosten	20 €
Teilzeitkraft Ehepartner, Tochter etc. (zur Annahme von Gesprächen, Buchführung usw.), monatlich 50 €	600 €
Spesen, Büromaterial	150 €
Diesem Aufwand von	3.360 €
stehen 120 € Einnahmen gegenüber, macht einen *Verlust* von	3.240 €

Übertreiben Sie es aber nicht und bewahren Sie alle Belege sorgfältig auf.

Anmerkung: Gewinne aus einem Gewerbebetrieb gibt es in den Anfangsjahren bei einem neu eröffneten Geschäft kaum. Das Finanzamt kennt das aus langer Erfahrung. Steuererstattung darauf: zwischen 553 € und 1.542 €.

964 Angenommen, Sie entdecken den Künstler in sich und richten sich ein teures Atelier ein. Soweit es rechtlich vertretbar erscheint, berücksichtigt das Finanzamt in diesem Fall den Umstand, dass bis zur Erzielung ausreichender Einkünfte eine längere Zeit als bei manch anderer Berufsgruppe vergehen kann: »Ebenso wird zu berücksichtigen sein, dass bei Künstlern auf Jahre mit Gewinnen auch längere Perioden mit Verlusten folgen können. Letztlich können jedoch Verluste von Kunstschaffenden bei der ESt-Veranlagung steuermindernd nur berücksichtigt werden, wenn es sich um Verluste aus einer Tätigkeit handelt, die auf die Erzielung von positiven Einkünften gerichtet ist.« (OFD Köln v. 5.9.1984 S. 2246 – 3 St – 113) Sie müssen also nur darauf achten, dass keiner sagen kann, es sei Liebhaberei!

TIPP

für Hobbyschriftsteller

Hegen Sie schriftstellerische Ambitionen? Leider werden von den Verlagen 999 von etwa 1.000 eingereichten Manuskripten mit ein paar höflichen Floskeln abgelehnt. Was liegt da näher, als Ihre Geschichte selbst drucken zu lassen und im Eigenverlag herauszugeben? In einschlägigen Zeitschriften können Sie Ihr Buch dann in Anzeigen anpreisen. Auf diese Weise können Sie Ihren Stolz befriedigen, sich einmal gedruckt zu sehen und außerdem das Finanzamt um einen guten Anteil Steuern gedrückt zu haben …

SUPER TRICK

Machen Sie Ihre persönlichen Vorlieben zur Goldgrube!

Wenn persönliches Interesse und Geschäftssinn in dieselbe Richtung gehen, steht am Ende oft der große Erfolg, so sagt man. Und da jedes Unternehmen mit einem gewissen Risiko verbunden ist, sollten Sie finanziell gut abgesichert sein, um mögliche Verluste zu verkraften – am besten durch hohe Einkünfte aus anderen Quellen. »Die durch Verrechnung mit den Verlusten geschmälert werden. Das wollen Sie doch sagen«, so schließen Sie. Richtig, so erging es

- der Ehefrau eines gut verdienenden Arztes mit ihrer Töpferei (10.000 € Verlust in sechs Jahren),
- einem Diakon mit einer Mineralien- und Fossilienhandlung (55.000 € in acht Jahren),
- einem Studienrat a.D. und einem Lehrer als Schriftsteller über das Eisenbahnwesen (24.000 € in vier Jahren) bzw. Wappenkunde (72.000 € in 14 Jahren),
- einem Angestellten mit einer Papageienzucht (14.000 € in fünf Jahren),
- einem anderen Angestellten mit einer VIP-Autovermietung von Mercedes 600 (30.000 € nach zwei Jahren),

- einem Prokuristen und seiner Frau, die zusammen eine Heilpraxis ausübten (90.000 € in sieben Jahren),
- einem Angestellten als Kunstmaler, der durch Studienreisen hohe Verluste hatte (15.000 € in drei Jahren),
- einem Werklehrer als Bildhauer (über 100.000 € in 18 Jahren),
- einem Rechtsanwalt, der über 20 Jahre einen Verlust von 500.000 € abschrieb.

Das Finanzamt hat die Verluste nicht wegen Liebhaberei gestrichen und musste diesen Leuten die bereits bezahlten Steuern für die normalen Einkünfte wieder rausrücken. Einer hat sogar seine Kosten als Liebhaber abgesetzt (Verlust in sieben Jahren 90.000 €).

966 Nicht damit durchgekommen sind vielleicht ebenso viele Unternehmen. Bevor Sie Ihr Hobby zum Geschäft machen, schlagen Sie lieber die entsprechenden Entscheidungen nach. Ein paar Beispiele:
- Rallyesportunternehmen eines Fahrlehrers, sechs Jahre Verluste: Liebhaberei, FG Niedersachsen EFG 1992, S. 97,
- Secondhandshop infolge fehlender Deckung der fixen Kosten: Liebhaberei, FG Hessen EFG 1986, S. 271,
- Kunstgaleriefirma eines Arztes: Liebhaberei, FG Düsseldorf EFG 1992, S. 522,
- Vercharterung einer Segelyacht: Liebhaberei, FG Düsseldorf EFG 1992, S. 328,
- Getränkegroßhandel: nach allerdings erst 19 Verlustjahren als Liebhaberei deklariert, BFH vom 19.11.1985 – BStBl 1986 II S. 289, kaum glaubhaftes Urteil!
- Vollblutgestüt mit Rennstall: schon 1926 als Liebhaberei angesehen: Reichsfinanzhof vom 24.3.1926 – RStBl 1926, S. 194. Vgl. aber ➤ Rz 355,
- Springreitsport war nicht professionell genug: als Liebhaberei erklärt vom FG Rheinland-Pfalz vom 22.4.1982 – EFG 1983, S. 10. Vgl. aber ➤ Rz 355,
- Brieftaubenzucht: Liebhaberei, FG Münster vom 12.12.1962 – EFG 1963, S. 291,
- Architekt (dessen Ehefrau gut verdient) mit einem Gesamtverlust von über 120.000 € im Zeitraum von elf Jahren: Liebhaberei – nicht zu fassen!
- Pensionierter Richter, der über die Beschäftigung mit der Wappenkunde in 14 Jahren 72.000 € Verlust erklärte: Liebhaberei.

Lesen Sie zu Ausnahmen und Gestaltungen in den folgenden Rz nach.

TIPP

zur Liebhaberei

Der BFH verlangt vom Fiskus, dass der sich ganz genau mit dem Fall befasst. So geschehen bei einem Künstler, der selbständig und gleichzeitig angestellt war und aus seiner Kunst insgesamt positive Einkünfte erzielte. Dennoch bestritt das Finanzamt seine Gewinnerzielungsabsicht. Der BFH gab dem Finanzamt eins auf die Finger: Man möge bitte genauer arbeiten (Urt. v. 6.3.2003 – BStBl 2003 II S. 602). Wappnen Sie sich also mit Argumenten, dann haben Sie gute Chancen.

Argumentieren Sie so, wie der Bundesfinanzhof die Sache sieht. Der meint nämlich: »Wenn dauernde Verluste auf das Fehlen einer Gewinnerzielungsabsicht hindeuten, kann dies allein noch nicht entscheidend sein. Aus weiteren Beweisanzeichen muss vielmehr die Feststellung abgeleitet werden können, dass der Steuerpflichtige die verlustbringende Tätigkeit nur aus im Bereich seiner Lebensführung liegenden persönlichen Gründen oder Neigungen ausübt. Der Steuerpflichtige kann sich also darauf berufen, dass er die Gewinnaussichten und die betrieblichen Erfordernisse verkannt und Fehlmaßnahmen getroffen habe. Damit dies glaubhaft wird, muss er allerdings korrigierend tätig werden, etwa die Art der Bewirtschaftung umstellen.« Der Bundesfinanzhof stellt besonders auf einen »Totalgewinn« ab. Und meint, wenn die Gewinnerzielungsabsicht nicht zu prüfen sei, müsse auf das Ergebnis von der Gründung bis zur Veräußerung des Geschäfts geschaut werden. Dabei wären auch evtl. geschaffene stille Reserven einzubeziehen. Würden also nach außen nur Verluste ausgewiesen, könnte möglicherweise doch ein indirekter Gewinn dabei rumgekommen sein.

Darin sehe ich eine Chance für Sie. Bereiten Sie eine genaue Darstellung vor, wenn Ihnen das eben erwähnte Schreiben des Amtes auf den Schreibtisch flattert. Führen Sie an, was in Ihrem Laden bislang nicht geklappt hat und warum ständig Verluste angefallen sind. Und dass Sie ein neues Konzept erarbeiten und Umstrukturierungen vornehmen werden. Und dass Sie erst mal Erfahrungen zu sammeln hatten, um konkurrenzmäßig mithalten zu können. Das Allerwichtigste, das Sie nie vergessen dürfen:

Ihr Nebenjob muss kurz vor Ablauf der sog. Liebhabereifrist von zehn Jahren einen bleibenden Überschuss bringen. Ansonsten werden die Steuervorteile vom Finanzamt rückwirkend gestrichen! Mein Rat: Ist Ihnen das nicht möglich, dann melden Sie den Betrieb einfach ab – und Sie haben die Steuerermäßigungen für zehn Jahre sicher im Sack.

Sie sind skeptisch? Überlegen Sie doch: Wie könnten Sie Ihre streng kaufmännische Denkweise und Ihr Streben nach einem Gesamtgewinn besser dokumentieren als dadurch, dass Sie Ihren Betrieb einstellen, weil sich Ihr Engagement als nicht lohnend herausgestellt hat. Gerade damit nehmen Sie streichwütigen Fiskalrittern den Wind aus den Segeln, denn die Schließung des Betriebs ist die wohl wirksamste und daher auch vom Bundesfinanzhof anerkannte Umstrukturierungsmaßnahme, um von dauernden Verlusten herunterzukommen (BFH-Urt. v. 15.11.1984 – BStBl 1985 II S. 205).

969 **Typische Gewerbebetriebe sind keine Liebhaberei**

Liebhaberei bedeutet immer, dass Ihr Betrieb langfristig Verluste abwirft **und zusätzlich** private Motive für seine Führung vorliegen. Fehlen solche privaten Gründe, kann Ihnen das Finanzamt nur noch in absoluten Ausnahmefällen mit Liebhaberei kommen. So gehört z. B. das Aufstellen von Automaten nicht zu den Tätigkeiten, die typischerweise der Befriedigung privater Neigungen dienen. Im Vorrang steht hier normalerweise das Ziel, Gewinne zu erwirtschaften. Werden trotzdem nachhaltig Verluste erzielt, kann Liebhaberei nur angenommen werden, wenn konkrete Anhaltspunkte dafür vorliegen, dass Sie die Verluste aus persönlichen Gründen hingenommen haben. Und das muss Ihnen das Finanzamt nachweisen (BFH v. 19.3.2009 – IV R 40/06).

Insbesondere bei Betrieben, bei denen es unwahrscheinlich ist, dass Sie damit nur Ihrem Hobby frönen, kann Ihnen das Finanzamt nur dann mit Liebhaberei kommen, wenn Sie über die Gründungsphase von ca. fünf Jahren hinaus sind und danach keine Maßnahmen ergriffen haben, die Verluste zu verringern. Allein die Steuerersparnis sieht der BFH als nicht ausreichend an, es sei denn, Sie legen es darauf an, gezielt die Verluste von der Steuer abzusetzen, spätere Gewinne dagegen möglichst steuerfrei zu kassieren (BFH v. 23.5.2007 – BStBl 2007 II S. 874).

970 **Vorgründungskosten**

Lassen Sie sich von den Fiskalrittern nicht die Vorgründungskosten für eine neue Existenz aberkennen! Nehmen wir mal an, Sie wollen sich mit einer McDonald's-Filiale im Franchising-System eine neue Existenz aufbauen. Dazu besuchen Sie teure Managerseminare, machen Lehrgänge in kaufmännischer Schulung, Englisch und Buchführung, fliegen zur Information in die Staaten

und haben dafür schon bald	10.000 €
ausgegeben. Dazu haben Sie Fahrtkosten von	2.500 €
Zusammen	12.500 €
Diese Ausgaben möchten Sie von Ihrem Einkommen	
als Arbeitnehmer in Höhe von	50.000 €
absetzen	– 12.500 €
so dass auf die verbleibenden	37.500 €

statt 12.780 € nur 8.052 € Steuer anfallen.

Ihr Pech ist nun, dass McDonald's Ihnen die bereits in Aussicht gestellte Filiale nicht übergibt. Sie fragen nach, warum, und man sagt Ihnen, dass man durch eine Schufa-Auskunft erfahren habe, dass Sie in früheren Jahren einmal eine eidesstattliche Versicherung hatten ablegen müssen. Das Finanzamt meint: Sie hätten wissen müssen, dass damit Ihre Chancen auf eine Filiale und somit auf Selbständigkeit gering waren. Aus also für die Steuerrückzahlung. Als ordentlicher Mensch haben Sie aber alle Unterlagen aufbewahrt. Und aus denen geht hervor, dass Sie damals als selbständiger Plattenhersteller nur deshalb den Betrieb einstellen mussten, weil Sie der Pleitier Dr. Schneider mit in den Abgrund zog – Sie also unschuldig bankrottgegangen sind.

Resultat: Die Finanzer müssen klein beigeben. 4.728 € gerettet.

> *Pro Minute muss der Bund für Zinszahlungen*
> *mehr als 80.000 € ausgeben,*
> *in der Stunde fast fünf Millionen Euro.*
> *In den kommenden Jahren*
> *wird's noch mehr.*
> (Der frühere Finanzminister Hans Eichel)

GUTER RAT

971 Umsatzsteuerlich kommt es nicht auf Gewinn-, sondern auf Einnahmeerzielungsabsicht an. Da das Umsatzsteuerrecht keine Liebhaberei kennt, können auch in einem solchen Fall die Regelungen des Vorsteuerabzugs anwendbar sein. So ist z.B. Karnevals- und Faschingsprinzen der Vorsteuerabzug nicht zu versagen (BFH v. 27.10.1993).

Vergessen Sie nicht: Eine private Nutzung eines Pkw müssen Sie bei der Umsatzsteuer als Eigenverbrauch erklären. Auch hier gelten als Bemessungsgrundlage zunächst einmal 1 % des Listenpreises pro Monat, allerdings abzgl. eines pauschalen Abschlags von 20 %. Damit wird bei der Pauschalregelung ausgeglichen, dass bei einem Pkw ein großer Teil Kosten entsteht, auf die keine Vorsteuern in Rechnung gestellt werden können, wie Kfz-Versicherung, Kfz-Steuer etc.

972 **Sie sollten aber wissen:** Bei Jahresumsätzen bis zu 17.500 € einschließlich Eigenverbrauch sind Sie Kleinunternehmer, d.h., von Ihnen wird keine Umsatzsteuer erhoben. Das bedeutet aber auch, dass keine Vorsteuer angerechnet und erstattet werden kann (§ 19 UStG). Damit Sie, wie geplant, die 6.650 € Vorsteuer aus der Wohnmobilrechnung erstattet bekommen, müssen Sie dem Finanzamt erklären, dass Sie *die Regelbesteuerung* wählen. An diese sind Sie dann fünf Jahre gebunden. Sie müssen dann Ihre Umsätze versteuern, auch wenn sie weiter unter der Grenze von 17.500 € liegen, können im Gegenzug aber aus den laufenden Kosten die Vorsteuern abziehen.

8. Abschreibungen

973 Die Kosten für Wirtschaftsgüter, die Sie zur Erzielung von Einkünften verwenden, können Sie steuermindernd als Betriebsausgaben abziehen. Wirtschaftsgüter, die länger als ein Jahr genutzt werden, können Sie allerdings nur im Weg der Abschreibung absetzen, wobei die Anschaffungskosten auf die voraussichtliche Nutzungsdauer verteilt werden. Abschreiben können Sie letztlich alle betrieblich genutzten Wirtschaftsgüter, die einem technischen oder wirtschaftlichen Wertverzehr unterliegen.

Bei Grundstücken und Gemälden anerkannter Künstler (BFH-Urt. v. 2.12.1977 – BStBl 1978 II S. 164) und historischen Sammlungs- und Schaustücken (BFH-Urt. v. 9.8.1989 – BStBl 1990 II S. 50) erkennt der Fiskus einen Wertverzehr normalerweise nicht an. Sie begegnen dem aber ganz einfach mit dem Hinweis, dass z. B. Ihre antiken Möbel im Büro durch die tatsächliche Nutzung einer technischen Abnutzung unterliegen und deshalb abgeschrieben werden können, obwohl sie wegen ihres historischen Wertes von Jahr zu Jahr wertvoller werden. Weisen Sie ungläubige Fiskalvertreter auf das BFH-Urteil vom 31.1.1986 (BStBl 1986 II, S. 355) hin.

Die Nutzungsdauer ist nicht die tatsächliche Lebensdauer, sondern die Zeit, in der Sie den Gegenstand gewöhnlich in Ihrem Unternehmen einsetzen. Die Nutzungsdauer müssen Sie im Einzelfall schätzen, wobei Sie natürlich eher ein Jährchen zu wenig als zu viel schätzen sollten, denn je kürzer die Nutzungsdauer, umso höher Ihre Abschreibung.

Die Stuttgarter Regierung hat die Handschriftensammlung eines reichen Fürsten zum Rekordpreis von umgerechnet 24 Millionen € aufgekauft.

SUPER TRICK
Schreiben Sie auch ab, was Ihrem Ehepartner gehört!

974 Eine Abschreibung können Sie zunächst nur vornehmen, wenn Ihnen das Wirtschaftsgut zivilrechtlich gehört. Oder es Ihnen wegen besonderer Umstände zumindest steuerlich als wirtschaftliches Eigentum zugerechnet wird. Gehört ein Gegenstand oder ein Gebäude, das Sie für Ihren Betrieb oder Ihren Beruf nutzen, ganz oder zum Teil Ihrem Ehegatten, haben Sie zwei Möglichkeiten. Einfach ist die Sache, wenn er zwar Miteigentümer ist, jedoch keine nennenswerten eigenen Einkünfte hat.

Haben Sie deshalb sowieso die gesamten Kosten getragen, z. B. die Baukosten für Ihr Haus, in dem sich auch Ihre Praxis befindet, können Sie die Abschreibung in voller Höhe als Betriebsausgaben absetzen. Den Anteil, der rechnerisch auf Ihren

Ehepartner entfällt, setzen Sie unter der schönen Bezeichnung Drittaufwand ab.
Hat Ihre bessere Hälfte dagegen ihren Anteil am Kaufpreis oder den Herstellungskosten selbst bezahlt, hilft ein einfacher Mietvertrag, mit dem Sie ihren ideellen Anteil an den von Ihnen betrieblich genutzten Räumen mieten.
Sie bzw. er hat dadurch zwar Einkünfte aus Vermietung, kann andererseits aber auch die Abschreibung absetzen. Da Sie die Miete als Betriebsausgaben absetzen können, bleibt es per saldo dabei, dass Sie in Ihrer gemeinsamen Steuererklärung die Abschreibung in voller Höhe absetzen.

TIPP

für gebrauchte Gegenstände

Auch für Sachen, die Ihnen schon jahrelang gehören und die Sie neuerdings für Ihr Unternehmen einsetzen, können Sie Abschreibung geltend machen. Der Vorteil für Land- und Forstwirte, Gewerbetreibende bzw. selbständig Tätige ist, dass die Abschreibungen nicht von den ursprünglich gezahlten Anschaffungskosten berechnet werden müssen. Die Einlage eines privaten Gegenstands in den Betrieb können Sie vielmehr mit dem Teilwert ansetzen, das ist der aktuelle Wert zum Zeitpunkt der erstmaligen betrieblichen Verwendung. Die Abschreibung ergibt sich aus diesem im Zweifel geschätzten Teilwert und der angenommenen Restnutzungsdauer des Gegenstands. Allerdings gilt dies nur, wenn Sie für diesen Gegenstand bisher noch keinerlei Abschreibung einkommensmindernd geltend gemacht haben. Im anderen Fall wäre nur der verminderte Betrag abzuschreiben. Die Abschreibung beginnt zunächst immer mit der Anschaffung, d.h. wenn das Wirtschaftsgut geliefert wird, bzw. mit dem Zeitpunkt der Fertigstellung. Für bewegliche Gegenstände bei Anschaffung bzw. Herstellung im Lauf des Kalenderjahres können Sie von Ihrer Abschreibung für jeden angefangenen Monat $1/12$ der vollen Jahresabschreibung ansetzen. Eine Ausnahme bildet dabei die degressive Gebäudeabschreibung. Hier wird im ersten und letzten Jahr des Abschreibungszeitraums immer der volle Jahresbetrag angesetzt.

Beispiel
Sie kaufen am 15.4. für 36.000 € einen neuen Wagen, dessen Nutzungsdauer sechs Jahre beträgt. Die volle Jahresabschreibung beträgt also 6.000 €. Ihre Abschreibung im ersten Jahr beträgt $9/12$ von 6.000 € = 4.500 €.

Das Einkommensteuergesetz sieht in § 7 EStG für Gegenstände, die betrieblich oder freiberuflich genutzt werden, unterschiedliche Abschreibungsmethoden vor. Nehmen wir an, Sie legen einen PC in Ihr Betriebsvermögen ein, den Sie 2014 als Arbeitnehmer beruflich genutzt und abgeschrieben haben und seit Oktober 2015 betrieblich nutzen.

Ursprüngliche Anschaffungskosten 4/2014	2.700 €
./. Abschreibung 4/2014 bis 10/2015 = $^{18}/_{12}$ von 900 €	− 1.350 €
Einlage am 1.10.2015	1.350 €
./. Abschreibung 2015 im Betrieb: $^{3}/_{12}$ von 900 €	− 225 €
(Restnutzungsdauer 1,5 Jahre)	
Wert 31.12.2015	1.125 €
AfA für 2016:	900 €

975 ● **Lineare Abschreibung nach § 7 Abs. 1 S. 1 u. 2 EStG**

Die Abschreibung wird entsprechend der Nutzungsdauer des Gegenstands in gleichbleibenden Jahresbeträgen berücksichtigt. Im Jahr der Anschaffung wird die Abschreibung für jeden Monat, in denen Ihnen das Wirtschaftsgut noch nicht gehört hat, um $^{1}/_{12}$ gekürzt (zeitanteilige Berücksichtigung der Abschreibung).

976 ● **Degressive Abschreibung, § 7 Abs. 2 EStG**

Außer bei Gebäuden können Sie auch bei betrieblich genutzten beweglichen Wirtschaftsgütern die Abschreibung degressiv vornehmen – sofern Sie sie in der Zeit zwischen dem 1.1.2006 und dem 31.12.2007 oder zwischen dem 1.1.2009 und dem 31.12.2010 angeschafft haben.

Für Wirtschaftsgüter, die im Jahr 2008 oder ab 2011 erworben wurden, kann nur die lineare Abschreibung beansprucht werden.

Der Vorteil der degressiven Abschreibung liegt vor allem darin, dass sie in den ersten Jahren der Nutzungsdauer wesentlich höher ist als die lineare Abschreibung, während sie zum Ende hin niedriger ist. Die degressive Abschreibung lohnt sich allerdings allenfalls bei einer Nutzungsdauer über fünf Jahre. Mit ihrer Hilfe können Sie z.B. eine Maschine mit einer zehnjährigen Nutzungsdauer bereits in den ersten beiden Jahren zu 40 % abschreiben.

Anders als bei der linearen Abschreibung, bei der der Abschreibungssatz jeweils auf die Anschaffungs-/Herstellungskosten angewendet wird, wird er bei der degressiven Abschreibung nach dem Restwert zum Schluss des vergangenen Jahres berechnet. Die Anschaffungs- oder Herstellungskosten sind nur Ausgangswert für die Berechnung im ersten Jahr.

Der Prozentsatz der degressiven Abschreibung darf bei Anschaffung bzw. Herstellung nach dem 31.12.2005 höchstens dreimal so hoch sein wie der lineare Abschreibungssatz und höchstens 30 % betragen. Bei Anschaffungen nach dem 31.12.2008 liegen die Höchstbeträge beim 2,5-Fachen der linearen Abschreibung und max. 25 %. Die jeweils zulässigen Abschreibungssätze ergeben sich aus der folgenden Tabelle:

Betriebsgewöhnliche Nutzungsdauer	Abschreibung linear	Abschreibung degressiv (Kauf bis 2007)	Abschreibung degressiv (Kauf ab 2009)
Jahre	%	%	%
5 – 10	20 – 10	30,00	25,00
11	9,09	27,27	22,73
12	8,33	25,00	20,83
13	7,69	23,07	19,23
14	7,14	21,42	17,85
15	6,66	20,00	16,65
16	6,25	18,75	15,63
17	5,88	17,64	14,70
18	5,55	16,65	13,88
19	5,26	15,78	13,15
20	5,00	15,00	12,25
21	4,76	14,28	11,90
22	4,54	13,62	11,35
23	4,34	13,02	10,85
24	4,16	12,48	10,40
25	4,00	12,00	10,00
30	3,33	10,00	8,33
40	2,50	7,50	6,25

SUPER TRICK

Wechseln Sie rechtzeitig die Abschreibungsmethode!

Wie Sie gelesen haben, ist die degressive Abschreibung nur in den ersten Jahren günstiger. Ich rate Ihnen daher, nach ein paar Jahren schleunigst zur linearen zu wechseln, wenn sich herausstellt, dass Sie damit besser fahren. Gegen einen Wechsel von der degressiven zur linearen Abschreibung können die Fiskalvertreter übrigens nichts machen, denn er ist nach § 7 Abs. 3 S. 1 EStG jederzeit möglich. Ein Wechsel von der linearen zur degressiven Abschreibung ist allerdings nicht zulässig. Wenn Sie den Wechsel vollzogen haben, wird der verbliebene Restbuchwert gleichmäßig auf die restliche Nutzungsdauer verteilt.

Beispiel
Die Anschaffungskosten Ihrer Büromöbel betrugen im Januar des Anschaffungsjahrs 20.000 €; Nutzungsdauer 13 Jahre.

Buch-/Restwert	Jahr	degressiv $2/_{13}$ (20,07 %)	linear $1/_{13}$	Differenz
Anschaffungskosten		20.000	20.000	
Abschreibung	1	4.014	1.538	2.476
Restbuchwert		15.986	18.462	
Abschreibung	2	3.208	1.538	1.670
Restbuchwert		12.778	16.923	
Abschreibung	3	2.565	1.538	1027
Restbuchwert		10.213	15.385	
Abschreibung	4	2.050	1.538	512
Restbuchwert		8.163	13.846	
Abschreibung	5	1.638	1.538	100
Restbuchwert		6.525	12.308	
Abschreibung	6	1.310	1.538	– 228
Restbuchwert		5.215	10.769	
Abschreibung	7	1.047	1.538	– 491
Restbuchwert		4.168	9.231	
Abschreibung	8	836	1.538	– 702
Restbuchwert		3.332	7.692	
Abschreibung	9	669	1.538	– 869
Restbuchwert		2.663	6.154	
Abschreibung	10	534	1.538	– 1.004
Restbuchwert		2.129	4.615	
Abschreibung	11	428	1.538	– 1.110
Restbuchwert		1.701	3.077	
Abschreibung	12	341	1.538	– 1.197
Restbuchwert		1.360	1.539	
Abschreibung	13	273	1.538	– 1.265
Restbuchwert		1.087	1	

Sie sollten in diesem Fall nach dem neunten Jahr zur linearen AfA wechseln. Die Abschreibung beträgt dann für die Jahre 10 bis 13 jeweils $1/_4$ von 2.663 € = 666 €.

- **außerordentliche Abschreibung** 978

bei Beschädigung oder technischem Fortschritt

Sie müssen sich nicht immer mit der regulären Abschreibung zufriedengeben. Wenn es z.B. bei einem Unfall mit dem Betriebs-Pkw gekracht hat oder ein unachtsamer Lehrling eine Maschine in Flammen aufgehen lässt, können Sie den Schaden in Form einer außerordentlichen Abschreibung zusätzlich absetzen. Auch wenn Ihnen die technische Entwicklung davongelaufen ist, können Sie von der außerordentlichen Abschreibung profitieren. Ist Ihr Büro noch etwas vorsintflutlich mit veralteten Computern ausgestattet, können Sie deren Restwert auf einen Schlag abschreiben, wenn Sie auf moderne Rechner umstellen.

Abschreibung für GWG 979
Dieses unverständliche Steuerchinesisch bezeichnet einen ganz simplen Vorgang: GWG bedeutet »geringwertiges Wirtschaftsgut«; um die Buchführung zu entlasten, brauchen die Anschaffungskosten für ein GWG nicht auf die normale Nutzungsdauer verteilt zu werden. Für die Abschreibung gelten folgende Regeln:

Vollabschreibung im Bereich private Einkünfte
Für die Vollabschreibung von Gegenständen im Bereich privater Einkünfte, z.B. als Arbeitnehmer oder Vermieter, gilt ein Grenzbetrag von 410 € (ohne Mehrwertsteuer). Das entspricht einem Kaufpreis von 488 €.

Abschreibung im betrieblichen Bereich
Kategorie 1 (Vollabschreibung)
Für betrieblich genutzte Gegenstände haben Sie zwei Möglichkeiten:

1. für Gegenstände bis 410 € Netto (Kaufpreis 488 €) setzen Sie die vollen Anschaffungskosten im Jahr des Erwerbs ab. Gegenstände mit höheren Anschaffungskosten müssen über die betriebliche Nutzungsdauer abgeschrieben werden.

2. Sie setzen nur Gegenstände mit Anschaffungskosten bis 150 € (Kaufpreis rd. 178 €) voll ab und sind im Übrigen an die Behandlung lt. **Kategorie 2** gebunden.

Kategorie 2 (Sammelposten mit fünfjähriger Abschreibung im Betrieb)
Für geringwertige Wirtschaftsgüter mit Anschaffungskosten (ohne abziehbare Vorsteuer) zwischen 150 € und 1.000 € gilt eine Besonderheit. Alle Anschaffun-

gen in dieser Preiskategorie eines Jahres werden in einem Sammelposten zusammengefasst (»GWG-Pool«) und unabhängig von Ihrer tatsächlichen Nutzungsdauer einheitlich auf fünf Jahre abgeschrieben. Werden im Lauf dieser fünf Jahre einzelne Wirtschaftsgüter aus dem GWG-Pool vekauft, werden zwar die Verkaufserlöse als Betriebseinnahme erfasst, der Abgang der entsprechenden Gegenstände aber nicht gesondert erfasst. Obwohl sie also nicht mehr im Betrieb sind, werden sie bis zum Ablauf des Fünfjahreszeitraums weiter abgeschrieben.

Die Vollabschreibung ist auch für solche Wirtschaftsgüter zulässig, die zunächst privat genutzt und später dem Betrieb zugeführt (umgewidmet) wurden. (Sind die Gegenstände bis zu drei Jahre alt, müssen Sie die Abschreibung abziehen und den Restwert ansetzen. Sind sie älter, dürfen Sie sie mit dem Teilwert ansetzen. Nichtselbständige müssen immer die Vorabschreibungen berücksichtigen!) Diese Regelung machen Sie sich zunutze und legen dem Steuerberater zwecks Einlagenbuchung und anschließender Vollabschreibung z. B. folgende Abrechnung vor:

4 Besucherstühle à 200 € aus vierjährigem Privatbesitz	800 €
1 Perserbrücke aus fünfjährigem Privatbesitz	400 €
2 Ölgemälde aus vierjährigem Privatbesitz (300 € + 250 €)	550 €
Summe (mit Teilwert = Wiederbeschaffungskosten bewertet)	1.750 €
Steuerersparnis durch Abschreibung 20 % = ca.	350 €

Filz? Verschwendung auf jeden Fall:
Das Arbeitsministerium ist Mitglied eines
Dampfkesselvereins (Dampfkessel gibt's längst nicht mehr!),
dem es für diese Ehre jährlich gut 45.000 € Beiträge zahlt.
Welcher Ministerialbeamte mag wohl Vorstand dieses
Vereins sein? Wann melden Sie einen ähnlichen an?

9. Investitionsabzugsbetrag für kleinere und mittlere Betriebe sowie für Freiberufler – Die Abschreibung auf Zuruf

980 Handelt es sich bei Ihrem Unternehmen um einen kleinen bzw. mittleren Betrieb, können Sie wie eine Art vorweggenommene Abschreibung eine Gewinnminderung schon in Jahren absetzen, in denen Sie den betreffenden Gegenstand noch gar nicht gekauft haben. Das funktioniert, indem Sie außerhalb Ihrer Bilanz einen *Investitionsabzugsbetrag* (§ 7 g Abs. 1 EStG) in Höhe von bis zu 40 % der voraussichtlichen Anschaffungskosten ausweisen.

Als kleiner oder mittlerer Betrieb geht ein Unternehmen durch, wenn bei

● Gewerbetreibenden oder Freiberuflern, die Bilanzen aufstellen, das Betriebsvermögen max. 235.000 € beträgt;

9. Investitionsabzugsbetrag für kleinere und mittlere Betriebe sowie für Freiberufler

- Gewerbetreibenden oder Freiberuflern, die eine Einnahmenüberschussrechnung erstellen, der Gewinn bei max. 100.000 € liegt;
- Land- und Forstwirten der Wirtschaftswert max. 125.000 € beträgt.

Die Wirtschaftsgüter, für die Sie einen Investitionsabzugsbetrag in Anspruch nehmen wollen, müssen zudem

- voraussichtlich innerhalb der nächsten drei Jahre erworben werden,
- beweglich sein,
- zum Anlagevermögen Ihres Betriebs gehören.

In den Genuss eines Investitionsabzugsbetrags kommen Sie auch mit **gebrauchten** Wirtschaftsgütern.

Damit Sie von dem Investitionsabzugsbetrag profitieren, muss das später erworbene Wirtschaftsgut mindestens bis zum Ende des Jahres nach der Anschaffung im Betrieb bleiben und dort zu mehr als 90 % betrieblich genutzt werden. Angenommen, Sie wollen 2018 eine neue Maschine oder einen neuen Lkw kaufen. Die betriebliche Nutzung liegt wie schon bei den Vorgängermodellen bei nahezu 100 %. Für den Kauf können Sie schon 2015 eine Gewinnminderung durch einen Investitionsabzugsbetrag erreichen.

Sie können Ihren Gewinn max. um 40 % der voraussichtlichen Anschaffungs-/Herstellungskosten kürzen. Zugleich beträgt der Höchstbetrag für Ihre Investitionsabzugsbeträge 200.000 €. Sie können also die Abschreibung für geplante Investitionen bis zu einer Höhe von max. 500.000 € um bis zu drei Jahre vorziehen.

SUPER TRICK

Gewinnminderung auf Zuruf

Bestimmte Nachweise oder gar einen detaillierten Investitionsplan müssen Sie dem Finanzamt für einen Abzug des Investitionsabzugsbetrages nicht liefern. Es reicht völlig aus, wenn Sie als Anlage zu Ihrer Gewinnermittlung auf einem – möglichst geduldigen – Stück Papier Angaben zu

- Art,
- Zeitpunkt,
- Höhe und
- Ort

der geplanten Investition machen. Bei der Art der Investition reicht aber z.B. eine Gattungsbezeichnung. Statt Lkw werden Sie also den Begriff »Transportfahrzeug« und statt Schreibtisch »Büroausstattung« verwenden. Wenn es dann nämlich statt des Lkw ein Sattelanhänger wird oder statt des Schreibtischs eine Regalwand, müssen Sie nicht befürchten, dass Ihnen der Fiskus im Nachhinein die Gewinnminderung wegen nicht erfolgter (zutreffender) Investition streicht. Platzt die Investition oder wird sie nicht in der geplanten Höhe getätigt, wird die Gewinnminderung aus dem Investitionsabzugsbetrag rückwirkend ganz bzw. teilweise gestrichen. Dazu wird der ursprüngliche Einkommensteuerbescheid geändert und eine entsprechende Steurnachzahlung festgesetzt. Hinzu kommt, dass die Fiskalritter auf die Nachzahlung für jeden Monat zwischen dem 1. 4. des zweiten Jahres nach dem Veranlagungsjahr und der Begleichung der Nachzahlung 0,5 % Zinsen kassieren.

Beispiel

Sie führen seit Jahren einen Gewerbebetrieb. Zum 31.12.2015 haben Sie einen Investitionsabzugsbetrag von 20.000 € abgezogen mit dem Hinweis, dass Sie sich 2018 für 50.000 € einen neuen Transporter kaufen wollen. Die Steuerersparnis daraus hat 2015 6.000 € betragen. 2018 platzt der Kauf des neuen Autos jedoch.
Der Investitionsabzugsbetrag wird Ihnen nach Bearbeitung Ihrer Steuererklärung 2018 nachträglich für 2015 entzogen. Der Steuerbescheid 2015 wird geändert und eine Nachzahlung von 6.000 € Einkommensteuer festgesetzt, die Sie bei Fälligkeit, z.B. am 10.10.2019, begleichen. Neben der Nachzahlung an Einkommensteuer müssen Sie aber noch für die Zeit vom 1.4.2017 bis 30.9.2019 also für 30 Monate, Zinsen von 0,5 % pro Monat zahlen. Sie zahlen also nicht 6.000 € zurück, sondern 6.900 €.

Alternatives Beispiel

Sie haben im Jahr 2015 als Inhaber einer Werbeagentur die höchstmögliche Ansparrücklage in Höhe von 30.000 € (= 40 % der Anschaffungskosten) für eine in 2018 anzuschaffende EDV-Anlage (Kaufpreis 75.000 €) abgesetzt. Die Anlage wurde im ersten Halbjahr 2018 geliefert, kostete aber nur 60.000 €. Die Steuererklärung 2018 haben Sie im Oktober 2019 abgegeben, das Finanzamt hat den Steuerbescheid am 10.11.2019 erlassen.
Mit dem Steuerbescheid für 2018 korrigiert das Finanzamt gleichzeitig den Steuerbescheid 2015. Dort wird nun die Gewinnminderung aus dem Investitionsabzugsbetrag von 30.000 € auf 40 % von 60.000 € = 24.000 € reduziert und der Gewinn um 6.000 € erhöht. Daraus ergibt sich eine Einkommensteuernachzahlung von 2.100 € (Steuersatz ca. 35 %). Der korrigierte Steuerbescheid 2015 wird zusammen mit dem für 2018 erlassen. Die Rückzahlung von 2.100 € wird zum 13.12.2019 fällig. In diesem Fall wird der Betrag von 2.100 € für den Zeitraum vom 1.4.2017 bis 30.11.2019 (= 32 Monate) verzinst. Die Nachzahlungszinsen betragen 336 €.

SUPER TRICK
Zusätzlicher Gewinnabzug und Sonderabschreibung im Jahr der Anschaffung

Mit dem Investitionsabzugsbetrag sind zwei Vorteile verbunden:

1. Eine Sonderabschreibung von 20 % der Anschaffungskosten. Die Voraussetzungen für ihren Abzug sind dieselben wie für die Inanspruchnahme des Investitionsabzugsbetrags.
2. Ein weiterer Sonderabzug zu Lasten des Gewinns von bis zu 40 % der Anschaffungskosten (max. in Höhe des beanspruchten Investitionsabzugsbetrags). Mit der Gewinnminderung aus diesem Sonderabzug können Sie die Gewinnerhöhung aus der Auflösung des Investitionsabzugsbetrags im Jahr der Investition kompensieren. Einziger kleiner Pferdefuß: Die Abschreibungen werden nach den Anschaffungskosten, gekürzt um den Sonderabzug, berechnet.

Beispiel
Sie haben im Jahr 2012 einen Investitionsabzugsbetrag von 40.000 € gebildet für die voraussichtliche Anschaffung einer Maschine (Nutzungsdauer zehn Jahre) im Wert von 100.000 € im Jahr 2015. Die Maschine wird am 1.10.2015 geliefert.

Jahr	Abschreibungen/Korrekturen	Gewinnauswirkung
2012		
Investitionsabzugsbetrag	40 % v. 100.000 €	+ 40.000 €
2015		
Anschaffung der Maschine zum 1. 10.	100.000 €	
gewinnerhöhende Auflösung des Investitionsabzugsbetrags	40 % v. 100.000 €	40.000 €
Sonderabzug	40 % v. 100.000 €	– 40.000 €
Sonderabschreibung (Berechnungsgröße = 100.000 € – 40.000 €)	60.000 € × 20 %	– 12.000 €
reguläre Abschreibung (10 %) für 3 Monate	60.000 € × 10 % × $^3/_{12}$	– 1.500 €
Gewinnminderung bis 31.12.2015		53.500 €

Wie Sie sehen, können Sie auf diese Weise bis zum Ende des ersten Jahres, in dem Sie die Maschine gekauft haben, unter dem Strich über 53 % abschreiben.

TRICK

Ziehen Sie den Investitionsabzugsbetrag in Raten ab!

983 Der Fiskus verlangte bisher immer, dass sie den Investitionsabzugsbetrag in einem einzigen Wirtschaftsjahr (Abzugsjahr) geltend machen. Nur wenn sich später die kalkulierten Kaufpreise für die Investition erhöhten, sollte eine nachträgliche Aufstockung in einem späteren Jahr möglich sein. Dieses Aufstockungsverbot war vor allem dann ungünstig für Sie, wenn sich der Investitionsabzugsbetrag nicht voll auswirken konnte, weil Ihr Einkommen recht niedrig war.

Dieser restriktiven Handhabung ist der BFH entgegengetreten. Er lässt anders als das Finanzamt eine Aufstockung des bereits gebildeten Investitionsabzugsbetrags in einem späteren Jahr generell zu (BFH v. 12.11.2014 – X R 4/13, DB 2015 S. 6). Damit haben Sie es nun in der Hand, den maximalen Investitionsabzugsbetrag während der dreijährigen Investitionsfrist möglichst steuergünstig zu verteilen.

Beispiel
Angenommen, Sie haben 2014 die Anschaffung neuer Maschinen im Jahr 2017 für Ihren Betrieb geplant. Die voraussichtlichen Anschaffungskosten sollten 200.000 € betragen. Sie hätten also 2014 eigentlich 80.000 € vom Gewinn abziehen können. Da Ihr Gewinn aber 2014 nur 50.000 € betragen hat, haben Sie nur 40.000 € Investitionsabzugsbetrag in Anspruch genommen. Mit ein paar Sonderausgaben, die vom Restgewinn von 10.000 € noch abgezogen wurden, kamen Sie damit schon auf eine Steuer von 0 €. Im Jahr 2015 machen Sie jetzt von der für Sie günstigen BFH-Rechtsprechung Gebrauch und nehmen die verbleibenden 40.000 € Investitionsabzugsbetrag bei der Steuererklärung 2015 in Anspruch. So drehen Sie dem Finanzamt eine lange Nase und sparen noch einmal einen dicken Batzen an Steuern.

TRICK

Beanspruchen Sie den Investitionsabzugsbetrag für EDV-Programme!

984 Den Investitionsabzugsbetrag erhalten Sie normalerweise nur für materielle Wirtschaftsgüter, das sind körperlich greifbare Gegenstände, die Sie für den Betrieb anschaffen wollen. EDV-Programme sind daher eigentlich außen vor. Allerdings gilt eine Ausnahme für sog. Trivialsoftware. Das sind EDV-Pakete, die konfektioniert sind und massenhaft im Handel angeboten werden, die also nicht auf Ihre Bedürfnisse zugeschnitten sind. Neben einfachen Buchhaltungsprogrammen gehört dazu vor allem typische Bürosoftware wie Textverarbeitungs-, Tabellenkalkulations- und E-Mail-Programme. Ohne weitere Prüfung können Sie von einer Trivialsoftware ausgehen, wenn der Kaufpreis dafür nicht über 410 € (ohne MwSt.) liegt.

TRICK
Kompensieren Sie mit einem Investitionsabzugsbetrag eine Gewinnerhöhung durch das Finanzamt!

Angenommen, das Finanzamt weicht von Ihrer Steuererklärung ab und streicht Ihnen einen Teil der Betriebsausgaben oder es kommt im Rahmen einer Betriebsprüfung zu einer nachträglichen Gewinnerhöhung. Mithilfe des Investitionsabzugsbetrags fahren Sie dem Fiskus in die Parade. Beantragen Sie in einem solchen Fall schlicht die nachträgliche Erfassung eines Investitionsabzugsbetrags und kompensieren Sie damit die vom Fiskus vorgenommene Gewinnerhöhung und damit letztlich die drohende Steuernachzahlung.

985

Wenn Ihnen das Finanzamt mit Hinweis auf das BMF-Schreiben vom 20.11.2013 (BStBl 2013 I S. 1493) den nachträglichen Investitionsabzugsbetrag nicht anerkennen will, kontern Sie mit zwei aktuellen Gerichtsentscheidungen, die Ihren Standpunkt stützen. Die Finanzgerichte Sachsen (Sächsisches FG v. 3.12.2013 – 8 K 738/12) und Niedersachsen (FG Niedersachsen v. 18.12.2013 – 4 K 159/13, Revision beim BFH – IV R 9/14) sind da nämlich ganz anderer Meinung und wollen Ihnen den Abzugsbetrag zugestehen. Also auf ins Gefecht und dem Fiskus die Stirn geboten.

10. Vermasseln Sie dem Fiskus gänzlich die Tour

Längst haben Sie die Hoffnung auf niedrige Steuersätze und gerechte Steuergesetze aufgegeben, denn der Staat scheut sich nicht, auch verfassungswidrige Gesetze in Kraft zu setzen und anzuwenden, die das Verfassungsgericht konkret für verfassungswidrig erklärt hat.

Schöpfen Sie daher alle Möglichkeiten aus, den zu versteuernden Gewinn zu drücken.

TRICK

Geschenk oder Provision, das ist die Frage.

986 Geschenke, auch in Form von Geld, an Geschäftsfreunde dürfen Sie nur als Betriebsausgaben absetzen, wenn die Aufwendungen dafür im Jahr je Empfänger 35 € nicht übersteigen (§ 4 Abs. 5 EStG). Schmiergeldzahlungen sind nicht abzugsfähig, wenn ihre Zahlung rechtswidrig ist (§ 4 Abs.5 Nr. 10 EStG).

Achtung: Das Finanzamt teilt der Staatsanwaltschaft gnadenlos Ihre Schmiergeldzahlungen mit. Da nutzt es Ihnen in der Regel auch nicht viel, wenn Sie sie als Provisionen bezeichnen. Sie entgehen einer Bestrafung nur durch einen vorher geschickt von einem Anwalt verfassten Vertrag.

TRICK

Die Betriebsveräußerung um eine Sekunde verschieben und reich werden.

987 Wenn Sie sich aus Ihrem Geschäft oder Ihrer Praxis zurückziehen wollen, kommt es meist nicht auf ein Jahr mehr oder weniger an. Lassen Sie daher die Zeit für sich spielen, wenn es durch eine Steuerreform zu einer niedrigeren oder höheren Steuerbelastung als im Vorjahr kommt.

Da Betriebsveräußerungen und Praxisverkäufe vorwiegend zum Jahreswechsel abgewickelt werden, sollten Sie prüfen, ob eine Veräußerung, die zum 31.12. des Jahres geplant ist, nicht auch am 2.1. des darauffolgenden Jahres erfolgen kann. Rein rechtlich sind der 31.12.24.00 Uhr und der 1.1.0.00 Uhr – bedingt durch die sog. juristische Sekunde – zwei verschiedene Zeitpunkte. Es wird davon ausgegangen, dass die Praxistätigkeit zum 31.12. eingestellt wird, im folgenden Jahr also keine Praxiseinkünfte mehr erzielt werden. Durch die Verlagerung der Gewinne in unterschiedliche Veranlagungszeiträume sinkt die Steuerbelastung noch einmal zusätzlich.

Finanzverwaltung und Rechtsprechung haben Kriterien dafür aufgestellt, wann eine steuerlich wirksame und begünstigte Praxisveräußerung vorliegt. Dazu muss die Praxis gegen Entgelt veräußert werden, und die wesentlichen Grundlagen der Praxis müssen so veräußert werden, dass der Käufer den Betrieb als solchen fortführen kann. Nur so besteht ein grundsätzlicher Anspruch auf den Freibetrag in Höhe von 45.000 €.

Ein Betriebs- oder Praxisverkauf will gut überlegt sein!

TRICK
Wechseln Sie vor dem Verkauf Ihre Buchführung!

Gehen Sie im Jahr vor der Betriebs- oder Praxisabgabe von der Einnahmenüberschussrechnung über zur Bilanzierung. Warum? Nun, bei der gewöhnlichen Gewinnermittlung werden Einnahmen und Ausgaben so erfasst, wie sie anfallen. Das heißt, eine Rechnung, die Sie im Dezember 2015 stellen und die im Januar 2016 beglichen wird, steigert Ihren Umsatz im Jahr 2016. Wenn es aber um die Vorüberlegung geht, im Jahr des Praxis-/Betriebsverkaufs, in diesem Fall 2016, möglichst wenig laufende Gewinne zu produzieren, ist es in Ihrem Interesse, dass die Privatliquidation noch in das alte Jahr gebucht wird, wo sie laut Rechnungsstellung auch hingehört. Das ist möglich, wenn Sie eine Bilanz aufstellen. Rechtlich und technisch stellt das kein Problem dar, nur muss Ihr Steuerberater Bescheid wissen. **988**

Investitionen in den letzten Monaten der Tätigkeit können sich ebenfalls lohnen. Diese sollten mit dem Käufer abgesprochen werden. Der könnte durchaus ein Interesse daran haben, dass ihm z. B. ein moderner PC zur Verfügung steht. Den Wert des Betriebs und damit den erzielbaren Kaufpreis erhöht solch eine Investition allemal. Steuerrechtlich gibt es gute Gründe dafür, dass der Verkäufer noch sinnvoll investiert: Denn die Investition wirkt sich über die laufende Abschreibung zum vollen Steuersatz steuermindernd aus. Der höhere Gewinn aus dem Verkauf wird aber nur mit dem halben Steuersatz versteuert.

SUPER TRICK
Gestalten Sie die Bilanz 2015 so, dass Sie für mehrere Jahre gut fahren!

Abschreibungen **989**

1. Erzielen Sie die höchstmögliche Abschreibung, indem Sie die betriebliche Nutzungsdauer für Maschinen und Anlagen so kurz wie möglich ansetzen.
2. Nutzen Sie grundsätzlich alle Abschreibungsmöglichkeiten, um Ihre Kosten in die Bilanz 2015 hineinzudrücken, falls der Gewinn hoch ausfällt.
3. Verschieben Sie bei kleinem Gewinn die Kosten durch niedrige Abschreibung 2015 in die nächste Bilanz.

410-€-Grenze für kleine Anschaffungen

1. Ziehen Sie alle Kosten für geringwertige Wirtschaftsgüter bis 410 € sofort als betrieblichen Aufwand ab.
2. Prüfen Sie bei Investitionen in Büroausstattung oder EDV, ob einzelne Teile, Regale oder Drucker, sofort absetzbar sind.

Investitionsabzugsbetrag und Sonderabschreibung

1. Bilden Sie für künftige Investitionen den max. Investitionsabzugsbetrag von 40 %, wenn das Betriebsvermögen bis 235.000 € beträgt.
2. Nutzen Sie den Investitionsabzugsbetrag aber nur, wenn Sie sicher sind, dass Sie die geplanten Investitionen auch vornehmen werden.
3. Nehmen Sie die Sonderabschreibung für kleine Betriebe von 20 % der Anschaffungskosten von betrieblichen Wirtschaftsgütern voll in Anspruch.

Außenstände

1. Kürzen Sie Ihre Forderungen grundsätzlich um 1 % als zweifelhaft. Droht einem Ihrer Kunden die Pleite, werten Sie die offenen Rechnungen kräftig ab.
2. Ziehen Sie 3 % vom Nennwert der Forderungen steuermindernd ab, wenn die Kunden überwiegend mit Skonto zahlen.
3. Früher abgeschriebene Forderungen können Sie höher bewerten, wenn der Kunde wieder zu Geld gekommen ist.
4. Ihre Forderungen sollten Sie pauschal stets mit 1 bis 3 % wertberichtigen.

Rückstellungen

1. Bei zu hohem Jahresgewinn rein in die Bilanz, damit irgendwas geht: für Resturlaub, Garantie- und Kulanzleistungen, Jahresabschluss etc.
2. Nutzen Sie alle Möglichkeiten für Rückstellungen, vergessen Sie dabei als GmbH-Chef die eigenen Benefits nicht.

Big Brother is watching you.
(George Orwell)

TIPP für Veräußerungsgewinne

990 Für Veräußerungsgewinne ermäßigt sich Ihr Steuersatz auf Antrag auf nur 56 % des regulären Steuersatzes. Allerdings nur einmal im Leben und auch nur dann, wenn Sie mindestens 55 Jahre alt oder berufsunfähig waren, als Sie Ihren Be-

trieb verkauft haben. Außerdem beträgt der Mindeststeuersatz – Ermäßigung hin oder her – 14,0 %.

Beispiel

Unternehmer X (66 Jahre alt, ledig) hat seinen Betrieb am 15.3.2015 für 370.000 € veräußert. Der Wert des Betriebsvermögens betrug zu diesem Stichtag lt. Steuerbilanz 200.000 €.

Verkaufspreis		370.000 €
./. Wert des Betriebsvermögens		– 200.000 €
Veräußerungsgewinn		170.000 €
Freibetrag	45.000 €	
./. schädlicher Betrag	136.000 €	
	– 170.000 €	
	– 34.000 € >	– 34.000 €
Verbleiben	11.000 € >	– 11.000 €
Zu versteuernder Gewinn		159.000 €
Vermietungseinkünfte		50.000 €
./. Sonderausgaben etc.		– 20.000 €
Zu versteuerndes Einkommen		189.000 €
ESt/regulär 2015		71.118 €
ESt/ohne Veräußerungsgewinn		5.536 €
Durchschnittl. Steuersatz 71.118/189.000 = 37,628 %,		
davon 56 % = 21,072 % v. 159.000 €		33.504 €
ESt ohne Veräußerungsgewinn		5.536 €
Einkommensteuer 2015		39.040 €
Ersparnis		32.078 €

In Sangerhausen (Sachsen-Anhalt)
steht eine Brücke einsam in der Landschaft.
Die Straße, die darüberführen sollte,
wurde anderswo gebaut. Kosten: 2,5 Millionen Euro.

TRICK

Lassen Sie den Fiskus leer ausgehen, wenn Sie sich zur Ruhe setzen!

Eine ganz böse Steuerfalle lauert auf Sie, wenn Sie es eigentlich am wenigsten erwarten. Nachdem Sie sich jahrzehntelang abgerackert haben, um sich ein gutgehendes Geschäft aufzubauen, wollen Sie die Früchte Ihrer Arbeit genießen. Geben Sie Ihr Unternehmen an Ihre Kinder weiter, können Sie z.B. von den Tricks unter ➤ Rz 987 ff. profitieren. Wenn Sie Ihren Laden für gutes Geld verkaufen können, machen Ihnen Freibetrag und Fünftelregelung den Zugriff des Fiskus auf die über Jahre angesammelten stillen Reserven (Differenz zwischen Buchwert und tatsächlichem Wert) zumindest etwas erträglicher.

Fatal wird es aber oft, wenn Sie gezwungen sind, den Betrieb aufzugeben und z.B. Ihre Geschäftsräume anderweitig zu vermieten oder zu verpachten, um Ihren Lebensunterhalt für die Zukunft zu sichern. Auch hier greift der Fiskus gnadenlos zu und verlangt von Ihnen die Versteuerung sämtlicher stiller Reserven. Natürlich fällt es Ihnen in diesem Fall besonders schwer, die Steuern aufzubringen. In Ihrer Kasse hat ja kein Cent geklingelt, schließlich steht der Gewinn aus der Aufgabe Ihres Betriebs nur auf dem Papier.

Damit Sie die Steuerlast nicht zu sehr drückt, müssen Sie wissen, dass Sie ein Wahlrecht haben, wenn Sie Ihren Laden verpachten. Es steht Ihnen frei, die Betriebsaufgabe zu erklären. Der fiktive Veräußerungsgewinn, der dann angesetzt wird, unterliegt nach Abzug des Freibetrags für Betriebsveräußerungen der Fünftelregelung. Die andere Alternative ist, dass sie Ihren verpachteten Betrieb als ruhenden Gewerbebetrieb fortführen. Die Pachterträge stellen dann weiterhin gewerbliche Einkünfte dar – allerdings ohne Gewerbesteuerpflicht. Die sofortige Versteuerung eines Aufgabegewinns entfällt. Sie können sie auf diese Weise bis zum Sankt-Nimmerleins-Tag hinausschieben. Einzige Voraussetzung: Sie müssen Ihren Betrieb im Ganzen verpachten, und der Pächter muss ein gleichartiges Unternehmen führen.

Vorsicht ist daher geboten, wenn ein Pächterwechsel ansteht und der Neue nicht wie Sie früher eine Apotheke, sondern z.B. ein Schuhgeschäft betreibt. Der Fiskus hängt Ihnen dann nämlich eine zwangsweise Betriebsaufgabe mit Aufdeckung aller stillen Reserven und Versteuerung entsprechender Gewinne an.

TIPP

für verpachtete Betriebe

992 **Gründen Sie eine GmbH & Co. KG, in die Sie Ihren Verpachtungsbetrieb zu Buchwerten – also ohne Steuerbelastung – einbringen.** Dann können Sie trotz Pächterwechsels den Betriebsaufgabegewinn leise vor sich hin schlummern lassen und Ihr Geld dem allzu gierigen Zugriff des Fiskus entziehen.

Die GmbH & Co. KG gilt gesetzlich fiktiv als sog. gewerblich geprägte Personengesellschaft (§ 15 Abs. 3 EStG), die Einkünfte aus Gewerbebetrieb erzielt.

Ihr Vorteil: Sie können vermieten oder verpachten, an wen Sie wollen. Egal, ob sich in Ihrem Geschäft eine Kneipe oder eine Spielhalle einmietet, das Finanzamt kann Ihnen auf keinen Fall mehr mit einer zwangsweisen Betriebsaufgabe kommen. Und Sie bestimmen selbst, wann es Ihnen genehm erscheint, Ihren Betrieb einzustellen und eventuelle daraus entstehende Gewinne zu versteuern.

GUTER RAT

Unterlassen Sie es, Ihren betrieblichen Kredit zu tilgen, weil Sie beispielsweise **993** **statt der dafür erforderlichen Veräußerung des Betriebsgrundstücks lieber Einkünfte aus dessen Vermietung erzielen wollen, sind die bisher betrieblich bedingten Schuldzinsen nunmehr als Werbungskosten aus Vermietung abzugsfähig (BFH v. 19.8.1998 – BStBl 1999 II S. 353).**

11. Die steuerliche Betriebsprüfung

Die steuerliche Betriebsprüfung ist für den Fiskus ein lohnendes Geschäft, **994** denn in 95 % aller Prüfungen ergeben sich Nachzahlungen. Wappnen Sie sich also, wenn das Finanzamt eine Prüfung ankündigt, denn es wäre schon ein kleines Wunder, wenn Sie ungeschoren davonkämen. Sie können sich denken, dass sie ihre wertvollen Leute dort einsetzen, wo die Chancen am größten sind, hohe Nachzahlungen einzuheimsen. Also vermeiden Sie, in dieser Hinsicht aufzufallen. Ins Visier geraten Sie, wenn sich aus Ihrem Jahresabschluss ergibt,

- dass Ihre privaten Entnahmen aus dem Geschäft ziemlich niedrig liegen und keine anderen Einkünfte angegeben sind, die das Defizit decken,
- dass Ihr Lohn- und Materialaufwand plötzlich stark angestiegen ist, während Sie mit dem Bau einer Privatvilla beschäftigt sind,
- dass Ihr Personalaufwand und Ihre Investitionen stark gestiegen sind, Ihr Umsatz aber nicht mitgewachsen ist,
- dass Ihr Roh- und Reingewinn von den amtlichen Richtsätzen ziemlich stark abweicht,
- dass Sie Darlehen von Angehörigen oder Verwandten bekommen haben oder hohe Einlagen in den Betrieb machten,
- dass Ihr Roh- und Reingewinn gegenüber den Vorjahren stark schwankte oder vom Anlagevermögen oder vom Warenbestand hohe Sonderabschreibungen gemacht wurden,
- dass außerordentlich hohe Reparaturaufwendungen erfolgten, die möglicherweise aktivierungspflichtig sein könnten,

- dass ein Vergleich Ihrer Vermögen zu Beginn der selbständigen Tätigkeit (bzw. vom letzten Prüfungsjahr an) mit dem letzten Beobachtungsjahr einen ungeklärten Vermögenszuwachs ergibt, der vielleicht aus Ohne-Rechnung-Geschäften stammen könnte,
- dass trotz hoher Kundenzahlungen keine oder nur geringe halbfertige Arbeiten aktiviert wurden,
- dass hohe Rückstellungen für Wechselobligo oder Delkredere erscheinen und für Garantieverpflichtungen, die nicht erklärbar sind.

SUPER TRICK
Wie Sie vielleicht eine Betriebsprüfung verhindern können.

995 Enthalten Ihre Steuerbescheide den Zusatz »Vorbehalt der Nachprüfung nach § 164 AO«, sind Sie steuerlich aufgefallen, und es droht eine Betriebsprüfung (BP). Meistens wartet das Finanzamt aber ab, bis drei Jahre unter »Vorbehalt der Nachprüfung« veranlagt sind, und ordnet erst dann eine Betriebsprüfung an, denn der normale Prüfungszeitraum umfasst drei Jahre.

Schon nach dem ersten solchen Bescheid sollten Sie herausfinden, was dem Finanzamt missfallen hat. Dann geben Sie bei der nächsten Steuererklärung dazu eine Begründung ab, z.B., warum Ihr Rohgewinn so niedrig ist oder warum Sie ein Wohnmobil in Ihrem Fahrzeugpark haben. Wenn alles einleuchtend ist, sagt sich die Betriebsprüfungsstelle vielleicht »Nichts zu holen« und streicht Sie vom Prüfungsplan.

Ob Ihre Bemühungen gefruchtet haben, zeigt der nächste Bescheid. Enthalten er und auch der darauffolgende wieder den Zusatz »Vorbehalt der Nachprüfung«, sind Sie bald reif. Ein Jahr können Sie prüfungsfrei retten, wenn Sie ganz schnell die Steuererklärung für das vierte Jahr abgeben. Dann wird nämlich dieses vierte Jahr mitgeprüft und fällt das erste »Vorbehaltsjahr« aus der Prüfung raus.

996 Besonders fies: Die Finanzverwaltung darf im Rahmen ihrer Betriebsprüfung auf Ihre elektronische Buchführung zugreifen. Verweigern Sie den Zugriff, wird geschätzt. Und jeder weiß: Wenn das Finanzamt schätzt, dann immer zugunsten des Fiskus – auch wenn das ungesetzlich ist. Damit sollen Sie zur Mitarbeit gezwungen werden. Sie sehen: Mitwirkung ist angeraten. Dann hat man noch am meisten Einfluss auf das Ergebnis.

Bereiten Sie sich auf diese Situation sorgfältig vor und halten Sie alle Daten der Finanz-, Anlagen- und Lohnbuchhaltung bereit. Ansonsten müssen Sie den Prüfern nur steuerlich relevante Unterlagen überlassen.

TIPP

zur Betriebsprüfung

Um zu verhindern, dass der Prüfer seine Nase in Dinge steckt, die ihn nichts angehen, sollten Sie schon während des alltäglichen Geschäftsbetriebs steuerlich relevante Daten immer strikt von Personalangelegenheiten, Betriebsgeheimnissen oder gar privaten Dingen trennen – das geht bis hinein in den E-Mail-Verkehr und die Korrespondenz. Denn: Der Prüfer hat kein Verwertungsverbot für Daten, die ihm versehentlich unterkommen, aber nicht für ihn bestimmt sind.

Flattert Ihnen eine »Prüfungsanordnung« ins Haus, ist vor Prüfungsbeginn – die Frist beträgt meistens nur 14 Tage – noch allerhand zu tun:

- Schwachstellen der Prüfungsjahre erkunden, Antworten und Argumente vordenken;
- Unterlagen sichten und bereitlegen; private Unterlagen aussortieren;
- ruhigen Raum bereitstellen, denn Vorsicht: Unbefugte hören gern mit.

TIPP

zur Einsicht in EDV-Programme

Da hilft nur, den Prüfer (von ihm unbemerkt) an die kurze Leine zu nehmen, indem Sie ihm einen kundigen Mitarbeiter zur Seite stellen, der die EDV bedient und genügend Kenntnis hat, um zu verhindern, dass der Prüfer zu viel erfährt. Notfalls müssen Sie die Sache selbst übernehmen.

TRICK

Kein freier Raum für den Außenprüfer

Wenn ein Prüfer kein eigenes Zimmer haben kann und etwa gar mit Ihnen an einem Schreibtisch sitzen muss, wird er sauer. Da Sie nun aber einmal keinen freien Raum für ihn haben, was Ihnen natürlich fürchterlich leidtut, lassen Sie dem Finanzamt folgendes Brieflein oder Fax zuflattern:

```
An das Finanzamt                    Helmut Unverzagt
Hochstein                           Steuer-Nr. . . . . .
000/0000


Sehr geehrte Damen und Herren,
ich habe das Ankündigungsschreiben zur Betriebsprüfung erhalten und muss
Ihnen leider sagen, dass ich wegen beengter räumlicher Verhältnisse nicht
in der Lage bin, Ihrem Prüfer einen Raum zur Verfügung zu stellen.
Ich bitte Sie daher, die Prüfung an Ihrer Amtsstelle durchzuführen. Alle
dazu erforderlichen Unterlagen bitte ich am x. x. xx bei mir abzuholen.


Mit freundlichen Grüßen

Helmut Unverzagt
```

Dadurch haben Sie folgende Vorteile: Der Prüfer, stets ein Störfaktor in Ihrem Betrieb, ist nun weitab vom Schuss. Er kann nicht jeden Augenblick mit Fragen bei Ihnen aufkreuzen. Ihre Mitarbeiter bleiben von ihm verschont, Sie müssen sich keine Sorgen mehr machen, ob er auch stets heißen Kaffee in seiner Kanne hat. Falls er was zu meckern hat, vergeht viel Zeit, und Sie können besser darauf reagieren.

Sie haben vergessen, dass er während der vorigen Prüfung in Ihrem großen Empfangszimmer saß und daher weiß, dass Platz zur Verfügung steht? Seien Sie nicht so schwerfällig. Wollten Sie in diesem Raum nicht just in der Prüfungszeit eine Großrenovierung machen lassen?

Während der Prüfung:

- Dauer erfragen;
- Bücher und Belege nur jahrgangsweise vorlegen, nicht »en bloc«; nur geben, was der Prüfer gerade braucht; keine Selbstbedienung zulassen;
- auf Fragen verhalten antworten: »Weiß ich nicht genau, muss ich erst Mitarbeiter fragen …«;
- keine Selbstbedienung beim Kopierer; alles, was kopiert wird, notieren; ggf. den betreffenden Geschäftspartner informieren, damit er rechtzeitig Selbstanzeige machen kann;
- nur Fragen an die dem Prüfer benannte Auskunftsperson zulassen, keine Fragen an andere Mitarbeiter oder den Ehepartner;
- für gutes Klima sorgen: Verständnis und Kompromissbereitschaft zeigen; Kaffee und kleinen Imbiss anbieten;
- Versehen ggf. eingestehen, aber niemals krumme Sachen …

Haben Sie wirklich mal ein krummes Ding gedreht und müssen befürchten, dass Ihnen der Prüfer auf die Schliche kommt, dann erstatten Sie *vor* der Prüfung Selbstanzeige. So gehen Sie wenigstens straffrei aus (Näheres dazu siehe Konz: »Wenn der Betriebsprüfer kommt«, ISBN 3-548-355-9511).

TRICK

Lassen Sie sich keine »besonders schwere Steuerhinterziehung« anhängen!

Bei der Steuerhinterziehung wird zwischen der einfachen Steuerhinterziehung, die durch unrichtige oder nicht abgegebene Steuererklärungen begangen wird, und der besonders schweren Steuerhinterziehung unterschieden. Letztere liegt vor allem dann vor, wenn

- Steuern in großem Ausmaß verkürzt werden,
- Sie ein Amtsträger, z.B. Beamter, sind, der seine Möglichkeiten ausnutzt, um Steuern zu hinterziehen,
- Sie bei Ihrer Steuerhinterziehung mit einem Amtsträger zusammengearbeitet haben,
- Sie fortlaufend Steuern hinterzogen haben, indem Sie Belege und Unterlagen gefälscht haben (in diesem Fall geht es Ihnen möglicherweise auch noch wegen Urkundenfälschung an den Kragen),
- Sie bandenmäßig Umsatz- oder Verbrauchssteuern hinterzogen haben (z.B. als Teil eines sog »Umsatzsteuerkarussells«.)

Bei einer besonders schweren Steuerhinterziehung drohen Ihnen mindestens sechs Monate, im Extremfall bis zu zehn Jahre Knast.

Und aufgepasst: Beträgt die hinterzogene Steuer mehr als 1 Mio €, dürfen Freiheitsstrafen auf keinen Fall mehr zur Bewährung ausgesetzt werden. Wenn Sie es also ganz toll getrieben und keine wirksame Selbstanzeige erstattet haben oder das Finanzamt Sie auf andere Art und Weise erwischt hat, atmen Sie mit an Sicherheit grenzender Wahrscheinlichkeit gesiebte Luft.

GUTER RAT

Wollen Sie Ihr Ferienhaus oder Ihre Motor- oder Segelyacht verkaufen, haben Sie, ehe Sie sich versehen, die Steuerfahnder am Hals. Sie holen sich von der Zeitung, in der Sie annonciert haben – trotz Chiffre – Ihren Namen und fahnden bei Ihnen nach Schwarzgeld. Auch der Schiffsmakler muss Ihren Namen nennen, wenn er Ihre Yacht zum Verkauf anbietet (BFH-Urt. v. 17.3.1992 – BFH/NV 1992 S. 789). Zwar darf der Steuerfahnder nur bei hinreichendem Anlass Dritte um solche Auskünfte angehen, insbesondere sind Ermittlungen »ins Blaue hinein« nicht zulässig, doch es gehört zu den Aufgaben der Steuerfahndung, auch unbekannte Steuerfälle aufzudecken (§ 208 Abs. 1 Nr. 3 AO). Und bei Verkauf von Privatgrundstücken oder teuren Yachten haben die Fiskalritter schnell den Verdacht, dass Schwarzgeld geflossen ist, und hoffen, ein hohes Mehrergebnis einzuheimsen.

TRICK

Wie Sie bei Steuerhinterziehung ohne Strafe davonkommen

1000 Wenn Sie so im stillen Kämmerlein Ihre Sünden überdenken und zu dem Schluss kommen, dass ein Staatsanwalt eine Steuerhinterziehung entdecken könnte, dann müssen Sie wissen: Wenn Sie die Tat rechtzeitig anzeigen, bleiben Sie straffrei. »Rechtzeitig« bedeutet, solange die Steuerbehörden noch nichts von der Tat wissen. Zwar werden Sie die Steuer nachzahlen müssen, aber nicht aus dem Stand! Das Finanzamt wird Ihnen eine Zahlungsfrist einräumen.

Was Sie bedenken sollten: Wenn Ihnen die Beamten der Steuerfahndung erst mal gegenübersitzen und Sie offiziell wegen Steuerhinterziehung befragen, nützt auch ein dramatisches Geständnis nichts mehr. In dieser Situation kann man sich allenfalls noch helfen, indem man Gründe findet, die Tat nicht als (vollendete) Steuerhinterziehung darzustellen, oder indem man versucht, auf der subjektiven Seite eine andere Wertung durchzusetzen: etwa, dass die Tat nicht gewollt gewesen sei oder Ähnliches.

Das Gesetz sagt: Die Selbstanzeige ist ausgeschlossen, wenn der Außenprüfer »erschienen« ist (§ 371 AO). 2015 wurde die Lage noch einmal verschärft. Nunmehr ist eine Selbstanzeige schon nicht mehr möglich, wenn Ihnen eine Prüfungsanordnung des Finanzamts für die betreffenden Zeiträume bekanntgegeben worden ist. Allerdings gilt die Sperrwirkung nur für die Steuern und die Zeiträume, für die die Prüfungsanordnung erlassen wurde.

Es gibt noch eine andere Situation, in der Sie an Selbstanzeige denken müssen: wenn Ihr Geschäftspartner, Kunde oder Lieferant die Außenprüfung im Haus hat und Sie befürchten müssen, dass bei dieser Gelegenheit Ihre Steuersünden zutage treten. Bedenken Sie, dass schon bei der Prüfung Ihrer Steuererklärung Kontrollmitteilungen verfasst werden. Bei der Bearbeitung der steuerlichen Verhältnisse Ihres Geschäftspartners kann es sein, dass das Finanzamt auch über Sie Erkenntnisse gewinnt und Ihrem Sachbearbeiter im Finanzamt Mitteilung macht.

11. Die steuerliche Betriebsprüfung 699

Wenn Sie durch Kontrollmitteilungen gefährdet sein könnten, ist die strafbefreiende Selbstanzeige nur noch möglich, wenn

- die Tat noch nicht entdeckt wurde bzw.
- der Täter nicht mit einer Entdeckung rechnen musste.

Die Entdeckung durch das Finanzamt liegt frühestens vor, wenn es bei der Überprüfung Ihrer Steuerakte feststellt, dass die steuerlich bedeutsamen Vorgänge, die in der Kontrollmitteilung enthalten sind, von Ihnen nicht erklärt wurden.

Die Selbstanzeige ist strafbefreiend nur bei folgenden Steuerstraftaten möglich:

- Steuerhinterziehung in einfacher und schwerer Form, auch Versuch (§ 370 AO),
- Monopolhinterziehung nach dem Branntweinmonopolgesetz,
- Hinterziehung von Abgaben von Marktordnungswaren, die keine Zölle, Abschöpfungen, Ausfuhrabgaben oder Produktionsregelabgaben sind,
- Hinterziehung von Abwasserabgaben,
- Erschleichung von Spar-, Wohnungsbau- und Bergmannsprämien sowie Arbeitnehmersparzulagen.

Straffreiheit tritt grundsätzlich nur ein, wenn die Steuerhinterziehung einen Betrag von je 25.000 € je Steuerart und Jahr nicht übersteigt. Ist der Hinterziehungsbetrag höher, können Sie nur straffrei ausgehen, wenn Sie

- innerhalb einer Ihnen von den Behörden gesetzten Frist die hinterzogenen Steuern zahlen und
- zusätzlich einen Geldbetrag in gestaffelter Höhe von 10 bis 20 % der hinterzogenen Steuer als Zuschlag zugunsten der Staatskasse zahlen. Dieser Zuschlag beträgt
  - 10 % der hinterzogenen Steuer bei einem Hinterziehungsbetrag bis 100.000 €,
  - 15 % der hinterzogenen Steuer bei einem Hinterziehungsbetrag zwischen 100.000 € und 1.000.000 € und
  - 20 % der hinterzogenen Steuer bei einem Hinterziehungsbetrag über 1.000.000 € .

Nicht strafbefreiend können Sie anzeigen:

- Steuerhehlerei (§ 374 AO),
- schweren Schmuggel (§ 373 AO),
- Subventionsbetrug (§ 264 StGB).

Was Sie tun müssen, solange es noch geht:

- die ausstehende Steuererklärung nachholen oder die alte, falsche Steuererklärung berichtigen,

- die zu wenig gezahlten Steuern nachzahlen, und zwar am besten gleich, spätestens innerhalb der vom Finanzamt gesetzten Frist,
- bei größeren Hinterziehungsbeträgen den Zuschlag zahlen.

GUTER RAT

Eine Selbstanzeige ist eine sehr komplizierte Angelegenheit, bei der vieles bedacht werden muss. Bereits kleine Fehler können zur Unwirksamkeit der Selbstanzeige und damit zu empfindlichen Strafen führen. Machen Sie deshalb nie eine Selbstanzeige, ohne einen sachkundigen Rechtsbeistand hinzuzuziehen!

TRICK

Lassen Sie sich nicht maßlos schätzen!

1001 100.000 € in bar waren einem Steuerberater zugeflossen. Geld, das ihm von einem Freund, den er nicht nennen wolle, als betriebliches Darlehen zinsfrei überwiesen worden sei. Da sich das Finanzamt mit dieser Erklärung nicht zufriedengab, deklarierte es das Geld zu nicht versteuerten Einnahmen und erließ neue Einkommensteuerbescheide. **Das Finanzgericht Düsseldorf (17 K 7587/99) stutzte die Beamten zurecht und erklärte die Hinzuschätzung für rechtswidrig.** Aber: Es war nicht die Schätzung an sich unzulässig, sondern nur deren Höhe. »*Ziel einer jeden Schätzung muss es sein, dass sie der Wirklichkeit möglichst nahe kommt. Sie muss demzufolge in sich schlüssig und zudem wirtschaftlich vernünftig sowie möglich sein*«, so das Finanzgericht. Möglich waren hier nur 9 % Zinsen aus den 100.000 € zzgl. eines Sicherheitszuschlags von 15 %.

GUTER RAT

1002 Ist das Finanzamt unrealistisch, sind die Chancen eines Prozesses immer gut. Achten Sie aber auf Ihre Mitwirkungspflicht. Im betrieblichen Bereich ist diese sehr viel höher (Pflicht zur Buchführung, Aufbewahrung von Belegen) als bei privaten Einkünften. Private Einnahmen brauchen in der Regel nur plausibel erläutert und nicht nachgewiesen zu werden.

In Frankfurt/Main wurde die »Leuna-Brücke« gebaut.
Dem Bauwerk fehlt der Straßenanschluss.
In den Sand gesetzte Kosten: 33 Millionen €.

XV. Die anderen Steuern

1. Die Gewerbesteuer

Die Gewerbesteuer ist eine Gemeindesteuer. Sozusagen im Auftrag der Gemeinde stellt das Finanzamt zunächst anhand des erklärten Gewinns den sog. Messbetrag fest. Auf der Grundlage dieses Gewerbesteuermessbetrags erhebt sie sodann nach ihrem Hebesatz die Gewerbesteuer.

1003

Und so wird die Gewerbesteuer berechnet:

Festsetzung des einheitlichen Steuermessbetrags durch das Finanzamt

Steuermessbetrag nach dem Gewerbeertrag		Zeile
Gewinn aus Gewerbebetrieb (nach dem EStG)	........€	1
Hinzu: 25 % des betrieblichen Finanzierungsaufwands	........€	2
	........€	3
Kürzung: 1,2 % v. EW des betriebl. Grundbesitzes 140 %	........€	4
	........€	5
Gewerbeertrag nach Abrundung (auf volle 100 €)	........€	6
./. Freibetrag 24.500 €, max. Betrag Zeile 6	........€	7
Bemessungsgrundlage	........€	8
Steuermessbetrag = 3,5 % des Gewerbeertrags	........€	9

Festsetzung der Gewerbesteuer durch die Gemeinde

Einheitlicher Gewerbesteuermessbetrag (Zeile 9)	........€	10
Davon ... % (Hebesatz) = GewSt für das Kj =	........€	11

SUPER TRICK

So bringen Sie den Gemeindesäckel um den Profit!

Bis zu einem Gewerbeertrag von 24.500 € für jeden einzelnen Betrieb fällt keine Gewerbesteuer an. Jetzt können Sie sich denken, dass Sie sich besserstellen, wenn Sie diesen Freibetrag zweimal statt nur einmal in Anspruch nehmen können. Wie? Indem Sie Ihren Betrieb trennen, so dass beide nicht wesensverwandt sind, z.B. in eine Schreinerei und ein Bestattungsinstitut, oder einen anderen dazunehmen.

Beispiel

Beträgt Ihr Gewinn aus dem Gesamtbetrieb etwa 50.000 €, zahlen Sie eine Gewerbesteuer von etwa 1.620 €. Teilen Sie das Unternehmen, und jeder Betriebsteil erwirtschaftet etwa 25.000 €, haben Sie nur 40 € zu zahlen. Ein ganz schöner Unterschied jedes Jahr, was?

Geschickt kann es insoweit sein, wenn Sie eine Betriebsabteilung aus Ihrem Unternehmen ausgliedern und z.B. mit Ihrem Sohn als GmbH & Co. KG betreiben. So können Sie z.B. als Autohändler den reinen Handel als Einzelfirma, die Werkstatt als GmbH u. Co. KG betreiben.

Bei gleichartigen Betrieben werden zwei Gewerbebetriebe angenommen, wenn z.B. eine getrennte Personalpolitik, getrennte Warenbestellung und insbesondere getrennte Buchführung erfolgt. Erforderlich ist auch eine räumliche Trennung.

1004 Zur Ermittlung des Gewerbeertrags werden 25 % der Finanzierungskosten hinzugerechnet. Dazu gehören insbesondere **alle** Zinsen (ohne Skonti und Boni), egal ob für langfristige oder kurzfristige Kredite, daneben aber auch noch andere Ausgaben, die nach Meinung des Fiskus im weitesten Sinn Finanzierungscharakter haben. Im Einzelnen werden die Finanzierungskosten wie folgt ermittelt.

Ermittlungsschema für die betrieblichen Finanzierungskosten:

Art der Finanzierungskosten	Anteil	
Zinsen für Kredite	100 %	.... €
Renten und dauernde Lasten	100 %	.... €
Gewinnanteil stiller Gesellschafter	100 %	.... €
Miet-/Pachtzinsen/Leasingraten für bewegliche Wirtschaftsgüter	20 %	.... €
Miet-/Pachtzinsen/Leasingraten für Immobilien	50 %	.... €
Lizenzgebühren, Urheberrechtskosten etc.	25 %	.... €
Summe der Finanzierungskosten		.... €
./. Freibetrag		– 100.000 €
Bemessungsgrundlage für Hinzurechnung		.... €
davon 25 %		.... €

Die Gemeinde Ainring verkaufte
einem Gemeinderatsmitglied
ein Grundstück für 75.000 € und kaufte es
ein Jahr später für 200.000 € zurück.
Wie versichert wurde,
ging alles streng rechtmäßig zu ...

TRICK

Lassen Sie sich nicht doppelt abkassieren!

Was Sie bei der Berechnung der Finanzierungskosten unbedingt beachten müssen: Schuldzinsen müssen nur dann als Finanzierungskosten hinzugerechnet werden, wenn sie den Gewinn tatsächlich gemindert haben. Angenommen, Sie konnten Ihre Zinsen wegen Überentnahmen oder wegen der Zinsschranke ganz oder teilweise nicht als Betriebsausgaben abziehen. Dann müssen sie – oder der entsprechende Teil – selbstverständlich auch nicht als Finanzierungskosten berücksichtigt werden. Lassen Sie sich also nicht zweimal zur Kasse bitten!

1005

Gewerbesteuer zahlen Sie nur, wenn Sie kein Freiberufler oder Land- und Forstwirt sind. Legen Sie dem Finanzamt also überzeugend dar, dass Ihre Tätigkeit diesen Bereichen zuzuordnen ist. Die Finanzgerichte und der BFH haben dies z. B. für Hebammen, Heilmasseure, Kfz-Sachverständige, deren Gutachtertätigkeit mathematisch-technische Kenntnisse voraussetzt, wie sie üblicherweise nur durch Berufsausbildung als Ingenieur erlangt werden können, und Patentberichterstatter mit wertender Tätigkeit bestätigt.

SUPER TRICK

Ermäßigen Sie mit Ihrer Gewerbesteuer Ihre Einkommensteuer!

Die Gewerbesteuer stellt kraft gesetzlicher Fiktion **keine Betriebsausgabe** dar. Sie mindert also nicht den steuerlichen Gewinn. Das gilt aber nur für die Gewerbesteuer, die für die Jahre seit 2008 erhoben wird. Nachzahlungen für frühere Zeiträume, z.B wegen einer Korrektur von Bescheiden alter Jahre oder aufgrund von Betriebsprüfungen, können somit als Betriebsausgaben gebucht werden, selbst wenn Sie sie erst 2015 geleistet haben oder später leisten.

Sofern Sie ein Einzelunternehmen haben oder an einer Personengesellschaft beteiligt sind, bekommen Sie eine Ermäßigung bei der Einkommensteuer, um die Doppelbelastung des Gewinns mit Einkommensteuer und Gewerbesteuer auszugleichen. Dazu wird Ihnen pauschal das 3,8-Fache des Gewerbesteuermessbetrags auf den Teil Ihrer Einkommensteuer angerechnet, der auf gewerbliche Einkünfte entfällt.

2. Die Umsatzsteuer (Mehrwertsteuer)

1006 Die Umsatzsteuer besteuert Lieferungen und Leistungen eines Unternehmens sowie die Einfuhr von Gegenständen. Entnahmen werden einer fiktiven Lieferung oder sonstigen Leistungen gleichgestellt.

Einem Steuersatz von 7 % unterliegen z.B. Rundfunk, Fernsehen und Presse, Personennahverkehrsunternehmen, Hotelübernachtungen, Lebensmittel (nicht in Hotels und Gaststätten), Verlage, Buchhandlungen, Schriftsteller und Hilfsmittel für Körperbehinderte, Urheberrechte. Fast alles Übrige wird mit 19 % belegt.

Die gezahlte Vorsteuer – das ist die Umsatzsteuer, die der Unternehmer, also jeder Selbständige, selbst für seine betrieblichen Ausgaben und Investitionen zahlt – ist abzugsfähig. Praktisch wird damit nur der Mehrerlös versteuert. Steuerfrei sind Theater, Museen, Archive, Büchereien, Ärzte, Heilpraktiker, Versicherungsmakler und Umsätze, die der Grunderwerbsteuer unterliegen.

1007 Auch als **Kleinunternehmer** müssen Sie keine Umsatzsteuer zahlen. Theoretisch ist jeder Unternehmer, der ein paar Mal in Folge Sachen verkauft oder Dienstleistungen erbringt. Kinder, die auf dem Flohmarkt ihre alten Comics oder Computerspiele verhökern, würden damit automatisch zum Unternehmer und müssten Umsatzsteuer zahlen. Die Steuerbefreiung für Kleinunternehmer ist also weniger eine Wohltat für Sie als Steuerzahler als vielmehr für den Staat, der für ein paar Euro Umsatzsteuer einen riesigen Verwaltungsaufwand betreiben müsste, der die Einnahmen bei weitem übertreffen würde.

Kleinunternehmer sind Sie, wenn Ihre Umsätze im Vorjahr unter 17.500 € lagen und im laufenden Jahr die Marke von 50.000 € voraussichtlich nicht knacken werden. Aufgepasst: Eine Dauerfreistellung erreichen Sie nur, wenn Ihre Umsätze in jedem Jahr unter 17.500 € liegen.

Fallen Sie unter diese Steuerbefreiung, müssen Sie einige Faustregeln beachten:

1. Sie dürfen in Ihren Rechnungen keine Umsatzsteuer gesondert berechnen. Verstoßen Sie dagegen, knöpft Ihnen das Finanzamt die zu Unrecht ausgewiesene Umsatzsteuer als Strafsteuer ab. Wenn Sie allerdings einfach den Preis um 7 % bzw. 19 % höher kalkulieren, ohne das Wort Mehrwertsteuer zu erwähnen, haben Sie die Mehrwertsteuer im Sack, ohne teurer als die Konkurrenz zu sein und ohne dass es Theater mit dem Fiskus gibt. (Das gilt aber nur, wenn Ihre Kunden in erster Linie Privatleute sind!)

2. Umsatzsteuer, die Sie an Ihre Lieferanten zahlen, können Sie nicht als Vorsteuer abziehen.

In Plön (Schleswig-Holstein) wurden Schranke und Ampel installiert,
um vier Mietparteien des einzigen Wohnhauses an dieser Ecke
vor einem Bus zu schützen, der dort vorbeifährt. Kosten: 15.000 €.

TRICK

Verzichten Sie auf Umsatzsteuerbefreiung – und zahlen Sie trotzdem weniger Steuern!

»Wie soll denn so was möglich sein?«, fragen Sie erstaunt. Haben Sie's noch nicht gemerkt? Bei der Steuer ist das Unmögliche möglich. Nehmen wir mal an, Sie haben Ihr Hobby zu einem regelrechten Nebengewerbe ausgebaut (den Begriff »Hobby« sollten Sie dann fürderhin nicht mehr in den Mund nehmen, wenigstens nicht gegenüber dem Finanzamt). Sowohl im Vorjahr als auch im laufenden Jahr bleiben Sie mit Ihren Umsätzen unter der jeweiligen Höchstgrenze von 17.500 € bzw. 50.000 €, werden daher für das laufende Jahr von der Umsatzsteuer freigestellt. Statt nun die Steuerbefreiung in Anspruch zu nehmen, verpflichten Sie sich dazu, freiwillig fünf Jahre lang Umsatzsteuer zu zahlen. Das Fiskaldeutsch spricht dann von »Option zur Regelbesteuerung«. »Verrückt!« O nein. Denn jetzt können Sie Ihren Kunden Mehrwertsteuer draufschlagen und im Gegenzug die Ihnen von Lieferanten in Rechnung gestellte Mehrwertsteuer als sog. Vorsteuer abziehen. Abführen müssen Sie nur den Differenzbetrag aus diesen beiden Steuerbeträgen.

Damit Sie als Kleinunternehmer mit dem Trick was anzufangen wissen, hier ein Beispiel: Nehmen Sie an, ich kassiere im Jahr 9.000 € an Autorenhonoraren und wähle die Versteuerung (Regelversteuerung). Dem Verlag würde ich dann zusätzlich 7 % bzw. 630 € in Rechnung stellen. Da ich längerfristig schriftstellerisch tätig sein möchte, richte ich mir ein Arbeitszimmer ein. Für Schreibtisch, Regale, Schreibtischlampe, Schreibtischstuhl und PC zahle ich 10.000 €, in denen 19 % Vorsteuer, also 1.597 € (15,97 % von 10.000 €) enthalten sind. Außerdem schaffe ich mir einen Pkw für 22.000 € an (darin enthaltene Vorsteuer: 15,97 % von 22.000 € = 3.513 €). In den Benzin- und Inspektionskosten stecken Vorsteuern von 280 €.

Meine Umsatzsteuererklärung gegenüber dem Finanzamt sieht demnach folgendermaßen aus:

Ich habe dem Verlag in Rechnung gestellt:

Honorare (Umsatz)	9.000 €	
Mehrwertsteuer 7 %	630 €	
Rechnungsbetrag	9.630 €	
Ich habe an USt zu zahlen:		
Mehrwertsteuer 7 % von 9.000 €		630 €
./. Vorsteuer (1.597 € + 3.513 € + 280 €)		− 5.390 €
Erstattung		4.760 €

Neben der Erstattung des Finanzamts in Höhe von 4.760 € habe ich vom Verlag 630 € an Mehrwertsteuer erhalten. Also hat mir die Wahl der Regelbesteuerung zusätzliche Einnahmen in Höhe von 5.390 € gebracht.

TIPP

zum Firmenwagen

1009   Der Fiskus bindet Ihnen nicht nur die Umsatzsteuer für Ihre Verkaufserlöse oder Honorare ans Bein. Auch für Ihre privaten Entnahmen aus dem Betrieb verlangt er Umsatzsteuer. So z.B. wenn Sie mit einem Firmenwagen privat fahren. Im Gegenzug bekommen Sie aber die volle Vorsteuer für Ihren Firmenwagen.

Um den Eigenverbrauch zu berechnen, haben Sie zwei Möglichkeiten:

1. Die 1-%-Regelung, die Sie von der Dienstwagenbesteuerung bei Arbeitnehmern kennen (➤ **Rz 112 ff.**). Weil in den Autokosten immer ein Teil enthalten ist, aus dem Sie keine Vorsteuer kassieren können, z.B. Steuern und Versicherung, wird ein pauschaler Abschlag von 20 % vorgenommen. Damit soll mehr schlecht als recht berücksichtigt werden, dass der Fiskus gemäß Europäischem Gerichtshof beim Eigenverbrauch nur noch vorsteuerbelastete Kosten in die Berechnung einbeziehen darf.

2. Als Alternative zur 1-%-Regelung können Sie ein Fahrtenbuch führen und einzeln die tatsächlichen Autokosten nachweisen. Als Eigenverbrauch wird dann nur der Anteil abgesetzt, der sich nach der per Fahrtenbuch ermittelten privaten Nutzungsquote ergibt. Achten Sie unbedingt darauf, dass bei der Berechnung diejenigen Kosten außen vor bleiben, aus denen Sie keine Vorsteuer kassieren. Neben der umsatzsteuerfreien Autoversicherung, der Kfz-Steuer und Gebühren kann das die gesamte Abschreibung sein. Haben Sie z.B. Ihr Auto von einem Privatmann oder von einem Kleinunternehmer gekauft, oder hat Ihnen Ihr Autohändler einen Gebrauchtwagen verkauft, den vorher ein Privatmann gefahren hat, bekommen Sie keine müde Mark Vorsteuer. Dementsprechend hat die Abschreibung für Ihr Gefährt bei der Berechnung des umsatzsteuerlichen Eigenverbrauchs nichts zu suchen. Das gilt übrigens auch, wenn Sie Ihren fahrbaren Untersatz zu einem Zeitpunkt gekauft haben, als Sie selbst noch als Kleinunternehmer besteuert wurden.

Damit Ihnen bei so viel misslungener Steuervereinfachung der Kopf nicht zu sehr schwirrt, zeige ich Ihnen, wie die Rechnung aussehen könnte, wenn Sie von einem Privatmann für 20.000 € einen Gebrauchtwagen gekauft haben, der bei seiner Erstzulassung einen Listenpreis von 30.000 € (inkl. Umsatzsteuer) hatte. Nach Ihrem Fahrtenbuch beträgt Ihre Privatnutzung 15 %.

2. Die Umsatzsteuer (Mehrwertsteuer)

1-%-Regelung:

Listenpreis 30.000 € × 12 %	3.600 €
./. Abschlag für nicht vorsteuerbelastete Kosten 20 %	− 720 €
Bemessungsgrundlage für den Eigenverbrauch	2.880 €
Umsatzsteuer darauf 19 %	547 €

Fahrtenbuch:	**mit** Vorsteuerabzug	**ohne** Vorsteuerabzug
Abschreibung 20 % v. 20.000 €		4.000 €
Kfz-Steuer		350 €
Versicherung		900 €
Reparaturen, Wartung etc.	1.900 €	
Betriebskosten, Benzin, Öl etc.	2.100 €	
	4.000 €	5.250 €
Eigenverbrauch 15 %	600 €	788 €
Umsatzsteuer 19 % v. 600 €	114 €	

Ihr Eigenverbrauch für die Berechnung der Umsatzsteuer beträgt also nur 600 €. Bei der Einkommensteuer kommen allerdings noch die 19 % der nicht vorsteuerbelasteten Autokosten dazu: 600 € + 114 € + 788 € = 1.502 €. Wie Sie sehen, fahren Sie mit dem Fahrtenbuch wesentlich besser. Allein bei der Umsatzsteuer bringt Ihnen das jährlich 433 € ein. Dazu kommt noch die Ersparnis durch die geringere Einkommensteuer. Welche Methode für Sie die günstigere ist, kann ich Ihnen nicht sagen, denn dabei kommt es immer auf Ihre persönlichen Verhältnisse an. Doch in folgenden Fällen sollten Sie sich genau durchrechnen, ob sich nicht ein Fahrtenbuch für Sie lohnt:

● Autokauf ohne Vorsteuerabzug, z.B. von einem Privatmann, Kleinunternehmer,

● Kauf eines älteren Gebrauchtwagens,

● geringe private Fahrleistung.

Was Ihnen blüht, wenn Sie einen neuen Pkw Ihrem Betrieb zuordnen und nicht ausschließlich (d.h. zu 100 %!) betrieblich nutzen:

● 100 % Vorsteuerabzug aus dem Autokauf,

● 100 % Vorsteuerabzug aus den laufenden Kosten,

● Versteuern der privaten Nutzung.

TRICK

Kassieren Sie Vorsteuern aus Reise- und Bewirtungskosten!

1010 Als Unternehmer können Sie aus Rechnungen für Übernachtungen bei eigenen Geschäftsreisen oder den Dienstreisen Ihrer Arbeitnehmer die Vorsteuer abziehen. Sie müssen lediglich dafür sorgen, dass die Rechnung auf Ihren bzw. den Namen Ihrer Firma ausgestellt ist.

Bei der Vorsteuer aus Verpflegungskosten wird es ein wenig komplizierter. Solange es um Ihre eigenen Verpflegungskosten bei Geschäftsreisen geht, ist der Vorsteuerabzug kein Problem, wenn Sie eine ordentliche Rechnung des Restaurants oder Hotels vorlegen können. Erstatten Sie dagegen Ihren Arbeitnehmern ihre anlässlich von Dienstreisen entstandenen Verpflegungsaufwendungen, sollen Sie daraus keine Vorsteuern abziehen dürfen, weil angeblich keine Leistung für Ihr Unternehmen vorliegt. Da nutzt es Ihnen auch nichts, wenn Ihnen Ihr Arbeitnehmer die Restaurantrechnung mitbringt. Anders liegt die Sache, wenn Sie für Ihre Angestellten das Restaurant ausgesucht, einen Platz reserviert und die Rechnung bezahlt haben (Quelle: StÄndG 2003 v. 15.12.2003, BGBl 2003 I S. 2645; BMF-Schreiben v. 28.3.2001, BStBl 2001 I S. 251).

Auch bei Ihren Bewirtungskosten hat der Fiskus kräftig eins auf die Finger bekommen und musste den Ausschluss des Vorsteuerabzugs aus diesen Kosten zurücknehmen (BMF-Schreiben v. 23.6.2005 – BStBl 2005 I S. 816). Mit seinem unternehmerfreundlichen Urteil vom 10.2.2005 (BStBl 2005 II S. 509) hat der BFH nämlich entschieden, dass Ihnen die Vorsteuern aus der Bewirtung von Geschäftspartnern und Kunden zu 100 % zustehen. Auch hier müssen Sie nur dafür sorgen, dass Sie eine **ordentliche Rechnung** bekommen.

TRICK

Machen Sie Durchschnittssätze geltend!

1011 **Gehören Sie als Unternehmer zu einer der Berufsgruppen in der folgenden Übersicht und müssen zudem keine Bücher führen oder aufgrund jährlicher Bestandsaufnahmen Abschlüsse machen, können Sie die Vorsteuern nach festgelegten Durchschnittssätzen geltend machen. Allerdings darf Ihr Umsatz im Vorjahr 61.356 € nicht übersteigen (§ 23 UStG).**

Zusätzlich zu den Durchschnittssätzen können Sie bei einer teilweisen Durchschnittssatzermittlung noch Vorsteuern abziehen für

2. Die Umsatzsteuer (Mehrwertsteuer) 709

- Wareneinkäufe, Rohstoffe, Halberzeugnisse, Hilfsstoffe und Zutaten,
- die Anschaffung von Betriebsgebäuden, Grundstücken und Grundstückstei-len sowie Aus-, Ein- und Umbauten oder Instandsetzungen,
- Grundstücks-, Gebäude- oder Raummieten.

Übersicht Vorsteuerdurchschnittssätze (Durchschnittssätze für die Berechnung sämtlicher Vorsteuerbeträge in Prozent des Umsatzes)

I. Handwerk

1. Bäckerei: 5,4
2. Bau- und Möbeltischlerei: 9,0
3. Beschlag-, Kunst- und Reparaturschmiede: 7,5
4. Buchbinderei: 5,2
5. Druckerei: 6,4
6. Elektroinstallation: 9,1
7. Fliesen- und Plattenlegerei, sonstige Fußbodenlegerei und -kleberei: 8,6
8. Friseure: 4,5
9. Gewerbliche Gärtnerei: 5,8
10. Glasergewerbe: 9,2
11. Hoch- und Ingenieurhochbau: 6,3
12. Klempnerei, Gas- und Wasserinstallation: 8,4
13. Maler- und Lackierergewerbe, Tapezierer: 3,7
14. Polsterei- und Dekorateurgewerbe: 9,5
15. Putzmacherei: 12,2
16. Reparatur von Kraftfahrzeugen: 9,1
17. Schlosserei und Schweißerei: 7,9
18. Schneiderei: 6,0
19. Schuhmacherei: 6,5
20. Steinbildhauerei und Steinmetzerei: 8,4
21. Stuckateurgewerbe: 4,4
22. Winder und Scherer: 2,0
23. Zimmerei: 8,1

II. Einzelhandel

1. Blumen und Pflanzen: 5,7
2. Brennstoffe: 12,5
3. Drogerien: 10,9
4. Elektrotechnische Erzeugnisse, Leuchten, Rundfunk-, Fernseh- und Phono-geräte: 11,7
5. Fahrräder und Mopeds: 12,2
6. Fische und Fischerzeugnisse: 6,6

7. Kartoffeln, Gemüse, Obst und Südfrüchte: 6,4
8. Lacke, Farben und sonstiger Anstrichbedarf: 11,2
9. Milch, Milcherzeugnisse, Fettwaren und Eier: 6,4
10. Nahrungs- und Genussmittel: 8,3
11. Oberbekleidung: 12,3
12. Reformwaren: 8,5
13. Schuhe und Schuhwaren: 11,8
14. Süßwaren: 6,6
15. Textilwaren verschiedener Art: 12,3
16. Tiere und zoologischer Bedarf: 8,8
17. Unterhaltungszeitschriften und Zeitungen: 6,3
18. Wild und Geflügel: 6,4

III. Sonstige Gewerbebetriebe
1. Eisdielen: 5,8
2. Fremdenheime und Pensionen: 6,7
3. Gast- und Speisewirtschaften: 8,7
4. Gebäude- und Fensterreinigung: 1,6
5. Personenbeförderung mit Personenkraftwagen: 6,0
6. Wäschereien: 6,5

IV. Freie Berufe
1. a) Bildhauer: 7,0
   b) Grafiker (nicht Gebrauchsgrafiker): 5,2
   c) Kunstmaler: 5,2
2. Selbständige Mitarbeiter bei Bühne, Film, Funk, Fernsehen und Schallplattenproduzenten: 3,6
3. Hochschullehrer: 2,9
4. Journalisten: 4,8
5. Schriftsteller: 2,6

Durchschnittssätze für die Berechnung eines Teils der Vorsteuerbeträge
1. Architekten: 1,9
2. Hausbandweber: 3,2
3. Patentanwälte: 1,7
4. Rechtsanwälte und Notare: 1,5
5. Schornsteinfeger: 1,6
6. Wirtschaftliche Unternehmensberatung, Wirtschaftsprüfung: 1,7

TRICK

Zahlen Sie mit der Differenzbesteuerung nur einen Bruchteil der Umsatzsteuer!

Aufgemerkt, alle Händler von Gebrauchtwaren, Besitzer von Secondhandläden, Floh- und Trödelmarktprofis! Jedes Mal die volle Umsatzsteuer abzudrücken, wenn Sie ein Geschäft gemacht haben, ist vor allem dann ärgerlich, wenn Sie die Vorsteuer der Einkäufe nicht gegenrechnen können, weil der Lieferant eine Privatperson war oder aus anderen Gründen keine Umsatzsteuer in Rechnung stellen konnte, z.B. weil er Kleinunternehmer ist. Die Zauberformel, mit der Sie künftig die Umsatzsteuerzahlung an das Finanzamt auf einen Bruchteil der bisherigen Höhe stutzen können, heißt »Differenzbesteuerung« oder »Margenbesteuerung«. Sie finden sie in § 25 a UStG, der anfangs nur als Sondervorschrift für den Handel mit gebrauchten Autos gedacht war, aber inzwischen für alle gilt, die bewegliche Sachen kaufen und weiterverkaufen. An sich ist die Sache ganz einfach. Bei der Differenzbesteuerung zahlen Sie die Umsatzsteuer nicht vom vollen Verkaufspreis, sondern von der Differenz zwischen Ihrem Einkauf und dem Verkaufserlös.

Beispiel
Angenommen, Sie handeln mit alten Möbeln. Von einem Privatmann haben Sie eine besonders schöne Truhe für 5.000 € erstanden. Verkaufen wollen Sie sie für 8.300 €.

Bislang haben Sie Ihre Umsatzsteuer so berechnet:
Verkaufspreis netto (Bemessungsgrundlage)	7.000 €		
19 % Umsatzsteuer	1.330 €	>	1.330 €
Bruttoverkaufspreis	8.330 €		

Mit Differenzbesteuerung sieht die Rechnung jetzt so aus:

Bruttoverkaufspreis	8.330 €		
./. Einkaufspreis	– 5.000 €		
Differenz (Marge) brutto	3.330 €		
Darin enthaltene Umsatzsteuer 19 % ca.	532 €	>	– 532 €
Nettodifferenz (Bemessungsgrundlage)	2.798 €		
Steuerersparnis für Sie			798 €

Wie Sie sehen, erhöht sich in diesem Fall Ihr Verdienst bei gleichem Verkaufspreis um etwa ein Drittel von 2.000 € auf 2.798 €, ohne dass Sie dafür einen Handschlag tun mussten. Für den richtigen Durchblick bei der Differenzbesteuerung sollten Sie Folgendes wissen:

- Sie können nur als sog. Wiederverkäufer von der Differenzbesteuerung profitieren. Das bedeutet aber nur, dass Sie Waren kaufen und wiederverkaufen müssen.
- Begünstigt ist nur der An- und Verkauf beweglicher körperlicher Gegenstände, mit Ausnahme von Edelmetallen und Edelsteinen. Nicht unter die Differenzbesteuerung fällt ferner der Verkauf gebraucht gekaufter Sachen, die Sie in Ihrem Betrieb genutzt haben, z.B. Firmenwagen oder Büroeinrichtung.
- Sie müssen die Sachen ohne Umsatzsteuer eingekauft haben, z.B. von
  – einer Privatperson,
  – einem Unternehmer, bei dem die Lieferung steuerbefreit ist (z.B. wenn Sie von einem Arzt Teile der Praxiseinrichtung kaufen),
  – einem Kleinunternehmer,
  – einem Wiederverkäufer, der selbst die Differenzbesteuerung anwendet.
- Machen Sie von der Differenzbesteuerung Gebrauch, gilt immer der Steuersatz von 19 %. Allerdings können Sie sich bei jedem Geschäft entscheiden, ob Sie die Normal- oder die Differenzbesteuerung wählen.

TIPP

zur Differenzbesteuerung

1013 Auf die Differenzbesteuerung sollten Sie verzichten, wenn Ihre Umsätze dem ermäßigten Umsatzsteuersatz von 7 % unterliegen und Ihre Gewinnaufschläge 100 % oder mehr betragen. In diesem Fall fahren Sie mit der Regelbesteuerung besser.

- In den Rechnungen für Ihre Verkäufe mit Differenzbesteuerung dürfen Sie keine Umsatzsteuer offen ausweisen.
- Wenn Sie neben der Differenzbesteuerung auch Umsätze mit Regelbesteuerung machen, müssen Sie für beide Sparten getrennte Aufzeichnungen führen. Richten Sie in Ihrer Buchführung möglichst getrennte Konten für die Einkäufe und die Verkäufe ein.

1014 **Neues Auto billig aus Dänemark?**
Wie preiswert neue Autos sein können, zeigen die Preislisten in manchen EU-Ländern. Holen Sie sich aber so ein neues Auto, müssen Sie – anders als beim Kauf eines alten Autos oder anderer Waren im Ausland – bei uns die Umsatzsteuer bezahlen. Dies gilt auch für Privatpersonen. Wichtig: Innerhalb von zehn Tagen nach dem Kauf müssen Sie eine Umsatzsteuererklärung beim Finanzamt einreichen und die Umsatzsteuer bezahlen. Sie zahlen 19 % vom Nettopreis des Autos. Tun Sie das nicht, bekommen Sie Ärger, denn die Zulassungsstelle

schickt dem Finanzamt eine Kontrollmitteilung, und dann erscheint der Steuerprüfer. Und der hat auch Vordrucke parat, auf denen er Ihnen die Eröffnung eines Bußgeldverfahrens mitteilen kann (Quelle: § 18 Abs. 5 a UStG; BMF-Schreiben v. 26.11.1992 – BStBl 1992 I S. 761).

> *Ein Minister, egal ob vom Regierungschef gekündigt*
> *oder ob er das Handtuch schmeißt (wie Lafontaine),*
> *erhält mindestens ein Übergangsgeld von 55.000 €.*
> *Dafür genügt im Extremfall ein einziger Tag im Amt.*
> (Bund der Steuerzahler, 5/99)

3. Die Grundsteuer

Die Grundsteuer besteuert den Grund und Boden einschließlich Gebäude. Auf die Steuermesszahl schlägt die Gemeinde den Hebesatz (z.B. 300 %) auf, der jedem Grundsteuerbescheid zu entnehmen ist.

Die Steuermesszahl beträgt bezogen auf den Einheitswert für

- land- und forstwirtschaftliche Betriebe   6,0 ‰
- Einfamilienhäuser für die ersten 38.346,89 € 2,6 ‰
- den übersteigenden Rest   3,5 ‰
- Zweifamilienhäuser   3,1 ‰
- Eigentumswohnungen, die keine Zweifamilienhäuser sind   3,5 ‰
- alle übrigen (z.B. Mietswohnhäuser, unbebaute Grundstücke)   3,5 ‰

Die Grundsteuer ist dem Grunde nach nicht verfassungswidrig, so hat das Bundesverfassungsgericht im Verfahren 1 BvR 1644/05 entschieden. Nichtsdestotrotz werden Sie als Inhaber einer *selbstgenutzen Immobilie* Ihren Grundsteuerbescheid anfechten. Vor dem Bundesverfassungsgericht sind nämlich Verfahren anhängig, in denen geklärt wird, ob Sie nicht doch um die Grundsteuer herumkommen oder ob sie jedenfalls nicht nach den realitätsfernen Einheitswerten berechnet werden darf (BVerfG – 2 BvR 287/11 und 1 BvL 11/14).

TRICK

So senken Sie die Grundsteuer!

Anders als bei der Erbschaftsteuer, bei der ein besonderer Bedarfswert für das Grundstück berechnet wird, gelten für die Grundsteuer Einheitswerte. Es lohnt sich, diesen Einheitswert anzugreifen, wann immer dies erfolgversprechend erscheint. Wie? Die Einspruchsfrist von vier Wochen ist verstrichen? Nun – das macht hier nichts, denn das Finanzamt ist verpflichtet, den Einheitswert zu überprüfen, wann immer es darauf aufmerksam gemacht wird, dass er überhöht ist. Wenn der neue Einheitswert vom bisherigen um mehr als 10 %, aber mindestens 250 € nach unten bzw. mindestens 2.500 € nach oben oder unabhängig von der prozentualen Abweichung um 2.500 € nach unten bzw. mehr als 50.000 € nach oben abweicht, muss fortgeschrieben, d.h. berichtigt werden.

Vielleicht können Sie einen der folgenden Gründe angeben, um Ihrem Angriff auf den Einheitswert zum Erfolg zu verhelfen:

- Neben dem Haus wurde ein Schießplatz bzw. ein Truppenübungsgelände errichtet (bis 4 km Nähe).
- Eine Flugschneise führt plötzlich über das zuvor ruhige Grundstück.
- Ein Industriebetrieb in der Nähe des Hauses entwickelt starken Lärm oder stinkende Rauch- oder Abgasschwaden.
- Bauerwartungsland wurde zur Grünzone erklärt.
- Ein Grundstück, das nur für frei stehende Häuser geplant war, wird für Reihenhäuser vorgesehen.
- Baumängel und Bauschäden sind plötzlich aufgetreten.
- Feuchtigkeitsschäden sind am Haus aufgetreten.
- Der Bau einer Schnellstraße durch die bisher ruhige Wohngegend rechtfertigt eine Minderung des Rohmietenansatzes.
- Die Mieten sind im Jahr der Bezugsfertigkeit nicht so hoch wie in den folgenden Jahren.
- Eine Ertragsminderung ist infolge leerstehender oder niedriger vermieteter Wohnung eingetreten.
- Es ist ein Brandschaden eingetreten. Fordern Sie hier unbedingt Grundsteuererlass und für den kommenden 1.1. des Jahres eine Wertfortschreibung des Einheitswerts.

SUPER TRICK

Weniger Grundsteuer für Reihenhausbesitzer

Reihenhäuser stehen oft auf kleinen Grundstücken. Steht Ihr Haus auf einem Grundstück mit weniger als 250 qm, sollten Sie sich unbedingt vergewissern, ob das Finanzamt bei der Einheitsbewertung einen Abschlag wegen kleiner Grundstücksfläche vorgenommen hat.

Lassen Sie sich in der Bewertungsstelle des Finanzamts den örtlichen Mietspiegel zeigen, der für die Bewertung Ihres Reihenhauses maßgebend ist.

Hat die Bewertungsstelle für Ihr Reihenhaus eine Quadratmetermiete (übliche Miete) angesetzt, die für normal große Grundstücke gilt, beantragen Sie sofort Berichtigung des Einheitswertbescheids und verlangen Sie einen Abschlag von mindestens 20 %. Das hat zugleich die Berichtigung des Grundsteuermessbescheids zur Folge.

Sagen Sie dem Bearbeiter in der Bewertungsstelle: Wenn das Finanzamt bei übergroßer Grundstücksfläche einen Zuschlag macht, weil das Gesetz es so vorschreibt, muss es bei kleiner Grundstücksfläche einen Abschlag machen. Alles andere ist ungerecht. Einfamilienhäuser mit großer Grundstücksfläche erhalten einen Wertzuschlag, wenn und soweit die Grundstücksfläche größer als 1.500 m^2 ist. Der Wertabschlag für Einfamilienhäuser mit kleiner Grundstücksfläche wird im Allgemeinen dadurch vorgenommen, dass die »übliche Miete« herabgesetzt wird.

Die Herabsetzung wirkt sich entsprechend auf die Höhe des Einheitswerts aus. Rechtsquellen: §§ 79 und 82 BewG, ferner Komm. Gürsching/Stenger § 82 Rd-Nr. 9.5; Rössler/Troll § 82 Anm. 51 und Grundbesitz-Kartei OFD München § 82 Abs. 1 Karte 1.

TRICK

Zahlen Sie für ein altes Haus weniger Grundsteuer!

Auch an Häusern nagt der Zahn der Zeit. Sie sollten deshalb Überlegungen anstellen, ob Ihre Häuser noch den heutigen Anforderungen genügen. Wenn sich die Maßstäbe hinsichtlich Belüftung, Belichtung, Zimmeranordnung, Treppenhausgestaltung, Dachkonstruktion etc. stark verschoben haben oder Sie erkennen, dass die Häuser längere Zeit vor Ablauf der angenommenen Nutzungsdauer wirtschaftlich nicht mehr zu nutzen sind, ist ein Abschlag vom bisherigen Einheitswert drin, und zwar wegen wirtschaftlicher Überalterung (BFH v. 11.10.1974 – BStBl 1975 II S. 54). Suchen Sie sich einen guten Sachverständigen, der das feststellt, und richten Sie an das Finanzamt einen Antrag auf Herabsetzung des Einheitswerts.

*Für die Elektrifizierung einer Bahnstrecke fehlten
an einer Brücke 5 cm Durchfahrhöhe.
Die Bahn wollte die Brücke abreißen und eine höhere bauen.
Der Rechnungshof regte eine Tieferlegung der Gleise
um 5 cm an. Einsparung: 4 Millionen €.*
(Bericht des Bundesrechnungshofs)

4. Die Grunderwerbsteuer

1016 Die Grunderwerbsteuer besteuert den Grundstückswechsel. Sie beträgt je nach Bundesland zwischen 3,5 % und 6,5 % des Kaufpreises. Keine Grunderwerbsteuer fällt jedoch an, wenn

- Sie ein Grundstück ohne Gegenleistung geschenkt erhalten;
- Sie es von jemandem erwerben, mit dem Sie in gerader Linie verwandt sind (Eltern – Kinder, Großeltern – Enkelkinder); begünstigt ist auch der Erwerb von Stiefkindern/-eltern, Schwiegerkindern und -eltern;
- Sie als Gegenleistung nicht mehr als 2.500 € zahlen;
- Sie es erben;
- es aus einem Nachlass stammt, der mit Miterben geteilt wird;
- durch Umwandlung von Flächen- in Gemeinschaftseigentum und umgekehrt ein Grundstück erworben wird;
- es vom Ehegatten bzw. eingetragenen Lebenspartner oder durch den früheren Ehegatten bzw. eingetragenen Lebenspartner im Rahmen der Vermögensteilung nach einer Scheidung/Auflösung der Lebenspartnerschaft erworben wird.

GUTER RAT

Mit der Besteuerung von Grunderwerb hängt sich der Fiskus an das elementare Bedürfnis des Menschen nach den eigenen vier Wänden, ohne selbst etwas Nützliches zum Erwerbsvorgang beizutragen, geschweige denn zur Wertsteigerung des Grundstücks. Besonders schlimm ist, dass der Fiskus schon kassiert, bevor der Grunderwerb überhaupt vollzogen ist. »Das Verpflichtungsgeschäft – sprich Abschluss des notariellen Kaufvertrages – begründet den Anspruch auf die Grunderwerbsteuer«, so der Originalton des GrEStG. Wollen Sie vom Finanzamt Ihr Geld zurück, weil das Verpflichtungsgeschäft nicht zustande gekommen ist, weil z.B. der Verkäufer nicht liefern kann, müssen Sie schweres Geschütz auffahren und sogar aufpassen, dass man Sie verfahrensmäßig nicht auf den Holzweg führt.

SUPER TRICK

So sparen Sie beim Hausbau über 5.000 € Grunderwerbsteuer.

1017 Wenn Sie sich mit Bauabsichten tragen, wollen Sie Ihren sowieso schon engen Finanzierungsspielraum sicher nicht mit unnötiger Grunderwerbsteuer strapazieren. Vorsicht ist immer dann geboten, wenn Sie Grundstück und Haus sozusagen aus einer Hand kaufen, Sie sich z. B. für ein vom Bauunternehmen schlüsselfertig angebotenes Eigenheim entscheiden. In diesem Fall knöpft Ihnen der Fiskus nämlich Grunderwerbsteuer nicht nur vom Kaufpreis für das Grundstück, sondern auch von den Baukosten für das Haus ab. Bei einem Grundstückspreis von 25.000 € und 150.000 € Baukosten sind das immerhin bis zu 9.750 €, die Sie in den Schornstein schreiben können.

Geht die Baufirma vor Fertigstellung des Hauses in Konkurs, haben Sie zwei Möglichkeiten zur Erstattung der Grunderwerbsteuer: vom Konkursverwalter den Rückerwerb des Grundstücks erwirken oder, wenn Sie in eigener Regie weiterbauen wollen, nachträgliche Herabsetzung des Kaufpreises auf die Höhe der tatsächlichen Leistung. Weisen Sie sodann das Finanzamt auf § 16 Abs. 2 und 3 GrEStG hin, dann klappt der Laden. Das muss aber innerhalb von zwei Jahren seit Entstehung der Steuer geschehen.

Wesentlich besser fahren Sie, wenn Sie von vornherein zunächst das Grundstück kaufen und sich dann selbst um ein Bauunternehmen und die Handwerker kümmern. Sie haben damit zwar ein wenig mehr Lauferei am Hals, die wird Ihnen aber dadurch versüßt, dass Sie auf die Baukosten von 150.000 € keinen Cent Grunderwerbsteuer zahlen. Ihre Ersparnis beläuft sich auf bis zu 8.357 €. Zusätzlich haben Sie den Vorteil, dass Sie sich aus mehreren Angeboten von Baufirmen das günstigste aussuchen können.

5. Die Kirchensteuer

Die Kirchensteuer wird nach der Einkommen- oder Lohnsteuer erhoben. Die Kirchensteuersätze sind regional unterschiedlich und betragen 8 oder 9 %, bei pauschalierter Lohnsteuer 4,5 bis 9 % der Pauschsteuer.

1018

TRICK

Sparen Sie Kirchensteuer!

Ganz mechanisch berechnet das Finanzamt 8 oder 9 % Ihrer Einkommensteuer für Kirchensteuer. Stellen Sie an die Diözese oder die Landeskirche daher einen Antrag auf »Kappung« der Kirchensteuer und bitten Sie darum, diese Abgabe auf höchstens 3 bis 4 % Ihres *zu versteuernden Einkommens* zu begrenzen.

1019

718 XV. Die anderen Steuern

Hier eine Übersicht der Möglichkeiten:

Land	Hebesatz in % der Einkommensteuer	Kappungsmöglichkeit in % des steuerpfl. Eink.	
		ev. Kirchen	kath. Diözesen
Baden-Württemberg	8	3,5[1]	3,5
Bayern	8	keine	keine
Berlin	9	3	3
Brandenburg	9	3	3
Bremen, Bremerhaven	9	3,5	3,5
Hamburg	9	3	3[2]
Hessen	9	3,5	4
Mecklenburg-Vorpommern	9	3,5	3
Niedersachsen	9	3,5	3,5
Nordrhein-Westfalen	9	3,5	4
Rheinland-Pfalz	9	3,5	4
Saarland	9	3,5	4
Sachsen	9	3,5	3,5
Sachsen-Anhalt	9	3,5	3,5
Schleswig-Holstein	9	3	3
Thüringen	9	3,5	3,5

[1] evang. Kirche Württemberg 2,75 %
[2] nur im Bereich kath. Bistum Hamburg

Die Kirchensteuer zu kappen gelingt leider erst bei einem sehr hohen zu versteuernden Einkommen. Es sei denn, Sie verhandeln an höchster Stelle und lassen bei einem ablehnenden Verhalten im Gespräch einfließen, dass Sie sich bei mangelndem Entgegenkommen die Kirchensteuer auch gänzlich sparen könnten …

Berechnungsbeispiel (Nordrhein-Westfalen, evangelisch)

Zu versteuerndes Einkommen	1.000.000 €
Darauf Einkommensteuer lt. Splittingtabelle	403.476 €
Kirchensteuer 9 % von 403.4768 € =	36.312 €
Kappung der Kirchensteuer auf 3,5 % von 1.000.000 € = 35.000 € > –	35.000 €
Ersparnis an Kirchensteuer	1.312 €

1020 Als Arbeitnehmer können Sie versuchen, aus Billigkeitsgründen einen Teilerlass der Kirchensteuer zu erhalten, wenn die Kirchensteuer am Ort der gehaltszahlenden Stelle niedriger ist als am Wohnort. Das ist z.B. der Fall, wenn Sie in Bayern (Hebesatz 8 %) arbeiten und in Schleswig-Holstein (Hebesatz 9 %)

wohnen. Bei der Veranlagung zur Einkommensteuer knöpft Ihnen Ihr Finanzamt in Schleswig-Holstein zu Recht 9 % Kirchensteuer ab, an Lohnkirchensteuer werden Ihnen aber nur 8 % angerechnet, weil nicht mehr einbehalten wird. Sie müssen also regelmäßig nachzahlen, wenn Sie mit Ihrem Antrag auf Erlass von 1 % keinen Erfolg haben. Zuständig für Erlassanträge sind die Kirchenbehörden, nicht die Finanzämter.

Hinweis: Der Erlass ist eine sog. Billigkeitsmaßnahme. Sie sind also auf den guten Willen der Kirche angewiesen. Wie mir ein Leser berichtet hat, hatte er mit seinem Antrag keinen Erfolg. Wie kurzsichtig diese Entscheidung der Kirche war, sehen Sie an der Konsequenz, die er aus so viel Hartleibigkeit gezogen hat: Er ist aus der Kirche ausgetreten.

Wer aus der Kirche austreten will, muss je nach Bundesland eine entsprechende Erklärung beim Standesamt, beim Generalvikariat oder beim Amtsgericht einreichen. Erkundigen Sie sich beim Finanzamt, welche Institution in Ihrem Bundesland für die Entgegennahme der Kirchenaustrittserklärung zuständig ist. Die Steuer darf dann nur noch bis zum Ende des Monats erhoben werden, der auf den Austrittsmonat folgt. Wer also am 15. März seinen Austritt erklärt, zahlt ab 1. Mai keine Kirchensteuer mehr. Für Kinder unter 14 Jahren können die Eltern den Austritt erklären.

1021 Ein *Kirchenangehöriger*, dessen Leistungsfähigkeit sich durch die Eheschließung mit einem gut verdienenden, aber keiner Kirche angehörenden Ehegatten erhöht hat, braucht, wenn er nicht *selbst einkommensteuerpflichtig* ist, keine Kirchensteuer zu bezahlen (siehe auch ➤ Rz 541).

In solchen Fällen soll nach den Ausführungen des BVerfG in seinen Entscheidungen v. 14.12.1965 eine Besteuerung »etwa an dem Lebensführungsaufwand des kirchensteuerpflichtigen Ehegatten anknüpfen« können. In einigen neueren Kirchensteuerrahmengesetzen ist deshalb eine Besteuerung des in *glaubensverschiedener* Ehe lebenden Ehegatten in der Form eines »besonderen Kirchgelds« vorgesehen und dessen Erhebung den Kirchen anheimgestellt. Von dieser Ermächtigung wird nicht immer Gebrauch gemacht. Soweit doch, erfolgt die Erhebung durch die Finanzämter nach einer *Kirchgeldtabelle* für Gemeindemitglieder in glaubensverschiedener Ehe.

Lassen Sie sich die Kirchgeldtabelle im Zweifel von der für Sie zuständigen Kirchenkörperschaft, z. B. dem Generalvikariat, zuschicken.

Wenn Ehepaare verschiedenen Religionen angehören **1022**
Ist z. B. der berufstätige Ehemann römisch-katholisch und die nicht berufstätige Ehefrau evangelisch, wird auf der Lohnsteuerkarte des Ehemannes eingetragen: Kirchensteuerabzug Arbeitnehmer: rk, Ehegatte: ev. In diesem Fall erscheint die Kirchensteuer in > Zeile 7 der Lohnsteuerkarte. Die evangelische Kirche freut sich, denn sie profitiert in Höhe von 50 % von der Kirchensteuer des – katholischen – Arbeitnehmers (unfaire Halbteilung). Gehört der Ehe-

mann keiner Kirche an, steht auf der Lohnsteuerkarte »vd« oder »–«. In diesem Fall darf ihm keine Kirchensteuer abgezogen werden.

Haben beide Ehepartner Einkünfte, aber nur z.B. der Mann gehört einer Kirche an, wird die Kirchensteuer nach dem Verhältnis der auf ihn entfallenden Einkommen- oder Lohnsteuer gesondert festgesetzt.

Zur Berechnung der Bemessungsgrundlage wird in den einzelnen Bundesländern die Einkommensteuer nach unterschiedlichen Maßstäben aufgeteilt.

In Baden-Württemberg, Bremen, Hamburg, Hessen, Niedersachsen, Nordrhein-Westfalen und Rheinland-Pfalz wird die gemeinsame Einkommensteuer im Verhältnis der Steuerbeträge aufgeteilt, die sich bei Anwendung der Grundtabelle auf die jeweilige Summe der Einkünfte der Ehegatten ergibt.

In Berlin und den neuen Bundesländern wird eine fiktive getrennte Veranlagung durchgeführt.

In Bayern, Saarland und Schleswig-Holstein wird die Einkommensteuer beider Ehegatten im Verhältnis der Steuerbeträge aufgeteilt, die sich bezogen auf den Gesamtbetrag der Einkünfte eines jeden Ehegatten ergeben.

Immer wieder kommt es vor, dass die Finanzämter die volle Kirchensteuer von 8 oder 9 % festsetzen, obwohl nur ein Ehepartner kirchensteuerpflichtig ist. Werfen Sie daher ein scharfes Auge auf die Kirchensteuer!

6. Der Solidaritätszuschlag

1023 Der Solidaritätszuschlag hält sich nach wie vor hartnäckig, und angesichts leerer Kassen ist nicht damit zu rechnen, dass ihm die Politkaste in Berlin den Garaus macht.

Berechnungsgrundlage für den Soli ist die Einkommensteuerschuld abzgl. der anrechenbaren Körperschaftsteuer.

Aber bereits im laufenden Jahr wird Ihnen der Solidaritätszuschlag einbehalten, z.B. zusammen mit

● den Einkommensteuervorauszahlungen,

● der Kapitalertrag- und der Zinsabschlagsteuer.

Als Arbeitnehmer wird Ihnen der Solidaritätszuschlag bei jeder Lohnzahlung mit 5,5 % der Lohnsteuer abgezogen. Diese vorweg einbehaltenen Beträge werden Ihnen bei einer Veranlagung zur Einkommensteuer genau wie die Lohnsteuer auf den endgültigen Solidaritätszuschlag angerechnet.

Kleinverdiener mit einer Einkommensteuer von nicht mehr als 972 €/1.944 € bleiben vom Solidaritätszuschlag verschont, d.h., er wird nur erhoben, wenn er höher als 53 €/107 € (Ledige/Verheiratete) ist.

GUTER RAT

Liegen Sie mit Ihrer Einkommensteuer knapp über diesen Freibeträgen, fallen **1024** Sie unter eine Härteregelung. Bei einer Einkommensteuerschuld zwischen 972 € und 1.302 € (Ledige) bzw. 1.944 € und 2.604 € (Verheiratete) werden nur 20 % der Differenz zwischen Einkommensteuerschuld und 972 €/1.944 € als Solidaritätszuschlag erhoben.

Zu versteuerndes Einkommen 2015	27.200,00 €
Einkommensteuer lt. Splittingtabelle	1960,00 €
Solidaritätszuschlag 5,5 %	107,80 €
Höchstens 1960 € – 1.944 € = 16 € × 20 %	3,20 €

Die Freibeträge und die Härteregelung gelten auch beim Lohnsteuerabzug. Bei der monatlichen Lohnzahlung fällt daher kein Solidaritätszuschlag an, wenn folgende Beträge nicht überschritten werden:

Steuerklasse	Lohnsteuer, bis zu der kein SolZ anfällt
I	81 €
II	81 €
III	162 €
IV	81 €
V	81 €
VI	81 €

Solidaritätszuschlag ist verfassungswidrig **1025**

Zwar hat das Bundesverfassungsgericht mit Beschluss vom 11.2.2008 eine Verfassungsbeschwerde gegen den Solidaritätszuschlag nicht zur Entscheidung angenommen (Az 2 BvR 1708/06), doch es ist ein erneutes Musterverfahren beim Bundesverfassungsgericht anhängig (2 BvL 6/14; Vorinstanz FG Niedersachsen Urt. v. 21.8.2013 – 7 K 143/08), in dem es um die Abschaffung des Solidaritätszuschlags wegen dessen Verfassungswidrigkeit geht. Da die Finanzämter die Steuerbescheide insoweit vorläufig erlassen, müssen Sie keinen Einspruch einlegen (BMF v. 10.6.2014 – BStBl 2014 I S. 831).

Wenn Sie auf Ihre Kapitaleinkünfte Solidaritätszuschlag gezahlt haben, müssen Sie nicht nur deswegen die Einbeziehung der Kapitaleinkünfte in die Veranlagung zur Einkommensteuer beantragen. Die Vorläufigkeit gilt nämlich auch für den Solidaritätszuschlag zur Abgeltungsteuer.

*Wenn der Pöbel aller Sorten
tanzt um die goldenen Kälber:
Denke, du hast vom Leben
doch am Ende nur dich selber.*

(Goethe)

XVI. Der Umgang mit dem Finanzamt

1. Das Finanzamt stellt Steueransprüche. Was ist zu tun?

Jedem Steueranspruch liegt ein Steuerbescheid zugrunde. Der Steuerbescheid **1026**
enthält Angaben über Art und Höhe der Steuer, wer die Steuer schuldet und
wann sie fällig ist. Außerdem werden die Besteuerungsgrundlagen (d.h. Ihre
Einkünfte) angegeben und eine Einspruchsfrist erteilt.
Sind Sie nicht sicher, ob alles rechtens ist, dann legen Sie Einspruch gegen den
Bescheid ein.

```
An Finanzamt Nimmstadt              Ort, Datum .........

Betrifft: Einkommensteuerbescheid für ........... vom ..........
Steuernummer .........................

Gegen den obigen Bescheid lege ich Einspruch ein.
Begründung folgt.

.............................
Unterschrift
```

Der Einspruch muss innerhalb der Einspruchsfrist von vier Wochen eingelegt
werden, denn danach ist der Bescheid rechtskräftig und somit nicht mehr än-
derbar. Die Rechtsmittelfrist beginnt bei Zustellung des Steuerbescheids mit
einfachem Brief – das ist der Normalfall – drei volle Tage nach Aufgabe zur Post
durch das Finanzamt.

Beispiel
Poststempel Dienstag, 12.08.; Beginn der Rechtsmittelfrist Samstag, 16.08.,
0:00 Uhr; Ende der Rechtsmittelfrist Montag, 15. 09., 24:00 Uhr.
Es genügt, wenn das Einspruchsschreiben am letzten Tag der Frist in den Hausbriefkasten des Finanzamts geworfen wird. Durch den Einspruch haben Sie nun
Zeit gewonnen, um in Ruhe den Bescheid zu überprüfen. Sie können im Einspruchsverfahren auch noch vergessene Abzüge geltend machen.

Trotz Einspruch müssen Sie zunächst die geforderte Steuer zahlen. Andernfalls **1027**
entstehen Säumniszuschläge, die der Höhe nach unverschämt sind: 1 % pro

Monat (§ 240 AO). Die Säumniszuschläge entstehen sogar dann und werden auch nicht zurückgezahlt, wenn sich herausstellt, dass die Steuer zu hoch festgesetzt war. Eine weitere unverständliche Unverschämtheit!

Wollen Sie nicht zahlen und Säumniszuschläge vermeiden, kann Ihnen nur ein Antrag, die »Vollziehung des Steuerbescheids« auszusetzen, helfen, in dem Sie darlegen, dass *ernstliche Zweifel an der Richtigkeit* des Steuerbescheids bestehen (§ 361 AO). Es ist üblich und zweckmäßig, den Aussetzungsantrag mit dem Einspruch zu kombinieren.

```
An Finanzamt Greifswald                Ort, Datum . . . . . . . . . .

Betrifft: Einkommensteuerbescheid für . . . . . . . . . . . vom . . . . . . . . . .
Steuernummer . . . . . . . . . . . . . . . . . . . . . . . . . .
hier: Einspruch und Aussetzung der Vollziehung

Gegen den obigen Bescheid lege ich Einspruch ein.
Begründung: Die festgesetzte Steuer ist zu hoch, weil . . . . . . . . . . . . .

Gleichzeitig beantrage ich Aussetzung der Vollziehung des angefochtenen
Bescheids, weil ernstliche Zweifel an dessen Rechtmäßigkeit bestehen,
wie obige Begründung des Einspruchs zeigt.

. . . . . . . . . . . . . . . . . . . . . . . . . . . . .
Unterschrift
```

Anmerkung: Dem Finanzamt dürfen Sie nicht blind vertrauen. Jeder zweite Steuerbescheid ist falsch.

Wenn das Finanzamt den Aussetzungsantrag ablehnt, legen Sie dagegen wieder Einspruch ein und stellen zusätzlich einen Stundungsantrag. Sie haben gute Aussichten, dass das Finanzamt nunmehr Ihrem Aussetzungsantrag entspricht und damit dem Einspruch abhilft, denn mit einer erneuten Ablehnung ist ein erheblicher Arbeitsaufwand verbunden. Was erreichen Sie damit? Dass Sie bis zur endgültigen Klärung die strittigen Steuerbeträge nicht zu zahlen brauchen! Solange das Aussetzungsverfahren läuft, müssen Sie auch nicht damit rechnen, dass Ihnen der Vollziehungsbeamte auf die Pelle rückt.

Seien Sie nicht zimperlich mit Einspruch und Aussetzungsantrag, nehmen Sie alle Verfahrensrechte in Anspruch. Kosten entstehen Ihnen dadurch nicht, abgesehen von Schreib- und Portokosten.

2. Einspruchsfrist verpasst! Was ist zu tun?

S Beantragen Sie »Wiedereinsetzung in den vorigen Stand«, weil es Ihnen nicht möglich gewesen sei, rechtzeitig Einspruch einzulegen (§ 110 AO).

An Finanzamt Nimmstadt   Ort, Datum . . . .

Betrifft: Einkommensteuerbescheid für . . . . vom . . . .

Steuernummer . . . .
Gegen den obigen Bescheid lege ich hiermit Einspruch ein. Begründung
folgt. Gleichzeitig beantrage ich Wiedereinsetzung in den vorigen
Stand, weil es mir infolge einer fünfwöchigen Abwesenheit von meiner
Wohnung nicht möglich war, rechtzeitig Einspruch einzulegen. Ich habe
den Steuerbescheid erst vorgestern vorgefunden.

. . . .
Unterschrift

Beachten Sie: Der Antrag ist innerhalb eines Monats nach Wegfall des Hindernisses zu stellen. Die Wiedereinsetzung in den vorigen Stand ist meistens ein Ermessensfall, d.h., das Finanzamt beurteilt die Schwere des Hindernisses, das Sie davon abhielt, rechtzeitig Einspruch einzulegen. In den folgenden Fällen aber haben Sie einen *Rechtsanspruch auf Wiedereinsetzung:*

- Vorübergehende Abwesenheit von der Wohnung bis zu sechs Wochen. Bei längerer Abwesenheit müssen Sie Vorsorge treffen, dass Ihnen die Post nachgeschickt wird, oder einen Dritten bevollmächtigen, Ihre Steuerangelegenheit wahrzunehmen. Natürlich haben Sie keinen wirklich zuverlässigen Menschen dafür. Und natürlich dauert die Post ins Ausland viel länger und geht schneller verloren, der Campingplatz musste wegen Überflutung verlassen werden, das Hotelzimmer war unzumutbar, Kakerlaken, Vogelspinnen, Moskitos und andere Quälgeister fanden sich darin, weshalb Sie umziehen mussten in eine Unterkunft jwd (janz weit draußen)…

- Behinderung durch hohes Alter.

- Schwere plötzliche Erkrankung (Herzinfarkt, Diabetesschock).

- Schwerer Unfall.

- Jeder Fall von höherer Gewalt, Ehegatte ist weggelaufen, Ihr Haus hatte einen Wasserrohrbruch und, und, und.

Weist das Finanzamt Ihren Einspruch durch Einspruchsentscheidung zurück, **1029** **können Sie dagegen klagen. Dann kommt das Verfahren vor dem Finanzgericht in Gang.** Geht es beim Finanzamt schon recht formell zu, steigert sich das noch, wenn Sie vor den Finanzkadi ziehen. Ein paar Tipps zu den häufigsten Fragen sollen Ihnen helfen, die größten Fallstricke zu vermeiden, wenn Sie sich die Kosten für einen Steuerberater oder Rechtsanwalt sparen wollen:

Muss ich die vom Finanzamt geforderte Steuer trotz Klage bezahlen, oder kann ich mir bis zur Entscheidung durch das Finanzgericht Zeit lassen? Grundsätzlich verlangt der Fiskus von Ihnen, dass Sie spätestens vier Wochen nach Zustellung des Steuerbescheids in die Tasche greifen. Daran ändert formal auch eine Klage zunächst einmal nichts. Stellen Sie deshalb auf jeden Fall beim Finanzamt den Antrag, »die Vollziehung des Steuerbescheids auszusetzen«. Folgt das Finanzamt Ihrem Antrag, brauchen Sie vorläufig nicht zu zahlen. Aber selbst wenn das Finanzamt sich starrsinnig zeigt, was leider allzu oft vorkommt, ist noch nicht alles verloren. Stellen Sie in diesem Fall Ihren Aussetzungsantrag direkt beim Finanzgericht. Berufen Sie sich dazu auf § 69 der Finanzgerichtsordnung. Wie die Erfahrung lehrt, sind die Finanzgerichte häufig sehr viel großzügiger bei der Beurteilung der Frage, ob ernstliche Zweifel an der Rechtmäßigkeit des von Ihnen angegriffenen Steuerbescheids bestehen. Wenn Sie knapp bei Kasse sind, können Sie sich zudem darauf berufen, dass die Bezahlung der Steuern für Sie eine unbillige Härte zur Folge hätte.

1030 **Brauche ich vor Gericht einen Anwalt oder Steuerberater?** Nein, vor dem Finanzgericht dürfen Sie sich locker selbst vertreten. Dabei bleibt es Ihnen unbenommen, sich von einem guten Freund oder Bekannten helfen zu lassen. Ansonsten genügt manchmal schon die kostengünstige Hilfe durch einen Lohnsteuerhilfeverein. Oder fragen Sie doch einmal, ob nicht Ihre Gewerkschaft bereit ist, Ihnen beizustehen. Vielleicht übernimmt sie sogar einen Teil Ihrer Prozesskosten, wenn sie an Ihrem Fall interessiert ist. Deutlich anders sieht die Angelegenheit allerdings aus, wenn Ihr Prozess bis vor den Bundesfinanzhof geht. Dort gilt sog. Vertretungszwang. Das heißt, Sie *müssen* sich durch einen Steuerberater, Wirtschaftsprüfer oder Rechtsanwalt vertreten lassen. Um aber überhaupt dorthin zu gelangen, muss das Finanzgericht die Revision zulassen. Tut es das nicht, weil es Ihr Problem nicht als Grundsatzfrage ansieht, bleibt Ihnen nur der Weg, die Revision durch eine Nichtzulassungsbeschwerde zu erstreiten.

Was kostet mich ein Prozess vor dem Finanzgericht?
Zunächst einmal die positive Nachricht: Beim Finanzgericht wird Ihnen trotz Klage kein Kostenvorschuss abverlangt. Gewinnen Sie Ihren Prozess, muss das Finanzamt in der Regel die Kosten des Verfahrens tragen. Verlieren Sie, gehen Ihre Gerichtskosten wie Gebühren und Auslagen zu Ihren Lasten. Für die Kosten des Finanzamts müssen Sie jedoch nicht aufkommen. Sind Sie so klamm, dass Sie sich die Kosten einer Klage eigentlich nicht leisten können, werfen Sie die Flinte nicht ins Korn, sondern stellen Sie beim Finanzgericht einen Antrag auf Prozesskostenhilfe. Das Finanzgericht wird Ihnen diese vor allem dann zugestehen, wenn es Ihrer Klage Erfolgschancen beimisst. Erläuterungen und Antragsformulare für die Prozesskostenhilfe bekommen Sie beim Finanzgericht. Sie finden all das und entsprechende Berechnungsprogramme aber auch im Internet. *Die Gerichtsgebühren richten sich nach dem sog. Streitwert. Das ist in*

aller Regel der Steuerbetrag, über den Sie mit dem Finanzamt streiten. Im Finanzgerichtsverfahren gilt allerdings ein Mindeststreitwert von 1.000 €.

Entscheidet das Gericht durch Urteil oder Gerichtsbescheid, fällt das Vierfache an Gerichtsgebühren an. Wird das Verfahren dagegen ohne Urteil, sondern durch einen Beschluss (§ 138 FGO) erledigt, fällt nur eine doppelte Verfahrensgebühr an.

Streitwert bis	Gerichtskosten in €		
... Euro	einfache Gebühr	2-fache Gebührl	4-fache Gebühr
500 €	35,00 €	70,00 €	140,00 €
1.000 €	53,00 €	106,00 €	212,00 €
1.500 €	71,00 €	142,00 €	284,00 €
2.000 €	89,00 €	178,00 €	356,00 €
3.000 €	108,00 €	216,00 €	432,00 €
4.000 €	127,00 €	254,00 €	508,00 €
5.000 €	146,00 €	292,00 €	584,00 €
6.000 €	165,00 €	330,00 €	660,00 €
7.000 €	184,00 €	368,00 €	736,00 €
8.000 €	203,00 €	406,00 €	812,00 €
9.000 €	222,00 €	444,00 €	888,00 €
10.000 €	241,00 €	482,00 €	964,00 €

TIPP

zum Finanzgerichtsprozess

Kommt Ihnen im Lauf Ihres Finanzgerichtsverfahrens die Erkenntnis, dass Sie verlieren werden, können Sie den größten Teil Ihrer Gerichtskosten vermeiden, wenn Sie die Klage zurückziehen. Entscheiden Sie sich zu diesem Schritt, bevor das Gericht einen Beweisbeschluss oder einen Gerichtsbescheid unterschrieben hat und zudem mehr als eine Woche vor dem Termin für eine mündliche Verhandlung, entfallen die Gerichtsgebühren komplett. Es könnte allenfalls sein, dass Sie ein paar Auslagen wie Kopien etc. bezahlen müssen. Die Gewinnaussichten auszuloten dürfte in der Regel nicht schwierig sein, da die Richter, die sich vorab mit Ihrem Fall beschäftigen dürfen (sie werden Berichterstatter genannt), Ihnen z.B. auf Nachfrage oder bei einem vor der eigentlichen Verhandlung anberaumten Erörterungstermin durchaus sagen, ob sie Ihnen eine Chance geben oder sich auf die Seite des Fiskus schlagen wollen. Dann ist es immer noch früh genug, um mit einer Klagerücknahme die Reißleine zu ziehen. Bei einem gewonnenen Steuerprozess verlangen Sie Erstattung aller, wirklich aller entstandenen Kosten – auch Ihres Zeitaufwands – und klagen bei Ablehnung durch alle Instanzen. Halten Sie die Bären so am Tanzen, dass sie nicht mehr zur Besinnung kommen. Und selbst die Ministerialbürokraten anschreien, ihr verrücktes Treiben einzustellen.

TRICK

Wenn das Finanzamt Ihren Einspruch angeblich nicht erhalten hat.

1032 Es lehnt deshalb alles ab, was Sie in der späteren Begründung vortragen! Sie fluchen auf Teufel komm raus und wollen schon aufgeben, weil Sie keine Einschreibequittung in der Hand haben? Nichts da! Natürlich gehen Sie gegen den ablehnenden Bescheid an! Denn Sie haben den Einspruch schließlich selbst in den Briefkasten gesteckt – haben Sie doch, nicht wahr? Vielleicht treiben Sie sogar noch einen Zeugen auf. Also soll das Finanzamt gefälligst nach Ihrem Schreiben suchen!

Will das Finanzamt trotzdem nicht klein beigeben, weisen Sie es auf das sehr vernünftige Urteil des Finanzgerichts Köln (3 K 3432/92) hin: »Die Postdienste können in der alten Bundesrepublik Deutschland als außergewöhnlich zuverlässig gelten. Hierauf kann und muss sich ein Steuerpflichtiger verlassen. Es wäre zu viel verlangt, wenn alle wichtigen Briefe als Einschreiben versandt werden müssten und nur dann mit an Sicherheit grenzender Wahrscheinlichkeit beim Empfänger ankämen, sonst aber nicht. (...) Hingegen kommt es – wenn auch nicht häufig, so doch auch nicht selten – vor, dass beim Finanzamt eingegangene Schreiben in eine falsche Akte gelangen und dort mangels wirksamer Kontrollen auch bleiben. Posteingangsbücher werden nämlich beim Finanzamt nicht geführt. Nach allem geht das Gericht hier davon aus, dass das Einspruchsschreiben nicht bei der Post, sondern innerhalb der Finanzverwaltung abhandengekommen ist.«

3. Haben Sie vergessen, Ausgaben abzusetzen?

1033 Das ist kein Beinbruch, auch wenn die Einspruchsfrist schon lange abgelaufen ist. Sie können die Ausgaben nachträglich geltend machen, indem Sie sagen: Ich habe nicht gewusst, dass ich diese Kosten absetzen kann. Wenn dem so ist, trifft Sie nämlich kein »grobes Verschulden« dafür, dass Sie dem Finanzamt nachträglich Arbeit machen. Daraufhin ändert das Finanzamt den Steuerbescheid zu Ihren Gunsten ab (Quelle: 173 AO). So konnte ein Kraftfahrzeugsachverständiger den Bundesfinanzhof davon überzeugen, er habe erst lange Zeit nach Erhalt des Steuerbescheids erfahren, dass Kosten für ein häusliches Arbeitszimmer absetzbar seien (BFH-Urt. v. 22.5.1992 – BStBl 1993 II S. 80). Allerdings gilt dies grundsätzlich nicht für Kosten, nach denen in der Steuererklärung ausdrücklich gefragt wird oder die in der amtlichen Anleitung zur Steuererklärung erläutert sind.

Können Sie Ähnliches vorbringen? Überlegen Sie und sichten Sie noch mal alles. Vor Ablauf der Einspruchsfrist und bei einem Einspruch können Sie aus Ihrer Einkommensteuererklärung eine Nachtragserklärung machen.

SUPER TRICK

Reichen Sie auch ohne Belege einen Nachtrag ein!

S Sie haben Ihre Steuererklärung bereits abgegeben, aus den »Steuertricks« aber dann einen dicken Fisch ziehen können, z.B., dass die Anschaffung eines neuen Anzugs absetzbar gewesen wäre, weil Sie den alten im Dienst durch einen Ausrutscher auf der Bürotreppe beschädigt haben.

Es ist noch nicht zu spät! Bis zur Rechtskraft können Sie Anträge nachschieben! Belege brauchen Sie nicht, aber

- Mut, die Ausgaben dem Finanzamt unbelegt zu präsentieren,
- Geduld, möglichen Abwimmelungseskapaden zu widerstehen.

Jetzt also schnell den Eigenbeleg geschrieben und abgegeben. Sie müssen nicht persönlich in die Höhle des Löwen gehen, Sie können auch schreiben:

```
Betrifft: St.-Nr. ......... Einkommensteuererklärung ........

Sehr geehrte Herren!

anbei reiche ich Ihnen einen Nachtrag zu meinen Betriebsausgaben/Wer-
bungskosten für das Jahr ...... in Höhe von 1.080 € über vergessenen Bau-
aufwand (Bezahlung und Verköstigung von mithelfenden Bekannten und
Hilfskräften) ein, die ich zusätzlich von meinem Einkommen abzusetzen
bitte (Einzelaufstellung anbei).
Leider bin ich mir der Möglichkeit, diesen Posten steuerlich zu verwer-
ten, erst heute bewusst geworden. Ich bitte um Entschuldigung für die
Ihnen zugemutete Mühe - das nächste Mal werde ich besser aufpassen.

.................. Unterschrift
```

4. Das Finanzamt mahnt Steuerbeträge an – aber Sie haben keinen Steuerbescheid erhalten

S Bestreiten Sie, überhaupt einen Steuerbescheid erhalten zu haben, und verlaufen evtl. diesbezügliche Ermittlungen des Finanzamts bei der Post ergebnislos, muss das Finanzamt einen neuen Steuerbescheid ausfertigen und

1034

Ihnen zustellen. In diesem neuen Bescheid muss Ihnen das Finanzamt eine neue Zahlungs- und Einspruchsfrist setzen. Rechnen Sie aber damit, künftige Bescheide vom Finanzamt nur noch mit Postzustellungsurkunde zu erhalten. Es soll Sie nicht stören, wenn sich das Finanzamt Mehrarbeit machen will – wir wollen es aus bekannten Gründen nicht davon abhalten.

SUPER TRICK

Frist versäumt – was tun?

S Die Frist ist längst versäumt, und Sie ärgern sich schwarz, denn Sie haben hohe Ausgabeposten im alten Jahr nicht geltend gemacht. Und ins neue Jahr können Sie sie nicht reinpacken, das würde das Finanzamt an den Belegen merken ... Fatal, fatal! »Arbeitsstress« ist das Stichwort! Da macht man schnell mal einen Fehler. Das ist nur zu menschlich. Das müssten doch gerade die Finanzrichter verstehen, bei denen sich schließlich auch Akten und Arbeit türmen, weil sich der Steuerstreik von uns mehr und mehr ausdehnt. Ein BFH-Urteil vom 28.8.1992 hilft Ihnen bei der Argumentation (VI R 93/89, BFH/NV 1993 S. 147).

SUPER TRICK

Erwirken Sie einen Zahlungsaufschub!

1035 **S** Beantragen Sie Stundung! Stets und immer! Wozu gibt es denn die Stundungsvorschriften in der Abgabenordnung? »Das bringt bei mir nichts«, sagen Sie. »Ich habe das früher schon mal versucht. Das Finanzamt meinte damals, ich hätte genug Kreditmöglichkeiten, und diese müsste ich erst ausschöpfen.« Jetzt passen Sie gut auf: Wenn Sie Ihren Stundungsantrag erst *kurz vor dem Zahlungstermin* für Ihre Steuern stellen, ist das Finanzamt rein zeitlich nicht mehr in der Lage, ihn rechtzeitig abzulehnen, und muss Ihnen kulanterweise einen neuen Zahlungstermin geben. Dieser muss *mindestens eine Woche nach Zugang des ablehnenden Stundungsbescheids liegen*. Da wir alle wissen, wie langsam behördliche Mühlen mahlen, können Wochen verstreichen, bis Sie die Ablehnung Ihres Stundungsantrags in Ihrem Briefkasten finden. Gesetzt den Fall, Sie haben einen sehr ausführlichen Stundungsantrag gestellt, wird sich das Finanzamt damit auch entsprechend länger beschäftigen müssen. Da können gut und gern bis zu zwei Monate verstreichen, bis Sie letztendlich zahlen müssen. Damit ist Ihnen doch echt geholfen, oder? Sie müssen aber damit rechnen, dass Ihnen der Computer des Finanzamts – ganz automatisch – erst einmal Säumniszuschläge berechnet, weil er zum ersten Fälligkeitstermin Ihre Steuerzahlung vermisst und von Ihrem Stundungsantrag ja noch nichts weiß. Stellen Sie dann sofort einen Antrag auf Erlass der Säumniszuschläge. Dem Antrag wird das Finanzamt ohne weiteres entsprechen, weil Säumniszuschläge nicht zu erheben sind, wenn »ein Stundungsantrag vor Fälligkeit gestellt und nach Fälligkeit abgelehnt wurde und der Steuerzahler die neue Zahlungsfrist eingehalten hat«. Für NRW Erlass FinMin vom 2.1.1984 (S 0480 – I VA 1).

Der zweite positive Effekt des Zahlungsaufschubs, der sich durch Ihren Stundungsantrag ergibt, ist die Zinsersparnis, denn für die Zeit des Hinhaltens berechnet Ihnen die Bank für die Steuern, mit denen Sie Ihr strapaziertes Bankkonto belasten müssten, keine Schuldzinsen. Bei einer Steuernachzahlung von angenommen 15.000 €, die Sie durch Ihren Stundungsantrag um zwei Monate verzögern, sparen Sie bei Sollzinsen von 10 % allein 250 € Zinsen.

TRICK

Schulden bis zum Stehkragen?
Beantragen Sie Erlass der Säumniszuschläge!

1036 Ist es Ihnen einmal eine Zeitlang finanziell sehr schlecht ergangen und sind dabei Steuerrückstände entstanden, dann beantragen Sie Erlass der Säumniszuschläge. Das Finanzamt muss sie erlassen, »wenn dem Schuldner die Zahlung der Steuern wegen Zahlungsunfähigkeit und Überschuldung unmöglich war« (BFH – BStBl 1984 II S. 415). Das gilt auch, wenn vergessen wurde, einen Stundungsantrag zu stellen, obwohl eine »Stundungssituation« bestanden hat (BFH – BStBl 1985 II S. 489).

TRICK

Nutzen Sie die Schonfrist!

1037 Wenn Steuern fällig werden, weil z.B. eine Abschluss- oder eine Vorauszahlung zu leisten ist, denken Sie daran, dass Ihnen nach § 240 Abgabenordnung eine Schonfrist zusteht. Wenn Sie innerhalb von drei Tagen nach Fälligkeit zahlen, entstehen keine Säumniszuschläge. Entscheidend ist aber, wann das Geld beim Finanzamt auf dem Konto gutgeschrieben wird, nicht, wann Sie die Überweisung getätigt haben. Der Pferdefuß dabei: Zahlen Sie per Banküberweisung, müssen Sie zwei bis drei Tage für den Zahlungsweg einkalkulieren.

Achtung: Bei Zahlung per Scheck gilt die Schonfrist nicht, der Scheck muss also spätestens bei Fälligkeit der Steuer im Finanzamt sein. Allerdings haben Sie den Vorteil, dass mit Übergabe des Schecks an das Finanzamt die Zahlung erfolgt ist, Ihr Konto aber erst Tage später mit dem Betrag belastet wird.
Zahlen Sie also z. B. Ihre Umsatzsteuer per Verrechnungsscheck, müssen Sie diesen in der Regel schon am 8. des Monats bei der Post aufgeben, damit er pünktlich am Fälligkeitstag (in der Regel der 10. des Monats) beim Finanzamt ist.

5. So setzen Sie sich beim Finanzamt durch

1038 Es bürgert sich immer mehr ein, dass die Finanzämter in arroganter Manier für den Steuerzahler günstige Urteile einfach negieren. Die meisten Streichgelegenheiten bieten sich den Fiskalrittern, wo eine besondere Vergünstigung beansprucht wird. Um die brauchen Sie aber nicht zu betteln, sondern können fordern, dass Ihren berechtigten Ansprüchen nachgekommen wird. Sie werden deshalb den Steuerbescheid immer daraufhin prüfen, ob das Finanzamt in *allen* Punkten Ihren Angaben in der Steuererklärung entsprochen hat. Obwohl das Finanzamt verpflichtet ist, Streichungen zu begründen, spart es sich oft eine Erläuterung oder schreibt etwa: »Steuerermäßigung konnte aufgrund der gesetzlichen Bestimmungen nicht gewährt werden.«

So etwas machen Sie nicht mit!
Im Übrigen haben Sie Anspruch auf rechtliches Gehör (§ 91 AO). Bevor das Finanzamt einfach Ausgaben streicht, soll es Sie vorher dazu hören, zumindest aber Streichungen ausführlich begründen.

TRICK

Wenn das Finanzamt nach der Herkunft von Geldern auf privaten Sparkonten fragt.

1039 Zwar müssen Sie dem Finanzamt bei der Aufklärung von Steuersachverhalten behilflich sein, aber Sie brauchen keinen in sich geschlossenen Nachweis über die Herkunft Ihres Privatvermögens führen (BFH v. 28.5.1986 – BStBl 1986 II S.732). Denn eine Verpflichtung, für private Sparkonten eine Buchführung einzurichten, besteht nicht. So kann man Ihnen nichts anhaben, wenn Sie sagen müssen: »Weiß ich nicht, ist schon zu lange her.«
Wenn das Finanzamt Ihnen die Beweislast über die Herkunft der Gelder auf

Ihren privaten Sparkonten zuschieben will, muss es zuvor den Nachweis erbringen, dass bei Ihnen ein ungeklärter Vermögenszuwachs oder Ausgabenüberschuss vorliegt. Beidem, sowohl der Vermögenszuwachs- als auch der Ausgabenüberschussrechnung – Letztere wird auch Geldverkehrsrechnung genannt –, liegt zwar der einfache Gedanke zugrunde, dass niemand mehr Geld anlegen oder ausgeben kann, als er aus seinen steuerpflichtigen und sonstigen Quellen zur Verfügung hat, aber in der Praxis sind diese Berechnungen ziemlich kompliziert und leicht zu entkräften.

Sie selbst können zur Not dem Finanzamt schnell beweisen, dass Ihr Privatvermögen aus den ungebundenen Entnahmen und aus Mitteln stammt, die zu Beginn der Vermögenszuwachs- und Geldverkehrsrechnung bereits vorhanden waren.

Sagen Sie bloß nicht – auch wenn es stimmt –, das Geld stamme von den Rentenersparnissen Ihrer Eltern oder von einem entfernten Verwandten in den USA. So etwas wirkt auf Finanzbeamte wie der Stich in ein Wespennest.

Auch die Geschichte über Spielbankgewinne hört das Finanzamt nicht zum ersten Mal, und selbst die Überweisung eines größeren Betrags von der Spielbank auf Ihr Privatkonto verfängt so ohne weiteres nicht, denn Sie könnten ja die Jetons, die Sie eingelöst und überweisen lassen haben, vorher mit Schwarzgeld gekauft haben. Kenntnisse der örtlichen Gegebenheiten in der Spielbank, exakte Kenntnisse über Spielregeln und die Benennung Ihnen bekannter Croupiers überzeugen da schon mehr. Diese Kenntnisse weisen Sie nämlich als Stammgast aus.

TRICK

Verlangen Sie vom Finanzamt Auskunft und Beratung!

Nach dem Willen des Gesetzes (§ 89 AO) soll der Finanzbeamte Helfer des Steuerzahlers sein, soll Auskünfte erteilen und sogar von sich aus zu steuerersparenden Anträgen anregen, wenn Sie sie aus Versehen oder aus Unkenntnis nicht gestellt haben. Hahahahaha!

Sie werden meist nur auf Finanzbeamte treffen, die sich die Arbeit zu leicht machen und Sie abzuwimmeln versuchen: »Leider sind wir nicht zur Steuerberatung befugt, das ist den steuerberatenden Berufen vorbehalten«, so die Ausflüchte. Oder man hört: »Die Finanzämter entscheiden über den Steueranspruch eines Kalenderjahrs grundsätzlich erst dann, wenn das Jahr abgelaufen ist. Vorherige Auskünfte und Zusagen sind dem Steuerrecht wesensfremd.«

Damit geben Sie sich nicht zufrieden, denn der BFH hat die Finanzämter zur verbindlichen Auskunft verdonnert (BFH v. 19.3.1981 – BStBl 1981 II S. 538 und v. 16.3.1983 – BStBl 1983 II S. 459).

1040

1041 Sie fordern Kundendienst und nicht obrigkeitliches Agieren. Das Finanzamt ist nämlich gesetzlich verpflichtet, Ihnen auf Verlangen eine verbindliche Auskunft zu erteilen (§ 89 Abs. 2 AO), wenn Sie Ihrerseits:

- ein besonderes Interesse an der Auskunft darlegen können,
- den geplanten Sachverhalt umfassend und in sich geschlossen darstellen,
- Ihr Rechtsproblem darlegen und dazu konkrete Rechtsfragen stellen und auch
- erklären, dass Sie bisher noch bei keiner anderen Finanzbehörde zu dem Sachverhalt eine verbindliche Auskunft beantragt haben und
- als Letztes noch bestätigen, dass all Ihre Angaben der Wahrheit entsprechen.

Allerdings hat der Fiskus hier eine ganz üble Hürde eingebaut. Für verbindliche Auskünfte gibt es eine allgemeine Gebührenpflicht (§ 89 Abs. 3 bis 5 AO). Das geht sogar so weit, dass das Finanzamt entscheiden kann, ob es die Gebühren nach der Auskunft erhebt oder ob es erst nach Vorkasse für Sie tätig wird. Sie müssen aber spätestens einen Monat nach Bekanntgabe der Gebührenfestsetzung zahlen. Die Gebühr richtet sich nach dem sog. **Gegenstandswert** (Streitwert). Das ist der Wert, den die verbindliche Auskunft für Sie hat. Im Endeffekt kommt es auf die Höhe der bei der Auskunft zur Debatte stehenden Steuern an. Die Höhe der Gebühr können Sie in folgender Tabelle ablesen:

Streitwert bis ... €	Gebühr ... €	Streitwert bis ... €	Gebühr ... €
500 €	35,00 €	95.000 €	906,00 €
1.000 €	53,00 €	110.000 €	1.026,00 €
1.500 €	71,00 €	125.000 €	1.146,00 €
2.000 €	89,00 €	140.000 €	1.266,00 €
3.000 €	108,00 €	155.000 €	1.386,00 €
4.000 €	127,00 €	170.000 €	1.506,00 €
5.000 €	146,00 €	185.000 €	1.626,00 €
6.000 €	165,00 €	200.000 €	1.746,00 €
7.000 €	184,00 €	230.000 €	1.925,00 €
8.000 €	203,00 €	260.000 €	2.104,00 €
9.000 €	222,00 €	290.000 €	2.283,00 €
10.000 €	241,00 €	320.000 €	2.462,00 €
13.000 €	267,00 €	350.000 €	2.641,00 €
16.000 €	293,00 €	380.000 €	2.820,00 €
19.000 €	319,00 €	410.000 €	2.999,00 €
22.000 €	345,00 €	440.000 €	3.178,00 €
25.000 €	371,00 €	470.000 €	3.357,00 €
30.000 €	406,00 €	500.000 €	3.536,00 €
35.000 €	441,00 €	550.000 €	3.716,00 €
40.000 €	476,00 €	600.000 €	3.896,00 €
45.000 €	511,00 €	650.000 €	4.076,00 €
50.000 €	546,00 €	700.000 €	4.256,00 €
65.000 €	666,00 €	750.000 €	4.436,00 €
80.000 €	786,00 €	800.000 €	4.616,00 €

Lässt sich der Gegenstandswert (Streitwert) beim besten Willen nicht ermitteln, rechnet das Finanzamt nach Stundensätzen ab. Der Stundensatz beläuft sich auf 50 € je angefangene halbe Stunde Bearbeitungszeit, mindestens jedoch 100 €.

WICHTIGER HINWEIS

Nach § 89 Abs. 3 Satz 1 AO wird die Gebühr »für die Bearbeitung von Anträgen auf verbindliche Auskunft erhoben«. Dies hat u. E. zur Folge, dass die **Gebühr auch bei Ablehnung der Erteilung einer verbindlichen Auskunft** anfällt.

TRICK

Prüfen Sie faule und unklare Angaben nach!

Da gibt es einen besonderen Weg, den die wenigsten kennen: Sie können nach § 42 e EStG als Arbeitnehmer oder als Arbeitgeber das Finanzamt in Lohnsteuerfragen um Auskunft bitten. Ist Ihnen also z. B. nicht klar, ob bestimmte Einnahmen aus dem Arbeitsverhältnis steuerfrei oder steuerpflichtig sind, fordern Sie eine Auskunft der Lohnsteuerstelle des Finanzamts an.
Auch haken Sie nach, wenn Ihnen in einem Steuerbescheid irgendetwas unklar ist. Allerdings sind Sie nicht so vertrauensselig, sich die Auskunft telefonisch geben zu lassen. Mündliche Auskünfte sind für das Finanzamt nicht im Geringsten bindend. Schwarz auf weiß aber muss das Finanzamt zu seinem Wort stehen. Schreiben wie »Die Steuerermäßigung musste abgelehnt werden, weil die entsprechenden Unterlagen nicht vorgelegt werden konnten« oder Abwimmelungsversuche wie »Die Entscheidung wurde von einem Gericht getroffen, die aber für uns nicht bindend ist; hierfür haben wir unsere genauen Bestimmungen« nötigen Ihnen ein Lächeln ab, denn Sie wisen: Das Finanzamt ist gesetzlich verpflichtet, auch zu Ihren Gunsten eine Steuerermäßigung zu prüfen (Schön wär's, wenn's immer gemacht würde – hm?). Sie verlangen also als Arbeitnehmer eine genaue und lückenlose Aufklärung einschließlich aller einschlägigen Urteile und vor allem Kommentarauszüge und beschweren sich unter Umständen bei der Oberfinanzdirektion so lange, bis Sie eine solche zu Ihrer vollen Zufriedenheit erhalten haben!
Stellt sich einer dumm, kontern Sie: »Natürlich sind Sie dazu da, die zu beschaffen, denn Sie müssen auch meine Vorteile prüfen. Ich glaube, das steht in § 88 AO Absatz zwo.«
Und wenn Ihre Unterlagen nicht vollständig sind, hat das Amt Ihnen die Vorlage anderer Nachweise vorzuschlagen, aber nur, wenn Ihnen deren Beschaf-

fung zuzumuten ist. Vielfach verlangt man von Ihnen, alle möglichen Belege beizubringen, und weiß ganz genau, dass Ihnen dies nicht möglich ist. Wie sollen Sie für jedes gewaschene Hemd den Nachweis führen, wie viel Waschpulver dafür gebraucht wurde? Für so etwas gibt es Erfahrungssätze, und die soll Ihnen das Finanzamt ansetzen. Die Ämter sind ausdrücklich angewiesen, von kleinlichen Einzelermittlungen abzusehen, und dürfen Ihnen keinesfalls etwas streichen, nur weil Sie nicht in der Lage sind, einen Nachweis zu erbringen.

Auf diesem Standpunkt stehen auch die Urteile des BFH vom 8.11.1956 – BStBl 1957 III S.149, vom 21.7.1961 – BStBl 1961 III S.437 und vom 26.6.1962 – HFR 1962 S.265. Zur Not können Sie dem Amt eine eidesstattliche Erklärung anbieten, dass Ihnen die angesetzten Aufwendungen entstanden sind. Dann ist es Sache des Finanzamts zu beweisen, dass Sie sie nicht gehabt haben, und Sie haben ihm den Schwarzen Peter zugeschoben.

Ohne genau durchrechnen zu müssen – was Sie aufgrund der vorhergegangenen Ausführungen ja eigentlich aus dem Effeff können sollten –, können Sie überschlagen, ob das Finanzamt Ihnen von den beantragten Ermäßigungen etwas abgezwackt hat. Nämlich so: Sie rechnen alle Ermäßigungsbeträge zusammen, ziehen davon die Pauschbeträge für Werbungskosten und Sonderausgaben sowie die zumutbare Belastungsgrenze ab. Vom dann übrigen Betrag muss Ihnen das Amt mindestens 15 % Lohn- und 1,35 % Kirchensteuer erstatten, klar? Noch genauer können Sie den Prozentsatz aus der Steuerersparnistabelle bestimmen!

Tschuang-tse sagte vor über 2000 Jahren:
Der Ruf zu den Waffen ist die niedrigste Form
der Erziehung. Verordnungen und Gesetze
sind die niedrigste Form des Regierens.

6. Decken Sie das Finanzamt mit Belegen ein!

GUTER RAT

1043 Wenn Sie den Abgabetermin für die Steuererklärung inkl. Erinnerungen verpasst haben, müssen Sie mit unangenehmer Post rechnen. Das Finanzamt schätzt nämlich dann Ihr Einkommen, und zwar meist großzügig. Es reicht dann allerdings aus, wenn Sie innerhalb von vier Wochen Ihre Erklärung nachreichen. Die Ämter können laut Bundesfinanzhof in so einem Fall keine förmlichen Einsprüche verlangen (V R 87/01): Sie müssen den Bescheid korrigieren und dürfen auch keine vorläufigen Zahlungen fordern, wenn Sie Aussetzung der Vollziehung beantragen.

*Weht der Wind ein Blatt Papier in ein Amt,
sind nach einiger Zeit zwei Ochsen nötig,
den angewachsenen Aktenmist wegzuschaffen.*

(Sprichwort aus China)

Sind Lügen vor dem Finanzamt erlaubt? 1044

Wenn es echte Notlügen sind, die zu keiner Steuerhinterziehung führen, kann man ausnahmsweise einmal ja sagen. Sie wissen, dass Finanzämter mit den Erstattungen meist recht langsam sind. Oft liegt es an der Arbeitsüberlastung bei den Einkommensteuerstellen, oft an der Computererledigung – immer jedoch an der Kompliziertheit des Steuerrechts. Wenn Sie also mal besonders dringend auf die Penunzen angewiesen sein sollten, die Ihnen Vater Staat schon so lange im Voraus abgenommen hat, sei es, dass Ihr Ehepartner krank ist oder ein Kindchen unterwegs oder eine andere Notlage vorherrscht, dann, ja dann dürfen Sie es auch mal dem deutschen Bundeskanzler Konrad Adenauer – Gott hab ihn selig! – nachmachen, der bekanntlich im Umgang mit der Wahrheit »nit so pingelig« war.

*Deutsche Mädchenhändler und Drogenverbrecher,
die in asiatischen Gefängnissen einsitzen,
erhalten so viel Sozialhilfe aus Deutschland,
dass sie sich dort einen Koch, einen Diener und
die feinsten Speisen aus Gourmetlokalen leisten können.
Dafür blechen Sie und rackern sich ab,
Sie dummes Schaf von Steuerzahler.*

TRICK

Decken Sie den Beamten mit Belegen ein!

Sie sollten Ihrer Steuererklärung alle unverfänglichen Belege, die Sie klugerweise im Lauf des Jahres gesammelt haben, beifügen und damit Ihren Fiskalritter ordentlich zupflastern. Auf ihn macht das den Eindruck, es sei bei Ihnen alles in Ordnung. Notfalls müssen Eigenbelege herhalten, so z. B. für Trinkgelder, Parkgebühren, Telefonkosten oder Zahlungen an Handwerker, die keine Quittung ausschreiben wollen. Hatten Sie dagegen Ausgaben, die Sie nicht belegen können, machen Sie nur Beträge bis zu den EB-FAGO-Grenzen geltend (siehe ➤ Rz 474). Heikle Ausgaben machen Sie ebenfalls bis zu diesen Grenzen geltend – ohne Belege! 1045

Anmerkung: Der Bearbeiter beim Finanzamt nimmt sich im Normalfall für jede Steuererklärung eine bestimmte Menge Zeit. Findet er keine Belege, fieselt er unruhig in den Formularen herum und fordert womöglich für einige heikle Sachen welche an. So etwas sollten Sie nicht unnötig provozieren.

Besteht Ihr Fiskalritter hartnäckig auf Belegen für alle Ausgaben, antworten Sie ihm höflich: »Leider habe ich die Belege im letzten Jahr nicht alle aufbewahrt und kann sie auch nicht nachträglich herbeischaffen. Aber ich bin gern bereit, ab sofort für alle Posten die Unterlagen zu sammeln. In der Ihnen vorliegenden Steuererklärung habe ich aber durch meine Unterschrift versichert, dass alle Angaben vollständig und richtig sind. Ich bitte Sie daher, die Veranlagung erklärungsgemäß durchzuführen.« Und schon klappt der Laden.

1046 Seien Sie auch mal dem Finanzamt gut!
Sosehr wir dem Finanzamt auf die Finger sehen wollen, so sehr wollen wir uns aber auch bemühen, dass es sich mit unseren Anträgen nicht über Gebühr aufhalten muss. Die meisten jüngeren Beamten sind aufgeschlossene, friedliche Menschen. Sie sind nicht wie etwa Betriebsprüfer oder gar Steuerfahnder scharfgemacht und suchen Sie nicht mit allen Mitteln zur Ader zu lassen. Helfen wir ihnen also und bleiben ihnen gegenüber nett und freundlich. Sie sind schließlich nicht schuld an dem, was ihnen die Politiker und Ministerialbürokraten ständig zumuten. Wir ordnen also alle Belege und fertigen – falls wir eine größerer Anzahl vorlegen – eine Aufstellung wie folgt:

Nr.	Datum	Gegenstand	bezahlt am	Betrag
1				
2				
...				

TIPP
zur Aufbewahrungspflicht

1047 **Als Arbeitnehmer können Sie dem Finanzamt eingereichte und zurückerhaltene Belege wegwerfen – für Sie besteht keine Aufbewahrungspflicht. Selbständigen dagegen ist das nicht anzuraten.** Versuchen Sie aber nicht, das Finanzamt zu verschaukeln. Dort weiß man aus Tausenden von Anträgen, dass man z.B. als Beamter einen Zuschuss zu seinen Krankheitskosten bekommt oder gewisse Reisespesen vom Arbeitgeber ersetzt werden. Natürlich, möglich ist es schon, dass sie danach zu fragen vergessen, denn die Einkommensteuerstellen sind ja weiß Gott mit Arbeit gesegnet. Aber wenn Sie so etwas nachträglich beichten müssen, erschüttert das Ihre Glaubwürdigkeit, und das sollten Sie vermeiden!

TIPP

Setzen Sie höhere Pauschalbeträge ein!

In einigen Bundesländern haben die Fiskalbürokraten die Teuerungsraten berücksichtigt und akzeptieren für Arbeitsmittel wie Fachliteratur, Kleidung, Werkzeug etc. statt 100 € auch 150 €. Versuchen Sie es also erst einmal mit dem höheren Betrag. Denken Sie aber daran: Das Finanzamt *kann* vom Belegnachweis absehen, muss es jedoch nicht. Ihr Pech, wenn das Finanzamt gerade bei Ihnen den Belegnachweis fordert und Sie die Belege inzwischen weggeworfen oder verschludert haben.

1048

7. Darf das Finanzamt Sie vorladen?

Grundsätzlich ja. Aber es sollte Sie nicht mit einem Hund vergleichen, dem man nur pfeifen muss, damit er schnellstens angerannt kommt. Will das Amt eine selbstherrlich vorgenommene Handlung oder einen peinlichen Vorfall ausbügeln oder elegant aus der Welt schaffen, lädt es Sie gern vor, um Sie weichzuklopfen. Sie können jedoch die Verpflichtung, an der Amtsstelle zu erscheinen, ganz gut unterlaufen. Dass etwas faul ist, merken Sie daran, dass auf dem Vorladungsschreiben keine *genauen* Gründe und speziellen Fragen angeführt sind, über die Sie sich äußern sollen. Sie werden also schreiben: »Bevor ich auf Ihrem Amt erscheine, bitte ich, mich eingehend über die einzelnen Punkte aufzuklären, über die ich gehört werden soll.« Oder: »Ich möchte mir Verdienstausfall ersparen und bitte um schriftliche Erledigung ...« Dann schickt Ihnen der Fiskalritter meist gleich die Fragen zur schriftlichen Erledigung, die er von Ihnen beantwortet wissen möchte, bzw. die Ausreden, die er sich für Ihren Fall parat gelegt hat.

1049

Denn er weiß: Eine persönliche Vorladung kommt nur dann in Betracht, wenn ein schriftliches Verfahren unter Umständen nicht zum Ziel führt. Und Sie müssen Gelegenheit haben, sich auf seine Fragen vorzubereiten. Völlig unzulässig wäre eine Vorladung, wenn Sie weit entfernt wohnen und eine schriftliche Auskunft genügen würde (Urt. des FG Düsseldorf v. 29.3.1951 – Betriebsberater 1951, S. 326)

Sie werden auch die Beantwortung und die Erledigung telefonischer Anfragen ablehnen, selbst wenn Dinge belangloser Art aus der Welt geschafft werden sollen.

8. Darf das Finanzamt Ihnen die Beweislast übertragen?

1050 Das Finanzamt kehrt den Fall um, wenn es Ihnen die Beweislast aufbürdet. Selbst Finanzgerichte sehen da manchmal nicht völlig klar. Nun muss man dem Bundesfinanzhof eines lassen: Was die verfahrensrechtliche Stellung des Steuerzahlers betrifft, ist seine Rechtsprechung vorbildlich. In seinem Urteil vom 7. Dezember 1955 (BStBl 1956 III S. 75), das als Grundsatzentscheidung gekennzeichnet ist, sagte er nämlich: »Der Steuerprozess kennt grundsätzlich keine Beweislast und keine Beweisregeln wie der Zivilprozess. Die Amtspflicht zur Sachaufklärung und die gesetzliche Mitwirkungspflicht des Steuerpflichtigen bei der amtlichen Sachaufklärung, insbesondere seine Erklärungs-, Darlegungs- und Nachweispflichten gehen bis zur Grenze des Zumutbaren. Wo die Grenzen des Zumutbaren bei der Amtspflicht zur Sachaufklärung wie bei der Mitwirkungspflicht des Steuerpflichtigen im Einzelfall liegen, ist nach den Grundsätzen von Treu und Glauben unter Beachtung aller Umstände des einzelnen Falles zu entscheiden.« Einen wirksamen Rechtsschutz gewähren, insbesondere dadurch, dass es die Grenzen für die Ermittlungs- und Aufklärungspflicht der Finanzbehörden und der Steuergerichte denkbar weit spannt, will ebenfalls das Urteil vom 18.8.1960 (BStBl 1960 III S. 451). Es ist deshalb von besonderer Bedeutung, weil es die Pflicht der Finanzbehörden und der Steuergerichte zur vollständigen Ermittlung des Sachverhalts auch für den Fall feststellt, in dem die Rechtsstellung des Steuerzahlers von vornherein schwächer ist.

Wie im Rechtsspruch dieses Urteils gesagt ist, sind z. B. Finanzgerichte (selbstredend auch das Finanzamt und alle sonstigen beteiligten Behörden und Gerichte) gemäß § 162 Abs. 2 AO verpflichtet, im Rahmen der Schätzung alle vom Pflichtigen in substanziierter Weise vorgetragenen und als Schätzungsgrundlage in Frage kommenden Tatsachenbehauptungen zu berücksichtigen – dies selbst dann, wenn deren Richtigkeit erst durch Beweiserhebung geklärt werden muss und zur Anerkennung eines Verlusts führen würde.

1051 Nun aber wieder von den höchst seltenen freundlichen Worten der hohen Gerichte zurück ins Kampfgetümmel der Steuerzahler mit den Finanzämtern:

- **Das Finanzamt muss grundsätzlich beweisen, aufgrund welcher Einkünfte es Steuern von Ihnen haben will. Dabei legt das Finanzamt hinsichtlich der Einnahmen Ihre eigenen Angaben zugrunde. Sind diese unrichtig, können Sie sich strafbar gemacht haben.**

- **Sie als Steuerzahler müssen grundsätzlich alles beweisen, was zu einer Steuerminderung führt. Dabei gilt für nicht beweisbare Vorgänge der sog. Beweis des ersten Anscheins. So gilt das Halten eines Pkw als »Beweis des ersten Anscheins« für berufliche Kosten durch Fahrten zwischen Wohnung und Arbeitsstätte. Sie müssen daher nicht beweisen, dass Sie tatsächlich mit dem Auto arbeitstäglich zur Arbeitsstätte gefahren sind.**

8. Darf das Finanzamt Ihnen die Beweislast übertragen? 741

Lassen Sie sich also nicht vom Finanzamt in Beweisnot bringen, berufen Sie sich auf Ihre Erklärung und den Beweis des ersten Anscheins. Eine Zusammenfassung der Beweislastregeln enthält übrigens das BFH-Urteil vom 7.7.1983 (BStBl 1983 II S.760). Wenn Sie allerdings auf einen verbissenen Federfuchser treffen, müssen Sie wohl zu einer Oberfinanzdirektion wandern, in deren Bücherei Sie ziemlich alles zur Steuer finden. Oder schreiben Sie gleich die vornehmen Herren bei den Oberfinanzdirektionen an. Sie sind sehr auskunftsfreudig.

Doch denken Sie nicht, dass Sie immer erfahren, was und wie in den meisten Fällen von den Gerichten entschieden wird. Von den in einem Vorjahr gefällten 2.279 Entscheidungen z.B. wurden 386 (17 %) zur Veröffentlichung freigegeben! Vielleicht ist vieles darunter, was dem Finanzamt nicht passen könnte ... Ich unterstelle den Richtern hier beileibe keine Absichten oder gar eine gewisse politische Steuerung – aber gut finde ich das nicht. Der Bundesfinanzhof teilt Ihnen auf Anfrage – sofern Sie ein begründetes Interesse nachweisen können – mit, ob bei ihm zu der Sie interessierenden Rechtsfrage ein Verfahren anhängig ist. Falls dem so ist, können Sie beim Finanzamt beantragen, Ihren Streitfall bis zur Entscheidung ruhenzulassen.

Fragen Sie den Verfasser bitte nicht nach zusätzlichen Urteilen und Hilfen für einen speziellen, Sie besonders interessierenden Fall. Alles, was er herausklamüsert hat, steht in diesem Buch. Deshalb sehen Sie ihm auch nach, wenn er Ihre Anfragen nicht beantwortet. Außerdem darf er das nach dem bestehenden Rechtsberatungsgesetz ohnehin nicht.

Lobend gleichzustellen ist diese deine Steuerreform, o Scaeferius,
allen Steuerreformen, die da waren, sind oder kommen werden.
Sie ist modern, gerecht, erleichternd und kunstvoll.
Modern, weil jede der alten Steuern einen neuen Namen trägt,
gerecht, weil sie alle Bürger des Römischen Reiches gleich benachteiligt,
erleichternd, weil sie keinem Steuerzahler mehr einen vollen Beutel lässt,
und kunstvoll, weil du in vielen Worten ihren kurzen Sinn verstecktest:
dem Kaiser zu geben, was des Kaisers ist, und dem Bürger zu nehmen,
was des Bürgers ist.

*Wehruf eines römischen Bürgers
über die Steuerreform anno 282 n. Chr.*

*»Das Steuerrecht ist an sich verfassungswidrig,
weil es der normale Steuerbürger gar nicht begreifen kann.«*
(Der ehemalige Präsident des Bundesverfassungsgerichts Benda)

Einkommensteuer- und Splittingtabellen für 2015 und die Vorauszahlungen

1052

- Die Einkommensteuer, die 2015 auf Ihr zu versteuerndes Einkommen erhoben wird, können Sie in der folgenden Tabelle ablesen.

- Ziehen Sie von diesem Betrag die von Ihnen voraussichtlich zu zahlende Lohn-, Kapitalertrags-, Zinsabschlag-, anrechenbare Körperschaftsteuer und die Einkommensteuervorauszahlungen ab.

Das Ergebnis ist der Betrag, den Sie erstattet bekommen oder – ich wünsche es Ihnen nicht – noch nachzahlen müssen.

744 Einkommensteuer- und Splittingtabellen für 2015

zu ver- steuerndes Einkommen €	Einkommensteuer		zu ver- steuerndes Einkommen €	Einkommensteuer		zu ver- steuerndes Einkommen €	Einkommensteuer	
	Grund- tabelle €	Splitting- tabelle €		Grund- tabelle €	Splitting- tabelle €		Grund- tabelle €	Splitting- tabelle €
7.400	0	0	8.650	25	0	9.900	220	0
7.425	0	0	8.675	28	0	9.925	224	0
7.450	0	0	8.700	32	0	9.950	228	0
7.475	0	0	8.725	36	0	9.975	232	0
7.500	0	0	8.750	39	0	10.000	237	0
7.525	0	0	8.775	43	0	10.025	241	0
7.550	0	0	8.800	46	0	10.050	245	0
7.575	0	0	8.825	50	0	10.075	250	0
7.600	0	0	8.850	54	0	10.100	254	0
7.625	0	0	8.875	58	0	10.125	258	0
7.650	0	0	8.900	61	0	10.150	263	0
7.675	0	0	8.925	65	0	10.175	267	0
7.700	0	0	8.950	69	0	10.200	271	0
7.725	0	0	8.975	72	0	10.225	276	0
7.750	0	0	9.000	76	0	10.250	280	0
7.775	0	0	9.025	80	0	10.275	284	0
7.800	0	0	9.050	84	0	10.300	289	0
7.825	0	0	9.075	88	0	10.325	293	0
7.850	0	0	9.100	91	0	10.350	298	0
7.875	0	0	9.125	95	0	10.375	302	0
7.900	0	0	9.150	99	0	10.400	307	0
7.925	0	0	9.175	103	0	10.425	311	0
7.950	0	0	9.200	107	0	10.450	315	0
7.975	0	0	9.225	111	0	10.475	320	0
8.000	0	0	9.250	114	0	10.500	324	0
8.025	0	0	9.275	118	0	10.525	329	0
8.050	0	0	9.300	122	0	10.550	333	0
8.075	0	0	9.325	126	0	10.575	338	0
8.100	0	0	9.350	130	0	10.600	343	0
8.125	0	0	9.375	134	0	10.625	347	0
8.150	0	0	9.400	138	0	10.650	352	0
8.175	0	0	9.425	142	0	10.675	356	0
8.200	0	0	9.450	146	0	10.700	361	0
8.225	0	0	9.475	150	0	10.725	366	0
8.250	0	0	9.500	154	0	10.750	370	0
8.275	0	0	9.525	158	0	10.775	375	0
8.300	0	0	9.550	162	0	10.800	379	0
8.325	0	0	9.575	166	0	10.825	384	0
8.350	0	0	9.600	170	0	10.850	389	0
8.375	0	0	9.625	174	0	10.875	394	0
8.400	0	0	9.650	178	0	10.900	398	0
8.425	0	0	9.675	182	0	10.925	403	0
8.450	0	0	9.700	186	0	10.950	408	0
8.475	0	0	9.725	191	0	10.975	412	0
8.500	3	0	9.750	195	0	11.000	417	0
8.525	7	0	9.775	199	0	11.025	422	0
8.550	10	0	9.800	203	0	11.050	427	0
8.575	14	0	9.825	207	0	11.075	432	0
8.600	18	0	9.850	211	0	11.100	436	0
8.625	21	0	9.875	216	0	11.125	441	0

Einkommensteuer- und Splittingtabellen für 2015

zu ver-steuerndes Einkommen €	Einkommensteuer Grund-tabelle €	Einkommensteuer Splitting-tabelle €	zu ver-steuerndes Einkommen €	Einkommensteuer Grund-tabelle €	Einkommensteuer Splitting-tabelle €	zu ver-steuerndes Einkommen €	Einkommensteuer Grund-tabelle €	Einkommensteuer Splitting-tabelle €
11.150	446	0	12.400	703	0	13.650	992	0
11.175	451	0	12.425	709	0	13.675	998	0
11.200	456	0	12.450	714	0	13.700	1.004	0
11.225	461	0	12.475	720	0	13.725	1.010	0
11.250	465	0	12.500	725	0	13.750	1.016	0
11.275	470	0	12.525	731	0	13.775	1.022	0
11.300	475	0	12.550	736	0	13.800	1.028	0
11.325	480	0	12.575	742	0	13.825	1.034	0
11.350	485	0	12.600	747	0	13.850	1.040	0
11.375	490	0	12.625	753	0	13.875	1.046	0
11.400	495	0	12.650	759	0	13.900	1.052	0
11.425	500	0	12.675	764	0	13.925	1.058	0
11.450	505	0	12.700	770	0	13.950	1.064	0
11.475	510	0	12.725	775	0	13.975	1.070	0
11.500	515	0	12.750	781	0	14.000	1.076	0
11.525	520	0	12.775	787	0	14.025	1.082	0
11.550	525	0	12.800	792	0	14.050	1.088	0
11.575	530	0	12.825	798	0	14.075	1.094	0
11.600	535	0	12.850	804	0	14.100	1.100	0
11.625	540	0	12.875	809	0	14.125	1.106	0
11.650	545	0	12.900	815	0	14.150	1.112	0
11.675	550	0	12.925	821	0	14.175	1.119	0
11.700	555	0	12.950	826	0	14.200	1.125	0
11.725	560	0	12.975	832	0	14.225	1.131	0
11.750	566	0	13.000	838	0	14.250	1.137	0
11.775	571	0	13.025	844	0	14.275	1.143	0
11.800	576	0	13.050	849	0	14.300	1.149	0
11.825	581	0	13.075	855	0	14.325	1.155	0
11.850	586	0	13.100	861	0	14.350	1.161	0
11.875	591	0	13.125	867	0	14.375	1.167	0
11.900	597	0	13.150	873	0	14.400	1.173	0
11.925	602	0	13.175	879	0	14.425	1.179	0
11.950	607	0	13.200	884	0	14.450	1.186	0
11.975	612	0	13.225	890	0	14.475	1.192	0
12.000	618	0	13.250	896	0	14.500	1.198	0
12.025	623	0	13.275	902	0	14.525	1.204	0
12.050	628	0	13.300	908	0	14.550	1.210	0
12.075	633	0	13.325	914	0	14.575	1.216	0
12.100	639	0	13.350	920	0	14.600	1.222	0
12.125	644	0	13.375	926	0	14.625	1.228	0
12.150	649	0	13.400	932	0	14.650	1.234	0
12.175	655	0	13.425	938	0	14.675	1.241	0
12.200	660	0	13.450	944	0	14.700	1.247	0
12.225	665	0	13.475	950	0	14.725	1.253	0
12.250	671	0	13.500	956	0	14.750	1.259	0
12.275	676	0	13.525	962	0	14.775	1.265	0
12.300	682	0	13.550	968	0	14.800	1.271	0
12.325	687	0	13.575	974	0	14.825	1.277	0
12.350	692	0	13.600	980	0	14.850	1.284	0
12.375	698	0	13.625	986	0	14.875	1.290	0

Einkommensteuer- und Splittingtabellen für 2015

zu versteuerndes Einkommen €	Einkommensteuer Grundtabelle €	Splittingtabelle €	zu versteuerndes Einkommen €	Einkommensteuer Grundtabelle €	Splittingtabelle €	zu versteuerndes Einkommen €	Einkommensteuer Grundtabelle €	Splittingtabelle €
14.900	1.296	0	16.150	1.607	0	17.400	1.926	64
14.925	1.302	0	16.175	1.614	0	17.425	1.932	68
14.950	1.308	0	16.200	1.620	0	17.450	1.939	72
14.975	1.314	0	16.225	1.626	0	17.475	1.945	74
15.000	1.321	0	16.250	1.632	0	17.500	1.952	78
15.025	1.327	0	16.275	1.639	0	17.525	1.958	82
15.050	1.333	0	16.300	1.645	0	17.550	1.964	86
15.075	1.339	0	16.325	1.651	0	17.575	1.971	90
15.100	1.345	0	16.350	1.658	0	17.600	1.977	92
15.125	1.351	0	16.375	1.664	0	17.625	1.984	96
15.150	1.358	0	16.400	1.670	0	17.650	1.990	100
15.175	1.364	0	16.425	1.677	0	17.675	1.997	104
15.200	1.370	0	16.450	1.683	0	17.700	2.003	108
15.225	1.376	0	16.475	1.689	0	17.725	2.010	112
15.250	1.382	0	16.500	1.696	0	17.750	2.016	116
15.275	1.389	0	16.525	1.702	0	17.775	2.023	118
15.300	1.395	0	16.550	1.708	0	17.800	2.029	122
15.325	1.401	0	16.575	1.715	0	17.825	2.036	126
15.350	1.407	0	16.600	1.721	0	17.850	2.042	130
15.375	1.413	0	16.625	1.727	0	17.875	2.049	134
15.400	1.420	0	16.650	1.734	0	17.900	2.055	138
15.425	1.426	0	16.675	1.740	0	17.925	2.062	140
15.450	1.432	0	16.700	1.747	0	17.950	2.068	144
15.475	1.438	0	16.725	1.753	0	17.975	2.075	148
15.500	1.444	0	16.750	1.759	0	18.000	2.081	152
15.525	1.451	0	16.775	1.766	0	18.025	2.088	156
15.550	1.457	0	16.800	1.772	0	18.050	2.094	160
15.575	1.463	0	16.825	1.778	0	18.075	2.101	164
15.600	1.469	0	16.850	1.785	0	18.100	2.107	168
15.625	1.476	0	16.875	1.791	0	18.125	2.114	172
15.650	1.482	0	16.900	1.798	0	18.150	2.120	176
15.675	1.488	0	16.925	1.804	0	18.175	2.127	178
15.700	1.494	0	16.950	1.810	0	18.200	2.133	182
15.725	1.501	0	16.975	1.817	4	18.225	2.140	186
15.750	1.507	0	17.000	1.823	6	18.250	2.146	190
15.775	1.513	0	17.025	1.829	10	18.275	2.153	194
15.800	1.519	0	17.050	1.836	14	18.300	2.160	198
15.825	1.526	0	17.075	1.842	18	18.325	2.166	202
15.850	1.532	0	17.100	1.849	20	18.350	2.173	206
15.875	1.538	0	17.125	1.855	24	18.375	2.179	210
15.900	1.544	0	17.150	1.862	28	18.400	2.186	214
15.925	1.551	0	17.175	1.868	32	18.425	2.192	218
15.950	1.557	0	17.200	1.874	36	18.450	2.199	222
15.975	1.563	0	17.225	1.881	38	18.475	2.205	224
16.000	1.570	0	17.250	1.887	42	18.500	2.212	228
16.025	1.576	0	17.275	1.894	46	18.525	2.219	232
16.050	1.582	0	17.300	1.900	50	18.550	2.225	236
16.075	1.588	0	17.325	1.906	52	18.575	2.232	240
16.100	1.595	0	17.350	1.913	56	18.600	2.238	244
16.125	1.601	0	17.375	1.919	60	18.625	2.245	248

Einkommensteuer- und Splittingtabellen für 2015

zu versteuerndes Einkommen €	Einkommensteuer Grundtabelle €	Splittingtabelle €	zu versteuerndes Einkommen €	Einkommensteuer Grundtabelle €	Splittingtabelle €	zu versteuerndes Einkommen €	Einkommensteuer Grundtabelle €	Splittingtabelle €
18.650	2.251	252	19.900	2.584	456	21.150	2.924	676
18.675	2.258	256	19.925	2.591	460	21.175	2.931	680
18.700	2.265	260	19.950	2.598	464	21.200	2.938	686
18.725	2.271	264	19.975	2.604	468	21.225	2.945	690
18.750	2.278	268	20.000	2.611	474	21.250	2.952	694
18.775	2.284	272	20.025	2.618	478	21.275	2.959	698
18.800	2.291	276	20.050	2.625	482	21.300	2.966	704
18.825	2.298	280	20.075	2.631	486	21.325	2.972	708
18.850	2.304	284	20.100	2.638	490	21.350	2.979	712
18.875	2.311	288	20.125	2.645	494	21.375	2.986	718
18.900	2.317	292	20.150	2.652	500	21.400	2.993	722
18.925	2.324	296	20.175	2.658	504	21.425	3.000	726
18.950	2.331	300	20.200	2.665	508	21.450	3.007	732
18.975	2.337	304	20.225	2.672	512	21.475	3.014	736
19.000	2.344	308	20.250	2.679	516	21.500	3.021	740
19.025	2.351	312	20.275	2.686	520	21.525	3.028	744
19.050	2.357	316	20.300	2.692	526	21.550	3.035	750
19.075	2.364	320	20.325	2.699	530	21.575	3.041	754
19.100	2.370	324	20.350	2.706	534	21.600	3.048	758
19.125	2.377	328	20.375	2.713	538	21.625	3.055	764
19.150	2.384	332	20.400	2.719	542	21.650	3.062	768
19.175	2.390	336	20.425	2.726	546	21.675	3.069	772
19.200	2.397	340	20.450	2.733	552	21.700	3.076	778
19.225	2.404	344	20.475	2.740	556	21.725	3.083	782
19.250	2.410	348	20.500	2.747	560	21.750	3.090	788
19.275	2.417	352	20.525	2.753	564	21.775	3.097	792
19.300	2.424	356	20.550	2.760	568	21.800	3.104	796
19.325	2.430	360	20.575	2.767	572	21.825	3.111	800
19.350	2.437	364	20.600	2.774	578	21.850	3.118	806
19.375	2.444	368	20.625	2.781	582	21.875	3.125	810
19.400	2.450	372	20.650	2.787	586	21.900	3.132	816
19.425	2.457	376	20.675	2.794	590	21.925	3.139	820
19.450	2.464	382	20.700	2.801	596	21.950	3.146	824
19.475	2.470	386	20.725	2.808	600	21.975	3.153	830
19.500	2.477	390	20.750	2.815	604	22.000	3.160	834
19.525	2.484	394	20.775	2.822	608	22.025	3.167	838
19.550	2.490	398	20.800	2.828	614	22.050	3.173	844
19.575	2.497	402	20.825	2.835	618	22.075	3.180	848
19.600	2.504	406	20.850	2.842	622	22.100	3.187	854
19.625	2.510	410	20.875	2.849	626	22.125	3.194	858
19.650	2.517	414	20.900	2.856	630	22.150	3.201	864
19.675	2.524	418	20.925	2.863	636	22.175	3.208	868
19.700	2.531	422	20.950	2.869	640	22.200	3.215	872
19.725	2.537	426	20.975	2.876	644	22.225	3.222	878
19.750	2.544	432	21.000	2.883	648	22.250	3.229	882
19.775	2.551	436	21.025	2.890	654	22.275	3.236	886
19.800	2.557	440	21.050	2.897	658	22.300	3.243	892
19.825	2.564	444	21.075	2.904	662	22.325	3.250	896
19.850	2.571	448	21.100	2.911	666	22.350	3.257	902
19.875	2.578	452	21.125	2.917	672	22.375	3.264	906

Einkommensteuer- und Splittingtabellen für 2015

zu versteuerndes Einkommen €	Einkommensteuer Grundtabelle €	Einkommensteuer Splittingtabelle €	zu versteuerndes Einkommen €	Einkommensteuer Grundtabelle €	Einkommensteuer Splittingtabelle €	zu versteuerndes Einkommen €	Einkommensteuer Grundtabelle €	Einkommensteuer Splittingtabelle €
22.400	3.271	912	23.650	3.626	1.162	24.900	3.987	1.428
22.425	3.278	916	23.675	3.633	1.168	24.925	3.994	1.434
22.450	3.285	922	23.700	3.640	1.172	24.950	4.002	1.440
22.475	3.292	926	23.725	3.647	1.178	24.975	4.009	1.444
22.500	3.299	930	23.750	3.654	1.182	25.000	4.016	1.450
22.525	3.306	936	23.775	3.661	1.188	25.025	4.024	1.456
22.550	3.314	940	23.800	3.669	1.194	25.050	4.031	1.462
22.575	3.321	946	23.825	3.676	1.198	25.075	4.038	1.466
22.600	3.328	950	23.850	3.683	1.204	25.100	4.046	1.472
22.625	3.335	956	23.875	3.690	1.208	25.125	4.053	1.478
22.650	3.342	960	23.900	3.697	1.214	25.150	4.060	1.484
22.675	3.349	964	23.925	3.705	1.220	25.175	4.068	1.490
22.700	3.356	970	23.950	3.712	1.224	25.200	4.075	1.494
22.725	3.363	974	23.975	3.719	1.230	25.225	4.082	1.500
22.750	3.370	980	24.000	3.726	1.236	25.250	4.090	1.506
22.775	3.377	984	24.025	3.733	1.240	25.275	4.097	1.512
22.800	3.384	990	24.050	3.741	1.246	25.300	4.104	1.518
22.825	3.391	994	24.075	3.748	1.250	25.325	4.112	1.522
22.850	3.398	1.000	24.100	3.755	1.256	25.350	4.119	1.528
22.875	3.405	1.004	24.125	3.762	1.262	25.375	4.126	1.534
22.900	3.412	1.010	24.150	3.769	1.266	25.400	4.134	1.540
22.925	3.419	1.014	24.175	3.777	1.272	25.425	4.141	1.544
22.950	3.426	1.020	24.200	3.784	1.278	25.450	4.148	1.550
22.975	3.433	1.024	24.225	3.791	1.282	25.475	4.156	1.556
23.000	3.441	1.030	24.250	3.798	1.288	25.500	4.163	1.562
23.025	3.448	1.034	24.275	3.805	1.294	25.525	4.170	1.568
23.050	3.455	1.040	24.300	3.813	1.298	25.550	4.178	1.574
23.075	3.462	1.044	24.325	3.820	1.304	25.575	4.185	1.578
23.100	3.469	1.050	24.350	3.827	1.310	25.600	4.193	1.584
23.125	3.476	1.054	24.375	3.834	1.314	25.625	4.200	1.590
23.150	3.483	1.060	24.400	3.842	1.320	25.650	4.207	1.596
23.175	3.490	1.064	24.425	3.849	1.326	25.675	4.215	1.602
23.200	3.497	1.070	24.450	3.856	1.330	25.700	4.222	1.608
23.225	3.504	1.074	24.475	3.863	1.336	25.725	4.230	1.612
23.250	3.512	1.080	24.500	3.871	1.342	25.750	4.237	1.618
23.275	3.519	1.086	24.525	3.878	1.346	25.775	4.244	1.624
23.300	3.526	1.090	24.550	3.885	1.352	25.800	4.252	1.630
23.325	3.533	1.096	24.575	3.892	1.358	25.825	4.259	1.636
23.350	3.540	1.100	24.600	3.900	1.364	25.850	4.267	1.642
23.375	3.547	1.106	24.625	3.907	1.368	25.875	4.274	1.646
23.400	3.554	1.110	24.650	3.914	1.374	25.900	4.281	1.652
23.425	3.561	1.116	24.675	3.921	1.380	25.925	4.289	1.658
23.450	3.568	1.120	24.700	3.929	1.384	25.950	4.296	1.664
23.475	3.576	1.126	24.725	3.936	1.390	25.975	4.304	1.670
23.500	3.583	1.132	24.750	3.943	1.396	26.000	4.311	1.676
23.525	3.590	1.136	24.775	3.951	1.402	26.025	4.318	1.682
23.550	3.597	1.142	24.800	3.958	1.406	26.050	4.326	1.688
23.575	3.604	1.146	24.825	3.965	1.412	26.075	4.333	1.692
23.600	3.611	1.152	24.850	3.972	1.418	26.100	4.341	1.698
23.625	3.619	1.156	24.875	3.980	1.422	26.125	4.348	1.704

Einkommensteuer- und Splittingtabellen für 2015

zu ver-steuerndes Einkommen €	Einkommensteuer Grund-tabelle €	Splitting-tabelle €	zu ver-steuerndes Einkommen €	Einkommensteuer Grund-tabelle €	Splitting-tabelle €	zu ver-steuerndes Einkommen €	Einkommensteuer Grund-tabelle €	Splitting-tabelle €
26.150	4.356	1.710	27.400	4.731	2.008	28.650	5.114	2.310
26.175	4.363	1.716	27.425	4.739	2.014	28.675	5.122	2.316
26.200	4.371	1.722	27.450	4.747	2.020	28.700	5.130	2.322
26.225	4.378	1.728	27.475	4.754	2.026	28.725	5.137	2.328
26.250	4.385	1.734	27.500	4.762	2.032	28.750	5.145	2.334
26.275	4.393	1.740	27.525	4.769	2.038	28.775	5.153	2.340
26.300	4.400	1.746	27.550	4.777	2.044	28.800	5.161	2.346
26.325	4.408	1.752	27.575	4.785	2.050	28.825	5.168	2.352
26.350	4.415	1.758	27.600	4.792	2.056	28.850	5.176	2.358
26.375	4.423	1.762	27.625	4.800	2.062	28.875	5.184	2.364
26.400	4.430	1.768	27.650	4.807	2.068	28.900	5.192	2.372
26.425	4.438	1.774	27.675	4.815	2.074	28.925	5.199	2.376
26.450	4.445	1.780	27.700	4.823	2.080	28.950	5.207	2.384
26.475	4.453	1.786	27.725	4.830	2.086	28.975	5.215	2.390
26.500	4.460	1.792	27.750	4.838	2.092	29.000	5.223	2.396
26.525	4.468	1.798	27.775	4.845	2.098	29.025	5.230	2.402
26.550	4.475	1.804	27.800	4.853	2.104	29.050	5.238	2.408
26.575	4.483	1.810	27.825	4.861	2.110	29.075	5.246	2.414
26.600	4.490	1.816	27.850	4.868	2.116	29.100	5.254	2.420
26.625	4.498	1.822	27.875	4.876	2.122	29.125	5.262	2.426
26.650	4.505	1.828	27.900	4.884	2.128	29.150	5.269	2.432
26.675	4.513	1.834	27.925	4.891	2.134	29.175	5.277	2.438
26.700	4.520	1.840	27.950	4.899	2.140	29.200	5.285	2.444
26.725	4.528	1.846	27.975	4.907	2.146	29.225	5.293	2.450
26.750	4.535	1.852	28.000	4.914	2.152	29.250	5.301	2.456
26.775	4.543	1.858	28.025	4.922	2.158	29.275	5.308	2.462
26.800	4.550	1.864	28.050	4.930	2.164	29.300	5.316	2.468
26.825	4.558	1.870	28.075	4.937	2.170	29.325	5.324	2.474
26.850	4.565	1.876	28.100	4.945	2.176	29.350	5.332	2.482
26.875	4.573	1.882	28.125	4.953	2.182	29.375	5.340	2.488
26.900	4.580	1.888	28.150	4.960	2.188	29.400	5.347	2.494
26.925	4.588	1.894	28.175	4.968	2.194	29.425	5.355	2.500
26.950	4.595	1.900	28.200	4.976	2.200	29.450	5.363	2.506
26.975	4.603	1.904	28.225	4.983	2.206	29.475	5.371	2.512
27.000	4.610	1.912	28.250	4.991	2.212	29.500	5.379	2.518
27.025	4.618	1.916	28.275	4.999	2.218	29.525	5.386	2.524
27.050	4.625	1.924	28.300	5.006	2.224	29.550	5.394	2.530
27.075	4.633	1.928	28.325	5.014	2.230	29.575	5.402	2.536
27.100	4.641	1.936	28.350	5.022	2.238	29.600	5.410	2.542
27.125	4.648	1.940	28.375	5.029	2.242	29.625	5.418	2.548
27.150	4.656	1.948	28.400	5.037	2.250	29.650	5.426	2.554
27.175	4.663	1.952	28.425	5.045	2.256	29.675	5.434	2.560
27.200	4.671	1.960	28.450	5.052	2.262	29.700	5.441	2.568
27.225	4.678	1.966	28.475	5.060	2.268	29.725	5.449	2.574
27.250	4.686	1.972	28.500	5.068	2.274	29.750	5.457	2.580
27.275	4.693	1.978	28.525	5.076	2.280	29.775	5.465	2.586
27.300	4.701	1.984	28.550	5.083	2.286	29.800	5.473	2.592
27.325	4.709	1.990	28.575	5.091	2.292	29.825	5.481	2.598
27.350	4.716	1.996	28.600	5.099	2.298	29.850	5.489	2.604
27.375	4.724	2.002	28.625	5.106	2.304	29.875	5.496	2.610

Einkommensteuer- und Splittingtabellen für 2015

zu versteuerndes Einkommen €	Einkommensteuer Grund-tabelle €	Einkommensteuer Splitting-tabelle €	zu versteuerndes Einkommen €	Einkommensteuer Grund-tabelle €	Einkommensteuer Splitting-tabelle €	zu versteuerndes Einkommen €	Einkommensteuer Grund-tabelle €	Einkommensteuer Splitting-tabelle €
29.900	5.504	2.616	31.150	5.901	2.926	32.400	6.306	3.240
29.925	5.512	2.622	31.175	5.909	2.932	32.425	6.314	3.246
29.950	5.520	2.628	31.200	5.917	2.938	32.450	6.322	3.252
29.975	5.528	2.634	31.225	5.925	2.944	32.475	6.330	3.258
30.000	5.536	2.642	31.250	5.933	2.952	32.500	6.338	3.264
30.025	5.544	2.646	31.275	5.942	2.958	32.525	6.347	3.272
30.050	5.552	2.654	31.300	5.950	2.964	32.550	6.355	3.278
30.075	5.559	2.660	31.325	5.958	2.970	32.575	6.363	3.284
30.100	5.567	2.666	31.350	5.966	2.976	32.600	6.371	3.290
30.125	5.575	2.672	31.375	5.974	2.982	32.625	6.379	3.296
30.150	5.583	2.678	31.400	5.982	2.988	32.650	6.387	3.302
30.175	5.591	2.684	31.425	5.990	2.994	32.675	6.396	3.308
30.200	5.599	2.690	31.450	5.998	3.002	32.700	6.404	3.316
30.225	5.607	2.696	31.475	6.006	3.008	32.725	6.412	3.322
30.250	5.615	2.702	31.500	6.014	3.014	32.750	6.420	3.328
30.275	5.623	2.708	31.525	6.022	3.020	32.775	6.428	3.334
30.300	5.631	2.716	31.550	6.030	3.026	32.800	6.437	3.340
30.325	5.638	2.722	31.575	6.038	3.032	32.825	6.445	3.346
30.350	5.646	2.728	31.600	6.046	3.038	32.850	6.453	3.354
30.375	5.654	2.734	31.625	6.054	3.044	32.875	6.461	3.360
30.400	5.662	2.740	31.650	6.062	3.052	32.900	6.469	3.366
30.425	5.670	2.746	31.675	6.070	3.058	32.925	6.478	3.372
30.450	5.678	2.752	31.700	6.078	3.064	32.950	6.486	3.378
30.475	5.686	2.758	31.725	6.086	3.070	32.975	6.494	3.384
30.500	5.694	2.764	31.750	6.095	3.076	33.000	6.502	3.392
30.525	5.702	2.770	31.775	6.103	3.082	33.025	6.511	3.398
30.550	5.710	2.778	31.800	6.111	3.088	33.050	6.519	3.404
30.575	5.718	2.784	31.825	6.119	3.094	33.075	6.527	3.410
30.600	5.726	2.790	31.850	6.127	3.102	33.100	6.535	3.416
30.625	5.734	2.796	31.875	6.135	3.108	33.125	6.543	3.422
30.650	5.742	2.802	31.900	6.143	3.114	33.150	6.552	3.430
30.675	5.750	2.808	31.925	6.151	3.120	33.175	6.560	3.436
30.700	5.758	2.814	31.950	6.159	3.126	33.200	6.568	3.442
30.725	5.766	2.820	31.975	6.167	3.132	33.225	6.576	3.448
30.750	5.774	2.826	32.000	6.176	3.140	33.250	6.585	3.454
30.775	5.781	2.832	32.025	6.184	3.146	33.275	6.593	3.462
30.800	5.789	2.840	32.050	6.192	3.152	33.300	6.601	3.468
30.825	5.797	2.846	32.075	6.200	3.158	33.325	6.609	3.474
30.850	5.805	2.852	32.100	6.208	3.164	33.350	6.618	3.480
30.875	5.813	2.858	32.125	6.216	3.170	33.375	6.626	3.486
30.900	5.821	2.864	32.150	6.224	3.176	33.400	6.634	3.494
30.925	5.829	2.870	32.175	6.232	3.182	33.425	6.643	3.500
30.950	5.837	2.876	32.200	6.241	3.190	33.450	6.651	3.506
30.975	5.845	2.882	32.225	6.249	3.196	33.475	6.659	3.512
31.000	5.853	2.888	32.250	6.257	3.202	33.500	6.667	3.518
31.025	5.861	2.894	32.275	6.265	3.208	33.525	6.676	3.524
31.050	5.869	2.902	32.300	6.273	3.214	33.550	6.684	3.532
31.075	5.877	2.908	32.325	6.281	3.220	33.575	6.692	3.538
31.100	5.885	2.914	32.350	6.289	3.228	33.600	6.701	3.544
31.125	5.893	2.920	32.375	6.298	3.234	33.625	6.709	3.550

Einkommensteuer- und Splittingtabellen für 2015

zu versteuerndes Einkommen	Einkommensteuer		zu versteuerndes Einkommen	Einkommensteuer		zu versteuerndes Einkommen	Einkommensteuer	
	Grundtabelle	Splittingtabelle		Grundtabelle	Splittingtabelle		Grundtabelle	Splittingtabelle
€	€	€	€	€	€	€	€	€
33.650	6.717	3.556	34.900	7.136	3.878	36.150	7.562	4.202
33.675	6.725	3.562	34.925	7.144	3.884	36.175	7.570	4.208
33.700	6.734	3.570	34.950	7.153	3.890	36.200	7.579	4.214
33.725	6.742	3.576	34.975	7.161	3.896	36.225	7.587	4.220
33.750	6.750	3.582	35.000	7.170	3.904	36.250	7.596	4.228
33.775	6.759	3.588	35.025	7.178	3.910	36.275	7.604	4.234
33.800	6.767	3.596	35.050	7.186	3.916	36.300	7.613	4.240
33.825	6.775	3.602	35.075	7.195	3.922	36.325	7.622	4.246
33.850	6.784	3.608	35.100	7.203	3.928	36.350	7.630	4.254
33.875	6.792	3.614	35.125	7.212	3.936	36.375	7.639	4.260
33.900	6.800	3.620	35.150	7.220	3.942	36.400	7.648	4.266
33.925	6.809	3.626	35.175	7.229	3.948	36.425	7.656	4.274
33.950	6.817	3.634	35.200	7.237	3.954	36.450	7.665	4.280
33.975	6.825	3.640	35.225	7.246	3.962	36.475	7.673	4.286
34.000	6.834	3.646	35.250	7.254	3.968	36.500	7.682	4.292
34.025	6.842	3.652	35.275	7.263	3.974	36.525	7.691	4.300
34.050	6.850	3.658	35.300	7.271	3.980	36.550	7.699	4.306
34.075	6.859	3.666	35.325	7.280	3.986	36.575	7.708	4.312
34.100	6.867	3.672	35.350	7.288	3.994	36.600	7.717	4.320
34.125	6.875	3.678	35.375	7.297	4.000	36.625	7.725	4.326
34.150	6.884	3.684	35.400	7.305	4.006	36.650	7.734	4.332
34.175	6.892	3.690	35.425	7.314	4.012	36.675	7.742	4.338
34.200	6.900	3.698	35.450	7.322	4.020	36.700	7.751	4.346
34.225	6.909	3.704	35.475	7.331	4.026	36.725	7.760	4.352
34.250	6.917	3.710	35.500	7.339	4.032	36.750	7.768	4.358
34.275	6.926	3.716	35.525	7.348	4.038	36.775	7.777	4.364
34.300	6.934	3.724	35.550	7.356	4.046	36.800	7.786	4.372
34.325	6.942	3.730	35.575	7.365	4.052	36.825	7.794	4.378
34.350	6.951	3.736	35.600	7.373	4.058	36.850	7.803	4.384
34.375	6.959	3.742	35.625	7.382	4.064	36.875	7.812	4.390
34.400	6.967	3.748	35.650	7.390	4.072	36.900	7.820	4.398
34.425	6.976	3.754	35.675	7.399	4.078	36.925	7.829	4.404
34.450	6.984	3.762	35.700	7.407	4.084	36.950	7.838	4.410
34.475	6.993	3.768	35.725	7.416	4.090	36.975	7.846	4.418
34.500	7.001	3.774	35.750	7.424	4.098	37.000	7.855	4.424
34.525	7.009	3.780	35.775	7.433	4.104	37.025	7.864	4.430
34.550	7.018	3.788	35.800	7.442	4.110	37.050	7.872	4.438
34.575	7.026	3.794	35.825	7.450	4.116	37.075	7.881	4.444
34.600	7.035	3.800	35.850	7.459	4.124	37.100	7.890	4.450
34.625	7.043	3.806	35.875	7.467	4.130	37.125	7.899	4.456
34.650	7.051	3.812	35.900	7.476	4.136	37.150	7.907	4.464
34.675	7.060	3.820	35.925	7.484	4.142	37.175	7.916	4.470
34.700	7.068	3.826	35.950	7.493	4.150	37.200	7.925	4.476
34.725	7.077	3.832	35.975	7.501	4.156	37.225	7.933	4.482
34.750	7.085	3.838	36.000	7.510	4.162	37.250	7.942	4.490
34.775	7.094	3.844	36.025	7.519	4.168	37.275	7.951	4.496
34.800	7.102	3.852	36.050	7.527	4.176	37.300	7.960	4.502
34.825	7.110	3.858	36.075	7.536	4.182	37.325	7.968	4.510
34.850	7.119	3.864	36.100	7.544	4.188	37.350	7.977	4.516
34.875	7.127	3.870	36.125	7.553	4.194	37.375	7.986	4.522

Einkommensteuer- und Splittingtabellen für 2015

zu versteuerndes Einkommen €	Einkommensteuer Grundtabelle €	Splittingtabelle €	zu versteuerndes Einkommen €	Einkommensteuer Grundtabelle €	Splittingtabelle €	zu versteuerndes Einkommen €	Einkommensteuer Grundtabelle €	Splittingtabelle €
37.400	7.994	4.530	38.650	8.434	4.860	39.900	8.882	5.196
37.425	8.003	4.536	38.675	8.443	4.868	39.925	8.891	5.202
37.450	8.012	4.542	38.700	8.452	4.874	39.950	8.900	5.208
37.475	8.021	4.548	38.725	8.461	4.880	39.975	8.909	5.216
37.500	8.029	4.556	38.750	8.470	4.888	40.000	8.918	5.222
37.525	8.038	4.562	38.775	8.479	4.894	40.025	8.927	5.228
37.550	8.047	4.568	38.800	8.488	4.900	40.050	8.936	5.236
37.575	8.056	4.576	38.825	8.497	4.908	40.075	8.945	5.242
37.600	8.064	4.582	38.850	8.506	4.914	40.100	8.954	5.250
37.625	8.073	4.588	38.875	8.514	4.920	40.125	8.963	5.256
37.650	8.082	4.596	38.900	8.523	4.928	40.150	8.972	5.262
37.675	8.091	4.602	38.925	8.532	4.934	40.175	8.981	5.270
37.700	8.099	4.608	38.950	8.541	4.940	40.200	8.990	5.276
37.725	8.108	4.614	38.975	8.550	4.948	40.225	8.999	5.282
37.750	8.117	4.622	39.000	8.559	4.954	40.250	9.008	5.290
37.775	8.126	4.628	39.025	8.568	4.960	40.275	9.017	5.296
37.800	8.134	4.634	39.050	8.577	4.968	40.300	9.026	5.304
37.825	8.143	4.642	39.075	8.586	4.974	40.325	9.035	5.310
37.850	8.152	4.648	39.100	8.595	4.980	40.350	9.044	5.316
37.875	8.161	4.654	39.125	8.604	4.988	40.375	9.053	5.324
37.900	8.170	4.662	39.150	8.612	4.994	40.400	9.063	5.330
37.925	8.178	4.668	39.175	8.621	5.000	40.425	9.072	5.336
37.950	8.187	4.674	39.200	8.630	5.008	40.450	9.081	5.344
37.975	8.196	4.680	39.225	8.639	5.014	40.475	9.090	5.350
38.000	8.205	4.688	39.250	8.648	5.020	40.500	9.099	5.358
38.025	8.214	4.694	39.275	8.657	5.028	40.525	9.108	5.364
38.050	8.222	4.702	39.300	8.666	5.034	40.550	9.117	5.372
38.075	8.231	4.708	39.325	8.675	5.040	40.575	9.126	5.378
38.100	8.240	4.714	39.350	8.684	5.048	40.600	9.135	5.384
38.125	8.249	4.720	39.375	8.693	5.054	40.625	9.144	5.392
38.150	8.258	4.728	39.400	8.702	5.062	40.650	9.153	5.398
38.175	8.266	4.734	39.425	8.711	5.068	40.675	9.163	5.404
38.200	8.275	4.740	39.450	8.720	5.074	40.700	9.172	5.412
38.225	8.284	4.748	39.475	8.729	5.080	40.725	9.181	5.418
38.250	8.293	4.754	39.500	8.738	5.088	40.750	9.190	5.426
38.275	8.302	4.760	39.525	8.747	5.094	40.775	9.199	5.432
38.300	8.311	4.768	39.550	8.756	5.102	40.800	9.208	5.438
38.325	8.319	4.774	39.575	8.765	5.108	40.825	9.217	5.446
38.350	8.328	4.780	39.600	8.774	5.114	40.850	9.226	5.452
38.375	8.337	4.788	39.625	8.783	5.122	40.875	9.235	5.458
38.400	8.346	4.794	39.650	8.792	5.128	40.900	9.245	5.466
38.425	8.355	4.800	39.675	8.801	5.134	40.925	9.254	5.472
38.450	8.364	4.808	39.700	8.810	5.142	40.950	9.263	5.480
38.475	8.372	4.814	39.725	8.819	5.148	40.975	9.272	5.486
38.500	8.381	4.820	39.750	8.828	5.156	41.000	9.281	5.494
38.525	8.390	4.828	39.775	8.837	5.162	41.025	9.290	5.500
38.550	8.399	4.834	39.800	8.846	5.168	41.050	9.299	5.506
38.575	8.408	4.840	39.825	8.855	5.176	41.075	9.309	5.514
38.600	8.417	4.848	39.850	8.864	5.182	41.100	9.318	5.520
38.625	8.426	4.854	39.875	8.873	5.188	41.125	9.327	5.526

Einkommensteuer- und Splittingtabellen für 2015

zu versteuerndes Einkommen €	Einkommensteuer Grundtabelle €	Einkommensteuer Splittingtabelle €	zu versteuerndes Einkommen €	Einkommensteuer Grundtabelle €	Einkommensteuer Splittingtabelle €	zu versteuerndes Einkommen €	Einkommensteuer Grundtabelle €	Einkommensteuer Splittingtabelle €
41.150	9.336	5.534	42.400	9.798	5.876	43.650	10.266	6.222
41.175	9.345	5.540	42.425	9.807	5.882	43.675	10.276	6.228
41.200	9.354	5.548	42.450	9.816	5.890	43.700	10.285	6.236
41.225	9.363	5.554	42.475	9.825	5.896	43.725	10.294	6.242
41.250	9.373	5.562	42.500	9.835	5.904	43.750	10.304	6.250
41.275	9.382	5.568	42.525	9.844	5.910	43.775	10.313	6.256
41.300	9.391	5.574	42.550	9.853	5.918	43.800	10.323	6.264
41.325	9.400	5.582	42.575	9.863	5.924	43.825	10.332	6.270
41.350	9.409	5.588	42.600	9.872	5.932	43.850	10.342	6.278
41.375	9.419	5.596	42.625	9.881	5.938	43.875	10.351	6.284
41.400	9.428	5.602	42.650	9.891	5.944	43.900	10.361	6.292
41.425	9.437	5.608	42.675	9.900	5.952	43.925	10.370	6.298
41.450	9.446	5.616	42.700	9.909	5.958	43.950	10.380	6.306
41.475	9.455	5.622	42.725	9.919	5.966	43.975	10.389	6.312
41.500	9.465	5.630	42.750	9.928	5.972	44.000	10.399	6.320
41.525	9.474	5.636	42.775	9.937	5.980	44.025	10.408	6.326
41.550	9.483	5.644	42.800	9.947	5.986	44.050	10.418	6.334
41.575	9.492	5.650	42.825	9.956	5.992	44.075	10.427	6.340
41.600	9.501	5.656	42.850	9.965	6.000	44.100	10.437	6.346
41.625	9.511	5.664	42.875	9.975	6.006	44.125	10.446	6.354
41.650	9.520	5.670	42.900	9.984	6.014	44.150	10.456	6.360
41.675	9.529	5.676	42.925	9.993	6.020	44.175	10.465	6.368
41.700	9.538	5.684	42.950	10.003	6.028	44.200	10.475	6.374
41.725	9.547	5.690	42.975	10.012	6.034	44.225	10.484	6.382
41.750	9.557	5.698	43.000	10.022	6.042	44.250	10.494	6.388
41.775	9.566	5.704	43.025	10.031	6.048	44.275	10.503	6.396
41.800	9.575	5.712	43.050	10.040	6.056	44.300	10.513	6.402
41.825	9.584	5.718	43.075	10.050	6.062	44.325	10.522	6.410
41.850	9.594	5.726	43.100	10.059	6.070	44.350	10.532	6.416
41.875	9.603	5.732	43.125	10.068	6.076	44.375	10.541	6.424
41.900	9.612	5.738	43.150	10.078	6.082	44.400	10.551	6.430
41.925	9.621	5.746	43.175	10.087	6.090	44.425	10.560	6.438
41.950	9.631	5.752	43.200	10.097	6.096	44.450	10.570	6.444
41.975	9.640	5.760	43.225	10.106	6.104	44.475	10.579	6.452
42.000	9.649	5.766	43.250	10.115	6.110	44.500	10.589	6.458
42.025	9.658	5.772	43.275	10.125	6.118	44.525	10.598	6.466
42.050	9.668	5.780	43.300	10.134	6.124	44.550	10.608	6.472
42.075	9.677	5.786	43.325	10.144	6.132	44.575	10.618	6.480
42.100	9.686	5.794	43.350	10.153	6.138	44.600	10.627	6.486
42.125	9.695	5.800	43.375	10.162	6.146	44.625	10.637	6.494
42.150	9.705	5.808	43.400	10.172	6.152	44.650	10.646	6.500
42.175	9.714	5.814	43.425	10.181	6.158	44.675	10.656	6.508
42.200	9.723	5.822	43.450	10.191	6.166	44.700	10.665	6.514
42.225	9.732	5.828	43.475	10.200	6.172	44.725	10.675	6.522
42.250	9.742	5.834	43.500	10.210	6.180	44.750	10.684	6.528
42.275	9.751	5.842	43.525	10.219	6.186	44.775	10.694	6.536
42.300	9.760	5.848	43.550	10.228	6.194	44.800	10.704	6.542
42.325	9.770	5.856	43.575	10.238	6.200	44.825	10.713	6.550
42.350	9.779	5.862	43.600	10.247	6.208	44.850	10.723	6.556
42.375	9.788	5.868	43.625	10.257	6.214	44.875	10.732	6.564

Einkommensteuer- und Splittingtabellen für 2015

zu versteuerndes Einkommen €	Einkommensteuer Grundtabelle €	Einkommensteuer Splittingtabelle €	zu versteuerndes Einkommen €	Einkommensteuer Grundtabelle €	Einkommensteuer Splittingtabelle €	zu versteuerndes Einkommen €	Einkommensteuer Grundtabelle €	Einkommensteuer Splittingtabelle €
44.900	10.742	6.570	46.150	11.225	6.924	47.400	11.715	7.280
44.925	10.752	6.578	46.175	11.235	6.930	47.425	11.725	7.286
44.950	10.761	6.584	46.200	11.244	6.938	47.450	11.735	7.294
44.975	10.771	6.592	46.225	11.254	6.944	47.475	11.745	7.302
45.000	10.780	6.598	46.250	11.264	6.952	47.500	11.754	7.308
45.025	10.790	6.606	46.275	11.274	6.958	47.525	11.764	7.316
45.050	10.800	6.612	46.300	11.283	6.966	47.550	11.774	7.322
45.075	10.809	6.620	46.325	11.293	6.974	47.575	11.784	7.330
45.100	10.819	6.628	46.350	11.303	6.980	47.600	11.794	7.338
45.125	10.828	6.634	46.375	11.313	6.988	47.625	11.804	7.344
45.150	10.838	6.642	46.400	11.322	6.994	47.650	11.814	7.352
45.175	10.848	6.648	46.425	11.332	7.002	47.675	11.824	7.358
45.200	10.857	6.656	46.450	11.342	7.008	47.700	11.834	7.366
45.225	10.867	6.662	46.475	11.352	7.016	47.725	11.844	7.372
45.250	10.876	6.670	46.500	11.361	7.024	47.750	11.853	7.380
45.275	10.886	6.676	46.525	11.371	7.030	47.775	11.863	7.388
45.300	10.896	6.684	46.550	11.381	7.038	47.800	11.873	7.394
45.325	10.905	6.690	46.575	11.391	7.044	47.825	11.883	7.402
45.350	10.915	6.698	46.600	11.400	7.052	47.850	11.893	7.410
45.375	10.925	6.704	46.625	11.410	7.058	47.875	11.903	7.416
45.400	10.934	6.712	46.650	11.420	7.066	47.900	11.913	7.424
45.425	10.944	6.718	46.675	11.430	7.072	47.925	11.923	7.430
45.450	10.954	6.726	46.700	11.440	7.080	47.950	11.933	7.438
45.475	10.963	6.732	46.725	11.449	7.086	47.975	11.943	7.444
45.500	10.973	6.740	46.750	11.459	7.094	48.000	11.953	7.452
45.525	10.983	6.746	46.775	11.469	7.102	48.025	11.963	7.460
45.550	10.992	6.754	46.800	11.479	7.108	48.050	11.973	7.466
45.575	11.002	6.760	46.825	11.489	7.116	48.075	11.983	7.474
45.600	11.011	6.768	46.850	11.498	7.122	48.100	11.993	7.482
45.625	11.021	6.774	46.875	11.508	7.130	48.125	12.002	7.488
45.650	11.031	6.782	46.900	11.518	7.136	48.150	12.012	7.496
45.675	11.041	6.788	46.925	11.528	7.144	48.175	12.022	7.502
45.700	11.050	6.796	46.950	11.538	7.152	48.200	12.032	7.510
45.725	11.060	6.802	46.975	11.548	7.158	48.225	12.042	7.516
45.750	11.070	6.810	47.000	11.557	7.166	48.250	12.052	7.524
45.775	11.079	6.818	47.025	11.567	7.172	48.275	12.062	7.532
45.800	11.089	6.824	47.050	11.577	7.180	48.300	12.072	7.538
45.825	11.099	6.832	47.075	11.587	7.186	48.325	12.082	7.546
45.850	11.108	6.838	47.100	11.597	7.194	48.350	12.092	7.554
45.875	11.118	6.846	47.125	11.607	7.200	48.375	12.102	7.560
45.900	11.128	6.852	47.150	11.616	7.208	48.400	12.112	7.568
45.925	11.137	6.860	47.175	11.626	7.216	48.425	12.122	7.574
45.950	11.147	6.866	47.200	11.636	7.222	48.450	12.132	7.582
45.975	11.157	6.874	47.225	11.646	7.230	48.475	12.142	7.588
46.000	11.167	6.882	47.250	11.656	7.238	48.500	12.152	7.596
46.025	11.176	6.888	47.275	11.666	7.244	48.525	12.162	7.604
46.050	11.186	6.896	47.300	11.675	7.252	48.550	12.172	7.610
46.075	11.196	6.902	47.325	11.685	7.258	48.575	12.182	7.618
46.100	11.205	6.910	47.350	11.695	7.266	48.600	12.192	7.626
46.125	11.215	6.916	47.375	11.705	7.272	48.625	12.202	7.632

Einkommensteuer- und Splittingtabellen für 2015

zu versteuerndes Einkommen €	Einkommensteuer Grundtabelle €	Einkommensteuer Splittingtabelle €	zu versteuerndes Einkommen €	Einkommensteuer Grundtabelle €	Einkommensteuer Splittingtabelle €	zu versteuerndes Einkommen €	Einkommensteuer Grundtabelle €	Einkommensteuer Splittingtabelle €
48.650	12.212	7.640	49.900	12.717	8.004	51.150	13.228	8.370
48.675	12.222	7.646	49.925	12.727	8.010	51.175	13.238	8.378
48.700	12.232	7.654	49.950	12.737	8.018	51.200	13.249	8.386
48.725	12.242	7.662	49.975	12.747	8.026	51.225	13.259	8.392
48.750	12.252	7.668	50.000	12.757	8.032	51.250	13.269	8.400
48.775	12.262	7.676	50.025	12.767	8.040	51.275	13.280	8.408
48.800	12.272	7.684	50.050	12.778	8.048	51.300	13.290	8.414
48.825	12.282	7.690	50.075	12.788	8.054	51.325	13.300	8.422
48.850	12.292	7.698	50.100	12.798	8.062	51.350	13.311	8.430
48.875	12.302	7.704	50.125	12.808	8.068	51.375	13.321	8.436
48.900	12.312	7.712	50.150	12.818	8.076	51.400	13.331	8.444
48.925	12.323	7.720	50.175	12.828	8.084	51.425	13.342	8.452
48.950	12.333	7.726	50.200	12.839	8.092	51.450	13.352	8.460
48.975	12.343	7.734	50.225	12.849	8.098	51.475	13.362	8.466
49.000	12.353	7.742	50.250	12.859	8.106	51.500	13.373	8.474
49.025	12.363	7.748	50.275	12.869	8.112	51.525	13.383	8.480
49.050	12.373	7.756	50.300	12.879	8.120	51.550	13.393	8.488
49.075	12.383	7.762	50.325	12.890	8.128	51.575	13.404	8.496
49.100	12.393	7.770	50.350	12.900	8.136	51.600	13.414	8.504
49.125	12.403	7.778	50.375	12.910	8.142	51.625	13.424	8.510
49.150	12.413	7.784	50.400	12.920	8.150	51.650	13.435	8.518
49.175	12.423	7.792	50.425	12.931	8.156	51.675	13.445	8.526
49.200	12.433	7.800	50.450	12.941	8.164	51.700	13.455	8.534
49.225	12.443	7.806	50.475	12.951	8.172	51.725	13.466	8.540
49.250	12.453	7.814	50.500	12.961	8.180	51.750	13.476	8.548
49.275	12.463	7.820	50.525	12.971	8.186	51.775	13.487	8.556
49.300	12.474	7.828	50.550	12.982	8.194	51.800	13.497	8.562
49.325	12.484	7.836	50.575	12.992	8.200	51.825	13.507	8.570
49.350	12.494	7.842	50.600	13.002	8.208	51.850	13.518	8.578
49.375	12.504	7.850	50.625	13.012	8.216	51.875	13.528	8.584
49.400	12.514	7.858	50.650	13.023	8.224	51.900	13.538	8.592
49.425	12.524	7.864	50.675	13.033	8.230	51.925	13.549	8.600
49.450	12.534	7.872	50.700	13.043	8.238	51.950	13.559	8.608
49.475	12.544	7.880	50.725	13.053	8.244	51.975	13.570	8.614
49.500	12.554	7.886	50.750	13.064	8.252	52.000	13.580	8.622
49.525	12.565	7.894	50.775	13.074	8.260	52.025	13.590	8.630
49.550	12.575	7.902	50.800	13.084	8.268	52.050	13.601	8.636
49.575	12.585	7.908	50.825	13.094	8.274	52.075	13.611	8.644
49.600	12.595	7.916	50.850	13.105	8.282	52.100	13.622	8.652
49.625	12.605	7.922	50.875	13.115	8.290	52.125	13.632	8.658
49.650	12.615	7.930	50.900	13.125	8.296	52.150	13.642	8.666
49.675	12.625	7.938	50.925	13.135	8.304	52.175	13.653	8.674
49.700	12.635	7.944	50.950	13.146	8.312	52.200	13.663	8.682
49.725	12.646	7.952	50.975	13.156	8.318	52.225	13.674	8.688
49.750	12.656	7.960	51.000	13.166	8.326	52.250	13.684	8.696
49.775	12.666	7.966	51.025	13.177	8.334	52.275	13.695	8.704
49.800	12.676	7.974	51.050	13.187	8.340	52.300	13.705	8.712
49.825	12.686	7.982	51.075	13.197	8.348	52.325	13.715	8.718
49.850	12.696	7.988	51.100	13.207	8.356	52.350	13.726	8.726
49.875	12.706	7.996	51.125	13.218	8.362	52.375	13.736	8.734

Einkommensteuer- und Splittingtabellen für 2015

zu versteuerndes Einkommen €	Einkommensteuer Grundtabelle €	Splittingtabelle €	zu versteuerndes Einkommen €	Einkommensteuer Grundtabelle €	Splittingtabelle €	zu versteuerndes Einkommen €	Einkommensteuer Grundtabelle €	Splittingtabelle €
52.400	13.747	8.742	53.650	14.271	9.116	54.900	14.796	9.494
52.425	13.757	8.748	53.675	14.282	9.122	54.925	14.807	9.500
52.450	13.768	8.756	53.700	14.292	9.130	54.950	14.817	9.508
52.475	13.778	8.764	53.725	14.303	9.138	54.975	14.828	9.516
52.500	13.789	8.770	53.750	14.313	9.146	55.000	14.838	9.524
52.525	13.799	8.778	53.775	14.324	9.152	55.025	14.849	9.530
52.550	13.809	8.786	53.800	14.334	9.160	55.050	14.859	9.538
52.575	13.820	8.792	53.825	14.345	9.168	55.075	14.870	9.546
52.600	13.830	8.800	53.850	14.355	9.176	55.100	14.880	9.554
52.625	13.841	8.808	53.875	14.366	9.182	55.125	14.891	9.562
52.650	13.851	8.816	53.900	14.376	9.190	55.150	14.901	9.570
52.675	13.862	8.822	53.925	14.387	9.198	55.175	14.912	9.576
52.700	13.872	8.830	53.950	14.397	9.206	55.200	14.922	9.584
52.725	13.883	8.838	53.975	14.408	9.212	55.225	14.933	9.592
52.750	13.893	8.846	54.000	14.418	9.220	55.250	14.943	9.600
52.775	13.904	8.852	54.025	14.429	9.228	55.275	14.954	9.606
52.800	13.914	8.860	54.050	14.439	9.236	55.300	14.964	9.614
52.825	13.925	8.868	54.075	14.450	9.244	55.325	14.975	9.622
52.850	13.935	8.876	54.100	14.460	9.250	55.350	14.985	9.630
52.875	13.946	8.882	54.125	14.471	9.258	55.375	14.996	9.638
52.900	13.956	8.890	54.150	14.481	9.266	55.400	15.006	9.646
52.925	13.967	8.898	54.175	14.492	9.274	55.425	15.017	9.652
52.950	13.977	8.906	54.200	14.502	9.282	55.450	15.027	9.660
52.975	13.988	8.912	54.225	14.513	9.288	55.475	15.038	9.668
53.000	13.998	8.920	54.250	14.523	9.296	55.500	15.048	9.676
53.025	14.009	8.928	54.275	14.534	9.304	55.525	15.059	9.684
53.050	14.019	8.936	54.300	14.544	9.312	55.550	15.069	9.690
53.075	14.030	8.942	54.325	14.555	9.318	55.575	15.080	9.698
53.100	14.040	8.950	54.350	14.565	9.326	55.600	15.090	9.706
53.125	14.051	8.958	54.375	14.576	9.334	55.625	15.101	9.714
53.150	14.061	8.966	54.400	14.586	9.342	55.650	15.111	9.722
53.175	14.072	8.972	54.425	14.597	9.348	55.675	15.122	9.728
53.200	14.082	8.980	54.450	14.607	9.356	55.700	15.132	9.736
53.225	14.093	8.988	54.475	14.618	9.364	55.725	15.143	9.744
53.250	14.103	8.996	54.500	14.628	9.372	55.750	15.153	9.752
53.275	14.114	9.002	54.525	14.639	9.380	55.775	15.164	9.760
53.300	14.124	9.010	54.550	14.649	9.386	55.800	15.174	9.768
53.325	14.135	9.018	54.575	14.660	9.394	55.825	15.185	9.774
53.350	14.145	9.026	54.600	14.670	9.402	55.850	15.195	9.782
53.375	14.156	9.032	54.625	14.681	9.410	55.875	15.206	9.790
53.400	14.166	9.040	54.650	14.691	9.418	55.900	15.216	9.798
53.425	14.177	9.048	54.675	14.702	9.424	55.925	15.227	9.806
53.450	14.187	9.056	54.700	14.712	9.432	55.950	15.237	9.814
53.475	14.198	9.062	54.725	14.723	9.440	55.975	15.248	9.820
53.500	14.208	9.070	54.750	14.733	9.448	56.000	15.258	9.828
53.525	14.219	9.078	54.775	14.744	9.454	56.025	15.269	9.836
53.550	14.229	9.086	54.800	14.754	9.462	56.050	15.279	9.844
53.575	14.240	9.092	54.825	14.765	9.470	56.075	15.290	9.852
53.600	14.250	9.100	54.850	14.775	9.478	56.100	15.300	9.860
53.625	14.261	9.108	54.875	14.786	9.486	56.125	15.311	9.866

Einkommensteuer- und Splittingtabellen für 2015

zu versteuerndes Einkommen €	Einkommensteuer Grundtabelle €	Splittingtabelle €	zu versteuerndes Einkommen €	Einkommensteuer Grundtabelle €	Splittingtabelle €	zu versteuerndes Einkommen €	Einkommensteuer Grundtabelle €	Splittingtabelle €
56.150	15.321	9.874	57.400	15.846	10.260	58.650	16.371	10.648
56.175	15.332	9.882	57.425	15.857	10.266	58.675	16.382	10.656
56.200	15.342	9.890	57.450	15.867	10.274	58.700	16.392	10.664
56.225	15.353	9.898	57.475	15.878	10.282	58.725	16.403	10.672
56.250	15.363	9.906	57.500	15.888	10.290	58.750	16.413	10.680
56.275	15.374	9.912	57.525	15.899	10.298	58.775	16.424	10.686
56.300	15.384	9.920	57.550	15.909	10.306	58.800	16.434	10.694
56.325	15.395	9.928	57.575	15.920	10.314	58.825	16.445	10.702
56.350	15.405	9.936	57.600	15.930	10.322	58.850	16.455	10.710
56.375	15.416	9.944	57.625	15.941	10.328	58.875	16.466	10.718
56.400	15.426	9.952	57.650	15.951	10.336	58.900	16.476	10.726
56.425	15.437	9.958	57.675	15.962	10.344	58.925	16.487	10.734
56.450	15.447	9.966	57.700	15.972	10.352	58.950	16.497	10.742
56.475	15.458	9.974	57.725	15.983	10.360	58.975	16.508	10.750
56.500	15.468	9.982	57.750	15.993	10.368	59.000	16.518	10.758
56.525	15.479	9.990	57.775	16.004	10.376	59.025	16.529	10.764
56.550	15.489	9.998	57.800	16.014	10.384	59.050	16.539	10.772
56.575	15.500	10.004	57.825	16.025	10.390	59.075	16.550	10.780
56.600	15.510	10.012	57.850	16.035	10.398	59.100	16.560	10.788
56.625	15.521	10.020	57.875	16.046	10.406	59.125	16.571	10.796
56.650	15.531	10.028	57.900	16.056	10.414	59.150	16.581	10.804
56.675	15.542	10.036	57.925	16.067	10.422	59.175	16.592	10.812
56.700	15.552	10.044	57.950	16.077	10.430	59.200	16.602	10.820
56.725	15.563	10.050	57.975	16.088	10.438	59.225	16.613	10.828
56.750	15.573	10.058	58.000	16.098	10.446	59.250	16.623	10.836
56.775	15.584	10.066	58.025	16.109	10.452	59.275	16.634	10.844
56.800	15.594	10.074	58.050	16.119	10.460	59.300	16.644	10.852
56.825	15.605	10.082	58.075	16.130	10.468	59.325	16.655	10.858
56.850	15.615	10.090	58.100	16.140	10.476	59.350	16.665	10.868
56.875	15.626	10.096	58.125	16.151	10.484	59.375	16.676	10.874
56.900	15.636	10.104	58.150	16.161	10.492	59.400	16.686	10.882
56.925	15.647	10.112	58.175	16.172	10.500	59.425	16.697	10.890
56.950	15.657	10.120	58.200	16.182	10.508	59.450	16.707	10.898
56.975	15.668	10.128	58.225	16.193	10.516	59.475	16.718	10.906
57.000	15.678	10.136	58.250	16.203	10.524	59.500	16.728	10.914
57.025	15.689	10.144	58.275	16.214	10.530	59.525	16.739	10.922
57.050	15.699	10.152	58.300	16.224	10.538	59.550	16.749	10.930
57.075	15.710	10.158	58.325	16.235	10.546	59.575	16.760	10.938
57.100	15.720	10.166	58.350	16.245	10.554	59.600	16.770	10.946
57.125	15.731	10.174	58.375	16.256	10.562	59.625	16.781	10.954
57.150	15.741	10.182	58.400	16.266	10.570	59.650	16.791	10.962
57.175	15.752	10.190	58.425	16.277	10.578	59.675	16.802	10.968
57.200	15.762	10.198	58.450	16.287	10.586	59.700	16.812	10.978
57.225	15.773	10.204	58.475	16.298	10.592	59.725	16.823	10.984
57.250	15.783	10.212	58.500	16.308	10.602	59.750	16.833	10.992
57.275	15.794	10.220	58.525	16.319	10.608	59.775	16.844	11.000
57.300	15.804	10.228	58.550	16.329	10.616	59.800	16.854	11.008
57.325	15.815	10.236	58.575	16.340	10.624	59.825	16.865	11.016
57.350	15.825	10.244	58.600	16.350	10.632	59.850	16.875	11.024
57.375	15.836	10.252	58.625	16.361	10.640	59.875	16.886	11.032

Einkommensteuer- und Splittingtabellen für 2015

zu versteuerndes Einkommen €	Einkommensteuer		zu versteuerndes Einkommen €	Einkommensteuer		zu versteuerndes Einkommen €	Einkommensteuer	
	Grundtabelle €	Splittingtabelle €		Grundtabelle €	Splittingtabelle €		Grundtabelle €	Splittingtabelle €
59.900	16.896	11.040	61.150	17.421	11.436	62.400	17.946	11.834
59.925	16.907	11.048	61.175	17.432	11.444	62.425	17.957	11.842
59.950	16.917	11.056	61.200	17.442	11.452	62.450	17.967	11.850
59.975	16.928	11.064	61.225	17.453	11.460	62.475	17.978	11.858
60.000	16.938	11.072	61.250	17.463	11.468	62.500	17.988	11.866
60.025	16.949	11.080	61.275	17.474	11.476	62.525	17.999	11.874
60.050	16.959	11.088	61.300	17.484	11.484	62.550	18.009	11.884
60.075	16.970	11.094	61.325	17.495	11.490	62.575	18.020	11.890
60.100	16.980	11.104	61.350	17.505	11.500	62.600	18.030	11.900
60.125	16.991	11.110	61.375	17.516	11.506	62.625	18.041	11.906
60.150	17.001	11.118	61.400	17.526	11.516	62.650	18.051	11.916
60.175	17.012	11.126	61.425	17.537	11.522	62.675	18.062	11.922
60.200	17.022	11.134	61.450	17.547	11.532	62.700	18.072	11.932
60.225	17.033	11.142	61.475	17.558	11.538	62.725	18.083	11.938
60.250	17.043	11.150	61.500	17.568	11.548	62.750	18.093	11.948
60.275	17.054	11.158	61.525	17.579	11.554	62.775	18.104	11.956
60.300	17.064	11.166	61.550	17.589	11.562	62.800	18.114	11.964
60.325	17.075	11.174	61.575	17.600	11.570	62.825	18.125	11.972
60.350	17.085	11.182	61.600	17.610	11.578	62.850	18.135	11.980
60.375	17.096	11.190	61.625	17.621	11.586	62.875	18.146	11.988
60.400	17.106	11.198	61.650	17.631	11.594	62.900	18.156	11.996
60.425	17.117	11.206	61.675	17.642	11.602	62.925	18.167	12.004
60.450	17.127	11.214	61.700	17.652	11.610	62.950	18.177	12.012
60.475	17.138	11.222	61.725	17.663	11.618	62.975	18.188	12.020
60.500	17.148	11.230	61.750	17.673	11.626	63.000	18.198	12.028
60.525	17.159	11.238	61.775	17.684	11.634	63.025	18.209	12.036
60.550	17.169	11.246	61.800	17.694	11.642	63.050	18.219	12.044
60.575	17.180	11.252	61.825	17.705	11.650	63.075	18.230	12.052
60.600	17.190	11.262	61.850	17.715	11.658	63.100	18.240	12.060
60.625	17.201	11.268	61.875	17.726	11.666	63.125	18.251	12.068
60.650	17.211	11.276	61.900	17.736	11.674	63.150	18.261	12.076
60.675	17.222	11.284	61.925	17.747	11.682	63.175	18.272	12.084
60.700	17.232	11.292	61.950	17.757	11.690	63.200	18.282	12.092
60.725	17.243	11.300	61.975	17.768	11.698	63.225	18.293	12.100
60.750	17.253	11.308	62.000	17.778	11.706	63.250	18.303	12.108
60.775	17.264	11.316	62.025	17.789	11.714	63.275	18.314	12.116
60.800	17.274	11.324	62.050	17.799	11.722	63.300	18.324	12.124
60.825	17.285	11.332	62.075	17.810	11.730	63.325	18.335	12.132
60.850	17.295	11.340	62.100	17.820	11.738	63.350	18.345	12.140
60.875	17.306	11.348	62.125	17.831	11.746	63.375	18.356	12.148
60.900	17.316	11.356	62.150	17.841	11.754	63.400	18.366	12.156
60.925	17.327	11.364	62.175	17.852	11.762	63.425	18.377	12.164
60.950	17.337	11.372	62.200	17.862	11.770	63.450	18.387	12.172
60.975	17.348	11.380	62.225	17.873	11.778	63.475	18.398	12.180
61.000	17.358	11.388	62.250	17.883	11.786	63.500	18.408	12.190
61.025	17.369	11.396	62.275	17.894	11.794	63.525	18.419	12.196
61.050	17.379	11.404	62.300	17.904	11.802	63.550	18.429	12.206
61.075	17.390	11.412	62.325	17.915	11.810	63.575	18.440	12.214
61.100	17.400	11.420	62.350	17.925	11.818	63.600	18.450	12.222
61.125	17.411	11.428	62.375	17.936	11.826	63.625	18.461	12.230

Einkommensteuer- und Splittingtabellen für 2015

zu versteuerndes Einkommen €	Einkommensteuer Grundtabelle €	Splittingtabelle €	zu versteuerndes Einkommen €	Einkommensteuer Grundtabelle €	Splittingtabelle €	zu versteuerndes Einkommen €	Einkommensteuer Grundtabelle €	Splittingtabelle €
63.650	18.471	12.238	64.900	18.996	12.644	66.150	19.521	13.054
63.675	18.482	12.246	64.925	19.007	12.652	66.175	19.532	13.062
63.700	18.492	12.254	64.950	19.017	12.660	66.200	19.542	13.070
63.725	18.503	12.262	64.975	19.028	12.668	66.225	19.553	13.078
63.750	18.513	12.270	65.000	19.038	12.676	66.250	19.563	13.086
63.775	18.524	12.278	65.025	19.049	12.684	66.275	19.574	13.094
63.800	18.534	12.286	65.050	19.059	12.694	66.300	19.584	13.104
63.825	18.545	12.294	65.075	19.070	12.700	66.325	19.595	13.112
63.850	18.555	12.302	65.100	19.080	12.710	66.350	19.605	13.120
63.875	18.566	12.310	65.125	19.091	12.718	66.375	19.616	13.128
63.900	18.576	12.318	65.150	19.101	12.726	66.400	19.626	13.136
63.925	18.587	12.326	65.175	19.112	12.734	66.425	19.637	13.144
63.950	18.597	12.334	65.200	19.122	12.742	66.450	19.647	13.152
63.975	18.608	12.342	65.225	19.133	12.750	66.475	19.658	13.160
64.000	18.618	12.352	65.250	19.143	12.758	66.500	19.668	13.170
64.025	18.629	12.358	65.275	19.154	12.766	66.525	19.679	13.178
64.050	18.639	12.368	65.300	19.164	12.774	66.550	19.689	13.186
64.075	18.650	12.376	65.325	19.175	12.782	66.575	19.700	13.194
64.100	18.660	12.384	65.350	19.185	12.792	66.600	19.710	13.202
64.125	18.671	12.392	65.375	19.196	12.800	66.625	19.721	13.210
64.150	18.681	12.400	65.400	19.206	12.808	66.650	19.731	13.218
64.175	18.692	12.408	65.425	19.217	12.816	66.675	19.742	13.226
64.200	18.702	12.416	65.450	19.227	12.824	66.700	19.752	13.236
64.225	18.713	12.424	65.475	19.238	12.832	66.725	19.763	13.244
64.250	18.723	12.432	65.500	19.248	12.840	66.750	19.773	13.252
64.275	18.734	12.440	65.525	19.259	12.848	66.775	19.784	13.260
64.300	18.744	12.448	65.550	19.269	12.856	66.800	19.794	13.268
64.325	18.755	12.456	65.575	19.280	12.864	66.825	19.805	13.276
64.350	18.765	12.464	65.600	19.290	12.874	66.850	19.815	13.286
64.375	18.776	12.472	65.625	19.301	12.882	66.875	19.826	13.294
64.400	18.786	12.482	65.650	19.311	12.890	66.900	19.836	13.302
64.425	18.797	12.488	65.675	19.322	12.898	66.925	19.847	13.310
64.450	18.807	12.498	65.700	19.332	12.906	66.950	19.857	13.318
64.475	18.818	12.506	65.725	19.343	12.914	66.975	19.868	13.326
64.500	18.828	12.514	65.750	19.353	12.922	67.000	19.878	13.334
64.525	18.839	12.522	65.775	19.364	12.930	67.025	19.889	13.342
64.550	18.849	12.530	65.800	19.374	12.938	67.050	19.899	13.352
64.575	18.860	12.538	65.825	19.385	12.946	67.075	19.910	13.360
64.600	18.870	12.546	65.850	19.395	12.956	67.100	19.920	13.368
64.625	18.881	12.554	65.875	19.406	12.964	67.125	19.931	13.376
64.650	18.891	12.562	65.900	19.416	12.972	67.150	19.941	13.384
64.675	18.902	12.570	65.925	19.427	12.980	67.175	19.952	13.392
64.700	18.912	12.578	65.950	19.437	12.988	67.200	19.962	13.402
64.725	18.923	12.586	65.975	19.448	12.996	67.225	19.973	13.410
64.750	18.933	12.596	66.000	19.458	13.004	67.250	19.983	13.418
64.775	18.944	12.602	66.025	19.469	13.012	67.275	19.994	13.426
64.800	18.954	12.612	66.050	19.479	13.022	67.300	20.004	13.434
64.825	18.965	12.620	66.075	19.490	13.028	67.325	20.015	13.442
64.850	18.975	12.628	66.100	19.500	13.038	67.350	20.025	13.450
64.875	18.986	12.636	66.125	19.511	13.046	67.375	20.036	13.458

Einkommensteuer- und Splittingtabellen für 2015

zu versteuerndes Einkommen €	Einkommensteuer Grundtabelle €	Splittingtabelle €	zu versteuerndes Einkommen €	Einkommensteuer Grundtabelle €	Splittingtabelle €	zu versteuerndes Einkommen €	Einkommensteuer Grundtabelle €	Splittingtabelle €
67.400	20.046	13.468	68.650	20.571	13.884	69.900	21.096	14.306
67.425	20.057	13.476	68.675	20.582	13.892	69.925	21.107	14.314
67.450	20.067	13.484	68.700	20.592	13.902	69.950	21.117	14.322
67.475	20.078	13.492	68.725	20.603	13.910	69.975	21.128	14.330
67.500	20.088	13.500	68.750	20.613	13.918	70.000	21.138	14.340
67.525	20.099	13.508	68.775	20.624	13.926	70.025	21.149	14.348
67.550	20.109	13.518	68.800	20.634	13.934	70.050	21.159	14.356
67.575	20.120	13.526	68.825	20.645	13.942	70.075	21.170	14.364
67.600	20.130	13.534	68.850	20.655	13.952	70.100	21.180	14.372
67.625	20.141	13.542	68.875	20.666	13.960	70.125	21.191	14.382
67.650	20.151	13.550	68.900	20.676	13.968	70.150	21.201	14.390
67.675	20.162	13.558	68.925	20.687	13.976	70.175	21.212	14.398
67.700	20.172	13.568	68.950	20.697	13.986	70.200	21.222	14.406
67.725	20.183	13.576	68.975	20.708	13.994	70.225	21.233	14.414
67.750	20.193	13.584	69.000	20.718	14.002	70.250	21.243	14.424
67.775	20.204	13.592	69.025	20.729	14.010	70.275	21.254	14.432
67.800	20.214	13.600	69.050	20.739	14.018	70.300	21.264	14.440
67.825	20.225	13.608	69.075	20.750	14.026	70.325	21.275	14.448
67.850	20.235	13.618	69.100	20.760	14.036	70.350	21.285	14.458
67.875	20.246	13.626	69.125	20.771	14.044	70.375	21.296	14.466
67.900	20.256	13.634	69.150	20.781	14.052	70.400	21.306	14.474
67.925	20.267	13.642	69.175	20.792	14.060	70.425	21.317	14.482
67.950	20.277	13.650	69.200	20.802	14.070	70.450	21.327	14.492
67.975	20.288	13.658	69.225	20.813	14.078	70.475	21.338	14.500
68.000	20.298	13.668	69.250	20.823	14.086	70.500	21.348	14.508
68.025	20.309	13.676	69.275	20.834	14.094	70.525	21.359	14.516
68.050	20.319	13.684	69.300	20.844	14.102	70.550	21.369	14.526
68.075	20.330	13.692	69.325	20.855	14.112	70.575	21.380	14.534
68.100	20.340	13.700	69.350	20.865	14.120	70.600	21.390	14.542
68.125	20.351	13.708	69.375	20.876	14.128	70.625	21.401	14.550
68.150	20.361	13.718	69.400	20.886	14.136	70.650	21.411	14.560
68.175	20.372	13.726	69.425	20.897	14.144	70.675	21.422	14.568
68.200	20.382	13.734	69.450	20.907	14.154	70.700	21.432	14.576
68.225	20.393	13.742	69.475	20.918	14.162	70.725	21.443	14.584
68.250	20.403	13.750	69.500	20.928	14.170	70.750	21.453	14.594
68.275	20.414	13.758	69.525	20.939	14.178	70.775	21.464	14.602
68.300	20.424	13.768	69.550	20.949	14.188	70.800	21.474	14.610
68.325	20.435	13.776	69.575	20.960	14.196	70.825	21.485	14.618
68.350	20.445	13.784	69.600	20.970	14.204	70.850	21.495	14.628
68.375	20.456	13.792	69.625	20.981	14.212	70.875	21.506	14.636
68.400	20.466	13.800	69.650	20.991	14.220	70.900	21.516	14.644
68.425	20.477	13.808	69.675	21.002	14.228	70.925	21.527	14.652
68.450	20.487	13.818	69.700	21.012	14.238	70.950	21.537	14.662
68.475	20.498	13.826	69.725	21.023	14.246	70.975	21.548	14.670
68.500	20.508	13.834	69.750	21.033	14.254	71.000	21.558	14.678
68.525	20.519	13.842	69.775	21.044	14.262	71.025	21.569	14.686
68.550	20.529	13.852	69.800	21.054	14.272	71.050	21.579	14.696
68.575	20.540	13.860	69.825	21.065	14.280	71.075	21.590	14.704
68.600	20.550	13.868	69.850	21.075	14.288	71.100	21.600	14.712
68.625	20.561	13.876	69.875	21.086	14.296	71.125	21.611	14.720

Einkommensteuer- und Splittingtabellen für 2015

zu versteuerndes Einkommen €	Einkommensteuer Grundtabelle €	Splittingtabelle €	zu versteuerndes Einkommen €	Einkommensteuer Grundtabelle €	Splittingtabelle €	zu versteuerndes Einkommen €	Einkommensteuer Grundtabelle €	Splittingtabelle €
71.150	21.621	14.730	72.400	22.146	15.158	73.650	22.671	15.588
71.175	21.632	14.738	72.425	22.157	15.166	73.675	22.682	15.598
71.200	21.642	14.746	72.450	22.167	15.174	73.700	22.692	15.606
71.225	21.653	14.754	72.475	22.178	15.182	73.725	22.703	15.614
71.250	21.663	14.764	72.500	22.188	15.192	73.750	22.713	15.624
71.275	21.674	14.772	72.525	22.199	15.200	73.775	22.724	15.632
71.300	21.684	14.780	72.550	22.209	15.208	73.800	22.734	15.640
71.325	21.695	14.788	72.575	22.220	15.218	73.825	22.745	15.650
71.350	21.705	14.798	72.600	22.230	15.226	73.850	22.755	15.658
71.375	21.716	14.806	72.625	22.241	15.234	73.875	22.766	15.666
71.400	21.726	14.814	72.650	22.251	15.244	73.900	22.776	15.676
71.425	21.737	14.824	72.675	22.262	15.252	73.925	22.787	15.684
71.450	21.747	14.832	72.700	22.272	15.260	73.950	22.797	15.692
71.475	21.758	14.840	72.725	22.283	15.268	73.975	22.808	15.702
71.500	21.768	14.848	72.750	22.293	15.278	74.000	22.818	15.710
71.525	21.779	14.858	72.775	22.304	15.286	74.025	22.829	15.718
71.550	21.789	14.866	72.800	22.314	15.296	74.050	22.839	15.728
71.575	21.800	14.874	72.825	22.325	15.304	74.075	22.850	15.736
71.600	21.810	14.884	72.850	22.335	15.312	74.100	22.860	15.744
71.625	21.821	14.892	72.875	22.346	15.320	74.125	22.871	15.754
71.650	21.831	14.900	72.900	22.356	15.330	74.150	22.881	15.762
71.675	21.842	14.908	72.925	22.367	15.338	74.175	22.892	15.770
71.700	21.852	14.918	72.950	22.377	15.346	74.200	22.902	15.780
71.725	21.863	14.926	72.975	22.388	15.356	74.225	22.913	15.788
71.750	21.873	14.934	73.000	22.398	15.364	74.250	22.923	15.798
71.775	21.884	14.942	73.025	22.409	15.372	74.275	22.934	15.806
71.800	21.894	14.952	73.050	22.419	15.382	74.300	22.944	15.814
71.825	21.905	14.960	73.075	22.430	15.390	74.325	22.955	15.822
71.850	21.915	14.968	73.100	22.440	15.398	74.350	22.965	15.832
71.875	21.926	14.976	73.125	22.451	15.406	74.375	22.976	15.840
71.900	21.936	14.986	73.150	22.461	15.416	74.400	22.986	15.850
71.925	21.947	14.994	73.175	22.472	15.424	74.425	22.997	15.858
71.950	21.957	15.002	73.200	22.482	15.434	74.450	23.007	15.866
71.975	21.968	15.012	73.225	22.493	15.442	74.475	23.018	15.876
72.000	21.978	15.020	73.250	22.503	15.450	74.500	23.028	15.884
72.025	21.989	15.028	73.275	22.514	15.458	74.525	23.039	15.892
72.050	21.999	15.038	73.300	22.524	15.468	74.550	23.049	15.902
72.075	22.010	15.046	73.325	22.535	15.476	74.575	23.060	15.910
72.100	22.020	15.054	73.350	22.545	15.484	74.600	23.070	15.920
72.125	22.031	15.062	73.375	22.556	15.494	74.625	23.081	15.928
72.150	22.041	15.072	73.400	22.566	15.502	74.650	23.091	15.936
72.175	22.052	15.080	73.425	22.577	15.510	74.675	23.102	15.944
72.200	22.062	15.088	73.450	22.587	15.520	74.700	23.112	15.954
72.225	22.073	15.096	73.475	22.598	15.528	74.725	23.123	15.962
72.250	22.083	15.106	73.500	22.608	15.536	74.750	23.133	15.972
72.275	22.094	15.114	73.525	22.619	15.546	74.775	23.144	15.980
72.300	22.104	15.124	73.550	22.629	15.554	74.800	23.154	15.988
72.325	22.115	15.132	73.575	22.640	15.562	74.825	23.165	15.998
72.350	22.125	15.140	73.600	22.650	15.572	74.850	23.175	16.006
72.375	22.136	15.148	73.625	22.661	15.580	74.875	23.186	16.014

zu ver- steuerndes Einkommen €	Einkommensteuer Grund- tabelle €	Einkommensteuer Splitting- tabelle €	zu ver- steuerndes Einkommen €	Einkommensteuer Grund- tabelle €	Einkommensteuer Splitting- tabelle €	zu ver- steuerndes Einkommen €	Einkommensteuer Grund- tabelle €	Einkommensteuer Splitting- tabelle €
74.900	23.196	16.024	76.150	23.721	16.462	77.400	24.246	16.904
74.925	23.207	16.032	76.175	23.732	16.470	77.425	24.257	16.912
74.950	23.217	16.042	76.200	23.742	16.480	77.450	24.267	16.922
74.975	23.228	16.050	76.225	23.753	16.488	77.475	24.278	16.930
75.000	23.238	16.058	76.250	23.763	16.498	77.500	24.288	16.940
75.025	23.249	16.068	76.275	23.774	16.506	77.525	24.299	16.948
75.050	23.259	16.076	76.300	23.784	16.516	77.550	24.309	16.958
75.075	23.270	16.084	76.325	23.795	16.524	77.575	24.320	16.966
75.100	23.280	16.094	76.350	23.805	16.532	77.600	24.330	16.976
75.125	23.291	16.102	76.375	23.816	16.542	77.625	24.341	16.984
75.150	23.301	16.112	76.400	23.826	16.550	77.650	24.351	16.994
75.175	23.312	16.120	76.425	23.837	16.558	77.675	24.362	17.002
75.200	23.322	16.128	76.450	23.847	16.568	77.700	24.372	17.012
75.225	23.333	16.138	76.475	23.858	16.576	77.725	24.383	17.020
75.250	23.343	16.146	76.500	23.868	16.586	77.750	24.393	17.028
75.275	23.354	16.154	76.525	23.879	16.594	77.775	24.404	17.038
75.300	23.364	16.164	76.550	23.889	16.604	77.800	24.414	17.046
75.325	23.375	16.172	76.575	23.900	16.612	77.825	24.425	17.056
75.350	23.385	16.182	76.600	23.910	16.622	77.850	24.435	17.064
75.375	23.396	16.190	76.625	23.921	16.630	77.875	24.446	17.074
75.400	23.406	16.198	76.650	23.931	16.638	77.900	24.456	17.082
75.425	23.417	16.208	76.675	23.942	16.648	77.925	24.467	17.090
75.450	23.427	16.216	76.700	23.952	16.656	77.950	24.477	17.100
75.475	23.438	16.224	76.725	23.963	16.664	77.975	24.488	17.108
75.500	23.448	16.234	76.750	23.973	16.674	78.000	24.498	17.118
75.525	23.459	16.242	76.775	23.984	16.682	78.025	24.509	17.126
75.550	23.469	16.252	76.800	23.994	16.692	78.050	24.519	17.136
75.575	23.480	16.260	76.825	24.005	16.700	78.075	24.530	17.144
75.600	23.490	16.268	76.850	24.015	16.710	78.100	24.540	17.154
75.625	23.501	16.278	76.875	24.026	16.718	78.125	24.551	17.162
75.650	23.511	16.286	76.900	24.036	16.728	78.150	24.561	17.172
75.675	23.522	16.294	76.925	24.047	16.736	78.175	24.572	17.180
75.700	23.532	16.304	76.950	24.057	16.744	78.200	24.582	17.190
75.725	23.543	16.312	76.975	24.068	16.754	78.225	24.593	17.198
75.750	23.553	16.322	77.000	24.078	16.762	78.250	24.603	17.208
75.775	23.564	16.330	77.025	24.089	16.772	78.275	24.614	17.216
75.800	23.574	16.340	77.050	24.099	16.780	78.300	24.624	17.224
75.825	23.585	16.348	77.075	24.110	16.788	78.325	24.635	17.234
75.850	23.595	16.356	77.100	24.120	16.798	78.350	24.645	17.242
75.875	23.606	16.366	77.125	24.131	16.806	78.375	24.656	17.252
75.900	23.616	16.374	77.150	24.141	16.816	78.400	24.666	17.260
75.925	23.627	16.382	77.175	24.152	16.824	78.425	24.677	17.270
75.950	23.637	16.392	77.200	24.162	16.834	78.450	24.687	17.278
75.975	23.648	16.400	77.225	24.173	16.842	78.475	24.698	17.288
76.000	23.658	16.410	77.250	24.183	16.852	78.500	24.708	17.296
76.025	23.669	16.418	77.275	24.194	16.860	78.525	24.719	17.306
76.050	23.679	16.428	77.300	24.204	16.868	78.550	24.729	17.314
76.075	23.690	16.436	77.325	24.215	16.878	78.575	24.740	17.322
76.100	23.700	16.444	77.350	24.225	16.886	78.600	24.750	17.332
76.125	23.711	16.454	77.375	24.236	16.896	78.625	24.761	17.340

Einkommensteuer- und Splittingtabellen für 2015

zu versteuerndes Einkommen €	Einkommensteuer Grundtabelle €	Einkommensteuer Splittingtabelle €	zu versteuerndes Einkommen €	Einkommensteuer Grundtabelle €	Einkommensteuer Splittingtabelle €	zu versteuerndes Einkommen €	Einkommensteuer Grundtabelle €	Einkommensteuer Splittingtabelle €
78.650	24.771	17.350	79.900	25.296	17.800	81.150	25.821	18.252
78.675	24.782	17.358	79.925	25.307	17.808	81.175	25.832	18.260
78.700	24.792	17.368	79.950	25.317	17.818	81.200	25.842	18.270
78.725	24.803	17.376	79.975	25.328	17.826	81.225	25.853	18.280
78.750	24.813	17.386	80.000	25.338	17.836	81.250	25.863	18.288
78.775	24.824	17.394	80.025	25.349	17.844	81.275	25.874	18.298
78.800	24.834	17.404	80.050	25.359	17.854	81.300	25.884	18.306
78.825	24.845	17.412	80.075	25.370	17.862	81.325	25.895	18.316
78.850	24.855	17.422	80.100	25.380	17.872	81.350	25.905	18.326
78.875	24.866	17.430	80.125	25.391	17.880	81.375	25.916	18.334
78.900	24.876	17.440	80.150	25.401	17.890	81.400	25.926	18.344
78.925	24.887	17.448	80.175	25.412	17.898	81.425	25.937	18.352
78.950	24.897	17.458	80.200	25.422	17.908	81.450	25.947	18.362
78.975	24.908	17.466	80.225	25.433	17.916	81.475	25.958	18.370
79.000	24.918	17.476	80.250	25.443	17.926	81.500	25.968	18.380
79.025	24.929	17.484	80.275	25.454	17.934	81.525	25.979	18.388
79.050	24.939	17.494	80.300	25.464	17.944	81.550	25.989	18.398
79.075	24.950	17.502	80.325	25.475	17.952	81.575	26.000	18.406
79.100	24.960	17.512	80.350	25.485	17.962	81.600	26.010	18.416
79.125	24.971	17.520	80.375	25.496	17.970	81.625	26.021	18.424
79.150	24.981	17.530	80.400	25.506	17.980	81.650	26.031	18.434
79.175	24.992	17.538	80.425	25.517	17.988	81.675	26.042	18.444
79.200	25.002	17.548	80.450	25.527	17.998	81.700	26.052	18.452
79.225	25.013	17.556	80.475	25.538	18.006	81.725	26.063	18.462
79.250	25.023	17.566	80.500	25.548	18.016	81.750	26.073	18.470
79.275	25.034	17.574	80.525	25.559	18.026	81.775	26.084	18.480
79.300	25.044	17.584	80.550	25.569	18.034	81.800	26.094	18.490
79.325	25.055	17.592	80.575	25.580	18.044	81.825	26.105	18.498
79.350	25.065	17.602	80.600	25.590	18.052	81.850	26.115	18.508
79.375	25.076	17.610	80.625	25.601	18.062	81.875	26.126	18.516
79.400	25.086	17.620	80.650	25.611	18.070	81.900	26.136	18.526
79.425	25.097	17.628	80.675	25.622	18.080	81.925	26.147	18.534
79.450	25.107	17.638	80.700	25.632	18.088	81.950	26.157	18.544
79.475	25.118	17.646	80.725	25.643	18.098	81.975	26.168	18.552
79.500	25.128	17.656	80.750	25.653	18.106	82.000	26.178	18.562
79.525	25.139	17.664	80.775	25.664	18.116	82.025	26.189	18.570
79.550	25.149	17.674	80.800	25.674	18.126	82.050	26.199	18.580
79.575	25.160	17.682	80.825	25.685	18.134	82.075	26.210	18.590
79.600	25.170	17.692	80.850	25.695	18.144	82.100	26.220	18.598
79.625	25.181	17.700	80.875	25.706	18.152	82.125	26.231	18.608
79.650	25.191	17.710	80.900	25.716	18.162	82.150	26.241	18.618
79.675	25.202	17.718	80.925	25.727	18.170	82.175	26.252	18.626
79.700	25.212	17.728	80.950	25.737	18.180	82.200	26.262	18.636
79.725	25.223	17.736	80.975	25.748	18.188	82.225	26.273	18.644
79.750	25.233	17.746	81.000	25.758	18.198	82.250	26.283	18.654
79.775	25.244	17.754	81.025	25.769	18.206	82.275	26.294	18.662
79.800	25.254	17.764	81.050	25.779	18.216	82.300	26.304	18.672
79.825	25.265	17.772	81.075	25.790	18.224	82.325	26.315	18.680
79.850	25.275	17.782	81.100	25.800	18.234	82.350	26.325	18.690
79.875	25.286	17.790	81.125	25.811	18.242	82.375	26.336	18.700

Einkommensteuer- und Splittingtabellen für 2015

zu versteuerndes Einkommen €	Einkommensteuer Grundtabelle €	Splittingtabelle €	zu versteuerndes Einkommen €	Einkommensteuer Grundtabelle €	Splittingtabelle €	zu versteuerndes Einkommen €	Einkommensteuer Grundtabelle €	Splittingtabelle €
82.400	26.346	18.708	83.650	26.871	19.168	84.900	27.396	19.632
82.425	26.357	18.718	83.675	26.882	19.178	84.925	27.407	19.642
82.450	26.367	18.726	83.700	26.892	19.188	84.950	27.417	19.650
82.475	26.378	18.736	83.725	26.903	19.196	84.975	27.428	19.660
82.500	26.388	18.746	83.750	26.913	19.206	85.000	27.438	19.670
82.525	26.399	18.754	83.775	26.924	19.214	85.025	27.449	19.678
82.550	26.409	18.764	83.800	26.934	19.224	85.050	27.459	19.688
82.575	26.420	18.772	83.825	26.945	19.232	85.075	27.470	19.698
82.600	26.430	18.782	83.850	26.955	19.242	85.100	27.480	19.706
82.625	26.441	18.790	83.875	26.966	19.252	85.125	27.491	19.716
82.650	26.451	18.800	83.900	26.976	19.262	85.150	27.501	19.726
82.675	26.462	18.810	83.925	26.987	19.270	85.175	27.512	19.734
82.700	26.472	18.818	83.950	26.997	19.280	85.200	27.522	19.744
82.725	26.483	18.828	83.975	27.008	19.288	85.225	27.533	19.752
82.750	26.493	18.838	84.000	27.018	19.298	85.250	27.543	19.762
82.775	26.504	18.846	84.025	27.029	19.306	85.275	27.554	19.772
82.800	26.514	18.856	84.050	27.039	19.316	85.300	27.564	19.782
82.825	26.525	18.864	84.075	27.050	19.326	85.325	27.575	19.790
82.850	26.535	18.874	84.100	27.060	19.336	85.350	27.585	19.800
82.875	26.546	18.882	84.125	27.071	19.344	85.375	27.596	19.808
82.900	26.556	18.892	84.150	27.081	19.354	85.400	27.606	19.818
82.925	26.567	18.902	84.175	27.092	19.362	85.425	27.617	19.828
82.950	26.577	18.910	84.200	27.102	19.372	85.450	27.627	19.838
82.975	26.588	18.920	84.225	27.113	19.382	85.475	27.638	19.846
83.000	26.598	18.930	84.250	27.123	19.390	85.500	27.648	19.856
83.025	26.609	18.938	84.275	27.134	19.400	85.525	27.659	19.864
83.050	26.619	18.948	84.300	27.144	19.410	85.550	27.669	19.874
83.075	26.630	18.956	84.325	27.155	19.418	85.575	27.680	19.884
83.100	26.640	18.966	84.350	27.165	19.428	85.600	27.690	19.894
83.125	26.651	18.974	84.375	27.176	19.436	85.625	27.701	19.902
83.150	26.661	18.984	84.400	27.186	19.446	85.650	27.711	19.912
83.175	26.672	18.994	84.425	27.197	19.456	85.675	27.722	19.922
83.200	26.682	19.002	84.450	27.207	19.464	85.700	27.732	19.930
83.225	26.693	19.012	84.475	27.218	19.474	85.725	27.743	19.940
83.250	26.703	19.022	84.500	27.228	19.484	85.750	27.753	19.950
83.275	26.714	19.030	84.525	27.239	19.492	85.775	27.764	19.958
83.300	26.724	19.040	84.550	27.249	19.502	85.800	27.774	19.968
83.325	26.735	19.048	84.575	27.260	19.510	85.825	27.785	19.978
83.350	26.745	19.058	84.600	27.270	19.520	85.850	27.795	19.986
83.375	26.756	19.066	84.625	27.281	19.530	85.875	27.806	19.996
83.400	26.766	19.076	84.650	27.291	19.540	85.900	27.816	20.006
83.425	26.777	19.086	84.675	27.302	19.548	85.925	27.827	20.014
83.450	26.787	19.094	84.700	27.312	19.558	85.950	27.837	20.024
83.475	26.798	19.104	84.725	27.323	19.566	85.975	27.848	20.034
83.500	26.808	19.114	84.750	27.333	19.576	86.000	27.858	20.044
83.525	26.819	19.122	84.775	27.344	19.586	86.025	27.869	20.052
83.550	26.829	19.132	84.800	27.354	19.596	86.050	27.879	20.062
83.575	26.840	19.140	84.825	27.365	19.604	86.075	27.890	20.070
83.600	26.850	19.150	84.850	27.375	19.614	86.100	27.900	20.080
83.625	26.861	19.160	84.875	27.386	19.622	86.125	27.911	20.090

Einkommensteuer- und Splittingtabellen für 2015

zu versteuerndes Einkommen €	Einkommensteuer Grundtabelle €	Splittingtabelle €	zu versteuerndes Einkommen €	Einkommensteuer Grundtabelle €	Splittingtabelle €	zu versteuerndes Einkommen €	Einkommensteuer Grundtabelle €	Splittingtabelle €
86.150	27.921	20.100	87.400	28.446	20.570	88.650	28.971	21.044
86.175	27.932	20.108	87.425	28.457	20.580	88.675	28.982	21.054
86.200	27.942	20.118	87.450	28.467	20.588	88.700	28.992	21.064
86.225	27.953	20.128	87.475	28.478	20.598	88.725	29.003	21.072
86.250	27.963	20.136	87.500	28.488	20.608	88.750	29.013	21.082
86.275	27.974	20.146	87.525	28.499	20.616	88.775	29.024	21.092
86.300	27.984	20.156	87.550	28.509	20.626	88.800	29.034	21.102
86.325	27.995	20.164	87.575	28.520	20.636	88.825	29.045	21.110
86.350	28.005	20.174	87.600	28.530	20.646	88.850	29.055	21.120
86.375	28.016	20.184	87.625	28.541	20.654	88.875	29.066	21.130
86.400	28.026	20.194	87.650	28.551	20.664	88.900	29.076	21.140
86.425	28.037	20.202	87.675	28.562	20.674	88.925	29.087	21.148
86.450	28.047	20.212	87.700	28.572	20.684	88.950	29.097	21.158
86.475	28.058	20.222	87.725	28.583	20.692	88.975	29.108	21.168
86.500	28.068	20.230	87.750	28.593	20.702	89.000	29.118	21.178
86.525	28.079	20.240	87.775	28.604	20.712	89.025	29.129	21.186
86.550	28.089	20.250	87.800	28.614	20.722	89.050	29.139	21.196
86.575	28.100	20.258	87.825	28.625	20.730	89.075	29.150	21.206
86.600	28.110	20.268	87.850	28.635	20.740	89.100	29.160	21.216
86.625	28.121	20.278	87.875	28.646	20.750	89.125	29.171	21.226
86.650	28.131	20.288	87.900	28.656	20.760	89.150	29.181	21.236
86.675	28.142	20.296	87.925	28.667	20.768	89.175	29.192	21.244
86.700	28.152	20.306	87.950	28.677	20.778	89.200	29.202	21.254
86.725	28.163	20.316	87.975	28.688	20.788	89.225	29.213	21.264
86.750	28.173	20.324	88.000	28.698	20.798	89.250	29.223	21.274
86.775	28.184	20.334	88.025	28.709	20.806	89.275	29.234	21.282
86.800	28.194	20.344	88.050	28.719	20.816	89.300	29.244	21.292
86.825	28.205	20.352	88.075	28.730	20.826	89.325	29.255	21.302
86.850	28.215	20.362	88.100	28.740	20.836	89.350	29.265	21.312
86.875	28.226	20.372	88.125	28.751	20.844	89.375	29.276	21.320
86.900	28.236	20.382	88.150	28.761	20.854	89.400	29.286	21.330
86.925	28.247	20.390	88.175	28.772	20.864	89.425	29.297	21.340
86.950	28.257	20.400	88.200	28.782	20.874	89.450	29.307	21.350
86.975	28.268	20.410	88.225	28.793	20.882	89.475	29.318	21.358
87.000	28.278	20.420	88.250	28.803	20.892	89.500	29.328	21.368
87.025	28.289	20.428	88.275	28.814	20.902	89.525	29.339	21.378
87.050	28.299	20.438	88.300	28.824	20.912	89.550	29.349	21.388
87.075	28.310	20.446	88.325	28.835	20.920	89.575	29.360	21.398
87.100	28.320	20.456	88.350	28.845	20.930	89.600	29.370	21.408
87.125	28.331	20.466	88.375	28.856	20.940	89.625	29.381	21.416
87.150	28.341	20.476	88.400	28.866	20.950	89.650	29.391	21.426
87.175	28.352	20.484	88.425	28.877	20.958	89.675	29.402	21.436
87.200	28.362	20.494	88.450	28.887	20.968	89.700	29.412	21.446
87.225	28.373	20.504	88.475	28.898	20.978	89.725	29.423	21.454
87.250	28.383	20.514	88.500	28.908	20.988	89.750	29.433	21.464
87.275	28.394	20.522	88.525	28.919	20.996	89.775	29.444	21.474
87.300	28.404	20.532	88.550	28.929	21.006	89.800	29.454	21.484
87.325	28.415	20.542	88.575	28.940	21.016	89.825	29.465	21.494
87.350	28.425	20.552	88.600	28.950	21.026	89.850	29.475	21.504
87.375	28.436	20.560	88.625	28.961	21.034	89.875	29.486	21.512

zu versteuerndes Einkommen €	Einkommensteuer Grundtabelle €	Splittingtabelle €	zu versteuerndes Einkommen €	Einkommensteuer Grundtabelle €	Splittingtabelle €	zu versteuerndes Einkommen €	Einkommensteuer Grundtabelle €	Splittingtabelle €
89.900	29.496	21.522	91.150	30.021	22.004	92.400	30.546	22.488
89.925	29.507	21.532	91.175	30.032	22.012	92.425	30.557	22.498
89.950	29.517	21.542	91.200	30.042	22.022	92.450	30.567	22.508
89.975	29.528	21.550	91.225	30.053	22.032	92.475	30.578	22.518
90.000	29.538	21.560	91.250	30.063	22.042	92.500	30.588	22.528
90.025	29.549	21.570	91.275	30.074	22.052	92.525	30.599	22.536
90.050	29.559	21.580	91.300	30.084	22.062	92.550	30.609	22.548
90.075	29.570	21.590	91.325	30.095	22.070	92.575	30.620	22.556
90.100	29.580	21.600	91.350	30.105	22.082	92.600	30.630	22.566
90.125	29.591	21.608	91.375	30.116	22.090	92.625	30.641	25.722
90.150	29.601	21.618	91.400	30.126	22.100	92.650	30.651	22.586
90.175	29.612	21.628	91.425	30.137	22.110	92.675	30.662	22.596
90.200	29.622	21.638	91.450	30.147	22.120	92.700	30.672	22.606
90.225	29.633	21.646	91.475	30.158	22.130	92.725	30.683	22.614
90.250	29.643	21.656	91.500	30.168	22.140	92.750	30.693	22.626
90.275	29.654	21.666	91.525	30.179	22.148	92.775	30.704	22.634
90.300	29.664	21.676	91.550	30.189	22.158	92.800	30.714	22.644
90.325	29.675	21.686	91.575	30.200	22.168	92.825	30.725	22.654
90.350	29.685	21.696	91.600	30.210	22.178	92.850	30.735	22.664
90.375	29.696	21.704	91.625	30.221	22.188	92.875	30.746	22.674
90.400	29.706	21.714	91.650	30.231	22.198	92.900	30.756	22.684
90.425	29.717	21.724	91.675	30.242	22.206	92.925	30.767	22.694
90.450	29.727	21.734	91.700	30.252	22.216	92.950	30.777	22.704
90.475	29.738	21.742	91.725	30.263	22.226	92.975	30.788	22.712
90.500	29.748	21.752	91.750	30.273	22.236	93.000	30.798	22.722
90.525	29.759	21.762	91.775	30.284	22.246	93.025	30.809	22.732
90.550	29.769	21.772	91.800	30.294	22.256	93.050	30.819	22.742
90.575	29.780	21.782	91.825	30.305	22.264	93.075	30.830	22.752
90.600	29.790	21.792	91.850	30.315	22.274	93.100	30.840	22.762
90.625	29.801	21.800	91.875	30.326	22.284	93.125	30.851	22.772
90.650	29.811	21.810	91.900	30.336	22.294	93.150	30.861	22.782
90.675	29.822	21.820	91.925	30.347	22.304	93.175	30.872	22.790
90.700	29.832	21.830	91.950	30.357	22.314	93.200	30.882	22.800
90.725	29.843	21.840	91.975	30.368	22.322	93.225	30.893	22.810
90.750	29.853	21.850	92.000	30.378	22.334	93.250	30.903	22.820
90.775	29.864	21.858	92.025	30.389	22.342	93.275	30.914	22.830
90.800	29.874	21.868	92.050	30.399	22.352	93.300	30.924	22.840
90.825	29.885	21.878	92.075	30.410	22.362	93.325	30.935	22.850
90.850	29.895	21.888	92.100	30.420	22.372	93.350	30.945	22.860
90.875	29.906	21.898	92.125	30.431	22.382	93.375	30.956	22.870
90.900	29.916	21.908	92.150	30.441	22.392	93.400	30.966	22.880
90.925	29.927	21.916	92.175	30.452	22.400	93.425	30.977	22.888
90.950	29.937	21.926	92.200	30.462	22.410	93.450	30.987	22.898
90.975	29.948	21.936	92.225	30.473	22.420	93.475	30.998	22.908
91.000	29.958	21.946	92.250	30.483	22.430	93.500	31.008	22.918
91.025	29.969	21.954	92.275	30.494	22.440	93.525	31.019	22.928
91.050	29.979	21.966	92.300	30.504	22.450	93.550	31.029	22.938
91.075	29.990	21.974	92.325	30.515	22.460	93.575	31.040	22.948
91.100	30.000	21.984	92.350	30.525	22.470	93.600	31.050	22.958
91.125	30.011	21.994	92.375	30.536	22.478	93.625	31.061	22.968

Einkommensteuer- und Splittingtabellen für 2015

zu versteuerndes Einkommen €	Einkommensteuer Grundtabelle €	Splittingtabelle €	zu versteuerndes Einkommen €	Einkommensteuer Grundtabelle €	Splittingtabelle €	zu versteuerndes Einkommen €	Einkommensteuer Grundtabelle €	Splittingtabelle €
93.650	31.071	22.978	94.900	31.596	23.470	96.150	32.121	23.966
93.675	31.082	22.986	94.925	31.607	23.478	96.175	32.132	23.974
93.700	31.092	22.996	94.950	31.617	23.490	96.200	32.142	23.986
93.725	31.103	23.006	94.975	31.628	23.498	96.225	32.153	23.994
93.750	31.113	23.016	95.000	31.638	23.508	96.250	32.163	24.004
93.775	31.124	23.026	95.025	31.649	23.518	96.275	32.174	24.014
93.800	31.134	23.036	95.050	31.659	23.528	96.300	32.184	24.024
93.825	31.145	23.046	95.075	31.670	23.538	96.325	32.195	24.034
93.850	31.155	23.056	95.100	31.680	23.548	96.350	32.205	24.044
93.875	31.166	23.066	95.125	31.691	23.558	96.375	32.216	24.054
93.900	31.176	23.076	95.150	31.701	23.568	96.400	32.226	24.064
93.925	31.187	23.084	95.175	31.712	23.578	96.425	32.237	24.074
93.950	31.197	23.096	95.200	31.722	23.588	96.450	32.247	24.084
93.975	31.208	23.104	95.225	31.733	23.598	96.475	32.258	24.094
94.000	31.218	23.114	95.250	31.743	23.608	96.500	32.268	24.104
94.025	31.229	23.124	95.275	31.754	23.618	96.525	32.279	24.114
94.050	31.239	23.134	95.300	31.764	23.628	96.550	32.289	24.124
94.075	31.250	23.144	95.325	31.775	23.638	96.575	32.300	24.134
94.100	31.260	23.154	95.350	31.785	23.648	96.600	32.310	24.144
94.125	31.271	23.164	95.375	31.796	23.656	96.625	32.321	24.154
94.150	31.281	23.174	95.400	31.806	23.668	96.650	32.331	24.164
94.175	31.292	23.184	95.425	31.817	23.676	96.675	32.342	24.174
94.200	31.302	23.194	95.450	31.827	23.688	96.700	32.352	24.184
94.225	31.313	23.202	95.475	31.838	23.696	96.725	32.363	24.194
94.250	31.323	23.214	95.500	31.848	23.706	96.750	32.373	24.204
94.275	31.334	23.222	95.525	31.859	23.716	96.775	32.384	24.214
94.300	31.344	23.232	95.550	31.869	23.726	96.800	32.394	24.224
94.325	31.355	23.242	95.575	31.880	23.736	96.825	32.405	24.234
94.350	31.365	23.252	95.600	31.890	23.746	96.850	32.415	24.244
94.375	31.376	23.262	95.625	31.901	23.756	96.875	32.426	24.254
94.400	31.386	23.272	95.650	31.911	23.766	96.900	32.436	24.264
94.425	31.397	23.282	95.675	31.922	23.776	96.925	32.447	24.274
94.450	31.407	23.292	95.700	31.932	23.786	96.950	32.457	24.284
94.475	31.418	23.302	95.725	31.943	23.796	96.975	32.468	24.294
94.500	31.428	23.312	95.750	31.953	23.806	97.000	32.478	24.304
94.525	31.439	23.320	95.775	31.964	23.816	97.025	32.489	24.314
94.550	31.449	23.332	95.800	31.974	23.826	97.050	32.499	24.324
94.575	31.460	23.340	95.825	31.985	23.836	97.075	32.510	24.334
94.600	31.470	23.350	95.850	31.995	23.846	97.100	32.520	24.344
94.625	31.481	23.360	95.875	32.006	23.856	97.125	32.531	24.354
94.650	31.491	23.370	95.900	32.016	23.866	97.150	32.541	24.364
94.675	31.502	23.380	95.925	32.027	23.876	97.175	32.552	24.374
94.700	31.512	23.390	95.950	32.037	23.886	97.200	32.562	24.384
94.725	31.523	23.400	95.975	32.048	23.896	97.225	32.573	24.394
94.750	31.533	23.410	96.000	32.058	23.906	97.250	32.583	24.404
94.775	31.544	23.420	96.025	32.069	23.916	97.275	32.594	24.414
94.800	31.554	23.430	96.050	32.079	23.926	97.300	32.604	24.424
94.825	31.565	23.440	96.075	32.090	23.934	97.325	32.615	24.434
94.850	31.575	23.450	96.100	32.100	23.946	97.350	32.625	24.444
94.875	31.586	23.460	96.125	32.111	23.954	97.375	32.636	24.454

768 Einkommensteuer- und Splittingtabellen für 2015

zu ver- steuerndes Einkommen €	Einkommensteuer		zu ver- steuerndes Einkommen €	Einkommensteuer		zu ver- steuerndes Einkommen €	Einkommensteuer	
	Grund- tabelle €	Splitting- tabelle €		Grund- tabelle €	Splitting- tabelle €		Grund- tabelle €	Splitting- tabelle €
97.400	32.646	24.464	98.650	33.171	24.968	99.900	33.696	25.474
97.425	32.657	24.474	98.675	33.182	24.978	99.925	33.707	25.484
97.450	32.667	24.484	98.700	33.192	24.988	99.950	33.717	25.494
97.475	32.678	24.494	98.725	33.203	24.998	99.975	33.728	25.504
97.500	32.688	24.504	98.750	33.213	25.008	100.000	33.738	25.514
97.525	32.699	24.514	98.775	33.224	25.018	100.025	33.749	25.524
97.550	32.709	24.524	98.800	33.234	25.028	100.050	33.759	25.534
97.575	32.720	24.534	98.825	33.245	25.038	100.075	33.770	25.544
97.600	32.730	24.544	98.850	33.255	25.048	100.100	33.780	25.556
97.625	32.741	24.554	98.875	33.266	25.058	100.125	33.791	25.564
97.650	32.751	24.564	98.900	33.276	25.068	100.150	33.801	25.576
97.675	32.762	24.574	98.925	33.287	25.078	100.175	33.812	25.586
97.700	32.772	24.584	98.950	33.297	25.088	100.200	33.822	25.596
97.725	32.783	24.594	98.975	33.308	25.098	100.225	33.833	25.606
97.750	32.793	24.604	99.000	33.318	25.108	100.250	33.843	25.616
97.775	32.804	24.614	99.025	33.329	25.118	100.275	33.854	25.626
97.800	32.814	24.624	99.050	33.339	25.130	100.300	33.864	25.636
97.825	32.825	24.634	99.075	33.350	25.138	100.325	33.875	25.646
97.850	32.835	24.646	99.100	33.360	25.150	100.350	33.885	25.656
97.875	32.846	24.654	99.125	33.371	25.158	100.375	33.896	25.666
97.900	32.856	24.666	99.150	33.381	25.170	100.400	33.906	25.678
97.925	32.867	24.674	99.175	33.392	25.180	100.425	33.917	25.688
97.950	32.877	24.686	99.200	33.402	25.190	100.450	33.927	25.698
97.975	32.888	24.694	99.225	33.413	25.200	100.475	33.938	25.708
98.000	32.898	24.706	99.250	33.423	25.210	100.500	33.948	25.718
98.025	32.909	24.716	99.275	33.434	25.220	100.525	33.959	25.728
98.050	32.919	24.726	99.300	33.444	25.230	100.550	33.969	25.738
98.075	32.930	24.736	99.325	33.455	25.240	100.575	33.980	25.748
98.100	32.940	24.746	99.350	33.465	25.250	100.600	33.990	25.758
98.125	32.951	24.756	99.375	33.476	25.260	100.625	34.001	25.768
98.150	32.961	24.766	99.400	33.486	25.270	100.650	34.011	25.780
98.175	32.972	24.776	99.425	33.497	25.280	100.675	34.022	25.790
98.200	32.982	24.786	99.450	33.507	25.292	100.700	34.032	25.800
98.225	32.993	24.796	99.475	33.518	25.300	100.725	34.043	25.810
98.250	33.003	24.806	99.500	33.528	25.312	100.750	34.053	25.820
98.275	33.014	24.816	99.525	33.539	25.322	100.775	34.064	25.830
98.300	33.024	24.826	99.550	33.549	25.332	100.800	34.074	25.840
98.325	33.035	24.836	99.575	33.560	25.342	100.825	34.085	25.850
98.350	33.045	24.846	99.600	33.570	25.352	100.850	34.095	25.862
98.375	33.056	24.856	99.625	33.581	25.362	100.875	34.106	25.870
98.400	33.066	24.866	99.650	33.591	25.372	100.900	34.116	25.882
98.425	33.077	24.876	99.675	33.602	25.382	100.925	34.127	25.892
98.450	33.087	24.886	99.700	33.612	25.392	100.950	34.137	25.902
98.475	33.098	24.896	99.725	33.623	25.402	100.975	34.148	25.912
98.500	33.108	24.906	99.750	33.633	25.412	101.000	34.158	25.922
98.525	33.119	24.916	99.775	33.644	25.422	101.025	34.169	25.932
98.550	33.129	24.926	99.800	33.654	25.434	101.050	34.179	25.942
98.575	33.140	24.936	99.825	33.665	25.442	101.075	34.190	25.952
98.600	33.150	24.948	99.850	33.675	25.454	101.100	34.200	25.964
98.625	33.161	24.956	99.875	33.686	25.464	101.125	34.211	25.974

Einkommensteuer- und Splittingtabellen für 2015

zu versteuerndes Einkommen €	Einkommensteuer Grundtabelle €	Splittingtabelle €	zu versteuerndes Einkommen €	Einkommensteuer Grundtabelle €	Splittingtabelle €	zu versteuerndes Einkommen €	Einkommensteuer Grundtabelle €	Splittingtabelle €
101.150	34.221	25.984	102.400	34.746	26.498	103.650	35.271	27.014
101.175	34.232	25.994	102.425	34.757	26.508	103.675	35.282	27.024
101.200	34.242	26.004	102.450	34.767	26.518	103.700	35.292	27.036
101.225	34.253	26.014	102.475	34.778	26.528	103.725	35.303	27.046
101.250	34.263	26.024	102.500	34.788	26.538	103.750	35.313	27.056
101.275	34.274	26.034	102.525	34.799	26.548	103.775	35.324	27.066
101.300	34.284	26.046	102.550	34.809	26.560	103.800	35.334	27.076
101.325	34.295	26.056	102.575	34.820	26.570	103.825	35.345	27.086
101.350	34.305	26.066	102.600	34.830	26.580	103.850	35.355	27.098
101.375	34.316	26.076	102.625	34.841	26.590	103.875	35.366	27.108
101.400	34.326	26.086	102.650	34.851	26.600	103.900	35.376	27.118
101.425	34.337	26.096	102.675	34.862	26.610	103.925	35.387	27.128
101.450	34.347	26.106	102.700	34.872	26.622	103.950	35.397	27.140
101.475	34.358	26.116	102.725	34.883	26.632	103.975	35.408	27.150
101.500	34.368	26.128	102.750	34.893	26.642	104.000	35.418	27.160
101.525	34.379	26.138	102.775	34.904	26.652	104.025	35.429	27.170
101.550	34.389	26.148	102.800	34.914	26.662	104.050	35.439	27.180
101.575	34.400	26.158	102.825	34.925	26.672	104.075	35.450	27.190
101.600	34.410	26.168	102.850	34.935	26.684	104.100	35.460	27.202
101.625	34.421	26.178	102.875	34.946	26.694	104.125	35.471	27.212
101.650	34.431	26.188	102.900	34.956	26.704	104.150	35.481	27.222
101.675	34.442	26.198	102.925	34.967	26.714	104.175	35.492	27.232
101.700	34.452	26.210	102.950	34.977	26.724	104.200	35.502	27.244
101.725	34.463	26.220	102.975	34.988	26.734	104.225	35.513	27.254
101.750	34.473	26.230	103.000	34.998	26.746	104.250	35.523	27.264
101.775	34.484	26.240	103.025	35.009	26.756	104.275	35.534	27.274
101.800	34.494	26.250	103.050	35.019	26.766	104.300	35.544	27.284
101.825	34.505	26.260	103.075	35.030	26.776	104.325	35.555	27.294
101.850	34.515	26.270	103.100	35.040	26.786	104.350	35.565	27.306
101.875	34.526	26.280	103.125	35.051	26.796	104.375	35.576	27.316
101.900	34.536	26.292	103.150	35.061	26.808	104.400	35.586	27.326
101.925	34.547	26.302	103.175	35.072	26.818	104.425	35.597	27.336
101.950	34.557	26.312	103.200	35.082	26.828	104.450	35.607	27.348
101.975	34.568	26.322	103.225	35.093	26.838	104.475	35.618	27.358
102.000	34.578	26.332	103.250	35.103	26.848	104.500	35.628	27.368
102.025	34.589	26.342	103.275	35.114	26.858	104.525	35.639	27.378
102.050	34.599	26.354	103.300	35.124	26.870	104.550	35.649	27.390
102.075	34.610	26.364	103.325	35.135	26.880	104.575	35.660	27.400
102.100	34.620	26.374	103.350	35.145	26.890	104.600	35.670	27.410
102.125	34.631	26.384	103.375	35.156	26.900	104.625	35.681	27.420
102.150	34.641	26.394	103.400	35.166	26.910	104.650	35.691	27.430
102.175	34.652	26.404	103.425	35.177	26.920	104.675	35.702	27.440
102.200	34.662	26.414	103.450	35.187	26.932	104.700	35.712	27.452
102.225	34.673	26.424	103.475	35.220	26.986	104.725	35.723	27.462
102.250	34.683	26.436	103.500	35.208	26.952	104.750	35.733	27.472
102.275	34.694	26.446	103.525	35.219	26.962	104.775	35.744	27.482
102.300	34.704	26.456	103.550	35.229	26.974	104.800	35.754	27.494
102.325	34.715	26.466	103.575	35.240	26.984	104.825	35.765	27.504
102.350	34.725	26.476	103.600	35.250	26.994	104.850	35.775	27.514
102.375	34.736	26.486	103.625	35.261	27.004	104.875	35.786	27.524

770 Einkommensteuer- und Splittingtabellen für 2015

zu versteuerndes Einkommen €	Einkommensteuer Grundtabelle €	Splittingtabelle €	zu versteuerndes Einkommen €	Einkommensteuer Grundtabelle €	Splittingtabelle €	zu versteuerndes Einkommen €	Einkommensteuer Grundtabelle €	Splittingtabelle €
104.900	35.796	27.536	106.150	36.321	28.060	107.400	36.846	28.584
104.925	35.807	27.546	106.175	36.332	28.070	107.425	36.857	28.594
104.950	35.817	27.556	106.200	36.342	28.080	107.450	36.867	28.606
104.975	35.828	27.566	106.225	36.353	28.090	107.475	36.878	28.616
105.000	35.838	27.578	106.250	36.363	28.102	107.500	36.888	28.626
105.025	35.849	27.588	106.275	36.374	28.112	107.525	36.899	28.636
105.050	35.859	27.598	106.300	36.384	28.122	107.550	36.909	28.648
105.075	35.870	27.608	106.325	36.395	28.132	107.575	36.920	28.658
105.100	35.880	27.618	106.350	36.405	28.144	107.600	36.930	28.668
105.125	35.891	27.630	106.375	36.416	28.154	107.625	36.941	28.678
105.150	35.901	27.640	106.400	36.426	28.164	107.650	36.951	28.690
105.175	35.912	27.650	106.425	36.437	28.174	107.675	36.962	28.700
105.200	35.922	27.660	106.450	36.447	28.186	107.700	36.972	28.710
105.225	35.933	27.670	106.475	36.458	28.196	107.725	36.983	28.720
105.250	35.943	27.682	106.500	36.468	28.206	107.750	36.993	28.732
105.275	35.954	27.692	106.525	36.479	28.216	107.775	37.004	28.742
105.300	35.964	27.702	106.550	36.489	28.228	107.800	37.014	28.752
105.325	35.975	27.712	106.575	36.500	28.238	107.825	37.025	28.762
105.350	35.985	27.724	106.600	36.510	28.248	107.850	37.035	28.774
105.375	35.996	27.734	106.625	36.521	28.258	107.875	37.046	28.784
105.400	36.006	27.744	106.650	36.531	28.270	107.900	37.056	28.794
105.425	36.017	27.754	106.675	36.542	28.280	107.925	37.067	28.804
105.450	36.027	27.766	106.700	36.552	28.290	107.950	37.077	28.816
105.475	36.038	27.776	106.725	36.563	28.300	107.975	37.088	28.826
105.500	36.048	27.786	106.750	36.573	28.312	108.000	37.098	28.836
105.525	36.059	27.796	106.775	36.584	28.322	108.025	37.109	28.846
105.550	36.069	27.808	106.800	36.594	28.332	108.050	37.119	28.858
105.575	36.080	27.818	106.825	36.605	28.342	108.075	37.130	28.868
105.600	36.090	27.828	106.850	36.615	28.354	108.100	37.140	28.878
105.625	36.101	27.838	106.875	36.626	28.364	108.125	37.151	28.888
105.650	36.111	27.850	106.900	36.636	28.374	108.150	37.161	28.900
105.675	36.122	27.860	106.925	36.647	28.384	108.175	37.172	28.910
105.700	36.132	27.870	106.950	36.657	28.396	108.200	37.182	28.920
105.725	36.143	27.880	106.975	36.668	28.406	108.225	37.193	28.930
105.750	36.153	27.892	107.000	36.678	28.416	108.250	37.203	28.942
105.775	36.164	27.902	107.025	36.689	28.426	108.275	37.214	28.952
105.800	36.174	27.912	107.050	36.699	28.438	108.300	37.224	28.962
105.825	36.185	27.922	107.075	36.710	28.448	108.325	37.235	28.972
105.850	36.195	27.934	107.100	36.720	28.458	108.350	37.245	28.984
105.875	36.206	27.944	107.125	36.731	28.468	108.375	37.256	28.994
105.900	36.216	27.954	107.150	36.741	28.480	108.400	37.266	29.004
105.925	36.227	27.964	107.175	36.752	28.490	108.425	37.277	29.014
105.950	36.237	27.976	107.200	36.762	28.500	108.450	37.287	29.026
105.975	36.248	27.986	107.225	36.773	28.510	108.475	37.298	29.036
106.000	36.258	27.996	107.250	36.783	28.522	108.500	37.308	29.046
106.025	36.269	28.006	107.275	36.794	28.532	108.525	37.319	29.056
106.050	36.279	28.018	107.300	36.804	28.542	108.550	37.329	29.068
106.075	36.290	28.028	107.325	36.815	28.552	108.575	37.340	29.078
106.100	36.300	28.038	107.350	36.825	28.564	108.600	37.350	29.088
106.125	36.311	28.048	107.375	36.836	28.574	108.625	37.361	29.098

Einkommensteuer- und Splittingtabellen für 2015

zu versteuerndes Einkommen €	Einkommensteuer Grundtabelle €	Einkommensteuer Splittingtabelle €	zu versteuerndes Einkommen €	Einkommensteuer Grundtabelle €	Einkommensteuer Splittingtabelle €	zu versteuerndes Einkommen €	Einkommensteuer Grundtabelle €	Einkommensteuer Splittingtabelle €
108.650	37.371	29.110	109.900	37.896	29.634	111.150	38.421	30.160
108.675	37.382	29.120	109.925	37.907	29.644	111.175	38.432	30.170
108.700	37.392	29.130	109.950	37.917	29.656	111.200	38.442	30.180
108.725	37.403	29.140	109.975	37.928	29.666	111.225	38.453	30.190
108.750	37.413	29.152	110.000	37.938	29.676	111.250	38.463	30.202
108.775	37.424	29.162	110.025	37.949	29.686	111.275	38.474	30.212
108.800	37.434	29.172	110.050	37.959	29.698	111.300	38.484	30.222
108.825	37.445	29.182	110.075	37.970	29.708	111.325	38.495	30.232
108.850	37.455	29.194	110.100	37.980	29.718	111.350	38.505	30.244
108.875	37.466	29.204	110.125	37.991	29.728	111.375	38.516	30.254
108.900	37.476	29.214	110.150	38.001	29.740	111.400	38.526	30.264
108.925	37.487	29.224	110.175	38.012	29.750	111.425	38.537	30.274
108.950	37.497	29.236	110.200	38.022	29.760	111.450	38.547	30.286
108.975	37.508	29.246	110.225	38.033	29.770	111.475	38.558	30.296
109.000	37.518	29.256	110.250	38.043	29.782	111.500	38.568	30.306
109.025	37.529	29.266	110.275	38.054	29.792	111.525	38.579	30.316
109.050	37.539	29.278	110.300	38.064	29.802	111.550	38.589	30.328
109.075	37.550	29.288	110.325	38.075	29.812	111.575	38.600	30.338
109.100	37.560	29.298	110.350	38.085	29.824	111.600	38.610	30.348
109.125	37.571	29.308	110.375	38.096	29.834	111.625	38.621	30.358
109.150	37.581	29.320	110.400	38.106	29.844	111.650	38.631	30.370
109.175	37.592	29.330	110.425	38.117	29.854	111.675	38.642	30.380
109.200	37.602	29.340	110.450	38.127	29.866	111.700	38.652	30.390
109.225	37.613	29.350	110.475	38.138	29.876	111.725	38.663	30.400
109.250	37.623	29.362	110.500	38.148	29.886	111.750	38.673	30.412
109.275	37.634	29.372	110.525	38.159	29.896	111.775	38.684	30.422
109.300	37.644	29.382	110.550	38.169	29.908	111.800	38.694	30.432
109.325	37.655	29.392	110.575	38.180	29.918	111.825	38.705	30.442
109.350	37.665	29.404	110.600	38.190	29.928	111.850	38.715	30.454
109.375	37.676	29.414	110.625	38.201	29.938	111.875	38.726	30.464
109.400	37.686	29.424	110.650	38.211	29.950	111.900	38.736	30.474
109.425	37.697	29.434	110.675	38.222	29.960	111.925	38.747	30.484
109.450	37.707	29.446	110.700	38.232	29.970	111.950	38.757	30.496
109.475	37.718	29.456	110.725	38.243	29.980	111.975	38.768	30.506
109.500	37.728	29.466	110.750	38.253	29.992	112.000	38.778	30.516
109.525	37.739	29.476	110.775	38.264	30.002	112.025	38.789	30.526
109.550	37.749	29.488	110.800	38.274	30.012	112.050	38.799	30.538
109.575	37.760	29.498	110.825	38.285	30.022	112.075	38.810	30.548
109.600	37.770	29.508	110.850	38.295	30.034	112.100	38.820	30.558
109.625	37.781	29.518	110.875	38.306	30.044	112.125	38.831	30.568
109.650	37.791	29.530	110.900	38.316	30.054	112.150	38.841	30.580
109.675	37.802	29.540	110.925	38.327	30.064	112.175	38.852	30.590
109.700	37.812	29.550	110.950	38.337	30.076	112.200	38.862	30.600
109.725	37.823	29.560	110.975	38.348	30.086	112.225	38.873	30.610
109.750	37.833	29.572	111.000	38.358	30.096	112.250	38.883	30.622
109.775	37.844	29.582	111.025	38.369	30.106	112.275	38.894	30.632
109.800	37.854	29.592	111.050	38.379	30.118	112.300	38.904	30.642
109.825	37.865	29.602	111.075	38.390	30.128	112.325	38.915	30.652
109.850	37.875	29.614	111.100	38.400	30.138	112.350	38.925	30.664
109.875	37.886	29.624	111.125	38.411	30.148	112.375	38.936	30.674

Einkommensteuer- und Splittingtabellen für 2015

zu versteuerndes Einkommen €	Einkommensteuer Grundtabelle €	Splittingtabelle €	zu versteuerndes Einkommen €	Einkommensteuer Grundtabelle €	Splittingtabelle €	zu versteuerndes Einkommen €	Einkommensteuer Grundtabelle €	Splittingtabelle €
112.400	38.946	30.684	113.650	39.471	31.210	114.900	39.996	31.734
112.425	38.957	30.694	113.675	39.482	31.220	114.925	40.007	31.744
112.450	38.967	30.706	113.700	39.492	31.230	114.950	40.017	31.756
112.475	38.978	30.716	113.725	39.503	31.240	114.975	40.028	31.766
112.500	38.988	30.726	113.750	39.513	31.252	115.000	40.038	31.776
112.525	38.999	30.736	113.775	39.524	31.262	115.025	40.049	31.786
112.550	39.009	30.748	113.800	39.534	31.272	115.050	40.059	31.798
112.575	39.020	30.758	113.825	39.545	31.282	115.075	40.070	31.808
112.600	39.030	30.768	113.850	39.555	31.294	115.100	40.080	31.818
112.625	39.041	30.778	113.875	39.566	31.304	115.125	40.091	31.828
112.650	39.051	30.790	113.900	39.576	31.314	115.150	40.101	31.840
112.675	39.062	30.800	113.925	39.587	31.324	115.175	40.112	31.850
112.700	39.072	30.810	113.950	39.597	31.336	115.200	40.122	31.860
112.725	39.083	30.820	113.975	39.608	31.346	115.225	40.133	31.870
112.750	39.093	30.832	114.000	39.618	31.356	115.250	40.143	31.882
112.775	39.104	30.842	114.025	39.629	31.366	115.275	40.154	31.892
112.800	39.114	30.852	114.050	39.639	31.378	115.300	40.164	31.902
112.825	39.125	30.862	114.075	39.650	31.388	115.325	40.175	31.912
112.850	39.135	30.874	114.100	39.660	31.398	115.350	40.185	31.924
112.875	39.146	30.884	114.125	39.671	31.408	115.375	40.196	31.934
112.900	39.156	30.894	114.150	39.681	31.420	115.400	40.206	31.944
112.925	39.167	30.904	114.175	39.692	31.430	115.425	40.217	31.954
112.950	39.177	30.916	114.200	39.702	31.440	115.450	40.227	31.966
112.975	39.188	30.926	114.225	39.713	31.450	115.475	40.238	31.976
113.000	39.198	30.936	114.250	39.723	31.462	115.500	40.248	31.986
113.025	39.209	30.946	114.275	39.734	31.472	115.525	40.259	31.996
113.050	39.219	30.958	114.300	39.744	31.482	115.550	40.269	32.008
113.075	39.230	30.968	114.325	39.755	31.492	115.575	40.280	32.018
113.100	39.240	30.978	114.350	39.765	31.504	115.600	40.290	32.028
113.125	39.251	30.988	114.375	39.776	31.514	115.625	40.301	32.038
113.150	39.261	31.000	114.400	39.786	31.524	115.650	40.311	32.050
113.175	39.272	31.010	114.425	39.797	31.534	115.675	40.322	32.060
113.200	39.282	31.020	114.450	39.807	31.546	115.700	40.332	32.070
113.225	39.293	31.030	114.475	39.818	31.556	115.725	40.343	32.080
113.250	39.303	31.042	114.500	39.828	31.566	115.750	40.353	32.092
113.275	39.314	31.052	114.525	39.839	31.576	115.775	40.364	32.102
113.300	39.324	31.062	114.550	39.849	31.588	115.800	40.374	32.112
113.325	39.335	31.072	114.575	39.860	31.598	115.825	40.385	32.122
113.350	39.345	31.084	114.600	39.870	31.608	115.850	40.395	32.134
113.375	39.356	31.094	114.625	39.881	31.618	115.875	40.406	32.144
113.400	39.366	31.104	114.650	39.891	31.630	115.900	40.416	32.154
113.425	39.377	31.114	114.675	39.902	31.640	115.925	40.427	32.164
113.450	39.387	31.126	114.700	39.912	31.650	115.950	40.437	32.176
113.475	39.398	31.136	114.725	39.923	31.660	115.975	40.448	32.186
113.500	39.408	31.146	114.750	39.933	31.672	116.000	40.458	32.196
113.525	39.419	31.156	114.775	39.944	31.682	116.025	40.469	32.206
113.550	39.429	31.168	114.800	39.954	31.692	116.050	40.479	32.218
113.575	39.440	31.178	114.825	39.965	31.702	116.075	40.490	32.228
113.600	39.450	31.188	114.850	39.975	31.714	116.100	40.500	32.238
113.625	39.461	31.198	114.875	39.986	31.724	116.125	40.511	32.248

Einkommensteuer- und Splittingtabellen für 2015

zu versteuerndes Einkommen €	Einkommensteuer Grundtabelle €	Einkommensteuer Splittingtabelle €	zu versteuerndes Einkommen €	Einkommensteuer Grundtabelle €	Einkommensteuer Splittingtabelle €	zu versteuerndes Einkommen €	Einkommensteuer Grundtabelle €	Einkommensteuer Splittingtabelle €
116.150	40.521	32.260	117.400	41.046	32.784	118.650	41.571	33.310
116.175	40.532	32.270	117.425	41.057	32.794	118.675	41.582	33.320
116.200	40.542	32.280	117.450	41.067	32.806	118.700	41.592	33.330
116.225	40.553	32.290	117.475	41.078	32.816	118.725	41.603	33.340
116.250	40.563	32.302	117.500	41.088	32.826	118.750	41.613	33.352
116.275	40.574	32.312	117.525	41.099	32.836	118.775	41.624	33.362
116.300	40.584	32.322	117.550	41.109	32.848	118.800	41.634	33.372
116.325	40.595	32.332	117.575	41.120	32.858	118.825	41.645	33.382
116.350	40.605	32.344	117.600	41.130	32.868	118.850	41.655	33.394
116.375	40.616	32.354	117.625	41.141	32.878	118.875	41.666	33.404
116.400	40.626	32.364	117.650	41.151	32.890	118.900	41.676	33.414
116.425	40.637	32.374	117.675	41.162	32.900	118.925	41.687	33.424
116.450	40.647	32.386	117.700	41.172	32.910	118.950	41.697	33.436
116.475	40.658	32.396	117.725	41.183	32.920	118.975	41.708	33.446
116.500	40.668	32.406	117.750	41.193	32.932	119.000	41.718	33.456
116.525	40.679	32.416	117.775	41.204	32.942	119.025	41.729	33.466
116.550	40.689	32.428	117.800	41.214	32.952	119.050	41.739	33.478
116.575	40.700	32.438	117.825	41.225	32.962	119.075	41.750	33.488
116.600	40.710	32.448	117.850	41.235	32.974	119.100	41.760	33.498
116.625	40.721	32.458	117.875	41.246	32.984	119.125	41.771	33.508
116.650	40.731	32.470	117.900	41.256	32.994	119.150	41.781	33.520
116.675	40.742	32.480	117.925	41.267	33.004	119.175	41.792	33.530
116.700	40.752	32.490	117.950	41.277	33.016	119.200	41.802	33.540
116.725	40.763	32.500	117.975	41.288	33.026	119.225	41.813	33.550
116.750	40.773	32.512	118.000	41.298	33.036	119.250	41.823	33.562
116.775	40.784	32.522	118.025	41.309	33.046	119.275	41.834	33.572
116.800	40.794	32.532	118.050	41.319	33.058	119.300	41.844	33.582
116.825	40.805	32.542	118.075	41.330	33.068	119.325	41.855	33.592
116.850	40.815	32.554	118.100	41.340	33.078	119.350	41.865	33.604
116.875	40.826	32.564	118.125	41.351	33.088	119.375	41.876	33.614
116.900	40.836	32.574	118.150	41.361	33.100	119.400	41.886	33.624
116.925	40.847	32.584	118.175	41.372	33.110	119.425	41.897	33.634
116.950	40.857	32.596	118.200	41.382	33.120	119.450	41.907	33.646
116.975	40.868	32.606	118.225	41.393	33.130	119.475	41.918	33.656
117.000	40.878	32.616	118.250	41.403	33.142	119.500	41.928	33.666
117.025	40.889	32.626	118.275	41.414	33.152	119.525	41.939	33.676
117.050	40.899	32.638	118.300	41.424	33.162	119.550	41.949	33.688
117.075	40.910	32.648	118.325	41.435	33.172	119.575	41.960	33.698
117.100	40.920	32.658	118.350	41.445	33.184	119.600	41.970	33.708
117.125	40.931	32.668	118.375	41.456	33.194	119.625	41.981	33.718
117.150	40.941	32.680	118.400	41.466	33.204	119.650	41.991	33.730
117.175	40.952	32.690	118.425	41.477	33.214	119.675	42.002	33.740
117.200	40.962	32.700	118.450	41.487	33.226	119.700	42.012	33.750
117.225	40.973	32.710	118.475	41.498	33.236	119.725	42.023	33.760
117.250	40.983	32.722	118.500	41.508	33.246	119.750	42.033	33.772
117.275	40.994	32.732	118.525	41.519	33.256	119.775	42.044	33.782
117.300	41.004	32.742	118.550	41.529	33.268	119.800	42.054	33.792
117.325	41.015	32.752	118.575	41.540	33.278	119.825	42.065	33.802
117.350	41.025	32.764	118.600	41.550	33.288	119.850	42.075	33.814
117.375	41.036	32.774	118.625	41.561	33.298	119.875	42.086	33.824

Einkommensteuer- und Splittingtabellen für 2015

zu versteuerndes Einkommen €	Einkommensteuer Grundtabelle €	Splittingtabelle €	zu versteuerndes Einkommen €	Einkommensteuer Grundtabelle €	Splittingtabelle €	zu versteuerndes Einkommen €	Einkommensteuer Grundtabelle €	Splittingtabelle €
119.900	42.096	33.834	121.150	42.621	34.360	122.400	43.146	34.884
119.925	42.107	33.844	121.175	42.632	34.370	122.425	43.157	34.894
119.950	42.117	33.856	121.200	42.642	34.380	122.450	43.167	34.906
119.975	42.128	33.866	121.225	42.653	34.390	122.475	43.178	34.916
120.000	42.138	33.876	121.250	42.663	34.402	122.500	43.188	34.926
120.025	42.149	33.886	121.275	42.674	34.412	122.525	43.199	34.936
120.050	42.159	33.898	121.300	42.684	34.422	122.550	43.209	34.948
120.075	42.170	33.908	121.325	42.695	34.432	122.575	43.220	34.958
120.100	42.180	33.918	121.350	42.705	34.444	122.600	43.230	34.968
120.125	42.191	33.928	121.375	42.716	34.454	122.625	43.241	34.978
120.150	42.201	33.940	121.400	42.726	34.464	122.650	43.251	34.990
120.175	42.212	33.950	121.425	42.737	34.474	122.675	43.262	35.000
120.200	42.222	33.960	121.450	42.747	34.486	122.700	43.272	35.010
120.225	42.233	33.970	121.475	42.758	34.496	122.725	43.283	35.020
120.250	42.243	33.982	121.500	42.768	34.506	122.750	43.293	35.032
120.275	42.254	33.992	121.525	42.779	34.516	122.775	43.304	35.042
120.300	42.264	34.002	121.550	42.789	34.528	122.800	43.314	35.052
120.325	42.275	34.012	121.575	42.800	34.538	122.825	43.325	35.062
120.350	42.285	34.024	121.600	42.810	34.548	122.850	43.335	35.074
120.375	42.296	34.034	121.625	42.821	34.558	122.875	43.346	35.084
120.400	42.306	34.044	121.650	42.831	34.570	122.900	43.356	35.094
120.425	42.317	34.054	121.675	42.842	34.580	122.925	43.367	35.104
120.450	42.327	34.066	121.700	42.852	34.590	122.950	43.377	35.116
120.475	42.338	34.076	121.725	42.863	34.600	122.975	43.388	35.126
120.500	42.348	34.086	121.750	42.873	34.612	123.000	43.398	35.136
120.525	42.359	34.096	121.775	42.884	34.622	123.025	43.409	35.146
120.550	42.369	34.108	121.800	42.894	34.632	123.050	43.419	35.158
120.575	42.380	34.118	121.825	42.905	34.642	123.075	43.430	35.168
120.600	42.390	34.128	121.850	42.915	34.654	123.100	43.440	35.178
120.625	42.401	34.138	121.875	42.926	34.664	123.125	43.451	35.188
120.650	42.411	34.150	121.900	42.936	34.674	123.150	43.461	35.200
120.675	42.422	34.160	121.925	42.947	34.684	123.175	43.472	35.210
120.700	42.432	34.170	121.950	42.957	34.696	123.200	43.482	35.220
120.725	42.443	34.180	121.975	42.968	34.706	123.225	43.493	35.230
120.750	42.453	34.192	122.000	42.978	34.716	123.250	43.503	35.242
120.775	42.464	34.202	122.025	42.989	34.726	123.275	43.514	35.252
120.800	42.474	34.212	122.050	42.999	34.738	123.300	43.524	35.262
120.825	42.485	34.222	122.075	43.010	34.748	123.325	43.535	35.272
120.850	42.495	34.234	122.100	43.020	34.758	123.350	43.545	35.284
120.875	42.506	34.244	122.125	43.031	34.768	123.375	43.556	35.294
120.900	42.516	34.254	122.150	43.041	34.780	123.400	43.566	35.304
120.925	42.527	34.264	122.175	43.052	34.790	123.425	43.577	35.314
120.950	42.537	34.276	122.200	43.062	34.800	123.450	43.587	35.326
120.975	42.548	34.286	122.225	43.073	34.810	123.475	43.598	35.336
121.000	42.558	34.296	122.250	43.083	34.822	123.500	43.608	35.346
121.025	42.569	34.306	122.275	43.094	34.832	123.525	43.619	35.356
121.050	42.579	34.318	122.300	43.104	34.842	123.550	43.629	35.368
121.075	42.590	34.328	122.325	43.115	34.852	123.575	43.640	35.378
121.100	42.600	34.338	122.350	43.125	34.864	123.600	43.650	35.388
121.125	42.611	34.348	122.375	43.136	34.874	123.625	43.661	35.398

Einkommensteuer- und Splittingtabellen für 2015

zu versteuerndes Einkommen €	Einkommensteuer Grundtabelle €	Splittingtabelle €	zu versteuerndes Einkommen €	Einkommensteuer Grundtabelle €	Splittingtabelle €	zu versteuerndes Einkommen €	Einkommensteuer Grundtabelle €	Splittingtabelle €
123.650	43.671	35.410	124.900	44.196	35.934	126.150	44.721	36.460
123.675	43.682	35.420	124.925	44.207	35.944	126.175	44.732	36.470
123.700	43.692	35.430	124.950	44.217	35.956	126.200	44.742	36.480
123.725	43.703	35.440	124.975	44.228	35.966	126.225	44.753	36.490
123.750	43.713	35.452	125.000	44.238	35.976	126.250	44.763	36.502
123.775	43.724	35.462	125.025	44.249	35.986	126.275	44.774	36.512
123.800	43.734	35.472	125.050	44.259	35.998	126.300	44.784	36.522
123.825	43.745	35.482	125.075	44.270	36.008	126.325	44.795	36.532
123.850	43.755	35.494	125.100	44.280	36.018	126.350	44.805	36.544
123.875	43.766	35.504	125.125	44.291	36.028	126.375	44.816	36.554
123.900	43.776	35.514	125.150	44.301	36.040	126.400	44.826	36.564
123.925	43.787	35.524	125.175	44.312	36.050	126.425	44.837	36.574
123.950	43.797	35.536	125.200	44.322	36.060	126.450	44.847	36.586
123.975	43.808	35.546	125.225	44.333	36.070	126.475	44.858	36.596
124.000	43.818	35.556	125.250	44.343	36.082	126.500	44.868	36.606
124.025	43.829	35.566	125.275	44.354	36.092	126.525	44.879	36.616
124.050	43.839	35.578	125.300	44.364	36.102	126.550	44.889	36.628
124.075	43.850	35.588	125.325	44.375	36.112	126.575	44.900	36.638
124.100	43.860	35.598	125.350	44.385	36.124	126.600	44.910	36.648
124.125	43.871	35.608	125.375	44.396	36.134	126.625	44.921	36.658
124.150	43.881	35.620	125.400	44.406	36.144	126.650	44.931	36.670
124.175	43.892	35.630	125.425	44.417	36.154	126.675	44.942	36.680
124.200	43.902	35.640	125.450	44.427	36.166	126.700	44.952	36.690
124.225	43.913	35.650	125.475	44.438	36.176	126.725	44.963	36.700
124.250	43.923	35.662	125.500	44.448	36.186	126.750	44.973	36.712
124.275	43.934	35.672	125.525	44.459	36.196	126.775	44.984	36.722
124.300	43.944	35.682	125.550	44.469	36.208	126.800	44.994	36.732
124.325	43.955	35.692	125.575	44.480	36.218	126.825	45.005	36.742
124.350	43.965	35.704	125.600	44.490	36.228	126.850	45.015	36.754
124.375	43.976	35.714	125.625	44.501	36.238	126.875	45.026	36.764
124.400	43.986	35.724	125.650	44.511	36.250	126.900	45.036	36.774
124.425	43.997	35.734	125.675	44.522	36.260	126.925	45.047	36.784
124.450	44.007	35.746	125.700	44.532	36.270	126.950	45.057	36.796
124.475	44.018	35.756	125.725	44.543	36.280	126.975	45.068	36.806
124.500	44.028	35.766	125.750	44.553	36.292	127.000	45.078	36.816
124.525	44.039	35.776	125.775	44.564	36.302	127.025	45.089	36.826
124.550	44.049	35.788	125.800	44.574	36.312	127.050	45.099	36.838
124.575	44.060	35.798	125.825	44.585	36.322	127.075	45.110	36.848
124.600	44.070	35.808	125.850	44.595	36.334	127.100	45.120	36.858
124.625	44.081	35.818	125.875	44.606	36.344	127.125	45.131	36.868
124.650	44.091	35.830	125.900	44.616	36.354	127.150	45.141	36.880
124.675	44.102	35.840	125.925	44.627	36.364	127.175	45.152	36.890
124.700	44.112	35.850	125.950	44.637	36.376	127.200	45.162	36.900
124.725	44.123	35.860	125.975	44.648	36.386	127.225	45.173	36.910
124.750	44.133	35.872	126.000	44.658	36.396	127.250	45.183	36.922
124.775	44.144	35.882	126.025	44.669	36.406	127.275	45.194	36.932
124.800	44.154	35.892	126.050	44.679	36.418	127.300	45.204	36.942
124.825	44.165	35.902	126.075	44.690	36.428	127.325	45.215	36.952
124.850	44.175	35.914	126.100	44.700	36.438	127.350	45.225	36.964
124.875	44.186	35.924	126.125	44.711	36.448	127.375	45.236	36.974

Einkommensteuer- und Splittingtabellen für 2015

zu versteuerndes Einkommen €	Einkommensteuer Grundtabelle €	Splittingtabelle €	zu versteuerndes Einkommen €	Einkommensteuer Grundtabelle €	Splittingtabelle €	zu versteuerndes Einkommen €	Einkommensteuer Grundtabelle €	Splittingtabelle €
127.400	45.246	36.984	128.400	45.666	37.404	129.400	46.086	37.824
127.425	45.257	36.994	128.425	45.677	37.414	129.425	46.097	37.834
127.450	45.267	37.006	128.450	45.687	37.426	129.450	46.107	37.846
127.475	45.278	37.016	128.475	45.698	37.436	129.475	46.118	37.856
127.500	45.288	37.026	128.500	45.708	37.446	129.500	46.128	37.866
127.525	45.299	37.036	128.525	45.719	37.456	129.525	46.139	37.876
127.550	45.309	37.048	128.550	45.729	37.468	129.550	46.149	37.888
127.575	45.320	37.058	128.575	45.740	37.478	129.575	46.160	37.898
127.600	45.330	37.068	128.600	45.750	37.488	129.600	46.170	37.908
127.625	45.341	37.078	128.625	45.761	37.498	129.625	46.181	37.918
127.650	45.351	37.090	128.650	45.771	37.510	129.650	46.191	37.930
127.675	45.362	37.100	128.675	45.782	37.520	129.675	46.202	37.940
127.700	45.372	37.110	128.700	45.792	37.530	129.700	46.212	37.950
127.725	45.383	37.120	128.725	45.803	37.540	129.725	46.223	37.960
127.750	45.393	37.132	128.750	45.813	37.552	129.750	46.233	37.972
127.775	45.404	37.142	128.775	45.824	37.562	129.775	46.244	37.982
127.800	45.414	37.152	128.800	45.834	37.572	129.800	46.254	37.992
127.825	45.425	37.162	128.825	45.845	37.582	129.825	46.265	38.002
127.850	45.435	37.174	128.850	45.855	37.594	129.850	46.275	38.014
127.875	45.446	37.184	128.875	45.866	37.604	129.875	46.286	38.024
127.900	45.456	37.194	128.900	45.876	37.614	129.900	46.296	38.034
127.925	45.467	37.204	128.925	45.887	37.624	129.925	46.307	38.044
127.950	45.477	37.216	128.950	45.897	37.636	129.950	46.317	38.056
127.975	45.488	37.226	128.975	45.908	37.646	129.975	46.328	38.066
128.000	45.498	37.236	129.000	45.918	37.656	130.000	46.338	38.076
128.025	45.509	37.246	129.025	45.929	37.666			
128.050	45.519	37.258	129.050	45.939	37.678			
128.075	45.530	37.268	129.075	45.950	37.688			
128.100	45.540	37.278	129.100	45.960	37.698			
128.125	45.551	37.288	129.125	45.971	37.708			
128.150	45.561	37.300	129.150	45.981	37.720			
128.175	45.572	37.310	129.175	45.992	37.730			
128.200	45.582	37.320	129.200	46.002	37.740			
128.225	45.593	37.330	129.225	46.013	37.750			
128.250	45.603	37.342	129.250	46.023	37.762			
128.275	45.614	37.352	129.275	46.034	37.772			
128.300	45.624	37.362	129.300	46.044	37.782			
128.325	45.635	37.372	129.325	46.055	37.792			
128.350	45.645	37.384	129.350	46.065	37.804			
128.375	45.656	37.394	129.375	46.076	37.814			

Stichwortverzeichnis

Die Zahlen bezeichnen die Randziffern (Rz ➤). Halbfette Ziffern zeigen die Absätze an, in denen der betreffende Sachverhalt hauptsächlich dargelegt wird.

1 %-Regelung 112 ff., 120 ff., 136, 953–960, 1009
450-€-Job 27 f., 156 ff., 449 f., 948 *siehe auch* Geringfügige Beschäftigung, Minijob, Teilzeitarbeit
–, Barzahlung bei haushaltsnahem 661
– Ehegattenarbeitsverhältnis 167
– Familienversicherung 732
– Hinzuverdienst 157
– Rentner 864 ff.
– Steuerfreiheit 945

A
Abfindung **98 ff.**, 643
– Altersversorgung 172
– Aufstockung 99
– Direktversicherung 172
– Firmenwagen 99
– Miterben 827
– Nachzahlung 99
– Verlagerung 100
– Werkswohnung 99
Abfindungszahlung 827
Abflussprinzip 643, 903
Abgabepflicht 476
Abgekürzter Zahlungs- und Vertragsweg 801
Abgeltungsteuer 873 ff.
– Ausnahmen 875

– Bankwechsel 880
– Berechnung 880 f.
– Dividenden 874 ff., 894
– Ersatzbemessungsgrundlage 880
Abgeordnetenbezüge 845
Abholfahrt 242
Abmagerungskur 607, 643
Abrisskosten 760, 777
Abschlussrechnung 906 f.
Abschreibung 781, 838, **973–985**, 989
– Arbeitsmittel 344 f.
– Arbeitszimmer 285 f.
–, außerordentliche 978
–, betriebliche 979
– Computer 344 ff., 362
–, degressive 976 f.
– Drittaufwand 286, 974
– Einlage von Privatvermögen 974
– Einrichtung 809
– Fahrtkosten 215
– Firmenwagen 133
– Gebäude/Immobilien 757 ff.
– Gebrauchtwagen 215
geringwertige Wirtschaftsgüter 344, 349, 979, 989
– Immobilienübertragung 759
– Investitionsabsicht 981

– Investitionsabzugsbetrag 980–985, 989
– Kfz 212, 215
–, lineare 975 f.
– Methodenwechsel 977
– Nutzungsdauer 346, 973, 975 f.
– private Einkünfte 979
– Sammelposten 979
– Sofortabschreibung 344, 349
– Sonderabschreibung 133, 781, 982, 989
– Sonderabzug 982
– technische Abnutzung 347, 356, 973
– Teilwert 974, 979
– Übertragung einer Immobilie 759
– Umwidmung 350
– Verzeichnis 907
– Vollabschreibung 979
– Wechsel 977
Absetzung für Abnutzung (AfA) *siehe* Abschreibung
Abstandszahlung 777
Abwälzung der Lohnsteuer 145
Abwassergebühren 781
– Hinterziehung 1000
Abwehrkosten 643
Abwesenheitszeit 191 ff.
Abzug ohne Belege 474
Adoptionskosten 643

Adoptiveltern,
Kinderfreibetrag/-geld
696
Adoptivkind,
Kinderfreibetrag/-geld
695 f.
Aero 374
AfA *siehe* Abschreibung
Aktentasche 371, 373 f.
Aktien 8, 84
– Abgeltungsteuer 895
– Betriebsvermögen 877
– Dividenden 877, 894 f.
– Spekulationssteuer 871
Aktienfonds 8
Akupunkturbehandlung
583
Alkoholiker 597, 601,
643
Alleinerziehende
– Entlastungsbetrag 439,
718 ff.
– Haushaltsgemeinschaft
719
Alleinstehende, doppelte
Haushaltsführung 409,
417 f.
Allergie 643
Altenheim 613, 643, 649
Altenpflegehelfer 324
Altenpfleger 23, 48
Alterseinkünftegesetz
847
Altersentlastungsbetrag
814 f., 861 f.
Altersruhegeld 865
Altersteilzeitgesetz 459
Altersversorgung 897
–, betriebliche 168 ff.
– – Scheidung 536
– Entlassung 172
–, kapitalgedeckte 494

– Vermögensentnahme-
tabelle 897
Altersvorsorgeauf-
wendungen 494
– Höchstbetrag 501
Altersvorsorgevertrag
178 ff., 753, 845, 931
siehe auch Riester-
Förderung
– Beiträge 499
Altkleider 567
Amtsarzt 583, 586, 599 f.,
602 ff., 608–612, 624,
626, 628–632, 643, 681
Amtspflicht zur
Sachaufklärung 1050
Amtstracht 290
Änderung des Steuer-
bescheids 1033
Anfrage, telefonische
1049
Angehörige
– Arbeitsvertrag 289, 814
– Ausbildungsdienst-
vertrag 940
– außergewöhnliche
Kosten 647
– Bausparvertrag 16
– Beraterhonorar 946
– Betreuung 42
– Darlehen 876, 898 f.,
943, 994
– Kinderbetreuung 748
– Meisterkurse 940
–, Vermietung an 270, 778,
829 ff., 836 ff.
– Verträge 778, 793, 829,
833, **930–948**
Angestellter Fortbildung
324
Anlage EÜR 906 ff.
Anlage GSE 906

Anlage U 524 f., 867 f.
Anlage VL 8 f.
Anlage zum Wohnungs-
bau 8
Anlageberater 903
Anlagegüter 906
Anlagenverzeichnis 907
Anlaufverluste 962
Annexsteuer 693
Anonyme Alkoholiker
27, 597
Anschaffungskosten
760–777
Anschaffungsneben-
kosten 366
Antenne 395
Antiquität 347
– Wertverzehr 973
Antrag auf Lohnsteuer-
ermäßigung 454
Antragsveranlagung 181,
442, 446, 451 f., 456 ff.,
463
– Antragsfrist 480 f.
– formale Anforderungen
457
– Nebeneinkünfte 482
Anwaltskosten **633**, 638,
643
Anzahlung 803
Anzeige *siehe* Inserat
Apotheke 991
Arbeit
–, gemeinnützige:
Ein-Euro-Job 165
– Geringfügigkeit 938
Arbeitgeberdarlehen
72
– Rabattfreibetrag 57 f.
– Zinsersparnisse 72
– monatliche Zinszahlun-
gen 72

Arbeitgeberanteil,
Rentenversicherung
494
Arbeitnehmerjubiläum
36 f., 69
Arbeitnehmerpausch-
betrag 4, 30, 181, 439,
741, 859
Arbeitnehmersparzulage
7 ff., 939
– Einkommensgrenzen
12
– Erschleichung 1000
– Festsetzung 464
Arbeitnehmertätigkeit
768
Arbeitsecke 277
Arbeitsessen 193, 199,
927
–, regelmäßiges 80
Arbeitsgebiet, weiträumi-
ges 105, 207
Arbeitsgemeinschaft
321 ff.
Arbeitskleidung 87 f.,
290–300, 374
–, bürgerliche 290
– Ersatz 87 f.
– Firmenlogo 294
– Nachweis 297
– Pauschale 297, 1048
– private Nutzung 298
– Reinigungskosten 300
– Reparaturkosten 297
– Schaden 296 f.
– schwarzer Anzug 292
– Sportbekleidung 298
– Tropenbekleidung 295
– Uniform/uniformähn-
liche Kleidung 293
– Verschleiß 296
– Waschkosten 300

Arbeitslohn
– Unfallversicherungs-
prämie 79
– für mehrere Jahre 36
Arbeitslosengeld 458 f.,
854
– Ein-Euro-Job 165
– Steuerklasse 442
Arbeitslosenhilfe 458 f.,
653
Arbeitslosenversicherung
495
Arbeitslosigkeit 302
– Fortbildung 324
Arbeitsmittel 280 f.,
341–374
–, Abc der 374
– Abschreibungstabelle
346
– Abschreibungswahl-
recht 349
– Antiquität 347
– Arbeitszimmer 280 f.
– berufliche Verwendung
379 f.
– Beschädigung 356
– Diebstahl 348, 352
– geringwertige Wirt-
schaftsgüter 344, 349
–, Geschenke als 371
– Meisterstück 372
– Nachweis 343, 368
– Nutzungsdauer 346
– Pauschale 1048
– private Nutzung 341 f.
– Sofortabschreibung 344,
349
– Tiere 354 f.
– Umwidmung 350
– Werbungskosten 342
Arbeitsstätte, weit-
räumige 207

Arbeitstage-Berechnung
243
Arbeitsverhältnisse,
mehrere 446 ff.
Arbeitsvertrag
– Angehöriger 289
– Ehegatte 482, 930–936
– Kind 937 ff.
– Lebenspartner 654
Arbeitszeit, geteilte 391
Arbeitszimmer 263–289
– abgeschlossener Raum
279
– Abschreibung 285 f.
– Abzugsbeschränkung
264, 950
– abzugsfähige Kosten
281
– Abzugsvoraussetzung
263
– im Anbau 266
– Anmietung 267, 287,
951
– Arbeitsmittel 280 f.
– Archivraum 265
– Aufteilung zwischen
Ehegatten 276 f.
– Ausbildung 274, 546
– Außendienst 272
– Bereitschaftsdienst 274
– Berufsmusiker 265
– Besichtigung 279
– Büro mit Baumängeln/
Schadstoffen 275
– Dachausbau 270
– Drittaufwand 286
– Durchgangszimmer 279
–, von Ehepaar gemein-
sam genutztes 276 f.
– eigenes Haus/Wohnung
266, 285 f.
– Einfamilienhaus 266

– Einrichtung 280f.
– fehlender Arbeitsplatz 274
– gemischte Nutzung 263
–, häusliches 263ff.
– Heimarbeiter 272
– kein anderer Arbeitsplatz 274f.
– Keller 266, 268f.
– Kostenabzug 280
– Kostenaufteilung 283
–, mehrere 266
– mehrere Jobs 272
– Meisterschüler 274
– Mietvertrag mit Arbeitgeber 278
– Mietwohnung 284
– Nebenberuf 274
– notwendiges Betriebsvermögen 288
– Pensionär/Rentner 782
– Poolarbeitsplatz 275
– private Mitbenutzung 263
– Reinigungskosten 289
– Selbständiger 950
– Tätigkeitsmittelpunkt 272
– Umbenennung 265
– Vermietung 791
– Vorsteuererstattung 909
– Zugang 265f., 271
– Zweifamilienhaus 270f.
– Zweitwohnung 432
Arbeitszimmerprüfer 279
Architekt 272, 290, 966
Architektenkosten 761, 803
Archivraum 265
Arzneimittel 586, 643
– Zuzahlung 586f.
Arzt 290, 938

– Fortbildung 324
– Nebenberuflichkeit 34
Ärztekongress 334
Ärztliche Bescheinigung 594
Arztpraxis 778
Asbestanzug 290
Asbestsanierung 612, 643, 792
Asthma 592, 609, 612, 669
Asylberechtigter 620
Aufbewahrungsfrist 473
Aufbewahrungspflicht 473, 908, 1047
Aufklärungspflicht 1050
Aufmerksamkeiten 35
Aufteilungs-/Abzugsverbot 298, 341f.
Aufwandsentschädigung 23ff.
Aufzeichnungspflicht 473, 901
Augenoperation 643
Au-pair-Mädchen 749
Ausbilder 23f., 27
Ausbildungsdienstverhältnis 301, 306, 708
– Angehörige 314
– Meisterkurse 940
Ausbildungsdienstvertrag 940
Ausbildungsfreibetrag 452, 656ff., 695
– Einspruch 656
Ausbildungskosten 301, **544–552**, 643, 940
– Arbeitsgemeinschaften 546
– Computer 546
– doppelte Haushaltsführung 546
– Fahrtkosten 546

– Internet 546
– Telefon 546
Ausbildungsunterbrechung 658, 699f.
Ausbildungsversicherung 520
Ausgaben
–, nachträgliche 1033
–, vergessene 1034
Ausgabenpauschale 32
Ausgleichsveranlagung *siehe* Antragsveranlagung
Aushilfe 150, 793, 937f.
Auskunft
– Finanzamt 1040f., 1049
– Gebührenpflicht 1041
– zur Lohnsteuer 1042
– Lohnsteuerstelle 1042
–, verbindliche 1041
Auskunftspflicht 1039f.
Auslandsanleihe 889
Auslandsbeschäftigung 414
Auslandskind
– Freibetrag 644, 695, 713f.
– Lohnsteuerkarte 714
Auslandskorrespondent 552
Auslandspraktikum 330
Auslandskur 632
Auslandsreise 920f.
– Pauschbeträge 920
– Vorsteuer 924f.
Auslandssprachkurs 319f.
Auslandsumzug 407
Außendienst
– Arbeitszimmer 272
– erste Tätigkeitsstätte 189f.
Außenstände 989

Außergewöhnliche Belastungen 452, **572–692**
–, Abc der 643
– Beamte 580
– Beerdigung 634 ff.
– Bekleidung (Ersatzbeschaffung) 620 ff.
– Berechnungsschema 581
– Berufskrankheiten 585, 627
– Besuchsfahrten 594 ff.
– Checkliste 643
– Darlehen 622
– Definition 573
– Einspruch 582
– Erpresserschäden 633
– erweiterte Krankheitskosten 608
– Fahrtkosten 583, 590 ff.
– Führerscheinkosten 680
– Geburt 625
– Haushaltsersparnis 614
– Hausrat 620 ff.
– Heimunterbringung 613 ff.
– Kinderkur 629
– Krankheitskosten 582, 584–619
– Kurkosten 626 ff.
– Pflegepauschbetrag 688 ff.
– Prozesskosten 633
– Renovierung 612
– Rentenversicherung 580
– Scheidung 638 ff.
– Todesfall 634 ff.
– Umbaukosten 608, 643
– Umzugskosten 624

– Unterhaltszuwendungen 644 ff.
– Vorrang von Werbungskosten 576
– Wiederbeschaffung von Hausrat 620 ff.
– Zinsen 578, 622
– zumutbare Belastung 576, **579 ff.**, 667
– Zwangsläufigkeit 577
Aussetzung der Vollziehung 1027, 1029, 1043
Aussetzungsantrag 1027
Aussteuerversicherung 520
Auswärtige Unterbringung 656 ff.
Auswärtstätigkeit 101
Auszubildende 258, 274, 306, 340
Auto *siehe* Kfz
Automatenaufsteller 969
Autonarr 963
Autotelefon 382
Autowäsche 219

B

Bachelor-Studiengang 708
Back-to-back-Finanzierung 875, 898
Badekur 631
Bäderpraxis 606
BAföG 656
Bagatellgrenze 44, 72, 153, 163
Bahnhofsmission 27
Balintgruppe 310
Bandscheibenmatratze 643
Bank
– Fahrtkosten 804

– Sparbrief 863
– Steuerbescheinigung 892
Bankangestellte 293
Bankgeheimnis 892
Barbesuch 961
Barlohn 738
Barunterhalt 529, 832
Barzuschuss 66, 71
Basisversorgung 494
Bauarbeiter 187, 197, 324, 460
– Getränke 767, 771
Baudarlehen
– vom Arbeitgeber 72
– an Kinder 881
Bauerwartungsland 803, 1015
Baugenehmigung 761
Bauherrenmodell 778
Bauingenieur 324
Baukindergeld 695, 715
Baukostenzuordnung 842 ff.
Bauleiter 259
Baumängel/-schäden 1015
Baumängelbeseitigung 794 f.
Baumaterial, geschenktes 775
Bausparen 7–17
– Abschlussgebühr 11
– Einkommensgrenzen 10, 12
– Freistellungsauftrag 883
– Prämie 10 ff.
– schädliche Rückzahlung 14
– vorzeitige Kündigung 13 f.

782 Stichwortverzeichnis

– Wohnungsrenovierung 13
– wohnungswirtschaftliche Zwecke 13
Bausparvertrag
– Abtretung 16 f.
– Angehörige 16
– als Kapitalanlage 10 f.
– Kündigung 14
– Zinsen 14
Beamter
– Anwärter 301, 340
– Ehegatten/Vorsorgehöchstbetrag 503 f., 514
Bedienungsgeld 76
Bedienungspersonal 48
– Vereinslokal 24
Bedrohung, anonyme 643
Beerdigungskosten 574, 634 ff., 643
– Nachlass 574, 634, 635, 643
– Versicherungen 634
– Zinsen 635
Beförderungskosten 392, 404
Befruchtung, künstliche 643
Begleitperson Kur 629, 643
Behandlung, heileurythmische 604, 643
Behandlungsmethode, wissenschaftlich anerkannte 605
Behinderte/Behinderung
– außergewöhnliche Belastung 669–687
– Ausweis 613, 673
– Begleitperson 598, 602, 629, 643
– Bescheinigung 685 f.

– Einzelnachweis 672
– Entfernungspauschale 242, 411
– Fahrtkosten 411, 643, 675 ff.
– – behinderte Kinder 679
– Freifahrt 687
– Führerschein 680
– Kilometerpauschale 677
– Kinderfreibetrag/-geld 701 ff.
– Kfz-Kosten 675, 680
– Kfz-Steuerermäßigung 687
– Krankenversicherung 674
– Kurkosten 681
– nachträglicher Antrag 611
– Parkerlaubnis 687
– Pflegeheim 672
– Privatfahrten 675
– Transport, Übungsleiterfreibetrag 34
Behindertenpauschbetrag 452, 613, 616, **669–687**
– gutachterliche Stellungnahme 686
– Kinder 684 f.
– Nachweis 673
– Rückwirkung 685
– Tabelle 670, 701
– Übertragung 616, 684, 695
Beihilfe
– Erholung 86, 147
– Heirat/Geburt 35
– Lehrgang/Tagung 73
– Notstand 61
– verbilligte Krankenversicherung 62

Beiträge 43, 59, 559, 561 ff.
Beitragsbemessungsgrenze 866
Bekleidung *siehe* Kleidung
Belege 38, 473 f., 789, 1045
– Aufbewahrungspflicht 1047
–, Abzug ohne 474
– Nachweis 1045, 1048
Belegschaftsaktien 84
Beleuchtungskörper 395
Benzingutschein 44, 103 f., 164
Berater für Datenverarbeitung 903
Beraterhonorar 946
Beratervertrag 946
Beratungslehrer 310
Bereitschaftsdienst, Arbeitszimmer 274
Bergmannsprämie, Erschleichung 1000
Beruf und Familie 42
Berufsausbildung 452, 698 ff., 706 f.
–, abgeschlossene 708
Berufsgenossenschaft 482, 585, 846
Berufskleidung *siehe* Arbeitskleidung
Berufskrankheit 585, 627
Berufsmusiker 265
Berufsreiter 355
Berufsschule 258, 306, 340
Berufssportler 903
Berufsständische Versorgungswerke 852
Berufsunfähigkeitsrente 852, 856, 865

Stichwortverzeichnis

Berufsunfähigkeits-
versicherung 495
Beschäftigung im
Privathaushalt
– Krankenversicherung
160
– Rentenversicherung
158
Beschwerde 462, 1030
Besichtigung 404, 802
Besondere Veranlagung
466
Bestattungsunternehmen,
Arbeitskleidung 292
Bestechungsgelder 845
Besteuerung
–, ermäßigte 36
–, nachgelagerte 21, 180,
492, 753, 847
Besteuerungsanteilta-
belle 852
Besteuerungsgrundlage
1026
Bestrahlungsgerät 643
Besuchsfahrten 596, 643
– ärztliches Attest 594
– doppelte Haushalts-
führung 426
– Krankenhaus 594
Beteiligung, stille 8, 84,
874, 941 f.
Beteiligungsvertrag 8
Betreuer 27, 34, 40, 272
Betreuungsfreibetrag
693 ff., 710 f.
– Übertragung 715
Betreuungsleistung 662
Betriebsaufgabe 991
Betriebsausflug siehe
Betriebsveranstaltung
Betriebsausgaben 903 f.,
906, 949, 961

–, nicht abzugsfähige 912,
927
– Finanzierungskosten
1004 f.
– Kinderbetreuungskos-
ten 741
– Pauschale 32, 41
– Schuldzinsen 911 ff.
– Tagesmütter 41 f.
– Umzugskosten 403
– Verpflegungsmehrauf-
wand 918
Betriebseinnahmen 903,
906
Betriebsfest 37, 64 f.
Betriebspension 82
Betriebsprüfung 994 ff.,
1000
– Anlässe 994
– Datenverwertungsver-
bot 996
– Datenzugriff 996
– EDV-Programme 996
– Mitwirkung 996
– Prüfungsanordnung 996
– Prüfungsraum 997
– Prüfungsschwerpunkte
994
– Prüfungszeitraum 995
– Selbstanzeige 997, 1000
Betriebsrat 53
Betriebsratsvergütung 75
Betriebssport 60
Betriebsveranstaltung
64 ff., 147
– Barzuschuss 66, 71
– Begleitperson 64, 68
– begrenzter Personen-
kreis 67
– Bewirtungskosten 65,
927
– Kostenaufteilung 70

– Lohnsteuerpauschalie-
rung 67, 147
– Organisator 68
– Reisekosten 65, 68
Betriebsveräußerung
987 f.
– Buchführungswechsel
988
– Freibetrag 987, 990
– Fünftelregelung 991
– Schuldzinsen 993
Betriebsvermögen
– Arbeitszimmer 288
–, gewillkürtes 953
–, notwendiges 953
Betriebsverpachtung
991 f.
Betriebswirt 324
Betrug 643
Bewegliche Gegenstände,
Vermietung 808, 845
Beweis des ersten
Anscheins 1051
Beweisbeschluss 1031
Beweislast 1039, 1050 f.
Bewirtung von Arbeit-
nehmern 927
Bewirtungskosten 926 ff.
– Barbesuch 961
– Begrenzung 927, 929
– Feier 928
– Gartenparty 233, 961
– Mietkosten 929
– Mitarbeiter/Kollegen
232 f.
– nicht abzugsfähige
Betriebsausgaben 927
– Rechnung 232, 926
– Versetzung 233
– Vorsteuerabzug 1010
Beziehungskauf 53
Bezirksleiter 118

Bezüge *siehe* Einkünfte
Bilanz 901 f.
Bilanzbuchhalter 324
Bilder, Wertverzehr 973
Bildhauer 965
Bildschirmarbeitsplatz 89
Biorelease-Kurs 310
Blasenleiden 669
Blaumann 88
Blindengeld 702
Blindenhund 671
Blindenschule 609
Blockunterricht 258
Bodenbelag 767, 774
Bodenrichtwert 762
Botengang 245
Boxenmiete 355
Brandschaden 620 f., 1015
Brieftaubenzucht 966
Brille 89, 586, 643
Bücher 374
Bücherregal 363, 374
Buchführung 903 ff., 915
– Computerprogramme
  915
–, doppelte 901
–, elektronische 996
– Unterlagen 908
Buchführungshelfer 903
Buchführungspflicht 901
Buchhalter 938
Bühnenvermittler 903
Bundesfinanzhof 1030
Bundesfreiwilligendienst
  698, 700
Bundesknappschaft 161,
  661
Bundesschatzbrief 863,
  886
Bundesseuchengesetz 459
Bundeswehrgeneral 233
Bundeswehrpilot 324

Bürgerentlastungsgesetz
  528
Bürgschaft 643
Büroeinrichtung 345
Bürokaufmann 324
Busfahrer/-depot 207

C

Campingkur 632, 643
Cello 347, 374
Cembalo 354, 374
Chauffeur 293
Chelattherapie 586, 604
Chemielaborant 324
Chorleiter 27
Cola 80
Computer **357–362**, 368,
  374
– Abschreibung 344 ff.,
  362
– Ausbildungskosten 546
–, betrieblicher 94, 357 ff.,
  950
– Buchführung 915
– Kostenaufteilung 359
– Multimediaausstattung
  360
– Nutzungsdauer 362
– private Nutzung 148
– Teile 344
– Werbungskosten 357,
  359 f.
– wirtschaftliches
  Eigentum 358
Contergankinder 608

D

Dachausbau, Arbeits-
  zimmer 270
Damnum 804, 843
Darlehen 72
– Absicherung 520

– Angehörige 876, 898 f.,
  943, 994
– Arbeitgeberdarlehen 72
– Forderung 8
– Lebensversicherung 520
–, partiarisches 874
–, privates 875, 881, 942
– aus Schenkung 730
– Tilgung 578
– Verluste 942
– Wiederbeschaffung von
  Hausrat 622
– Zinsen 622, 817, 898 f.
– Zinsen nach Immobili-
  enverkauf 839
– Zuordnung 842 ff.
Darlehensvertrag Kinder
  730
Das Tier 354
Datenzugriff Betriebs-
  prüfung 996
Dauernde Lasten 452,
  531 ff.
Delphintherapie 643
Depot-Optimierer 365
Detektiv 638, 643, 903
Diakon 34, 272
Dias 374
Diätverpflegung 589, 643
Diebstahl 231
– Arbeitsmittel 348, 352
– Kfz 247 f., 353
– Kosten 620 f.
– Werbungskosten 348
Diensthund 355
Dienstjubiläum,
  Bewirtungskosten 233
Dienstkleidung 293 f.
Dienstleistungen *siehe*
  Haushaltsnahe
  Beschäftigung/
  Dienstleistung

Stichwortverzeichnis

Dienstreise 68, 77, 101, 183
- Abwesenheitszeit 193 f.
- Autokosten 207 f.
- Autokosten/Kilometersatz 208, 214, 218
- Autokostennachweis 211
- Autokosten/Teilschätzung 216
- Bauleiter 259
- Bewirtungskosten 198, 232
- Dauer 192 ff.
- Diebstahl 231
- Dreimonatsfrist 191
- Ehegatte 228
- Fahrtkosten 206–221
- Kundenbewirtung 193, 199
- Marinesoldaten 195
- Mindestdauer 193 f.
- Mindestentfernung 192
- Pauschale 191
- Privatwagen 208
- Reisekosten 187–231
- Reisenebenkosten 221
- Seeleute 195
- Übernachtungskosten 221 ff.
- Unfallversicherung 78
- unzutreffende Besteuerung/Fahrtkosten 218
- Verpflegungspauschale 191
- Vollkaskoversicherung 229
- Vorsteuerabzug 209, 1010
Dienstwagen *siehe* Firmenwagen

Dienstzimmer 374
Differenzbesteuerung 1012 f.
Diktiergerät 369 f., 373 f.
Direktversicherung 151, **168 ff.**, 846, 853
- Arbeitgeberwechsel 170
- biometrische Risiken 173
- Ehegattenarbeitsverhältnis 172, 931
- Gehaltsumwandlung 171
- Gehaltsverzicht 171
- Lohnsteuerpauschalierung 169
- Miniversicherung 173
- Vertragserweiterung 173
- zusätzlicher Vertrag 173
Direktzusage 168
Dirigent 27
Disagio 764, 781, 804, 843
Dividende
- Abgeltungsteuer 874 ff., 894
-, ausländische 875
- Halbeinkünfteverfahren 874, 877, 894
Doktorprüfung 307, 549
Doktortitel
- Kosten 307
-, gekaufter 551
Dolmetscher 552, 903
Doppelbesteuerungsabkommen 459, 882
Doppelte Haushaltsführung 308 f., 320, **408–435**
- Abzugsbeschränkung 417 f.
- Alleinstehende 409, 417

- angemessene Wohnung 431 f.
- Ausbildung 546
- Ausland 414
- Behinderte 411
- Beschäftigungsort 415
- Besuchsfahrt 426
- dreifache Haushaltsführung 435
- Ehepartner 435
- eigener Hausstand 409, 417, 419 ff.
- Eigentumswohnung 430
- Einrichtungsgegenstände 423
- Entfernungspauschale 236 f., 418
- Fahrtkosten 411, 418
- Familienheimfahrten 236, 410 ff.
- Ferienwohnung 427
- Gemeinschaftsunterkunft 408
- Haushaltsbeteiligung 421
- ohne eigenen Hausstand 417
- Heimfahrten 410 ff., 418, 426, 433
- Hotelzimmer 408
- Kostenaufstellung 410
- Künstler 425
- Lebenspartnerschaft 409, 421
- Ledige 409, 417
- Mehraufwendungen 410
- Mehrgenerationenhaushalt 420
- Mindestzahl an Heimfahrten 433
- Selbständige 425

- Telefonkosten 412, 424
- Übernachtungskosten 222
- umgekehrte Familien-heimfahrt 426
- Umzug 427 ff.
- Umzugskosten 383, 434
- Unterkunft 408
- Verlegung des Familienwohnsitzes 427
- Verpflegungsmehrauf-wand 413 f.
- Wahlrecht Fahrtkosten 433 f.
- Wohnmobil 408
- Wohnungseinrichtung 423
- Wohnungseinrichtung/ AfA 423
- Wohnwagen 408
- zwei Wohnorte 416 f.
Doppelte Mietzahlungen 392, 405
Doppelzimmer 228
Dreifache Haushaltsfüh-rung 435
Dreimonatsfrist
- Dienstreise 191
- Einsatzwechseltätigkeit 201 ff.
- Geschäftsreise 918
- Neubeginn 191
- Unterbrechung 191
- Urlaub/Krankheit 191
Drei-Objekt-Grenze 823, 825
Drillinge 625, 643
Drittaufwand 249, 389, 801, 974
- Arbeitszimmer 286
Drogenabhängiges Kind 703

Durchgangszimmer 279
Durchschnittssätze Vorsteuer 1011
Düsseldorfer Tabelle 716

E

EB-FAGO-Tabelle 474
Edelmetall 1012
Edelstein 1012
EDV-Dozent 272
EDV-Programm 984
Effekten Spiegel 365
Eheberatung 639
Ehegatte
-, ausländischer 649 ff.
- Dienstreise 228
- Drittaufwand 974
- Entfernungspauschale 253
- Gehalt 931 f.
- Mietvertrag 974
- Mitunternehmerschaft 943
- Scheidung 468 f., 472, 638 ff.
- Veranlagung 465 ff.
- Vorsorgeaufwendungen 503 f.
Ehegattenarbeitsverhält-nis 930–936
- 450-€-Job 167
- Direktversicherung 172
- Firmenwagen 936
- Riester-Förderung 931
- Stellenbeschreibung 935
Ehegattenunterhalt 523–530
- Höchstbetrag 528
- Mietvertrag 834 f.
- Sonderausgabenabzug 524 f., 527

- Verweigerung der Zustimmung 524 f.
- Wohnungsüberlassung 529
Ehescheidung *siehe* Scheidung
Ehrenamtliche Tätigkeit 24
Eidesstattliche Erklärung 1042
Eigenbeleg 1033, 1045
Eigenbluttherapie 586, 604
Eigener Hausstand 409, 417, 419 ff.
Eigenheimrentengesetz (Wohn-Riester) 10, 18 ff., 750–753
Eigenheimzulage 751 f.
Eigennutzung (Wohn-eigentum)
-, beabsichtigte 796 ff.
- Reparaturkosten 806
- Schuldzinsen 840
Eigentum, wirtschaft-liches 974
Eigentumswohnung
- doppelte Haushalts-führung 430
- Wohnungstausch 828
Eigenverbrauch 906, 971 f., 1009
Einbauküche 767, 773
Einbaumöbel 13
Einbauschrank 770
Einbruch 620
Ein-Euro-Job 165
Einfriedungskosten 767, 772
Einheitswert 1015
Einkommensgrenze

Stichwortverzeichnis

– Arbeitnehmerspar-
  zulage 7
– Bausparen 10
Einkommensteuerer-
  klärung 455–475
– Abgabefrist 478, 802
– Beschwerde 462
– Fristverlängerung 479
– Nebeneinkünfte 476 f.
– Pflichtveranlagung 476
– Progressionsvorbehalt
  458 ff.
Einkommensteuer-
  tabellen 1052
Einkommensteuerveran-
  lagung, Antrag auf 802
Einkünfte/Bezüge
– Einmalzahlungen 146,
  947
– Kind 701 f., 706, 724, 736
–, sonstige 146, 845–872
– Übertragung 728 ff.
Einkunftserzielungsab-
  sicht 778, 780, 971
– kurzfristige Vermietung
  797
– Renovierung 800
Einliegerwohnung 841 ff.
Einmalzahlung 146
Einnahmen, entgangene
  643
Einnahmenüberschuss-
  rechnung 901–916
– Anlage EÜR 906 ff.
– Anlagenverzeichnis
  907
– Formvorschriften 907
Einrichtung
– Abschreibung 809
– Arbeitszimmer 280 f.
– doppelte Haushaltsfüh-
  rung 423

Einsatzstelle, ständig
  wechselnde 105
Einsatzwechseltätigkeit
  182, 185, 201 ff.
– Dreimonatsfrist 201 ff.
– Fahrtkosten 208, 254 f.
– Pauschalversteuerung
  von Verpflegungskos-
  ten 197
– regelmäßige Arbeits-
  stätte 259
– Verpflegungskosten
  201 ff.
Einspruch 1026 f., 1032,
  1042
– Entscheidung 1029
– Frist 1026, 1028, 1033 f.
– Fristversäumnis 1028
– Verfahren 1026
Einsturzgefahr 794
Einzelveranlagung 465,
  470 f.
Elektrizität 781, 909
Elektrofahrzeug,
  Firmenwagen 116
Elektroinstallation 281
Elektromeister 918
Elektroorgel 374
Elementarschaden-
  versicherung 621
ELStAM-Verfahren 451
Elterngeld 461
Encyclopaedia Britannica
  354
Endpreis 51
Energetische Sanierungs-
  maßnahmen 452
Enkelkind,
  Kinderfreibetrag/-geld
  695, 722
Entbindungskosten
  625

Entfernungspauschale
  104, 234–246
– Arbeitstage 243
– Berechnung 235, 240
– Behinderte 242, 411
– Berufsschule 301
– doppelte Haushalts-
  führung 236 f., 418
– Ehegatten 253
– Entfernung 240
– Fahrten zwischen zwei
  Arbeitsstätten 257
– Fahrgemeinschaft 260
– Firmenwagen 244
– Kundendienstmonteur
  256
– Leihwagen 239
– maßgebende Entfer-
  nung 240
– maßgebende Wohnung
  261
– Mindestanzahl an
  Heimfahrten 261
– öffentliche Verkehrs-
  mittel 235 f.
– tatsächliche Kosten
  235 f.
– trotz Reisetätigkeit 207
– Verkehrsmittel 238
– Wirkungsbereich 237
Entlastungsbetrag für
  Alleinerziehende 439,
  718 ff.
–, doppelter 720
Entnahme 912
– Spende 568
– Tabelle 897
Entwicklungshelfer 704
Erbbaurecht Abstands-
  zahlung 777
Erbbauzinsen 781
Erbschaft

- Behindertenpauschbe-
  trag 686
- Haus/Wohnung 827
- Kirchensteuer 540
Erbschaftsteuer 522
Erfahrungssätze 1042
Erfrischungen 80
Ergänzungspfleger 730,
  734, 821, 937
Ergänzungsschule 570
Ergotherapeut 570
Erhaltungsaufwand 755,
  787 f., 801
Erholungsbeihilfe 86,
  147
Erlass
- Antrag 1020
- Kirchensteuer 1020
- Säumniszuschlag 1036
Ermäßigte Besteuerung,
  Jubiläumsgeschenk 36
Ernährungsberatung 43
Erpresserschäden 633
Erpressungsgelder 643
Ersatzschule 570
Erste-Hilfe-Kurs 27
Erste Tätigkeitsstätte
  187 ff., 259
- Festlegung 189
- Prüfung 188
Erststudium 301, 303,
  707 f.
Ertragsanteil 781, 850
- Tabelle 853, 855
Erwerbsobliegenheit
  651
Erwerbsunfähigkeits-
  rente 852, 856, 865
Erwerbsunfähigkeits-
  versicherung 495
Erzieher 23 f.
Essen auf Rädern 34

Essenszuschuss 147
EU-Quellensteuer 892
EU-Zinsrichtlinie 891 f.
Euro/EZB-Umrech-
  nungskurs 655
Europäische Schulen 570
Existenzminimum 3
Exportsachbearbeiterin
  324

F
Fachberater 272
Fachbuch/-literatur
- Arbeitsmittel 354, 363 f.,
  366 f.
- Fahrtkosten 366 f.
- gemischte Aufwendun-
  gen 367
-, medizinische 588, 643
- Pauschale 1048
- Quittung 354
- Steuerberatungskosten
  542
- Zeitungen/Zeitschriften
  363, 365
Fachhochschule 570
Fachkongress 336, 922
Fahrer, ehrenamtlicher
  24
Fahrberufe 202
Fahrgeld 102–110
- Minijob 164
- Pauschalversteuerung
  104
Fahrgemeinschaft 260
- Ehegatten 253
Fährhafen 207
Fahrkarten 45 f.
Fahrlehrer 130
Fahrstuhl 608, 643
Fahrtätigkeit 182, 184,
  201 ff.

Fahrten zwischen
  Wohnung und
  Arbeitsstätte **102–121**,
  149, 187, 207, **234–262**
- Behinderte 242
- dienstlicher Umweg
  106 f.
- 1 %-Regelung 117
- Entfernungspauschale
  234 ff.
- Filiale 257
- Firmenwagen 244
- Firmenzuschuss 241
- Flugkosten 238
- Kleinkraftrad/Mofa/
  Moped 241
- Leerfahrt 242
- Leihwagen 239
- Lohnsteuerfreibetrag
  110
- mehrere Einsatzstellen
  am Tag 257
- Mitnahmegebühr 845
- Sammelbeförderung
  105, 241, 255
- Zahl der Arbeitstage
  243
- Zweigniederlassung 257
Fahrtenbuch 1009
- Aufzeichnungserleichte-
  rungen 127
- Einkommensteuer-
  erklärung 123
-, elektronisches 125
- Firmenwagen 122 ff.,
  133, 959
- Form 125
- kleinere Mängel 126
- Methodenwechsel 132
- Mindestangaben 124
- Muster 125
- Sozialversicherung 123

Stichwortverzeichnis

– Tankbeleg 126
Fahrtkosten 101, 182, 366
– Abschreibung 215
– Alkoholiker 597
– Angemessenheit 207
– Arbeitgebererstattung 221
– Ausbildung 546
– Bank 804
– Bauleiter 259
– Behinderung 598, 675 ff.
– Berufsschule 258
– Beteiligung 255
– Botengang 245
– Dienstreise 206–221
– doppelte Haushaltsführung 410, 418, 433 f.
– Dreimonatsfrist 191, 918
– Ehegatten 247, 678
– Ehegatten/gemeinsame Fahrten 253
– Einsatzwechseltätigkeit 208, 254 f.
– erste Tätigkeitsstätte 207
– Fahrgemeinschaft 260
– Finanzierungsmakler 804
– Firmenwagen 244
– Hausbau/-kauf 761, 802
– individueller Kilometersatz 214
– Kilometersatz 208, 214, 218
– Kostennachweis 211
–, krankheitsbedingte 590 ff.
– Kur 592
– Leasing 217
– mehrere Wohnungen 261

– Mittagsheimfahrt 245
– Mittelpunkt der Lebensinteressen 261 f., 418
– Notar 804
– Pauschale 207, 210
– Restnutzungsdauer 215
– Spende 566
– Teilschätzung 216
– Umzug 404
– Unfallkosten 247
– unzutreffende Besteuerung 218
– Vermietungseinkünfte 789
– weiträumige Arbeitsstätte 207
– Werbungskosten 208
– zum Zahnarzt 583
– Zweitwohnung 261 f.
Fahrtkostenerstattung 241
Fahrtkostenzuschuss
– Bescheinigung auf der Lohnsteuerkarte 109 f.
– dienstlicher Umweg 106 f.
– Lohnsteuerpauschalierung 149
– Pauschalsteuer 104
– Sammelbeförderung 105
Fahrzeitersparnis 383, 388 ff., 406
– Saldierung 389
Faktorverfahren 445
Familie und Beruf 42
Familienheimfahrt siehe Heimfahrt
Familienkasse 723
Familienkrankenversicherung 731 f.

Familienleistungsausgleich 693
Familienmediation 639
Faschingsprinz 971
Faxgerät 94 f.
Fehlgeldentschädigung 83
Fehlplanung 794
Feiertagszuschlag 137 ff., 143
Ferienbetreuer 34
Ferienkurse 570
Ferienwohnung/-haus 8, 18, 427, 752, 778, 810 ff., 999
Fernsehgerät 374
Fernsehansagerin 291
Fernsehantenne 395
Fernsprechgebühren siehe Telefonkosten
Festgeld 886
Fettabsaugung 643
Feuchtigkeitsschaden 1015
Feuerschaden 621
Feuerwehr 27, 318
Filialleiter 118, 190, 293
Finanzamt
– Aufklärungspflicht 1050
– Aufstellung 1046
– Auskunft 1040 f., 1049
– Auskunftsgebühr 1041
– Beratung 1040
– Beweislast 1050 f.
– Lügen 1044
– rechtliches Gehör 1038
– Vorladung 1049
Finanzbeamter 324
Finanzgericht 1029 ff., 1050
– Prozess 1031
Finanzierung
– Beratung 765, 804

- Kosten 763, 804, 1004 f.
- Zinsabzug 840 ff.
Finanztip 365
Firmenfest 961
Firmenwagen **112–136**,
949, **952–960**
- Abschreibung 133
- Einkommensteuerer-
klärung 123
- 1 %-Regelung 112 ff.,
120 ff., 136, 244,
953–960, 1009
- Elektrofahrzeug 116
- Entfernungspauschale
244
- Fahrkarten 117
- Fahrtenbuch 122 ff.
- Fahrzeugpool 121
- Garagengeld 91 f.
- Geländewagen 113
- Kostendeckelung 956
- Lkw 113, 115
-, mehrere 114
- Methodenwechsel 132
- notwendiges Betriebs-
vermögen 953
- Nutzungsverbot 118,
135
- Oldtimer 959
- Park and ride 117
- Pauschalierung der
Lohnsteuer 119
- personenbezogene
Berechnung 120
- Preisobergrenze 136
- Pritschenwagen 115
- Privatfahrt 112, 122,
136, 244, 953 ff.
- Sonderzubehör 136
- Sportwagen 952
- Transportfahrzeug 115
- Umsatzsteuer 958, 1009

- Unfall/Privatfahrt 133,
960
- Urlaub 134
- Versicherung 133
- Vorsteuer 1009
- Werkstattwagen 115
- Wohnmobil 113
- Zuzahlungen 136
Fitnesstraining 43, 606
Flight 374
Flohmarkt 1012
Flug Revue 374
Flugbegleiter 226, 293,
324
Flügel 354, 374
Flugingenieur 324
Flugschein 317
Flugschneise 1015
Flugticket 46
Forderungen 989
Förderungsprogramm
311
Formaldehydsanierung
612, 643, 792
Forschungsreise 331
Forstbeamte 293, 354,
374
Fortbildungskosten 73,
301–324
-, Abc der 324
- Arbeitsgemeinschaft
321 ff.
- Arbeitslose 302
- Erfahrungsaustausch
323
- Führerschein 316
- interner Fremdver-
gleich 314
- Meisterlehrgang 305
- Sprachkurs 319 f.
- Studium 301 f.
- Umschulung 305

- vorweggenommene
Werbungskosten
304 f.
- Zweitstudium 302, 305
Fortbildungslehrgang
308 f., 311 f.
- Teilnahmegebühr 308,
312
Fortbildungsvertrag 314
Fotograf 482 f., 548
Fotomodell 903
Freiberufler 31, 265, 425,
476, 536, 556, 850, 901 ff.
- Kanzlei 778
Freibetrag 439, 446, 682 f.
- Behindertenpauschbe-
trag 452
- Betriebsveräußerung
987, 990
- eintragungsfähige
Kosten 451 ff.
- Existenzminimum 3
- Fahrten zwischen
Wohnung und
Arbeitsstätte 109 f.
- Lohnsteuerkarte 451 ff.
- Rente 848 f.
- Übungsleiter 23 ff.
- vereinfachter Antrag
454
- Verlustabzug 452
- Verluste 452
- Vorsorgeaufwendungen
453
- Werbungskosten 181
- Wohneigentumsförde-
rung 452
Freifahrt 687
Freigrenze *siehe*
Sachbezug
Freistellungsauftrag
882 ff.

Freiwillige Steuererklä-
rung 456, 476
Freiwilligendienste 698,
700
Fremdsprachenkorres-
pondent 332
Fremdvergleich 933
–, interner 314
Freundschaftsdienst
766 f., 769
Frischzellentherapie 586,
643
Friseur 293
Fristverlängerung 479
Fristversäumnis 1034
Frühstück 227, 229, 921
Führerschein 81, 220, 643
– Arbeitgeberzuschuss
318
–, ausländischer 404
– Behinderte 680
– Feuerwehr 318
– Fortbildungskosten 316
– Polizist 318
Fuhrparkmanager 272
Fünftelregelung 99, 854,
991
Fußballschuhe 374
Fußstapfentheorie 759

G
Garagengeld 91 f.
Gardinen 423
Gartenparty 233, 961
Gartenpflege 793
Gaskosten 781, 909
Gastarbeiter
– Fortbildung 324
– Unterhaltsleistung
650 f., 655
Gebäck 80
Gebäude

– Abschreibung 757 ff.
– Anschaffungskosten
760, 762
– Aufteilung des
Kaufpreises 762
– Baumängel/-schäden
1015
– Brandschaden 620 f.,
1015
– Einsturzgefahr 794
– Feuchtigkeitsschäden
1015
– Haftpflichtversicherung
495, 498
– Herstellungskosten
760 f., 775
– Mängel 794 f.
– Versicherung 621
– Wertminderung 794
– Zinszuordnung bei
Herstellung/Kauf 843 f.
Gebrauchtwagen 55, 215,
954, 959
Gebrauchtwaren 1012
Gebühren 395, 404, 761
Geburt 625, 643
Geburtsbeihilfe 35
Geburtstagsfeier 37, 233,
928
Gefängnisaufenthalt 649
Gegenstandswert 1041
Gegenwert 575
Gehaltsumwandlung
– arbeitnehmerfinan-
zierte Pensionszusage
174
– Direktversicherung
171
– Direktzusage 168
– Kindergartenzuschuss
39
– Pensionszusage 168

Gehaltsverzicht 168 ff.,
450
Gehbehinderung 592,
676 ff., 687
Geige 348, 374
Geistlicher 324, 354
Geländewagen, 1 %-Re-
gelung 113
Geldbeschaffungskosten
763, 765, 781
Geldgeschenk 71, 74, 986
Geldstrafe 643
Geldverkehrsrechnung
1039
Gelegenheitsgeschenk 74
Gemälde, Wertverzehr
973
Gemeinschaftsunterkunft
408
Gemischte Aufwendun-
gen 263, 298
Genossenschaftsgut-
haben 8
Genussmittel 80
Genussscheine 8
GEO 354, 374
Gepäckaufbewahrung/-
transport 229
Gerichtsbescheid 1031
Gerichtskosten 633, 775,
781, 816, 1030
Gerichtsreferendar 324
Geringfügige Beschäfti-
gung/Dienstleistung
156–167 *siehe auch*
450-€-Job, Mini-Job,
Teilzeitarbeit
– anzurechnende
Einkünfte 163
– Beispiel 156
– Ehegattenarbeits-
verhältnis 167

- Ein-Euro-Job 165
- haushaltsnahe Beschäftigung 661
- Kirchensteuer 161
- Krankenversicherung 160
- Lohngrenze 157
- Lohnsteuerpauschalierung 150
- Personalrabatt 54
- Rentenversicherung 158 ff.
- Rentenversicherungsbeitrag aufstocken 159
- Rentner/Pensionär 166, 864 ff.
- Solidaritätszuschlag 161
- Sozialversicherung 156 f.
- Steuer 161
- Steuerfreiheit 945
- Steuerpauschalierung 161 ff.

Geringwertiges Wirtschaftsgut
- Arbeitsmittel 344, 349
- Abschreibung 349, 979, 989
- Pool 979

Gesamtgewinn 968
Geschäftsanteile 84 f.
Geschäftsführer 138 f., 232, 272, 510
Geschäftsjubiläum 36
Geschäftsreise 917 ff.
- Abrechnung 923
- Ausland 920 f.
- Dreimonatsfrist 918
- Gruppenreise/Kongress 922
- Handwerker 918
- Inland 917

- Privat-Kfz 919
- Verpflegungsmehraufwand 917 ff.

Geschäftswagen *siehe* Firmenwagen
Geschenk 153, 986
- Arbeitsmittel 371
- Baumaterial 775
- Geld 71, 74
- Gelegenheitsgeschenk 74
- Jubiläum 36 f.
- Sachgeschenk 74

Geschirr 423
Geschlechtsumwandlung 610
Geselle 324
Gesellschaft bürgerlichen Rechts (GbR) 532, 892
Gesellschaft mit beschränkter Haftung (GmbH) 892, 893
- Anteile 8, 532, 898, 900
- Gesellschafter 139
- Pensionszusage 510

Gesellschafter/Geschäftsführer 138 f., 510
Gesprächsführungskurs 310
Gesundheitsförderung, betriebliche 43
Gesundheitskosten, vorbeugende 599 ff., 792
Gesundheitswesen, Schule des 570
Getränke 74, 766 f., 771
Getränkegroßhandel 966
Gewerbebetrieb
- Geschäftsreise 917 ff.
- Liebhaberei 962 f., 969
-, ruhender 991
-, typischer 969

Gewerbeerlaubnis 963
Gewerbeimmobilie 778
Gewerbelehrer 354
Gewerbesteuer 1003 ff.
- Berechnungsschema 1003
- Freibetrag 1003
- Steuermessbetrag 1003, 1005

Gewerbetreibende 215, 452, 476, 490, 556, 805, 901 ff.
Gewerkschaftler, Studienreise 327
Gewinn 906
Gewinnerhöhung, nachträgliche 985
Gewinnermittlung 988
Gewinnerzielungsabsicht 967 ff., 971
Gewinnminderung 981
Gewinnschuldverschreibung 8
Gewinnverlagerung 914
Girosammelverwahrung 895
Gitarre 374
Gliederschmerzen 606
GmbH *siehe* Gesellschaft mit beschränkter Haftung
GmbH & Co. KG 892, 992
GNOFÄ 475
Gobelinbild 280
Grabstein 535, 637
Gratifikation 143
Greenpeace 537
Grippeschutzimpfung 583, 587
Großeltern

- Kinder-/Betreuungsfrei-
  betrag 715
- Kindergeld 722
Grundbesitzabgaben 781
Grundbuchkosten 760,
  762, 804
Grunderwerbsteuer 760,
  762, 765, **1016 f.**
Grundfreibetrag 3
Grundlohn 143
Grundschuld 804
Grundsteuer 1015
Grundstück
- Anschaffungskosten
  760, 765
- Aufteilung des
  Kaufpreises 762
- Drei-Objekt-Grenze
  823, 825
- Spekulationsfrist 827,
  869
- teilentgeltlicher Erwerb
  534
- Verkauf 823 ff.
- Wert 762
- Wertverzehr 973
Grundstücksgeschäft,
  gewerbliches 823 ff.
Gründungskosten 970
Gründungsphase,
  Verluste nach 969
Grünzone 1015
Gruppenreise 922
Gruppenunfallversiche-
  rung 151, 175
Grzimeks Tierleben 354
Günstigerprüfung 505,
  514 ff., 726
Gutachtertätigkeit 667
Gutachterliche Stellung-
  nahme 686
Gütergemeinschaft 943

Güterstandsvereinbarung
  943
Gütertrennung 943
Gutschein 44, 74, 103 f.,
  164

H

Haarausfall 610
Haartransplantation 610,
  643
Habilitation 550
Haftpflichtversicherung
  495, 498
Halbeinkünfteverfahren
  874, 877, 894
Halbteilungsgrundsatz
  717
Hälftiger Höchstbetrag
  509
Handelsblatt 365, 374
Handelsvertreter 128,
  272, 903
Handwerkerleistung 661,
  666 ff., 806
Handwerkerrechnung
  761
Handwerksmeister 324
Handy 230, 379 f.
-, betriebliches 95
-, privates 380
Härteausgleich 476, 486 f.,
  766, 807
Häufigkeitszuschlag 400,
  404
Haus, schlüsselfertiges
  1017
Hausbau/-kauf 802
- Besichtigung 802
- Zinszuordnung 843 f.
Hausbesitz 750
-, vermieteter *siehe*
  Vermietung

Hausgehilfin *siehe*
  Haushaltshilfe
Haushaltsersparnis 614,
  617 f.
Haushaltsgemeinschaft
  719
Haushaltshilfe 452, **660**
- Drillinge 625, 643
Haushaltsnahe Beschäfti-
  gung/Dienstleistung
  660 ff.
- Angehörige 661
- Barzahlung bei Minijob
  661
- Betreuungsleistung 662
- Kinderbetreuung 744
- nicht eheliche
  Lebensgemeinschaft
  661
- eingetragene Lebens-
  partnerschaft 661
- Mieter/Eigentumswoh-
  nungsbesitzer 668
- Mustervertrag 661
- Pflegeleistung 662
- Pflegepauschbetrag
  663
- Steuerermäßigung 662 f.
- Umzug 662
Haushaltsscheckver-
  fahren 159, 661
Hauskosten 781
-, laufende 760 ff.
-, sonstige 789
-, vergebliche 803
- vor Bau/Kauf 802 f.
Hausmodernisierung
  786–793
Hausnotrufdienst 34
Hausrat
- doppelte Haushalts-
  führung 423

– Ersatzbeschaffung 620 ff., 643
– Versicherung 517, 621
Hausschwamm 643
Hausstauballergie 643
Haustierbetreuer 664
Hausverkauf 823 f., 839
Hausversicherung 781
Hausverwaltung 781, 818
Hauswirtschaftliches Leben 409
Hebamme 903, 1005
Hebeapparat 608, 643
Hebesatz 1003, 1015
Heilerzieher 324
Heileurythmische Behandlung 604, 643
Heilkur 643, 681
Heilmasseur 1005
Heilmittel 586
Heilpraktiker 583
Heilpraxis 965
Heimarbeitsplatz 272, 278
Heimaufenthalt 629
Heimdialyse 643
Heimfahrt 261, 408
– Besuchsfahrt 426
– Flugkosten 238
– doppelte Haushaltsführung 236 f., 410 ff.
– Lebensmittelpunkt 433
– Mindestumfang 433
Heiratsbeihilfe 35
Heizgerät 395, 404
Heizkosten 781
Herd 395, 404, 423
Herstellungsaufwand 787
–, anschaffungsnaher 788
Herstellungskosten 760–777, 787
–, anschaffungsnahe 795
Herzleiden 592, 669

Herzschrittmacher 682
Hilfeleistungen, gelegentliche 737
Hilflosigkeit 613
Hilfsgeschäft 906
Hilfsmittel 586
Hinterbliebenenversorgung 173
Hinzuschätzung 1001
Hobby 963–972, 1008
Hochbegabtenförderung 609
Hochschule 570
Hochschullehrer 335
Hochwasserschaden 61
Höherversicherung in der gesetzlichen Rentenversicherung 850
Holzschutzmittelsanierung 612, 643
Home-Office 95
Honorarrechnung 946
Hörgerät 643
Hotelkosten 593
– Frühstück 227, 229, 921
Hotelzimmer, Zweithaushalt 408
Hufschmied 355
Hund 354 f., 374
– Haftpflichtversicherung 495
Hypothek 839
– Grundbucheintragung 804, 843

I

Immobilie als Geldanlage 754
Immobilienerwerb, Finanzierung mit Lebensversicherung 804

Immobilienmakler 903
Immobilienverkauf, Spekulationssteuer 869 f.
Incentive-Reise 337
Industrieclub 59
Industriekaufmann 324
Informationspflicht
– Geringfügigkeit 161
– Krankenkasse 161
Ingenieur 272, 324
Inlandsreise 917 ff.
Inserat 395, 404
Insolvenz 803, 902
Insolvenzgeld 459
Inspektor 324
Instandhaltungskosten 781
Installationskosten 395, 404
Integrationskurse 643
Intensivprüfungsfall 475
Internetkosten 357, 360
– Ausbildung 546
–, betriebliche 94, 148, 357
– Pauschalierung 148
–, private 148
– Werbungskosten 359
Inventurschwierigkeiten 916
Investition 981
– Anlaufverlust 902
Investitionsabzugsbetrag 980–985, 989
Investitionsplan 981
Investmentanteile 874
Investmentfonds, ausländische thesaurierende 875

J

Jagdhund 354
Jahresabschluss 906
Jahresabschnittsbesteuerung 2
Jobticket 45 f., 103, 117, 164, 241
Journalist 272, 290, 903
Jubilarsfeier 69
Jubiläumsfeier 37
Jubiläumsgeschenk 36
Jugendfreiwilligendienst 700
Jugendfreizeiten 310
Jugendlicher, verhaltensgestörter 643
Jugendschutzgesetz 735
Jugendseelsorge 310
Justizobersekretär 324

K

Kaffee 80
Kaminkehrer 667
Kantinenmahlzeit 63, 147
Kapitalanlageverlust 902
Kapitaleinkünfte 873–898
– Abgeltungsteuer 871, 880 f., 898
– Betriebsvermögen 875
– Dividenden 894
– Einkommensteuer 898
– Freistellungsauftrag 882 ff.
– Kapitalertragsteuer 880 f.
– Lebensversicherung (Zinsanteil) 890
– Pflichtveranlagung 898
– Spekulationsgewinne 895
– Sparerpauschbetrag 876, 878, 896
– Steuerbescheinigung 892
– Stückzinsen 888
– Übertragung der Einkünfte 879
– Wahlveranlagung 898
– Werbungskosten 896
– Zinserträge 886 ff.
– Zufluss 886
Kapitalertragsteuer 880 ff.
– Anrechnung/Erstattung 882
– Ausländer 882
– Kirchensteuer 880
Kapitalgesellschaft Anteile 874 f., 898
Kapitallebensversicherung 520 f., 874 f., 890, 898
Kapitalübertragung siehe Vermögensübertragung
Karnevalsprinz 971
Kaskoversicherung 517
Kassettengerät 354, 369 f.
Kassierer 83
– Verein 24 f.
Kaufkraftausgleich 93
Kaufmann 324, 901
Kaufmannsgehilfe 324
Kaufpreisrente 853
Kautionszahlung 643
Kehrdienst 665
Keller, Arbeitszimmer 266, 268 f.
Kellner 48
Kellnerfrack 290
Key Account Manager 272
Kfz
– Abschreibung 212, 215

– Angemessenheitsprüfung 952
– Behinderte 643, 677, 687
– berufliches Arbeitsmittel 248
– Diebstahl 247 f., 353
– EU-Import 1014
– Fahrtenbuch 122 ff., 133, 959, 1009
– Haftpflichtversicherung 495, 498
– hohe Fahrleistung 218
– Kauf 55 f.
– Leasingsonderzahlung 217
– Oldtimer 959
–, privates 919
– Sachverständiger 1005
– Steuerermäßigung 687
– Totalschaden 251
– Umsatzsteuer 1009, 1014
– unzutreffende Besteuerung 218
– Verkäufer 365
– Wertverlust 250, 353
Kfz-Kosten 207
– Abschreibung 212, 215
– Behinderte 675, 680
– Betriebskosten 244
– Einzelnachweis 211
– Fahrtkostenersatz 221
– Gebrauchtwagen 215
– individueller Kilometersatz 214
– Teilschätzung 216
Kidnapping 633
Kilometersatz 208, 214, 218, 677
Kind
– Arbeitslosigkeit 697

- Arbeitsverhältnis 733 ff.
- Arbeitsvertrag 937 ff.
- Ausbildungsdienst-
  vertrag 940
- Ausbildungsfreibetrag
  656 ff., 695
- Ausbildungsunterbre-
  chung 658, 699 f.
- auswärtige Unterbrin-
  gung 656 ff.
- Barauszahlung von
  Arbeitslohn 738
- Baudarlehen 881
- Baukindergeld 695, 715
- Behinderung 695, 701 ff.
- Darlehensvertrag 730
- , drogenabhängiges 703
- Einkommensbezugs-
  größe 731
- Einkünfte/Bezüge 701 f.,
  706, 727–738
- Erwerbstätigkeit 706 ff.
- – , schädliche/unschäd-
  liche 709
- Fahrtkosten Behinde-
  rung 679
- fehlender Ausbildungs-
  platz 698
- Freibeträge 821
- Kapitalübertragung
  728 ff.
- Krankenversicherung
  731 f.
- Lohnsteuerkarte 712
- , magersüchtiges 703
- Mietvertrag vor
  Selbstnutzung 798
- Mietzahlung aus
  Barunterhalt 832
- Mitarbeitspflicht 737
- , pflegebedürftiges 616
- stille Beteiligung 941 f.

- Telefondienst 938
- Verlängerung von
  Dienstzeit 704
- Vermietung 829 ff.
- Verträge 793
- Wehr-/Zivildienst
  704 f.
- Zuschüsse 702
Kinderbetreuungskosten
  38 ff., 452, **739–749**
- , absetzbare 746
- Angehörige 748
- Anspruchsberechtigte
  740
- Arbeitgeber 38, 742
- Arbeitnehmerpausch-
  betrag 741
- Au-pair-Mädchen 749
- Berechnung 745
- Betriebsausgaben 741
- , erwerbsbedingte 740
- haushaltsnahe
  Beschäftigung 744
- Kostenzuordnung 743
- Lebenspartner 38
- Nachweis 38, 747
- Sonderausgaben 739,
  741
- Voraussetzungen 739
- Werbungskosten-
  pauschbetrag 741
- Zuschuss 39 f.
Kinderfreibetrag 439, 454,
  693–726
- Altersgrenze 659
- Anrechnung von
  Kindergeld 710, 717
- Ausbildungsunterbre-
  chung 658, 699 f.
- Ausland 713 f.
- behinderte Kinder
  701 ff.

- berücksichtigte Kinder
  695 ff.
- Einkünfte/Bezüge der
  Kinder 706 ff.
- – – aus Vermögen 709
- Eintragung auf der
  Lohnsteuerkarte 714
- Grenzbetrag Behin-
  derte 701
- Günstigerprüfung 726
- Halbteilungsgrundsatz
  717
- Kirchensteuer 539
- Monatsprinzip 711
- Pflegeheim 616
- Studium 659
- Tabelle 694
- Übertragung 715
- vollstationäre Unter-
  bringung 695
- Wahlrecht 726
- Wehr-/Zivildienst 659
Kindergarten 38 ff.
Kindergartenzuschuss
  39 f.
Kindergeld 693–726
- Anspruch 725, 736
- Antrag 723 ff.
- Ausbildungsunterbre-
  chung 699 f.
- behinderte Kinder
  701 ff.
- berücksichtigte Kinder
  695 ff.
- Einkünfte/Bezüge der
  Kinder 706 ff., 724, 736
- Günstigerprüfung 726
- Halbteilungsgrundsatz
  717
- suchtkrankes Kind 703
- Tabelle 694, 722
- Übertragung 722

Stichwortverzeichnis

– Unterhaltszahlung 641
– Verjährung 725
– Wahlrecht 726
Kinder-Psychotherapeut 310
Kindervergünstigungen 695
Kindesunterhalt 716
– Anrechnung von Kindergeld 717
Kirchenaustritt 537 f., 1019
– Ehegatte 541
Kirchenmusiker 354
Kirchensteuer 452, **537 ff.**, 693, **1018–1022**
– 450-€-Job 161
– Abzug für Kinder 539, 712
– Ehegatte ohne Kirchenzugehörigkeit 1021
– Erlass 1020
– Kapitalertragsteuer 880
– Kappung 1019
– Kirchenaustritt Ehegatte 541
– konfessionsverschiedene Ehe 1021 f.
– Nachzahlung bei Erbschaft 540
–, pauschale 154
– Sätze 1018 f.
– Zuschlagsteuer 539
Kirchgeld 1021
Klage 1029 f.
– Zurücknahme 1031
Klassenausflug 310, 339 f.
Klavier 354, 622
Kleidung
– Beruf 374

– Ersatzbeschaffung 620 ff.
Kleinkraftrad 241
Kleinunternehmer 905, 972, 1007
– Option 972, 1008
Klimakur 631
Knappschaftsangestellter 324
Kneippkur 599
Koch 48
Kochgerät 404
Koffer 374
Kohorte 847 ff.
Kommanditgesellschaft (KG) 532, 892
Kongress 336, 922
Konkurs 643, 803, 902
Kontaktpflegeaufwendungen 643
Kontokorrentkonto 875, 911
Kontrollmitteilung Renten 851
Konzertbesuch 310
Konzertmusiker 272
Körperbehinderte *siehe* Behinderte
Kosmetische Operationen 643
Kosmos 354
Kostenpauschale Tagesmutter 41
Kostenvorschuss 1030
Kostkind 695
Kraftfahrer 108, 189, 202, 208, 224
Kraftwerksingenieur 187
Krankenfahrt 590 ff.
Krankengeld 457 ff., 574, 854
Krankengymnast 903

Krankengymnastik 606
Krankenhaus
– Besuchsfahrt 594
– Gasthausessen 643
– Kantinenmahlzeit 48
– Kosten 643
– Personalrabatt 57
Krankenhausarzt, Arbeitszimmer 274
Krankenhaustagegeldversicherung 574
Krankenkasse Informationspflicht 161
Krankenpfleger/-schwester 23 f., 48, 324, 903
Krankentagegeld 574
Krankentransport, Übungsleiterfreibetrag 34
Krankenversicherung 495 f., 731 f.
– Basisabsicherung 496
– Beitrag 674, 858
– geringfügig Beschäftigte 157, 160
– Kind 731 f.
– Pauschalbeitrag 157, 160
–, private 62, 453
– Selbstbeteiligung 62
– Tarifermäßigung 62
Krankheitskosten 576, **584–619**
– alternative Medizin 604 f.
– Berufskrankheiten 585
– Besuchsfahrten 594 ff.
– Entbindung 625
–, erweiterte 608
– Fahrtkosten 590 ff.
– Hotelkosten 593

- Körperbehinderung
  (Pauschbetrag) 669
- Kurcamping 632, 643
- Kurkosten 602, 626–632
- Medikamente 586, 643
-, mittelbare 608
- Pflegekosten 613 ff.
- Schönheitsoperation
  610, 643
- Selbstbeteiligung 587
- Umbaukosten 608, 643
- Vorsorgemaßnahmen
  599 ff.
- wissenschaftlich
  anerkannte Behand-
  lungsmethode 605
- Wohnungswechsel 608
- zumutbare Belastung
  579 ff.
Kredit *siehe* Darlehen
Kreuzschmerzen 606
Kriegsbeschädigtenrente
  846, 861
Kriegsschäden, Beseiti-
  gung von 620
Küche 622
Kühlschrank 423
Kulturgüter 643
Kundenbewirtung 193,
  199, 232, 926
Kundendienstmitarbeiter
  208
Kundendienstmonteur
  108, 128, 256
Kundengeschenk 153
Kunstgalerie 966 f.
Kunstgegenstände 280 f.,
  374
- Spekulationssteuer 872
Künstler 27, 425, 903, 964
Künstleragent 903
Künstlersozialkasse 494

Kunstmaler 965
Kur 596
-, ambulante 632
- im Ausland 632
- Bedürftigkeit 628
- Behinderter 681
Kurierdienstfahrer 128
Kurkosten **626–632**, 643
- Aufstellung 630
- Begleitperson 602,
  629
- Berufskrankheit 627
- Fahrtkosten 592
- Kururlaub 632
Kurzarbeitergeld 459
Kurzfristige Beschäfti-
  gung 150, 156, 865

L

Laborassistent 324
Laborkittel 88
Ladenlokal 778
Lampen 423
Landwirt 324, 523, 532,
  556
Landwirtschaftliche
  Alterskasse 494, 847,
  852
Laptop 345, 361
Lärmschutz 643
Leasing 217
Lebensgemeinschaft
  653 f., 718
- Arbeitsverhältnis 654,
  933
- doppelte Haushalts-
  führung 409
- Haushaltshilfe 661
- Kinderbetreuung 38,
  748
- Sozial-/Arbeitslosen-
  hilfe 653

- Unterhaltsleistungen
  653
Lebenshaltungskosten
  341
Lebensmittelpunkt 261 f.,
  418
Lebenspartnerschaft,
  eingetragene 653 f., 661,
  748
Lebensversicherung 168,
  495, 520, 634, 890
- Abgeltungsteuer 874
- Ehegatten 522
- Immobilienfinanzierung
  804
- Erbschaft 522
- mit Sparanteil 520 f.
- sonstige Vorsorgeauf-
  wendungen 521
- Todesfallrisiko 520
- Zinsen 890
Leerfahrt 242
Leerstandszeiten 780, 810
Legastheniker 609, 643
Lehramtsprüfung 310
Lehrbeauftragter an
  Schulen 34
Lehre 698
Lehrer
- Arbeitszimmer 272, 274
- Fachliteratur 354, 363 ff.
- Fahrzeitersparnis 391
- Fortbildungskosten
  310 ff., 324
-, nebenberuflicher 31 f.
-, selbständiger 903
- Studienreisen 325 ff.
Lehrgang 308 f.
- Beihilfe 73
- Kosten 258, 304
- Teilnehmer 302, 308 ff.
Leibrenten *siehe* Rente

Leiharbeitnehmer 187
Leih-Lkw 392
Lernarbeitsgemeinschaft 321 ff., 546
Lexikon 374
Lichtschutzbrille 374
Liebeslohn 845
Liebhaberei 483, **962–972**
– Frist 968
– Gewerbebetrieb 962
– Vermietung 810
Listenpreis 51, 954
Lkw 392
– 1 %-Regelung 113, 115
Lodenmantel 293
Logopädische Behandlung 643
Lohngrenze, geringfügige Beschäftigung 157, 947
Lohnsteuer 22, 436
– Frei-/Pauschbeträge 439, 714
– mehrere Arbeitsverhältnisse 446 ff.
Lohnsteuerabrechnung 437
Lohnsteuerabzug **436–450**
Lohnsteuerauskunft 1042
Lohnsteuerbescheinigung, Fahrtkostenzuschuss 109 f.
Lohnsteuerermäßigung
– vereinfachtes Verfahren 454
– Verfahren 451
Lohnsteuerhilfeverein 1030
Lohnsteuerkarte 436
– Auslandskind 714
– Eintragung Kinderfreibetrag 714

–, elektronische 448
– Fahrtkostenfreibetrag 110
–, Kinder auf der 712
– Kirchenzugehörigkeit 154
– mehrere Arbeitsverhältnisse 446 ff.
– Vorsorgeaufwendungen 453
Lohnsteuerpauschalierung 48, 144–155
– Abwälzung 145
– Aushilfen 150
– Betriebsveranstaltung 67, 147
– Direktversicherung 169
– Fahrtkostenzuschuss 149
– geringfügig Beschäftigte 150
– Kirchensteuer 154
– Solidaritätszuschlag 155
– Steuersatz 146 f.
– Teilzeitbeschäftigte 150
– Zukunftssicherungsleistung 151
Lohnsteuerpflicht 438
Lohnsteuertabelle 436 f.
Lohnzuschläge 137–143
– Geschäftsführer 138
– Grundlohn 143
– Nachweis 142
Lösegeldzahlung 643

M

Magersüchtiges Kind 703
Mahlzeiten 48 f., 63
– bei Dienstreisen 193 ff., 199
– Gestellung bei Dienstreisen 197 f.

– Kundenbewirtung 199
– Rabattfreibetrag 48 f.
– Sachbezugswert 63
Makler 903
Maklergebühr 392 f., 404, 760, 765
Malermeister 918
Management-Consultant 324
Mängel 794 f.
– Beseitigung 775
Margenbesteuerung 1012
Marinesoldaten 195
Markenporzellan 622
Marktmiete 778 f., 830 f.
Marktordnungswaren, Hinterziehung von Abgaben 1000
Massage 606
Maurermeister 918
Mediationskosten 639, 643
Medikament 586 ff., 643
– Zuzahlung 586 f.
Medizinischer Dienst 43, 586, 599, 603, 612, 626, 631 f., 643, 681
Mehraufwand für Verpflegung *siehe* Verpflegungsmehraufwand
Mehraufwandswintergeld 460
Mehrgenerationenhaushalt 420
Mehrwertsteuer *siehe* Umsatzsteuer
Meisterlehrgang 305
Meisterprüfung 315, 372
– Vorsteuerabzug 315
Meisterschule 940
Meisterstück 372, 374

Meistertitel 313
Metergeld 76
Metzger 293
Mietabfindung 608
Mietabfindungskosten 643
Miete
– Handwerkerleistung 668
– haushaltsnahe Beschäftigung/ Dienstleistung 668
– doppelte Haushaltsführung 431
–, ortsübliche 778 f., 830 f.
Mieteinnahmen *siehe* Vermietung
Mieterhöhung 786
Miethöhe 786
Mietkaufmodell 778
Mietshaus
–, geerbtes/geschenktes 820
– Verkauf an Ehepartner 816, 820
Mietspiegel 779, 1015
Mietstundung 829
Mietverbilligung 49, 58
Mietvertrag
– Angehörige 270, 798, 829
–, kurzfristiger 797
– Sicherungsnießbrauch 833
– Unterhalt 530
Mietzahlungen 643
–, doppelte 392, 405
Migränebehandlung 583
Milderungsregel 486
Mineralien-/Fossilienhandlung 965

Minijob 482 *siehe auch* 450-€-Job, Geringfügige Beschäftigung, Teilzeitarbeit
– Ehegattenarbeitsverhältnis 167
– Ein-Euro-Job 165
– Fahrgeld 164
– haushaltsnahe Beschäftigung 661
– Lohnsteuerpauschalierung 145, 449
– Rabattfreibetrag 50
– Rentenversicherung 158
– Rentner 166, 945
– Steuerfreiheit 945
– Überschreitung der Lohngrenze 947
– Zweitjob 450
Minijob-Zentrale 661
Mitarbeiterbeteiligungs-Investmentfonds 8
Mitarbeiterbewirtung 233
Mitarbeiterkapitalbeteiligung 85
Mitarbeitspflicht, familiäre 737
Mitgliedsbeitrag 43, 59, 559, 562
Mittagsheimfahrt 245
Mittelpunkt der Lebensinteressen 261 f., 418
Mitunternehmerschaft 943
Mitwirkungspflicht 1002, 1039, 1050
Mobiliar 280 f., 423, 622, 773, 809
Mobiltelefon *siehe* Handy

Möbliertzimmervermietung 807 f.
Modernisierungskosten 781, 787 f.
Modernisierungsverlust 902
Mofa/Moped 241
Monatsprinzip 711
Monopolhinterziehung 1000
Montagearbeiter 187, 197
Motorboot 999
Motorrad 374
Motorsäge 374
Motorschaden 213, 247
Müllabfuhr 781
Multimedia 360
Musiker 23, 27, 31, 292, 324, 354
Musiklehrer 354
Musikschule 570
Mütterberatung 27
Mütterrente 849
Mutterschaftsgeld 459
N
Nachbarschaftshilfe 766 f.
Nachgelagerte Besteuerung 492
Nachhilfeunterricht 392, 401, 404, 570, 643
Nachkur 630
Nachlassschulden 643
Nachtarbeitszuschlag 137 ff., 143
Nachträgliche Ausgaben 1033
Nachversteuerung 146
Naturkatastrophe 621
Nebenberuflichkeit 24
Nebeneinkünfte 476–490
– Ehepartner 484
– Rentner 864 f.

- Steuererklärungspflicht 476
- übertragen 490
- Verluste 482
- zeitliche Verschiebung 489

Nebenkosten 182

Nebentätigkeit 23, 29 ff.
- Arbeitszimmer 274

Neue Tatsachen 1033

Neurodermitis 631

Nichtbeanstandungs-grenzen 1048

Nichtprüfungsanweisung 474 f.

Nichtveranlagungsbe-scheinigung 885, 892

Nichtzulassungsbe-schwerde 1030

Nierenoperation 682

Nießbrauch 822, 833

Notaranderkonto 844

Notargehilfe 189

Notarkosten 756, 760, 762, 781, 804, 816

Notebook 361

Notfallunterstützung 61

Notlüge 1044

Notstandsbeihilfe 61

Nullkuponanleihe 886 f.

Nutzung, gemischte 755

Nutzungsdauer 346, 351, 370, 975 f.
- Computer 362

O

Oberfinanzdirektion 1051

Ofen 395, 404

Offene Handelsgesell-schaft (OHG) 532, 892

Öffentliche Verkehrs-mittel 235 f., 238

Öffnungsklausel 850

Ökologisches Jahr, freiwilliges 698, 700

Oldtimer 959

Operationskosten, übernommene 647

Option Kleinunterneh-mer 972, 1008

Optionsgeschäft 874

Organisation, gemein-nützige 27

Organist 34

Orgel 354

Orkanschäden 621

Orientteppich 282

Ortsbesichtigung Arbeitszimmer 279

Ortsübliche Miete 778 f., 830 f.

Outplacement-Beratung 99

Oxford Club 365

P

Pächterwechsel 991 f.

Pädagoge 324

Papageienzucht 965

Parkerlaubnis Behinderte 687

Parkgebühr 229, 366

Parkplatz 111

Parteispende 559 f.

Patentberichterstatter 1005

Pauschalierung der Lohnsteuer *siehe* Lohnsteuerpauschalie-rung

Pauschalsteuer 27 f., 945
- Abwälzung der Lohnsteuer 145

- Berechnungsgrundlage 163 ff.
- Betriebsveranstaltung 67
- Direktversicherung 169
- Fahrtkostenzuschuss 104
- Firmenwagen 119
- Kirchensteuer 154
- Sachgeschenke 152 f.
- Sozialversicherung 27 f.
- Teilzeitbeschäftigte 150
- Verpflegung 191–200, 197 f.
- Zukunftssicherungs-leistungen 151

Pauschalsteuersatz, fester 147, 149

Pauschbeträge 439
- Auslandsreise 920

Pauschbeträge für sonstige Umzugsaus-lagen 397 ff., 404
- Häufigkeitszuschlag 400, 404

PC *siehe* Computer

Pension 82, 492, 859 f.
siehe auch Rente

Pensionär
- Arbeitszimmer 782
- Vorsorgehöchstbetrag 515

Pensionsfonds 168 ff., 173, 931

Pensionskasse 151, 168 ff., 173, 931
-, umlagefinanzierte 177

Pensionszusage 168, 174
-, arbeitnehmerfinan-zierte 174
- Gehaltsumwandlung 174

– GmbH 510
Personal Computer *siehe*
  Computer
Personaleinkauf 50
– Beziehungskauf 53
Personalrabatt 47–58
– begünstigte Rabatte 47
– beschädigte Waren 56
– Beziehungskauf 53
– doppelter Freibetrag 50
– Endpreis 51
– geringfügig Beschäf-
  tigte 54
– maßgeblicher Preis 51
– Mietverbilligung 49
– Teilzeitbeschäftigte 54
– Unfallschaden 56
Personalvertretung 61
Personengesellschaft 532,
  953, 992, 1005
Persönlichkeitsent-
  wicklung 310
Pferd 355
Pferdehänger 355
Pflege 24, 42
– haushaltsnahe
  Dienstleistung 662
Pflegedienstmitarbeiter
  108
Pflegeeltern,
  Kinderfreibetrag/-geld
  696
Pflegegeld 619, 690
Pflegeheim 613 ff., 643,
  672
– Kind 616
Pflegekind,
  Kinderfreibetrag/-geld
  695 f.
Pflegekosten 613 ff., 662 f.
Pflegekraft, ehrenamt-
  liche 24, 27

Pflegepauschbetrag 452,
  595, 613, 616, **688 ff.**
Pflegestufen 613, **690**
Pflegeversicherung 495 f.,
  619, 692, 858
Pflichtveranlagung 456,
  476, 482
Physiker 324
Physiotherapeut 570
Pkw *siehe* Kfz
Planungskosten 776
–, vergebliche 803
Platzkarte 229
Platzwart 24
Polizei-Hundeführer 355,
  374
Polizeivollzugsdienst
  704
Polizist 318, 354
Poolarbeitsplatz 275
Porto 789
Posteingangsbuch 1032
Postzustellungsurkunde
  1034
Praktikum 330
Praxis 265
Praxis-Consultant 272
Praxisgründung, Verlust
  bei 902
Praxisverkauf 987 f.
Pritschenwagen,
  1 %-Regelung 115
Privatanteil 906
Privatdarlehen 942
– Zinsabschlagsteuer 881
–, Zinsen aus 875
Private Krankenversiche-
  rung 62, 453
Private Nutzung
– Arbeitskleidung 298
– Arbeitsmittel 341
– Arbeitszimmer 263

– Entfernungspauschale
  244
– Firmenwagen 112, 122,
  136, 244, 953 ff.
Private Veräußerungsge-
  schäfte, Einkünfte aus
  869–872
Privatschule 570 f., 609
Professor 272 f.
Professorenprüfung 550
Progression 2
Progressionsvorbehalt
  458 ff.
Promotion 307, 549
Propyläen Weltgeschichte
  354
Provision 485, 487
– Unterprovision 488
Prozesskosten 247, **633**,
  638, 643, 775, 794
Prüfer 272
Prüfungsanordnung 996
Psoriasis 631
Psychotherapie 603, 643
– Kurs 310
Psychagoge 310
Psychologe 324

Q

Quellensteuer 873, 891 ff.
Querschnittslähmung
  608

R

Rabatte 47 ff., 53
Rabattfreibetrag 47–54,
  57 f.
– Mahlzeiten 48 f.
Rallyesport 966
Raucherentwöhnungs-
  kurse 643
Realsplitting 527, 640, 945

Stichwortverzeichnis

Rechnungsbezahlung
Zuordnung 842
Rechtliches Gehör 1038
Rechtsanwalt 775, 965
– Gerichtsverfahren 1030
Rechtsanwaltsgehilfe 189
Rechtsschutzversiche-
rung 517 ff.
Referendar 306, 310, 708
Regelarbeitszeit 143
Regelbesteuerung 972
Reihenhaus 1015
Reinigungskosten
– Arbeitszimmer 289
– Kleidung 297, 300
Reinigungskraft 24
Reisegepäckversicherung
229
Reisekoffer 374
Reisekosten 101,
182–233, 392, 404,
917–925
– Abwesenheitszeit 191,
192 ff.
– Arbeitsessen 193, 199
– Ausland 920 f.
– Beerdigung 635
– Begleitung 643
– Betriebsveranstaltung
65, 68
– Diebstahl 231
– Entfernungspauschale
207
– erste Tätigkeitsstätte
187 ff.
– Hauskauf 789
– Hotelrechnung 227
– Inland 917 ff.
– steuerfreie Erstattung
210
– steuerfreie Leistungen
101

– Übernachtungskosten
221 ff.
– Übungsleiter 31
– Verpflegung/Pauscha-
lierung 191–200
– Verpflegungsmehrauf-
wand 191, 917 ff.
– Vorsteuerabzug 209,
924 f., 1010
Reiseleiter/-organisator
337
Reisenebenkosten 101,
213, 229
– Unfall 77, 229
Reisespesen 191
Reitlehrer 355
Reitpferd 374
Rennrad 354
Rennstall 966
Renovierungskosten
796 ff.
–, krankheitsbedingte 612
– vor Selbstnutzung 800
Rente 492, 531 ff.,
845–866
– abgekürzte Laufzeit 855
– Abschläge 864
– Anpassung 849
– Berufsunfähigkeit 856
– Bezugsmitteilung 851
– Einkommensteuer-
grenze 857
– Einkünfte 848
– Ertragsanteil 781, 850
– Ertragsanteiltabelle
853, 855
– Erwerbsunfähigkeit 856
– Freibetrag 848 f.
– Hinzuverdienst 864
– Kohorte 847 ff.
– Laufzeittabelle 855
– Lohnsteuerkarte 452

– Nachzahlung 854
– Nebeneinkünfte 864 f.
– Öffnungsklausel 850
– Scheidung 536
–, steuerfreie/-pflichtige
846, 848, 857
– Steuerhinterziehung
851
–, Teil- 864
–, vorzeitige 864
Rentenbesteuerung,
nachgelagerte 21, 180,
492, 753, 847
Rentenversicherung 494,
847, 852 f., 897
– geringfügig Beschäf-
tigte 157 ff.
– Höherversicherung 850
– mit/ohne Kapitalwahl-
recht 521
– Nachzahlung 652
– Pauschalbeitrag 158
– Vorsorgeaufwendung
495
Rentner
– Arbeitszimmer 782
– geringfügige Beschäf-
tigung 166, 865 f.
– Hinzuverdienst 864
– Kfz-Versicherung Kind/
Enkel 498
– Vorsorgehöchstbetrag
516
– Versicherungsbeiträge
858
Reparaturkosten 781,
788, 817
Repräsentationsausgaben
949
Restaurantrechnung 232,
926
Restnutzungsdauer 351

Restwertmethode 762
Rettungssanitäter 27, 34
Rettungsschwimmer 34
Revision 1030
Revisor 324
Rezeptgebühr 587
Richter
– Studienreise 327
– Arbeitszimmer 272 f.
– Nebenberuflichkeit 34
Richtfest 761
Riester-Förderung/
　Zulage 168 f., **176–180**,
　499, 750 ff.
– Anspruchsberechtigte
　19, 176
– begünstigte Investitio-
　nen 18, 751
– Besteuerung 21, 180,
　753
– Ehegattenarbeitsver-
　hältnis 931 f.
– Ehegatten-Zulagenan-
　spruch 178
– Förderhöhe 20, 753
– Kapitalentnahme 751
– Mindestbeiträge 178
– Sofortversteuerung
　753
– Sonderausgabenabzug
　179, 499
– Tod des Anspruchs-
　berechtigten 21, 753
– umlagefinanzierte
　Pensionskasse 177
– Verrentung 21, 753
Risikoanleihen 874
Risikolebensversicherung
　495, 520
Robin Wood 537
Roh-/Reingewinn 994
Rollo 395

Rollstuhl 575, 643
Rückstellungen 989
Rufbereitschaft 141
Rundfunkantenne 395
Rundfunkgerät 374, 622
Rürup-Rente 494 f., 511 f.,
　847

S

Sachbezug 44
– Fahrgelder 104
– Freigrenze 44
– Preisabschlag 44, 53
Sachbezugswert 52, 63,
　197
– Tabelle für Mahlzeiten
　63
Sachgeschenk 74
– Pauschalierung 152 f.
Sachspende 553, 567
– aus Betriebsvermögen
　568
– Höhe der Spende 567
Saisonbeschäftigung 156
Saison-Kurzarbeitergeld
　459 f.
Sammelbeförderung 105,
　109, 241, 255
Sanierungsmaßnahmen
　786
Sanitäter 27, 34
Sattelzeug 355
Sauerstofftherapie 586,
　604
Säumniszuschlag 1027,
　1035 ff.
– Erlass 1036
Schadenersatz 643
Schadenersatzprozess 633
Schadensfreiheitsrabatt-
　Verlust 251
Schätzgebühren 781

Schätzung 1001, 1043,
　1050
Schätzungsgrundlage
　1050
Schaustück Wertverzehr
　973
Scheckzahlung 1037
Scheidung 638 ff.
– Abfindung 536
– Getrenntleben 468 f.
– Mietvertrag 834 f.
– Prozess 633
– Renten-/Pensionsan-
　sprüche 536
– Splittingtarif 469
– Unterhaltszahlung 496,
　640
– Veranlagung 468 f., 472
– Versöhnungsversuch
　469
– Versorgungsausgleich
　536
Scheinselbständigkeit 769
Schenkung 730
Schichtplan 142
Schießplatz 1015
Schiffsbaugeselle 324
Schiffsmakler 999
Schlafzimmer 622
Schlüsselfertiges Haus
　1017
Schmiergelder 845, 986
Schmuggel 1000
Schmutzberufe 296
Schneeräumen 665
Schneeschaufel 789
Schonfrist 1037
Schönheitsoperation 610,
　643
Schönheitsreparatur 281,
　395
Schornsteinfeger 667

Stichwortverzeichnis 805

Schranktrennwand 770
Schrankwand 773
Schreibkraft in Ge-
  schäftsstelle 24
Schreibmaschine 354, 374
Schreibmaterial 789
Schreibtisch 280, 374
Schreibtischlampe 374
Schreibtischstuhl 374
Schreibtischuhr 373 f.
Schriftsteller 274, 903,
  964 f.
Schuhgeschäft 991
Schulausbildung 570 f.,
  698
Schulbusbegleiter 34
Schuldentilgung/
  Schuldübernahme 643
Schuldzinsen 72, 643, 781,
  783 ff., 839 f., 993
– Betriebsausgaben 911 ff.
–, fiktive 912
Schuldzinsenabzug
–, nachträglicher 785
–, privater 912
Schule im Ausland 570
Schulfahrten 643
Schulgeld 570 f., 643
Schulweghelfer 34
Schuppenflechte 631
Schusswaffe 374
Schwangerschaftsabbruch
  643
Schwarzarbeit 766, 769
Schwerbeschädigtenrente
  846
Schwimmbad 643
Secondhandshop 966,
  1012
Seeleute 195
Seelsorge 27
Segelboot 912, 966, 999

Selbständige 425, 741,
  850, 903, 950
Selbstanzeige 997, **1000**
Selbstbeteiligung,
  Krankheitskosten 587
Selbstgenutztes Wohnei-
  gentum 452, 752
– Reparaturen/Renovie-
  rung 806
– vorherige Renovierung
  796 ff.
Selbsthilfegruppe 27
Seminar, Auslandsvor-
  bereitung 335
Seminarkosten 258, 306
Sicherheitsgefährdete
  Personen 131
Sicherungsnießbrauch
  833
Skiausrüstung 298, 354,
  374
Skifreizeiten 310
Skilehrer 298
Snowboardlehrgang
  310
Sofortabschreibung 344,
  349
Software 984
Soldat Ausbildungs-
  dienstverhältnis 301
Solidaritätszuschlag 155,
  693, 712, **1023 ff.**
– 450-€-Job 161
– Einspruch 1025
– Freigrenze 1023 f.
– Härteregelung 1024
– Verfassungswidrigkeit
  1025
Sonderabschreibungen
  781, 982, 989
– Firmenwagen 133
Sonderausgaben 491–571

– Abzug 179, 499, 525,
  527, 536
– Kinderbetreuungs-
  kosten 739, 741
– Kirchensteuer 540
– Pauschbetrag 4, 439
–, übrige 523–571
Sonderbekleidung 396
Sonderbelastung 528
Sonderfahrzeug,
  1 %-Regelung 113, 115
Sonnenbrille 374
Sonntagsarbeitszuschlag
  137 ff., 143
Sonstige Einkünfte
  845–872
– Definition 845
Sonstige Umzugskosten
  392, 395, 397 ff.
Sozialarbeiter 324
Soziales Jahr, freiwilliges
  698, 700
Sozialleistungen 653
Sozialversicherung 196
– Beitrags-/Entgeltgren-
  zen 866
– Fahrtenbuch 123
– Freundschaftsdienst 769
– Pauschale 27 f.
– Rentner 865 f.
Sozialversicherungs-
  pflicht 156
Sozialversicherungsträ-
  ger, Informationspflicht
  161
Sparbrief 886 f.
Sparbuch 886
Sparerpauschbetrag 876,
  878, 896
Sparkonto, privates 1039
Sparprämien-Erschlei-
  chung 1000

Sparvertrag 8
Spätaussiedlung 620
Spediteur 392
Speisen 74
Spekulationsfrist 869 f.
– Grundstück/Haus 825, 827, 869 f.
Spekulationsgewinn 827
Spekulationssteuer 869 ff., 872
Spende 553–569
– Aufwandsentschädigung 25
– Belege 554
– Bescheinigung 554, 563 f., 567 ff.
– Entnahme 568
– Fahrtkosten 566
– gebrauchte Kleidung 567
– Haftung 564
– Höchstgrenze 555 ff.
– Missbrauch mit Quittungen 564
– Mitgliedsbeiträge 562
– Nachweis 569
– Parteispenden/-beiträge 559 f.
– Rück-/Vortrag 558
– Sachspende 553, 567 f.
– Stiftungsspende 557
Spielbankgewinn 1039
Splittingtabellen 1052
Sponsor 565
Sport 299, 600
Sportbekleidung 298, 354
Sportlehrer 298, 324, 354
Sportverein 570
– Fahrtkosten als Spende 566
– Mitgliedsbeiträge 43, 59, 562

– Spende 561 ff.
Sportwagen 952
Sprachkurs 319 f., 326, 332 f., 552
– Grundkurs 333
Sprachlehrer 332
Sprachreise 319 f., 326, 332
Springer 118
Springreitsport 966
Squash 60
Staatsanwalt 34, 327
Stadtführer 34
Stärkungsmittel 80
Startgeld 355
Stellplatz 111
Stempelkarte 142
Sterbegeldversicherung 520, 634
Stereoanlage 354, 374
Sterilisation 643
Steueranspruch 1026, 1040
Steuerassistent 324
Steuerbelastung 4
Steuerbelastungstabelle 5 f.
Steuerberater
– Fortbildung 324
– Gerichtsverfahren 1030
Steuerberatungskosten
542 f., 910
– Abzugsverbot 542 f.
– Gerichtsentscheid 543
– Fachliteratur 542
– Fahrten zum Finanzamt 542
Steuerbescheid 1026 f., 1038
– Aussetzungsantrag 1027
– nachträgliche Änderung 642

–, nicht erhaltener 1034
Steuerbescheinigung 892
Steuerermäßigung 1042
– Gewerbesteuer 1005
Steuerersparnis 4
Steuerfachgehilfe 324
Steuerfahndung 999
Steuerfreibetrag 22 ff.
Steuerfreiheit
– *siehe* Abfindung
– *siehe* Arbeitgeberdarlehen
– *siehe* Bahnhofsmission
– *siehe* Arbeitskleidung
– *siehe* Betriebsratsvergütung
– *siehe* Betriebssport
– *siehe* Betriebsveranstaltung
– *siehe* Erfrischungen
– *siehe* Erholungsbeihilfe
– *siehe* Existenzminimum
– *siehe* Fehlgeldentschädigung
– *siehe* Fortbildungskosten
– *siehe* Sachbezug
– *siehe* Führerschein
– *siehe* Geburtsbeihilfe
– *siehe* Gelegenheitsgeschenk
– *siehe* Heiratsbeihilfe
– *siehe* Jobticket
– *siehe* Kaufkraftausgleich
– *siehe* Kindergartenzuschuss
– *siehe* Krankheitskosten
– *siehe* Mitgliedsbeitrag
– *siehe* Nebentätigkeit
– *siehe* Notfallunterstützung

– *siehe* Pension
– *siehe* private Krankenversicherung
– *siehe* Riester-Förderung
– *siehe* Sammelbeförde-
  rung
– *siehe* Sanitäter
– *siehe* Tagesmutter
– *siehe* Telefonkosten
– *siehe* Übungsleiterfreibetrag
– *siehe* Vermögensbeteiligung
– *siehe* Verpflegungs-
  pauschalen
– *siehe* Volkshochschule
– *siehe* Vorträge
– *siehe* Werkzeuggeld
Steuerhehlerei 1000
Steuerhinterziehung 1000
–, besonders schwere 998
–, leichtfertige 1000
– Rente 851
– Selbstanzeige 997,
  1000
Steuerkarte 436
Steuerklasse 436–450
– Faktorverfahren 445
– Kombination 441, 445
– Wechsel 440 f.
Steuerklassenwahl 440
– Arbeitslosengeld 442
– Tabellen 443 f.
Steuerlastminderung,
  kurzfristige 790
Steuermessbetrag 1003,
  1005
Steuerpause 916
Steuerprogression 2
Steuerrückstände 1036
Steuersätze, besondere
  146

Steuervergünstigungen 1
Steuerzahlung, Schonfrist
  1037
Stewardess 226
Stiefeltern Betreuungs-/
  Kinderfreibetrag 715
Stiefkind
  Kinderfreibetrag/-geld
  695
Stiftung Spende 557
Stille Beteiligung 8, 84,
  874, 941 f.
Stille Gesellschaft 898
Stille Reserve 991
Stillhalterprämie 874
Strafprozess 633
Straßenbenutzungsge-
  bühr 229
Straßenanliegerbeiträge
  760
Streitwert 1030, 1041
Streusalz 789
Streuwerbeartikel 153
Stromkosten 781, 909
Stückzinsen 888
Studiengebühr 570
Studienreise **325–340**,
  965
– Abgrenzungskriterien
  327
– Ärztekongress 334
– Begleitung 338
– Besuch von Geschäfts-
  partnern 329
– Kostenaufteilung 328
– Übernachtungskosten
  339
– Verhältnismäßigkeits-
  grundsatz 336
– Vortragsreise 329
Studio 265
Studiengebühren 643

Studium 301 ff., 549, 698,
  704
– Bachelor/Master 708
– Darlehenstilgung 643
–, Erst- 301, 303, 707 f.
– Fahrtkosten 546
– Sonderausgaben 301
– Werbungskosten 302 f.
Stundenzettel 142
Stundung
– Mietzahlungen 829
– Steuern 1035 f.
Stundungsantrag 1027
Sturmschäden 621
Subventionsbetrug 1000
Suchtkrankheiten 643,
  703
Supervisionskurs 310

T
Tabakwaren 74
Tabellen
– Abschreibung linear/
  degressiv 976 f.
– Altersentlastungsbetrag
  861
– Arbeitsmittel-Abschrei-
  bung 346
– Auslandsreise Pausch-
  beträge 920
– Bausparprämie 11
– Behindertenpausch-
  betrag 670, 701
– Besteuerungsanteil für
  Leibrenten 852
– Betriebsausgaben-
  pauschale 41
–, Düsseldorfer 716
– EB-FAGO (Abzug
  ohne Belege) 474
– Einkommensteuer 1052
– Ertragsanteil 853, 855

- Finanzgerichtskosten 1030
- Gebäudeabschreibung 758
- Gebühr für Finanzamtsauskunft 1041
- Kfz-Kosten-Nachweis 211
- Kinderfreibetrag 694
- Kindergeld 694, 722
- Kindesunterhalt 716
- Kirchensteuerpauschalierung 154
- Kirchensteuerkappung 1019
- Lohnsteuer 438
- Nebeneinkünfte 486
- Rentenbezüge (keine Einkommensteuer) 857
- Rentenhinzuverdienstgrenze 864
- Rentenlaufzeit (Ertragsanteil) 855
- Sachbezugswert für Mahlzeiten 63
- Sozialversicherung, Beitrags-/Entgeltgrenzen 866
- Splitting 1052
- Steuerbelastung, Grundtarif 5
- Steuerbelastung, Splittingtarif 6
- Steuerklassenwahl 443 f.
- Umwandlung von Arbeitslohn in Direktversicherung 171
- Umzugskostenberechnung 404
- Vermögensentnahme 897

- Verpflegungsmehraufwandspauschale Inlandsreise 917
- Verpflegungsmehraufwand-Pauschbeträge 191
- Versorgungsfreibetrag 860
- Vorsorgeaufwendungen, Ehegatten 504
- Wäsche-Reinigungskosten 300
- Wohnungsbauprämie 11
- zumutbare Belastung 579
- Zuschläge 140
Tabellengrundfreibetrag 439
Tagesmutter 40 f.
Tageszeitung 365, 374
Tagung 922
Tagungsbeihilfe 73
Tankbeleg 126
Tankwartskombination 290
Tanzschullehrer 290
Taschenrechner 374
Tätigkeitsmittelpunkt 272
Tätigkeitsstätte, erste 187 ff., 259
Taubstumme 609
Taxifahrer 129, 220
Technische Abnutzung 347, 356
Tee 80
Teileinkünfteverfahren 877
Teilkaskoversicherung 252
Teilrente 864

Teilzeitarbeit 54, 150, **156–167**, 947 f. *siehe auch* 450-€-Job, Geringfügige Beschäftigung, Mini-Job
- geringfügige Beschäftigung 156
- Großeltern 944 ff.
- Kategorien 156
- Kirchensteuer 154
- kurzfristige Beschäftigung 150, 156, 947
- Land-/Forstwirtschaft 150
- Lohnsteuerpauschalierung 150
- Saisonbeschäftigung 156
- Sozialversicherung 156
- Weihnachtsgeld 947
Telearbeitsplatz 272, 278
Telefax 94 f.
Telefonkosten 94, 230, **375–382**, 395
- Anschluss 281, 374
- Arbeitgebererstattung 95
- Ausbildung 546
- Autotelefon 382
- doppelte Haushaltsführung 412, 424
- Einzelverbindungsnachweis 375 f., 378 f., 382
- Handy *siehe dort*
- Hauskosten 789
- Nutzungsdauer 346, 382
- pauschaler Werbungskostenabzug 377
- Zweitanschluss 381
Telefondienst 938
Telefonische Anfrage 1049

Teleskop 354
Tennis 60, 299, 374
Teppich 280 f., 622
Teppichboden 767, 774
Termingeschäft 874
Terror 620
Theaterbesuch 310
Theaterkarte 74
Tierausbildung 27
Tiersitter 664
Todesfall 463
– außergewöhnliche
  Belastung 634 ff.
Tonbandgerät 354, 369 f.,
  374
Tonstudio 265
Töpferei 965
Totalschaden 251
Toupet 610
Trainer 23, 26 f.
Trainingsanzug 298
Transportfahrzeug,
  1 %-Regelung 115
Transsexualität 610
Trauerfall 634 ff.
Treppenlift 608, 643
Trinkgeld 76, 229, 395,
  404, 643, 926
Trivialsoftware 984
Trockenzellenbehandlung
  586, 604
Trödelmarkt 1012
Tropenbekleidung 295
Truppenübungsplatz 1015
Turnschuhe 374

U

Überalterung (Gebäude)
  1015
Überbrückungsgeld 459
Über-/Unterentnahme
  912

Überführungskosten
  Verstorbener 636
Übergangsgeld 459
Übergangszeit 698
Überkreuzvermietung
  836 f.
Über-Mitternacht-Tätig-
  keit 194
Übernachtungskosten
  101, 182, 221 ff.
– Ausland 920 f., 925
– Begleitperson 228
– ohne Dienstreise 226
– doppelte Haushaltsfüh-
  rung 222
– bei Freunden/
  Verwandten 225
– Frühstück 227
– Pauschbetrag 920
– pauschale Arbeitgeber-
  erstattung 225
– Studienreise 339
– Vorsteuerabzug 1010
Übernachtungspauschale
  225
Überschuldung 1036
Überschussprognose 778,
  811 ff., 831
Überschuss-Rechnung
  siehe Einnahmenüber-
  schussrechnung
Überschwemmung 621
Übersetzer 903
Überstundenvergütung
  138, 143
Übertragung
– Behindertenpauschbe-
  trag 684
– Einkünfte 728 ff.
– Immobilie 759, 833
– Kapital siehe Ver-
  mögensübertragung

– Kinder-/Betreuungsfrei-
  betrag 715
– Kindergeld 722
– Zinseinnahmen 729
Übungsleiterfreibetrag
  23–34
– Reisekosten 31
– Sozialversicherung 27 f.
– Volksmusiker 33
Uhr 373
Umbaumaßnahmen 643,
  786, 801
Ummeldekosten 395
Umsatzsteuer 905 f., 998,
  1006–1014
– Befreiung 1007 f.
– Differenzbesteuerung
  1012 f.
– Durchschnittssätze 1011
– Eigenverbrauch 1009
– EU-Import von Kfz
  1014
– Option zur Regelbe-
  steuerung 1008
– Pkw 1009
– Steuersatz 1006, 1012 f.
– Voranmeldung 971 f.
– Wiederverkäufer 1012
Umschulung 302, 305,
  547
Umstrukturierungsmaß-
  nahmen 968
Umwegfahrt 106 f.
Umweltkatastrophe 61
Umwidmung 350
Umzug doppelte
  Haushaltsführung 428 f.
Umzugshelfer 392, 662
Umzugskosten **383–407**,
  624, 643, 819
–, abzugsfähige 392
– Auslandsumzug 407

- befristeter Arbeitsvertrag 386
- Berechnungsschema 404
- Bereitschaftsdienst 390
- Berufsanfänger 399
- Besichtigungsfahrt 404
- Betriebsausgaben 403
- Checkliste 404
- doppelte Haushaltsführung 383, 434
- doppelte Mietzahlung 392, 405
- Fahrzeitersparnis 383, 388 ff., 406
- geteilte Arbeitszeit 391
- Häufigkeitszuschlag 400
- in eigenes Haus 388
- haushaltsnahe Dienstleistung 624, 662
- ohne eigenen Hausstand 399
-, krankheitsbedingte 624
- nach Kündigung 385
- leerstehende Eigentumswohnung 405
- Maklergebühr 392 f.
- Mehrfachumzug 400
- Möbellager 394
- Nachhilfeunterricht 392, 401, 404
- Pauschbeträge f. sonstige Umzugsauslagen 397 ff., 404
- Saldierung der Fahrzeitersparnis 389
- Sonderbekleidung 396
-, sonstige 392, 395, 397 ff.
- Umzug in Raten 394
-, vergebliche 387
- Versetzung ins Ausland 407

- Versetzung auf eigenen Wunsch 384
- Wohnungsinstandsetzung 402
- Wohnungssuche 406
- Zusatzfahrten 391
Umzugsreise 404
Unfallkosten 77, 213, 229, 247, 249, 676
- Alkoholunfall 247
- begünstigte Fahrten 247
- Fahrt zur Arbeit 247
- Fahrzeug des Lebenspartners 249
- Firmenwagen 133
- Glasbruch 252
- Kostenersatz 77 ff.
- Krankenfahrt 591
- nachträglicher Antrag 247
- Reparaturkosten 250
- Restwert 251
- Schadenersatz 247, 249
- Teilkaskoschaden 252
- Vandalismus 248
- Wertverlust 250
Unfallrente 861
Unfallschaden, Personalrabatt 56
Unfallversicherung 78 f., 175, 495, 518, 846
Ungezieferbefall 620
Uniform 290, 293 f.
- Waschkosten 300
Universität 570
Universitätslektor 335
Universitätsprofessor, Arbeitszimmer 272 f.
Unterhalt Kinder 716 f.
Unterhaltsfreibetrag 452, 618

Unterhaltshöchstbetrag 496, 528, 644, 647
Unterhaltsleistungen 640
- Ausland 650 f., 655
- außergewöhnliche Belastung 638 ff., 644–659
- eigenes Vermögen 644
-, Einkünfte aus 867 f.
- Erwerbsobliegenheit 651
- Euro/EZB-Umrechnungskurs 655
- Kindergeld 641
- Kopfaufteilung 648
- Krankheitskosten 528
- Lebenspartner 653
- Lohnsteuerkarte 452
- Mietvertrag 530, 834 f.
- Opfergrenze 646
- regelmäßige Zahlungen 655
- Sonderausgaben 523–530
- Vermögensübertragung 645
- Wohnungsüberlassung 529
- zeitanteilige Kürzung 655
- Zusatzkosten 647
- Zustimmung des Ehegatten 525 f.
- Zustimmung zum Abzug 524 f.
Unterhaltsverpflichtung 638
Unterhaltszuwendung siehe Unterhaltsleistungen
Untermieter 807

Stichwortverzeichnis

Unternehmensberater 272

Unternehmer 1005
– Vorsteuersätze 1011

Unterprovision 488

Unterstützung
– Angehöriger 644 ff.
– ausländischer Angehöriger 650 f., 655
– in Notfällen 61

Unterversicherung Hausrat 621

Unwetterschäden 620

Unzutreffende Besteuerung, hohe Kilometerleistung 218

Urlaub 134, 328

Urlaubsreise, Begleitung 643

Urlaubsvertretung 947

V

Vandalismus 248

Vaterschaftsprozess 643

Veranlagung
–, besondere 466
– Ehegattenveranlagung 465 ff.
– Einzelveranlagung 470 f.
– Scheidung 468 f., 472
– Trennung 472
– Wahlrecht 471
– Zusammenveranlagung 467 f.

Veranlagungsart 465 ff., 471

Veranlagungsschwerpunkte 783

Veräußerungsgewinn 872, 987, 990
– Abgeltungsteuer 895

– ermäßigter Steuersatz 990

Veräußerungsrente 857

Verdienst, steuerfreier 438

Verdienstausfall 643

Verdienstausfallentschädigung 574

Vereinsbeitrag 43, 59, 561 ff.

Vereinslokal, Bedienung 24

Vereinstätigkeit 27

Vergeblicher Aufwand 776

Vergleichsmiete 778 f., 830 f.

Verhandlung, mündliche 1031

Verjährung Kindergeld 725

Verkäufer 293, 324

Verkaufshilfe 938

Verkaufsleiter 272

Verkehrsmittel, öffentliche 235 f., 238

Verlagerung von Einkünften 490

Verletztengeld 459

Verlust 452, 482, 962

Verlustabzug 452

Verlustausgleich 888, 902

Verlustbeteiligung 942

Verlustrücktrag 304, 902

Verlustvortrag 304 f.

Vermietungsabsicht 780

Vermietungseinkünfte 754–839, 912
– Angehörige 829, 838
– anschaffungsnaher Herstellungsaufwand 788

– Arbeitszimmer 782, 791
– Berechnungsschema 756
– bewegliche Gegenstände 808, 845
– Drei-Objekt-Grenze 825
– Eigenbedarfskündigung 624
– Eigennutzung 800
– Erbbauzinsen 781
– Fahrtkosten 789
– Ferienwohnung 810 ff.
– Gartenpflege 793
– Gebäudeabschreibung 757 ff.
– Gestaltungsmissbrauch 836 f.
– Hausmodernisierung 786–793
– Hausverkauf 816
– Leerstand 780, 810
– Liebhaberei 810
– Mitarbeit von Angehörigen 793
– möbliertes Zimmer 807 f.
– Nebeneinkünfte 489
– Nießbrauch an einem Grundstück 822
– Schuldzinsen 781, 783 ff.
– Überkreuzvermietung 836 f.
– Umzugskosten 819
–, verbilligte 778 f., 830 f.
– vergebliche Planungskosten 803
– Verluste 802 f., 810, 829, 831, 836 ff., 902
– Werbungskosten 778 ff.
– Wohnungstausch 828

– Zinsen nach Verkauf 785, 839

Vermittlungsprovision 485, 487 f.

– Unterprovision 488

Vermögen

–, eigenes 644

– Entnahmetabelle 897

–, geringfügiges 644

Vermögensauseinandersetzung 643

Vermögensbeteiligung 7 f., 84 f.

Vermögensbeteiligungsvertrag 8

Vermögensplanung 897

Vermögensschaden 633

Vermögensübertragung 799, 821

– Abtretungserklärung 728

– Kind 728 ff., 879

– Scheidung 835

– Übernahme von Schulden 534

– Versorgungsleistung 531 ff.

Vermögenswirksame Leistungen 7 f., 464, 939

Verpachtungsbetrieb 991 f.

Verpflegung von Helfern 767, 771

Verpflegungskosten 101, 147, 925

Verpflegungsmehraufwand 182

– Abwesenheitszeit 205

– Auslandsreise 920

– Dienstreise 191–200, 197 f.

– doppelte Haushaltsführung 413 f.

– Dreimonatsfrist 191, 918

– Einsatzwechseltätigkeit 201 ff., 918

– Fortbildungsveranstaltung 308

– Geschäftsreise 917 f.

– Handwerker 918

– Herstellungskosten 761

– Nachweis 191

– Pauschbeträge 191, 920

– Pauschalversteuerung 191 f., 197

– Werbungskostenabzug 200

Verpflegungspauschalen 191–200, 227

–, doppelte 194, 196

– Fortbildungslehrgang 308 f.

– kostenlose Verpflegung 198

– Kundenbewirtung 199

– Lehrgemeinschaft 323

– Mahlzeitengestellung 197 f.

– Über-Mitternacht-Tätigkeit 194

Verschleiß Arbeitskleidung 296

Verschulden, grobes 1033 f.

Verschwiegenheitspflicht, Fahrtenbuch 127

Versetzung 384, 407

Versicherungen 517 f.

– Bagatellgrenze 44

– keine Vorsorgeaufwendungen 517

– Vorsorgeaufwendungen 493 ff.

Versicherungsangestellter 272

Versicherungspflichtgrenzen 866

Versöhnungsversuch 469

Versorgungsamt 673, 685

Versorgungsausgleich 536

Versorgungsfreibetrag

– Altersversorgung 859 f.

– Tabelle 860

Versorgungskassen 494, 847, 850, 852

Versorgungskrankengeld 459

Versorgungsleistung 531 ff.

– Übertragung Wohneigentum 532, 533 f.

– Vermögensübertragung 531 f., 533

Verträge mit Angehörigen 793, **930–948**

– Mietvertrag 829

– Sicherungsnießbrauch 833

Vertragsweg, abgekürzter 801

Vertreibung 620

Vertretungszwang 1030

Verwaltungsbeamter, Nebenberuflichkeit 34

Verwandte 17

Verwarnungsgelder 97

Videorecorder 354

VIP-Autovermietung 965

Volkshochschule 27, 570

Volksmusiker 33

Vollabschreibung 979

Vollabzug 508

Vorbehalt der Nachprüfung 995
Vorbereitungsdienst 708
Vorbeugekosten 599f.
Vorgründungskosten 970
Vorhänge 395
Vorladung 1049
Vormund, ehrenamtlicher 27
Vorschuss 790
Vorsorgeaufwendungen 453, **492–522**
–, abzugsfähige 532, 533
– Altersvorsorge 494
– Arbeitnehmer 513
– Beamter 503f., 514
– Höchstbetrag 496, 500ff.
– Höchstbetrag Ehegatten 503f.
– Lebensversicherung 520
– Pensionär 515
– Rentner 516
– Selbständiger 512
–, sonstige 495f., 498, 500, 502ff., 521
– – bei Beamten 503f., 514
– begünstigte Versicherungen 493ff.
– nicht begünstigte Versicherungen 517
Vorsorgehöchstbetrag 500ff., 506, 511ff.
– abzugsfähige Versicherungen 494
– Arbeitnehmer 513
– Beamter 503f., 514
– Grundhöchstbetrag 507
– Günstigerprüfung 505
– Pensionär 515
– Rentner 516

– Selbständiger 512
Vorsorgekur 599, 632
Vorsorgepauschale 439, 453, 497
Vorsorgeuntersuchung 96
Vorstand 24f., 138
Vorsteuer 805, 1006ff.
– Durchschnittssätze 1011
– Liebhaberei 971
Vorsteuerabzug 905, 971
– Bewirtungskosten 1010
– Dienstreise 209, 1010
– Firmenwagen 1009
– Meisterprüfung 315
– Reisekosten 925
– Übernachtungskosten 1010
Vorsteuererstattung 905, 909, 924f.
Vorträge 27
Vorwegabzug 507
– Kürzung 510
Vorweggenommene Werbungskosten 304f.

W

Wachhund 374
Wählervereinigung 559
Wahrer Wohlstand 365
Waisenrente 846
Waldgebiet 207
Wandelschuldverschreibung 8
Wandertag 310
Wandschmuck 281
Wappenkunde 965f.
Wäscherei 300
Waschkosten 300
Wasserkosten 781, 909
Wasserschaden 621, 643
Wechsel

– der Abschreibungsmethode 977
– der Gewinnermittlung bei Betriebsveräußerung 988
– der Steuerklasse 440
Wechselkursgewinn 889
Wege zum Gedicht 354
Wehrdienst 704
– im Ausland 705
Weihnachtsfeier 64
Weihnachtsgeld 143, 174
– Teilzeitkraft 947
Weiterbildung *siehe* Fortbildungskosten
Weiträumige Arbeitsstätte 207
Weltatlas des Tierlebens 354
Werbungskosten 4, 181f., 452
– Arbeitszimmer 791
– Damnum 804
– Disagio 764, 804
– Fahrten zur Arbeit 243
– Fahrtkosten 208
– Finanzierungskosten 763, 804
– Gartenpflege 793
– Kapitalvermögen 896
– Maklergebühren 762, 804
– möbliertes Zimmer 807f.
– Pauschbetrag 4
– Planungskosten 776
– Promotion 307
– Renovierungskosten 786
– Studium 302f.
– verbilligte Vermietung 778f.

– Vermietung 778 ff.
– Verpflegungsmehraufwand 200
–, vorweggenommene 304 f.
– Wohnungsleerstand 780, 810
Werkspilot 324
Werksrente 168
Werkstatt 265
Werkstattwagen, 1 %-Regelung 115
Werkswohnung 99
Werkzeug 775, 789
Werkzeuggeld 90
Werkzeugpauschale 1048
Wertminderung bei Gebäuden 794
Wertpapiere 8, 894 f.
– Abgeltungsteuer 871, 880 f., 894 f.
– Bankwechsel 880
– Kaufvertrag 8
– Spekulationsgeschäfte 871 f.
– Stückzinsen 888
Wertverlust *siehe* Abschreibung, außerordentliche
Wertverzehr 973
Whirlpool 643
Wiederbeschaffung von Hausrat 620 ff.
– Darlehen 622
– Fristen 623
– notwendige Kosten 622
Wiedereinsetzung in den vorigen Stand 1028
Wiedergutmachungsrente 846
Wiederverkäufer 1012
Winterdienst 665

Winterbeschäftigungsumlage 460
Wirbelsäulenschaden 600
Wirtschaftsclub 59
Wirtschaftsjahr
–, abweichendes 916
– Umstellung 916
Wissenschaftlicher Assistent 324
Witwenrente 846
Wochenendbereitschaft 938
Wochenendwohnung 8, 18, 752
Wohlfahrtsorganisation 27
Wohneigentumsförderung *siehe* Eigenheimzulage
Wohnförderkonto 21, 753
Wohngruppe 643
Wohnmobil 408
– 1 %-Regelung 113
Wohnraumförderung *siehe auch* Eigenheimzulage
– Riester-Zulagen 751 ff.
Wohnrecht 822
Wohn-Riester *siehe* Eigenheimrentengesetz
Wohnsitzaufgabe 620
Wohnung, leerstehende 780, 810, 1015
Wohnungsausstattung, behindertengerechte 608, 616, 643
Wohnungsbauanlage 7
Wohnungsbauprämie 10 ff.
– Erschleichung 1000
Wohnungskosten Unterhalt 529

Wohnungsrenovierung Bauspardarlehen 13
Wohnungssuche 406
Wohnungstausch 828
Wohnungswechsel (Krankheitskosten) 608
Wohnwagen 408
Wohnzimmer 622
World Wide Fund for Nature 537

Y

Yacht 912, 966, 999
Yoga-Lehrgang 310, 324

Z

Zahlungs- und Vertragsweg, abgekürzter 801
Zahlungsaufschub 1035
Zahlungsfrist 1034
Zahlungstermin 1035
Zahlungsunfähigkeit 1036
Zahnarztkosten 581, 583
Zaun 767, 772
Zeichengerät 374
Zeitaufwand 643
Zeitmietvertrag 797
Zeitrenten-Ertragsanteil 855
Zeitschriften 365, 374
Zeitung 365, 374
Zero-Bonds 887
Zertifikate 874
Zeugnisanerkennungsbescheinigung 570
Zeugwart 24
Zinsabschlagsteuer 881, 888, 892, 1023
Zinsen 72, 643, 817, 878, 1005
– Abgeltungsteuer 874
–, ausländische 875
– Beerdigungskosten 635

Stichwortverzeichnis

– Kapitalgesellschaft 875
– Lebensversicherung 890
– Privatdarlehen 875, 898 f.
– Werbungskosten nach Immobilienverkauf 839
Zinsansprüche 874
Zinsersparnis 72
Zinserträge 886–893
– Übertragung 728 f.
Zinsrichtlinie 891 f.
Zinsschranke 913
Zinszahlungen, monatliche 72
Zinszuordnung
– Gebäudeherstellung 843

– Hauskauf 844
Zivildienst 659, 704
– im Ausland 705
Zivilprozess 633
Zu- und Abflussprinzip 903
Zukunftssicherungsleistung 151
Zumutbare Belastung 576, **579 ff.**, 667
Zusammenveranlagung 467 f.
Zuschlag 137 ff.
– Aufzeichnungen 142
– Beispielberechnung 143
– Umzugskostenpauschale 400

Zuschlagstabelle 140
Zuschuss 702
– Betriebsausflug 71
Zuschusswintergeld 460
Zustellbezirk 207
Zustellung 1034
Zuwendungsnießbrauch 822
Zwangsläufigkeit 577
Zwangsvollstreckung 775
Zweifamilienhaus 841 ff.
– Arbeitszimmer 270
Zwei-Konten-Modell 911
Zweitstudium 302 f., 305